Frank Beer · Wolfgang Benz · Barbara Distel (Hrsg.)

Nach dem Untergang

Frank Beer · Wolfgang Benz · Barbara Distel (Hrsg.)

Nach dem Untergang

Die ersten Zeugnisse der Shoah in Polen 1944–1947
Berichte der Zentralen Jüdischen Historischen Kommission

Ⓜ METROPOL & VERLAG DACHAUER HEFTE

Herausgegeben vom Institut für Vorurteils- und Konfliktforschung e. V. Berlin
in Verbindung mit der Stiftung Denkmal für die ermordeten Juden Europas,
dem Verlag Dachauer Hefte und dem Metropol Verlag

ISBN 978-3-86331-149-0

2. Auflage Mai 2014
© 2014 Verlag Dachauer Hefte
Alte Römerstraße 75 · D–85221 Dachau
und Metropol Verlag
Ansbacher Straße 70 · D–10777 Berlin
www.metropol-verlag.de
Alle Rechte vorbehalten
Druck: buchdruckerei.de, Berlin

Inhalt

Vorwort der Herausgeber 7

WOLFGANG BENZ
Überleben, um den Untergang zu beschreiben
Die Zentrale Jüdische Historische Kommission in Polen
und ihr literarisches Erbe 9

FRANK BEER
Die Veröffentlichungen der Zentralen Jüdischen Historischen Kommission
in Polen 1945–1947 23

FILIP FRIEDMAN
Die Vernichtung der Lemberger Juden 27

MICHAŁ MAKSYMILIAN BORWICZ
Die Universität der Mörder 65

SZYMON DATNER
Kampf und Zerstörung des Ghettos von Białystok 131

RÓŻA BAUMINGER
Pikrate und TNT – Zwangsarbeitslager in Skarżysko-Kamienna 167

JÓZEF KERMISZ
Der Aufstand im Warschauer Ghetto (19. April – 16. Mai 1943) 211

GERSZON TAFFET
Die Vernichtung der Juden von Żółkiew 307

BER RYCZYWÓŁ
Wie ich die Deutschen überlebte 355

Rachel Auerbach
Auf den Feldern von Treblinka 393

Mendel Balberyszski
Die Liquidierung des Wilnaer Ghettos 457

Lejb Zylberberg
Ein Jude aus Klimontów erzählt 485

Abraham Krzepicki
Achtzehn Tage in Treblinka 553

Berek Freiberg
Sobibór 617

Vorwort

Überlebende der Ghettos und Lager auf polnischem Boden fanden sich im Sommer 1944 in Lublin zur „Zentralen Jüdischen Historischen Kommission" zusammen. Sie begaben sich auf Spurensuche des Judenmords, sicherten Beweise für den Untergang der Ghettos in Warschau, Białystok und Wilna, für die Vernichtung der jüdischen Stetl, sie berichteten über das Geschehen in den Vernichtungslagern Bełżec, Sobibór und Treblinka. Die jüdischen Historiker beschrieben den Alltag im Lemberger Janowska-Lager, zeichneten die Aussagen von Zeugen auf wie das des alten Warschauer Fischhändlers Ber Ryczywół, der auf unablässiger Wanderschaft seine jüdische Identität verbergen musste und nach vielen Gefährdungen darüber berichtete „Wie ich die Deutschen überlebte". Róża Bauminger war Zwangsarbeiterin in einer Munitionsfabrik, sie schildert die Ausbeutung und Zerstörung von Menschen unter deutscher Okkupation.

Die Jüdische Historische Kommission ging 1947 im Jüdischen Historischen Institut auf. In 39 Büchern und Broschüren dokumentierten die überlebenden jüdischen Historiker die Shoah in polnischer und jiddischer Sprache. Eine Auswahl von zwölf Texten wird jetzt zum ersten Mal in deutscher Sprache veröffentlicht. Die Berichte dieser Zeitzeugen der frühen Stunde sind einmalige Dokumente des Holocaust, ebenso authentisch wie ergreifend.

Absicht dieses Bandes ist es, diese Quellen endlich dem deutschen Leser zugänglich zu machen. Bewusst verzichtet die Anthologie auf die Verzweigungen philologischer Editionstechnik. Die Beachtung wissenschaftlicher Standards war gleichwohl selbstverständliches Gebot. Die notwendigen textkritischen und überlieferungsgeschichtlichen Details zu den Texten sind in der jeweiligen Vorbemerkung der Herausgeber zu finden. Erläuterungen sind auf das unbedingt notwendige Maß beschränkt. Vier Texte enthalten Anmerkungen auch im Original, sie erscheinen mit eigener Zählung als Endnoten, während die Annotationen der Herausgeber immer als Fußnoten gesetzt sind. Jeder der zwölf in diesem Band präsentierten Texte wird als selbstständige Einheit verstanden, das bedeutet auch, dass Erläuterungen bei Bedarf im gleichen Wortlaut wiederholt sind. Das erschien uns leserfreundlicher als ein Verweissystem. In den originalen Veröffentlichungen sind die Namen von Lagern wie Sobibor und Belzec in der polnischen Schreibweise genannt. Die deutsche Okkupationsmacht benützte die polnischen Sonderzeichen nicht. Wir folgen dem polnischen Original (Sobibór, Bełżec).

Initiator dieser Edition ist Dr. Frank Beer, der die Schriften der Jüdischen Kommission sammelte, übersetzen ließ oder selbst übersetzte. Es war nicht schwer, die Herausgeber der

Dachauer Hefte davon zu überzeugen, dass diese Zeugnisse der Shoah endlich ein deutsches Publikum finden müssen.

Die Realisierung des aufwendigen Projekts war schwieriger und zeitraubender, als ursprünglich gedacht. Zu danken ist vielen. Der Metropol Verlag hat die bewährte Zusammenarbeit mit den Dachauer Heften gerne mit dieser Edition fortgesetzt, Friedrich Veitl, Dr. Nicole Warmbold und Dr. Monika Grucza haben das Unternehmen mit Hingabe und Kompetenz verlegerisch betreut. Den Übersetzerinnen Sigrid Beisel, Aldona Piotrowska, Dr. Andrea Rudorff, Sonja Stankowski und Przemysław Zakrezewski danken wir für die Mühe und Sorgfalt, die sie aufgewendet haben, ebenso Dr. Petra Rentrop, Dr. Marion Neiss, Patricia Fromme, die lektorierend, recherchierend und kommentierend mitgewirkt haben. Marion Neiss hat außerdem Endkorrektur gelesen. Als Redakteurin des Gesamtprojekts hat sich Dr. Angelika Königseder einmal mehr bewährt. Ohne ihr Engagement, ihre Sachkompetenz und ihre Unbeirrbarkeit hinsichtlich Qualität, methodischer Standards und einzuhaltender Termine wäre die Edition nicht möglich gewesen.

Herzlicher Dank gilt dem Jüdischen Historischen Institut Warschau für die Genehmigung zum Abdruck der Texte und Abbildungen.

Frank Beer (Bergisch Gladbach),
Wolfgang Benz (Berlin),
Barbara Distel (München),
Herausgeber

Wolfgang Benz

Überleben, um den Untergang zu beschreiben

Die Zentrale Jüdische Historische Kommission in Polen und ihr literarisches Erbe

Im befreiten Lublin trafen sich im Sommer 1944 jüdische Intellektuelle, die es als ihre Aufgabe ansahen, Dokumente, Erinnerungen, Sachzeugnisse der Shoah zu sammeln und öffentlich zu machen. Wenig später wurde die kleine Historikergruppe vom soeben ins Leben getretenen Zentralkomitee der polnischen Juden als „Zentrale Jüdische Historische Kommission" offiziell approbiert. Am 29. August 1944 trat sie zum ersten Mal zusammen. Ihre Aufgabe waren Zeugnisgabe und Beweissicherung des Judenmords. Zwei Ziele wurden verfolgt, zum einen die Unterstützung der Strafverfolgung der Verantwortlichen, zum anderen die Historiografie des Völkermords. Die Kommission nahm im März 1945 ihren Sitz in Łódź und wurde 1947 nach Warschau verlegt.

Mit dem Einzug in das renovierte Gebäude, das vor der nationalsozialistischen Okkupation die Warschauer Jüdische Bibliothek und das Institut für Judaistik beherbergt hatte, dann Sitz des von der deutschen Besatzungsmacht etablierten Judenrats gewesen war und 1943 zusammen mit der benachbarten Großen Synagoge großenteils in Flammen aufging, endete die Geschichte der Kommission, sie ging im Żydowski Instytut Historyczny, dem Jüdischen Historischen Institut, auf. Die Dokumente, Bücher, Erinnerungstexte, Interviews und materiellen Relikte jüdischen Lebens – Kultgeräte, Gemälde, Skulpturen und andere Sachzeugnisse –, die von der Kommission zusammengetragen worden waren, begründeten das Museum, das Archiv und die Bibliothek des Instituts in der ulica Tłomackie 3/5.[1]

Der Kopf der jüdischen Historikerkommission war Filip Friedman, er war 1901 in Lemberg, das damals zu Österreich-Ungarn gehörte, geboren. Achtzehnjährig ging Friedman nach Wien, wo er Geschichte und Judaistik studierte und 1925 mit der Dissertation „Die

---

[1] Wolfgang Benz, Zeugnisse einer untergegangenen Welt. Das Jüdische Historische Institut in Warschau, in: Dachauer Hefte 8 (1992), S. 164–169; Feliks Tych, Frühe Zeugnisse von Holocaust-Überlebenden im Archiv des Jüdischen Historischen Instituts Warschau und ihre Bedeutung für die Forschung, in: Frank M. Bischoff/Peter Honigmann (Hrsg.), Jüdisches Archivwesen. Beiträge zum Kolloquium aus Anlass des 100. Jahrestags der Gründung des Gesamtarchivs der deutschen Juden, Marburg 2007, S. 177–191; s. a. Stephan Stach, Geschichtsschreibung und politische Vereinnahmungen: Das Jüdische Historische Institut in Warschau 1947–1968, in: Jahrbuch des Simon-Dubnow-Instituts 7 (2008), S. 401–431.

galizischen Juden im Kampfe um ihre Gleichberechtigung (1848–1868)" den Doktortitel erwarb. Nach der Rückkehr in die polnische Heimat entfaltete Friedman, der sich zum Zionismus bekannte, eine rege Lehrtätigkeit in Łódź, Wilna und Warschau. Daneben forschte und publizierte er zur Geschichte der Juden in Polen und hatte bereits einen Namen als Historiker, als er unter deutscher Besatzung in den Untergrund ging. Er überlebte den Holocaust in Lemberg im Versteck. Ehefrau und Tochter wurden Opfer der Nationalsozialisten. Friedman, dem später der Ehrentitel „Vater der jüdischen Holocaustliteratur"[2] verliehen wurde, verließ Polen im Juli 1946. Er sagte als Zeuge in Nürnberg aus und arbeitete bis 1948 als Head of Education and Culture Department des American Jewish Joint Distribution Committee in der amerikanischen Besatzungszone Deutschlands. 1948 wanderte er in die USA aus und wirkte bis zu seinem Tod 1960 an der Columbia University New York als Historiker.[3]

Stellvertreter des Direktors der Zentralen Jüdischen Historischen Kommission waren Nachman Blumental, Magister der Philosophischen Fakultät der Universität Warschau und Autor wichtiger Arbeiten zur jüdischen Literatur, sowie Michał Maksymilian Borwicz. Er hatte Philosophie an der Jagiellonen-Universität in Krakau studiert und außer einschlägigen wissenschaftlichen Studien 1938 auch einen Roman publiziert. Im Holocaust war Borwicz Häftling im Lager an der Janowska-Straße in Lemberg. Im Herbst 1943 gelang ihm die Flucht nach Krakau. In der Region Miechów in Kleinpolen befehligte er Partisanen der Polnischen Sozialistischen Partei. Er leitete bis zu seiner Emigration 1947 die Krakauer Abteilung der Zentralen Jüdischen Historischen Kommission. Als Generalsekretär der Kommission amtierte Józef Kermisz. Der Historiker hatte an der Universität Warschau promoviert und vor dem Krieg Werke zur polnischen Adelsrepublik Ende des 18. Jahrhunderts und über die Beteiligung der Juden am Kościuszko-Aufstand veröffentlicht.

Das wohl umtriebigste leitende Mitglied der Kommission nach Temperament und Funktion – er hatte das Amt des Schatzmeisters inne – war Józef Wulf. 1912 in Chemnitz in einer polnisch-jüdischen Familie geboren, in Krakau aufgewachsen, hätte er Rabbiner werden sollen, beendete aber das Studium der Judaistik (und der Landwirtschaft) weder in Krakau noch das der Philosophie in Nancy und Paris. Er begab sich stattdessen auf den Weg zum Schriftsteller. Unter deutscher Besatzung ging er in den Untergrund, leistete Widerstand und wurde ins KZ Auschwitz deportiert. Im Sommer 1947 emigrierte Wulf zusammen mit seinem Kollegen Michał Borwicz über Schweden nach Paris, wo sie ein „Centre pour l'Histoire des Juifs Polonais" gründeten. Seit 1952 lebte Wulf in Berlin. Er schrieb seinen Vornamen nun Joseph statt Józef. Er kämpfte um den Aufbau einer internationalen

---

2   Jeannette M. Baron, Foreword, in: Philip Friedman, Roads to Extinction: Essays on the Holocaust, New York and Philadelphia 1980, p. VI.
3   Vgl. die Würdigung des Historikers Friedman: Birgitt Wagner, Jüdische Gesellschaft im Mittelpunkt. „Ghetto" und „Judenrat" als Themen der frühen englischsprachigen Holocaustforschung, in: Ghetto. Räume und Grenzen im Judentum, hrsg. v. Rebekka Denz und Grażyna Jurewicz, Potsdam 2011, S. 53–70.

Dokumentationsstätte zum Holocaust im Haus der Wannsee-Konferenz.[4] Auf dem Feld, für das er seine innerste Berufung verspürte, der Historiografie des Judenmords, blieb er Autodidakt, der zwar bahnbrechende Arbeiten vorlegte (zum Teil gemeinsam mit dem Historiker Léon Poliakov), die aber politisch wenig erwünscht und von den Historikern wegen ihrer methodischen Mängel nicht so gewürdigt wurden, wie Wulf hoffte. Mit seinen Dokumentationen machte er sich einen Namen, von der akademischen Welt fühlte er sich aber abgelehnt und setzte, tief enttäuscht, 1974 seinem Leben ein Ende.[5] Wulf ging in die Historiografie des Holocaust als Pionier und tragische Figur zugleich ein. Der mangelnden Anerkennung folgte, als mit der späten Errichtung der Gedenkstätte in der Villa am Großen Wannsee 1991 sein Traum erfüllt war, die Verklärung als Bewahrer der Erinnerung gegen die Indolenz der deutschen Nachkriegsgesellschaft und die Arroganz der Historiker.[6]

Die jüdische Historikerkommission hatte bald einhundert Mitarbeiter und 25 Filialen in Wojewodschaften und wichtigen Städten wie Krakau und Białystok. Ihre Aufgabe war die Dokumentation der jüdischen Katastrophe durch authentische Zeugnisse. Mehr als 7000 Interviews mit Überlebenden des Holocaust wurden geführt. Sie bilden aufgrund ihrer frühen Entstehungszeit besonders authentische Quellen zur Geschichte der Shoah.[7]

Zwei Publikationen aus der Sammlung der Jüdischen Historischen Kommission wurden auch im deutschen Sprachraum rezipiert: Mordechai Gebirtigs jiddische Lieder und Gedichte „Es brennt", die vom Pogrom in Przytyk im Jahr 1936 handeln, erfuhren eine literarische Karriere, die seit der Erstveröffentlichung in Krakau 1946 bis in die Gegenwart anhält und ihn zum Klassiker machte. Der andere Text, erstmals in Łódź 1946 veröffentlicht, stammt von Leon Weliczker und beschreibt als authentische Quelle in der literarischen Gestalt des Tagebuchs die grausige Arbeit im Sonderkommando 1005. Unter Befehl des SS-Standartenführers Paul Blobel wurden in der „Enterdungsaktion" die Massengräber des Holocaust geöffnet und die Leichen, oder was noch von ihnen übrig war, verbrannt. Die Aktion begann im Juni 1943 beim Lager Janowskastraße in Lemberg. Die Exhumierung mussten jüdische Häftlingskommandos, bewacht von deutscher Schutzpolizei, vornehmen. Wie die „Arbeitsjuden" im Vernichtungslager wurden sie, wenn sie die böse Fron erfüllt hatten, erschossen.

---

4 Gerd Kühling, Schullandheim oder Forschungsstätte? Die Auseinandersetzung um ein Dokumentationszentrum im Haus der Wannsee-Konferenz (1966/67), in: Zeithistorische Forschungen/Studies in Contemporary History 5 (2008) 2, Online-Ausgabe, http://www.zeithistorische-forschungen.de/16126041-Kuehling-2-2008.
5 Klaus Kempter, Joseph Wulf. Ein Historikerschicksal in Deutschland, Göttingen 2013.
6 Vgl. Nicolas Berg, Der Holocaust und die westdeutschen Historiker. Erforschung und Erinnerung, Göttingen 2003.
7 Feliks Tych u. a. (Hrsg.), Kinder über den Holocaust. Frühe Zeugnisse 1944–1948. Interviewprotokolle der Zentralen Jüdischen Historischen Kommission in Polen, Berlin 2008, S. 37 f. Siehe auch das Archivalienverzeichnis Relacje z czasów zagłady Warszawa – inwentarz, 7 Bde, 1998–2011.

In den knapp drei Jahren, in denen die Kommission arbeitete, publizierte sie 39 Bücher und kleinere Schriften in polnischer und jiddischer Sprache: Berichte, frühe Monografien und Zeugnisliteratur von teilweise unschätzbarem Wert für die Historiografie des Holocaust. Mit den beiden Ausnahmen sind die Publikationen im deutschen Raum nicht beachtet worden. An drei exemplarischen Texten, die von der Kommission veröffentlicht wurden, soll die Bedeutung der frühen Zeugnisse für die Geschichtsschreibung beleuchtet werden.

Leon Weliczker: Die Todesbrigade

Leon Weliczker war 16 Jahre alt, als er beim Einmarsch der Deutschen in Lemberg im Juli 1941 Opfer der NS-Ideologie wurde. Nach der Verhaftung und wiederholter Flucht wurde er ins Janowskalager deportiert, lebte im Ghetto und kam wieder ins Lager. Vom 15. Juni bis 20. November 1943 war Weliczker in der „Todesbrigade", dem Enterdungskommando[8]. Er konnte noch einmal fliehen und versteckte sich bis zur Ankunft der Roten Armee Ende Juli 1944. Einige Tage später kam der junge Mann in Kontakt zur Jüdischen Historischen Kommission. Er besuchte Filip Friedman, den Chef: „Am folgenden Tag meldete sich bei mir ein hochgewachsener Jüngling, in Lumpen gekleidet, halb barfuß, mit der erdfahlen Gesichtsfarbe eines Bunkerinsassen. Aber dieser dem Anschein nach arme Kerl war in Wirklichkeit reich und sich seines Reichtums bewusst. Voll Stolz zeigte er mir seinen Schatz – Notizen über seinen Aufenthalt im Lwówer Ghetto, im Janowskalager und in der Todesbrigade. ‚Das ist alles, was ich gerettet habe', sagte er ganz einfach, ‚ich habe es gehütet wie meinen Augapfel.'"[9]

In zehn Heften hatte Leon Weliczker seine Erlebnisse notiert und in den Monaten des Verstecks geordnet. Rachel Auerbach, Mitarbeiterin der Jüdischen Kommission, kürzte und redigierte die 1943 entstandenen Aufzeichnungen, in Gesprächen rekonstruierte Weliczker mit seinem eidetischen Gedächtnis Fakten und Ereignisse. Unter dem Titel „Die Todesbrigade" erschien der Text 1958 in der Anthologie „Im Feuer vergangen" in der DDR und drei Jahre später noch einmal in Reclams Universal-Bibliothek in Leipzig in der Sammlung „Tagebücher aus dem Ghetto".[10] Aber dann wurde Leon Weliczkers Zeugnis vergessen. Dass es eine historische Quelle höchsten Ranges und ein seltenes Dokument menschlichen Leidens ist, hat daran nichts geändert. Leon Weliczker, der 1949 nach dem Studium der

---

8   Shmuel Spector, Aktion 1005. Effacing the murder of millions, in: Holocaust and Genocide Studies 5 (1990), S. 157–173.
9   Leon Weliczker, Die Todesbrigade, in: Im Feuer vergangen. Tagebücher aus dem Ghetto. Mit einem Vorwort von Arnold Zweig, Berlin (DDR) 1958, S. 13.
10 Im Feuer vergangen. Mit einem Vorwort von Arnold Zweig, Berlin 1958 (6. Auflage 1961); Tagebücher aus dem Ghetto, Leipzig 1961. Die Reclamausgabe enthält nur drei der fünf Texte der Ausgabe bei Rütten und Loening von 1958.

Ingenieurwissenschaften in die USA auswanderte, wo er sich Wells nannte, publizierte dort sein Buch auch in englischer Sprache.[11]

Rudolf Reder: Bericht über Bełżec

Nur sieben Überlebende des Vernichtungslagers Bełżec, dem ersten der drei Mordzentren der Aktion Reinhardt,[12] waren 1945 bekannt, und nur drei von ihnen waren in der Lage, Zeugnis über das Geschehen im Vernichtungslager abzulegen. Einer von ihnen war Rudolf Reder. Der 1881 in Dębice geborene Chemiker lebte als Seifenfabrikant in der Panienskastraße in Lemberg, bis er am 16. August 1942 aus dem Ghetto nach Bełżec deportiert wurde. Dort wurde er, trotz seines Alters, als „Arbeitsjude" selektiert, da er sich als Maschinen-Monteur ausgegeben hatte und für die Wartung des Baggers eingesetzt wurde, der Leichengruben aushob. Vier Monate lang, von August bis November 1942, arbeitete Rudolf Reder in dem Kommando, das die Leichen aus der Gaskammer zum Massengrab schleppte. Immer den eigenen Tod vor Augen, vielfach misshandelt, ohne Hoffnung auf ein Entkommen aus dem Inferno, prägte sich Reder ein, was ihm geschah und was er sah: „Dreimal am Tag sahen wir die Leute fast verrückt werden. Und wir waren auch nah am Wahnsinn. Ich kann nicht sagen, wie wir von einem Tag zum nächsten überlebten, da wir uns nichts vormachten. Stück für Stück starben auch wir zusammen mit diesen Tausenden von Leuten, die für einen kurzen Moment durch eine Agonie der Hoffnung gingen. Apathisch und schicksalsergeben fühlten wir weder Hunger noch Kälte. Wir alle warteten, dass es an uns kam, einen unmenschlichen Tod zu sterben. Wir fühlten nur noch etwas, wenn wir die herzzereißenden Schreie kleiner Kinder hörten: ‚Mutti, Mutti, ich bin doch ein braver Junge gewesen!' und ‚Dunkel! Dunkel!!'. Und dann wieder nichts."[13]

Die einmalige Chance zur Flucht aus dem Todeslager ergab sich, als Bleche aus Lemberg geholt werden mussten. Reder war als Arbeitssklave zum Laden mitgeschickt worden und nutzte, als die Wache schlief, die Gelegenheit. Er stieg vom Lastwagen und verschwand in der Menge, begab sich zur Wohnung seiner polnischen Haushälterin. Sie verbarg ihn bei sich bis zur Befreiung Lembergs durch die Rote Armee im Juli 1944: „Es dauerte zwanzig Monate, bis die physischen Verletzungen verheilten. Aber wie stand es um die seelischen Wunden? Ich wurde von Schreckensbildern verfolgt, hörte das Stöhnen der gequälten Opfer, die Schreie

---

11 Es erschien 1963 bei Macmillan unter dem Titel The Janowska Road und noch einmal in der Holocaust Library: Leon Weliczker Wells, The Death Brigade (The Janowska Road), New York 1978.
12 Vgl. Robert Kuwałek, Bełżec, in: Wolfgang Benz/Barbara Distel (Hrsg.), Der Ort des Terrors. Geschichte der nationalsozialistischen Konzentrationslager, Bd. 8 München 2008, S. 331–371.
13 Rudolf Reder, Bericht über Bełżec, in: Wolfgang Benz/Barbara Distel/Angelika Königseder (Hrsg.), Nationalsozialistische Zwangslager. Strukturen und Regionen – Täter und Opfer, Dachau/Berlin 2011, S. 351–373, zit. S. 372.

der Kinder und das Hämmern eines laufenden Motors. Auch die Gesichter der deutschen Verbrecher konnte ich nicht aus meinem Gedächtnis streichen. In einem solchen Zustand eines ständigen Albtraums überlebte ich bis zur Befreiung. Als die Rote Armee die Deutschen aus Lemberg hinauswarf, war ich endgültig imstande, ohne Furcht aus dem Versteck herauszukommen, frische Luft zu atmen und wieder Gefühle und Gedanken zu entwickeln. Sogleich wurde ich von einer Sehnsucht ergriffen, an diesen Ort zurückzukehren …"[14]

Rudolf Reder fuhr noch einmal nach Bełżec, sprach mit Einheimischen, studierte die Überreste der Mordstätte, soweit sie noch zu erkennen waren, nachdem die Deutschen 1943 die Spuren verwischt hatten, soweit dies möglich war. Im Juli 1944 hatte Reder zum ersten Mal einer sowjetisch-polnischen Kommission über Bełżec berichtet, im Januar 1946 erstattete er vor der polnischen Hauptkommission zur Untersuchung der nationalsozialistischen Verbrechen und vor der Zentralen Jüdischen Historischen Kommission in Krakau ausführlichen Bericht.[15] Im gleichen Jahr veröffentlichte die Kommission Reders Bericht „Bełżec". Er ist 1999 erneut in polnischer und englischer Sprache erschienen und 2011 erstmals auch auf Deutsch.[16]

Die Zeugenschaft Reders war unmittelbar. Er war an der Gaskammer eingesetzt und erlebte dreimal täglich das Sterben: „Die Hilferufe, Schreie und das schreckliche Stöhnen der Menschen, die eingeschlossen waren und langsam erstickt wurden, hielten zwischen zehn und fünfzehn Minuten an. Anfangs entsetzlich laut, nahmen sie nach und nach ab, bis völlige Stille eintrat. Die verzweifelten Rufe vernahm ich in vielen verschiedenen Sprachen. Neben den polnischen Juden kamen Transporte von Juden aus anderen Ländern."[17] Rudolf Reder, der 1949 seinen Namen in Roman Robak polonisierte, wanderte 1950 nach Israel aus; nach wenigen Monaten emigrierte er wieder, und zwar nach Kanada, wo er um 1970 gestorben ist.

Reders Bericht ist nicht nur durch die frühe Niederschrift besonders authentisch, er ist auch in hohem Maße detailgenau und zeichnet ein Bild der Realität des Judenmordes, insbesondere auch der Täterpsychologie. Über den SS-Hauptsturmführer Schwarz schreibt Reder „Er folterte mit Leib und Seele", und über einen jungen, aus Litauen stammenden Volksdeutschen, den SS-Mann Heni Schmidt, lesen wir: „Er verpasste nie eine Gelegenheit,

---

14 Ebenda, S. 372 f.
15 Weitere Zeugnisse Reders nach Kuwałek, Bełżec, S. 170 f.: Aussage von Rudolf Reder, 1944 (Kopie), Staatsarchiv München, StanW 33033/32, Aussagen von Trawniki-Wachmännern zu ihren Tätigkeiten in Bełżec, S. 32–36; Aussage Rudolf Reder, Krakau 1945, in: Archiwum Żydowskiego Instytutu Historycznego, Warszawa, Berichte und Aussagen, Sign. 301/594; Aussage Rudolf Reder, 19. 12. 1945, Archiwum Państwowego Muzeum na Majdanku, Fotokopien, Sign. 1284, OKBL, Ds. 1604/45; Aussage Rudolf Reder (unter Nachkriegspseudonym Roman Robak), 8. 8. 1960, Bundesarchiv Ludwigsburg, B 162/208, Bd. 5, S. 982–987.
16 Vgl. Anm. 13.
17 Reder, Bericht über Bełżec, S. 361.

mit anzusehen, wie die Opfer zu den Gaskammern getrieben wurden. Er stellte sich hin und hörte sich das schreckliche gellende Schreien der Frauen an, die vergast wurden. Blutrünstig, grässlich und entartet war er die wahre Seele des Lagers."[18] Noch wichtiger sind die Einblicke in die Emotionen der Opfer, die Reder uns gewährt: „Das Todeskommando bestand überwiegend aus Männern, die die Vergasung ihrer Frauen, Kinder und Eltern erlebt hatten. Vielen von uns gelang es, einen Gebetsmantel und Gebetsriemen aus dem Magazin zu schmuggeln. Von den Liegen ertönte ein Murmeln des Kaddisch, nachdem unsere Baracken für die Nacht verschlossen worden waren. Wir beteten für unsere Toten. Später herrschte Stille. Wir waren so benommen, dass wir uns nie beklagten."[19] Das Lebensgefühl der „Arbeitsjuden" war reduziert auf mechanische Funktionen und Reflexe. „Wir zogen umher wie willenlose Menschen, wie ein einziger Körper." Und die Einsamkeit war grenzenlos. „Niemand interessierte sich wirklich für irgendjemand anderen. Wir führten dieses schreckliche Leben einfach automatisch fort."[20]

Rachel Auerbach: Auf den Feldern von Treblinka

Im Januar 1946 beendete Rachel Auerbach ihren Bericht über eine Inspektionsreise nach Treblinka im November 1945. Die Zentrale Jüdische Historische Kommission, in deren Auftrag sie teilgenommen hatte, veröffentlichte den Text 1947 in jiddischer Sprache: „Oyf di Felder fun Treblinke". 1979 folgte eine amerikanische Ausgabe. Im Vorwort erinnert Rachel Auerbach an ein kleines jüdisches Mädchen, sieben Jahre alt und plötzlich erwachsen, wenige Augenblicke, bevor sie starb. Halinka Czechowicz, die ihren Vater tröstete, ihm vorhersagte, dass er überleben würde, dem sie ihre Uhr zum Andenken gibt: „Auch ich kann das kleine Mädchen hören und sehen. Die Tränen, die sie nie vergossen hat, weil sie nicht wollte, dass ihr Vater litt, werden in meinem Herzen bis zum Ende meiner Tage fließen."

Rachel Auerbach war 43 Jahre alt, als sie über die Reise nach Treblinka berichtete. Sie hatte das Ghetto Warschau überlebt, war dort Mitarbeiterin des Chronisten Emanuel Ringelblum gewesen. Sie hatte mitgewirkt, das geheime Ghettoarchiv anzulegen und zu verstecken, sie gehörte dann auf der „arischen Seite" zur jüdischen Untergrundbewegung. Nach der Befreiung wurde sie Mitglied der Jüdischen Historischen Kommission in Polen. Später wanderte sie nach Israel aus, wurde Mitarbeiterin von Yad Vashem in Jerusalem und schrieb die ersten wichtigen Bücher über den Untergang des jüdischen Warschau und den für ihre Haltung kennzeichnenden Text „Undzer Kheshbn mitn Daytshn Folk" (Unsere Rechnung mit dem deutschen Volk). Sie ist 1976 in Israel gestorben.

18 Ebenda, S. 371.
19 Ebenda, S. 365.
20 Ebenda, S. 366.

Am 7. November 1945 reiste Rachel Auerbach mit einer Delegation der Zentralen Staatlichen Kommission zur Erforschung der deutschen Verbrechen nach Treblinka. Der Gruppe gehörten vier Überlebende des Vernichtungsorts Treblinka an, Samuel Rajzman, Tanhum Grinberg, Szymon Friedman und M. Mittelberg, der Untersuchungsrichter Zdzisław Łukaszkiewicz, der Staatsanwalt Maciejewski, der Vorsitzende des Bezirksrats Siedlce, J. Szlebzaki und der Bürgermeister Kucharek vom Nachbarort Wólka Okrąglik sowie ein Landvermesser, M. Tratsald, und ein Presse-Fotograf, Jacob Byk. Rachel Auerbach und Józef Kermisz vertraten die Zentrale Jüdische Kommission. Rachel Auerbach, die in Lemberg Philosophie studiert und dann für jüdische und polnisch-jüdische Periodika geschrieben und übersetzt hatte, beschrieb die Reise mit „unerträglichem Schmerz" und Wut im Herzen. Sie kannte die Literatur und die Zeugnisse, die bereits über Treblinka erschienen waren, sie hatte sich in Gesprächen mit Überlebenden kundig gemacht. Ihre Sympathie galt den wenigen Heroen des jüdischen Widerstandes, einem „der hellsten Kapitel in der dunklen Geschichte des jüdischen Todes in Polen", ihre Verachtung denen, die angesichts der jüdischen Katastrophe nicht geholfen hatten oder nichts davon gewusst haben wollten („ab September 1942 war es in Polen schwierig, nichts zu wissen"), ihr Hass richtete sich gegen die Deutschen, die Nation der Täter: „Ihre Floskeln über die ‚Mission des deutschen Geistes' und andere Deutschtümeleien waren nur eine Ganovensprache, aus der jeder Deutsche seine eigene Bedeutung herauslesen konnte, und eine sehr einfache noch dazu. Sie appellierte bewusst nicht an irgendeine Art von Idealismus, sondern an den räuberischen Drang, an nationalen und persönlichen Egoismus und Größenwahn."[21]

Rachel Auerbachs Urteil war aber, trotz ihrer Emotionen, reflektiert und hatte das Rätsel der Verführbarkeit des Individuums, den Appell an niedere Instinkte, die willige Hinnahme des Staatsverbrechens und die freudige Beteiligung des Einzelnen im Hintergrund: „Wenn diese Menschen alle überzeugte Antisemiten, Nazis, Dämonen und Mörder gewesen wären, könnte es so einfach zu verstehen sein. Aber dem war nicht so. Selbst das Teuflische war hier trivial und billig. Die größte Schande des deutschen Volkes besteht darin, dass unschuldige, wehrlose Menschen verfolgt wurden, dass Männer und Frauen, Alte und Kranke getötet wurden und Kinder aus den Armen ihrer Mütter gerissen wurden – in der großen Mehrzahl der Fälle aus kleinlichen, trivialen Motiven. Sie waren feige und gemeine kleine Schrauben in einer riesigen Maschine der Kriminalität."[22]

Für viele, stellvertretend für alle Überlebenden der Opfer des Holocaust, fragte die Autorin nach der psychologischen und habituellen Konstitution der Täter, die ja nicht alle Berufsverbrecher oder Sadisten von Anfang an gewesen sein konnten: „Das große Fragezeichen steht bei den gewöhnlichen, einfachen, normalen Deutschen, die mit dem Selbstbewusstsein und der ruhigen Überlegung von respektierten Funktionären des Staates die

---

21 Auerbach, Auf den Feldern, S. 421.
22 Ebenda, S. 423.

abscheulichsten Verbrechen begingen, die es jemals in dieser Welt gab. [...] Sie taten es ohne jede Emotion, und im kaltblütigen Bewusstsein dessen, was sie anstellten. Das ist der Grund, warum sie zu den Gefährlichsten und am schwersten zu Verstehenden zählten."[23] Rachel Auerbach, die sich in der klassischen deutschen Literatur und Philosophie ebenso auskannte wie sie mit der NS-Ideologie vertraut war, suchte auch die moralische Beschaffenheit derer zu ergründen, die Zeugen der Tragödie, aber nicht eigentlich Täter gewesen waren. Sie zog sich in Ratlosigkeit zurück: „Vielleicht sind die Deutschen wirklich aus anderem Fleisch und Blut gemacht als der Rest der Menschheit."[24]

Die Exkursion nach Treblinka dauerte vier Tage im November 1945. Ihren Bericht darüber leitete Rachel Auerbach mit einer ausführlichen dichten Beschreibung des Mordens an dieser Stätte ein. Zwischen Juli 1942 und September 1943 waren in Treblinka, dem größten und perfektesten Mordzentrum der „Aktion Reinhardt", etwa eine Million Menschen Opfer geworden, zuvor misshandelt und gedemütigt, ausgeplündert. Rachel Auerbachs Darstellung ist, von wenigen Details abgesehen, angesichts des frühen Zeitpunkts und der schlechten Quellenlage und in Anbetracht der Stimmung der Autorin, die viele in Treblinka ermordete Angehörige beklagte, erstaunlich zutreffend.[25]

Darüber hinaus, und das macht den literarischen Rang ihres Textes aus, vermittelt sie die Atmosphäre der Mordstätte. Tief berührt ist sie bei der Annäherung an die einsamen und öden Gefilde, über denen Nebel liegt. Sie versucht, die Geschichte ihrer Nächsten vor dem geistigen Auge zu beschwören: „Wenn es wirklich so etwas wie Unsterblichkeit gibt, sollten ihre Seelen über diesem Ort schweben, zwischen den Seelen, die keine Sühne finden konnten, weil ihre physische Masse bereits verschwunden war. Wer weiß – vielleicht waren es diese jüdischen Seelen, die den Nebel bildeten, der jetzt schwer über unseren Köpfen hing."[26]

Wie ihre Mitreisenden ist Rachel Auerbach erschüttert über die Spuren, die nach dem Ende des Mordens in Treblinka von Krämerseelen, Räubern und Dieben, vom gewöhnlichen Gesindel, das sich unter dem dünnen Firnis von Kultur und Zivilisation verbirgt, hinterlassen wurden: „Alle Arten von Plünderern und Marodeuren kommen in Scharen mit Schaufeln in der Hand hierher. Sie graben, suchen und plündern; sie sieben den Sand, ziehen Teile von halb verfaulten Leichen und verstreuten Knochen aus der Erde in der Hoffnung, dass sie wenigstens auf eine Münze oder einen Goldzahn stoßen. Diese menschlichen Schakale und Hyänen bringen echte Granaten und Blindgänger mit. Sie bringen mehrere von ihnen auf einmal zur Explosion und reißen riesige Krater in die geschändete, blutgetränkte Erde, die mit der Asche von Juden vermischt ist."[27]

23 Ebenda, S. 421.
24 Ebenda.
25 Vgl. Wolfgang Benz, Treblinka, in: Wolfgang Benz/Barbara Distel (Hrsg.), Der Ort des Terrors. Geschichte der nationalsozialistischen Konzentrationslager, Bd. 8, München 2008, S. 407–443.
26 Auerbach, Auf den Feldern, S. 446 f.
27 Ebenda, S. 449.

Die Reisenden stiegen am Rand des Lagergeländes aus dem Auto. Zwei Wege und Reste von Betonfundamenten waren noch zu erkennen. Alles andere, Lagergebäude, Wachtürme, der Stacheldrahtzaun waren schon 1943 von der SS beseitigt worden: „Als die Deutschen noch vor Ort waren, war die ganze Gegend umgepflügt und Lupinensamen ausgesät worden. Und die Lupine wuchs wirklich und bedeckte die gesamte Fläche mit einer grünen Maske. Es sah aus, als ob alle Spuren des Verbrechens beseitigt worden wären. Doch seitdem kamen im vergangenen Jahr menschliche Schakale und Hyänen auf das Gräberfeld, und so ergibt sich das Bild, das wir gesehen haben: Hier und da, wie Flecken von Gras in der Nähe der Küste, die Hälfte von Flugsand bedeckt, gab es noch wenige Klumpen von welker Lupine. Nicht ein ebener Platz auf dem ganzen Gelände. Alles war aufgerissen und umgegraben, kleine Hügel und Löcher. Und auf ihnen, neben ihnen und unter ihnen lag alles Mögliche. Aluminiumtöpfe und Pfannen, emaillierte Töpfe aus Blech – verrostet, verbeult, voller Löcher. Kämme mit abgebrochenen Zinken, halb verrottete Sohlen von Damensandalen, zerbrochene Spiegel, Lederbrieftaschen. All dies liegt in der Nähe des Bahnsteigs, wo der Stacheldrahtzaun des Lagers begonnen hatte."[28] Der Rundgang endet in Trostlosigkeit. „Beschämt und krank am Herzen, unsere Köpfe gesenkt, verließen wir den Ort."[29]

Die Zeit sei noch nicht reif, sich am Ort des Geschehens in Trauer zu versammeln, schreibt Rachel Auerbach, den Besuch in Treblinka bilanzierend. Wären hier Rituale denkbar, fragt sie, im Wissen darum, dass hier die Asche von Angehörigen, von Freunden, von Hunderten Bekannten, von Hunderttausenden Unbekannten der jüdischen Schicksalsgemeinschaft mit der Erde Treblinkas vermengt ist. In der Erde, die nach dem Judenmord noch einmal geschändet wurde durch Kreaturen, die nach dem Ende des nationalsozialistischen Barbarentums ihrer Raffgier frönten durch Plünderung, Raub, Leichenfledderei. Diese Erfahrung auf dem Mordfeld im November 1945 überschattete sogar den Zorn und das Aufbäumen gegen das Menschheitsverbrechen des Holocaust.

So heftig Rachel Auerbach im anhaltenden Zorn mit den Deutschen ins Gericht geht und sie ein für allemal als unmenschliche Barbaren verdammt und so kritisch sie das Verhalten der Polen beurteilt, die auf dem Mordfeld Treblinka Leichenfledderei treiben, so versöhnlich gestimmt sind andere Berichte. Im Vorwort zu Lejb Zylbergergs Bericht, den Klara Mirska in schriftliche Form brachte, redigierte und 1947 für die Jüdische Historische Kommission edierte, legt sie, aufgrund des Schicksals des Schneiders Lejb Zylberberg, der mit seinem Bruder von einem Versteck zum anderen zieht, ein Bekenntnis zum Humanismus ab. Ihr Glaube an das ewig Menschliche wurde gestärkt durch die vielen Beispiele solidarischen Verhaltens der Polen und durch die Haltung der Juden. Obwohl die Exempel für die Niedertracht der deutschen Besatzer, die Verachtung für deren Werkzeuge in Gestalt schwacher Juden und opportunistischer Polen auch in Zylbergs Bericht zahlreich sind.

---

28 Ebenda, S. 450.
29 Ebenda, S. 453.

Einige der Veröffentlichungen der Kommission aus den Jahren 1945–1947 haben nur noch antiquarische Bedeutung, als Dokumente ersten wissenschaftlichen Umgangs mit der jüdischen Katastrophe. Andere, wie Filip Friedmans Arbeit über die Vernichtung der Juden von Lemberg, die als erste Veröffentlichung der Kommission 1945 in Łódź erschien, sind wie auch Szymon Datners Text „Kampf und Zerstörung des Ghettos Białystok" (1946) oder Mendel Balberyszskis Werk „Die Vernichtung des Wilnaer Ghettos" von historiografischer Bedeutung durch ihren Detailreichtum und ihre Authentizität. Das gilt nicht minder für die Studie von Józef Kermisz über den Aufstand im Warschauer Ghetto, in der der Stroop-Bericht „Es gibt keinen jüdischen Wohnbezirk in Warschau mehr" mit der Erfahrung und Erinnerung der Ghettokämpfer konfrontiert wird.[30]

Michał Maksymilian Borwicz beschreibt das Lager in der Lemberger Janowska-Straße als eine „Hochschule der Bestialität", als Universität der Mörder, als Todesfabrik. Borwicz verbindet die Distanz des Intellektuellen mit der Erfahrung des Häftlings. Das ergibt ein eindringliches Bild des Zwangsarbeitslagers, dessen Alltag sich von dem eines Konzentrationslagers allenfalls dadurch unterschied, dass in großem Stil und systematisch gemordet wurde: Borwicz verglich die „Todesfabriken, mit denen die Nazis ganz Europa bedeckten", mit einem riesigen Konzern, der „Fachleute und Erfahrungsberichte aus dem Bereich Sadismus" von einer Filiale zur anderen schickte: „Im Verhältnis zu anderen Hinrichtungsorten erfüllte das Lemberger Lager die Funktion einer Hochschule für Bestialität: Es bildete qualifizierte Spezialisten aus. Unabhängig davon schickte es Häftlingstransporte in seine Außenstellen und übernahm im Gegenzug die aussortierten Reste aus den aufgelösten Abteilungen."[31]

Die stärksten Texte sind für den heutigen Leser die Selbstzeugnisse, die in ihrer Unmittelbarkeit und individuellen Reflexion von Verfolgung, Existenzkampf und Überleben auch emotionalen Zugang ermöglichen. Die Kenntnis solcher literarischer und humanistischer Kostbarkeiten steht dem deutschen Leser noch bevor. Dazu gehören der Bericht Róża Baumingers über ihre Erfahrung im Zwangsarbeitslager Skarżysko-Kamienna und die Erinnerungen von Berek Freiberg an Sobibór oder von Abraham Krzepicki an Treblinka.

Berek Freiberg war vierzehn Jahre alt, als er im Mai 1942 nach Sobibór deportiert wurde. Als „Arbeitsjude" lebte er 18 Monate im Vernichtungslager, d. h. er gehörte als Sklave zu denen, die beim Morden, stets den eigenen Tod vor Augen, als Gehilfen der Mörder tätig sein mussten: den Opfern die Haare scheren, ihre Habe sortieren, Leichen schleppen, das Gefolge der SS bedienen: „Ich glaubte selbst nicht, dass es möglich ist, das zu erleben, was ich erlebt habe. Oft kam es mir vor, dass das nur ein Traum sei, oft wollten wir uns nur schlafen legen und nicht mehr aufstehen. […] Oftmals wollten wir rebellieren und nicht zur Arbeit

---

30 Vgl. Faksimile des Stroop-Berichts, hrsg. von Andrzej Wirth, Es gibt keinen jüdischen Wohnbezirk mehr!, Neuwied 1960.
31 Borwicz, S. 78.

gehen: Schluss, aus! Nun, was hätte es gebracht? Man hätte uns erschossen und sie hätten andere genommen. Das hatte keinen Sinn. Wir wollten wirklich etwas tun, das sich auch auf sie auswirkte, Feuer legen oder töten. Möge mindestens einer übrigbleiben, um der Welt berichten zu können."[32]

Aber die Juden bereiteten einen Aufstand vor, und einigen, darunter Berek Freiberg, gelang dabei die Flucht (die meisten entkamen zwar, aber nur wenige überlebten). Im Juli 1945 schildert der inzwischen 17-Jährige seine Erlebnisse einer Mitarbeiterin der Zentralen Jüdischen Historischen Kommission. Bluma Wasser protokolliert den Bericht und redigiert ihn für den Druck. Es kommt aber kein Buch zustande, die Niederschrift landet im Archiv des Jüdischen Historischen Instituts in Warschau. Der Text wird hier zum ersten Mal veröffentlicht.

Abraham Krzepicki war ein junger Jude, der 1939 in der polnischen Armee gegen die deutsche Wehrmacht kämpfte. Er lebte dann in Warschau, bis er im August 1942 nach Treblinka deportiert wurde. 18 Tage lang war er im Vernichtungslager, arbeitete als Leichenschlepper, im Lumpenkommando, in der „Werterfassung". Er beobachtete alle Details der Mordmaschine, von der Ankunft der Opfer bis zur Gaskammer, prägte sich die Szenen des Infernos ein und floh. Abraham Krzepickis Bericht ist das früheste Zeugnis eines Überlebenden von Treblinka überhaupt. Niedergeschrieben hat ihn Rachel Auerbach im Warschauer Ghetto. Krzepicki kämpfte hier in den Reihen der Jüdischen Kampforganisation ŻOB. Im April 1943, beim Ghetto-Aufstand, kam er ums Leben. Er war 25 Jahre alt.

Gerszon Taffet ist der Chronist des Untergangs der jüdischen Gemeinde von Żółkiew in Galizien, die vor der deutschen Okkupation 5000 Seelen gezählt hatte. Wenig mehr als 70 Juden, die Taffet am Ende seines Berichts namentlich aufführt, haben überlebt. Taffet war einer von ihnen. Er war von Beruf Lehrer, gab auch im Ghetto Unterricht und gehörte der Gesundheitskommission an. Es gelang ihm, aus dem Zug ins Vernichtungslager zu fliehen, und er überlebte auch die Deportation ins Lager Janowska in Lemberg. Bis zur Befreiung im Juli 1944 war er versteckt. Gerszon Taffet verlor im Holocaust Frau und Kind, sein eigenes Geschick erwähnt er aber nur in wenigen Andeutungen. Der Bericht ist eine nüchterne Darstellung des Judenmords in einem galizischen Stetl.

Ber Ryczywół war ein alter Mann von 62 Jahren, als er sein Überleben Bluma Wasser für die Jüdische Historische Kommission schilderte. Er sei ein einfacher und ehrlicher Mensch mit jungen Augen, erinnerte sich Bluma Wasser, er war „einer von jenen, die vor der Vernichtung des polnischen Judentums in Warschau und in der Provinz an die Hunderttausende gezählt haben. Noch dazu kann er kaum lesen und schreiben."[33] Ein alter und erschöpfter Jude auf jahrelanger Flucht, der als ländlicher polnischer Wanderer getarnt den Deutschen, aber auch den Polen immer wieder entkam. Seine Frau ist 1941 in Warschau,

---

32 Freiberg, S. 633 f.
33 Ryczywół, S. 359.

wo er einen Handel mit Heringen betrieben hatte, verhungert. Die vier Kinder verlor er im Holocaust, sie hatten Angst vor der Flucht ins Ungewisse und gingen zugrunde. Auf seiner Wanderung durch die Dörfer erfährt er auch Hilfe, aber er weiß nie, wenn er um Obdach bittet, ob er vor seinem Mörder steht.

Mit der Befreiung durch die Rote Armee scheint die Judenfeindschaft zu enden. Aber es gibt auch keine Juden mehr. Am Ende seines Berichts sagt Ber Ryczywół traurig und resigniert: „Noch heute kommt es vor, dass ich mit Christen über das Schicksal der Juden spreche. Vor zwei Wochen erzählt mir ein Christ, dass er in der Nähe von Plac ein Landgut gehabt hat, dort haben Juden gewohnt, noch vor dem Krieg. Sie haben dort gut gelebt, er pflegte ihnen Tannenzweige für die Laubhütte zu bringen, dafür lud ihn der Jude am Feiertag, nach dem Beten, zu sich in die Laubhütte ein und bot ihm Fisch und Schnaps an. Jetzt, nach dem Krieg, haben sich dort fünf Juden aufgehalten, eine ganze Familie. Sie hatten im Wald überlebt. Aber neulich hat man sie auf der Chaussee umgebracht. Der Goj schlägt sich an die Brust und schreit: ‚Unsere, unsere haben das getan! Und Jesus schweigt?!' Jetzt möchte ich nur noch, dass meine alten Knochen in der Erde unserer Vorväter ruhen sollen. Ich will nichts weiter, wenn ich nur in unser Heiliges Land fahren kann."[34]

---

34 Ryzcywól, S. 390 f.

Frank Beer

Die Veröffentlichungen der Zentralen Jüdischen Historischen Kommission in Polen 1945–1947

In den knapp drei Jahren ihres Bestehens publizierte die Zentrale Jüdische Historische Kommission 39 Titel in Form von Broschüren, Heften und Büchern. Die ersten vier Broschüren enthielten Instruktionen und methodische Leitlinien für die Arbeit der Kommission, der mehr als einhundert Personen angehörten. Noch im Kriegsjahr 1945 erschien eine erste Dokumentation mit 126 Aussagen von Holocaustüberlebenden, von der Konzeption vergleichbar mit dem Schwarzbuch von Wassilij Grossmann und Ilja Ehrenburg in der Sowjetunion. Eine ganze Reihe deutscher Kriegsverbrecher wird darin namentlich genannt, so z. B. Dr. Josef Mengele, der berüchtigte Lagerarzt von Auschwitz-Birkenau. Etwa die Hälfte der Schriften umfasst Selbstzeugnisse aus den Ghettos und Lagern. Mehrere Dokumentationen sowie erste geschichtswissenschaftliche Aufarbeitungen, eine Karte zu den NS-Lagern, ein Bildband mit mehr als 250 Fotos, Bände mit Gedichten und Liedern aus der Zeit der Verfolgung sowie ein Tätigkeitsbericht über das erste Jahr der Zentralen Jüdischen Historischen Kommission runden das beeindruckende Werk ab. Einer der letzten Bände dokumentiert den Kriegsverbrecherprozess gegen den KZ-Kommandanten Amon Göth in Krakau. So schließt sich der Kreis.

In polnischen Antiquariaten kann man heute mit etwas Glück die Publikationen der Kommission finden, ebenso in Antiquariaten für jüdische Literatur in Jerusalem, New York und Amsterdam. Jedoch ist es kaum möglich, eine vollständige Sammlung zu erwerben. Viele der Schriften werden zurzeit nicht mehr angeboten.

Alle Titel (ins Deutsche übersetzt) in der Reihenfolge ihres Erscheinens:

1) „Hinweise für die Sammlung historischer Materialien aus der Zeit der deutschen Besatzung" [Łódź 1945]; 22 Seiten
2) „Hinweise für die Sammlung etnographischer Materialien aus der Zeit der deutschen Besatzung" [Łódź 1945]; 22 Seiten
3) „Instruktionen zur Erforschung der Erlebnisse von jüdischen Kindern während der deutschen Besatzungszeit" [Łódź 1945]; 16 Seiten (Feliks Tych/Alfons Kenkmann/Elisabeth Kohlhaas/Andreas Eberhardt (Hrsg.), Kinder über den Holocaust. Frühe Zeugnisse 1944–1948, Berlin 2008, S. 273–292)

4) „Methodische Leitlinien für das Studium der Vernichtung des polnischen Judentums" [Łódź 1945]; 47 Seiten
5) Michał Maksymilian Borwicz/Nella Rost/Józef Wulf (Redaktion): „Dokumente des Verbrechens und des Martyriums" [Kraków 1945]; 222 Seiten
   Der Band enthält 126 Aussagen und Berichte polnischer Juden zum Holocaust.
6) „Karte der NS-Lager in Ober- und Niederschlesien" [Katowice 1946]
7) Bildband „Ausrottung der polnischen Juden" [Łódź 1946]; 252 Fotografien auf 104 Seiten
8) Filip Friedman: „Die Vernichtung der Lemberger Juden" [Łódź 1945]; 38 Seiten
9) Gusta Draenger: „Tagebuch der Justyna" [Kraków 1946]; 120 Seiten
   Im Gefängnis von der Partisanin und Gründungsmitglied der Jüdischen Kampforganisation ŻOB in Krakau geschrieben, Justyna ist der Untergrundname von Gusta Draenger. (Im Feuer vergangen – Tagebücher aus dem Ghetto, Berlin 1958, S. 167–298)
10) Michał Maksymilian Borwicz: „Die Universität der Mörder" [Kraków 1946]; 112 Seiten
11) Mordechai Gebirtig: „Es brennt" [Kraków 1946]; 40 Seiten
    Lieder und Gedichte des berühmten Liedermachers, der von den Deutschen im Ghetto Krakau ermordet wurde. „Es brennt" handelt von dem Przytyk-Pogrom im Jahre 1936 vor dem Krieg.
12) Rudolf Reder: „Bełzec" [Kraków 1946]; 65 Seiten
13) Leon Weliczker: „Die Todesbrigade (Sonderkommando 1005)" [Łódź 1946]; 128 Seiten
    Tagebuch eines Angehörigen des jüdischen Sonderkommandos, dessen Aufgabe in der Beseitigung der Spuren der Massenverbrechen im Gebiet von Lemberg bestand. (Im Feuer vergangen – Tagebücher aus dem Ghetto, Berlin 1958, S. 11–165)
14) „Dokumente und Materialien zur Geschichte der Juden in Polen während der deutschen Besatzung" – Band I: „Lager", Herausgeber Nachman Blumental [Łódź 1946]; 335 Seiten
15) Michał Maksymilian Borwicz: „Literatur im Lager" [Kraków 1946]; 76 Seiten
    Untertitel: Skizze des Untergrundlebens und der Literatur aus dem Janowska-Gefängnis des Vernichtungslagers in Lemberg.
16) Stefan Otwinowski: „Ostern (Ein Drama in drei Akten mit Prolog)" [Kraków 1946]; 96 Seiten
    Drama über den Aufstand im Warschauer Ghetto an Ostern 1943.
17) Michał Maksymilian Borwicz/Nella Rost/Józef Wulf (Redaktion): „Am dritten Jahrestag der Vernichtung des Krakauer Ghettos" [Kraków 1946]; 204 Seiten
18) Szymon Datner: „Kampf und Zerstörung des Ghettos Białystok" [Łódź 1946]; 48 Seiten
19) Róża Bauminger: „Pikrate und TNT – Zwangsarbeitslager Skarżysko-Kamienna" [Kraków 1946]; 62 Seiten
20) Janina Hescheles: „Mit den Augen eines 12-jährigen Mädchens" [Kraków 1946]; 76 Seiten

Hescheles beschreibt in ihrem Tagebuch die deutsche Besatzung und den Aufenthalt im Lager Janowska in Lemberg. (Im Feuer vergangen – Tagebücher aus dem Ghetto, Berlin 1958, S. 299–356)

21) Simcha Szajewicz: „Geh fort ..." [Łódź 1946]; 74 Seiten
    Enthält im Ghetto Łódź geschriebene Gedichte und Briefe des Dichters, der von den Deutschen in Auschwitz ermordet wurde.
22) Noe Grüss: „Ein Jahr Tätigkeit der Zentralen Jüdischen Historischen Kommission" [Łódź 1946]; 62 Seiten
23) „Dokumente und Materialien zur Geschichte der Juden in Polen während der deutschen Besatzung" – Band II: „Razzien und Deportationen", Herausgeber Józef Kermisz [Łódź 1946]; 473 Seiten
24) unveröffentlicht: Sz. Kaczergiński: „Lieder aus dem Ghetto von Wilna"
25) Nathan Elias Szternfinkiel: „Die Vernichtung der Juden von Sosnowiec" [Katowice 1946]; 84 Seiten
26) Józef Kermisz: „Der Aufstand im Warschauer Ghetto 19. April–16. Mai 1943" [Łódź 1946]; 116 Seiten
27) Gerszon Taffet: „Die Vernichtung der Juden von Żółkiew" [Łódź 1946]; 72 Seiten
28) Betti Ajzensztajn (Redaktion): „Die Widerstandsbewegung im Untergrund der Ghettos und Lager (Materialien und Dokumente)" [Warszawa/Łódź/Kraków 1946]; 213 Seiten
29) Abraham Melezin: „Demographische Beziehungen zwischen der jüdischen Bevölkerung in Łódź, Krakau und Lublin während der Nazi-Okkupation" [Łódź 1946]; 76 Seiten
30) Ber Ryczywół: „Wie ich die Deutschen überlebte" [Warszawa/Łódź/Kraków 1946]; 52 Seiten
31) „Dokumente und Materialien zur Geschichte der Juden in Polen während der deutschen Besatzung" – Band III: „Das Ghetto Łódź", Herausgeber Artur Eisenbach [Łódź 1946]; 300 Seiten
32) Michał Maksymilian Borwicz: „Der Gesang überdauert alles ... Anthologie von jüdischen Gedichten aus der Zeit der Nazi-Besatzung" [Warszawa/Kraków/Łódź 1947]; 288 Seiten
33) Rachel Auerbach: „Auf den Feldern von Treblinka" [Warszawa/Kraków/Łódź 1947]; 109 Seiten
34) Nachman Blumental: „Unschuldige Worte" [Warszawa/Kraków/Łódź 1947]; 271 Seiten
    Blumentals Buch ist ein Wörterbuch und zeigt die wahre Bedeutung der Worte in Bezug auf den Holocaust und während des Holocaust.
35) Nachman Blumental u. a.: „Der Prozess gegen den Kriegsverbrecher Amon Leopold Göth vor dem Obersten Nationalen Gericht" [Warszawa/Kraków/Łódź 1947]; 514 Seiten
36) Michał Maksymilian Borwicz: „Fluchtpunkt Lied, die Geschichte der Kreativität von Juden unter der Nazi-Okkupation" [Warszawa/Kraków/Łódź 1947]; 55 Seiten

37) Maria Hochberg-Marianska/Noe Grüss: „Kinder klagen an" [Warszawa/Kraków/Łódź 1947]; 264 Seiten
38) Noemi Szac-Wajnkranc: „Im Feuer vergangen. Tagebücher aus dem Warschauer Ghetto, verfasst während des Zeitraums von der Gründung bis zur Liquidierung" [Warszawa 1947]; 192 Seiten
39) Lejb Zylberberg: „Ein Jude aus Klimontów erzählt …" [Warszawa/Łódź/Kraków 1947]; 124 Seiten

Ohne Nummerierung:
Mendel Balberyszski: „Die Liquidierung des Wilnaer Ghettos" [Warszawa/Kraków/Łódź 1946]; 37 Seiten, Abdruck aus Band 23

Die Zentrale Jüdische Historische Kommission bereitete die Veröffentlichung weiterer Augenzeugenberichte vor und kündigte diese bereits in ihren Büchern an. Jedoch verhinderte die Auflösung der Kommission im Jahr 1947 jede weitere publizistische Tätigkeit. In den Archiven des Jüdischen Historischen Instituts in Warschau liegen heute diese unveröffentlichten Buchmanuskripte von Überlebenden des Holocaust, eine wahre literarische Schatzkammer.

Die nicht mehr in Druck gegangenen Berichte:

1) Bluma Wasser: „Berek Freiberg über Sobibór"
2) Leon Szeftel: „Stutthof"
3) Jakub Stendig: „Plaszow"
4) Laura Eichhorn: „Szbnie"
5) Jakub Pytel: „Das ‚HASAG'-Lager in Tschenstochau"
6) Jan Wiktor: „Tagebuch aus der Zeit der Besatzung"
7) Rachel Auerbach: „Gemeinsam mit den Menschen – Die Sterbechronik des Untergangs der jüdischen Schriftsteller und Künstler in Warschau"
8) Jan Mawult: „Meine Erinnerungen an das Warschauer Ghetto". (Mawult war hochrangiger Offizier der jüdischen Ghettopolizei in Warschau. Seine Erinnerungen erschienen 2010 in Warschau unter dem Titel „Wspomnienia policjanta z warszawskiego getta")
9) Sz. Kaczergiński: „Lieder aus dem Ghetto von Wilna" (1947 in Paris erschienen)

Filip Friedman

Die Vernichtung der Lemberger Juden

Übersetzung aus dem Polnischen von Andrea Rudorff

Vorbemerkung

Filip Friedman, 1901 in Lemberg geboren, promovierte vor dem Zweiten Weltkrieg an der Universität Wien in Geschichte und arbeitete bis 1939 als Lehrer in Łódź, Wilna und Warschau. In diesen Jahren veröffentlichte er zahlreiche historische Arbeiten. Nach dem deutschen Überfall auf Polen flüchtete er nach Lemberg, wo er den Krieg im Versteck überlebte. Friedman wurde im November 1944 erster Direktor der in Lublin ins Leben gerufenen Zentralen Jüdischen Historischen Kommission (Centralna Żydowska Komisja Historyczna). Als Mitglied der Hauptkommission zur Erforschung der deutschen Verbrechen (Główna Komisja dla Badania Zbrodni Niemieckich) recherchierte er Beweisdokumente für die Nürnberger Prozesse. Er verließ Polen 1946 und übernahm die Leitung des Education and Culture Department der amerikanisch-jüdischen Hilfsorganisation American Joint Distribution Committee in der amerikanischen Besatzungszone Deutschlands. 1948 wanderte er mit seiner zweiten Frau – die erste war von den Deutschen ermordet worden – in die USA aus, wo er bis zu seinem Tod im Jahr 1960 an der Columbia University in New York Geschichte lehrte. Friedman gilt als Pionier der Holocaustforschung.

Der Text entstand 1945 in Łódź, wohin die Zentrale Jüdische Historische Kommission 1945 verlegt worden war, unter dem Titel „Zagłada Żydów Lwowskich".

Kursiv gesetzte Wörter erscheinen im Original in deutscher Sprache.

Frank Beer, Wolfgang Benz, Barbara Distel

Wydawnictwa Centralnej Żydowskiej Komisji Historycznej
przy Centralnym Komitecie Żydów Polskich
Nr 4

Dr Filip Friedman

ZAGŁADA ŻYDÓW LWOWSKICH

Łódź 1945

Buchumschlag der Originalausgabe „Zagłada Żydów Lwowskich", Łódź 1945

Filip Friedman

Die Vernichtung der Lemberger Juden

Vorwort

Die Schilderung der Vernichtung der Lemberger Juden, die wir in diesem Heft vorlegen, beruht teils auf persönlichen Erfahrungen des Verfassers und teils auf Berichten, Dokumenten, mündlichen Überlieferungen, protokollierten Zeugenaussagen sowie schließlich auf der Literatur zu diesem Thema, die in Form von Büchern, Broschüren oder Artikeln veröffentlicht wurde. Wir haben das gesamte Material kritisch untersucht – die Möglichkeit von Fehlern ist jedoch aufgrund des fast völligen Mangels an Daten und authentischen amtlichen Dokumenten nicht ausgeschlossen. Das Archiv des Lemberger Judenrats wurde nicht gefunden und wird wahrscheinlich auch nie gefunden werden. Die offiziellen deutschen Dokumente wurden von den Besatzern fortgeschafft beziehungsweise während ihrer Evakuierung aus Lemberg vernichtet.

Das Material, das in den wenigen verbliebenen amtlichen Dokumenten enthalten ist, ist sehr spärlich. Mehr als dürftig und darüber hinaus auch verlogen und verfälscht sind die Veröffentlichungen der Lemberger Presse während der deutschen Besatzung, sei es in Polnisch („Gazeta Lwowska"), in Deutsch („Lemberger Zeitung") oder in Ukrainisch („Lwiwski Wisti").

Erst nach der Befreiung von Lemberg durch die siegreiche Rote Armee lüfteten die Nachforschungen der Außerordentlichen Sowjetischen Untersuchungskommission den Schleier und zeigten die Gräuel und Schrecken des Hitlerregimes, vor allem die entsetzlichen Aktionen zur Verfolgung der Juden. Die von der Sowjetischen Außerordentlichen Untersuchungskommission gesammelten Schriftstücke und Materialien sowie ihr veröffentlichter Bericht stellen ein äußerst wertvolles Dokument für die Erforschung der Geschichte dieser düsteren Zeit dar. Auch die Archive der Zentralen Jüdischen Historischen Kommission in Polen enthalten viele wichtige Materialien zu diesem Thema (eine Reihe von Protokollen, Zeugenaussagen und Tagebüchern).

Außerdem berichtete eine kleine Zahl von Zeugen, denen es gelungen war, den Deutschen zu entkommen, vor verschiedenen Untersuchungsbehörden und wissenschaftlichen Instituten im Ausland über die Tragödie der Lemberger Juden. Einige von ihnen wurden sogar literarisch verarbeitet und veröffentlicht (zum Beispiel der Bericht von Adolf Folkman in der Fassung von Stefan Szende mit dem Titel „The Promise Hitler kept", London 1945).

Uns ist bewusst, dass uns nicht alle Berichte und Publikationen, insbesondere die im Ausland veröffentlichten, bekannt sind. In vielen fänden sich sicherlich ergänzende Details zu den in diesem Heft angeführten Daten und Fakten. Wir wissen auch, dass unser Literaturverzeichnis nach diesem Stand der Dinge schwerwiegende Lücken enthalten muss.

Trotz allem sind wir der Meinung, dass man mit der Darstellung dieses Themas nicht warten kann, bis – möglicherweise erst in vielen Jahren – die Zahl der Quellen für eine vollständige, wissenschaftlich exakte Beschreibung der Tragödie von Lemberg ausreicht. Das Gebot der Stunde erfordert schon heute – aus Gründen, die schwerer wiegen als jede wissenschaftliche Genauigkeit – eine zusammenfassende Darstellung der Lemberger Ereignisse. Das durch die Ungeheuerlichkeit der Verbrechen erschütterte Gewissen der Menschheit verlangt danach ebenso wie das Gebot der Stunde, besonders jetzt, wo die Täter vor dem Tribunal der freien Nationen der Welt stehen, um ihre wohlverdiente Strafe zu erhalten. Das erfordert auch der Anspruch einer rücksichtslosen und endgültigen Abrechnung mit dem Faschismus, denn solange nicht alle Herde dieser Seuche ausgemerzt sind, dürfen wir keine Anstrengung im Kampf gegen den Todfeind der Menschheit scheuen. Jede neue Veröffentlichung schlägt einen weiteren Nagel in den Sarg dieser Religion des Hasses und der Ideologie des Völkermordes, die der deutsche Faschismus verkündet und realisiert hat. Mit dieser Intention geben wir die folgende monografische Anklageschrift in die Hände der Leser.

Łódź, im Dezember 1945.
Der Verfasser

I.

Am Tag des deutschen Einmarsches lebten in Lemberg zwischen 130 000 und 150 000 Juden. Es ist unmöglich, die Zahl genauer zu bestimmen. Nach der offiziellen Volkszählung vom 9. Dezember 1931 belief sich die jüdische Bevölkerung in Lemberg auf 99 595 Menschen. Bis 1939 wuchs sie wahrscheinlich um zehn- oder zwanzigtausend an. Während des deutsch-polnischen Krieges von 1939 flohen viele Juden vor den deutschen Truppen nach Osten. Ein großer Teil dieser Flüchtlinge ließ sich in Lemberg nieder. Auch nach dem Ende der Kämpfe im Jahr 1939 flohen infolge des Terrors gegen Juden und der antijüdischen Repressionen der Deutschen in den besetzten polnischen Gebieten weiterhin Juden aus dem Generalgouvernement Richtung Osten und siedelten sich dort an. Nach Lemberg kamen vor allem Juden aus den Regionen Krakau, Łódź und Warschau. Im Herbst 1939 wurde Lemberg geradezu mit Menschen überschwemmt, und es herrschte allgemein die Ansicht, dass sich seine Bevölkerung verdoppelt hatte. Das heißt, sie stieg auf fast 700 000 Menschen an, darunter etwa 180 000 Juden. (Diese Zahlen nennt zum Beispiel Stefan Szende in seinem Buch „The Promise Hitler Kept", London 1945, S. 124; allerdings zitiert er seine Quellen nicht.)

Die Vernichtung der Lemberger Juden

Im Sommer 1940 transferierten die sowjetischen Behörden einen Teil der jüdischen Flüchtlinge – wahrscheinlich deutlich mehr als 10 000 Menschen – ins Innere der UdSSR. Als der deutsch-sowjetische Krieg ausbrach, versuchten einige Juden, sich durch Flucht in den Osten vor dem deutschen Angreifer zu retten. Vor allem die kommunistische Jugend und politische Funktionäre, die Repressalien der Deutschen fürchteten, wollten in die Sowjetunion entkommen. Von einigen Tausend erreichte jedoch nur eine Handvoll Flüchtlinge Russland. Darüber hinaus verließen mehrere Tausend junge jüdische Männer, die zum Dienst in der Roten Armee mobilisiert worden waren, die Stadt gemeinsam mit den Truppen und zogen nach Osten. Folglich blieben etwa 130 000 bis 150 000 Juden in Lemberg zurück. Die Zahl 150 000 wird durch die inoffizielle Schätzung des Lemberger Judenrats vom 28. August 1941 bestätigt. Dennoch scheint uns diese Zahl zu hoch gegriffen zu sein.

Die letzten russischen Truppen verließen Lemberg in der Nacht vom 28. auf den 29. Juni 1941. Die ersten deutschen Einheiten rückten am 29. Juni gegen 11 Uhr vormittags in die Stadt ein (Szende, S. 124). Unmittelbar nach dem Einmarsch begannen die Deutschen, ihre „historische Mission" gegenüber den Juden zu erfüllen. Bereits in den ersten Stunden der deutschen Besatzung wurden in der ganzen Stadt Plakate geklebt, die gegen die Juden aufwiegeln sollten. Auf Anschlägen und Flugblättern, die auf den Straßen verteilt wurden, stellte man die Juden als Verantwortliche für den Beginn des Krieges dar. Sie wurden unglaublicher Verbrechen angeklagt und der Ermordung mehrerer Tausend Polen und Ukrainer beschuldigt. Diese vergiftete Saat führte natürlich zu einer entsprechenden Ernte. In den ersten Tagen der deutschen Besatzung, das heißt zwischen 30. Juni und 3. Juli, wurde die Stadt Zeuge eines Spektakels von blutigen und grausamen Pogromen. Den deutschen Soldaten schloss sich schnell der Bodensatz der Gesellschaft an, besonders ukrainische Nationalisten sowie die hastig von den Deutschen organisierte sogenannte ukrainische Miliz (Hilfspolizei). Es begann mit der Jagd auf jüdische Männer in den Straßen. In panischer Angst gingen die Lemberger Juden fast gar nicht mehr auf die Straße. Die meisten versteckten sich in ihren Wohnungen, in verschiedenen Unterschlüpfen oder in Kellern und auf Dachböden. Die ukrainische Polizei und die Deutschen waren mit der mageren Ausbeute in den Straßen unzufrieden und begannen, jüdische Wohnungen auf der Suche nach Opfern zu durchkämmen. Sie nahmen Männer – manchmal ganze Familien, darunter auch Kinder – unter dem Vorwand mit, dass sie die Lemberger Gefängnisse von Leichen reinigen müssten. Mehrere Tausend Juden wurden auf diese Weise zusammengetrieben und unter Schlägen sowie Spott und Hohn des Mobs zum Brygidki-Gefängnis in der Kazimirowska-Straße, in die Lacki-Straße sowie in die Zamarstynowska- und Jachowicz-Straße geschickt. Im Brygidki-Gefängnis hielt ein Mob von mehreren Tausend Menschen die Juden im Gefängnishof gefangen und schlug sie gnadenlos. Die Wände des Gefängnisses rund um den Hof waren bis in den ersten Stock mit dem Blut und der Hirnmasse der gequälten Juden behaftet (Zeugnis und persönliche Erfahrungen des verstorbenen Lemberger Rechtsanwaltes Dr. Isidor Eliasha Lan, der in der Bernsteinstraße 1 wohnte).

In anderen Gefängnissen spielten sich nicht minder schreckliche Szenen ab. Ein Teil der Juden wurde erschossen. Nach einem zweitägigen Massaker war nur noch ein Teil der Inhaftierten am Leben. Sie durften nach Hause zurückkehren. Doch ein paar Tausend waren unter unglaublichen Qualen gestorben. Zu den Opfern dieses ersten Massakers gehörten Dr. Jecheskiel Levin, Rabbiner der Reformgemeinde in Lemberg und Herausgeber der Wochenzeitung *Opinia*,[1] sowie Henrik Hescheles, der Herausgeber der Zeitschrift *Chwila*.[2]

Nach den blutigen Tagen des „*Blitzpogroms*" wurden die Juden in Lemberg keineswegs in Ruhe gelassen. Die deutsche Strategie im Kampf gegen die Juden war, sie mit täglichen Schikanen zu zermürben und eine Atmosphäre der ständigen Bedrohung zu schaffen. Die Deutschen sahen in den Juden den potenziellen Feind ihrer „neuen Ordnung", und diesen Feind Nummer 1 bekämpften sie durch ständige, unaufhörliche Attacken. Die Juden bedürften, so die theoretische deutsche Strategie, ständiger Schikanen und Repressionen, die ihre Gedanken so in Anspruch nähmen, dass sie sich weder politisch betätigen noch „wirtschaftlichen Schaden" anrichten oder „*Flüsterpropaganda*" – das heißt die Weitergabe von für die Deutschen ungünstigen Nachrichten von Ohr zu Ohr – betreiben könnten.

Das Dritte Reich hatte wegen der „jüdischen Gefahr" in ständiger Alarmbereitschaft zu sein, musste ständig in „*Aktion*" gegen die Juden bleiben. Statt des veralteten Konzepts des Pogroms führten die Deutschen den neuen militärstrategischen Begriff der „*Aktion*" ein. Allein das Wort zeigt, mit welchem Aufwand an Energie, Ressourcen sowie militärtaktischen und organisatorischen Mitteln sie ihren Plan der systematischen Ausrottung der Juden verfolgten.

In dieser Zeit, im Sommer 1941, beschritt die faschistische deutsche Judenpolitik eindeutig den Weg zur vollständigen Ausrottung des Judentums. Hitler, Goebbels und andere Rädelsführer des Nationalsozialismus kündigten die Vernichtung in ihren Reden ausdrücklich an. Besonders brutale Vernichtungsaktionen richteten sich gegen diejenigen Juden, die in den von den sowjetischen Machthabern geräumten Gebieten lebten. Die Deutschen betrachteten diese Juden als Keimzelle des Kommunismus und begannen sofort mit einer erbarmungslosen Vernichtungskampagne. Während die Deutschen in den westlichen Regionen einige Juden, insbesondere junge Männer, aus deren Sklavenarbeit man maximalen Nutzen für die Rüstungsindustrie ziehen wollte, verschonten, wurden in den östlichen Regionen alle Juden ausnahmslos ausgerottet und dabei noch barbarischere und grausamere Methoden als anderswo angewendet.

Im Stadtgebiet von Lemberg sowie überhaupt in den Gebieten, die von den Sowjets übernommen worden waren, schlugen die Deutschen alle ihre bisherigen Rekorde in Sachen Bestialität und Verbrechen. Nach dem Grundsatz der ständigen Aktion fand schon zwei, drei Tage nach den Lemberger *Blitzpogromen* eine neue Aktion statt. Etwa 2000 Juden wurden

---

1   Opinia: Meinung.
2   Chwila: Moment.

Die Vernichtung der Lemberger Juden

in den Hof der Pełczyńska-Straße 59 gezerrt, wo die Lemberger Gestapo ihr Quartier aufgeschlagen hatte. Hier waren sie zwei Tage lang unfassbar sadistischen und perversen Folterungen ausgesetzt. Rund 1400 Männer, die die Torturen überlebt hatten, wurden mit Lastwagen in den Wald von Bilogortscha außerhalb Lembergs gebracht und dort erschossen. Nur einer Handvoll gelang es, nach Hause zurückzukehren.

Parallel dazu wurden während des gesamten Juli jüdische Politiker und linke Jugendliche (vor allem Komsomolzen) gejagt, die man abtransportierte und im Wald von Lesienicki bei Lemberg (natürlich ohne Gerichtsverfahren) erschoss. Fast gleichzeitig fanden am 25., 26. und 27. Juli erneut „Razzien" auf den Straßen und in den Häusern statt. Männer und Frauen wurden – angeblich zur Arbeit – verschleppt, in der Regel jedoch getötet. Diese Razzien und Morde waren überwiegend das Werk der ukrainischen Hilfspolizei, und die Lemberger Bevölkerung nannte sie „Petljura-Aktionen". Es hieß, dass die Deutschen den ukrainischen Kollaborateuren am Jahrestag der Ermordung des ukrainischen Heerführers (Ataman) Symon Petljura durch den Juden Scholom Schwartzbard in Paris drei Tage freie Hand gaben, um sich an den Juden zu rächen. Diese Erklärung war natürlich falsch, da Petljura am 25. Mai 1926 getötet worden war. Dennoch kamen mehrere Tausend Juden während der „Petljura-Tage" ums Leben.

Die Aktionen und Morde gingen mit dem systematischen Raub jüdischen Eigentums einher. Er fand auf zweierlei Arten statt: in Form von inoffiziellen, individuellen Plünderungen sowie als offizieller, amtlicher Raub. Die inoffiziellen und individuellen Plünderungen liefen auf simple Art und Weise ab: Deutsche Offiziere und Soldaten verschafften sich Zutritt zu jüdischen Wohnungen und nahmen alles mit, was ihnen gefiel. Diese Art von Raub war in der Regel von grausamen Prügeln, Schikanen und Verhöhnungen begleitet. Häufig nötigte die Gestapo die Beraubten, die geplünderten Sachen einzupacken und sie an eine bestimmte Adresse zu schaffen. Die Juden waren glücklich, wenn sie von so einer „Arbeit" lebend und unverletzt zurückkehrten.

Der offizielle Raub an der jüdischen Bevölkerung begann im August 1941, als ihr eine Abgabe in Höhe von 20 Millionen Rubel auferlegt wurde. Die Lemberger Juden, vom Terror der ersten Tage eingeschüchtert, nahmen die Ankündigung der Kontributionsforderung mit einer gewissen Erleichterung auf. Es herrschte die allgemeine Überzeugung, dass diese Zahlung eine Form von Lösegeld darstelle und sich die Deutschen nach Erhalt einer so großen Summe beruhigen würden. Deshalb machten sie sich fast mit Begeisterung an das Einsammeln des Betrages. Vor den Läden, in denen die jüdischen Kontributionskommissionen tätig waren, bildeten sich in den ersten Tagen lange Schlangen. Die Juden verkauften ihre Familienschätze und andere wertvolle Dinge unter Wert, um die ihnen auferlegte Summe bezahlen zu können. Manchmal gaben sie höhere Beträge, als die Bürgerkommission ihnen auferlegt hatte. Es kam auch vor, dass christliche Polen ihre Sympathien für die Juden zeigten, indem sie vor den Bürgerkommissionen erschienen und anonym beträchtliche Summen einzahlten.

Trotz allem griffen die Deutschen zu einem weiteren drastischen Mittel. In den ersten Tagen nach Einführung der Abgabe drang die deutsche Polizei auf Grundlage einer vorher erstellten Liste in mehrere Hundert Wohnungen von Angehörigen der freien Berufe, namhaften Kaufleuten, Industriellen, ehrenamtlich Tätigen und Kulturschaffenden (insgesamt etwa 1000 Menschen) ein und nahmen Geiseln. Dies trug natürlich dazu bei, dass das Tempo der Kontributionsaktion erhöht wurde. Neben der allgemeinen Absicht, die Lemberger Juden vor weiteren Morden zu retten, schwebte jetzt allen ein naheliegenderes Ziel vor: die Rettung der Geiseln, die zweifellos – so war die allgemeine Meinung – nach Zahlung des Lösegelds freigelassen würden.

Die Kontribution wurde rechtzeitig geleistet, die erste Zahlung erfolgte am 8. August 1941. Neben dem Geld gaben die Juden eine Menge Gold, Wertsachen und etwa 1400 kg Silber ab. Nun aber traf die Juden eine herbe Enttäuschung: die erste Demonstration der Ethik des „neuen Deutschen". Unter Missachtung jeglicher moralischer Grundsätze der zivilisierten Welt ließen die Deutschen die Geiseln nicht frei. Wie sich später herausstellte, waren sie ermordet worden. Diese Täuschung und die Verletzung ihrer zynischen Versprechen wiederholten die Deutschen übrigens in einer Reihe von anderen Städten.

Nach der Entrichtung der Kontribution begannen die Deutschen, die Synagogen niederzubrennen. Systematisch und der Reihe nach wurden fast alle jüdischen Gotteshäuser in Lemberg in Brand gesteckt oder gesprengt. Unter anderem brannte die Reformsynagoge in der Żółkiewska-Straße vollständig ab. Die Trümmer und Überreste der Synagogenmauern wurden erst ein Jahr später, im Sommer 1942, entfernt.

Während der Kontributionsaktion nahmen die Konturen des künftigen *Judenrats* Gestalt an. In der Sowjetära hatte es in Lemberg keine jüdische Religionsgemeinschaft gegeben. Die Deutschen beschlossen, für ihre Zwecke ein völlig neues jüdisches Repräsentationsorgan zu schaffen. Am 11. Juli begannen Verhandlungen mit verschiedenen jüdischen Funktionären über die Bildung eines Judenrats (nach Dr. David Sobol, der an diesen Verhandlungen teilgenommen hatte). Unter anderen wandten sich die Deutschen an Prof. Maurycy Allerhand, den ehemaligen Vorsitzenden der Jüdischen Gemeinde in Lemberg, und schlugen ihm vor, den Judenrat zu organisieren. Allerhand lehnte dies mit Hinweis auf sein hohes Alter und seinen schlechten Gesundheitszustand ab.[3] Mitte Juli ernannten die Deutschen einen Judenrat, dessen anfängliche Zusammensetzung aus fünf Männern sich in den folgenden Wochen durch weitere Nominierungen und Kooptierungen erhöhte. Letztendlich setzte er sich wie folgt zusammen: Vorsitzender – Dr. Josef Parnas, stellvertretender Vorsitzender – Dr. Adolf Rotfeld, Mitglieder des Rates Dr. Henryk Landesberg, Dr. Oswald Kimelman, Dr. Edmund

---

3   Der 1868 in Rzeszów geborene Maurycy Allerhand war Professor an der Juristischen Fakultät der Universität Lemberg. Nach seiner Weigerung, den Vorsitz des neuen Judenrates zu übernehmen, wurde er entlassen und musste mit seiner Familie ins Ghetto ziehen. Allerhand wurde im August 1942 im Vernichtungslager Bełżec ermordet. Sein Enkel veröffentlichte im Jahr 2003 das Tagebuch, das sein Großvater im Lemberger Ghetto geführt hatte. Maurycy Allerhand/Leszek Allerhand, Zapiski z tamtego świata, Kraków 2003.

Scherzer, Ingenieur Naftali Landau, Dr. Henryk Ginsberg, [Jakob] Chiger, [Samuel] Seidenfrau, [Josef] Hoch, Dr. Szymon Ulam, Dr. Marceli Buber, Dr. Zarwincer und andere.

Die Bildung des Judenrats sollte den Deutschen die zweite offizielle Form des Raubs jüdischen Eigentums erleichtern, und zwar durch das sogenannte *Besorgungsamt*. Dies war eine Abteilung des Judenrats unter der Leitung von Herrn Teichholz und Herrn Egid, deren einziger Zweck darin bestand, die Wünsche und Bestellungen der deutschen Herren zu erfüllen. Täglich erschienen deutsche Offiziere und Beamte mit einer neuen Anforderungsliste im *Besorgungsamt*. Einmal verlangten sie zum Beispiel soundsoviele Hundert Möbelgarnituren. Ein anderes Mal forderten sie Hunderte von Perserteppichen, so und so viele Fässer echter Kaffee oder Kakao, Sardinen, mehrere Hundert Meter echte Kokos-Teppichläufer, Gold, Diamanten, luxuriöse Tafelservice, Bettwäsche usw. Die Deutschen gingen davon aus, dass alles bewegliche Hab und Gut der Juden den Siegern gehörte und nur solange in Benutzung der Juden bleiben dürfte, bis es die deutschen Machthaber für sich einforderten. (Erlass vom 17. September 1940. Reichsgesetzblatt 1940, Band I, S. 1270, § 2, Absatz 1, Punkt 1. Mit der Verordnung vom 7.8.1941 wurde die Rechtsgültigkeit der antijüdischen Gesetze auch auf die im deutsch-sowjetischen Krieg besetzten Gebiete erweitert.)

Ausgehend von dieser originellen „rechtlichen Grundlage" kannten die Deutschen bei ihren Forderungen keine Grenzen. Das „*Besorgungsamt*" unterhielt einen ganzen Stab von Beamten, die in fiebriger Eile jüdische Wohnungen aufsuchten und verschiedenste Gegenstände für die nicht gerade bescheidenen „Bestellungen" der Deutschen konfiszierten, die rechtzeitig erledigt werden mussten. Bei Verzögerung der Auslieferung drohten grausame Repressionen bis hin zu kollektiven Todesstrafen. Von Widerstand konnte selbst bei den übertriebensten Forderungen nicht die Rede sein. An das Amt wandten sich nicht nur Vertreter des deutschen Militärs und politischer Organisationen, die „berechtigt" waren, ihre Ansprüche an die Juden vorzulegen, sondern auch einzelne deutsche Funktionäre aus Armee, Polizei und SS, die eigene Wünsche äußerten. Als der Abteilungsleiter Egid einmal wagte, eine private Forderung eines Polizeifunktionärs abzulehnen, wurde er erschossen.

Schon in den ersten Monaten ihrer Anwesenheit in Lemberg begannen die Deutschen, Stadtviertel ethnisch gegeneinander abzugrenzen. Als Erstes gründeten sie ein deutsches Wohngebiet, für das sie die schönste Gegend der Stadt mit den modernsten Häusern und Luxusvillen auswählten. In diesem Zusammenhang fanden erste Vertreibungen von Juden aus ihren Wohnungen statt. Am Anfang waren die Straße des 29. November und die Potocki-Straße, die Lisa-Kuli-Straße, die Wulecka-Straße, die Kadecka-Straße sowie die gesamte Umgebung des Stryjskiparks, die Dwernicki-, St. Sophia-, Zyrzyńska- und Snopkowska-Straße betroffen. Die jüdischen Bewohner dieser Straßen (in der Regel gut situierte Personen) wurden innerhalb weniger Stunden brutal aus ihren Wohnungen getrieben und durften keinerlei Hab und Gut, nicht einmal Handgepäck, mitnehmen. Dies ging nicht ohne Schläge und Morde vonstatten. Mindestens 200 Lemberger Juden verloren bei dieser Wohnungsaktion ihr Leben.

Nach der Eingliederung des „Distrikts Galizien" in das Generalgouvernement am 1. August 1941 wurde auf dem Gebiet des neuen Distrikts eine Reihe antijüdischer Verordnungen eingeführt, die bereits im übrigen Generalgouvernement in Kraft waren. Darunter waren die Einführung der Armbinden (die in Lemberg bereits im Juli angekündigt worden war), der Ausschluss von Juden aus mehreren Berufen, Einschränkungen bei der Nutzung des öffentlichen Nahverkehrs in der Stadt, ein Umzugsverbot, eine Beschränkung des persönlichen Eigentums, die Gesetzgebung zur Zwangsarbeit der Juden usw. Dr. Karl Lasch,[4] der bisherige Gouverneur des Distrikts Radom, wurde zum Gouverneur des Distrikts Galizien ernannt. Einige Monate später, im Februar 1942, wurde Lasch von seinem Posten entfernt, und der ehemalige Gouverneur des Distrikts Krakau, *SS-Brigadeführer* Dr. Wächter,[5] rückte an seine Stelle. Zum SS- und Polizeiführer im Distrikt Galizien wurde Generalmajor Katzmann[6] ernannt, während Dr. Ulrich neuer Polizeichef (Schutzpolizei) von Lemberg wurde. In den ersten Tagen nach dem Einmarsch der Deutschen wurde der ukrainische Universitätsprofessor Polański zum Bürgermeister der Stadt ernannt. Doch sehr bald schafften die Deutschen auch diesen winzigen Anschein einer ukrainischen „Autonomie" ab. Das Amt des Bürgermeisters der Stadt Lemberg wurde abgeschafft, und als Ergebnis der Zusammenlegung der Verwaltung im Distrikt Galizien mit der allgemeinen Verwaltung des Generalgouvernements entstand die Position des *Stadthauptmanns*. Der erste Stadthauptmann von Lemberg wurde der deutsche Regierungsbeamte des Generalgouvernements Kujath,[7] nach seinem Rücktritt folgte Dr. Höller.[8]

Ihre Politik des „divide et impera" betrieben die Deutschen auch in Lemberg mit Nachdruck. Sie wandten die gesamte Bandbreite von bösartigen, kleinlichen Schikanen und Quälereien sowie öffentlichen Demütigungen von Juden vor den Augen der nichtjüdischen Bevölkerung an, um in der nichtjüdischen Bevölkerung ein Bild vom Juden als Paria zu zeichnen, der aller Rechte beraubt war, außerhalb der Grenzen des Gesetzes stand und

---

4   Dr. Karl Lasch (1904–1942) war seit 28. Oktober 1939 Gouverneur der Distrikts Radom und seit 1. August 1941 Gouverneur des Distrikts Galizien. Im Januar 1942 wurde er infolge von Korruptionsvorwürfen verhaftet. Noch vor Abschluss eines Gerichtsverfahrens kam er am 1. Juni 1942 unter nicht geklärten Umständen zu Tode.

5   SS-Brigadeführer Dr. Otto Wächter (1901–1949) war nach der deutschen Besetzung Polens Gouverneur des Distrikts Krakau, folgte Lasch jedoch im Januar 1942 als Gouverneur des Distrikts Galizien. Nach dem Rückzug der Deutschen aus Galizien im Sommer 1944 wurde er Militärverwaltungschef in Italien. 1945 tauchte er in Rom unter und lebte dort unter falschem Namen.

6   Friedrich Katzmann (1906–1957) war von Juli 1941 bis Juni 1943 SS- und Polizeiführer im Distrikt Galizien, anschließend Höherer SS- und Polizeiführer im Oberabschnitt Weichsel (Danzig). Er lebte nach dem Krieg unter falschem Namen in Württemberg und Hessen.

7   Der Jurist Hans Kujath (1907–1963) war von August 1941 bis Februar 1942 Stadthauptmann von Lemberg und seit April 1942 Kreishauptmann in Czortków.

8   SS-Hauptsturmführer Dr. Egon Höller (1907–1991) war als Nachfolger Kujaths von Februar 1942 bis zum Einmarsch der Roten Armee Stadthauptmann von Lemberg.

eine wehrlose Beute für alle Arten von kriminellen Elementen und dem Bodensatz der Gesellschaft darstellte. Dem gleichen Ziel diente die breit gestreute abscheuliche, vulgäre und skrupellose Propaganda im Radio, in Veröffentlichungen, Anschlägen, Ausstellungen, Theatervorführungen und in der Presse. In der von den Deutschen errichteten Hierarchie von Privilegierung und Unterdrückung (Deutsche, *Reichsdeutsche*, *Volksdeutsche*, Ukrainer, Polen, Kollaborateure, Passive, Oppositionelle, Kommunisten, Juden) platzierten sie die Juden auf der untersten Stufe dieser widerlichen Leiter. Doch auch innerhalb der einzelnen ethnischen Gruppen und damit auch innerhalb der jüdischen Gemeinde betrieben die Deutschen eine Politik der Segmentierung und Demoralisierung. So gab es auch innerhalb der jüdischen Gemeinde privilegierte und weniger privilegierte Mitglieder.

Die privilegierte Klasse bildeten qualifizierte Juden (Fachleute, Handwerker, Techniker, Ingenieure, zum Teil auch Personal aus Gesundheitsberufen), die in deutschen Militär- und Gewerbebetrieben arbeiteten. Zur bevorzugten Schicht zählte auch die jüdische Miliz: der *Jüdische Ordnungsdienst Lemberg* (J. O. L.). Gegründet im August 1941, umfasste er zunächst 500, später etwa 750 Personen. Auch die Mitglieder des *Judenrats* und ihre Mitarbeiter gehörten zur privilegierten Schicht. Diese teilten sich übrigens auch in die verschiedensten Kategorien, von den Privilegiertesten (Mitglieder des Judenrats, Mitarbeiter des *Besorgungsamts* und des *Wohnungsamts*) bis zu den am wenigsten Privilegierten (Arbeiter, freie Mitarbeiter), in solche mit „harten" Zertifizierungen und solche, die nur die „weichen" Zertifizierungen für befristete Beschäftigungen hatten. Danach folgten zahlreiche weitere Kategorien: unabhängige, frei praktizierende Handwerker, Kaufleute, Händler und letztlich die große Masse der Enterbten und Deklassierten, die ohne dauernde Beschäftigung waren. Diese waren ständiges Objekt und Hauptziel der „Aktionen", „Razzien" und Aussiedlungen; sie wurden unermüdlich verfolgt und bekämpft. Die „Arbeitslosen", das heißt diejenigen, die weder über Protektion noch über genügend Geld verfügten, um sich durch Bestechung eine Arbeitsbescheinigung zu besorgen, die vor Razzien schützte, waren verschiedensten Gefahren ausgesetzt. Nach dem deutschen Gesetz waren alle männlichen Juden zwischen 14 und 60 Jahren zur Zwangsarbeit verpflichtet. Im September 1941 errichteten die Deutschen in Lemberg ein *Arbeitsamt* mit einer speziellen Abteilung für den *Judeneinsatz*. Häscher aus dieser Abteilung kreuzten ständig durch die Stadt, um alle Juden zur Zwangsarbeit zu treiben, die nicht über eine Arbeitsbescheinigung des *Arbeitsamts* verfügten. Darüber hinaus zogen verschiedene Militäreinheiten, SS und Polizei Juden auf eigene Faust zur Arbeit heran. In der Regel wurde die Arbeit nicht entlohnt. Im besten Fall erhielten sie lächerlich niedrige Löhne von 2 bis 4 Złoty pro Tag und lebten in Not und Elend. Sehr häufig bestand diese Arbeit in der Durchführung sinnloser und völlig überflüssiger, qualvoller Beschäftigungen, die von Schlägen und Schikanen begleitet waren. So manch einer kehrte von der Arbeit als Krüppel nach Hause, andere kamen gar nicht zurück.

Doch schon bald entwickelte sich eine neue Plage – eine Form der „Erziehungsarbeit" für Juden, die alle früheren Schrecken durch ihre Grausamkeit übertraf. Die Deutschen errichteten sogenannte „*Erziehungslager*", das heißt Arbeitslager für Juden. Eines der ersten dieser Art auf dem Gebiet von Lemberg war das Durchgangslager in Sokolniki. Die Arbeit war dort sehr hart. Man arbeitete vor allem in den Sümpfen, hüfthoch im Wasser stehend und unter ständigen Schlägen und Misshandlungen durch deutsche und ukrainische Wachmänner. Im Sommer 1941 wurden mehrere Hundert (nach anderen Quellen mehrere Tausend) jüdische Männer aus Lemberg dorthin verschleppt, die nach einigen Wochen ermordet wurden. Bald danach wurden jüdische Männer aus Lemberg in verschiedene Lager außerhalb der Stadt eingewiesen, wie nach Lacki Murowane, Germanów (westlich von Lemberg), Wynnyky, Kurowice (an der Bahnlinie Lemberg-Podhajce), Kozaki (in der Nähe von Złoczów), Jaktorów und andere. Diese Arbeitslager waren eigentlich Todeslager, und nur selten kehrte jemand von dort lebend zurück. Wenn es doch jemandem gelang, so war er in der Regel ein arbeitsunfähiger Krüppel. Die Spitze des Sadismus erreichten die Lager in der Stadt Lemberg selbst. Am Anfang waren es zwei Lager: eines auf der Czwartaków-Straße, einer Seitenstraße im Wohngebiet der SS zwischen der Potocki- und der Listopad-Straße, das zweite in der Janowska-Straße 134. Das Lager in der Czwartaków-Straße wurde im Frühjahr 1943 nach der Ermordung der meisten jüdischen Arbeiter aufgelöst. Das Lager in der Janowska-Straße bestand weiter bis zum Rückzug der Deutschen aus Lemberg. Die Lager waren das Damoklesschwert, das über den Köpfen der jüdischen Bevölkerung hing. Es waren unersättliche Moloche, die jeden Monat Hunderte, manchmal sogar Tausende von jüdischen Existenzen verschlangen. Die Arbeiter, die in den Lagern massenhaft an Hunger, Kälte, Krankheiten, schwerster Arbeit, schrecklichen Misshandlungen sowie durch Morde und Hinrichtungen starben, die die Wachmannschaften als „Strafen" oder zur eigenen Unterhaltung durchführten, wurden ständig durch neue Menschen ersetzt, die meistens aufs Geratewohl bei Straßenrazzien oder in ihren Häusern festgenommen wurden. Die jüdische Bevölkerung, insbesondere die ärmsten Schichten, hatten nun keinen Moment mehr Ruhe vor der ständigen Bedrohung des Lagertodes. Abgesehen davon plagten noch andere Schrecken die Menschen.

Beim Versuch, die jüdische Bevölkerung vom Rest der Gesellschaft zu isolieren, beließen es die Deutschen nicht bei der Einführung von Armbinden oder speziellen Straßenbahnabteilen für Juden (später durften die Juden die Straßenbahn überhaupt nicht mehr benutzen). Im Oktober 1941 ordneten die Deutschen die Errichtung eines jüdischen Ghettos an. Es sollte im ärmsten und verwahrlosesten Stadtteil, in Zamarstynów und Kleparów, entstehen. Es erging die Anordnung, dass die gesamte jüdische Bevölkerung aus den anderen Stadtvierteln innerhalb eines Monats, das heißt zwischen dem 16. November und dem 14. Dezember, in das Ghetto zu ziehen hatte (Lemberger Zeitung vom 15. November 1941). Zamarstynów und Kleparów liegen im Norden von Lemberg und sind von der Stadt durch einen Eisenbahndamm getrennt. Vier Straßen führten unterhalb des Dammes in das Viertel: die Zamarstynowska-Straße, die Peltewna-Straße, die Źródlana-Straße und die Kleparowska-Straße.

Die Juden durften das Ghetto nur über die Peltewna-Straße betreten. Die Eisenbahnbrücke, die über der Straße entlangführte, erhielt innerhalb der jüdischen Bevölkerung als „Brücke des Todes" traurige Berühmtheit. Unter der Brücke standen ukrainische und deutsche Wachmänner, die den Strom der jüdischen Massen, der kontinuierlich in den zukünftigen Ghettobereich floss, gründlich durchsuchten. Mit Fuhrwerken, Handwagen, Schubkarren, Kinderwagen, in Bündeln und Säcken auf dem Rücken sowie in Koffern brachten die Juden ihr Hab und Gut in ihre neuen Wohnorte im Ghetto. Die verzweifelten, unglücklichen Kreaturen wurden sorgfältig von den deutschen und ukrainischen Posten kontrolliert. Wenn ihnen jemand nicht gefiel, zogen sie ihn ins Innere einer nahegelegenen Kaserne und befahlen, seinen ganzen Besitz auf der Straße seinem Schicksal zu überlassen. Wer alte, abgetragene Kleidung trug, ungepflegt, elend, krank, erschöpft oder arbeitsunfähig aussah, wer keine Arbeitsbescheinigung vorweisen konnte, außerdem häufig Frauen und Kinder – sie alle wurden mit einer ausladenden Geste in die alte Kaserne geschickt. Hier erwarteten sie als Begrüßung die Schläge von entsprechend geschulten Angehörigen des jüdischen Pöbels, die von den Deutschen gefangen und zu diesen Taten gezwungen wurden. Deutsche und Ukrainer besorgten den Rest. Am Abend wurden die so gesammelten Opfer zum Gefängnis in der Łącki-Straße gebracht. Dort mussten sie sich nackt ausziehen und wurden wie Bündel auf LKWs geworfen und in den Wald zur Erschießung gebracht. Auf diese Weise forderte die „Brücke des Todes" im November und Dezember 1941 mehrere Tausend Opfer, überwiegend Frauen. Dies war die erste große Aktion der Deutschen gegen die jüdischen Frauen von Lemberg.

Die Zahl der Juden in Lemberg sank rapide. Neben den Morden und Razzien für die Lager trug auch eine Abwanderungsbewegung dazu bei. In den meisten kleinen Städten und Dörfern der Provinz war das Leben wesentlich ruhiger als in Lemberg. Trotz des ausdrücklichen Verbots, den Wohnsitz zu wechseln, hatten sich mehrere Tausend Juden aus Lemberg – in der Hoffnung, dass es dort auch weiterhin ruhig bliebe – aufs Land begeben. Übrigens hatten zu dieser Zeit auch die Lemberger Juden eine kurze Atempause. Nach den „Aktionen" vom Sommer und Herbst brachte der Winter 1941/42 eine kurzzeitige Beruhigung. Natürlich herrschte keine absolute Ruhe. Zwar fanden keine Massen-„Aktionen" oder demonstrative Grausamkeiten statt, aber einige kleine, lästige „Maßnahmen" wurden fortgesetzt. Einmal waren es Vertreibungen der jüdischen Bevölkerung aus der Żółkiewska-Straße, die während der harten, kalten Dezembertage plötzlich aus ihren Wohnungen geworfen und gezwungen wurden, in das weit entfernte und dünn besiedelte Zniesienie zu ziehen, wo sie den Angriffen jugendlicher Banden und Pöbel ausgesetzt waren. Ein anderes Mal war es eine „Aktion der jüdischen Pelze und Pullover" (Januar 1942), dann gab es die „Säuberung" der Stadt von jüdischen Greisen, Bettlern usw. Die Razzien zur Zwangsarbeit und für die Lager wurden nicht einen Moment lang ausgesetzt. Insgesamt starben oder verschwanden täglich 50 bis 100 Juden. Nach den bitteren Erfahrungen der vergangenen Monate aber waren die Lemberger Juden an Opfer gewöhnt und empfanden diese Zahlen als nicht besonders hoch.

Abgesehen von denen, die direkt durch die Hand der Deutschen starben, bewirkten die deutschen Methoden der indirekten Vernichtung nicht minder große Verluste. Der Raub des jüdischen Eigentums, die Vertreibungen aus den Wohnungen, der Verlust aller Einkommensquellen, die Senkung der Lebensmittelnormen unter das Niveau der lebensnotwendigen Mindestmenge – all dies waren weitere Mittel, um den Plan zur Vernichtung der Juden Wirklichkeit werden zu lassen. Viele Juden verloren infolge der Zwangsumsiedlungen, des Raubs, der Schikanen und Repressionen ihr gesamtes Eigentum oder ihre Werkstätten, wurden von ihren bisherigen Posten entfernt, andere wurden infolge von barbarischen Schlägen und Verletzungen arbeitsunfähig. Tausende von Familien verloren bei den Pogromen ihre Ernährer. Die meisten noch Arbeitsfähigen wurden gezwungen, für winzige Löhne für die Deutschen Frondienste zu leisten.

Die jüdische Bevölkerung durfte nicht in kommunalen oder staatlichen Geschäften einkaufen, sondern ausschließlich in jüdischen Geschäften und speziellen „Brotläden", die der Judenrat verwaltete. Die Nahrungszuteilungen für die jüdische Bevölkerung wurden lächerlich klein gehalten und machten etwa 10 % der deutschen und 50 % der polnischen und ukrainischen Rationen aus. Juden bekamen 100 g Brot täglich (dies wurde später auf 500 g pro Woche reduziert), 100 g Zucker im Monat (das wurde nur selten erfüllt) und gelegentlich, im Durchschnitt alle drei Monate, ein halbes Kilo schwarzes Salz, 200-400 g verdorbenes Mehl („*Judenmehl*"), 200 g Marmelade und einen halben Liter Essig. Im Winter 1941 erhielten sie 25 kg Kartoffeln pro Person. Natürlich konnte man mit derart niedrigen Nahrungsrationen nicht überleben. Die Mehrheit der jüdischen Bevölkerung war nicht in der Lage, diese Hungerrationen mit Käufen auf dem freien Markt zu ergänzen, weil ihnen der Einkauf dort verboten war. Juden, die von der Gestapo bei diesem „Verbrechen" gefasst wurden, verschwanden in der Regel spurlos, das heißt, sie starben in den Kellern der Gestapo. (Zum Beispiel wurde Dr. Barbaszowa bei dem Versuch, bei ihrem Hauswart illegal mehrere Kilogramm Kartoffeln zu kaufen, verhaftet und starb im Gestapogefängnis.) Auch besaß der größte Teil der jüdischen Bevölkerung bereits nicht mehr genug Geld für Einkäufe bzw. Wertsachen und Kleidung, um bei den Produzenten auf dem Land Nahrungsmittel eintauschen zu können.

Die zunehmend verarmende und hungernde jüdische Bevölkerung, der es an warmer Kleidung fehlte und die mitten im Winter häufig von einem Ort zum anderen ziehen musste, war anfällig für Krankheiten. Die Straßen waren voll von obdachlosen und verwaisten jüdischen Kindern, die ihre Betreuungspersonen bei den Aktionen verloren hatten. Nackt und barfuß, hungrig und verwahrlost, versuchten sie, durch kleine Handwerksarbeiten, Betteln, Handel und Diebstahl am Leben zu bleiben. Leichen von Kindern und Erwachsenen, gestorben an Hunger, Erschöpfung und Kälte, waren keine Ausnahmeerscheinung in den jüdischen Straßen von Lemberg. Gesellschaftliche oder individuelle Hilfe nutzten unter diesen Bedingungen nur wenig. Die Lemberger Jüdische Selbsthilfe, die eine Zweigstelle der Jüdischen Selbsthilfe mit Sitz in Krakau war und von Dr. Leib Landau und Dr. Max Schaff geleitet wurde, verfügte nicht über ausreichende Mittel, um bei dieser Nahrungsmittelknappheit wirkliche Hilfe leisten zu können. So starben mehrere Tausend Menschen einen schrecklichen Hungertod.

Die Errichtung eines geschlossenen jüdischen Ghettos in Lemberg dauerte länger als geplant. Die Anordnung zur Errichtung des Ghettos vom Oktober 1941 wurde nicht ausgeführt, sondern führte nur zu Chaos und Verwirrung im Leben der Lemberger Juden. Die Situation glich einer vorübergehenden Waffenruhe. Die Juden saßen auf gepackten Koffern und Bündeln und erwarteten jeden Moment den Befehl zu ihrer sofortigen Evakuierung ins Ghetto. Aber die Deutschen begnügten sich vorläufig, mit Angst und Hoffnung zu quälen. Die Verhandlungen zwischen Judenrat und deutschen Behörden über die Grenzen des künftigen Ghettos dauerten den ganzen Winter über an. Unterdessen wechselte die Leitung des Judenrats. Dr. Y. Parnas wurde für seine Weigerung, mit den Deutschen bei der Bereitstellung von Arbeitskräften für die Lager zusammenzuarbeiten, verhaftet und im Gefängnis ermordet. Nach dem Ableben seines Nachfolgers Dr. Jakob Rotfeld, der im Februar 1942 eines natürlichen Todes starb, wurde Dr. Henrik Landesberg der neue Ratsvorsitzende. Der Judenrat hatte in der Zwischenzeit seine Struktur stark ausgebaut. Sie umfasste alle Bereiche des öffentlichen und wirtschaftlichen Lebens. (Die Errichtung einer Abteilung für Kultur und Schulwesen bewilligten die Deutschen nicht; ebenso waren religiöse Handlungen wie Gottesdienst, sogar in privaten Wohnungen, verboten.) Etwa 4000 Angestellte und Arbeiter waren beim Judenrat beschäftigt, außerdem eine gewisse Zahl von Vertragsarbeitern und Handwerkern, die in den Werkstätten des Judenrats tätig waren. Dies war ein jüdischer Miniaturstaat mit enormen Kompetenzen gegenüber seinen Bürgern, mit Macht über Leben und Tod. Genau genommen war es die Karikatur eines Staates, dessen Daseinsberechtigung die Arbeit für den unerbittlichen Todfeind war, und dessen Apparat existierte, um dem Gegner als komfortables Werkzeug für die systematische Enteignung und Vernichtung der jüdischen Bevölkerung zu dienen.

Der Feind lag derweil auf der Lauer. Vor deren endgültiger Vernichtung wollten die Deutschen das Maximum an Vermögen und Arbeit aus den Juden herauspressen. Im März 1942 wurden die jüdischen Arbeitskräfte neu registriert. Etwa 50 000 jüdische Männer und rund 20 000 Frauen erhielten neue Armbinden, die mit einem großen „A" und einer Ordnungszahl versehen waren. Ab diesem Zeitpunkt konnten sich nur noch nummerierte Sklaven frei auf den Straßen bewegen und waren vor Razzien und Verfolgungen sicher. Trotzdem war die Stimmung unter den Lemberger Juden optimistisch.

Man schlussfolgerte, die Deutschen würden – da sie mit den Lemberger Juden eine so große Arbeitskraftreserve erschlossen hatten – dieses nützliche Element, auf das sich Industrie und Verkehr in Lemberg weitgehend stützte, nicht vernichten. Die Lemberger Juden rechneten zwar mit langen Monaten harter, schlecht oder gar nicht bezahlter Sklavenarbeit, die mit Demütigungen, Schlägen, Gefahr von Verletzungen oder Tötung einherginge. Dies wäre aber letztendlich auszuhalten, bis die Achsenmächte zusammenbrächen und die Befreiung käme.

Allerdings zeigten die Ereignisse der nächsten Monate, dass diese Rechnung nicht aufging.

II.

Im Jahr 1942 ergoss sich eine breite Welle antijüdischer Aktionen über das ganze Land, die Zerstörung und Tod mit sich brachten. Ihnen waren wütende, Gift speiende Reden und Artikel von Goebbels (Goebbels, „Die Zeit ohne Beispiel", datiert vom 20. Juli 1941, S. 526 „Mimikry", „Die Juden sind schuld!" vom 16. November 1941, „Das Eherne Herz", S. 85)[9] und unmissverständliche, blutrünstige Drohungen in Hitlers Reden vorausgegangen. Die Welle blutiger Pogrome verlief von West nach Süd-Ost. Am 9. März 1942 begann die Aussiedlung in Mielec (Archiv der Zentralen Jüdischen Historischen Kommission in Polen, Protokoll Nr. 217), im April des gleichen Jahres in Krakau, am 24. Juni 1942 in Tarnów (Archiv ZJHK, Protokoll Nr. 436), im April des gleichen Jahres in Rzeszów (Archiv ZJHK, Protokoll Nr. 678). Im Juli 1942 erreichte der Sturm der Zerstörung Przemyśl (Archiv ZJHK, Protokoll Nr. 649), Mitte März 1942 war eine in Verlauf und Folgen furchtbare Aussiedlung in Lublin erfolgt (Archiv ZJHK, Protokoll Nr. 270). Im Frühjahr und Sommer 1942 fanden Aktionen in Tarnopol, Stanislawów, Drohobycz, Kolomyja und einer Reihe von anderen Städten statt (Schwarzbuch, S. 152[10] und weitere).

Im März 1942 hatte die Welle der Zerstörung Lemberg erreicht. Die Deutschen wandten hier wie überall die gleiche militärische Taktik an, ein perfides Spiel, das darin bestand, die Vernichtung der Juden durch ihre eigenen Leute ausführen zu lassen (mithilfe des Jüdischen Ordnungsdienstes), und das von der zynischen Lüge sowohl den Opfern wie den Helfern gegenüber begleitet wurde, hier gehe es nicht um Vernichtung, sondern nur um die Umsiedlung einer gewissen Zahl von Juden aus dem übervölkerten Lemberg in andere Orte.

Um dem abscheulichen Spiel einen Anschein von Realität zu verleihen, zogen die Deutschen ihre alten, erprobten Theaterrequisiten hervor. So kündigten sie an, dass eine bestimmte Anzahl von Juden aus Lemberg umgesiedelt werde. Diesen sei erlaubt, Gepäck bis zu 25 kg Gewicht pro Person, Geld in Höhe von 200 Złoty und einige Lebensmittel mitzunehmen. Ausgesiedelt würden die Arbeitslosen, die Bezieher von öffentlicher Unterstützung, Alte, Kranke und allgemein die „asozialen" Elemente. Angeblich um einen humanitären Ablauf der Aktion zu gewährleisten, verlangten die Deutschen, dass der Judenrat die von der Aussiedlung Betroffenen sammeln lassen solle. Kleine Trupps aus Mitgliedern des Judenrats, begleitet vom Jüdischen Ordnungsdienst und unter Führung der Deutschen drangen nachts

---

9   Joseph Goebbels, Die Zeit ohne Beispiel, München 1941; ders., Das Eherne Herz, München 1942.
10 Im Original: Jewish Black Book Committee (Ed.), The Black Book. The Nazi Crime against the Jewish People, New York 1946.

Die Vernichtung der Lemberger Juden

in jüdische Wohnungen ein, prüften Arbeitsbescheinigungen, Alter und körperliche Verfassung der Bewohner und ließen sie daraufhin entweder in ihren Wohnungen oder nahmen sie mit zum Sammelplatz. Der wichtigste Sammelpunkt, das *Durchgangslager,* befand sich in der Sobieski-Schule in der Zamarstynowska-Straße. Dort wurden die Festgenommenen erneut überprüft und diejenigen, die Arbeitspapiere besaßen oder aus Versehen verhaftet worden waren, freigelassen. Der Rest der Unglücklichen wurde unter Schlägen zum Bahnhof getrieben, ihr Gepäck wurde ihnen unter Spott als überflüssig abgenommen, und dann wurden sie in unbekannte Richtung abtransportiert. Drei Wochen lang hielt diese furchtbare Aussiedlungsaktion die Lemberger Juden in Atem. Schon nach einigen Tagen war jedem klar, dass dies etwas sehr viel Schlimmeres als nur eine gewöhnliche Aussiedlung war.

Verschiedene soziale und politische jüdische Organisationen hatten noch vor Beginn der „Aktion" an den Vorsitzenden des Judenrats Dr. Landesberg appelliert. Da leider sowohl Quellen als auch Zeugnisse von Teilnehmern dieser Konferenzen und Interventionen fehlen, können sie nicht mehr vollständig rekonstruiert werden. Nach Angaben des Überlebenden Oberstleutnant Dr. David Kahane (derzeit Oberrabbiner der Polnischen Armee), der an dem Treffen der Lemberger Rabbiner mit Dr. Landesberg teilgenommen hatte, können wir den Verlauf einer dieser Sitzungen nachvollziehen. Bevor die Umsiedlungen begannen, begab sich eine Delegation von Rabbinern, bestehend aus Israel Leib Wolfberg, Moses Elhanam Alter, Dr. Kalman Hameides und Dr. David Kahane, zu Dr. Landesberg, um ihn vor dem geplanten Missbrauch der Mitglieder des Judenrats während der Aktion zu warnen. Dr. Landesberg gab eine ausweichende Antwort und beklagte, dass der Rat nicht Herr seines Willens, sondern ein völlig von den Deutschen abhängiges Organ sei. Trotzdem wurden die Mitglieder des Judenrats nach ein paar Tagen von dieser entwürdigenden, brudermörderischen Arbeit abgezogen, während der Jüdische Ordnungsdienst seine Aufgaben bei der Aktion weiterhin durchführte. Während der gesamten Aktion war in der Sobieski-Schule eine Kommission des Judenrats eingesetzt, die sich damit befasste, fälschlicherweise Verhaftete freizubekommen. An dieser Stelle muss gesagt werden, dass aufgrund der Bemühungen dieser Kommission und einzelner jüdischer Polizisten viele Menschen freigelassen und somit gerettet werden konnten.

Die Aktion ging am Abend des 14. Tages von Nisan,[11] in der Nacht des ersten Seder (1. April 1942)[12] zu Ende. Etwa 15 000 Menschen waren Opfer der Aussiedlung geworden. Von nun an verlor sich ihre Spur. Erst viele Monate später machten in Lemberg Gerüchte die Runde, dass sie in der von den Deutschen neu errichteten „Todesfabrik" in Bełzec in der Nähe von Rawa Ruska durch elektrischen Strom getötet worden seien.[13]

11 Siebter Monat des jüdischen Kalenders.
12 Auftakt des Pessach-Festes.
13 In Bełzec war ab November 1941 das erste der drei Vernichtungslager der „Aktion Reinhardt" mit der ersten stationären Gaskammer errichtet worden, in der Massentötungen mit Kohlenmonoxid durchgeführt wurden. Rawa Ruska war Kreisstadt und Bahnknotenpunkt in der Wojewodschaft Lemberg.

Nach der Aktion herrschte im jüdischen Viertel Friedhofsruhe. Man beweinte die Toten nicht öffentlich, und es war keine offizielle Trauer ausgerufen worden. Trotzdem versanken die jüdischen Straßen in tiefer Trauer. Die Menschen liefen mit vor Schmerz und Scham gesenktem Haupt umher und vermieden es, sich gegenseitig in die Augen zu blicken. Die jüdischen Kinder hörten auf zu lachen und zu spielen. Wenn irgendwo an einer Straßenecke auch nur die Silhouette eines deutschen Gendarms oder ukrainischen Polizisten auftauchte, flohen sie entsetzt und verbargen sich zusammen mit den Alten, Kranken und Gebrechlichen in Unterschlüpfen und Verstecken.

Trotzdem beruhigte sich die jüdische Gemeinschaft allmählich wieder. Der unverbesserliche Optimismus gewann die Oberhand. Nun hätten die Deutschen Lemberg von „unproduktiven" Elementen „gesäubert", daher würde es jetzt sicher ruhig werden. Das Wichtigste war nun, möglichst schnell eine Arbeit zu finden. So begann eine fieberhafte Jagd nach Arbeit. Im Einvernehmen mit den deutschen Verwaltungsbehörden, insbesondere Stadthauptmann Dr. Höller und seinem Stellvertreter in wirtschaftlichen Angelegenheiten Dr. Reisp, wurden riesige jüdische Handwerksbetriebe errichtet. Tremsky, Dr. R. und David Schachter organisierten mit enormer Anstrengung und viel Aufwand die *Städtischen Werkstätten*. Tausende jüdische Handwerker stifteten den Betrieben ihre letzten Besitztümer, ihre Werkzeuge und Maschinen, nur um dort im Gegenzug eine Beschäftigung zu bekommen. Dr. Reisp versicherte den Organisatoren, dass die *Städtischen Werkstätten* für den Falle einer neuen Aktion „eine Oase der Ruhe" im Sturm bleiben würden. Einen gewaltigen Zustrom jüdischer Arbeiter konnte man an diesen denkwürdigen Maitagen auch in den mechanischen Werkstätten Schwarz (einer Berliner Firma) in der St.-Martin-Straße, bei der Firma *Rohstofferfassung* von Viktor Kremin und anderen beobachten. Es war eine einzigartige Parodie der „Produktivierung", wie die jüdische Intelligenz Lembergs sich bemühte, um jeden Preis eine Beschäftigung als Hilfskraft bei einem qualifizierten Handwerker oder als Pförtner zu erhalten, um ihr Leben zu retten. (Zum „Hausmeisterstab" der *Städtischen Werkstätten* gehörten zum Beispiel der berühmte Pianist und Professor am Konservatorium Leopold Münzer, der Rechtsanwalt Juliusz Menkes, der Historiker und Journalist Dr. Adolf Friedman und andere.) Kaufleute, Händler und Lehrer waren in der Firma *Rohstofferfassung* beschäftigt und sortierten dort alte, abgetragene Kleider. Um eine solche Anstellung zu bekommen, die – wie allgemein angenommen – vor Aussiedlung und Vernichtung schützte, brauchte man entweder sehr gute Beziehungen oder musste verschiedenen „Vermittlern" und ihren deutschen Herren üppige Bestechungsgelder zahlen. Der Preis für einen Arbeitsplatz in den *Städtischen Werkstätten*, bei der Firma Schwarz oder bei der *Rohstofferfassung* betrug mehrere Tausend Złoty.

Mitten in dieser fiebrigen, künstlichen *prosperity* begann wie ein Blitz aus heiterem Himmel eine neue „Aktion", die in raschem Tempo durchgeführt wurde. Am Mittwoch, den 24. Juni, durchsuchte überraschend eine mobile SS-Brigade (*Rollkommando, Vernichtungskommando*), die speziell zu diesem Zweck nach Lemberg gebracht worden war, am helllichten Tage jüdische Häuser und nahm mehrere Tausend Menschen, vor allem Frauen, ältere Menschen und Kinder, mit. Diese wurden ins Lager an der Janowska-Straße gebracht und dort mit besonders brutalen Methoden ermordet. So zerrissen speziell ausgebildete Hunde die Menschen bei lebendigem Leibe und begannen in der Regel bei den Geschlechtsteilen und Brüsten der Frauen. Nach diesen Akten der Barbarei, die die Gemüter der Lemberger Juden erneut aus der Ruhe brachten, herrschte eine schwere und niedergedrückte Stimmung in Lemberg.

Erst einige Monate später wurde klar, dass diese plötzliche, „spontane" Aktion nur ein weiteres Glied eines konsequenten Plans war. Es war das Eingangsmanöver zu einem größeren Massaker, das die Deutschen den Lemberger Juden im August 1942 bescherten. Im Juli hatten sie vom Judenrat noch eine weitere Tributzahlung gefordert. Es handelte sich um die dritte, die zweite hatten sie im Frühjahr 1942 erhalten. Die Eintreibung des Betrages unter den völlig verarmten und stark dezimierten Lemberger Juden war mit großen Schwierigkeiten verbunden. Dennoch hofften die unverbesserlichen Optimisten immer noch, dass die Erfüllung der Tributzahlung vor größerem Unglück schützen würde. Aber sie tat es nicht. Anfang August wurde die Gemeinde durch beunruhigende Nachrichten alarmiert, den Vorboten des heranziehenden Gewitters. Die jüdische Abteilung des Arbeitsamtes wurde aufgelöst und die Angelegenheiten der Abteilung direkt der SS übertragen. Der bisherige Leiter der Abteilung, ein Deutscher namens Weber, erklärte dazu einem Vertreter des Judenrats in einem vertraulichen Gespräch: „Von jetzt an werden die jüdischen Angelegenheiten nicht mehr aus ökonomischer Sicht überprüft, sondern nur noch aus politischer." Dieser ziemlich deutliche Hinweis rief schwere Depressionen bei den Vertretern der jüdischen Gemeinde hervor.

Inzwischen begann der neue „Arbeitgeber" der Juden, die SS, mit der Inspektion der jüdischen Arbeitsplätze. Alle Betriebe, die Juden beschäftigten, wurden nacheinander von SS-Truppen umstellt. Die jüdischen Arbeiter wurden angewiesen, ihre Fähigkeiten vor einer SS-Kommission zu demonstrieren. Diese beurteilte „nach Augenmaß", wer arbeitsfähig war. Wer als nicht arbeitsfähig eingestuft wurde, wurde zur Seite gestellt und weggeschickt: die Frauen zum „Schmelz" (das heißt Ausrottung in der Terminologie der deutsch-faschistischen Mörder), die Männer ins Lager. Wer die tödlichen Überprüfungen überstanden hatte, erhielt neue SS-Stempel auf seiner Arbeitsbescheinigung. Die SS erlaubte einigen wirtschaftlich weniger bedeutenden Firmen grundsätzlich keine Stempel, wie zum Beispiel den Arbeitern des Judenrats und einer Reihe von Privatunternehmen. Das deutsche Prinzip der gesellschaftlichen Desintegration, der Einteilung in Gruppen, die am Leben bleiben durften und der Gruppen, die zum Tode verurteilt waren, feierte einen neuen Triumph.

Die Nervosität der jüdischen Gemeinde wuchs von Tag zu Tag. Die Meinungen über die nahe Zukunft der Gemeinde waren widersprüchlich. Einige erwarteten einen furchtbaren Schlag, andere streuten beruhigendere Nachrichten, die sie aus angeblich zuverlässigsten Quellen schöpften. In Wirklichkeit verbreiteten die Deutschen gemäß ihrer immer und überall angewandten militärischen Strategie geschickt selbst diese beruhigenden Gerüchte, um die Wachsamkeit der Lemberger Juden zu dämpfen.

Am Montag, den 10. August, begann im Morgengrauen die neue „Aktion". Es war die bisher größte in der Stadt Lemberg. Sie war systematisch und planmäßig von deutschen Spezialisten aus Militär und Administration vorbereitet worden. Der Plan, bestimmte Gebäude und Straßen zu blockieren, Stadtviertel zu kontrollieren und auszukämmen und die Opfer dann abzutransportieren, wurde genauestens befolgt. An der „Aktion" waren spezielle SS-Einheiten (*Vernichtungskommando*), die Gestapo, die deutsche Polizei (*Schupo*) sowie die ukrainische Miliz beteiligt. Bei strahlendem Sommerwetter und üppig wuchernder Natur setzten die Deutschen, unterstützt durch ihre Helfer, die Aktion kaltblütig, ruhig und gewissenhaft um. Jeden Tag wurden mehrere Tausend Juden in das Lager an der Janowska-Straße[14] verschleppt. Unter brutalen Schlägen und Misshandlungen wurden sie dort selektiert: Frauen, ältere Menschen und Kinder sowie Personen in schlechtem körperlichen Zustand wurden nach Bełżec in den Tod geschickt.

Einige Männer behielt man zur Zwangsarbeit im Lager. Die Juden leisteten keinen organisierten Widerstand. Ihr passiver Widerstand bestand darin, sich in Unterschlüpfen und Verstecken zu verbergen, während des Transports zu fliehen, Selbstmord zu begehen usw. Ein paar Hundert „passive Widerständler" wurden auf der Stelle erschossen. Die Aktion dauerte bis zum 22. August und kostete etwa 50 000 Juden das Leben.

Nach ihrem Sieg über die Juden verkündete der Leiter der Aktion, der SS- und Polizei-Führer im Distrikt Galizien, Generalmajor Katzmann, dass am 7. September 1942 ein Ghetto für die Lemberger Juden errichtet würde. Jeder, der sich nach diesem Zeitpunkt außerhalb des Ghettos aufhalte, werde mit dem Tode bestraft. Dieselbe Strafe würden Nichtjuden erhalten, die Juden außerhalb des Ghettos versteckten. Nur ein Teil des ursprünglich vorgesehenen Gebietes wurde verwendet, nämlich Teile der Zamarstynowska- und Kleparowska-Straße, begrenzt im Süden durch den Bahndamm, im Osten durch die Warschauer Straße, im Westen durch die Zamarstynowska-Straße und im Norden vom Ufer des Flusses Poltwa. Das Ghettogebiet, überwiegend mit kleinen Häusern und Lehmhütten bebaut, war zur Unterbringung der Lemberger jüdischen Bevölkerung trotz ihrer Dezimierung viel zu klein. Innerhalb kürzester Zeit, in knapp zwei Wochen, mussten die Menschen ins Ghetto

---

14 Das Janowska-Lager bei Lemberg wurde im Herbst 1941 als Zwangsarbeitslager für die Deutschen Ausrüstungswerke errichtet. Seit Sommer 1942 wurde das dem SS- und Polizeiführer Friedrich Katzmann unterstellte Lager erheblich ausgebaut und hatte eine zentrale Funktion bei der Ermordung der galizischen Juden. Zahlreiche Häftlinge starben infolge der brutalen Arbeitsbedingungen, andere wurden in das Vernichtungslager Bełżec deportiert, Tausende in den „Piaski" – den Sandhügeln hinter dem Lager – erschossen. Nach der „Aktion Erntefest" im Herbst 1943 – der Erschießung der Juden in den Lagern um Lublin – wurde das Lager in der Janowska-Straße aufgelöst. Nach Schätzungen Dieter Pohls waren dort 35 000 bis 40 000 Juden ermordet worden.

ziehen. Dies war angesichts der kompletten Desorganisation des Judenrats und der fast vollständigen Zerstörung des jüdischen Gemeinde- und Familienlebens durch die grausamen Vernichtungsaktionen keine leichte Aufgabe, vor allem, weil das ganze Unternehmen von immer neuen Grausamkeiten der Deutschen begleitet wurde.

Alle Exzesse der Deutschen während der Umzüge können hier nicht erwähnt werden. Als Beispiel beschreibe ich einen Vorfall, der vielleicht der grausamste war: Es kursierte das Gerücht, dass ein Jude einen deutschen Funktionär in Notwehr verletzt, möglicherweise sogar getötet habe. Die Reaktion der Deutschen auf diesen Akt der individuellen Selbstverteidigung war entsetzlich. Am selben Tag (einigen Zeugen zufolge war es der 1. September) fuhren am Eckhaus der Jakob-Herman-Straße und der Łokietek-Straße 15, in dem nach der Umsiedlung die Büros des Judenrats untergebracht waren, Autos mit Gestapoleuten vor und brachten den noch während der August-Aktion verhafteten Dr. Landesberg, den Vorsitzenden des Judenrats, mit. Mit Hohn und Spott und vor den Augen der vor Schreck erstarrten jüdischen Schaulustigen ergriffen die Gestapoleute im Gebäude wahllos ein Dutzend Angestellte und Umstehende, stellten sie an eine Wand und erschossen sie. Dann wählten sie zwölf Polizisten, vor allem Offiziere des Jüdischen Ordnungsdiensts, aus und hängten sie an den Balkons und Fenstern im ersten Stock auf. Da die Seile zu dünn waren, fielen einige von ihnen auf das Pflaster. Besprizt von Blut und unter Hohn und Schlägen trieb man sie zurück in die Etage und wiederholte das Spektakel. (Unter den Aufgehängten war der polnisch-jüdische Schriftsteller Ludwig Rath und der Chirurg Dr. Taffet. Bei Dr. Tunisow, dem Leiter der Abteilung für die Unterstützung der Lagerinsassen beim Judenrat, wurde das Erhängen auf dem Gnadenweg durch Erschießen ersetzt.) Für Dr. Landesmann hatte sich der Leiter der „Aktion", SS-Sturmbannführer Wepke, eine spezielle „Unterhaltung" ausgedacht. Man schleppte ihn in den zweiten Stock und hängte ihn mit einem sehr dünnen Seil auf, das sofort riss. Blutbespritzt und im Angesicht des Todes verlor Dr. Landesberg seine innere Stärke und bat seine Peiniger, ihn am Leben zu lassen. Dabei berief er sich auf den alten Brauch, das Leben derer zu schonen, deren Hinrichtung gescheitert war. Die Gestapoleute blieben diesen Argumenten gegenüber taub und ließen die Hinrichtung wiederholen, diesmal allerdings ohne die Farce mit dem dünnen Seil. Die Leichen der Erhängten durfte auf Befehl der Deutschen in den folgenden Tagen niemand abnehmen, und aus ganz Lemberg strömten Neugierige herbei, um das jüngste Beispiel für die deutsche „Gerechtigkeit" zu besichtigen.

Die Lebensbedingungen im Ghetto waren sehr hart. Viele Familien kampierten wochenlang im Freien oder wohnten in Höfen und Fluren, bis sie ein Dach über dem Kopf fanden. „Erleichterung" kam ein paar Wochen später, als ein Teil der „Arier" das Ghetto verließ und etliche Juden entweder gestorben oder bei den permanenten Aktionen ermordet worden waren. Dies behob das Problem jedoch nicht vollständig. Offiziell standen einem Ghettobewohner drei Kubikmeter Wohnraum zur Nutzung zu. In Wirklichkeit war dies angesichts der Raumknappheit ein unerreichbarer Traum. Jedes kleine Zimmer beherbergte durchschnittlich mindestens zehn Personen. Nachts schliefen die Menschen auf dem Boden. Man nutzte jeden Winkel im Zimmer und baute wie in Schiffskojen Etagenbetten übereinander. Aufgrund der furchtbaren Enge verbreiteten sich Infektionskrankheiten, vor allem Typhus. In dem Maße, wie die Zahl der Menschen im Ghetto schrumpfte, verkleinerten die Deutschen mehrmals das Ghetto, in dem das Leben von Tag zu Tag unerträglicher wurde. Das Ghetto war vom Rest der Stadt durch einen hohen Bretterzaun abgetrennt, der von außen sorgsam von deutscher und ukrainischer Polizei bewacht wurde. Am Eingangstor überprüfte die deutsche Polizei akribisch die Papiere aller, die kamen oder gingen.

Am 18. November 1942 trat im Ghetto eine neue Registrierung in Kraft. Alle, die für militärische Einrichtungen arbeiteten, erhielten den Buchstaben „W" (*Wehrmacht*). Wer in Rüstungsbetrieben tätig war, bekam den Buchstaben „R" (*Rüstungsindustrie*). Die Gesamtzahl der Bezieher dieser privilegierten Bezeichnungen belief sich auf 12 000 Männer und Frauen. Aus Anlass der Registrierung führte man eine neue Aktion durch, bei der etwa 5000 Menschen in den Tod geschickt wurden. Nach der November-Aktion wurden Juden mit den Buchstaben „W" und „R" in den besseren Häusern des Ghettos einquartiert (das sogenannte Ghetto „A"). Wer nicht arbeitete, wurde in den schäbigen und schmutzigen Gassen des Ghettos untergebracht (sogenanntes Ghetto „B"). Von diesem Moment an wurde das Leben für diejenigen, die über keine „W"- oder „R"-Bezeichnung verfügten, zur wahren Hölle. Ständig fanden Razzien statt, die die Deutschen als „*Auskämmen*" des Territoriums bezeichneten. Die größte dieser „Maßnahmen" fand am 5., 6. und 7. Januar 1943 statt. Etwa 15 000 Menschen starben während dieser Aktion. Gleichzeitig wurde der Judenrat aufgelöst. Der Vorsitzende Dr. Eberson, die Mitglieder Ingenieur Landau, Dr. Kimelman, Chiger, Ulam, Dr. Marceli Buber und andere wurden hingerichtet. Dr. Leib Landau und Dr. Scherzer gelang es, in den „arischen" Teil der Stadt zu fliehen. Doch schon bald wurden sie ergriffen und erschossen. Heimtückisch lockte man die Mitarbeiter des aufgelösten Judenrats in die Büros des Judenrats und deportierte sie dann entweder nach Bełżec oder in das Lager an der Janowska-Straße. Die nach Bełżec Transportierten zog man nackt oder bis auf die Unterwäsche aus, um Fluchten unmöglich zu machen. Aber trotzdem, und trotz der gut besetzten Posten mit Maschinengewehren, die den Zug bewachten und ohne Warnung beim geringsten Fluchtversuch schossen, trotz der vergitterten Fenster und dicht verschlossenen Türen der Güterwagen, trotz der drohenden Verfolgung durch Jagdhunde, die die Transportwachen mit sich führten, flohen einige. Sie rissen Löcher in die Fußböden und Wände der Eisenbahnwaggons und sprangen aus dem fahrenden Zug. Dabei ignorierten sie die Gefahr, sich beim Sprung zu verletzen oder ums Leben zu kommen oder von den Schüssen der Wachen getroffen zu werden. Sie dachten nicht daran, dass sie als Flüchtige hungrig und nackt durch eine stark terrorisierte und von Polizei besetzte Gegend irren würden. Nicht vielen Wagemutigen gelang dieses riskante Unternehmen. Sie wurden „Springer" genannt. Normalerweise fielen die Springer bei der nächsten Aktion wieder in die Hände der Unterdrücker. Es gab Springer, die das gefährliche Spiel drei- oder viermal wiederholten, bei dem sie sich gegenseitig einen gewissen sportlichen Ehrgeiz und Stolz bewiesen.

Die Vernichtung der Lemberger Juden 51

Nach der Januaraktion wurde eine offizielle Bezeichnung für das Ghetto eingeführt, was seinen Charakter vollständig veränderte. Der neue Name „*Judenlager Lemberg*" oder kurz *Julag,* machte deutlich, dass dies kein geschlossenes Wohnquartier mehr war, sondern eine Art Konzentrationslager oder eine Kaserne, in der nur noch Männer und Frauen leben durften, die in deutschen Institutionen arbeiteten. Kranke, Alte und Kinder hatten demzufolge kein Recht, dort zu leben. In wiederholten Aktionen wurden die verbliebenen „unerwünschten Elemente" ergriffen und zur Liquidierung abtransportiert. Durch ständige Aktionen reduzierten die Deutschen die Bevölkerung des *Julags* mit enormer Anstrengung und viel Arbeit auf 12 000 Einwohner mit den Buchstaben „W" und „R". Mehrere Tausend Frauen, ältere Menschen und Kinder lebten illegal im Lager (im Februar 1943). Die Kommandanten des Julags waren aufeinanderfolgend die SS-Offiziere Mansfeld und Siller, deren Stellvertreter Hainisch und Grzimek. Letzterer, der SS-Hauptscharführer Josef Grzimek, übernahm die Leitung am 19. Februar 1943 und besaß bereits eine gewisse Erfahrung in dieser Tätigkeit. Er hatte zuvor das Konzentrationslager für Juden in Laszki Murowane[15] sowie das Modell-Ghetto in Rawa Ruska aufgelöst. Dieser asoziale, besessene Sadist quälte die Bewohner des *Julags* durch ausgefallenste Schikanen, preußischen Drill und sein wahnwitziges Streben nach Sauberkeit. In ständigen Jagden nach „Illegalen" war er direkt und indirekt für die Ermordung von Hunderten von Lemberger Juden, insbesondere Frauen und Kindern, verantwortlich.[16]

Um das Tempo der Vernichtung der Lemberger Juden zu veranschaulichen, lohnt es sich, einige Statistiken anzuführen. Die nachstehend genannten Zahlen stammen aus der Statistik der Lebensmittelkarten, die der Judenrat ausgab. Sie wurden mir vom Leiter der Abteilung Lebensmittelkarten des Lemberger Judenrats, Dr. Weiser, übermittelt. Die Zahlen können nicht ganz genau sein. Einerseits übersteigt die Zahl wahrscheinlich die tatsächliche Zahl der Juden, da viele Familien keine Eile hatten, die Behörden über verstorbene Familienmitglieder zu informieren. Sie hofften noch, dass ihre Angehörigen zur Zwangsarbeit gebracht worden waren und bald zurückkämen. Andere meldeten ihre Toten nicht, um – angesichts der Hungersnot – von der größeren Lebensmittelration zu profitieren. Auf der anderen Seite ließen sich einige Juden überhaupt nie registrieren und waren dem Judenrat nicht bekannt. Sie glaubten, dass es besser sei, nicht in offiziellen Unterlagen aufgeführt zu werden, die den deutschen Behörden zugänglich waren. Darüber hinaus gab es viele jüdische Flüchtlinge, politische „Verbrecher" etc., die sich ohne Registrierung versteckt hielten. Schließlich lebten seit den letzten Aktionen von 1942 mehr und mehr Juden mit „arischen" Papieren. Bei all diesen Beispielen sprechen wir über Angaben, die aus der Natur der Sache heraus nicht durch irgendeine Art von offiziellen oder inoffiziellen statistischen Dokumenten bestätigt

---

15 In Laszki Murowane befand sich ein Zwangsarbeitslager für Juden.
16 Josef Grzimek wurde 1949 in Polen wegen seiner Verbrechen zum Tode verurteilt. Er starb 1950 im Gefängnis.

werden können. Inwieweit die Statistik nach oben oder unten abweicht, ist daher nicht mehr festzustellen. Im besten Fall ist zu vermuten, dass die Abweichungen nicht mehr als 5 bis 10 % betragen und sich wahrscheinlich gegenseitig aufheben, sodass das statistische Bild mehr oder weniger glaubwürdig ist. Die Zahlen lauten wie folgt:

Oktober 1941 – 119 000 Juden
November 1941 – 109 000
Dezember 1941 – 106 000
Januar 1942 – 103 000
Februar 1942 – 97 000
März 1942 – 96 000
April 1942 – 86 000
Mai 1942 – 84 000
Juni 1942 – 82 000
Juli 1942 – 82 000
August 1942 – 76 000
September 1942 – 36 000
Oktober 1942 – 33 000
November 1942 – 29 000
Dezember 1942 – 24 000 Juden

Offizielle Zahlen gab es nur bis Januar 1943, das heißt bis zu dem Zeitpunkt, als der Judenrat von den Deutschen liquidiert wurde.

Im Jahr 1943 erkannten selbst die unverbesserlichsten Optimisten unter den Juden, dass die Deutschen vorhatten, die jüdische Bevölkerung vollständig auszulöschen. Erste Bemühungen um einen organisierten Widerstand begannen. Die Jugend erhielt streng konspirativ eine militärische Ausbildung und eine illegale Zeitung wurde vorbereitet, von der insgesamt sechs maschinenschriftliche Ausgaben in einer geringen Auflage erschienen. Redakteur der Zeitung war Magister Michał Hofman, technischer Leiter Abraham Wahrmann. Informationen aus der internationalen Politik und über die Situation an den Fronten bezog die Zeitung aus dem illegalen Abhören von Rundfunksendern und der polnischen Untergrundpresse. Der Lokalteil enthielt neben Informationsmaterial auch redaktionelle Artikel und Aufrufe zum bewaffneten Widerstand und zum Kampf gegen die deutschen Verbrecher.

Doch alle Versuche, einen bewaffneten Widerstand zu organisieren, schlugen fehl. Dafür gab es mehrere Gründe: In der Lemberger Bevölkerung war keine oppositionelle und revolutionäre Stimmung gegenüber den Deutschen vorhanden, wie sie zum Beispiel in Warschau herrschte. Die nationale Zusammensetzung der Lemberger Bevölkerung erleichterte den Deutschen ihre Politik, die darauf abzielte, Feindseligkeiten zwischen verschiedenen Nationalitäten hervorzurufen, dies umso mehr, da ein Teil der ukrainischen Bevölkerung mit den

Die Vernichtung der Lemberger Juden

Deutschen sympathisierte. Rund um Lemberg gab es keine starke Untergrund- oder Partisanenbewegung wie zum Beispiel in Wolhynien, in den weißrussischen Grenzgebieten und in den Regionen Lublin oder Kielce, der sich die jüdische Jugend hätte anschließen können. Es gab auch keine Kampforganisationen, die in der Lage gewesen wären, den Juden Waffen zu liefern oder bei Bedarf militärische Unterstützung zu leisten. Illegalen jüdischen Organisationen gelang es, ungarischen und italienischen Soldaten kleine Mengen von Handwaffen (Pistolen, Handgranaten) abzukaufen. Letztendlich gab es unter den Juden auch keine fähigen Führer und mutigen Kommandeure für solche Aktivitäten. Ein großer Teil der linken Anführer hatte Lemberg gemeinsam mit der russischen Armee verlassen, andere waren von den Deutschen im Laufe der Zeit erschossen worden. Versuche, Partisanengruppen zu organisieren und sich in die Wälder durchzuschlagen, wurden im Keim erstickt: Zum Beispiel hatte eine Gruppe von jüdischen Jugendlichen unter der Führung des jüdischen Dichters Jankiel Schudrich versucht, in einen Wald zu entkommen. Sie wurden jedoch von Provokateuren in einen Hinterhalt gelockt und hingerichtet. Alle Versuche individuellen Widerstands und Akte der Selbstverteidigung trafen auf so grausame Vergeltungsaktionen der Deutschen, dass sie andere abschreckten, dem Beispiel zu folgen. So wurde zum Beispiel im März 1943 im Lager an der Czwartaków-Straße der SS-Mann Keil, der sich durch besondere Grausamkeit gegenüber den Juden auszeichnete, getötet (wahrscheinlich durch den Ingenieur Kotnowski). Die Reaktion der Deutschen erfolgte sofort und war barbarisch. Am Morgen danach kam eine Strafexpedition ins Ghetto, die elf Angehörige des Ordnungsdienstes auf dem Balkon eines Hauses auf der Łokietek-Straße aufhängte. Dann ergriffen sie mithilfe des *Julag*-Kommandanten Grzimek wahllos 1500 Menschen und schleppten sie in die „Piaski",[17] wo alle unter grausamen Foltern starben. Darüber hinaus führten die SS-Männer eine Strafaktion im Janowska-Lager durch, bei der rund 200 Menschen getötet wurden.

In den ersten Tagen des Juni 1943 begann die endgültige Liquidierung des Ghettos. Diese Aktion wurde mit besonderer Brutalität durchgeführt. Aus Angst vor bewaffnetem Widerstand näherten sich die Deutschen den jüdischen Wohnungen nur vorsichtig. Tatsächlich gab es dieses Mal einige Fälle von tapferem, bewaffnetem Widerstand. Viele Juden versteckten sich in beizeiten vorbereiteten, gut versteckten und gesicherten Bunkern. Die Deutschen gossen Benzin auf die Gebäude und Unterschlüpfe und steckten sie in Brand. Erst dann nahmen sie die Verfolgung der Juden auf, die vor dem Feuer zu fliehen versuchten. Einigen wenigen Juden gelang es, sich in den unterirdischen Abwasserkanälen zu verstecken und dort einige Monate auszuhalten. Die Deutschen töteten Kinder, indem sie ihre Köpfe an Mauern oder Laternen schlugen, sie lebend ins Feuer warfen oder erschossen. Darüber hinaus übte die deutsche Hitlerjugend an den jüdischen Kindern das Schießen auf lebende Ziele. Ein Teil der Männer (etwa 7000) wurden in das Lager an der Janowska-Straße geschickt, wo die Schwachen getötet und die Starken den Arbeitskommandos eingegliedert wurden.

---

17   Ein sandiges Gelände hinter dem Lager an der Janowska-Straße, das als Hinrichtungsort genutzt wurde.

Nach der Auflösung des Ghettos verblieb nur eine sehr kleine Zahl von Juden in Lemberg, kaserniert in militärischen Einrichtungen in der Stadt und einige Tausend im Janowska-Lager. Außerdem war es einer gewissen Zahl von Juden gelungen, den deutschen Folterknechten zu entkommen: versteckt in rechtzeitig vorbereiteten Unterschlüpfen, in den Häusern nichtjüdischer Freunde oder mit „arischen Papieren" getarnt. Juden mit „arischen Papieren" wurden von deutschen und einheimischen Polizeiorganen ständig gejagt und ergriffen oder von den verschiedensten Erpressern gequält. Wer erwischt wurde, kam ins Lager an der Janowska-Straße und wurde dort ermordet. Die tägliche Ernte an diesen Opfern war reichlich. Es gab Tage, an denen Dutzende, manchmal bis zu 100 Menschen in die Hände der Deutschen fielen. Daher nahm die Zahl der versteckten Juden täglich ab. Als die Rote Armee die Stadt am 21. Juli 1944 befreite, stellte sich heraus, dass nur wenige Hundert Lemberger Juden innerhalb der Stadt überlebt hatten. (Nach den vom Vorsitzenden des Vorläufigen Jüdischen Komitees in Lemberg, Dr. Dawid Sobol, streng geprüften Zahlen, die auf Grundlage von Meldungen der einschlägigen Personen erstellt wurden, handelte es sich um 823 Personen.)

III.

Während der deutschen Besatzung wurden in Lemberg hauptsächlich an drei Orten Hinrichtungen und Massenmorde verübt. Nach den Berechnungen und Gutachten der Außerordentlichen Staatlichen Untersuchungskommission der UdSSR, die auf Nachforschungen an den Tatorten und Zeugenanhörungen basierten, starben während der deutschen Besatzung an diesen drei Mordstätten rund 540 000 Menschen: Erstens kamen an der Zitadelle über 140 000 Menschen ums Leben, vor allem sowjetische Kriegsgefangene, zweitens erschossen die Deutschen im Wald von Lesienicki, einem Dorf außerhalb von Lemberg an der Łyczakowski-Landstraße Richtung Winniki und Tarnopol, mehr als 200 000 Menschen, überwiegend Juden, und drittens ermordeten sie im Bereich des Lagers an der Janowska-Straße und im Lager selbst mehr als 200 000 Menschen, fast ausschließlich Juden. Der Hauptort der Massenmorde war das sogenannte „Tal des Todes", das sich etwa einen halben Kilometer vom Lager entfernt zwischen dem jüdischen Friedhof und dem sogenannten Hinrichtungsberg („Hycla-Berg") am Fuße des Kortumowa-Berges befand. (Der vollständige Text der Mitteilung der Kommission wurde in der Moskauer „Prawda" Nr. 307 vom 23. Dezember 1944 veröffentlicht.)

Natürlich waren unter den 540 000 Opfern nicht nur Bewohner Lembergs. An den Mordstätten starben Zehntausende von Menschen aus der Provinz, die zu diesem Zweck hierher gebracht worden waren. Insbesondere das Lager an der Janowska-Straße (das bald als Lager „Janowska" bekannt wurde) diente als *Durchgangs-* und Vernichtungslager für mehrere Tausend Juden aus den Städten und Dörfern des Distrikts Galizien. Die Geschichte dieses Lagers ist die Geschichte des Leidenswegs eines sehr großen Teils der Juden Lembergs und vieler jüdischer Siedlungen und Gemeinden.

Vor den Toren der Stadt in der Janowska-Straße 134 befand sich eine Fabrik, die vor dem Krieg einem Juden namens Steinhaus gehörte. Nach der deutschen Besetzung wurde dort ein Rüstungsbetrieb (*Deutsche Ausrüstungswerke,* abgekürzt D. A. W.) eingerichtet. Die D. A. W. wurden von der SS verwaltet.[18] Weil eine Arbeitsbescheinigung in diesen Werken als etwas Positives galt, da sie ihren Besitzer vor Straßenrazzien und anderen unliebsamen Überraschungen schützte, meldeten sich viele Juden freiwillig zur Arbeit bei den D. A. W. Das Arbeitsamt wies im Laufe der Zeit ebenfalls eine gewisse Zahl von jüdischen Arbeitern den D. A. W. zu, darüber hinaus ergriff die SS täglich Juden in den Straßen der Stadt für einen Arbeitseinsatz bei den D. A. W. Auf diese Weise waren im September bereits rund 350 jüdische Arbeiter bei den D. A. W. tätig. Ende September 1941 wurden neue Baracken errichtet und mit Stacheldraht umzäunt. Am 1. Oktober versammelte der Chef der D. A. W, der aus Berlin stammende SS-Hauptsturmführer Fritz Gebauer,[19] alle jüdischen Arbeiter zu einem Appell, bei dem er verkündete: „*Ab heute bleibt ihr da!*" Ein paar Tage später war das gesamte Gebiet der D. A. W. mit Stacheldraht umgeben. Zur Bewachung des Geländes wurde ein Wachturm errichtet, auf dem zwei SS-Männer mit Maschinengewehren Dienst taten. So entstand das Lager „Janowska". Die Obhut über das Lager hatten Schlippe, Stellwerk und Soernitz. Der Letztgenannte lief in der Regel nur mit seinem Schäferhund Aza umher, der speziell geschult war, Menschen zu zerreißen (siehe Tagebuch von Irena Szajewicz über das Lager „Janowska").

Ab November 1941 wurde das Lager erkennbar zum Zwangsarbeitslager: Die Bewohner wurden ständig bewacht und jeder Kontakt zur Außenwelt wurde unterbunden. Die faktische Verwaltung des Lagers ging von Gebauer, der Chef der D. A. W. blieb, auf SS-Obersturmführer Rokita[20] und den schrecklichen Henker Gustav Willhaus[21] aus Saarbrücken über (ab 2. März 1942).

---

18 Die 1939 gegründeten Deutschen Ausrüstungswerke (DAW) waren ein Wirtschaftsunternehmen der SS, das durch Ausbeutung der Arbeitskraft von KZ-Häftlingen kriegswichtige Güter wie Munitionskisten, Mobiliar für Kasernen usw. produzierte.

19 Fritz Gebauer (1906–1979) war von Juli 1941 bis Mai 1944 Betriebsleiter der DAW in Lemberg. Das Landgericht Saarbrücken verurteilte ihn 1971 zu lebenslanger Haft.

20 Richard Rokita (1894–1976) war stellvertretender Lagerführer im Janowska-Lager. In den 1960er-Jahren wurde er wegen seiner Verbrechen in Lemberg angeklagt, das Verfahren wurde jedoch wegen Verhandlungsunfähigkeit eingestellt.

21 Gustav Willhaus (1902–1945), SS-Untersturmführer (ab 1944 Obersturmführer) wurde im März 1942 nach Lemberg versetzt und war zunächst für die Unterbringung der jüdischen Zwangsarbeiter in einem SS-eigenen Betrieb der Deutschen Ausrüstungswerke zuständig. Zwischen Juli 1942 und Juni 1943 war er Kommandant des Lagers Lemberg-Janowska. Danach wurde er an die Front versetzt und im März 1945 bei Kämpfen tödlich verwundet.

Der ehemalige Kaffeehausmusikant war ein „Ästhet", der es liebte, „feine" und „subtile" physische und psychische Foltern zuzufügen. Außerdem gehörten SS-Obersturmführer Rokita (seit April 1942), SS-Scharführer Kolonko (aus Ratibor in Schlesien), SS-Oberscharführer Wolfgang von Mowinkel, ein junger Sadist, der 20-jährige Chef der Untersuchungsabteilung Heine (oder Heinen) sowie der letzte Kommandant des Lagers, SS-Hauptsturmführer Franz Warzog, der SS-Mann Bencke (Volksdeutscher), der ehemalige Chef des *Julag* Hainisch und andere zur Galerie der grausamen verbrecherischen Folterknechte.

Nach Presseberichten, die schwer zu überprüfen sind, gab es im Deutschen Reich ein sogenanntes *Jagdkommando*. Dabei handelte es sich um eine Schule zur Ausbildung von Führungskräften für die Todeslager, die auf Hitlers Befehl errichtet worden sein soll und von dem berüchtigten Dr. Dirlewanger geleitet wurde. Man sagt, dass etwa 60 der schlimmsten Henker und Folterknechte diese Schule absolvierten, und dass etwa zehn von ihnen nach Lemberg geschickt wurden, um im Lager Janowska Führungspositionen zu übernehmen (nach Włodzimierz Bielajew: „Das geschah in Lemberg", Rotes Banner Nr. 54, 25. Oktober 1944).[22] Spätere Forschungen werden zeigen, wieviel Wahrheit sich hinter dieser Geschichte verbirgt. Dennoch fühlen wir uns verpflichtet, sie zu erwähnen. Zweifellos ist es ein wertvoller Hinweis, ein Indiz, das im Laufe der Zeit dazu beitragen kann, die verborgenen Triebfedern des deutschen Mechanismus zu erkennen, Menschen durch ein ganzes System von präzise und wissenschaftlich durchdachten Foltern zu vernichten und sie vorher physisch und moralisch zu brechen.

Von Zeit zu Zeit erhielt ein Teil der SS-Besatzung des Lagers den Befehl zum Fronteinsatz. Da das Lager weiter wuchs, begannen die Deutschen, die Bewachungsmannschaft des Lagers, besonders die niederen Ränge, mit Nichtdeutschen zu ergänzen. Ungarische SS-Angehörige, ukrainische Miliz, russische Weißgardisten und *Volksdeutsche* rückten ins Lager ein. Für die Einheiten, die aus Einheimischen gebildet wurden, setzte sich die Bezeichnung „Askaris" durch, eine Bezeichnung, die in den deutschen Kolonien in Afrika die einheimische Hilfspolizei erhalten hatte.

Das Lager wuchs wie ein riesiger Polyp, der seine Fangarme nach immer neuen Opfern ausstreckte. Neben den vielen Tausend permanenten Häftlingen, die hier bis zu ihrer Vernichtung arbeiteten, wurden weitere Hunderttausende durch das Lager geschleust, die für den sofortigen Transport nach Bełżec vorgesehen waren. Dies betraf Lemberger Juden ebenso wie Juden aus der Provinz. Erste Transporte aus den Provinzen trafen im Frühjahr 1942 ein. Zum Beispiel kam Anfang April ein großer Transport aus Gródek Jagielloński, im Mai und Juni aus Przemyśl, im Juli aus Drohobycz usw.

22 Aus dem „Wilddieb-Kommando Oranienburg" ging das „Sonderkommando Dirlewanger" der Waffen-SS hervor, das ab September 1940 im Raum Lublin operierte. Für die Einheit unter Führung Oskar Dirlewangers (1885–1945) wurden zunächst kriminelle und „asoziale" KZ-Häftlinge, dann vorbestrafte Wehrmachts- und SS-Angehörige und schließlich auch politische Gefangene rekrutiert. Die wegen ihrer Grausamkeit berüchtigte Einheit wurde zur SS-Brigade und dann zur 36. Waffengrenadier-Division der SS vergrößert und bei Kriegsende vollkommen vernichtet.

Nur starke und gesunde Männer wurden ausgewählt, um im Lager zu bleiben. Kleine Kontingente von Juden aus der Tschechoslowakei, Ungarn, Jugoslawien, den Niederlanden, Großbritannien und den USA kamen ebenfalls ins Lager, um in der Regel sofort vernichtet zu werden. Es ist im Moment unmöglich, genau zu bestimmen, wie viele Menschen das Lager durchlaufen haben. Die Außerordentliche Staatliche Untersuchungskommission der UdSSR stellte fest, dass mindestens 200 000 Menschen in der Umgebung des „Janowska"-Lagers und ebenso viele im Wald von Lesienicki getötet wurden. Vermutlich waren die meisten von ihnen Arbeiter des „Janowska"-Lagers. Ebenso schwierig ist es, die Zahl der Menschen im Lager zu einem bestimmten Zeitpunkt zu bestimmen. Die einzige offizielle Zahl stammt aus einem Bericht des statistischen Amts des deutschen *Stadthauptmanns* von Lemberg, nach dem sich am 1. März 1943 (an diesem Tag führten die Deutschen eine provisorische Volkszählung in Lemberg durch) 15 000 Juden im Lager befanden.

Ursprünglich war das Lager nur für Männer vorgesehen. Als die großen „Aktionen" begannen, wurde im März 1943 ein eigenes Frauenlager errichtet, das streng von der Männerabteilung getrennt war. Den Beginn dieses Lagers bildete der erste Transport von 70 Frauen nach der Liquidierungsaktion in Żółkiew, die der neu errichteten Nähwerkstatt der D. A. W. zugewiesen wurden. Im Männerlager waren die Häftlinge in eine Vielzahl von Kategorien unterteilt, die jeweils unterschiedlich behandelt wurden. Am besten ging es den jüdischen Bürokräften, danach folgten Fachleute (Ingenieure, Techniker, Handwerker), an dritter Stelle standen ungelernte Arbeiter, zu denen unter anderem Akademiker gezählt wurden. Sie erhielten in der Regel die schlechtesten, niedrigsten und stupidesten Arbeiten. Sie wurden unbarmherzig geschlagen und verhöhnt und hausten in den schlechtesten Baracken. Alle Baracken waren aus Holz, schmutzig und voller Läuse. Sie hatten keine Öfen und waren im Winter nicht beheizt. Die Häftlinge schliefen ohne Bettwäsche und Decken auf langen, aneinander genagelten Brettern.

Nach den zahlreichen Aktionen des Jahres 1942 wurde das Lager mehrfach erweitert. Der erste größere Ausbau fand im März 1942 parallel zur Märzaktion in Lemberg statt. Den Ausbau leitete der Dozent der Lemberger Polytechnischen Hochschule Ing. Griffel, der Erfinder des „Griffel-Stahls". Die fieberhaften Erweiterungen zogen sich über den Sommer 1942 hin bis zur Augustaktion.

Die Häftlinge des Janowska-Lagers wurden auf vielerlei Arten erniedrigt. Neben der übermäßig anstrengenden und schweren 10- bis 12-stündigen Arbeit ließen die täglichen Schläge und Misshandlungen die letzte Kraft der Häftlinge schwinden. Willhaus dachte sich für die Häftlinge die sogenannten „Vitamine B, C und D" aus. B stand für Balken,[23] C für Ziegel[24] und D für Bretter.[25] Nach einem Tag schwerer Arbeit wurden die Häftlinge

---

23 Polnisch: belki.
24 Polnisch: cegły.
25 Polnisch: deski.

gezwungen, zusätzlich schwere Ziegel, Balken und Holzbretter *im Laufschritt* hin und her zu schleppen, in der Regel vom Lager zum Bahnhof Kleparów und zurück.

Auch der Hunger zerstörte die Organismen der Häftlinge. Die Lebensmittelversorgung bestand hauptsächlich aus Brot. Die tägliche Brotzuteilung betrug 1/8 eines Laibes Brot, der 1,3 kg wog, das heißt ca. 150–160 g täglich. Allerdings missbrauchten diejenigen, die für die Verteilung der Rationen zuständig waren, oft ihre Kompetenz. Wenn das Brot klebrig und von schlechter Qualität war, entstand beim Schneiden ein natürlicher Verlust, sodass die Gefangenen selten mehr als 100 g Brot am Tag bekamen. Am Morgen gab es kalten Kaffee und zum Mittagessen in der Regel eine wässrige Suppe, die ab und zu mit Kohlblättern, Graupen und sehr selten mit ein bisschen Fleisch gewürzt war. Es gab Zeiten, in denen die Suppe völlig ungenießbar war. So wurde zum Beispiel im Winter 1941/42 mit gefrorenen, ungeschälten und ungewaschenen Kartoffeln aus einem Magazin in der Nähe der SS-Latrinen gekocht. Die widerwärtige Plörre roch nach Urin, und nur ausgehungerte Häftlinge konnten sich überwinden, sie zu essen. Ein anderes Mal bereitete der Lagerkoch eine Suppe aus dem Kadaver eines kranken Pferdes zu. Fast alle, die diese Delikatesse konsumiert hatten, wurden krank, und einige starben sogar. Die armen Ehefrauen, Mütter und Töchter der Gefangenen versuchten, heimlich etwas Essen zu schmuggeln, und warteten ganze Tage in der Nähe der Lagerzäune auf eine Gelegenheit. Der Aufenthalt vor dem Lager war sehr gefährlich, da die SS-Männer oft schlugen und schossen. Im Laufe der Zeit wurde diese Form der Unterstützung vollständig verboten. Im Herbst 1941 gründete der Judenrat ein Komitee zur Unterstützung der Häftlinge.

Nachdem Gebauer und seine Frau eine Reihe von teuren Geschenken bekommen hatten, durfte man zweimal in der Woche Pakete für die Lagerinsassen schicken. Allerdings erreichten die Pakete nur selten ihren Empfänger. Häufig stahlen die SS-Männer sie, beschlagnahmten sie unter allen möglichen Vorwänden, und manchmal warfen sie zur Unterhaltung den Inhalt der Pakete vor den Augen der hungrigen Häftlinge ihren Hunden hin. Im Jahr 1943 hörten jedoch auch diese mageren Lieferungen von außen auf. Nur eine kleine Gruppe von Lagerinsassen, die beträchtliches Geldvermögen besaß, konnte trotz aller Verbote die Wachen bestechen und alle Arten von Lebensmitteln erhalten. Dies waren jedoch seltene Ausnahmen. Die wichtigste Quelle für die „illegale Versorgung" wurde mit der Zeit der Schmuggel durch die Arbeitskommandos, die täglich für verschiedene Arbeiten in die Stadt geschickt wurden, zum Beispiel das *Reinigungskommando* (Kanal- und WC-Reinigung, Müllabfuhr usw.), die *Treuhandstelle* (Handwerker für Reparaturen von Gebäuden und Installationen), die *Ostbahn* und die *Bahnwerke-West* (Arbeitskommandos für Bahnarbeiten) und andere (nach den Erinnerungen von I. Szajewicz und G. Taffet).

Eine echte Plage für die Häftlinge waren die unhygienischen Zustände im Lager. Zunächst gab es überhaupt keine Latrinen. Später waren es 40 für 5000 Personen. Als Strafe für die verspätete Fertigstellung eines Waschraums untersagte Gebauer für längere Zeit seine Benutzung. Die Häftlinge bekamen keine Seife ausgehändigt, sie erwarteten aber bei mangelhafter Hygiene drakonische Strafen. Zum Beispiel ordnete Gebauer an einem Wintertag mit einer Temperatur von -20 Grad Celsius einen Appell an, wählte fünf Häftlinge aus, die er für schmutzig befand und befahl ihnen, nackt in ein Fass mit kaltem Wasser zu tauchen. Sie mussten in den Fässern verharren, bis sie schließlich erfroren.

Trotz dieser Art von „sanitären" Maßnahmen war das Lager extrem schmutzig und verlaust. Gelegentlich wurden die Häftlinge zur Entlausung in die Balonowa-Straße geführt, später mussten sie sich alle zwei Wochen in den öffentlichen Bädern in der Żródlana-Straße oder in der Szpitalna-Straße waschen. Das Baden war eine Tortur sui generis; die Häftlinge wurden wegen jeglicher Vergehen geschlagen und misshandelt. Jeder Gang in die Bäder brachte ein Dutzend neue Tote, die bei „disziplinarischen Sofortmaßnahmen" ermordet wurden. Gegen den Läusebefall richteten die Bäder nichts aus, da die schmutzigen Lumpen der Häftlinge nicht gereinigt oder desinfiziert wurden. Als Folge verbreiteten sich Krankheiten, vor allem Flecktyphus. In den Monaten September, Oktober und November des Jahres 1942 starben während einer besonders schweren Typhusepidemie täglich etwa 50 Personen (basierend auf den Aussagen von Dr. Zwilling).

Das wichtigste Heilmittel, das die Lagerwache anwendete, war das Erschießen der Kranken. Um Munition zu sparen, wurden die Kranken manchmal über den Stacheldrahtzaun geworfen und waren so zur Qual eines langsamen Sterbens verurteilt. Niemand durfte sich den Kranken nähern, die Strafe für Zuwiderhandlung war der Tod oder grausame Folter. Dies führte dazu, dass die meisten kranken Häftlinge mit letzter Kraft versuchten, gesund zu erscheinen. In einigen Fällen setzten kranke Häftlinge mit 40 Grad Fieber ihre Arbeit unter den schweren Bedingungen fort. Und – typisch für die Grenzen des Aushaltbaren der menschlichen Natur und den Lebenswillen der Häftlinge – es gab auch Fälle, und zwar nicht wenige, dass Kranke aus dieser schrecklichen Probe mit einem blauen Auge davonkamen und am Leben blieben! Durch die Bemühungen des Judenrats und des Lagerkomitees sowie üppigen Geschenken für die Lagerleitung wurde schließlich die Genehmigung erteilt, einige schwerkranke Häftlinge in die Stadt zu bringen, wo der Chefarzt Dr. Maximilian Kurzrock ihre Unterbringung in einem separaten Gebäude im Jüdischen Krankenhaus organisierte, wo sie fürsorglich betreut wurden.

Doch mit der Zeit wurde diese Erleichterung aufgehoben, da die Lagerbehörden innerhalb des Lagers ein „Spital" errichteten. Dieses befand sich in einer uneingerichteten, einfachen und unbeheizbaren Baracke, in der die Kranken fast völlig ohne Betreuung lagen. Durchschnittlich zweimal monatlich kamen die SS-Männer Brombauer und Birmann zur Selektion, bei der ein Dutzend der Schwerstkranken in den Tod geschickt wurde.

Die Lagerinsassen lebten in einer Atmosphäre der ständigen Bedrohung durch Folter oder Tod. Fast täglich wurden Appelle angeordnet, oft plötzlich mitten in der Nacht, bei denen es sich um sadistische Orgien der ungezügelten und betrunkenen deutschen Wachen handelte. Im Lager wurde ein „Folterplatz" errichtet. Dort hängten sie die Menschen mit dem Kopf nach unten an Pfähle, schnürten Arme und Beine zusammen, sodass sie wie ein

Tier am Stock hingen; sie ließen sie in dieser Position, bis sie unter unaussprechlichen Qualen starben. Eine weitere, sehr „einfallsreiche" Strafe bestand darin, die Menschen nackt mit Stacheldraht zu umhüllen und sie mehrere Tage so stehen zu lassen. Jedes geringfügige Fehlverhalten wurde mit Prügel auf den nackten Körper bestraft, in der Regel in der sogenannten Dreherei. 50 bis 200 Schläge wurden ausgeteilt, und mancher wurde zu Tode geprügelt. Frauen hängte man an den Haaren auf. Ganze Kommandos wurden gezwungen, ohne Kleider mehrere Tage und Nächte strammzustehen: in der sengenden Hitze des Tages wie auch in der nächtlichen Kälte bis zur totalen Erschöpfung.

Einige der deutschen Peiniger hatten ihre eigenen Lieblingsmethoden. Zum Beispiel erstickte Gebauer gern Delinquenten, indem er ihnen seinen Schal um den Hals wickelte. Wie bereits erwähnt, ordnete er an, Menschen erfrieren zu lassen; vermutlich war das kein Einzelfall. Eine „Spezialität" von Heine war das Durchbohren der Körper von Häftlingen mit einem Stock oder einem Eisenstab. Willhaus liebte das Schießen auf ahnungslose Opfer. Zur Unterhaltung oder als Sport schoss er ohne jede Warnung auf Ansammlungen von Häftlingen beim Waschraum oder am Essenskessel. Vom Balkon seiner Villa organisierte er „Freizeitjagden" auf Häftlinge, wobei ihm seine Frau Ottilie sekundierte und die kleine Tochter Heike – beeindruckt von der Treffsicherheit ihrer Eltern – Beifall klatschte. Neben den Folterungen liebten es die Deutschen, ihre Opfer zu verhöhnen und zu verspotten. Zur Veranschaulichung soll – neben der bereits erwähnten Geschichte mit den Lebensmittelpaketen – folgende Episode dienen: Nach der zweiten Liquidierungsaktion in Jaworów im März 1943 wurden auch der Rabbiner und der Schächter von Jaworów ins Janowska-Lager gebracht. Sie durften ihre Bärte behalten, mussten aber jeden Morgen, bevor die Kommandos zur Arbeit ausrückten, mit einem aufgespannten Regenschirm auf einem speziellen Podest einen Tanz aufführen, begleitet vom Gelächter und Spott der Deutschen (aus der Erinnerung von G. Taffet).

Jubiläen oder besondere Anlässe feierten die SS-Männer entsprechend. An Hitlers Geburtstag am 20. April 1943 wählte Willhaus 54 jüdische Häftlinge aus und erschoss sie eigenhändig. Der Tag der Absetzung von Mussolini, der 25. Juli 1943, wurde im Lager auf besondere Weise begangen: Einer der Gestapo-Männer trat auf einen gesunden jüdischen Jüngling zu, der sich gerade vor ihm verneigt hatte, und beschuldigte ihn, dass in seinem Gruß nicht der gebührende Respekt, sondern eine versteckte Ironie und *Schadenfreude* wegen des Sturzes von Mussolini enthalten gewesen sei. Dafür sollte der Jude die verdiente Strafe erhalten. Der völlig unschuldige Jugendliche wurde mit den Füßen am Galgen aufgehängt, der Kopf hing nach unten. Sein Geschlechtsteil wurde abgeschnitten und in seinen Mund gestopft. Mit ständigen Fußtritten in den Bauch wurde der Blutfluss in den Kopf erhöht. Der Junge starb unter unvorstellbaren Qualen.

Dennoch waren all diese verschiedenen Methoden der Tötung von Juden den Deutschen zu langsam. Regelmäßig brachten sie daher einige Tausend Häftlinge in die „Piaski" zur Exekution. Die „Selektionen" bei diesen Aktionen fanden auf eine recht einfache Weise statt: Die

Deutschen inszenierten den sogenannten Todeslauf. Die Menge der laufenden Verurteilten wurde auf beiden Seiten von einem Spalier aus SS-Männern umstellt, die die Läufer mit Beinen und Gewehren zum Stolpern brachten, sie auf die Köpfe schlugen oder auf sie schossen. Wer stolperte und fiel, wurde zur Seite genommen und kam zur zuvor bereits zusammengestellten Gruppe der „bedingungslos Verurteilten", die aus kranken, verletzten und völlig erschöpften Häftlingen bestand, und ging mit ihnen gemeinsam in die „Piaski".

Das Lager hatte ein Orchester, das sich aus Häftlingen zusammensetzte. Leon Striks war der Dirigent, und unter den Mitgliedern des Orchesters waren berühmte Musiker wie der Komponist Jakob Mund und Josef Herman. Auf Anordnung des „Musikliebhabers" Rokita komponierten die Musiker den „Tango des Todes". Ab diesem Moment wurde jede Gruppe von Gefangenen mit einer Aufführung dieser makabren Komposition in den Tod geschickt. Eine der letzten Massenaktionen im Lager fand am 25. Mai 1943 statt. Rund 6000 Häftlinge wurden dabei getötet.

Um diese Zeit begannen die Deutschen, die Spuren ihrer Verbrechen immer gründlicher auszulöschen. Zu diesem Zweck gründeten sie eine „Todesbrigade", die aus ein paar Hundert jüdischen Häftlingen bestand. Unter den wachsamen Augen der deutschen Einheit *Sonderdienst 1005*[26] exhumierte und verbrannte diese Brigade die Leichen und beseitigte alle Spuren der deutschen Verbrechen. Während der endgültigen Liquidierung des Lagers unternahm die „Todesbrigade" am 20. November 1943 einen Aufstand. Nur wenigen der Mutigen gelang die Flucht, die Übrigen starben.

Nach der Ermordung der restlichen jüdischen Häftlinge wurde das Lager nicht aufgelöst. Ein paar Hundert polnische, ukrainische und *„volksdeutsche"* Häftlinge blieben weiterhin dort. Im Mai 1944 war noch eine kleine Gruppe von etwa 40 Juden im Lager. Die meisten von ihnen waren auf der „arischen Seite" der Stadt gefasst worden, und ihre Todesstrafe war aufgrund ihres Facharbeiterstatus auf dem Gnadenwege in den Lageraufenthalt abgemildert worden. Sie arbeiteten als Schneider, Schuhmacher, Kürschner, Elektriker, in der Wäscherei, in der Bügelstube oder als Gärtner. Während des großen Luftangriffs der sowjetischen Luftwaffe auf Lemberg (im April 1944) und der daraus resultierenden Panik flohen 15 Juden aus dem Lager. Der Rest wurde während der Evakuierung des Lagers in den Westen deportiert. Ein Teil von ihnen konnte in der Gegend von Dobromil und Grzybów fliehen.

Nach dem Aufstand der „Todesbrigade" setzten die Deutschen die Verbrennung der Leichen im Wald von Lesienicki fort. Diese Arbeiten dauerten bis Januar 1944 an. Trotzdem gelang es den Deutschen nicht, die Spuren der in der Menschheitsgeschichte einzigartigen

---

26 Das Sonderkommando 1005 unter SS-Standartenführer Paul Blobel (1894–1951) hatte ab März 1942 den Auftrag, die Spuren der Vernichtung durch Beseitigung der Massengräber in der Ukraine, Weißrussland und Polen zu verwischen. Zur Exhumierung und Verbrennung der Leichen wurden jüdische Arbeitskommandos gebildet. Die „Enterdungsaktion" war nur teilweise erfolgreich, über eine Million Leichen wurden verbrannt.

Verbrechen vollständig zu verwischen. Die unerbittliche Gerechtigkeit, die das blutige Beil den Faschisten aus den Händen schlug, enthüllt nun die dunklen Geheimnisse ihrer verbrecherischen Aktivitäten. Untersuchungen und historische Forschung werden die ungeheuerlichen Grausamkeiten ans Tageslicht bringen, und die gesamte Menschheit wird eine verdiente Strafe für die verkommenen Verursacher so vieler Tragödien und so viel Leid fordern.

* * *

Die Vernichtung der Lemberger Juden ist nicht nur ein grauenhafter Akt der physischen Auslöschung von 130 000 bis 150 000 Menschen, sondern auch einer von vielen Schlägen der Nazibarbarei in das Herz der menschlichen Zivilisation. Die nationalsozialistische Tötungsmanie brachte neben den materiellen und moralischen Schäden auch eine ernste Schädigung der menschlichen Zivilisation und Kultur. In den Hekatomben der Opfer des Lemberger Judentums mangelte es nicht an Namen, die sich mit goldenen Lettern in die universale Kulturgeschichte eingeschrieben haben. In unseren „Zeiten der Verachtung", in denen der Verteidiger des „Monsters von Belsen", der Engländer Major Winwood, beim Prozess in Lüneburg[27] die Unverfrorenheit besaß zu behaupten, dass „in den deutschen Lagern der Abschaum aus den Ghettos von Mitteleuropa gewesen sei", möge diese Liste von jüdischen Vertretern aus Kultur, Literatur, Wissenschaft und Kunst, die von den Deutschen in „einem der Ghettos Osteuropas" ermordet wurden, als aussagekräftiges Argument und Beweis gegen solche Ansichten und Meinungen dienen.

Hier ist die Liste der jüdischen Vertreter von Kunst und Wissenschaft, die von den Deutschen in Lemberg ermordet wurden:

Wissenschaftler: der hervorragende Jurist und Professor von europäischem Rang Maurycy Allerhand, die Mathematiker Prof. Szym. Auerbach und Dozent Sternbach; der Anthropologe Dr. S. Czortkower; die Germanisten Prof. Herman Sternbach und Dr. Izydor Berman, Spät; die Klassischen Philologen Prof. Dr. Marian Auerbach, Dr. Jakob Händel, Schulbaumowna; die Psychologen Dr. Leopold Blaustein, Dr. Igiel; der Philosoph Prof. Dr. Stefan Rudniański; die Polonisten Dr. Wilhelm Barbasz und Włodzimierz Jampolski; Physiker und Mathematiker – Dozent Fuchs, Dozent Griffel; die Dozenten des Instituts für Judaistik in Warschau Dr. Izrael Ostersetzer und Dr. Mojzesz Goliger; die Historiker Dr. Jakob Schall, Magister Felix Hafner, Izachar Madfes; der jüdische Philologe Dr. Jakob Witler (verhungert); der Orientalist Dr. Leon Gutman; der Literaturhistoriker Ozjasz Tilleman; der Bibliothekar Jehuda Kohn; der Museologe und Sammler Dr. Maximilian Goldstein; die

---

27 Winwood verteidigte im Bergen-Belsen-Prozess, den ein britisches Militärgericht von September bis November 1945 in Lüneburg gegen 48 Mitglieder der Lagerverwaltung des KZ Bergen-Belsen führte, den ehemaligen Lagerkommandanten Josef Kramer. Kramer wurde zum Tode verurteilt.

Pädagogen Dr. Izachar Reiss, Abraham Roth, Sens Taubes, Siwek sowie die Pädagogin und verdiente Sozialaktivistin Dr. Cecylia Klaftenowa.

Die Juristen und Anwälte Dr. Leib Landau, Dr. Henrik Landesberg, Dr. Anselm Lutwak, Dr. Leon Chotinger, Dr. Max Schaff, Dr. M. Achser, Dr. E. Scherzer und andere.

Berühmte Ärzte und Professoren der Medizin: Prof. Adolf Bek, der Zahnarzt Dr. Allerhand, der Professor für Tiermedizin Gizelt, der Chirurg Dr. Ruff, der Augenarzt Prof. Dr. Reiss, der Bakteriologe Dozent Fleck, der Augenarzt Dr. Zion, Dr. Willner, der Internist Dr. Schneider, Dr. Adolf Rosmarin und viele andere.

Jüdische Schriftsteller und Hebraisten: David Königsberg (Übersetzer von „Pan Tadeusz" ins Jiddische), Jankiel Schudrich, Grün, Sanie Friedman, Izrael Weinlös, Debora Vogel-Barenbluetowa, Daniel Ihr, S. I. Imber (gest. in Jezierna), Alter Kachme (während der Flucht aus Lemberg in der Gegend von Tarnopol durch deutsche und ukrainische Polizisten ermordet), Mojzesz Feld und Zygmunt Schorr.

Polnische Schriftsteller und Literaturkritiker: Maurice Szymel, Dr. Henryk Balk (Selbstmord), Alexander Dan, Halina Gorska, Ludwik Roth, Dr. Dresdner.

Publizisten und Journalisten: Szulim Rettich, Bencijon Ginsberg, Salomon Spiegel (Leiter des ITA in Lemberg), Z. Reich, Henrik Hescheles, Abraham Bratt, Naftali Hausner, Dr. Adolf Kruman, Dr. Morus Sobel, Dr. Henryka Fromowicz-Stillerowa, die Senatoren Jakub Bodek und David Schreiber und andere.

Im Bereich der Kunst und des Theaters: die Dirigenten Jakob Mund, Marceli Horowitz und Alfred Stadler; die Musiker Leonid Striks, Leon Zak, Eward Steinberger, Leon Eber, Josef Herman, Hildebrand, Breier.

Die Professoren am Konservatorium: der hervorragende Pianist Leopold Münzer, Marek Bauer, Artur Hermelin, der Opernsänger Feller.

Die Maler Leon Erb und Fritz Kleinman.

Die Rabbiner Dr. Jecheskiel Lewin, Israel Leib Wolfsberg, Mojzesz Elchanan Alter, Nathan Leiter, Szmelke Rapaport, Samuel Rapaport, Dr. Kalman Chameides.

Michał Maksymilian Borwicz

Die Universität der Mörder

Übersetzung aus dem Polnischen von Andrea Rudorff

Vorbemerkung

Der polnisch-jüdische Dichter, Schriftsteller und Literaturkritiker Michał Maksymilian Borwicz wurde im Oktober 1911 in Krakau geboren und studierte an der philosophischen Fakultät der Krakauer Universität Geschichte und Literaturgeschichte. Seit 1939 lebte er in Lemberg, wo er 1942 verhaftet und in das Janowska-Lager eingeliefert wurde. 1943 konnte er mit Unterstützung des Krakauer Rates für Judenhilfe fliehen und schloss sich einer sozialistischen polnischen Partisaneneinheit an. 1945 bis 1947 leitete er die Krakauer Abteilung der Zentralen Jüdischen Historischen Kommission (Centralna Żydowska Komisja Historyczna) und wanderte anschließend nach Frankreich aus. In Paris gründete Borwicz gemeinsam mit Józef Wulf das „Centre d'étude d'histoire des Juifs Polonais". Er promovierte 1953 in Soziologie an der Pariser Sorbonne mit der Arbeit „Écrits des condamnés à mort sous l'occupation nazie (1939–1945)". Borwicz starb am 31. August 1987 in Paris.

Das Janowska-Lager bei Lemberg wurde im Herbst 1941 als Zwangsarbeitslager für die Deutschen Ausrüstungswerke errichtet. Seit Sommer 1942 wurde das dem SS- und Polizeiführer Friedrich Katzmann unterstellte Lager erheblich ausgebaut und hatte eine zentrale Funktion bei der Ermordung der galizischen Juden. Zahlreiche Häftlinge starben infolge der brutalen Arbeitsbedingungen, andere wurden in das Vernichtungslager Bełżec deportiert, Tausende in den „Piaski" – den Sandhügeln hinter dem Lager – erschossen. Nach der „Aktion Erntefest" im Herbst 1943 – der Erschießung der Juden in den Lagern um Lublin – wurde das Lager in der Janowska-Straße aufgelöst. Nach Schätzungen Dieter Pohls waren dort 35 000 bis 40 000 Juden ermordet worden.

Der Text erschien unter dem Titel „Uniwersytet Zbirów" als Publikation Nr. 3 der Jüdischen Historischen Kommission der Wojewodschaft Krakau und zugleich der Zentralen Jüdischen Historischen Kommission 1946 in Krakau. Als Redaktionskollegium zeichneten Michał M. Borwicz, Nella Rost und Józef Wulf.

Die Anmerkungen der polnischen Originalfassung erscheinen als Endnoten, die Verweise darauf stehen im Text in runden Klammern.

Kursiv gesetzte Wörter erscheinen im Original in deutscher Sprache (ein Glossar, das hier nicht abgedruckt ist, erläutert im Original die Bedeutung auf Polnisch).

Frank Beer, Wolfgang Benz, Barbara Distel

MICHAŁ MAKSYMILIAN BORWICZ

UNIWERSYTET ZBIRÓW

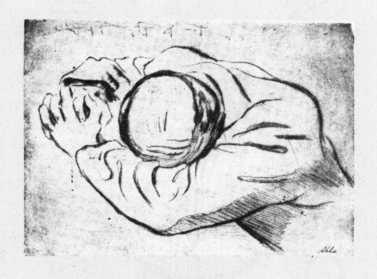

KRAKÓW 1946

Buchumschlag der Originalausgabe „Uniwersytet Zbirów", Krakau 1946

Gegentitel der Originalausgabe „Uniwersytet Zbirów", Krakau 1946

Michał Maksymilian Borwicz

Die Universität der Mörder

Vorbemerkung des Redaktionskollegiums

Mit der Veröffentlichung dieser Edition über das Lager Janowska in Lemberg erinnern wir zugleich daran, dass Auszüge aus einigen Berichten über dieses Lager bereits in dem Band „Dokumente der Verbrechen und des Martyriums" („Dokumenty Zbrodni i Męczeństwa") erschienen sind. In unseren kommenden Publikationen werden wir ein Tagebuch eines zwölfjährigen Mädchens, das im Lemberger Lager inhaftiert war, präsentieren (dieses Tagebuch wurde uns von der Kommission der Krakauer Abteilung des Rates für Judenhilfe übergeben) sowie eine Aufzeichnung unter dem Titel „Literatur im Lager". Einige Angaben über das Lager Janowska, darunter insbesondere über seine Funktion in der Geschichte der Martyrologie in Lemberg, nennt u. a. Dr. Filip Friedman in seiner Broschüre „Die Vernichtung der Lemberger Juden".[1] Dieser Text wurde von der Zentralen Jüdischen Historischen Kommission in Łódź herausgegeben. Dieselbe Institution plant in Kürze die Herausgabe der Tagebücher eines ehemaligen Häftlings der Lemberger „Piaski".

Der vorliegende Band wurde mit einer Einleitung von Maria Hochberg-Mariańska versehen, ehemalige Mitarbeiterin des Rates für Judenhilfe.

Im Anhang findet der Leser ein Glossar [nicht abgedruckt] mit Begriffen aus der Lagersprache, die in dem vorliegenden Text verwendet werden.

Die in der Publikation veröffentlichten Fotografien wurden vorwiegend von SS-Angehörigen im Lager Janowska gemacht. Die Fotos wurden nach ihrer Flucht gefunden. Dem Charakter dieser Abbildungen sowie ihrer Problematik widmete sich vor einiger Zeit ein Artikel in „Neue Horizonte" („Nowe widnokręgi"). Bereits in diesem Beitrag wurden einige der Fotos publiziert.

Der Umschlag sowie drei der in diesem Band veröffentlichten Stiche wurden von Abba Fenichel, die Gebauer darstellende Illustration von Karol Ferster entworfen. Gestalter des Verlagslogos sowie der beiden Titelüberschriften im Text ist Józef Bau.

---

1 Vgl. S. 55 ff. in diesem Band.

Einleitung von Maria Hochberg-Mariańska

I

Die Nachrichten über die unzähligen Mordtaten der Nationalsozialisten haben sich in der Öffentlichkeit nicht alle in gleichem Maß verbreitet. Besonders wenig wissen wir über die grausamsten Verbrechen. Das ist kein Zufall: Die Besatzungsmacht legte in diesen Fällen großen Wert darauf, dass die Gräuel nicht ans Tageslicht gerieten. Die Zahl der Opfer, die dem Tod entfliehen konnten, ist äußerst gering. Die Mehrheit der Menschen, die einmal ein Todeslager betreten hatten, kehrte nie wieder in die freie Welt zurück.

Zu den Orten der Massenmorde, über die man besonders wenig wusste, gehört auch das Lager Janowska in Lemberg (die Bezeichnung geht auf den Namen der Straße zurück, die in das Lager führte). Dieses Lager hat alle anderen an Ausmaß der Verbrechen sowie Grausamkeit der angewandten Methoden übertroffen. Es wurde für die NS-Täter zu einer Art Lehrstätte für Verbrechen und Sadismus. Die „Professoren" dieser makabren „Hochschule" rekrutierten sich aus den hervorstechenden Experten des mörderischen Handwerks. Włodzimierz Bielajew führt in seiner Studie „Es ist in Lemberg geschehen" („Działo się to we Lwowie") aus, dass „sie alle in der berühmten Sondereinheit Dr. Dirlewangers geschult worden waren". Dr. Dirlewanger, ein berühmter SS-Oberführer und ein charakterloser Mann, der auf Veranlassung der Gestapo von einer deutschen Universität mit dem Titel eines Dr. h. c. ausgezeichnet wurde, bildete in seinem Kommando über einen längeren Zeitraum sechzig erstrangige Mörder aus. Sie alle wurden, bevor man sie in die Lager entsandte, Hitler persönlich vorgestellt. Zehn von ihnen kamen in das Lager Janowska.

Unter aufmerksamer Betreuung dieser „Lehrer" wurden im Lager Janowska weitere verkommene Täter geschult. Zahlreiche Folterknechte, die die blutigsten Taten in anderen Lagern und Gefängnissen begingen, hatten oftmals hier ihr „Studium" bzw. ihre „Fortbildung" absolviert.

Am 1. Juli 1941 marschierten deutsche Truppen in Lemberg ein. Während in den seit 1939 besetzten Gebieten das Martyrium bereits fast zwei Jahre andauerte und die deutsche Verbrechenswelle immer mehr an Stärke gewann, hatte in Lemberg der Mord von Anfang an einen massenhaften Charakter und währte ohne Unterbrechung. Die Opfer hatten keine Zeit, Luft zu holen, sich einen Überblick zu verschaffen, geschweige denn frühzeitig Kontakte zu knüpfen.

Die Wüterei der Besatzungsmacht erreichte in Lemberg ein unbeschreibliches Ausmaß. Und da man die Opfer nicht mehrmals töten konnte, bemühten sich die durchtriebenen Täter darum, das Leben der Menschen auf leidvolle Art zu verlängern und ihren Tod besonders qualvoll zu inszenieren. Für diese Aufgabe wurde das Lager Janowska ausersehen. Seine Mitarbeiter sind ihrer Arbeit vorbildlich nachgekommen. Laut den Untersuchungsergebnissen der sowjetischen Außerordentlichen Untersuchungskommission („Nadzwyczajna Komisja Śledcza") wurden allein in der Umgebung des Lagers Janowska mehr als 200 000 Menschen getötet. Weitere 200 000 sind in den nahe liegenden Wäldern ums Leben gekommen.

Die Bürger von Lemberg wussten von Häftlingen, die gelegentlich in der Stadt arbeiteten, über die grauenvolle Realität des Lagers Bescheid. Unabhängig von dieser schrecklichen Wirklichkeit bemühten sich einige Menschen kontinuierlich – wie sich später herausgestellt hat – um die Weitergabe des tragischen Geschehens an die kommenden Generationen, ob in der Form von Berichten oder literarischen Werken.

Es gab noch eine weitere Etappe in der Entstehungsgeschichte dieses Bandes: die Bemühungen, die Zeitzeugnisse aufzubewahren, damit sie die Jahre der barbarischen Okkupation überdauern und künftig unter neuen Bedingungen ans Tageslicht kommen – ungeachtet des zu erwartenden und fast unvermeidbaren Todes ihrer Verfasser. Die handschriftlich verfassten Texte gelangten auf verschiedene Art außerhalb der Lagerzäune, zunächst an zufällige Orte und Personen. Den Umständen entsprechend sind zahlreiche von ihnen verloren gegangen. Im Verlauf der Zeit hat die Untergrundbewegung im Lager einen wichtigen Kontaktort gefunden. Bei dieser „Adresse" (die im Lager gemäß den Instruktionen ausschließlich dem Begründer der Untergrundbewegung Borwicz und ohne Einzelheiten auch seinen engsten Mitarbeitern bekannt war) handelte es sich um das „ferne" Krakau.

Das Konzept für den vorliegenden Band ist im Zusammenhang mit der Suche nach seinem späteren Autor entstanden. Es war uns bekannt, dass sich Borwicz zeitweilig in Lemberg aufhielt. Dort kontaktierte er bereits in der Besatzungszeit wiederholt Vertreter der Untergrundbewegung im Lager. In Lemberg – sogar schon unter Deutschen – hat er den Sekretär des Krakauer OKR PPS,[2] Teodor (1), getroffen, mit dem er Konspirationspläne für die nahe Zukunft besprach und vereinbarte. Danach erloschen alle Spuren seiner Existenz.

Im Sommer 1943 bestand Teodor nachdrücklich darauf, Borwicz (Boruchowicz) ausfindig zu machen. Zu diesem Zeitpunkt gelang es, über die deutsche Möbelfabrik „Niesel und Kammer" aus Lemberg, in der die Inhaftierten arbeiteten, Kontakt zum Lager Janowska aufzunehmen. Ein Mitarbeiter dieser Firma, Mieczysław Piotrowski (M. Kurz), dem der Dienstausweis Reisen und Kontakte auf der Strecke Krakau–Lemberg ermöglichte, hat als Erster die Nachricht über Borwiczs Tod verbreitet. Einer der Häftlinge aus dem Lager Janowska behauptete sogar, die Leiche Borwiczs gesehen zu haben. Teodor glaubte jedoch mehr seiner eigenen Intuition und empfahl weiterhin mit Nachdruck, nach Borwicz zu suchen. Piotrowski verkündete bald nicht nur die Nachricht, dass Borwicz doch am Leben sei, sondern zeigte sogar eine handschriftliche, verschlüsselte Nachricht von ihm, aus der hervorgeht, dass der Absender sich weiterhin im Lager Janowska aufhält und – laut seinen eigenen Worten – „seinen Beruf nicht aufgegeben hat".

---

2 Ostrowiecki Komitet Robotniczy Polskiej Partii Socjalistycznej: Arbeiterkomitee der Polnischen Sozialistischen Partei im Landkreis Ostrowiec.

Wir konnten es nur schwer glauben. Die Lebensbedingungen im Lager waren uns, den Mitarbeitern des Rates für Judenhilfe (2), damals schon bekannt. Konspirative Arbeit schien uns unter diesen Bedingungen schlicht unmöglich. Und doch gab es konkrete Beweise, die für eine derartige Tätigkeit sprachen. In den verschlüsselten Nachrichten, die uns unter Wahrung höchster Sicherheitsmaßnahmen erreichten, war die Rede von einem konspirativen Netz, von geheimen literarischen Veranstaltungen, von Gedichten, die ungeschrieben nur im Gedächtnis entstanden und auf den Lagerpritschen vorgetragen wurden. Und nicht zuletzt auch von anderen Angelegenheiten, nicht literarischen, sondern materiellen – kurz und bündig: von Waffen. Die Vertreter der Untergrundbewegung versammelten sich während kurzer Pausen im Anschluss an ihre Arbeit beim Wegräumen von Schnee und Eis in einem unbewohnten Haus. Angesichts dessen schüttelten die Freunde des Häftlings aus dem Lager Janowska – Menschen, die in der Untergrundarbeit bewandert und zu verschiedenen, unglaublichen Taten fähig waren – den Kopf und bemerkten: „Ein Verrückter!" In dieser Zeit war das ein besonderes Kompliment.

Der Kontakt zum Lager Janowska hat sich mit der Zeit vertieft und nahm eine immer konkretere Gestalt an. Von dort aus schickte man an den Rat für Judenhilfe in Krakau Briefe, Gedichte, Berichte und Notizen. Unsere Vertretung belieferte Häftlinge mit Kennkarten und anderen Dokumenten. Die für diese Dokumente bestimmten Fotos wurden in der Fotowerkstatt des Lagers erstellt. Ihr Leiter war der „blutige" Obersturmführer Gebauer.

Aus den Nachrichten, die uns aus dem Lager erreichten, ergab sich, dass die organisierte Gruppe von Borwicz bereits regelmäßig Kontakte zur Außenwelt pflegte. Widerstands- sowie Fluchtpläne boten ein ständiges Gesprächsthema. Der Gestaltung dieser Pläne widmete man viel Zeit, da die meisten Fluchtversuche zuvor gescheitert waren. Häftlinge, die auf der Flucht gefasst wurden, starben einen besonders qualvollen Tod. Gelungene Fluchtversuche kosteten fünf bis zehn Häftlinge aus dem Umkreis des Flüchtlings das Leben. In einigen Fällen wurde als Konsequenz einer Flucht die ganze „Brigade" ermordet.

Borwicz war verantwortlich für die Planung der Wege, für Kontakte und das Ausloten der Möglichkeiten. Aus der Erfahrung der Lagerrealität sowie des Lebens außerhalb der Lagerzäune wusste er, dass man nur einzelne Menschen retten konnte.

Der Herbst 1943 ließ über das Schicksal der letzten Überlebenden des Lagers keinen Zweifel. In Krakau waren sich Teodor sowie der Vorsitzende des Rates für Judenhilfe, Mgr. St. Dobrowolski, einig, dass man einen weiteren Aufenthalt Borwiczs im Lager nicht mehr riskieren könne, und sie beschlossen, seine Flucht zu organisieren. Der Sekretär des Rates für Judenhilfe, Wł. Wójcik, erledigte die notwendigen Formalitäten, wie etwa die Beschaffung von Dokumenten und die Entsendung von Kontaktpersonen. Um weitere Angelegenheiten kümmerten sich die Vertreter der Untergrundbewegung im Lager sowie der Häftling selbst. Borwicz kam dann in Begleitung unserer Kontaktpersonen als Bahnassistent Michał Borucki nach Krakau. Die Flucht (der mutige und bis ins kleinste Detail gut durchdachte Fluchtplan entstand im Lager) zog diesmal keine Konsequenzen nach sich. In der ersten nach der Flucht erhaltenen verschlüsselten Nachricht berichteten die Lagerkameraden von Borwicz, „Ilian (3) sei eingebildet, er habe erwartet, dass ihm nachgetrauert werde".

Der Kontakt zum Lager Janowska bestand auch weiterhin. Es gelang uns, anhand der von Borwicz überlieferten Kontakte und gemäß seiner Instruktionen noch andere Häftlinge zu retten. Wir schickten Geld für die Flüchtlinge, die vor Ort eine Zuflucht gefunden hatten, nach Lemberg. Einige erhielten von uns Dokumente und Starthilfe. Für andere mussten wir in Krakau selbst bzw. in der Umgebung der Stadt eine Unterkunft finden. Es gab im Lager keine tragischen Folgen dieser Fluchtaktionen. Mithilfe eines gemeinsam erarbeiteten Plans zählte man zum entsprechenden Zeitpunkt die Toten im Lager doppelt: einmal mit ihrer tatsächlichen Nummer und zusätzlich noch mit der Nummer des Flüchtlings. Aufgrund dieser komplizierten mathematischen Rechnung stimmte der endgültige Stand der Häftlinge. Es handelt sich hier aber schon um die Zeit kurz vor der Schließung des Lagers (4). Unsere Bemühungen zur Rettung weiterer Häftlinge waren allerdings nicht immer erfolgreich. Im Lager Janowska sind viele großartige Persönlichkeiten ums Leben gekommen, Intellektuelle und Künstler. Viele unter ihnen zeigten im entscheidenden Moment keinen Mut zur Flucht oder die innere Bereitschaft, es tun zu wollen. Die Ursache dafür war das sich über Monate erstreckende langsame Sterben und Martyrium dieser Menschen. Wenn die Nerven eines Häftlings versagten, konnte keine Macht von außen helfen. Dies war auch eines der wichtigsten Hindernisse für unsere Arbeit. Ich schreibe für „unsere", da die eigenen Erinnerungen einbezogen sind. Nur diese Erfahrungen werden hier behandelt.

II

Faktografische sowie literarische Dokumente über das Lager Janowska, die den Sitz des Krakauer Rates für Judenhilfe erreichten, sind überwiegend erhalten geblieben, abgesehen von handschriftlichen Texten in jiddischer Sprache, die von unserer Kontaktperson in der Provinz aufbewahrt wurden und infolge einer Bombardierung verbrannten. Über die Schicksale der Dokumente werde ich voraussichtlich an anderer Stelle berichten.

Noch während des Aufenthalts von Borwicz im Lager haben wir Fragmente einiger Texte in der Untergrundpresse veröffentlichen können. Gedichte – noch warm vom Märtyrerblut – wurden auf dem gewöhnlichen Weg wie andere konspirative Texte von Ort zu Ort weitergegeben. Einige wurden in dem Band „Aus dem Jenseits" („Z otchłani") gesammelt, der 1944 in Warschau vom Rat für Judenhilfe herausgegeben wurde. Der Band beinhaltet Gedichte polnischer und jüdischer Verfasser über das Martyrium der Juden.

Die Arbeit, eine Geschichte und Chronologie des Lagers Janowska zu verfassen, wurde auch noch dann fortgesetzt, als im Leben Borwiczs eine neue Etappe begann: Er wurde nämlich Kommandeur der Partisanentruppen der Militär- und Kampftruppen des PPS (Oddziałów Wojskowych i Oddziałów Bojowych PPS) für den Miechowski-Bezirk. Borwicz hat zum wiederholten Mal seinen Beruf gewechselt, die konspirative Arbeit setzte er jedoch kontinuierlich fort. Zudem ging er weiterhin seiner literarischen Tätigkeit nach. Inzwischen konnte man die Gedichte und Lieder auf echtem, sauberem Papier und sogar vielleicht mit einem Füller niederschreiben sowie auch in der Untergrundpresse veröffentlichen. Die Versammlungen und Gespräche wurden in Scheunen und Dorfschulen abgehalten. Dort war die Akustik besser als im Lager Janowska. Darüber hinaus konnten die Ansprachen von den Kämpfern mit dem feierlichen Ausruf „FREIHEIT" beschlossen werden. Die Boten, die jetzt regelmäßig zwischen Krakau und dem Miechowski-Bezirk verkehrten, brachten nicht nur Gedichte und Partisanenlieder mit, sondern auch Lagerberichte, wie etwa die Skizze über „Die Literatur im Lager" sowie die Studien, die, vom Autor überarbeitet, für diesen Band gesammelt wurden.

Diese Dokumente wurden in einem Kohlekasten mit doppeltem Boden aufbewahrt. Dort befand sich auch, neben den Materialien der „legislativen" Vertretung des PPS, ein Archiv des Krakauer Rates für Judenhilfe. Diese und ähnliche „Schubladen", die über ganz Polen verstreut sind, bilden den Ursprung der historischen Arbeit, ihrer künftigen Entwicklung und ihres Ausbaus. Die erwähnte „Schublade" des Rates für Judenhilfe enthielt neben aktuellen Dokumenten auch einige Bücher aus der „schwarzen Liste", unter anderem den 1938 erschienenen Roman von Borwicz „Liebe und Rasse". Jedes Mal, wenn neue Materialien, ob literarische oder tagesaktuelle, aus den Lagern eingetroffen waren, hatte man den Eindruck, dass die Fragmente dieses Romans, die der Erfahrung eines Konzentrationslagers gewidmet waren, immer mehr an Ausdruckskraft verloren. Der Verfasser von „Liebe und Rasse" ahnte nicht, dass er in so kurzer Zeit die Gelegenheit einer Korrektur seines eigenen Werks bekommen würde. Im Lager Janowska musste er sicherlich öfters schmunzeln, als er an die im Vergleich harmlose Lagerrealität seines Protagonisten dachte.

Der Vergleich der Fragmente aus dem bereits vor dem Krieg erschienenen Roman „Liebe und Rasse" mit „Die Universität der Mörder" liefert einen aussagekräftigen Beweis dafür, dass das Ausmaß der Verbrechen und die Niederträchtigkeit der NS-Täter die menschliche Vorstellungskraft bei Weitem übersteigen.

Maria Hochberg-Mariańska

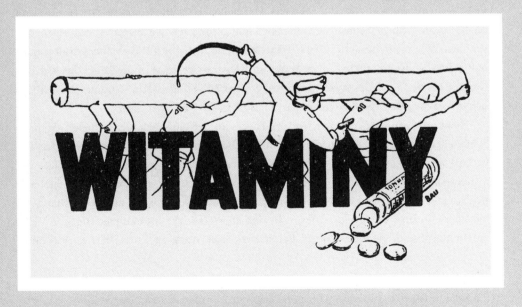

Zwischentitel in der Originalausgabe: Vitamine

Vitamine

I. Die Bahnstation Kleparów

Um zur Bahnstation Kleparów zu gelangen, die sich außerhalb der Vororte Lembergs befand, musste man die Janowska-Straße bis ans Ende laufen und direkt neben dem Lagertor nach links in die Landstraße einbiegen. Zehntausende Frauen und Männer, Alte und Kinder hatte man mit Straßenbahnwagen an diesen Ort gebracht, ihnen die noch brauchbaren Sachen und Schuhe vom Leib gerissen und die halb oder ganz Nackten, Gequälten und Misshandelten in die Waggons geladen. Hier wurden die Gespensterzüge verdrahtet und verplombt, eine Eskorte zugeteilt. Von hier fuhren die Waggons ab. Ein Teil der an diesem Ort verladenen Menschen starb schon unterwegs an Erschöpfung und an Verletzungen, wurde zerquetscht und erstickt. Einige wenige konnten sich trotz der Drähte und Plomben befreien und sprangen während der Fahrt vom Zug. Hinter den Verzweifelten knatterten die Maschinengewehre und gingen Geschosse nieder. Die Route des Zuges war entlang des Bahndamms von Leichen markiert. Die Bewohner der umliegenden Dörfer trafen in der Eiseskälte nackte Menschen mit vor Angst weit aufgerissenen Augen oder mit verbissener Entschlossenheit. Diese Unglücklichen erfroren, verhungerten oder starben durch Gewehrschüsse – die einen, weil sie nicht bezahlen konnten, die anderen, weil sie noch Geld und Schmuck aufbewahrt hatten. Einige ergatterten einen Unterschlupf oder schlossen sich nach langen Streifzügen und unmenschlichen Erfahrungen Partisaneneinheiten an. Andere, gerettet und sogar – mehr recht als schlecht – wieder bekleidet, kehrten nach Lemberg zurück. Der Hunger und die Kälte, die tödliche Sehnsucht nach dem Kind, der Mutter, den letzten Angehörigen, den die Deutschen noch nicht ermordet hatten, trieben sie zu dieser Rückkehr, der ein albtraumhafter Fatalismus anhaftete. Einige waren in Kleparów dreimal in die Todeszüge geladen worden, bis sie in die Gaskammer von Bełżec oder Sobibór gebracht wurden oder schließlich in Lemberg den Tod fanden, in den „Piaski"[3] in der Nähe des Lagers.

Nicht weit von dort, vor dem Tor des Lagers an der Janowska-Straße, fielen ebenfalls Schüsse, auf die Verbrecher gerichtete Schüsse, abgegeben von Gefangenen, die in den Tod geführt wurden. Gewehrsalven aus Schnellfeuerwaffen übertönten die lyrischen Ergüsse der armseligen „Siebener" und der heroisch machtlosen „Sechser"[4] und brachten sie letztendlich zum Schweigen. Und nur wir, die wenigen Überlebenden, wissen, welche Schwierigkeiten überwunden werden mussten, um so eine eher poetische als kampfestaugliche Waffe zu ergattern, und wie viele weitere, damit aus dieser Waffe an jener Stelle auch Schüsse

---

3   Die „Piaski", von polnisch piasek (= Sand), waren ein hügeliges und sandiges Gelände in unmittelbarer Nähe des Lagers an der Janowska-Straße in Lemberg, das als Massenexekutionsstätte diente.
4   Gemeint sind Pistolentypen.

abgefeuert wurden. Das alles passierte in den letzten Monaten, als es bereits dem Ende zuging.

Am Tag der endgültigen Auflösung des Lagers rannten die Häftlinge dort entlang, zerrissen im Feuer der Liquidierung und im Hagel der Geschosse mit nackten Händen den Stacheldrahtverhau, um sich über die Leichen der tödlich getroffenen Kameraden hinweg in den Brzuchowicki-Wald und von dort zu den Partisanen durchzuschlagen.

Transport

Das Bahnhofsgebäude ist unscheinbar. An den ergrauten, abgeschlagenen und schmutzigen Wänden sind hier und da noch Reste von Inschriften aus der Vorkriegszeit erhalten. Darunter der Slogan „Koch mit Gas!" Diese Inschrift hatte übrigens mit dem Ziel der erwähnten Züge nichts zu tun: Sie wurde zu einem Zeitpunkt angebracht, als selbst die degenerierteste Fantasie die Wirklichkeit der Okkupation nicht hätte vorhersehen können.

Darüber hinaus erfüllte Kleparów weiterhin die kümmerliche Funktion einer Vorstadtbahnstation, an der sich verhältnismäßig wenige Fahrgäste langweilten und auf verhältnismäßig wenige Züge warteten. Die Nachbarschaft des Lagers bot diesen Passagieren jedoch einen Anblick, den andere Stationen den Reisenden gewöhnlich nicht boten.

Man muss bedenken: Die Todesfabriken, mit denen die Nazis ganz Europa bedeckten, waren Abteilungen eines riesigen Konzerns mit einem gemeinsamen Aufsichtsrat. Einzelne Teile des Konzerns schickten sich gegenseitig Fachleute und Erfahrungsberichte aus dem Bereich Sadismus, Experimentiermaterial in Form von Gefangenen und sogar technisches Zubehör. Im Verhältnis zu anderen Hinrichtungsorten erfüllte das Lemberger Lager die Funktion einer Hochschule für Bestialität: Es bildete qualifizierte Spezialisten aus. Unabhängig davon schickte es Häftlingstransporte in seine Außenstellen und übernahm im Gegenzug die aussortierten Reste aus den aufgelösten Abteilungen. Außerdem kamen an der Station Kleparów Züge mit andernorts abgebauten Barackenteilen und Baumaterial an. In solchen Fällen gab es „Vitamine".

II. Nachts und abends

Vitamine?

Schwer zu sagen, wer sich diese Bezeichnung ausgedacht hat. Wie viele andere ging sie so sehr in den Lagerwortschatz ein, dass sie für jeden Häftling völlig eindeutig war. „Vitamine" bezeichnete eine Arbeit außerhalb des regulären Programms, man könnte sagen: eine Unwägbarkeit. Daher sicher der Name. Denn im Lager war es so: Jeder Häftling war einem der unzähligen Arbeitskommandos zugeteilt und jede Brigade arbeitete nach einer in der Lagerordnung vorgesehenen Anzahl von Stunden an einer bestimmten Arbeitsstelle. Und der Rest? Das waren eben die Vitamine.

So zum Beispiel, wenn SS-Männer vor dem Magazin eine Häftlingsgruppe anhielten, die gerade von der Arbeit in den D. A. W.,[5] die an das Zentrallager angrenzten, kam und auf dem Weg, der zwischen dem Stacheldraht der D. A. W. und dem Stacheldraht des inneren Lagers entlangführte, zu ihrem mittäglichen Suppenimitat marschierte. Jeder einzelne der

---

5 Die 1939 gegründeten Deutschen Ausrüstungswerke (DAW) waren ein Wirtschaftsunternehmen der SS, das durch Ausbeutung der Arbeitskraft von KZ-Häftlingen kriegswichtige Güter wie Munitionskisten, Mobiliar für Kasernen usw. produzierte.

mehrere Hundert Häftlinge zählenden Gruppe musste nun schwere Lasten aufnehmen und sie in die gegenüberliegende Ecke des Lagers schleppen. Letztlich dauerte die Verlagerung des großen Magazins fast eine Stunde – und zwar die Stunde, die für das Mittagessen vorgesehen war. Als die ungestüme Menge von Häftlingen danach vor das Küchenfenster trat, bekam sie aufgrund Zeitmangels statt einer Suppe heftige Hiebe für das Durcheinander. Zudem kehrten sie mit Verspätung in die Werkstätten zurück. Dafür wurden sie von den SS-Männern, die die Einhaltung der D. A. W.-Regeln überwachten, erneut misshandelt.

Auch die Nachtstunden waren nicht mit den üblichen Beschäftigungen ausgefüllt – auch nachts wurde man zu „Vitaminen" geweckt. Es ist übrigens durchaus möglich, dass sich die SS-Männer vorstellten, Gott habe die Nacht für die Häftlinge genau zu diesem Zweck geschaffen. Am liebsten ordnete man die „Vitamine" allerdings in den Abendstunden an, sobald das Tagwerk vollbracht war. Dann brachte man die Häftlinge zum Bahnhof Kleparów, um von dort das bereits erwähnte Baumaterial zu holen.

Die SS-Männer, Askaris[6] und Lagerpolizisten bildeten dann ein Spalier auf beiden Seiten der Landstraße, die vom Lagertor zur Bahnstation führte. Die Straße war hell erleuchtet. Durch das Spalier zogen Häftlingskolonnen. Fünferreihe hinter Fünferreihe, Brigade hinter Brigade, eine Hundertschaft nach der nächsten, eine Tausenderschaft nach der nächsten: die Belegschaft der D. A. W., der Lagerinnendienst und die städtischen Arbeitskommandos. Alle hatten einen langen Tag mit harter Arbeit hinter sich. Die Beine waren bleischwer, aber man musste flott gehen, denn das Tempo wurde durch die Reitpeitsche, die Revolver der SS-Männer und die Gewehrkolben der Askaris vorgegeben. Wenn der Befehl „*Laufschritt*" erging, reichte es nicht, nur zu rennen; man musste auch aufpassen, in der Aufregung seine Fünferreihe nicht zu verlieren und keinen Stau hervorzurufen. Einige Dutzend Meter hinter dem Bahnhofsgebäude führte eine Böschung hinunter in ein Tal, zu einem unterhalb des Weges befindlichen Eisenbahnviadukt. Hier musste die Last zügig abgeladen werden; daraufhin war unverzüglich mit einer neuen Ladung zurückzukehren. SS-Männer mit Gewehren und Peitschen, die schussbereit auf Podesten standen, trieben die Häftlinge mit Geschrei, Tritten, Hieben, Schüssen in die Luft und in die Menge zur Eile und erhöhten damit die Panik.

Es gab drei Arten von Vitaminen: Vitamin B, Vitamin C und Vitamin D (Balken, Ziegel und Bretter).[7] In der Regel wurden zwei kranke und erschöpfte Menschen mit einem Gewicht beladen, das unter normalen Umständen mindestens fünf Personen erfordert hätte. Die meisten, die beim Heben der Last umfielen, standen gar nicht wieder auf. Einer der Schinder schlug beispielsweise bei den Waggons einen älteren Mann mit einem Kolben. Als dieser hinfiel, konnte er sich nicht mehr erheben.

---

6   Mit Askaris wurden ursprünglich Angehörige der Kolonialtruppen in Ostafrika bezeichnet. Hier ist nicht-deutsches Hilfspersonal der SS gemeint.

7   Auf polnisch: belki, cegły und deski.

Der SS-Mann drückte seinen Kopf in eine kleine Pfütze. Der Erschöpfte drohte zu ersticken, dann erschoss ihn der SS-Mann.

Wer nichts mehr tragen konnte, wurde aus der Kolonne gezogen und „zwischen die Drähte" gestellt, in den Spalt zwischen dem ersten und dem zweiten Stacheldrahtzaun, der das Lager in mehreren Ringen unterschiedlichen Durchmessers umgab. Die Opfer verbrachten dort die ganze Nacht. Morgens lud man die halb Erfrorenen in Lkws und brachte sie zur Hinrichtung in die nahe gelegenen „Piaski". Bei einem „Vitamin", das von sechs Uhr abends bis Mitternacht dauerte, wurden 130 Menschen zum Sterben abgestellt.

Unter der Bezeichnung Vitamin D verstand man auch den Transport ganzer Wände oder Barackenteile, die irgendwo abgebaut worden waren und hier wieder aufgestellt werden sollten. Vier Leute trugen so eine Wand. Die Last war vergleichsweise erträglich. Dafür zwang ihre Größe zur Auflösung der regulären Fünfergruppen. Auf einer Fläche von hundert Metern war die Landstraße geschmückt mit Schneisen von Häftlingen, über denen sich – wie Theaterdekorationen – große Scheiben erhoben. Dass es dabei zu Staus kam und sich die in der Luft schwebenden Wände ständig und besonders beim Überholen gegenseitig rammten, versteht sich von selbst. Zu allem Übel war die Landstraße vom Bahnhof zum Lagertor nur der erste Abschnitt des Weges. Hinter dem Tor musste man die nun sehr viel engere Straße nehmen, die zum inneren Stacheldrahtzaun führte, danach die Strecke von den Drähten bis zum vorgesehenen Abladeplatz. Hier hatte man die Ladung schnell abzulegen und sofort für die nächste zurückzukehren, nun allerdings in den regulären Fünferreihen, die sich bereits hundertmal vermischt und verloren hatten.

Einmal versteckte ich mich, statt sofort umzukehren, erschöpft unter einem Stapel gerade abgelegter Vitamine. Genau in diesem Moment kam ein SS-Mann angelaufen. Auf dem Rücken liegend hörte ich, wie er – in meine Richtung zeigend – schrie: „Schiebt die Leiche beiseite, damit sie euch bei der Aufstellung der Ziegel nicht behindert!" Mir war klar, dass der Übermensch meine Beine gesehen hatte, die unter dem Stapel hervorschauten. Zum Glück hatte er sie für die Gliedmaßen eines gerade Verstorbenen gehalten. Dank dieses kleinen Irrtums ersparte er mir die Rolle eines tatsächlich Verstorbenen.

III. In den „Piaski"

Schon bald wurde die bescheidene Station Kleparów um eine Funktion reicher: Statt verdrahtete und plombierte Wagen abfahren zu lassen, empfing sie nun welche. Es handelte sich hierbei nicht nur um Überlebende aus den liquidierten Lagern in der Provinz, sondern es kamen auch Transporte, die von vornherein komplett zur Abschlachtung vorgesehen waren.

Die Verurteilten brachte man in die „Piaski", in das Tal des Todes. Dort erschoss man sie reihenweise mit Maschinengewehren. Weil diese Methode weniger modern und

Die Universität der Mörder 81

für Massentötungen weniger geeignet war als das Ersticken im Gas, starben zahlreiche Unglückliche erst auf dem Scheiterhaufen, der das Krematorium ersetzte. Einmal kehrte die städtische Reinigungsbrigade vom Bad zurück und traf unterwegs den SS-Mann Brombauer in betrunkenem Zustand. Er taumelte und stürzte. Als er die Häftlinge sah, hielt er uns an und bat wortreich um Hilfe. Die Situation war schwierig. Ein Häftling rief mit Einverständnis der Eskorte eine Droschke herbei und half dem SS-Mann, diese zu besteigen. Brombauer war gerührt. Er drückte die Hand des Häftlings und schaute ihn voll trunkener Rührung an: „Ich danke dir herzlich, *sehr herzlich*! Ich möchte dir meine Dankbarkeit erweisen. Aber was kann ich für dich tun? Ich gebe dich, wenn du möchtest, in ein gutes Arbeitskommando. Aber nein, das ist zu wenig. Weißt du, wenn du in den ‚Piaski' bist, und ich bin bei der ‚Aussiedlung' dabei, dann musst du nur ‚Brombauer' rufen. Ich werde so gezielt auf dich schießen, dass du dich keinen Moment quälen musst." In den Intentionen des Sprechenden war in diesem Moment keine Prise Zynismus. Es war die herzliche Aufrichtigkeit eines Betrunkenen, der dem hilfsbereiten Häftling großzügig danken wollte.

In den „Piaski"

Bei den Leichen arbeitete ein Spezialkommando, die sogenannte Todesbrigade. Die Träger zogen die gerade Ermordeten und die älteren Leichen, die aus den Massengräbern ausgehoben wurden, auf den Scheiterhaufen. Man ordnete abwechselnd eine Schicht Leichen und eine Schicht Holz an. Der Scheiterhaufen wurde mit Benzin übergossen, dann zündete man ihn mit Hilfe einer Rakete an. Später siebten die Häftlinge aus der „Aschebrigade" auf Bänkchen sitzend die Asche. Die SS-Männer nahmen sich halb geschmolzene Ketten, Goldzähne, Ringe und Medaillons mit. Größere Überreste menschlicher Knochen warf man in eine spezielle Maschine, die sie zu einem feinen Pulver vermahlte.

Die Mitglieder der „Todesbrigade" durften nicht miteinander sprechen oder sich umschauen. Sie waren verpflichtet, einen zufriedenen Gesichtsausdruck aufzusetzen und zu lächeln. Der vorangehende SS-Mann stellte gewöhnlich Fragen zu diesem Thema. Dann mussten sie sich, je nach Situation einzeln oder im Chor, dazu verpflichten. Diejenigen, die sich nicht zu einem Lächeln oder einer zufriedenen Miene durchringen konnten, wurden auf den Scheiterhaufen geführt und an Ort und Stelle erschossen – sie fielen direkt ins Feuer.

Nach der „Arbeit", wenn sie in Fünferreihen zurückkehrten, mussten sie sich unterhaken und die Köpfe gesenkt halten. Neben dem *Vorarbeiter* gab es in ihrer Gruppe auch einen sogenannten *Brandmeister* und einen *Zähler*. Dieser notierte die Anzahl der im Laufe des Tages verbrannten Menschen, aber er hatte die Zahlen sofort wieder zu vergessen. Auf Nachfragen (sogar von SS-Männern) über die Anzahl der *veraschten* Menschen des Vortages musste die Antwort lauten: „Ich erinnere mich nicht."

Maschine, die Menschenknochen zermahlt

Die Universität der Mörder

Die Todesbrigade war von den anderen Häftlingen isoliert. Man konnte ihre Tätigkeit aus der Entfernung, vom Lager aus, wie aus einem Zuschauerraum verfolgen. Dafür gab es an der Station Kleparów manchmal ein Zusammentreffen mit den „Transporten". Einmal traf eine Kolonne, die Balken tragen sollte, genau in dem Moment ein, als aus anderen Waggons Menschen ausgeladen wurden, die aus Borysław, Stryj und Sambor kamen. Unter ihnen waren Frauen, Greise, Kinder und Säuglinge. Die meisten waren nackt. Unter Knutenschlägen führte man sie zum Frauenlager, das direkt neben den „Piaski" lag. Am Tag darauf wählten die SS-Männer Siller,[8] Schönbach[9] und Heinen phlegmatisch Einzelne aus der Masse der im Elend wartenden Verurteilten, stellten sie in originell ausgedachten Posen auf und zielten nach einem immer wieder neuen Muster auf sie: Schuss in die Brust, Schuss von der Seite, von vorne, von hinten ... Die Übrigen brachte man gleich geschlossen in die „Piaski".

Neben hunderttausend anderen verbrannten auf dem erwähnten Scheiterhaufen die Körper von Dozenten der Lemberger Universität, darunter Professor Bartel, Professor Ostrowski, Professor Stożek, die bereits sehr viel früher in den Wólecki-Hügeln erschossen

---

[8] Anton Siller (geb. 1909) war Leiter des Zwangsarbeitslagers Stupki und wurde nach dessen Auflösung im Herbst 1942 in das Janowska-Lager versetzt. Er wurde 1967 verhaftet und vom Landesgericht Salzburg zu sieben Jahren Haft verurteilt.

[9] Roman Schönbach (geb. 1912) kommandierte die „Trawnikis" (aus sowjetischen Kriegsgefangenen rekrutierte Helfer der Deutschen beim Judenmord) im Janowska-Lager. 1968 wurde er wegen zahlreicher Verbrechen im Raum Lemberg zu acht Jahren Haft verurteilt.

Die Massengräber wurden mit jungen Bäumen bepflanzt

worden waren. Bei der späteren Räumung der verstreuten Massengräber grub man ihre Leichen aus und brachte sie hierher, um sie in Rauch aufgehen zu lassen.[10]

In den letzten Monaten des Lagers verlegte man die Todesbrigade von den „Piaski" an das entgegengesetzte Ende von Lemberg, nämlich nach Łyczaków. Dort befanden sich Massengräber mit Leichen von Menschen, die die Deutschen in der ersten Zeit nach ihrem Einmarsch in die Stadt umgebracht hatten. In dem Maße, wie sich die deutsche Armee aus dem Osten zurückzog und im Vorgefühl der nahenden Evakuierung aus dieser Stadt wurden auch die Gräber von Łyczaków in die beabsichtigte Spurenvernichtung einbezogen. Die ausgegrabenen Leichen verbrannte man auf dem Scheiterhaufen, der nun dort errichtet wurde. Damit es auch die frischen Leichen nicht so weit zum Feuer hatten, verlegte man die Massenexekutionen kurzerhand ebenfalls nach Łyczaków. Ab diesem Zeitpunkt fuhren die Lkws, überfüllt mit zum Tode Verurteilten, in die entgegengesetzte Richtung durch die Stadt. Es waren nicht nur Juden, sondern auch Russen, Polen und als Folge des Bruchs der Achse Berlin–Rom immer häufiger Italiener. In der Todesbrigade brach ein Aufstand aus. Die jüdischen Häftlinge stürzten sich mit Schaufeln auf die mit Maschinengewehren bewaffneten Deutschen. In der Dunkelheit fand ein ungleicher Kampf statt, lange dröhnten die Schüsse der entsetzten SS-Männer über Łyczaków. Einem Teil der Häftlinge gelang es, sich in den Wald durchzuschlagen. Einige überlebten.

Aber das alles geschah erst sehr viel später. In der Zeit, um die es hier gehen soll, fanden die Massen-„Aussiedlungen" noch in den „Piaski" in der Nähe des Lagers statt, und die „Todeszüge" trafen an der Station Kleparów ein und fuhren von dort ab. Dort, wohin man auch die „Vitamine" schleppen musste.

IV. Sanfte Vitamine

Im Frühling gab es noch häufiger Vitamine, aber ihr Verlauf wurde etwas abgemildert. Es war schon warm, der Abend setzte später ein, und der Ausbau verschiedener Objekte brachte es mit sich, dass die SS-Männer die Manifestationen ihrer blutrünstigen Reflexe reduzierten. Natürlich blieben sie eine zusätzliche Anstrengung nach einem Tag voller Arbeit – das war im Lagerleben eigentlich die geringste Sache. So ein mildes Vitamin soll jetzt beschrieben werden.

Die Häftlinge liefen in einer nicht enden wollenden Kette von Fünferreihen von der Station Kleparów ins Lager, jeder mit einer Ladung Ziegel. Gleichzeitig strömten ihnen am Straßenrand diejenigen entgegen, die ihre Last bereits abgelegt hatten und nun zurückkehrten, um die nächste zu holen. Dazu gesellten sich die Kolonnen, die um diese Zeit aus der Stadt zurückkehrten, darunter das Reinigungskommando, zu dem ich damals gehörte.

---

10 Vgl. dazu: Dieter Schenk, Der Lemberger Professorenmord und der Holocaust in Ostgalizien, Bonn 2007.

Alles irgendwie machbar. Probleme gibt es nur mit den zwei Kollegen in der Nähe, die Typhus haben. Entgegen allem Anschein ist das Vitamin „D"[11] für sie leichter zu ertragen. Der Fiebernde greift mit nach oben gestreckten Händen eine der vier Ecken der Wand und hängt sich dran, statt sie zu tragen. Die anderen drei müssen das dann irgendwie ausgleichen. Ziegel hingegen trägt jeder für sich allein. Die Typhuskranken muss man daher in die Mitte einer Fünferreihe nehmen und soweit wie möglich abschirmen.

Bei den Waggons reguliert der SS-Mann Schönbach den Verkehr, ein hochgewachsener, vor Gesundheit strotzender Braunhaariger mit einem pausbäckigen Gesicht und einem lebendigen Blick. Er steht inmitten des Lärms und schwenkt den Revolver. Von Zeit zu Zeit brüllt er oder teilt Tritte aus. Die Häftlingskolonnen ziehen an ihm vorbei, jeder lädt nervös seinen Ziegelstapel ab und läuft weiter. Unterwegs wird es wieder leichter, hier reicht es aus, bloß nicht stehen zu bleiben. Wenn irgendwo weiter entfernt ein Durcheinander entsteht, wirft Schönbach ein Stück Ziegel oder ein Brett in die Richtung. Heute kommen diese Würfe jedoch selten vor und enden nicht tödlich. Man sieht – er ist in milder Frühlingsstimmung. Schönbach kann übrigens auch menschlich sein. Zumindest kommt er von Zeit zu Zeit mit den von ihm zu ermordenden Juden ins Gespräch und vertraut ihnen plötzlich – als ob er vergessen hätte, dass es unter seiner Würde als Herrenmensch ist – intime Dinge an. Er spricht dann über die Liebe zu seiner Frau und seinen Töchtern, darüber, wie er sie gern erziehen möchte, oder dass er „nur für sie lebe". Er schießt oft und gern, ist einer der führenden Schützen des Janowska-Lagers, aber manchmal sagt er, dass er dies „nur wegen der Pflicht" tue. Wenn gelegentlich ein zum Tode Verurteilter aus dem Bunker geholt werden muss, bemüht er sich beim Lagerchef darum – um den Preis einer diskret angebotenen Flasche Likör oder Schokolade. Es geht dabei nicht um den materiellen Wert, denn im Warenumsatz der Lagerfunktionäre waren das belanglose Kleinigkeiten. Likör und Schokolade spielten die Rolle eines Blumenstraußes: Höflichkeit gegen Höflichkeit. Einige Tage zuvor hatte Schönbach zusammen mit dem SS-Mann Kolanko (oder Kolonko, ein Schlesier)[12] einen Dorfjungen misshandelt. Sie stellten ihn einige Meter von sich entfernt hin und schlugen ihn mit einem Brett von eben dieser Länge auf den Kopf. Als der Junge endlich umfiel, traten sie ihn wahllos auf das Gesäß, in den Bauch, in den Rücken. Danach wiesen sie die Askaris an, ihn mit Knuten zu schlagen. Dann fingen sie wieder von vorn an. Als der Gefolterte stöhnte: „O Jesu! Es reicht", antwortete Schönbach in einem derben Polnisch: „Es reicht, verdammte Sch…! Ich bin noch nicht mal warm!" Die Misshandlung dauerte über eine Stunde, vor den Augen aller Kommandos, die sich gerade für den Abmarsch zum Bad gesammelt hatten. Später, während eines Gesprächs mit den Häftlingen, erklärte Schönbach, dass er nicht so fest geschlagen

---

11 Beim Vitamin D ging es um das Tragen von Brettern und Wänden.
12 Es handelt sich um Adolf Kolonko (geb. 1908), der seit Januar 1942 Leiter des Wachdienstes und seit Juli 1942 Arbeitseinsatzleiter im Janowska-Lager war. Das Landgericht Stuttgart verurteilte ihn 1968 zu sieben Jahren Haft.

hätte, wenn ihn nicht die „übermenschliche Widerstandsfähigkeit" dieses Polen so gereizt hätte. Dass er nicht gleich bei den ersten Malen starb. Außerdem: „Nebenbei gesagt, ihr seht daran, dass ich keinen speziellen Hass auf Juden habe. Ich behandle alle gleich."

Der SS-Mann Kolanko mochte ebenfalls als „anständig" gelten. Er verabreichte während der Morgenappelle häufig Prügelstrafen und befahl dabei dem Misshandelten: *„im Laufschritt abhauen"*. Weil sich der Häftling nach 50 oder 100 Schlägen nur noch schwer fortbewegen konnte, schoss der Schinder auf ihn. Gleichwohl wollte er, Kolanko, als „guter SS-Mann" gelten, weil der Häftling hinkte und sich daher für die Rolle eines Häftlings absolut nicht eignete. Also erklärte er laut in Gegenwart aller während des Appells: „Ich wollte ihn nur leicht bestrafen, aber da sich herausstellte, dass er ein Krüppel ist, musste ich ihn töten." Einmal malträtierte ihn ein Häftling, den er zur Hinrichtung geführt hatte, mit den Ketten, die ihm angelegt worden waren. Kolanko lag mehrere Tage danieder. Danach zeigte er seine Wunden und blauen Flecken und beschwerte sich: „Schaut mal, was ein Jude mir angetan hat! Und da soll ich gut zu den Juden sein?"

V. Andere sind auch „menschlich"

Die endlose Schlange mit Ziegeln beladener Häftlinge rückt ohne Pause immer wieder nach. Es ist noch sehr hell.

An beiden Pfeilern des Lagertors befinden sich Verließe, die Vorhöfe des Todes darstellen. Sie sind sehr eng, sodass die Gefangenen darin nur stehen können. Der Eingang besteht aus einem eisernen Gitter, deshalb ist es möglich, die auf den Tod Wartenden anzuschauen. Genau dazu sind diese Bunker an dieser Stelle errichtet worden: Der Anblick der Verurteilten soll der moralischen Warnung der hier vorbeiziehenden Kolonnen dienen. In diesem Moment befinden sich in den Pfeilervorsprüngen eine Frau und zwei Männer. Die sich heute früh darin befunden hatten, leben bereits nicht mehr.

Neben den Pfeilern mit den Bunkern befindet sich die einstöckige *Wache* mit einer Veranda. Auf der Veranda vergnügt sich gerade eine ausgewählte Gesellschaft und genießt den Zauber des Frühlingsabends. Die Crème der SS sowie geschniegelte Damen sind gekommen. Sie unterhalten sich und tauschen Komplimente aus, während sie die an ihnen vorbeiziehenden Kolonnen mit Vitamin C und die Verurteilten im Bunker anschauen. Der Hohepriester der Lagermysterien, Untersturmführer Gustav Willhaus,[13] ein großer Mephisto mit länglichem Gesicht und einer Hakennase, lehnt sich mit einem Ausdruck von Müdigkeit

---

13 Gustav Willhaus (2. 10. 1902–29. 3. 1945), SS-Untersturmführer (ab 1944 Obersturmführer) wurde im März 1942 nach Lemberg versetzt und war zunächst für die Unterbringung der jüdischen Zwangsarbeiter in einem SS-eigenen Betrieb der Deutschen Ausrüstungswerke zuständig. Zwischen Juli 1942 und Juni 1943 war er Kommandant des Lagers Lemberg-Janowska. Danach wurde er an die Front versetzt und im März 1945 bei Kämpfen tödlich verwundet.

und distinguierter Lässigkeit auf das Holzgeländer der Veranda. Dieser Mensch leitet alle Aktionen, er ist der Schrecken der Stadt und des Lagers. Er gibt nicht nur Befehle aus und achtet auf ihre Einhaltung, sondern schlägt persönlich, nimmt an Massenerschießungen teil, erhängt und durchtrennt menschliche Leiber. Manchmal lässt er sich gern zu einem „Witz" hinreißen. Dann gibt es ein Beispiel für germanischen Humor. Bei der Musterung einer Gruppe von Häftlingsfrauen wandte er sich beispielsweise an eine und sagte: „Du hast schöne Augen. Du siehst wie eine Arierin aus. Komm!" Und erschoss sie vor den Augen der anderen.

Gleichwohl fehlt es sogar Untersturmführer Gustav Willhaus nicht an menschlichen Eigenschaften. Er liebt sein Kind und spielt oft mit ihm auf dem Balkon seiner Villa. Um ihm eine Freude zu bereiten, schießt er vom Balkon auf Häftlinge, die sich in Reichweite seiner Waffe befinden. Wenn er den einen oder anderen Häftling bei weiter entfernten Baracken traf und dieser umfiel, klatscht das kleine Töchterchen von Willhaus mit dem nordischen Namen Heike vor Freude in die Händchen: „Braver Papa! Wie gut du zielst!" Danach bettelt es vor Freude: „Papa, noch mal! Papa, noch mal!"

Unter den Plaudernden auf der Veranda befindet sich auch die Ehefrau des Herrschers, Ottilie Willhaus. Auch sie liebt es, auf lebende Ziele zu schießen und macht dies nicht nur im Lager, sondern auch in Lemberg. In einer Ledertasche trug sie einen eleganten Damenrevolver und während jeder Aktion ging sie spazieren, um einen oder mehrere der verfolgten Juden zu erschießen. Aber auch Frau Ottilie besitzt menschliche Gefühle. Sie liebt schöne Kleidung und lässt jüdische Schneiderinnen für Aufträge kommen, die sie sogar

Villa von Gustav Willhaus

vor ihrem eigenen Mann verheimlicht. Ihr zweites menschliches Gefühl ist die Angst vor ihrem Mann. Wenn er in der Wohnung erscheint, während seine Frau sich mit den Schneiderinnen berät, erzittert sie vor Angst und versteckt die Handarbeiterinnen wie den letzten „jüdischen Onkel". Vielleicht fürchtet sie auch nur, dass der leicht aufbrausende Gustav die Frauen ermordet, bevor ihre Garderobe fertig ist? Das wäre *in der Tat – schrecklich*. Jetzt sitzt Ottilie Willhaus auf der Veranda, berauscht sich an der Milde des warmen Abends und den Komplimenten, die an sie gerichtet werden.

Ihr gegenüber, zwischen anderen Damen, sitzt Untersturmführer Rokita, ehemaliger Geiger einer Jazzkappelle in den Cafés von Kattowitz und der Warschauer „Oase". Am Anfang war er Willhaus' Stellvertreter, jetzt ist er Kommandant des Lagers in Tarnopol.[14] Hier vergnügt er sich als Gast auf der Durchreise. Die Häftlinge erinnern sich, wie er während der Appelle und beim Austritt aus dem Bad jedes Mal Dutzende Menschen tötete. Er sprach gern mit den Häftlingen, manchmal teilte er sogar ein Stück Brot aus. Er erklärte, er sei „gut" und könne die nicht ertragen, die vor ihm zitterten. Wenn er wegen irgendeiner Unruhe in den Reihen einige Menschen niederschoss, rauchte er danach eine Zigarette und sagte schmeichlerisch lächelnd: „Ich bin so gut zu euch und ihr nervt mich. Schaut, wozu ihr mich bringt." Seinen Kumpel aus Vorkriegszeiten, Kampf, mit dem er in Kaffeehäusern musiziert hatte, ernannte er zum Lagerältesten und ermordete ihn, seine Frau und seine Tochter, als Kampf sich verplapperte und von Akkordeons erzählte, die mit Brillanten gefüllt waren (und die Rokita in die *Heimat* schickte). Er organisierte das Lagerorchester aus bekannten Musikern und ordnete bei jeder „Aussiedlung" an, dass sie den Todestango spielten.

Der in der Gesellschaft sitzende SS-Mann Siller, eine mollige Kugel mit dem Aussehen eines gutmütigen Bierbruders, pflegte unaufgeregt, ruhig und gelangweilt zu morden. Er beschützte nur den verrückten Hellseher Schlosser aus Żółkiew,[15] den er aufsuchte, um sich die Zukunft prophezeien zu lassen. Der hochaufgeschossene zwanzigjährige Scharführer Heinen hatte sich darauf spezialisiert, Häftlinge Kopf an Kopf aufzustellen und mehrere Köpfe mit nur einer Patrone zu durchschießen. Am liebsten zerstückelte er jedoch Menschen bei lebendigem Leib. Er ist getrieben von der Ambition des Jünglings, als Erwachsener zu gelten. Anscheinend erinnern ihn seine Kollegen wie zum Trotz hin und wieder an seine Jugend. Da er sich danach sehnt, der Schlimmste von ihnen zu sein, gibt es immer Tote, wenn er durch das Lager spaziert. Wenn in den „Piaski" Massenexekutionen stattfinden, lebt Heinen auf wie ein Junge, den ein großes Vergnügen erwartet. Er bemüht sich, keine zu versäumen. Trotzdem wählte Willhaus ihn einmal nicht zur aktiven Mitarbeit bei einer „Aussiedlung" aus. Heinen stand damals böse und trübsinnig da. Er schaute der Kolonne von Verurteilten, die sich umringt von SS-Männern in das „Tal des Todes" begab, mit der

---

14 Richard Rokita (1894–1976) war stellvertretender Lagerführer im Janowska-Lager und seit Ende 1942 Leiter des Zwangsarbeitslagers Tarnopol. In den 1960er-Jahren wurde er wegen seiner Verbrechen in Lemberg angeklagt, das Verfahren wurde jedoch wegen Verhandlungsunfähigkeit eingestellt.
15 Heute Schowkwa/Жовква in der Ukraine.

Verbitterung eines ehrgeizigen Schülers nach, den der Lehrer vom Spiel ausgeschlossen und in die Ecke gestellt hatte.

Als die Kolonne verschwand, rächte er sich: Er zählte zehn Häftlinge ab und erschoss sie. Aber selbst sein Eifer verhinderte nicht, dass er einen *faux pas* beging. Als er einmal mir nichts dir nichts begann, Häftlinge zu erschießen, die beim Bau arbeiteten, kam Willhaus, der darüber unterrichtet wurde, persönlich, unterbrach ihn streng und stauchte ihn zusammen: dass er in einer Zeit, wo so viele Bauarbeiten anstünden, ausgerechnet Maurer töte, so als ob es keine anderen Häftlinge gäbe. Heinen wollte sich durch etwas auszeichnen, aber es war nicht einfach, sich im Lager hervorzutun. Sogar das Durchschießen mehrerer Köpfe mit einer Kugel, das seine Erfindung zu sein schien, betrieb auch der SS-Mann Fuchs, der Heinen an Schneidigkeit in nichts nachstand.

Die vornehmen Damen, die sich in der Gesellschaft auf der Veranda befanden, sind den Häftlingen nicht so gut bekannt. Es sind die Ehefrauen und Verlobten der SS-Männer. Mit den Häftlingen treffen sie nur außerhalb der Vorschrift, zum Vergnügen, zusammen. Scharführer Steiner pflegte zum Beispiel mit Kreide weiße Kreise auf den Brustkorb der Häftlinge zu malen. Vor den Augen aller Häftlinge wurde auf diesen Kreis aus einer Entfernung von 20 Schritt geschossen. So starben unter anderem der bekannte Kinderarzt Professor Progulski und sein Sohn. Auf den Professor schoss eine gewisse Marta Rebauer. Sie zielte schlecht und erst die siebte Kugel traf den weißen Kreis.

Die Gesellschaft bietet sich gegenseitig Zigaretten an; die Damen rauchen oder benutzen ihre Lippenstifte.

Einer von Hunderttausenden

Die Vitamine verlaufen effizient und ohne Störungen. Die Häftlinge ziehen an der *Wache* mit der Veranda vorbei und die Lagerstraße entlang, die mit Grabsteinen vom jüdischen Friedhof gepflastert ist. Auf beiden Seiten befinden sich hübsche und gepflegte Grünanlagen. Hier, wo bis vor Kurzem der Galgen stand, wurde eine Luxusgarage gebaut. Die aktuell benutzten Galgen befinden sich hinter dem inneren Stacheldrahtzaun. Eigentlich braucht man sie nicht, da die Menschen im Lager an jedem möglichen Balken aufgehängt werden. In der Ecke des hübschen Platzes wurden Masten in die Erde gestoßen, an denen die Verurteilten mit den Händen von hinten festgebunden werden, sodass die Beine den Boden nicht berühren. Nach vergeblichen Bitten, sie zu erschießen, sterben sie nach einigen Tagen vor Hunger und Erschöpfung.

VI. Gesundheit über alles

Am Ende ist bei den Waggons an der Station Kleparów nur noch ein kleiner Stapel Ziegel übrig. Das erfahrene Auge des Häftlings kann sofort einschätzen, dass er höchstens für 100 Häftlinge reicht. Mit anderen Worten: Das wird die letzte Tour sein, und es gibt keinen Grund noch mal herzukommen. Wenn sie also mit ihrer Ladung den Bestimmungsort erreicht haben, kehren sie nicht mehr um, und die Lagerpolizisten, die die Situation ähnlich einschätzen, treiben sie nicht mehr an. Die Häftlinge zerstreuen sich in die Baracken, zu den Latrinen und in die *Waschräume*. Sie beeilen sich, etwas zum Beißen zu organisieren oder werfen sich wie Holzklötze auf die Pritsche, um zu verschnaufen. Aber bei der Einschätzung der Menge der noch nicht verlagerten Ziegel war ein Fehler aufgetreten. Am Bahnhof stand noch ein halber oder ganzer Waggon mit unausgeladenen Vitaminen, von dem die Häftlinge nichts wissen konnten. Die SS-Männer warteten ganze zehn Minuten vergeblich auf die Rückkehr der Kolonnen. Jetzt stürzt ein wütender Willhaus mit seiner „*Bergmann*" ins innere Lager und schießt schon von Weitem aufs Geratewohl vor sich hin. Von den Barackentreppen fällt ein Toter, irgendwo anders … Und siehe da, aus allen Baracken, aus den Durchgängen, aus den Latrinen strömen erschrockene Häftlingsmengen. Der Strom rennender Häftlinge ergießt sich in eine reißende Lawine. Sie wälzt sich blindlings mit einem Gewirr von Körpern und Lumpen vorwärts, alle rennen – alle versuchen, in die Mitte des chaotischen Knäuels zu gelangen, um den Kugeln zu entgehen. Die einen bringen die anderen zu Fall, die Gefallenen werden von den Nachfolgenden überrannt. Der Strom ergießt sich hinter die inneren Drähte, in das Flussbett der Lagerstraße, von dort auf die Landstraße in Richtung Station Kleparów.

Derweil geht auf der Veranda der *Wache* ein SS-Mann zu seiner *Frau* und zieht ihr sorgsam den Mantelkragen hoch. Diese Geste zieht die Aufmerksamkeit der Gesellschaft auf sich. Es sei sehr kalt geworden und ein Aufenthalt in dieser Kälte empfehle sich nicht für die Gesundheit. Anmutig und mit höflichem Lächeln stehen sie von ihren Plätzen auf.

Zwischentitel in der Originalausgabe: Zwei Tage

Zwei Tage

I. Ein merkwürdiger Appell

Der Morgen begann an diesem Tag mit einer kläglichen Sauerkrautsuppe und der üblichen Runde morgendlichen Dauerlaufs. So wie jeden Tag weckten die *Ordner* mit heiserem Rufen und drängten zum schnellen Verlassen der Baracken. Wie immer erhoben sich die Häftlinge – die einen schwerfällig und gemächlich, die anderen abrupt, um keine Minute zu verlieren. Es wimmelte auf allen Etagen der Pritschen, in den engen Durchgängen und Fluren der Baracken sowie im Freien. Vor den Latrinen standen wie immer um diese Zeit lange Schlangen. Hatte man sich glücklich einen Platz erkämpft und war dabei, sich zu erleichtern, wartete immer bereits der Nächste mit aufgeknöpfter Hose und um den Hals gehängtem Gürtel und trieb mit Bitten und Drohungen zur Eile an. Im *Waschraum* drängten sich die Häftlinge in der üblichen Weise: die einen, um sich nach der heftigen Schubserei auf einige Zentimeter der melancholisch tropfenden Rohre zu stürzen, das Gesicht und die Hände anzufeuchten, sich durch das Gestrüpp von Fetzen, Stößen und gegenseitigen Tritten vorwärts zu drängeln und danach schmutziger als vorher wieder ins Freie zu gelangen; andere machten sich nackt in Betontrögen breit, spritzten und schnaubten über den Köpfen der anderen wie selbstzufriedene Seehunde.

Vom Küchenfenster abgehend bewegen sich lange Schlangen von Menschen und Blechschüsseln. Ab und zu fallen Menschen und Kochgeschirre aus der Reihe und mischen sich in die benachbarte Schlange. Nachdem sie sich eine Weile beschimpfen und an die Gurgel springen, nimmt die Schlange wieder ihre ursprüngliche Form an. Dann verschwindet wieder ein anderes Kettenglied der Reihe. Unter den Fenstern werden andere darauf aufmerksam, dass einige außerhalb der Reihe Kaffee holen und „machen Ordnung". Das nutzen wiederum die abseits lauernden, hauptamtlichen Kaffeehäftlinge aus, die Routinierten, die sofort mit Geschirr angelaufen kommen, das der Koch mit dem schwarzen, bitteren Aufguss füllt.

Einige Dutzend Schritte weiter liegen nackte Leichen: die am Vorabend „ausgesiedelten" Frauen und irgendein Mann. Die Kaffeehäftlinge passieren diese Leichen jetzt, betreten die Baracken und bieten den wohlhabendsten und beliebtesten Mithäftlingen die heiße Flüssigkeit für 50 Groszy pro Becher an. (Der Beruf des Kaffeehäftlings im Lager hatte seine Vorzüge, obwohl ihn die letzten Nimmersatts ausübten. Dieser Beruf erforderte kein Gründungskapital. Es reichte, sich freiwillig noch ein paar Minuten von dem wenigen Schlaf zu stehlen, unter dem Küchenfenster ein Dutzend Püffe und mehrere Dutzend Schimpfwörter seitens der Mitdrängler sowie einige Peitschenhiebe der Lagerpolizisten einzustecken, danach schnell wie ein Eichhörnchen die erste, zweite, dritte Leiter zu den Pritschenetagen hinaufzuklettern und dort die Ware den Mithäftlingen anzubieten, danach schnell runterzuspringen und in die nächste Baracke zu laufen. Ein bisschen Orientierung, wo sich die guten Kunden befanden, manchmal eine Verspätung zum Appell mit allen Konsequenzen, dafür konnte man ohne viel Aufwand eine Summe verdienen, die für ein Viertel, manchmal sogar für ein halbes Kilo Schwarzbrot reichte.)

In der Baracke hat es sich derweil stark ausgedünnt. Die Ordner brüllen die einen an, die anderen überreden sie mit Engelszungen, um es sich mit den reichen Bewohnern nicht zu verderben, aber auch keine Kugel in den Kopf zu riskieren, weil die Baracken nicht rechtzeitig geräumt sind.

So mancher, der wegen des trüben Regenwetters versucht, die Baracke möglichst spät zu verlassen, steht an der Schwelle und hält Ausschau, ob SS-Männer mit Peitschen und „Bergmann"-Pistolen zur Barackenkontrolle kommen. Diesmal naht jedoch niemand. Es gibt keine willkürlich Ermordeten, keine Schläge.

Die Lagerhäftlinge standen schon – wie immer – nach Kommandos geordnet in Form eines riesigen dreiarmigen Keils auf dem Appellplatz, Gruppe an Gruppe. Die Lagerpolizisten liefen hin und her, hetzten zu den Kolonnen und schnitten jenen den Weg ab, die sich vom Platz entfernen wollten. Trotzdem nutzte so mancher den verspäteten Beginn des Appells, um noch einmal zu den Baracken zu laufen und die zusätzlichen Minuten auszukosten: Einer ging zur Latrine, ein anderer in den Waschraum, und ein Weiterer holte eine irgendwo vergessene Kleinigkeit.

Die Sonne, noch verschlafen und verweint, trank die Reste der frühlingshaften Sauerkrautsuppe. Dann plättete sie wie ein Bügeleisen die ausgefransten Wolken. Die grauen und zerknitterten Falten und Flicken des Himmels verwandelten sich langsam in eine blaue, lächelnde, glatte Fläche. Im Lager war es frühlingshaft und doch wie üblich trüb.

Und dann brachte jemand, man weiß nicht mehr, wer es war, einer aus dem technischen Büro, aus dem *Waschraum* oder der Latrine, die überraschende Nachricht zu den Reihen, die auf dem Platz warteten: dass die Brigaden heute nicht zur Arbeit ausrücken.

Der Appell hatte immer noch nicht begonnen. Diejenigen, zu denen die erstaunliche Nachricht, die sich in Windeseile verbreitete, noch nicht vorgedrungen war, waren mit dem verspäteten Beginn des Appells zunächst zufrieden. Man dachte, dass die SS-Leute, einer oder mehrere, im letzten Moment einträfen und sich der Appell damit schnell erledigt hätte. Für Kniebeugen sowie Exerzieren mit dem Befehl, sich in den Dreck fallen zu lassen und darin herum zu robben, würde die Zeit nicht reichen. Man wusste: Den Kopf besaß man im Lager nur, um dem Befehl „Mützen ab!" und „Mützen auf!" nachkommen zu können. Sobald dieser entscheidende Punkt wegfiel, kehrten die Köpfe zu ihren heimlichen Unarten zurück und begannen nachzudenken. So war es auch diesmal. Die Freude über den Wegfall der appellbegleitenden Manöver wurde sofort mit dem Gift der Ungewissheit gewürzt. Es ist nämlich ungünstig, wenn es im Lager besser zugeht, als die Regel vorsieht.

Wir sahen uns um und dachten nach. In dieser Zeit sprang die frappierende Nachricht von Gruppe zu Gruppe, breitete sich aus, wurde Allgemeinwissen. Jetzt erst bemerkte man, dass die Maschinengewehre auf den Wachtürmen der Askaris schussbereit nach vorne gebeugt standen; die Läufe waren nach unten gerichtet. Gleich fanden sich jedoch Häftlinge, die behaupteten, dass die Maschinengewehre schon seit einigen Tagen in dieser Position stünden und diesem Detail daher keinerlei Bedeutung zukäme.

Die Augen bohrten sich immer hartnäckiger in das Tor, das zum inneren Gürtel des Lagers führte, zum Sitz der SS, zu den Büros und den Askari-Mannschaften.

Kein SS-Mann tauchte auf. Doch war nicht klar, wer sie vertrat – der Oberkapo Orland oder ein Brigadier – und auf wessen Befehl er die Anweisung „Rührt euch!" gab, die die Appelle normalerweise beendete. Das Warten wurde von den Schritten und dem Lärm der sich zum Abmarsch aufstellenden Gruppen übertönt. In langen, sich auf dem Platz kreuzenden Schlangen von Fünferreihen marschierte eine Brigade nach der anderen. Die Aufstellung zum Appell änderte sich mithilfe von jetzt gebildeten schneckenhausförmigen Gruppen, deren Position von der Reihenfolge des Vorbeimarschs am Kontrollhäuschen diktiert wurde. Die Spitze des Aufzugs erreichte das Tor und wurde dort angehalten. Im nächsten Augenblick kam jemand von der anderen Seite des Stacheldrahts, aus dem technischen Büro, und brachte die Anordnung mit, die Formation noch einmal zu ändern.

Die Ordnung des Ausmarschs war eigentlich seit Langem festgelegt: Zuerst gingen die Kommandos, die in der Stadt arbeiteten, danach die Brigaden, die in den zum Lager gehörenden D. A. W. beschäftigt waren und schließlich die im Lager eingesetzten Arbeiter. Der nun im letzten Moment ergangene Befehl ordnete hingegen an, die D. A. W.-Belegschaft an die Spitze zu rücken. Die Brigaden wurden nun eilig zurückgezogen, an der Seite vorbeigeführt, Häftlinge rannten, die Vorarbeiter schrien alle an, die verspätet kamen oder ihren Platz verwechselt oder verloren hatten. An dem Kontrollhäuschen auf der anderen Seite der Drähte tauchten SS-Männer auf. Das Tor wurde geöffnet.

– „Achtung!"

– „Mützen ab!"

– „Marsch!"

Die erste Brigade der D. A. W., abgezählt gemäß allen Regeln der Lagerbuchhaltung, passierte das Tor. Das Orchester spielte wie immer beim Ausmarsch. Hinter der ersten folgten die zweite und dritte D. A. W.-Brigade. Von der Stacheldrahtseite hörte man Bruchstücke von Kommandos: „Achtung!", „Mützen ab!" Wenn sie an der *Wache* vorbeiliefen, ging ein Ruck durch die Brigaden. Andere machten sich zum Aufspringen bereit. Alles kehrte zu seinem gewohnten Gang zurück. Entspannung machte sich auf dem Platz breit.

Als die letzte D. A. W.-Brigade die Kontrolle passiert hatte, schloss man das Tor wieder. Die SS-Leute vor dem Kontrollhäuschen beendeten ihren Dienst. Überraschung und Unruhe kehrten auf den Platz zurück.

Die verbliebenen Brigaden wurden weder hinausgeführt noch wies man ihnen Arbeiten im Inneren des Lagers zu. So verging eine Stunde. Das Tor passierten mal ein Lagerpolizist, mal irgendein Büromitarbeiter. Niemand wusste etwas. Am Ende befahl man den Brigaden, sich einfach zu zerstreuen.

Die Leute, überrumpelt und ahnungslos, verteilten sich im ganzen Lager und unterhielten sich in Gruppen. Niemand störte sie, niemand befahl etwas.

Nach einer gewissen Zeit erschienen auf dem Platz, in der Nähe des Tores, einige Angestellte des technischen Büros. Sie brachten kleine Tische, Tintenfässer und Karteikästen mit. Als sie sich hinter den Tischchen ausbreiteten, wusste man, dass eine Registrierung stattfinden würde.

Eine Registrierung?

Die Häftlinge stellten sich in Reihen nach ihren Anfangsbuchstaben auf. Man trat an den Tisch heran, der Angestellte fragte nach Vornamen, Namen, Geburtsjahr und Nummer. Er zog die Karte des Patienten heraus und prüfte die Daten: „Stimmt." Dann legte er die Karte zurück, und der Nächste trat an den Tisch heran. Der Tag war angenehm, die Sonne strahlte wie auf idyllischen Ölbildern. Die Registrierung fand offensichtlich in zivilen Büros statt und zwar in solchen, die zur größeren Bequemlichkeit der Klienten ihren Dienst an der frischen Luft versahen.

Nach einer Stunde überirdischen Vergnügens bei der Registrierung wurden die Tische – obwohl sich erst jetzt große Gruppen vor ihnen sammelten – mir nichts dir nichts auf Befehl der Lagerführung abgebaut. Weitere Befehle gab es nicht. Ein Teil der Häftlinge zerstreute sich und wandte sich persönlichen Geschäften zu, da das Zurückhalten der städtischen Brigaden auf einen Schlag das ganze Versorgungssystem zu Fall gebracht hatte. Die anderen dachten nach, diskutierten und rannten jedem Fetzen von Nachrichten hinterher. Andere machten sich ernsthafte Sorgen. Die Übrigen nutzten das Geschenk der unerwarteten Freiheit aus, um sich anständig zu waschen oder sich auf ihren Pritschen einmal richtig auszuschlafen. Niemand hinderte sie am Betreten der Waschräume oder der Baracken, was sehr außergewöhnlich war. Es ist jedoch ungünstig, wenn es im Lager besser zugeht, als die Regeln vorsehen.

II. Ein gescheiterter Kontakt

Bienenstock, zu dieser Zeit einer der gewissenhaften Teilnehmer der konspirativen Arbeit, rief mich zu sich. „Heute", sagte er, „wollten wir doch die fünf ‚Schießeisen' holen. Außerdem war ich auf der Łyczaków-Halde mit diesem neuen Typen verabredet. Der Schlag soll mich treffen. Wer weiß, was sie sich jetzt ausdenken und wie unsere ‚Gänge' in Zukunft aussehen werden."

Die Angelegenheit, von der er sprach, zog sich schon seit einigen Tagen hin. Fleißige und hartnäckige Geldsammlungen unter den ausgehungerten Häftlingen, kompliziertes Knüpfen von Kontakten mithilfe der Häftlinge aus den städtischen Kommandos. Letztendlich hatte man zwei Revolver ergattert, eine armselige Sechser, eine Siebener und als Drittes eine Parabellum. Alle drei konnten erfolgreich durch den ersten Stacheldraht und am ersten

Wachhäuschen vorbeigeschleust werden. Weil es beim zweiten Wachhäuschen in dieser Zeit ständig Durchsuchungen nach geschmuggelten Lebensmitteln gab, waren die drei erworbenen Schätze vorerst zwischen dem ersten und zweiten Stacheldraht deponiert worden, das heißt im Gürtel, in dem sich die Kasernen der Miliz und der Büroangestellten befanden. Das noch in den Anfängen steckende Waffenarsenal war ebenso überzeugend wie kümmerlich. Nichtsdestotrotz waren es gerade die Waffen, für die wir unsere Anstrengungen verzehnfachten. Es kam vor, dass arme Schlucker ihre erbettelten Groschen abgaben und sich Kranke, für die Schwäche den Tod bedeuten konnte, zu den schwersten Arbeiten einteilen ließen, nur um die Verschiebung eines Verbindungsmannes zum „Kontakt" zu decken.

Jede entdeckte Entfernung von der Gruppe wurde mit dem Tod bestraft. Das war jedoch die geringste Schwierigkeit. Schlimmer war, dass keine unserer vielen Aktivitäten Resultate brachte. Die Kontakte, die auf halsbrecherische Weise geknüpft wurden, stellten sich als Schwindel oder Täuschungen heraus, angebliche Lieferanten entpuppten sich als Betrüger. Am Ende war es Bienenstock gelungen, den wichtigsten Kontakt zu knüpfen und mit ihm einen Vertrag über zehn Revolver abzuschließen.

Einige Tage zuvor hatten im Lager direkt nach dem Morgenappell sogenannte Probeläufe stattgefunden. Die Häftlinge mussten in Fünferreihen durch ein Spalier von SS-Männern laufen, die zu allem Übel den Laufenden ein Bein stellten. Der Lagerchef Untersturmführer Willhaus stellte schlechte Läufer und Häftlinge, die aus irgendwelchen anderen Gründen keine Gnade in seinem besessenen Blick fanden, also etwa Glatzköpfe, Häftlinge mit blau geschlagenen Augen oder demolierten Gesichtern, Brillenträger oder einfach nur Unrasierte, zur Ermordung auf die Seite. Außer diesen lud man noch einige komplette Frauenkommandos in die Waggons nach Bełżec. Ungeachtet der Ungeheuerlichkeit der Ereignisse oder vielleicht gerade diesen zum Trotz schlug sich Bienenstock an diesem Tag von seinem Arbeitsplatz zu einem Mittelsmann durch, zahlte ihm die verabredete Summe und zwang ihn, noch an diesem Tag alles vorzubereiten. Und es war kaum zu glauben: Dieses Mal erwies sich der Lieferant nicht als Betrüger. Von den zehn bezahlten Revolvern händigte er fünf bereits am nächsten Tag in zwei Touren aus. Wir übernahmen die Waffen an der Łyczaków-Halde der Stadtreinigung, wo ein Teil der *Reinigungsbrigade* zum Ausladen und Planieren von Müll eingesetzt war. Dort wurden sie sofort vorläufig bei einem Anwohner versteckt, mit dem die Häftlinge während ihrer Arbeit und beim Ankauf von ins Lager zu schmuggelnden Lebensmitteln Bekanntschaft geschlossen hatten. Aber damit nicht genug. Der gleiche Mann bot Bienenstock an, weitere Waffen zu liefern. Der verlangte Preis war hoch. Jedoch waren wir imstande, auch diesen zu beschaffen – allerdings nicht mehr durch Sammlungen, sondern indem wir den Leuten das Geld im wahrsten Sinne des Wortes aus den Händen rissen. Am aktivsten erwies sich wiederum Bienenstock, der durch das positive Ergebnis der ersten Transaktion neues Vertrauen in die Lieferanten gefasst hatte, das in uns aufgrund der früheren Erfahrungen erschüttert war. Bienenstock nahm sogar an, dass der Misserfolg der ersten Anstrengungen zum Teil der zu starken Vorsicht und der langwierigen

Prüfung der Mittelsmänner vor der Geldaushändigung zuzuschreiben sei. So zahlte er diesmal sofort in bar und drängte zu einer schnellen Übergabe der Waffen. Der heutige Stopp der städtischen Brigaden brachte seinen Zeitplan komplett durcheinander.

Bienenstock war kein Eiferer. Im Gegenteil. Er war ein großer, breitschultriger, blonder Mann, der die 30 überschritten hatte, mit den Augen eines Phlegmatikers. Er war eher etwas beschwert durch die Langsamkeit eines praktischen Bürgers. Als ehemaliger Kaufmann bzw. Chef eines Handelsunternehmens gehörte er zu einer eigenen Häftlingskategorie: zu den Ruhigen, die nicht auffielen und es dennoch verstanden, sich irgendwie „einzurichten". Das Wort „einrichten" bedeutet in diesem Fall, sich mit passabler Nahrung zu versorgen, in der Lage zu sein, besonders mörderischer Arbeit und Arbeitsstellen auszuweichen, sich um die persönliche Hygiene und das Aussehen zu kümmern, kurz gesagt – ein paar Dutzend Kleinigkeiten, die in der Freiheit selbstverständlich waren und im Lager hundert tägliche Anstrengungen verlangten, aber zur Folge hatten, dass man sich nicht selbst verlor und bereits vor dem physischen Tod starb. Sein Blick war eher ausdruckslos. Wenn er seine helle Hornbrille abnahm, kniff er seine kurzsichtigen Augen zusammen. Einigermaßen intelligent, war ihm die Wortkargheit eines Menschen zu eigen, der nicht viel zu sagen hat. In der konspirativen Gruppe weckte er anfangs keine besonderen Hoffnungen. Es schien, als ob er nur zufällig zu uns gekommen sei, weil sich die Gelegenheit ergab oder aufgrund persönlicher Verbindungen. Wer sich noch wundern konnte, dem mussten jedoch seine Äußerungen zu denken geben. Ein Satz oder ein paar Sätze zu einer bestimmten Sache in einem bestimmten Moment. Ganz einfach: in der Antwort auf eine in diesem Moment besprochene Frage. Weder was er sagte, noch wie er es sagte, hatte etwas Ungewöhnliches. Nur so viel, dass dieser Halb-Intellektuelle, dieser ehemalige Halb-Kaufmann, der sich gewöhnlich auf einige Sätze beschränkte, die er obendrein fast wie unter Schwierigkeiten aussprach, Dinge voller Mut und ohne Pathos formulierte. Diese Bemerkung muss man so verstehen, dass bei einem mitteilsamen Menschen mutige Schlüsse als Kurzschlüsse innerhalb des Sprachflusses erscheinen können. Bei einem impulsiven Menschen tauchen sie als plötzlicher (wenn auch nur zeitweilig funktionierender) Reflex von Verzweiflung, inneren Kämpfen oder anderer Formen von Unbeherrschtheit auf. Die ruhige und allgemeine Klarheit der Entscheidung hingegen wächst erst auf dem Grund eines vollkommen ausgearbeiteten Begriffssystems, mit dem der Mensch so vertraut ist, dass es das organische Baumaterial seines Denkens ist.

In der konspirativen Arbeit zeichnete Bienenstock sich nicht durch Außergewöhnliches aus. Erst in der letzten Zeit verband ihn das Schicksal mit dem sensibelsten Bereich unserer Aktivitäten. Von mehreren geknüpften Kontakten brachten nur diejenigen nennenswerte Resultate, zu denen man Bienenstock geschickt hatte. Zufall? Vielleicht. Trotzdem setzte die gelungene Transaktion alle Triebfedern seiner persönlichen Möglichkeiten in Bewegung. Man könnte sagen, er wuchs zusammen mit dem Voranschreiten der Sache. Merkwürdig auch, dass ich ausgerechnet zu diesem Zeitpunkt das erste Mal Bekenntnisse persönlicher

Natur von ihm hörte. Wir saßen auf den Balken hinter der Küche. Bienenstock berichtete mir vom zweiten Ankauf. Als er fertig war, schwieg er längere Zeit, danach zog er spontan ein Foto aus der Tasche, das er auf irgendeine Weise bis jetzt aufbewahrt hatte. Er schaute es unbeweglich und aufmerksam an. Dann wandte er sich mir zu und erklärte: „Meine Frau und mein Kind." Und nach einer kurzen Pause: „Im Ghetto dachte ich ständig an die Bedingungen, in denen das Kind lebt. Ich verstand, dass es keinen Sinn hat, sich danach zu sehnen, dass es einmal unter Bedingungen leben würde, wie wir sie früher hatten. Das Leben muss … Wir wussten alle, was wir über das Regime denken sollten, aber es nur zu wissen … ach, dieses Wissen! Man braucht irgendeinen persönlichen, irgendeinen allerpersönlichsten Stoß, damit man an sein Wissen glaubt. Es muss die Wahrheit sein. Eine Wahrheit, die man lebt und stirbt. Das ist mein Kind und meine Frau."

Er unterbrach mittendrin mit einer Geste, die Normalität ausdrücken sollte: „Ermordet …" In seiner Stimme schwang eine traurige Wärme. Schnell packte er das Foto ein, und übergangslos kehrte er zu der Waffengeschichte zurück.

Es gibt Momente, in denen der Mensch plötzlich und vollständig von Entschlossenheit und Hartnäckigkeit erfüllt ist, ebenso wie es Zustände gibt, in denen er plötzlich und vollständig von Feigheit und Ohnmacht erfasst wird. Bienenstock vernachlässigte in diesen Tagen nichts und zögerte vor nichts. Jetzt, wo die Brigaden nicht in die Stadt gelassen wurden, dachte er nur an eins: dass er sich beim verabredeten Kontakt nicht würde einfinden können.

III. Der Abendappell

Mittags teilte die Küche Suppe aus. Am Nachmittag gaben sich die Eingeweihten flüsternd die Nachricht weiter, dass eine bestimmte Anzahl von Leuten in die Arbeitskommandos der „*Ostbahn*" und „Z. E. L. A. 19" eingezogen würden. Beide galten als die schwersten mit den meisten Krüppeln und Toten. Die Arbeiter der „*Ostbahn*" kehrten immer rußgeschwärzt von der Arbeit zurück, immer erschöpft vor Hunger, immer zerfetzt und abgespannt. Im Lager ermordete sie die SS dutzendweise, weil sie schmutzig, ausgehungert und zerlumpt waren. „Z. E. L. A. 19" war zur Abwechslung eine Militäreinrichtung. Die dort stationierten Deutschen überboten sich mit den SS-Männern in Patriotismus und übernahmen selbst die Peinigung der Häftlinge am Arbeitsplatz. Im Lager kamen auf einen SS-Mann eine ganze Menge Häftlinge, sodass jeder Häftling nur einen Teil der patriotischen Exzesse der SS abbekam. In „Z. E. L. A. 19" wurde der patriotische Sadismus einer vergleichsweise großen Zahl an Deutschen an der bescheidenen Zahl von einigen Dutzend Häftlingen ausgelassen. Deshalb bedeutete die Nachricht von der zahlenmäßigen Vergrößerung der erwähnten Brigaden für die meisten nur Negatives. Man bemühte sich, den Listenschreibern auszuweichen, um nicht auf die Liste gezwungen zu werden. Nach einer gewissen Zeit kam jedoch heraus, dass beide Listen schon geschlossen waren und sowohl bei der „*Ostbahn*" als auch bei „Z. E. L. A. 19" sogar Vorarbeiter registriert worden waren, die als besonders privilegiert galten, und zwar der Brigaden der „VIB" (Vereinigte Industrie-Betriebe), der Reinigungsbrigade sowie eine ganze Reihe von „stinkreichen" Häftlingen mit guten Beziehungen.

Gegen vier Uhr wurde für die, die noch keine Zuteilung hatten, ein Appell ausgerufen. Lagerführer *Untersturmführer* Willhaus und der Chef der D. A. W. *Obersturmführer* Gebauer[16] erschienen persönlich während des Appells. Beide Herren, der Diktator einer Sklavenstadt und der Diktator eines mit dem Lager verbundenen Konzerns, schritten lässig nebeneinander her und taten so, als ob sie die besten Freunde wären.

Fritz Gebauer schaute sich während des Gesprächs gelangweilt in seinem verlorenen Königreich um. Schließlich war er es und nicht der derzeitige Herrscher, der das Lager gegründet hatte. Kurz nach dem Einmarsch der Deutschen in Lemberg entstanden am Ort der ehemaligen Fabrik des Juden Steinhaus an der Janowska-Straße 122 die sogenannten *Deutschen Ausrüstungswerke*. Schon damals war er, nach einer kurzen Amtszeit des SS-Mannes Mohwinkel, der Leiter der D. A. W.: ein schlanker und gutaussehender Mann mit den gleichmäßigen Gesichtszügen eines Filmstars, einer glatt gekämmten Seitenscheitelfrisur, schönen, verträumten und sanften Augen. Von der Herkunft war er Berliner, von Beruf Elektromonteur. Ende September 1941 waren die Baracken mit Stacheldraht umzäunt worden. Am 1. Oktober hatte Gebauer die Arbeiter zu einem Appell zusammengerufen und verkündet: „*Ab heute bleibt ihr hier!*" So entstand das Lager, das sich jeden Tag erweiterte und pausenlos mit neuen Opfern versorgt wurde.

Der gutaussehende Mann mit den verträumten Augen war nicht nur der Organisator des Lagers, sondern auch der erste und prägende Schöpfer des dort herrschenden Klimas. Als sich der Bau des *Waschraums* über den von ihm bestimmten Termin hinauszog, verbot er den Häftlingen sich zu waschen, verlangte aber gleichzeitig einwandfreie Sauberkeit. Die Häftlinge wuschen sich heimlich, während andere Schmiere standen. Diese konnten es jedoch nicht immer verhindern, dass die Sache aufflog. Wer beim Verbrechen des Sich-Waschens ertappt wurde, den quälte die SS mit wildem Grimm. Eines Sonntags rief Gebauer zur Abwechslung mal wieder zum Appell, kontrollierte die Häftlinge und wählte fünf Schmutzige aus. Bei einer Temperatur von minus 20 Grad Frost wurde ein Wasserbottich aufgestellt. Die fünf Ausgewählten mussten sich nackt ausziehen, und der schöne Mann mit den sanften Augen und der weichen, melodiösen Stimme warf sie eigenhändig in den Bottich. Die versammelten SS-Männer belohnten den Einfall ihres Führers mit Lachsalven. Die fünf Häftlinge bezahlten ihn mit ihrem Leben.

Einmal betrat Obersturmführer Gebauer aufgebracht die Lagerküche. Genau in diesem Moment kam durch die zweite Tür ein Häftling, der zum Holzhacken eingeteilt war und das Holz in die Küche brachte. Als er Gebauer sah, ließ er vor Schreck das Holz auf den Boden

---

16   Fritz Gebauer (1906-1979) war von Juli 1941 bis Mai 1944 Betriebsleiter der DAW in Lemberg. Das Landgericht Saarbrücken verurteilte ihn 1971 zu lebenslanger Haft.

fallen. Der schöne Berliner packte den Unglücklichen am Kragen und warf ihn in den Kessel mit kochender Suppe, deckte ihn zu, setzte sich auf den Deckel und brach in ein besessenes Lachen aus – ein Lachen, das die Häftlinge nie mehr vergaßen. Er, Obersturmführer Fritz Gebauer, der wichtigste Mann auf dem hiesigen Gelände, ordnete mehrstündige Appelle mit Schlägen und Morden an. Wer in Ohnmacht fiel, wurde durch kalte Wassergüsse wiederbelebt und danach erneut geschlagen.

Vor Weihnachten kam die Ehefrau von Gebauer, eine affektierte, korpulente und mit Wasserstoffperoxid platinblond gefärbte Glucke. Am Tag ihres Eintreffens erwürgte ihr liebender Ehemann aufgrund seiner übermäßigen Freude während des Appells einen Häftling mit seinem eigenen Schal. Offensichtlich wurde ihm in diesem Moment etwas über sich selbst klar, denn seitdem war das Erwürgen die liebste Tätigkeit des Herrschers der D. A. W. Sie wurde ständig mit neuen und immer erfinderischen Ausführungsvarianten bereichert. Später kam zum Erwürgen noch die Vorliebe für das lebendige Begraben hinzu, später …

Letztlich blieb er trotz alledem nicht der einzige Herrscher über die Sklaven. Als das Unternehmen in einem vorher nicht geahnten Ausmaß wuchs, teilte man das eigentliche Lager von der D. A. W. ab. Die Herrschaft über das Lager übernahm Untersturmführer Gustav Willhaus. Die Ausdehnung des Königreichs von Fritz Gebauer verkleinerte sich dadurch allerdings nicht. Im Gegenteil: Die D. A. W. waren eine ganze Stadt. Trotz der Bezeichnung Rüstungswerke besaßen sie alle möglichen Werkstätten ausgenommen Munitionswerkstätten. Die Werkstätten waren groß und gut ausgestattet. Es gab Barackenstraßen und Villen. Hunderte von Sklaven waren an Ort und Stelle kaserniert, weitere Tausend kamen vom benachbarten Lager hierher zur Arbeit. Fritz Gebauer war trotzdem nicht mehr der einzige Herrscher. Neben ihm herrschte Gustav Willhaus, von dem Gebauer Arbeiter „mieten" musste. Zwischen den zwei Führern entstand eine Rivalität, die in Hass überging, der sich in gegenseitigen Schikanen, Intrigen und Bösartigkeiten entlud. Sie feilschten und stritten über Baumaterial, über Terrain sowie über die Juden und ihre Hinterlassenschaften. Bisher hatte Gebauer das Eigentum der ermordeten Juden aus der Provinz allein an sich genommen, jetzt raubte auch Willhaus sie aus. In seiner Funktion als Lagerführer kopierte Willhaus nicht nur die von Gebauer entwickelten Aneignungsmethoden, sondern griff obendrein noch auf die gleichen Quellen zurück! Hatte Gebauer zum Beispiel bisher den jüdischen Friedhof allein zerstört, indem er Grabplatten und -steine als Tische, Bänke und Springbrunnen in den D. A. W. einsetzte, plünderte Willhaus jetzt auf demselben Friedhof. Wo es sich ergab, stellten sie dem anderen ein Bein, beschimpften sich und setzten feindselige Gerüchte oder gehässige Redensarten übereinander in die Welt.

Jetzt liefen sie Seite an Seite und taten sehr herzlich miteinander. Umgeben von SS standen sie vor den Häftlingen, die ein Rechteck bildeten. Willhaus schob die ganze Zeit den Revolver von einer Hand in die andere, aber schoss ganz gegen seine Gewohnheit nicht während des Appells. Gebauer lief nervös vor den Reihen auf und ab und prüfte die Häftlinge mit der Miene eines großherzigen Wohltäters. Danach begann er Facharbeiter auszurufen:

Chef der D. A. W. – Fritz Gebauer

„Tischler!"

„Schlosser!"

„Schneider!"

„Maurer!"

„Buchbinder!"

„Drucker!"

„Kartonmacher!"

„Bürstenmacher!"

Die sich meldeten, wurden in Gruppen auf die gegenüberliegende Seite gestellt, zur Kolonne, die für die D. A. W. vorgesehen war. Nach Beendigung dieses Teils tauschte Obersturmführer Gebauer mit Willhaus einige Witze aus, zog die Uniform zurecht und wandte sich erneut an die wartenden Reihen, musterte einige der am nächsten stehenden Häftlinge, rief einen mit großzügigem Winken zu sich heran und stellte ihn auf die andere Seite, allerdings weit entfernt von den zuvor ausgewählten Facharbeitern. Der Häftling war groß, mit kräftigem Körperbau. Jemand, der Gesprächsfetzen zwischen den beiden Chefs aufgefangen hatte, informierte den Nachbarn, der wiederum Weitere: „Er sucht Leute für die Schwarzarbeit bei den D. A. W."

Die D. A. W.-Arbeiter hatten keinerlei Kontakt zur Außenwelt, anders als die Brigaden, die in die Stadt zur Arbeit gingen. Sie waren deshalb besonders von Hunger geplagt. Die Facharbeiter, ob sie nun arbeiteten oder Arbeit vortäuschten, konnten sich immerhin in den Werkstätten aufhalten. Die „Schwarzarbeiter" hingegen standen den ganzen Tag unter Beschuss der SS-Leute und waren ständiges Objekt ihrer Ausschreitungen.

Aus diesem Grund waren die Häftlinge nicht erpicht, dafür eingeteilt zu werden. Sie versteckten sich hinter den anderen, hielten den Atem an, beugten sich und machten sich klein, um weniger für diese Arbeit geeignet zu erscheinen. Gebauer ging derweil die Reihen ab und schickte die Ausgewählten mit einem Fingerzeig zu der sich formierenden Gruppe.

Die Herzen klopften, es herrschte konzentriertes Schweigen. Das Beugen, Neigen, sich wieder Aufrichten und ein Dutzend anderer Bewegungsnuancen, die nur die Betroffenen selbst spürten und in keiner Weise nach außen drangen oder irgendetwas beeinflussten, hatten noch nicht mal ein von Innen kommendes Ziel. Es existierte weder der Wille, ausgewählt zu werden, noch der Wille, nicht ausgewählt zu werden. Es handelte sich vielmehr um eine Kreuzung dieser beiden entgegengesetzten Willen. Keiner konnte sicher sein, welche der beiden Möglichkeiten die bessere wäre.

Es wurde Abend. Die Chefs wiesen die Lagerpolizisten an, die Nummern der Ausgewählten zu notieren und verließen zufrieden mit ihrer Arbeit mit ihrem Gefolge den Platz.

Kurz darauf brach sich die bis dahin zurückgehaltene Spannung der Gruppe Bahn. Die die Zuteilung zur D. A. W. als Unglück ansahen, nutzten aus, dass die Gruppen noch nicht notiert worden waren, und liefen zu den Häftlingen, die nicht eingeteilt worden waren. Die Häftlinge ohne Zuteilung, die meinten, dass die schlechteste Einteilung besser als gar

keine Einteilung sei, kämpften sich zu den noch nicht registrierten Schwarzarbeitern der
D. A. W. durch. Die Schwarzarbeiter drängten sich zur Gruppe der Facharbeiter. Es kam
zu einem wirren Hin- und Hergerenne und Tumult. Mancher rannte hierhin und dorthin
und änderte aufgrund von Vermutungen, der Laufrichtung seiner Bekannten oder eines
aufgeschnappten Satzes ständig seine Entscheidung. Die Lagerpolizisten schlugen blindlings mit ihren Peitschen, um die anarchische Wanderei zu beenden. Sie hatten die Situation
nicht mehr unter Kontrolle und bissen sich an einzelnen Opfern fest, während wieder zehn
andere ausnutzten, dass sie beschäftigt waren, und ihre Gruppe wechselten. Die vorläufigen
Vorarbeiter, umgeben von einer Masse an Bittstellern, die nicht wussten, was sie wollten,
notierten irgendetwas. Nach einiger Zeit entschied Oberkapo Orland, dass der Rest morgen
erledigt werde und befahl, sich zu zerstreuen.

IV. Widerstand ...?

In unserer eilig einberufenen Krisensitzung versuchten wir, die nächsten Ereignisse vor-
auszusehen. Weil erst einige Tage zuvor eine Selektion mit „Läufen" und einem Massaker
stattgefunden hatte, war nicht davon auszugehen, dass jetzt, nur ein paar Tage später, eine
Wiederholung geplant war. Die Erweiterung der *„Ostbahn"* und „Z. E. L. A. 19" sowie die
Auswahl der Facharbeiter für die D. A. W. wiesen darauf hin, dass es um eine quantitative
und qualitative Änderung der Brigaden ging. Die vorgenommene starke Verkleinerung der
städtischen Gruppen – genau der Gruppen, denen das Lager zusätzliche und überlebens-
notwendige Lebensmittel verdankte – bedeutete, dass die Schlinge wieder einmal enger
gezogen worden war. Bald kam jedoch heraus, dass man parallel zu den Ereignissen im
Lager die sogenannten *Nachtdienste* aus der Stadt abgezogen hatte. So wurden einzelne
Häftlinge bezeichnet, die – tatsächlich oder nur formal – für die entsprechende Werkstatt
oder Institution unentbehrlich waren und abends nicht ins Lager zurückkehrten, sondern
die Nacht an der Arbeitsstelle in der Stadt verbrachten. Die Einteilung in den Nachtdienst
war ein außergewöhnliches Glück, das nur einem Dutzend von vielen Tausend Häftlingen
zuteil wurde. Die meisten konnten nicht einmal davon träumen bzw. wussten überhaupt
nicht, dass es so etwas gab. Dass dieses Dutzend jetzt ins Lager zurückgeholt wurde, gab den
Ereignissen noch eine zusätzliche Note. Es sah nämlich danach aus, dass die städtischen
Brigaden (und mit ihnen auch die kümmerlichen Kontakte zur Außenwelt) möglicherweise
ganz abgeschafft würden.

Bienenstock dachte wie besessen an die bezahlten und zum Teil noch nicht entgegenge-
nommenen bzw. noch nicht in das Lager geschmuggelten Waffen. „Wir müssen alles versuchen, um in die Stadt zu kommen. Bestimmt lassen sie sie zumindest noch einmal an
die Arbeitsstellen. Vielleicht nur irgendwelche kleinen Gruppen. Vielleicht nur für einige
Stunden, um laufende Arbeiten übergeben zu können. Aber sie lassen sie nochmal raus. Das

kann unsere letzte Chance sein und wir dürfen sie auf keinen Fall vertun. Einer von uns muss in die Stadt."

„Das reicht nicht. Wenn sie uns wirklich zu diesem Zweck nochmal in die Stadt lassen, wie du sagst, dann können wir uns auf keinen Fall von der Gruppe entfernen." Chart,[17] der wegen seines starken, aber hageren Körperbaus so genannt wird, unterstützt Bienenstock.

„Es gibt keinen anderen Weg. Wenn den einen der Schlag trifft, muss eben der Zweite und Dritte losgehen. Es gibt keine wichtigere Aufgabe. Alles andere ist Sch…"

Chart sagt dies mit eisiger Stimme und der Ruhe eines Fanatikers. Seine engen und langen Augen blicken mit dem kalten Glanz einer frisch zerkleinerten Kohle.

Artur muss – wie so oft – mit ironischem Lachen fragen: „Sagen wir, es gelingt uns, die Waffen an uns zu nehmen. Und was dann? Wie weiter? Im besten Fall (ich wiederhole, im besten) werden wir 18, sagen wir, 20 Revolver haben. Im besten Fall. Und was dann?"

„Dann ist es auf jeden Fall …"

Nun fallen die Worte, die fallen müssen. Zu denen man stößt, wenn man alle Schichten der Lagerohnmacht durchlaufen hat. Und die – weil sie die Quintessenz sind, die konkreteste und realste von allen Aussagen – nicht das aussagen, was sie in diesem Moment meinen. Sie klingen ein bisschen zu rund, zu wenig brüchig, zu leicht und in ihrer Leichtigkeit (in Beziehung zu dem, was sie ausdrücken sollen) etwas kümmerlich: „… ein würdevolles Sterben, ein sinnvoller Tod."

Chart spürt, sieht die Unzulänglichkeit der pathetischen Begriffe, er möchte ihren Aussagegehalt mit Sarkasmus steigern (scheinbar leichtsinnig), verzieht sein Gesicht zu einem kalten Lachen – einer Grimasse ähnlich.

„Eine kleine, heiße Demonstration, das ist auch was wert. Aus Mangel an Alternativen?"

So ist es: Worte über Würde, in dieser Zusammensetzung, ertrug Artur, ein ehemaliger Rechtsanwalt bzw. Rechtsanwaltsgehilfe, ein großer Mann mit einem pausbäckigen, gesunden Gesicht mit den kantigen Zügen eines Straßenjungen, nicht.

Bevor es um konkrete Aktionen ging, zeichnete er sich durch eine aufmerksame Exaktheit aus. Er misstraute Improvisationen, war bei jedem Detail der sachbezogene Mahner. Bei Kontakten berücksichtigte er jeden Meter der entsprechenden Straße oder Einöde. Manchmal wurde er wegen seiner Genauigkeit verspottet. „Du hast die Millimeter nicht beachtet." Oder: „Du hast nicht berücksichtigt, dass an der Ecke Bernstein- und Kazimierzowska-Straße ein Dreckhaufen liegt, den man auch umgehen muss." Auf diese Bemerkungen reagierte er nicht. Er kümmerte sich um seine Angelegenheiten und tat, was er zu tun hatte.

Oft schlich er bis spät in die Nacht von Baracke zu Baracke und von Pritsche zu Pritsche, um etwas zu erledigen, jemanden anzutreiben oder auszuschimpfen. Auf das Wort „Würde" reagierte er jedoch mit ironischem Lachen. Als der Begriff „Demonstration" fiel, verzog er verächtlich den Mund.

---

17 Polnisch für Windhund.

„Ihr erzählt dummes Zeug", stieß er in einem verärgerten Flüsterton hervor, „als ob ihr eine dämliche Geschichte über das Lager schreiben wolltet, aber niemals ein richtiges Lager gesehen habt. Als ob ihr auf euch schaut, nicht mit euren eigenen Augen, sondern mit den Augen von einem, der in Freiheit lebt und zwischen diesem und jenem Geschäft bedauert, dass die Juden (gütiger Himmel!) ihrer Würde beraubt werden. Dieser heldenhafte Typ macht sich beim Anblick eines Deutschen in die Hose, obwohl gerade ihm gar nichts droht. Er zieht dir das Fell über die Ohren und bemitleidet dich dabei noch. Er denunziert dich und wird für dich ein Klagelied anstimmen. Wenn er sieht, wie die zum Tod Geführten gefasst gehen, sagt er „wie die Schafe"; wenn sie verzweifelt sind, dann ist das jüdisches Gejammer. Leisten sie Widerstand, dann ist das die jüdische Unverfrorenheit. Nein, nicht nur Unverfrorenheit, es ist eine Sauerei, da er dadurch als loyaler und ehrlicher Bürger vielleicht auf der Straße einer ruhigen und kultivierten Stadt eventuell der verirrten Kugel eines SS-Manns ausgesetzt sein könnte. Eines SS-Mannes, der – wie man weiß – eine westliche Waffe usw ..."

„Jeder von uns", fing er nach einer Weile mit einer geringschätzigen Grimasse auf dem hässlichen, jedoch sympathischen Gesicht wieder an, „war schon hinter der Mauer und weiß, wie es dort aussieht. Na klar, man muss versuchen, sich zu verteidigen! Als im Lager an der Czwartaków-Straße ein Häftling einen SS-Mann kaltgemacht hat, hängte man – abgesehen vom Massaker im Lager selbst – in der Stadt einige Dutzend Juden an Balkons des – mit Verlaub – Judenrats auf. Darauf soll es nicht ankommen, wenn jemand für so eine Demonstration sterben muss, so muss es sein. Aber wie war das mit dieser Demonstration? Kein Schwein dachte mehr an diesen Häftling. Dafür gab es die Demonstration der Erhängten. Das Völkchen defilierte vor ihnen, wie auf einer Prozession, und teilte sich die Stücke von den Schnüren, an denen die Körper baumelten. Als Amulett, denn ein Strick vom Galgen bringt Glück. Na, und sofort kommen Schlauköpfe, die eine gewisse öffentliche Frequentierung des Ortes feststellen und nicht weit entfernt von den Erhängten kleine Tische mit Mineralwasser, Limonade und Kuchen aufstellen. Die Öffentlichkeit hat ein Büfett, wie im richtigen Theater, und die Händler ein ehrlich verdientes Sümmchen. Sie rechnen mit einem Gewinn aus der Limonade und den Cremetörtchen; bestimmt bedauern sie, dass Spektakel dieser Art nicht täglich stattfinden. Na und bei uns im Lager? Wie viele dieser Demonstrationen gab es schon? Wir haben ein kurzes Gedächtnis; im Übrigen zählen bei uns Fakten nicht. Na und was nicht schon alles demonstriert wurde! Wozu weit suchen? Vor einigen Tagen, während der Läufe, habt ihr doch gesehen: diese hübsche Krakauerin, Zeimerowa, weigerte sich, in den Waggon zu steigen und verlangte, sofort an Ort und Stelle erschossen zu werden. Sie zerstückelten sie bei lebendigem Leib. Sie brach nicht zusammen, war eine tapfere Frau ... Und was dann? – Eure Würde ist unter unseren Bedingungen wahnsinnig unfotogen. Man lässt Hackfleisch aus sich machen. Wenn man mit bloßen Händen in den Tod geht, angesichts von Dutzenden Maschinengewehren, ist das Einzige, was man machen kann, nichts zu machen. Wie stark muss man sich überwinden, um langsam zu gehen, mit zugekniffenem Mund! Ich vergebe eurer ‚Welt' niemals, dass sie sogar diesen Moment der Konzentration bei den Ermordeten verunglimpft. Das blutige Schweigen von Tausenden Frauen ... Wenn man nichts gegen das Verbrechen machen kann, sollte man wenigstens schweigen können. Drei Viertel der Gequälten können das. Das ist auch Würde. Eine beschissene, aber immerhin ... Unter Bedingungen, die schließlich nicht sie geschaffen haben. Hingegen schafft es eure ‚Welt' nicht einmal zu schweigen. Die einen verdrängen ihre Machtlosigkeit, die anderen ihre Niederträchtigkeit angesichts dessen, was mit uns geschieht, indem sie auf die Opfer spucken. Vor Kurzem gingen junge Mädchen singend in den Tod. Das war auch würdevoll. Die Würde der Verachtung für die boshafte Welt, die sie so getäuscht hat ..."

„Langsam, mein Lieber. Die Deutschen haben alles gemacht, damit der Pöbel ja zu Wort kommt. Der Pöbel agiert offen, weil er zu sehen ist. Die ‚Gerechten' hingegen sieht man nicht, denn sie müssen sich wegen ihrer ‚Gerechtigkeit' verstecken. Klar? Aber es gibt sie. Leider ist auch die Gerechtigkeit unter unseren jetzigen Bedingungen sehr unfotogen. Wenn ein unbekannter Zivilist den unter Bewachung vorbeiziehenden Häftlingen ein Stück Brot reicht, macht er das so heimlich wie nur irgend möglich. Irgendein zittriges altes Mütterchen, ein Arbeiter, irgendein Lemberger Schlitzohr kommt an, gibt oder wirft etwas und verschwindet. Leise und bescheiden, weil es nur so möglich ist. Der Pöbel hingegen poltert laut, die dürfen das. Wenn jemand Juden versteckt, muss er das im Geheimen tun. Er gefährdet sein Leben und häufig das seiner Familie. Genau deswegen kann niemand etwas davon wissen. Hingegen weiß jeder über Spitzel und Denunzianten, über Erpresser und Greifer Bescheid. Und noch eins (für euch, nicht für Artur, denn der weiß zufällig davon). Jetzt kann ich euch davon erzählen, denn die Nachricht wird leider nur noch eine theoretische sein: Wir hatten seinerzeit Kontakt mit einer polnischen Organisation, die in der Stadt aktiv war. Wenn es diesen Kontakt noch gäbe, wäre einiges ein bisschen leichter. Leider ‚fiel' der Verbindungsmann, der mit uns in Kontakt war – übrigens in einem ganz anderen Zusammenhang. Einen Ersatzmann hatten wir noch nicht. So endete es. Seitdem suchen wir und vielleicht ... vielleicht sogar gegenseitig. Die Deutschen zwingen die Anständigen nicht nur zur Konspiration, sondern auch zur Einsamkeit. Darum, finde ich, sind ‚Demonstrationen' nötig. Zumindest dafür, um den Einsamen hin und wieder die Botschaft zu übermitteln, dass sie nicht allein sind."

Daraufhin Artur: „Also wie ein Telegraph ohne Draht. Nur schade, dass die Postgebühr dafür so idiotisch teuer ist."

Er sagte diesen Witz ohne Überzeugung, eher um die eigene Schwäche in diesem Punkt zu verdrängen. Man sah, dass die Sache ihn tiefer berührte, als er zugeben wollte, denn er zerrte weiter, hitzig und vorwurfsvoll: „Aber du, ich bitte dich, halte mir keine Volksreden. Und verteidige vor mir nicht diese (wie du sagst) ‚Gerechten' und erpresse mich nicht mit ihnen! Mit denen konnte ich zu Lebzeiten immer reden, also kann ich auch nach dem Tod mit ihnen reden. Ihnen und vor ihnen werde ich mich dann schon erklären! Die Wahrheit ist die, dass Widerstand ... ohne gehörige Vorbereitung und ohne Waffen ... Sie erschießen uns, bevor wir bei ihnen sind ... Der Unterschied ist nur, dass man dann statt in Konzentration in hektischem Gerenne stirbt wie auseinander stiebende Enten ..."

Artur, der das sagte, gehörte zu den zuverlässigsten. Es gab keine Situation bei der Arbeit in der Stadt, die er nicht zur Kontaktaufnahme nutzte, keine Spur, die er nicht überprüft hätte, keinen Ort, zu dem er nicht vordringen konnte und keinen Gegenstand, den er nicht ins Lager geschmuggelt hätte. Einmal gefragt, wie er seine Ansichten mit seiner „Arbeit" vereinbaren könne, erklärte er: „Ehrlich gesagt liegt ein bisschen Feigheit darin. Ich habe nicht den Mut, mich mit der letzten Konsequenz abzufinden. Vor allem jedoch, weil mir eure Demonstrationen zum Hals raushängen. Mir geht es darum zu kämpfen. Ich will, verstehst du, diese Drecksverle besiegen. Nicht nur auf sie schießen, sondern sie erschießen. Das ist der Unterschied. Und obwohl die Perspektiven zum Kotzen sind, darf man keine Gelegenheit verschenken. Maximale Anzahl Waffen und maximale Vorbereitung. Damit es nicht nur eine Schießerei für eure Eitelkeit, Verzeihung ... Würde ist, sondern dass die Drecksverle so teuer wie möglich bezahlen."

Er fordert jetzt, statt des „Würde-Wahns" die Fälle nüchtern zu beurteilen. In der Stadt sollte sich niemand auf gut Glück von der Gruppe entfernen, sondern erst, nachdem die tatsächlich vorhandenen Möglichkeiten geprüft seien. Dass es nicht nur beim Losreißen bleibt, sondern auf jeden Fall Resultate bringt.

Es endete mit einer Unterbrechung der Diskussion.

„Das eine schließt das andere nicht aus. Bienenstock kann sich auf gut Glück durchschlagen. Wenn es ihm nicht gelingt, wird es Zeit, nüchtern neue Pläne zu schmieden. Dass die städtischen Brigaden vorläufig komplett abgezogen werden, ist außerdem nur unsere Vermutung. Es kann sich noch herausstellen, dass unser ganzer Streit völlig unnötig war."

Nachdem wir die Nische zwischen den Ziegelhaufen verlassen hatten und uns zerstreuten, ging ich ein Stück mit Artur zurück. Die Lagerpolizisten trieben die Häftlinge schon in die Baracken. Statt zur achten Baracke, in der wir „wohnten", lief Artur jedoch in Richtung des Stacheldrahts beim Wachhäuschen. Als ich ihn fragte, wohin er gehe, antwortete er: „Wir müssen uns irgendwie durch den Stacheldraht hindurch mit den anderen dort drüben wegen der drei Revolver kontaktieren. Ich sage ihnen, dass sie wachsam sein sollen, weil niemand weiß, was als Nächstes kommt. Außerdem, warum sollte ich nicht wenigstens eines der Schießeisen heute von ihnen übernehmen?"

Weil man sich kleine Genugtuungen nicht immer versagen kann, musste ich – keine Ahnung warum – bemerken: „Übermäßige Konsequenz kann man dir nur schwer vorwerfen!"

Er schaute mich mit liebevoller Ratlosigkeit an und antwortete verlegen: „Letztendlich ... Manchmal ... Ach, scheiß auf die Konsequenz!"

Woraufhin er langsam, mit gespielter Natürlichkeit, die sich nur Häftlinge aneignen können, wenn sie dazu gezwungen sind, begann, den zu den Baracken treibenden Lagerpolizisten auszuweichen.

V. Hauptsache arbeiten!

Am folgenden Tag fand nach dem Wecken ein Appell statt. An diesem Morgen waren keine SS-Männer auf dem Platz. Den Abmarsch leitete der Oberkapo. Gegenüber dem Wachhäuschen spielte das Orchester fröhliche Märsche. Es regnete.

Die Brigaden der „Ostbahn" und „Z. E. L. A. 19" in ihrer vergrößerten Zusammensetzung, das heißt zusammen mit den erst gestern zu dieser Gruppe Eingeteilten, wurden zur Arbeit rausgeschickt. Danach die Mannschaft der D. A. W., aber ohne die gestern Hinzugekommenen.

Nach ihrem Abmarsch positionierte man auf der einen Seite des Platzes die beträchtlich angewachsene Gruppe der Facharbeiter, die frisch der D. A. W. zugeteilt worden waren. Die für die „Schwarzarbeit" bei den D. A. W. ausgewählten Häftlinge waren hingegen nach den gestrigen Fluchten in einem kümmerlichen Zustand. Entlang der seitlichen Barackenflügel standen – wie an einem neutralen Rand – Tausende Häftlinge ohne Zuteilung.

In dieser mehrere Tausend Häftlinge zählenden Gruppe befanden sich alle städtischen Kommandos. Bis dahin galten sie als die besten, weil selbst der wenige Kontakt mit der Außenwelt, den ihnen der Arbeitsplatz bot, zur Folge hatte, dass Hunger und Erschöpfung in den „Außenbrigaden" kleiner als andernorts war. Diese Gruppen hatte man bisher offiziell noch nicht aufgelöst. Dass sie an den Rand gestellt wurden, die für die D. A. W. ausgesuchten Facharbeiter und die in die „Ostbahn" und „Z. E. L. A. 19" eingegliederten Häftlinge von ihnen abgetrennt sowie die Übrigen in einer Formation ohne Rücksicht auf ihre frühere Einteilung vermischt wurden, deutete darauf hin, dass die ehemaligen Gruppen nicht mehr bestanden. Neue wurden jedoch nicht gebildet. Die Häftlinge schlussfolgerten also, dass die neuen Gruppen aus der Masse von Menschen ohne Zuteilung zusammengesetzt würden. Gemäß allen Gesetzen der menschlichen Logik konnte es nicht anders sein. Also vermieden die, die um jeden Preis in den städtischen Brigaden bleiben wollten, vorläufig jegliche Wahl und warteten auf die Zuteilung zu den Gruppen, die sich bilden würden.

Eine Attacke der Lagerpolizisten unterbrach das Warten. Sie zogen Leute aus der herrenlosen Menge und stopften mit ihnen die Löcher in den Schwarzarbeiterbrigaden der D. A. W. Die Aufgegriffenen wehrten sich. Peitschen schwangen, ein Schubsen begann. Schlussendlich hatte auch die unglückliche Kolonne der Schwarzarbeiter die vorgegebene Zahl erreicht. Im Lager ist die Zahl das Wichtigste.

Die D. A. W.-Brigaden waren also vollständig besetzt und es drohte keine weitere Rekrutierung für diese. Die ersehnte und erwartete Einteilung zu den städtischen Brigaden stand noch aus. Von diesem Moment an wich die Rangelei einem Stillstand, und eine bleierne Unruhe nährte die Bewegungslosigkeit auf dem Platz. Der nicht abgeschirmte und lediglich mit Stacheldraht umgebene Platz, auf dem jetzt nur einige klägliche Tausend Häftlinge kauerten, erschien größer als sonst und beinahe leer. Lediglich die feindlichen Spinnennetze aus Stacheldraht trennten sie von der mit dem Auge gut erkennbaren weiten und freien

Ebene. Diese tödliche Sperre, zu schwierig zum Überqueren, war im Vergleich mit der inneren Last ein bisschen zu schwach, mit dem Auge bemessen nichtig, es fehlte nicht viel, um zu sagen, körperlos. Es schien, als ob das leere Lager der Leere der Welt ausgesetzt sei. Die kümmerlichen Tausend Häftlinge wirkten wie ein Holzsplitter, der sich in der Leere des Lagers verlor. Es passte alles nicht zusammen, schien nur durch eine geisterhafte Laune miteinander verwoben. Ein verrosteter Nagel des Schmerzes durchbohrte das Ganze und hielt es zusammen.

Die Reihen der noch nicht eingeteilten Häftlinge standen entlang des Seitenflügels der Baracken. Eine lange Fünferreihe, beginnend vom Ziegelhaufen im hinteren Lager bis zum Tor beim Wachhäuschen. Der weiter entfernte Abschnitt der Reihen hatte die Seitenbaracken im Rücken, der nähere den Stacheldraht und auf einer Seite das Frauenlager, auf der anderen das Wachhäuschen und die Straße, die zu den Büros, den Villen der SS-Männer und den D. A. W., zum äußeren Stacheldraht und dem äußeren Lagertor führte. Von dort sollten die erwarteten Entscheidungen kommen. Die Köpfe drehten sich um, um die Situation zu erfassen.

Ein doppelter Stacheldraht zäunte den Weg ab, aber versperrte nicht die Sicht. Gleich hinter dem Draht spielte das Orchester fröhliche Märsche, entlang der Lagerstraße standen auf beiden Seiten einzelne Reihen Miliz. Im Hintergrund verharrten irgendwelche Gruppen von Frauen im Stillstand, ein Askari-Kommando an der Seite, hinter ihnen vielleicht ein weiteres, das jedoch von Baracken verdeckt war. Darüber hinaus nur erstarrte Leere und erstarrtes Grauen. SS war nicht anwesend.

Die Milizen standen bewegungslos, auch das Askari-Kommando und die Gruppen von Frauen. Das einzige lebendige Objekt im erstarrten Raum war ein Askari auf dem nächsten Türmchen, der aus seinem Büdchen herausgekommen war. Er stützte seinen Brustkorb und seine Waffe auf das Geländer, einen Fuß auf das Unterteil seines Maschinengewehrs und langweilte sich zu Tode. Von Zeit zu Zeit gähnte er langgezogen, richtete sich für einen Moment auf. Dann neigte er seinen Rumpf und lehnte sich auf das Geländer der Plattform. Der Frühlingsregen dauerte an und durchnässte uns – bewegungslos. Es vergingen lange Minuten. Eine nach der anderen ... eine nach der anderen ...

Gegen acht Uhr hörte man hinter dem näheren Stacheldraht ein Auto. Danach ein zweites und ein drittes. Sie fuhren auf das Vorgelände und blieben dort stehen. Leute stiegen aus. Aus dem ersten Militärs, aus dem nächsten Zivilisten. Die stramm stehenden Reihen lockerten sich schlagartig wieder. Die Neugierde ließ die Köpfe der Häftlinge sich immer aufdringlicher in jene Richtung drehen. Manche beugten sich vor, man tauschte aufgeregte Kommentare aus, wandte sich einander zu, trat aus den Reihen. In den Gestalten, die aus den Autos stiegen, erkannten verschiedene Häftlinge Deutsche, Chefs verschiedener Unternehmen, bei denen sie zwei Tage zuvor gearbeitet hatten.

Man sah, dass alle vor dem äußeren Lagertor festgehalten wurden und jetzt, nach Meldungen, dem Wettlauf der diensthabenden Wachmänner und der Wartezeit, ließ man sie alle zusammen hinein. Man führte sie von den Autos direkt in die Büros. Unter den Ankömmlingen erkannten die Häftlinge der Reinigungsbrigade den Inspektor der Stadtreinigung, einen grau melierten Wiener in seinen 40ern mit einem intelligenten Gesicht, der mit einem Bein hinkte. Den Häftlingen gegenüber verhielt er sich immer menschlich, kam ihnen – wo immer es möglich war – entgegen und tat dies im Gegensatz zu anderen „anständigen" Deutschen völlig uneigennützig. Einige Minuten später wussten bereits alle, dass die erwähnten Gäste gekommen waren, um im Namen der von ihnen repräsentierten Firmen zu intervenieren. Die seit zwei Tagen zurückgehaltenen Brigaden sollten sofort wieder losgeschickt werden, weil ihre Unternehmen die Folgen für das Nichterscheinen der Häftlinge zu tragen hätten.

Die Konferenz dauerte ziemlich lange. Erst nach einer halben Stunde kamen sie wieder aus dem Büro, geführt von einem untergeordneten SS-Mann. Sie setzten sich in die Autos und fuhren los. Drei Minuten später kreisten in den Häftlingsreihen bereits Mutmaßungen aus „authentischer Quelle". Nach zwei weiteren Minuten betrat ein Lagerpolizist den Platz mit der Ankündigung, dass wir zur Arbeit ausrücken würden. Augenblicklich verwandelten sich die Reihen in Rudel von Häftlingen, die nervös von einem Ende zum anderen zogen. Die Häftlinge, die bisher ohne Zuteilung waren, suchten jetzt fiebrig ihre ursprüngliche Brigade – in der naiven Annahme, dass sie als bisheriges Mitglied Vorrang hätten. Von allem Elend sollte es doch bitte das bisherige sein, mit dem man sich bereits vertraut gemacht hatte.

Im wilden Gedrängel von rasierten Köpfen und Lumpen seine Brigade zu finden, war jedoch eine Unmöglichkeit, umso mehr, als alle nervös suchten, und man sich in dieser umfassenden Sucherei unaufhörlich verfehlte. Folglich versammelten besonders Umtriebige etwa ein Dutzend persönliche Bekannte um sich, hoben den Arm hoch und riefen den Namen der Brigade, die sich bei ihnen sammeln sollte:

„Reinigung"? ...

„VIB" ...!

„Verschiedene Firmen!"

Aber diese Bezeichnungen fielen auch an anderen Orten, wo wieder andere die gleiche Idee gehabt hatten. So rannten nun also nicht mehr einzelne Personen, sondern kleine Grüppchen von einem Ende zum anderen, fanden sich zusammen und verloren sich beim Laufen wieder. Mancher versuchte im Durcheinander, seine alte Brigade mit einer „besseren" zu tauschen und hing sich an einen Häftling an. Von dort wurde er weggestoßen und tobte darüber gewaltig. Nach einigen Fausthieben schlug er selbst zu; der Getretene trat, der Beschimpfte schimpfte zurück. Die meisten verteidigten im Gefühl der Solidarität des Schicksals den Weggestoßenen und schlugen auf diejenigen ein, die erst die Zugehörigkeit der Dazugestoßenen prüfen wollten. Nach einer gewissen Zeit stabilisierten sich die Reihen wieder einigermaßen.

Die Häftlinge stehen nun also wieder in Fünferformationen wie in einem bewegungslos machenden Kaftan. Vollgesogen bis zum Grund mit einer Verstimmung, die nicht mehr Zeit hatte, sich selbst zu verstehen. Verloren in einer Reihe von Lumpen steht der Schriftsteller Aleksander Dan. Er ist erst seit Kurzem im Lager, aber physisch bereits völlig erschöpft. Man kann sehen, dass er keine innere Einstellung zu diesem Augenblick finden kann. Er presst die Lippen zusammen, um die Verstimmung mit einem gequälten Schweigen zu panzern. Er zittert, sucht damit unterbewusste Äußerungsformen für die psychische Anspannung, und letztendlich wirft er mir mangels alternativer Möglichkeiten, die drückende Leere zu füllen, die Arme um den Hals und hängt dann da. Er sagt dabei kein einziges Wort, verlegen, man sieht es, aufgrund der Sentimentalität des eigenen Reflexes. Der Arzt der Reinigungsbrigade, der alte Dr. Kohn, steht bei ihm und schaut sich das alles an. Groß, dünn, mit dem Kopf eines Wissenschaftlers und der Gestalt einer Vogelscheuche, gekleidet in einen viel zu großen Matrosenanzug, wulstige Hosen und widerspenstig fallende Lappen, mit denen er Füße und Beine umwickelt hat. Das welke Gesicht des Alten zieht sich phasenweise zusammen und glättet sich wieder, er kämpft mit den Tränen. Die verweinten Augen funkeln in aufgelöster Tragik und kindlicher Ohnmacht. Als er die Regungen von Dan sieht, wirft auch er sich mir um den Hals, kann sich jedoch im Gegensatz zu Dan nicht mehr zurückhalten und bricht in hemmungsloses Weinen aus.

Hinter dem Stacheldraht spielt das Orchester immer noch fröhliche Märsche. Der Regen geht in einen leichten Schauer über; mehr Niesel als Regen. Oberkapo Orland kommt auf den Platz: „Ihr geht zur Arbeit. In Hundertschaften aufstellen, ohne Rücksicht auf die ehemaligen Brigaden!"

Nach diesen Worten läuft er zurück hinter den Stacheldraht. Das Tor wurde geöffnet. Derweil hatte sich im Gedränge die Überzeugung verbreitet, dass Willhaus nur dem Ausrücken einer verringerten Zahl von Häftlingen zugestimmt hätte – nicht mehr als nötig waren, damit die Unternehmen, die aus Mangel an Arbeitern vorläufig stillstehen mussten, genug Zeit hatten, Nichthäftlinge als Arbeiter einzustellen. Also würden nur die ersten Hundertschaften ausrücken. Folglich musste man unter diesen ersten sein. Der ganze rechte Flügel stürzte blindlings nach vorn. Gleichzeitig überwältigten die Häftlinge, die zwangsweise zu den Schwarzarbeiterbrigaden der D. A. W. abgestellt worden waren und seitdem passiv unter der Bewachung der Lagerpolizisten gewartet hatten, jetzt, angesichts des offenen Lagertores, die Lagerpolizisten und kämpften sich zu den Massen vor.

Die Reihen stürzten sich in eine wilde, wütende Menge. Im Lauf und Gedrängel stürzten welche, andere traten im Vorwärtsdrängen auf die Gefallenen. Direkt vor dem Tor formierten sich Hundertergruppen – die zwanzig erstbesten Fünfergruppen. Sie wurden am Wachhäuschen gezählt und verschwanden hinter der Kurve. Im Eifer des Gefechts war niemandem aufgefallen, dass die SS-Leute, von denen einige inzwischen unter dem Askari-Turm erschienen waren, trotz des Lärms und des Durcheinanders noch keinen erschossen hatten. Im Tumult zu Boden gestoßen, spüre ich Fußtritte laufender Menschen auf mir. Von meinem Gesicht tropft Blut. Jetzt heißt es den Kopf einziehen, die Hände fest in den Schlamm drücken und sich mit geballter Anstrengung erheben. Als ich endlich stehe, stütze ich mich auf breit gespreizte Füße. Brüllend, mit Lagerschimpfwörtern fluchend, fordere ich die anderen zum Stehenbleiben auf, damit die auf der Erde liegenden Getretenen sich wieder erheben können.

VI. Schüsse in der Stille

Der Orkan hielt plötzlich inne. Es stellte sich heraus, dass der Strom beim Tor vorläufig angehalten worden war. Man befahl zu warten. Rysiek Axer (vom *Arbeitseinsatz* des technischen Büros) rannte auf den Platz und lief die Reihen ab, nachdem er gesehen hatte, dass ein Großteil der D. A. W.-Schwarzarbeiterkolonne verschwunden war. Er ergriff etliche, packte sie am Nacken und stieß sie aus den Reihen in Richtung der Reste der dezimierten Kolonne.

„Sie waren zu den Schwarzarbeitern der D. A. W. eingeteilt, Abmarsch!"

Der Aufgeforderte beschwor, nicht ausgewählt gewesen zu sein. Er erhielt vorzugsweise Fußtritte oder andere, stärkere Stöße. In der Zwischenzeit war in der Nähe ein SS-Mann mit einem Revolver in der Hand aufgetaucht. Längere Diskussionen waren daher nicht möglich. Der Angesprochene stieß zu der aufgestellten Gruppe.

Axer, der aufgrund seines Ressorts eine Schlüsselfunktion unter den Häftlingen besaß, gehörte zu den anständigsten Büromitarbeitern. Trotz seiner Stellung erfreute er sich allgemeiner Sympathie und genoss Vertrauen. Brutalität gehörte nicht zu seinen Charaktereigenschaften. Umso mehr verwunderte sein jetziges Verhalten. Unter den Leuten, die er in die „Schwarzarbeiterbrigade" geschickt hatte, waren Häftlinge, die er aus seiner konspirativen Tätigkeit im Lager kannte, mit denen er Kontakt hatte und deren Bitten er häufig und immer uneigennützig nachgekommen war. Jetzt war es jedoch nicht möglich, ihn zu überreden; er gab nicht nach. Er riss die Aufgegriffenen aus den Reihen, stieß und schlug die Widerspenstigen. Hauptsache schnell, Hauptsache mehr Leute. Die Brigade der Schwarzarbeiter war nun schon größer, als es Gebauer gestern selbst vorgesehen hatte. Trotzdem hörte Axer nicht auf, Leute zusammenzutreiben.

Da ich aufgrund meines Sturzes und dem Festhalten der laufenden und tretenden Häftlinge später ankam, stand ich in den hinteren Fünferreihen. Axer kam zu mir und schickte mich hinüber:

„Sie waren für die D. A. W. ausgewählt!"

„Rysiek!"

„Marsch!" und leise murmelnd: „Geh, wenn ich es dir sage!"

Ich gehe langsam, um Zeit zu gewinnen. Einige Schritte weiter stecken der kleine Neuhaus und Bienenstock. Letzterer war in meiner Nähe geblieben und hatte die laufenden Häftlinge zurückgestoßen, als ich mich inmitten des strömenden Gewimmels vom Boden erhoben hatte. Axer schickt auch sie weg. Neuhaus geht mit mir, aber Bienenstock wehrt sich: „Ich war nicht ausgewählt und ich werde nicht gehen!"

Ein SS-Mann näherte sich gelangweilt den Streitenden.

„Wenn er nicht für die Schwarzarbeit bei den D. A. W. ausgewählt wurde, dann darf er bleiben!", sagt er gleichgültig.

Bienenstock tritt zurück in die Reihe. Klar: Es geht um die Waffe! Deswegen muss er um jeden Preis in die Stadt.

Das Wohlwollen des SS-Mannes weckt den schlimmsten Verdacht. Jetzt kann man allerdings niemanden mehr rausholen. Im Übrigen ist nicht sicher, ob es überhaupt notwendig ist.

Einen Augenblick später marschiert der Rest der Hundertschaften mit nervöser Eile am Wachhäuschen vorbei, damit sie nicht noch einmal festgehalten werden, um endlich hinter das Tor zu gelangen. Der Regen hört für eine Weile auf, es ist jedoch weiter bewölkt. Das Orchester spielt ohne Pause fröhliche Märsche. Das Tor schließt sich erneut: das durchsichtige Tor aus Stacheldraht im durchsichtigen Stacheldrahtzaun.

Nur einige Hundert Häftlinge sind auf dem riesigen Platz zurückgeblieben: die Facharbeiterbrigaden und die Schwarzarbeiter der D. A. W. Sie stehen an einem Ende des Platzes, die „*Schweißkolonne*" am gegenüberliegenden Ende. Die parallelen Reihen schauen sich aus der Ferne an, sie wollen etwas übereinander herausfinden. Man muss bewegungslos stehen. Sogar in der gleichen Reihe steht eine Gruppe von der anderen entfernt. Der Regen fängt wieder an, dieses Mal scharf, spürbar. Peitscht dumpf ins Gesicht, durchtränkt die Lumpen. Auf dem Platz hinter den nächsten Drähten dauert die aschgraue Regungslosigkeit an. In der bitteren Stille klingen die lebhaften, nur vom Regen gedämpften Töne der Musik wie ein trauriges Jaulen. Von Zeit zu Zeit verschiebt sich in der steifen Bewegungslosigkeit der Fläche hinter dem Stacheldraht irgendein Objekt. Ein Trupp Askaris marschiert vorbei und verschwindet um die Ecke, die schweigend stehende Frauenbrigade rückt vor und verschwindet ebenfalls um die Ecke. Die beiden Reihen mit Miliz, die vorher am Rand des Weges gestanden hatten, waren schon früher verschwunden. Diese Verschiebungen kommen einem wie ein Vorbeimarsch von Geistern vor und stören keinen Moment lang das Gefühl der bedrückenden Bewegungslosigkeit. Aus dem durch den Regen getrübten Abstand gesehen erscheinen sie wie die Verlagerung von toten Objekten. In Wirklichkeit waren sie ganz sicher von Stimmen begleitet: dem Brummen von Kommandos und – zumindest – dem Klappern von Schritten.

Alles das hat das Prasseln des Regens und das Orchester erstickt. Die tödliche Stille störten hingegen weder der Regen noch das Orchester. Sie befanden sich außerhalb davon und hoben sie damit umso gespenstischer hervor.

Plötzlich waren Schüsse zu hören. Keine Salven. Irgendwie versprengt, verirrt. Und nicht in den „Piaski", sondern in der Nähe. Irgendwo in der Gegend des äußeren Tores oder hinter dem inneren Tor, in der Janowska-Straße. Vorweg einige einzelne, schwächere, wie aus einer Kurzfeuerwaffe, danach jedoch andere, stärkere, aus Gewehren: paff, paff, paffpaffpaffpaff, paff …

In die Masse der Schüsse mischen sich Maschinengewehrsalven: trrrtrrrtrrrtrrr ... Wie das potenzierte Aufschlagen von Erbsen auf einem Blech – zahlreich, ungleichmäßig, dumpf. Es wird weniger, dann wieder dichter. Die auf dem Platz aufgestellten Häftlinge ergreift eine erstickende Anspannung.

Bei Häftlingen bildet sich ein Bewusstsein vom allernächsten Schicksal selten auf logischem Wege. Die Logik baut gewöhnlich auf exakt beschriebenen Grundannahmen und menschlichen Begriffen auf. Im Lager versagten alle Grundannahmen und die Ereignisse entwickelten sich nicht auf menschliche Weise. Erfahrungen halfen nicht, denn die menschliche Erfahrung, selbst die blutigste, schließt in das menschliche Wissen nur bereits gesehene Exzesse und erlittene Formen von Degeneration ein. Selbst die größte Zahl von düsteren Erfahrungen bringt den durchschnittlichen menschlichen Verstand nicht dazu, eine lebensnahe und zu treffenden Voraussagen fähige Vision der Grenzenlosigkeit der Entartung zu entwickeln. So entsteht im Lager ein Bewusstsein von der aktuellen Situation nicht auf dem Weg der Logik, sondern durch eine plötzliche Klarsicht, die sich in Schweißausbrüchen, Atemstocken oder akuten, durchdringenden Lähmungen äußert. Im Handumdrehen war allen das Schicksal der mehreren Tausend Häftlinge, die durch das Tor gegangen waren und die man eben noch darum beneidet hatte, dass sie „in die Stadt" gingen, klar geworden.

Friedhofsstille ringsherum. Die Töne des Orchesters durchstechen das Herz der Stille, die Schüsse an dem nahen, aber von hier aus nicht einsehbaren Ort durchlöchern Körper und Gehirn der Stille. Manchmal stockt das Schießen für den Bruchteil einer Minute, danach hört man das Echo von noch einem, zwei, drei vereinzelten Schüssen, müde, undiszipliniert, zufällig.

Danach scheint es zu Ende zu sein. Aber einen Moment später wird das dumpfe Geklapper wieder dichter. Und erneut mischen sich unter die zahlreichen lauten Töne, unter das serienmäßige Rattern, einzelne Schwächere: paff, paff, paff, paff, paff, paff, paff, paff, trrrrtrrrtrrrr.

Es dauert lange, vielleicht eine Viertelstunde, vielleicht länger. Jede Sekunde zieht sich endlos in die Länge.

In den ersten Minuten schnürt die Erstarrung die Münder zu. Im zweiten Moment reißt sie die Aufmerksamkeit an sich; es folgen hartnäckige Versuche, etwas herauszufinden. Vorsichtig werden Vermutungen geäußert.

„Am Tor".

„Auf der Straße ..."

„Unmöglich, sie ausgerechnet dort ...!"

„Vielleicht nicht dort ...? Vor den Augen der Passanten ...?"

„Also?"

„????"

In meinem Kopf wirbelt es derweil: „Drei Revolver waren hinter ..."

Gegen meinen Willen schaue ich mich nach Artur um. Er ist nicht da. Er ist mit den anderen durch das Tor gegangen.

Danach schweigt alles. Hinter dem nächsten Stacheldraht gibt es keine lebendige Seele mehr – mit Ausnahme der wie Automaten spielenden Musiker.

Hier stehen einige Hundert Häftlinge in Reihen an zwei gegenüberliegenden Rändern des Appellplatzes. Eine Leere, die vom Tod getränkt ist.

Eine Stille, die vom hartnäckigen Lärm des Orchesters durchbrochen wird. Ein Warten, vom Grauen zum Zerreißen gespannt.

VII. „… Wir werden ebenfalls bereit sein …"

Der Regen peitscht. Alle aus der ein paar Hundert Häftlinge zählenden Gruppe setzen ihre Gespräche mit dem Tod fort. Die Gespräche sind ungestüm, aber die Körperhaltung ist in Hab-Acht-Stellung, bewacht ihre Lautlosigkeit wie ein Kopfkissen. Die Häftlingsreihen sind nur ein Detail, das in die Gesamtheit des finsteren Tages montiert wurde. Eine düstere, monotone Staffage in einer düsteren monotonen *Landschaft*. Der Eindruck der Homogenität zerbröckelt, wenn man sich die betrachtet, die neben einem stehen. Wenn man hinschaut, sieht man, dass in den inneren Reihen die Haltung erschlafft ist. Jeder Zweite lässt entweder den Kopf hängen oder macht sich unbewusst krumm. So mancher verrückt seine Position um ein paar Schritte, wechselt mit einem weiter weg Stehenden ein Wort, eine Geste und kehrt wieder zurück.

Dudelsak, der Koch der *Reinigungsbrigade* und von Beruf Friseur, sowie Relles, der Friseur der *Reinigungsbrigade* und von Beruf unter anderem Sänger, tauschen Gedanken aus, die sich aus einzelnen Seufzern und hin und wieder weinerlichen Worten zusammensetzen. Beide Friseure gehören zu den ältesten Häftlingen, sie sind enge Freunde und dem Tod bereits mehrere Male begegnet. Ihre Anfangszeit im Lager, in der sie sich etablieren mussten, liegt schon lange zurück. Das letzte halbe Jahr verbrachten sie in Ruheposten-Brigaden. Beide waren kräftig gebaute Bauern, barsch zu ihren Kollegen, bereits mit einem brutalen Realismus, der Rücksichtslosigkeit des Lagers, bewaffnet. Lagerschlitzohren. Jetzt gären beide eine tränenreiche Schwäche aus. Sie tauschen „Achs" und „Ohs" aus, fassen sich mit den Händen ins Gesicht, verdecken ihre Augen, seufzen und treten von einem Bein auf das andere. Der neben ihnen stehende M. schaut sie mit einem Lächeln an, in dem sich Mitgefühl und Milde mit Spott mischt. Er steht bewegungslos, aufgerichtet, aber frei. Er sagt kein einziges Wort und hört nicht auf, halb mitleidig und halb ironisch zu lächeln. Der Moment tritt ein, wo sein Lächeln mit ihren Seufzern zusammenprallt. Um den Zusammenstoß abzumildern, sagt M. sanft: „Ja, was denn! Schließlich läuft alles nach Programm."

Relles und Dudelsak waren bisher „Realisten", die sich über die sentimentalen Intellektuellen und ihre ideellen Ansprüche lustig machten. Zu diesen Intellektuellen gehörte unter anderem M. Mit den Worten „Im Lager muss man hart sein" beendeten Dudelsak und Relles normalerweise Gespräche und Streits.

„Im Lager muss man mehr Mensch sein als in der Freiheit", sagten abgedroschen die Sentimentalen unter den Intellektuellen. Jetzt spotten Dudelsak und Relles nicht und greifen auch nicht zu den lagerüblichen Schimpfworten.

„Sieh mal", sagt Dudelsak mit kindlicher Entdeckerfreude zu Relles, mit ein wenig Anerkennung für den lächelnden Mithäftling und ein bisschen, als ob er sich auf das Lächeln wie auf ein Geländer stützen möchte: „Er ist nicht so entmutigt wie wir!"

M. sucht keine Genugtuung. Er erklärt wohlwollend: „Es ist es nicht wert und eigentlich gibt es keinen Grund. Im schlimmsten oder besten Fall: den Tod. Nichts Schlimmes. Man könnte das zwar anders einrichten, aber …"

Aber er – man sieht es – gibt auch diese Genugtuung auf, sie in diesem Moment an ihre „realistische" Gegnerschaft gegen die „kindische" Aufstandspropaganda zu erinnern. Er endet also nun wieder sanft:

„… es ist zu spät. Selbst sich zu vergiften, lohnt sich nicht mehr."

Er denkt nach, sein Lächeln verliert sich in der Versunkenheit seiner Gedanken. So vergisst er Dudelsak und Relles, und Dudelsak und Relles vergessen ihn.

In den Reihen auf der gegenüberliegenden Seite des Platzes, wo die *Schweißkolonne* aufgestellt worden war, gab es mit Sicherheit auch vereinzelte Bewegungen und Geflüster. Aus der Entfernung betrachtet sehen sie jedoch aus wie bewegungslose, monotone Linien. Nur der Vorarbeiter Eidem steht ein Dutzend Meter vor den anderen. Das Gesicht hat er der Brigade zugewandt, und unter dem Vorwand, die Brigade zu kontrollieren, schiebt er sie einige Schritte nach rechts und nach links. Plötzlich löst sich aus der trübseligen Reihe ein Häftling und nähert sich Eidem mit langsamen, lockeren Schritten. Er bleibt einen Moment hinter ihm stehen, als ob er etwas melden wollte. Man sieht jedoch, dass es nicht darum geht. Zufällig dreht Eidem in diesem Moment dem Häftling den Rücken zu. Er sieht ihn nicht, obwohl er eigentlich nur zu diesem Zweck, dass er auch die kleinste Bewegung sehen kann, vor der Brigade steht. Nach kurzem Innehalten läuft der Häftling weiter über den leeren Platz, langsam, mit gespielter Leichtigkeit.

Alle Blicke richten sich zuerst auf den Näherkommenden, dann auf den Askari-Wachturm und den Stacheldraht. Es fällt jedoch kein Schuss. Der Häftling erreicht unsere Reihen, kommt in die Mitte und mischt sich unter die anderen. Nach einigen Minuten steht er bei mir.

„Ich bin zu euch gekommen", flüstert er: „Habt ihr wirklich keinen einzigen Revolver im Lager?"

Ich kenne den Ankömmling nicht. Ich schaue ihn an und schweige abwartend. Es ist ein kleiner und schwächlicher Mann in seinen 20er Jahren, die Augen nüchtern und lebendig.

Man merkt, dass er mein Zögern spürt.

„Ich hatte mit euch bisher keinen direkten Kontakt", erklärt er, „ich habe mit Artur kommuniziert. Aber ich weiß, dass Sie Ilian[18] sind. Übrigens", ergänzt er, „scheiß auf die Konspiration. Jetzt ist ohnehin alles egal."

Das stimmte: In dieser Situation war Konspiration nur noch lächerlich. Leider hatten wir tatsächlich keine Waffen. Drei Revolver, eine Sechser, eine Siebener und eine Parabellum gab es, aber diese drei hatten ihre Rolle schon ... genau heute ... erfüllt. Denn diese vereinzelten dünnen – man möchte sagen – piepsigen Schüsschen innerhalb der Gewehr- und Maschinengewehrsalven ... Anders konnte es schließlich nicht sein. Die SS-Männer haben niemals Sechser benutzt. Also konnte es nur diese sein. Ein bissiger, lyrischer Pintscher in einer Meute großer Wachhunde.

Ich sage:

„Leider haben wir keine."

„Ich weiß, dass es keine gibt", sagt er. „Aber vielleicht irgendwo, irgendeine Waffe?"

„Leider keine einzige."

Der Ankömmling aus der Schweißkolonne machte ein saures Gesicht.

„Schade. Aber Ihr Plan wird sowieso ausgeführt."

„Mein Plan? ..."

Mein Plan war folgendermaßen: Wenn keine Aussicht bestand, eine größere Zahl von Waffen zu bekommen, und weiteres Warten ausdrücklich keinen Sinn mehr hatte, war man gezwungen, an einem für Zivilisten maximal einsehbaren Ort eine Schießerei zu beginnen. Am besten bei den Vitaminen. Damit das durch die Schüsse initiierte Massaker auf offener Straße stattfindet, vor den Augen von Passanten und am besten an einigen Punkten gleichzeitig. Der „Minimalplan" war zugeschnitten auf eine geringe Zahl an Waffen, aber auch dieser erforderte immer noch mindestens acht, zehn, fünfzehn Revolver ...

„Mein Plan?", wiederhole ich. – „Welcher?"

„Mit den Messern."

Der Gedanke erscheint so leichtsinnig, dass ich mit einem ungeduldigen Abwinken antworte.

Der Ankömmling schaut jedoch mit einer stumpfsinnigen Entschiedenheit.

„Man muss es so organisieren, dass beim Einladen ein oder zwei bestimmte Leute auf jedes Auto kommen. Wenn sie hinter dem Lagertor, auf der Straße, aufladen, dann muss man mit dem Messer zustechen, bevor das Auto losfährt. Wenn sie noch im Lager, vor dem Tor, aufladen, dann während der Fahrt."

„Wen? Die Autos werden von Askaris eskortiert und nicht von SS-Männern. Die SS-Männer steigen in die Fahrerkabine ein. Übrigens ist es auch nicht so einfach, sich selbst einem Askari auf die Entfernung eines ausgestreckten Arms zu nähern."

„Kann sein. Aber wenn man springt, kann man dem Schuss zuvorkommen."

---

18 Pseudonym des Autors Borwicz in der Lagerkonspiration.

Mir fallen Arturs Worte wieder ein, über ein Heldentum, das den Anblick von auseinanderstiebenden Enten zur Folge hat. Ich sage:

„Dann schießt ein anderer Askari und der ganze Kampf hat ein Ende."

„Nein. Wenn jemand aus der Eskorte verletzt wird, egal, ob das ein Askari oder ein SS-Mann ist, ruft das eine Panik hervor. Es schießt nicht nur einer. Aus Angst werden alle schießen. Und genau darum geht es. Wenn es gelingt, das an mehreren Orten gleichzeitig zu initiieren, dann wird es überall chaotische Panik und Schießereien geben. Und das wird solange dauern, bis sie sich sicher sind, dass ihnen niemand mehr droht. Das dauert ziemlich lange. Wie auch nicht – ein Dutzend Leichen nicht in den Piaski, sondern auf offener Straße, dann wieder das Aufsammeln der Leichen und ein Haufen Blut auf der Fahrbahn. Ihr habt schließlich gehört, wie lange diese Schießerei heute gedauert hat."

„Ja, aber nach dieser werden sie vorsichtiger sein."

„Trotzdem ist es möglich", wiederholt er mit Eifer, „denn auch die Passanten werden nach dieser Schießerei wachsamer sein. Umso weniger lässt es sich verstecken."

(Ich denke: Das Erste, was ein Passant in so einer Situation macht, ist, so weit wie möglich zu fliehen. Es wäre in der Tat interessant, wer von den Passanten bei diesem Regen einige Stunden auf die nächste makabre Vorstellung wartet. Diese Zweifel äußere ich nicht laut. Der Gedanke an Widerstand jeder Partei war attraktiv.)

„Wir", sagte der Ankömmling mit Nachdruck, „sind bereit." (Die Betonung des Wortes „bereit", so weiß ich, ersetzt längere Ausführungen.)

„Wieviel seid ihr, von den zuverlässigen, mit den Messern?"

„Als ich aufbrach, waren es 22. Jetzt sind es bestimmt schon viel mehr. Es wächst von Sekunde zu Sekunde."

Ich schaue auf das Rechteck von Häftlingen auf der gegenüberliegenden Seite des Platzes. Dort stehen etwa 150 bis 200. 22, das war ein unvergleichlich höherer Prozentsatz als in unseren Widerstandszellen. Wenn man bedenkt, dass viele unserer Nächsten heute die Schwelle des Todes bereits überschritten hatten, war klar, dass sich unter diesen Überzeugten welche befanden, die erst jetzt, im letzten Moment, aufgeklärt worden waren. Jetzt eben. Wie in der bitteren Redewendung, dass sich im „entsprechenden Moment die Zahl von selbst einfindet". Gleichzeitig wird er sich unbeabsichtigt darüber klar, wie dieser „entsprechende" Moment jetzt aussieht, und beißt verbissen die Zähne auf die Lippen, damit ihm kein unwillkürlicher Fluch entschlüpft. Jetzt hat nicht mal ein Fluch noch Sinn. Gar keinen Sinn, nicht mal einen psychologischen.

Ich höre noch, wie der Mittelsmann sagt: „Schade um die Zeit. Wir dachten, dass ihr schon etwas vorbereitet habt und nur keine Möglichkeit hattet, uns zu informieren."

Eine kurze Weile fühle ich mich wie ein Verbrecher: Es war schließlich klar, dass nicht wir die Regisseure der Situation sind, sondern die SS. Das haben wir, ich selbst, endlos wiederholt, damit die Teilnehmer der Verschwörerzellen nicht wegen „unvorhergesehener Requisiten" dumm aus der Wäsche schauen. Nun lief es darauf hinaus, dass ich trotz absoluter Beherrschung und Ruhe im Grunde selbst dumm aus der Wäsche guckte. Genau in dem Sinn, vor dem ich gewarnt hatte. Es war also nötig, sich ohne Rücksicht auf die Requisiten blitzschnell einen Plan auszudenken und Befehle zu erteilen. Sogar in dieser Lage war – wie sich zeigte – „etwas" möglich. Und nicht ich habe mir das ausgedacht, sondern sie. Dazu kam noch die Gewissheit, die sie in ihrer Aktivität hatten: dass sie das Ausbleiben von Befehlen nur einem Vermittlungsproblem zuschrieben.

„Ich muss zurück", sagte der Verbindungsmann. Nach einer Weile verbesserte er sich: „Nein, nicht endgültig zurück, in jedem Fall, ich kann auch noch mal wiederkommen …"

Die Bemerkung verlangte eine schnelle Antwort: „Kehre mit der Nachricht zurück", sage ich, „dass …"

„Dass …?"

„… wir auch bereit sein werden, vollkommen bereit."

Der Verbindungsmann schiebt sich vorsichtig in die erste Reihe vor, nach einer Weile setzt er seine ersten, langsamen Schritte auf den leeren Platz.

Man plant und arbeitet für eine bis ins Detail durchdachte Idee, aber im Moment der Tat selbst agiert alles auf einer viel schmaleren Basis. Ich ließ meinen Blick über die nächstgelegenen Häftlingsreihen streifen und war nur von einem Gedanken erfüllt: nicht enttäuschen zu wollen. Ob der Plan sinnvoll war oder nicht, ob wir als unterlegene Soldaten oder als auseinanderstiebende Enten sterben, wie Artur gesagt hatte, war in diesem Moment bedeutungslos. Jetzt war nur noch eines wichtig: nicht das Weltgeschehen, sondern der letzte uns innewohnende, lebendige Impuls. Jene nicht zu enttäuschen, die dort ein Messer in den erhobenen Händen halten, die glauben, dass wir hier, auf dieser Seite des Platzes genauso, aber noch viel zahlreicher, Messer tragen. Man darf sie nicht enttäuschen im letzten Augenblick ihres Lebens, im letzten Augenblick unseres eigenen Lebens. Sie, deren Leichen mit Bleikugeln im Schädel und in den Rippen in wenigen Minuten zusammen mit ähnlich zugerichteten Leichen im Grab liegen werden.

VIII. Zwischen den Reihen

Der Erste, an den ich mich wende, ist Kantor, der neben mir steht. In Sorge um jeden vergehenden Bruchteil einer Minute erkläre ich ihm die Sache in telegrafischer Knappheit. In Verbindung mit der Überraschung des Angesprochenen führt das zu Fragen, auf die man antworten muss und dabei wertvolle Zeit verliert. Ich kürze das Ganze ab: „So muss es stattfinden und basta." Kantor wendet sich mit den Instruktionen nach links, ich nach rechts. Noch aus anderen Gründen erweist sich die Situation als neu: Bisher hatte jeder in einer bestimmten, „seiner", Brigade agiert und dabei mit Leuten zu tun gehabt, die er mehr oder weniger kannte. Hier hingegen befanden sich die Reste verschiedener Gruppen, in der Mehrzahl Leute, die ich persönlich nicht kannte. Dass man alle Bewegungen aufmerksam und vorsichtig vornehmen muss, erschwert den Überblick noch mehr. Ich erreiche den einen, dann den zweiten, diese rücken zu anderen vor. Es wiederholt sich: Die Kurzfassungen, die Zeit sparen sollen, rufen unvermeidliche und zeitraubende Fragen hervor. Wie ein Schwarm aufdringlicher Wespen, wie böses Gift, wie eine Obsession beißt die Angst, dass „es" beginnen könnte, bevor wir bereit sind. „Es" kann schließlich in der nächsten Minute einsetzen. Wie nebenbei nehme ich wahr, dass der Verbindungsmann inzwischen mit der Nachricht an die Gruppe von gegenüber lebend angekommen ist.

Unter gewissen Umständen besteht das Tragische aus einem materiellen Grundstoff. Hier, umhüllt in Hunderte nasse Lumpen, kauert es sich zusammen, als ob es selbst durchnässt wäre. Gesichter? Es gibt keine Gesichter. Es gibt nur reihenweise Rücken, Beine und Brotbeutel. Nun dreht ein berührter Rücken langsam den Kopf, ängstlich, unwillig. Er heißt Finster oder Fenster, vielleicht anders (darauf kommt es nicht an, denn im Lager gibt es nichts, was man weniger behalten muss als die Nachnamen und erst recht ihre richtige Aussprache). Eine lange Bohnenstange, auf der ein Kopf mit eingefallenen Wangen befestigt ist. Aus dem ausgehungerten Gesicht schaut mir vergilbte Erschöpfung entgegen, rote Augen, gelbe Wimpern und abgerupfte Reste eines flachsfarbenen Bartes. Normalerweise ausgeglichen und bedächtig, ist er nun verärgert, dass ihn jemand aus seiner trüben Passivität herausreißt und ihn zwingt, sich auf schwer hörbares Flüstern zu konzentrieren. Als er versteht, worum es geht, schaut er einen Moment gleichgültig. Danach greift er, ohne ein Wort zu sagen, in seine Tasche. In diesem Fehlen einer Antwort bei stummem Einverständnis in die aktive Teilnahme am vorgeschlagenen Widerstand, liegt der Versuch, sogar vor sich selbst einer Entscheidung oder gar Aufnahme des aktiven Kampfes auszuweichen. Angelegenheiten, zu denen man sich selbst nicht aufrafft, auf die ein anderer hinweist. Im Gegensatz dazu wendet sich P. mit einer hitzigen Aufmerksamkeit um. Er ist überzeugt, es handele sich um irgendeine „N a c h r i c h t". Als er versteht, worum es geht, huscht etwas wie Enttäuschung über sein Gesicht, da das, was er erfuhr, auf keinen Fall eine „N a c h r i c h t" war. Hier haben schließlich wir „etwas" zu tun; eine „Nachricht" wäre es nur dann, wenn man informieren oder sich ausdenken würde, was sie mit uns tun werden. Den Vorschlag nimmt er übrigens sofort und ohne Zögern an. Die Enttäuschung kam nur daher, dass seine ausgehungerte Neugierde in diesem Moment stärker als seine Erfindungsgabe war.

Etwas später eine weitere Schwierigkeit: Sogar wir, die langen Reihen auf dieser Seite des großen Platzes, stehen separiert – die „Schwarzarbeiter" und die „Facharbeiter" einzeln, voneinander getrennt. Die Letzteren wurden noch einmal in kleinere Gruppen nach Berufen sortiert. Zwischen den Gruppen besteht ein beträchtlicher Abstand. Um Kontakt mit den anderen aufzunehmen, muss man diesen Abstand verringern. Ich schlage daher der am äußeren Rand stehenden Fünferreihe vor, seitlich etwas aufzurücken, um die Kette ein bisschen auseinanderzuziehen und auf diese Weise die Lücke zwischen den Gruppen zu verkleinern. Die Häftlinge sträuben sich: Sie werden gedrängt, ein Sturm bricht los. Die Angst vor den Blicken vom Askari-Wachturm macht aus ihren Erklärungen ein heiseres

Zurückschnauzen. Als Antwort fallen zuerst ordinäre Lagerschimpfworte, dann werden Messer aus den Taschen gezogen. Es sind die ersten Messer der „Bereiten".

„Schieb dich weg, Mann, sonst ..."

Die Notwendigkeit, Flüche zu flüstern und Bewegungen und Schubsen zu tarnen, fließt ineinander und schafft ein Klima konzentrierten Zischens.

Mit den anderen Gruppen wird Kontakt aufgenommen. Innerhalb der bewegungslosen Reihen rücken immer mehr Individuen unmerklich einen Schritt vor oder zurück, nach rechts oder nach links und wechseln den Platz. Hier und da Geflüster. Manche wühlen in ihren Taschen, ein anderer fummelt unter dem Saum des Häftlingsanzugs. Die Reihe als Ganzes steht hingegen regungslos. In den Gehirnen schäumt es: „Hauptsache, wir sind rechtzeitig fertig! Hauptsache, rechtzeitig fertig!"

Es regnet. Das Orchester hinter dem ersten Stacheldraht spielt heitere Märsche. Ich schiebe mich zwischen den Reihen und erschrockenen Häftlingen durch. Ich gelange bis zur äußeren Fünferreihe. Hier, am Rand der Kolonne, die vom Tor aus zum Stacheldraht nur ein Dutzend Schritte entfernt steht, sehe ich die Musiker sehr genau: Sie gleichen einer vom Regen triefenden Karikatur. Der Posaunist wendet sich von Zeit zu Zeit heimlich ab und schüttelt sein Instrument aus, damit das Regenwasser abfließen kann.

Die Messer waren Teil der privaten Ausrüstung der Häftlinge. Die Lagerführung bekämpfte den Besitz von Messern, der laut Lagerordnung verboten war. Trotzdem waren sie weitverbreitet. Es war schwer, ohne Messer auszukommen. Man ergatterte sie daher auf jede mögliche Art und Weise. Kürzlich hatte sich ein Häftling mit einem Messer auf einen SS-Mann gestürzt. Man erschoss ihn während des Appells und verkündete: „Wer auch immer solch ein Springmesser wie dieses besitzt (jetzt wurde das Objekt gezeigt), wird getötet." Diese Worte interpretierten die Häftlinge sofort so, dass man andere Messer, die keine Springmesser waren, besitzen durfte. In der Praxis hatten die Kommentare jedoch keinerlei Bedeutung. Es gab so oder so Messer. Sie wurden aus der Stadt oder aus dem Magazin geschmuggelt. Wie immer im Lager gab es alles: Von vernünftigen, scharfen Messern bis zu den viel weiter verbreiteten armseligen, dörflichen Klappmessern oder lächerlich konstruierten, von Amateuren in Handarbeit hergestellten Taschenmessern.

Vom Ende der Reihen kehre ich Meter für Meter zu meinem alten Platz zurück. Ich bin noch nicht ganz zurück, und sie sprechen mich bereits an. Einige stellen Fragen, die vermutlich von der ewigen Illusion leidender Menschen diktiert sind, dass der, der andere zu etwas bewegen möchte, mehr weiß, als der von ihm Überredete. Ein pathetischer Einfaltspinsel namens Regenbogen, der bis gestern noch ein Vorarbeiter der Reinigungsbrigade war, beugt sich zu mir. Er nickt affektiert mit seinem ehrlichen Gesicht: „Schön, schön, Kollege, mit allen redest du über irgendwas, nur nicht mit mir. Ich bin doch wohl ebenso der Aufmerksamkeit wert, wie andere ..."

Messer waren Teil der Ausrüstung

Der Tod umarmt alle mit seinen zotteligen Pfoten und diese Erwartung hat bereits alles, was zum Leben gehörte, aus uns entfernt. Aber er erhebt seine Vorwürfe in einem Tonfall, wie er ihn vielleicht vor Jahren angeschlagen hätte, in der Freiheit, wenn er beispielsweise keine Einladung für eine Teegesellschaft bekommen hätte. Und es gibt noch einen anderen: klein und plump mit den Gesichtszügen eines von der Arbeit ausgelaugten Heimarbeiters. Die Augen leuchten vor Freude und kindlicher Begeisterung, als ob er die Situation vollständig vergessen hätte. Er hält mich mit einer unsicheren Handbewegung an und sperrt den Mund zu einem breiten Lachen auf: „Das verstehe ich, Kollege!", sagt er einfach mit einer ungenierten Herzlichkeit, „das ist schlau, sehr schlau."

Ich schaue peinlich berührt in dieses Lachen. Er, als wäre er nicht sicher, ob ich seine Worte verstanden habe, wiederholt sein unbekümmertes „schlau, sehr schlau". Zwinkert und schielt in Richtung seiner rechten Hand, damit ich weiß, damit ich mir denken kann, dass er in dieser Hand ein Messer hält und bereit ist. Für einen Moment ergreift mich Ärger und die Lust, ihn für seine jungenhafte Prahlerei und seine Unvorsichtigkeit zu beschimpfen. Bevor dieser Reflex sich in Worten entlädt, verbindet sich für mich jedoch etwas anderes mit diesem ordinären Lachen. Ich spüre, wie ich durch dieses Lachen jegliche Zweifel verliere, die bisher nur durch die Verpflichtung verdrängt worden waren. Erst jetzt wurde ich meine innere Anspannung los; jetzt war alles sonnenklar, überzeugend und einfach. Normal verständlich und komplikationslos schlau.

IX. Die Zeit läuft uns nicht davon

Wir sind bereit. Hinter dem Stacheldraht dauert die absolute, düstere Regungslosigkeit an. Es ist ausreichend Zeit, um die ausgewählten Leute noch einmal zu kontrollieren, zu verschieben, die Details des Plans zu erklären, Nichteingeweihte, die wegen des ständigen Verrückens und Flüsterns protestieren, anzuschnauzen. Danach sind auch diese Aufgaben erledigt. Die Bewegungen hören auf. Die Reihen stehen im Regen herum. Die Häftlinge sind erschöpft und vom fürchterlichen Warten gequält. War es vorhin die hitzige Eile des „Hauptsache, wir sind rechtzeitig fertig!", so ist es jetzt der durchdringende Wunsch, es möge so schnell wie möglich anfangen. Bevor die Erschöpfung der Körper unter den nassen Lumpen endgültig ist, bevor sich Wachsamkeit und Verbissenheit in Gleichgültigkeit auflösen. Auf die Lagermaschinerie der Sehnsüchte haben wir jedoch keinen Einfluss. Der Regen prasselt, und im Lager herrscht weiterhin Stille, die vom unveränderten Jaulen des Orchesters unterstrichen wird. Die Häftlinge stehen und werden nass. Die Reihen erschlaffen erneut, aber diesmal nicht aufgrund geheimer Vorbereitungen, sondern aus physischer Erschöpfung. Den meisten ist jetzt alles egal. Sogar die Ängstlichsten und Vorsichtigsten ziehen völlig offen ihre Hemden aus, um sie auszuwringen. Sie stützen sich gegenseitig ab, die aus den ersten Reihen kommen in die Mitte und setzen sich auf den Boden, in den

Matsch, sie kauern sich hin, um ihren Körper so wenig wie möglich dem Regen auszusetzen. Es vergehen weitere Stunden.

X. Der Weg führt am Magazin vorbei

Endlich erscheint der Oberkapo Orland hinter dem Stacheldraht und öffnet das Tor sperrangelweit. Sofort springen die Häftlinge auf und die Reihen stehen stramm.

„Die D. A. W.-Brigade! Linksum! Marsch!"

Wir gehen. Dieser und jener wechselt noch während des Marsches die Position. Das sind sie: Gesichter mit zusammengebissenen Zähnen und Messern, versteckt in den rechten Händen. Am Wachhäuschen, zumindest draußen, kein SS-Mann. Die Lagerpolizisten zählen ab. Orland erklärt mit seinem heiseren Bass laut: „Ihr geht zur Arbeit. Ehrenwort, zur Arbeit!"

Wir gehen an den noch immer spielenden Musikern vorbei. Tödliche Müdigkeit hat ihren Gesichtern inzwischen jeglichen Ausdruck entzogen. An der Seite, in großer Entfernung, sieht man einen Moment lang eine Abteilung Askaris: Wir lassen sie hinter uns. Der Weg ist frei. Ordentlich wie immer, von beiden Seiten umrandet, mit Kies aufgeschüttet und mit Grabsteinen vom jüdischen Friedhof ausgelegt.

Kurve beim *Aufnahmebüro*. Hier überblickt man bereits die gesamte Fläche bis zum äußeren Stacheldraht, zu den Pfosten des äußeren Tores. Leer wie nie zuvor. Kein einziger SS-Mann, obwohl die sich normalerweise in diesem Abschnitt herumtreiben. Das Eisentor, das auf die Janowska-Straße führt, ist geschlossen. Auf der leeren, gereinigten Straße irgendeine hingeworfene Baskenmütze einer Frau, dort ein Brotbeutel, dort ein Stück abgerissener Stoff. In der Stille schreien einem diese Alltagsgegenstände das Grauen entgegen, das Menschen vor ihrem Tode durchmachten. Nicht weit von der Wache bei der Einfahrt sieht man an einigen Stellen auf dem Kies relativ frisches Blut. Nicht viel davon, ein paar größere Flecken, ein paar fragile Schlangenlinien. Das ist nicht das Blut einer Massenexekution. Das sind nur die, die nebenbei, im Vorfeld, erschossen wurden. Die Vermutungen waren also richtig: Die Schüsse, die wir gehört haben, sind hinter dem Tor, auf der Straße gefallen. Der Rest starb in den „Piaski".

Die Blicke überprüfen das Gelände und treffen sich fragend: „Wo wird es beginnen?" Die Kolonne marschiert im Gleichschritt. Die Anspannung wird zu einer wachsamen Nüchternheit, wie man sie vor dem Tod hat.

An der Wache biegen wir links ein. Also … doch zur D. A. W.?

Die Blicke suchen sich wieder gegenseitig. Askaris, die hinter dem Stacheldraht der D. A. W. stehen, öffnen das Tor. Die Kolonne zieht ein.

Das *Gelände* der D. A. W. ist langgestreckt, mit Werkstattbaracken auf beiden Seiten, Querstraßen und Rasenflächen. Das Königreich von Obersturmführer Gebauer, dem

Spezialisten im „Lebendig-Begraben und Ersticken". In den Barackenfenstern sieht man Köpfe von Häftlingsmännern und -frauen, den Blick auf die Laufenden geheftet. Einige geben Zeichen, die man in diesem Moment kaum deuten kann. An verschiedenen Stellen des *Geländes* SS-Männer, *Aufseher, Leiter* – wer könnte sie gleich auseinanderhalten.

Die Kolonne passiert die Hauptstraße und erreicht einen kleinen Platz auf dem Hügel. Der SS-Mann Bayer erscheint in Begleitung einiger anderer und befiehlt uns, sich auf die Erde zu setzen oder zu hocken. Stehen ist nicht erlaubt.

Auf dem Boden sitzend stellen wir fest, dass in der Zwischenzeit der Regen aufgehört hat und die Sonne hinter den Wolken hervorgekommen ist. Wir fahren mit den Händen über die Kleidung, pressen das Regenwasser heraus.

Vorerst sind wir „gerettet". Diese Sicherheit ist von Gleichgültigkeit begleitet. Die tödliche Müdigkeit hat gesiegt. Nur die Messerträger schauen noch stumpf vor sich hin. Die Konzentration wandelt sich langsam in Enttäuschung.

Auch hier muss man in nassen Lumpen auf nasser Erde warten. Hunger setzt ein, das erste Zeichen der Rückkehr zur „Normalität".

Jemand kriecht zu mir heran, zupft an mir und überreicht ein nasses Stückchen Brot, das irgendwo in einer Tasche vergessen worden war.

„Iss. Bestimmt werden sie uns bald einteilen. Der Teufel weiß, vielleicht gibt es irgendeine strenge ‚Selektion'. Man muss aufpassen. Nichts übersehen und keine Dummheiten begehen."

Als ich einen Moment lang nicht antworte, ergänzt er: „Es ist eben schwer. Man muss weiterleben."

Den letzten Satz spricht er mit einer verächtlichen Paraphrasierung eines Schlagers mit diesem Refrain.

Nach der Arbeit absolvieren die Arbeiter der D. A. W. ihren täglichen Abendappell. Danach marschieren sie vom D. A. W.-Gelände ins eigentliche Lager. Mannschaft nach Mannschaft. Die Überlebenden des heutigen Massakers, die noch am gleichen Tag nach Berufen und Zünften eingeteilt wurden, laufen verstreut, jeder in seiner neuen Brigade.

Der Weg führt unter anderem an den SS-Villen und den Verwaltungsgebäuden vorbei. Vor einem der Gebäude türmen sich Haufen von Männer- und Damenkleidung, Brotbeutel, Schuhe und Unterwäsche.

Das Gebäude ist das Lagermagazin. Die Lumpenstapel sind die Trophäen, die von den 2000 heute ermordeten Menschen zurückblieben.

Ab diesem Moment ist es im Lager nicht mehr besser, als die Lagerordnung vorsieht. Es ist wieder wie immer. Wieder wird man ganz gewöhnlich Menschen erhängen, erschießen, verhungern lassen und zu Tode misshandeln.

Leichen der in den „Piaski" Erschossenen

Post scriptum

Und die Waffen?

So mancher ging los, um wieder von vorne anzufangen. Zum Teil mit Erfolg. Es gab nicht nur Waffen und Schießereien, sondern auch Denunziationen in Zusammenhang mit den Waffen und – die entsprechenden Konsequenzen. Hier soll es jedoch nicht um die späteren Versuche gehen, sondern um die Nachgeschichte des bereits Beschriebenen. Und die ging so:

Das Lager war eine zu weitverzweigte Maschinerie, als dass man es hermetisch hätte abriegeln können. Es gab verschiedene Ritzen, zum Beispiel den sogenannten Transport. So ließ sich „Rak" in eine Gruppe von Transportarbeitern der D. A. W. schmuggeln.

Ich kannte diesen Menschen nicht näher. Ich sprach mit ihm nur einmal, am Vortag seiner „Exkursion".

Rak kehrte von seiner „Exkursion" nicht zurück. Die Häftlinge, mit denen er hinausgegangen war, waren nicht in der Lage, auch nur irgendeine Einzelheit seines Verschwindens zu berichten. Er war auch nicht im Lagerbunker, in den man ergriffene Flüchtige steckte. Es lief also darauf hinaus, dass er die Möglichkeit zur Organisation von konspirativen Kontakten für eine private Flucht ausgenutzt hatte. Die Schreiber und Vorarbeiter, die sein Entschlüpfen möglich gemacht hatten, mussten jetzt sein Verschwinden tarnen, indem sie eine Leiche doppelt zählten. Der moralische Vertrauensvorschuss der Organisation war ernsthaft in Mitleidenschaft gezogen. Es wurde untersucht, wer „Rak" für die Konspiration empfohlen hatte, und gegenseitige Vorwürfe wurden erhoben. Beides war bitter und nutzlos. Die direkt für ihn gebürgt hatten, konnten nicht glauben, dass er ... usw. Am Ende ärgerten selbst sie sich über ihn.

Ein zweiter Versuch, die Waffen zu holen, die bisher nur mit unruhigem Schlaf und Träumen geladen waren, wurde erst nach Ablauf einiger Wochen unternommen. Dabei nutzte man aus, dass die Reste der städtischen Brigaden kurzzeitig wiederbelebt wurden – für sehr perfide Ziele, wie sich später herausstellte.

Dieses Mal wurden die Person und das ganze Unterfangen mit pedantischer Genauigkeit durchdacht. Weil der Verbindungsmann die Waffe unmöglich selbst mitbringen konnte, suchte man in allen ausrückenden Brigaden nach Leuten, nach einem Platz zur Übernahme der einzelnen Stücke, erdachte Codewörter und leitete noch eine ganze Menge zusätzlicher Maßnahmen in die Wege.

Der Verbindungsmann erreichte das Ziel, das heißt die Łyczaków-Halde der Stadtreinigung. Hier suchte er den von uns beschriebenen Arbeiter auf.

Durch die Nennung verschiedener Details gewann er sein Vertrauen und bat ihn, zu dem Mann gebracht zu werden, bei dem die von Bienenstock gekaufte Waffe versteckt war und dem man bereits Geld für die Waffe ausgehändigt hatte, die er selbst beschaffen musste. Dem Gesprächspartner gegenüber erwähnte er die Waffe natürlich nicht. Der ehrliche Arbeiter antwortete mit einem vor Entsetzen blassen Gesicht: „Ach du lieber Himmel! Hier war schon mal so einer von euch. Auch von den Männern, die hier an dieser Halde gearbeitet haben. Und der hat mich auch gebeten, zu dem gebracht zu werden. Da bin ich gegangen und habe ihm gesagt, dass hier auf ihn jemand aus dem Lager wartet, in irgendeiner wichtigen Angelegenheit. Das Arschloch beeilte sich nicht, aber letztlich schleppte er sich hierher, dieser Abschaum von Mensch! Aber besser wäre es gewesen, wenn er überhaupt nicht gekommen wäre. So ging er mit dem, der hier gewartet hatte, nach unten, dorthin, sehen Sie, wo die kaputten Eimer und die verrosteten Federn liegen. Dort haben sie lange über was gequatscht, zuerst höflich und dann, man konnte es sehen, sind sie ernsthaft aneinandergeraten. Aber, man sah, sie haben sich zum Schluss geeinigt, denn beide kamen hier nach oben. Der aus dem Lager sollte hier auf ihn warten und der andere ging, um angeblich etwas zu holen. Er ging, und vielleicht 20 Minuten später kommen zwei ukrainische Polizisten. Der eine auf diesem Weg und der andere von hinten. Das Arschloch hinter ihnen, in entsprechender Entfernung. Dann hat euer Mann die Gefahr gewittert und rums! macht er sich auf die Beine. Er sprang nach unten, auf das ganze Eisenzeugs, und von dort in die Büsche. Sie begannen, auf ihn zu schießen. Wahrscheinlich wäre er ihnen entkommen, denn er war schon weit ... Aber, wissen Sie das nicht? Ein Unglück kommt selten allein. Genau in diesem Moment näherte sich ein anderer Polizist und der hat sofort mit dem Gewehr getroffen! Die Kugel traf euren Mann, als er ihnen schon fast ausgebüchst war."

So sah die Wahrheit über „Rak" aus.

„Danach", fuhr der Arbeiter fort, „schrieben sie ein Protokoll. Der Getötete hatte keine Dokumente bei sich. Sie wussten nicht mal, dass er aus dem Lager kam, denn er kam, wie Sie auch, ohne eure Abzeichen. Und das Arschloch hat auch nichts gesagt. Er gab vor, nicht zu wissen, wer das sei, er hat nur gemeldet, dass hier irgendein Jude sei. Ich habe auch nichts gesagt, warum auch? Den Toten mache ich damit nicht wieder lebendig, und mir selbst brocke ich damit vielleicht noch was ein. Nachher, als sie schon weg waren, sage ich zu diesem, zu diesem Typen, warum er ihn verpfiffen hat, ob es nicht schade um einen Menschen sei. Er sagte, er hätte das von sich aus nicht gemacht, aber der sei selbst schuld gewesen. – ‚Ich wünsche niemandem etwas Schlechtes', sagte mir das Arschloch. ‚Sie wissen selbst, dass ich mit ihnen gehandelt habe, als sie hier gearbeitet haben, und das auf anständige Weise. Mir ist egal, ob jemand Jude ist oder Türke, solange er ein Mensch ist. Aber es gab da eine knifflige Angelegenheit. So eine, na ja, nicht der Rede wert ... Ich sage Ihnen nur so viel, sagt er, wenn jemand nur einen Pieps darüber sagt, dann würden sie dort alle sofort... Aber was dann? Sie waren hier, dann kamen sie nicht mehr und alles war in Ordnung. Und nun kommt plötzlich dieser heute und fängt wieder bei Adam und Eva an. Ich sagte ihm: Fordern Sie lieber nichts, denn Sie wissen, dass das nach dem Strick riecht. Da ist er auf mich losgegangen. Verstehen sie, der hat mich als Dieb beschimpft! Ich denke mir dann: Na so ein Bruder, dir zeige ich, was eine Harke ist! Ich sage ihm nur, dass ich sie hole und weise ihn an, auf mich zu warten. Aber Jude bleibt eben Jude, angeblich sind sie schlau, aber wenn es darauf ankommt, dann sind sie dumm und glauben alles. Na und das ist das Ende der Geschichte. Übrigens wollte ich ihm nicht schaden und über diese delikate Angelegenheit keinen Mucks. Ich dachte, es reicht, wenn sie ihn abführen. Damit er merkt, dass er es nicht mit Idioten zu tun hat und Ruhe gibt. Aber dass es anders ausging? Was habe ich damit zu tun? Er ist selbst schuld. Warum hat er gestänkert? Angeblich sind sie intelligent, aber muss ich ihnen erst beibringen, dass sie mit Butter auf dem Kopf nicht in die Sonne gehen sollen?'"

Endnoten

1) Pseudonym von Adam Rysiewicz, einem der engagiertesten Vertreter der polnischen Konspirationsbewegung im Krakauer Gebiet. Rysiewicz ist am 27. Juni 1944 auf der Station Ryczów im Kampf ums Leben gekommen, gemeinsam mit zwei anderen Kämpfern des PPS. Mit dem Decknamen von Rysiewicz wurden nach seinem Tod die sozialistischen Kampfgruppen („Oddziały bojowe PPS im. Tow. Teodora") benannt.
2) R. P. Ż. war ein geheimer innergemeinschaftlicher polnischer Rat für Judenhilfe (Rada Pomocy Żydom).
3) Dies war das konspirative Pseudonym von Borwicz im Lager.
4) Faktisch hat das Lager unter der Leitung von Willhaus und Warzok auch noch später bestanden. Nachdem alle Juden ermordet worden waren, lebten im Lager noch mehrere Hundert Polen, Ukrainer und Volksdeutsche. „Belebt" wurde das Lager später noch durch Transporte mit Juden, die auf der „arischen" Seite festgenommen wurden. Aus einer Fabrik des massenhaften Todes wandelte sich das Lager zu einem „kleinen" Tötungsort. Die Bemühungen, die Existenz des Lagers zu verlängern, fanden vermutlich ihre Begründung in der Angst der SS-Männer vor dem Verlust einer „Beschäftigung". Andernfalls hätte man sie nämlich an die Front geschickt.

Szymon Datner

Kampf und Zerstörung des Ghettos von Białystok

Übersetzung aus dem Englischen von Frank Beer

Vorbemerkung

Szymon Datner, der am 2. Februar 1902 in Krakau geboren wurde, lebte mit seiner Frau Róża und seinen Töchtern Miriam und Shulamit während der deutschen Besatzung im Ghetto von Białystok. Er war Lehrer für Geschichte, Musik und Sport und hatte bis Kriegsbeginn an den hebräischen Gymnasien von Kielce, Pińsk und Białystok unterrichtet. Datner flüchtete am 3. Juni 1943 aus dem Ghetto und schloss sich Partisanen an. Seine Familie wurde im Ghetto ermordet.

Bereits im Ghetto hatte Datner begonnen, über die Vernichtung der Juden von Białystok zu schreiben. Der Text entstand im Dezember 1945 in Białystok unter dem Titel „Walka i zagłada białostockiego ghetta". Nach Aussage Datners war sein hasserfüllter Epilog, der aus seinem Schmerz über die Ermordung seiner Familie rührte, unter den Kommissionsmitgliedern umstritten.

In den Jahren 1946 bis 1948 lebte Datner in Palästina, um seinen kranken Vater zu pflegen. Im Mai 1948 kehrte er nach Polen zurück und wurde Mitarbeiter des Jüdischen Historischen Instituts in Warschau, von Februar 1969 bis Mai 1970 fungierte er als dessen Direktor. Datner starb am 8. Dezember 1989 in Warschau.

Dieser Übersetzung liegt die englische Fassung zugrunde, die 2010 unter dem Titel „The Fight and the Destruction of Ghetto Białystok" (http://www.zchor.org/bialystok/testimony.htm) erschien. Sie wurde von Malgorzata Gardocka mit dem polnischen Original abgeglichen.

Kursiv gesetzte Begriffe stehen im Original in deutscher Sprache.

Frank Beer, Wolfgang Benz, Barbara Distel

Buchumschlag der Originalausgabe „Walka i zagłada bialostockiego ghetta", Łódź 1946

Szymon Datner

Kampf und Zerstörung des Ghettos von Białystok

Der 16. August 1943 beschließt ein tragisches Kapitel der jüdischen Geschichte in der Region Białystok, eine Periode, die am 22. Juni 1941 begonnen hatte, von unbeschreiblichem Leid und Qualen erfüllt war und mit der Ermordung von 200 000 Juden endete. Die Deutschen feierten einen weiteren leichten Sieg, einen vollständigen Sieg im Krieg gegen das jüdische Volk.

Die Deutschen vernichteten die Juden nicht sofort physisch. Aus ihrer Sicht wäre das ein humanes Vorgehen gewesen, dem die „Herrenrasse" nie besonders zugeneigt war. Erst saugten sie alle Lebenskraft aus ihren Opfern. Sie erniedrigten sie in ihrer Menschenwürde, stürzten sie in das Elend des finanziellen Ruins, folterten sie, indem sie qualvolle Torturen auf eine raffinierte Art und Weise dosierten, und erst dann ermordeten sie die Opfer: Sie kannten keine Gnade und verschonten niemanden – nicht das Baby in seiner Wiege, nicht den hilflosen alten Mann, nicht die wehrlose Frau, sie alle waren Feinde, sie alle mussten vernichtet werden. Die deutsche Mordmaschinerie funktionierte reibungslos, mit deutscher *Pünktlichkeit*, *Gründlichkeit* und deutscher *Unmenschlichkeit*.

Nachdem die deutsche Armee Terrain erobert hatte, säte sie dort Tod und Verwüstung unter der wehrlosen Zivilbevölkerung. Besonders griff sie die Juden heraus, die als Erste zur Vernichtung bestimmt wurden. Nach den Massentötungen eskalierte die Atmosphäre des Terrors, dessen Aufgabe darin bestand, jeden Wunsch oder Versuch, sich zu wehren, zu unterdrücken. Die Ostgebiete waren zu groß, um dort ausreichend Polizisten zu stationieren. Allein die Angst vor den Polizisten reichte aber aus, um die eroberten Völker zu disziplinieren.

Die Ereignisse in Białystok nach Ausbruch des deutsch-sowjetischen Krieges waren ein vernichtender Schlag gegen die Juden. Die Deutschen besetzten die Stadt am Freitag, den 27. Juni 1941, und gaben ihren Einstand, indem sie 800 bis 1000 jüdische Männer und Jungen bei lebendigem Leibe in der Großen Synagoge verbrannten. Danach setzten sie den Szulhojf (das Viertel um die Große Synagoge) in Flammen und erschossen Passanten; auf diese Weise ermordeten sie weitere 1000 Menschen.

An jenem fatalen Freitagmorgen wurde eine größere motorisierte Einheit der Deutschen auf dem Sienny Rynek Platz (am Ende der Mazowiecka-Straße) konzentriert. Die Deutschen tranken viel Alkohol und umstellten kurz darauf betrunken den Szulhojf.

Das Massaker begann um 8.00 Uhr morgens. Die Deutschen wurden in kleine Gruppen aufgeteilt. Mit Maschinenpistolen und Handgranaten bewaffnet jagten sie zuerst die Juden in den engen und verwinkelten Gassen rund um die Große Synagoge. In den Straßen erlebte man Dantes Bilder aus dem Inferno. Sie trieben Juden aus ihren Häusern, stellten sie an die Wand und erschossen sie. Von überall wurden erbarmenswerte Gruppen von Juden zur Großen Synagoge geführt, die lichterloh brannte und aus deren Innerem schreckliche, herzzerreißende Schreie zu hören waren. Die Deutschen zwangen ihre Opfer dazu, dass einer den anderen in die brennende Synagoge stieß. Wer sich weigerte, wurde erschossen und die Leiche hineingeworfen. Nach einer Weile ging das gesamte Viertel rund um die Synagoge in Flammen auf. Die Soldaten warfen Handgranaten in die Häuser, die vorwiegend aus Holz waren und leicht Feuer fingen. Das Flammenmeer, das den gesamten Szulhojf einschloss, griff über auf die Legionowa-Straße, die Suraska-Straße und auf den Rynek Kościuszki-Platz. Bis spät in den Nachmittag trieben sie die Juden in die brennende Synagoge, erschossen sie in den Straßen und in ihren Häusern. Der Knall explodierender Granaten mischte sich mit dem Krachen der Schüsse, dem Lärmen betrunkener Deutscher und den herzzerreißenden Schreien der Opfer, die ermordet wurden. Gegenüber den Frauen benahmen sich die Deutschen „ritterlich". Meistens töteten sie sie nicht, zwangen sie aber mit Schlägen und Gebrüll, das brennende Viertel schnell zu verlassen; vorher ermordeten sie ihre Ehemänner, Brüder, Söhne und Väter vor ihren Augen. In einem Fall zeigte sich ihre große Ritterlichkeit: Ida Lewitańska geb. Krywiatycka war im achten Monat schwanger, und als sie mit mehreren anderen Frauen und Männern zusammen aus der Hölle des Szulhojfs flüchtete, stieß sie auf die Deutschen, die vor der Mauer des Miodówka Hauses in der Legionowa-Straße 9 etwa 200 Juden erschossen. Ein älterer Deutscher sah Idas Schwangerschaft und ließ sie entkommen. Die Synagoge brannte mehrere Tage. Auf eine Begebenheit an jenem „Schwarzen Freitag" der Białystoker Juden soll hingewiesen werden: der polnische Hausmeister der Synagoge (sein Name ist unbekannt) nutzte die kurzzeitige Ablenkung seitens der Deutschen, öffnete ein Fenster an der Rückwand, und so gelang Dutzenden von Juden die Flucht, unter ihnen Pejsach Frajnd, dem Schwager der oben genannten Ida Lewitańska. Frajnd starb wenige Tage später, er gehörte zu den „Donnerstags"-Toten. In den Flammen der Großen Synagoge wurden unter anderem der in Białystok allgemein bekannte Dr. Kracowski, der hinkende Apotheker Polak, der brillante Schachspieler Zabłudowski und der beliebte Unterhaltungskünstler Alter Sztajnberg getötet.

Die Bilanz des „Schwarzen Freitags" waren etwa 2000 Tote, das Viertel Szulhojf war niedergebrannt und mit ihm die folgenden Straßen: Chazanowicza, Szkolna, Ciemna, Głucha, Stolarska, Zamojska, Suprasiska, Sucha, Miodowa, Śledziowa, Brzozowa, Boźnicza, Wersalska, Ordynacka. Der Rybny Rynek-Platz und der Rynek Kościuszki-Platz sowie die Legionowa-Straße wurden stark beschädigt.

Das „Freitag-Massaker" schockierte die Białystoker Juden, aber in nicht allzu ferner Zukunft warteten weitaus schrecklichere Erfahrungen auf sie.

Am Donnerstag, den 3. Juli 1941, fand die erste Jagd statt: Etwa 300 Juden, meist Intellektuelle, verschwanden spurlos. Sie wurden als die „Donnerstags-Opfer" bekannt.

Am Samstag, den 11. Juli, fand eine weitere Jagd statt, diesmal in größerem Maßstab: Etwa 4000 Männer und Jungen wurden in Lastkraftwagen aus der Stadt gebracht und, wie sich später herausstellte, im etwa zwei Kilometer von Białystok entfernten Pietrasze erschossen. Diese wurden als die „Samstags-Opfer" bekannt.

Die Deutschen legten den Juden eine Tributzahlung in Höhe von 5 Kilogramm Gold, 20 Kilogramm Silber sowie sowjetischem Geld auf.

Um sie zu demütigen, wurden die Juden gezwungen, einen gelben Aufnäher auf ihrer Kleidung zu tragen. Am 1. August wurden sie in ein Ghetto gesperrt.

Der *Judenrat*, der auf Befehl der Deutschen gegründet wurde, hatte tatsächlich eine einzige Funktion: die Deutschen mit Arbeitskräften zu versorgen, die ohne Gnade ausgebeutet wurden, und der Gestapo zu helfen, die Juden am helllichten Tag ihres Eigentums zu berauben.

Aus den Landkreisen Szczuczyn, Grajewo, aus Tykocin und Wasilków sowie anderen kleinen Ortschaften gibt es Berichte über schreckliche Massenmorde von lokalen Reaktionären und Vandalen, die von den Deutschen dazu animiert worden waren.

Im Herbst 1941 begann die Evakuierung der nicht arbeitsfähigen Juden nach Pruschany. Das war ein schrecklicher Weg des Leidens und der Brutalität. Über 6000 Juden wurden nach Pruschany gebracht und in den Häusern der Weißrussen untergebracht, die zur Zwangsarbeit nach Deutschland deportiert worden waren.

Jüdische Flüchtlinge aus Wilna, die nach Białystok kamen, erzählten schreckliche Geschichten über Ponary[1] und die Litauer. Schockierende Berichte über das Massaker in Slonim vom 14. November 1941 trafen ein.[2] Mord, Erniedrigung, Raub, Plünderung – das waren die Methoden der Gefolgsleute Hitlers gegenüber den Juden bis zu ihrer endgültigen Vernichtung.

Die plötzliche Veränderung belastete die Psyche der meisten jüdischen Ghetto-Bewohner, die verzweifelt waren, sich in ihr Schicksal fügten und hilflos auf ihren Tod oder auf ein Wunder des Überlebens warteten.

Aber eine Gruppe von Jugendlichen erholte sich schnell von ihrer Hilflosigkeit und erkannte, dass der einzige Weg zu handeln, den der Selbsterhaltungsinstinkt einer Nation allen Juden diktieren sollte, darin bestand, gegen die Besatzer zu kämpfen. Seit Herbst 1941 organisierten sich kleine Gruppen jüdischer Jugendlicher und setzten sich das Ziel, den Tausenden sowjetischer Soldaten zu helfen, die in dem großen Kriegsgefangenenlager in der Kaserne und den Baracken des 10. Ulanenregiments inhaftiert waren. Die Gefangenen

---

1   Ponary (litauisch Paneriai) liegt 10 km westlich von Wilna. Der Ort war von Juni/Juli 1941 bis Anfang Juli 1944 Schauplatz von Massenmorden der SS. Juden, insbesondere aus dem Ghetto Wilna, bildeten die Mehrzahl der 70 000–100 000 Opfer, die nahe der Bahnstation im Wald in den Fundamentgruben sowjetischer Heizöltanks erschossen wurden.
2   Sicherheitspolizei und SD ermordeten am 14. November 1941 9500 Juden aus dem Ghetto von Slonim.

wurden grausam unterdrückt, gefoltert und ausgehungert, sie froren wegen der Kälte, waren von der Zwangsarbeit entkräftet, und viele starben. Im Ghetto sammelten sie heimlich Kleidung, Lebensmittel, Zigaretten, Medikamente sowie Geld für die Gefangenen. Jüdische Jungen und Mädchen organisierten diese Aktion. Diejenigen, die außerhalb des Ghettos arbeiteten, übermittelten diese Geschenke an die sowjetischen Soldaten. Auf dem Kasernengelände bewerkstelligten dies Zelik Dworecki, Zelik Iglewicz und Abrasza Gerszuni, zusammen mit einer Gruppe von Aktivisten. Die Unterstützung durch die Ghetto-Jugend kam nicht nur durch materielle Hilfe zum Ausdruck. Die Gefangenen wurden über Radioberichte aus Moskau und England mit Informationen über das Geschehen an der Front versorgt und in Kontakt mit der Außenwelt gebracht. Zu den Partisanen wurde eine Verbindung hergestellt, die vielen Gefangenen zur Flucht verhalf. Die jüdischen Arbeiter im Lager, die beim „*Heeresbauamt*" beschäftigt waren, vermittelten über den kriegsgefangenen Ingenieur Iwanin und den Arzt des Lagers einen Kontakt zu den gefangengehaltenen Soldaten. Die Übergabe von Informationen und Geschenken wurde in den Kellern des Krankenhauses und des *Bauamtes* durchgeführt. Das alles geschah heimlich, da jemand, der in Kontakt mit den Gefangenen stand, zum Tode verurteilt wurde. Man musste nicht nur vor den Deutschen vorsichtig sein, sondern auch vor Informanten sowie vor Wlassows[3] Leuten und sogar vor Juden, die Angst um ihre eigene Haut hatten. Ähnliche Hilfe wurde an verschiedenen Punkten der Stadt organisiert, wo Kriegsgefangene und Juden arbeiteten. Der Kontakt zu den Gefangenen des Kasernenbereichs des 10. Ulanenregiments bestand bis Mitte 1942, also bis der Arbeitseinsatz beim „*Heeresbauamt*" beendet wurde.

Auf diese Weise manifestierte das Ghetto sowohl seine Bereitschaft zum Kampf als auch seine Sympathie für diejenigen, die ein lebendiges Symbol für die Forderung nach Menschenrechten waren und mit denen es die Hoffnung auf den Sieg über die Bestie Hitler verband.

Mit der Zeit vereinten sich die verschiedenen Jugendgruppen in einer Organisation, dem „Antifaschistischen Komitee", dem Rywa Szynder, Lejb Mandelblat, Joszka Kawe und andere angehörten. Zu den Gründern des Rates zählte der alte polnische Kommunist Jakubowski, der sich im Ghetto versteckte. Diese Organisation stand im Kontakt mit einem „Antifaschistischen Komitee", das außerhalb des Ghettos aktiv war und zu dessen Mitgliedern der oben genannte Jakubowski, Władysław Nieśmiałek, Feliks Lorek, Niura Czewiakowska und andere zählten.

Auch die jungen Leute der Bewegungen „Hashomer Hatzair"[4] und „Hechaluz",[5] die Ende des Jahres 1941 aus Wilna gekommen waren, richteten zwei Kollektive ein, die miteinander kooperierten. Alle Organisationen setzten sich zum Ziel, ihre Mitglieder für einen

---

3 General Andrei Wlassow war der erste Kommandeur der Russischen Befreiungsarmee, die seit Ende 1944 aufseiten der deutschen Wehrmacht kämpfte.
4 Hebr. Der junge Wächter, zionistischer Jugendverband.
5 Hebr. Der Pionier, zionistischer Jugendverband.

bewaffneten Kampf gegen die Deutschen auszubilden. Leider waren die Initiatoren lange Zeit nicht in der Lage, die Gruppen in einer gemeinsamen Organisation zu vereinen. Dies wirkte sich verhängnisvoll auf die Widerstandsbewegung im Ghetto aus und verschuldete viele unnötige Todesfälle sowie schließlich das völlige Scheitern, dessen Dimensionen unter anderen Bedingungen hätten reduziert werden können.

Die Erkenntnis, dass der bewaffnete Kampf notwendig war, setzte sich unter den Jugendlichen nur langsam durch. Zunächst mussten Waffen beschafft werden. Im Ghetto waren keine Waffen vorrätig, aber viele deutsche Stellen außerhalb des Ghettos verfügten über einen ausreichenden Bestand. So begann der Waffenschmuggel ins Ghetto. Die jüdischen Arbeiter stahlen Waffen aus den „*Beutestellen*" – die Waffen in den Besatzungsdepots. Sie sägten die Schäfte der Gewehre ab, um deren Beförderung zu erleichtern. Die Holzteile der Waffen ließen sie zurück und ergänzten die fehlenden Teile später in der Tischlerei des Ghettos. Sie versteckten die Waffen unter dem Heizmaterial und schleusen sie durch die Ghettotore. Die Griffe wurden in Stahlrohre oder in hohle Holzbalken gelegt.

In den ersten Monaten des Jahres 1942 verstärkten sich die Aktivitäten der verschiedenen Jugendgruppen, die von revolutionärem Geist durchdrungen waren. Neue Gruppen entstanden in Unkenntnis, dass in der Nähe bereits andere, ähnliche Vereinigungen mit dem gleichen Zweck existierten. Es besteht kein Zweifel, dass die Verbesserung der militärischen Lage an der Front die Aktivitäten sehr ansporte. Leningrad hielt der Belagerung stand. Die Deutschen wurden vor Moskau vertrieben, und der harte Winter fügte der deutschen Armee große Verluste zu (unter anderem sah ich mit eigenen Augen Transporte von schmutzigen, verlausten und erfrorenen Deutschen, die ins Lazarett gebracht wurden). All diese Fakten, die für niemanden ein Geheimnis blieben, ermutigten die verlorenen, im Ghetto eingesperrten Juden und waren der Jugend eine Herausforderung für den Kampf. Am 1. Mai 1942 erschienen Plakate mit dem Aufruf an die Juden, den Krieg gegen die Besatzer aufzunehmen.

In Anbetracht dieser Plakate muss darauf hingewiesen werden, dass die Widerstandsgruppen im Prinzip auf eine größere Publizität ihrer Aktivitäten verzichteten. Die schwierigen Bedingungen zur Verbreitung jeder Art Propaganda im Ghetto müssen betont werden. Die unbeschreibliche Atmosphäre des Terrors, ein Heer von Informanten, bereit, für Geld oder sogar kostenlos zu denunzieren, die Anerkennung, dass es eine kollektive Verantwortung gab, und die Sanktionen, die sich direkt und kumulativ davon ableiteten und mit beispielloser Grausamkeit, beispiellos in der Geschichte der Menschheit, durchgeführt wurden – all dies erschwerte die Arbeit der Widerstandsbewegungen sehr. Dies behinderte auch ihre Expansion zu einer Massenbewegung. Jedes Anzeichen von Auflehnung oder Kampf konnte die teilweise oder vollständige Liquidierung des Ghettos zur Folge haben. Wer die Realität im Ghetto nicht erlebt hat, darf diese Tatsachen nicht vergessen, wenn er sich manchmal fragt, warum die Juden scheinbar so bereitwillig damit einverstanden waren, dass sie ohne jeden Widerstand in den Tod geschickt wurden.

Im Frühjahr und Sommer 1942 erreichten Gerüchte das Ghetto, dass der deutsche Terror in Warschau und in jeder Region des Generalgouvernements wütete. Die Gerüchte betrafen die Kämpfe der polnischen Untergrundbewegung und die Gründung der Polnischen Arbeiterpartei, die zum bewaffneten Kampf gegen den Besatzer aufgerufen hatte, sowie die Verstärkung der Partisanenangriffe in der Gegend von Kielce und Lublin. Diese Nachrichten ermutigten die Widerstandskämpfer des Ghettos in Białystok, aber die Kommunikationsschwierigkeiten und das Fehlen geeigneter Aktivisten für die Aufstandsbewegung in der Region Białystok zwangen das Ghetto, sich nur auf die eigenen begrenzten Kräfte zu verlassen.

Die erste Hälfte des Jahres 1942 verstrich relativ ruhig. Es schien, dass sich eine gewisse Stabilität im Leben der Juden eingestellt hätte, als ob das deutsche Monster genug Blut getrunken hätte. Der Bericht über die „Aktion" im Warschauer Ghetto vom 22. Juli 1942,[6] dem größten jüdischen Zentrum in Europa mit mehr als einer halben Million Juden, traf sie wie ein Donner an einem klaren Tag. Das Geheimnis, warum Juden aus den Siedlungen und den kleinen Städten ins Ghetto deportiert und in mehreren großen Zentren konzentriert worden waren, war gelüftet.

Es ging nicht um „die Verringerung des schädlichen Einflusses der Juden auf die nichtjüdische Umwelt", wie die Deutschen ständig behaupteten und wie dies einige Juden glaubten oder glauben wollten. Nun stellte sich heraus, dass der Zweck der Konzentration der Juden darin bestand, die Ermordung der jüdischen Bevölkerung technisch zu erleichtern. Diese Wahrheit drang nicht ins Bewusstsein derer, die für das Schicksal der Juden, die in den Ghettos eingesperrt waren, verantwortlich waren. Es ist auch möglich, dass die Väter des *Judenrats* die Wahrheit nicht sehen wollten und es vorzogen, diese Wahrheit der Masse zu verheimlichen.

Die jüdische Jugend im Ghetto, die im Komsomol (Vereinigte Kommunistische Jugend), „Hechaluz" und „Hashomer Hatzair" organisiert und nicht durch den weitverbreiteten Alkoholismus und die Prostitution in der Gemeinde korrumpiert war, reagierte auf die Nachrichten aus Warschau mit verstärkter Anstrengung, für ihre Reihen gesunde und anständige Mitglieder zu rekrutieren, die die Notwendigkeit eines Kampfes erkannten.

Viele schlossen sich der Widerstandsbewegung bereitwillig an, 99% von ihnen waren Jugendliche beiderlei Geschlechts und aus jeder politischen Partei. Die meisten Älteren stammten aus den Reihen der Kommunistischen Arbeiterpartei (Judyta Nowogródzka, Rywa Szynder, Joszka Kawe, Adela Herc, Mietek Jakubowicz, Lejb Mandelblat, Wełwł Wołkowyski und andere).

Der Waffenschmuggel ins Ghetto wurde verstärkt, aber kurze Zeit später wurde klar, dass dies nur eine partielle und unzulängliche Lösung des Problems der Bewaffnung sein

---

6   Am 22. Juli 1942 begann die schrittweise Auflösung des jüdischen Ghettos in Warschau. Der Großteil seiner Bewohner wurde in das Vernichtungslager Treblinka deportiert und dort ermordet.

konnte. Nun suchten sie intensiv nach Fachleuten, die jede Art von Waffen produzieren konnten. Kleine Werkstätten wurden mit zuverlässigem Personal für die Herstellung von handgefertigten Granaten besetzt. Chemiker mischten Sprengstoff und füllten Flaschen und Glühbirnen mit ätzenden Säuren (hauptsächlich Vitriol); sie produzierten kurze und lange Feuerwaffen. In den Schmieden und Schlosserwerkstätten wurden fehlende Teile, Schlagringe und lange Stahlmesser angefertigt.

Die illegale politische Information spielte für die Widerstandsbewegung im Ghetto eine wichtige Rolle. Es war Juden verboten, deutsche Zeitungen zu kaufen oder zu lesen, aber es gab Tausende von Möglichkeiten, um sie von außen zu erhalten, und lange Zeit wurden sie zu horrenden Preisen in den Straßen des Ghettos verkauft. Die Juden lasen hauptsächlich die *Białystoker Zeitung*, *Das Reich*, die *Preussische Zeitung* und die *Königsberger Zeitung*, seltener die *Deutsche Allgemeine Zeitung*, den *Völkischen Beobachter* und andere. Sie versuchten aus der Presse zu erfahren, ob der Untergang der Deutschen, den sie so sehr herbeisehnten, bevorstand.

Fast alle teilten die Auffassung, dass die Niederlage der Deutschen garantiert sei. Unklar war nur, ob die Bewohner des Ghettos bis zur Befreiung am Leben bleiben würden, und das bedrückte sie. Mit angehaltenem Atem verfolgten sie das Schicksal des tapferen Kampfes um Stalingrad sowie den Verlauf der Schlacht in Libyen. Sie flüsterten besorgt über El Alamein, weil das Schicksal der Juden in Palästina vom Ausgang dieser Kämpfe abhing. Sie lasen sorgfältig zwischen den Zeilen, informierten sich in den Fabriken, zu Hause und auf der Straße aufmerksam über das politische Geschehen und verbreiteten die absurdesten Gerüchte, als ob sie sich tatsächlich ereignet hätten. Termine, die das Ende des Krieges prognostizierten, hatten Konjunktur, und wenn sie verstrichen waren, glaubten die Massen weiterhin daran. Sie hofften weiter. Als immer mehr europäisches Blut von den Deutschen vergossen wurde, als Teile des jüdischen Volkes einer nach dem anderen ausgelöscht wurden wie Äste eines Baumes, die von ihrem Stamm abgetrennt werden, als es in das Bewusstsein der Juden drang, dass sie nur am Leben geblieben waren, um auf die Liquidierung zu warten, kam die Erkenntnis, dass, um ein „Neues Europa" und eine „neue europäische Ordnung" zu etablieren, nicht nur das Leben der Männer und Frauen, sondern auch das der jüdischen Kinder geopfert werden müsse. Aus diesem Grund war das Ghetto in ständiger, extremer Nervosität, erinnerte sich an die furchtbaren Schläge des Vortages und die tägliche, unaufhörliche Angst vor der vollständigen Zerstörung. Und so wurde es ganz leicht, irgendetwas Irrationales und Unbegreifliches zu akzeptieren, als ob es wahr wäre.

Es war offensichtlich, dass alle Zeitungsartikel über Juden von besonderem Interesse waren. Und die Juden gaben sich der Illusion hin, dass es vielleicht eine Änderung in der deutschen Politik ihnen gegenüber geben würde, dass das Hitler-Regime seinen unmenschlichen Standpunkt in dieser Hinsicht revidieren würde, sodass der ursprüngliche Plan der totalen Ausrottung geändert werden würde. Die Juden lasen mit besonderem Interesse die wöchentlichen Artikel von Goebbels in *Das Reich*. Die objektive Bewertung dieser Artikel bot keinen Grund für Optimismus, und die wenigen publizierten Reden Hitlers bekundeten keinerlei Zeichen von Nachgeben. Die Rede, in der er unmissverständlich drohte, „den Juden, die immer gelacht haben, wird jetzt das Lachen in ihren Gesichtern gefrieren", hinterließ einen besonders erschütternden Eindruck bei ihnen.[7]

Das Radio spielte im Ghetto beim Erlangen von Informationen eine noch wichtigere Rolle als die Presse. Der Besitz eines Radios und das Hören von Nachrichten waren der nicht-deutschen Bevölkerung unter Androhung der Todesstrafe untersagt. Trotzdem war das Radiohören unter den Juden weitverbreitet. Die Arbeiter außerhalb des Ghettos hörten in ihren verschiedenen deutschen *Betrieben* Radio. Jüdinnen, die in deutschen Haushalten arbeiteten, hörten Radio, wenn ihre Herrschaft in die Stadt ging. Im Ghetto selbst hörten sie Sendungen aus Radios, die von Amateur-Technikern gebaut worden waren. Fast jede Jugendgruppe besaß ein eigenes Radio. Die Geräte wurden in unterirdischen Verstecken verborgen. Die Nachrichten wurden in speziellen Bulletins verbreitet und bei den Gruppentreffen vorgelesen. Es gab auch Denunzianten. Ein Wohnungseigentümer in der Jurowiecka-Straße wurde aufgrund des Berichts eines Denunzianten erschossen, nachdem dort ein Radio gefunden worden war.

Die Ruhe der ersten zehn Monate des Jahres 1942 trübten Berichte über entsetzliche Massaker, die während der Zerstörung des Ghettos von Slonim stattfanden, sowie das Gerücht, dass zehn jüdische Ärzte und Apotheker im August 1942 in Wolkowysk erschossen worden waren. Diese beiden Ereignisse standen im Zusammenhang mit der laufenden Unterstützung sowjetischer Partisanen durch Juden.

* * *

Das Ghetto erlebte im November 1942 schwere Tage. Am 2. November begann die Zerstörung der Ghettos in der Region Białystok; ausgenommen blieben nur die Ghettos von Białystok und Jasionówka sowie Teile des Ghettos von Grodno. An diesem Montagmorgen umstellten die SS-Männer die Ghettos, jagten die ahnungslosen Juden aus ihren Häusern, konzentrierten sie auf öffentlichen Plätzen und Märkten und luden sie dann auf zuvor beschlagnahmte Wagen, quälten die wehrlosen Menschen und trieben sie schließlich in Lager in Kiełbasin, Boguszewo, Zambrów, Wolkowysk und in die Kaserne des 10. Ulanenregiments in der Nähe von Białystok. Von dort wurden die wenigen Überlebenden (die meisten waren zuvor an Hunger, Krankheiten und unmenschlicher Behandlung gestorben) mit der Bahn nach Westen gebracht. Nicht weit nach Westen. In den Monaten Januar bis März 1943 gingen etwa

---

7   Wörtlich sagte Hitler in seiner Reichstagsrede vom 8. November 1942: „Unzählige von denen, die damals gelacht haben, lachen heute nicht mehr."

130 000 Juden aus der Region Białystok in den „Bädern" und Öfen von Treblinka[8] zugrunde. Es rettete sich nur eine kleine Gruppe, die es gewagt hatte, sich dem Befehl zu widersetzen und die nicht an den Sammelpunkten erschienen war. Sie entkamen in den Wald, wo die meisten von ihnen an Hunger und Kälte oder durch die Kugeln der deutschen Polizisten oder durch die Hände ihrer lokalen Verfolger oder die von den Deutschen aus den Kreisen der NSZ[9] Rekrutierten starben. Die weniger Mutigen setzten ihrem Leben durch Selbstmord ein Ende. Nur sehr wenigen gelang es, sich im Ghetto in Białystok zu verstecken.

Die tragische Lage der Juden, die es gewagt hatten zu fliehen, verschlechterte sich durch den unsäglichen Terror der Deutschen gegenüber der polnischen Bevölkerung. Sie drohten, ihre Häuser niederzubrennen und sie hinzurichten, wenn sie einen geflüchteten Juden verbargen. Es gab auch weitere Gründe. In großen Teilen der polnischen Gesellschaft herrschte eine Atmosphäre des Hasses, nachdem die ultra-nationalistische Partei „Narodowa Demokracja",[10] die faschistisch-räuberische Partei „Obóz Narodowo Radykalny"[11] und die faschistische „Sanacja"[12] systematisch und straflos über Jahre die Gesellschaft durchdrungen hatten. Gegenüber den Juden existierte eine Feindseligkeit, die lange Zeit vor dem Krieg entstanden war – durch ununterbrochene Indoktrination, die zum wirtschaftlichen und sozialen Boykott aufrief. Dies wurde forciert durch Ausschreitungen an Universitäten, durch „Bänkeghettos" an Hochschulen, durch Numerus clausus und Numerus nullus, die Schurken in akademischen Kappen forcierten, rassistische Klauseln im Gesetz, das berühmte Verbot des „Schächtens" von Frau Prystorowa[13] oder durch das berüchtigte „Ja" von General Sławoj Składkowski und seinen Boykott-Einheiten.[14]

Gegen einen solch grausamen Feind wie die Deutschen und gegen die polnische Bevölkerung, die durch den deutschen Terror große Verluste erlitt, gab es keine Chance für eine groß angelegte Aktion zur Rettung der Juden in Polen. Der Prozentsatz der überlebenden Juden

---

8   Zwischen Juli 1942 und August 1943 wurden im Vernichtungslager Treblinka im Rahmen der „Aktion Reinhardt" – der Ermordung der Juden im Generalgouvernement – etwa 800 000 Juden in Gaskammern erstickt.
9   Narodowe Siły Zbrojne (deutsch: Nationale Streitkräfte) war eine antikommunistische polnische Untergrundorganisation.
10 Narodowa Demokracja (deutsch: Nationale Demokratie) war eine Ende des 19. Jahrhunderts gegründete konservative, antikommunistische polnische Bewegung, die ein katholisch geprägtes Polen anstrebte.
11 Obóz Narodowo Radykalny (deutsch: National-radikales Lager) war eine rechte, nationalistische und antikommunistische Partei, die bereits wenige Wochen nach ihrer Gründung 1934 verboten wurde. Ihre Anhänger beteiligten sich während der deutschen Besatzung an mehreren Widerstandsorganisationen.
12 Sanacja (deutsch: Heilung) war die Bezeichnung für das polnische Regierungslager unter Józef Piłsudski 1926–1939.
13 Die Abgeordnete Janina Prystorowa brachte 1935 einen Gesetzesentwurf ein, der das Schächten nach jüdischem Ritus vollständig verbieten wollte. Der Sejm verabschiedete im März 1936 eine revidierte Fassung, die Ausnahmen zuließ.
14 Wörtlich sagte Ministerpräsident Sławoj Składkowski am 4. Juni 1936 im Sejm: „Ein ökonomischer Kampf ja, aber ohne jedes Unrecht."

hätte ohne Zweifel viel größer sein können, wenn es eine judenfreundlichere Stimmung gegeben hätte. Eine solche Atmosphäre des Hasses gegen die Juden hätte nicht bestanden, wenn sich das Sanacja-Regime nicht mit den Deutschen angefreundet, loyal das Abkommen von 1934 eingehalten und gegen die Juden alle nicht verfassungskonformen Paragraphen angewandt hätte, die sich aus dem Geist dieser Vereinbarung entwickelt hatten.

Eine bewundernswerte Ausnahme muss erwähnt werden: der Teil der polnischen Intelligenz, der seit vielen Jahren die Tradition der Freiheit und Rebellion pflegt. Auch Hunderte von Polen, Menschen guten Willens verstreut im ganzen Land, vor allem Bauern, Menschen mit Zivilcourage, die trotz eigener Gefahr Juden verbargen oder sich um jene kümmerten, die wie Tiere verfolgt wurden, verdienen die höchste Auszeichnung. Sie könnte eines Tages „Preis für Menschlichkeit" genannt werden. Viele Hunderte von Juden in der Region Białystok verdanken ihre Rettung und ihr Überleben in erster Linie dem Mut, der Aufopferung und Barmherzigkeit dieser polnischen Bauern. (Ihre Namen werden einmal in goldenen Buchstaben in die Geschichte der polnischen Nation eingraviert werden, aber noch können ihre Namen nicht offengelegt werden, ebenso nicht die der Juden, die gerettet wurden, da noch immer einige von der NSZ verfolgt werden und teilweise für ihren Edelmut mit ihrem Leben bezahlt haben.)

Nach der Zerstörung der anderen Ghettos blieben das Ghetto Białystok mit 60 000 Menschen sowie das Ghetto Łodz als die letzten jüdischen Inseln im Meer der Zerstörung und als Friedhöfe der polnischen Juden übrig.

Für wie lange? Diese Frage verstörte Kinder, Erwachsene und ältere Menschen. Der Schrecken, der sich mit dem Namen Treblinka verband, war in aller Munde. Ein Flugblatt über Treblinka, das von einer der polnischen Untergrundorganisationen in Warschau herausgegeben und Ende des Jahres 1942 im Ghetto vervielfältigt und verteilt wurde, rief unbeschreibliche Angst und Schrecken hervor. Die trockene und faktenreiche Beschreibung der „Bäder und Schornsteine" schockierte das ganze Białystok. Das Geheimnis war gelüftet, wo alle Transporte mit Hunderttausenden von „evakuierten" Juden aus dem Warschauer Ghetto geblieben waren, die deportiert worden waren, um „im Osten zu arbeiten". Das Rätsel einer halben Million Juden, die in der Region zwischen Warschau und Małkinia verschwunden waren, war gelöst. Das Flugblatt richtete sich an die polnische Öffentlichkeit und informierte sie über den Bau der riesigen Öfen: Krematorien, in denen als Nächstes Polen vernichtet würden. Das Manifest schloss mit einem Aufruf zum bewaffneten Kampf gegen die deutschen Invasoren.

In die geschlossenen Ghettos drangen sehr langsam Berichte von Orten, an denen Juden angeblich zur Arbeit transportiert worden waren, und niemand hatte jemanden von dort jemals zurückkehren sehen. Majdanek, Auschwitz, Bełżec, Minsk waren Namen, die unter den Juden Gefühle des Entsetzens hervorriefen. Über diese Orte erzählte man sich Geschichten von unglaublichen Monstrositäten, die tatsächlich vorgefallen waren, und dass die Orte Folterzentren für Juden aus ganz Europa waren. Die Juden in Białystok, die sich an das „Autodafe", nicht weit vom Białystoker Marktplatz am Tag, als die Deutschen die Stadt besetzt hatten, und an die „Donnerstags-" und „Samstags"-Opfer erinnerten sowie von den Massakern von Slonim und Wilna wussten, machten sich keine Illusionen über das vor ihnen Liegende. Und trotzdem lehnten es „besonnene" und optimistische Juden ab, zu glauben, dass im Herzen Europas zum Massenmord bestimmte Orte existieren könnten.

Die gleichen Leute, die sich zu den Fakten des öffentlichen Massenmordes bekannten, behaupteten, dass wenn die Deutschen vorhätten, alle Juden zu töten, sie nicht zögern würden, dies sofort und auf der Stelle umzusetzen. Welchen Grund hätten sie, Transporte zu organisieren und zu beaufsichtigen? Warum Mittel und Kräfte aufwenden, die an anderen Fronten besser genutzt werden konnten? Die an den Juden verübten Gräueltaten seien den Soldaten zuzuschreiben, die sich „amüsieren" wollten und sich der Aufsicht ihrer Befehlshaber entzogen hätten, dies besonders an der Kriegsfront (die Deutschen hatten den Massenmord sofort nach ihrem Einrücken in die Stadt verübt).

Die Behauptung, dass die antijüdische Propaganda und die vollständige Vernichtung der Juden nicht viel miteinander zu tun hätten, überzeugte viele Menschen. Es war sehr schwierig, die Fakten zu überprüfen, die aus fernen Orten ins Ghetto sickerten. Der Kontakt mit der Welt außerhalb des Ghettos war sehr schwierig und lebensgefährlich. Die knappen Nachrichten, die in das Ghetto drangen, konnten wahr sein, aber auch gefälscht.

Die ersten zehn Monate des Jahres 1942 verstrichen relativ ruhig und bewirkten, dass die Juden in der Region Białystok von einer positiven Zukunft träumten. Die ständigen Hiobsbotschaften und Geschichten von „Aktionen" im Generalgouvernement, in Weißrussland und der Ukraine ließen jedoch immer mehr Zweifel daran aufkommen.

Nahezu das einzige Thema in den Behausungen der Ghettobewohner und an ihren Arbeitsplätzen war, ob sie den Krieg überleben würden. Berichte von Streitigkeiten und angeblichen Differenzen zwischen der deutschen Armee, der Nazi-Partei und der Gestapo weckten große Hoffnungen, obwohl sie nicht zutrafen. Viele glaubten, dass die deutschen Verluste im Osten, die steigende Erwartung, dass eine zweite Front im Westen eröffnet werden würde, und die zunehmende Wahrscheinlichkeit einer definitiven deutschen Niederlage eine Krise an der Front verursachen würden, da es unter den Soldaten zu einer Massenrevolte käme. Sie glaubten auch an eine Revolution „von oben", die dazu führen würde, dass die Regierung an die Militärs übertragen werden würde. Diese würden Hitler entlassen und die Politik der Massenvernichtung der eroberten Bevölkerung einstellen (eine Politik, für die im Fall einer deutschen Niederlage im Krieg ein hoher Preis zu zahlen wäre). Die Militärs würden einen Politikwechsel einleiten und denen die Menschenrechte zurückgeben, die ihnen von den Nationalsozialisten genommen worden waren. Sie täuschten sich in dem Glauben, dass kurze Zeit nach einem Militärputsch ein Friedensvertrag unterzeichnet sein würde und dass sie dann gerettet wären, dass die Reste des gequälten jüdischen Volkes überleben könnten. Der Glaube an eine baldige deutsche militärische Niederlage und vor allem der Glaube an die moralische Besserung des deutschen Volkes, das in der Vergangenheit eine der führenden Positionen in der Familie der kultivierten Völker innehatte, begleitete die Białystoker Juden bis zu ihrem letzten Tag der endgültigen Ausrottung. Selbst in den Todeszügen auf dem Weg nach Treblinka und Majdanek glaubten viele, sie würden tatsächlich in ein Arbeitslager gebracht, wie es die Deutschen ständig ankündigten, und hielten es nicht für möglich, dass ihre Zugfahrt in den Tod ging. Und wessen waren sie schuldig? Warum war ihr Urteil die Todesstrafe?

Die Pessimisten im Ghetto glaubten an den Untergang der Deutschen und nahmen an, dass die deutsche Armee tief im Innern Russlands zerbräche (zum Zeitpunkt der Liquidierung des Ghettos lag die Frontlinie etwa 800 Kilometer östlich von Białystok). Sie behaupteten jedoch, dass die Gestapo immer noch genug Zeit hätte, um die restlichen Juden – unerwünschte Zeugen – zu liquidieren. Sie wiesen auch darauf hin, dass es schwierig wäre, sich auf die angeblich bestehenden Unterschiede zwischen Gestapo und Armee festzulegen, da in Białystok 1000 Juden in der Großen Synagoge verbrannt und en masse bereits am ersten Tag von den Deutschen erschossen worden waren, die die Stadt besetzt, danach große Treibjagden durchgeführt und die qualvolle Ermordung von 5000 Opfern am „Donnerstag" und „Samstag" begangen hatten. All dies war nicht von der Gestapo, die zu diesem Zeitpunkt noch nicht vor Ort gewesen war, sondern vielmehr von der *Wehrmacht* verbrochen worden. Es war schwer vorstellbar, dass Hitler als kompetenter Organisator diese wichtigen Positionen im deutschen Hauptquartier nicht mit seinen eigenen Leuten besetzen würde. Sie wiesen auf die typische Denkweise der deutschen Psyche hin, die an blinden Gehorsam und strenge Ausführung von Befehlen gewöhnt ist, ohne zu fragen, wer den Auftrag gegeben hat und was der moralische Hintergrund der Person ist, die den Befehl erteilt hat.

Die Vertreter der Ghettointelligenz analysierten die Situation sehr detailliert und ermutigten einander oft, dass es Kräfte gäbe, die an den Kriegsbemühungen nicht beteiligt seien und auf die die Deutschen Rücksicht nehmen müssten; sie würden zweifelsfrei zugunsten der Juden in Europa, die dem Untergang geweiht und sich im Griff Hitlers befänden, eingreifen. Sie verwiesen auf die enorme Autorität des Papstes und des Internationalen Roten Kreuzes, auf die neutralen Länder, mit denen Deutschland diplomatische und wirtschaftliche Beziehungen unterhielt. Eine große Wirkung hatte der Befehl der Gestapo, dass sich alle Juden mit nicht-polnischer und nicht-sowjetischer Staatsbürgerschaft registrieren lassen sollten. Sie nahmen an, dass dies dem Austausch von deutschen Gefangenen in den angelsächsischen Ländern dienen sollte. Mehrere Dutzend Personen ließen sich registrieren, aber es führte zu nichts. Es war eine große Überraschung, als einer jüdischen Frau mit zwei Kindern die Genehmigung erteilt wurde, zu ihrem Mann nach Palästina zu reisen. Sie folgerten daraus, dass die Juden im Ausland sie nicht vergessen hatten und alles daran setzten, um sie zu retten. Lange Zeit verbreitete sich im Ghetto ein Gerücht, dessen Ursprung niemand kannte, dass in Kürze alle jüdischen Kinder gemeinsam mit ihren Müttern nach Schweden gebracht werden würden und eine schwedische Delegation sowie Abgesandte des Roten Kreuzes bereits auf dem Weg zu ihnen seien. Man erzählte sich eine amüsante Geschichte über eine bestimmte Dame, die sehr verärgert reagierte, als man ihr mitteilte, dass sie umziehen werde, und die daraufhin ankündigte, dass sie bliebe: „Denn was würde dann mit ihrem Eigentum geschehen?" Eine Delegation traf jedoch niemals ein. Die Juden warteten vergeblich vor den illegalen Radioempfängern auf eine Verurteilung der schrecklichen Verbrechen, die an hilflosen Menschen begangen wurden, die auf ihre Rettung warteten. Aber aus Rom kam kein Verdikt, es gab keinen Protest aus Genf und keine diplomatische Vermittlung der neutralen Staaten. Die Stimmen derer, die Hunderttausende von Kindern hätten retten können, schwiegen.

Hingegen kursierte im Herbst 1942 ein Gerücht im Ghetto, dass die „praktischen" Deutschen nach Ermordung der Juden deren Fett für die Herstellung von Seife verwendeten. Jeder flüsterte dem anderen zu, dass in der deutschen Seife, die im Ghetto gebraucht wurde, ein Hauptbestandteil das Fett der Juden sei. Die Produktmarkierung auf dieser Seife hieß „*Rif*", und manche interpretierten dies als Abkürzung für „*rein, jüdisch, fett*".[15] Es gab welche, die darüber scherzten, viele glaubten es, und jeder war deprimiert. Ein Gefühl der schweren Not überkam alle wegen der Unsicherheit über die deutschen Teufelspläne und der Angst vor dem, was in den kommenden Tagen bevorstand.

Die Gerüchte über Treblinka und die anderen Vernichtungslager sowie die Liquidierung der Ghettos in der Provinz beschleunigten die Entscheidung, alle Widerstandsgruppen im Ghetto Białystok zu vereinen. Zuerst schlossen sich die marxistischen Gruppen „Hashomer Hatzair" und der *Bund* in einer Gruppe unter gemeinsamer Leitung zusammen. Einige Zeit später wurde der Block „B" aus dem Zusammenschluss von „Hechaluz", „Dror", „Hanoar Hatzioni", „Beitar" und „Hashomer Hatzair" gegründet. „Hashomer Hatzair" war Mitglied in beiden Organisationen und diente als Verbindung zwischen den beiden. Die Gespräche über die Vereinigung der beiden Organisationen wurden fortgesetzt und schleppten sich wegen ideologischer Doktrinen und häufig aufgrund persönlicher Ambitionen hin. Dies waren die Gründe, die maßgeblich waren für das Scheitern des Widerstandes während der „ersten Aktion" im Ghetto Białystok im Februar 1943.

Unterdessen begannen die beiden Blöcke fieberhafte Bemühungen, um ihre Mitglieder zu bewaffnen. Sie nahmen Kontakt mit Deutschen auf und beschafften sich bei ihnen Waffen. Chaika Grosman,[16] Bronia Winicka, Buba Rubinsztajn und Maryla Różycka, die später als tapferer Kurier bei den Partisanen diente, zählten dazu. Das wichtigste Waffenlager befand sich bei Szolem Korzec in der Ciepła-Straße. Er organisierte auch das Hören von Radiosendungen bei Szalom Obiedziński, einem Mathematiklehrer aus Grajewo (der

---

15 Die Abkürzung stand für „Reichsstelle für industrielle Fette", einer Behörde im NS-Staat. Das auch in Deutschland verbreitete Gerücht über „Judenfett", dem jeder reale Bezug fehlte, war aber ein Indiz für das Wissen der Bevölkerung um den Judenmord.
16 Chaika Grossmans Autobiografie „Die Untergrundarmee: der jüdische Widerstand in Białystok" erschien 1993 in Frankfurt a. M.

in den Reihen der Roten Armee im Jahre 1944 fiel). Die Hauptfertigungsstätte für Waffen und Handgranaten war unter der Leitung des Ingenieurs Henoch Farber im Keller seiner Wohnung in der Ciepła-Straße 8 untergebracht.

Die Rekrutierung der Gruppen, die mit größter Vorsicht betrieben wurde (bis zur Auflösung des Ghettos gab es nicht einen einzigen Ausfall), steigerte die Zahl der Kämpfer. Das Ghetto wurde in Bereiche und jeder Bereich in Blöcke und diese wiederum in die kleinste Einheit von drei Häusern unterteilt. Die Mitglieder der Widerstandsgruppen übten die Handhabung von Schusswaffen. Zu Polen und Russen außerhalb des Ghettos stellten sie Kontakte her, um eine gemeinsame Führung im Krieg gegen die Besatzer einzurichten. Einer dieser Kontakte wurde gekappt, als die Deutschen zufällig eine geheime Organisation von sowjetischen Offizieren in der Cygańska-Straße aufdeckten; dort wurde nach einer großen Schießerei der Stab der Organisation getötet und ein großer Teil der Waffen aus ihrem Magazin entnommen. Bei dieser Operation fiel Sybirak, der tapfere Kommandant der Partisanen von Białowieża. Eine Verbindung zu polnischen Angestellten wurde geschaffen, die in der Passabteilung der örtlichen Verwaltung arbeiteten. So wurden viele „arische Papiere" für die Mitglieder der jüdischen Organisationen beschafft. Die Kämpfer wurden mit Kaliumzyanid ausgestattet, das sie schlucken sollten, falls sie in die Hände der Deutschen fielen; damit sollte verhindert werden, dass sie gefoltert wurden.

Zusammen mit der Stärkung ihrer Selbstverteidigung wurde die Idee geboren, in Gruppen von Partisanen das Ghetto zu verlassen und in den Wäldern gegen die Besatzer zu kämpfen. Dies führte zu großem Streit: Die Gegner dieses Vorschlags behaupteten, dass der Abzug aus dem Ghetto und das Zurücklassen des Ghettos in den Händen der kampfunfähigen unbewaffneten Frauen und Kinder nichts anderes als eine Flucht aus Angst sei. Außerdem stünden die Chancen bei Kämpfen im Wald nicht besser, wenn man die fremde Umgebung und die mangelnde Vorbereitung auf ein Leben im Wald in Betracht ziehe. Die Befürworter des Partisanenkampfes entgegneten, dass ein bewaffneter Kampf innerhalb des geschlossenen Ghettos unter Berücksichtigung der deutschen militärtechnischen Ausrüstung und ihrer immensen Überlegenheit einem Selbstmord gleichkäme. Wenn das Ghetto zum Untergang verurteilt sei, dann sollten zumindest alle, die kämpfen konnten, an einem Ort kämpfen, an dem sie den Deutschen schwere Verluste zufügen könnten, das heißt in den Wäldern; auf diese Weise würden sie, wenn sie schon ihre Lieben nicht retten könnten, zumindest deren Tod rächen.

Die Argumente rund um die Methode des Kampfes gegen die Besatzer spalteten selbst die Kommunistische Jugend. Die energische und flinke Judyta Nowogródzka, die die Opposition nicht mehr unterstützte, nachdem sie in der Organisation durch die „Ältesten" entfernt worden war, begründete eine neue Organisation, deren einziger Zweck die Aufstellung eines Partisanenverbandes war. Bereits im Dezember 1942 verließ die erste Partisanengruppe das Ghetto – gut bewaffnete Jugendliche, die „Krynkowcy", benannt nach Krynki, der Stadt, aus der die meisten von ihnen stammten. Ihr Kommandeur war der „tapfere Maksym" (ein

Pseudonym). Sie zertrümmerten ein paar Außenposten der deutschen Polizei, töteten einige Polizisten und erbeuteten eine Menge Waffen. Einige Wochen später waren die Deutschen gezwungen, bei einem Zwischenfall in der Nähe von Lipowy Most trotz ihrer zahlen- und waffenmäßigen Übermacht den Rückzug anzutreten. Sechs Deutsche fielen und vier wurden verletzt. Maksym starb den Heldentod. Sein Tod verursachte im Bataillon eine Krise. Die meisten Mitglieder kehrten über den Winter zurück ins Ghetto und bereiteten sich darauf vor, im Frühjahr wieder hinaus in den Wald zu gehen. Die Aktivitäten der „Krynkowcy" weckten bei der Ghettojugend viel Sympathie für die Idee des Partisanenkampfes.

Die Ereignisse einige Zeit später zeigten, dass die Anhänger des Partisanenkampfes richtig lagen. Zu Beginn des Februars 1943 erfolgte ein offizielles sowjetisches Kommunique an die Welt: „Paulus hat zusammen mit den Resten der 6. Armee vor der sowjetischen Armee kapituliert." Stalingrad war gerettet. Dies war der Wendepunkt im Kriegsgeschehen. Eine Mitteilung des deutschen Generalstabs verkündete der Welt am 3. Februar: *„Der Kampf um Stalingrad ist zu Ende."* Zuvor hatten die Deutschen eine entscheidende Niederlage bei El Alamein erlitten.

Die Rote Armee begann ihren Siegeszug und die Alliierten eröffneten ihre Offensive in Afrika. Im Ghetto Białystok mischten sich Gefühle der Freude, die den Siegen folgten, mit Zweifel und Verzweiflung.

Am 25. Januar liquidierten die Deutschen das letzte Ghetto in der Region, Jasionówka. Anfang Februar schwebten düstere Vorahnungen über dem Ghetto Białystok. Von Barasz,[17] dem „König" des Ghettos, erfuhr der *Judenrat*, dass die Deutschen einen „Blutzoll" forderten. Vom *Judenrat* gelangte die Hiobsbotschaft auf die Straßen und bewirkte eine entsetzliche Verzweiflung. Die Menschen zogen verstört durch die Straßen und auf ihren Gesichtern war das Zeichen des Todes zu lesen. Das Leben in den Straßen verstummte, Lachen und Lärm verschwanden. Der Anblick der kleinen Kinder war herzzerreißend: Sie waren apathisch und wie betäubt, als ob sie das Schicksal kannten, das sie erwartete.

Wer kann die Qualen der Eltern, die sich des Schicksals ihrer Kinder bewusst waren, und ihre Hilflosigkeit im Angesicht der drohenden Zerstörung beschreiben? Der Winter verhinderte jedes Ausweichen in den Wald. Das Ghetto bereitete seine passive Verteidigung vor. Praktisch in jedem Haus wurde ein Versteck vorbereitet. In der Nacht wurden Gräben sowie unterirdische Bunker gebaut und in den Räumen zusätzliche künstliche Wände eingezogen, die die Größe der Zimmer reduzierten, um so Platz zu schaffen, der als Versteck genutzt werden konnte. Die Zugänge zu den Dachböden und Kellern wurden getarnt.

Mit dieser Methode wollte sich das Lamm gegen die gierige Bestie verteidigen. Unter der kämpferischen Jugend war der Satz zu hören: „Wir werden nicht aufgeben, wir werden

---

17 Efraim Barasz, geboren 1892 in Wolkoysk bei Białystok, war Vorsitzender des Judenrates im Ghetto Białystok. Barasz war Ingenieur und hoffte, die Auflösung des Ghettos und die Ermordung seiner Bewohner durch Arbeitsaufträge zu verhindern. Er wurde 1943 ermordet.

nicht wie Vieh zur Schlachtbank gehen." Aber es gab keine Feuerwaffen, nur Vitriol, Lauge und Brecheisen.

Die Organisation war schwach, und ihre Kommandeure waren zögerlich und unerfahren. Die Stimmung war bedrückend, es war schwierig, so jung zu sterben und vor allem so elend wie ein Hund.

In der Nacht vom 4. auf den 5. Februar befahl der Judenrat seinen Angestellten, sich mit ihren Familien in den Fabriken zu verstecken, und gab ihnen gleichzeitig fiktive *Arbeitsscheine*. Der *Judenrat* rettete seine Leute in letzter Minute. Die Geheimnisträger wussten bereits, dass die Gestapo in Białystok von Treblinka und Majdanek eine Mitteilung erhalten hatte, dass es „zur Verfügung stehende Plätze" in den Gaskammern und Krematorien gab. Verlangt wurde daher von dem Vorsitzenden des Judenrats, Ingenieur Barasz, dass er ihnen 6000 „nicht-produktive Arbeiter" ausliefere.

Barasz gab den Forderungen der Deutschen nach, anstatt die Massen aufzufordern: „Wehrt euch doch, wer kann!" oder „Rette sich, wer kann!" oder sich die Kugel zu geben oder wie auch Czerniaków in Warschau sich zu vergiften.[18]

Er glaubte, wenn er 6000 seiner Brüder auslieferte, könne er die restlichen 50 000 retten. Sein größtes Verbrechen war, dass er mit diesem Grauen einverstanden war, den Deutschen glaubte und die Massen, die ihm vertrauten, zur gleichen Zeit täuschte.

Von diesem Tag an verblasste der Heiligenschein des allmächtigen Retters des Ghettos, Ingenieur Barasz. Seit dieser Zeit erscheint er als ein tragischer Partner bei der Ermordung der jüdischen Menschen, der sein Verbrechen um ein weiteres halbes Jahr überlebte und den Rest des Ghettos mit sich in den Abgrund zog.

Am Freitag, den 5. Februar 1943 drangen die Deutschen um vier Uhr morgens in das Ghetto ein. Die erste „Aktion" begann. Barasz lief mit der Liste in den Händen an der Spitze der Gestapo und rief die Namen der dem Tod Geweihten. (Der Galgenhumor des Ghettos fasste es später in Worte: „Barasz zerschnitt das Band.") Der jüdische *Ordnungsdienst* half Barasz bei seiner „gerechten" Operation, indem er die Verstecke zerstörte und geheime Orte zeigte, an denen sich Juden verbargen. Es gab auch Juden ohne Scham und Gewissen, die die Wohnungen jener erbärmlichen dem Tode Geweihten plünderten. Mehrere Dutzend Denunzianten gingen in den Straßen und Häusern umher, spürten die Verstecke der Juden auf und verrieten sie den Deutschen um den Preis, ihr eigenes miserables Leben für den Augenblick zu retten. Barasz, die jüdische Miliz und die „Mosrim" (Denunzianten) sind zu Symbolen der Schande und der Verachtung des Leidens und der Qualen von Millionen geworden.

Die Selbstverteidigung war ein kompletter Misserfolg. Einige der Kommandeure verloren ihr Leben, andere teilten das Schicksal ihrer Brüder im Ghetto. Das Fehlen eines

---

18 Der Vorsitzende des Warschauer Judenrats, Adam Czerniaków, beging am 23. Juli 1942 Selbstmord, nachdem er aufgefordert worden war, an den Vorbereitungen zur Deportation der Warschauer Juden nach Treblinka im Juli 1942 mitzuwirken.

Verteidigungsplans trug ebenso dazu bei wie die Zersplitterung in Gruppen und das Fehlen einer einheitlichen Organisation. In den Bunkern warteten die Jugendgruppen vergeblich auf ein Zeichen zum bewaffneten Widerstand.

Die Nachricht, dass die Deutschen die Fabriken und die Arbeiter, die dort mit ihren Familien Zuflucht suchten, nicht anrühren würden, hatte einen demoralisierenden Effekt. Einige Organisationen befahlen ihren Mitgliedern, sich in den Fabriken zu verstecken und sich nur zu wehren, wenn die Deutschen dieses Gebiet angriffen. Die Widerstandshandlungen waren sporadisch und unkoordiniert. In der Kupiecka-Straße 29 schüttete Icchok Małmed auf eine Gruppe von SS-Männern Vitriol. Einer von ihnen erblindete, der zweite wurde verätzt und der Erblindete erschoss in der Verwirrung seinen Kameraden. Małmed nutzte die Unruhe und entkam. Die Deutschen kochten vor Wut, nahmen 100 Menschen aus den benachbarten Häusern als Geiseln – Männer, Frauen und Kinder – und töteten sie im Garten von Prager. Sie drohten, dass weitere 5000 getötet würden, falls sich der Täter nicht innerhalb der nächsten sechs Stunden melde. Małmed stellte sich freiwillig, er wurde gefoltert und an der Pforte des Hauses in der Kupiecka-Straße erhängt. Bevor er hingerichtet wurde, gelang es ihm, eine flammende Rede gegen die Deutschen zu halten, in der er ihnen eine entscheidende Niederlage und Rache ankündigte.[19]

Kurze Zeit später goss die Familie Kuriański in derselben Straße kochendes Wasser auf die Deutschen, die darauf die gesamte Familie ermordeten. In der Ciepła-Straße warfen Fryda Feld und Bluma Laks Handgranaten auf die Deutschen. Diese zwei Heldinnen wurden unmittelbar nach ihrem Angriff getötet. In der Smolna-Straße leistete eine Gruppe von einigen zwanzig jungen Männern unter dem Kommando von Edek Boraks, dem militärischen Ausbilder von „Hashomer Hatzair", kurzen, aber heftigen Widerstand gegen die Deutschen und erlitt dabei schwere Verluste. Diejenigen, die auf dem Weg nach Treblinka aus den Todeszügen entkommen waren, erzählten im Ghetto vom Aufstand der dem Untergang Geweihten in den Waggons vor den Toren des Lagers. Der Anführer der Revolte war Boraks, der zusammen mit seinen Freunden im Kampf fiel und den Deutschen nicht erlaubte, sie in die „Bäder" zu stecken.

In der Chmielna-Straße 19 verbarrikadierten sich 17 Personen in einer Dachkammer, acht junge Männer und neun junge Frauen: Lolek Minc, Zola Dworecki, Srolik Szternfeld, Abrasza Gerszuni, Rachela Rozensznj und andere. Alle waren mit Vitriol und Äxten bewaffnet. Sie beschlossen, nicht aufzugeben, solange sie am Leben waren. Mit Hilfe der jüdischen Polizei fanden die Deutschen ihr Versteck. Von der Luke des Dachbodens warfen die Verteidiger Flaschen mit Vitriol und griffen mit den Äxten an. Zwei Deutsche wurden verletzt, und die Häscher zogen sich zurück. Eine Belagerung begann. Die Deutschen schossen mit Maschinengewehren auf sie, und als sie merkten, dass die jungen Leute keine Schusswaffen hatten, stürmten sie den Dachboden und zwangen sie auf die Straße. Dort stellten sie

---

19 Die Kupiecka-Straße ist heute nach seinem Namen benannt.

sie in einer Reihe an die Wand und durchsuchten sie gründlich. Ein kurzes Verhör begann: „Wer hat das getan?" Der Erste in der Reihe, ein erfahrener Weber, presste nur seine Lippen zusammen. Ein Schuss fiel. Der hinkende Szternfeld reagierte ebenso. Der Dritte in der Reihe deutete auf den toten Szternfeld: „Er war es!" Die deutschen Verbrecher waren mit zwei Opfern zufrieden und führten die anderen mit erhobenen Händen an eine zentrale Stelle (wo die Gefangenen konzentriert wurden) an der Ecke Kupiecka- und Jurowiecka-Straße, vor der großen Nähwerkstatt des *Judenrats*. Von hier aus wurden Gruppen von mehreren Hundert Menschen zur Fabryczna-Straße, zum Wolności-Platz und zur Sienkiewicza-Straße geführt, und die Transporte der Verlorenen gingen zum Poleski Bahnhof. Hier wurden sie in Waggons verladen und nach Treblinka deportiert. Am Poleski Bahnhof nutzte der Warschauer Metallarbeiter Abraszka (sein Familienname ist noch unbekannt) einen Moment, als die SS-Männer abgelenkt waren, kletterte auf das Dach eines Waggons und hielt eine kurze, flammende Rede. Auf seinem Arm hielt er sein kleines Kind, das ein paar Monate alt war. Die Gezeichneten, die in den Waggons vor Schreck wie versteinert waren, und die Polen, die nicht weit weg waren, hörten seine Worte über den berauschenden Sieg über die deutschen Monster in Stalingrad sowie die bald bevorstehende Niederlage der deutschen Feiglinge, die nur über Wehrlose siegen können. Er beendete seine Rede mit den Worten „Wir werden sterben, aber sehr bald werden sie uns folgen" und zeigte auf die nahenden Mörder. Eine Serie von Schüssen traf ihn und er starb zusammen mit seinem Baby.

Das Massaker im Februar, das „die erste Aktion" genannt wurde, dauerte eine Woche, vom 5. bis zum 12. Februar, und forderte 15 000 Opfer; 2000 von ihnen wurden auf der Stelle getötet. Der Epilog der blutigen Woche fand in der berühmten „15" (dem Sitz der Gestapo in der Sienkiewicza-Straße) statt, wo 14 junge Menschen mit arischen Papieren verhaftet wurden und trotz schwerer Folter weder die Organisation noch die Namen der Polen verrieten, die ihre Papiere gefälscht hatten. Die Gestapoleute selbst berichteten ihren Freunden beim *Ordnungsdienst* von dem tapferen Mädchen Henia Lewin aus Warschau, das seinen Peinigern ins Gesicht spuckte und furchtlos Verachtung und Hass für sie zum Ausdruck brachte. Alle 14 wurden ermordet.

Bei dieser Aktion erlitten die Widerstandsgruppen große Verluste, besonders jene, deren Mitglieder sich nicht von ihren Kampfstellungen zurückzogen und keinen sicheren Hafen in den Fabriken suchten (die Kommunisten und die Hashomer). Der Verlust der besten Kämpfer löste eine Depression in den Reihen der Organisation aus. Diese Situation dauerte aber nur kurze Zeit an, bevor sie mit neuer Tatkraft wieder aufgebaut wurde. Das „Februar-Massaker" ließ keine Illusionen über die endgültigen Pläne der Deutschen in Bezug auf das Ghetto aufkommen. Das Rekrutieren neuer Mitglieder verlief erfolgreich. Besonderer Wert wurde auf Leute aus den eigenen Fabriken gelegt, in denen sehr schnell ein Netz von Zellen der Widerstandsbewegung entstand. Auch die Partisanenbewegung wuchs. Die Erfahrung der ersten Aktion zeigte eindeutig die Aussichtslosigkeit des Krieges im geschlossenen Ghetto. Viele junge Leute, die nicht in die Organisation aufgenommen werden konnten, die unter den schwierigen Bedingungen des Untergrunds und nicht im großen Maßstab arbeitete, gründeten auf eigene Faust Gruppen, um im Wald aktiv zu werden; sie verließen das Ghetto, um gegen die grausamen Besatzer zu kämpfen. Andere mit größeren Möglichkeiten bewaffneten sich auf verschiedene Weise mit Schusswaffen und wandten sich nach Osten, um sich Partisanenverbänden anzuschließen. Judytas Gruppe, die sich nur mit der Organisation von Partisaneneinheiten befasste, zog viele junge Leute an. Im April 1943 wurde eine kleine Gruppe mit Berl Wasersztajn an der Spitze ausgesandt, um sich mit dem Gelände vertraut zu machen. Sie war schlecht bewaffnet und zerstreute sich nach einem Zusammenstoß mit den Deutschen in der Nähe von Lipowy Most. Nachdem die Gruppe den Kontakt mit ihrer Einheit verloren hatte, zog sie sich ins Ghetto zurück.

Eine zweite Gruppe von 16 Personen wurde von Talk kommandiert, sie verließ das Ghetto in der Nacht des 24. Mai. Ganz in der Nähe der Ghettomauern an der Jurowiecka-Straße kam es zu einem heftigen Schusswechsel mit den Deutschen. Ein deutscher Polizist wurde getötet, die Kämpfer zogen sich ohne Verluste ins Ghetto zurück. Ein weiterer Versuch war zehn Tage später (3. Juni 1943) von Erfolg gekrönt.

Beim bewaffneten Verlassen des Ghettos auf dem Weg zu einer gefährlichen Mission leisteten zwei berühmte Schmuggler einen sehr wertvollen Dienst: Nochum Abelewicz und Joel Kissler. Beide waren treue Kämpfer, die sich in der Auseinandersetzung mit den Deutschen aufopferten. Abelewicz fiel am 16. August 1943, während er den Versuch anführte, durch die Ghettoumzäunung zu brechen. Kissler kam wenige Tage später in den Izoby-Wäldern um, als er unvorsichtig an einer Fliegerbombe hantierte, die explodierte und ihn und seinen Freund, den Partisanen Grysza Łuński, tötete.

Auch die Gruppen im Block A wurden durch den Druck der Ereignisse gezwungen, ihre Haltung gegenüber den Partisanen zu revidieren. Obwohl sie die Idee eines bewaffneten Kampfes innerhalb der Mauern des Ghettos nicht aufgaben, begannen auch sie, Partisanengruppen zu bilden. Die ersten dieser Gruppen verließen das Ghetto zu Beginn des Frühjahrs 1943; sie wurden von Borowik und Rywa Szynder geleitet. Mit der Zeit ging das Kommando über diese Gruppe an Jerzy Suchaczewski („Sascha") aus Warschau, einen tapferen und edlen Menschen, der von Beruf Drucker war, und den ehemaligen Sportlehrer der Organisation „Morgensztern" über – Sascha starb den Heldentod in einem Kampf mit den Deutschen in den Izoby-Wäldern am 25. September. Auf ähnliche Weise fiel Borowik am 2. Januar 1944 in der Nähe von Dworzysk. Die Zahl der jüdischen Partisanen, die sich in Białystok organisierten und in die Wälder gingen, betrug etwa 150 Personen. Der Mangel an Waffen bereitete große Schwierigkeiten und verhinderte die Teilnahme der Freiwilligen und Rekruten an dieser Mission. Viele der Wartenden kamen entweder im Ghetto während der Aktion im August oder in Treblinka und Majdanek um.

Der Waffenmangel führte zu einer langen Serie von mutigen Operationen, wie dem Diebstahl aus dem Waffenlager der Deutschen in der Sienkiewicza-Straße. Bei diesen Missionen taten sich die Folgenden hervor: Ruwin Lewin aus Wyszków, Natek Goldsztajn (beide fielen in den Wäldern), Wełwł Wołkowyski (fiel bei der Aktion), die Heldin aus Łódź: Maryla Różycka und der tapfere Partisan Marek Buch aus Warschau.

Zwei unbekannte Juden aus Grodno wurden beim Waffenschmuggeln ins Ghetto aufgegriffen. Die Deutschen setzten sie fest, aber sie wehrten sich und töteten einen Polizisten in der Wysoki Stoczek-Straße. Einer dieser Kämpfer nahm sich das Leben und der zweite wurde an Ort und Stelle erschossen.

Die Kampforganisationen hielten ein wachsames Auge auf die Spitzel der Deutschen, von denen es im Ghetto wimmelte. Anfang des Sommers wurden Gestapospitzel von Kugeln des Widerstands getötet: die Brüder Judkowski und Ćwiklicz, deren Namen nur in schrecklicher Schande erwähnt werden.

Die Ereignisse des 1. Mai 1943 waren ein Beweis für das Erstarken des Kampfeswillens und der Teilnahme an der Widerstandsbewegung. Alle Arbeitenden im Ghetto feierten ohne Ausnahme den Tag der Solidarität mit den Arbeitern der Welt. Natürlich konnte keine Rede davon sein, auf die Straße zu gehen und an Massendemonstrationen teilzunehmen oder von der Arbeit in den Fabriken zu Hause zu bleiben. Die Gestapo hätte einer solchen Aktion sofort brutal ein Ende bereitet. Alle Arbeiter zeigten sich daher an ihren Arbeitsplätzen in der Nähe ihrer Maschinen, aber die Maschinen liefen nicht. Die Zellen der Organisation, von denen die Fabriken übersät waren, sorgten dafür, dass es niemand wagte zu arbeiten. Die Arbeiter schlossen sich dem Streik spontan an, und keiner brach ihn. Selbst die Meister, die für die Produktion verantwortlich waren, wagten nicht, sich dem Streik zu widersetzen. Wenn sie einen Deutschen kommen sahen, schalteten sie sofort die Maschinen an und in dem Moment, als der Deutsche ging, wieder ab: Auf diese Weise kam die Arbeit zum Erliegen, und die Nähmaschinen in der großen Schneiderei des Judenrats (die Nähwerkstatt von Waksman) und in der Schneiderei von Steffen liefen nicht, ebenso wenig die Maschinen in der mechanischen Zimmerei von Steffen sowie im Kartonagewerk, in den mechanischen Werkstätten, den chemischen Fabriken und in der großen *Schusterei*. Und damit demonstrierte das gesamte Ghetto, das ein großes Arbeitslager war, seine Zugehörigkeit zur fortschrittlichen Welt unter den Kriegsparolen des Sieges über den Faschismus. Chöre sangen revolutionäre Lieder und Lieder der Roten Armee, die durch sowjetische Kriegsgefangene ins Ghetto gelangten, vor allem im Bereich des 10. Ulanenregiments. „Das Lied vom Kommissar" war besonders beliebt und wurde zu Hause und in den Fabriken gesungen, vor allem die Zeile „Wir werden die deutsche Schlange oft schlagen".

Der Generalstreik des Białystoker Ghettos war ein Zeugnis für den Glauben der 50 000 Menschen an die Niederlage der deutschen Henker, in deren Händen sie sich befanden, und er drückte auch Bewunderung für jene aus, die gegen den Feind kämpften. Für die Deutschen stellte er eine gefährliche Warnung dar.

Es war die Ironie eines blutigen Schicksals, dass die Deutschen in unmittelbarer Nähe des verlorenen Ghettos selbst den 1. Mai als ihren Nationalfeiertag begingen! Von den blutgetränkten Fahnen streckten sich die krummen Nägel des Hakenkreuzes ins Ghetto.

Die wichtigsten Veränderungen fanden an der inneren Front der Widerstandsbewegung statt. Von Anfang an schwächten die Zersplitterung sowie das Fehlen einer einheitlichen Führung die Bewegung. Dies war der Hauptgrund des Versagens der Organisation während der ersten Aktion. Diese Erkenntnis wurde seit Langem von den vielen jungen Leuten geteilt, die in verschiedenen Gruppen organisiert waren. Die Jugend sah mit Sorge den Mangel an gegenseitigem Verständnis und Einigkeit zwischen den Führungen der Organisationen. Der daraus herrührende Schaden war so deutlich und der Druck von unten so stark, dass im Sommer zum ersten Mal ein Zusammenschluss von Judytas Gruppe und dem Block A erreicht wurde. Und nach einiger Zeit wurde auch eine Verbindung zwischen Block A und Block B zu einem Antifaschistischen Kampfblock begründet.

Mordechaj Tenenbaum wurde der Leiter des Kampfblocks. Er war ein bekannter und geschätzter Aktivist und hoch angesehen, ein Organisator und Kämpfer aus dem „Hechaluz"; ihm zur Seite stand Daniel Moszkowicz (ein Kommunist). Die Exekutive umfasste Vertreter aller kämpfenden Gruppen.

Leider ist dies alles zu spät geschehen. Bevor es die neue Einheitsfront schaffte, sich zu organisieren, traf sie die endgültige Liquidierung des Ghettos am 16. August 1943 wie ein Blitz aus heiterem Himmel. Während vielen Menschen die Aktion im Februar im Vorfeld bekannt war, insbesondere dem *Judenrat* mit Barasz an der Spitze, überraschte die zweite Aktion das Ghetto völlig, ebenso Barasz und sogar die Gestapo in Białystok. Regimenter der deutschen, ukrainischen, weißrussischen und lettischen SS, die heimlich verlegt worden waren, führten die letzte Aktion durch.

Die August-Aktion hat viele mit „sehr überzeugenden" arischen Papieren überrascht, ebenso diejenigen mit arischem Aussehen, und selbst diejenigen, die außerhalb des Ghettos lebten und gerade zu Besuch bei Bekannten im Ghetto waren. Sie waren davon überzeugt gewesen, dass das Ghetto für den Fall einer Aktion eine Vorwarnung erhalten würde. Diese Einschätzung hatten Barasz und seine treuen Anhänger, die ihm blindlings glaubten, gestreut. Und nun erkannten sie, dass dies ein schwerer Fehler mit tragischen Folgen war.

Es gab nie eine sorglosere Atmosphäre als ein paar Tage vor der Aktion. Es war die Zeit nach Stalingrad, nach El Alamein und nach dem Sieg der nordafrikanischen Kampagne der Alliierten und der Landung auf Sizilien. Der Sturz Mussolinis kündigte den Fall Italiens an; die Ostfront wankte und am 5. August 1943 hörte man zum ersten Mal den Donner der Artillerie aus der Moskauer Richtung. Dies signalisierte die Befreiung von Orel und Belgorod. Echos der freudigen Hoffnung hallten in den Herzen der Ghettobewohner wider. Hilfe nahte, aber die Deutschen waren weiterhin entschlossen, den Krieg gegen die Juden zu gewinnen.

Die Nacht vom 15. auf den 16. August war eine ruhige Vollmondnacht. Die vereinte Streitmacht der Widerstandsbewegung unter Tenenbaums Leitung[20] beriet sich bis Mitternacht.

20 Mordechaj Tenenbaum, 1916 in Warschau geboren, führte den Widerstandskampf des Białystoker Ghettos an. Bevor er im November 1942 in das Ghetto Białystok kam, hatte er bereits Untergrundorganisationen

Um 2 Uhr morgens gab es Alarm: Die SS-Männer umstellten das Ghetto und drangen in den Fabrikbereich vor. Die Übernahme der Fabriken hinderte die Kämpfer an der Ausführung ihres Plans, zu Beginn der Auseinandersetzungen Feuer in den Fabriken zu legen. Es war klar, dass die Stunde der endgültigen Vernichtung des Ghettos gekommen war. Innerhalb einer halben Stunde wurden die Kampfgruppen aktiviert. Sie bereiteten ihre Waffen vor und nahmen zuvor festgelegte Positionen ein. Um 6 Uhr erfolgte die Ankündigung der „Evakuierung des Ghettos" nach Lublin. Alle Bewohner hatten sich in die Jurowiecka-Straße zu begeben, von wo aus sie abtransportiert werden würden. Die Deutschen hatten im Warschauer Ghetto Erfahrungen gesammelt und wollten die Bewohner aus den großen Häuserblöcken entfernen, wo es leichter war, Widerstand zu leisten (die Straßen Polna, Częstochowska, Nowy Świat, Kupiecka) – hinaus in Straßen, wo es kleine Häuser und große Plätze gab, die den Deutschen mehr Raum zum Manövrieren boten. Die Versuche der Kämpfer, den Strom von Menschen in die Jurowiecka-Straße zu verhindern, schlugen fehl. Abgestumpft und entmutigt füllten die Massen die Straßen. Alle Kampfgruppen aus den Bereichen, die von ihren Bewohnern verlassen wurden, wurden im Bereich der Jurowiecka-Straße konzentriert, vor allem in den Straßen Ciepła, Chmielna, Smolna, Nowogródzka und Górna. Der Plan des Widerstands sah vor, die Ghettozäune zu zerstören, sodass sich die Menge in der Stadt zerstreuen konnte, während die Kämpfer in die Wälder gelangen und sich dort ihren Partisanenkameraden anschließen sollten. Den Kämpfern, die ihre Präsenz in der Menge nicht mehr verbargen, schlossen sich Dutzende von Menschen an, bewaffnet mit Stöcken, Stangen und Steinen.

Die Widerstandskämpfer griffen zuerst an. Es war 10 Uhr morgens. Die Flammen waren die Anzeichen für Krieg auf den Straßen Ciepła, Smolna und Nowogródzka. Dies waren die Heldinnen: Milka Datner,[21] Basia Kaczalska, Chaja Biała, Fania und andere, die Häuser, Fabriken und Bündel von Stroh in Brand setzten. In der Fabryczna-Straße brannten sowohl die Wattefabrik als auch die mechanischen Werkstätten. Heftiges Feuer wurde aus Maschinengewehren und Handfeuerwaffen abgegeben. Auf diese Weise schalteten die Kämpfer alle deutschen Wachen, die das Ghetto umstellten und die Zäune bewachten, aus. Die Deutschen leisteten schwachen Widerstand und zogen sich zurück. Der Anblick der toten Deutschen und der ihnen abgenommenen Feuerwaffen ermutigte die Kämpfer, die sich, mit Granaten und Benzinflaschen bewaffnet, gegen die Zäune warfen.

Gleichzeitig warteten die Mutigeren nicht auf Lücken in den Zäunen, sondern stürmten sie. Das schwere Feuer ihrer Kameraden, die über die brennenden Zäune schossen, gab ihnen

---

in den Ghettos von Wilna und Warschau angehört. In Anlehnung an das Ringelblum-Archiv in Warschau sammelte er Unterlagen und Dokumente über die Vernichtung der Białystoker Juden für ein Untergrundarchiv. Nachdem den Białystoker Ghettokämpfern die Munition ausgegangen war, nahm sich Tenenbaum im August 1943 das Leben.

21 Die Tochter des Autors.

Feuerschutz. Aber die Deutschen gewannen schnell die Kontrolle über die Situation. Das gewaltige Feuer aus leichten und schweren Maschinengewehren und -pistolen vermischte sich mit dem Stöhnen der Verwundeten und den Schreien der Kämpfer. In den Fenstern der Häuser und Fabriken rund um das Ghetto stellten die Deutschen Maschinengewehre auf. Von dort hatten sie eine ausgezeichnete Sicht und schafften es, den Ghettokämpfern schwere Verluste zuzufügen. Deren Angriff auf die Zäune wurde blutig abgewehrt.

Eine Staffel deutscher Flugzeuge erschien am Himmel, flog in geringer Höhe über die Köpfe der Kämpfer hinweg und beschoss sie von oben. Die mutigen Kämpfer wurden in mehrere Einheiten aufgeteilt und schossen weiter auf die Deutschen. Die Kräfte waren sehr ungleich verteilt. Etwa 300 schlecht bewaffnete Juden kämpften gegen mehr als 3000 SS-Soldaten, die mit modernen Feuerwaffen aller Art ausgestattet waren. Auch ukrainische und weißrussische Verbrecher unterstützten die Deutschen. Die Nowogródzka- und Smolna-Straße waren mit Leichen bedeckt. Den Kämpfern mangelte es an Munition. Die Kampfeinheit in den Gemüsegärten des Judenrats in der Nowogródzka-Straße hielt am längsten durch. Hier wurden sie von zwei Reihen SS-Männer aus den Straßen Ciepła und Poleska angegriffen. Der Vorstoß wurde abgewehrt. Die Deutschen hatten Tote und Verwundete zu verzeichnen. Sie wurden wegen des sich in die Länge ziehenden Kampfes nervös und brachten Panzer in die Schlacht. Eine Mine, die in der Öffnung einer Abwasserleitung an der Ecke Kupiecka- und Ciepła-Straße versteckt worden war, explodierte und veranlasste die Panzer zum Rückzug. Die Deutschen schickten neue Infanterieeinheiten in die Schlacht. Die 72 fast eingeschlossenen Kämpfer zogen sich, nachdem sie ihre ganze Munition aufgebraucht hatten, in einen Unterstand zurück, der in einem Brunnen in der Chmielna-Straße 7 vorbereitet worden war. Die Deutschen entdeckten sie und feuerten auf sie aus Maschinengewehren an der Ecke der Kupiecka- und Jurowiecka-Straße. Die Helden riefen, als sie im Kampf fielen: „Nieder mit den Deutschen! Nieder mit Hitler! Tod den Faschisten! Es lebe die Rote Armee! Es lebe das demokratische Polen! Es lebe Stalin! Das jüdische Volk wird nicht sterben! Unser Blut wird gerächt werden!" Niemand bat um Gnade. Die noch warmen Leichen wurden auf Wagen geladen und in einem Massengrab auf dem Friedhof des Ghettos in der Żabia-Straße begraben. Dort fanden die tapferen Söhne und Töchter des jüdischen Volkes ihre ewige Ruhe, in ihrem Tod die Tapferkeit der Nation verewigend.

Nach drei Stunden ließ die Schlacht etwas nach, und um fünf Uhr nachmittags flammten die Kämpfe wieder auf. Die Kämpfer versuchten erneut, durch den Zaun auszubrechen, aber vergeblich. Die Deutschen rissen die Zäune nieder, um mehr Raum zum Manövrieren zu schaffen, und sie führten Reserven heran.

Drei Formationen von deutschen Soldaten schlossen das Ghetto ein. Die erste griff mit leichtem Dauerfeuer an. Die zweite bestand aus mit Maschinengewehren bewaffneten Einheiten und in der dritten befanden sich Artillerie und Regimenter der Kavallerie. In der Nacht machten sich zwei verletzte Kämpfer auf den Weg zum jüdischen Krankenhaus in der Fabryczna-Straße und sagten dem Arzt Dr. Cytron, der sie medizinisch versorgte, dass die Munition knapp werden würde und sie sich dessen bewusst seien, dass sie sterben würden. Aber die Stimmung unter den Kämpfern war gut, da der Tod nicht schlimm ist, wenn man mit der Waffe in der Hand stirbt. Nachts erreichte der Kämpfer Chaim Rozanski das Krankenhaus und berichtete, dass eine der kämpfenden Einheiten begonnen hatte, einen unterirdischen Gang aus dem Ghetto nach draußen zu graben.

Sporadische Kämpfe brachen im Ghetto noch an weiteren Tagen aus, besonders während der Nächte. Die Kämpfer in den Bunkern in der Ciepła- und Nowogródzka-Straße leisteten bis zum 26. August Widerstand. Einige Versuche wurden unternommen, um aus dem Ghetto auszubrechen. Aber sie waren nicht erfolgreich. Die letzten Stellungen der Kämpfer fielen, als sie keine Waffen mehr zur Verfügung hatten. Am 30. August gelang es einer Gruppe von Kämpfern, durch den unterirdischen Tunnel zu entkommen und sich den Partisanen in den Wäldern anzuschließen.

Während der Gefechte mit den Deutschen in der Nähe von Cieliczanka fiel die mutige Kommandantin Sonia Szmit aus Slonim.

Von den vielen Ereignissen, die in diesem Kampf stattfanden, muss das misslungene Attentat auf einen der Henker des Ghettos namens Dybos, den „Referenten für jüdische Angelegenheiten in der Gestapo", erwähnt werden. Er hielt sich in seiner Zentrale im Gebäude des Judenrats in der Kupiecka-Straße auf, von wo aus er die Liquidierungsaktion leitete. Der Kämpfer Ruwczak schoss mit zwei Revolvern auf ihn, wurde aber durch erwidertes Feuer getötet, und der deutsche Folterer blieb unversehrt.

In der Woltan-Fabrik töteten die Kämpfer zwischen den Maschinen einen hochrangigen deutschen Offizier und verletzten einige seiner Kameraden.

Von diesen Kämpfern überlebte nur die mutige Chaika Grosman, und von den 72 heroischen Kämpfern blieb nur Berel Szacman unter unbekannten Umständen am Leben. Der Kommandeur der Kämpfer Mordechaj Tenenbaum und sein Kamerad Daniel Moszkowicz begingen Selbstmord. Die Blockade des Ghettos dauerte einen ganzen Monat. Am 15. September 1943 zogen die SS-Einheiten ab, nachdem die letzte Flamme des Widerstandes erloschen war.

Auf diese Weise endete die Widerstandsbewegung des Ghettos Białystok, und die Kämpfer von Białystok fügten mehrere Seiten großartigen Heldenmuts zu den Kapiteln des Epos der großen Tapferkeit ihrer Brüder im Warschauer Ghetto hinzu.

Zehntausende von Juden im Ghetto beobachteten den Krieg seiner besten Söhne und Töchter passiv und nahmen nicht am Kampf teil. Am Nachmittag folgte der Befehl, mit dem Abzug zu beginnen. Die Juden von Białystok traten stumm ihre letzte Reise an, eskortiert von zwei Reihen von Verbrechern. Vor Durst ausgetrocknet und von SS-Männern gequält warteten sie am Poleski Bahnhof hilflos auf ihren Abtransport.

Die Deutschen verspotteten sie ein letztes Mal auf die grobe und rohe deutsche Art. Etwa 1000 Kinder wurden von ihren verzweifelten Eltern getrennt, die die Schergen wieder ins Ghetto trieben, um sie „in die Schweiz zu bringen". Der Weg in die Schweiz führte über das Ghetto Theresienstadt in der Tschechoslowakei und von dort nach Auschwitz, wo ihre Wanderung zu Ende ging.

Am schockierendsten war die Evakuierung des jüdischen Krankenhauses in der Fabryczna-Straße, in dem alten Gebäude der TOZ.[22] Die jüdischen Ärzte, die die deutsche Hölle der Todeslager überlebten, berichteten später über die faschistischen Methoden der deutschen Bestie. Die Deutschen rührten das Krankenhaus in den ersten vier Tagen der Aktion nicht an. Am 20. August drangen der Henker der Juden von Białystok, der *Kriminalrat* und SS-Mann Friedel,[23] sowie Deutsche und Ukrainer in das jüdische Krankenhaus ein. Sie trieben die Patienten aus den Betten und schrien: *„Raus, los, schneller"*. Diese Worte waren Millionen von unschuldigen Opfern vertraut, die sie in den letzten Augenblicken ihres Lebens hörten.

Friedel trieb die Evakuierung in gehobener Stimmung an und sagte gelegentlich: „Schneller, schneller – der Sonderzug wartet schon auf euch." Der Sonderzug bestand aus Pferdewagen, die außerhalb des Krankenhauses aufgereiht standen.

Die Patienten in der Chirurgieabteilung kleideten sich wegen ihrer Operationswunden nur langsam an und wurden mit Fäusten und Stöcken auf Kopf und Rücken geschlagen. Dem Vater der Krankenschwester Fryda Ostrów schenkte einer der Verbrecher besondere Aufmerksamkeit, obwohl er ein schwacher Greis mit weißem Bart war. Nachdem er mehrere Male von einem Gewehrkolben getroffen worden war, reagierte er auf unerwartete Weise: Er hob den Rohrstock, auf den er sich stützte, und schlug dem Soldaten auf sein Maul, der vor Staunen und Schreck schwieg. Nachdem er wieder zu sich gekommen war, sprang der Verbrecher auf das Bett eines anderen Patienten, trat ihm mit einem Schuh ins Gesicht, und erschoss ihn mit einer Kugelsalve. Das Gehirn des armen Mannes spritzte an die Wand.

Von diesem Vorfall im Krankenhaus schockiert, schluckte die Krankenschwester Długacz Zyankali. Nachdem sie die Schüsse gehört hatten, rannten die Verbrecher wild rasend in den Saal, warfen die Patienten aus den Betten und zwangen sie unter Schreien und Flüchen, nur in ihrer Unterwäsche, in die Wagen. Mit großer Rohheit pferchten sie sie in den *„Sonderzug"*.

Die Deutschen rannten mit Babys aus der Entbindungsstation und warfen sie sich wie Bündel über die Schultern. Nach ihnen kamen die erschöpften Mütter, die sich beim Gehen gegenseitig stützten. Sie liefen wie Tote. Kein Protest, kein Bitten, kein Fluch. Die Deutschen behandelten die Babys, als ob sie leblose Gegenstände wären. Um sie herum konnte man lautes, rohes Lachen hören; die kleinen Gesichter dieser menschlichen Küken waren doch so lustig. Die Babys schrien nicht. Sie waren schon halb tot. Vom Wagen war nur ein unterdrücktes Wimmern zu vernehmen.

---

22 Towarzystwo Ochrony Zdrowia, deutsch: Gesellschaft für Gesundheitsschutz.
23 SS-Obersturmführer Fritz Gustav Friedel war Gestapochef von Białystok und musste sich 1949 in Polen vor Gericht für seine Verbrechen verantworten. Er wurde im Oktober 1952 hingerichtet.

Die Mütter konnten auf dem zweiten Wagen kaum einen Platz finden. Alles war bereit. Friedel gab das Zeichen zur Abfahrt.

Der „Sonderzug" setzte sich in Bewegung.

Seine Parade vor den Ärzten und Krankenschwestern, die von diesem schrecklichen Anblick wie versteinert waren, war eine andere „Leistung". Sie zogen durch die Kupiecka-Straße in die Żabia-Straße. Hier wurden sie alle erschossen und in eine Grube geworfen: Männer, Frauen und Kinder. So endete die Evakuierung des Krankenhauses in der Fabryczna-Straße in Białystok am 20. August 1943.

Res sacra miser ...[24]

Die Transporte der Juden aus Białystok gingen nach Westen und ihre Bestimmungsorte waren: Treblinka, Majdanek, Bliżyn und Auschwitz. Vielleicht hatten andere noch ein wenig Hoffnung, dass sie vielleicht in der Lage wären, dem Tod zu entkommen, aber diese Möglichkeit existierte für Juden nicht.

In den Wäldern von Supraśl und Knyszyn setzten die Partisanen aus Białystok ihren bewaffneten Kampf gegen die Mörder des jüdischen Volkes fort. Diesmal waren sie in einem Verband vereinigt (Judytas Gruppe, die Gruppe von Sasza Suchaczewski und Eliasz Baumac). Ab Mai 1944 wurden sie Teil einer sowjetischen Partisaneneinheit unter General Kapusta. Sie dienten in der Brigade „Kosta Kalinowski", im Regiment von Wojciechowski und in den Einheiten der „Matrosen" und des „26. Oktober". Einige von ihnen fielen im Kampf, andere überlebten als Zeugen der Folter von Millionen, der aufopferungsvollen Tapferkeit der Helden und der Entartung der Deutschen.

Die Deutschen ermordeten mehr als 200 000 Juden aus der Region Białystok, davon über 50 000 aus Białystok selbst. Die Krematorien von Treblinka, Majdanek, Auschwitz und andere schluckten die sechs Millionen Juden Europas, darunter drei Millionen Juden aus Polen. Das passive Leiden von Millionen Opfern und der Tod von Hunderttausenden von Kindern sind erschütternd. In dieser Tragödie ist der einzige Lichtblick der aufopferungsvolle Kampf Zehntausender jüdischer Soldaten in der Kościuszko-Division, in der Roten Armee, in den Truppen der Alliierten und der Jüdischen Brigade, an der Seite der Millionen von Kämpfern für eine bessere Zukunft der Menschheit, sowie der Kämpfer in den Ghettos und der jüdischen Partisanen. All diese rächten mit ihrem Kampf und ihrer Tapferkeit teilweise das Leben der Millionen unschuldiger Opfer.

---

24 Der Unglückliche ist eine heilige Sache.

Epilog

Am 3. November 1943 fand in Majdanek das berüchtigte Massaker an 20 000 Juden statt,[25] von denen der Großteil die letzten Juden aus Białystok waren. In einer separaten Gruppe gingen kleine Kinder, fünf in einer Reihe, barfuß, Händchen haltend, mit leichter Kleidung, zitternd vor Kälte und Angst.

Aus den Lautsprechern tönten die Klänge von Strauss-Walzern, gelegentlich mit dem Knallen von Schüssen vermischt, und die SS-Männer drängten die Kinder voran mit Schreien: „Schneller, schneller, bald wird es euch warm!"

Vor Kälte und Angst zitternd wurden die Kinder in die Krematorien von Auschwitz gejagt.

Viele „Kinder-Aktionen" sind aus den Ghettos in Mittel- und Osteuropa bekannt. Erwachsene, die für den Arbeitseinsatz notwendig waren, blieben vorerst am Leben, während die kleinen Kinder in den Tod geschickt wurden. Die Methoden der Tötung von Kindern sind bekannt, im Vergleich zu ihnen wäre der Tod durch eine Kugel eine gute Tat gewesen. Die Deutschen errichteten Vernichtungslager und ermordeten Millionen von Kindern (die Zahl der jüdischen Kinder allein erreicht eine Million). Die Deutschen forderten die Menschheit heraus und … verloren. Und wenn sie gewonnen hätten?! Wenn ein kleines Kind stirbt, weinen die Engel im Himmel. Wenn ein Mann ein Kind ermordet, Zehntausende, Hunderttausende, Millionen von Kindern, dann ist vielleicht der Teufel selbst entsetzt und sein Lachen erstirbt in den Tiefen der Hölle. Nach dem, was die Deutschen in den Jahren 1939 bis 1945 anrichteten und für den Fall des gewonnenen Krieges geplant hatten, schlossen sie sich selbst aus der Familie der Nationen aus und gehören jetzt nur noch in einem anthropologischen Sinn zur Menschheit.

Einen Deutschen einen Menschen nennen – das ist für die gesamte Menschheit ein Schlag ins Gesicht. Einen Deutschen einen Europäer nennen – das ist eine Beleidigung des alten Kontinents, der genau das Gegenteil symbolisierte. Ein Volk, das Hitler und die nationalsozialistische Partei an die Macht brachte, ein Volk, das das Regime Hitlers treu und unnachgiebig bis zum Ende verteidigte, dieses Volk identifizierte sich mit seinem Regime. Es mästete sich sechs Jahre lang an dem Blut, Leid und Schweiß der eroberten Völker. Die materiellen Güter in den Händen der Deutschen sind weitgehend gestohlen oder geraubt.

Das deutsche Volk beging im Zeitraum von sechs Jahren Verbrechen, die schlimmer waren als die dunkelsten denkbaren Halluzinationen und nur im Unterbewusstsein der menschlichen Bestie schlummern.

---

25 Aktion „Erntefest" war der Deckname für die Erschießung der Juden in den Lagern um Lublin. Insgesamt wurden in den Lagern Majdanek, Trawniki und Poniatowa am 3./4. November 1943 42 000–43 000 Juden ermordet.

Das deutsche Volk hätte noch tausendmal schlimmere Verbrechen begangen, wenn es den Krieg gewonnen hätte …

Das Blut von zig Millionen unschuldiger Frauen und Kinder schreit nach Strafe für diese Verbrechen.

Wenn Ethik und Gerechtigkeit die Regeln unserer Beziehungen zwischen Menschen und Nationen sind, dann wird diese Stimme erhört werden und wehe, wenn diese Werte nicht die Grundlage der Beziehungen zwischen den Ländern werden.

Im ewigen Kampf zwischen Gut und Böse, Licht und Dunkelheit, haben das Gute und das Licht gewonnen, diesmal um den Preis beispielloser Opfer.

Ormus überwand Ariman.[26]

Ich glaube fest daran, dass der menschliche Geist unsterblich ist.

Ich bin der festen Überzeugung, dass der Deutsche kein Mensch ist.

Memento Germaniae!

Białystok, 3. Dezember 1945

---

26 Persische Gottheiten, die das Gute und Böse verkörpern.

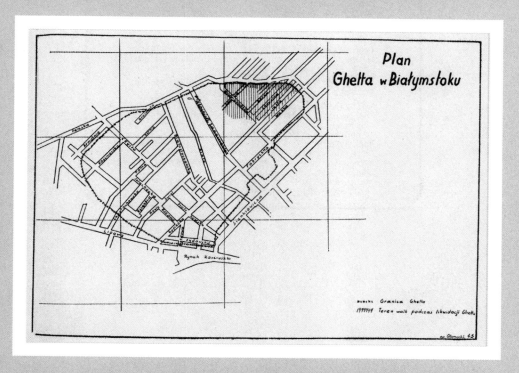

Plan des Ghettos von Białystok

WYDAWNICTWA
Centralnej Żydowskiej Komisji Historycznej
w Polsce

Ukazały się w druku:

1. Instrukcje dla zbierania materiałów historycznych z okresu okupacji niem. Str. 22.
2. Instrukcje dla zbierania materiałów etnograficznych z okresu okupacji niem. Str. 14.
3. Instrukcje dla badania przeżyć dzieci żyd. w okresie okupacji niemieckiej. Str. 16.
4. Metodologiczne wskazówki do badań zagłady żydostwa polskiego. Str. 47.
5. Dokumenty zbrodni i męczeństwa (wyd. Oddziału krakowskiego) 24 + XV.
6. Mapa obozów na Śląsku (wyd. Oddziału katowickiego).
7. Album zdjęć fotograficznych p.t. „Zagłada żydostwa polskiego" w opracowaniu **Gerszona Taffeta**.
8. **Dr Filip Friedman** „Zagłada Żydów lwowskich". Str. 38.
9. **Gusta Draenger** „Pamiętnik Justyny" (wyd. Oddziału krakowskiego). Str. 126.
10. **Michał Borwicz** — „Uniwersytet Zbirów" (wyd. Oddziału krakowskiego). Str. 112.
11. **M. Gebirtig** — Tom pieśni ghettowych (wyd. Oddziału krakowskiego). Str. 37.
12. **Rudolf Reder** — „Bełżec" (wyd. Oddziału krakowskiego. Str. 65.
13. **Leon Weliczker** — „Brygada śmierci" — pamiętnik.
14. Dokumenty i materiały do dziejów Żydów w Polsce pod okupacją niemiecką. „Obozy" tom I, w opracowaniu **N. Blumentala**.

W druku:

1. **Sz. Szajewicz** — Wiersze ghetta.
2. Dokumenty i materiały do dziejów Żydów w Polsce pod okupacją niemiecką. Tom II — Wysiedlenia i akcje, w opracowaniu **Dr. J. Kermisza**.
3. **Michał Borwicz** — Literatura w obozie janowskim (wyd. Oddz. Krakowskiego).
4. Podziemny ruch w ghettach i obozach. Materiały i dokumenty opracowała **B. Ajzensztein**.
5. Martyrologia dzieci żydowskich pod okupacją niemiecką. Materiały i dokumenty opracował **N. Grüss**.

Rückseite der Originalausgabe „Walka i zagłada białostockiego ghetta", Łódź 1946

Róża Bauminger

**Pikrate und TNT
Zwangsarbeitslager in Skarżysko-Kamienna**

Übersetzung aus dem Polnischen von Aldona Piotrowska

Vorbemerkung

Nach dem deutschen Angriff auf Polen übernahm die in Leipzig ansässige Rüstungsfirma Hugo-Schneider-Aktiengesellschaft (Hasag) die Treuhänderschaft der größten polnischen Munitionsfabrik in Skarżysko-Kamienna, 140 Kilometer südlich von Warschau gelegen. Nachdem die polnischen Arbeiter 1942 in die Hasag-Fabriken im Deutschen Reich deportiert worden waren, wurden in Skarżysko-Kamienna Juden zur Zwangsarbeit eingesetzt. Für deren Unterbringung entstanden Zwangsarbeiterlager. Als sich die Rote Armee näherte, wurde die Fabrik demontiert und die Maschinen wurden nach Deutschland transportiert. Die SS löste die Zwangsarbeitslager auf und verschleppte die noch arbeitsfähigen Häftlinge in das KZ Buchenwald und dessen Außenlager Leipzig-Schönefeld, Schlieben und Meuselwitz sowie nach Groß-Rosen.

Der Beitrag entstand 1946 in Krakau unter dem Titel „Przy Pikrynie i Trotylu (Oboz Pracy Przymusowej w Skarżysko-Kamiennej)". Das Vorwort von Józef Sieradzki würdigt den Text in der Emphase der Zeit nach der Befreiung, die den Überlebenden der Lager die moralische Mission des Erinnerns und Verhinderns zuschrieb.

Róża Bauminger hatte über die Schilderung des eigenen Leidens hinausgehende Ambitionen, die sie zur Chronistin des Lagers werden ließen: In ihrem Text hat sie Passagen aus Berichten anderer Häftlinge ausführlich zitiert, die Quellenangaben dazu finden sich im polnischen Orginal, sie stehen in Klammern jeweils am Ende des Zitats. Anmerkungen zur deutschen Ausgabe sind als Fußnoten gesetzt. Im Text wird mit hochgestellten Ziffern darauf verwiesen. Die Anmerkungen der polnischen Originalfassung erscheinen als Endnoten, die Verweise darauf stehen im Text in runden Klammern. Kursiv gesetzte Begriffe erscheinen im Original in deutscher Sprache.

Frank Beer, Wolfgang Benz, Barbara Distel

RÓŻA BAUMINGER

PRZY PIKRYNIE
I TROTYLU

KRAKÓW 1946

*Buchumschlag der Originalausgabe „Przy Pikrynie i Trotylu
(Oboz Pracy Przymusowej w Skarżysko-Kamiennej)", Krakau 1946*

Gegentitel der Originalausgabe „Przy Pikrynie i Trotylu (Oboz Pracy Przymusowej w Skarżysko-Kamiennej)"

Róża Bauminger

Pikrate und TNT
Zwangsarbeitslager in Skarżysko-Kamienna

Vorwort von Józef Sieradzki

Wenn die Verfasserin ein solches oder ähnliches Werk vor zehn Jahren gelesen hätte, wäre sie entsetzt darüber gewesen, dass ein Mensch über eine derart verbrecherische und düstere Fantasie verfügen kann.

Róża Bauminger war vor dem Krieg Lehrerin an einem Gymnasium. Während des Zweiten Weltkriegs geriet sie zuerst in das Krakauer Ghetto, dann in das Lager in Płaszów. Von dort wurde sie in das Zwangsarbeitslager nach Skarżysko-Kamienna in Polen, danach in das Außenlager Leipzig-Schönefeld in Sachsen deportiert. Sie brachte 28 Monate in Lagern zu. Dank des raschen Vordringens der Roten Armee und eines Quäntchens Glück wurde die mörderische Schlange, die Millionen von Kindern, Frauen und Männer verschlungen hatte, getötet, bevor Róża Bauminger das Krematorium betrat.

Sie kehrte in ihre Heimatstadt Krakau zurück. Aber weder sie noch andere Menschen ähnlichen Schicksals fanden ihre Familien und ihr trautes Heim wieder. Es gab keine jüdischen Kinder mehr, deren Stimmengewirr und Freude die Schulgebäude erfüllten. Sie kamen von der weiten „Fahrt ins Blaue", auf die sie sich in Viehwaggons, in verdrahteten, mit Branntkalk eingestreuten Käfigen, gemacht hatten, nicht mehr zurück.

Die an den Bettelstab gebrachte und zutiefst gedemütigte, ausgehungerte, mit der Arbeit über ihre körperlichen Kräfte hinaus gequälte Frau war sich ständig bewusst, dass der Tod immerfort auf sie lauerte. Trotzdem musste sie mit Hand anlegen bei der Produktion der Geschosse, die nach dem Willen der deutschen Verbrecher dazu bestimmt waren, ihre Brüder und Schwestern, Mütter und Väter, Juden und Polen, in der eroberten und der Vernichtung preisgegebenen Heimat zu ermorden.

Trotz der Zurückhaltung, die in diesen Lagererinnerungen ein einmaliges Niveau der Objektivität erreicht, und vielleicht gerade deshalb, weist das Buch eine große Glaubwürdigkeit auf. Diese Bescheidenheit kennzeichnet die Verfasserin, deren Hände vom TNT gelb verfärbt sind, und die so leiden und so viel Leid anderer Menschen mit ansehen musste, die zusammen mit ihr zu Tausenden mechanischer Handgriffe bei der Granatenproduktion gezwungen waren, bevor sie in die Krankenbaracke getrieben wurden, um dort in tödlichem Fieber in den letzten Zügen zu liegen oder entweder erschossen oder vergast zu werden. Sie hat die reine Wahrheit kennengelernt und sie in diesem Werk in jeder Einzelheit festgehalten. Die Wahrheit ist real, und sogar bei der Beschreibung der Fehler der unglücklichen Häftlinge, die den Druck nicht mehr aushalten konnten und dem moralischen Verfall unterlagen, ist sie sich treu.

Es vergehen Jahre, und die Wahrheit unterliegt der Mythologisierung. Sie wird immer weniger nach Blut und den Leichen riechen, die im Herzen der Welt, in Europa, einige Tausend Jahre nach der Niederschrift erster Rechtscodizes, Tag und Nacht in Auschwitz, Majdanek und Treblinka brannten und die zuvor, noch als lebende Menschen, unter dem Gewehrlauf im schweren Joch als stummes, verhungertes und schmutziges Zugvieh arbeiteten.

Die Erinnerungen von Róża Bauminger und der anderen vor dem Tod bewahrten Menschen bleiben für immer Zeugnis von Anklagen nicht nur des Volkes, das unterging, sondern auch gegen das System, für das und auch für dessen Wurzeln, die tief unter den wirtschaftlichen, gesellschaftlichen und politischen Problemen unserer Aufbruchszeit versteckt, es keine Sühne, keine Verzeihung und kein Pardon gibt.

Die Erinnerungen mahnen uns, dass wir alles tun sollten, damit keine Gewalt mehr, nie wieder, über den Menschen herrscht. Es bleibt die Mahnung, dass nicht nur das, was Ausdruck der Gewalt ist: Stacheldraht, Lager, Verbrennungsöfen, Aufnäher, sondern auch alle Urheber der Verbrechen ausgemerzt werden müssen. Das ungeschriebene Testament der Millionen, die in den Vernichtungs-, Arbeits-, Konzentrations- und Gefangenenlagern gequält wurden, verlangt, dass die Gewalt mit Stumpf und Stiel ausgerottet wird und für immer aus der Völkerfamilie verbannt wird. Die von Pikrinsäure und TNT vergilbten Hände zeigen nicht nur auf die Verursacher, sondern sie halten auch das Gewissen wach, damit es nicht schwach wird und einschläft.

Róża Bauminger wächst ungewollt über ihren früheren Beruf als Lehrerin hinaus. Sie, die als eine von wenigen dem Tod entkommen ist, gibt uns die Erfahrung weiter, die sie in den Wäldern bei Skarżysko-Kamienna, an dem von Gott verlassenen und durch den Menschen verfluchten Ort, gemacht hat. Sie ist Protokollantin für ihre Leidensgenossen und Mithäftlinge. Unter diesem Dokument sollten endlose Spalten von Unterschriften derjenigen, die schreiben konnten, und Unterschriften stehen, derjenigen, die es noch nicht gelernt hatten, weil sie noch im Kindesalter waren.

Dieses Buch soll deshalb in alle Sprachen übersetzt werden, in denen man die Wahrheit ausdrücken kann, damit sie in die unverdorbenen Herzen gelangt, von denen die Zukunft der Welt abhängt. Die Wahrheit soll an die Generation weitergegeben werden, deren Pflicht es ist, die auf dem festen Prinzip der sozialen Gerechtigkeit basierende Ethik wiederherzustellen.

* * *

In der vielfältigen Lagerliteratur, die bei uns erschienen ist, überwiegen Erinnerungen und Dokumentationen von Menschen, die in Konzentrations- oder Vernichtungslagern waren. Es wurden bis jetzt keine Memoiren eines Kriegsgefangenen veröffentlicht und fast keine Erinnerungen an Zwangsarbeiterlager. Zweck auch dieser Lager war es, die Häftlinge zu vernichten, nachdem sie einen Arbeitstribut entrichtet hatten. Die wiederauferstandene Sklaverei nahm eine Gestalt an, die aufgrund ihrer Einzigartigkeit das Interesse der Forscher, Soziologen und Psychologen weckt. Die Menschen, die zum Tode verurteilt wurden, bekamen die Chance auf Aufschub. Der Preis aber war hoch: die blutige Mühsal unter Bedingungen, die in der nüchternen Wissenschaftssprache als Bedingungen jenseits der Grenzen des körperlich Erträglichen der Zwangsarbeiter bezeichnet werden können. Zu den Leiden der Häftlinge kam das quälende Bewusstsein, dass sie dem Feind bei der Vernichtung der Menschen halfen, die ihnen am nächsten standen.

Nur eine der Publikationen der „Jüdischen Historischen Kommission" in Krakau, und diese nur in Auszügen, bezieht sich auf ein Lager, das in gewisser Hinsicht ein Arbeitslager war. Es ist das Werk „Uniwersytet Sbirow (Universität der Mörder)" von M. Borwicz, das das Lager in der Janowskastraße in Lemberg beschreibt. Die Arbeit war dort nur ein Mittel zur Folterung der Menschen. Ein Produktionslager hingegen war das Lager in Skarżysko-Kamienna, das Róża Bauminger darstellt.

Die Verfasserin entwirft kein vollständiges Bild der Einrichtung, in der sie einige Monate lang lebte. Es herrschten keine geeigneten Bedingungen zur Erkundung der ganzen Umgebung, geschweige denn Bedingungen zur genauen Beobachtung. In den noch frischen Erinnerungen gibt sie aber viele wesentliche Beobachtungen über Menschen, Organisation, Maschinen und Details wieder. Die Beobachtungen ermöglichen die Rekonstruktion eines von tausend Lagern, in denen die Häftlinge zur Arbeit für die deutsche Kriegsindustrie eingespannt wurden. Das Lager in Skarżysko-Kamienna war eine Kolonie der „*Hasag*" – die Häftlinge mussten für die Firma arbeiten, deren voller Name *Hugo Schneider Aktiengesellschaft* lautete. Die Aktiengesellschaften, Konzerne und Trusts des deutschen industriellen Kapitals übertrafen in der Ausbeutung des arbeitenden Menschen die Form der Sklaverei, die im Altertum bekannt war, und schlugen durch ihren Mangel an jedweder Rücksicht sowie durch ihre Brutalität den antiken Rekord.

Umso wertvoller ist das erste Werk über ein Zwangsarbeitslager.

Józef Sieradzki

1. Sklaven

Am 15. November 1943 wurden wir in den Arbeitsbaracken in Płaszów eingeschlossen. Am nächsten Morgen wurden wir in einen verplombten Zug geladen. Man sagte uns, dass wir zu einem Arbeitslager in Skarżysko führen. Wir sahen schon das Krematorium am Ende des Weges und waren sicher, dass wir am Ziel nur den Tod erwarten konnten, zumal es uns nicht erlaubt worden war, unser Gepäck mitzunehmen. Und einige Frauen fuhren sogar ohne Oberbekleidung. Lagerkommandant Göth[1] sagte uns vor dem Transport, dass wir zu einer Munitionsfabrik zur Arbeit führen. Daran glaubten wir aber nicht. Von dem Lager in Skarżysko hatte nämlich keiner von uns gehört. Zu Ohren kamen einigen nur Informationen von anderen Lagern, aber nichts von einem Lager in Skarżysko.

Wir trafen spät in der Nacht ein. Der Zug kam zum Stehen. Bis an die Zähne bewaffnete Soldaten der *Wehrmacht* und Ukrainer erwarteten uns schon. Eine Hundemeute begleitete die Soldaten.

Die wehrlosen, von einer Banditenbande umstellten Frauen schleppten sich durch den dunklen Wald. Wir waren sicher, dass dies unser letzter Weg war. Nur ein Gedanke schoss uns durch den Kopf: Wo bringen sie uns hin? Nach den Erlebnissen in Płaszów konnten wir nicht mehr an eine Rettung glauben. Wozu diese Qual? Wenn nicht hier, dann erwartete uns später die Vernichtung. In der quälenden Ungewissheit gewöhnten wir uns gedanklich an den Tod, der unvermeidlich schien. Ein junges Mädchen lief halb besinnungslos umher, es hatte Typhus und Fieber. Das war der zehnte Tag ihrer Krankheit. Ihre Freundinnen schleppten sie, die schon halb tot war, bergauf. Mütter, die gezwungen worden waren, ihre Kinder in Płaszów zurückzulassen, schluchzten. Kinder, die nur ein Dutzend Jahre alt waren, waren hilflos. Sie wurden von ihren Eltern getrennt. Die Eltern, die in Płaszów blieben, sollten sie nie wieder sehen.

Plötzlich erschienen furchterregend beleuchtete Baracken unter den Bäumen. Die Wachsoldaten erklärten uns, dass wir gerade das Arbeitslager sähen, in das wir kämen. Die Hoffnung stieg, dass wir vielleicht nicht in den Tod gingen. Nachdem wir nach einer Durchsuchung in Baracken entlassen worden waren, verstanden wir, dass uns tatsächlich kein Krematorium, sondern Arbeit erwartete. Eine grenzenlose Freude ergriff uns. Die Frauen warfen sich überglücklich auf die nackten Bretter der Pritschen, ohne auf den Schmutz und das Elend in der Baracke zu achten.

Nach einer schlaflosen Nacht besichtigten wir bei Tageslicht unsere Hinrichtungsstätte. Wir sahen eine Mauer von Stacheldraht, die uns von der Welt trennte. Hinter der Mauer lag der Wald. Man konnte Schüsse hören. Auf einem kleineren Gelände, auf dem der Schlamm nie trocknete, standen schmutzige Baracken.

---

1   Amon Göth, 1908 in Wien geboren, war Kommandant des KZ Krakau-Plaszow. Er wurde nach einem Todesurteil des Obersten Polnischen Gerichts am 13. September 1946 in Krakau hingerichtet.

Schon am ersten Tag erfuhren wir, dass uns eine fürchterliche „gelbe" Arbeit mit Pikrinsäure erwartete, ein „gelber Fluch", der die Häftlinge dezimierte. Es erschienen uns halbnackte, in Papiersäcke eingewickelte, wegen Hungers geschwollene, mit Geschwüren bedeckte Menschen. Schnell erfuhren wir, dass allein im Werk C in kurzer Zeit etwa 10 000 Menschen gestorben waren. Wenn jemand überleben will, muss er von hier flüchten. Denn unter diesen Bedingungen ist es unmöglich, lange auszuhalten. Jedes Stück Boden ist mit dem Blut der gefolterten Häftlinge durchtränkt.

Die Qualen dauerten schon seit 1940. Die deutsche Firma „Hasag" (*Hugo Schneider Aktiengesellschaft*) baute die staatliche Munitionsfabrik in Skarżysko in großem Umfang aus. Als Zwangsarbeiter wurden Juden hierher verschleppt, die während Razzien festgenommen worden waren, oder Kontingente, zu dessen Bereitstellung der „*Judenrat*" genötigt wurde.

Am Anfang arbeiteten Juden nicht in den Fabriken, sondern beim Straßenbau, bei der Waldrodung und dem Entladen von Güterwagen. Die Arbeit unter der Knute ging über ihre Kräfte. Täglich geschahen tödliche Unfälle. Viele kamen geschlagen zurück, nicht mehr zur Arbeit fähig. Die Häftlinge wurden so brutal behandelt, dass sie sich Benzin spritzen ließen, um Ödeme zu bekommen und krankgeschrieben zu werden.

Seit 1942 arbeiteten Juden in den Hallen der Fabriken. Vor dem Krieg wurde kein jüdischer Arbeiter in den Munitionsfabriken aufgenommen. Damals herrschten in den Fabriken sehr gute, hygienische Arbeitsbedingungen. Die Arbeiter hatten Schutzkleidung, Masken und Handschuhe. Sie wurden zusätzlich ernährt und gut bezahlt. Damals konnte man sich nach zwei Stunden Arbeit bei der Pikrinsäureherstellung zwei Stunden lang erholen. Es gab eine Kantine, in der man Weißbrot, Räucherspeck und Milch bekommen konnte. Damals ging es darum, dass eine für den Organismus sehr schädliche Arbeit die Gesundheit nicht ruiniert. Die Polen, die mit der Arbeit in der Munitionsfabrik vertraut waren, wurden Meister und *Vorarbeiter* im Lager.

Es gab drei Werke: Im Hauptwerk A existierten die meisten Hallen, von dort wurde das hergestellte Material transportiert und dort standen die größten Fabriken: die Granatenabteilung, die alte Abteilung für Werkzeugbau, die neue Infanterieabteilung und die Automatenabteilung – die Produktionsabteilung für automatische Waffen. *Werk B* war ein kleines Lager, in dem die hygienischen Bedingungen am besten waren. Am schlechtesten war das *Werk C*, das im Wald gelegen war. Dort befanden sich Gebäude, die wegen des explosiven Materials, mit dem die in den anderen Werken produzierten Geschosse gefüllt wurden, von den Siedlungen entfernt lagen.

Die Fabrikgebäude lagen auf einem Gebiet von einigen Quadratkilometern und die Baracken auf einem Areal von 0,5 Quadratkilometern bei den Werken A und C. Im Werk B gab es vier kleine Baracken. Die Baracken der Frauen und Männer waren nicht durch Stacheldraht voneinander getrennt.

Das ganze Lager war von zwei Reihen Stacheldrahtzaun – einem inneren und einem äußeren – umgeben. Der Draht stand nicht unter Strom. Trotzdem war die Flucht schwierig, weil es im Wald dicht aufgestellte, mit Maschinengewehren bewaffnete Wachen des *Werkschutzes* gab. Außerdem halfen ihnen moralisch marode Individuen der lokalen Bevölkerung, die Flüchtlinge für Wodka verrieten.

Jedem Werk stand ein Deutscher als *Lagerführer* vor. Er bediente sich eines ganzen Stabs von verkommenen Leuten, die sich den Deutschen gegen das Versprechen, den Krieg mit ihren Familien zusammen zu überstehen, verkauften.

Im Werk C, das im Wald versteckt und getarnt war, arbeiteten die Häftlinge unter unmenschlichen Bedingungen in der Produktion von Pikrinsäure und Trinitrotoluol. Sie hatten keine Schutzkleidung und waren ständig Explosionen und Vergiftungen ausgesetzt, geschweige denn, dass der Tod, wie in jedem Lager für Juden, ständig drohte.

Es gab keine langen Appelle, weil die Kommandos zu jeder Tages- und Nachtzeit arbeiten gingen und es schwierig war, alle Häftlinge gleichzeitig zu versammeln. Man stand auf einem Appellplatz, einer feuchten Waldwiese, auf der das Moos nie trocken wurde. Die Häftlinge standen in schäbigen Holzschuhen oder barfuß im Wasser oder im Schnee. Wenn die Pfützen gefroren waren, rutschten sie über das Eis.

Die Baracken waren aus Holz. Die Wände waren undicht. Durch die Ritzen zwischen den Brettern konnte man nach draußen schauen. Weder Türen noch Fenster ließen sich richtig schließen. Die Scheiben waren meist herausgeschlagen. Die Bretter des Fußbodens waren löchrig. Man konnte den Erdboden sehen. Als Heizmaterial dienten feuchte Äste, die im Wald geschlagen wurden, oder in den Hallen organisierte Kohlen. Die Pritschen waren doppelstöckig und wackelig. Es gab weder Strohsäcke noch Decken. Als Schlafstätte dienten Holzspäne, die man aus der Fabrik ins Lager schmuggelte, worauf die härteste Strafe stand. Wegen des Ungeziefers wurden die schlaflosen Nächte zum Albtraum. Sie waren keine Erholung, sondern eine Qual.

Der Dreck und Gestank lassen sich nicht beschreiben. Seine Notdurft verrichtete man in der Baracke, weil die Ukrainer jede Person erschossen, die es wagte, in der Nacht nach draußen zu gehen. Als der Transport aus Majdanek eintraf, wurde den Menschen versichert, dass ihnen nichts passieren würde, wenn sie in der Nacht nach draußen gingen, um ihre Notdurft zu verrichten. Sechs Wagemutige, die gerade angekommen waren, traten deshalb aus. Kurz danach wurden Schüsse abgegeben und man konnte gellende Schreie hören. Von den sechs Menschen kamen nur zwei zurück, die flüchten konnten. Am nächsten Morgen wurden die Leichen der Opfer, die vor der Baracke lagen, weggeschafft.

Neben den Baracken befand sich eine Latrine ohne Türen, an die man nicht gelangen konnte, weil man im Kot stecken blieb. Die Latrine bestand aus vier Löchern. Von jeder Seite waren sie mit einem Brett abgetrennt. Sie wurde einmal pro Woche geputzt. Erst im Frühling 1944, nach vielen Inspektionen, wurde ein Putzdienst gewählt und der Kot mit Kalk bestreut. In den Wänden der Latrine befand sich eine Unmenge von Löchern. Da es keine Abwasserkanäle gab, floss der Kot zu den Baracken. Deshalb verbreitete sich ein fürchterlicher Gestank über das ganze Lager.

Neben der Latrine war ein Verschlag für die Leichen. Wenn er voll war, wurden die Toten wie Abfall auf eine Karre geladen und irgendwohin gebracht. Niemand wusste wohin.

Im Lager gab es einen *Waschraum*, eine Wäscherei, einen Friseur und ein Café. Der *Waschraum* befand sich in einem separaten Gebäude, das ein paar Hundert Meter von den Wohnbaracken entfernt war. Durch die zerbrochenen Fenster wehte ein eisiger Wind. Drinnen war es so frostig kalt wie draußen. Man erleichterte sich oft im Waschraum, weil es unmöglich war, zur Latrine zu gehen. Man konnte sich nicht waschen, weil es zu wenige Wasserhähne gab, die zudem oft kaputt waren. Wir hatten fast nie Wasser. Im Winter fror es und im Sommer gab es während brütender Hitze im ganzen Lager kein Wasser. Der Mangel setzte einem besonders zu, wenn man noch die schmutzigen Lumpen waschen musste.

In der Waschküche befanden sich zwei am Ofen eingemauerte Kessel, in denen es gewöhnlich Wasser gab, das aber voll von Läusen und verlauster Unterwäsche war. Hinter einer Trennwand stand eine Badewanne neben der Tür, die immer schmutzig war und zum Baden der Typhuskranken diente. Der Wind wehte wie im Freien. Das Wasser, in dem sich vorher die verlauste Unterwäsche befunden hatte, wurde mit einem Schöpflöffel in die Badewanne gegossen. Die Häftlinge warteten stundenlang in der Reihe, weil Günstlinge Vorrang hatten. Unter ihnen herrschte unumstritten eine ordinäre Megäre, die Analphabetin war. Sie war der Schrecken jener Mutigen, bei denen das Bedürfnis, sauber zu sein, noch nicht erloschen war. Sie versuchten, ein bisschen heißes Wasser von ihr zu bekommen, um die schmutzigen, mit Trinitrotuluol getränkten Lumpen oder sich selbst zu waschen. Die Kranken, die Typhusgenesenden, Menschen, die nach der Krankheit erschöpft waren, verließen den Raum nach einem solchen Bad auf geschwollenen Beinen, von Dämpfen und dem Geschrei des Weibes benommen. Sie gehörte zu den Individuen, die die Tücke des Systems vollständig demoralisierte.

Vier Friseure rasierten die Häftlinge, denen daran gelegen war, sorgfältig rasiert zu werden und die Haare geschnitten zu bekommen, weil die Deutschen für nachlässiges Aussehen Schläge verteilten. Außerdem verlieh der Bartwuchs das Aussehen eines alten Mannes und betonte das eingefallene Gesicht. Das Äußere konnte bei der Selektion Einfluss haben. Nur völlig resignierte Menschen, die nur noch auf den Tod wie auf eine Befreiung warteten, kümmerten sich nicht mehr um ihr Aussehen.

Der Kaffee wurde in einer Bude ausgegeben, die sich neben der Wäscherei befand. Anfangs erhielt man im Lager Kaffee um drei Uhr nachts. Nach manchen Kaffeeexpeditionen blieben einige Leichen im Schnee zurück.

Am Anfang existierte kein Krankenrevier. Als Krankenhaus diente die ehemalige Pferdebaracke, ohne Licht, schmutzig und stickig. Wenn es regnete, tropfte das Wasser durch die Löcher im Dach auf die Kranken. Eine Welle des Gestanks, die aus der Baracke kam, stieß einen an der Tür zurück. Den Häftlingen, die ohne Fürsorge auf dem Boden lagen, in zerlumpte Fetzen gehüllt, oft nackt, ohne Decken, wurden ihre Essensrationen gestohlen. Zahlreiche Läuse krochen auf den vor Hunger geschwollenen Körpern.

Die Typhus-Kranken hatten keine separate Baracke. In einem Loch lagen deshalb nebeneinander Tuberkulosekranke, Häftlinge, die sich bei der Arbeit verletzt oder vor Hunger aufgedunsene Körper hatten, Kranke mit eitrigen Wunden oder Erfrierungen. Selbst wenn jemand am Verdursten war, reichte ihm niemand Wasser. Den Bewusstlosen wurden die besseren Besitztümer weggenommen, den Sterbenden oder den schon Gestorbenen die Goldzähne gezogen. Um Platz für neue Opfer zu schaffen, wurden alle paar Tage Kranke zum Schießplatz abtransportiert.[2]

Bis der Transport aus Majdanek kam, gab es in Skarżysko keinen Arzt. Die Menschen, die als Krankenpfleger arbeiteten, hatten keine Qualifikation. Sie waren auf den Posten erpicht, weil er sie vor der mörderischen Arbeit in den Hallen schützte und ein etwas besseres Leben ermöglichte, allerdings zum Nachteil der Kranken.

Alle paar Tage fand im Krankenhaus eine Selektion statt. Jedes Mal wurde das Krankenhaus fast geleert. Die Kranken wurden in Autos zum Schießplatz gefahren. Zum Opfer fielen ihnen ältere, schlecht aussehende oder zerlumpte Menschen.

Nach Skarżysko kamen auch schwangere Frauen. Wenn der *Wachführer* eine schwangere Frau bemerkte, verlangte er, dass das Kind nach der Geburt getötet wurde, indem man es verhungern ließ. Man vergiftete die Kinder nicht mit einer Spritze. Es war schade um das Morphium. Das in Papier eingewickelte Kind lag auf seiner Pritsche und die Mutter durfte sich ihm nicht nähren. Nach wenigen Tagen starb das Baby.

Dr. Wasserstein, Häftling und Lagerarzt, berichtet von einem Vorfall, der während seiner Tätigkeit passierte: „Es war Winter. Ich kam bei klirrender Kälte von einem Kranken zurück. Als ich an der Latrine vorbeiging, neben der sich der Verschlag für die Leichen befand, hörte ich Gewimmer. Ich ging zu dem Verschlag. Unter den Leichen sah ich einen Säugling. Das Kind war blau vor Kälte und neben ihm sprangen die Ratten. Seine Hände bewegten sich. Seine Beine konnte ich nicht sehen, weil sie unter den Leichen lagen. Es war schwer, das Kind aus den gefrorenen Leichen herauszunehmen. Kaum schob ich eine Leiche weg, rutschten andere Leichen nach. Endlich kam Hilfe. Einige begannen, die Leichen und den Schnee wegzuräumen. Ich steckte das Kind unter meinen Mantel und brachte es ins Krankenhaus.

Ich erfuhr später, dass der *Wachführer*, der die schwangere Frau bemerkt hatte, verlangt hatte, dass das Kind, wenn es zur Welt kommt, getötet wird. Das war gerade das Kind, das ich rettete. Ich brachte das Kind, das dem Hungertod preisgegeben worden war und dem man die Mutter zu sehen verboten hatte, ins Krankenhaus. Das Kind lebte noch fünf Tage. Das Gewimmer wurde immer schwächer und hörte schließlich auf." (Archiv der Jüdischen Historischen Wojewodschaftskommission in Krakau, Lb. 387)

Angst und Schrecken waren im Lager ständige Begleiter. Wenn jemand anständige Schuhe oder Kleidung besaß, fürchtete er um sein Leben, weil die Ukrainer solche Menschen

---

2 Die Munitionsfabrik hatte einen Schießplatz zum Testen von Waffen und Munition.

hinter den Stacheldraht führten und erschossen. Danach berichteten sie, dass sie den Häftling während der Flucht erschossen hätten. Wenn es jemandem gelang zu fliehen, fielen dem zehn andere Häftlinge zum Opfer.

Von dem Sadismus der Deutschen erzählt Henryk Zajac, einer der ersten Häftlinge des Lagers in Skarżysko: „Ende September 1941 fand der allgemeine Appell statt. Der Generaldirektor ging um die Reihen der Häftlinge herum und fragte, wer sich schlecht fühle und nach Hause fahren wolle. Unbeschreibliche Freude. Alle meldeten sich, um von dieser Hölle fliehen zu können. Danach gab es eine Selektion. 500 Menschen aus dem Werk C wurden ausgewählt. Gesunde Häftlinge nicht. Durch Täuschung wurden etwa Tausend Menschen (noch etwa 500 aus den Werken A und B) angelockt. Sie wurden in der Fabrik eingeschlossen. Ein Tag vorher war ein Befehl erteilt worden, die Fenster der Fabrik mit Stacheldraht zu vergittern. Am nächsten Morgen wurden je Hundert Menschen herausgeführt und erschossen." (Archiv der Jüdischen Historischen Wojewodschaftskommission in Krakau, Lb. 218)

Die Exekutionen fanden auf dem Schießplatz statt. Der Platz lag auf einer großen Lichtung im Wald, auf der man die Produktionsergebnisse testete. In der Mitte der Lichtung befand sich eine tiefe Grube, in die sich die Opfer eng nebeneinander, mit dem Gesicht zum Boden, legen mussten. Mit einem Maschinengewehr wurde eine Salve von Kugeln abgeschossen. Die Leichen wurden danach mit etwas Erde bestreut. Kurz danach kamen weitere Opfer. Der ganze Prozess wiederholte sich, bis die Grube voll war. Es fügte sich, dass ein junges Mädchen, das durch einen Schuss nur verletzt worden war, sich einige Stunden nach der Hinrichtung aus der Grube hinaufziehen konnte und in den Wald lief. Leider traf sie außerhalb des Lagers einen Menschen, der sie für einen halben Liter Wodka verriet.

Die *Hasag* schloss mit der SS einen Vertrag ab. Für jeden Häftling zahlte die Firma der SS etwa fünf Reichsmark pro Tag. Die Rechnung lohnte sich. Die Arbeitskräfte wurden extrem ausgebeutet, ohne Beschränkungen der Arbeitszeit und ohne geeignete Schutzmaßnahmen. Wenn die jüdischen Arbeitskräfte erschöpft waren, lag der *Hasag* daran, diese Menschen so schnell wie möglich zu beseitigen und durch neue, gesunde Arbeiter zu ersetzen. Infolge der mörderischen Arbeit und menschenverachtenden Bedingungen waren die Menschen nach zwei Monaten erledigt.

Damals gab es noch keine Ärzte, keine Medikamente und kein Krankenhaus. Das sogenannte *Krankenhaus* war keines. Die Kranken wurden nur in eine Bude geworfen, damit sie dort auf den Tod warten konnten. Deshalb wurde die Baracke „Vorzimmer des Todes" genannt. Später wurde ein Krankenhaus eingerichtet und ein Arzt beschäftigt. Es gab aber keine Heilmittel.

Von der Selektion im Krankenhaus erzählt Dr. Wasserstein: „Während der ersten Monate meiner Praxis ereignete sich Folgendes: Vor der Ambulanz drängten sich Kranke, die in der Reihe warteten. Plötzlich erschien ein Auto, aus dem der Deutsche Seidler in Zivilkleidung ausstieg. Im gleichen Moment liefen die Kranken auseinander. Nur zwei Menschen gelang es nicht, sich zu verstecken. Sie wurden ins Auto geladen. Ein Kranker versteckte sich während der Untersuchung unter der Couch. Seidler stürzte in das Krankenhaus und befahl, in fünf Minuten die Schwerstkranken auszuwählen. Sie sollten in einem anderen Werk ins Krankenhaus gebracht werden. Ich begann mit der Untersuchung. Plötzlich stieß mich Seidler weg. Es begann: nach links, nach rechts. Dann Schreien, Weinen. Die selektierten Personen wurden aufs Auto geladen. Und dann passierte Folgendes. Die „Kommandeuse" des Lagers, Frau Markiewicz, intervenierte in der Sache eines jungen Ingenieurs. Sie meinte, er sei ein guter Fachmann und man bräuchte ihn in der Fabrik. Es wäre ihr gelungen, ihn vor dem Abtransport zu retten. Er verzichtete aber freiwillig auf diese Gnade und sagte dem Deutschen, dass er von der Qual und Erniedrigung genug habe und nicht mehr für den Feind in einer Munitionsfabrik, gegen seine Brüder, arbeiten wolle. Seidler geriet in Wut.

… Zum ersten Mal war ich Zeuge einer solchen Selektion geworden. Dies wiederholte sich alle sieben bis zehn Tage." (Archiv der Jüdischen Historischen Wojewodschaftskommission in Krakau, Lb. 387)

Am 16. November 1943 umstellten Ukrainer, die von der SS und der Leitung der Fabrik befehligt wurden, das Lager. Aus den Baracken wurden Arbeiter von der Nachtschicht und Kranke aus dem Revier gebracht. Als Lockmittel sagte man ihnen, dass alle Schwachen die doppelte Portion Suppe bekämen. Die List war erfolgreich. Die sich freiwillig Meldenden wurden auf Autos verladen. Zum ersten Mal erwachte aber eine verzweifelte Reaktion des Widerstands in diesen resignierten, ihrer Familien, Häuser, Heimat und des Glücks und ihrer Würde beraubten Menschen. Die Kranken sprangen von den Autos. Wer nicht sprang, wurde erschossen. Das Morden dauerte einige Stunden, und erst am Abend wurde die Säuberung für beendet erklärt. Ein weiterer Transport kam aus Płaszów. Die Schwächsten wurden erschossen, damit Platz für neue Opfer geschaffen werden konnte.

Ich war Zeuge der vorletzten Selektion. Die Kranken wurden aus dem Krankenhaus geführt und auf Autos geladen. Sie sollten zum Schießplatz gebracht werden, wo die Hinrichtung stattfinden sollte. Bevor das Auto losfuhr, wurden den Opfern einige Brotstücke zugeworfen.

Auf dem Auto kam es zu Szenen wie in Dantes Inferno. Ich war oft hungrig und damals wurde mir bewusst, wie schrecklich das Gefühl des Hungers sein musste, als sich die Kranken auf das Brot stürzten und in dem Moment vergaßen, dass sie gleich sterben würden.

2. Werk C

Es ist das berüchtigtste von allen Werken, tief im Wald verborgen. Furcht überkommt jeden Neuankömmling, der das Lagertor durchschreitet. Der erste Eindruck: gelbe Menschen, in Papiersäcke gekleidet, die mit Schnüren und Draht zusammengebunden sind. Alles im Wald ist gelb: Gelbe Baracken, Bäume und Blätter. Gelb wegen der giftigen Substanzen, die aus den Werkhallen strömen. Ein vergifteter Wald. Gespenstische gelbe Gestalten schleichen zwischen den Bäumen umher. Die Frauen mit rostroten Haaren (Wirkung der Pikrinsäure aufs Haar) und mit roten Nägeln. Sogar ihre Augen im gelben Gesicht scheinen gelb zu sein.

Am schwersten ist die Arbeit bei der Herstellung von Granaten (1) und Pikrinsäure im Werk C. Die 6., 53. und 58. Halle, in denen an der Produktion von Granaten und Pikrinsäure gearbeitet wird, haben eine eigene Tradition und einen Ruf, der in allen anderen Werken bekannt ist.

Die 6. Halle wird „Einguss" genannt (Abkürzung für die Tätigkeit, die darin besteht, heiße, flüssige Masse von Trinitrotoluol in die Granaten zu gießen). In der 53. Halle stehen die Pikrinsäurepresse und auch ein „Einguss". In der Halle befinden sich zwei riesige Kessel, in die Salpeter geschüttet wird. Die Luft ist voller Trinitrotoluolstaub, der Tränen in die Augen treibt, den Atem nimmt und Husten hervorruft. Bei sehr hoher Temperatur sieden in heißen Kesseln Salpetersäure und Trinitrotoluol. Den Kesseln entströmt ein dichter Dampf. Der Kesselwart, der den Inhalt rührt, atmet den aufsteigenden Trinitrotoluoldampf ein, der auf den Organismus genauso tödlich wirkt wie die Pikrinsäure. Es wird ohne Schutzkleidung, Masken, Schutzbrillen und Handschuhe gearbeitet. Die Kessel werden nicht abgedeckt. Es stinkt deshalb in der ganzen Halle nach dem siedenden Trinitrotoluol. Besonders gefährlich ist die Arbeit des Kesselwarts. Es geht nicht nur darum, dass er ständig die giftigen Gase aus dem Kessel einatmet, sondern auch darum, dass jeder kleinste Fehler, z.B. ein Stoß mit dem Rührstock gegen die Kesselwand, eine Explosion verursachen kann.

Vor dem Krieg konnte nur ein erstklassiger Fachmann mit langjähriger Praxis Kesselwart werden. Im Lager übten diese Tätigkeit übermüdete, ausgehungerte Häftlinge aus, die von dieser Arbeit keine Ahnung hatten. Jetzt musste der Kesselwart auch noch Elektrotechniker und Monteur sein. Während dieser mörderischen Arbeit starben 17 von 26 Kesselwarten im Laufe einiger Monate. Es gab einige Unglücksfälle in der Halle. Ein Kesselwart beugte sich über den Kessel, um mit letzter Kraft das Trinitrotoluol zu rühren. Plötzlich erschien Schaum vor seinem Mund, seine Augen erstarrten und er brach neben dem Kessel zusammen. Die wenigen Menschen, die das Lager und die Arbeit mit Trinitrotoluol überlebten, litten an Tuberkulose. Aber es gab ihrer nur sehr wenige.

Israel Anker, einer der Häftlinge, schildert seine Erlebnisse in der 53. Halle, in der er einige Zeit verbrachte: „Ich arbeitete beim Transport von der 53. zur 58. Halle. Es gab keinen Tag, an dem der Kesselwart nicht ohnmächtig geworden wäre. Deshalb wurden Transportarbeiter festgenommen und der Arbeit beim Kessel oder beim Eingießen zugeteilt. Obwohl die Arbeit beim Transport in Skarżysko einen schlechten Ruf hatte, arbeitete ich lieber dort als in der stickigen Halle im Trinitrotoluolstaub. Es ereignete sich im Sommer während der Nachtschicht. Wegen vieler Alarme waren alle Fenster dicht verschlossen. In der Halle gab es keine Ventilatoren, und die Hitze war zum Ersticken. Ich konnte nicht hinausgehen, um frische Luft in die vergifteten Lungen zu pumpen, weil die Meister ständig zur Eile antrieben. Wegen der aus dem Kessel aufsteigenden Gase war mir übel und mir schwindelte. Ich konnte keinen Löffel Suppe schlucken, weil ich ständig einen bitteren Geschmack im Mund hatte.

Ich nahm eine Kiste, die ganz oben stand. Sie glitt mir aus den Händen, und ein bisschen Trinitrotoluol fiel heraus. Sie schlugen mich mit Knüppeln auf den Kopf, bis ich ohnmächtig wurde.

Von Tag zu Tag wurde ich schwächer. Mein ganzer Körper war angeschwollen. Ich wusste, dass ich nicht mehr lange leben würde, wenn ich so weiterarbeitete. Ich wollte Selbstmord begehen. Mein Freund rettete mich. Er verkaufte seine Schuhe, und für den Erlös erlangte ich die Gunst eines Meisters und konnte zu meinem vorherigen Arbeitsplatz zurückkehren.

Die Arbeit der Gießer war genauso schwer. Sie schöpften das heiße Trinitrotoluol mit Eimern aus dem Kessel und gossen es dann in die Granaten. Durchschnittlich stellten drei Häftlinge 5800 Granaten her, d.h. also, dass einer etwa 2000 Granaten herstellte. Die ganze Nacht dauerte der fieberhafte Lauf vom Kessel zum Tisch mit schweren Eimern. Die Arbeitsbedingungen erschwerten es, die Norm zu erfüllen."

Derselbe Häftling erzählt: „Innerhalb von einer Nacht musste ich etwa 2500 Eimer mit Trinitrotoluol tragen. Jede Granate wurde zwei Mal begossen. Auf dem Boden und an den Wänden des Eimers lagerte sich kristallines Trinitrotoluol ab, und es gab nicht mehr viel Platz für flüssiges Trinitrotoluol. Obwohl das TNT überfloss, reichte ein Eimer nur für eine Granate, höchstens für eineinhalb. Die meisten Eimer waren löchrig und das TNT floss an den Beinen herab. Man konnte sich kaum ausruhen, nicht einmal während der Mittagspause. Stehend aß ich die bittere Suppe, weil die Norm nie erfüllt wurde, und die Gießer mussten noch nach Arbeitsende arbeiten." (Archiv der Jüdischen Historischen Wojewodschaftskommission in Krakau, Lb. 651)

Die Häftlinge mussten zwölf Stunden am Tag und 14 Stunden in der Nachtschicht arbeiten. Besonders in der Nachtschicht passierten viele Arbeitsunfälle. Man verbrühte sich mit heißem Trinitrotoluol oder verletzte sich, wenn einem die 58 Kilogramm schwere Granate auf den Fuß fiel, was zu einer Behinderung führen konnte.

Frauen rührten das TNT für die Granaten. Sie arbeiteten stehend. Sie konnten sich nicht setzen. Wir wurden gut bewacht. Die zwölf- und 14-stündige Arbeit machte aus den Frauen Roboter. Die abgemagerten Gespenster waren rastlos und ohne Erholung tätig. Die Beine schwollen wegen Überanstrengung an. Sie taten unerträglich weh. Die rechte Hand machte ständig die gleiche Bewegung. Sie rührte ständig einen Kreis im Trichter, damit das Trinitrotoluol gleichmäßig in die Granate gegossen werden konnte. Zwei Sekunden für einen Kreis. 30 Bewegungen innerhalb einer Minute, 1800 innerhalb einer Stunde und über 20 000 Bewegungen innerhalb einer Schicht. Die Bemessung berücksichtigt schon die Verlangsamung während der letzten Stunden der Arbeit.

Fryda Immerglück, eine von den Häftlingen, erzählt: „Ich arbeitete beim Einrühren des TNT in die Granaten. Wie eine Maschine bewegte ich meine Hand ständig in dieselbe Richtung. Meine Beine waren geschwollen. Meine Hände wurden gefühllos. Bis heute tut mein Schultergelenk weh. Mit letzter Kraft schleppte ich mich zum Lager. Meine Beine taten so weh, dass ich nicht auf die Pritsche steigen konnte, und ich musste sie mit Händen stützen und sie auf die Pritsche legen." (Archiv der Jüdischen Historischen Wojewodschaftskommission in Krakau, Lb. 718)

Wenn viele Männer starben, ersetzten die Frauen sie bei den schwersten Arbeiten. Besonders gefährlich war das Zerstampfen des Trinitrotoluols, weil der Schwebstaub in die Lungen drang und tödlich auf das Herz und alle anderen inneren Organe wirkte. Eine dort eingesetzte Frau lebte durchschnittlich nicht länger als zwei Monate.

Die unmenschliche Behandlung verstärkte das Grauen noch. Die Werkmeister warfen mit Granaten auf die Häftlinge. Ein Deutscher, ein 80-jähriger Greis namens Hecht, schlug auf die deutsche Art und Weise mit der Faust auf den Kopf, mit einem Gummiknüppel ins Gesicht und auf den Rücken. Wie ein böser Geist erschien er immer plötzlich wie aus dem Nichts. Als er einmal an der Halle vorbeikam, bemerkte er eine Frau, die den Kopf senkte. Er war sicher, dass sie schlummerte, und warf ihr ein schweres Eisenstück an den Kopf. Das Mädchen hatte nicht geschlafen. Es hatte eine Granate geputzt und sich gebückt. Aus der Wunde spritzte Blut. Die Verletzte wurde mit schmutzigen Lumpen bandagiert und musste weiterarbeiten, weil der Arzt sie aus Angst vor Hecht nicht krankschreiben wollte. Am nächsten Morgen musste sie trotz des verwundeten Kopfs zur Arbeit gehen. Als sie nach drei Tagen mit hohem Fieber in der Halle ohnmächtig wurde, befahl Hecht, sie krankzuschreiben.

Einem anderen Häftling, David Warszawski, fiel eine Granate auf den Fuß. Er ging am nächsten Tag nicht arbeiten. Hecht schickte eine Person zum Lager, damit sie David hole. Er behauptete, David simuliere. David wurde auf einem Karren zur Fabrik gebracht. Nachdem Hecht sich den Fuß angesehen hatte, lachte er gehässig. Nach zwei Wochen kam Warszawski wieder zur Arbeit. Das geschwollene Bein hinderte ihn, die Norm zu erfüllen. Hecht sah ihn einmal sich ausruhen. Der Bandit, der kein Mitleid und kein Verständnis für die Schwächeren hatte, verdächtigte jeden der Sabotage. Er konnte sich genau daran erinnern, dass Warszawski nicht mehr so gut arbeitete wie früher, als er noch gesund gewesen war und Hecht ihn im Auge gehabt hatte. Während der Selektion suchte der Deutsche aufmerksam nach Warszawski und gab ihn in die Hände des *Wachführers*, den es aber wunderte, dass ihm ein Häftling in seinen besten Jahren gebracht wurde. Gegen das Urteil von Hecht gab es keine Berufung und der gesunde und große Mann verschwand zusammen mit kranken und erschöpften Häftlingen, die in den Tod gingen, hinter dem Tor.

Berühmt war die 58. Halle in Skarżysko. Beim bloßen Aussprechen „die 58. Halle" fingen die Häftlinge an zu zittern. Bei Häftlingen aus allen drei Werken weckte sie Angst, und so wie die Pikrinsäurehalle troff sie vor Blut. Hier durfte man Juden so misshandeln, wie man nur wollte.

Bei der Arbeit im Trinitrotoluolstaub, beim Putzen der Granaten, galt eine bestimmte Norm, die ständig gesteigert wurde: von 2200 Granaten bis 5500 Granaten. Jeder Häftling hatte innerhalb einer Schicht 5500 Granaten in seinen Händen. Neben jedem Tisch standen einige Aufpasser mit Knuten, die darauf achteten, dass schnell gearbeitet wurde. Beim

Putzen der Granaten hätte man sitzen können. Juden durften es aber nicht, obwohl genügend Stühle in der Halle vorhanden waren. So konnte man sie noch stärker quälen. Die Beine waren schwer wie Blei. Das mörderische Arbeitstempo war für die geschwollenen Hände zu hoch. Es war keine Rede von Erholungspausen, weil die Arbeit nach den Grundsätzen von Taylor maximiert wurde. Das Erzeugnis geht von Hand zu Hand und die Norm wird gesteigert. Die Maschine wagt nicht anzuhalten. In der Halle ertönt die Knute. Aus den verletzten Gesichtern spritzt Blut. In jedem Moment droht Verstümmelung oder Tod.

Salomea Fass, eine der Häftlinge, berichtet: „An den ersten Tagen meiner Arbeit in der 58. Halle bekam ich einen Weinkrampf. Die Meister und ihre Helfer schlugen mit den Fäusten und mit dicken Stöcken, warfen Stühle und Granaten auf die Opfer, schlugen in die Augen. Einmal bekam ich eine solche Tracht Prügel, dass ich blind wurde. Trotzdem musste ich weiterarbeiten. Wir hatten Angst, unsere Notdurft zu verrichten. Wir warteten bis zur Mittagspause. Fast jede Frau hatte eine kranke Harnblase und Durchfall. Ein Junge, der während der Arbeit hinausging, um seine Notdurft zu verrichten, wurde vom Meister mit einem Stuhl zu Tode geprügelt. Die Leiche des Erschlagenen blieb liegen." (Archiv der Jüdischen Historischen Wojewodschaftskommission in Krakau, Lb. 547)

Selektionen und Krematorien waren nicht nötig. Der Tod hielt reiche Ernte in den Hallen. Nach vielen Inspektionen wurde es verboten, Häftlinge zu schlagen. Danach schleppten die Meister die Häftlinge in den Wald und ermordeten sie dort. Jeden Tag sank die Zahl der Juden in den Hallen.

Die Schinder waren im Ausdenken von Witzen unerschöpflich. Einmal wurde eine Kontrolle durchgeführt, dabei wurden ein Tallit und ein Tefillin (2) gefunden. Auf die Frage, wem die Gegenstände gehörten, wollte sich niemand bekennen. Die Deutschen drohten, dass sie alle in der Halle erschießen würden. Da meldete sich ein Jude aus Łódź und bekannte sich „schuldig". Eine Kiste wurde zum Podest umfunktioniert, und er wurde zum närrischen Auftritt gezwungen. Mit Tallit und Tefillin bekleidet musste er so lange beten, sich wiegen, singen, bis den Banditen langweilig wurde. Danach bildeten sie ein Spalier. Lachend und witzelnd jagten sie den Unglücksmenschen und jeder Einzelne schlug ihn; dass der Jude blutete, erregte nur ihre Blutrünstigkeit. Das halb besinnungslose Opfer wurde von seinen Mithäftlingen ins Lager getragen.

In Folge der ständig steigenden Anforderungen konnten die Arbeiter nicht die erforderlichen Vorsichtsmaßnahmen treffen, und es kam oft zu Explosionen. Gleich nach dem Krakauer Transport ereignete sich eine Explosion, bei der einige Dutzend Arbeiter ums Leben kamen. Die Deutschen befahlen, die verletzten Polen sofort in das Krankenhaus in Skarżysko zu bringen. Die Juden wurden am Ort belassen, bis die Inspektoren aus Radom und Kielce, die den Unfall untersuchen und die Verluste beziffern sollten, abfuhren. In der Unmenge von bis zur Unkenntlichkeit entstellten Körpern erklangen Jammertöne und Hilferufe. Die Verletzten bluteten. Sie warteten auf Hilfe, die aber niemand leistete. Ihre Hände und Beine waren verstümmelt. Einige waren nur leicht verletzt. Als Arbeiter von der

Nachtschicht kamen, wurden die Unfallspuren beseitigt. Aus der Halle wurden Eimer mit Blut hinausgetragen. Leichen und Verletzte wurden auf Karren geladen und zum Schießplatz gefahren. Acht Verletzten wurde der Todesstoß versetzt. Es gelang einem jungen Mädchen, sich vor den Banditen zu verstecken. Ein Granatsplitter steckte in seiner Lunge. Es konnte aber nicht gerettet werden. Die Ärzte, die über keine chirurgischen Instrumente verfügten, waren hilflos. Nach zwei Wochen Qual starb die junge Frau.

Die Wände der Halle, an denen Blutflecken zu sehen waren, wurden gestrichen. Spuren von verspritzten Gehirnen drangen in die Holzpfeiler ein. Diese Spuren waren noch zu sehen, als wir Skarżysko verließen.

Alte Frauen wurden am meisten gedemütigt. Sie kamen mit dem Transport aus Płaszów. Während der Selektion in Płaszów waren sie wie durch ein Wunder gerettet, dann aber von Göth herausgefischt und nach Skarżysko geschickt worden. Während des ersten Appells, als man die Häftlinge bestimmten Hallen zuteilte, wollte niemand die alten Frauen haben. Wegen der grausamen Erfahrung, die sie in Płaszów gemacht hatten, bettelten sie um Arbeit. Sie wussten, dass die Arbeit sie vor dem Tod schützen konnte. Sie erhielten in der Fabrik von Schmitz eine relativ leichte Arbeit zugeteilt. Als es bei Schmitz „Säuberungen" gab, wurden sie aber weggeschafft. Sie stellten sogenannten menschlichen Ausschuss dar, und jede Halle wollte sie loswerden. Sie wurden zu der schrecklichsten Tätigkeit unter anderem in die 58. Halle geschickt. Sie wurden am meisten verfolgt, immer nach dem Prinzip, dass die Schwächsten sterben müssten. Bei der Arbeit leisteten sie sich aber keinen Fehler, weil sie Angst davor hatten, dass sie aus der Halle weggebracht würden. Obwohl sie mit übermenschlicher Kraft arbeiteten, waren sie der grausamsten Behandlung und ordinärsten Beschimpfungen ausgesetzt. Fast alle starben in Skarżysko, entweder an Typhus oder infolge übermäßiger Arbeit.

Die größte Bedrohung und das größte Elend herrschten in der 13. Halle, die in allen Werken bekannt war. Dort wurden mit Pikrinsäure gefüllte Unterwasserminen hergestellt. Pikrinsäure ist ein für den Organismus sehr gefährliches Pulver, von dem alles gelb und bitter wird. Pikrinsäure und Trinitrotoluol vergifteten die Luft im ganzen Hasag-Werk. Die Häftlinge waren dabei wie eine Insel im Lager. Mit Papierpelerinen bekleidet, mit Schnürchen und Draht zusammengebunden. Hosen und Lumpen mit Papier geflickt. Ein Fuß im brüchigen Holzschuh und der andere in Papier eingewickelt. Im Gesicht stumpfe Entmutigung.

Zu dieser Arbeit wurden junge und gesunde Männer sowie junge Frauen, vor allem Blondinen, mit schönen Händen ausgewählt. Die Hände wurden aber gelb wie ein Kanarienvogel und waren bedeckt mit Geschwüren.

In der Halle stieg gelber Staub in die Luft, der mörderisch für den Organismus war. Er war so ätzend, dass er die Kleidung durchlöcherte. Der ganze Körper wurde gelb. Die Fuß- und Fingernägel wurden rot.

Nach dem ersten in der Halle verbrachten Tag waren die Häftlinge nicht mehr wiederzuerkennen. Die Pikrinsäure gravierte sofort ihr Brandmal ein. Die Haare färbten sich grünlich-gelb. Im Gesicht erschienen gelbe Flecken. Die Handflächen waren verbrannt, rot und verletzt. Die Haut wurde trocken und runzlig. Die Werkzeuge wurden mit Öl geschmiert, das in Verbindung mit Pikrinsäure die Haut verbrannte, sodass Wunden an den Händen entstanden.

Die Vergiftung mit Pikrinsäure rief Erbrechen hervor und verursachte Krämpfe in den Knien. Ein Warschauer Jude war anfangs so stark, dass er allein die Kessel aus der Küche trug und immer zum Wegschaffen von Leichen gebraucht wurde. Er erkrankte an den Beinen und magerte so sehr ab, dass er in kurzer Zeit zum „Muselmann" wurde. Nach einigen Wochen starb er.

Sehr schwer war die Arbeit an der Presse. Die kleinste Unvorsichtigkeit konnte eine Explosion verursachen. Ein Junge fing einmal Feuer, brannte wie eine Fackel und konnte gerade noch gerettet werden. Er war glücklich, als er eine andere Arbeit bekam und nicht mehr bei der Pikrinsäure arbeiten musste.

Der Meister kam selbst nie in die Halle hinein. Er stand an der Türschwelle, hielt sich den Mund zu und erteilte seine Anweisungen nicht in der Halle selbst, sondern von der Tür aus. Von den „Pikrinern" wandten sich alle ab, als wären sie aussätzig. In ihrer Nähe wurde nämlich alles bitter. Sie durften sich nicht am Ofen wärmen, denn die Wärme trug die bitteren Dämpfe durch die Luft und das Essen wurde sofort bitter. Man lachte sie aus und nannte sie „Kanarienvögel".

Vor dem Krieg betrug das Leistungssoll drei Kisten, d.h. 450 Stück, pro Tag. Im Lager aber arbeitete man elf Stunden und die Norm betrug am Anfang sieben Kisten. Man versprach „Feierabend", wenn die Norm erfüllt worden war. Deshalb herrschte unglaubliche Eile, einer hetzte den anderen, damit alles so schnell wie möglich fertig wurde und man in die Baracke zurückkehren konnte. Es nahm nämlich viel Zeit in Anspruch, sich von der Pikrinsäure zu waschen und zu säubern.

Die Deutschen nutzten die Häftlinge bis zum Äußersten aus und erhöhten die Norm auf acht, neun und elf Kisten, d.h. 1650 Würfel Pikrinsäure. Die Meister misshandelten die Häftlinge derart, dass jeder Platz der Halle mit Blut bedeckt war. Sie schlugen mit einem Hammer auf den Kopf. In der 13. und 15. Halle starben die Häftlinge nach drei Monaten, und wer überlebte, litt an Tuberkulose. Immerzu kranke, immerzu hungrige Menschen sammelten Reste auf dem Müllplatz.

Eine solch mörderische Arbeit, die die Gesundheit so aussaugt, verlangt eine besondere Ernährung. Die „Pikriner" litten am meisten unter Hunger, umso mehr, da ihnen niemand Hilfe leistete. Sie träumten davon, nur noch einen Löffel Suppe zu bekommen, um den alle kämpften. Es war offensichtlich, dass sich nur die Stärksten am Ablecken des Fasses und der Suppenreste, die auf den Boden getropft waren, beteiligen konnten. Die Deutschen beobachteten den Kampf der Ausgehungerten mit sadistischer Zufriedenheit. Einmal bemerkte ein Deutscher einen Jungen, der das Fass ableckte. Er steckte seinen Kopf in das Fass und hielt ihn so lange fest, bis ihm der Spaß langweilig wurde.

Infolge der verschärften Normen konnten die Häftlinge keine Sicherheitsvorkehrungen treffen, und es kam oft zu Explosionen. Das Leben hing an einem seidenen Faden. Besonders gefährlich waren die Nachtschichten, während derer es der größte Kraftakt war, den Schlaf zu überwinden. Die Stunden dehnten sich endlos. Die mit Pikrinsäure und Trinitrotoluol erfüllte Luft wirkte wie Kohlenmonoxid. Die Gedanken verknoteten sich. Der Trinitrotoluolstaub erstickte den Atem, die Zunge klebte am Gaumen, der wegen Hungers geschrumpfte Magen schmerzte. Die ganze Nacht arbeitete man hungernd. Kein Wunder, dass die Häftlinge oft einschliefen. Sie erwachten vom Schrei der Mithäftlinge, die die anderen zur Erfüllung der Norm antrieben, und durch den Meister, der durch das Fenster von außen hinterlistig die Häftlinge beobachtete, in die Halle stürzte und sie mit einem Stiel wegen Säumigkeit brutal schlug.

Die „Pikriner" hatten die längsten Appelle. Sie standen vor der Halle, barfuß, in Papier gekleidet und warteten auf den Chef, der sie endlos zählte, um zu erfahren, ob keiner in den Wald geflohen war.

Vor Müdigkeit und Hunger fielen sie bei der Arbeit um. Sie brauchten kein Krankenhaus und keinen Arzt mehr. Ihr Leben endete vor Ort. Sogar die Stärksten, die an körperliche Arbeit gewohnt waren, hielten nicht durch. Sie wurden mit Pikrinsäure vergiftet und konnten ihre Hände nicht mehr bewegen und die Norm erfüllen. Sie wurden deshalb in andere Hallen versetzt und arbeiteten beim Transport. Es kam vor, dass sie die Baracke verließen, es aber nicht mehr schafften, zum Arbeitsplatz zu gelangen. Sie setzten sich, um sich eine Weile zu erholen, und standen nicht mehr auf. Es geschah, dass sie sich nach der Arbeit auf die Pritsche warfen und in einen bleiernen Schlaf fielen, um nie wieder zu erwachen. Die anderen beneideten sie um den leichten Tod.

Bei der Pikrinsäure durfte man nicht erkranken. Wenn jemand während der Arbeit ohnmächtig wurde oder umfiel, beugte sich niemand nieder, weil man die Normerfüllung nicht unterbrechen durfte. Bei der leichteren Arbeit, bei der die Bedingungen noch zu ertragen waren, herrschte mehr Solidarität. Bei der Pikrinsäure herrschte eine rücksichtslose gegenseitige Behandlung. Tränen des Mithäftlings ließen die anderen kalt. Niemand half einem anderen. Niemand vertrat einen anderen bei der Arbeit. Die übermäßig Leidenden verloren die Fähigkeit, das Leid eines anderen Menschen wahrzunehmen; sie stumpften ab, weil sie den eigenen Tod, Tuberkulose und das eigene langsame Sterben vor Augen hatten. Die abgestumpften Menschen, die in die Apathie getrieben wurden, kleideten sich nicht mehr aus und wuschen sich nicht mehr. Sie waren dem Menschen nicht mehr ähnlich.

Im extremsten Pessimismus, in der tiefen Depression, hatten sie keine Träume mehr von einer besseren Zukunft und warteten entschlossen auf den Tod. Sie glaubten nicht mehr daran, dass sich ihr Schicksal ändern könnte. Sie wussten, auch wenn sie den Krieg überleben würden, verließen sie das Lager mit Tuberkulose.

Kurz vor der Auflösung des Lagers wurde die Ration für die „Pikriner" gesteigert. Sie erhielten 1/3 Liter Magermilch und 250 Gramm Blutwurst pro Woche als Aufschlag für die mörderische Arbeit. Die Blutwurst, auf die die Häftlinge die ganze Woche warteten, bekamen nur diejenigen, die am schwersten arbeiteten. Sie wurde oft sauer, weil sie in einem Fass in einem Lagerraum aufbewahrt wurde. Die saure Wurst verteilte der Chef Hecht, der dabei außergewöhnlich autoritär vorging. Bevor ein Häftling die Ration erhielt, musste er immer viele Unwägbarkeiten überstehen, weil sich der Chef an seine letzten „Verfehlungen" erinnern konnte. In der Regel sagte Hecht den älteren, erschöpften oder schlecht angezogenen Häftlingen mit sadistischer Genugtuung ab, weil er dadurch einen verhungerten Menschen öffentlich demütigen konnte. Wenn jemand an dem Tag ohnmächtig wurde und die Norm nicht erfüllte, bekam er keine Blutwurst. Ironischerweise wurde an die renovierte Tür der Baracke geschrieben: *„Bessere Arbeit, gute Kost"*.

Man versprach den Häftlingen Schutzkleidung. Schließlich bekamen sie aber nur Schutzmasken, die jedoch nicht passten und durchlässig waren. Der Staub drang unter die Maske und verursachte Streifen im Gesicht. Der Staub verstopfte Mund und Nase. Die Häftlinge bekamen keine Luft und schließlich trug niemand die Masken. Sie wurden zu einer neuen Qual. Nach der erfüllten Norm musste man sie aber sorgfältig putzen. Einmal putzten die erschöpften Häftlinge nach der mörderischen Arbeit in der Nacht die Masken nicht gründlich genug. Sie mussten in die Fabrik zurück, wurden geschlagen und dort mehrere Stunden festgehalten.

Während der Auflösung des Lagers wurden alle „Pikriner" getötet, weil die Deutschen die gelben Menschen nicht der Welt zeigen wollten. Nur wenige überlebten wie durch ein Wunder.

Auf dem ausgedehnten Gelände zwischen den Fabrikhallen verliefen die Transportwege. Häftlinge transportierten den Nachschub für die Rüstungsindustrie sowie fertige Produkte aus den Hallen in die Magazine und zu den Waggons. Außer zwei Transportschichten gab es Nachtschichten für den Bahntransport. Voller Angst erzählte man vom Transport. In der Nacht wurde beim Abladen ohne Norm gearbeitet. Wenn die Waggons am Tag eintrafen, wurden die Häftlinge, die in der Nacht gearbeitet hatten, sofort geweckt. Sie hatten keinen freien Sonntag. An den Sonntagen wurden sie in der Latrine oder in den Frauenbaracken, wo sie sich unter den Pritschen versteckten, aufgegriffen. An manchen Tagen schliefen sie weniger als zwei Stunden. Bei Regen oder Frost arbeiteten sie barfuß oder in abgelaufenen Holzschuhen. Füße, Ohren und Nasen erfroren. Ihre Hände bluteten infolge der Kälte und froren am Metall fest. Die Meister trieben sie zur Arbeit an. Sie sparten nicht mit Schlägen und warfen Granaten auf sie. Es gab keinen Tag ohne Opfer. Der Bahntransport wurde Todestransport genannt. Die Sterblichkeit war hier höher als in den Hallen, sogar höher als bei der Pikrinsäure.

Salomon Singer, einer der wenigen Überlebenden dieser harten Arbeit, berichtet: „Ich arbeitete beim Nachttransport. Zwei Häftlinge mussten zwei Waggons voller Granaten entladen. Wir arbeiteten ständig nachts. Wir hatten nie Erholung. Oft wurden wir am Tag geweckt und mussten wieder arbeiten. Sie schlugen uns mit Knüppeln. Sie schlugen mit der

Faust in den Kiefer. Sie schlugen in die sensibelsten Körperteile, in die Nieren, in den Bauch. Wegen der häufigen Schläge gab es viele Todesfälle. Wir kamen erschöpft ins Lager zurück und nahmen jeden Tag die verstümmelten Leichen unserer Kameraden mit. Tragbahren waren kaum vorhanden und deshalb schleppten wir die Toten, indem einer das Opfer am Kopf festhielt und ein anderer an den Füßen. Nach zwei Monaten waren von 120 Häftlingen nur noch 20 übrig. Es kamen keine neuen Häftlinge zur Unterstützung. Nur zwanzig Männer mussten die Norm erfüllen."

Derselbe Häftling schildert: „Ich wurde versetzt. Vom Transport, von der 58. Halle, geriet ich in das 3. Magazin. Ich transportierte Salpeter. Auf dem Rücken schleppte ich Säcke mit Salpeter, je 65 kg, vom Magazin bis zur Karre. Die Säcke waren hart wie Stein und drückten auf den Rücken. Der Salpeter verätzte den Körper und zerfraß die Kleidung. Mein Rücken war verkrüppelt. Die Karre mit 40 Säcken Salpeter zogen vier Häftlinge. Der Weg führte bergauf und war über einen Kilometer lang. Mit letzter Kraft zogen wir die Karre bergauf. In der 58. Halle entluden wir sie. Die Säcke mussten ordentlich gestapelt werden. Sonst schlug der Meister ohne Erbarmen zu.

Keiner von uns besaß ein Hemd. Stattdessen trugen wir Papiersäcke. Ich hatte keine Schuhe und lief barfuß bei Frost und minus 15 Grad. In unserer Baracke brannte nie ein Feuer." (Archiv der Jüdischen Historischen Wojewodschaftskommission in Krakau, Lb. 646)

Salomon Wasserlauf, ein anderer Häftling, bezeugt: „Einmal mussten wir einen Waggon mit Geschossen beladen. Ein Stück wog über 50 kg. Es wurde uns verboten, sie mit einer Karre zu transportieren. Wir mussten sie daher mit unseren Händen vom Magazin bis zu den Waggons, etwa 1 km weit, tragen. Ein Häftling musste 40 Granaten, d.h. etwa 2320 kg, schleppen. Wir trugen die Geschosse in die 51. Halle. Der Kollege Krumholz aus Kalwaria wurde ohnmächtig. Der Meister schlug mit einer Granate auf seinen Rücken, und am nächsten Tag starb er in der Baracke." (Archiv der Jüdischen Historischen Wojewodschaftskommission in Krakau, Lb. 735)

Mordche Fass erzählt: „Wir transportierten die produzierten Geschosse von der 58. Halle zum 3. Magazin, das Todesmagazin genannt wurde. Die Norm betrug zwölf Lastwagen, je 200 Granaten. Drei Häftlinge mussten innerhalb von einer Schicht 42 000 Granaten, einer also 14 000, tragen. Die Meister trieben uns mit Metallknüppeln an. Sie quälten uns wie Lasttiere. Mein Rücken war schwarz wegen der vielen Schläge. Der Weg von der 58. Halle bis zum Magazin, wo wir die Granaten von den Waggons abluden und gleichmäßig aufschichteten, war mit Blut markiert. Wir arbeiteten unter Zeitdruck. Für den kleinsten Fehler musste man zwei Stunden lang Kniebeugen machen und dabei in den ausgestreckten Händen Granaten halten. Wenn jemand in Ohnmacht fiel, wurde er mit einem Stoß in den Rücken wieder zu Bewusstsein gebracht. Während die Arbeiter in der Halle 20 Minuten lang Granaten auf die Waggons luden, mussten wir Kisten je 60 kg, zwei Kisten auf einmal, von einem Magazin zum anderen schleppen. Es gab keinen Tag, an dem nicht einer gestorben wäre.

Starke, junge Männer starben. Nach vier Wochen blieben zwölf von 90 Menschen übrig. Sie starben an Hunger, Erschöpfung und infolge der Schläge.

Wenn im Winter Schnee fiel, mussten wir einige Male am Tag die Bahngleise räumen und sie mit Salpeter bestreuen. Acht Leute zogen ein Fuhrwerk mit Granaten, das 11 000 kg wog. Einmal konnte ein gesunder, großer Junge das Fuhrwerk nicht durch den Schnee ziehen. Sie schlugen ihn so, dass er neben dem Fuhrwerk tot umfiel.

Infolge der unmenschlichen Hetze sprangen die Fuhrwerke beim Abbiegen aus den Gleisen. Sie überfuhren die Häftlinge und verletzten sie schwer. Ein Junge, Rozany, der von einem Waggon überfahren wurde, war danach behindert. Er wurde bei der nächsten Selektion zum Tode verurteilt.

Am schwierigsten war es, wenn der Alarm während der Nachtschicht kam. In der undurchdringlichen Dunkelheit fielen die Waggons um, und es gab viele Opfer. Wir mussten die Granaten in der Dunkelheit stapeln. Unsere Peiniger schlugen uns, und auch unter diesen Bedingungen verlangten sie, die Norm zu erfüllen.

Oft griffen sie uns am Sonntag nach der Nachtschicht auf. Wir versteckten uns, wo wir nur konnten. Sie fanden uns aber überall.

Der Hunger dezimierte uns. Wir waren nur in Papiersäcke gekleidet. Ich besaß kein Hemd mehr, weil ich es für Brot verkauft hatte. Bei der Selektion war ich auf der Schwarzen Liste, so wie viele andere, die zum Arzt gegangen und schon im Krankenhaus gewesen waren. Ich flüchtete auf dem Weg zur Erschießung." (Archiv der Jüdischen Historischen Wojewodschaftskommission in Krakau, Lb. 591)

Wir mussten Zehntausende von Granaten von einem Magazin zum anderen schleppen. Sie stellten uns in eine lange, doppelte Kette, mit einer Lücke zwischen den beiden Ketten. Hecht führte das Kommando. Der Bandit prüfte mit der Uhr in der Hand das Tempo des Transports von Geschossen (ein Stück wog 50 kg). Innerhalb von zehn Minuten wurde eine bestimmte Menge transportiert. Hecht berechnete, wie viele Granaten innerhalb von 20 Stunden transportiert werden konnten, und er bestimmte die Norm. Er berücksichtigte dabei weder Pausen noch die Ermüdung der Frauen. Er berücksichtigte nicht, dass die Arbeit in seiner Gegenwart schneller vonstattenging, weil jede Frau wusste, dass sie für jede unerwünschte Bewegung ins Gesicht geschlagen wurde. Die Arbeit war sehr schwer und überstieg die Kräfte einer gesunden Frau, geschweige denn einer kranken, gerade von Typhus genesenden und hungrigen Frau. Nach einigen Stunden wurden einige Frauen ohnmächtig und das Tempo ließ nach. Aber sie beeilten sich. Man konnte nicht einmal die Notdurft verrichten gehen. Die Frauen weinten, sie bettelten um eine Pause. Vergeblich. Es war nämlich nicht von den Wachleuten abhängig. Sie hatten den Befehl des Chefs auszuführen. Als die Arbeit nach 16 Stunden immer noch nicht getan war, mussten wir sie am nächsten Tag, am freien Sonntag, beenden. (Jeder dritte Sonntag war frei.)

3. Pikrinsäure

Bei der schlimmsten Arbeit, bei der Pikrinsäure, und dort bei der Presse, waren Männer beschäftigt. Die Arbeit ging über die Grenzen der menschlichen Belastbarkeit hinaus, umso mehr über die Möglichkeiten der ausgehungerten und durch die furchtbaren Bedingungen des Lagers ausgemergelten Häftlinge. Die Deutschen schöpften in der kürzesten Zeit die maximale Arbeitskraft ab. Die auf diese Weise fertiggemachten Sklaven wurden durch neues Häftlingspersonal ersetzt. Die Männer brachen unter diesen Bedingungen sehr schnell moralisch und physisch zusammen. Sie wurden in einen solchen Erschöpfungszustand versetzt, dass sie den Tod nur noch als Erlösung empfanden.

Ein Bild gibt der Bericht von Izak Jakober: „Ich kam in Skarżysko an und wurde dem Werk C zugeteilt. Entsetzen ergriff mich, als ich die gelben Menschen bei der Arbeit in der Pikrinsäure-Herstellung sah. Am Morgen nach unserer Ankunft kamen die Leiter in die Baracke und wählten diejenigen unter uns aus, die arbeiten sollten. Bei der Verteilung der Arbeitsplätze bemühte ich mich darum, nicht unter die gelben Menschen zu geraten. Ich wollte lieber die schwerste Arbeit ausüben als den Einsatz bei der Pikrinsäure. Mir wurde aber die gelbe Presse zugeteilt. Schon am ersten Tag erbrach ich mich infolge der Vergiftung mit Pikrinsäure.

Meine Hand war verletzt und sie schmerzt bis heute (beim Aussteigen aus dem Zug schlug ein Soldat mit dem Kolben auf meine Hand). Ich konnte daher die Norm nicht erfüllen. Der Meister schlug mich mit dem Knüppel. Für einige Zeit wurde ich beim Zerkleinern von Trinitrotoluol eingesetzt.

An der Presse mangelte es ständig an Arbeitern, weil die ehemaligen Pikrinsäureleute regelrecht ausstarben. Deshalb beorderte mich der Deutsche Walter zurück an die Presse. Das war die härteste Arbeit. An jedem Tisch arbeiteten vier Mann: Presser, Streuer und zwei Helfer. Die Arbeit ging von Hand zu Hand. Wenn sich einer erholen und die Bitterkeit, die in die Luft stieg, ausspucken wollte, wurde die ganze Arbeit angehalten.

Das Tempo war mörderisch. Die Norm betrug elf Kisten, zusammen 1650 Pikrinsäurewürfel. Das bedeutete, dass man ein Werkzeug, das 20 kg wog, innerhalb von elf Stunden 1650 Mal hochheben musste. Als ich wegen meiner verletzten Hand die Norm nicht erfüllen konnte, schlug mich mein *Vorarbeiter* so stark mit dem Ochsenziemer, dass ich eine ganze Zeit blind war. Ich musste in der Dunkelheit weiterarbeiten, weil man die Produktion nicht unterbrechen durfte. Wenn die Norm nicht erfüllt wurde, schlugen der Meister aus unserer Schicht und der Meister der nächsten Schicht. Einige Presser gefährdeten sogar ihr Leben, damit die Norm erfüllt wurde. Sie ließen die Schieber offen, weil dies eine Sekunde sparte und innerhalb von einer Schicht sogar 1,5 Stunden. Es herrschte unmenschliche Hetze. Man gefährdete sein Leben, um Schläge zu vermeiden. Der Meister schlug einem mit dem Hammer auf den Kopf. Trotz der Anstrengung der Presser konnte die Norm oft nicht erfüllt werden, weil die Presse nicht mitspielte. Von Zeit zu Zeit stürmte der Meister herein, um zu prüfen, wie die Arbeit voranging. Wenn er feststellte, dass es zu langsam lief, schlug er zu. Ich hatte vor den Schlägen solche Angst, dass ich die Maschine nicht mehr kontrollierte. Man musste sich dafür nämlich jedes Mal bücken, und jedes Beugen dauerte eine Weile – innerhalb einer Schicht eine halbe Stunde. Einmal kam es zur Explosion. Zum Glück passierte es an Silvester, als kein Meister anwesend war. Für die Explosion war der Hauptpresser verantwortlich. Früher hatte man die Ursachen einer Explosion nicht überprüft, und der Presser war für den Fehler erschossen worden. Als ich im Lager war, schlug der Meister erst den „Schuldigen" und prüfte dann die Ursachen der Explosion. In der Regel lagen die Ursachen einer Explosion bei den Werkzeugen und einer kaputten Presse. Als ich bei der Hasag arbeitete, geschah es einmal, dass der Presser Hops einen Fehler beging. Er wurde zum Schießplatz gebracht. Wenn die Presse kaputt ging, arbeiteten wir an diesem Tag beim Transport. Unser Meister teilte uns der schwersten Arbeit zu. Wir mussten Kisten je 80 kg tragen. Er stürzte von Zeit zu Zeit in die Halle und schlug jeden mit dem Hammer auf den Kopf. Wegen der Verspätung aufgrund der kaputten Presse gaben sie uns eine dritte Maschine, damit das Versäumte nachgeholt werden konnte. Das Tempo war damals so mörderisch, dass der Streuer nicht Schritt halten konnte und es oft zu Explosionen kam. Der Streuer durfte bei der Arbeit sitzen. Es mangelte aber an Stühlen. Am Eingang begann daher immer ein Kampf um Stühle.

Die Häftlinge, die das Mittagessen in die Halle brachten, bekamen einige Schöpflöffel Suppe. Sie tauschten sie gegen Brot. Wir kamen immer ohne Brot zur Arbeit. Wir kauften aber die Suppe auf Kredit für das Brot, das wir am nächsten Tag bekommen sollten. Das war kein guter Tausch, weil Brot wertvoller als Suppe war. Während der Arbeit, wenn der Magen schmerzte, bekam der Hunger die Oberhand. Der Tag, an dem die Suppe angebrannt war, war ein Feiertag. Die Suppe war dann dicker als sonst, und man konnte sie aus dem Kessel herauskratzen. Eine solche Suppe wollte jeder kaufen. Sie wurde aber nur den Günstlingen verkauft. Bis zum Mittagessen, bis 11 Uhr, gab es nichts zu essen. Offiziell dauerte die Mittagspause eine halbe Stunde. Nach 15 Minuten schrie der Meister immer „Fortfahren", was bedeutete, dass man wieder arbeiten musste. Die Suppe wurde in der Halle verteilt. Immer wenn sie in die Halle gebracht wurde, wurde sie sofort bitter und das Fass färbte sich gelb. Man bekam keinen vollen Schöpflöffel. Das Fass erhielt dann der Presser, damit er die Suppe auskratzte. Er hatte die höchste Norm zu erfüllen. Die Pikrinsäureleute, die schon lange im Lager waren, erzählten, dass früher immer der *Vorarbeiter* die Suppe verteilt hatte, und anstatt sie in eine kaputte Dose einzugießen, hatte er sie in die Hosentasche eines Häftlings gegossen und dann den Häftling mit dem Schöpflöffel auf den Kopf geschlagen. Leichen am Suppenfass waren kein seltenes Bild.

Die Pikrinsäurearbeiter lebten in den separaten Baracken Nr. 11 und 12. Der bittere Geruch erfüllte die Luft in der Nähe der Baracken wie in der Halle. Wir schliefen ohne Decken auf Brettern. Die „Pikriner" erhielten keine Decken, weil sie sofort gelb geworden wären. Niemand besaß ein Hemd. Ich verkaufte meines für Brot. Ich war in verschiedenen

Lagern gewesen. Ein solches Elend hatte ich aber nie zuvor gesehen. Vier Häftlinge kauften für 40 Groschen zusammen eine Zigarette. Ich trug statt Kleidung Papier, mit Schnur und Draht verbunden. Ich zog den Papiersack acht Monate lang nicht aus. Nach der Arbeit wurde ich nämlich sofort ohnmächtig und jede Minute Schlaf war mir wertvoller. Das Entfernen der Drähte nahm zu viel Zeit in Anspruch – eine Stunde in der Nacht. Das Zubinden am Morgen dauerte wieder eine Stunde. Das ganze Vermögen eines Pikrinsäurearbeiters stellte eine kaputte, schmutzige Dose dar. Einige fertigten sich Löffel. In der Regel schlürften aber alle das bittere Abwaschwasser unmittelbar aus der Dose. Fremde betraten unsere Baracke nicht. Sie hatten Angst vor dem Bitteren. Aus den anderen Baracken wurden wir immer hinausgeworfen. Bei uns gab es nie Feuer. Deshalb schlichen wir von Zeit zu Zeit in andere Baracken, um uns ein bisschen aufzuwärmen. Nach kurzer Zeit schrie einer: bitter, vielleicht ein Pikrinsäuremann. Wir wurden vom Ofen vertrieben. Wegen der Wärme stieg der bittere Geruch in die Luft und alles wurde bitter. Man konnte außerdem nicht nah am Ofen stehen. Die Papierkleidung, die mit Pikrinsäure durchtränkt war, entzündete sich leicht. Die ganze Zeit, die ich in Skarżysko verbracht hatte, hatte ich einen bitteren Geschmack. Wir tauschten oft Suppe gegen Brot oder gegen stinkende Knochen aus Werk A ein. Jeden zweiten Sonntag liefen wir nach der Nachtschicht, trotz der bleiernen Müdigkeit, zum Werk A in den Waschraum. Wenn dort anständige Wachmänner Dienst taten, konnten wir eine andere Baracke besuchen, wo wir Knochen und Schalen bekamen. Übelgesinnte Wachmänner verboten uns, uns zu entfernen. Oft blieben die erschöpften Häftlinge auf dem Weg zum Waschraum liegen. Dann trugen ihre Genossen sie zum Werk A. Von dort kehrten sie nie zurück. Sie blieben im Krankenhaus, wo man ihnen den Rest gab.

Die Baracken der Pikrinsäurearbeiter waren die einzigen, in denen es keine Läuse, Wanzen und Flöhe gab. In der vergifteten Luft konnte kein lebendiges Wesen existieren. Als der Waschraum eingerichtet wurde, kamen Polen mit Fuhren Baumaterial ins Lager. Die Pikrinsäurearbeiter stahlen das Pferdefutter. Wenn ein Pikriner nicht zurechtkam, konnte er höchstens drei Monate lang überleben. Im *Betrieb* organisierten wir Kohlen, um sie später in den Frauenbaracken zu verkaufen. Selbst verbrannten wir sie nie. Allenfalls an warmen Tagen, als wir keine Kohlen verkaufen konnten. Ich räumte den Raum für die Frauen im Krankenhaus auf. Dafür erhielt ich von Zeit zu Zeit Suppe. Die Konkurrenz war aber groß. Die Pikriner kämpften um die Arbeit. Die Stärksten kamen zurecht, indem sie Leichen wegtrugen und dafür eine Brotschnitte erhielten.

Ich erkrankte, hatte 40 Grad Fieber und wurde krankgeschrieben. Ich erfuhr, dass Pikriner ein bisschen mehr Brot bekommen sollten. Trotz der Krankschreibung ging ich zur Arbeit. Mit Fieber. Ich hatte schon alles verkauft. Mein Hemd, meinen Mantel, meine Schuhe, auch meine Platinzähne. Mein ganzer Körper war angeschwollen. Meine Genossen trösteten mich. Sie sagten, dass die Qual bald zu Ende sei. Ich spürte, dass der Tod nah war. Mein Freund, der Klempner war, gab mir Dosen, damit ich sie im Werk A verkaufen konnte. Ich sollte 50 Groschen für jede verdienen. Ich ging am nächsten Sonntag hin. Ich konnte aber keine Baracke betreten, weil die Wachmänner sorgfältig aufpassten. Ich musste in den Waschraum. Aus Angst vor Dieben versteckte ich die Dosen oben auf einer Wand, über die Rohre mit Heißwasser liefen. Die Dosen fielen hinter die Wand. Um sie wieder zu bekommen, musste ich durch ein Loch in der Wand kriechen. Dabei verbrannte ich mir meinen Fuß. Danach musste ich mit krankem Fuß arbeiten gehen. Wegen der Pikrinsäure eiterte der Fuß immer stärker. Mein ganzer Körper war schon wie ein verwesendes Gerippe. Schließlich wurde ich für sechs Wochen krankgeschrieben und konnte im Lager bleiben. Eines Tages erschien unerwartet die Kommission. Appell. Sie trennten uns. Auf einer Seite stellten sie die Kranken auf, auf der anderen die Gesunden. Ich war mir sicher, dass wir erschossen werden. Es gab 29 Pikrinsäureleute. Der Lagerarzt, Dr. Handel, der auch Häftling war, erklärte dem Generaldirektor, dass alle an der Lunge erkrankt seien, dass Pikrinsäure für uns mörderisch sei, dass wir beim Bau arbeiten könnten. Die Intervention des Arztes war erfolgreich. Wir wurden dem Bau zugeteilt. Uns ersetzten 29 Bauarbeiter. Wir konnten endlich erleichtert aufatmen. Wir kamen von der Pikrinsäure und unseren Peinigern los. Der neue *Vorarbeiter*, der ein guter Mensch war, gab uns die leichteste Arbeit. Er wollte an uns die langen Monate der übermenschlichen Arbeit wiedergutmachen.

Vor der Evakuierung des Lagers fand eine Selektion statt. Die kranken Pikriner wurden hinter dem Tor, das zum Schießplatz führte, aufgestellt. Sie sollten in ein anderes Lager gefahren werden. Die Gesunden sollten zu Fuß dorthin gehen. Plötzlich konnte man Schüsse hören. Ein Durcheinander entstand. Der *Wachführer* schickte einen Deutschen, der mit dem Fahrrad hinfahren und das Schießen beenden sollte. Er wollte uns aber nur beruhigen, um die Aktion fortsetzen zu können. Am nächsten Morgen sahen wir zwei Autos mit blutigen Sachen kommen. Wir erkannten die Kleidung unserer Kameraden. Alle wurden damals erschossen. Einige meiner Kameraden und ich wurden wie durch ein Wunder gerettet." (Archiv der Jüdischen Historischen Wojewodschaftskommission in Krakau, Lb. 543)

4. Typhus

Jeder, der nach Skarżysko kam, machte Typhus durch. In dem Transport aus Krakau befanden sich Frauen aus Płaszów und dem „*Julag*"[3] sowie Männer aus dem „*Julag*". Dort herrschte unmittelbar vor der Aussiedlung Typhus. Deshalb erfasste die Typhusepidemie vor allem Frauen aus Płaszów.

Zuerst erkrankten nur einige Frauen. In der kleinen Baracke, die als Krankenhaus diente, gab es zu wenig Platz für alle. Deshalb blieben die Kranken in den Wohnbaracken. Die Kranken lagen angezogen auf den nackten Pritschen. Viele besaßen keine Decke und waren nur mit Papier bedeckt. Vor Kälte klapperten sie mit den Zähnen. In den Baracken war es sehr

---

3   Abkürzung für „Judenarbeitslager".

kalt. Die nassen Äste aus dem Wald wollten nicht brennen. Durch die Löcher in den Wänden, Türen und Fenstern wehte der kalte Wind. Es gab keine ärztliche Fürsorge. Um den Formalitäten zu entsprechen, kam einmal pro Woche ein Arzt. Er schrieb die Frauen krank und nickte mit dem Kopf, weil es an Medikamenten mangelte. Die reicheren Frauen konnten sich mit Hilfe der polnischen Arbeiter Medikamente besorgen. Sie erhielten Spritzen, die das Herz stärken sollten. Die Spritzen bewahrten oft vor dem Tod. Die Kranken lagen mit den Gesunden auf denselben Pritschen. Mit 40 Grad Fieber, ohnmächtig, hatten sie Stuhlgang und ließen Harn. Oft war die Nachbarin mit dem Kot der Kranken beschmiert. Im Delirium warfen sie sich hin und her, stöhnten, schrien, riefen „Mama", wanden sich vor Schmerzen, redeten im Todeskampf. Eine schreckliche Plage waren die Läuse. Sie fielen von den Wänden und krochen aus den Löchern der Pritsche. In der Nacht konnte man wegen der Schreie und des Gestanks nicht einschlafen. Einige Kranke hatten Durchfall, andere erbrachen sich auf ihre Freundinnen, die unten lagen. Alle waren ihrem Schicksal überlassen. Die wenigen Gesunden konnten nach ihrer Rückkehr von der mörderischen Arbeit den Kranken, die hungernd und dürstend dalagen, nicht helfen. Die Lagersuppe aus verfaulten Kartoffelstreifen erregte Übelkeit. Erst sechs Wochen nach der Epidemie wurden die Kranken abgetrennt. Sie wurden in zwei Baracken untergebracht. In den Baracken, in denen die Gesunden wohnten, wurde aber nichts desinfiziert. Für die Kranken wurde eine Pflegerin bestellt. Die Frauen, die als Pflegerinnen arbeiteten, stahlen den Kranken die Essensrationen. Wochenlang bekamen die Kranken kein Essen. Innerhalb von kurzer Zeit starben 900 von 1500 Kranken.

Träger mit Bahren holten die Gestorbenen ab. Sie zogen die Leichen, die mit einem schwarzen Lumpen bedeckt waren, mit Gürteln und brachten sie in den Verschlag, der sich neben der Latrine befand.

Nachdem das hohe Fieber gesunken war, mussten die Kranken das Revier sofort verlassen, damit sie Platz für die nächsten Typhusopfer machten. Die Geschwächten liefen mit geschwollenen Beinen im Lager umher. In der Hand hielten sie nur ein armseliges Bündel und suchten nach einem Platz in der Baracke der Gesunden. Durch ihren Aufenthalt im Krankenhaus hatten sie ihren bisherigen Platz verloren, und nachher wollte sie niemand mehr hereinlassen.

Aus Angst, erschossen zu werden, gingen die Frauen sofort wieder zur Arbeit, obwohl sie eigentlich arbeitsunfähig waren. Sie konnten sich kaum bewegen und fielen bei der Arbeit um. Die Meister waren erbarmungslos. Sie verlangten rücksichtslos, dass sie die Norm erfüllten. Die anderen Frauen halfen ihnen und besserten ihre Norm auf. Dies bedeutete für sie die doppelte Arbeit.

Nach der Typhus-Erkrankung traten häufig Komplikationen auf. Oft wiesen die Frauen Depressionssymptome auf. Sie hatten Halluzinationen und Krämpfe vor Erschöpfung und Hunger. Einige Gesunde teilten ihre Ration mit den Typhusfrauen. Vor dem Hintergrund des allgemeinen Egoismus, dem Kampf um jeden Brotbissen und dem drohenden Hungertod waren solche Taten riesige Opfer und drückten wahres Heldentum aus.

Außer Typhus herrschte Durchfall, gegen den es kein Mittel gab, zudem Auswurf, Muskellähmung und die Abschwächung aller Sinne. In diesem Zustand musste man arbeiten, um der Selektion zu entgehen.

Nach einer Typhuserkrankung traten Entzündungen der Lymphdrüsen auf, vor allem der Drüsen unter dem Kiefer und der Ohrspeicheldrüsen. Eine andere Krankheit, die die Häftlinge dezimierte und oft einige Monate lang dauerte, war die „Hasagkrankheit". Man hatte Fieber wie bei Typhus, Durchfall und die Milz war vergrößert.

Denjenigen, die Typhus durchgemacht hatten, wollte man keine leichtere Arbeit zuteilen. Man schickte sie zu den „Erledigungen", es sei denn, sie zahlten ein hohes Lösegeld.

5. Zwei Tage

Viele der Frauen fanden im Glauben Rückhalt. Durch das Leiden suchten sie neue moralische Werte. Sie gaben den gebrochenen Frauen Halt, beruhigten sie mit einem guten Wort und mit der Tat, sie waren ein Vorbild für Nächstenliebe. In der Sehnsucht nach der Welt, die zusammengebrochen war, wahrten sie die Feiertage und erlebten im Gebet Zeiten der inneren Konzentration. Dies ließ sie die tragische Gegenwart vergessen. Das Licht der freitags angezündeten Kerzen war für sie das einzig Helle im Dunkel der Wochentage. Mit Mühe ergatterten sie einen Kerzenstummel, um den Feiertag zu heiligen. Wenn wir freitags nach der Arbeit um sechs Uhr zurückkamen, schuf eine brennende Kerze die Atmosphäre, nach der wir uns alle sehnten. Die Baracke war wie immer schmutzig. Der kleine Ofen in der Mitte spendete genug Wärme. Wie immer wärmten sich einige frierende Frauen am Ofen auf. Ein Glückskind kochte einige Kartoffeln. Eine andere Frau kochte etwas Hirsegrütze, die sie für zwei Złoty erstanden hatte. Die anderen warteten in der Schlange. Am Ofen brach oft Streit aus. Die jüngeren und stärkeren Frauen eroberten den Ofen. Der Aufenthalt im Lager wirkte sich auf das Leben der 14- bis 16-Jährigen am schlimmsten aus. Diese Mädchen waren physisch besser entwickelt, mit ihren Müttern nach Skarżysko gekommen, oder sie waren Waisenkinder, deren Väter schon vor Langem in den Tod „ausgesiedelt" und deren Mütter in Skarżysko an Typhus gestorben waren. Sie lebten unter älteren Frauen. Die ersten Lebensjahre vergehen in der brutalen Atmosphäre des Lagerdaseins. Sie wissen nur eines sicher: Um zu leben und im Lager durchzuhalten, muss man seine Ellenbogen gebrauchen. Einige von diesen jungen Frauen, die sich rücksichtslos betragen und kein Blatt vor den Mund nehmen, verachten die älteren Frauen. Die Deutschen hatten ihnen beigebracht, dass die Älteren nur unnötig Platz beanspruchen. Die deutsche Ideologie, dass nur junge und starke Menschen wertvoll sind, pflanzte eine Boshaftigkeit in den Geist der jungen Frauen und richtete moralische Verwüstungen an. Es kam vor, dass sie sagten: „Du Alte nimmst nur unnötig Platz weg."

Einige Lumpen trockneten auf dem Ofen. Man hörte Jammern, dass Pikrinsäurefrauen, von denen es nur wenige gab, da sie eine eigene separate Baracke hatten, die Luft verpesteten.

Tatsächlich wurde die Luft beim Trocknen der gelben Lumpen bitter und davon wurde auch das Essen bitter. In der Nähe des Ofens stieg der Geruch nach schmackhaften Kartoffeln auf, die der Traum der Hungernden waren (in Skarżysko aßen wir nie Kartoffeln, sondern nur stinkende, verfaulte Kartoffelschalen). Hungernde Frauen sitzen auf den Pritschen. Neidvoll betrachten sie den Ofen. Sie verfolgen jede Bewegung der Essenden. Der furchtbare Kampf ums Dasein merzt das Mitleid in den Herzen aus. Jeder hat ohnehin so wenig, dass es nicht für zwei reicht. Pikrinsäurefrauen betteln um Kartoffelschalen, die im Lager ein Leckerbissen sind. Sie stehen gegenüber den Pritschen und sehen verzweifelt und mit flehenden Augen zu, wie die anderen essen. Von Zeit zu Zeit bekommen sie einige Reste. Sie erwecken aber Ekel und werden aus den Baracken geworfen. Sie weinen. Sie sind sich dessen bewusst, dass sie bald sterben werden, wenn sie nichts erbetteln. Auf Schritt und Tritt konnte man einen bettelnden Pikriner treffen. Einige von ihnen hatten keine Kraft mehr, sich in die Baracke zu schleppen und starben im Schlamm. Diejenigen, die besser zurechtkamen und einen stärkeren Körper hatten, meldeten sich und trugen die Leichen fort. Dafür erhielten sie eine Zusatzportion Suppe. Andere teilten Kaffee aus und verkauften ihn für einen kleinen Bissen Brot denjenigen, die keine Kraft mehr hatten, in der Schlange nach Kaffee anzustehen.

Polizisten führten Kontrollen durch. Sie prüften, ob das Licht in der Baracke brannte und ob aufgeräumt worden war. Oft kam der betrunkene Kommandant. Er kontrollierte, ob Schuhe gerade stehen, ob alles zusammengelegt ist, ob die Wäsche nicht aufgehängt ist. Wenn ihm etwas nicht gefiel, ordnete er einen Strafappell und Strafgymnastik mit Kniebeugen an.

Nachdem das Licht gelöscht worden ist, werden immer noch Gespräche geführt. Einige Frauen bitten um Ruhe. Sie wollen schlafen. Andere, die noch bei Kräften sind, haben Tausend Dinge zu besprechen. Oft stören die Männer vom *Ordnungsdienst*, die ihre „Cousinen" besuchen, die Ruhe. Kaum jemand zieht sich aus. Sie haben keine Unterwäsche zum Wechseln. Es gibt keine Strohsäcke und keine Decken. Die Frauen legen sich auf nackte Bretter. Sie fallen in einen grausamen Halbschlaf. Läuse, Flöhe, Wanzen. Um drei Uhr kommen die Frauen von der Nachtschicht aus der Schmitzfabrik zurück. Lärm und Geschrei wecken die anderen und niemand nimmt Rücksicht, dass sie am Morgen aufstehen und schwer arbeiten müssen. Kaum sind sie eingeschlafen, müssen sie schon aufstehen. Ein Mann vom *Ordnungsdienst* schlägt mit dem Stiefel an die Barackentür und schreit: „Steht auf, aufstehen". Verschlafen rennen die Frauen zur Latrine. Der Schlamm quetscht sich in die kaputten Holzschuhe. Es gluckert bei jedem Schritt. An frostigen Tagen klebt der Schnee an den Schuhen fest und jeder Schritt wird zur Qual. Die Blasen fast aller Häftlinge sind krank und fast alle haben Durchfall. Einige sind so schwach, dass sie selbst von den glitschigen Sitzen nicht aufstehen können. Sie bitten um Hilfe. Man kann nicht mehr warten, bis man an der Reihe ist, und erleichtert sich, wo man gerade steht. Die Kotberge werden immer höher. Von der Latrine rennt man in den Waschraum, der fast unter Wasser steht. Fast jeder Hahn ist kaputt. Es gibt keine Regeln. Sie drängeln sich durch, streiten, die Stärksten ergattern den Hahn.

Es stellt sich eine Schlange nach Kaffee an. Nur einem Teil gelingt es aber, einige Schlucke zu bekommen, weil Polizisten schon zum Appell antreiben. Für Verspätungen schlägt der Kommandant und bestraft mit Bunker. Zur Arbeit nimmt man sein ganzes Vermögen mit: Putzlappen, ein Stück Seife, Päckchen mit Waschpulver, ein bisschen Salz, Löffel, eine krumme Dose. Den Schatz darf man nicht in der Baracke lassen. Alles geht verloren. Zu große Bündel werden weggenommen. Sie geben sie zurück, aber sie sind dann leer.

Nachdem die Frauen von der Tagesschicht die Baracken verlassen haben, versuchen jene aus der Nachtschicht zu schlafen. Alle paar Minuten stürzen Männer vom Ordnungsdienst herein, um zu prüfen, ob Ordnung in der Baracke herrscht. Dann kommt ein Krankenpfleger und prüft, wer krankgeschrieben wurde. Er greift Kranke auf (die sich versteckt haben, weil erst bei 40 Grad Fieber krankgeschrieben wird). Danach folgt die Kontrolle des Kommandanten. Aus Angst vor der Kommission müssen die Häftlinge aufstehen und aufräumen. Wir versuchen einzuschlafen. Vergebens. Der Hunger fängt an, uns zu quälen. Der Magen fordert, was ihm gegeben werden soll. Zwischen 11 und 12 Uhr ziehen wir uns an, um die Baracke zu verlassen und ein bisschen Suppe zu holen. Wir versuchen, zu der Zeit zu kommen, wenn das Fass geneigt wird. Auf dem Boden ist die Suppe dicker und man kann Graupen herausfischen. Einige, die nicht mehr gegen den Hunger kämpfen können, ziehen vorbei. Sie sind als Erste am Fass und schlürfen nur Wasser.

Im Lager gab es einige Feiertage. Die Küche erhielt eine Lieferung stinkendes Fleisch. Man musste es sofort kochen. Jeder Häftling bekam einige Stücke, an die man sich lange erinnerte. Die Köche erzählten später, dass sie beim Kochen Gasmasken tragen mussten.

Um ein Uhr wurde keine Suppe mehr verteilt. Wer verschlief, musste bis Ende des Tages hungern. Um zwei Uhr gab es die Zuteilung. Man bekommt eine Brotschnitte, 180 Gramm, die für den ganzen Tag reichen soll. Man muss persönlich bei der Zuteilung anwesend sein. Häftlinge werfen sich auf das Brot, um ein größeres, besser durchgebackenes, nicht gebrochenes Stück vom Ende oder von der Mitte zu bekommen. Wehe den Schwächeren. Immer fließen Tränen. Wer erfolgreich war, läuft schnell weg und isst das Brot sofort auf. Wer nicht erfolgreich war, geht in der Nacht ohne Brot arbeiten.

Wieder Wecken. Die Nachtschicht geht zur Arbeit. Unausgeschlafen schlurfen sie vor sich hin und schleppen sich in die Fabrik für die lange Nacht. Die Augen fallen vor Müdigkeit zu. Es hilft nicht, sich mit kaltem Wasser zu begießen. Endgültig aus dem Schlaf reißt einen die auf den Fuß gefallene Granate. Die Norm muss erfüllt werden. Nach fünf Stunden Arbeit gibt es 15 Minuten Pause. Suppe wird verteilt. Man schluckt die kalte saure Flüssigkeit, die seit dem Morgen im gelben Fass steht.

Wenn die Norm erfüllt ist, wollen die Häftlinge gehen. Die Abgehärteten, mit einem starken Willen, waschen sich das Gesicht und die Hände. Der Rest hockt am Heizkörper und wartet auf den Pfiff, der zum Abmarsch ruft. Nachdem die Häftlinge gezählt worden sind, was endlos dauert, bewegt sich der Zug der erfrorenen, erschöpften Menschen in die Baracken.

Obwohl Sonntag ist, werden wir wie immer geweckt. Die Häftlinge, die normalerweise an den Granaten und bei der Pikrinsäure eingesetzt sind, müssen arbeiten gehen. Sie müssen zwar nicht in die Hallen, aber draußen aufräumen, unabhängig vom Wetter. Unter der Aufsicht des Meisters tragen sie Abfälle von einem Ort zum anderen, um am nächsten Sonntag das Gleiche zu tun. Schikane. Ganz einfach. Damit die nach der ganzen Woche Arbeit erschöpften Menschen keinen Tag Erholung haben. Wenn man in der Fabrik war, verrichtete man seine Notdurft im Wald. Am Sonntag musste der Kot weggeräumt werden. Unter der Aufsicht des Meisters mussten sie das mit nackten Händen machen. Sie wurden dabei härter als in der Halle geschlagen. Am Sonntag, als den Häftlingen die Erholung entzogen wurde, waren sie am unglücklichsten.

Um vier Uhr Rückkehr zu den Baracken. Eine kleine Schlüssel mit Wasser kreist von Hand zu Hand. In der Frauenbaracke waschen sich einige. Die anderen reparieren ihre Kleidung. Unter dem Fenster gibt es eine Gruppe, die verlauste Kleidung durchsieht. In der Ecke der Pritsche sitzt jemand, der sich auf ein Buch gestürzt hat. Unterhaltungen werden geführt. Man erinnert sich an das vergangene Leben im Frieden. Man träumt von einer besseren Zukunft, von der Zukunft ohne Pritschen, Hunger, Draht, Marschieren in Fünferreihen.

Es blüht das Kunsthandwerk. In den Männerbaracken werden Schuhe repariert. Man fertigt Dosen, Kämme, Löffel, die aber komische Formen annehmen. Tüchtige Frauen kochen Essen, um es später zu verkaufen. Wer hungert und sich nicht traut, ein bisschen Grütze für zwei Złoty zu kaufen, sitzt zusammengekauert auf der Pritsche und beobachtet mit hungrigen Augen die Essenden.

Aus den Männerbaracken laufen Männer in die Frauenbaracken und verstecken sich unter den Pritschen. Die Deutschen greifen Männer zum Bahntransport auf.

Der *Wachführer* besucht die Baracken. Alle paar Minuten stürzen Polizisten herein. Sie ziehen die trocknenden Lumpen von den Wänden. Man muss alles Geschirr vor ihnen verstecken. Sonst landet es auf dem Müllplatz. Draußen muss alles „feierlich" aussehen. Sänger gehen von Baracke zu Baracke und verdienen mit Gesang Geld.

Freunde besuchen einander. Sie kommen zu ihren „Kusinen" und Freunden und hängen stundenlang in ihrer Baracke. Die anderen Frauen sind empört. Die Männer stören sie bei den Sonntagsbeschäftigungen.

Es gibt einige, die einen Bleistift und ein Stück Papier besitzen. Sie notieren ihr Leid, ihre Sorgen und Träume vom Frieden. Oft führte man politische Diskussionen. Man bekam nur mühsam eine Zeitung von den Polen, die in den Hallen arbeiteten. Der Zeitungsvertrieb war aber gefährlich. Man las heimlich Zeitung, weil Lesen, so wie Schreiben, verboten war. Deshalb entstanden unglaubliche Gerüchte, weil die Nachrichten, die von Mund zu Mund weitergegeben wurden, erheblich mutierten. Gute Nachrichten gaben Mut. Schlechte Nachrichten riefen Verzweiflung hervor.

Im Lager wurden Freundschaften geknüpft. Sie ersetzten die Liebe der Familie und waren das höchste moralische Gut im Vergleich zum Kampf um das bloße Leben.

Sonntags, wenn wir etwa früher von der Arbeit kamen, gab es Entspannung.

Jeder war sich des ganzen Ekels dieses Daseins, der physischen Vernachlässigung und des moralischen Niedergangs bewusst. Damals gerieten wir in tiefe Depression. Die Nächte am Sonntag waren am schwersten. Die Häftlinge hatten keine eigenen Pritschen. Wenn einige zu ihrer Schicht waren, konnte der Rest ihre Plätze einnehmen. Sonntags waren alle anwesend. Ständig drehten sich die Menschen. Die Luft war schwer und es war schwül. Auf den Pritschen lagen die Menschen dicht nebeneinander. Niemand schlief. Die Erholung wurde zur Qual. Der Sonntag, von dem jeder träumte, war schwieriger als jeder andere Tag der Woche.

Die übermenschliche Kräfte fordernde Arbeit erledigte alle. Der Kontakt mit der Außenwelt rettete vor dem Hungertod. Nur einige besaßen einen Rest ihrer Habseligkeiten und konnten auf dem Weg zur Arbeit ein wenig Lebensmittel kaufen. So entstand der Lagerhandel.

Im Lager konnte man verschiedene Produkte erwerben. Häftlinge, die mit Polen zusammen arbeiteten, besorgten sie. Die Polen lieferten die Waren. Trotz des Verbots wurde Handel betrieben. Am Tor gab es oft Durchsuchungen. *Werkschutz* stand am Weg vom Lager zu den Hallen. Sie filzten die Häftlinge und nahmen ihnen alles ab. Die Händler riskierten Schläge und materielle Verluste. Der Lebenswille war aber stärker als die Angst. An demselben Tag brachte die zweite Schicht – trotz der Gefahr – die Waren. Die Pikrinsäurefrauen waren am tüchtigsten im Geschäft, obwohl der Handel für sie am schwierigsten war.

Sie hatten keinen unmittelbaren Kontakt zu den Polen, weil Polen bei der Pikrinsäure nicht als Arbeiter beschäftigt waren. Sie arbeiteten als Meister, und während der Arbeit mussten die Pikrinsäurefrauen in die anderen Hallen huschen und dort Waren einkaufen. Sie setzten sich einer großen Gefahr aus, weil man sich nicht vom Arbeitsplatz entfernen durfte. Die Gefahr war umso größer, weil jeder eine Pikrinsäurefrau erkennen konnte, da sie gelb war. Sie handelten und retteten sich so vor der Vernichtung. Die Pikrinsäuremänner handelten nicht. Sie waren zu erschöpft und zu apathisch. Nach der Rückkehr in die Baracke dachten sie nur daran, sich auf die Pritsche zu werfen.

Die Waren wurden auf den Pritschen verkauft. Einige hatten sogar eine Waage und Gewichte. Kunden stürmten herbei. Man hatte das Gefühl, dass man in einem Geschäft stand. Großer Nachfrage erfreute sich Hirsegrütze. Man konnte sie am schnellsten kochen, und eine Portion für zwei Złoty reichte für zwei Personen. Die reicheren Leute kauften einen Löffel Salz, einen Würfel Zucker. Luxus war eine Brotschnitte für vier Złoty. Die Angst vor dem Hungertod ließ die Menschen alles verkaufen. Um etwas Essbares zu erstehen, veräußerten sie das letzte Hemd und zogen Papiersäcke an. Für eine Brotschnitte verkaufte man seine Goldzähne.

Im Frühling traf Kleidung ein. Nach der Arbeit standen die Häftlinge stundenlang in der Schlange. Im Werk A hetzte Kühnemann mit Hunden die Häftlinge, die sich vor dem Kleidermagazin aufgereiht hatten.

Die Günstlinge bekamen bessere Kleider. Die Armen erhielten zerschlissene Lumpen, und das entschied über ihr Schicksal. Bei der Selektion wurden nämlich alle schlecht Angezogenen in den Tod geschickt.

Mit Entsetzen erkannten wir die Kleider der erschossenen Juden. In einigen Schuhen war Geld verborgen. Die Pikrinsäurefrauen waren glücklich, dass sie das verfaulte Papier ausziehen konnten und zogen die Kleider an. Das waren Fetzen, die man auf verschiedene Art und Weise flickte. Oft sah ein solches Kleid wie ein Schachbrett aus. Man machte daraus verschiedene Kombinationen. Lappenblusen, jeder Ärmel war anders. In den Kleidern sahen die Häftlinge grotesk aus. Es gab aber Frauen, die sich die Gunst der Lagerführer erwarben. Sie hatten es besser. Sie waren gut angezogen und unterschieden sich von den anderen Notleidenden.

6. Frühjahr 1944

Im Frühjahr 1944 kamen immer häufiger Kommissionen ins Lager. Vor ihrem Eintreffen musste aufgeräumt werden. Sie verhießen nichts Gutes. Alle erinnerten sich daran, dass es nach jeder Kommission eine Selektion gab und einige in ein anderes Lager deportiert wurden. Diesmal trafen die Horoskope nicht ein. Es wurde ganz im Gegenteil viel besser. Eine neue Ambulanz und ein neues Krankenhaus wurden gegründet. Die Wege wurden „gepflastert", d. h. der nie trocknende Schlamm wurde mit Ästen ausgelegt und mit Kies bestreut. Nach dem Regen schauten die Äste zwischen den Steinen heraus, und man stolperte über sie.

Die Typhusepidemie war ohne Desinfektionsmittel vorübergegangen. 1944 wurden alle Baracken desinfiziert und gelb gestrichen. Die Pritschen strich man bunt. Sie wurden mit Papier zugedeckt, und ironischerweise wurden Blumenbeete angelegt. Man sorgte für Sauberkeit. Zum ersten Mal wurde Kalk in der Latrine ausgeschüttet. Auch eine Reinigungskraft wurde eingesetzt. Die *Jüdische Unterstützungsstelle* [in Krakau] schickte Medikamente, und die Kranken erhielten eine Portion Suppe mehr. Die Ration wurde erhöht. Statt 200 Gramm bekam man 350 Gramm Brot. Die Menschen, die am härtesten bei den Granaten, der Pikrinsäure oder beim Transport arbeiteten, erhielten 250 Gramm Blutwurst pro Woche. An den Baracken erschienen Aufschriften: *„Bessere Arbeit, gute Kost"* und *„Arbeit schafft Zufriedenheit"*. Es schien, dass es an Arbeitern mangelte und die Deutschen Angst hatten, dass auch der Rest sterben würde.

Trotz der Verbesserung der Bedingungen sank die Sterblichkeit aber nicht. Alle waren so erschöpft, da die Hilfe zu spät kam und nicht ausreichend war.

In ihrer Verlogenheit, der Welt zu zeigen, wie human sie die Häftlinge behandelten, veranstalteten die Deutschen Konzerte. Die Häftlinge entwickelten gleichzeitig einen großen Einfallsreichtum bei der Gestaltung dieser Ereignisse. Einige Leute hatten künstlerische Fähigkeiten, sodass die Konzerte oft ein hohes Niveau erreichten.

Es gab Chöre, Tänze und Sketche, die auf satirische Art und Weise das tägliche Leben im Lager widerspiegelten. Man sang in jiddischer, polnischer und hebräischer Sprache. Besonders beliebt war der Tanz eines Häftlings nach der Melodie „Kol Nidre". Die Veranstaltungen fanden auf der Waldlichtung hinter den Baracken statt, und die einheimische Bevölkerung konnte sie sich ansehen. Die Deutschen wollten die polnische Bevölkerung überzeugen, dass es den Juden im Lager gut gehe. Dies gelang ihnen. Am Tag des Konzerts sah das Lager feierlich aus. Die Pikrinsäurearbeiter mussten in den Baracken bleiben. Hinter den Drahtzäunen standen Polen aus Skarżysko und beobachteten alles. Sie waren verwundert, als sie saubere Häftlinge sahen, die auf der Lichtung tanzten. Sie fragten sich: Ist das wirklich das grausame Folterlager, über das sich Gerüchte in der Stadt verbreiteten? Wo sind die in Papier eingewickelten verwesenden Schienbeine? Wo sind die Schlägereien um stinkende Reste auf dem Müllplatz?

7. Geschosse, die nicht explodierten

Eines Tages, im Januar 1944, verschwanden zwei Kisten Munition aus den Magazinen Nr. 162 und 163 neben der Schmitzfabrik. Die Leiter aus allen drei Werken leiteten eine Untersuchung ein. Sie verfolgten uns. Auf die deutsche Art und Weise stürzten sie sich vor allem auf die alten Frauen, die dort arbeiteten. Sie wurden eingeschüchtert, mit dem Tode bedroht und gequält, damit sie den Täter verrieten. Die Kisten waren so schnell während der Mittagspause verschwunden, dass niemand es bemerkt hatte. Die alten Frauen sahen und wussten aber nichts. Man wollte nicht glauben, dass jemand sich traute, die Kisten zu stehlen, dass das Stehlen überhaupt möglich war. Es stellte sich aber heraus, dass so etwas nicht zum ersten Mal passierte. Schon vorher waren Kisten mit Munition verschwunden. An diesem Abend wurden alle aus der Schicht bis zwei Uhr nachts hierbehalten. Im „Betrieb" wurde eine Revision durchgeführt. Munition fand man zwar nicht, den Häftlingen wurde aber der Rest ihres Vermögens abgenommen, das sie während früherer Durchsuchungen noch hatten verstecken können. Sogar Brot musste man abgeben.

Nachher erfuhren wir, dass die gestohlene Munition an Partisanen im Wald geliefert worden war. Im Lager sollte eine Organisation tätig sein. Alles war aber geheimnisumwittert. Der Lagerist Rosenzweig wurde vor Ort erschossen. Zwei andere Häftlinge wurden zur Hasag in Kielce verlegt. Sie sollten dort getötet werden.

Gerüchte verbreiteten sich, dass Granaten im Sand vergraben worden seien. Angeblich hatten Arbeiter sie zufällig gefunden. Davon wussten aber nur einige Häftlinge. Man hatte Angst, davon zu erzählen. Solche Nachrichten verliehen aber Kraft.

In den Hallen Nr. 6 und 53 streute man Sand in die Kisten mit Trinitrotoluol. Außerdem goss man Wasser in einen Kessel, in dem Trinitrotoluol kochte.

75 Prozent der Granaten, die auf dem Schießplatz ausprobiert wurden, waren Blindgänger. Die Deutschen bemerkten es schließlich und ordneten eine Prüfung an. Sie bewachten die Arbeiter aus diesen Hallen, und den Wacharbeiter Roman Gerstel führten sie zum Schießplatz. Auf dem Weg dorthin rettete ihn der Generaldirektor der Fabrik. Dabei sagte er: „*Er entkommt mir ohnehin nicht.*" Gerstel war ein tüchtiger Arbeiter und man brauchte ihn bei der Produktion.

Wenn keine Meister zugegen waren, wurden defekte Pikrinsäurewürfel, die Ausschuss darstellten, in die Kisten gepackt.

Über Sabotage in der Schmitzfabrik berichtet Häftling Felicja Bannet: „In der 84. und 85. Halle wurden Flugabwehrgeschosse des Kalibers 2 cm auseinandergeschraubt. Der Explosivstoff wurde herausgeschüttelt. Man füllte die Granaten mit neuem Schießpulver. Man musste die Granate dann sehr dicht verschließen. Sonst konnte sie nicht explodieren. Der Leiter und Generaldirektor, Ingenieur Schmitz, die Führungskräfte und Meister prüften je eine halbe Stunde, ob die Granaten dicht verschlossen worden waren. Die geringste Strafe war eine heftige Ohrfeige. Für Sabotage wurde man erschossen. Trotzdem wurden die Granaten nicht dicht verschlossen, sobald die Kontrolle vorüber war. Die Granaten wurden dann schnell in Kisten gepackt. Wenn eine Frau im Eifer, die nicht wusste, worum es ging, schrie, dass man sorgfältig arbeiten sollte, stieß sie jemand mit dem Ellenbogen an und belehrte sie mit einem Lächeln, dass Eifer dumm sei. Zu diesem Thema wurde kein unnötiges Wort gesprochen. Man verständigte sich mit den Augen und vielsagendem Lächeln." (Archiv der Jüdischen Historischen Wojewodschaftskommission in Krakau, Lb. 736)

Die Frauen, die im Juli 1944 zur Zentrale der Hasag nach Leipzig[4] transportiert wurden, setzten dort die „Tradition" aus Skarżysko fort.

Über die Lieferung von Material an Partisanen im Wald berichtet Henryk Wasserlauf: „Juden, die beim Transport arbeiteten, steckten mit dem polnischen Maschinisten unter einer Decke. Der Pole hatte Kontakt zu den Partisanen der A. K.[5]

Die Deutschen konnten die Verschwörer nicht festnehmen, obwohl sie erfuhren, dass die Munition hinausgeschafft wurde. Eines Tages wurde ich als Helfer des Maschinisten geschlagen, und unter Todesdrohungen wollte man mich zur Aussage zwingen, wem der Maschinist die Munition gibt. Als 17-jähriger Junge bestand ich darauf, dass ich von nichts wisse. Zum Glück konnte mir der Ukrainer, der den Maschinisten denunzierte, nichts beweisen und ich kam frei." (Archiv der Jüdischen Historischen Wojewodschaftskommission in Krakau, Lb. 866)

Im Werk A nahmen die Mädchen Gewehrkugeln aus der Fabrik und brachten sie in andere Hallen, wo Polen arbeiteten, die Kontakt zu den Partisanen hatten. Sie transportierten

---

4 Am 4. August 1944 deportierte die SS 1273 polnische Jüdinnen aus Skarżysko-Kamienna in das Außenlager Leipzig-Schönefeld, das seit Juni dieses Jahres zur Fertigung von Granaten der Hasag diente.
5 Armia Krajowa, Heimatarmee.

die Munition in Schuhen mit doppelter Wandung, die oben mit Gürteln eingeschnürt wurden. Sie setzten alles auf eine Karte, weil man sich von seinem Arbeitsplatz nicht entfernen durfte. Außerdem gab es viele Durchsuchungen in den Hallen und auf den Wegen zwischen den Hallen. Die Frauen waren ständig vom Tode bedroht. Ein junges Mädchen fiel der konspirativen Tätigkeit zum Opfer. Lola Mendelewicz wurde zusammen mit dem jungen Juden Edek erschossen, der versucht hatte, zu den Partisanen zu fliehen. Man fand sie in seinen Armen. Nach langen Untersuchungen klärten die Deutschen auf, dass Lola ihm geholfen hatte. Sie hatte im ständigen Kontakt zu den Partisanen gestanden. Eine polnische *Vorarbeiterin* aus der Munitionsproduktion (Infanterieabteilung) und ein polnischer *Vorarbeiter* aus dem Magazin wurden beim Transportieren von Munitionskisten unter Lumpen erwischt. Sie wurden festgenommen. Man versprach ihnen, sie freizulassen, wenn sie die Mitglieder der Organisation verrieten. Die Unglücksmenschen mussten eine lange Untersuchung über sich ergehen lassen. Sie brachen aber trotz der Folter nicht zusammen und gaben keinen Namen preis. Sie wurden öffentlich vor dem Tor an der Wachbude gehängt.

Einige Zeit danach wurde ein junger Jude beim Transport von Munition erwischt. Um acht Uhr wurden alle, die in der Nacht gearbeitet hatten, geweckt. Sie mussten bei der Hinrichtung anwesend sein. Der Schuldspruch wurde verlesen. Er wurde zur Hinrichtung durch den Strang verurteilt. Man ließ ihn den ganzen Tag und die ganze Nacht lang hängen, damit alle ihn sehen konnten, sowohl die Nacht- als auch die Tagarbeiter. Der Anblick sollte allen eine Warnung für die Zukunft sein.

8. Die Pfanne kommt

Fast zwei Jahre nach der Auflösung des Lagers wissen wir aufgrund vieler dokumentierter Zeugenaussagen, dass es in den Wäldern von Skarżysko ein Krematorium neben den Fabrikgebäuden des Werkes C gab. Menschen wurden dorthin gefahren, mit einem Schuss in den Nacken liquidiert und dann verbrannt. 180 Menschen täglich. Von Ende April bis Ende Juni 1944 rauchte der Kamin. Den Eindruck, den dies auf die verängstigten Frauen machte, die in den Hallen arbeiteten, spiegelt der Bericht von Felicja Bannet wider:

„Zu Beginn des Frühlings 1944 kam eine Kommission nach Skarżysko. Es handelte sich um Offiziere der SS. Sie besichtigten den Schießplatz, die Hinrichtungsstätte. Gleichzeitig lief ein Propagandafilm, in dem man die Deutschen reinzuwaschen versuchte. Es wurde erzählt, dass Polen und Ukrainer die Juden getötet hätten. Die Deutschen sollten Juden in Lager aufnehmen, ihnen Arbeit geben und sie vor dem Tod schützen. Im Frühjahr wurde ein Teil des Waldes mit einer Wand aus Matten, Stroh und Papier abgetrennt. Große Tafeln mit Totenkopfzeichen und der Schrift: *„Das Betreten dieses Platzes ist unter Todesstrafe untersagt"* wurden aufgestellt. Auf den Wegen erschienen Transporte, die bestanden aus: 1. einem kleinen Personenwagen, mit Polizeinummer gekennzeichnet, in dem immer einige

SS-Offiziere saßen, 2. einem Polizeiwagen: ein Lastwagen mit Bänken, darauf 30 Militärpolizisten in Helmen und mit Gewehr bei Fuß. Das dritte Auto war einem Waggon ähnlich. Es war dicht verschlossen. Oben gab es ein kleines vergittertes Fenster und einen Lüftungskamin. Aus dem dritten Auto ertönten von Zeit zu Zeit Jammern und Schreie. Manchmal konnte man eine Hand sehen. Sie winkte uns zu. Jemand hörte „Jesus Maria", ein anderer „Schma Israel". Die Autos fuhren auf den abgetrennten Platz neben dem Schießplatz. Man hörte keine Schüsse. Auf dem Platz stieg dagegen eine große, rot-bläuliche Flamme auf. Im Wald und in den Hallen machte sich ein spezifischer Brandgeruch in der Luft bemerkbar. Häftlinge, die in Majdanek inhaftiert gewesen waren, meinten, dass es der Geruch von verbrannten Leichen und Knochen sei. Entsetzen lähmte die Arbeit. Wir waren davon überzeugt, dass auf uns dasselbe Schicksal wartete. Die Autos fuhren Tag und Nacht. Manchmal konnten wir sie während der Arbeit hin und her fahren sehen. Einige Soldaten fingen Gespräche mit uns an. Sie erzählten, dass man in den Autos *„Vaterlandsverräter"* transportiere. „Ihr braucht nichts zu fürchten, ihr seid Arbeiter und euch schützen wir." Die hohen SS-Leute liefen im Wald und in den Hallen umher. Sie stürzten von Zeit zu Zeit in die Halle, um zu kontrollieren, ob wir fleißig arbeiteten, obwohl sie kein Recht dazu hatten. Wenn sie eine durch Typhus und Hunger sowie übermenschliche Arbeit erschöpfte junge Frau sahen, die sich gerade im Wald erholte, zeigten sie ihr die vorbeifahrenden, geheimnisvollen Autos und riefen: *„Wenn ich dich noch einmal so antreffe, kommst du dorthin."* Manchmal waren Menschen im Wald zu sehen, die zu zweit unterwegs waren. Sie trugen offene schwarze Mäntel wie Richterroben und Mützen wie Barette. Das waren Totengräber. Wir sahen von Zeit zu Zeit Menschen, die hinter der Wand im Wald Asche aus großen Rohren verschütteten. Wenn die Autos vorbeifuhren, munkelte man: „Da fährt die Pfanne – Wann werde ich gebraten?" (Archiv der Jüdischen Historischen Wojewodschaftskommission in Krakau, Lb. 36)

9. Aus Polen nach Sachsen

Die sowjetische Offensive rückte immer näher, worüber man im Juni 1944 viel sprach. Immer öfter war die Rede davon, dass wir zur Zentralfabrik in Leipzig transportiert würden. Häufige Alarme, keine Nachtschicht mehr, Mangel an Rohstoff, Schließen einiger Hallen, Demontage von Maschinen, die nach Deutschland geschickt wurden, gedämpfte Detonationen. Das alles sorgte für Unruhe, Aufregung und Hoffnung. Die Deutschen flohen mit ihren Kindern, Koffern, Bündeln, Truhen voll gestohlener Kostbarkeiten. Man konnte sich kaum orientieren. Die Gerüchte und die Nachrichten in den Zeitungen waren widersprüchlich. Man munkelte, dass die Front nahe sei und die Rote Armee etwa 50 Kilometer von Skarżysko entfernt stehe.

Niemand konnte ruhig arbeiten. Chaos und Verwirrung waren an der Tagesordnung und steigerten sich zur Panik, als am 25. Juni die Registrierung, zuerst der Männer, begann.

Nachdem jeder Häftling genau gemustert worden war, machte der Wachmann einen Pfeil oder ein Kreuz neben den Namen. Niemand wusste, was die geheimnisvollen Zeichen bedeuteten. Wir trösteten einander, dass sie etwas mit der Kleiderausgabe zu tun hätten. Einige freuten sich sogar, dass sie in die Liste eingetragen wurden.

Im Werk C beim Schießplatz, wo sich Massengräber befanden, wurden seit Längerem Gräben angelegt. Man überlegte, wozu sie dienen sollten. Die Panik stieg, obwohl uns die Deutschen versprachen, dass keine Gefahr drohte und alle ins Arbeitslager kämen, was nur in unserem Interesse liege. Wir begannen, uns vor der Registrierung zu verstecken. Aus Erfahrung wussten wir, dass vor der Auflösung eines Lagers gewöhnlich eine Selektion stattfand.

Von Werk A kamen Nachrichten über verplombte Züge mit Juden. Hinter den verdrahteten Fensterchen blickten entsetzte Menschengesichter. Man flüsterte, dass sie ins Todeslager führen. Im Krankenhaus brach Panik aus. Einige Kranke versuchten vergeblich zu fliehen.

Am Samstagnachmittag waren wir früher mit der Arbeit fertig. Wütende Deutsche jagten die entsetzten Frauen fort. Sie schlugen, traten, drängten uns zur Eile. Wir liefen an einem wunderschönen Julitag durch den duftenden Wald zum Lager wie verschrecktes Vieh. Wir beobachteten die hinter den Drahtzäunen liegenden Häuser, die im Wald spazierenden und lachenden Leute. Auf einer Lichtung spielten Kinder. Man konnte ihre hellen Stimmen weitab hören.

In der Nacht von Samstag auf Sonntag entkleidete sich niemand. Niemand schlief. Es war eine Nacht des Grauens und des Wartens. Am 30. Juli wurden Kleidung und Decken ins Krankenhaus gebracht. Wir atmeten erleichtert auf. Wir vermuteten, dass den Kranken nichts drohte und sie vielleicht ins Krankenhaus eines anderen Lagers geschickt würden. An diesem Tag erhielten die Kranken eine bessere Suppe. Trotzdem spürten sie, dass etwas in der Luft lag. Einigen gelang es zu flüchten.

Die Aktion begann mittags. Die Männer aus dem Krankenhaus wurden in den Tod geschickt. Die Verurteilten trugen Pelzmäntel, von denen die Magazine voll waren. Sie gehörten Juden aus Majdanek, die vergast worden waren. Einige wurden auf Bahren getragen. „Muselmänner", die 35 kg wogen, wurden von Pikrinsäuremännern wie Kinder auf Händen getragen. Die Karren mit den Schwerkranken zogen die Häftlinge, die aus eigenen Kräften nicht von der Pritsche aufstehen konnten. Schließlich wurden auch sie erschossen.

Danach kamen die Frauen im Krankenhaus an die Reihe. Häftlinge, die lange im Krankenhaus gelegen hatten, wurden aus den Baracken gejagt. Sie waren schon gesund, aber noch krankgeschrieben. Deshalb gingen sie noch nicht arbeiten und standen auf der Krankenhausliste. Ein 17-jähriges Mädchen, das seit 1942 bei der Hasag arbeitete, wurde gebracht. Sie gehörte zu den wenigen Verbliebenen aus den ersten Transporten, die noch am Leben waren. Zum ersten Mal seit drei Jahren war sie für einige Tage krankgeschrieben. Eine Granate war ihr auf den Fuß gefallen. Sie ging in den Tod. Einige junge Frauen gingen freiwillig in den Tod. Sie folgten ihren noch immer jungen Müttern: die 18-jährige Dora

Rosenblatt, zwei junge Schwestern Fortgang und eine 22-jährige junge Frau wurden vom *Wachführer* geschlagen, damit sie ihre Mütter losließen. Sie ließen sich aber von der Mutter nicht trennen.

Die junge Ärztin Mina Krenzler folgte ihrer Mutter. Die Polizisten wollten sie mit Gewalt von der Mutter trennen. Sie diskutierten mit ihr, appellierten an ihre Vernunft, sie sagten, dass sie noch jung sei und noch eine Zukunft vor sich habe. Halb verrückt biss sie dem Polizisten, der sie nicht loslassen wollte, in die Hände. Ein Ukrainer erschoss sie hinter dem Tor, als sie die Hand ihrer Mutter drückte.

Am Mittag fand der Appell der Männer statt. Der *Wachführer* las die Namen vor, neben denen Pfeile standen. Um ihre Aufmerksamkeit abzulenken und den Schein zu wahren, dass sie in ein Arbeitslager führen, befahl er ihnen, in die Baracke zu gehen und alle Sachen mitzunehmen. Danach wurden sie zu 50 Leuten, in Fünferreihen, ans Tor gestellt. Die Verurteilten standen da und warteten. Auf diese Art und Weise konnte die „Aktion" ruhig durchgeführt werden. Die Übrigen waren sich aber bewusst, dass sich etwas Böses anbahnte. Nicht alle, die geschickt wurden, ihren Besitz mitzunehmen, kehrten aus den Baracken zurück. Einige versteckten sich. Damit fehlte es dem *Wachführer* an der notwendigen Opferzahl, und er ordnete wieder einen Appell an. Daran sollten alle Männer teilnehmen. Alle Pikrinsäuremänner wurden aussortiert. Die zerlumpten, mit Lappen umwickelten, erschöpften Männer wurden an der Seite aufgereiht. Die Meister legten persönliche Streitigkeiten mit Häftlingen dadurch bei, dass sie viele Opfer dem Tod preisgaben. Fast nur junge Männer gingen weg.

Danach ordnete der *Wachführer* den Appell der Frauen an. In wahnsinniger Panik wurden die Frauen aus den Baracken auf den Appellplatz gejagt. Der *Wachführer* stand am Ende einer Straße, am Platzrand. Die Frauen mussten im Gänsemarsch an ihm vorbeilaufen. Mit einem Fingerzeig stellte er ältere Frauen beiseite, vor allem die erschöpften, mit eingefallenem Gesicht, insbesondere die schlecht Angezogenen, die kaputte Schuhe hatten, abmagert, grau, gelb von Pikrinsäure waren. Sie wurden hinter das Tor geführt.

Die Frauen, die in der Küche arbeiteten, die sich hinter dem Tor befand, schilderten, dass einige der Opfer in die Küche hineinstürzten und riefen: „Gebt uns Brot! Wir gehen in den Tod! Wir wollen wenigstens satt sein!" Die Verurteilten wurden unter Eskorte des *Werkschutzes* zum Schießplatz geführt. Dort fand die Hinrichtung statt. Die Opfer wurden in vorher vorbereiteten Massengräbern bestattet. 300 vor allem junge Menschen kamen ums Leben – 15 Prozent aller Häftlinge im Werk C.

Die übrigen Frauen mussten sich in zwei Reihen aufstellen. In der ersten waren nur junge und hübsche Mädchen. In der zweiten – nur alte. Die Frauen aus der zweiten Reihe hatten Angst davor, in den Tod geschickt zu werden. Sie liefen in Panik zur ersten Reihe. In der zweiten Reihe blieb nur eine kleine Gruppe. Auf der anderen Seite standen dichtgedrängt die fiebernden Frauen. Die kleine Gruppe, die nicht wagte, auf die andere Seite zu wechseln, wurde in die danebenstehenden Baracken eingeschlossen. Es herrschte Todesangst. Die Frauen in den Baracken schrien, streckten den Freundinnen und Polizisten die Hände durch die Fenster entgegen, baten um Hilfe. Polizisten schrien: „Haltet den Mund, ihr fahrt in zwei Tagen." Daran glaubten sie nicht. Die Frauen, die bleiben sollten, sprangen durch das Fenster hinten aus der Baracke heraus. Mittlerweile war den Frauen aus der ersten Reihe befohlen worden, ihren Besitz mitzunehmen, weil sie in ein anderes Lager fahren sollten. Nur ein Teil sollte bis zur endgültigen Auflösung des Lagers in den Hallen bleiben. Wir wussten überhaupt nicht, was die Deutschen vorhatten, und Panik brach aus. Alle Frauen sammelten sich auf dem Platz. Erneut führten die Deutschen eine Selektion durch. Ein Teil der Frauen, die bleiben sollten, wurde abgetrennt. Der Rest sollte in die Baracken gehen. Sie wollten aber nicht gehorchen. Sie waren sicher, dass sie gleich sterben würden. Sie zwängten sich in die erste Reihe. Das war dem Generaldirektor zu viel. Er verschwand für einige Minuten mit seinem ganzen Gefolge. Wir waren sicher, dass er die Ukrainer holen wollte, die uns erschießen sollten. Panik und Entsetzen stiegen. Inzwischen wurde uns befohlen, ans Tor zu gehen. Der *Wachführer* und die Leiter wählten junge, gut angezogene Frauen und schickten sie in die Fabrik. Die übrigen Frauen mussten in die Baracken.

In der Nacht verbreitete sich eine Nachricht, dass der *Wachführer* durch die jüdische Lagerführung bestochen worden sei. Er sollte nachts das Tor offen lassen, und die Waldtore sollten nicht bewacht werden.

Die Tore waren tatsächlich unbewacht. Das war aber eine Hinterlist. In der Nacht versuchten 250 Menschen zu fliehen. Am Morgen hörte man Schüsse im Wald. Die Deutschen tauchten das Lager in Scheinwerferlicht. Es erwies sich später, dass die Wachen im Wald verstärkt worden waren, und fast alle Geflüchteten wurden in der Nacht erschossen.

Am nächsten Morgen wurde ein Appell angeordnet. Plötzlich stellten sich die Wachmänner beiseite. Wir dachten, dass die Rote Armee kommt. Die Freude war verfrüht. Ein Auto fuhr herbei und ein SS-Offizier stieg mit seinem Gefolge aus. Polizisten riefen jüdische Frauen heraus, die aus Deutschland, vor allem aus Leipzig, stammten. In seiner Rede versicherte er uns, dass wir alle zur Arbeit nach Leipzig fahren würden, dass wir Brot und Kleidung aus dem Magazin für den Weg bekommen sollten, damit wir in Deutschland gut aussähen. Wir eilten zum Magazin. Die schlaueren und stärkeren Frauen bekamen Mäntel, die ihnen aber später beim Baden in Leipzig wieder abgenommen wurden. Nach einigen Stunden wurden wir in verdreckte Waggons geladen. Einige von uns fuhren nach Deutschland, um dort weiter zu leiden. Die anderen fuhren nach Tschenstochau und wurden durch die Rote Armee viel früher befreit.

Während meines Aufenthalts im Lager von November 1943 bis Juli 1944 gab es zwei „Aktionen": eine im Februar 1944, die andere unmittelbar vor der Auflösung des Lagers. Weitere größere Aktionen fanden in diesem Zeitraum nicht statt. Trotzdem waren die Menschen, die im Lager arbeiteten, zur Vernichtung bestimmt. Die Vernichtung sollte das System vollbringen. Hunger, unmenschliche Bedingungen, Krankheit und Arbeit. Das alles waren Mittel zur Vernichtung. Vor dem Tod sollten die Opfer bis zuletzt Sklavenarbeit leisten.

Dieses Ziel verfolgten die Deutschen. Sie hätten es erreicht, wenn der Krieg anders verlaufen wäre. Ende Juli näherte sich die Front Skarżysko. Dies entschied über die Auflösung des Lagers. Die noch arbeitsfähigen und noch zu gebrauchenden Häftlinge wurden weitertransportiert. Unsere Gruppe fuhr in das Reich, bis nach Leipzig.

So wurde das Lager in Skarżysko aufgelöst. Über dessen Tor stand der harmlose Schriftzug: *„Hasag, Judenlager Werk C"*.

Endnoten

1) Die in Skarżysko hergestellten Geschosse wurden Granaten genannt.
2) Tallit ist ein jüdischer Gebetsmantel, Tefillin sind Gebetskapseln mit Lederriemen, die die Männer beim Morgengebet um den Arm und auf der Stirn tragen.

Józef Kermisz

**Der Aufstand im Warschauer Ghetto
(19. April–16. Mai 1943)**

Übersetzung aus dem Polnischen von Przemysław Zakrezewski

Vorbemerkung

Dr. Józef Kermisz (1907–2005) wurde in Galizien im Städtchen Złotniki (heute Ukraine) geboren. 1937 promovierte er an der Universität Warschau in Geschichte. Betreuer seiner Arbeit zum Thema „Lublin und seine Region in den letzten Jahren der Adelsrepublik 1788–1794" war Meier Bałaban, der als Begründer der modernen jüdischen Geschichtsschreibung in Polen gilt. Kermisz war außerdem für die Warschauer Abteilung des YIVO tätig. Nach dem deutschen Überfall auf Polen 1939 floh er in das sowjetisch besetzte Ostpolen und arbeitete dort als Geschichtslehrer. Als die Deutschen 1941 in die UdSSR einmarschierten, tauchte Kermisz unter und überlebte die Besatzungszeit im Versteck. Im Juni 1944 schloss er sich der polnischen Armee an, in der er den Rang eines Hauptmanns bekleidete. Im Dezember 1944 zählte Kermisz zu den Gründern der „Zentralen Jüdischen Historischen Kommission" (Centralna Żydowska Komisja Historyczna) in Lublin, die ihren Sitz einige Monate später nach Łódź verlegte. Ab 1945 war Kermisz Generalsekretär der Jüdischen Kommission und Direktor ihres Archivs. Dass er deutschen Dokumenten, so dem „Stroop-Bericht" über die Niederschlagung des Warschauer Ghetto-Aufstandes, eine Bedeutung in der Holocaust-Geschichtsschreibung beimaß, war in der Jüdischen Kommission nicht unumstritten. 1947 wurde er Vizedirektor des Jüdischen Historischen Instituts (Żydowski Instytut Historyczny) in Warschau. 1950 emigrierte Kermisz nach Israel. Von 1953 bis 1978 war er Direktor des Archivs der Holocaustgedenkstätte Yad Vashem. Kermisz trat auch als Autor und (Mit-)Herausgeber zahlreicher Publikationen zum Holocaust auf.

Der Text enstand 1946 in Łódź und wurde in Herausgeberschaft der Jüdischen Kommission unter dem Titel „Powstanie w getcie warszawskim (19 kwietnia – 16 maja 1943)" veröffentlicht. Zum Originalbeitrag gehören sechs Fotos sowie ein Plan des Ghettos Warschau. Anmerkungen zur deutschen Ausgabe sind als Fußnoten gesetzt. Im Text wird mit hochgestellten Ziffern darauf verwiesen. Die Anmerkungen der polnischen Originalfassung erscheinen als Endnoten, die Verweise darauf im Text als Ziffern in runden Klammern. Kursiv gesetzte Wörter sind im Original in deutscher Sprache. Petra Rentrop lektorierte und kommentierte den Text.

Frank Beer, Wolfgang Benz, Barbara Distel

Buchumschlag der Originalausgabe „Powstanie w getcie warszawskim (19 kwietnia – 16 maja 1943)", Łódź 1946

József Kermisz

Der Aufstand im Warschauer Ghetto (19. April–16. Mai 1943)

Vorwort

Der bewaffnete April-Aufstand im Warschauer Ghetto war alles andere als ein Akt der Improvisation oder eine Verzweiflungstat. Mehrere Monate lang sorgfältig vorbereitet, war er aus der Einsicht geboren, Widerstand gegen die Mörder von Millionen Juden leisten zu müssen. Notwendig erschien ein Kampf „um die Würde des Menschen in einer geschändeten Welt" (Broniewski). Der Aufstand war das Ergebnis einer bewussten Entscheidung für den Kampf gegen den Feind der Menschlichkeit, gegen das NS-Regime und gegen den Faschismus, wobei dieser Entschluss unabhängig von der Aussicht auf einen Sieg getroffen wurde.

Dieser von vornherein verlorene Kampf in dem kleinen Frontabschnitt im Ghetto, Tausende Kilometer von der eigentlichen militärischen Front entfernt, war kein Kampf um das Leben, sondern um die menschliche Würde, um einen würdevollen Tod mit der Waffe in der Hand. Der Aufstand ist zweifellos einer der heldenhaftesten und tragischsten Kämpfe gegen den Faschismus und eines der dramatischsten, erschütterndsten Ereignisse des Zweiten Weltkriegs. (1)

Der April-Aufstand stand in unmittelbarem Zusammenhang mit der polnischen Widerstandsbewegung, die nach der Schlacht von Stalingrad immer stärker wurde und schließlich in weiten Teilen des Landes in einen Partisanenkampf überging. (2) Die Revolte im Ghetto hatte daher auch eine große Bedeutung für die Befreiungskämpfe im von den Deutschen unterjochten Polen. Denn man darf nicht vergessen: Die lang andauernden Kämpfe in den Straßen des Warschauer Ghettos, die der große polnische Schriftsteller Dobrowolski als „Thermopylen des kämpfenden Warschau"[1] bezeichnet hat, waren der erste bewaffnete Massenaufruhr seit September 1939 – nach beinahe vier Jahren NS-Okkupation – gegen die deutschen Besatzer auf polnischem Boden. Sie bildeten damit auch die wichtigste Etappe des Kampfes der Hauptstadt vor dem August-Aufstand 1944. Und das „Heldentum des aufständischen Warschau von 1944 […] genauso tragisch – wenn auch aus anderen Gründen – wie die Tragödie des Warschauer Ghettos, speiste sich aus jenen Momenten" (Dobrowolski).

---

1 Die Thermopylen (wörtl. warme Tore) sind ein nach dort entspringenden warmen Schwefelquellen benannter Pass in Mittelgriechenland. Während der antiken Perserkriege waren sie Schauplatz einer mehrtägigen verlustreichen Schlacht, in der der Spartanerkönig Leonidas den Heldentod starb. Der Begriff dient hier als Metapher für eine opferreiche Schlacht.

In der Tat verband sich der Aufstand im Ghetto, der im Rundfunk der Anti-Hitler-Koalition zu Recht „der zweite Kampf um Warschau" genannt wurde, „untrennbar mit dem Kampf des polnischen Volkes, mit dem Kampf ganz Polens gegen die NS-Besatzung und für die Freiheit und Unabhängigkeit des Landes" (Osóbka-Morawski). Die „Jüdische Kampforganisation" (Żydowska Organizacja Bojowa, Ż. O. B.), der bewaffnete Arm des Ghettos, richtete während des Aufstandes einen Aufruf an das polnische Volk. Darin bezeichnete sie ihren gegen die Besatzer geführten Kampf auf Leben und Tod als „Kampf um unsere menschliche, gesellschaftliche und nationale Ehre und Würde", der unter der Parole „Waffen- und Blutsbrüderschaft des kämpfenden Polen" um „eure und unsere Freiheit" geführt werde. Das Oberkommando der Polnischen Armee, die aus dem erbitterten Kampf auf Leben und Tod gegen die NS-Besatzer hervorgegangen ist, würdigte das Verdienst der Verteidiger des Ghettos in vollem Umfang: Zum zweiten Jahrestag des Ausbruchs des Aufstands zeichnete es die sieben führenden Kämpfer – die Organisatoren der Widerstandsbewegung im Warschauer Ghetto – mit dem Grunwaldkreuz III. Klasse, 13 Kämpfer mit dem Kreuz Virtuti Militari V. Klasse und 30 Kämpfer mit dem Verdienstkreuz der Republik Polen aus.

Es steht außer Zweifel, dass der Aufstand seine Kraft aus dem vereinigten Kampf aller Juden des Ghettos bezog und dass Kräfte aus dem Volk den Kern der Ż. O. B. bildeten. (3) Im Angesicht des gemeinsamen Todfeindes kämpften die Mitglieder des „Hechaluz"[2] und der „PPR"[3] (Polnische Arbeiterpartei), des „Bunds"[4] (Allgemeiner jüdischer Arbeiterbund von Litauen, Polen und Russland) und der „Poale Zion"[5] (Arbeiter Zions) Seite an Seite.

„Noch nie, so scheint es", schreibt ein wichtiger Teilnehmer der Kämpfe, „gab es eine so einmütige und koordinierte Zusammenarbeit zwischen Menschen verschiedener Parteien und politischer Gruppierungen wie in jener Zeit. Wir alle waren Kämpfer für die eine, richtige Sache – ebenbürtig im Angesicht der Geschichte und des Todes. Jeder vergossene Tropfen Blut hatte denselben Wert." (4)

2 Der „Hechaluz" (hebr. Pionier) war eine 1917 gegründete sozialistisch-zionistische Organisation. Hauptziele waren die Einwanderung junger Juden nach Palästina und deren Vorbereitung durch landwirtschaftliche Ausbildung. Ihre Mitglieder gründeten viele der ersten Kibbuzim in Palästina.
3 Die PPR (poln. Polska Partia Robotnicza, Polnische Arbeiterpartei) war eine 1942 im Untergrund gegründete kommunistische Partei. Bewaffneter Arm der PPR war die „Gwardia Ludowa" (Volksgarde), die 1944 in „Armia Ludowa" (Volksarmee) umbenannt wurde.
4 Der „Bund" wurde 1897 als „Allgemeiner Jüdischer Arbeiter-Bund in Russland, Litauen und Polen" in Wilna gegründet. Ziel war es, die jüdischen Arbeiter des zaristischen Russland zu vereinen. In der Zwischenkriegszeit war der „Bund" in mehreren osteuropäischen Ländern aktiv, darunter in Polen, wo er eng mit der Polnischen Sozialistischen Partei (PPS) zusammenarbeitete. Die „Bund"-Mitglieder lehnten den Zionismus vehement ab und propagierten in Polen das Recht des jüdischen Volkes auf „kulturelle Autonomie". In diesem Sinne verweigerten sie noch bis Oktober 1942 die Zusammenarbeit mit zionistischen Organisationen und knüpften stattdessen Kontakte zum polnischen Untergrund.
5 Die „Poale Zion" (Arbeiter von Zion) waren marxistisch-zionistische Gruppen jüdischer Arbeiter, die sich Ende des 19. Jahrhunderts in mehreren russischen Städten bildeten. Die Bewegung spaltete sich 1919/1920 in einen linken (marxistischen) und rechten (sozialdemokratischen) Flügel.

Der Aufstand im Warschauer Ghetto (19. April–16. Mai 1943)

Im Gegensatz zur Erhebung im Januar 1943, die von den organisierten Mitgliedern der Ż. O. B. ausging, trugen die Kämpfe im April alle Merkmale eines Volksaufstands, an dem die breiten Massen teilnahmen; aus diesen Massen stammten die Anführer der Kämpfe.

Hauptmotor der Kämpfe waren die jüdische Jugend, die Kinder des Volkes und die Arbeiter. Die jungen Juden, beseelt von dem Wunsch nach Rache und voller Opferbereitschaft und Heldentum, brannten darauf, etwas zu unternehmen und zu kämpfen. Diese Jugend, die die „Schatten der Makkabäer[6] und des Bar-Kochba[7] ins Leben zurückrief, die Schatten der jüdischen Freiheitskämpfer" (5), bildete die Avantgarde des Aufstands und seine dynamische Kraft, die selbst beim Feind Respekt und Bewunderung hervorrief.

In den Kampfgruppen waren oft 14-, 15-jährige Jungen, die es ablehnten, sich in Bunkern zu verstecken. Sie zogen es vor, „nicht wie eine Maus im Keller, sondern stolz, im Kampf gegen den blutrünstigen Feind" (6) zu sterben.

Leider sind die Quellen zu diesem faszinierenden und heldenhaften Finale der großen Tragödie der Warschauer Juden recht spärlich. (7) Zweifellos ist diese Tragödie ein weißer Fleck in der tragischen Geschichte des jüdischen Volkes unter der NS-Besatzung. In Anbetracht dessen ist es kein Wunder, dass fast alle Beteiligten ihr Leben in diesem ungleichen, heldenhaften Kampf gegen den Eindringling lassen mussten. Mit der vollkommenen Auslöschung des Warschauer Ghettos verschwanden auch die Akten und Dokumente der „Jüdischen Kampforganisation" für immer.

Die vorliegende Studie wurde anlässlich des dritten Jahrestages des Ausbruchs des April-Aufstandes geschrieben. Sie stützt sich auf die derzeitig verfügbaren jüdischen Quellen, hauptsächlich aber auf die Akten und Berichte des Liquidators des Warschauer Ghettos, des SS-Brigadeführers und Generalmajors Stroop.[8]

---

6   Die Makkabäer waren jüdische Freiheitskämpfer, die sich im 2. Jahrhundert v. Chr. gegen die Dynastie der Seleukiden erhoben. Der Aufstand richtete sich gegen die Religionspolitik der seleukidischen Könige, aber auch gegen Juden, die eine Hellenisierung ihrer Kultur anstrebten und mit den Seleukiden kooperierten.

7   Zwischen 132 und 135 v. Chr. erhoben sich jüdische Freiheitskämpfer unter Führung von Simon Bar-Kochba zum Aufstand gegen die römische Unterdrückung in Judäa. Nach anfänglichen Erfolgen wurde der Aufstand jedoch niedergeschlagen. Die Folgen waren verheerend: Judäa, entvölkert und verwüstet, wurde zur römischen Provinz Palästina und das völlig zerstörte Jerusalem zur Colonia Aelia Capitolina, die Juden nicht betreten durften.

8   Jürgen Stroop (1895–1952) trat 1932 in die NSDAP und 1934 in die SS ein, in der er rasch Karriere machte. Nach dem Überfall auf Polen im September 1939 leitete er die volksdeutsche Miliz („Selbstschutz") in Posen. Von 1940 bis 1942 stand er dem SS-Abschnitt Gnesen vor, später war er als SS- und Polizeiführer (SSPF) in Lemberg eingesetzt. Hier war er auch für die Ergreifung und Ermordung von Juden zuständig, die aus Ghettos und Lagern hatten fliehen können. Am 15. April 1943 wurde Stroop – zu diesem Zeitpunkt im Rang eines SS-Brigadeführers und Generalmajors der Polizei – mit der Räumung des Warschauer Ghettos beauftragt und war als SSPF Warschau vom 19. April bis 16. Mai für die Niederschlagung des Ghetto-Aufstandes verantwortlich, der Zehntausende Juden zum Opfer fielen. Bis September 1943 blieb Stroop als Höherer SS- und Polizeiführer (HSSPF) in Warschau; danach war er in Griechenland

Das Material wurde von den Amerikanern in Bayern entdeckt und befindet sich nun in den Akten des Internationalen Militärgerichtshofes in Nürnberg. Die „Centralna Żydowska Komisja Historyczna" (Zentrale Jüdische Historische Kommission) erhielt diese Berichte in englischer Übersetzung freundlicherweise vom Nürnberger Korrespondenten der Polnischen Presseagentur Michał Hofman.

Das Aktenmaterial von General Stroop, der am Tag vor dem Beginn der Liquidierungsaktion zum SS- und Polizeiführer des Warschauer Distriktes ernannt worden war, besteht im Wesentlichen aus zwei Teilen: Erstens existiert ein Gesamtbericht mit dem Titel „Es gibt keinen jüdischen Wohnbezirk in Warschau mehr". Er wurde am 16. Mai unmittelbar nach dem Ende der „Großaktion" für die Besprechung der Befehlshaber der SS- und Polizeibezirke des Generalgouvernements am 18. Mai 1943 in Krakau angefertigt.[9] Zweitens gibt es die täglichen Berichte, die per Fernschreiben an General Stroops direkten Vorgesetzten, den Höheren SS- und Polizeiführer des Generalgouvernements *Obergruppenführer* Krüger,[10] geschickt wurden.

Stroops Bericht, der wie ein Erinnerungsalbum aufgemacht ist, sind zahlreiche Bilder beigefügt. Der amerikanische Staatsanwalt Jackson,[11] einer der Hauptvertreter der Anklage im Nürnberger Kriegsverbrecher-Prozess, hat den Bericht dem Internationalen Gerichtshof vorgelegt, in dessen Aktenbestand sich die Bilder nun befinden. Sie zeigen alle Phasen der „Großaktion", so die „im Kampf vernichteten Aufständischen", brennende Häuser, aus den Häusern springende Menschen, die mit Hilfe von Gas aus den Abwasserkanälen getriebenen Juden, das Verminen der Häuser und schließlich ein Bild des Ghettos nach der Zerstörung.[12]

     und im „Altreich" eingesetzt. Am 21. März 1947 verurteilte ihn ein amerikanisches Militärgericht wegen der Erschießung von Kriegsgefangenen zum Tode und lieferte ihn anschließend an Polen aus. Nach seiner neuerlichen Verurteilung zum Tode im September 1951 wurde der „Henker von Warschau" am 6. September 1952 hingerichtet.

9   Gemeint ist die SS- und Polizeiführertagung in Krakau. Tatsächlich ließ Stroop drei Exemplare des Berichts anfertigen, eines war für den Reichsführer SS Heinrich Himmler bestimmt.

10 Friedrich Wilhelm Krüger (1894–1945), SS-Obergruppenführer und General der Waffen-SS und Polizei, war seit Ende 1939 als Höherer SS- und Polizeiführer (HSSPF) im Generalgouvernement eingesetzt; 1942 wurde er dort auch zum Staatssekretär für das Sicherheitswesen ernannt. Krüger oblag die Bewachung von Zwangsarbeitslagern und ab 1942 die Auflösung der Ghettos sowie die Partisanenbekämpfung. Anfang November 1943 organisierte er die „Aktion Erntefest": die Ermordung der Juden im Distrikt Lublin. Krüger war ferner für die Verschleppung von etwa 110 000 Polen verantwortlich. Im Mai 1944 wurde er Kommandeur der 6. SS-Gebirgsdivision, im August 1944 Kommandeur des V. SS-Gebirgskorps. Krüger starb unmittelbar nach Kriegsende am 10. Mai 1945, ob durch Verwundung oder Selbstmord ist ungeklärt.

11 Robert H. Jackson (1892–1954) war Richter am Obersten Gerichtshof der USA und der amerikanische Hauptanklagevertreter im Nürnberger Hauptkriegsverbrecherprozess.

12 Der „Stroop-Bericht" enthält eine Serie von 54 Fotografien, die handschriftlich mit zynischen Bildunterschriften versehen sind. Darunter ist das Foto des verängstigten Juden mit erhobenen Händen, das zu

Der Aufstand im Warschauer Ghetto (19. April–16. Mai 1943)

Der Gesamtbericht, der mit einem knappen Überblick über die Geschichte des Warschauer Ghettos beginnt, enthält wertvolle Angaben, die die täglichen Berichte ergänzen. Letztere bieten eine allgemeine Beschreibung des deutschen Vorgehens in der Zeit vom 19. April bis zum 16. Mai 1943, d. h. in dem Zeitraum, in dem die (in der Sprache Stroops) „Großaktion" genannte Zerstörung des Ghettos stattfand. Bedauerlich ist nur, dass die täglichen Berichte, die bisweilen zweimal pro Tag verschickt wurden, oft nicht das genaue Kampfgebiet bezeichnen.

Stroops Berichte stimmen in wesentlichen Teilen mit jüdischen Quellen (Zuckerman, Edelman, Rathauser, Borzykowski, Borg, Najberg usw.) überein. So sind zum Beispiel die Angaben zur Zahl der deutschen Einsatzkräfte, die die jüdischen Widerstandskämpfer nur schätzen konnten, beinahe identisch mit den Daten von General Stroop. Bei den deutschen Verlusten während der Kämpfe im Ghetto gibt es jedoch aus verständlichen Gründen erhebliche Diskrepanzen zwischen Stroop und den jüdischen Quellen. Weil sie sich ihrer ständigen Misserfolge schämten, verbreiteten die Deutschen das Gerücht, dass deutsche Deserteure das Kommando über die Verteidigung des Ghettos übernommen hätten (8) (in der Tat kämpften die Juden oft in deutschen Uniformen und Helmen [9]). Ebenso waren die Deutschen bestrebt, die eigenen Verluste in den offiziellen Berichten zu kaschieren. Stroop erwähnt sie zwar, gibt jedoch zumeist nur eine sehr niedrige Zahl an. (10)

Außerdem muss man berücksichtigen, dass sich Stroop besonders in den ersten Tagen des Kampfes im Warschauer Ghetto sehr zurückhielt und sich bemühte, die Niederlagen der Deutschen zu verheimlichen. So findet zum Beispiel in seinem Bericht vom 19. April der schwere Kampf auf dem Muranowski-Platz überhaupt keine Erwähnung. Stroop schreibt darüber jedoch im Gesamtbericht vom 16. Mai nach Beendigung der „Aktion", als die Einzelheiten der Kämpfe die Heldentaten der Deutschen bei der Niederschlagung des Aufstands illustrieren sollten. Der General erwähnt auch die Beteiligung von deutschen Flugzeugen an den Kämpfen mit keinem Wort.

Trotz dieser Fehler stellen Stroops Berichte, die einer kritischen Analyse unterzogen wurden, eine überaus wichtige und wertvolle Quelle für die Geschichte des Aufstands im Warschauer Ghetto dar. Der amerikanische Staatsanwalt Major Walsh bezeichnet die Berichte zu Recht als ein „Monument des Heroismus, das Stroop unbewusst errichtet". Denn hier beschreibt ein SS-General, ein Todfeind der Juden, die er im Geiste der nationalsozialistischen Rassentheorie oft „Untermenschen" nennt, wie er Tag für Tag sein grauenhaftes Werk der Niederschlagung des jüdischen Aufstands mit Feuer und Schwert, vor allem aber mit Feuer, vollbrachte. Der Bericht veranschaulicht auch die ungewöhnliche Opferbereitschaft der Juden in den Kämpfen gegen die fronterfahrene Übermacht von SS, Polizei und *Wehrmacht*.

den bekanntesten Bilddokumenten des 20. Jahrhunderts zählt. Es trägt die Unterschrift „Mit Gewalt aus Bunkern hervorgeholt".

Und tatsächlich brachten die Deutschen im „energischen und unermüdlichen Tag- und Nachteinsatz" ein großes Zerstörungswerk zustande. Denn je länger der Aufstand dauerte – das gab Stroop zu –, „desto härter wurden die Männer der Waffen-SS, der Polizei und der *Wehrmacht*", die vom frühen Morgen bis spät in die Nacht ihre „Pflicht" erfüllten, „unermüdlich, in treuer Waffenbrüderschaft ... als vorbildliche Soldaten", die „mit Mut, Können, Ausdauer ihren Kampfgeist bewiesen". Die Pioniereinheiten, die ebenso „mit Hingabe" ihre „schwere Aufgabe", Bunker, Häuser und Kanäle in die Luft zu sprengen, erfüllten, blieben dahinter nicht zurück. (11)

Unbewusst aber erwies Stroop den jüdischen Kämpfern, deren Heldenmut – wie B. Dudziński zu Recht unterstrich – einzigartig und unbestritten war, auch Ehrerbietung. (12) „Während", so schreibt er wörtlich, „es zunächst möglich war, die Juden in größeren Massen einzufangen, gestaltete sich die Erfassung der Banditen und Juden in der zweiten Hälfte der Großaktion immer schwieriger.

Es waren immer wieder Kampfgruppen von 20 bis 30 und mehr jüdischen Burschen im Alter von 18 bis 25 Jahren, die jeweils eine entsprechende Anzahl Weiber bei sich hatten, die neuen Widerstand entfachten. Diese Kampfgruppen hatten den Befehl, sich bis zum Letzten mit Waffengewalt zu verteidigen und sich gegebenenfalls der Gefangennahme durch Selbstmord zu entziehen." (13)

Viel Raum widmete Stroop sowohl im Gesamtbericht als auch in den Tagesberichten den jüdischen Mädchen, die mit ungewöhnlichem Heroismus kämpften. Sie waren im Kampf der jüdischen Untergrundbewegung gegen die deutschen Besatzer erprobt und hatten sich größte Verdienste beim Schmuggel von Waffen und Sprengstoff durch die Mauern des Ghettos erworben. (14) „Bei dem bewaffneten Widerstand", so schrieb er, „waren die zu den Kampfgruppen gehörenden Weiber in gleicher Weise wie die Männer bewaffnet und zum Teil Angehörige der Chaluzzenbewegung.[13] Es war keine Seltenheit, dass diese Weiber aus beiden Händen mit Pistolen feuerten. Immer wieder kam es vor, dass sie Pistolen und Handgranaten bis zum letzten Moment in ihren Schlüpfern verborgen hielten, um sie dann gegen die Männer der Waffen-SS, Polizei und Wehrmacht anzuwenden." (15)

Sehr viel Raum nimmt Stroops Schilderung der Beteiligung von Polen am jüdischen Aufstand ein. Dabei übertreibt er oft, doch dies dient nur dem Zweck, seine Niederlagen in den Augen seines Vorgesetzten zu rechtfertigen. Er versuchte, diesen davon zu überzeugen, dass die Juden als (seiner Auffassung nach) notorische Feiglinge nicht imstande wären, ohne Hilfe von außen so hartnäckigen Widerstand zu leisten.

Um ihren durch den jüdischen Aufstand stark beschädigten Ruf zu verbessern, verbreiteten die Deutschen das Gerücht, dass „die ganze Welt" das Ghetto mit Waffen versorge. Und als im Ghetto eine neue Phase des Partisanenkampfes begann, wurde von der Szuch-

---

13 Angehörige des zionistischen Verbandes Hechaluz („Pioniere für Israel"), vgl. Anm. 2.

Allee[14] aus das Gerücht verbreitet, dass es im Ghetto keine Juden mehr gäbe, sondern dass sich dort nur Kommunisten und deutsche Deserteure verteidigten. (16)

Stroop schreibt demgemäß in seinen Berichten, dass die jüdischen Kampfgruppen unter dem Kommando „polnischer Banditen" stünden, dass „die polnischen Banditen immer wieder im Ghetto Unterschlupf fanden", die er wegen Mangels an Kräften nicht wirkungsvoll bekämpfen konnte.

Von solchen Übertreibungen abgesehen enthalten Stroops Berichte zweifellos einen wahren Kern. Wie wir später sehen werden, leisteten die PPR (Polnische Arbeiterpartei) und die RPPS[15] (Arbeiterpartei der polnischen Sozialisten) dem kämpfenden Ghetto tatsächlich Hilfe. Davon berichten polnische und jüdische Quellen übereinstimmend.

Als jüdische Quellen muss man in erster Linie die Berichte und Beschreibungen Zuckermans, Dr. Bermans sowie die Erinnerungen Edelmans, Rathausers, Borzykowskis, Najbergs, Borgs und Lehmans nennen.

Yitzhak Zuckerman (Deckname „Antek"), einer der Hauptorganisatoren und Anführer der jüdischen Untergrundbewegung und Kommandant der Ż. O. B. auf der „arischen Seite", veröffentlichte in der Presse („Dos Naje Lebn" 1945, Nr. 2) den kurzen Abriss „Vorbereitungen für den Aufstand im Warschauer Ghetto und Verlauf der Kämpfe". Dieser Text ist ein Auszug aus dem größeren Bericht des Kommandos der „Jüdischen Kampforganisation", der im März 1944 geschrieben und ins Ausland verschickt wurde. Diesen Bericht druckte M. Neustadt vollständig in der Publikation „Vernichtung und Aufstand der Warschauer Juden – Buch der Erklärungen und Erinnerungen" ab (Tel Aviv 1946). Zuckermans Bericht ist eine ungewöhnlich interessante Quelle für die Geschichte der Untergrundbewegung im Warschauer Ghetto sowie der Kämpfe zur Zeit des Aufstands.

Große Bedeutung hatten für mich die Erinnerungen von Marek Edelman, die 1945 unter dem Titel „Ghetto walczy" („Das Ghetto kämpft") in Warschau veröffentlicht wurden. Auch seine Artikel, wie z. B. „Jak walczyliśmy w getcie warszawskim" („Wie wir im Warschauer Ghetto kämpften", in: „Robotnik", 1945, Nr. 25) und „Oni walczyli" („Sie kämpften", in: „Głos robotniczy", 1946, Nr. 109), sind wichtige Quellen für die Geschichte des April-Aufstands. Der Autor war einer der ersten Instrukteure der Anfang 1940 gegründeten bundistischen Kampforganisation sowie Hauptanführer der Ż. O. B.; außerdem leitete er die Kampfgruppe auf dem Gelände der Bürstenmacher, die sich am zweiten Tag der Kämpfe so ruhmvoll auszeichnete. Er liefert mehrere wichtige Berichte, die in anderen Quellen zumeist Bestätigung finden.

---

14 In der Szuch-Allee (poln. Aleja Szucha), die während der deutschen Besatzung „Straße der Polizei" hieß, war im Gebäudekomplex mit der Hausnummer 25 das Hauptquartier von Sicherheitspolizei und SD untergebracht. Im Keller richtete die Gestapo ein Untersuchungsgefängnis ein. Heute befindet sich hier das „Mausoleum des Kampfes und der Leiden" (Mauzoleum Walki i Męczeństwa).

15 Die RPPS (Robotnicza Partia Polskich Socjalistów, Arbeiterpartei der polnischen Sozialisten) wurde 1943 als linkssozialistische Partei gegründet und stand der Sowjetunion positiv gegenüber.

Ich habe den Artikeln sowie der am 22. April 1945 gehaltenen Rede von Dr. Adolf Berman (17) sehr viele Details entnommen, so zum Beipiel den Aufsätzen „Walka podziemna Żydów" („Der Untergrundkampf der Juden", in: „Gazeta Lubelska", 1945, Nr. 13) und „Epopea żydowskiego bohaterstwa" („Das Monument des jüdischen Heldentums", in „Dos Naje Lebn", 1945, Nr. 2). Berman war einer der Führer der Untergrundbewegung im Warschauer Ghetto und leitender Mitarbeiter einer Untergrundorganisation zur Rettung von Juden.[16]

Die Erinnerungen von Rathauser (Deckname „Kazik") („Raport bojowy" [„Kampfbericht"], in: „Dos Naje Lebn", 1945, Nr. 2, vgl. „Ze wspomnień powstańca żydowskiego" [„Aus den Erinnerungen des jüdischen Aufstands"], in: „Polska Zbrojna", 1945, Nr. 71) sind eine sehr wichtige Quelle für die Geschichte der Kämpfe auf dem Gelände der Bürstenmacher und des Überwechselns einer bedeutenden Gruppe der Ż. O. B. auf die „arische Seite". Rathauser war ein herausragender Kämpfer und leitete die Rettungsaktion der jüdischen Kampfgruppe gegen Ende des Aufstandes.

Sehr wichtig waren für mich auch die Berichte folgender Teilnehmer des April-Aufstands: Towie Borzykowski („W ogniu i krwi". „Wspomnienia uczestnika walk w getcie warszawskim" [„Im Feuer und Blut". „Erinnerungen eines Teilnehmers an den Kämpfen im Warschauer Ghetto"], in: „Nowe Słowo", 1946; „Pierwsi bojowcy" [„Die ersten Kämpfer"], in: „Unser Wort", 1946, Nr. 1); B. Borg („Fragment warszawskiego powstania w getcie" [Fragment des Warschauer Aufstands im Ghetto"], in: „Dos Naje Lebn", 1945, Nr. 4; „1-szy maja w powstania getta" [„Der 1. Mai während des Ghettoaufstands"], in: „Dos Naje Lebn", 1945, Nr. 12) sowie Leon Neuberg (Deckname „Marian"), Fragmente aus dem Gedächtnis unter dem Titel „Gruzowcy" („Trümmerbewohner"),[17] (18. 4.–26. 9. 1943). (18)

Die Broschüre „Na oczach świata" („Vor den Augen der Welt"), die die polnischen Untergrundorganisationen während der Besatzungszeit veröffentlichten, ist ebenfalls eine überaus wertvolle und interessante Quelle.

Ich habe auch die Erinnerungen des Dichters W. Szlengel („Co czytałem umarłym" [„Was ich als Toter gelesen habe"]) sowie des bekannten Warschauer Journalisten Henryk Nowogrodzki („Trzy dni na Umschlagplatzu" [„Drei Tage auf dem Umschlagplatz"]), die „Dokumenty i materiały do dziejów Żydów w czasie okupacji" („Dokumente und Materialien zur Geschichte der Juden während der Okkupation"), Band II und „Wysiedlenia i akcje" („Vertreibungen und Aktionen") (im Druck) genutzt.

---

16 Gemeint ist die Untergrundorganisation „Hilfsrat für Juden" (poln. Rada Pomocy Żydom) mit dem Decknamen „Żegota". Sie wurde im Herbst 1942 im Auftrag der polnischen Exilregierung in London geschaffen. Der Hilfsrat, dessen Generalsekretär Berman war, konnte Tausende Juden vor dem Holocaust retten. Seine Mitarbeiter vermittelten Unterkünfte und beschafften Kleidung und Nahrung. Eine spezielle Kinderabteilung ließ Geburtsurkunden fälschen und brachte jüdische Kinder in Klöstern unter. Żegota arbeitete eng mit dem jüdischen Untergrund zusammen und kämpfte auch gegen Spitzel, Verräter und Denunzianten, die die untergetauchten Juden und ihre Helfer bedrohten.

17 Personen, sie sich auf dem Gelände des zerstörten Ghettos versteckt hielten und weiterkämpften.

Schließlich muss ich noch hervorheben, wie viel ich den Beobachtungen von Schriftstellern, Augenzeugen und auch von Mieczysław Jastrun („Potęga ciemnoty" [„Die Macht des Aberglaubens"], in: „Odrodzenie", 1945, Nr. 2); St. R. Dobrowolski („Termopilskie skały Warszawy" [„Die Thermopylenfelsen Warschaus"], in: „Polska Zbrojna", 1945, Nr. 72); Adolf Rudnicki („Wielkanoc" [„Ostern"], in: „Głos Robotniczy", 1946, Nr. 109); Janusz Stępowski („Dni nienazwane" [„Die unsäglichen Tage"], in: „Robotnik", 1945, Nr. 95) und Rachel Auerbach („Wielkanoc 1943" [„Ostern 1943"], in: „Dos Naje Lebn", 1946, Nr. 12) verdanke.

Von den Abhandlungen muss man den Aufsatz von Salomon Mendelsohn mit dem Titel „Opór w getcie warszawskim" („Der Widerstand im Warschauer Ghetto", in: „Yivo Bletter", 1944, Bd. XXIII, Nr. 1), die Artikel von M. A. Hersz Wasser („Z historii powstania w getcie warszawskim" [„Aus der Geschichte des Aufstands im Warschauer Ghetto"], in: „Dos Naje Lebn", 1946, Nr. 12), „Żołnierze bez broni" [„Soldaten ohne Waffen"] (vgl. Veröffentlichung von Neustadt [19]), Maj. St. Niențałtowski („Z pomocą walczącemu gettu" [„Mit Hilfe des kämpfenden Ghettos"], in: „Polska Zbrojna", 1946, Nr. 94), B. Mark („W rocznicę powstania w getcie warszawskim" [„Am Jahrestag des Aufstands im Warschauer Ghetto"], in: „Trybuna Wolności", 1946, Nr. 92 [20]) nennen.

Während der Arbeit an der vorliegenden Studie habe ich von einigen Personen freundliche Unterstützung erfahren. Ihnen möchte ich an dieser Stelle meinen tiefempfundenen Dank aussprechen. In erster Linie danke ich Rachel Auerbach, außerdem Dr. Filip Friedman, Red. Michał Hofman, Bluma Wasser, dem Archivar W. Iwanow sowie der Genossin Liza Taflowicz.

I. Die Geburt der Widerstandsbewegung im Warschauer Ghetto

Noch vor den mörderischen deutschen „Aktionen" waren jüdische Widerstandskämpfer im Warschauer Ghetto im Untergrund aktiv. Trotz des schrecklichen Terrors waren fast alle politischen Parteien und ideologischen Richtungen beteiligt. Untergrundzeitschriften wurden veröffentlicht, und es existierte ein Netz mit illegalen Schulen und Kulturinstitutionen. Das von Dr. E. Ringelblum organisierte Jüdische Zentralarchiv,[18] das viele deutsche Doku-

---

18 Gemeint ist das Untergrundarchiv „Oneg Schabbat" (hebr. Schabbat-Freunde), nach seinem Initiator, dem Historiker Emanuel Ringelblum, auch Ringelblum-Archiv genannt. Seit Frühjahr 1940 vorbereitet, wurde das Archiv im November 1940 formell gegründet. Ringelblum und seine Mitstreiter wollten das beispiellose Vorgehen der deutschen Besatzer gegen die jüdische Bevölkerung dokumentieren und sammelten entsprechende Aussagen und Daten aus ganz Polen sowie Berichte aus den Ghettos und von der Widerstandsbewegung. Das Archiv hielt sich vom Judenrat fern und arbeitete eng mit dem Untergrund zusammen. 1942 gelang es mit Hilfe des Untergrunds, einen detaillierten Bericht über die Deportation und Vernichtung der Juden Polens nach London zu schmuggeln. Das umfangreiche Archivmaterial wurde in drei Metallbehälter verschlossen und auf dem Gelände des Ghettos vergraben. 1946 und 1950

mente und Augenzeugenberichte sowie Reportagen, Abhandlungen etc. sammelte, leitete die vielfältige Arbeit. (21)

Die Idee eines bewaffneten Widerstands gewann entscheidende Bedeutung, als alarmierende Nachrichten über den Massenmord an Juden in Vilnius, Slonim, Baranowitschy[19] sowie über die Vergasung von Juden in Chełmno[20] das Warschauer Ghetto erreichten. Erste Kampfgruppen bildeten sich in den Jugendorganisationen. (22)

Ende Februar 1942 führten Vertreter der linken „Poale Zion" sowie der „Hashomer Hatzair",[21] der rechten „Poale Zion" und der „Dror"[22] auf Initiative der „PPS"[23] (Polnische Arbeiterpartei) Gespräche mit dem sowjetischen Fallschirmspringer Andrzej Szmidt. Als Ergebnis wurde im März 1942 der „Jüdische Antifaschistische Block" (23) gegründet. Seine Hauptziele waren die Aufstellung von Kampfeinheiten sowie Hilfe für die Opfer des Faschismus. Die Organisation gab die Zeitung „Der Ruf" heraus. Und tatsächlich entstand nach kurzer Zeit ein Netz an „piątki bojowe",[24] denen sich viele Jugendliche, Hunderte Arbeiter und Angestellte anschlossen. Der militärischen Abteilung des „Antifaschistischen Blocks", an dessen Spitze A. Szmidt, Josef Kapłan, Mordechaj Tenenbaum, der spätere Kommandant der Ż. O. B. in Białystok, Fiszelson und Hersz Land standen, war es somit gelungen,

---

wurden auf Initiative von Mitarbeitern der „Zentralen Jüdischen Historischen Kommission" zwei von ihnen wieder aufgefunden. Zusammen mit Ringelblums Chroniken bilden die überlieferten Archivbestände die wertvollste Quelle zur Verfolgung und Vernichtung der polnischen Juden.

19 Die Städte Vilnius (Wilna) in Litauen sowie Slonim und Baranowicze in Ostpolen (heute Weißrussland) lagen infolge des Hitler-Stalin-Pakts seit 1939/40 auf sowjetischem Territorium. Unmittelbar nach dem deutschen Überfall auf die UdSSR am 22. Juni 1941 begannen die vier Einsatzgruppen des Reichssicherheitshauptamtes mit der massenhaften Erschießung von einheimischen Juden. Den Massenmorden fielen zunächst vorwiegend Männer, ab Spätsommer bzw. Herbst 1941 aber auch Frauen und Kinder zum Opfer.

20 In Chełmno (dt. Kulmhof) im Warthegau (Wartheland) richteten SS und Polizei ab November 1941 eine Gaswagenstation zunächst zur Ermordung der als nicht-arbeitsfähig kategorisierten Juden aus der Umgebung ein. Am 8. Dezember 1941 begann die Massentötung in anfänglich zwei, dann drei Gaswagen: Die Abgase des Auspuffs wurde in das Wageninnere geleitet und die Menschen so erstickt. Die Leichen musste ein jüdisches Häftlingskommando in Massengräbern verscharren, ab Sommer 1942 bestand ein Krematorium. Ab dem 16. Januar 1942 wurden Juden aus dem Ghetto Łódź (Litzmannstadt) nach Chełmno deportiert und dort ermordet. Nach Marek Edelmann kamen im Februar 1942 drei Flüchtlinge aus Chełmno, die sich wie durch ein Wunder hatten retten können, ins Warschauer Ghetto und berichteten von den Massenmorden. Der ersten Mordwelle fielen in Chełmno zwischen Dezember 1941 und März 1943 etwa 145 000 Menschen zum Opfer. Zwischen April 1944 und Januar 1945 wurden noch einmal mindestens 7000 Menschen vernichtet.

21 Die „Hashomer Hatzair" (hebr. Der junge Wächter), eine linkszionistische Jugendorganisation, entstand nach dem Ersten Weltkrieg im Rahmen der Pfadfinderbewegung.

22 „Dror" (hebr. Freiheit) ist eine sozialistisch-zionistische Jugendorganisation, die sich 1914 in Kiew bildete.

23 Die PPS (poln. Polska Partia Socjalistyczna, Polnische Sozialistische Partei) wurde 1892 gegründet. Während der Zwischenkriegszeit unterhielt sie gute Kontakte zum „Bund".

24 Eine Kampfeinheit, die aus ca. fünf Personen bestand.

Der Aufstand im Warschauer Ghetto (19. April–16. Mai 1943) 225

nach den Regeln strengster Konspiration eine große Anzahl Kampfgruppen zu bilden. (24) Dennoch war es aufgrund der totalen Isolation des Ghettos nicht möglich, einen engeren Kontakt mit dem polnischen Untergrund zu pflegen. Das verhinderte nicht nur die Beschaffung von Waffen, sondern auch der entsprechenden Lehrbücher. Trotzdem durchliefen die „piątki bojowe" des „Antifaschistischen Blocks" eine militärische Schulung und bewiesen während des Aufstands ungewöhnliche Tapferkeit und ebensolches Heldentum.

Am ersten Tag der „Aussiedlungsaktion" im Warschauer Ghetto (22. 7.–21. 9. 1942) brach allerdings kein Massenaufstand aus. Denn die Idee des aktiven Widerstands war in der demoralisierten, von Hunger geschwächten und durch den deutschen Terror zutiefst verängstigten jüdischen Bevölkerung allgemein nicht populär. Die Angst vor der kollektiven Verantwortung sowie das enorme Tempo der deutschen „Aktion", das jegliche Initiative zunichte machte, und schließlich die „Tragödie der unaufhörlichen Täuschungen und die Tortur der falschen Hoffnungen, die durch die teuflische deutsche Verlogenheit geschürt wurden" (Dr. Berman) lähmten den Willen zum bewaffneten Kampf. Wie in anderen Städten waren die Warschauer Juden von der verlogenen deutschen Propaganda geblendet; während der ersten „Aktionen" glaubten sie nicht, dass ihnen tatsächlich die physische Vernichtung drohte. Vielmehr gingen sie davon aus, dass der Rest des Ghettos bestehen bliebe, wenn das Kontingent zur „Aussiedlung" geliefert werden würde. So gelang es den Deutschen bereits jetzt, die jüdische Bevölkerung zu spalten: Die einen waren zum Tode verurteilt, die anderen hofften, am Leben zu bleiben. (25) Dem Widerstand wiederum machte der gravierende Mangel an Waffen und Munition einen Kampf in größerem Ausmaß unmöglich.

Am 28. Juli 1942, noch während der „Aktion", wurde auf einer Sitzung des „Hechaluz" und der Jugendorganisationen, zu der die „Hashomer Hatzair", „Dror" und „Akiba"[25] gehörten, beschlossen, eine jüdische Kampforganisation zu gründen. Außerdem wurde ein Kommando aufgestellt, dem Szmul Breslaw, Yitzhak Zuckerman, Cywia Lubetkin, Jozef Kapłan und Mordechai Tenenbaum angehörten. (26) Tosia Altman, Frumka Błotnicka, Lea Perelsztejn und Arie Wilner („Jurek") wurden auf die „arische Seite" geschickt, um Kontakt mit der polnischen Untergrundbewegung aufzunehmen und Waffen für das Ghetto zu besorgen. (27)

Leider stieß der bereits im August 1942 unternommene Versuch, bei der „Armia Krajowa"[26] (Heimatarmee) um Hilfe zum Aufbau eines bewaffneten Widerstands gegen die deutsche „Aktionen" nachzusuchen, auf die Ablehnung der polnischen Militärs. (28) Unter diesen Voraussetzungen musste sich die jüdische Widerstandsbewegung auf sporadische Ablenkungsmanöver und Sabotageakte beschränken. (29) In illegalen Appellen an die

---

25 Die „Akiba", eine zionistische Pionierorganisation, gründete sich 1901 in Krakau.
26 Die „Armia Krajowa" (Heimatarmee) war die größte bewaffnete Widerstandsorganisation im besetzten Polen; im Sommer 1944 zählte sie über 300 000 Soldaten. Sie war der Befehlsgewalt der Exilregierung in London unterstellt und beanspruchte die ausschließliche Führung des militärischen Widerstandes.

Ghettobevölkerung wurde klargestellt, dass die „Aussiedlung" nach Treblinka[27] und Trawniki[28] den Tod bedeutete. Zugleich gab es Aufrufe zum passiven und aktiven Widerstand. An Tausende Personen wurden während der „Aktion" falsche „Arbeitsbescheinigungen" ausgegeben. Ablenkungsfeuer wurden in den von den Juden verlassenen Häuserblöcken gelegt, aus denen die Deutschen die geraubten Wertgegenstände wegbrachten. Dazu wurde besonders der Luftangriff der sowjetischen Bomber auf Warschau in der Nacht zum 20. August genutzt. (30) An jenem Tag gab die Jüdische Kampforganisation ihren ersten Schuss ab: Izrael Kanał verletzte mit zwei Revolverschüssen den Kommandanten der jüdischen Miliz Józef Szeryński[29] schwer. Dieser hatte mit großem Eifer die Verhaftungsaktionen betrieben. Auf den jüdischen Miliz-Offizier und sogenannten Henker des *Umschlagplatzes* Szmerling[30] wurde ebenfalls ein Anschlag verübt, der leider fehlschlug. (31)

27 Vernichtungslager der Aktion Reinhardt. Treblinka wurde im Mai/Juni 1942 als drittes Mordzentrum der „Aktion Reinhardt" im nordöstlichen Generalgouvernement unweit der Bahnstrecke Warschau-Białystok in einer abgeschiedenen Gegend errichtet. Hinsichtlich der Tarnung und des Vernichtungsbetriebes galt es der SS bald als das „perfekteste" Lager. Die Opfer, denen buchstäblich bis zur letzten Minute suggeriert wurde, sie befänden sich in einem Durchgangslager, wurden in als Duschräumen getarnten Gaskammern mit Kohlenmonoxid erstickt, das von Dieselmotoren erzeugt wurde. Die ersten Opfer waren Juden aus dem Warschauer Ghetto, die am 23. Juli 1942 nach Treblinka verschleppt wurden. Die Massentötungen wurden bis zum August 1943 fortgesetzt. In den Gaskammern starben rund 900 000 Menschen, vorwiegend polnische Juden. Die Leichen wurden zunächst in Massengräbern verscharrt und ab Frühjahr 1943 verbrannt. In der Endphase von Treblinka erhoben sich „Arbeitsjuden" zu einem bewaffneten Aufstand, der die Auflösung des Lagers beschleunigte. Bis November 1943 waren alle Gebäude abgerissen, das Gelände eingeebnet und neu bepflanzt.
28 Arbeitslager für Juden und Ausbildungslager für Hilfsmannschaften der SS. Das Arbeitslager auf dem Gelände einer Zuckerfabrik nahe der Ortschaft Trawniki bei Lublin unterstand zunächst dem SSPF Lublin, Odilo Globocnik, dann dem SS-Wirtschaftsverwaltungshauptamt. Globocnik ließ das Lager ab Herbst 1942 ausbauen, um Warschauer Ghettowerkstätten dorthin auszulagern. Wegen des Aufstandes im Ghetto verzögerte sich der Abtransport von Maschinen und Zwangsarbeitern bis Mai 1943. Danach arbeiteten in Trawniki unter anderem 5900 Juden für die Textil- und Lederfabrik Schultz & Co GmbH. Insgesamt durchliefen das Lager etwa 20 000 Häftlinge. Am 3. November 1943 wurde das Zwangsarbeitslager während der „Aktion Erntefest" liquidiert. Etwa 8000 bis 10 000 Juden wurden an nahegelegenen Gruben ermordet. An der Verbrennung der Leichen waren Angehörige des SS-Ausbildungslagers beteiligt. In dem zwischen Sommer 1941 und Sommer 1944 bestehenden Ausbildungslager Trawniki schulten SS und Polizei „fremdvölkische Einheiten" im Massenmord. Sie rekrutierten sich vor allem aus Ukrainern und „Volksdeutschen", aber auch aus Männern aus dem Baltikum. Zwischen 4000 und 5000 „Trawnikimänner" durchliefen die mehrmonatige „Ausbildung". Anschließend wurden sie bei Ghettoräumungen und im Partisanenkampf eingesetzt. Angelika Benz, Gezwungene und Freiwillige – Die Rolle der Trawniki-Männer im Holocaust. Phil. Diss. Humboldt-Universität Berlin 2013.
29 Józef Andrzej Szeryński (*1892 oder 1893), ein zum Katholizismus konvertierter Jude, diente vor dem Krieg als Inspektor bei der polnischen Polizei. Im Ghetto war er Kommandant des Jüdischen Ordnungsdienstes und wurde von der Jüdischen Kampforganisation als Verräter zum Tode verurteilt. Szeryński überlebte die Vollstreckung dieses Urteils, beging aber im Januar 1943 Selbstmord.
30 Szmerling gehörte zur Führungsriege des Jüdischen Ordnungsdienstes im Warschauer Ghetto.

Der Aufstand im Warschauer Ghetto (19. April–16. Mai 1943) 227

Am nächsten Tag erhielt der jüdische Untergrund von der „Gwardia Ludowa"[31] (Volksgarde) erste Unterstützung: neun Revolver und fünf Handgranaten.

Dennoch gelang es den Deutschen, diese Widerstandsbewegung im Keim zu ersticken. Jozef Kapłan wurde verhaftet und in der Szmul-Breslaw-Straße ermordet. Noch früher fiel Andrzej Szmidt auf seinem Posten, einer der Anführer des Kampfes im Ghetto. Lewartowski („Alter Josef"), der Sekretär des Bezirkskomitees der PPR im Ghetto, und der Anführer der linken „Poale Zion", Szachno Sagan, wurden während der „Aktion" festgenommen. (32)

Hätten der Widerstandsbewegung damals Waffen zur Verfügung gestanden, wären die Ereignisse zweifellos anders verlaufen. (33)

Nach der ersten „Aktion", die nach deutschen Angaben bis zu 310 322 Menschenleben forderte, blieben offiziell 33 400 Juden zurück, die in Fabriken und deutschen Einrichtungen arbeiteten. Darunter waren 3000 Arbeiter des Judenrates und seiner Institutionen. Zuzüglich derer, die sich hatten verstecken können, lebten aber im Herbst 1942 tatsächlich noch 60 000 Juden im Warschauer Ghetto. (34) Als nunmehr klar geworden war, dass die Deutschen ausnahmslos alle Juden umbringen wollten, reifte unter den Zurückgebliebenen – vorwiegend Personen in jungen und mittleren Jahren – der Wille zum Kampf auf Leben und Tod. Dieser Wille wurde im Feuer des furchtbarsten Terrors der Menschheitsgeschichte gestählt. (35)

In dieser Zeit wurde im Untergrund das „Jüdische Nationalkomitee" (Żydowski Komitet Narodowy, ŻKN) gegründet. Zu seinen Mitgliedern zählten fast alle aktiven demokratischen und fortschrittlichen zionistischen wie sozialistischen Organisationen: die Arbeiterpartei „Poale Zion" (Linke und Rechte), „Hechaluz", die zionistisch-sozialistischen Jugendorganisationen „Hashomer Hatzair", „Dror", „Gordonia",[32] Allgemeine Zionisten und die PPR. Das Jüdische Nationalkomitee, das viele Aktivisten der zentralen Fürsorge- und Selbsthilfeorganisationen sowie die breite parteilose Masse zur Mitarbeit heranzog, wurde zur wichtigsten gesellschaftlichen und politischen Vertretung des Untergrunds im Ghetto.

Trotz der ideologischen Unterschiede schlossen sich die Parteien, die Mitglieder des Jüdischen Nationalkomitees (ŻKN) waren, zum bewaffneten Kampf gegen den Feind zusammen. (36)

Auf Initiative des Kommandos der Kampforganisation des „Hechaluz" sowie des ZK-Präsidiums des „Bunds" wurde am 20. Oktober 1942 das sogenannte Koordinationskomitee gegründet, dessen Mitglieder Vertreter aller politischen Parteien waren. (37) Die Jüdische Kampforganisation (ŻOB), in der sich nun fast alle im Ghetto aktiven Kampftruppen vereinigten, wurde als der bewaffnete Arm des Koordinationskomitees (ŻKN) und des

---

31 Die 1942 gegründete „Gwardia Ludowa" (poln. Volksgarde) war eine bewaffnete militärische Widerstandsorganisation unter Führung der PPR, die 1944 in „Armia Ludowa" (Volksarmee) umbenannt wurde. Am zweiten Tag des Aufstandes im Warschauer Ghetto unternahm eine der Kampfgruppen der Volksgarde einen Entlastungsangriff an der Ghettogrenze.
32 Die „Gordonia" (benannt nach dem Schriftsteller Aharon David Gordon) war Mitte der 1920er-Jahre als zionistische Jugendbewegung in Galizien gegründet worden.

„Bunds" bekannt. (38) Auf diese Weise repräsentierte die ŻOB also beinahe die gesamte jüdische Gesellschaft des Ghettos. Zu ihrer Avantgarde aber wurden die Arbeiterorganisationen der PPR, des „Bunds" und der „Poale Zion" sowie der zionistisch-sozialistischen Jugendorganisationen „Hashomer" und „Hechaluz". (39) An die Spitze des Kommandos der ŻOB trat der 24-jährige Mordechaj Anielewicz, ein herausragender Aktivist der zionistischen Jugendgruppe „Hashomer" (Organisationseinheit [40]). Sein Vertreter war Yitzhak Zuckerman (Antek) aus dem „Hechaluz" (Ausrüstungseinheit). Mitglied des Kommandos wurden außerdem Marek (Edelman) vom „Bund" (Nachrichtendienst [41]), Michał Rozenfeld von der PPR, der nach dem Aufstand bei den Partisanenkämpfen ums Leben kam, sowie Hersz Berliński von der linken „Poale Zion" (Planung) und Jochanan Morgenstern (Finanzeinheit [42]).

Hervorzuheben ist, dass es im Kommando der ŻOB keinen einzigen Berufsoffizier gab (43), obwohl während des Aufstands allgemein gesagt wurde, dass Offiziere die Kämpfe befehligten.

Hauptziel der ŻOB war es, bewaffneten Widerstand zu leisten, falls sich die Vernichtungsaktion wiederholen sollte. (44)

Nach der ersten „Aktion" wurde das Ghetto auf die folgenden Stadtviertel verkleinert:

1. Leszno-Straße (ab Ecke Karmelicka- und Leszno-Straße) nur die geraden Hausnummern (von Nr. 34 bis Nr. 80) bis Ecke Żelazna-Straße, der Abschnitt Żelazna- bis Nowolipie-Straße, Smocza- bis Nowolipki-Straße, die ungerade Seite bis Karmelicka-Straße; die ungerade Seite der Karmelicka- bis Leszno-Straße. Hier befanden sich die Werkstätten von Többens und Schultz (ein großer Betrieb), K. G. Schultz (ein kleiner Betrieb), Röhrich, Hoffmann, Hallmann und Schilling;
2. Gebiet des Zentralghettos: die gerade Seite der Gęsia- bis Smocza-Straße, Smocza-Straße bis zum Parysowski-Platz, Szczęśliwa-Straße, Stawki-Straße, Pokorna-Straße, Muranowski-Platz zwischen Pokorna- und Nalewki-Straße, die gerade Seite der Franciszkańska- bis Bonifraterska-Straße. Hier befanden sich die Behörden des Judenrats sowie die SS-Einrichtung *„Werterfassung"*,[33] deren Aufgabe die Konfiszierung jüdischen Vermögens nach der „Aussiedlung" war. Auf diesem Gebiet befanden sich im Häuserblock mit geraden Hausnummern in der Nalewki-Straße die Betriebe des Deutschen Brauer und die Wohnungen seiner jüdischen Arbeiter;
3. Bürstenmachergelände: *(Heeresunterkunfts-Verwaltung)* zwischen der ungeraden Seite der Franciszkańska-Straße, Wałowa-Straße, der geraden Seite der Hl.-Jerska- und der Bonifraterska-Straße;

---

33 Die *„Werterfassung"* war eine Dienststelle des SS- und Polizeiführers (SSPF), in der die Habseligkeiten der ermordeten Juden gesammelt, sortiert und schließlich an die verschiedenen Behörden und Einrichtungen im Reich verschickt wurden. Leiter war SS-Obersturmführer Franz Konrad.

Der Aufstand im Warschauer Ghetto (19. April–16. Mai 1943)

4. Gebiet des sogenannten Kleinen Ghettos zwischen Pańska-Straße, Żelazna-Straße, Walicόw-Straße, Prosta-Straße, Ciepła-Straße und Twarda-Straße. Hier befanden sich die Niederlassungen der Werkstätten von Többens und das Ghetto für die jüdischen Arbeiter. (45)

Die Mauer, die das Ghetto auf einer Länge von 16 Kilometern mit einer Höhe von drei Metern umgab, isolierte die Juden von der übrigen Welt. Aber auch im Inneren waren die einzelnen Viertel und sogar die Fabriken voneinander abgetrennt, wodurch die gegenseitige Verständigung erschwert wurde. Jeden Tag brachten die Ghettojuden ein Todesopfer für den Mut, sich auf den bei Tag ausgestorbenen Straßen aufzuhalten. (46)

Weil das Ghetto in viele Häuserblöcke unterteilt war, die kaum miteinander in Verbindung standen, musste die ŻOB ihre Arbeit auf separaten Gebieten führen. (47) Es wurden 22 Kampfgruppen gegründet. (48)

Leider gab es im Ghetto kaum Waffen. Es gelang, einige Revolver von der Volksgarde zu bekommen. Dann wurden zwei Anschläge auf jüdische Verräter verübt: auf den Kommandanten der jüdischen Polizei Jakub Lejkin[34] (am 29. Oktober) und auf den Vertreter des Judenrats beim Aussiedlungsstab I. First.[35] Die Jüdische Kampforganisation gewann erste Popularität. Außerdem führte die ŻOB, die sich vorwiegend aus der sozialistischen Jugend zusammensetzte, einige Terroraktionen gegen jüdische Vorarbeiter durch, die den Arbeitern besonders zugesetzt hatten. Die Bemühungen der jüdischen Verschwörer um Waffen bei der Regierungsvertretung stießen auf große Schwierigkeiten. Bei einer Strafaktion auf dem Hallmann-Gelände (Tischlerwerkstatt) griff der deutsche *Werkschutz* drei Kämpfer auf und inhaftierte sie. In der Nacht entwaffnete eine Kampfgruppe vom Röhrich-Gelände unter der Führung von G. Fryszdorf die deutsche Wache und befreite die Gefangenen. In der zweiten Novemberhälfte wiederum, in der sogenannten Ruhezeit, wurden einige Hundert Juden aus verschiedenen Betrieben abtransportiert, angeblich zur Arbeit ins Konzentrationslager Lublin. Dabei brach der Kämpfer W. Rozowski das vergitterte Fenster eines Güterwaggons auf, warf sieben Mädchen hinaus und sprang selbst hinterher. (49)

Im Oktober 1942 traf sich Mordechaj Tenenbaum als Mitglied der Delegation, die das Jüdische Nationalkomitee in Warschau repräsentierte, mit dem Referenten für jüdische Angelegenheiten in Anwesenheit des Bevollmächtigten der Regierung der Republik[36] in Warschau. Hinzu kamen der Presse- und Propagandachef der Leitung des Zivilkampfes in Warschau und der Vertreter der Polnischen Armee. Bei der Zusammenkunft ging es

---

34 Der Rechtsanwalt Jakub Lejkin (1906–1942) war stellvertretender Leiter des Jüdischen Ordungsdienstes.
35 Izrael First war Leiter der Wirtschaftsabteilung des Judenrates und fungierte als dessen Verbindungsmann zu den deutschen Behörden. Die Jüdische Kampforganisation verurteilte ihn im November 1942 zum Tode und vollstreckte das Urteil wenig später.
36 Gemeint ist die polnische Exilregierung in London.

darum, „die Bedingungen und die Art der aktiven Zusammenarbeit der Bürger der Republik, die vom Okkupanten in Ghettos eingeschlossen worden waren, mit der Unabhängigkeitsbewegung im Land zu besprechen. Infolge der sich entwickelnden Zusammenarbeit wurden die Partei- und Vereinsmitglieder, die dem Jüdischen Nationalkomitee angehörten, in alle Bereiche der Bewegung aufgenommen, vom Vertrieb der Unabhängigkeitszeitungen bis hin zur Beteiligung an oder eigenständigen Durchführung von Ablenkungsmanövern und Sabotageakten an der Grenze des sogenannten Generalgouvernements." Im Verlauf der gegenseitigen Zusammenarbeit wurden „kameradschaftliche, würdevolle Beziehungen zwischen Personen begründet, die derselben Sache dienten". (50)

Es ist ebenfalls klar, dass sich Jurek (Arie Wilner) im Auftrag der ŻKN über die Führer der polnischen Pfadfinderbewegung darum bemühte, „Kontakt zwischen dem Vertreter der jüdischen Gesellschaft und den Militär- und Zivilstellen im Land (Heimatarmee) zu knüpfen sowie Hilfe für die ŻOB zu erhalten". Tatsächlich wurde der Kontakt auf Basis zweier gleichlautender Deklarationen des Jüdischen Koordinationskomitees geknüpft, von Jurek und Mikołaj Fajner unterschrieben und an den Hauptkommandanten und Regierungsdelegierten weitergeleitet. Der Hauptkommandant „Grot" gab der jüdischen Vertretung in seinem Befehl vom 11. November 1942 eine Antwort auf die Deklaration. Sie wurde zur Kenntnis genommen und die in ihr ausgedrückte Kampfbereitschaft gelobt.

Die jüdischen Forderungen zielten auf den Erhalt von Waffen und fachmännischer Hilfe bei der Vorbereitung des entscheidenden Kampfes im Warschauer Ghetto.

Auf intensive Bitten hin wurden an die ŻOB erst im Dezember 1942 zehn Pistolen mit einer kleinen Menge Munition ausgegeben. Diese Waffen waren in einem sehr schlechten Zustand und teilweise unbrauchbar. Die ŻOB drängte auf umfangreichere Unterstützung und erklärte sich bereit, einen wesentlichen Teil der Mittel für den Kauf von Waffen selbst aufzubringen. (51)

Nachdem die Jüdische Kampforganisation von der Heimatarmee Waffen erhalten hatte, begann sie sich auf eine größere Vergeltungsaktion gegen die jüdische Polizei am 22. Januar 1943 vorzubereiten. (52) Das war sechs Monate nach dem Beginn der großen „Aktion" vom Sommer 1942. In den Monaten nach der ersten „Aktion" richteten sich die Warschauer Juden Verstecke in Kellern und auf Dachböden ein. Mit Wänden trennten sie Zimmer in den Wohnungen ab, zogen doppelte Decken ein usw. (53)

Während der zweiten „Aktion" zwischen dem 18. und 21. Januar 1943 trafen die Deutschen nach vielen Monaten ungesühnter Vernichtung des Ghettos auf unerwarteten Widerstand.

Mit Beginn der Januar-Aktion verbarrikadierten sich lediglich vier von 50 Kampfgruppen und leisteten als Erste im Ghetto bewaffneten Widerstand. Die anderen Kämpfer waren vom unerwarteten Einmarsch der Nazis in das Ghetto überrascht worden und konnten nicht mehr zum Waffenlager gelangen.

Die Jüdische Kampforganisation erhielt ihre Feuertaufe im ersten größeren Straßenkampf, der auf der Kreuzung Niska-Straße und Zamenhof-Straße stattfand und in dem

Der Aufstand im Warschauer Ghetto (19. April–16. Mai 1943)

viele jüdische Kämpfer umkamen. Hier stürzte sich eine Kampfgruppe aus dem Haus Miła-Straße 64 auf eine deutsche Einheit und entwaffnete sie. (54) In den Häusern Zamenhof-Straße 40, 56, Muranowska-Straße 44, Miła-Straße 34, 41, 63 und Franciszkańska-Straße 22 kam es zu größeren Gefechten. Die Truppen, die hier kämpften, wurden von Yitzhak Zuckerman, Eliezer Geler und Arie Wilner befehligt. Zachariasz Artsztajn, Benjamin Wald und Henoch Gutman zeichneten sich durch besonderen Mut und Kaltblütigkeit aus. (55)

Unter den Juden, die zum *Umschlagplatz* geführt wurden, befand sich die Gruppe „Hashomer Hatzair" mit dem ŻOB-Kommandanten Anielewicz an der Spitze. Sie war in einer Situation festgenommen worden, die keinen Widerstand zugelassen hatte. Als die Gruppe die Ecke Zamenhof-Straße und Niska-Straße passiert hatte, warfen die Kämpfer der „Hashomer Hatzair" Handgranaten auf die eskortierenden Deutschen, woraufhin Chaos ausbrach; viele der SS-Leute wurden getötet. In der allgemeinen Verwirrung lief die ganze Gruppe Juden auseinander. Die jüdischen Kämpfer verbarrikadierten sich in einem kleinen Haus in der Niska-Straße, von wo aus sie anschließend auf die anrückende deutsche Verstärkung schossen. Weil sie das Haus nicht einnehmen konnten, setzten die Deutschen es in Brand. (56) Die Kämpfer, die ihre letzte Patrone verschossen hatten, kamen um. Von der gesamten Gruppe konnte sich nur der Kommandant Anielewicz retten: Er stürzte sich mit bloßen Händen auf einen Deutschen, entriss diesem das Gewehr und kämpfte weiter. Wie durch ein Wunder gelang ihm dann die Flucht.

Zum ersten Mal sahen die Warschauer Juden Deutsche in ihrem Blut liegen. Ein deutscher Rettungswagen fuhr durch das Ghetto. Zum ersten Mal sah man Deutsche über den Boden kriechen, unter Mauern kauern oder aus Angst vor einer jüdischen Kugel mit vorsichtigen Schritten gehen. Zum ersten Mal schließlich fürchteten sich die SS-Leute, Keller und Verstecke zu betreten.

Wir kennen auch einen Teil des Kampfes in der Zamenhof-Straße 56–58. Im dritten Stock hatten sich hier ungefähr 40 Kämpfer der „Dror" verschanzt, denen sich später eine Gruppe der „Gordonia" anschloss. Ihre gesamte Bewaffnung bestand aus vier Pistolen, drei Handgranaten, Brechstangen, Flaschen und „anderen Kampfmitteln".

Der berühmte Dichter Jizchak Katzenelson, der sich in dieser Gruppe befand, machte den Kämpfern Mut. „Ich bin glücklich", waren seine Worte, „dass ich zusammen mit kämpfenden Chaluzim sterbe. Wir werden mit dem Bewusstsein der Ewigkeit des jüdischen Volkes ums Leben kommen." Als die Deutschen in die Wohnung eindrangen, schoss Zachariasz Artsztajn von hinten auf sie. Zwei Deutsche fielen sofort. Henoch Gutman – und nach ihm alle anderen – rannte die Treppe hinab und schoss dabei auf die Deutschen, die vor dem Haus Stellung bezogen hatten. Der Kampf wurde auch mit Brechstangen und Flaschen geführt. Auf der Treppe wurde ein Deutscher getötet, der Kämpfer Majer Finkelsztein fiel ebenfalls. Den Deutschen gelang es nicht, auch nur einen Juden aus dem Haus herauszuholen. Nach diesem Kampf zog sich fast die gesamte jüdische Gruppe über die mit Schnee und Eis bedeckten Dächer der vierstöckigen Häuser in die Muranowska-Straße 44 zurück. (57)

Dort kam es zu einer weiteren Begegnung mit den Deutschen. Als mit der ersten Handgranate der Ghettokämpfer ein Deutscher getötet wurde, stob der Rest der Feinde auseinander.

Ein großes Gefecht fand in der Miła-Straße 34 im Kibbuz der „Dror" statt. Kämpfer bezogen wie verabredet auf verschiedenen Positionen im Haus und an den Zugängen zum Hof Stellung. In den Morgenstunden des 19. Januar, einem Dienstag, erschien eine große Einheit der SS im Hof und forderte die Juden auf, die Wohnungen zu verlassen. Aber keiner der Juden befolgte den Aufruf. Als die Deutschen die Treppe zu den Obergeschossen betraten, empfingen die Juden sie mit einem Kugelhagel. Die Deutschen ergriffen die Flucht und ließen fünf Tote und ebenso viele Verletzte zurück. Nach einigen Stunden traf eine größere Gruppe Deutscher ein und suchte nach den jüdischen Kämpfern, die es inzwischen geschafft hatten, über die Dächer in die Zamenhof-Straße 39 zu entkommen. Den Deutschen gelang es lediglich, eine Gruppe Juden aus ihren Verstecken hervorzuholen, die sofort im Hof erschossen wurden. (58)

Ebenso warfen die Kämpfer auf dem Gelände der Werkstätten von Schultz Handgranaten auf die SS-Leute, die an der „Aktion" teilnahmen. Diese rächten sich später für den bewaffneten Widerstand grausam an den Arbeitern von Schultz – auf dem *Umschlagplatz* Brandt[37] selbst, einer der größten Schlächter der Warschauer Juden. (59) Auf dem Gelände der Werkstatt von Schultz fiel der jüdische Kämpfer A. Fajner. (60) Ein anderer Kämpfer, Izrael Kanał, attackierte die Deutschen mutig in den Betrieben von Többens und Schultz. (61)

Eine der jüdischen Kampfgruppen, die noch nicht mit Waffen ausgerüstet worden war, wurde aufgegriffen und zum *Umschlagplatz* abgeführt. Bevor der Kämpfer B. Pelc in den Waggon stieg, hielt er eine kurze Ansprache. Daraufhin stieg keine der 60 Personen in den Waggon. Alle wurden auf der Stelle von van Eupen,[38] dem Kommandanten von Treblinka I,[39] erschossen. (62)

Es kam oft vor, dass die Gefangenen die Waggonwände aufbrachen und während der Fahrt aus dem Zug sprangen. Und sogar aus Treblinka selbst gelang einer Handvoll Juden die Flucht. (63)

Wegen des unerwarteten Widerstands sahen sich die Deutschen gezwungen, die Aktion, deren Resultat die „Aussiedlung" von 6500 Juden nach Treblinka war, abzubrechen. (64)

---

37 Gemeint ist der SS-Untersturmführer Karl-Georg Brandt (*1907), der berüchtigte Leiter des Judenreferates beim Kommandeur der Sicherheitspolizei und des SD (KdS) Warschau.
38 SS-Hauptsturmführer Theodor van Eupen (1907–1944) war der Kommmandeur des Arbeitslagers Treblinka in unmittelbarer Nähe des Vernichtungslagers.
39 Arbeitslager für Polen in unmittelbarer Nähe des Vernichtungslagers. Nahe der Ortschaft Treblinka in Ostpolen bestand zwischen Juni 1941 und August 1944 ein Arbeitslager, das in Unterscheidung zum später errichteten Vernichtungslager Treblinka I genannt wurde. Es waren ständig zwischen 1000 und 1200 Häftlinge inhaftiert, die in verschiedenen Werkstätten auf dem Lagergelände sowie in einer Kiesgrube arbeiten mussten. Die Häftlinge waren in erster Linie Polen, aber auch Juden. Im Frühjahr 1942 wurden Insassen des Arbeitslagers beim Aufbau des nördlich gelegenen Vernichtungslagers eingesetzt.

Alles in allem wurden während der Kämpfe einige Handfeuerwaffen und Maschinengewehre erbeutet; 50 Deutsche wurden getötet beziehungsweise verletzt. (65)

Der bewaffnete Kampf der ŻOB-Truppen für Menschenwürde und Freiheit machte sowohl in der polnischen als auch in der jüdischen Gesellschaft einen enormen Eindruck. Die alten Juden priesen die Kämpfer, man küsste ihre Leichname auf den Straßen. (66) Man empfing die Kämpfer überall wie Erlöser und Befreier. In ganz Warschau kursierten Gerüchte über Hunderte getötete Deutsche und die große Macht der ŻOB. (67)

In der Tat bewiesen die jüdischen Kämpfer, obwohl schlecht ausgerüstet, zwischen dem 18. und 21. Januar Tapferkeit und Heldentum. Es ist ihnen zu verdanken, dass das Ghetto aufhörte, ein „Dickicht für Wild, in dem es Schutz vor Ausrottung sucht" zu sein, es wurde zur Front. (68) Charakteristisch für den Januar-Aufruhr ist die fehlende Massenbeteiligung; das änderte sich erst im April-Aufstand. Die Gefangenen des Ghettos sahen, dass bewaffneter Widerstand gegen die Deutschen möglich war. Von da an wurde die Idee des Kampfes im Ghetto populär. So wurde der bewaffnete Widerstand im Januar, obwohl noch von geringem Ausmaß, zu einem Symbol. Er war das Vorspiel zum April-Aufstand im Ghetto. (69)

Der ganze polnische Untergrund war voller Anerkennung für die jüdische Widerstandsbewegung. Die Zeitung *Przez walkę do zwycięstwa* („Durch den Kampf zum Sieg") schrieb am 20. Januar 1943: „Höchstes Lob verdient der Aufruhr der bewaffneten Kampforganisation während der letzten Liquidierungsaktion. Es kam sogar zu einer regelrechten Schlacht auf der Zamenhof-Straße, aus der die Gestapoleute und Polizisten flohen. Die Juden haben sich mit Handgranaten und Revolvern bewaffnet. 20 Gestapoleute und Polizisten wurden getötet, außerdem gibt es viele Verletzte." (70)

Die *Rzeczpospolita Polska* schrieb am 25. Januar 1943 sogar, übrigens irrtümlicherweise, dass die Deutschen am Samstag, dem 23. Januar, Panzer ins Ghetto gebracht hätten und dass viele Häuser in Brand gesetzt worden seien. (71)

Ende Januar 1943 erhielt die ŻOB vom Kommandostab der Heimatarmee 50 großkalibrige Pistolen und 50 Handgranaten. Danach wurde die ŻOB neu organisiert. Zum Befehlshaber des Zentralghettos wurde Izrael Kanał ernannt, für das Gelände der Bürstenmacherwerkstatt Marek Edelman, für die Werke von Többens Eliezer Geler. 22 Kampfgruppen standen der ŻOB zur Verfügung: Elf kamen aus den Jugendbewegungen, die zum „Hechaluz" gehörten (fünf von der „Dror", vier von der „Hashomer Hatzair", eine von der „Akiba", eine von der „Gordonia"). Vier Kampfgruppen stellte die PPR, vier der „Bund", jeweils eine die linke und die rechte „Poale Zion" sowie die „Hanoar Hatzioni".[40] (72)

Es muss ergänzt werden, dass außer den Kampfgruppen der ŻOB im Warschauer Ghetto noch weitere Gruppen existierten (organisiert und geführt von politischen Parteien, z. B. von der PPR und der Poale Zion). Aus technischen Gründen gehörten sie nicht

---

40 Die „Hanoar Hatzioni" (hebr. zionistische Jugend) ist eine heute noch bestehende, 1926 begründete zionistische Jugendorganisation.

zur Kampforganisation, standen aber unter ihrem ideologischen Einfluss. Sie bildeten sozusagen die Kader der ŻOB. Außerdem wurden Gruppen in den Bunkern bewaffnet, deren Aufgabe der bewaffnete Schutz Hunderter Juden war. Schließlich existierten zahlreiche „wilde" Kampfgruppen, die nicht der Kampforganisation unterstanden. Vorwiegend aus ihnen stammten die berühmten Kämpfer – jene Trümmerbewohner, die sich auch noch nach Beendigung der „Großoperation", in der Zeit von Juni bis September 1943, verteidigten. (73)

In der Tat gab es keine einzige jüdische Gruppe, die im passiven Widerstand nicht die Notwendigkeit sah, eine Waffe zu besitzen. Man konnte sie sich unter anderem auf dem Parysowski-Platz besorgen, wo der heimliche Waffenschmuggel über die Mauern des Ghettos stattfand. (74)

Im Endergebnis zählte das Warschauer Ghetto nicht Hunderte, sondern Tausende jüdische Kämpfer, die unter dem Einfluss des Jüdischen Nationalkomitees, des Koordinationskomitees und der ŻOB standen. (75)

Alle Kampfgruppen der ŻOB, die auf die drei zentralen Gebiete aufgeteilt waren, wohnten in der Nähe ihrer Einsatzpunkte. Diese Kasernierung diente dazu, in Alarmbereitschaft zu verharren. (76) Neun Kampfgruppen wurden im Zentralghetto konzentriert, acht im Werkstattstreifen von Többens und Schultz, fünf im Ghetto des Bürstenmacherbetriebs. (77) In der Nähe der Ghettomauern standen Tag und Nacht Wachen, die rechtzeitig eine herannahende Gefahr meldeten.

Die ŻOB organisierte nicht nur den aktiven Widerstand, sondern spornte die Ghettobevölkerung auch zum passiven Widerstand sowie zum Ausbau getarnter unterirdischer Bunker und überirdischer Schutzräume an. Den Warschauer Juden standen keinerlei Verstecke auf dem Land oder in den Wäldern offen. Auch fehlte es ihnen an Fortbewegungsmöglichkeiten, sodass sie nicht von Stadt zu Stadt ziehen konnten. Eingeschlossen wie in einem Käfig, verfielen sie aber nicht dem Wahnsinn, der Angst und dem Defätismus. Vielmehr begannen sie, sich im Inneren des Ghettos zu verschanzen. Unter der Erde, unter den Mauern, unter dem Pflaster, auf dem Ödland und in den Ruinen entstanden Bunker. (78)

Im Laufe langer Wochen wurden unterirdische Durchgänge auf die andere Seite der Ghettomauern gegraben und Minen gelegt. (79) Die Verbindung mit der Welt wurde durch die jüdischen Arbeitskolonnen aufrechterhalten, die auf der „arischen Seite" in sogenannten Arbeitseinsätzen tätig waren, außerdem durch die Mauern sowie die unterirdischen Durchgänge. Das waren gewundene Gängen in Maulwurfsart, die durch Kellerverliese, Gräben oder Kanäle führten. Über diese Wege gelangten die Waffen ins Ghetto. (80)

So also machten sich sowohl die Deutschen als auch die Juden, die ihre Verteidigung im Laufe einiger Wochen außergewöhnlich anstrengender Arbeit vorbereiteten, für die bevorstehende Liquidierungsaktion im Warschauer Ghetto bereit.

II. Die Vorbereitung des Aufstands und die ersten Tage des Kampfes

Während seines Aufenthalts in Warschau im Januar 1943 gab Himmler der SS und den *Polizeiführern* des Warschauer Distrikts die Anweisung, die im Ghetto eingerichteten Rüstungsfabriken und militärischen Betriebe zusammen mit der gesamten Belegschaft und den Maschinen nach Lublin zu verlegen. Die erfolglose Januar-Aktion hatte den Deutschen gezeigt, dass sich Einstellung und Haltung der am Leben gebliebenen Warschauer Juden entscheidend gewandelt hatten. Diese Veränderungen mussten sie nun einkalkulieren. Da sie weitere eigene Opfer vermeiden wollten, beschlossen die Deutschen, der Existenz des Ghettos auf „friedlichem" Wege ein Ende zu setzen. Dabei hatten sie zwei Hauptziele vor Augen: Erstens sollten „arbeitsfähige Elemente" der Kriegsproduktion erhalten bleiben – natürlich nur so lange, wie sie tatsächlich gebraucht werden würden. Zweitens sollten die „Arbeitsfähigen" von den „Unproduktiven" – die zwar größtenteils arbeitsfähig waren, sich aber dem Einsatz in deutschen Fabriken und Betrieben hatten entziehen können – getrennt werden. So sollte das Ghetto geschwächt und moralisch gebrochen werden.

Ab Anfang Februar begannen die Deutschen mit einer großen Aktion im Ghetto, um die Warschauer Juden zu täuschen. Sie forderten die Arbeiter der Werkstätten auf, sich freiwillig zur Abfahrt zu melden. „Warschau wird von den Juden gesäubert werden", verkündeten sie auf speziell organisierten Arbeiterversammlungen. Die Betriebe würden nach Poniatowa[41] und Trawniki verlagert werden. Nur diejenigen, die dorthin fahren würden, würden ein sicheres Auskommen und die Gewissheit haben, den Krieg zu überleben. (81) Die Leitung dieser Propaganda lag in den Händen der Mittäter Többens[42] und Stehmann, eines elenden Heuchlers, der sehr gut über die bevorstehende vollständige Liquidierung Bescheid wusste. Schauspielerisch veranlagt, hatte er unter den jüdischen Arbeitern eine gewisse Popularität erlangt und heuchelte ihnen gegenüber Wohlwollen. In pathetischen Ansprachen zeichnete er vor den Zuhörern herrliche Bilder des künftigen Lebens nach der Umsiedlung „am Busen der wunderschönen Natur". (82) In dieser Zeit holten die Deutschen auch zwölf jüdische *Vorarbeiter* aus Lublin,[43] um die Bevölkerung des Ghettos für die freiwillige Abreise zu

---

41 In der westlich von Lublin gelegenen Ortschaft Poniatowa wurde im Herbst 1941 ein Kriegsgefangenenlager eingerichtet, das ab Herbst 1942 zu einem großen Zwangsarbeiterlager für Juden umgebaut wurde. Die 16 000 bis 18 000 Häftlinge kamen schließlich hauptsächlich aus dem Warschauer Ghetto. Etwa 10 000 Juden arbeiteten für die Firma Walter C. Többens KG, die aus dem Ghetto verlagert worden war. SS und Polizei liquidierten das Lager im Zuge der „Aktion Erntefest" in der Nacht vom 3. zum 4. 11. 1943. Von den etwa 18 000 Häftlingen wurden ca. 15 000 ermordet; etwa 3000 Juden konnten fliehen.

42 Gemeint ist Walter Caspar Többens (1909–1954), Inhaber der Többenswerke im Warschauer Ghetto, die gemeinsam mit der Firma Schultz vor allem für den Bedarf der Wehrmacht produzierten.

43 Gemeint ist das Konzentrationslager Majdanek am Stadtrand von Lublin. Zunächst als Kriegsgefangenenlager errichtet, erfüllte es in seiner fast dreijährigen Geschichte vom Herbst 1941 bis zum Sommer 1944 unterschiedlichste Funktionen. Unter anderem diente es der SS ab Frühjahr 1942 als Arbeitslager für jüdische und polnische Häftlinge. Wegen der äußerst primitiven Haftbedingungen war die Todesrate

gewinnen. Doch bereits in der Nacht nach ihrer Ankunft zwang die ŻOB sie zum sofortigen Verlassen des Ghettos. Die Deutschen gaben aber nicht auf. Um den „zivilen" Charakter der Umsiedlung zu unterstreichen, wurde nicht ein Vertreter der SS, sondern Walter C. Többens zum „Aussiedlungskommissar" („Bevollmächtigter zur Verlegung der Unternehmen des jüdischen Stadtteils in Warschau") ernannt. Er war Eigentümer der größten Fabrik für Militäruniformen im Ghetto und Herr über 12 000 Zwangsarbeiter. Mit seiner Ernennung sollte der Anschein erweckt werden, dass die Abreise nach Trawniki bzw. Poniatowa Arbeit in deutschen Unternehmen bedeutete.

Die ersten Betriebe, die liquidiert werden sollten, waren die Tischlerwerkstatt Hallmann sowie die Bürstenwerkstätten. Die ŻOB, die damals bereits über uneingeschränkte Autorität im Ghetto verfügte, beschloss eine sofortige Gegenaktion, und das in Wort und Tat. Sie veröffentlichte Appelle, die sie an den Häusern und Ghettomauern plakatierte, um zum aktiven und passiven Widerstand aufzurufen.

Als Antwort auf den Aufruf zur Abreise Ende Februar meldeten sich von mehr als 1000 Arbeitern des Tischlerbetriebs Hallmann nur 25. Am Vortag der angekündigten „Umsiedlung" der Fabrik Hallmann drang ein Trupp der ŻOB über die Fabrikmauern ein und steckte die Gebäude, das gesamte Rohmaterial sowie die bereits verpackten Maschinen in Brand. Die Deutschen, die sich auf dem Werksgelände befunden hatten, flohen in Panik, sodass die Truppen der ŻOB sich ohne Verluste zurückziehen konnten. Der den Deutschen zugefügte Schaden lag bei über 1 000 000 Złoty. In der am nächsten Tag verkündeten Bekanntmachung sprachen die Deutschen davon, dass Fallschirmspringer einen Sabotageakt verübt hätten. Doch die jüdische Bevölkerung wusste sehr wohl, wer wirklich dafür verantwortlich war. (83)

Anfang März forderten die Deutschen die 3500 Arbeiter der Bürstenmacherbetriebe zur Abreise auf – vergeblich, niemand meldete sich. Als die Maschinen aus der Bürstenmacherei auf dem *Umschlagplatz* auf Waggons verladen wurden, konnte die ŻOB Brandflaschen mit Zeitzündern darin verstecken, sodass diese unterwegs vollständig ausbrannten. (84) Außerdem befreite die jüdische Kampftruppe vor den Augen der deutschen Wache eine Gruppe von 60 Juden, die auf dem Gelände der Werkstätten von Schultz gefangen genommen worden waren. So wuchs die Autorität der ŻOB nicht nur bei der jüdischen Bevölkerung; auch die Deutschen mussten sie ernst nehmen.

Am Samstag, dem 13. März, wurde in der Umgebung der Miła- und Zamenhof-Straße ein deutscher „*Werkschutz*"-Mann, der jüdische Arbeiter abholen sollte, durch einen Revolverschuss verletzt. Diese Nachricht verbreitete sich wie ein Lauffeuer durch das ganze Ghetto

sehr hoch. Majdanek war aber auch Ort der direkten Vernichtung: Zwischen Herbst 1942 und Herbst 1943 wurden vorwiegend Juden in Gaskammern mit Zyklon B und Kohlenmonoxid ermordet. Am 3. 11. 1943 erschoss die SS in der „Aktion Erntefest" rund 18 000 Juden. Mindestens 78 000 Menschen, darunter 60 000 Juden, kamen in Majdanek ums Leben.

und löste große Panik aus. Kurz darauf kamen einige Autos mit Polizisten, die die Miła-Straße bis zum Muranowski-Platz umstellten. Sofort begann eine Schießerei und Handgranaten explodierten. Die berüchtigten SS-Männer Klostermeier und Blescher[44] leiteten die „Aktion". Zum Opfer fielen ihnen die Menschen, die aus den Bunkern der Häuser in der Miła-Straße Nr. 2, 22 und Muranowska-Straße Nr. 25 herausgeholt wurden, insgesamt ungefähr 400 Juden. (85)

In der Nacht vom 14. auf den 15. März klebte die ŻOB überall Plakate mit dem Aufruf an, sich den deutschen Anordnungen zu widersetzen. Sie unterstrich, dass die „freiwillige Umsiedlung nichts anderes als die unvermeidliche Vernichtung des Ghettos bedeute". Am 20. März hängte Többens neben den Appellen der ŻOB seine eigenen Plakate auf. Den größten Teil davon konfiszierten allerdings jüdische Kämpfer, nachdem sie von der Veröffentlichung erfahren hatten, noch in der Druckerei. (86) Dies ist der Wortlaut der Plakate:

„An die Rüstungsarbeiter im jüdischen Wohnbezirk. Das Kommando der Kampforganisation plakatierte in der Nacht vom 14. auf den 15. März einen Aufruf, auf den ich Euch antworten will. Ich stelle kategorisch fest, dass 1. von einer Aussiedlungsaktion überhaupt keine Rede ist; 2. weder Herrn Schultz noch mich jemand mit einem Revolver bedroht hat und eine solche Aktion durchführen ließ; 3. dass der letzte Transport nicht spurlos verschwunden ist. Es ist bedauernswert, dass die Rüstungsarbeiter von Herrn Schultz seine wohl durchdachten Ratschläge nicht befolgt haben. Ich bedaure aus diesem Grund, dass ich eine der Werkstätten verlegen musste, um die existierenden Transportmöglichkeiten zu nutzen. Es war angeordnet worden, dass die Namen der Arbeiter, die nach Trawniki kamen, sofort festgestellt werden mussten und dass ihr Gepäck zusammen mit ihnen weggebracht wurde. Die Behauptung, dass die Eskorte des zweiten Transports von der Prosta-Straße nach Poniatowa nicht gewusst hätte, was mit dem Transport geschehen sei, ist eine gemeine Aufstachelung der Rüstungsarbeiter und die ordinärste Lüge. Die Mitglieder der Eskorte sind alle vor Ort geblieben, sie fertigten den Zug ab und fuhren inzwischen viele Male zusammen mit den Arbeitern in Lastwagen von Poniatowa hierher, um die Ausrüstung u. ä. zu holen. Das Gepäck hat die Prosta-Straße nicht verlassen und bleibt dort unter der Aufsicht des Juden Ing. Lipszyc, der jederzeit bereit ist, darüber Auskunft zu erteilen. Das Gepäck wird mit dem nächsten Transport nach Poniatowa abgehen. In Trawniki und Poniatowa erhält

---

44 Gemeint sind SS-Oberscharführer Heinrich Klaustermeyer (*1915) und SS-Rottenführer Josef Blösche (1912–1969) vom Judenreferat der Dienststelle des Kommandeurs der Sicherheitspolizei und des SD (KdS) Warschau. Sie taten sich oft mit dem Judenreferenten Brandt zu willkürlichen Razzien auf die Ghetto-Insassen zusammen. Klaustermeyer wurde 1965 vom Landgericht Bielefeld wegen der Einzelerschießung von insgesamt 20 Menschen im Warschauer Ghetto zu lebenslänglicher Haft verurteilt. Blösche wurde vom Bezirksgericht Erfurt 1969 für schuldig befunden, am 19. 4. 1943 an der Erschießung von mehr als 1000 Juden im Warschauer Ghetto beteiligt gewesen zu sein. Er wurde zum Tode verurteilt und hingerichtet. Inzwischen ist Blösche auf dem aus dem „Stroop-Bericht" stammenden Foto des kleinen Jungen mit erhobenen Händen als derjenige SS-Mann identifiziert, der eine Waffe auf das Kind richtet.

jeder Arbeiter sein gesamtes Gepäck, sein persönliches Eigentum und behält es. Jüdische Arbeiter der Kriegsbetriebe, glaubt nicht denen, die euch irreführen wollen. Sie wollen euch aufstacheln, um Folgen zu verursachen, die nicht zu vermeiden sind. In den Bunkern gibt es keine Sicherheit, und ein Leben dort ist nicht möglich, ebenso wie im arischen Stadtteil. Die Ungewissheit selbst und die Untätigkeit zerrütten die an Arbeit gewöhnten Rüstungsarbeiter moralisch. Ich frage Euch, warum selbst die reichen Juden aus dem arischen Stadtteil zu mir kommen, um mich um Arbeit zu bitten; sie haben genug Geld, um im arischen Stadtteil zu leben, aber sie sind nicht imstande, das zu ertragen. Voller Überzeugung kann ich euch nur raten: fahrt nach Trawniki, fahrt nach Poniatowa, denn dort gibt es die Möglichkeit zu leben und den Krieg zu überstehen. Das Kommando der Kampforganisation wird euch nicht helfen, weil es nur leere Versprechen abgibt. Sie verkaufen euch für dickes Geld Plätze in den Bunkern, dann jagen sie euch wieder auf die Straße und überlassen euch eurem Schicksal. Ihr habt selbst schon genug Erfahrung mit den betrügerischen Tricks gemacht. Glaubt nur den deutschen Werksleitern, die gemeinsam mit euch die Produktion in Poniatowa und Trawniki führen wollen. Nehmt auch eure Frauen und Kinder mit, denn für sie wird auch gesorgt!"

Többens ging sogar so weit, dass er sich auf Vermittlung seiner jüdischen Knechte erlaubte, die ŻOB zu einer „sachlichen Besprechung" einzuladen. Doch die deutsche Propaganda trug keine Früchte. Niemand glaubte ihr mehr. Wenn sich doch ein paar Juden einfanden, dann zwangen sie der Hunger und eine hoffnungslose Situation dazu. (87) Also wandten sich die Deutschen an den Judenrat, damit dieser die „Aktion" durchführe. Darauf lud der Judenrat auf Vermittlung von Dr. Szyper[45] die Kampforganisation zu einer Besprechung ein. Diese Einladung wurde mit Verachtung abgelehnt, woraufhin der Vorsitzende des Rats, Ing. Marek Lichtenbaum,[46] den Deutschen folgende bezeichnende Antwort übermittelte: „Ich habe keine Macht im Ghetto; hier herrscht eine andere Macht." So endeten also die deutschen Pläne in einem vollkommenen Fiasko. Dieses Mal gelang es den Deutschen nicht, die jüdische Bevölkerung zu demoralisieren (88). Ohne zu zögern, führten die Menschen die Befehle der Jüdischen Kampforganisation aus. (89) Das Volk nannte die Organisation „Partei". (90)

---

45 Gemeint ist der Historiker und Zionist Dr. Isaac (Ignacy) Schiper (1884–1943). Als einer der wichtigsten jüdischen Intellektuellen im Zwischenkriegspolen hielt er unter anderem Vorlesungen zur jüdischen Wirtschaftsgeschichte in Polen am YIVO und war Abgeordneter des Sejm. Im Warschauer Ghetto nahm er an Treffen im Ringelblum-Archiv teil, war zugleich jedoch auch für das offizielle Archiv des Judenrates tätig. Schiper stand dem Judenrat, aber schließlich auch der Idee eines bewaffneten Widerstandes kritisch gegenüber. Während des Ghetto-Aufstandes wurde er in einem Bunker aufgegriffen und nach Majdanek verschleppt, wo er umkam.
46 Marek Lichtenbaum (1876–1943) war Mitglied des Judenrates und wurde nach dem Tod von Adam Czerniaków zum Vorsitzenden ernannt. Er wurde während des Ghetto-Aufstandes erschossen.

Da sie sich darüber im Klaren war, dass alle Wege aus dem Ghetto in den Tod führten, beschloss die ŻOB zu kämpfen. (91) Demgemäß entfaltete sie eine rege Aktivität und wurde dabei vom gesamten Ghetto unterstützt. Den reicheren Ghettobewohnern legte sie spezielle Steuern auf, die für den Kauf von Waffen verwendet werden sollten. Sogar der Judenrat wurde gezwungen, eine Summe von 250 000 Złoty zu entrichten, die Versorgungseinrichtung wiederum musste 710 000 Złoty zahlen. Die Bäcker und Händler lieferten das Lebensmittelkontingent. Die Einnahmen der ŻOB, die sich innerhalb von drei Monaten auf ungefähr 10 000 000 Złoty beliefen, wurden für den Kauf von Waffen und Sprengstoff auf die „arische Seite" geschickt. Man bezahlte für eine „Vis-Pistole" und „Parabellum" 10 000–15 000 Złoty. Die Waffen wurden auf ähnliche Weise wie die Lebensmittel in das Ghetto geschmuggelt. Die aktivsten Verbindungsleute zur arischen Seite waren: Tadek („Towie"), Frania Beatus, Zygmunt Frydrych, Michał Klepfisz, Celmeński, Faige Peltel („Władka") und viele andere. Michał Klepfisz, ein begeisterter Kämpfer, organisierte im Einverständnis mit den Polnischen Sozialisten und der WRN[47] (Freiheit, Gleichheit, Unabhängigkeit) im Februar einen Großeinkauf von Spreng- und Brennstoffen (z. B. 2000 Liter Benzin und Öl, einige Dutzend Kilogramm Kaliumchlorid) und gründete im Ghetto eine Fabrik für Handgranaten und Brandflaschen (mit Benzin und Chlorat) – „Molotowcocktails". Die große Anzahl der produzierten Waffen, die zwar einfach und primitiv waren, verstärkte die Feuerkraft der ŻOB erheblich, sodass auf jeden Kämpfer durchschnittlich ein Revolver (10–15 Patronen), vier bis fünf Handgranaten, vier bis fünf Brandflaschen und schließlich auf jedes Gebiet zwei bis drei Gewehre entfielen. Im ganzen Ghetto gab es eine Maschinenpistole. (92)

Die ŻOB ging davon aus, dass sie nur dann erfolgreich Widerstand würde leisten können, wenn sie die volle und bedingungslose Unterstützung der jüdischen Gesellschaft hätte. Daher nahm man mit aller Entschlossenheit und bedingungsloser Härte den Kampf gegen jene auf, die Verrat begingen, mit den Deutschen zusammenarbeiteten oder sich niederträchtig verhielten. Wenn diese Leute sich nicht im „arischen" Stadtteil versteckten, kamen sie durch die Hand der ŻOB um. Das Todesurteil traf fast alle jüdischen Gestapo-Agenten. Als einmal durch Zufall vier Gestapomänner im Ghetto erschienen, wurden drei von ihnen getötet und einer schwer verletzt. Unter den Getöteten war auch Dr. Alfred Nossig.[48] (93) Jedes Todesurteil, das die ŻOB an Verrätern und Gestapo-Agenten vollstreckte, wurde der Allgemeinheit auf Plakaten mitgeteilt. So wurde gleichsam die Atmosphäre gereinigt, und die übrigen Warschauer Juden, die die schrecklichsten Feuerproben und Blutopfer hinter sich hatten (94), atmeten auf. Die jüdischen Kämpfer erhielten dafür den Beinamen „Rächer des Volkes". (95)

---

47 Die WRN (poln. Wolność, Równość, Niedpodleglosc, Freiheit, Gleichheit, Unabhängigkeit) war eine bereits 1939 gegründete konspirative Organisation der PPS.
48 Der Schriftsteller und Zionist Dr. Alfred Nossig (1864–1943) war Mitglied des Warschauer Judenrates und hatte der ŻOB zufolge den deutschen Behörden wichtiges Material über den jüdischen Widerstand (unter anderem einen Lageplan der Bunker) ausgehändigt.

Die ŻOB gewann die Unterstützung der jüdischen Massen am Vorabend der bevorstehenden „Aktion". Sie wurde als Organisatorin des aktiven und auch des passiven Widerstands zur einzigen Hoffnung der Menschen. In der Tat war die jüdische Bevölkerung entschlossen zum Kampf gegen den möderischen Feind, entschlossen, auf gar keinen Fall aufzugeben: Tausende Männer und Frauen, Alte und Kinder wollten nun Widerstand leisten und überwanden so die natürliche Angst vor Tod und Schmerzen. (96)

Als bei Verhaftungsaktionen mehrere Dutzend Juden festgenommen wurden, um sie nach Poniatowa zu deportieren, drang eine bewaffnete Gruppe der ŻOB in die Wachstube ein, bedrohte die diensthabenden Polizisten und befreite alle Häftlinge. (97) Danach versuchten die Deutschen, Verhaftete sofort zum *Umschlagplatz* zu bringen. Aber die ŻOB stellte zwischen den einzelnen Häuserblöcken Kampfgruppen auf, die die Häftlinge befreiten. (98) Die Polizei begann eine Vergeltungsaktion. Man zerrte die Juden aus den Häusern und erschoss sie auf der Stelle; man erschoss auch einen Teil der Juden im Pawiak-Gefängnis. (99)

Die Deutschen nannten das Ghetto „*Mexiko*" und „*Banditenstadt*".

Sie kamen zu der Überzeugung, dass die Warschauer Juden das Ghetto nicht freiwillig verlassen würden und beschlossen, es mit aller Gewalt zu liquidieren. Der SS- und *Polizeiführer* des Distrikts Warschau gab den Befehl, eine Großaktion vorzubereiten, die laut Plan drei Tage dauern sollte. (100) Es ist bezeichnend, dass diese Vorbereitungen zu derselben Zeit stattfanden, als die perfide deutsche Propaganda die angeblichen Verbrechen der Bolschewiken bei Smolensk[49] anprangerte. (101)

Am Sonntag, dem 18. April, verbreitete sich am Abend in einigen Kreisen das Gerücht, dass die „Aktion" am nächsten Tag stattfinden würde. Von Mund zu Mund ging die Nachricht, dass bei der „Blauen Polizei"[50] Alarm angeordnet worden sei und sie in Warschau zum Blutvergießen bereite Letten und Ukrainer[51] stationierten. (102) Viele Leute waren überzeugt davon, dass nur das Zentralghetto mit 20 000 Juden aufgelöst würde, den Betrieben jedoch keine Gefahr drohte. (103) Der strategische Plan des Kommandos der ŻOB, der nach der Januar-Aktion (104) sorgfältig vorbereitet worden war, war sehr einfach. Nach einigen Angriffen auf den Feind, die den Deutschen große Verluste beibringen sollten, würden die jüdischen Kämpfer zum Partisanenkampf übergehen. Im Labyrinth des Ghettos sollte der Feind mit unablässigen Attacken aus Fenstern und Ruinen traktiert und dazu gezwungen werden, monatelang zu kämpfen. „Wenn wir", erklärte der Kommandant Anielewicz am Vorabend der „Aktion", „so viele Waffen, Munition und Sprengstoffe erhalten würden, wie

---

49 In der Nähe von Smolensk bei Katyń entdeckte die Wehrmacht im April 1943 die Leichen von rund 4000 polnischen Offizieren, die der sowjetische NKWD 1940 erschossen hatte. Das NS-Regime nutzte diesen Fund für seine Propaganda gegen die Sowjetunion und sah ihn als Chance, die Anti-Hitler-Koalition zu schwächen. Die UdSSR hingegen behauptete, das Massaker sei von deutschen Truppen begangen worden. Bis 1990 hielt sie an dieser Version fest.
50 Diese bestand aus Polen. Die von den Deutschen aufgestellte polnische Hilfspolizei trug blaue Uniformen.
51 Gemeint sind ukrainische und lettische „Schutzmannschaften" im Gefolge der SS.

wir bräuchten, dann würden die Kämpfe im Ghetto dem Feind ein Meer von Blut kosten. Zeigen wir, was Glaube und Vertrauen in die eigenen Kräfte bedeutet." (105)

Am 19. April 1943, dem Montag der Karwoche (14. Nisan, Erew Pessach), begann der letzte und tragischste Akt des Warschauer Ghettos. Er sollte ein Geburtstagsgeschenk für den *Führer* sein. Um 2:00 Uhr nachts wurden die Außenmauern des Ghettos in 25-Meter-Abständen von der deutschen, der „Blauen" sowie ukrainischer und litauischer Polizei umstellt. (106) Entlang der Wałowa-Straße und der Hl.-Jerska-Straße standen alle zehn bis zwölf Meter behelmte Patrouillen. Die Stille der dunklen Nacht wurde immer wieder von Schüssen aus schweren Maschinengewehren, Maschinenpistolen und Karabinern zerrissen. Das Gelände der Bürstenfabrik wurde ständig beleuchtet, als ob jemand gesucht würde. Raketen und Granaten hagelten auf die Höfe der Häuser in der Hl.-Jerska-Straße 36–38, Wałowa-Straße 2, 4 und 6. Besonders die vorderen Fenster waren hier unter Beschuss. (107)

Die alarmierten jüdischen Kampfgruppen bekamen von ihren Befehlshabern letzte Anweisungen. So erhielten z.B. die Kampfgruppen im Gebiet Többens und Schultz ihre Instruktionen vom Stab, der sich in einem gut ausgerüsteten und getarnten Bunker befand – einem Tunnel an der Leszno-Straße 74. Er führte zur Leszno-Straße 71, hatte einen Ausgang auf die „arische Seite" und war mit Wasser, Gas, Elektrizität, zwei Funkgeräten usw. ausgestattet. Wie geplant marschierten diese Gruppen zu den festgelegten Punkten der Smocza-Straße Nr. 4, 8, 10, Nowolipki-Straße Nr. 51, 41, 61/63 und der Leszno-Straße Nr. 74. (108)

Alle jüdischen Kampfgruppen bezogen bereits um 2:15 Uhr ihre Stellungen an den drei Schlüsselpunkten des Ghettos, die den Zugang zu den Hauptstraßen abriegelten. (109) Die Berichterstatter der ŻOB gingen durch die menschenleeren Höfe und kündigten an, dass es „bei Tagesanbruch beginnen" werde, und riefen zum Widerstand auf. (110) Die alarmierte Zivilbevölkerung begab sich sofort zu den vorbereiteten Bunkern, Schutzräumen und Verstecken in den Kellern und auf den Dachböden. Beinahe jeder Bunker hatte bewaffnete Verteidiger. Am Morgen des 19. April wurden an den Ghettomauern Appelle veröffentlicht, die die Juden zum bewaffneten Widerstand aufriefen. Auch die Parole „Ehrenvoll sterben" war zu lesen. (111)

Während der Kampfaktion, die für die Deutschen völlig überraschend kam, bemühte sich Stroop, seine Niederlage mit der großen Anzahl an jüdischen Schutzräumen zu rechtfertigen. „Denn die Juden", so berichtete Stroop, „haben, nachdem sie in der zweiten Hälfte 1942 die Erlaubnis erhalten hatten, Luftschutzbunker zu bauen, diese Gelegenheit ausgenutzt, um für sich Bunker für den Fall einer Aktion zu bauen." (112) Außerdem konnte sich Stroop nicht genug über das System unterirdischer Schutzräume und unterirdischer Durchgänge im Ghetto wundern, die mit dem Kanalisationssystem verbunden waren. Dies, so behauptete er, ermöglichte den Juden, unterirdisch Kontakt zueinander zu halten. (113) Abschließend behauptete er, dass viele Bunker mit Möbeln, Wasch- und Badeeinrichtungen, Waffen- und Munitionslagern sowie Lebensmittelvorräten ausgestattet waren, die für mehrere Monate reichen würden. (114)

Um 4:00 Uhr rückten die Deutschen in kleinen Gruppen, einzeln, zu zweit und zu dritt, in die Gebiete des Zwischenghettos vor und formierten sich hier als Züge und Kompanien.

Um 4:30 Uhr fand folgender Vorfall statt. *SS-Hauptsturmführer* Konrad,[52] Chef der *Werterfassung*, versuchte mit seinen Männern, einige Hundert Juden unter dem Vorwand, sie zur Arbeit zu führen, zum *Umschlagplatz* zu bringen. Aber bereits um 5:00 Uhr konnten die Kämpfer diese Menschen aus den Händen der Banditen befreien. Konrad kam nur knapp mit dem Leben davon. Bei dem Schusswechsel gab es Tote und Verletzte. Die deutsche Wache in der Dzika-Straße zog sich beim Widerhall der Schüsse zurück. Viele Juden nutzten die allgemeine Verwirrung und flohen in den polnischen Stadtteil. (115)

Um 7:00 Uhr drangen Panzer und gepanzerte Fahrzeuge in das Ghettogebiet ein. Draußen bauten die Deutschen die Artillerie auf. Erst dann marschierten die SS-Leute in geschlossenen Reihen mutig in die wie ausgestorbenen Straßen des Zentralghettos ein. (116) Um 8:00 Uhr übernahm der am 17. April nach Warschau gekommene, neu ernannte Befehlshaber der SS und Polizei des Distrikts Warschau, SS-Brigadeführer und Generalmajor der Polizei Stroop, das Kommando über die „Aktion". (117)

Nach jüdischen Quellen lag die Zahl der deutschen Einsatzkräfte bei 2000 Mann, hinzu kamen Panzer, Schnellfeuergeschütze, drei mit Munition beladene Wagen und Ambulanzen. Im „Aussiedlungsstab" sollen sich u. a. folgende Offiziere von SS und Gestapo befunden haben: Michelson,[53] Handtke,[54] Höfle,[55] Mireczko, Barteczko, Brandt und Mende.[56] (118) Gemäß den detaillierten deutschen Angaben, die zumeist mit den jüdischen übereinstimmen, nahmen an der April-Aktion zur Liquidierung des Warschauer Ghettos

---

52 Franz Konrad (1906–1951) wurde gemeinsam mit Stroop in Warschau der Prozess gemacht; er wurde ebenfalls zum Tode verurteilt und im September 1951 hingerichtet.

53 Gemeint ist SS-Hauptsturmführer Georg Michalsen (*1906). Er gehörte ab 1940 mit Unterbrechungen zum Stab des SSPF Lublin Odilo Globocnik; ab Frühsommer 1942 war er Mitglied der Hauptabteilung „Einsatz Reinhardt". Zwischen Juli und September 1942 war er stellvertretender Leiter des Lubliner Kommandos zur „Aussiedlung" der Juden aus dem Warschauer Ghetto. Danach galt Michalsen als „Räumungsexperte" und war an weiteren Ghetto-Auflösungen beteiligt. Im Frühjahr 1943 war er bei der endgültigen Räumung des Warschauer Ghettos eingesetzt; er sollte die Verlegung der Werkstätten in den Distrikt Lublin organisieren. Im August 1943 war Michalsen an der Ghettoräumung in Białystok beteiligt. Wegen der Verbrechen in Warschau und Białystok wurde er 1974 in Hamburg zu zwölf Jahren Haft verurteilt.

54 Vermutlich Otto Hantke, der im Stab des SSPF in Lublin und während des Ghetto-Aufstands zeitweise in Warschau eingesetzt war.

55 SS-Sturmbannführer Hermann Höfle (1911–1962) war ab 1942 Leiter der Hauptabteilung „Einsatz Reinhardt". In dieser Funktion war er für die Bereitstellung von Einsatzkommandos für die Ghettoräumungen und für die Koordinierung der Transporte in die Vernichtungslager zuständig. Höfle leitete im Sommer 1942 das Lubliner Kommando zur „Aussiedlung" der Juden aus dem Warschauer Ghetto. Er sollte zusammen mit Stroop in Polen angeklagt werden, konnte jedoch aus der Haft fliehen und untertauchen. 1961 wurde er in Salzburg festgenommen; 1962 beging er in der Untersuchungshaft Selbstmord.

56 SS-Oberscharführer Gerhard Mende war Leiter des Judenreferates der Gestapo in Warschau.

Der Aufstand im Warschauer Ghetto (19. April–16. Mai 1943)

durchschnittlich täglich 36 Offiziere sowie 2054 Unteroffiziere und Gefreite teil. Darunter waren der mit elf Mann besetzte Stab, das SS-Panzergrenadier-Ausbildungs- und Ersatzbataillon 3 Warschau mit 404 Mann (darunter vier Offiziere),[57] die SS-Kavallerie-Ausbildungs- und Ersatz-Abteilung Warschau mit 386 Mann (darunter fünf Offiziere), das I. Bataillon des SS-Polizei-Regiments 22 mit 97 Mann (darunter drei Offiziere) und das III. Bataillon dieses Regiments mit 137 Mann (darunter drei Offiziere). Ebenso waren Pioniere[58] mit sieben Mann (darunter ein Offizier), die polnische Polizei mit 467 Mann (darunter vier Offiziere), die polnische Feuerlöschpolizei mit 166 Mann und die Leichte Flakalarmbatterie III/8 Warschau mit 24 Mann (darunter zwei Offiziere) vertreten. Darüber hinaus waren Einheiten aus dem Pionierkommando der Eisenbahn-Panzerzug-Ersatz-Abteilung Remberców und des Reserve-Pionier-Bataillons 14 Góra Kalwaria mit 79 Mann (darunter drei Offiziere) sowie ein Bataillon „Trawnikimänner"[59] mit 337 Mann (darunter zwei Offiziere) eingesetzt. (119)

Der größere Teil der SS-Männer, die an der Liquidierung teilnahmen, hatte vor der Aktion eine drei- bis vierwöchige spezielle Ausbildung durchlaufen. (120)

Stroop berichtet, er habe der SS-Formation unmittelbar nach Übernahme der Kommandogewalt den Befehl zum Beginn der „Aktion" erteilt. Die Formation bestand aus 868 Mann, darunter 18 Offiziere.[60] (121)

Als die Deutschen an der Kreuzung Miła-Straße/Zamenhof-Straße in Stellung gingen, eröffneten die an den vier Straßenecken verbarrikadierten jüdischen Kampfgruppen aus „Hashomer", „PPR", „Dror" und „Bund" ein konzentriertes Feuer, das Stroop als „stark und gut vorbereitet" beschrieb. Es gab Explosionen von Geschossen und selbst gefertigten Handgranaten, Schüsse aus einer Maschinenpistole und Gewehrsalven. Nach den ersten Schüssen aus der Maschinenpistole und gezielt auf die geschlossenen Reihen der SS-Männer geworfenen Handgranaten war die Straße menschenleer. Die grünen Uniformen waren überhaupt nicht mehr zu sehen. Die Deutschen versteckten sich in den Läden und Toren nahe gelegener Häuser. Es kam nur zu vereinzelten Schusswechseln. Nach 15 Minuten setzten die „heldenhaften" SS-Männer Panzer in Aktion, die sich den Barrikaden der Verteidiger näherten und unter deren Deckung die Deutschen den Rückzug antreten sollten. Aber als der erste Panzer zusammen mit der Besatzung durch die Explosion einer Brandflasche in Flammen aufging und die zwei übrigen Panzer und die Panzerwagen ebenfalls mit Brandflaschen beworfen wurden, wagten sie es nicht, sich der Position der ŻOB weiter zu nähern. Hinter den sich zurückziehenden Panzern flohen die Deutschen, verfolgt von gezielten Schüssen und Handgranaten. Laut jüdischen Quellen erlitten die Deutschen sehr große Verluste. Zuckerman

---

57 Laut „Stroop-Bericht" 444 inklusive vier Offiziere.
58 Laut „Stroop-Bericht" Technische Nothilfe.
59 Gemeint sind in Trawniki ausgebildete Hilfsmannschaften der SS, die aus sowjetischen Kriegsgefangenen rekrutiert waren.
60 Laut „Stroop-Bericht" 866 Mann, darunter 16 Offiziere.

nennt 200 deutsche Tote und Verletzte; Edelman spricht davon, dass aus dem „Kessel" der Zamenhof-Straße nicht ein Deutscher lebend herauskam. Die ŻOB wiederum verlor einen Kämpfer. (122) Stroop gab in seinem Bericht zu, dass der Panzer zweimal in Brand gesteckt wurde und es den Juden gelungen war, die SS-Einheiten einschließlich der Panzer und Panzerwagen auseinanderzutreiben. Die eigenen Verluste reduzierte er aus verständlichen Gründen aber auf ein Minimum, und zwar auf zwölf Personen, darunter sechs SS-Männer und sechs „Trawnikimänner". Er erwähnt nicht, dass an diesem Tag auch der Feldwebel der „Blauen Polizei" Julian Zieliński fiel; an anderer Stelle erinnert er jedoch daran. (123)

Gen. Stroop gab den Befehl, den Angriff unter seinem persönlichen Kommando zu wiederholen. Tatsächlich stellten die Deutschen zwei Stunden später auf dem Gebiet des Zwischenghettos Geschütze auf und beschossen die Position der ŻOB darüber hinaus aus Geschützen, die auf dem Krasiński-Platz aufgestellt worden waren. Die Deutschen kämpften in der Hl.-Jerska-Straße und hinter der Hl.-Johannes-Kirche in der Bonifraterska-Straße. Von dort aus richteten sie das Feuer auf die Muranowska-Straße. (124) Eine regelrechte Belagerung des Ghettos begann. (125)

Für ihre strategischen Ziele brannten die Deutschen drei Häuser in der Długa-Straße an der Grenze des Ghettos nieder und stellten schwere Maschinengewehre auf den Dächern der Nachbarhäuser auf. (126)

Nach der Vorbereitung durch die Artillerie drang eine Gruppe Deutscher in das Ghetto ein. Sie war sich sicher, dass sie auf keinen Widerstand stoßen würde. Plötzlich flogen Handgranaten aus den Fenstern der Zamenhof-Straße 29. Das war eine der jüdischen Kampfgruppen, die bis jetzt noch nicht geschossen und damit ihre Existenz verraten hatte. Zum zweiten Mal griffen sie die Deutschen an dieser Stelle an. Letztere mussten hier ungefähr 50 Tote zurücklassen. (127) Gen. Stroop berichtete seinem Vorgesetzten Krüger vom neuerlichen Angriff des Gegners und teilte zugleich mit, der Feind sei gezwungen worden, sich in die Kellergeschosse der Bunker und Kanäle zurückzuziehen, und es sei gelungen, ungefähr 200 Juden aufzugreifen. (128)

Etwas früher, vor dem ersten Gefecht an der Kreuzung Miła-Straße und Zamenhof-Straße, kam es zu einer Begegnung in der Nalewki-Straße, in der zwei verbarrikadierte Gruppen die Straße verteidigten. Der Kampf dauerte hier über sieben Stunden. Unter dem dichten Beschuss der jüdischen Kämpfer mussten die Deutschen sich zurückziehen und dabei viele Tote zurücklassen. Unablässig brachten Ambulanzen Verletzte zur Sammelstelle auf einen kleinen Platz vor der Gemeinde.

An der Ecke der Gęsia-Straße befand sich ein deutscher Beobachtungsposten für die Luftstreitkräfte. Er signalisierte den Flugzeugen, die ständig über dem Ghetto kreisten, an welchem Ort sich die Kämpfer aufhielten. (129)

Zur selben Zeit waren erbitterte Gefechte auf dem Muranowski-Platz im Gange. (130) Laut Stroop-Bericht kämpfte hier die Hauptgruppe der ŻOB, gemeinsam mit polnischen Kämpfern. Der deutsche General nannte Letztere Banditen. Neben einem Maschinengewehr

Der Aufstand im Warschauer Ghetto (19. April–16. Mai 1943)

auf dem Dach flatterten die polnische Nationalflagge sowie die weiß-blaue Fahne „zum Zeichen der Brüderlichkeit, im Namen des Kampfes um das gemeinsame Recht auf Leben gegen den verhassten Feind". (131) Diese Flaggen sah General Stroop als Herausforderung an. Wie er berichtete, wurden sie am nächsten Tag von einer speziellen deutschen Sturmtruppe eingeholt. In diesem Kampf fiel *SS-Untersturmführer* Dehmke von der SS-Kavallerie-Ersatz-Abteilung durch die Explosion seiner eigenen Handgranate. Diese war durch den Schuss eines jüdischen Kämpfers gezündet worden. (132)

Die Juden verteidigten sich hier erbittert und wehrten den Ansturm des Feindes mit geradezu übermenschlichen Kräften ab. Ein deutscher Panzer wurde niedergebrannt, der zweite am ersten Kampftag; die Juden erbeuteten auch zwei MGs und viele andere Waffen. (133)

Bemerkenswert sind am ersten Kampftag auch die erfolgreichen Angriffe der Kampfgruppen, die aus den Häusern in der Leszno-Straße 74 sowie der Smocza-Straße 8–10 geführt wurden. Aus dem ersten Haus warf der Kommandeur der örtlichen Kampfgruppe Handgranaten und drei Brandflaschen auf die anrückenden SS-Männer. Die jüdischen Kämpfer zogen sich ohne Verluste zum Haus in der Nowolipie-Straße 63 zurück, in dem eine andere Kampfgruppe (Heńka) auf ihrem Posten geblieben war. Unter den Deutschen gab es Tote und Verletzte.

Aus der Smocza-Straße rückte um 12:00 Uhr eine Gruppe Schaulis-Männer[61] an und marschierte auf die Nowolipie-Straße zu. Die Kampfgruppen, die sich in den Häusern der Smocza-Straße 8–10 befanden, eröffneten sofort das Feuer. Aus dem zweiten Stock wurden Handgranaten geworfen. Am Ende blieben viele Tote und Verletzte auf der Straße zurück. (134)

Bis zum Abend befand sich auf dem Gebiet des Ghettos kein einziger Deutscher mehr. Nur der Beschuss der Artillerie vom Krasiński-Platz und von anderen Positionen aus hielt weiterhin an. Ab und an wurde das Ghetto aus der Luft bombardiert. (135)

Der erste Tag des Kampfes endete zweifellos mit einem Sieg der ŻOB. Sie verdankte ihre Überlegenheit dem Umstand, dass sie unerwartet, schnell und aus gut getarnten Positionen heraus angriff. (136)

Alle deutschen Einheiten wurden in die Kasernen zurückgezogen; nur die Ghettobesatzung wurde um 250 SS-Männer verstärkt. Außerdem versuchten die Deutschen, die Juden daran zu hindern, sich in der Kanalisation zu verstecken.

Einige Einheiten wurden zu bekannten Schutzräumen geschickt, mit dem Befehl, die Insassen herauszuholen und die Bunker zu zerstören. Sie griffen ungefähr 380 Juden auf. (137) Den Deutschen fielen am ersten Tag der „Aktion" vorwiegend solche Juden in die Hände, die sich überhaupt nicht versteckt hatten, sondern resigniert und erschöpft vom deutschen Terror auf die „Erfüllung ihres Schicksals" gewartet hatten. „Die mit Reitpeitschen

---

61 Von litauisch Šaulis (Schütze). Sammelbegriff für – vor allem litauische – Hilfskräfte der deutschen Besatzungsmacht

Geschlagenen", schrieb ein Augenzeuge, „von den ukrainischen Knechten mit Gewehrkolben Geprügelten rennen begleitet von dem bestialischen Gekrächze der Henker, unter dem Pfeifen der Knuten und den kehligen Schreien: ‚Schnell, schneller'." (138) Unter der Mauer in der Gęsia-Straße, direkt unter den Fenstern des Judenrats, war der Sammelpunkt. „Hier ergießt sich der Menschenstrom, hier treffen immer neue und neue Verbannte ein."

Im Hof des Judenrats, der nun ein Exekutionsplatz war, wurden ältere Menschen, Kinder und junge Juden von Brandt und seinen Helfern „selektiert" und danach auf der Stelle erschossen. Als sich das Gedränge unter der Mauer in der Gęsia-Straße etwas gelichtet hatte, erschien an der Spitze der ukrainischen Einheit ein SS-Mann. In Dreiergruppen wurden die Menschen zum *Umschlagplatz* durch die Wałowa-, Franciszkańska-, Gęsia- und Zamenhof-Straße zur Stawki-Straße geführt. Einige Häuser waren hier bereits niedergebrannt.

Auf dem *Umschlagplatz* durchlebten die zum Tode Verurteilten die wahre Hölle. In der Nacht versuchten einige Waghalsige vergeblich, auf Höhe des fünften Stockwerks über einen Luftsteg das Dach des Nachbarhauses in der Niska-Straße zu erreichen. Leider stürzte der erste der Ausbrecher, durchsiebt von den Kugeln eines Wachmanns, in die Tiefe.

Am nächsten Tag führte Handtke, einer der schlimmsten deutschen Henker, eine Selektion durch, wobei er zielsicher Ehefrauen von ihren Männern und Mütter von ihren Kindern trennte. „Diese nach rechts in die Waggons, jene nach links in den Hof, wo sie sie erledigen." Ein Teil der Juden wurde an jenem Tag nach Trawniki geschickt. (139)

Der zweite Tag der Aktion begann mit der Konzentration der SS-Truppen auf den Raum des Zwischenghettos und der „arischen Seite". Die Einheiten, über die General Stroop an diesem Tag verfügte, bestanden aus 1293 Leuten, darunter 31 Offiziere. Sie stammten aus dem SS-Panzergrenadier-Ersatz-Bataillon (604 Personen),[62] der SS-Kavallerie-Ersatz-Abteilung (460 Mann), der Polizei (171), der *Sicherheitspolizei* (50) und dem Bataillon der „Trawnikimänner" (151). Von der Wehrmacht und der Waffen-SS kamen außerdem eine 10-cm-Haubitze mit acht Mann, ein Flammenwerfer, Pioniere und Ingenieure (18), drei 2,28-cm-Flak-Geschütze (26), ein französischer Panzer, zwei schwere Panzerwagen und Sanitäter (1).

Nachdem er am ersten Tag des Kampfes Niederlagen erlitten hatte, ernannte Gen. Stroop am 20. April Polizeimajor Stornagel[63] zum Befehlshaber. Um 7:00 Uhr wurden neun Stoßtrupps gebildet, jeder 37 Mann stark, die sich aus gemischten Einheiten zusammensetzten und das Ghetto durchsuchen sollten. Das Gros der deutschen Kräfte betrat das Wohngebiet nicht. Der Feind war offensichtlich vorsichtiger als am Tag zuvor. Sie stellten fest, dass sich im unbewohnten Teil des Ghettos, in dem einige Werkstätten lagen, sehr starke

---

62 Laut „Stroop-Bericht" 406 Personen.
63 Laut „Stroop-Bericht" Sternhagel. Gemeint ist Ewald Sternagel, Major der Schutzpolizei, der die Einheiten der Ordnungspolizei bei der Niederschlagung des Aufstands befehligte. Er war Kommandeur des I. Bataillons des SS- und Polizeiregiments 22, verfügte über Fronterfahrung und war mit einem Teil seines Bataillons bereits im November 1941 an Massenerschießungen von Juden in Riga beteiligt gewesen.

Der Aufstand im Warschauer Ghetto (19. April–16. Mai 1943) 247

„Widerstandsnester" der Aufständischen befanden, die sogar das Durchkommen der Panzer verhinderten. Daraufhin griffen zwei Stoßtrupps die Kämpfer an und „bahnten dem Panzer den Weg". Bei dieser Operation wurden zwei SS-Männer verletzt. (140)

Ungefähr um 15:00 Uhr näherte sich eine aus 300 SS-Männern bestehende Einheit in geschlossener Formation dem Bürstenmachergelände, auf dem eine starke jüdische Kampfeinheit postiert war. Eine andere Gruppe nahm von dort aus an den Kämpfen auf dem Gebiet des Zentralghettos teil. Als die Deutschen im Eingangsbereich anhielten, zündeten unsere Kämpfer elektrisch eine dort platzierte Mine. Nach jüdischen Quellen (Edelman, Rathauser) wurden bei der Explosion ungefähr 80 bis 100 Deutsche getötet und verletzt. (141) Man konnte durch die Luft fliegende Körperteile sehen. (142) Stroop, der diese Operation nur am Rande erwähnt, verringert in seinem Bericht über diesen Tag seine Verluste etwas zu auffällig. Er spricht von insgesamt sieben Verletzten, darunter sechs SS-Männer und ein „Trawnikimann". An einer anderen Stelle dieses Berichts erwähnt er aber einen Schwerverletzten der *Wehrmacht*, den er wohl absichtlich „vergessen" hatte, zu dieser geringen Zahl von Verlusten hinzuzurechnen. Einige Deutsche entkamen lebend, verfolgt von Schüssen der jüdischen Kämpfer. (143)

In dieser Situation beschloss Gen. Stroop, den unbewohnten Teil des Ghettos zu säubern, um die hier vorhandenen „Widerstandsnester" liquidieren zu können. Gleichwohl war ihm klar, dass dies eine schwierige Operation werden würde. (144) Daher erschien bereits in den frühen Morgenstunden der Direktor der Bürstenmacherwerkstatt Dr. Lautz und rief unverzüglich eine Besprechung der Werkstattleiter ein. Er verkündete, dass die Arbeiter des Betriebs infolge der Vorfälle im Ghetto am darauffolgenden Tag nach Poniatowa fahren müssten. (145) Deswegen forderte auch Többens bereits um 12:00 Uhr per Telefon, dass alle Arbeiter seines „Werks" sich bis zum 21. um 10:00 Uhr morgens auf dem *Umschlagplatz* einfinden müssten, um „zur Arbeit nach Trawiniki und Poniatowa in die Werkstätten zu fahren". Denn Warschau müsse, so behauptete er, bis 12:00 Uhr am nächsten Tag „*judenrein*" sein. Mehrere Stunden lang beriet sich die jüdische Leitung des Betriebs in dieser Angelegenheit mit Többens. L. Prywes erklärte ihm, dass kein jüdischer Arbeiter der „Umsiedlung" ohne seine Arbeitsgeräte und ohne Maschinen vertrauen könne. Darauf erhielt er zur Antwort, dass es auf dem Gelände von Poniatowa bereits fertige Fabriken gäbe, in denen man sofort an die Arbeit gehen könne. Prywes wies danach darauf hin, dass die Bewohner der Häuser an der Front keine Möglichkeit haben würden, in ihre Wohnungen zu gehen, um für die Abreise zu packen. Sie würden nämlich von der anderen Seite der Mauer beschossen und mit Handgranaten beworfen. Er schlug eine Unterbrechung der Blockade für drei Stunden vor. Többens begab sich in dieser Angelegenheit zur *Befehlsstelle*, kam aber mit einer negativen Antwort zurück. In dem Fall beschlossen alle Juden, dass sie sich eher lebendig begraben lassen wollten, als sich in die Hände von Mördern zu begeben. (146)

Nach der Explosion der Mine forderte Stroop um 15:00 Uhr die sofortige „Evakuierung" der Bürstenmacher. Nur 28 Juden meldeten sich freiwillig. Ungefähr zwei Stunden nach dem ersten Gefecht kehrten die Deutschen zurück; sie verhielten sich dabei sehr vorsichtig und versuchten, immer einer nach dem anderen in lockerer Formation auf das Bürstenmachergelände zu gelangen. Sie wurden sofort mit Handgranaten und Brandflaschen beworfen, sodass sich einige Deutsche in lebende Fackeln verwandelten. Von 30 Deutschen, die von der zweiten Seite des Blocks, von der Franciszkańska-Straße her, auf das Gelände gelangten, kamen nur ein paar wieder heraus. Das war der zweite vollständige Sieg der Kämpfer. (147) „Was wir erlebt haben", schrieb Kommandant Anielewicz seinem Vertreter Zuckerman nach den zweitägigen Kämpfen im Ghetto, „kann man nicht mit Worten beschreiben. Wir sind uns der einen Sache bewusst: Das, was geschehen ist, übertraf unsere kühnsten Träume. Zwei Mal flohen die Deutschen aus dem Ghetto. Einer unserer Trupps hielt auf seiner Position über 40 Minuten stand, ein zweiter Kampftrupp sechs Stunden lang. Eine Mine, die wir auf dem Bürstenmachergelände ausgelegt hatten, ist explodiert. Einige unserer Truppen griffen die Deutschen an, die daraufhin auseinanderstoben. Unsere Verluste unter den Kämpfern sind sehr gering. J. Poległ starb am Maschinengewehr den Heldentod. Ich habe das Gefühl, dass große Dinge geschehen, dass das, was wir gewagt haben, eine große Bedeutung hat ..." (148)

Plötzlich geschah Folgendes: Zwei höhere SS-Offiziere erschienen in Begleitung von Dr. Lautz im Hof der Hl.-Jerska-Straße 32 – Wałowa-Straße 6 mit gesenkten Maschinengewehren und weißen Schleifen an den Uniformaufschlägen. Sie schlugen eine 15-minütige Waffenruhe vor, um die Verletzten und Toten zu bergen, und äußerten ihre Bereitschaft, alle Bewohner in die Arbeitslager nach Poniatowa und Trawniki zu bringen. Als Antwort fielen Schüsse aus jedem Stockwerk und aus beinahe jedem Fenster. Folgende Kämpfer setzten den Deutschen besonders zu: der alte Veteran Diamant, der genau zielte, Dwora, die so hartnäckig schoss, dass sie selbst bei den Deutschen Bewunderung hervorrief, Kazik (S. Rathauser) sowie Szlamek Szuster, ein 17-jähriger Kämpfer. Er zeichnete sich später in einem der erfolgreichsten Gefechte aus, das die jüdischen Kämpfer nach der Entdeckung des Bunkers in der Franciszkańska-Straße 30 austrugen. Er kam schließlich auf der „arischen Seite" um.

Als es keine Handgranaten mehr gab, warf Szlamek eine Brandflasche und traf den Helm eines Deutschen, der sofort in Flammen stand. (149)

Unter diesen Umständen gab Stroop der Artillerie den Befehl, das Bürstenmachergelände zu beschießen. Für diese Operation wurden drei 2-cm-Geschütze verwendet; die Besatzung der Geschütze hatte schließlich, wie Stroop selbst zugab, zwei Tote zu verzeichnen. Auch die 10-cm-Haubitze begann zu feuern. (150) Die Deutschen beschossen den Block von allen Seiten und bemühten sich, das Gelände um jeden Preis zu erobern. Auf einem der Dachböden in der Hl.-Jerska-Straße 24 wurden die Kämpfer plötzlich von den Deutschen eingeschlossen, die das Haus niederbrannten. Während des Gefechts schlichen sich Sewek Duński und Junghajzer von hinten an die Deutschen an und warfen Handgranaten. Den Heldentod starb Michał Klepfisz, als er hinter dem Schornstein gegen ein schweres MG kämpfte, angegriffen und von Maschinengewehrsalven durchlöchert wurde. (151) Posthum wurde er am ersten Jahrestag des Aufstands im Warschauer Ghetto vom Oberbefehlshaber der Polnischen Armee mit dem Kreuz Virtuti Militari ausgezeichnet.

Die Kämpfer waren so tapfer, dass die Deutschen beschlossen, den Nahkampf aufzugeben.

Am selben Tag wurden auch die Häuser und Wohnblöcke niedergebrannt, in denen die Deutschen auf Widerstand stießen, und zwar in der Nalewka-Straße Nr. 33, 35, 37, in der Miła-Straße Nr. 19, 28 und in der Zamenhof-Straße Nr. 28. Als Antwort auf die Brände steckten die Kämpfer das Lager der *Werterfassung* in Brand, dessen Werte sich auf mehrere Millionen Złoty beliefen. (152)

Um seine Ehre zu retten, berichtete Stroop am selben Tag, dass die „Widerstandsnester" im unbewohnten Teils des Ghettos von einem Pionierzug und einem Flammenwerfer bekämpft worden seien. Dabei sei ein Soldat von einem Schuss in die Lunge getroffen worden. Mit der aufziehenden Dämmerung sei die „Aktion" abgebrochen worden. Dieses „Widerstandsnest" würde, soweit überhaupt möglich, die Nacht über abgeriegelt bleiben und am nächsten Tag erneut angegriffen werden. Schließlich sei es neun deutschen Stoßtrupps gelungen, bis zur nördlichen Grenze des Ghettos vorzudringen. Dabei seien neun Bunker entdeckt worden, deren sich zur Wehr setzende Insassen vernichtet und die in die Luft gesprengt worden seien. Stroop war nicht in der Lage, die jüdischen Verluste anzugeben. Aus seinem Bericht geht nur hervor, dass die Deutschen 506[64] Juden fassen konnten, von denen die „körperlich gesunden" für den Transport nach Poniatowa getrennt festgehalten[65] wurden. (153) Der deutsche General verlor hingegen kein Wort darüber, dass die Deutschen am zweiten Tag der „Aktion" auf das Gelände des ehemaligen „Czyste"-Krankenhauses in der Gęsia-Straße 6 vorgedrungen waren. Dort hatten sie alle Kranken in ihren Betten erschossen und danach das Haus zusammen mit dem Versorgungsbetrieb bombardiert. (154)

Außerdem erbeuteten Stroops Truppen große Bestände an Brandflaschen, Handgranaten, Munition sowie Militäruniformen usw. (155)

Am nächsten Tag begann die Operation um 7:00 Uhr. Eine deutsche Einheit wurde, verstärkt durch Pioniere und schwere Artillerie, direkt zum Gelände des Bürstenmacherbetriebs geschickt. Dort stieß sie auf eine große Anzahl an Bunkern und unterirdischen Durchgängen, aus denen geschossen wurde. Stroop entschied, die Tunnel in die Luft zu sprengen und den ganzen Block niederzubrennen. Das Bürstenmachergelände wurde von allen Seiten in Brand gesteckt. Innerhalb kürzester Zeit stand der ganze Block in Flammen. Das war die erste Feuersbrunst im Ghetto. Die Deutschen ergriffen umgehend Maßnahmen, um ein Übergreifen des Feuers auf die „arische Seite" zu verhindern. Während das Feuer wütete, waren die Juden gezwungen, ihre Verstecke zu verlassen. (156) Alle Juden, die die Deutschen trotz gründlicher Durchsuchung nicht hatten finden können, flüchteten in der

---

64 Laut „Stroop-Bericht" 505.
65 Laut „Stroop-Bericht" „sichergestellt".

Nacht vom 21. auf den 22. April aus den Schutzräumen unter den Dächern und in den Kellern, um sich vor dem Feuer zu retten. Sehr viele Menschen, teilweise ganze Familien, die von den Flammen eingeschlossen worden waren, sprangen aus den Fenstern. Zuvor hatten sie Matratzen beziehungsweise gepolsterte Möbelteile hinausgeworfen. Manche versuchten, an aneinandergeknoteten Laken und Ähnlichem nach unten zu klettern. Alle wurden sofort liquidiert. Einige versuchten noch mit gebrochenen Knochen die Straße entlang zu den Häuserblöcken zu kriechen, die entweder nur teilweise oder überhaupt nicht von den Flammen ergriffen worden waren. (157)

Die Kämpfer waren wild entschlossen, das Zentralghetto zu erreichen. Die Flammen bissen sich an der Kleidung fest und die Schuhsohlen fingen auf dem glühenden Pflaster zu brennen an. Um 2:00 Uhr nachts versuchten die Kampfgruppen, eine nach der anderen und unter großer Anspannung, durch eine kleine Lücke in der Mauer ins Zentralghetto zu gelangen. Die Schuhe waren mit Lappen umwickelt, um die Schritte zu dämpfen. Die Gruppen gerieten sofort unter dichten Beschuss, da die Mauerlücke von drei Seiten mit Gendarmerie, Ukrainern und „Blauer Polizei" umstellt war. Mit einigem Glück kamen die Gruppen von Gutman, Berliński und Grynbaum durch. Die Gruppe von Jurek Błones gab von hinten Deckung. Gerade als die ersten Kämpfer dieser Gruppe auf die Straße traten, beleuchteten die Deutschen diese Stelle. Daraufhin schaltete Romanowicz mit einem gezielten Schuss den Scheinwerfer aus. So kämpften sich alle Kampfgruppen in die Franciszkańska-Straße 30 durch und nahmen bald Kontakt zum Hauptkommando in der Miła-Straße 18 auf. (158)

Am dritten Tag der „Aktion" sollten die deutschen Hauptkräfte die Säuberung des unbewohnten Ghettogebiets von Süden nach Norden vornehmen. Wie Stroop triumphierend mitteilte, war es vor Beginn dieser Operation gelungen, 5200 Juden zu „erfassen". Sie waren in den Betrieben des Rüstungskommissars (*Rüko-Betrieben*) beschäftigt gewesen und wurden unter Geleitschutz der bewaffneten Wache zur Bahnstation geführt.

Darüber hinaus wurden drei Durchsuchungskommandos gebildet, denen besondere Stoßtrupps zugeteilt worden waren. Sie hatten den Auftrag, die bekannten Bunker anzugreifen und zu sprengen. Diese Operation musste wegen der hereinbrechenden Dämmerung abgebrochen werden. Über den Verlauf des Gefechts, das dabei stattgefunden hatte, berichtet Stroop kurz, dass die Juden dieselben Waffen benutzt hätten wie am Vortag, insbesondere selbstgefertigte Sprengkörper. Zum ersten Mal hatten die Deutschen an diesem Tag mit der Beteiligung von Frauen, Mitgliedern der „Jüdischen Weiblichen Kampforganisation (Chaluzzenbewegung)",[66] zu tun. Laut diesem Bericht sollen außerdem in dem Gefecht bei der Sprengung der Bunker 150 Juden und jüdische Aufständische sowie ungefähr 80 Aufständische umgekommen sein. Insgesamt nahmen die Deutschen an diesem Tag 5300 Juden fest. Die eigenen Verluste gab Stroop wie gewöhnlich als sehr gering an, nicht mehr als fünf Verletzte (zwei Polizisten, zwei SS-Männer und ein „Trawniki-Mann"). Die Deutschen

---

66 Vgl. Anm. 13.

erbeuteten auch Gewehre, Pistolen, Handgranaten, Sprengkörper, Pferde sowie Teile von SS-Uniformen. (159)

Die ganze Nacht vom 21. auf den 22. wurde aus den Blöcken der Werkstätten, die geräumt werden sollten, geschossen.

Die Operationen am 22. April startete Gen. Stroop mit der Entsendung einer Kampfgruppe: Sie sollte Juden ergreifen, die sich noch in den inzwischen größtenteils ausgebrannten oder noch brennenden Häuserblöcken der Bürstenmacher versteckt hielten. Ein Block, von dem aus die SS-Männer angegriffen wurden, wurde sofort in Brand gesteckt. Danach gelang es den deutschen Banditen, eine größere Anzahl Juden auf der Flucht zu erschießen. Außerdem wurden ungefähr 180 Juden in den Höfen des Bürstenmachergeländes aufgegriffen. (160)

Das Feuer zwang die Insassen des Bunkers in der Hl.-Jerska-Straße 28, darunter ungefähr 80 Kinder, auf die brennende Straße hinaus. Die Menschen waren inzwischen fast wahnsinnig geworden. Einige begannen zu tanzen, zu schreien und liefen auf die Deutschen zu, die das Haus umstellt hatten. In der Luft verbreitete sich der scharfe Geruch von brennendem Menschenfleisch.

Auch in der Franciszkańska-Straße brannten Häuser. In der Franciszkańska-Straße 27 lagen in der Mitte des Hofes halbnackte Brandleichen. Rundherum pfiffen Kugeln. Die Menschen beteten laut. Auch die Muranowska-Straße brannte. Die Straßen des Zentralghettos waren voller Leichen und getöteter Pferde sowie Patronenhülsen. (161)

Am Nachmittag erzielten die Deutschen einen gewissen „Erfolg". Wie Stroop berichtete, wurden 1100 Juden aufgegriffen, die „ausgesiedelt" werden sollten. Außerdem wurden 203 Juden und Aufständische gefasst, 15 Bunker gesprengt sowie 80 Brandflaschen erbeutet. Auf deutscher Seite waren nach Stroop nicht mehr als ein SS-Mann getötet sowie ein Wachtmeister der Polizei an der Lunge verletzt worden.

Die deutschen Hauptkräfte setzten die am Vortag begonnene Säuberungsaktion im unbewohnten Ghettogebiet fort. Überall stießen die Deutschen auf starken Widerstand. Die Pioniere sprengten daraufhin die Bunker, wobei viele Juden zusammen mit den Aufständischen unter den Trümmern begraben wurden. „In einer Reihe von Fällen", so Stroops Worte, „war es notwendig, zur Ausräucherung der Banden Brände zu legen. Die Ergreifung der Juden in den Kanälen verlief beinahe ohne Ergebnis, weil es ihnen gelungen war, die Flutung zu unterbrechen." (162)

Am 21. und 22. April waren die deutschen Einheiten mehrere Male von außerhalb des Ghettos, von der „arischen Seite" her, angegriffen worden. Wie Zuckerman und Edelman übereinstimmend berichten, waren jüdische Kampfgruppen die Angreifer. Sie hielten sich auf dem Gelände von Többens und Schultz auf und bewarfen die SS-Männer mit Handgranaten, wodurch diese getötet und verletzt wurden. Die Kämpfer versuchten vor allem, die Deutschen daran zu hindern, regelmäßig Soldaten ins Zentralghetto zu führen. Von Balkonen, aus Fenstern und von den Dächern bewarfen sie die Autos der SS-Männer mit

Handgranaten und beschossen sie. Die Kämpfer Rozowski und Szlomo warfen eine Zweikilogramm-Bombe auf ein vorüberfahrendes Auto mit SS-Männern, die große Verluste erlitten. (163)

Der alarmierte Gen. Stroop schickte am 21. April sofort eine spezielle Kampfgruppe auf die „arische" Seite. Wie der Oberbefehlshaber der „Aktion" berichtet, wurden in einem Fall 35 Polen als „Banditen-Kommunisten" gefangen genommen. Die deutschen Verbrecher liquidierten sie sofort. Ebenfalls am 22. April fand die Exekution einiger Aufständischer statt, die, wie Stroop angibt, mit dem Ruf „Hoch lebe Polen!" und „Hoch lebe Moskau!" in den Tod gingen. (164)

III. Das Verhältnis der Polen zum jüdischen Aufstand

Der Aufstand im Ghetto hinterließ in den ersten Tagen nach seinem Ausbruch einen sehr starken Eindruck bei den Einwohnern von Warschau, die anderthalb Jahre später in einen heldenhaften Kampf gegen denselben Feind ziehen sollten. Das mutige Ringen der jüdischen Kämpfer rief in den fortschrittlichen Kreisen der polnischen Gesellschaft aufrichtige Sympathie für die Kämpfenden sowie Mitgefühl für die Opfer der deutschen Bestialität hervor. Ganz Warschau sprach von den Leistungen der jüdischen Aufständischen, über ihr Heldentum, wobei manchmal die Niederlagen der Deutschen übertrieben wurden. Es kursierten Gerüchte über Tausende getötete Deutsche und Dutzende zerstörte Panzer. (165)

Zu dem Gassenhauer, das die folgenden gereimten Zweizeiler umfasste

Siekiera, motyka, bimber, szklanka [Beil, Hacke, Selbstgebrannter, Glas].
W nocy nalot w dzień łapanka [In der Nacht Luftangriff, am Tag Verhaftungsaktion].
Siekiera, motyka, szklanka, talerz (Beil, Hacke, Glas, Teller)
Przegrał wojnę głupi malarz [Verlor den Krieg der dumme Maler].
Siekiera, motyka, talerz, nóż [Beil, Hacke, Teller, Messer]
Niech te dranie pójdą już [Diese Schufte sollen abhauen].
kam noch eine neue, aktuelle Strophe hinzu
Siekiera, motyka, wiśta – hetta (Beil, Hacke, hü – hott)
Żydzi dobrze bronią getta. (Die Juden verteidigen das Ghetto gut.) (166)

Die gesamte Untergrundpresse war mit Ausnahme der *Walka* der Endecja (Nationale Demokratie) voller Anerkennung für den jüdischen Aufstand.

Dzień Warszawy (Warschauer Tag) vom 24. April schrieb unter anderem: „Wir können nicht umhin, unser Mitgefühl und unseren Respekt für die jüdische Bevölkerung auszudrücken. Sie führt, nachdem sie ihre Passivität überwunden hat, einen mutigen, wenngleich hoffnungslosen Kampf gegen die hundertfache Übermacht der Nazi-Henker."

Myśl Państwowa (Staatsgedanke) schrieb im April: „Einstmals eine hilflose, von den deutschen Verbrechern ermordete Herde erhoben sich die Juden nun als kämpfendes Volk. Wenn nicht für ihre Existenz – denn gegen eine absolute Überzahl des Feindes ist das nicht möglich –, dann kämpfen sie für den Beweis ihres Rechts auf ein nationales Dasein. Die polnische Gesellschaft betrachtet dieses Phänomen mit Respekt, unterstützt es moralisch und wünscht, dass der Widerstand so lange wie möglich andauern möge."

Nowe Drogi (Neue Wege) schrieb im Juni u. a.: „Auf den Mauern des kämpfenden Warschauer Ghettos weht die Flagge Polens. Die Juden haben die September-Tradition der Hauptstadt – Kampf um die Ehre – unter dem Banner der Republik wieder belebt."

Przez walkę do zwycięstwa (Durch Kampf zum Sieg) vermerkte im Mai: „Die Einstellung der Juden, die zur Waffe gegriffen haben, [...] weckt Respekt. Sie kämpfen und sterben mit Würde und Ehre, was man anerkennen und unterstreichen muss, trotz einer ganzen Reihe an Unterschieden und Antagonismen, die zwischen uns und ihnen bestehen."

Biuletyn Informacyjny meldet im Mai: „Der bisherige passive Tod der jüdischen Massen hat keine neuen Werte geschaffen; er war nutzlos. Der Tod mit der Waffe in der Hand kann dem Leben des jüdischen Volkes neue Werte verleihen, weil er der Pein der Juden in Polen den Glanz eines bewaffneten Kampfes um das Recht auf Leben gibt. So begriff die Gesellschaft Warschaus die Verteidigung des Ghettos, indem sie mit Anerkennung dem Krachen der Salven der Verteidiger lauschte und mit Sorge den Lichtschein und Rauch der sich ausbreitenden Brände beobachtete. Die kämpfenden Bürger des polnischen Staates hinter den Mauern des Ghettos sind der Gesellschaft der Hauptstadt näher und verständlicher geworden."

Polska Walczy (Polen kämpft) schrieb am 30. April 1943: „Wir lesen den Bericht von der Front, die in der Welt des Krieges in Afrika, Russland, China und im Pazifik verläuft. Dort sterben auch Menschen, dort gibt es auch Heldentum und Todesverachtung, aber dort kämpfen und sterben sie unter anderen Bedingungen. In dem Kampf, der sich hinter den Mauern des Ghettos abspielt, sterben die Menschen anders. Es ist der Kampf der Todesmutigen unter der steten Bedrohung der entfesselten Bestialität und des Verbrechens. Der Bericht von diesem Schlachtfeld sollte an der Front vorgelesen werden, damit der Soldat stolz sein kann auf die Waffenkameradschaft mit denen, die irgendwo in den Häusern und auf den Straßen des Warschauer Ghettos mit der Waffe in der Hand sterben. Der Rauch über Warschau kann sich nicht verziehen und spurlos verschwinden, weil sich dann das wahre Heldentum auflösen und das zum Himmel schreiende deutsche Verbrechen spurlos verschwinden würde." (167)

Die *Centralne Kierownictwo Ruchu Mas Pracujących* (Zentrale Führung der Bewegung der werktätigen Massen) veröffentlichte am 22. April einen Aufruf, in dem sie „den Arbeitern und Angestellten jüdischer Nationalität, die im Angesicht des unausweichlichen Todes beschlossen haben, eher mit der Waffe in der Hand zu sterben als sich passiv der Gewalt zu unterwerfen", einen brüderlichen Gruß entbot sowie die Versicherung, dass „ihre Tat nicht ohne Echo verklingen werde. Sie werde in die Legende des Kämpfenden Polens eingehen, ein gemeinsames Werk des polnischen Volkes werden, ein Werk, auf dem die Republik wieder errichtet werden würde."

Im Aufruf der ŻOB, der am nächsten Tag an die „Polen, Bürger und Soldaten der Freiheit" gerichtet wurde, lesen wir u. a.: „Wir alle können in diesem Kampf sterben, aber wir werden uns nicht unterwerfen." (168)

Doch die Stimmung änderte sich bald. Die breite Masse der Hauptstadtbevölkerung, die durchschnittlichen Vertreter des Bürgertums und der sogenannten Intelligenz klagten über die Unannehmlichkeiten, über die immer größer werdenden und sich über Warschau ausbreitenden Schwaden schwarzen Qualms, der buchstäblich die Sonne verfinsterte (169), in den Augen biss und das Atmen schwer machte, über das unablässige Grollen der Gewehre, der automatischen Waffen, der Geschütze, der Explosionen von Handgranaten und Bomben sowie über die Verkehrsprobleme.

Da der Feind das Gebiet des Ghettos hermetisch abschließen wollte, unterbrach er den Straßenbahnverkehr auf der Nowiniarska-Straße. Die Straßenbahn gelangte nur von der Żoliborz- bis zur Muranowska-Straße, von der Stadt bis zum Krasiński-Platz. Auch der Fußgängerverkehr wurde aufgehalten. Der Weg von der Żoliborz-Straße zur Stadtmitte führte von dort durch Nowe Miasto (Neustadt). Es wimmelte also pausenlos von Menschenströmen, die von Süden nach Norden und in die entgegengesetzte Richtung liefen. Auch ein neues Gewerbe entstand: Es tauchten Dutzende von Pritschen und Pferdewagen, Leiterwagen, Kastenwagen auf. Für eine Strecke von zwei bis drei Haltestellen wurde genauso viel bezahlt wie für 15 Straßenbahnhaltestellen. Dennoch lief das Geschäft. (170)

Gerade als im südlichen Stadtteil Warschaus das Dröhnen der Geschütze und das Rattern der Maschinengewehre einsetzte, wurde überall, in jedem Haus, Ostern gefeiert – laut einer Überschrift in der deutschen Zeitschrift *Die Woche* das späteste Ostern im 20. Jahrhundert. Vergebens riefen die Transparente der jüdischen Kämpfer, die quer über die Straßen aufgehängt worden waren, auf: „Helft uns, kämpfen wir gegen den gemeinsamen Feind." Die Straßen Warschaus versanken im üblichen Stimmengewirr. (171)

Während der gesamten Osterwoche zogen die Menschen in Strömen zu den Ghettomauern. Das hörte auch an den Feiertagen nicht auf, als die „Menge aus den überfüllten Kirchen, noch inbrünstig im Inneren, voller Frühlingsgefühle, mit frischen Blumen in der Hand zum Spektakel zu den Mauern eilte – zum Warschauer Passah-Spektakel". Im Allgemeinen bedauerte kaum jemand die Juden. Aber das Volk war zufrieden damit, dass die verhassten Deutschen neue Probleme hatten. „Aus der Sicht eines Durchschnittsmenschen von der Straße machte allein die bloße Tatsache eines Kampfes gegen eine Handvoll einsamer Juden die siegreichen Besatzer lächerlich." (172)

Gerade von der Hl.-Jerska-Straße und vom Krasiński-Platz aus wurden Szenen beobachtet, die sich im brennenden Ghetto abspielten: wie Hunderte Menschen ihr Leben beendeten, indem sie aus dem dritten oder vierten Stock sprangen, wie Mütter auf diese Weise ihre

Kinder davor retteten, lebendig verbrannt zu werden. (173) Ähnlich war es mit der Miodowa-Straße und den Gassen der Altstadt, aus allen Richtungen eilten die Massen herbei, um sich den brennenden Stadtteil aus der Nähe anzusehen. Die Leute gingen mit gesenkten Köpfen weg, sie schwiegen oder klagten über die böse und grausame Welt. Insgeheim jedoch priesen sie Gott für den eigenen Frieden. (174) In das Gefühl stumpfen, passiven Grauens mischte sich bestenfalls ein bisschen Stolz und Respekt. Dort hinter den Mauern kämpften die Menschen jedoch nicht um ihr Leben – sie kämpften um einen menschenwürdigen Tod. (175)

Aber es gab auch solche, „die der Dunst der Nazipropaganda mit Triumph hierher trieb. Diese hatten ihre helle Freude. Schwer zu verstehen, aber doch eine Tatsache. ... Auf dem Krasiński-Platz drehten sich – neben den im dicken Rauch brennenden Wohnblöcken – mit Menschen beladene Karussells. Unweit stiegen die Schiffsschaukeln hoch hinauf, über die verkohlte Brandstätte." (176)

Gewitzt nutzten die Deutschen die Neugier der Warschauer Schaulustigen aus und erlaubten ihnen, direkt neben den Maschinengewehrstellungen herumzustehen. Bei den Polen fühlten sie sich sicher. (177)

Solange es hell war, standen die Leute an der Mauer herum. Die einen kamen, die anderen gingen. „Sie glotzten, unterhielten sich, klagten", berichtet ein bekannter Schriftsteller. Sie klagten über die Besitztümer, die Habe, das Gold, das legendäre Gold, vor allem über die Wohnungen und Häuser, „die schönsten Häuser". Sie fragten, ob „König Hitler" dieses Problem nicht auf eine andere Weise lösen könnte. Der Lichtschein war in jedem Winkel der Stadt und zu jeder Zeit zu sehen. Über all das, über die Kinder, die bei lebendigem Leibe geräuchert wurden, sagte man: „Das ist im Ghetto" – und man beruhigte sich wieder ... Das Ghetto brannte. Die Leute sagten: „Welch ein Glück, dass es keinen Wind gibt, sonst würden auch unsere Häuser brennen." (178) Man konnte auch Stimmen wie diese hören: „Gut, dass es nicht durch unsere Hände geschieht."

Am 5. Mai wandte sich der Premierminister der polnischen Exilregierung, General Sikorski,[67] im Londoner Radio in einer Rede an die Bevölkerung des Landes. Über die Verteidigung des Ghettos sagte er Folgendes: „Die Bombenexplosionen, Schüsse und das Feuer währen Tag und Nacht. Es vollzieht sich das größte Verbrechen in der Geschichte der Menschheit. Wir wissen, dass ihr den erschöpften Juden so gut ihr könnt helft. Ich danke euch, Landsleute, in meinem eigenen und im Namen der Regierung. Ich bitte euch, ihnen jegliche Hilfe zu leisten und gleichzeitig diese schreckliche Grausamkeit zu bekämpfen." (179)

Leider hörte man nicht auf diesen Appell an das Gewissen. „Wir hier vor Ort", so die Worte eines Augenzeugen, „sahen, was für eine winzige, was für eine geringe, zähe Sache das Gewissen ist. Die Detonationen erschütterten die Erde und die Straßen, aber nicht die Menschen."

---

67 Władysław Eugeniusz Sikorski (1881-1943) war von 1939 bis 1943 Ministerpräsident der polnischen Exilregierung. Er starb bei einem Flugzeugabsturz bei Gibraltar.

Es gelang den Feinden, die Gedanken zu beeinflussen und die große Masse der Leute auf der Straße zu gewinnen. Nicht umsonst gaben die Megafone auf allen Plätzen und Straßenkreuzungen vier Mal pro Tag neue Details des Verbrechens in Katyń bekannt und unterstellten, dass die Täter von Katyń Juden waren. In einigen Posener und pommerschen Zeitschriften erschien sogar die Nachricht, dass sich die über Katyń empörten Polen auf das Warschauer Ghetto gestürzt hätten. In den Schaufenstern in der Krakowskie-Przedmieście-Straße und der Marszałkowska-Straße, in der Jerozolimski-Allee und der Nowy-Świat-Straße stellten die Deutschen Bilder von den Opfern der „jüdisch-bolschewistischen Verbrecher" aus. Unter den Fotografien und abscheulichen Zeichnungen waren Untertitel zu lesen: So morden Juden. An den Mauern und Zäunen hingen rote Plakate, die das Monster einer jüdischen „Geißel der Menschheit" auf rotem Hintergrund zeigten. (180)

Die hinterlistige deutsche Propaganda verbreitete weitere Gerüchte. So hieß es, die Juden hätten ihre Waffen aus sowjetischen Flugzeugen erhalten (181), und es seien Juden aus dem Ghetto geflohen, um Polen zu ermorden. Leider glaubte man diesen Gerüchten, die für das ungebildete Volk bestimmt waren. Kann man sich unter diesen Voraussetzungen darüber wundern, dass es Stimmen gab wie „die Deutschen sind der Aktion der Juden gegen uns (Polen) zuvorgekommen"? (182) Während des sowjetischen Luftangriffs, von dem später noch die Rede sein wird, als der Feuerschein des von den Deutschen angezündeten jüdischen Stadtteils leuchtete, sprachen einige den Verdacht aus, dass die jüdischen Aufständischen Leuchtraketen werfen würden, um den Fliegern die neuralgischen Punkte der Hauptstadt zu zeigen. (183)

Und es war ein inbrünstiger Glaube „nicht nur an die Schädlichkeit der ‚jüdischen Elemente'" nötig, „sondern vielmehr an die Gefahr und die dämonische Kraft der jüdischen Gewalt, um sich das in der Weltgeschichte größte Martyrium zumindest gleichgültig ansehen zu können".

Dieser seit Jahrhunderten tief verwurzelte Hass war dem Dichter Jastrun zufolge die Ursache dafür, dass „selbst jene Menschen, die im täglichen Leben nicht ohne Tugend und Vorzüge waren, die ihre Nächsten liebten, Warschau und das Vaterland, in diesen Momenten, die selbst einen Stein zu Tränen hätten rühren können, in düsterem Hass und blindem Aberglauben verharrten".

Ein aufmerksamer Beobachter beschreibt die Reaktion von Schülern und Schülerinnen im illegalen Schulunterricht in Żoliborz und in Praga[68] während des Aufstands im Ghetto. Die Mehrheit der Jugendlichen im Gymnasium in Żoliborz, das eine demokratische Tradition hatte, habe zum letzten Akt der Tragödie der Warschauer Juden menschlich Stellung genommen, mit Mitgefühl und Verständnis. Die gymnasiale Jugend der illegalen Schule in Praga hingegen habe sich einfach mit Witzen über die Ereignisse hinter der Mauer lustig gemacht. (184)

---

68 Stadtteile in Warschau.

Die Einstellung des polnischen Untergrunds dem jüdischen Aufstand gegenüber war ähnlich widersprüchlich.

Lediglich die polnischen Arbeiterorganisationen des Untergrunds, denen das kämpfende Ghetto die Anleitungen zum Bau von Handgranaten und Brandflaschen verdankte, reagierten auf den April-Aufstand. Das Kommando der Volksgarde gab den Befehl, die jüdischen Kämpfer zu unterstützen.

Die Volksgarde, die Avantgarde des polnischen Volkes, verstand nämlich, dass der Aufstand im Ghetto Bestandteil des Freiheitskampfes aller Polen war. Während der gesamten Besatzungszeit leisteten der Anführer der Polnischen Arbeiterpartei Wiesław, der damalige Kommandant der Volksgarde Genosse Franek (Gen. Witold), die Genossen Sęk (Oberst Małecki), Zenon Kliszko, Al. Kowalski sowie Stefania (Irena Sawicka) und viele andere den jüdischen Kämpfern wichtige Unterstützung. Während des Aufstandes liefen bei Nastek Kowalczyk, dem Sekretär der Warschauer Organisation der PPR, alle Fäden für die Hilfsaktion für das Ghetto zusammen. Kowalczyk wurde später Sekretär der Partei in Krakau und dort von den Nazis erschossen. (185)

Die Kampfgruppen der Volksgarde und der RPPS griffen an einigen Stellen die Wachposten von SS und Polizei an, die das brennende Ghetto eingekesselt hatten. (186) Wir wissen von einigen gezielten tödlichen Attacken der Volksgarde auf deutsche Wachposten an den Grenzen des Ghettos.

Am Nachmittag des 20. April 1943 griff der Kommandeur eines Stoßtrupps („Jacek") die Maschinengewehr-Posten an der Ecke Nowiniarska-/Franciszkańska-Straße im Alleingang an. Er schlenderte in der Nähe der Posten umher, zog dann blitzschnell eine Pistole hervor und schoss zwei deutsche Soldaten sowie zwei „blaue Polizisten" nieder, die die Deutschen über die Wirksamkeit des Beschusses informierten und ihnen lebende Ziele zeigten. Während sich die übrigen Wachposten durch Flucht retteten, konnte „Jacek" in der durch die Schießerei aufgescheuchten Menschenmenge untertauchen.

Etwa zeitgleich wurde zwischen dem West- und dem Hauptbahnhof Warschaus ein Transport in Brand gesteckt. Das Feuer zerstörte das Stromnetz, und die Waggons versperrten die Strecke. Der Eisenbahnverkehr in Warschau war daraufhin für zwei Tage unterbrochen.

Für den 23. April hatte die Volksgarde drei Angriffe geplant. Einer davon ist uns bekannt. Gegen 16:00 Uhr zog eine mit Pistolen und Handgranaten bewaffnete, vierköpfige Kampfgruppe in die Warschauer Altstadt. Angeführt von „Gustaw", einem Mitglied des Warschauer Stabes der Volksgarde, warf die Gruppe Handgranaten auf ein Auto mit deutschen Polizisten. Fünf waren auf der Stelle tot. (187) Wahrscheinlich am 21. April überfiel eine bewaffnete Gruppe der Volksarmee unter Ryszards Kommando die deutsche Artilleriestellung in der Nowiniarska-Straße. „Auf dem Pflaster", schreibt der Historiker B. Mark, „unter den Mauern des brennenden Ghettos floss das Blut der polnischen Volksgarde." (188)

Diese Aktion meinte Stroop wahrscheinlich, als er am 21. April[69] über die „Aktivitäten" der deutschen Einsatzkräfte auf der „arischen Seite" an diesem Tag berichtete.

Wie wir noch sehen werden, spielte die Volksgarde, von der die jüdischen Kämpfer während des Aufstands 20 Gewehre und Munition erhalten hatten (189), später noch eine wichtige Rolle bei der Rettungsaktion von Gruppen der Jüdischen Kampforganisation.

Der Ablenkungsangriff an den Toren des Ghettos hatte zum Ziel, die deutschen Kräfte vom Kampfzentrum im Ghetto abzuziehen. Dieser Angriff, bei dem die Kampfgruppen von PPR und RPPS große Verluste erleiden mussten, war ohne Zweifel ein Ausdruck der Solidarität des polnischen sozialistischen Untergrunds mit dem kämpfenden Ghetto. (190) Nachrichten über diesen Ablenkungsangriff sickerten ins Ghetto durch und riefen große Freude hervor. Man nahm an, dass nach der Hilfsaktion der Polen die Russen zu Hilfe kommen würden. (191)

Die Vertretung der „Londoner Regierung" und die Heimatarmee dagegen unterstützten die Ghettokämpfer nicht und verbargen ihre Untätigkeit hinter hohlen Worten. (192) Wie die *Trybuna Wolności* am 15. Mai 1943 ganz richtig schreibt, reagierten „die offiziellen polnischen Militärs, die immer behaupten, dass nur sie dazu verpflichtet seien, zu handeln [...], nicht einmal mit einem einzigen Schuss, man beschränkte sich einzig auf ein paar warme Worte in den Zeitungen". Ebenso berichtete das polnische Radio in London erst mit zweiwöchiger Verspätung über das kämpfende Ghetto (193), obwohl der geheime polnische Rundfunksender „Świt" bereits am 22. April eine erste Meldung über den Ausbruch des April-Aufstands gesendet hatte. Hier wurde erwähnt, dass der 28-jährige Ingenieur Michał Klepfisz, der zu Recht als „Stütze des Widerstands" bezeichnet wurde, im Kampf gefallen war.

Allerdings gab der Regierungsbevollmächtigte der Republik zum Aufstand im Ghetto folgende Erklärung ab: „Das polnische Volk, das durchdrungen ist vom christlichen Geist, missbilligt jede Form von Doppelmoral. Mit Ekel reagiert es auf die deutschen antijüdischen Gräueltaten. Als am 19. April im Warschauer Ghetto der ungleiche Kampf ausbrach, gedachte es der sich tapfer verteidigenden Juden mit Respekt und strafte ihre deutschen Mörder mit Verachtung. Die politische Führung des Landes verurteilte die deutschen Gräueltaten an den Juden zutiefst und wiederholt diese Worte heute mit Nachdruck. Die polnische Gesellschaft tut gut daran, Mitgefühl mit den verfolgten Juden zu haben und ihnen zu helfen. Diese Hilfe sollte weiterhin geleistet werden." (194)

Viele Polen aus ganz unterschiedlichen Gesellschaftsschichten folgten dem Aufruf der Untergrundorgane, den Opfern der Ghettoliquidierung zu helfen (195) und versteckten Juden trotz Androhung des Todes. Auf der „arischen Seite" wurde gemunkelt, dass die städtischen Arbeiter die Anordnung der Behörden, die Wasserversorgung des Ghettos abzudrehen, sabotierten: Sie meldeten unter der Hand, an welchen Stellen man die Wasserleitungen anzapfen konnte. (196)

---

69 Laut „Stroop-Bericht" erst am 22. April.

Viele Polen bedauerten die Menschen, die aufgrund ihrer Machtlosigkeit und unterlassenen Hilfeleistung starben.

Man muss auch hinzufügen, dass der Regierungsdelegierte voller Anerkennung für den jüdischen Aufstand war. In seinem Bericht lobte er die hervorragend vorbereitete Widerstandsbewegung und betonte, dass die Kämpfe im Ghetto während der ersten Woche eindeutig den Charakter von Kriegsoperationen hatten. Auch seien die Deutschen, die Hunderte von Toten und Verletzten zu verzeichnen hatten, einige Male aus dem Ghetto zurückgedrängt worden. (197) Zwar sollten nach dem Befehl des Oberkommandos der Heimatarmee vom November 1943 „über die Hilfe für das eingeschlossene Ghetto, das bewaffnet kämpfen will, die polnischen Militärkommandos [...] den jüdischen Gruppen, die der ŻOB und dem Jüdischen Koordinationskomitee unterstellt sind, Hilfe leisten", doch „stieß die Ausführung dieses Befehls" – wie Zakrzewski in seinem Bericht „Przegląd działalności referatu spraw żydowskich" („Überprüfung der Tätigkeit des Referats für jüdische Angelegenheiten") schrieb – auf den Widerwillen der örtlichen Militärführer". (198)

Die Untergrundkreise der Regierung, die auf „London" starrten, ließen die Waffen ruhen und beschränkten sich lediglich auf schöne Worte und gute Ratschläge für die Aufständischen.

Die Führer des aktiven Kampfes berichteten während des Aufstands nur per Funktelegramm über die Entwicklung der Situation. Sie stützten sich dabei auf Informationen, die sie von den Vertretern der jüdischen Gruppen sowie durch die Vermittlung der „Żegota", dem Hilfsrat für Juden im Ghetto, erhalten hatten.

Die „Nationalen Streitkräfte" (NSZ) waren den im Ghetto kämpfenden Juden vollkommen feindlich gesonnen. (199)

Nur der gesellschaftliche Abschaum, der jedem Herrn dient, profitierte vom jüdischen Unglück: Er half für einen Judaslohn dabei, die aus dem Ghetto fliehenden Juden zu ergreifen.

IV. Partisanenkampf und Feuersbrünste

Am fünften Tag der „Aktion" begannen die deutschen Operationen um 7:00 Uhr. Es waren dieselben Kräfte wie am Tag zuvor beteiligt; allerdings fehlten 150 „Trawniki-Männer", die zu anderen Aufträgen abkommandiert worden waren. 24 starke Kampfgruppen wurden mit Sonderbefehlen in ebenso viele Bezirke des Ghettos geschickt. Ihr Auftrag sollte gegen 16:00 Uhr beendet sein. Ergebnis der „Aktionen" war die Verhaftung von 600 Juden und Aufständischen; etwa 200 wurden sofort erschossen. 48 Schutzräume wurden gesprengt. Außer Geld und Wertsachen wurden auch Gasmasken erbeutet. (200)

Um die Juden zu täuschen, wurden die an den Operationen beteiligten Einheiten darüber unterrichtet, dass die Liquidierungsaktion an diesem Tag beendet werde. Bereits in den Morgenstunden waren die Juden darüber informiert. Deshalb wiederholten die Kampfgruppen nach ein bis anderthalb Stunden ihre Durchsuchungen an denselben Orten und hatten dabei durchaus „Erfolg": Weitere „Aufständische und Juden" wurden entdeckt. Aus einem Häuserblock fielen Schüsse in Richtung der deutschen Absperrmannschaften. Ein Stoßtrupp griff diesen Block an, indem er gleichzeitig alle Häuser in Brand setzte. (201) Die Juden stellten den Beschuss für einige Zeit ein, um die Deutschen schließlich mit konzentriertem Feuer anzugreifen. Letztere konnten offenbar keine Gefangenen machen; der Stroop-Bericht vermerkt lediglich, dass „eine Anzahl Aufständischer getötet wurde", die von Balkonen schossen.

Dagegen brachte der deutsche Befehlshaber der Liquidierungsaktion große Freude bei der Nachricht zum Ausdruck, dass das angebliche Versteck des „Hauptquartiers der PPR" entdeckt worden sei, in dem die Deutschen jedoch niemanden vorfanden und das sie völlig zerstörten.

Die Deutschen hatten an diesem Tag noch einen „Erfolg" zweifelhafter Natur zu verzeichnen. Sie hatten die Information, dass Juden aus dem Ghetto durch die Kanalisation auf die „arische Seite" geflohen seien. Nach Angaben eines Verräters sollten sich in einem bestimmten Haus einige Juden aufhalten. Die Deutschen schickten einen motorisierten Spähtrupp dorthin, der in eine Schießerei geriet. Der deutsche Wagen wurde mit einer Brandflasche und anderen Sprengkörpern beworfen. Zwei deutsche Polizisten, SS-Unteroffiziere, wurden verwundet; den Deutschen gelang es leider aber auch, drei Juden, darunter eine Frau,[70] festzunehmen.

Angesichts dieser Situation ist es wenig verwunderlich, dass Stroop seinem Vorgesetzten ernüchtert mitteilte, die Operationen im Warschauer Ghetto würden nur schleppend vorangehen und sich immer schwieriger gestalten. Die jüdischen Aufständischen und die Juden im Allgemeinen würden sich immer häufiger raffinierter Tricks bedienen; so sei zum Beipiel festgestellt worden, dass oft gemeinsam mit den Leichen auch lebende Menschen auf den jüdischen Friedhof gebracht würden (202), die auf diesem Wege aus dem Ghetto entkämen.

Vor Beendigung der Tagesoperationen um 22:00 Uhr stellten die Deutschen fest, dass sich ungefähr 30 Aufständische in einem Rüstungsbetrieb (Többens und Schultz) versteckt hatten. Da sich in dieser Fabrik Waren von hohem Wert befanden, ordnete Stroop im Einverständnis mit der *Wehrmacht* die Räumung für den Nachmittag des 24. April an. (203)

Gleichzeitig änderte das Kommando der ŻOB ab dem 23. April seine Taktik, die Kommandant Anielewicz Partisanentaktik nannte. Drei jüdische Kampfgruppen erhielten den Befehl, in das Gebiet[71] zu gehen, um Informationen und Waffen zu beschaffen. Es herrschte nämlich ein starker Mangel an Handgranaten, Gewehren, MGs und Sprengkörpern. (204)

---

70 Laut „Stroop-Bericht" zwei Frauen.
71 Gemeint ist die „arische Seite".

Der Aufstand im Warschauer Ghetto (19. April–16. Mai 1943) 261

Bereits zu diesem Zeitpunkt war die Lage in den meisten Bunkern hoffnungslos. „Nur wenige", schrieb Anielewicz am 23. April in einem Brief, „werden das überstehen können. Alle Übrigen werden früher oder später umkommen. Ihr Schicksal ist besiegelt. In kaum einem der Schutzräume, in denen sich Tausende Menschen verstecken, kann man Kerzen anzünden, weil es an Luft mangelt." Dennoch ließen die Anführer des Aufstands den Mut nicht sinken. Erhebliche Genugtuung bereitete ihnen die gelungene Sendung des Rundfunksenders „Świt" über den jüdischen Kampf, die über die Empfangsstation des Kommandos der ŻOB empfangen worden war. „Dass sie außerhalb der Mauern des Ghettos an uns denken", betonte Anielewicz in dem oben erwähnten Brief vom 23. April, „macht uns Mut für den Kampf". (205)

Die Kampfkräfte im Ghetto wurden anders aufgestellt. Jedem Schutzraum wurde eine jüdische Kampfgruppe zugeteilt, die die vielen dort versteckten Menschen beschützen und verteidigen sollten. Fast jeder Bunker verwandelte sich in eine Festung. So führten z. B. zwei Einheiten der ŻOB (unter Hochberg und Berk) am helllichten Tag einige Hundert Menschen aus einem verschütteten Schutzraum in der Miła-Straße 37 in die Miła-Straße 7. Dieser Schutzraum, in dem sich fortan einige Hundert Menschen verbargen, konnte über eine Woche gehalten werden. (206)

Insgesamt ergriffen die Deutschen am 23. April 3500 Juden. 2500 sollten am nächsten Tag in einen Zug verfrachtet werden und Warschau verlassen. (207) Am Vormittag wurden die Mitglieder des Judenrats zum *Umschlagplatz* geführt. Auf der Stelle erschossen wurden der Vorsitzende des Rats Ing. Lichtenbaum, der stellvertretende Vorsitzende Wielikowski sowie A. Sztolcman und Ing. Szereszewski. (208)

Am sechsten Tag der „Aktion" waren mit Ausnahme von 51 SS-Männern wieder dieselben Kräfte wie am Vortag eingesetzt. Die Deutschen hatten den Beginn der Operationen mit 10:00 Uhr aber absichtlich später angesetzt, um die Juden irrezuführen. Bedauerlicherweise führte das zu Ergebnissen, die Stroop „besonders erfolgreich" nennt. In der Überzeugung, dass die „Aktion" tatsächlich am Vortag beendet worden sei, gerieten viele Juden in die Falle der Deutschen. Hierzu trug auch bei, dass die 24 Stoßtrupps das Ghetto an diesem Tag nicht von einem einzigen Ausgangspunkt aus durchsuchten. Sie kamen vielmehr von allen Seiten und aus verschiedenen Richtungen. Darüber hinaus, so brüstete sich Stroop, hatten sie sich inzwischen an die Kampfmethoden und Tricks des Gegners gewöhnt und Routine beim Aufspüren der Bunker entwickelt. (209)

Die Deutschen unternahmen erhebliche Anstrengungen, um die Bunker der Juden aufzuspüren. Sie setzten dabei auch Abhörgeräte und gut ausgebildete Polizeihunde ein. (210)

Am 24. April wurde das Haus in der Miła-Straße 29 in Brand gesteckt. Flammen und Rauch drangen in den Keller. Unter dem Kommando von Lutek Rotblat („Akiba") und Paweł (PPR) gelang den dort stationierten Kampfgruppen eine geordnete Evakuierung. Nachdem die deutschen Einsatzkräfte in das Zentrum eingedrungen waren, trafen die jüdischen Kämpfer in der Miła-Straße 9 ein. Dorthin strömten von allen Seiten Menschenscharen – Frauen,

Kinder und Alte. Sie trugen ihre gesamte Habe in Bündeln auf dem Rücken und hofften, hier nach der Flucht aus den brennenden Häusern Schutz zu finden. Die Zahl der Menschen wuchs stetig. An den engen Durchgängen, nahe den Lücken in der Mauer, gerieten zwei Menschenströme in Streit, die „von den wilden Elementen getrieben wurden, bis sich alles in eine am Boden liegende Masse von ineinander verflochtenen Beinen, Händen und Köpfen verwandelte, die gleichsam brodelte vor weinenden Kindern, schreienden Frauen und stöhnenden Kranken und Schwachen". (211)

Als die deutschen Stoßtrupps von den Durchsuchungen zurückgekehrt waren, erhielten sie nach Stroop sofort den Befehl, einen besonderen Häuserblock „im nordwestlichen Teil des Ghettos"[72] zu säubern. Aus einer jüdischen Quelle (Zuckerman) wissen wir, dass dies die Werkstätten von Többens und Schultz waren. Da es in diesem Gebäudekomplex, wie oben erwähnt wurde, angeblich Warenlager (Manufaktur) im Wert von mehreren Millionen gab, wurde die freiwillige Evakuierung für 12:00 Uhr angeordnet. Diese Frist wurde gegen 10:00 Uhr auf 18:00 Uhr verlängert, doch niemand meldete sich freiwillig. Alle Bewohner des Werkstätten-Geländes befanden sich nämlich, ähnlich wie im Zentralghetto, in den unterirdischen Schutzräumen. (212)

Um 18:15 Uhr stellte die deutsche Einheit fest, dass sich in diesem Block eine große Anzahl Juden befand. Als die Deutschen zur Liquidierungsaktion antraten, stießen sie sofort auf entschlossenen Widerstand. Leider konnten die vorbereiteten Minen nicht gezündet werden, da es im gesamten Ghetto keinen Strom mehr gab. (213) Die Kämpfer hatten sich in den Häusern und auf den Dachböden verschanzt, bewarfen die Deutschen mit Handgranaten und Bomben und ließen sie nicht an die Bunker heran. (214) Jedes Haus kämpfte. Besonders hartnäckig waren die Kämpfe in den Häusern Nowolipki-Straße 41, Nowolipie-Straße 64 und 67 und Leszno-Straße 56 und 72. In der Leszno-Straße 56 fing der auf seinem Wachposten überraschte Kämpfer (Jurek) eine auf ihn geworfene Handgranate auf und warf sie auf die SS-Männer zurück. Vier waren auf der Stelle tot. (215) Dann ordnete Gen. Stroop an, den gesamten Häuserblock in Brand zu stecken. Er folgte dabei einem Befehl des *Reichsführers SS*, der ihm über den *Höheren SS- und Polizeiführer* Krüger zugestellt worden war und demzufolge der Aufstand im Ghetto mit „größter Härte und Rücksichtslosigkeit" niedergeschlagen werden sollte. „Ich entschloss mich deshalb", schrieb Stroop in seinem allgemeinen Bericht vom 16. Mai, „nunmehr die totale Vernichtung des jüdischen Wohnbezirks durch Abbrennen sämtlicher Wohnblocks, auch der Wohnblocks bei den Rüstungsbetrieben, vorzunehmen." (216) Diese Vernichtung durch Feuer begann mit dem systematischen Niederbrennen der Werkstätten. Dann wurden planmäßig ganze Straßen in Brand gesetzt, Haus für Haus. Für die Deutschen kämpften somit die Flammen, aber auch zweimotorige Flugzeuge He 217,[73] die Spreng- und Brandbomben abwarfen, sowie Geschütze, die hinter

---

72 Im „Stroop-Bericht" ist vom nordöstlichen Teil des Ghettos die Rede.
73 Richtig „Do 217", da es ein Flugzeug He 217 nicht gegeben hat.

Der Aufstand im Warschauer Ghetto (19. April–16. Mai 1943) 263

den Mauern des Ghettos aufgestellt worden waren. (217) Von Tag zu Tag zog sich ein Ring aus Feuer enger um den sich verteidigenden Teil des Ghettos.

Als die Flammen den oben erwähnten Häuserblock entlang der Straßen erfassten, sprangen die Juden aus den Fenstern und von den Balkonen auf die Straße, um sich vor dem Feuer zu retten. Zuvor hatten sie Betten, Decken usw. hinuntergeworfen. „Immer wieder", schreibt Stroop, „konnte man beobachten, dass Juden und Banditen es trotz der großen Feuersnot vorzogen, lieber wieder ins Feuer zurückzukehren, als in unsere Hände zu fallen. Immer wieder", so Stroop weiter, „schossen die Juden bis fast zur Beendigung der Aktion." In dieser Situation hatte die deutsche Pioniertruppe eine schwierige Aufgabe zu erfüllen: Bei Einbruch der Dämmerung musste sie unter Maschinengewehrschutz in ein Haus eindringen, das besonders stark befestigt war. Die Operationen des sechsten Aktionstages wurden um 22:45 Uhr mit der Festnahme von 1661[74] Juden beendet. 1814 Juden wurden aus den Bunkern hervorgeholt, 330 davon wurden erschossen. 26 Bunker wurden gesprengt. Unzählige Juden kamen in den Flammen und unter den Trümmern der gesprengten Bunker ums Leben. Die eigenen Verluste bezifferte Stroop, wie gewöhnlich, als sehr gering: drei Verletzte, darunter zwei SS-Männer und ein „Trawnikimann". Die Gesamtzahl der bis dahin ergriffenen Juden schätzte Stroop auf 25 000.[75] Dabei nahm er an, dass sich nur noch wenige Juden und jüdische Aufständische im Ghetto befänden. Auf eine Anfrage Krügers teilte er mit, dass die „Großaktion" bis Montag, dem zweiten Osterfeiertag (26. April), andauern werde. Wie wir sehen werden, hat sich Stroop in beiden Fällen gründlich geirrt.

An diesem Tag wurden große Bekanntmachungen an die Außenmauern des Ghettos plakatiert. Sie verkündeten, dass jeder, der das Ghetto rechtswidrig beträte, erschossen würde. Für die Unterbringung bzw. Versorgung von Juden wurde die Todesstrafe angedroht. (218)

Am 25. April begannen die Operationen um 13:00 Uhr. Es wurden sieben Suchtrupps abkommandiert; jeder zählte 80[76] Mann mit einem Offizier an der Spitze. Jedem Trupp wurde ein bestimmter Häuserblock zugewiesen und der Befehl ausgegeben, noch einmal alle Häuser zu durchsuchen und die Bunker in die Luft zu sprengen. Sollten die Trupps auf Widerstand stoßen oder die Bunker nicht erreichen, waren die Gebäude in Brand zu setzen. Darüber hinaus wurde ein Spezialkommanndo gegen eine Gruppe Aufständischer außerhalb des Ghettos auf der „arischen Seite" eingesetzt. Die Operationen des siebten Aktionstages wurden fast überall mit der Entfachung von Großbränden beendet. „Wenn", schrieb Stroop, „gestern Nacht das ehemalige Ghetto von einem Feuerschein überzogen war, so ist heute abend ein riesiges Feuermeer zu sehen." In dieser Situation waren viele Juden gezwungen, die Bunker zu verlassen und ihr Heil in der Flucht zu suchen. Es wurden 1960[77]

---

74 Laut „Stroop-Bericht" 1660.
75 Laut „Stroop-Bericht" 25 500.
76 Laut „Stroop-Bericht" 70 Mann.
77 Laut „Stroop-Bericht" 1690 Juden.

Juden lebend gefangen. Unter ihnen befanden sich nach Stroop angeblich einige Fallschirmspringer sowie Aufständische, die von einer unbekannten Stelle bewaffnet worden waren. Stroop war überzeugt, dass die an diesem Tag aufgegriffenen Juden einen bedeutenden Teil der Aufständischen „und niedrigsten Elemente des Ghettos" bildeten. Er bedauerte lediglich, dass die hereinbrechende Dämmerung (die Aktion endete um 22:00 Uhr) ihn an der sofortigen Liquidierung dieser Menschen hinderte. Er bemühte sich, „einen Zug nach T/II (Treblinka II)[78] zu erhalten". „Andernfalls", so seine weiteren Worte, „wird die Liquidierung morgen durchgeführt." 274 Juden wurden am 25. April getötet, und vermutlich kamen wie in den Tagen zuvor unzählige Juden in den Flammen und unter den Trümmern der Bunker ums Leben.

Auch an diesem Tag stießen die Deutschen auf bewaffneten Widerstand. So waren z. B. inmitten von Bränden und Ruinen in der Miła-Straße 5 und 7 Kämpfe im Gange. (219) In einem Bunker erbeuteten die Deutschen drei Pistolen sowie Sprengkörper. (220) Wahrscheinlich beim Niederbrennen eines Hauses, in dessen Nähe der Stab von Stroop gelegen hatte, explodierte an diesem Tag auch ein geheimes Munitionslager. Laut deutschen Angaben wurden an diesem Tag drei SS-Männer sowie ein Angehöriger der Gestapo verletzt. (221)

Da er den angekündigten Termin für die Beendigung der „Aktion" nicht einhalten konnte, teilte Stroop mit, er müsse die Operationen am nächsten Tag fortsetzen. Denn während der Durchsuchungen würden immer noch Juden in großer Zahl entdeckt. Stroop reflektierte kurz die Ergebnisse der bisherigen Operationen und unterstrich, dass die Polen von der „Härte des Zupackens" im Ghetto stark beeindruckt seien. Auch habe sich die allgemeine Situation in Warschau mit Beginn der „Aktion" im Ghetto erheblich beruhigt. Daraus schloss Stroop verfrüht, dass „die Banditen und Saboteure bisher im ehemaligen jüdischen Wohnbezirk lebten und nunmehr vernichtet wurden". (222)

Am nächsten Tag wurden mit Beginn der „Aktion" um 10:00 Uhr die deutschen Stoßtrupps vom Vortag in jene Bezirke des Ghettos geschickt, in denen sie bereits vorher „gearbeitet" hatten. Stroops Wunsch war es nämlich, dass die Führer der Trupps immer tiefer und tiefer in das Labyrinth der Bunker und Tunnel eindrangen. Beinahe jeder deutsche Trupp meldete, dass er auf Widerstand gestoßen sei. (223) Aus anderen Quellen ist überliefert, dass die jüdischen Kämpfer täglich an einem anderen Ort die Bevölkerung in den Bunkern verteidigten. Besonders harte Kämpfe gab es in der Nowolipki-Straße 41, Leszno-Straße 76, 78 und 74 und in der Nowolipie-Straße 67 und 69. (224)

Überall wurde der Widerstand mit Feuer oder der Sprengung von Bunkern niedergeschlagen. Mit Erbitterung teilte der begriffsstutzige deutsche General mit, es werde immer klarer, dass jetzt „die zähesten Juden und jüdischen Aufständischen" an der Reihe seien.

An diesem Tag wurden mehrere Bunker geöffnet, deren Insassen während der gesamten Dauer der Aktion nicht ans Tageslicht gekommen waren. Manche waren nicht imstande,

---

78 Gemeint ist das Vernichtungslager Treblinka.

aus den Bunkern emporzuklettern. Viele hatten wegen des Feuers, der Explosionen und des Qualms den Verstand verloren. (225) Sogar der Asphalt hatte sich wegen der Hitze des Feuers in eine warme, klebrige Masse verwandelt. (226)

An diesem Tag wurden einige Juden verhaftet, die mit polnischen Untergrundkämpfern enge Verbindungen unterhalten und zusammengearbeitet hatten. Außerhalb der Ghettomauern wurden ebenfalls 29 Juden gefasst.

Im Laufe des Tages brannten einige Häuserblöcke nieder. Dieses sei die einzige und wirksamste Methode, so berichtete Stroop verärgert, die „dieses Untermenschentum" an die Oberfläche zwinge.

Rasend vor Wut gab Stroop die Anordnung, die Depots der Rüstungsbetriebe unverzüglich zu verlagern, um die geflohenen Juden liquidieren zu können, die sich unter der Protektion der Wehrmacht und der Polizei versteckten. Bei dieser Gelegenheit entdeckte er, dass es in einem angeblich großen Betrieb fast gar keine Bestände oder Waren gab. Also schloss Stroop ohne viel Federlesens die Fabrik, aus der die Juden auf der Stelle „verlagert" wurden.

Die Ergebnisse der Operationen vom 26. April, die um 21:45 Uhr beendet wurden, waren wie folgt: 36[79] Juden wurden „verlagert", 1330 aus Bunkern hervorgeholt und sofort erschossen, 362 Juden fielen im Kampf. Es ist sehr wahrscheinlich, dass zahlreiche Juden in den Flammen und unter den Trümmern der 13 gesprengten Bunker ums Leben kamen. Die Deutschen erbeuteten auch Waffen, Brandflaschen, Sprengkörper und eine beträchtliche Geldsumme. (227)

Am 27. April starteten 24 deutsche Stoßtrupps um 9:00 Uhr mit den Operationen. Ihr Auftrag war derselbe wie in den Tagen zuvor (228): Sie sollten das ganze Ghetto „durchkämmen". Den Trupps gelang es, 780 Juden aus Bunkern hervorzuholen; 115 Juden, die Widerstand geleistet hatten, wurden erschossen. Die Operationen dieses Tages wurden gegen 15:00 Uhr beendet; nur ein paar Trupps setzten ihre Tätigkeit fort, weil sie noch weitere Bunker gefunden hatten.

Um 16:00 Uhr trat eine spezielle deutsche Kampfgruppe an, die 320 Offiziere und Schützen zählte, um einen großen Häuserblock im nordöstlichen Teil des Ghettos zu beiden Seiten der Niska-Straße zu durchsuchen. Der ganze Block wurde nach der Durchsuchung abgeriegelt und niedergebrannt. Bei dieser „Aktion" fiel eine erhebliche Zahl an Juden in die Hände der Deutschen. Wie Stroop wieder feststellen musste, blieben die Juden während des Feuers bis zum letzten Augenblick in den Bunkern, die sich entweder unter der Erde oder auf den Dachböden der Häuser befanden, und schossen. Erst im letzten Moment sprangen sie auf die Straße, manchmal auch aus dem vierten Stock, nachdem sie zuvor Betten, Matratzen usw. hinausgeworfen hatten. Zumeist fielen sie aber leider den tobenden Flammen zum Opfer.

---

79 Laut „Stroop-Bericht" 30.

Aus einem anonymen Schreiben erfuhr Stroop, dass sich außerhalb des Ghettos, in einem Häuserblock an dessen nordöstlicher Grenze, größere Gruppen von Juden versteckt halten sollten. Unter dem Kommando des Oberleutnants der Schutzpolizei Diehl wurde unverzüglich ein spezieller Stroßtrupp in Marsch gesetzt, der das Gebäude angreifen sollte. Die Deutschen stießen jedoch auf erheblichen Widerstand von etwa 120 Personen, die mit Pistolen, Gewehren, Handgranaten und Maschinengewehren schwer bewaffnet waren. Es kam zu einer heftigen Auseinandersetzung, die die Deutschen bei Einbruch der Dunkelheit schließlich abbrachen. Wie Stroop behauptete, hatten sie bis zu diesem Zeitpunkt 24 Aufständische getötet und 52 festgenommen. Während der Nacht blieb der Häuserblock umstellt, sodass die Eingeschlossenen nicht fliehen konnten. Die „Aktion" sollte am nächsten Tag fortgesetzt werden. Außerdem wurden noch 17 Polen verhaftet, darunter zwei uniformierte Polizisten, die angeblich von der Existenz dieser „Bande" gewusst hatten. Bei dieser Operation erbeuteten die Deutschen drei Gewehre, zwölf Pistolen, teilweise schwereren Kalibers, 100 polnische Handgranaten, 27 deutsche Stahlhelme sowie eine Anzahl deutscher Uniformen, die sogar mit Bändern der „Ostmedaille" ausgestattet waren, außerdem einige Reservemagazine für Maschinengewehre sowie 300 Patronen. Stroop begründete das Scheitern damit, der Stroßtrupp sei in einer besonders schwierigen Situation gewesen, da die jüdischen Aufständischen deutsche Uniformen getragen hätten. Dennoch habe Oberleutnant Diehl seine Pflicht gut erfüllt. Unter den Aufständischen, die festgenommen oder erschossen worden waren, waren auch einige polnische Widerstandskämpfer, deren Identität die Deutschen zweifelsfrei ermitteln konnten.

Mit großer Zufriedenheit teilte Stroop seinem Vorgesetzten die freudige Neuigkeit mit, dass es ihm an diesem Tag auch gelungen sei, einen der Organisatoren der „jüdisch-polnischen Widerstandsbewegung" zu entlarven und zu exekutieren.

Ansonsten vertrat der Kommandeur der Liquidierungsaktion die Ansicht, das äußere Erscheinungsbild der in den letzten Tagen gefassten Juden zeuge davon, dass man es nun mit den Anführern der gesamten Widerstandsbewegung zu tun habe. Sie stießen nämlich, während sie aus den Fenstern und von den Balkonen sprangen, Beschimpfungen auf Deutschland und den *Führer* aus und verfluchten die deutschen Soldaten.

Die SS-Männer, die in die Kanäle hinabstiegen, aus denen manchmal laute Schreie drangen, entdeckten viele tote Juden. (229)

Ein Augenzeuge, der am 25. April bei Tagesanbruch in einen Kanal stieg und sich auf einen mehrere Kilometer langen beschwerlichen Weg von sechs Stunden Dauer machte, erzählt, dass sich in den Kanälen voll schmutzigen und stinkenden Abwassers mehrere Dutzend Flüchtlinge versteckten. In der Dunkelheit der niedrigen Kanäle lagen Dutzende Menschen in den Schlamm gedrückt, einer über dem anderen. Kinder und Schwache lagen beinahe besinnungslos da. Die Wasserströmung riss die Geschwächten mit sich fort. Die durch Kugeln und Brandwunden Verletzten bluteten, während sie im Schlamm lagen – andere trampelten über sie hinweg. (230)

Die Deutschen beendeten ihre Einsätze an diesem ereignisreichen Tag um 23:00 Uhr. Es war ihnen gelungen, insgesamt 2560 Juden festzunehmen, von denen 547 erschossen wurden. Die Zahl der Juden, die in den Flammen und unter den Trümmern der Bunker ums Leben kamen, ist unbekannt. Die Gesamtzahl der Juden, die bis dahin bei der „Aktion" ergriffen worden waren, lag nach deutschen Angaben bei 31 746. Die deutschen Verluste beliefen sich am 27. April nach eigenen Angaben auf nicht mehr als drei Verwundete – darunter zwei SS-Männer und ein „Trawniki-Mann". (231)

Im weiteren Verlauf der Operationen, die am 28. April um 10:00 Uhr begannen, erhielten zehn deutsche Stoßtrupps den Auftrag, das gesamte Ghetto zu durchsuchen. Sie entdeckten Bunker, die bereits Mitte 1942 eingerichtet worden waren. 335 Juden wurden gewaltsam aus den Bunkern geholt.

Natürlich wurde die auch am Tag zuvor begonnene „Aktion" gegen die Widerstandszentren der Aufständischen im nordöstlichen Teil des Ghettos fortgesetzt. Die Ergebnisse waren für die Deutschen wenig befriedigend. Wie sie selbst behaupteten, wurden zehn Aufständische erschossen, neun verhaftet und mehr Waffen und Munition als am Vortag erbeutet. Das war alles. Um ihren angeschlagenen Ruf zu verbessern, wurde an diesem Nachmittag eine deutsche Kampfgruppe zu einem anderen Häuserblock geschickt, der während der Operationen niedergebrannt wurde. Erst die Flammen und riesigen Rauchwolken trieben – wie die deutsche Quelle behauptet – viele Juden heraus.

An einer anderen Stelle öffnete ein Pionieroffizier mit großer Mühe einen Bunker, der drei Meter tief unter der Erde lag. Aus dem Bunker, der schon im Oktober 1942 fertiggestellt und mit fließendem Wasser, Toilette und elektrischem Licht ausgestattet worden war, holten die Deutschen laut Stroop „274 der reichsten und einflussreichsten Juden" heraus.

Aber auch an diesem Tag stießen die deutschen Liquidatoren des Ghettos auf „sehr starken Widerstand an vielen Stellen". „Es ergibt sich nunmehr immer klarer", berichtete Stroop, „dass infolge der längeren Dauer der Aktion die wirklichen Terroristen und Aktivisten getroffen werden." Ergebnis dieses „arbeitsreichen" Tages, der um 22:00 Uhr beendet wurde, war laut deutschen Angaben die Festnahme von 1655 Juden, von denen 110 getötet wurden. Unzählige Juden verbrannten oder wurden unter den Trümmern der Bunker begraben. (232) Eigene Verluste räumten die Deutschen dagegen kaum ein: Es war von drei Verletzten die Rede, darunter zwei SS-Männer und ein Polizist. (233)

Erst am elften Tag der Liquidierungsaktion, am 29. April 1943, musste Stroop zugeben, dass die Großoperation gegen das Ghetto erst jetzt voll entfacht war. Die Operationen dieses Tages, die von 10:00 bis 21:00 Uhr dauerten, begannen mit der Formierung eines Durchsuchungstrupps mit der „Sonderaufgabe, jene Häuserblocks zu durchsuchen, die zuletzt abgetrennt worden waren". Ein größerer Stoßtrupp wurde entsandt, um den Häuserblock des ehemaligen Betriebs Hallmann zu durchsuchen und niederzubrennen. Es wurden 36 größere Bunker entdeckt; aus diesen und aus anderen Verstecken trieben die Deutschen insgesamt 2349 Juden heraus, 106 davon wurden im Kampf getötet. (234) Dabei wurden zwei

Gewehre, zehn Pistolen, zehn Kilogramm Sprengstoff und Munition verschiedener Art erbeutet. Als einer der Bunker gesprengt wurde, stürzte das ganze Haus ein und begrub unter den Trümmern – wie Stroop schrieb – „alle Banditen". Als sich das Feuer immer weiter ausbreitete, zeigten laute Detonationen wie auch Stichflammen, dass im Haus große Vorräte an Munition und Sprengstoffen verborgen waren.

An diesem Tag wurden einige Kanalschächte gesprengt; ebenso wurden zwei Ausgänge, die die Deutschen außerhalb des Ghettos entdeckt hatten, entweder gesprengt oder zugemauert.

Mit Befriedigung erfuhr Stroop von gefangenen Juden, dass es aufgrund der lang andauernden Aktion in den Bunkern an Nahrungsmitteln mangelte. Er hatte ebenfalls Informationen darüber, dass nachts jüdische oder auch polnische Aufständische mit schwarzen Masken in den Bunkern erschienen und die Eingänge von außen zumauerten. Zuvor hätten sie die Juden unter Androhung, sie zu erschießen, daran erinnert, bis zum Ende der Aktion kein Lebenszeichen von sich zu geben. (235)

Am Ende beklagte sich der Befehlshaber der Liquidierungsaktion, dass einige Betriebe ihre Evakuierung offenbar absichtlich verzögerten. So habe er der Firma Schultz & Co. am zweiten Ostertag die Anweisung gegeben, sofort mit der Evakuierung zu beginnen und diese binnen drei Tagen abzuschließen. Bis zum 29. April jedoch sei in dieser Sache noch nichts unternommen worden.

Am letzten Apriltag begannen die Operationen um 9:00 Uhr, sie dauerten bis 21:00 Uhr an. Die Durchsuchung des Ghettos wurde fortgesetzt. (236) Die Deutschen stellten fest, dass sogar unter inzwischen völlig ausgebrannten Häuserblocks noch immer Juden in unterirdischen Bunkern in zwei bis drei Metern Tiefe lebten. Auch mussten die deutschen „Spezialisten" zugeben, dass sie nicht imstande waren, die Bunker zu entdecken. Sie waren darauf angewiesen, von weniger standhaften gefangen genommenen Juden Hinweise zu jenen Bunkern zu erpressen.

Die Deutschen stellten auch zweifellos fest, dass einige Bunker von jüdischen Aufständischen, die von den Deutschen verdächtigt wurden, Nutzen daraus ziehen zu wollen, von außen verschlossen worden waren.

Die Deutschen sollten an diesem Tag insgesamt 30 Bunker entdecken, die „evakuiert" und gesprengt wurden. „Wiederum wurde", brüstete sich Stroop, „eine große Anzahl von Banditen und Untermenschen mit erfaßt."

Neben den kleineren Stoßtrupps wurden auch größere Kampfgruppen bei den Durchsuchungsoperationen eingesetzt: Sie sollten mehrere miteinander verbundene Häuserblocks durchsuchen und anschließend niederbrennen. Während eines Angriffs auf einen Block wurde ein Geschütz verwendet.

Insgesamt wurden an diesem Tag 1599 Juden festgenommen, davon wurden 179 im Kampf getötet. (237) 3855 Juden wurden an diesem Tag auf Waggons verladen. Die Deutschen haben an diesem Tag auch Waffen sowie Teile deutscher Uniformen erbeutet. Die deutschen Verluste bestanden laut Stroops Angaben nur aus einem verletzten Polizisten.

Bemerkenswert erschien den Deutschen, dass in den letzten Tagen deutlich mehr Juden mit Waffen aufgegriffen wurden als in der ersten Phase der „Aktion".

Die deutsche Operation gegen das Fort Traugutt[80] brachte keinerlei positive Resultate.

Die am 30. April entdeckten Tunnel wurden von den Deutschen entweder blockiert oder gesprengt.

Zum ersten Mal seit Beginn der „Aktion" wagten es die Deutschen, nächtliche Patrouillen einzusetzen: In der Nacht des 12./13. Aktionstages entsandte Stroop fünf Spähtrupps mit je zehn Mann und einem Offizier an der Spitze. Sie sollten in unregelmäßigen Abständen durch das Ghetto ziehen, „um die Bewegungen der Juden in der Nacht festzustellen". (238) Stroop konnte keinerlei „Erfolge" der deutschen Patrouillen verzeichnen. Auch die Patrouillen der ŻOB, die oft deutsche Uniformen und Stahlhelme sowie mit Lappen umwickelte Schuhe trugen, durchstreiften nachts das ganze Ghetto. Sie trafen auch auf deutsche Patrouillen. Die Gefechte waren wie Partisanenkämpfe. Deutsche und Ukrainer patrouillierten gewöhnlich in größeren Gruppen und legten dabei oft Hinterhalte. (239) Ein Kampfgeschehen in jener Nacht ist uns bekannt.

Um 2:00 Uhr nachts wurde eine Kampfgruppe der PPR unter dem Kommando von Hersz Kawa (Heńka) aus dem Bunker in der Leszno-Straße 74 entsandt. In mit Lappen umwickelten Schuhen bewegte sich die Gruppe über die Dachböden voran, von der Leszno-Straße 76 (wo sich die Kampfgruppe unter dem Kommando von Jehuda aus der „Hashomer" befand) bis zur Nowolipie-Straße 69.

Gegen Morgen eröffneten beide Gruppen den Angriff: Sie warfen Handgranaten und Brandflaschen auf die deutschen Einheiten.

Die letzten zwei Handgranaten warf Kawa auf sechs angreifende SS-Männer. Jehuda eröffnete das Feuer mit einem Maschinengewehr und verschoss alle 70 Patronen, um den Rückzug der Kämpfer zu decken. Beide Kommandeure starben einen heldenhaften Tod auf den Dachböden Leszno-Straße 76 und Nowolipie-Straße 69. (240)

Einzelne Überfälle auf deutsche Patrouillen wurden hauptsächlich nachts begangen; sie gingen von den Kellern und Bunkern in der Miła-Straße 29 aus. Dort befanden sich bedeutende Gruppen der ŻOB. Sehr oft kamen die jüdischen Gruppen stark dezimiert zurück, weil die Deutschen, die sich in den dunklen Gassen verborgen hielten, die jüdischen Kämpfer im hellen Feuerschein erheblich besser und früher sahen. Oft geschah es auch, dass die jüdischen Kämpfer in mit Lappen umwickelten Schuhen direkt mit den Deutschen zusammenstießen, die Stiefel mit Gummisohlen trugen. Erst im letzten Moment erkannten sich die Feinde. Es gewann derjenige, der zuerst schoss. (241)

Die „Großoperation", die am 1. Mai um 9:00 Uhr fortgesetzt wurde, begann mit der Formierung von zehn Durchsuchungseinheiten. Außerdem wurde eine größere deutsche

---

80 Bestandteil der Befestigungen des 19. Jahrhunderts, benannt nach dem General Romvald Traugutt, 1925 in einen Park umgewandelt.

Kampfgruppe ausgesandt, um einen bestimmten Häuserblock zu durchsuchen und – so lautete der zusätzliche Befehl – in Brand zu stecken. (242) In diesem Block befand sich ein Rüstungsbetrieb, der bis zu diesem Zeitpunkt noch nicht vollständig geräumt worden war.

An diesem Tag nahmen die Deutschen insgesamt 1028 Juden fest. Davon fielen 245 Juden im Kampf. Auch wurde – wie Stroop schrieb – „eine große Anzahl jüdischer Aufständischer[81] und Rädelsführer gefangen". (243) An jenem Tag wurden um 19:00 Uhr 47 Juden aus dem Arbeitslager an der Włościańska-Straße 52 in Żoliborz erschossen. (244)

Alle am 1. Mai gefangen genommenen Juden wurden mit Gewalt aus den Bunkern hervorgeholt. Keiner hatte sich nach der Entdeckung der Bunker freiwillig ergeben. Ein Jude, der schon für den Transport zum Abmarsch bereitstand, schoss dreimal auf einen Polizeileutnant; leider verfehlte er sein Ziel. Eine beträchtliche Anzahl Juden wurde in den Kanälen aufgegriffen. Die Deutschen sprengten oder versperrten die Kanaleingänge systematisch. Dabei geschah Folgendes: Pioniere legten an einem Kanaleinstieg eine geballte Ladung ab und entfernten sich dann kurzzeitig. Wie Stroop mit einiger Verwunderung berichtet, stieg in diesem Moment ein Jude aus dem Kanal empor, entfernte die Zündschnur und verschwand mit dem Sprengstoff. Erst im weiteren Verlauf dieser „Operation" konnten die Deutschen den Juden stellen, der noch immer im Besitz des Sprengstoffs war.

Stroop musste zugeben, dass er nur mühsam mit der Niederschlagung des Aufstands vorankam. Seinen Männern würden äußerste Aufmerksamkeit und Anstrengung abverlangt, um die Juden ausfindig zu machen, die sich noch immer in den Bunkern, Höhlen und Kanälen versteckt hielten. Er gab jedoch die Hoffnung nicht auf, den Rest der Juden fassen zu können.

Am 1. Mai wurden auch etliche Leichen gefunden, die im Hauptkanal unter dem Ghetto schwammen. Außerdem nahm die Gendarmerie in der Umgebung Warschaus 150 Juden fest, die aus dem Ghetto hatten fliehen können, und erschoss sie. Die „Aktion" wurde an diesem Tag um 22:00 Uhr beendet. (245)

Am späten Abend fand auf Initiative des Kommandos der ŻOB ein 1. Mai-Appell statt. Nach kurzen Ansprachen wurde die „Internationale" angestimmt. Die „Internationale" wurde niemals wieder unter so seltsamen und tragischen Bedingungen gesungen, an einem Ort, an dem ein Volk unterging. (246) Der Gesang der sozialistischen Arbeiterhymne war bis weit über die Mauern des kämpfenden Ghettos hinaus zu hören. In manchen Bunkern fanden im Laufe des Tages 1. Mai-Appelle statt. So hörten z. B. die Bewohner des Bunkers in der Leszno-Straße 74, insgesamt 17 Personen (zwölf Männer und fünf Frauen), um 8:00 Uhr morgens im Radio die auf der Parade in Moskau im Takt marschierenden Truppen der siegreichen Roten Armee. Mit angehaltenem Atem hörte man als Nächstes die 1. Mai-Ansprache Stalins von der großen Niederlage, die die Deutschen bei Stalingrad erlitten hatten, von den über 300 000 Deutschen, die in Gefangenschaft geraten waren, von Hunderten Städten,

---

81 Laut „Stroop-Bericht" „Banditen".

Kleinstädten und Dörfern, die vom Joch der deutschen Besatzung befreit worden waren. Um 10:00 Uhr hielt einer der Kämpfer eine Gedenkrede, in der er daran erinnerte, dass der Kampf im Ghetto „zweifellos nicht nur für das jüdische Volk, sondern für die gesamte europäische Widerstandsbewegung, die gegen das NS-Regime kämpft, eine große historische Bedeutung haben wird". Diese Worte machten Mut. (247) Aufgrund des Feiertags gingen einige jüdische Kampfgruppen in das Gebiet mit der Aufgabe, so viele Deutsche wie möglich zu „erlegen". (248) Eine jüdische Kampfgruppe in der Nalewkie-Straße 47, in der auch Towie Borzykowski war, zog am helllichten Tag mit Gewehren und Stahlhelmen hinaus. Die Deutschen, die zwischen den Ruinen lauerten und nicht damit rechneten, dass sie um diese Uhrzeit auf jüdische Kämpfer träfen, hielten sie für Waffenbrüder. Dieser Irrtum erleichterte der jüdischen Kampfgruppe ihre Aufgabe. Im geeigneten Augenblick griffen sie die Deutschen an, und nach dem Bericht eines überlebenden jüdischen Kämpfers waren drei von ihnen sofort tot. (Stroop verschweigt diese Tatsache in seinem Bericht vom 1. Mai und schreibt nur über den Tod eines am Vortag verletzten Polizisten.) Die übrigen Deutschen stoben auseinander, begannen aber bald darauf mit der Verfolgung. Die jüdischen Kämpfer konnten sich glücklicherweise inmitten der Ruinen in Richtung Basis in der Miła-Straße 18 zurückziehen. (249) Währenddessen entbrannten jene Kämpfe, über die Stroop berichtet. Die deutschen Spähtrupps wurden nämlich von Juden angegriffen, die sich im Schutz der Nacht „aus den Löchern und Bunkern hervorwagten". Stroop versicherte, dass er dabei keine Verluste hatte; nur die Juden hätten Verluste erlitten. (250)

Am nächsten Tag, dem 2. Mai, begann die Aktion um 10:00 Uhr (251) mit der Entsendung von neun deutschen Stoßtrupps in das Ghettogebiet. Außerdem wurde eine größere deutsche Kampfgruppe abkommandiert, um den Häuserblock um die beiden Rüstungsbetriebe „Transawia" und „Wiszniewski" zu „durchkämmen" und zu zerstören. Um so viele Bunker wie möglich zu finden, nahmen die deutschen „Spezialisten" einige am Vortag gefangene Juden (252) als „Führer" mit. Sie waren mit allen nur denkbaren Foltermethoden zum Verrat gezwungen worden. (253)

Bei diesen Operationen wurden 944 Juden aus 27 Bunkern hervorgeholt. 235 Juden fielen im Kampf. Alle Bunker wurden in die Luft gesprengt. Als die Flammen den oben erwähnten Häuserblock ergriffen, fielen 120 Menschen in die Hände der Deutschen. Zahlreiche Juden starben bei dem Versuch, aus dem Dachgeschoss in die Innenhöfe zu springen. Auch an diesem Tag kamen somit viele Juden in den Flammen oder unter den Trümmern der gesprengten Bunker ums Leben. Insgesamt wurden an diesem Tag 1852 Juden festgenommen. (254)

Der größte Erfolg der ŻOB am 2. Mai war der Angriff auf eine deutsche Absperrungsbarrikade. Einige jüdische Kämpfer stiegen unerwartet aus einer Kanalöffnung auf der „arischen Seite" empor und griffen die Deutschen sofort an. Die Verluste des Feindes müssen hoch gewesen sein, denn die Deutschen gaben tatsächlich sieben Opfer zu. Es ist wohl kein Zufall, dass dieses Gefecht gerade an dem Tag stattfand, an dem der Höhere SS- und

Polizeiführer Ost, *SS-Obergruppenführer* und Gen. der Polizei Krüger, anwesend war und die „Großaktion" besichtigte. Sie endete um 20:30 Uhr.

In der Nacht dauerten die Kämpfe an. Die jüdischen Kämpfer griffen die deutschen Spähtrupps an. Diese meldeten Stroop, dass bewaffnete Aufständische durch das Ghetto marschierten.

Am 3. Mai begannen die Operationen im Ghetto um 9:00 Uhr; es waren dieselben Kräfte eingesetzt wie am Vortag. Sie machten 19 größere Bunker ausfindig. Unter Einsatz von Gas wurden 1392 Juden aus den Bunkern getrieben; 95 von ihnen starben im Kampf. Aus den ehemaligen Werkstätten wurden wiederum 177 Juden „umgelagert". Die Deutschen erbeuteten zudem ein deutsches Gewehr (Modell 98), 2 Pistolen (08) sowie Handgranaten. Die Juden leisteten in den meisten Fällen erbitterten Widerstand mit der Waffe, bevor sie die Bunker verließen. (255) Es gab unter anderem einen Kampf bei der Entdeckung eines Bunkers in der Franciszkańska-Straße 30. Hier befand sich der Stützpunkt der Gruppen der ŻOB, die sich vom Bürstenmachergelände hierher durchgeschlagen hatten. Im Kampf zeichnete sich der Gebietskommandant, Marek Edelman, durch Geistesgegenwart und Mut aus. Er rettete seine Kampfgruppe, indem er den Kellereingang mit Schutt verschloss. In diesem Kampf fiel Adam Sznaidmil (Berek), ein hervorragender Revolutionär und Kämpfer, Mitglied des ZK-Präsidiums des Bunds und glühender polnischer Patriot, der posthum mit dem polnischen Tapferkeitskreuz ausgezeichnet wurde. Viele Kämpfer wurden verletzt. (256) Die Deutschen gaben drei verletzte SS-Männer zu. „Die Juden und Aufständischen feuerten teilweise mit beiden Händen aus Pistolen." Es wurden ebenfalls bei Jüdinnen Pistolen gefunden, die sie in ihrer Unterwäsche versteckt hatten. Daher wurde der Befehl ausgegeben, dass sich Aufständische und Juden vor einer Durchsuchung durch die Deutschen ohne Rücksicht auf das Geschlecht vollkommen entkleiden müssten.

An jenem Tag wurden 3019 Juden auf Waggons verladen. Um 21:00 Uhr war die „Aktion" zu Ende.

Im Laufe der Nacht waren etliche Juden in den Trümmern der niedergebrannten Straßen sowie den Höfen des Ghettos unterwegs. Um sie zu überraschen, hatten sich die deutschen Patrouillen ihre Stiefel mit Lappen umwickelt. Es entbrannte ein Gefecht zwischen Juden und Deutschen, in dessen Verlauf über 30 Juden fallen sollten. Über Verluste der Deutschen gibt die deutsche Quelle dagegen keine Auskunft. (257)

Anderntags, am 4. Mai, wurde pünktlich um 9:00 Uhr eine deutsche Gruppe in einer Stärke von 61 Mann unter dem Kommando eines Offiziers und verstärkt durch eine Pioniereinheit ausgesandt, um Bunker zu durchsuchen. Sie holten 650[82] Juden aus den Bunkern hervor; 188 Juden wurden im Kampf getötet. Stroop beklagte sich wieder, dass es immer schwieriger würde, die Bunker ausfindig zu machen. Oftmals könnten sie nur mit Hilfe jüdischer Verräter entdeckt werden.

---

82 Laut „Stroop-Bericht" 550.

Die deutschen Hauptkräfte sollten an diesem Tag die großen Häuserblocks, in denen sich die Firmen Többens, Schultz & Co. und andere befanden, durchsuchen und zerstören. (258) Von den Juden, die noch in diesen Häuserblöcken lebten, konnten nach der Aufforderung zur freiwilligen Meldung nur 456 erfasst werden. Als die Häuserblocks bereits in Flammen standen und einzustürzen drohten, kam eine weitere beträchtliche Anzahl an Juden hervor. Sie versuchten, sich durch Flucht – sogar durch die brennenden Häuser – zu retten. Etliche Juden, die während des Brandes auf die Dächer geklettert waren, kamen in den Flammen um. Andere erschienen erst im letzten Moment in den oberen Stockwerken und sprangen bereits halbtot hinaus. Während des Feuers explodierte die in den Häuserblocks gelagerte Munition. (259)

In den ersten Maitagen wurden auch sämtliche Gebäude in der Nachbarschaft des Ghettos niedergebrannt, darunter das evangelische Krankenhaus an der Karmelicka-Straße, das 24 Stunden zuvor evakuiert worden war. (260)

Insgesamt nahmen die Deutschen am 4. Mai 2283 Juden fest, davon wurden 204 erschossen. (261)

Aufgrund der Aussagen einiger festgenommener Juden waren die Deutschen überzeugt, dass sie an diesem Tag den „führenden Kopf der sogenannten Partei" (Kommando der ŻOB) ergriffen hätten.

Stroop brüstete sich sogar damit, er habe am 4. Mai ein Mitglied des „Komitees" ergreifen können, das den Aufstand angeführt habe. Dieser Gefangene, erklärte Stroop, sollte andertags dazu eingesetzt werden, stark gesicherte Bunker mit bewaffneten Juden im Inneren auszuheben. Aber die Hoffnungen des deutschen Henkers waren vergeblich, denn dazu kam es nicht. Es ist anzunehmen, dass der uns unbekannte jüdische Kämpfer eher den Märtyrertod vorzog, als seine Waffenbrüder an die Deutschen auszuliefern.

Am 5. Mai begann die „Aktion", die am Vortag um 23:30 Uhr abgebrochen worden war, um 10:00 Uhr; sie endete um 22:00 Uhr. Es waren dieselben Kräfte wie am Tag zuvor eingesetzt. Bis zum Ende der „Aktion" hatten die deutschen Stoßtrupps an diesem Tag nur geringe „Erfolge". Dann aber wurde eine bedeutende Anzahl an Bunkern entdeckt, allerdings weniger dank der deutschen Fähigkeiten, sondern aufgrund von Verrat. Insgesamt wurden 40 Bunker zerstört. Dabei wurden 1070 Juden gefasst, 126 wiederum wurden erschossen. (262) Die Deutschen erbeuteten auch Waffen und Munition. Außerdem wurden 2850 Juden aus dem noch existierenden Betrieb in der Prosta-Straße festgenommen, um sie zu „verlagern".

Mancherorts stießen die Deutschen auf bewaffneten Widerstand. In einigen Fällen wurden die Klappen der Bunker mit Gewalt zugehalten oder von innen verriegelt, sodass es den Deutschen nur mit Hilfe starker Sprengstoffladungen gelang, die Bunker zusammen mit ihren Insassen zu vernichten. Die Verluste, die die Deutschen einräumten, beliefen sich auf zwei Verletzte: ein SS-Mann und ein Polizist. (263)

Am 6. Mai wurden ab 9:30 Uhr jene Häuserblocks gesäubert, die am 4. Mai durch Feuer zerstört worden waren. (264) Obwohl kaum zu erwarten war, dass sich in diesen Blocks noch irgendein lebendiges Wesen aufhalten würde, fand man einige Bunker, in denen schreckliche Hitze herrschte. Aus diesen und anderen Bunkern, die in anderen Teilen des Ghettos aufgespürt worden waren, wurden 1563[83] Juden herausgeholt. Insgesamt zerstörten die Deutschen an diesem Tag 47 Bunker. (265)

Kampflos aber ergaben sich die Juden nirgendwo. In einem Gefecht schossen Juden mit deutschen Pistolen (08) und warfen Handgranaten. Die Deutschen gaben zu, dass ein *Unterscharführer* sowie zwei Polizisten aus der Grenzeinheit schwer verwundet wurden. Einer der Polizisten erlag kurz darauf seinen Verletzungen.

Die Deutschen stellten fest, dass offenbar Juden, die aus dem Ghetto hatten fliehen können, zurückkehrten, um entweder dem kämpfenden Ghetto zu Hilfe zu kommen oder um Menschen herauszuholen. Einige Juden, die nach Lubelszczyzna oder Treblinka verschleppt worden waren, hatten aus dem Lager entkommen können. Sie versuchten, ausgerüstet mit Waffen und Munition, in das brennende Warschauer Ghetto zurückzukehren, das Wachposten der SS und der Gendarmerie mit einem Absperrring eingekesselt hatten. Leider wurden sie nach ihrer Ankunft in Warschau von den Deutschen gefangen genommen. Am 6. Mai wurde ein Jude, der aus Lublin[84] entflohen war, außerhalb der Ghettomauern aufgegriffen. Man fand bei ihm eine Pistole (08) sowie Munition und zwei Handgranaten. (266)

Dem Befehlshaber der „Aktion" Gen. Stroop ließ der Gedanke an das Kommando der ŻOB – in seinen Worten die „Parteileitung" der Juden (PPR) – keine Ruhe. Er konnte nicht mit letzter Sicherheit sagen, ob sie bereits festgenommen und liquidiert worden war. Er versicherte jedoch in seinem Bericht vom 6. Mai, dass er ihre Spur verfolge, was leider diesmal der Wahrheit entsprach. Stroop verlieh der Hoffnung Ausdruck, die „sogenannte Parteileitung" am nächsten Tag aufspüren zu können.

Damit die Deutschen Juden und Aufständische, die sich dem Ghetto näherten, besser abfangen konnten, wurde der äußere Absperrring weiter in den „arischen Teil" Warschaus verlegt. Auch das „Kleine Ghetto" wurde von speziellen Trupps durchkämmt. Juden, die sich hier noch aufhielten, wurden festgenommen. Die Firma Többens erhielt die Aufforderung, das „Kleine Ghetto" bis zum 10. Mai um 12:00 Uhr zu räumen. Noch vorhandene Rohstoffe sollten in der Bibliothek (in der Tłumacki-Straße) zwischengelagert werden.

Für die polnische „Blaue Polizei" setzten die Deutschen eine spezielle Belohnung aus: Griffen die Polizisten einen Juden im „arischen Teil" von Warschau auf, sollte ihnen ein Drittel des Barvermögens des Juden ausgehändigt werden. Hiervon angespornt, lieferte die „Blaue Polizei" mehrfach außerhalb des Ghettos gefasste Juden bei Stroop ab. Außerdem erhielt der SS-General anonyme Briefe mit Mitteilungen über den Aufenthalt von Juden auf der „arischen Seite". Ein anonymer Brief, so Stroop, „befaßt sich mit einem Vergleich zwischen Katyń und der Großaktion im Ghetto".

---

83 Laut „Stroop-Bericht" 1553.
84 Gemeint ist das Konzentrationslager Lublin-Majdanek.

Um 21:30 Uhr[85] wurde die „Aktion" abgebrochen, um sie am folgenden Tag um 10:00 Uhr wieder aufzunehmen. Es wurden 49 Bunker ausfindig gemacht, doch nur ein Teil der Juden wurde festgenommen. Viele Juden weigerten sich, den Bunker zu verlassen und leisteten bewaffneten Widerstand. Sie wurden während der Sprengung der Bunker getötet. Insgesamt nahmen die Deutschen an diesem Tag 1019 Juden lebend fest, 255 wurden im Kampf erschossen. (267) Auch andernorts kam es zu Gefechten, bei denen ein SS-Mann verletzt wurde, wie die Deutschen zugaben. Stroop zufolge war den Deutschen bereits an diesem Tag die Lage des Kommandobunkers der ŻOB bekannt. Er sollte jedoch erst am nächsten Tag geöffnet werden.

Nicht wenige Juden kamen in der Nacht aus den Bunkern heraus, in denen es wegen der lang andauernden „Aktion" unerträglich stickig geworden war. Wenn sie Schutz in den Ruinen der ausgebrannten Häuser suchten, wurden sie oftmals von deutschen Stoßtrupps aufgegriffen. Den Deutschen wurde bei diesen Gelegenheiten bewusst, dass sich noch viele Juden im Untergrund des Ghettos befinden mussten.

Am 7. Mai wurde ein Haus in die Luft gesprengt, das nicht durch Feuer hatte zerstört werden können. Da diese Operation sehr lange dauerte und eine große Menge Sprengstoff verschlang, kamen die Deutschen zu dem Schluss, dass „das beste und einzige Mittel zur Vernichtung der Juden das Feuer bliebe".[86] (268)

Um 21:00 Uhr wurde die „Aktion" bis zum nächsten Tag um 10:00 Uhr unterbrochen. In der Nacht vom 7. auf den 8. Mai marschierte eine Gruppe aus zehn Personen – darunter T. Borzykowski – von der Zentrale der ŻOB in die Miła-Straße 18. Sie versuchten, sich der Kanalöffnung von der Smocza-Straße aus zu nähern. Hier gerieten sie unter Beschuss einer starken deutschen Patrouille. Beim Rückzug in die Wołyńska-Straße wurden die Gruppe erneut von Deutschen angegriffen, die sich zwischen den Trümmern versteckt hatten und das Feuer von allen Seiten her eröffneten. Der erbitterte Kampf dauerte eine Stunde, und nur sieben Kämpfern gelang es, zur Miła-Straße 18 durchzukommen – unter ihnen waren vier Schwerverletzte. Drei Kämpfer, die die ganze Nacht über schossen, konnten erst nach 20 Stunden Kampf in Ruinen und Trümmern in die Miła-Straße 18 zurückkehren. Aber leider gab es den letzten Stützpunkt der ŻOB nicht mehr. (269)

Am 8. Mai wurde das gesamte Ghetto erneut durchsucht. (270) Der engstirnige Gen. Stroop konnte nicht begreifen, dass sich – in seiner ordinären Sprache ausgedrückt – „das Untermenschentum, die Banditen (Aufständische) und Terroristen noch in den Bunkern aufhalten, in denen die Hitze wegen der Brände unerträglich geworden ist".

Wie sie es im Bericht vom 7. Mai angekündigt hatten, umstellten die Deutschen an diesem Tag auch den Hauptbunker des ŻOB-Kommandos, wobei ihnen ungefähr 60 schwer

---

85 Laut „Stroop-Bericht" um 21:00 Uhr.
86 Im „Stroop-Bericht" heißt es wörtlich: „Die einzige und beste Methode zur Vernichtung der Juden ist daher immer noch die Anlegung von Bränden."

bewaffnete Aufständische in die Hände fielen. Der erbitterte Kampf, der hier entbrannte, dauerte zwei Stunden. Als die Deutschen begriffen, dass sie den Bunker nicht im Kampf erobern konnten, warfen sie eine Nebelkerze ins Innere (271) und legten an verschiedenen Stellen schwere Sprengladungen aus. (272) „Wer nicht durch eine deutsche Kugel umgekommen oder durch das Gas vergiftet worden war, der beging Selbstmord, um nicht in die Hände der Deutschen zu fallen. Lutek Rotblat erschoss erst seine Mutter und Schwester und dann sich selbst. Ruth schoss sieben Mal auf sich. So kamen 80 % der verbliebenen Kämpfer der ŻOB ums Leben, darunter auch ihr Kommandant Anielewicz." (273) Stroop teilte triumphierend mit, dass es den Deutschen gelungen sei, den Kommandanten der ŻOB und seinen Stabschef zu fangen und zu liquidieren. In dem Bunker, in dem 200 Juden gewesen waren, seien 60 gefangen und 140 durch die schwere Einwirkung der Nebelkerze oder der Explosion der Sprengladungen vernichtet worden. (274)

Die überlebenden Kämpfer, die durch ein Wunder aus dem Bunker gerettet worden waren, schlossen sich dem Rest der Bürstenmacher-Einheiten an, die in der Franciszkańska-Straße 22 lagen. (275)

Erst jetzt, nach der Liquidierung des Hauptbunkers der ŻOB, hatte Stroop den Mut zuzugeben, dass „der Kampf in den ersten sechs Tagen schwer" gewesen sei. Er brachte aus diesem Grund seine Freude zum Ausdruck, dass die Deutschen nun „diese Juden und Jüdinnen fangen, die Anführer dieser Tage gewesen waren".

Wie wir sehen werden, lag der endgültige Sieg jedoch noch in einiger Ferne. Jede weitere Öffnung eines Bunkers hatte erbitterten Widerstand „mit Waffen, leichten Maschinengewehren, Pistolen und Handgranaten" zur Folge. „Heute wurde wiederum", heißt es in Stroops Bericht weiter, „eine ganze Anzahl Jüdinnen erfaßt, die in ihren Schlüpfern geladene und entsicherte Pistolen trugen." Tatsächlich wuchsen mancherorts buchstäblich unter der Erde neue Kämpfer heran. In dieser Situation beschloss der ermüdete und erschöpfte Stroop, der Informationen hatte, dass sich im Untergrund, in den Höhlen, Kanälen und Bunkern noch 3000 bis 4000 Juden aufhielten, die „Aktion" vor der endgültigen Vernichtung der restlichen Juden zu beenden.[87] Zu einer Aktivität jedoch sah sich der SS-General noch imstande. Er ließ diejenigen Häuser niederbrennen, die bis dahin noch nicht vom Feuer vernichtet worden waren. So kamen unzählige Juden zu Schaden, die sich noch innerhalb der Mauern oder in den Treppenhäusern versteckt gehalten hatten.

Insgesamt wurden am 8. Mai in den Bunkern 1001[88] Juden aufgegriffen und ungefähr 280 Juden im Kampf getötet; zahlreiche Juden wurden bei der Sprengung der 43 Bunker vernichtet. (276)

Die deutschen Verluste an diesem Tag müssen groß gewesen sein. Die Deutschen selbst gaben fünf Opfer zu, darunter zwei getötete SS-Männer, zwei verletzte SS-Männer sowie

---

87 In seinem Bericht betont Stroop, dass er nicht vorhatte, die Aktion vorzeitig zu beenden.
88 Laut „Stroop-Bericht" 1090 Juden.

Der Aufstand im Warschauer Ghetto (19. April–16. Mai 1943)

einen verletzten Wehrmachtsoffizier aus der Pioniereinheit. An diesem Tag starb außerdem ein deutscher Polizist, der am Vortag verletzt worden war. Um 21:30 Uhr wurden die Operationen an diesem in der Geschichte des Aufstands besonders traurigen Tag eingestellt. (277)

Die Operationen des 9. Mai begannen um 10:00 Uhr und dauerten bis 21:00 Uhr. Die deutschen Stoßtrupps (278) entdeckten 42 Bunker, aus denen 1037 Juden und Aufständische herausgeholt wurden. (279) Eine unbekannte Zahl von Juden starb bei den Sprengungen der Bunker. An diesem Tag wurden die Häuserblocks niedergebrannt, in denen die ehemalige Firma „Transavia" untergebracht gewesen war. Obwohl der Block bereits mehrfach durchsucht worden war, wurden noch einmal etliche Juden gefangen genommen. (280)

Die deutsche Sicherheitspolizei (Gestapo)[89] entdeckte an diesem Tag eine Werkstatt außerhalb der Ghettomauern, in der bis zu diesem Zeitpunkt 10 000–11 000 Sprengkörper sowie andere Munition hergestellt worden waren. (281)

Am 10. Mai begann die „Aktion" um 10:00 Uhr. Wieder durchsuchten die deutschen Stoßtrupps das Ghetto mit aller Gründlichkeit. Wie an den Tagen zuvor wurden auch diesmal zahlreiche Juden aus den Bunkern herausgeholt. Jedoch setzte auch der überaus starke Widerstand den Deutschen erneut zu. Die jüdischen Aufständischen ließen ihnen noch immer keine Ruhe: Sie lauerten dem Feind jetzt in den Ruinen auf und waren immer zum Angriff bereit. Die Deutschen konnten 1183 Juden festnehmen, 187 Aufständische und Juden wurden im Kampf erschossen. Die Zahl derer, die bei der Sprengung von Bunkern getötet wurden, war nicht zu ermitteln. Die Verluste der Deutschen lagen nach eigenen Angaben bei drei verletzten SS-Männern. (282)

Noch in der Nacht vom 29. auf den 30. April hatte das Kommando der ŻOB seine Vertreter S. Rathauser (Kazik) und Zygmunt Frydrych in den „arischen Stadtteil" geschickt. Sie sollten mit dem hier eingesetzten „Kommandanten der ŻOB auf der arischen Seite" Yitzhak Zuckerman (Antek) Kontakt aufnehmen. (283) Durch einen Tunnel gelangten sie auf die „arische Seite". Mit Hilfe der PPR und der Volksgarde („Sęk" – Oberst Małecki) wurde eine Rettungsaktion organisiert: (284) Zusammen mit zwei Kanalarbeitern sollten die Verbindungsmänner Rathauser und Frank die Kampfgruppe der ŻOB in der Nacht vom 8. auf den 9. Mai durch die Kanäle hinaus auf die „arische Seite" bringen. Der Weg durch die Kanalisation dauerte die ganze Nacht. Ein Grund waren die Stacheldrahtverhaue, die die Deutschen hier errichtet hatten. Darüber hinaus ließen sie von Zeit zu Zeit Giftgas einströmen.[90] Unter diesen Bedingungen warteten die Kämpfer in einem 70 cm hohen Kanal, in dem das Wasser bis zum Mund reichte, 48 Stunden lang darauf, heraussteigen zu können. (285)

Laut Plan sollten um 5:00 Uhr morgens Lastwagen bereitstehen, um die Geretteten fortzubringen. Leider trafen sie nicht rechtzeitig ein. Der Organisator der Rettungsaktion,

---

89 In der Sicherheitspolizei waren ab 1936 Geheime Staatspolizei und Kriminalpolizei zusammengefasst.
90 Gemeint sind wahrscheinlich Nebelkerzen.

Rathauser, beschloss, das Vorhaben nicht aufzuschieben. Er war sich darüber im Klaren, dass man die Kameraden unverzüglich aus dem Kanal herausholen musste, da sie andernfalls nicht überleben würden. (286)

Zum Glück traf um 10:00 Uhr am Kanaleinstieg in der Prosta-Straße, Ecke Twarda-Straße, ein Lastwagen mit Plane ein, den die Volksgarde oft benutzte. In der Straße patrouillierten nur drei Verbindungsmänner und ein speziell für diese Aufgabe ausgewählter Vertreter der Volksgarde – der Genosse Krzaczek. Der Deckel des Kanaleinstiegs wurde mit Brettern von oben abgeschirmt, weil sich an der Ecke Żelazna-Straße eine deutsch-ukrainische Patrouille befand. Irgendjemand im Wagen ließ zwei Handgranaten explodieren. Das war das Signal für die Kämpfer, die im Kanal zum Ausstieg bereit waren. (287) Vor den Augen der verblüfften Menge hob sich der Deckel des Kanaleinstiegs und die Kämpfer kamen einer nach dem anderen heraus, erschöpft, schwankend, mit von Staub und Schlamm schwarzen Gesichtern, in zerfetzten und besudelten Kleidern und bewaffnet mit Gewehren, Handgranaten und Pistolen. (288) „Die Katzen klettern heraus",[91] ließen sich Stimmen aus der Menge vernehmen. Der Ausstieg aus dem Kanal dauerte eine halbe Stunde. (289) „Die Banditen-Aufständischen und Juden", so berichtete Stroop darüber, „– es befinden sich darunter auch immer einige polnische Banditen (Partisanen) –, die mit Gewehren, Handfeuerwaffen und einem Maschinengewehr bewaffnet waren, bestiegen den Lkw und fuhren in unbekannter Richtung davon." (290)

Nachdem sie aus dem Untergrund herausgeklettert waren, stiegen die jüdischen Kämpfer in den Lkw, der schnell in die Towarowa-Straße fuhr und danach in Richtung Jerozolimski-Allee jagte. Abends meldeten sich die 34 geretteten jüdischen Kämpfer beim Kommandeur der Partisaneneinheit in den Wäldern bei Wyszków. (291) In den Reihen der Partisanen setzten sie den Kampf gegen den deutschen Eindringling, der so ruhmreich im Warschauer Ghetto begonnen hatte, fort. (292) Während des August-Aufstands in Warschau würde die Kampfgruppe der ŻOB in den Reihen der Volksarmee auf den Barrikaden in der Altstadt und in Żoliborz kämpfen. (293)

Man muss hier hinzufügen, dass 16 Juden aus dem Ghetto, die in der Nähe des Powązkowski-Friedhofs aus der Kanalisation herauskletterten, auf ähnliche Weise Hilfe geleistet wurde. (294) Leider konnten nicht alle aus den Kanälen entkommen. In einem Seitenkanal blieben noch 15 Kämpfer zurück. Alle fielen später im Kampf gegen die herbeigerufenen Deutschen, die den Kanaleinstieg umstellt hatten. In diesem Kampf kamen auch Rysiek und Jurek ums Leben. Sie waren daran beteiligt gewesen, die Kämpfer aus dem Kanal herauszuholen. Irgendeine Frau hatte sie dabei erkannt und verraten. (295)

Die Deutschen leiteten sofort eine Fahndung nach dem Lastwagen ein, doch ohne Erfolg. Ihnen fiel nur ein Jude in die Hände, der im Kanal Wache gestanden hatte und der den Kanaldeckel nach dem Ausstieg der Kämpfer wieder verschließen sollte. (296)

---

91 „Katze" war ein Schimpfwort für Juden.

Im Ghetto, das fast vollständig niedergebrannt war und einem Trümmerhaufen mit verkohlten Leichenbergen glich, blieben zwei Kampfgruppen der ŻOB zurück. Angeführt von Józef Farber und Zachariasz Orensztajn kämpften sie noch lange Wochen. (297)

Nachdem die jüdischen Kämpfer die mutige Operation in der Prosta-Straße durchgeführt hatten, beschloss Stroop, „mit der Prosta-Straße auf dieselbe Weise wie mit dem Ghetto zu verfahren", also „das Zwergghetto zu vernichten".

Nach mehr als drei Wochen „Großaktion", während derer die Zusammenarbeit des Kommandos der „Aktion" mit der Wehrmacht mehr als einvernehmlich gewesen war (298), konnte Stroop am 10. Mai berichten, dass die Pioniereinheit dank der Unterstützung der *Wehrmacht* weiter verstärkt worden war. Außerdem wurde dem Stab der „Aktion" eine beträchtliche Menge Sprengstoff zur Verfügung gestellt. So rüsteten sich die Deutschen dafür, dem kämpfenden Ghetto seine letzte Niederlage beizubringen.

V. Die letzten Tage der „Großoperation"

Am 10. Mai, einem in der Geschichte des Aufstandes denkwürdigen Tag, wurden die Operationen um 22:00 Uhr eingestellt. Sie wurden am nächsten Morgen um 9:30 Uhr wieder aufgenommen. (299) Bei Beginn hatte der Stab von seinen Nachtspähtrupps die Meldung vorliegen, dass sich noch immer Juden in den Bunkern aufhielten, denn die patrouillierenden Deutschen hatten sie nachts gesehen. So bildete Stroop wieder zahlreiche „Durchsuchungsstoßtrupps", die 47 Bunker eroberten und zerstörten. Es wurden auch einige Juden aufgegriffen, die sich in den Ruinen versteckt hatten. Sie verbargen sich vor allem in Gebäuderesten, deren Dächer noch nicht vollständig zerstört waren. Diese Art Verstecke mussten die Aufständischen und Juden benutzen, da man sich in den meisten Bunkern nicht mehr länger aufhalten konnte.

Die Deutschen machten an diesem Tag auch einen Bunker ausfindig, der zwölf Räume hatte und mit fließend Wasser sowie separaten Badezimmern für Männer und Frauen ausgestattet war. Insgesamt wurden 931 Juden und jüdische Aufständische aufgegriffen und 53 Aufständische im Kampf getötet. (300)

Weitere Juden sollen nach deutschen Angaben während des Abbrennens eines kleinen Häuserblocks ums Leben gekommen sein.

Die Deutschen waren allerdings nicht noch einmal in der Lage, die Kanäle systematisch zu vergiften. Es fehlte an Nebelkerzen, neue sollten jedoch von der uns nicht weiter bekannten Firma „OFK"[92] geliefert werden.

---

92 „Oberfeldkommandantur", eine Verwaltungs- und Versorgungseinheit der Wehrmacht in den besetzten Gebieten.

Die Operationen wurden um 21:46 Uhr[93] bis zum nächsten Tag um 9:30 Uhr unterbrochen. Am 12. Mai konnten die Deutschen (301) 30 Bunker öffnen. 663 Juden wurden herausgetrieben, von denen 133 im Kampf fielen. (302) Laut deutschen Angaben wurde ein SS-Mann verletzt. Überdies wurden die Wachposten um das sogenannte Kleine Ghetto verstärkt und das Gelände anschließend niedergebrannt. Bei Einbruch der Dämmerung wütete das Feuer noch immer so stark, dass man nicht feststellen konnte, wie viele Juden in den Flammen ums Leben gekommen waren. Ein Haus in der Prosta-Straße, aus dem etliche Juden getrieben worden waren, wurde schwer beschädigt.[94] Es sollte den Aufständischen nicht mehr als Stützpunkt dienen können. Die Operationen wurden um 21:00 Uhr beendet.

Ab dem 12. Mai wurden die Judentransporte ausschließlich nach Treblinka II geleitet. (303) Das war Stroops Rache dafür, dass der Widerstand im Ghetto noch immer anhielt.

Am 13. Mai wurden in beiden Ghettos 234 Juden aufgegriffen, 155 starben im Kampf. Die Juden, mit denen die Deutschen an diesem Tag zu tun hatten (304), waren hauptsächlich Widerstandskämpfer, alle waren jung und zwischen 18 und 25 Jahre alt. Als die Deutschen einen von ihnen ergreifen konnten, „entspann sich", wie Stroop schrieb, „ein regelrechtes Feuergefecht, bei dem die Juden nicht nur aus 08-Pistolen und polnischen Vis-Pistolen schossen, sondern auch polnische Eierhandgranaten gegen die Männer der Waffen-SS warfen".[95]

Nachdem die Deutschen einen Teil der Belegschaft eines Bunkers hatten festsetzen können, zog eines der Mädchen – ähnlich wie das andere Frauen zuvor schon getan hatten – blitzschnell eine Handgranate hervor, entsicherte sie und warf sie auf die sie durchsuchenden Deutschen. Sie selbst floh, um sich zu verstecken.[96]

Da die Deutschen den Bunker nicht erobern konnten, zerstörten sie ihn mit einer größeren Ladung Sprengstoff. 33 Bunker wurden ausfindig gemacht und zerstört sowie sechs Pistolen, zwei Handgranaten und Sprengkörper erbeutet.

In diesen Tagen kehrten die Juden oft aus den Ruinen der Häuser zu den ihnen bekannten Bunkern zurück, um sich Lebensmittel zu beschaffen.

Stroop klagte auch darüber, dass es inzwischen völlig unmöglich geworden sei, von den gefangen genommenen Juden Auskünfte über die Bunker zu erpressen.

Aus einem der Betriebe der *Wehrmacht* trieben die Deutschen 327 Juden hinaus. Sie wurden zusammen mit allen anderen an diesem Tag festgenommenen Juden nach Treblinka II geschickt. (305)

Die deutschen Verluste müssen an diesem Tag hoch gewesen sein. Sie selbst gaben sieben[97] Opfer zu, darunter vier Verletzte (drei SS-Männer und ein Polizist) sowie zwei SS-

---

93 Laut „Stroop-Bericht" 21:45 Uhr.
94 Nach Stroop handelte es sich um ein Betonhaus, das gesprengt wurde.
95 Stroop zufolge kam es bei einer Attacke gegen einen Bunker zu diesem Feuergefecht.
96 Laut Stroop sprang sie „blitzschnell selbst in Deckung".
97 Laut „Stroop-Bericht" sechs Opfer.

Der Aufstand im Warschauer Ghetto (19. April–16. Mai 1943)

Männer, die während des sowjetischen Fliegerangriffs an diesem Tag getötet wurden. (306) Viele Menschen, die sich in den Ruinen, Bunkern und Kellern versteckt hatten, flohen während des Luftangriffs aus dem Ghetto. (307)

Als Stroop von der Beendigung der Operationen an diesem Tag um 22:00 Uhr[98] berichtete, teilte er auch seine Entscheidung mit, die „Großaktion" am 16. Mai endgültig zu beenden und die Durchführung weiterer Maßnahmen dem Polizeibataillon III/23 zu übertragen. Einen ausführlichen Bericht über das Vorgehen gegen das kämpfende Ghetto wollte er zusammen mit Bildmaterial bei der SS- und Polizeiführertagung der Distrikte des Generalgouvernements unbedingt persönlich vorlegen. (308) Die Tagung sollte am 18. Mai in Krakau stattfinden.

Mit den Operationen, die am 14. Mai um 10:00 Uhr begannen, wurden die Maßnahmen aus der Nacht zuvor fortgesetzt: Deutsche Patrouillen waren mehrfach auf jüdische Kämpfer gestoßen, die mit Maschinengewehren und Handfeuerwaffen geschossen hatten. Die Deutschen hatten dabei Verluste zu verzeichnen; sie selbst sprachen von vier Verletzten, drei SS-Männern und einem Polizisten. Auch war ein deutscher Grenzposten von der „arischen Seite" her angegriffen worden. Im Laufe des Tages kam es zu verschiedenen Gefechten (309), während derer 30 Aufständische getötet wurden; ferner konnten die Deutschen neun jüdische Aufständische und Juden, Mitglieder einer bewaffneten Gruppe, festnehmen. In der Nacht eroberten die Deutschen einen Bunker und fanden dabei Pistolen (unter anderem 12-mm-Kaliber). In einem Bunker mit 100 Insassen wurden zwei Gewehre, 16 Pistolen, Handgranaten und Sprengkörper sowie 60 Patronen erbeutet. Einige Aufständische, die bewaffneten Widerstand leisteten, trugen deutsche Uniformen und Stahlhelme.

Ein deutscher Stoßtrupp geriet auf den Dächern der Häuserblocks an den Grenzen des Ghettos auf der „arischen Seite" in ein Gefecht mit einer jüdischen zehn- bis 14-köpfigen Kampfgruppe.

Einige Aufständische sagten nach ihrer Festnahme aus, dass sie auf den Kommandeur der Liquidierungsaktion Stroop – sie nannten ihn „General" – einen Anschlag hätten verüben können. Jedoch hätten sie den Befehl erhalten, dies nicht zu tun. Sie sollten nicht das Risiko eingehen, dass die Angriffe auf die Juden weiter verschärft werden würden.

An diesem Tag sprengten die Pioniere jene Häuser in die Luft, in denen von Zeit zu Zeit Widerstandskämpfer Unterschlupf gefunden hatten.

Eine große „Aktion" starteten die Deutschen auch in den Kanälen. Um 15:00 Uhr wurden 185[99] Kanaleinstiegsöffnungen geöffnet und kurz danach gleichzeitig Nebelkerzen hineingeworfen. So trieben die Deutschen weitere Juden aus den Kanälen. (310) Außerdem wurden „zahlreiche Juden, die nicht gezählt werden konnten, in Kanälen und Bunkern durch Sprengung erledigt". (311)

---

98 Laut „Stroop-Bericht" um 21:00 Uhr.
99 Laut „Stroop-Bericht" 183.

Die Deutschen ergriffen an diesem Tag 398 Juden, und 154 Juden kamen im Kampf um. Bei den einzelnen Operationen, bei denen der *SS-Gruppenführer* und Generalleutnant der Waffen-SS von Horff[100] zugegen war, lagen die deutschen Verluste nach eigener Berechnung bei fünf Verletzten, darunter vier SS-Männer und ein Polizist. Die Operationen wurden um 21:15 Uhr beendet. (312)

Die Maßnahmen am 15. Mai, dem vorletzten Tag der „Großaktion", begannen um 9:00 Uhr nach Eingang eines Berichts der in der Nacht zuvor eingesetzten Spähtrupps. Sie meldeten, dass es nur sporadisch Gefechte mit Juden gegeben habe. Die Durchsuchungen an diesem Tag (313) brachten ebenfalls nur „geringe" Resultate. Es wurden 29 große Bunker geöffnet, die zum Teil aber bereits keine Insassen mehr hatten. Insgesamt ergriffen die Deutschen an diesem Tag 87 Juden, und 67 Aufständische fielen im Kampf. (314)

Gegen Mittag gab es ein Gefecht, bei dem die Aufständischen erbitterten Widerstand mit Pistolen, Handgranaten und Brandflaschen („Molotowcocktails") leisteten. Nach deutschen Angaben wurde nur ein Polizist verletzt.

Ein deutsches Sonderkommando durchsuchte noch einmal den letzten unversehrten Häuserblock im Ghetto und zerstörte ihn. Am Abend wurden das Gebetshaus, die Leichenhalle und alle anderen Gebäude auf dem jüdischen Friedhof in die Luft gesprengt bzw. durch Feuer zerstört. So rächten sich die Deutschen für ihre Niederlagen während des Aufstands. An diesem Tag war außerdem noch die Sprengung der Synagoge geplant, doch aus uns nicht bekannten Gründen gelang dies den Deutschen nicht. Deshalb kündigte Stroop in seinem Tagesbericht an, er werde die Synagoge am nächsten Tag in der Abenddämmerung sprengen lassen und damit die „Großaktion" endgültig beenden. (315)

Am 16. Mai 1943 begannen die Deutschen um 10:00 Uhr mit ihren Maßnahmen. Sie vernichteten 180 „Juden, Aufständische und Untermenschen". Um 20:16 Uhr wurde die „Großaktion" mit der Sprengung der Großen Synagoge beendet.

„Es gibt keinen jüdischen Wohnbezirk in Warschau mehr" berichtete Stroop. In der Tat war das Gebiet, auf dem einst das Ghetto war, zu einem trostlosen Trümmerfeld geworden. Nur acht Häuser, die Polizeiunterkunft, das Krankenhaus und die Arbeiterwohnungen,[101] standen noch. Auch das Gefängnis der Gestapo in der Dzielna-Straße blieb übrig, es war, so Stroop, „von der Vernichtung ausgeschlossen" worden. Hier und da ragten noch Mauerreste empor, die nicht in die Luft gesprengt worden waren. (316)

Das war das Ende der größten Feuersbrunst in der Geschichte Europas, die beinahe einen Monat lang im Warschauer Ghetto wütete und ein Viertel des Stadtgebiets völlig

---

100 Gemeint ist der spätere SS-Obergruppenführer und General der Waffen-SS Maximilian von Herff (1893-1945), der ab Oktober 1942 dem SS-Personalhauptamt vorstand. Zwischen dem 4. und 16. Mai inspizierte Herff SS-Einrichtungen im Generalgouvernement; am 15. Mai war er bei der Niederschlagung des Ghetto-Aufstandes in Warschau zugegen. Herff geriet 1945 in britische Kriegsgefangenschaft und starb dort an einem Hirnschlag.
101 Gemeint ist die Unterkunft für den Werkschutz.

zerstörte. (317) Ein solches Verbrechen gab es in der Geschichte seit Neros Zeiten nicht mehr. Der *Führer*, der Brandstifter der Welt, übertrumpfte noch sein Vorbild des Brandstifters von Rom, den degenerierten Kaiser. (318)

Insgesamt nahmen die Deutschen während der „Großaktion" nach ihren Berechnungen 56 065 Juden fest. Auf eine Anfrage Krügers vom 21. Mai erklärte Stroop in seinem Zusatzbericht vom 24. Mai, dass in dieser Zahl die 7000 im Ghetto selbst getöteten sowie die 6929 in Treblinka II vernichteten Juden inbegriffen seien. Darüber hinaus sollte die Zahl der Juden, die bei den Bränden oder unter den Trümmern der gesprengten Bunker ums Leben gekommen waren, bei 5000–6000 liegen; diese Zahl ist aber nicht in der oben genannten Gesamtzahl der jüdischen Verluste enthalten. (319)

So sah das blutige Ergebnis eines der größten Verbrechen in der Geschichte des Zweiten Weltkriegs aus.

Schlusswort

Während der großen Liquidierungsaktion haben die Deutschen 631 Bunker zerstört sowie sieben polnische Gewehre, ein russisches, ein deutsches, 59 Pistolen verschiedenen Kalibers, einige Hundert Handgranaten, einige Hundert Brandflaschen, selbst gefertigte Sprengkörper, Dynamitsprengsätze[102] und eine große Menge Munition aller Kaliber, auch für Maschinengewehre, erbeutet. (320)

„So sahen die Waffen aus", sagte – möglicherweise nicht ohne Mitgefühl – der amerikanische Hauptanklagevertreter Oberstaatsanwalt Jackson in der Gerichtsverhandlung in Nürnberg, „mit denen die Juden aus dem Warschauer Ghetto einen ganzen Monat lang den Panzerwaffen und der Waffen-SS Widerstand leisteten."

Man muss sich aber bewusst machen, dass dieses Arsenal im Rahmen der Möglichkeiten des Ghettos imponierend war und für die enorme Tatkraft und die organisatorischen Fähigkeiten der Anführer des Aufstands und der jüdischen Bevölkerung insgesamt sprach.

Bei der Aufzählung seiner „Beute" unterstrich Stroop überdies, dass die Deutschen die Waffen in den meisten Fällen nicht aus den Bunkern hätten sicherstellen können. Die Juden und Widerstandskämpfer hätten sie unauffindbar in Löchern und Verstecken im Inneren der Bunker verborgen. Die Deutschen erbeuteten auch ca. 1240 deutsche Uniformen – teilweise versehen mit Ordensspangen, Eisernem Kreuz und Ostmedaille –, 600 Paar gebrauchte Armeehosen, Ausrüstungsstücke und deutsche Stahlhelme und schließlich 108 Pferde. Bis zum 21. Mai hatten die Deutschen 4 400 000 Złoty gezählt, außerdem größere Beträge an ausländischer Währung, darunter 14 300 Dollarscheine und 9200 Golddollar sowie eine große Menge Schmuck (Ringe, Ketten, Uhren usw.). (321)

102 Laut „Stroop-Bericht" „Höllenmaschinen mit Zündkabeln".

Stroop sah auch die Millionen von Ziegeln, Steinen und anderen Materialien, die nach der Zerstörung des Ghettos übrig geblieben waren, als Beute an. Sie sollten von den Häftlingen des Gefängnisses in der Dzielna-Straße (dieses Gefängnis sollte in ein Konzentrationslager umgewandelt werden)[103] geborgen werden.

Die Verluste der Deutschen, die „bei der Verteidigung des *Führers* und des Vaterlands[104] im Kampf bei der Vernichtung von Juden und Banditen" im Warschauer Ghetto gefallen waren, reduzierte Stroop dagegen auf eine lächerlich kleine Zahl: Er sprach lediglich von 15 getöteten Deutschen und einem Feldwebel der „Blauen Polizei" sowie von einer unbedeutenden Zahl an Verletzten, unter anderem 80 SS-Männer, zwölf Angehörige der Gestapo und fünf polnische und deutsche Polizisten. (322) In Wirklichkeit gab es höchstwahrscheinlich 1000–1200 deutsche Opfer[105] (vgl. Anmerkung 10 dieser Arbeit).

Die Deutschen wurden also erst in dem Moment zu den Herren des Ghettos, als es dort nur noch Trümmer und Leichen gab.

Es war ein teuer erkaufter und schrecklicher Sieg (323), der alles andere als endgültig war. Denn obwohl die deutschen Verbrecher das Ghetto so stark zerstörten, dass auf dem Gelände kein Stein mehr auf dem anderen war, war es ihnen nicht gelungen, alle Juden zu vernichten. Daher musste die „Aktion" fortgesetzt werden.

Der Kommandeur des Polizeibataillons III/23 erhielt von Gen. Stroop genaue Instruktionen über die Maßnahmen, die in dem „verstoßenen Gebiet" des Ghettos zu ergreifen waren. Der Meister des Verbrechens wies seine Untergebenen an, das ehemalige Ghetto streng zu bewachen; insbesondere dürfe niemand das Gelände betreten. Jeder Mensch, der hier angetroffen werde, müsse erschossen werden. Der Kommandeur des Polizeibataillons, der die Leitung der weiteren „Aktion" übernahm, sollte die Befehle direkt vom *SS- und Polizeiführer* des Distrikts Warschau erhalten. Stroop machte abschließend klar, dass jenen Juden, die sich noch im Ghetto verstecken würden, durch die Zerstörung aller übrigen Bunker[106] sowie der Unterbrechung der Wasserzufuhr alle Überlebensmöglichkeiten genommen werden müssten.

Kurz vor Ende der großen Liquidierungsaktion richtete der Warschauer Gouverneur Fischer in Absprache mit Gen. Stroop einen Aufruf an die polnische Bevölkerung. Darin führte er als Gründe für die Vernichtung des Ghettos „die vor nicht allzu langer Zeit erfolgten Mordanschläge sowie die in Katyń gefundenen Massengräber" an und forderte zum Kampf gegen Kommunisten und Juden auf. (324)

---

103 Das Konzentrationslager Warschau auf dem Gelände des Ghettos wurde am 15. August 1943 errichtet, es existierte bis Juli 1944.
104 Laut „Stroop-Bericht" „Für den Führer und für das Vaterland".
105 Stroop hat bei seinem Prozess 1951 in Warschau eingeräumt, dass es mehr deutsche Opfer gegeben hat, als er in seinem Bericht 1944 angegeben hatte. Die Zahlen lagen aber keineswegs in der von Kermisz vermuteten Größenordnung.
106 Eigentlich ist von Gebäuden und Schlupfwinkeln die Rede.

Der Aufstand im Warschauer Ghetto (19. April–16. Mai 1943)

Noch monatelang waren Schusssalven und Detonationen im Ghetto zu hören. Die „letzten Mohikaner" verteidigten die letzten jüdischen Festungen, die letzten Bunker und Schutzräume. (325)

So endete das tragische und blutige Fanal des Warschauer Ghettos.

Obwohl der Aufstand im Warschauer Ghetto von vornherein zum Scheitern verurteilt gewesen war, hatte er eine große moralische und politische Bedeutung und untergrub die deutsche Macht nachhaltig. Er geriet zur „größten moralischen Niederlage Hitlers während des Weltkriegs" (Sch. Asch), er machte den Todgeweihten Mut, mobilisierte die öffentliche Meinung und appellierte an das Gewissen der Welt, das die Kämpfer des Ghettos, die sich inmitten eines Flammenmeeres, in jeder Hausruine, in jedem Bunker und in jedem Keller verteidigten, aufrütteln wollten.

„Wir rufen vor aller Welt", lautete eine Depesche, die auf dem Untergrundwege von dem Vertreter aller jüdischen Organisationen im Land verschickt worden war, „dass schon jetzt – und nicht erst in dunkler Zukunft – gewaltige Vergeltung an dem blutrünstigen Feind verübt werden solle. Mögen unsere nächsten Verbündeten sich ihrer Verantwortung für ihre Untätigkeit beim Verbrechen an einem wehrlosen Volk bewusst werden. Möge der heldenhafte Widerstand der Juden die Welt aufrütteln, auf dass sie in dieser Sache entsprechend der Größe des Augenblicks handele." (326)

Leider kam keine Hilfe. Vergebens wartete man auf ein Eingreifen von außen.

Hilflos sah die Welt der Tragödie der polnischen Juden zu. Erst der Selbstmord des verdienten jüdischen Sozialisten, „Bund"-Aktivisten und Mitglieds des Nationalrats (in London) Szmul Zygelbojm am 13. Mai 1943 erschütterte die Menschen im Ausland und steigerte das Interesse an der Lage der Juden in Polen. (327)

Ein Ziel des Aufstands im Ghetto wurde vollständig erreicht: Die Ehre und die Würde der Juden in Polen, deren Leid während dieses Krieges seinesgleichen sucht, wurde gerettet.

„Die jüdische Selbstverteidigung", schrieb Kommandant Anielewicz an seinen Vertreter auf der „arischen Seite", „ist nun eine unverrückbare Tatsache. Der jüdische bewaffnete Widerstand und die Vergeltung sind Wirklichkeit geworden. Ich war Zeuge des großartigen, heroischen Kampfes der jüdischen Kämpfer."

Der Aufstand der Juden hatte erheblichen Einfluss auf die Moral des Landes. Nachrichten darüber gelangten in alle noch existierenden Ghettos und Lager und wirkten sich auf die Einstellung und Haltung der noch lebenden jüdischen Bevölkerung aus.

Nach dem Vorbild des Warschauer Ghettos erhoben sich die Ghettos in Białystok, Tschenstochau und Będzin zum heldenhaften Kampf; die Gefangenen von Treblinka und Sobibór organisierten einen Aufstand.

Der Aufstand im Ghetto war außerdem der Ausgangspunkt für die heldenhaften Kämpfe der jüdischen Partisanen überall im Land. Er fand auch bei den polnischen Streitkräfte auf dem Gebiet der UdSSR (328) sowie unter den Arbeitermassen von Paris (329) ein starkes Echo.

Der April-Aufstand, die erste jüdische Revolte seit dem Bar-Kochba-Aufstand,[107] wird in der Geschichte des Volkes über Jahrhunderte hinweg ein Quell des Stolzes und der inneren Stärke sein.

Und „irgendwann", mit den Worten des Dichters gesprochen, „in einer von den Idealen der Brüderlichkeit und Gleichheit erleuchteten sozialen Welt, wenn kein Mensch einen anderen nach seiner „Rasse", sondern nach seinem Edelmut fragen und sich an der kollektiven, sozialen Anstrengung der Arbeit beteiligen wird, werden wir uns der Verteidiger des Ghettos wie „ein Stein, der auf eine Schanze geworfen wurde", sowie der todesmutigen Helden erinnern, die für die Verteidigung der Würde des Menschen, für die heilige Sache umkamen." (Broniewski[108] 330)

---

107 Bar Kochba führte den letzten jüdischen Aufstand gegen die Römer (132–135).
108 Der Schriftsteller Władysław Broniewski (1897–1962) war auch als Offizier im polnisch-sowjetischen Krieg (1920) populär in Polen.

Endnoten

1) Vgl. Z. Łuczek: „W drugą rocznicę powstania Żydów warszawskich", „Wolna Polska", 1945, Nr. 14; B. Dudziński: „Ghetto walczy", „Robotnik", 1946, Nr. 19.
2) „Powstanie w getcie warszawskim", Dokumentensammlung, Warschau, 1945, S. 21.
3) A. a. O., S. 5.
4) Marek Edelman: „Ghetto walczy", Warschau 1945, S. 65.
5) Rede von Dr. Berman: „Powstanie w getcie warszawskim", S. 44.
6) Marek Bitter: „Bohaterstwo", „Dos Naje Lebn", 1946, Nr. 12.
7) Vgl. St. R. Dobrowolski: „Termopilskie skały Warszawy", „Polska Zbrojna", 1945, Nr. 72.
8) Yitzhak Zuckerman („Antek"): „Przygotowania do powstania i przebieg walk", „Dos Naje Lebn", 1945, Nr. 2.
9) „Nowy Dzień" vom 23. April 1943.
10) „Nowy Dzień" vom 21. April 1943 teilte mit, dass die Deutschen sechs Panzer verloren und über 600 Tote und Verletzte davongetragen haben. Vgl. M. A. H. Wasser: „Epopea bohaterstwa" (handgeschriebenes Manuskript) – Edelman schätzt die deutschen Verluste auf 100 Personen. – L. K. „Jak walczyliśmy w getcie warszawskim" (Bericht eines der Befehlshaber des Aufstands), „Robotnik", 1945, Nr. 25. Ähnlich schätzt der Ratsdelegierte die Verluste der Deutschen auf 1000–1200 Mann, die Verluste der Juden wiederum auf 3000–5000. Salomon Mendelsohn: „Opór w getcie warszawskim", IWO Bletter, Bd. 23, Nr. 1.
11) Allgemeiner Bericht von Stroop vom 16. Mai 1943.
12) „Robotnik", 1946, Nr. 19.
13) Stroop-Bericht (a. a. O.).
14) Cywia Lubetkin: „Dziewczęta w walce", „Nowe Słowo", 1946.
15) Stroop-Bericht (a. a. O.).
16) „Na oczach świata".
17) Rede des Abgeordneten des Krajowa Rada Narodowa (Landesnationalrat) Dr. A. Berman in der Akademie am 22. April 1945 („Powstanie w getcie warszawskim"), a. a. O.
18) Vgl. „Dokumenty i materiały do dziejów Żydów w czasie okupacji", Bd. 2, „Wysiedlenia i akcje" (im Druck).
19) Vgl. Artikel für „Einigkeit", geschrieben von M. A. Wasser anlässlich des dritten Jahrestags des Ausbruchs des Aufstands im Warschauer Ghetto (maschinengeschriebenes Manuskript).
20) Vgl. B. Mark: „W trzecią rocznicę powstania w getcie", „Głos Ludu", 1946, Nr. 107.
21) Dr. A. Berman: „Walka podziemna Żydów", Gazeta Lubelska", 1945, Nr. 13. Vgl. R. Auerbach: „Dr. Em. Ringelblum", „Dos Naje Lebn", 1946, Nr. 11.
22) Dr. A. Berman, a. a. O.
23) Gründer des Antifaschistischen Blocks waren: Josef Finkelsztajn-Lewartowski, Andrzej Szmidt, Dr. A. Berman, Yitzhak Zuckerman, Mordechaj Anielewicz, Fiszelson, Cywia Lubetkin, Josef Kapłan, Pola Elster und Szmul Breslaw.
24) Bericht des Kommandos der ŻOB über den Aufstand im Warschauer Ghetto, M. Neustadt: „Zagłada i powstanie Żydów Warszawy", ein Buch der Aussagen und Erinnerungen, Tel Aviv, 1946. Vgl. „Nasze Słowo", 1946, Flugblatt Jednodniowka sowie Zuckerman (a. a. O.).
25) Edelman, a. a. O., S. 31.
26) Bericht a. a. O. Bereits Mitte März 1942 wurde auf der auf Initiative der „Hechaluz" durchgeführten Besprechung den Repräsentanten der politischen Organisationen vonseiten der Initiatoren der Besprechung („Hechaluz") die Gründung einer Jüdischen Kampforganisation auf der „arischen Seite" vorgeschlagen, deren Ziel es sein sollte, sich um Waffen und die Organisation einer Waffenfabrik im Ghetto zu bemühen. Damals führte die Besprechung zu keinen positiven Ergebnissen (a. a. O.).

27) A. a. O.
28) „Jak konspiracja polska alarmowała świat". Die Tätigkeit der „Żegota" im Licht des Berichts (von Zakrzewski), Głos Ludu, 1946, Nr. 107.
29) Dr. Berman, a. a. O.
30) L. K.: „Jak walczyliśmy w getcie warszawskim", „Robotnik", 1945, Nr. 25.
31) Bericht des Kommandos der ŻOB, a. a. O.
32) A. a. O. Vgl. B. Mark: „W rocznicę powstania w getcie warszawskim", „Trybuna Wolności", 1946, Nr. 92.
33) Wasser (a. a. O.).
34) Gen. Stroop gibt in seinem allgemeinen Bericht an, dass während der Aktion vom 22. Juli bis zum 3. Oktober 310 322 Juden ausgesiedelt wurden. Laut anderen Angaben, die sich ebenfalls auf deutsche Quellen stützen, wurden während der Aktion 254 374 Juden ausgesiedelt, in Arbeitslager wurden 11 580 Personen deportiert; die Getöteten wurden im Juli auf 698 Menschen geschätzt, im August auf 2305, im September auf 3158 (Bericht der Untergrundorganisation über den Aufstand im Warschauer Ghetto, Juni 1943).
35) Dr. Berman, a. a. O.
36) Das Präsidium des Jüdischen Nationalkomitees bildeten: Yitzhak Zuckerman, Menachem Kirszenbaum, Jochanan Morgenstern. Bericht des Kommandos der ŻOB (a. a. O.).
37) In den Vorstand des Komitees wurden gewählt: Zuckerman, Kirszenbaum und Abrasza Blum. Das Jüdische Koordinationskomitee bildete ein Propagandakomitee (Blum, Zuckerman, Fajnkind), Finanzkomitee, Versorgungskomitee, Bürgerkomitee (L. Bloch, Chołodenko, Giterman, Guzik, M. Kon, Landau und Sak) und übernahm die Sorge um die Beschaffung von Geld für die Bewaffnung und den Bau von Schutzräumen und Bunkern. Im arischen Stadtteil waren Dr. Berman als Repräsentant des Jüdischen Nationalkomitees und Arie Wilner (Jurek) als Repräsentant der ŻOB tätig. Bericht, a. a. O. Vgl. Edelman (a. a. O.), S. 44.
38) Wasser (a. a. O.).
39) Rede von Dr. Berman (a. a. O.), S. 45.
40) Anielewicz war einer der besten Schüler des Gymnasiums „Laor". Am Tag der Konspiration war er Mitglied der Zentrale des „Hechaluz"; nach der Ermordung von Josef Kapłan war er der Verlagsleiter der Zeitung der Hashomer Hatzair „Neged Hazerem". Er half bei der Organisation einer Selbstverteidigungszelle in Schlesien, nach seiner Rückkehr nach Warschau stand er in den Tagen der Großaktion an der Spitze der Hashomer-Hatzair-Bewegung. Auf dem Posten des Kommandanten der ŻOB widmete sich Anielewicz ausschließlich der Idee des rücksichtslosen Kampfes gegen die deutschen Barbaren und unterstrich bei jeder Gelegenheit die Bedeutung, in den Besitz von Waffen zu kommen („M. Anielewicz, komendant powstania w getcie warszawskim", „Nasze Słowo", 1946).
41) Bericht des Kommandos der ŻOB, a. a. O.
42) A. a. O. Vgl. L. K.: „Jak walczyliśmy w getcie warszawskim".
43) „Powstanie w getcie warszawskim" (a. a. O.), S. 5.
44) Edelman (a. a. O.), S. 44.
45) Bericht des Kommandos der ŻOB (a. a. O.).
46) H. Wasser: „Żołnierze bez broni".
47) Edelman (a. a. O.), S. 44.
48) Wasser.
49) Edelman, a. a. O., S. 45–46.
50) „Wezwanie komendanta powstania w getcie białostockim M. Tamaroffa" (M. Tenenbaum an die Führung des Zivilkampfes des Bezirks Białystok), „Nowe Słowo", 1946.
51) „Jak konspiracja polska alarmowała świat" (a. a. O.).
52) Edelman, a. a. O., S. 45 f.
53) Bericht des Kommandos der ŻOB (a. a. O.).
54) L. K.: „Jak walczyliśmy w getcie warszawskim" (a. a. O.).

Der Aufstand im Warschauer Ghetto (19. April–16. Mai 1943)

55) Bericht des Kommandos der ŻOB, a. a. O.
56) Vgl. Szlengel: „Co czytałem umarłym …". „Dokumenty i materiały do dziejów Żydów w czasie okupacji niemieckiej", Bd. 2 (im Druck).
57) Towie (Borzykowski) „Pierwsi" (Kämpfer). „Unser Wort", 1946, Nr. 1. Vgl. „Nasza Walka", Organ der Vereinigung der Jüdischen Demobilisierten Soldaten und Partisanen in Polen vom 1. März 1946, S. 3 f. sowie Szlengel (a. a. O.).
58) Towie, a. a. O.
59) Szlengel, a. a. O.
60) Edelman, a. a. O., S. 47.
61) Towie: „Pierwsi" (Kämpfer), a. a. O.
62) Edelman, a. a. O., S. 47.
63) Bericht des Kommandos der ŻOB (a. a. O.).
64) Allgemeiner Bericht von Gen. Stroop vom 16. Mai 1943.
65) Bericht des Kommandos der ŻOB.
66) Szczęsny Dobrowolski: „Obrona getta warszawskiego", „Trybuna Wolności", 1945, Nr. 4.
67) Edelman, a. a. O., S. 48.
68) Szlengel, a. a. O.
69) Wł. Milczarek: „Karta bohaterstwa", „Rzeczpospolita", 1946, Nr. 6.
70) Ich zitiere in der Übersetzung aus dem Jiddischen aus der Studie von Mendelsohn, a. a. O., S. 24.
71) Mendelsohn, a. a. O., S. 23.
72) Zu Befehlshabern wurden aus der „Dror" ernannt: Beniamin Wald, Zachariasz Artsztajn, Henoch Gutman, Jitzhak Blausztajn, Berl Brojdo; aus der „Hashomer Hatzair": Mordechaj Grubas (Merdek), Dawid Nowodworski, Szlomo Winograd, Josef Farber; aus der PPR: Henryk Kawa, Henryk Zilberberg, Jurek Grynszpan, Paweł; aus dem „Bund": Welwel Rozowski, Lewi Gruzalc, Jurek Błones, Dawid Hochberg; aus der „Gordonia": Jakub Fajgenblat; aus der „Akiba" – Lutek Rotblat; aus der „Hanoar Hatzioni" – L. Praszkier; aus der Poale Zion (Linke) – Herman Berliński und schließlich aus der Poale Zion (vereinigt mit C. S.) M. A. Majer Majerowicz. Bericht des Kommandos der ŻOB (a. a. O.).
73) Wasser (a. a. O.). Vgl. J. Lehman: „Wspomnienia o przygotowaniach grupy „dzikich" do walki", „Dos Naje Lebn", 1946, Nr. 12.
74) Lehman, a. a. O.
75) Die Reihen der ŻOB sollten im April ungefähr 3000 organisierte und bewaffnete Personen zählen („Na oczach świata"). W. Bartoszewski („Ludwik") (Bart.: „Wielki tydzień w łunie pożarów", „Gazeta Ludowa", 1946, Nr. 109) schätzt die Kräfte der Kampforganisation zum Zeitpunkt des Ausbruchs des Aufstands auf 2000 Personen.
76) Edelman, a. a. O., S. 73.
77) Bericht des Kommandos der ŻOB (a. a. O.).
78) Wasser: „Żołnierze bez broni", a. a. O.
79) Bericht des Kommandos der ŻOB, a. a. O.
80) Janusz Stępowski: „Dni nienazwane", „Robotnik", 1945, Nr. 95.
81) Bericht des Kommandos der ŻOB (a. a. O.). Vgl. Edelman, a. a. O., S. 49.
82) Bericht des Kommandos der ŻOB (a. a. O.).
83) A. a. O. Vgl. Edelman.
84) Edelman (a. a. O.), S. 50.
85) J. Lehman: „Czarna sobota (13 marca 1943)", „Dos Naje Lebn", 1946, Nr. 10.
86) Bericht des Kommandos der ŻOB. Vgl. Edelman, a. a. O., S. 49.
87) Bericht des Kommandos der ŻOB (a. a. O.). Vgl. „Bełżec", Krakau, 1946 (Einführung von Dr. N. Rost), S. 14 f.
88) Bericht (a. a. O.).

89) Edelman (a. a. O.), S. 50.
90) Wasser (a. a. O.).
91) Edelman (a. a. O.). Vgl. Zuckerman (a. a. O.).
92) Edelman (a. a. O.), S. 51. Vgl. „Nasi bohaterowie", „Za naszą i waszą wolność", 1946 (Flugblatt).
93) Bericht des Kommandos der ŻOB (a. a. O.). Vgl. Edelman, S. 51.
94) Bericht (a. a. O.).
95) Wasser (a. a. O.).
96) Wasser: „Żołnierze bez broni" (a. a. O.).
97) Edelman (a. a. O.), S. 51–52.
98) Edelman (a. a. O.), S. 52.
99) „Na oczach świata" (a. a. O.).
100) Allgemeiner Bericht von Stroop (a. a. O.).
101) „Trybuna Wolności", 1943, Nr. 31.
102) Henryk Nowogrodzki: „Trzy dni na Umschlagplatzu", „Dokumenty i materiały do dziejów Żydów w czasie okupacji niemieckiej", Bd. 2 (im Druck).
103) Leon Neuberg („Marian"): Fragment aus seinen Erinnerungen u. d. T. „Gruzowcy" („Dokumenty i materiały ...", a. a. O.).
104) „Oni walczyli" (Bericht von M. Edelman), 1946, Nr. 109.
105) Wasser (a. a. O.).
106) Bericht des Kommandos der ŻOB (a. a. O.).
107) Neuberg (a. a. O.).
108) B. Borg: „Fragmenty z warszawskiego powstania w getcie", „Dos Naje Lebn", 1945, Nr. 4.
109) Bericht des Kommandos der ŻOB (a. a. O.).
110) Nawogrodzki (a. a. O.).
111) „Na oczach świata".
112) Stroop-Bericht vom 3. Mai 1943.
113) Allgemeiner Bericht von Stroop (a. a. O.). Vgl. „Oni walczyli" (a. a. O.).
114) Allgemeiner Bericht von Stroop (a. a. O.).
115) Neuberg (a. a. O.).
116) Edelman (a. a. O.), S. 53.
117) Stroop-Bericht vom 19. April 1943.
118) Bericht des Kommandos der ŻOB (a. a. O.).
119) Allgemeiner Bericht von Stroop (a. a. O.).
120) A. a. O.
121) Stroop-Bericht vom 19. April.
122) Bericht des Kommandos der ŻOB (a. a. O.).
123) Stroop-Bericht vom 19. April. Vgl. Allgemeinen Bericht.
124) Adolf Rudnicki: „Wielkanoc", „Głos Robotniczy", 1946, Nr. 109.
125) Bericht des Kommandos der ŻOB (a. a. O.) – Simcha Rathauser („Kazik"), („Raport bojowy", „Dos Naje Lebn", 1945, Nr. 2) spricht über die Wirkung der Artillerie vom Muranowski-Platz, Stępowski (a. a. O.) berichtet, dass die Deutschen an der Ecke der Nowiniarska-Straße aus Geschützbatterien schossen.
126) „Pamiętaj Ghetto warszawskie". Bericht der Untergrundorganisation 1943. Vgl. Bericht des Regierungsdelegierten (Mendelsohn, a. a. O., S. 28).
127) Bericht des Kommandos der ŻOB (a. a. O.).
128) Stroop-Bericht vom 19. April. Vgl. Allgemeinen Bericht.
129) Edelman (a. a. O.), S. 54–55. Vgl. Neuberg (a. a. O.).
130) Edelman (a. a. O.), S. 55.
131) Neuberg (a. a. O.). Vgl. Nowogrodzki (a. a. O.).

Der Aufstand im Warschauer Ghetto (19. April–16. Mai 1943)   291

132) Allgemeiner Bericht von Stroop (a.a.O.).
133) Edelman (a.a.O.). Vgl. Stroop-Bericht vom 19. April, der mitteilt, dass er um 17:30 Uhr auf sehr starken Widerstand eines Häuserblocks getroffen sei; einer Sondertruppe der Deutschen gelang es nicht, die Aufständischen festzunehmen, die von Basis zu Basis umzogen.
134) Borg (a.a.O.).
135) Edelman (a.a.O.).
136) Bericht des Kommandos der ŻOB (a.a.O.).
137) Stroop-Bericht vom 19. April.
138) Nowogrodzki (a.a.O.).
139) A.a.O.
140) Stroop-Bericht vom 20. April.
141) Bericht des Kommandos der ŻOB. Vgl. Edelman (a.a.O.), S. 55.
142) Rathauser (a.a.O.).
143) Bericht des Kommandos der ŻOB (a.a.O.). Vgl. Edelman (a.a.O.).
144) Stroop-Bericht vom 20. April.
145) Rathauser (a.a.O.).
146) Neuberg (a.a.O.).
147) Stroop-Bericht vom 20. April. Vgl. Bericht des Kommandos der ŻOB, Edelman (a.a.O.), S. 56.
148) „Na oczach świata" (a.a.O.).
149) Edelman (a.a.O.), S. 56–57. Vgl. Zuckerman (a.a.O.).
150) Stroop-Bericht vom 20. April.
151) „Nasi bohaterowie" (a.a.O.).
152) Bericht des Kommandos der ŻOB (a.a.O.). Der Regierungsdelegierte unterstrich in seinem Bericht, dass aufgrund der Niederlagen, die die Deutschen in den ersten beiden Tagen des Kampfes erlitten hatten, sie am 21. April begannen, die jüdischen Widerstandsnester mit Feuer zu bekämpfen, eines nach dem anderen (mit Brandbomben, Fliegern, Flammenwerfern). Mendelsohn (a.a.O.), S. 28.
153) Stroop-Bericht vom 20. April.
154) Neuberg, a.a.O.
155) Stroop-Bericht (a.a.O.).
156) Stroop-Bericht vom 21. April 1943.
157) Allgemeiner Bericht von Stroop (a.a.O.).
158) Edelman, a.a.O., S. 57 f. Vgl. „Oni walczyli" (a.a.O.).
159) Stroop-Bericht vom 21. April.
160) Stroop-Bericht vom 22. April 1943.
161) „Na oczach świata".
162) Stroop-Bericht (a.a.O.).
163) Edelman (a.a.O.), S. 60.
164) Stroop-Bericht (a.a.O.).
165) Rachel Auerbach: „Wielkanoc 1943", „Dos Naje Lebn", 1946, Nr. 12.
166) Auerbach (a.a.O.).
167) Pressezitat auf Grundlage der Erinnerungen von Rudniecki u.d.T. „Historia martyrologii i wykończenia getta warszawskiego" (handgeschriebenes Manuskript). Vgl. Mendelsohn (a.a.O.), S. 35–37.
168) WRN, Nr. 9 (115).
169) Dobrowolski (a.a.O.). Vgl. J. Lis-Błońska: „Było to tak", „Nowa Epoka", 1946, Nr. 13–14.
170) Rudnicki (a.a.O.).
171) Stępowski (a.a.O.).
172) Rudnicki (a.a.O.). Jerzy Andrzejewski: „Noc", Warschau, 1945.
173) Edelman (a.a.O.), S. 59.

174) Stępowski (a. a. O.).
175) S. Polak: „Dymy nad miastem", „Głos Ludu", 1945, Nr. 97.
176) Stępowski (a. a. O.).
177) „Na oczach świata" (a. a. O.).
178) Rudnicki (a. a. O.).
179) „Na oczach świata" (a. a. O.).
180) Auerbach (a. a. O.): „Na oczach świata" (a. a. O.).
181) Auerbach (a. a. O.).
182) Mieczysław Jastrun: „Potęga ciemnoty", „Odrodzenie", 1945, Nr. 29.
183) Jastrun (a. a. O.).
184) Jastrun (a. a. O.).
185) Rede von Berman (a. a. O.).
186) Dobrowolski (a. a. O.).
187) Maj. St. Nienałtowski: „Z pomocą walczącemu gettu", „Polska Zbrojna", 1946, Nr. 94. Vgl. „Gwardia Ludowa czynnie pomagała bohaterskim bojowcom getta warszawskiego", „Głos Ludu", 1946, Nr. 108 sowie „Wkład Gwardii Ludowej i Armii Ludowej", „Głos Ludu", 1946, Nr. 107.
188) B. Mark: „W trzecią rocznicę powstania w getcie", „Głos Ludu", 1946, Nr. 108.
189) Edelman (a. a. O.), S. 62.
190) Bericht des Kommandos der ŻOB.
191) „Na oczach świata" (a. a. O.).
192) „Powstanie w getcie warszawskim" (a. a. O.), S. 8.
193) Vgl. „Jak konspiracja polska alarmowała świat" (a. a. O.).
194) „Na oczach świata" (a. a. O.).
195) Bartoszewski (a. a. O.).
196) Die Information erhielt ich von Rachel Auerbach.
197) Mendelsohn (a. a. O.), S. 28.
198) „Jak konspiracja polska informowała świat" (a. a. O.).
199) „Powstanie w getcie warszawskim" (a. a. O.), S. 8.
200) Stroop-Bericht vom 23. April.
201) Stroop-Bericht (a. a. O.). Übrigens ist bekannt, dass an diesem Tag die Häuser in der Niska-Straße niedergebrannt wurden („Na oczach świata", a. a. O.).
202) Stroop-Bericht (a. a. O.). Vgl. „Na oczach świata" (a. a. O.).
203) Stroop-Bericht, a. a. O.
204) „Na oczach świata" (a. a. O.).
205) A. a. O.
206) Edelman (a. a. O.), S. 61.
207) Stroop-Bericht vom 23. April.
208) „Na oczach świata" (a. a. O.).
209) Stroop-Bericht vom 24. April.
210) Bericht des Kommandos der ŻOB (a. a. O.). Vgl. Zuckerman (a. a. O.).
211) T. Borzykowski: „W ogniu i krwi". (Erinnerungen eines Teilnehmers an den Kämpfen im Warschauer Ghetto), „Nowe Słowo", 1946.
212) Stroop-Bericht (a. a. O.). Vgl. Edelman (a. a. O.), S. 59.
213) Edelman, a. a. O.
214) Bericht (a. a. O.). Vgl. Zuckerman (a. a. O.).
215) Edelman (a. a. O.), S. 60.
216) Allgemeiner Bericht von Stroop (a. a. O.).
217) Bericht (a. a. O.). Vgl. Rudnicki (a. a. O.).

Der Aufstand im Warschauer Ghetto (19. April–16. Mai 1943) 293

218) Stroop-Bericht (a.a.O.). Die Deutschen erbeuteten an diesem Tag auch eine gewisse Geldsumme, hauptsächlich Dollar, die zum Zeitpunkt, als der Bericht verfasst wurde, noch nicht gezählt war.
219) Borzykowski (a.a.O.).
220) Stroop-Bericht vom 25. April. Der deutsche General ließ es sich nicht entgehen, über die Erbeutung einer beträchtlichen Geldsumme sowie Goldmünzen und Wertsachen zu berichten.
221) Insgesamt betrugen die deutschen Verluste bis zum 25. April laut Stroop 5 Tote, darunter 2 SS-Männer, 2 Wehrmachtssoldaten und einer aus dem Bataillon der „Trawnikimänner", sowie 50 Verletzte (darunter 27 SS-Männer, 9 Polizisten, 4 Angehörige der Sicherheitspolizei, einer von der Wehrmacht und 9 aus dem Bataillon der „Trawnikimänner").
222) Stroop-Bericht (a.a.O.).
223) Stroop-Bericht vom 26. April.
224) Bericht des Kommandos der ŻOB (a.a.O.). Vgl. Zuckerman (a.a.O.).
225) Stroop-Bericht (a.a.O.).
226) Bericht (a.a.O.). Vgl. Zuckerman (a.a.O.).
227) Stroop-Bericht (a.a.O.).
228) Im Bericht von diesem Tag (27. April) sind die genauen deutschen Kräfte angegeben, die an der Bewachung der Grenzen des Ghettos sowie an den Operationen beteiligt waren. Grenzwache von 7:00 bis 19:00 Uhr: 288 deutsche Polizisten, 200 aus dem Bataillon der „Trawnikimänner", 140 von der Blauen Polizei. Von 19:00 bis 7:00 Uhr: 288 deutsche Polizisten, 250 SS-Männer, 140 von der Blauen Polizei. An den Operationen waren beteiligt: 118 deutsche Polizisten (darunter 3 Offiziere), 404 SS-Männer (4 Offiziere), 7 Pioniere (1 Offizier; laut Stroop-Bericht „Technische Nothilfe", Anm. des Übers.), 32 von der Sicherheitspolizei (2 Offiziere), 23 aus der Ingenieurseinheit (darunter 2 Offiziere; laut Stroop-Bericht Pioniere, Anm. des Übers.).
229) „Auch der Aufenthalt in den Kanälen", schreibt Stroop wörtlich, „war schon nach den ersten 8 Tagen kein angenehmer mehr. [...] Mutig kletterten dann die Männer der Waffen-SS oder der Polizei oder Pioniere der Wehrmacht in die Schächte hinein, um die Juden herauszuholen und nicht selten stolperten sie dann über bereits verendete Juden oder wurden beschossen." (Allgemeiner Bericht).
230) Borzykowski (a.a.O.).
231) Stroop-Bericht vom 27. April (a.a.O.).
232) Stroop-Bericht vom 28. April. Die Gesamtzahl der gefangenen Juden bei der Liquidierungsaktion soll laut deutschen Angaben bis zum 28. April 33 401 betragen haben.
233) Stroop-Bericht (a.a.O.).
234) Bericht vom 29. April (a.a.O.). Die Verluste der Juden sollen den Berechnungen von Stroop zufolge bis zum 29. April insgesamt 35 760 betragen haben.
235) Stroop-Bericht (a.a.O.).
236) Stroop-Bericht vom 30. April. An diesem Tag wurden bei den Operationen eingesetzt: 138 deutsche Polizei (darunter 5 Offiziere), 39 Sicherheitspolizei (3 Offiziere), 438 SS-Männer (6 Offiziere), 44 (laut Stroop-Bericht 42, Anm. des Übers.) Pioniere (2 Offiziere) sowie 10 Stab (3 Offiziere). Die Grenzwache bildeten: SS-Männer 321 (darunter 3 Offiziere [laut Stroop-Bericht 313], deutsche Polizei 91 (2 Offiziere), Bataillon der „Trawnikimänner" 200 sowie Blaue Polizei.
237) Die Gesamtzahl der jüdischen Verluste während der Aktion soll laut den Angaben von Stroop bis zum 30. April 37 359 betragen haben.
238) Stroop-Bericht vom 1. Mai 1943.
239) Zuckerman (a.a.O.); Edelman (a.a.O.).
240) Bernard Borg: „1 mai w walczącym getcie", „Dos Naje Lebn", 1946, Nr. 12.
241) Borzykowski (a.a.O.).
242) Stroop-Bericht (a.a.O.). Bei den Operationen eingesetzte Kräfte an diesem Tag: 106 Polizisten (darunter 4 Offiziere), 357 SS-Männer (7 Offiziere), 47 Pioniere (3 Offiziere; laut Stroop-Bericht Pioniere und

Technische Nothilfe, Anm. des Übers.), 3 von der Sicherheitspolizei (2 Offiziere). Grenzwache: 300 SS-Männer, 72 von der deutschen Polizei (1 Offizier), 250 aus dem Bataillon der „Trawnikimänner".

243) Stroop-Bericht (a.a.O.). Die Gesamtzahl der jüdischen Verluste soll bis zu diesem Tag 38 385 betragen haben, diejenigen, die bei den Bränden oder unter den Trümmern der Bunker ums Leben kamen, nicht mit eingerechnet. – Der am Vortag verletzte deutsche Polizist starb.
244) Neuberg (a.a.O.).
245) Stroop-Bericht (a.a.O.).
246) Edelman (a.a.O.), S. 61–62.
247) Borg (a.a.O.).
248) Edelman (a.a.O.).
249) T. Borzykowski: „Atak 1-majowy w warszawskim getcie", „Unser Wort", 1946, Nr. 2.
250) Stroop-Bericht vom 2. Mai (a.a.O.).
251) Bei den Operationen eingesetzte deutsche Kräfte: deutsche Polizei 101 (darunter 3 Offiziere), Pioniere 46 (3 Offiziere; laut Stroop-Bericht Pioniere und Technische Nothilfe, Anm. des Übers.), Sicherheitspolizei 15 (3), SS-Grenadiere 420 (11), SS-Kavallerie 10 (3). Grenzwache: deutsche Polizei 11 (darunter 2 Offiziere), SS-Grenadiere 301 (1 Offizier), Trawnikimänner 200.
252) Stroop-Bericht (a.a.O.).
253) Neuberg (a.a.O.).
254) Die Anzahl der jüdischen Verluste soll bis zu diesem Tag insgesamt 40 237 betragen haben.
255) Stroop-Bericht vom 3. Mai 1943. Die Gesamtzahl der jüdischen Verluste bis zum 3. Mai soll insgesamt 41 806 betragen haben.
256) Genosse „Marek": „Za naszą i waszą wolność", 1946.
257) Stroop-Bericht vom 4. Mai 1943.
258) Deutsche Kräfte, die bei den Operationen am 4. Mai eingesetzt wurden: deutsche Polizei 105 (darunter 3 Offiziere; laut Stroop-Bericht 4 Offiziere, Anm. des Übers.), Pioniere und Technische Nothilfe 52 (3 Offiziere; laut Stroop-Bericht insg. 50, Anm. des Übers.), Sicherheitspolizei 16 (2), SS-Männer 418 (11). Grenzwache im Tagesverlauf: deutsche Polizei 89 (darunter 2 Offiziere), SS-Männer 25, Bataillon der Trawnikimänner 200, Blaue Polizei 181 (1 Offizier); in der Nacht: deutsche Polizei 12 (darunter 1 Offizier), SS-Männer 301 (1 Offizier), Blaue Polizei 181 (1 Offizier).
259) Stroop-Bericht (a.a.O.).
260) „Pamiętaj Ghetto warszawskie". Bericht der Untergrundorganisation, Juni 1943.
261) Die Gesamtzahl der jüdischen Verluste soll bis zum 4. Mai insgesamt 44 089 betragen haben. Die Deutschen erbeuteten auch ein Gewehr, drei Pistolen und Munition.
262) Stroop-Bericht vom 5. Mai 1943, die Gesamtzahl der jüdischen Verluste bis zu diesem Tag schätzte Stroop auf 45 159.
263) Insgesamt sollen die deutschen Verluste ihren eigenen Berechnungen zufolge bis zum 5. Mai acht Tote sowie 55 Verletzte betragen haben.
264) Deutsche Kräfte, die bei den Operationen an diesem Tag eingesetzt wurden: deutsche Polizei 105 (darunter 4 Offiziere), Pioniere und Technische Nothilfe 82 (4 Offiziere), Sicherheitspolizei 16 (2 Offiziere), SS-Männer 510 (10 Offiziere). Grenzwache am Tag: 98 (darunter 2 Offiziere; laut Stroop-Bericht von der deutschen Polizei, Anm. des Übers.), SS-Männer 25, Bataillon der Trawnikimänner 200, Blaue Polizei 181 (1 Offizier); in der Nacht: deutsche Polizei 12 (1 Offizier), SS-Männer 301 (1 Offizier), Blaue Polizei 181 (1 Offizier).
265) Die Gesamtzahl der bis dahin gefangenen Juden soll 17 068 (laut Stroop-Bericht 47 068, Anm. des Übers.) betragen haben.
266) Stroop-Bericht vom 6. Mai 1943. Vgl. Allgemeinen Bericht (a.a.O.).
267) Die Gesamtzahl der jüdischen Verluste bis zum 6. Mai soll laut den deutschen Berechnungen 47 068 betragen haben. Die Deutschen erbeuteten an diesem Tag vier Pistolen verschiedenen Kalibers sowie

Munitionsmagazine (laut Stroop-Bericht wurden die Pistolen und Munition am 7. Mai erbeutet, Anm. des Übers.).
268) Stroop-Bericht vom 7. Mai 1943.
269) Borzykowski: „W ogniu i krwi" (a.a.O.).
270) Stroop-Bericht vom 8. Mai 1943. Die Kräfte, die an der Operation teilgenommen haben, betrugen: deutsche Polizei 105 (darunter 4 Offiziere), Pioniere und Technische Nothilfe 79 (4 Offiziere), Sicherheitspolizei 16 (2 Offiziere), SS-Männer 540 (13 Offiziere). Grenzwache am Tag: deutsche Polizei 88 (1 Offizier), Bataillon der Trawnikimänner 160, Blaue Polizei 161 (1); in der Nacht: deutsche Polizei 37 (1 Offizier), SS-Männer 301 (1 Offizier), Blaue Polizei 161 (1 Offizier).
271) Edelman (a.a.O.), S. 62.
272) Stroop-Bericht vom 8. Mai (a.a.O.).
273) Edelman (a.a.O.), S. 63.
274) Stroop (a.a.O.).
275) Edelman (a.a.O.).
276) Die Gesamtzahl der jüdischen Verluste bis zum 8. Mai soll den deutschen Berechnungen zufolge 49 712 betragen haben. Die Deutschen erbeuteten an diesem Tag auch 15–20 Pistolen verschiedener Kaliber, eine beträchtliche Menge Gewehr- und Pistolenmunition sowie eine gewisse Anzahl von Handgranaten.
277) Stroop (a.a.O.).
278) Bei den Operationen an diesem Tag eingesetzt wurden: deutsche Polizei 107 (darunter 4 Offiziere), Sicherheitspolizei 14 (2 Offiziere), Pioniere 70 (3 Offiziere), SS-Männer 560 (13 Offiziere). Grenzwache am Tag: deutsche Polizei 88 (1 Offizier), Bataillon der Trawnikimänner 160, Blaue Polizei 161 (1 Offizier); Nachtwache: deutsche Polizei 37 (1 Offizier), SS-Männer 301 (1 Offizier), Blaue Polizei 161 (1).
279) Die Gesamtzahl der jüdischen Verluste soll bis zum 9. Mai insgesamt 51 313 betragen haben. Außerhalb des Ghettos sollen an diesem Tag 254 jüdische Aufständische und Juden umgekommen sein.
280) Stroop-Bericht vom 9. Mai 1943.
281) Stroop-Bericht vom 10. Mai 1943.
282) Stroop-Bericht (a.a.O.).
283) Bericht des Kommandos der ŻOB. Vgl. Edelman (a.a.O.), S. 63.
284) Vgl. „Gwardia Ludowa czynnie pomagała bohaterskim bojowcom getta warszawskiego", „Głos Ludu", 1946, Nr. 108. – Die Organisatoren der Rettungsexpedition mussten Kontakt mit dem König der Erpresser („Szmalcowniki" – Polen, die Juden gegen Geld versteckten oder auslieferten, Anm. des Übers.) und seine Helfer am Kazimierz-W.-Platz sowie mit Schmugglern aus der Koźla-Straße aufnehmen (Rathauser, a.a.O.).
285) Edelman, a.a.O., S. 63.
286) Rathauser, a.a.O.
287) Stroop-Bericht vom 10. Mai 1943.
288) Maj. Nienałtowski, a.a.O.
289) Rathauser (a.a.O.).
290) Stroop-Bericht vom 10. Mai. Vgl. Allgemeinen Bericht vom 16. Mai.
291) Maj. Nienałtowski (a.a.O.). Stroop schätzte die Anzahl der Aufständischen, denen es gelungen war zu entkommen, auf 30–35 (Allgemeiner Bericht, a.a.O.).
292) „Jak walczyliśmy …" (a.a.O.).
293) Rede von Dr. Berman (a.a.O.).
294) Maj. Nienałtowski (a.a.O.).
295) Rathauser (a.a.O.).
296) Stroop-Bericht vom 10. Mai.
297) Bericht des Kommandos der ŻOB (a.a.O.).

298) Vgl. Stroop-Bericht vom 22. April.
299) Die folgenden Kräfte wurden an diesem Tag bei der Operation eingesetzt: deutsche Polizei 132 (darunter 6 Offiziere), Pioniere und Technische Nothilfe 87 (5 Offiziere), Sicherheitspolizei 16 (2 Offiziere), SS-Männer 320 (12 Offiziere). Grenzwache am Tag: deutsche Polizei 113 (1 Offizier), Bataillon der Trawnikimänner 160, polnische Polizei 161 (1 Offizier); in der Nacht: deutsche Polizei 87 (1 Offizier), SS 191 (1 Offizier; laut Stroop-Bericht insg. 301 SS-Männer, Anm. des Übers.), Blaue Polizei 161 (1 Offizier). Stroop-Bericht vom 11. Mai 1943.
300) Die Anzahl der jüdischen Verluste bis zum 11. Mai berechnete Stroop insgesamt mit 53 667. Die eigenen Verluste schätzte er auf zwölf Tote und 71 Verletzte (ein verletzter SS-Mann am 11. Mai).
301) An diesem Tag wurden bei der Operation eingesetzt: deutsche Polizei 131 (darunter 5 Offiziere), Pioniere und Technische Nothilfe 85 (5 Offiziere), Sicherheitspolizei 16 (2 Offiziere), SS 520 (12 Offiziere). Grenzwache am Tag: deutsche Polizei 113 (1 Offizier), Bataillon der Trawnikimänner 160, Blaue Polizei 161 (1); in der Nacht: deutsche Polizei 87 (1 Offizier), SS 301 (1 Offizier), Blaue Polizei 161 (1 Offizier).
302) Die jüdischen Verluste sollen laut Stroops Berechnungen bis zum 12. Mai insgesamt 54 463 betragen haben. Stroop-Bericht vom 12. Mai 1943.
303) Stroop-Bericht (a. a. O.).
304) Bei der Operation wurden an diesem Tag eingesetzt: deutsche Polizei 186 (darunter 4 Offiziere), Pioniere und Technische Nothilfe 85 (5), Sicherheitspolizei 16 (2), SS 529 (12). Grenzwache am Tag: deutsche Polizei 139 (2 Offiziere), Bataillon der Trawnikimänner 270, Blaue Polizei 161 (1 Offizier); in der Nacht: 88 (1 Offizier; laut Stroop-Bericht von der deutschen Polizei, Anm. des Übers.), SS 301 (1 Offizier), Blaue Polizei 161 (1 Offizier). Stroop-Bericht vom 13. Mai 1943.
305) Insgesamt wuchs die Zahl der jüdischen Verluste den deutschen Angaben entsprechend bis zum 13. Mai auf 55 179 an.
306) Stroop-Bericht (a. a. O.).
307) Józefa Lis-Błońska: „Historia prawdziwa", „Nowa Epoka", 1946, Nr. 9–10.
308) Stroop-Berichte vom 13. und 16. Mai 1943.
309) Die folgenden deutschen Kräfte wurden bei der Operation an diesem Tag eingesetzt: deutsche Polizei 185 (darunter 4 Offiziere; laut Stroop-Bericht insg. 188 Polizisten, Anm. des Übers.), Pioniere und Technische Nothilfe 84 (5 Offiziere), Sicherheitspolizei 18 (2 Offiziere), SS 522 (12 Offiziere). Grenzwache am Tag: deutsche Polizei 140 (2 Offiziere), Bataillon der Trawnikimänner 270, Blaue Polizei 161 (1 Offizier); in der Nacht: deutsche Polizei 88 (1 Offizier), SS 301 (1 Offizier), Blaue Polizei 161 (1 Offizier). Stroop-Bericht vom 14. Mai 1943.
310) Stroop Bericht (a. a. O.).
311) Allgemeiner Bericht vom 16. Mai 1943.
312) Stroop-Bericht vom 14. Mai (a. a. O.). Die jüdischen Verluste sollen Stroops Berechnungen zufolge bis zum 14. Mai insgesamt 55 731 betragen haben.
313) Bei der Operation wurden eingesetzt: deutsche Polizei 188 (darunter 4 Offiziere), Pioniere und Technische Nothilfe 85 (5 Offiziere; laut Stroop-Bericht insg. 84, Anm. des Übers.), Sicherheitspolizei 18 (2 Offiziere), SS 522 (12 Offiziere). Grenzwache am Tag: deutsche Polizei 135 (2 Offiziere; laut Stroop-Bericht insg. 140 Polizisten, Anm. des Übers.), Bataillon der Trawnikimänner 270, Blaue Polizei 161 (1 Offizier); in der Nacht: deutsche Polizei 88 (1 Offizier), SS 301 (1 Offizier), Blaue Polizei 161 (1 Offizier). Stroop-Bericht vom 15. Mai 1943.
314) Die Gesamtzahl der jüdischen Verluste soll bis zum 15. Mai insgesamt 55 885 betragen haben. Die Deutschen erbeuteten an diesem Tag vier Pistolen großen Kalibers, zehn kg Sprengstoff und eine beträchtliche Menge Munition.
315) Stroop-Bericht vom 15. Mai (a. a. O.).
316) Stroop-Berichte vom 16. und 24. Mai 1943. Vgl. Edelman, a. a. O., S. 67.

317) „Trybuna Wolności", 1944, Nr. 55. Den Berechnungen des Regierungsdelegierten zufolge wurden während der Liquidierung des Ghettos 100 000 Räume zerstört. (Mendelsohn, a. a. O., S. 29, 37).
318) Vgl. „Na oczach świata" (a. a. O.).
319) Stroop-Berichte (a. a. O.).
320) Stroop-Bericht vom 16. Mai (a. a. O.).
321) Stroop-Bericht vom 24. Mai (a. a. O.). Im allgemeinen Bericht erwähnt der SS-General 5–6 Mio. Złoty, die noch nicht gezählt waren.
322) Allgemeiner Bericht von Stroop (a. a. O.).
323) B. Dudziński: „Ghetto walczy", „Robotnik", 1946, Nr. 16.
324) Allgemeiner Bericht von Stroop (a. a. O.).
325) Wasser: „Żołnierze bez broni" (a. a. O.). Vgl. „Nowe Drogi" vom Juni 1943, die Folgendes schrieb: „Die Partisanenauftritte der Juden, die sich noch im Ghetto versteckten, hörten nicht auf." (Mendelsohn, a. a. O., S. 32).
326) „Na oczach świata" (a. a. O.).
327) W. Bartoszewski: „Konspiracja polska alarmowała świat", „Gazeta Ludowa", 1946, Nr. 99.
328) B. Mark: „Powstanie w getcie warszawskim", Moskau, 1944.
329) B. Aronson: „Gdy Paryż dowiedział się ...", „Naje Presse", 1946, Nr. 32.
330) Wł. Broniewski: „Kamienie na szaniec", „Kuźnica", 1946, Nr. 16.

SS-Führer zwingen Versteckte, den Bunker zu verlassen

Die Deutschen beschießen das Ghetto

Das Ghetto in Flammen

Das Ghetto in Flammen

Das Ghetto in Flammen

Die Deutschen betrachten ihr „Werk"

Plan des Warschauer Ghettos, Maßstab 1:20 000

LEGENDE

━━━━ Grenzen des Ghettos gemäß der Verordnung vom 18. 10. 1940

•━•━• Grenzen des Ghettos nach der Großaktion (Juli – September 1942)

A – Zentralghetto
B – Bürstenmachergelände
C – Gebiet der Shops
D – Sogenanntes Kleines Ghetto

Die Karte erstellte Ing. H. Sobel

Gerszon Taffet

Die Vernichtung der Juden von Żółkiew

Übersetzung aus dem Polnischen von Sonja Stankowski

Vorbemerkung

Gerszon Taffet ist der Chronist des Untergangs der jüdischen Gemeinde von Żółkiew in Galizien, die vor der deutschen Okkupation 5000 Seelen gezählt hatte. Taffet war von Beruf Lehrer, gab auch im Ghetto Unterricht und gehörte der Gesundheitskommission an. Es gelang ihm, aus dem Zug ins Vernichtungslager zu fliehen, und er überlebte auch die Deportation ins Lager Janowska in Lemberg. Bis zur Befreiung im Juli 1944 war er versteckt. Gerszon Taffet verlor im Holocaust Frau und Kind, sein eigenes Geschick erwähnt er aber nur in wenigen Andeutungen. Der Bericht ist eine nüchterne Darstellung des Judenmords in einer galizischen Stadt.

Er entstand 1946 in Łódź unter dem Titel „Zagłada Żydów żółkiewskich".

Kursiv gesetzte Wörter stehen im Original in deutscher Sprache. Die Anmerkungen der Herausgeber zur deutschen Ausgabe sind als Fußnoten gesetzt. Im Text wird mit hochgestellten Ziffern darauf verwiesen. Die Anmerkungen der polnischen Originalfassung erscheinen als Endnoten, die Verweise darauf sind im Text als Ziffern in runden Klammern gesetzt (Fehler der Bezifferung im Text sind stillschweigend korrigiert).

Frank Beer, Wolfgang Benz, Barbara Distel

GERSZON TAFFET

ZAGŁADA
ŻYDÓW ŻÓŁKIEWSKICH

ŁÓDŹ
1946

Buchumschlag der Originalausgabe „Zagłada Żydów żółkiewskich", Łódź 1946

Gerszon Taffet

Die Vernichtung der Juden von Żółkiew

Vorwort von Józef Kermisz

Die Arbeit von G. Taffet unter dem Titel „Die Vernichtung der Juden von Żółkiew" beruht hauptsächlich auf eigenen Erinnerungen sowie den Aussagen von einigen wenigen Augenzeugen, denen es gelungen ist, die Hölle des Terrors und der Lager zu überleben. Obwohl die Originaldokumente vom Feind vernichtet wurden, um die Spuren des Verbrechens zu beseitigen, gibt die Arbeit von G. Taffet die Geschichte der jüdischen Bevölkerung in Żółkiew ausgesprochen gut und bisweilen sehr lebensnah und drastisch wieder.

Der Autor, ein Bürger von Żółkiew, der das ganze Inferno des von Hitler ausgelösten jüdischen Martyriums am eigenen Leib erfuhr, der den Transport der Juden von Żółkiew in Richtung Bełżec miterlebte und der sich schließlich in der Gruppe von Männern befand, die heimtückisch von Żółkiew ins Lager Janowska verbracht wurde, verfügt über hervorragende Kenntnisse des Geländes und des Umfelds. Darum ist auch kein wichtiges Phänomen seiner Aufmerksamkeit entgangen, er vergaß keines der bedeutsameren Ereignisse.

Der Autor hat in seiner Erzählung die chronologische Abfolge beibehalten, wobei er die Gesamtheit des Schicksals der Juden von Żółkiew skizziert. Mit dem, was er am besten kennt und als Augenzeuge erlebte, beschäftigt er sich gründlich. Leider „hat die deutsche Todesmaschinerie die jüdische Bevölkerung von Żółkiew fast vollständig vernichtet", denn von 5000 Juden (im Jahre 1941) – blieben nur etwas mehr als 70 Personen am Leben, deren namentliche Auflistung der Leser am Ende dieser Arbeit findet.

Der deutschen Barbarei fielen auch unschätzbare Kulturdenkmäler zum Opfer, die Wehrsynagoge aus der Zeit Sobieskis sowie der alte Friedhof wurden zerstört.

Die erste Welle des Terrors im Distrikt Galizien im Frühjahr 1942 traf auch die Juden von Żółkiew. Schon am 15. März 1942 ging aus Żółkiew einer der ersten Transporte nach Bełżec ab. Zwei Jüdinnen, die durch glückliche Umstände aus dem Todeslager zurückgekehrt waren, lüfteten den Schleier des Geheimnisses, aber „ihre Erzählung kam einigen wie eine Fantasterei vor, einfach unglaubwürdig".

Besondere Aufmerksamkeit verdienen die Abschnitte der Ausarbeitung, die der Erörterung des Themas „Springer" gewidmet sind, die von den Transporten, die nach Bełżec gingen, bei voller Fahrt aus den Waggons gesprungen waren. Die „Springer" mussten vor allem vor den deutschen Polizisten und den ukrainischen Milizionären versteckt werden, von denen sie an Ort und Stelle erschossen wurden. Die jüdische Bevölkerung von Żółkiew bedachte die „Springer" mit viel Zuwendung. Die jüdische Sanitäterbrigade, die nicht nur aus Fachkräften, sondern auch aus Vertretern der örtlichen Intelligenz bestand, lief mit Tragen oder einem kleinen Wagen die Eisenbahnschienen entlang und brachte die Verletzten auf das Gelände des jüdischen Viertels, wo ihnen weitestgehende Hilfe zuteil wurde. „Trotz der schwierigen Bedingungen", stellt der Autor fest, „hat die Sanitäter-Kommission manches Mal unter Gefährdung des eigenen Lebens aufopferungsvoll ihre Aufgaben erfüllt". Dank ihr sind viele Verletzte und Versehrte wieder genesen.

Es ist bezeichnend, dass die große November-Aktion 1942 an einem Sonntag (22. 11.) begann, um die Juden von Żółkiew zu überraschen, die die Aussiedlung an einem Werktag erwarteten. Das Ergebnis dieser Aktion, die zwei Tage dauerte, war die Registrierung von 2500 Juden. Die Juden von Żółkiew, die aus der Erfahrung gelernt hatten, rüsteten sich beizeiten mit einem Satz extra angefertigter Werkzeuge aus (einer kleinen Taschenstahlsäge für Holz und Eisen, einer Drahtschneideschere, bzw. mit primitiven Werkzeugen, wie Messer, Brechstange, Axt). Während des ganzen Weges schoss das Begleitpersonal auf herabspringende Juden. So lagen entlang der Gleise Hunderte getöteter oder schwerverletzter Menschen.

Anschaulich wird die Musterung der arbeitsfähigen Männer dargestellt, die am 15. März 1943 auf dem Sportplatz stattfand und von den Deutschen auf perfide Weise arrangiert wurde, unter dem Vorwand, den versammelten jüdischen Arbeitern die Abzeichen „W" oder „R" zu verleihen.[1] Ergebnis der „Musterung" war, dass 618 Männer ins Lager Janowska verschleppt wurden.

Am 25. März 1943 begann eine Liquidierungsaktion, in deren Verlauf Kranke und Kinder bestialisch ermordet wurden. Durch unglaubliche Grausamkeit zeichnete sich ganz besonders ein SS-Mann aus dem Lager Janowska namens Heinisch aus, der mit der Axt Kinder, Kranke und Alte ermordete.

Sehr aufschlussreich sind die zahlreichen Beschreibungen des Verhaltens der örtlichen Bevölkerung in den schwersten Momenten der Existenz des Ghettos. So schickte ein römisch-katholischer Priester eine beachtliche Geldsumme an ein Komitee, das finanzielle Unterstützung sammelte. Die polnische Bevölkerung des Dorfes Bar (nahe Gródek Jagielloński) trug unter Einsatz ihres Lebens zur Rettung einer etwas mehr als zwanzig Personen zählenden Gruppe von Juden bei. Zu erwähnen sind auch die wenigen Juden, die sich nach der endgültigen Liquidierung des Ghettos im Untergrund und auf Dachböden versteckt hielten, denen „nichtjüdische Freunde so manches Mal uneigennützig, mit großer Aufopferung und dem Einsatz des eigenen Lebens bei der Rettung halfen". Andererseits gab es auch solche, die, entweder von der Hitler-Propaganda verseucht oder aus Gewinnsucht, die Deutschen dabei unterstützten, die restlichen Juden aufzuspüren und zu vernichten. Im

---

1 W für Wehrmacht bzw. R für Rüstung.

Ergebnis „führten menschliche Niedertracht, Erpressungen und ständige Durchsuchungen zu großen Verlusten unter den ohnehin wenigen Verbliebenen".

Nicht unberücksichtigt bleiben auch manchmal kleine, aber dennoch wertvolle Details, die das würdige Verhalten der Juden von Żółkiew in den Momenten der Not und Vernichtung bezeugen. So stürzte sich z. B. Mojżesz Saft auf einen deutschen Polizisten sowie einen ukrainischen Milizionär und verletzte beide, als sie ihn aus dem Versteck führten.

Zu bedauern ist, dass der Autor nicht die Möglichkeit hatte, Aussagen der örtlichen, nichtjüdischen Bevölkerung zu sammeln, unter denen sicherlich Personen waren, die den Verlauf der Ereignisse im Ghetto genau beobachteten, oft gerade deshalb, um ihren Nachkommen die ganze Wahrheit zu berichten. Ferner sollte berücksichtigt werden, dass die Erinnerung des Autors wie auch der Augenzeugen, auf deren Aussagen sich diese Arbeit stützt, in einigen Fällen versagen und die Beschreibung nach einigen Jahren Abstand demzufolge an mancher Stelle etwas blass ausfallen kann.

Die Arbeit von G. Taffet stellt trotz dieser Mängel zweifelsohne einen wertvollen Beitrag zur Geschichte des jüdischen Martyriums während der deutschen Besatzung dar. Sie ist vor allem ein Mahnmal für eine bedeutende jüdische Gemeinde und erfüllt in großem Maße zweifellos den Wunsch des Autors, dass „die in dieser Arbeit verewigte Geschichte des Märtyrertums und der Vernichtung der Juden von Żółkiew ein Grabstein auf ihrem unbekannten Grab sei".

Dr. Józef Kermisz
Łódź, Juli 1946

Einleitung

Die jüdische Gemeinde von Żółkiew – eine der ältesten Gemeinden des Gebiets von Rotruthenien[2] – spielte in der Stadtgeschichte eine herausragende Rolle. Die erste historische Erwähnung der Juden von Żółkiew stammt aus dem Jahre 1600. In diesem Jahr gestattete Hetman Stanisław Żółkiewski den Juden, ein Gebetshaus zu errichten und legte für sie „einen separaten Ort und Straßen fest, um eine Brauerei, eine Malzfabrik, einen Bierkeller, Bäder und Brunnen für die Körperreinigung gemäß ihrer Regeln zu bauen". (1)

Die jüdische Besiedlung dieser Stadt geht also auf den Anfang des 17. Jahrhunderts zurück (der älteste Grabstein, der auf dem jüdischen Friedhof bis zur deutschen Besatzung erhalten geblieben war, stammte aus dem Jahre 1610). „Beginnend mit der zweiten Hälfte des 17. Jahrhunderts gelangte die jüdische Gemeinde von Żółkiew an die Spitze des Gebietes Rotruthenien und behielt ihre dominierende Bedeutung einige Jahrzehnte lang bei." (2)

Aufgrund der wichtigen Rolle, die die Stadt Żółkiew in der Geschichte der Juden in Rotruthenien spielt, forschen jüdische Historiker seit Langem zur Geschichte dieser Stadt. Salomon Buber widmete ihr eine Arbeit mit dem Titel „Kiria Nisgawa" (Burg auf der Anhöhe). Viel Platz räumt Dr. Majer Balaban der Stadt Żółkiew in seinen wissenschaftlichen Ausarbeitungen ein (Geschichte der Juden in Galizien, Die Lemberger Juden in der Wende vom 16. zum 17. Jh. und andere). Eine umfangreiche Arbeit mit dem Titel „Das alte Żółkiew und seine Juden", die die vollständige Geschichte der Juden von Żółkiew umfasst, veröffentlichte Dr. Jakub Schall im Jahr 1939. Auch die vorliegende Arbeit ist der Geschichte dieser Gemeinde in der Zeit der deutschen Okkupation gewidmet.

Die deutsche Todesmaschinerie hat die jüdische Bevölkerung der Stadt Żółkiew fast vollständig vernichtet und damit den Kreislauf der Geschichte der Juden in dieser Stadt für lange Zeit, und wer weiß, ob nicht für immer, zum Erliegen gebracht. In Żółkiew sind von mehr als fünftausend Juden im Jahr 1941 nur rund siebzig Personen am Leben geblieben (wie aus dem Verzeichnis am Ende des Buches hervorgeht).

Diese Handvoll Menschen verstreute sich nach der Befreiung über verschiedene Städte in Polen, insbesondere in Schlesien, sodass heute in Żółkiew selbst nur noch vereinzelt Überlebende wohnen – drei bis vier Personen.

So soll diese Arbeit also ein Mahnmal werden, für eine jüdische Gemeinde von größerer Bedeutung, eine Gemeinde, die viele jüdische Philosophen und Gelehrte hervorbrachte und unter den Juden einen wichtigen Beitrag zur Aufklärungsbewegung „Haskala" leistete. Ich möchte nur den Philosophen Nachman Krochmal erwähnen, den Autor von „More Nebuchej Hazman", den Gelehrten Aleksander Sender Schorr, Verfasser des Werks „Twuat Szor", Eliezer Fawir, den Schriftsteller und Autor des Buchs „Sipurej Haplaot", den jüdischen Literaten Dr. Majer Halevy Letteris und viele andere. Von den zeitgenössischen Persönlichkeiten

---

[2] Rotruthenien/Rotrussland ist eine alte Bezeichnung für Ostgalizien, Wolhynien und Podolien.

ist Dr. Henryk Lauterpacht zu nennen, ein hervorragender Kenner des Völkerrechts, gegenwärtig Professor an der Universität Cambridge, sowie der Semitistik-Experte und Dozent am Institut für Judaistik in Warschau, Dr. Mojżesz Goliger (er kam bei der „August-Aktion" 1942 in Lemberg ums Leben).

Leider sind uns weder Dokumente noch Fotografien aus dieser Zeit erhalten geblieben. Das Material, das dieser Arbeit zugrunde liegt, beruht auf Erinnerungen und Aussagen der wenigen Juden von Żółkiew, die überlebt haben: Rachel Zimand, Izydor Hecht, Michał Melman, Majer Berisz Szwarc, Zalmen Mandel und der Autor dieser Schrift. Ich habe auch die Tagebücher von Klara Szwarc und Izydor Hecht einbezogen. Ihnen wie auch allen anderen oben erwähnten Juden von Żółkiew, die mir bei der Vorbereitung dieser Arbeit behilflich waren, möchte ich herzlich danken.

So sei denn die in dieser Schrift verewigte Geschichte des Martyriums und der Vernichtung der Juden von Żółkiew ein Grabstein auf ihrem unbekannten Grab.

Der Autor
Łódź, den 20. Juli 1946

I. Żółkiew vor Kriegsausbruch

Nordwestlich von Lemberg befindet sich die Kreisstadt Żółkiew. Nach Angaben des Statistischen Hauptamts (Zweite Allgemeine Volkszählung vom 9. 12. 1931) wohnten im Landkreis Żółkiew 7848 Juden. Etwa 4500 von ihnen lebten in der Stadt Żółkiew.

Zieht man den Bevölkerungsanstieg unter den Juden in dieser Stadt im Zeitraum 1931–1941 in Betracht, kann aufgrund des Zuzugs einer bedeutenden Anzahl von Juden vom Land in die Städte sowie auch durch den Zustrom von Flüchtlingen aus den Gebieten des Generalgouvernements (in den Jahren 1939–1941) davon ausgegangen werden, dass beim Ausbruch des deutsch-sowjetischen Krieges die jüdische Bevölkerung der Stadt Żółkiew die Zahl von 5000 Personen überschritt.

Żółkiew liegt in einem Tal und ist von Wäldern umgeben. Es verfügt über Architekturdenkmäler, die einige Jahrhunderte alt sind – ein Schloss aus den Zeiten von König Sobieski, die Wehrsynagoge, die zu Ehren ihres Stifters, des polnischen Königs Jan Sobieski, „Di Sobieski szul" genannt wird, sowie die mehrere Jahrhunderte alte Pfarrkirche. Bis zum Krieg nahm die jüdische Bevölkerung von Żółkiew eine wichtige Stellung im Handel und in der Industrie ein. Ausgesprochen berühmt war eine besondere Art der Herstellung von Kürschnerwaren in Heimarbeit, und zwar das Schneidern von Pelzen aus kleinen Abfällen, Schnipseln und Lederschlappen, aus denen dann Mäntel und Pelze für Damen gefertigt wurden. Die Kürschner von Żółkiew gelangten in ihrem Beruf zu einer solchen Perfektion, dass die von ihnen gefertigten Pelzmäntel schwer von jenen zu unterscheiden waren, die aus einem ganzen Lederstück hergestellt worden waren, da sie gut verarbeitet und im Hinblick auf Fellart und -farbe professionell ausgewählt waren, effektiv und günstig zugleich. Dank des hoch entwickelten Kürschnerhandwerks hatten viele jüdische Familien ihr Auskommen, wobei sie ihre Einkünfte direkt oder indirekt aus diesem Beruf erzielten. Auch in anderen Handwerkszweigen waren die Juden zahlreich vertreten. Fast der ganze Getreidehandel einschließlich des Auslandsexports befand sich in der Hand jüdischer Kaufleute.

Żółkiew, in der Nähe von Lemberg gelegen, hatte eine schnelle und bequeme Verkehrsanbindung. Das Autobusnetz, das Żółkiew mit Lemberg und den anderen Nachbarstädten verbindet, wurde von Juden entwickelt und ausgebaut. Auch in den freien Berufen nahmen die Juden eine wichtige Stellung ein. In Żółkiew gab es etwa zehn jüdische Rechtsanwälte, drei jüdische Ärzte und zehn jüdische Lehrer. Es existierte ein mustergültig geführtes jüdisches Waisenhaus, das nach dem Rat Ignacy Fisz benannt war. Diese Institution richtete ihre besondere Aufmerksamkeit auf die schulische und berufliche Ausbildung von Waisen. Dem Waisenhaus angeschlossen war eine Berufsschule für jüdische Mädchen, eine Niederlassung der nach Dr. Cecylia Klaften benannten Berufsschule in Lemberg. Diese Schule besuchten etwa 70 jüdische Mädchen, die in Schneiderei und Stickerei unterrichtet wurden. Neben der praktischen Berufsausbildung lernten die Mädchen auch theoretische Fächer. Die Schule war Dach eines Patronats, das es sich zur Aufgabe machte, arbeitende jüdische Jugendliche in seine Obhut zu nehmen und ihr kulturelles Niveau zu heben; ein Gemeinschaftsraum und Weiterbildungskurse wurden eingerichtet.

Bis zum Jahr 1939 bestand die „Tarbut"-Schule, in der jüdische Kinder Hebräisch und judaistische Fächer lernten. Berechnungen aus den Jahren 1939-1941 zufolge gab es in Żółkiew 700 jüdische Kinder im Schulalter. In der Volksschule (acht Klassen nach sowjetischem System) mit jiddischer Unterrichtssprache, die die sowjetischen Machthaber in Żółkiew eingerichtet hatten, lernten mehr als 600 Kinder, und darüber hinaus besuchten jüdische Kinder auch Schulen mit polnischer bzw. ukrainischer Unterrichtssprache. In Żółkiew bestand auch eine Gesellschaft zur Verbreitung von Kunst und Kultur unter den Juden, die den Namen „Kultura" trug und gleichzeitig ein sozialer Verein war. Hier spielte sich das kulturelle Leben ab, hier fanden Lesungen, geselliges Beisammensein, Spiele und Vergnügungen (3) statt.

Nach Ausbruch des deutsch-polnischen Kriegs und der Angliederung von Żółkiew an die Sowjetunion wuchs die jüdische Bevölkerung der Stadt als Folge des Zustroms von Flüchtlingen, die aus polnischen Gebieten vor den Deutschen auf das Gebiet der Sowjetunion flohen. Auch trafen einige Dutzend jüdische Flüchtlinge aus der Tschechoslowakei und Österreich in Żółkiew ein. Unter ihnen sind Ernest Lederer, der ehemalige Vorsitzende des Bezirksgerichts Prag, sowie Anwalt Händel aus Wien zu nennen.

II. Erste Verfolgungen

Żółkiew lag etwa 40 Kilometer von der 1939 neu gezogenen sowjetisch-deutschen Grenze entfernt.[3] Es war also nicht verwunderlich, dass schon am 22. Juni 1941, dem Tag, an dem der Krieg zwischen Deutschland und der Sowjetunion ausbrach, das Verkehrsaufkommen in der Stadt enorm hoch war. Autos, Panzer, motorisierte Artillerie und Artillerie mit Pferden sowie andere Militäreinheiten durchquerten die Stadt, abwechselnd zur Front gehend und von der Front kommend. Mit großer Beunruhigung verfolgte die Bevölkerung, insbesondere die jüdische, den Verlauf der Kriegshandlungen. Durch die Nähe zur Front misslang den Sowjets eine komplette Mobilmachung.

Da sie deutschen Luftangriffen ausgesetzt waren, sahen viele Juden davon ab, nach Osten zu flüchten. Einzelne Personen versuchten, sich in Sicherheit zu bringen, aber die Morde, die ukrainische Nationalisten unterwegs an Flüchtlingen begingen, hatten eine abschreckende Wirkung. In den ersten Tagen nach Kriegsausbruch wurden auf dem Weg nach Lemberg zwei Juden aus Żółkiew ermordet, Lejb Weichert und sein Sohn (in Zboiski bei Lemberg).

Zwischenzeitlich trafen immer schlimmere Nachrichten von der Front ein. Aus Furcht vor einer Belagerung sahen sich bereits am vierten Kriegstag alle Ämter gezwungen, die Stadt zu verlassen. Es schien, als ob der Feind bereits in die Stadt vordringen würde, aber am Tag darauf stabilisierte sich die Situation an der Front, und die städtischen Behörden kehrten zurück, leider nicht für längere Zeit, sondern gerade für zwei Tage. Vor allem die jüdische Bevölkerung war von Angst erfüllt. Sie erschauerte schon beim Gedanken an den Einmarsch der Deutschen. Als sich die Kriegshandlungen der Stadt näherten, verabschiedeten sich die Juden voneinander, bevor sie sich in die Keller und Bunker begaben, um sich vor Luftangriffen und Artilleriefeuer zu schützen, als ob sie ahnten, dass sie sich nicht wiedersehen würden. Die herrschende Stimmung erweckte den Eindruck, als ob die Juden ein Pogrom erwarteten.

Am siebten Tag nach Beginn der Kriegshandlungen, am Samstag, dem 28. Juni 1941, marschierten die Deutschen nach vorhergehendem ganztägigem Beschuss in die Stadt ein.

Erstes Opfer der deutschen Barbarei wurde die Wehrsynagoge, die zu Zeiten König Sobieskis gebaut worden war, „Di Sobieski szul". Die Deutschen setzten die Synagoge am Tag ihres Einmarschs in Brand, aber da die Mauern sehr dick waren und von einem riesigen gemauerten Strebewerk (Stützpfeilern) gehalten wurden, war das Feuer nicht in der Lage, sie zu zerstören. Es brannten also nur die Innenausstattung und die hölzernen Elemente der Synagoge. Dies befriedigte die Deutschen jedoch nicht, und in einem Anfall von Raserei

---

3   Durch den Hitler-Stalin-Pakt war Ostpolen 1939 nach der Okkupation durch das Deutsche Reich („Generalgouvernement") an die Sowjetunion gefallen. Nach dem deutschen Überfall auf die Sowjetunion wurde Galizien als Distrikt Lemberg dem Generalgouvernement angeschlossen. Nach der Befreiung 1944 wurde das Gebiet wieder der Ukraine einverleibt.

holten sie Fässer mit Benzin, die angezündet wurden und eine Explosion verursachten. Auf diese Weise wollten die Deutschen die Mauern der Synagoge sprengen, aber auch das gelang ihnen nicht. Ihre ganze Wut ließen sie an den jüdischen Stadtbewohnern aus. Während die Synagoge in Flammen stand, schleppten die Deutschen zehn Juden herbei, um sie bei lebendigem Leibe ins Feuer zu werfen, aber in diesem Moment erschien unerwartet ein deutscher Major, der die unglücklichen Opfer vor dem schrecklichen Tod bewahrte. Einige Tage lang schwelte das Feuer in der nicht ganz abgebrannten Synagoge.

Währenddessen schwebte eine noch größere Gefahr über der jüdischen Bevölkerung der Stadt: Im städtischen Gefängnis, in dem sich noch von den sowjetischen Machthabern Inhaftierte befanden, wurden nach dem deutschen Einmarsch die Leichen einiger ermordeter ukrainischer Nationalisten entdeckt. – Diese Tatsache wurde von ukrainischen Nationalisten genutzt, um die Masse zu einem Pogrom gegen die Juden aufzuhetzen. Als Vorspiel zu dieser antijüdischen Hetze sollte ein offizielles Begräbnis der „Helden" dienen.

Auf dem Friedhof wurden aufwiegelnde Ansprachen gegen die „Juden-Kommune" und die Juden im Allgemeinen gehalten. Dem verbrecherischen Plan zufolge sollten die aufgestachelten Massen nach der Beisetzungsfeier die Wohnungen und Häuser von Juden angreifen. Dazu wurden penible Vorbereitungen getroffen. Die Reden waren derart vom Gift des Hasses durchtränkt, dass die Masse gierig wurde, zur Tat zu schreiten. Auch dieses Mal wurden die Juden durch einen Zufall gerettet. Es war am Sonntagnachmittag, dem 29. Juni 1941. Der neu ernannte deutsche Stadtkommandant erließ gerade die Verordnung, dass die Polizeistunde für die Zivilbevölkerung um 6 Uhr abends beginnen und um 6 Uhr morgens enden würde. Angesichts der fortgeschrittenen Stunde war die enttäuschte Menschenmenge gezwungen, gleich nach Beendigung der Beerdigungszeremonie nach Hause zu gehen.

Wie weit der Hass der ukrainischen Nationalisten auf die Juden ging, kann die Tatsache bezeugen, dass der damalige Bürgermeister Ciuropajłowicz, von Beruf Bäcker, ein Mensch mit krimineller Vergangenheit und Angehöriger der Petljura-Armee,[4] auf der ersten Sitzung des neu ernannten Stadtrats von Żółkiew den Antrag stellte, alle Juden aus dem Stadtgebiet zu entfernen und im nahegelegenen Dorf Wola Wysocka anzusiedeln. Da die deutschen Behörden, die damals schon eine radikalere Lösung der jüdischen Frage in der Hinterhand hatten, diesem Projekt nicht zustimmten, schlug der blutrünstige Bürgermeister vor, es den Juden wenigstens zu verbieten, den Marktplatz zu besuchen und dort irgendwelche Einkäufe zu tätigen. Dieser Antrag wurde später von den deutschen Machthabern in etwas veränderter Form angenommen. (4)

Die ersten Tage, in denen sich die Deutschen in Żółkiew aufhielten, standen im Zeichen einer ständigen Jagd auf Juden für Gelegenheitsarbeiten, bei denen sie geschlagen, verhöhnt

---

4 Symon Petljura war ein führender Politiker und Militärchef der unabhängigen Ukraine 1917–1920. Er war verantwortlich für Pogrome, denen Zehntausende Juden zum Opfer fielen. Er wurde 1926 in Paris von Samuel Schwartzbard, einem Angehörigen von Opfern der Pogrome, erschossen.

und auf durchtriebene Weise erniedrigt wurden. Die Juden versteckten sich in Häusern, auf Dachböden und in Kellern. Weil immer mehr Arbeiter benötigt wurden, drohte die Gefahr, dass die Deutschen selbst damit beginnen würden, die sich versteckt haltenden Juden zur Arbeit heranzuziehen, was auch Menschenopfer nach sich ziehen konnte. Um die jüdische Bevölkerung vor den schlimmen Folgen zu schützen, falls sie sich nicht zur Arbeit meldeten, wurde in den ersten Julitagen des Jahres 1941 spontan ein inoffizielles jüdisches Komitee gegründet, das aus drei Personen bestand: Dr. Otto Szlosser, Dr. Mojżesz Sobel und Dr. Abraham Strich. Aufgabe des Komitees war es, Angelegenheiten der Anforderung von Arbeitskräften an die Deutschen in der von ihnen geforderten Anzahl zu regeln. Die Mitglieder des Komitees besuchten Juden in ihren Privatwohnungen und machten sie auf die Gefahr aufmerksam, die Juden drohte, falls sie nicht zur Arbeit erschienen. Nach und nach meldeten sich immer mehr Männer im Bewusstsein ihrer kollektiven Verantwortung zur Arbeit.

Nachdem einige Tage vergangen waren, wurde das Komitee zum *Ortskommandanten* gerufen; dieser machte ihnen klar, dass die Juden eine ständige Vertretung, einen sogenannten *Judenrat*, zu bilden hatten – einen Rat der Juden, der zwischen der jüdischen Bevölkerung und den deutschen Behörden vermitteln würde. Eine der Hauptaufgaben des Rates war, die pünktliche Gestellung der geforderten Anzahl an Arbeitskräften sicherzustellen und andere Leistungen zu erbringen, die die deutschen Behörden von den Juden forderten. Auf diese Weise entstand der *Judenrat* von Żółkiew.

Der *Judenrat* setzte sich aus den angesehensten Bürgern der Stadt zusammen, aus der Schicht der Intelligenz und gesellschaftlichen Funktionsträgern. Er konstituierte sich wie folgt: Dr. Febus Rubinfeld – Vorsitzender, Dr. Abraham Strich, Dr. Filip Czaczkes – stellvertretende Vorsitzende sowie Natan Apfel, Sender Lifszyc, Ozjasz Czaczkes und Izrael Szapiro – Mitglieder des *Judenrats*.

Kurz nach dem Einmarsch der Deutschen in die Stadt Żółkiew wurden die Juden aus ihren Wohnungen in der Kolejowa- und Lanikiewicza-Straße vertrieben. Es handelt sich hierbei um die Hauptstraßen der Stadt, wo sich die schönsten Häuser mit den am besten eingerichteten Wohnungen befanden. Den Juden wurde verboten, sich auf diesen Straßen sehen zu lassen. Eine weitere Verordnung untersagte den Juden, die Bürgersteige zu benutzen. Sie durften nur auf der Fahrbahn laufen. Kurze Zeit später trat eine Verordnung in Kraft, nach der die Juden verpflichtet waren, das Abzeichen der Schande zu tragen. Ab dem zwölften Lebensjahr war jeder Jude verpflichtet, auf der rechten Schulter weiße, 8-10 cm breite Bandstreifen mit einem aufgestickten Davids-Schild zu tragen. Auch die Polizeistunde begann für die Juden früher als für die nichtjüdische Bevölkerung, und zwar schon um 5 Uhr nachmittags. Gemäß der Verordnung der deutschen Behörden hatten die Juden nur zwischen 10 und 12 Uhr vormittags (wenn die nichtjüdische Bevölkerung ihre Einkäufe bereits getätigt hatte) das Recht, sich auf dem Markt mit landwirtschaftlichen Produkten zu versorgen. Neben den Deutschen hatten auch die ukrainischen Milizen für die Einhaltung dieser Vorschriften Sorge zu tragen, wobei sie jede sich ihnen bietende Gelegenheit nutzten, die Juden ausgesprochen sadistisch zu quälen. Am deutlichsten trat in dieser Hinsicht der ukrainische Milizionär Duszeńczuk hervor, Sohn eines Bankbeamten und einer Lehrerin der Volksschule in Żółkiew. Juden, die verdächtigt wurden, kommunistischen Aktivitäten nachzugehen, wurden verhaftet und ohne Gerichtsverhandlung hingerichtet. Auf diese Weise wurden in den ersten Tagen nach dem deutschen Einmarsch die Schwestern Hamerman verhaftet, nach Rawa Ruska verschleppt und dort hingerichtet. In einem anderen Fall wurde eine ganze Familie, bestehend aus Vater, Mutter und mehreren Kindern (Familie Lebwohl), verhaftet und hingerichtet, weil zwei ältere Töchter, denen es geglückt war, vor den Deutschen zu fliehen, aktive Kommunistinnen waren.

In den ersten Tagen nach dem Eintreffen der Deutschen in Żółkiew regierte der *Ortskommandant* die Stadt (ein Vertreter der Militärmacht). Mit der Zeit jedoch, als sich die Kriegshandlungen weiter nach Osten verlagerten, kam ein für den ständigen Aufenthalt ernannter *Landkommissar* nach Żółkiew. Dabei handelte es sich um den Deutschen Rockendorf (wie er selbst angab, war er bis zu dieser Zeit *Landkommissar* in Piotrków Trybunalski gewesen). Als erste Amtshandlung belegte er die Juden mit einer Sondersteuer in Höhe von 250 000 Rubel, 5 kg Gold und 100 kg Silber, zahlbar binnen drei Tagen.

Die Auferlegung der Sondersteuer wurde von folgenden Umständen begleitet: Eines Nachmittags brach in der Stadt Panik aus. Die ukrainische Polizei verhaftete der Reihe nach die wichtigsten und reichsten Juden der Stadt: den 70-jährigen Arzt Dr. Wachs, Izrael Patrontasch, Cyrla Chary (anstelle ihres nicht greifbaren Ehemanns), die Brüder Eliasz und Markus Chary, Józef Post, Lejb Patrontasch, Juda Szlajen, Sender Lifszyc, Symcha Türek sowie den Vorsitzenden des *Judenrats,* Dr. Febus Rubinfeld, insgesamt zwölf Personen. Die ukrainische Polizei nutzte an diesem Tag gnadenlos ihr Vorrecht, Juden zu schlagen, zu peinigen und zu erniedrigen. Manche Juden wurden blutig geprügelt, wie z. B. Aron Astman und andere. Alle Verhafteten wurden ins Gefängnis gebracht, wo ihnen mitgeteilt wurde, dass den Juden von Żółkiew eine Sondersteuer in oben genannter Höhe auferlegt worden sei; wenn diese geforderte Kontribution nicht in der festgelegten Frist entrichtet würde, würden die Verhafteten, die ab sofort Geiseln seien, erschossen, und alle anderen Juden müssten mit schweren Repressionen rechnen. Um der jüdischen Bevölkerung mitzuteilen, dass eine Sondersteuer auferlegt wurde und dazu eine Sammelaktion organisiert werden musste, wurde Dr. F. Rubinfeld, der Vorsitzende des Judenrats, kurzzeitig aus dem Gefängnis entlassen. Alle anderen Geiseln blieben in Haft.

Angst überkam die jüdischen Bewohner von Żółkiew. Die jüdische Kommission, die sich mit der Besteuerung der einzelnen Juden befassen sollte, beriet ohne Unterbrechung die ganze Nacht hindurch. Angesichts des Unglücks, das über allen Juden hing, trug die gesamte Bevölkerung, auch die ärmste, die sich bewusst war, was kollektive Verantwortung bedeutet und wie schwerwiegend die ganze Angelegenheit war, dazu bei, die drohende Gefahr abzuwenden. Die Ärmsten gaben einen symbolischen Beitrag in Höhe von 18 Rubeln (Chaj). Die

Reichsten opferten silberne oder goldene Gegenstände, die oft wertvolle Familienerbstücke waren, der Stolz vieler Generationen. Trotz der Schwierigkeiten wurde die Steuer rechtzeitig bezahlt, und die Geiseln wurden freigelassen.

Bei dieser Gelegenheit ist anzumerken, dass es auch Zeichen aufrichtigen Mitgefühls vonseiten großmütiger Einzelpersonen unter der nichtjüdischen Bevölkerung gab; so ließ z. B. ein römisch-katholischer Priester der Kommission, die die Kontribution sammelte, eine bedeutende Geldsumme zukommen. Diese Solidarisierung einer solch wichtigen Person mit der jüdischen Bevölkerung bewirkte eine geistige Stärkung aller Betroffenen. Die edle Tat stieß bei den Juden auf große Anerkennung und Dankbarkeit.

Unabhängig von der Sondersteuer wurden aus den jüdischen Wohnungen systematisch hochwertige Möbel, Teppiche, Vorhänge, Bettwäsche und andere wertvolle Dinge geraubt, die sich deutsche Würdenträger und ihre Parteigänger als Einrichtungsgegenstände für ihre Wohnungen zu eigen machten. Ende Dezember 1941 gab der *Judenrat* auf den Straßen des jüdischen Viertels bekannt, dass gemäß deutscher Verordnung die Juden unter Androhung der Todesstrafe verpflichtet seien, bis zum 1. Januar 1942, 12 Uhr mittags, sämtliche Herren- und Damenpelze, Pelzkragen, Handschuhe, Muffs sowie Schuhe und Skiausrüstungen für die Wehrmacht abzugeben. Auch dieses Mal erfüllten die Juden die Forderung der Deutschen. Es wurden allein mehr als 5000 Herren- und Damenpelze gesammelt.

Nicht weniger schmerzhaft war die Tatsache, dass die Deutschen den sterblichen Überresten der Juden keine Achtung entgegenbrachten. So fiel der jüdische Friedhof ihrer Bestialität zum Opfer. Die Grabsteine (die aus dem 17. Jahrhundert, der ersten Zeit der jüdischen Ansiedlung in Żółkiew, stammten) wurden herausgerissen und für den Straßenbau und die Reparatur von Wegen verwendet.

Diese Schändung war umso schmerzhafter, als die Deutschen die Juden zwangen, die Grabsteine mit ihren eigenen Händen niederzureißen. Mehrfach wurden Juden gezwungen, die Grabsteine ihrer Angehörigen zu entfernen. Aus Angst jedoch, dass die Gräber ihrer verstorbenen Familienmitglieder spurlos verloren gehen könnten, bemühten sich die Juden, durch verschiedene Zeichen, Messungen usw. den genauen Ort des Grabes zu markieren, damit rechnend, dass, wenn andere Zeiten kämen, anstelle der herausgerissenen Grabsteine neue aufgestellt würden. Mit viel Mühe und Arbeitseinsatz fertigten Mojżesz Babad, Emanuel Hai und der Ingenieur Lichtenberg einen genauen Plan des Friedhofs einschließlich der Markierung der Stellen der einzelnen wichtigsten Grabsteine an. Leider gingen mit dem Tod der Genannten sämtliche Pläne und Notizen verloren.

Der dem Erdboden gleichgemachte jüdische Friedhof war noch lange Zeit nach seiner Zerstörung Zeuge vieler Exekutionen einzelner Juden oder ganzer Gruppen, die für solche „Verbrechen" verurteilt wurden wie z. B. das Abspringen vom Transport, der sie in den Tod nach Bełżec führen sollte, für den Aufenthalt eines Juden auf der „arischen Seite", für die Flucht aus dem Lager, für das Nichttragen der Kennzeichnung, und schließlich dafür, dass der Jude „sich erdreistete", in Żółkiew zu leben, nachdem es von den Deutschen für

„judenfrei" erklärt worden war. Gleichzeitig diente der geschändete Friedhof den Bewohnern aus der Umgebung als Ort, auf dem sie ihr Vieh weiden konnten.

Die Deutschen dachten sich auch andere Schikanen aus, um die Juden zu quälen, und zwar indem sie sie z. B. zwangen, gegen religiöse Vorschriften zu verstoßen. So mussten die Juden entsprechend der Verordnung der deutschen Machthaber ihre Bärte und Schläfenlocken abschneiden. Viele fromme Juden, die sich nicht ohne Bart auf der Straße zeigen wollten, hatten das Gesicht ständig mit einem Tuch verbunden. Auch wurde den Juden verboten, gemeinsam zu beten und ihre Feiertage zu begehen.

Auch in anderen Bereichen des Lebens bereiteten die Deutschen den Juden seelische und physische Schmerzen, was sich in erniedrigenden Verordnungen, Verspottung, Schlägen, Quälereien usw. äußerte.

Als sich auf Forderung der Deutschen der *Judenrat* formierte, verfügte der *Ortskommandant*, dass – unter persönlicher Haftung der Mitglieder des Judenrats – alle Juden, sowohl Frauen als auch Männer, täglich morgens vor dem Gebäude des *Judenrats* zu erscheinen hatten. Dort suchten sich die Deutschen dann unter dem Einsatz von Peitschen Arbeitskräfte aus. Selbstverständlich ging es während dieser Prozedur nicht ohne demütigenden Spott, Schläge, Erniedrigungen u. ä. ab. Die Verordnung war sehr schwer zu ertragen.

Dank der Bemühungen des *Judenrats* wurde diese Verordnung mit der Zeit modifiziert. Daraufhin trat nur eine bestimmte Zahl von Menschen (5) zur Arbeit an, sodass stillende Mütter und Kranke vom *Judenrat* vollständig von der Arbeitspflicht befreit wurden. Es gab sogar eine kurze Periode, in der zur Arbeit verpflichtete Personen Vertreter (die von ihnen bezahlt wurden) stellen oder eine Gebühr an die Kasse des Judenrats entrichten konnten. Das auf diese Weise gesammelte Geld kam der Sozialfürsorge zugute und wurde insbesondere für die zusätzliche Ernährung der Arbeitskräfte (eine größere Portion Brot) verwendet.

Zum Verhältnis der Deutschen zu den Juden in dieser Zeit gibt die folgende Tatsache Aufschluss: Einer der Deutschen, der die Arbeit der Juden an der Bahnstation beaufsichtigte, ein *Obergefreiter* vom *Ortskommando*, schlug, während die Juden riesige 5000-Liter-Zisternen verluden, gnadenlos mit einem dicken Stock auf die Arbeitenden ein und schrie dabei unaufhörlich *„ungeschicktes Volk! Du willst mit uns Krieg führen!"* (6)

Auf Anordnung des *Landkommissars* wurde beim Judenrat ein *Ordnungsdienst* eingerichtet – die jüdische Miliz. An ihrer Spitze stand Dr. Filip Czaczkes, ein Mitglied des *Judenrats*. Der *Ordnungsdienst* setzte sich aus 18 Mitgliedern zusammen. In der Anfangszeit war es seine Hauptaufgabe, pünktlich die geforderte Anzahl von jüdischen Arbeitskräften zu liefern und im jüdischen Viertel für Ordnung zu sorgen.

Mit der Zeit stiegen jedoch die Anforderungen der Deutschen im Hinblick auf die Zahl der jüdischen Arbeitskräfte und anderer Leistungen immer weiter an. Juden arbeiteten beim Be- und Entladen von Waggons an der Bahnstation, im HKP (7), bei der Reparatur von Fahrzeugen, sie entfernten Panzer, Geschütze und Autos von den Straßen, bauten und reparierten Straßen („*Strassenbau*") und Ähnliches. Während der Arbeit wurden die Juden nicht nur von den Deutschen und Ukrainern, sondern auch von „*Aufsehern*" (8) anderer Nationalitäten gnadenlos gepeinigt.

Erstes Opfer der erbarmungslosen Quälerei an den arbeitenden Juden war der etwas über 30 Jahre alte Mendel Hersztritt, der während der Arbeit einige Kilometer von der Stadt entfernt zu Tode geprügelt wurde. Er hinterließ seine Ehefrau und ein sechsjähriges Kind. Im Vergleich zu anderen Städten, wie z. B. Lemberg und Tarnopol, wo es in den ersten Tagen nach dem Einmarsch der Deutschen zu „spontanen" blutigen Pogromen kam, verlief dieser Zeitraum in Żółkiew verhältnismäßig ruhig. Und darum rief die Tatsache, dass dieser junge Mensch ohne jeglichen Grund ermordet worden war, allgemeines Entsetzen hervor. Am Begräbnis des Opfers dieser Bestialität nahm fast die gesamte jüdische Bevölkerung teil. Seiner Aufforderung, das Lamentieren auf der Straße zu unterlassen, gab das Mitglied des *Judenrats*, Dr. Strich, folgendermaßen Ausdruck: „Der Verlust ist sehr groß, jedoch müssen wir trotz des großen Schmerzes die größte Ruhe und Besonnenheit zeigen, denn wir sollten auf alles vorbereitet sein."

Die folgende Begebenheit bezeugt eindringlich die rechtliche Lage der Juden unter der deutschen Besatzung. So machte sich nach der Ermordung von Hersztritt der Magistratsinspektor der ukrainischen Polizei, der die formelle Ordnung gewahrt wissen wollte, daran, Ermittlungen in dieser Sache einzuleiten. Er begab sich also zu dem Deutschen, der die Brigade der nichtjüdischen Arbeiter leitete (es war bekannt, dass der Mord von Arbeitern dieser Brigade verübt worden war) und wollte den Vorfall zu Protokoll geben. Da führte ihn der Deutsche mit höhnischem Grinsen auf den Lippen zu einer Wand und zeichnete eine große Laus. Während er auf die Zeichnung zeigte, sagte er: „Schau, so eine Bedeutung haben die Juden in Deutschland", das heißt, dass für die Ermordung eines Juden, genauso wie für die Ermordung einer Laus, keine Strafe fällig wird. Mit dieser Tatsache überzeugte er den Inspektor davon, dass sein Eifer nicht nur unnötig, sondern sogar – unerwünscht war. (9)

Die nächsten Juden wurden Opfer einer Lager-„Aktion" Mitte März 1942. Es war an einem Freitagnachmittag. SS-Männer aus dem Arbeitslager in Lackie Wielkie bei Złoków waren in die Stadt gekommen und hatten eine Razzia durchgeführt. Dieser fielen mehr als 60 jüdische Männer zum Opfer, die in Autos ins Arbeitslager transportiert wurden. Sie kamen in diesem Lager bald ums Leben, sie starben an Auszehrung, Hunger und Schlägen.

Bereits wenige Tage, nachdem diese Juden ins Lager in Lackie Wielkie gebracht worden waren, flüchtete einer, Luzer Stein, von dort und kehrte nach Żółkiew zurück. Seine Flucht wurde am Freitag entdeckt, und schon am Sonntag wurde aus diesem Lager ein SS-Mann als Sonderbeauftragter zum *Judenrat* in Żółkiew geschickt, wo er forderte, Stein sofort auszuliefern, um ihn auf dem Gelände des Lagers beispielgebend zu bestrafen. Der *Judenrat* bemühte sich auf alle mögliche Art und Weise, den SS-Mann zu überzeugen, dass Stein überhaupt nicht nach Żółkiew zurückgekehrt sei, oder dass zumindest dem *Judenrat* nichts davon bekannt sei. Es halfen weder Bitten noch materielle Aufmerksamkeiten. Der

SS-Mann blieb dabei. Erst durch das Argument, das der jüdische Lagerarzt aus Lackie vorbrachte, der zusammen mit dem SS-Mann gekommen war, nämlich, dass die SS-Männer die Absicht hätten, anstelle des einen 30 von den nach Lackie Wielkie gebrachten Juden zu erschießen, wurde dem *Judenrat* klar, dass das Spiel zu gefährlich war; schließlich, nachdem alle Bemühungen gescheitert waren, wurde Stein an den SS-Mann ausgeliefert, der ihn ins Lager zurückbrachte, wo der Unglückliche öffentlich gehenkt wurde. Der *Judenrat* sowie die Familien der ins Lager verschleppten Personen versuchten, das Leid der Lagerinsassen zu mildern. Einmal pro Woche wurden ihnen Lebensmittelpakete geschickt. Diejenigen, die keine nahen Angehörigen hatten, erhielten an sie adressierte Pakete vom *Judenrat*. Mehrfach besuchte das Mitglied des *Judenrats* Efroim Landau das Lager in Lackie Wielkie, um Lebensmittel für die Juden und wertvolle Geschenke für die SS-Männer und die ukrainische Miliz zu bringen; damit sollte erreicht werden, dass die Juden während der Arbeit milder behandelt und vor übermäßigen Schikanen geschützt würden. Einmal, als Efroim Landau zusammen mit einem zweiten Mitglied des *Judenrats*, Szymon Wolf, das Lagergelände erreichte, bot sich ihnen ein unglaubliches Bild: Der körperlich völlig entkräftete Dawid Astman, ein Jude aus Żółkiew, stand dort mit einer Schaufel in der Hand und hob sich ein Grab aus. Die Abgesandten des *Judenrats* schlugen den SS-Männern sofort eine hohe Lösegeldsumme vor. (10)

Angesichts dessen, dass Astman nicht mehr arbeitsfähig war – er war schlicht eine lebende Leiche – „ließen sich die SS-Männer herab", seiner Freilassung zuzustimmen. Kurz nachdem er in Żółkiew eingetroffen war, starb Astman trotz fürsorglicher Betreuung. Von ihm erfuhren wir von den schrecklichen Lebens- und Arbeitsbedingungen im Lager in Lackie. Er berichtete, dass die Juden täglich bei Tagesanbruch zwölf Kilometer zu Fuß zur Arbeitsstelle laufen mussten. Ohne Pause arbeiteten sie den ganzen Tag über unter den Augen der ukrainischen Milizionäre, die sie in keiner Weise schonten. Nach getaner Arbeit kehrten sie zu Fuß ins Lager zurück. Wenn man in Betracht zieht, dass die Verpflegung aus 100 Gramm Brot, einem Liter wässriger Suppe und einer Portion schwarzen Kaffees für den ganzen Tag bestand, ist es nicht verwunderlich, dass dieses Lager sehr viele Opfer forderte (11) (dieses Lager wurde noch vor dem Lager Janowska in Lemberg eingerichtet).

III. Der *Judenrat* und seine Tätigkeit

Die wichtigste Aufgabe des *Judenrats* war es, den Deutschen die geforderte Zahl an Arbeitskräften zu liefern und damit den Bedarf der Gestapoleute, des *Landkommissars*, des Polizeikommandanten, der deutschen Schutzpolizisten, der ukrainischen Milizionäre und Beamten sowie auch anderer Personen zu befriedigen, in deren Händen das Schicksal der jüdischen Bevölkerung lag. Um das „Böse zu vertreiben", flossen schwer erarbeitetes Geld, Kostbarkeiten, Pelze, Möbel und andere wertvolle Gegenstände in Form von Geschenken und Aufmerksamkeiten in die Hände der deutschen Täter und ihrer Dienstbefohlenen. Wie ich bereits erwähnte, war die jüdische Bevölkerung der Stadt Żółkiew bis zum Kriegsausbruch relativ vermögend. Der *Judenrat,* der diese Tatsache ausnutzte, erzwang von den jüdischen Bewohnern immer mehr Geld und Kostbarkeiten, in seinem naiven Glauben, dass sich vielleicht auf diese Weise die jüdische Bevölkerung vor dem unersättlichen deutschen Moloch retten ließe. Es ist anzumerken, dass dank des *Judenrats,* der es vermochte, durch Schmiergelder, Geschenke und Aufmerksamkeiten die verantwortlichen Machthaber wie den *Landkommissar* Rockendorf, den SS-Führer der Stadt Żółkiew, Pappe, den Kommandanten der deutschen Gendarmerie, Käther, die deutsche Polizei, die ukrainische Miliz und andere (12) und sogar die Gestapo aus Lemberg „gnädig zu stimmen", die jüdische Bevölkerung der Stadt Żółkiew in gewissem Maße übermäßigen Schikanen entging und sich im Rahmen der Möglichkeiten maßgebende Stellen darum bemühten, die Gemeinde vor einer schnellen Vernichtung zu bewahren, um aus dieser so lange wie möglich Einnahmen für sich zu schöpfen. Damit lässt sich teilweise auch die Tatsache erklären, dass die November-„Aktion" im Jahre 1942 und sogar die Liquidierungs-„Aktion" (Ende März 1943) später stattfanden als in anderen Städten der Wojewodschaft Lemberg. Mit der Zeit waren die Gestapoleute aus Lemberg derart auf den Geschmack von Geschenken gekommen, die sie vom *Judenrat* der Stadt Żółkiew erhielten, dass sie bereits im Voraus mitteilten, was für sie vorbereitet werden sollte. Eine Gruppe von Gestapoleuten kam sogar jeden Sonntag aus Lemberg nach Żółkiew, um in den umliegenden Wäldern zu jagen, wofür der *Judenrat* Treiber aus dem Kreis der Juden bereitstellen musste. Eine andere Sache war, dass sich die Gestapo weniger an den gejagten Tieren als vielmehr an den üppigen Aufmerksamkeiten ergötzte, die sie vom *Judenrat* bei jedem Besuch erhielten. Die Kommission, die sich um die Vorbereitung der Geschenke kümmerte, nannte sich „Sachleistungskommission" und wurde von den Juden „Raubkommission" genannt, denn oft musste sie durch Drohungen oder mit Gewalt die erforderlichen Gegenstände erzwingen. An der Spitze dieser Kommission stand Jakub Altin.

IV. Die erste „Aktion"

Anfang 1942 musste auf Verordnung der deutschen Machthaber jeder Jude vor einer ärztlichen Kommission antreten, die über seine Fähigkeit zur körperlichen Arbeit befinden sollte. Es gab drei Kategorien: 1) Kat. „A" – völlig gesund – zu schwerer körperlicher Arbeit fähig, 2) Kat. „B" – gesund – zu leichterer körperlicher Arbeit fähig, 3) Kat. „C" – zu körperlicher Arbeit unfähig. Infolge dieser ärztlichen Untersuchungen wurde für die Juden eine spezielle Kartei angelegt. Im Glauben, dass sie, wenn sie sich für Kat. „C" (arbeitsunfähig) qualifizierten, vor Arbeit und insbesondere vor den damit verbundenen Schikanen geschützt wären, bemühten sich manche Juden also um jeden Preis, dieser Kategorie zugeordnet zu werden.

Der Kreisarzt der Stadt Żółkiew ließ sich für die Kategorie „C" bedeutende Geldsummen und Kostbarkeiten bezahlen, sodass es nur wenigen gesunden Personen, denen das Schicksal gewogen war, gelang, sich für die Kategorie „C" zu qualifizieren.

Die Folgen dieser Verordnung ließen nicht lange auf sich warten; am 15. März 1942, unmittelbar vor den Osterfeiertagen, traf die Gestapo im Schloss in Żółkiew ein. Der *Judenrat* erhielt den Befehl, sofort vollständig anzutreten. Als die Mitglieder im Schloss erschienen, wurde ihnen verkündet, dass sie ab sofort verhaftet seien. Von zwei *Schupos* (13) eskortiert begab sich ein Mitglied des *Judenrats* in das Gebäude des *Judenrats*, um die Arbeiterkartei zu holen. Jetzt forderten die Deutschen ein Verzeichnis aller Arbeitsunfähigen der Kategorie „C", um sie, wie sie erklärten, an einen Ort umzusiedeln, an dem sie arbeiten könnten; im Besitz der Kartei stellten die Deutschen gleich eine Liste der Personen der Kategorie „C" auf. Noch vor Beginn der „Aktion" erklärte der Gestapokommandant den versammelten Mitgliedern des *Judenrats,* dass den ausgesiedelten Juden kein Leid zugefügt werde, denn sie führen weg, um das Moor bei Pińsk trockenzulegen, dort würden sie leben und arbeiten. Zum Beweis dafür erlaubte er den von der Aussiedlung Betroffenen, notwendige Dinge mitzunehmen.

Die Stadt wurde in Gebiete aufgeteilt. Jedem Gestapomann wurde ein Gebiet zugeteilt, und als Leiter wurde ein jüdischer *Ordner* (ein Milizionär) bestimmt, der mit einem genauen Verzeichnis der Personen, die zur Aussiedlung vorgesehen waren, ausgestattet war.

Auf diese Weise wurde die erste „Aktion" in Żółkiew durchgeführt, die etwa 700 Opfer forderte. Falls der Gesuchte nicht gefasst wurde, nahmen sie ein anderes Familienmitglied mit; so geschah es z. B. in der Familie von Jakub Stiller, als sie, nachdem sie den Sohn Mojżesz nicht fassen konnten, seine Schwester verschleppten. Da die „Aktion" unmittelbar vor dem Pessach-Fest (14) stattfand, nahmen viele fromme Juden als einziges Gepäck die für die Feiertage vorbereitete Mazze mit (sie fürchteten, dass sie am neuen Ort keine Mazze bekommen könnten). Wie sich später herausstellte, nützte ihnen die Mazze gar nichts, denn die in dieser „Aktion" ausgesiedelten Juden kamen im Todeslager Bełżec um.

Um das „Kontingent" aufzufüllen, griffen die Deutschen gegen Ende dieser „Aktion" Juden auf, die sie antrafen und die nicht einmal auf der Liste standen. Erst am Sammelpunkt wurde eine Selektion dieser Personen durchgeführt, in diejenigen, die eine *„Arbeitskarte"* besaßen und die, die keine hatten.

Um Verwirrung zu stiften, wandten die Deutschen während der „Aktion" einen raffinierten und genau durchdachten Vernichtungsplan an. Die Gestapoleute befreiten alle diejenigen von der Aussiedlung, die eine *„Arbeitskarte"* vorweisen konnten. Die Juden begannen zu glauben, dass Arbeit vor der Aussiedlung schützte, sodass Arbeitskarten plötzlich hoch im Kurs standen. Mit den letzten Ersparnissen und dem Erlös des Verkaufs von Bekleidungsresten deckten sich die Juden mit *„Arbeitskarten"* ein, im Glauben, darin eine Rettung zu finden. Insbesondere drängten sie in die Firma *„Alt- u. Rohstofferfassung",* weil sie meinten, eine solche Arbeitskarte sei eine Garantie für Unantastbarkeit.

Währenddessen kamen die Familien der in der ersten „Aktion" Ausgesiedelten nicht zur Ruhe und bemühten sich, auf irgendeine Weise etwas über das Schicksal ihrer Angehörigen zu erfahren. Als Reaktion auf die Nachricht, dass sie in Richtung Bełżec ausgesiedelt worden seien – sie wussten allerdings noch nicht, dass es dort ein Todeslager gab – bemühten sie sich, irgendeine Information einzuholen, indem sie „Arier" und einmal sogar einen Gestapomann dorthin schickten, aber vergeblich. Die abtransportierten Personen waren spurlos verschwunden. Das Geheimnis wurde erst später gelüftet.

Nach mehrtägigem Fußmarsch kehrten zwei im Rahmen der „Aktion" verschleppte jüdische Frauen zurück – Mina Astmanowa und Małka Thalenfeldowa. Nachdem sie den Albtraum, der sie verfolgte, von sich hatten abschütteln können, berichteten sie ihren Angehörigen unter strenger Geheimhaltung vom Erlebten. In geschlossenen Waggons wurden die Ausgesiedelten auf das Lagergelände in Bełżec gebracht. Einer der Mutigeren, Jakub Segel, stellte einem neben ihm stehenden Gestapomann die Frage: „Warum wird ihnen befohlen, sich auszuziehen?" Dieser teilte ihm mit sadistischer Befriedigung mit, dass sie in den Tod gingen. Da fiel Segel seiner Frau um den Hals und sagte schluchzend: „Nehmen wir Abschied voneinander, denn das sind die letzten Augenblicke unseres Lebens." Als sie dies sahen, fielen sich auch andere Juden weinend in die Arme. In diesem Moment ordneten die Deutschen an, dass sich die Männer auf der einen Seite und die Frauen und Kinder auf der anderen Seite, neben der Baracke, aufstellten. Dann wurde den Frauen befohlen, die Baracke zu betreten; da ihnen klar war, was sie erwartete, zögerten sie. Als Erste betrat die Frau von Markus Gutman mit ihrer Tochter Zofia die Baracke. Ihnen folgten alle anderen. Indem sie das Klagen, das Durcheinander und die fehlende Erfahrung der Deutschen ausnutzten (es waren die ersten Transporte, die zur Vernichtung ins Todeslager nach Bełżec gebracht wurden), sprangen die Frauen Astmanowa und Thalenfeldowa in einen nahen Müllgraben und kauerten dort unbemerkt bis in die Nacht. Die Dunkelheit nutzend verließen sie das Lagergelände und kehrten nach einigen Tagen nach Hause zurück. Diese Geschichte kam einigen wie Fantasterei und einfach unglaubwürdig vor.

Jetzt, wo wir die Geschichte des Todeslagers in Bełżec durch die Aussagen von Rudolf Reder,[5] dem einzigen Zeugen, der dieses Lager überlebte, kennen, sind wir uns bewusst, dass eine solche Flucht nur am Anfang stattfinden konnte, als noch keine entsprechenden Vorsichtsmaßnahmen getroffen worden waren. Die Flucht selbst sowie auch das, was die Frauen erzählten, wurde streng geheim gehalten; nur die engsten Angehörigen und Vertrauenspersonen wurden darüber informiert.

Gleichzeitig kehrte der von Bernard Tempelsman nach Bełżec entsandte „Arier", der Bäcker Kulikowiec, nach Żółkiew zurück und berichtete Folgendes: Von der Bahnstation in

---

5   Vgl. dazu Rudolf Reder, Bełżec, in: Wolfgang Benz/Barbara Distel/Angelika Königseder (Hrsg.), Nationalsozialistische Zwangslager. Strukturen und Regionen – Täter und Opfer, Dachau/Berlin 2011, S. 351–373.

Bełzec aus wurde ein von Stacheldraht umgebenes Nebengleis gebaut, das in ein Waldgebiet führt, das ebenfalls von einem dichten Stacheldrahtzaun umzäunt wird. In dem Moment, in dem ein Transport von Juden in die Bahnstation von Bełzec einfährt, steigt der polnische Lokomotivführer aus und sein Platz wird von einem deutschen Lokomotivführer eingenommen, der den Zug auf dem Nebengleis in den Wald hineinfährt. Einige Zeit lang ertönt von dort ein verzweifeltes Jammern und Schreien, das allmählich schwächer wird, bis es schließlich nach einiger Zeit verstummt und der Zug ohne Menschen und nur mit ihren Kleidungsstücken zurückkehrt. Über dem Lager steigt Rauch auf.

Ähnliches teilten in einem Brief zwei jüdische Frauen mit, die in der Umgebung von Lubycza Królewska, in geringer Entfernung vom Lager in Bełzec, arbeiteten. So schrieben diese Frauen in dem Brief, der an einen Bewohner der Stadt Żółkiew, Mojżesz Silber, gerichtet war: „Wir machen hier schlimme Tage durch. Mit eigenen Ohren hören wir das Jammern und Schreien unserer Brüder, die auf dem Lagergelände ermordet werden. Um die Schreie der ermordeten Opfer zu dämpfen, wird, noch bevor der Zug auf das Lagergelände fährt, eine Maschine in Gang gesetzt, deren Rattern ständig lauter wird und, indem es sich mit den Jammerschreien der Verendenden vermischt, diese übertönt. All das schreiben wir Euch, weil wir Euch darüber informieren wollen, dass das Lager in Bełzec existiert." (15)

V. Soziale und sanitäre Fürsorge

Seit in Żółkiew der *Judenrat* eingerichtet wurde, gab es dort eine Abteilung für Sozialfürsorge. Ihre Aufgabe war es, für die Armen unter der jüdischen Bevölkerung, für Waisen, Alte, Versehrte usw. zu sorgen. Ihre Einnahmen schöpfte die Abteilung für Sozialfürsorge aus den Beiträgen der jüdischen Bevölkerung für den *Judenrat* (ähnlich der Kahal-Steuer),[6] aus den Beiträgen, die anfangs die Juden entrichteten, die von der Arbeitspflicht befreit wurden (z. B. Handwerker, die inoffiziell Werkstätten betrieben), aus den Erlösen für aufgekaufte Brotkarten und schließlich während der Existenz des Ghettos auch aus Postgebühren.

Die Unterstützung der Abteilung für Sozialfürsorge bestand in geringen Geldbeihilfen, bescheidenen Lebensmittelzuteilungen, kostenlosen Lebensmittelkarten, kostenlosem ärztlichen Rat und Medikamenten, einer Portion Suppe mittags und von Zeit zu Zeit in zusätzlichen Brotrationen für diejenigen, die regelmäßig zur Arbeit gingen.

Unabhängig davon existierte eine Gesundheitskommission, die über den sanitären Zustand der Wohnungen im jüdischen Viertel wachte, der Ausbreitung von Epidemien vorbeugte, ärztlichen Rat erteilte usw.

Mit der Zeit jedoch führten die neu geschaffenen Bedingungen dazu, dass diese zwei Bereiche der Sozialfürsorge zusammengeführt wurden. Żółkiew liegt bekanntlich an der

---

6 Kahal (hebräisch) für Gemeinde.

Strecke Lemberg – Rawa Ruska, die nach Bełżec führt. Als die furchtbaren Nachrichten über das Todeslager in Bełżec allmählich durchsickerten, dass Juden dort bei lebendigem Leib verbrannt werden, dass mit Hilfe von elektrischem Strom getötet wird und Menschen in Gaskammern vergiftet werden,[7] versuchten sich viele Juden, die sich bereits in den Waggons befanden, unterwegs um jeden Preis zu retten. Manche sprangen also aus dem fahrenden Zug, ob durch das kleine, vergitterte Fenster oder auch, indem sie Bretter aus den verplombten Türen, den Wänden oder dem Fußboden des Güterwaggons rissen. Viele kamen unter den Rädern des Zuges um, viele starben an den Folgen ihrer Verletzungen, die sie beim Herabspringen erlitten hatten, aber die meisten kamen durch die Kugeln der Eskorten um, die den Transport begleiteten, Gestapo oder Schutzpolizei, die aus den Wärterhäuschen auf die Springer schossen. Die „Springer", die am Leben blieben, bedurften besonderer Hilfe, die vor allem darin bestand, sie im Stadtgebiet vor den deutschen Polizisten und ukrainischen Milizionären zu verstecken, die ohne Vorwarnung jeden Juden erschossen, der nicht nachweisen konnte, dass er Bewohner der Stadt war – wobei die Verletzten in die Stadt zu transportieren waren, wo sie ärztliche Hilfe, Kleidung und eine warme Mahlzeit erhielten; nach ihrer Genesung wurde ihnen die illegale Rückkehr in ihre Herkunftsorte ermöglicht.

Es muss festgehalten werden, dass die jüdische Bevölkerung der Stadt Żółkiew den „Springern" gegenüber viel Herz gezeigt hat. Die Stimmung, die unter den Juden in dieser Zeit herrschte, beschreibt Klara Szwarc, die sich damals auf dem Gebiet von Żółkiew versteckt hatte:

„Sommer 1942. In der Stadt Angst und Panik. Die Juden graben Bunker, d. h. unterirdische Löcher verschiedener Art, andere suchen Schutz bei ‚Ariern', andere hingegen schlagen nach dem Verlust ihrer Angehörigen die Hände über dem Kopf zusammen. Der Grund dafür sind die täglichen Transporte von Juden, die über die Station Żółkiew nach Bełżec fahren. Sie transportieren sie zu jeweils mehreren Tausend Menschen in einigen Dutzend (geschlossenen) Waggons mit jeweils 100-150 Menschen. Die Umgebung von Bełżec zeichnet sich durch weitläufige Wälder aus, in denen sie diese Menschen umbringen. Wie sie sie umbringen, ist nicht bekannt. Die einen sagen, dass sie sie mit Gas vergiften, andere behaupten, dass sie sie mit elektrischem Strom umbringen, verbrennen oder erschießen. Eines nur ist sicher, dass es von dort keine Rückkehr gibt."

Fast täglich war auf den Bahngleisen vor und hinter der Stadt dichtes Gewehrfeuer zu vernehmen. Einem Schreckgespenst gleich traf der Zug mit den unglücklichen Opfern ein, die nach Bełżec gebracht wurden. Alle befiel Mitleid, aber gleichzeitig auch Angst. Es entspannen sich verschiedene Vermutungen, woher der jeweilige Transport wohl kam. Bereits kurz nach der Durchfahrt des Zuges verbreiteten sich Nachrichten, dass auf den Gleisen verletzte „Springer" lägen. Mit der inoffiziellen Erlaubnis des Kommandanten der deutschen

---

7   Im Vernichtungslager Bełżec wurden die Opfer in Gaskammern getrieben, in die Kohlenmonoxid (Motorenabgas) eingeleitet wurde.

Polizei, die „eingeholt" worden war, ging dann eine Sanitäterbrigade mit Tragen oder einem Wagen die Eisenbahnschienen entlang und brachte die Verletzten auf das Gebiet des jüdischen Viertels. Hier wurde ihnen ärztliche Hilfe zuteil, und abhängig vom Gesundheitszustand wurden die leichter Verletzten in privaten Häusern und die Schwerverletzten im Krankenhaus weiterbehandelt.

Ein spezielles jüdisches Krankenhaus gab es in Żółkiew zur Zeit der Besatzung nicht. Dank der guten Beziehungen des *Judenrats* zum Kommandanten der deutschen Polizei sowie üppiger Geschenke, die bei jeder Gelegenheit überreicht wurden, reagierten die örtlichen deutschen Behörden in der ersten Zeit der Aussiedlung nicht auf die Aufnahme von verletzten „Springern" in das städtische Krankenhaus – trotz des offiziellen Verbots. Die nichtjüdischen Oberärzte nahmen gerne Juden auf und gewährten ärztliche Hilfe, da sie vom *Judenrat* Vergütungen für die Behandlungen und Operationen erhielten.

In der zweiten Hälfte des Jahres 1942 erlaubten es die deutschen Machthaber nicht mehr, Juden zur Behandlung im Krankenhaus aufzunehmen, womit die Hilfeleistung sehr erschwert wurde, insbesondere seit die deutsche Gendarmerie streng verboten hatte, „Springer" zu unterstützen; Gendarme begaben sich an die Orte, an denen verletzte Juden behandelt wurden, und brachten sie um.

Es bietet sich an, an dieser Stelle ein Fragment der Aussage des 1934 in Lemberg geborenen Hieronim Majzlisz anzufügen, der im November 1942 bei Żółkiew vom Transport, der nach Bełżec ging, absprang und sich gegenwärtig in einem Waisenhaus befindet:

„Die Leute hatten Werkzeuge bei sich, mit denen sie die Drähte des Fenstergitters durchschnitten. Viele sind hinausgesprungen. Während der Zug fuhr, sprang auch meine Mama und verletzte sich das Bein. Nach meiner Mama sprang ich, fiel auf den Kopf und verletzte mich schwer. Meine Oma war sehr fromm, sie wollte sich nicht retten, sie sagte, wenn es ihre Bestimmung wäre, zu sterben, dann wolle sie mit den anderen Juden umkommen. Mama ist ins Ghetto geflüchtet, nach Lemberg. Ich lag bewusstlos zwischen den Leichen der Menschen, die unglücklich vom Zug gesprungen waren. Die Männer vom OD (16), die die Leichen entlang der Gleise aufsammelten, nahmen mich nach Żółkiew mit, wo ich zwei Wochen blieb. Ich weiß nicht, was mit mir passiert ist, denn während der zwei Wochen kam ich nur zwei Mal kurz zu Bewusstsein. Mama erfuhr, dass ich in Żółkiew bin und es gelang ihr, mich nach Lemberg ins Ghetto zu bringen." (17)

Trotz der schwierigen Bedingungen erfüllte die Gesundheitskommission, oft unter Gefährdung des eigenen Lebens, ihre Aufgabe.

Zur Gesundheitskommission gehörten: Dr. Henryk Wachs – Arzt, Pepka Fisz – ausgebildete Sanitäterin; Mitarbeiter waren: Dr. Izrael Kiken – ehemaliger Schulinspektor, bekannter Pädagoge, Mitarbeiter bei vielen pädagogischen Zeitschriften der Vorkriegszeit, Cwi Unger – Leiter der „Tarbut"-Schule, der Anwalt Idek Bendel, der Beamte Jakub Strom – Lehrer, Dr. Jakub Rittel – Lehrer, Altin Mozes – Industrieller, Fiszel Sochaczewski – Lehrer sowie Gerszon Taffet – Lehrer.

Besondere Hervorhebung bei der Hilfeleistung für Kranke und Verletzte verdient die selige Frau Pepka Fisz, die bei dieser Arbeit so viel Herz und uneigennützige Aufopferung zeigte.

Aufopferungsvolle Zusammenarbeit mit der Gesundheitskommission, und insbesondere mit Pepka Fisz, leisteten die jüdischen Mädchen Klara Letzner, Mundzia Degen und Klara Szwarc. Von ihnen lebt nur die Letztgenannte, die in ihrem Tagebuch über diese Arbeit schreibt: „Die Sanitäterin Pepka Fisz ist eine Person mit goldenem Herzen. Ihr helfen die Mädchen (und ich). Ich gehe mit ihr, um Verbände zu wechseln, ich sammele Kleidung, Lebensmittel, etwas Geld gibt der *Judenrat*. Die Stadt hilft, soviel sie kann (die jüdische Bevölkerung). Den überwiegenden Teil des Tages verbringe ich außerhalb des Hauses, im Krankenhaus oder in der Stadt."

Manche Juden, die bei verschiedenen „Aktionen" aufgegriffen wurden, sprangen mehrfach von den Zügen, die sie nach Bełżec bringen sollten. Dank der Tätigkeit der Gesundheitskommission konnten viele Verletzte und Versehrte genesen. Nachdem sie aber einmal dem Tode entrissen worden waren, kamen sie leider bei der nächsten „Aktion" oder im Arbeitslager ums Leben.

Besonders viel Arbeit hatte die Gesundheitskommission nach der November-„Aktion", als sich auf furchterregende Weise eine Flecktyphus-Epidemie auszubreiten begann. Wie ich oben erwähnte, gab es in Żółkiew kein jüdisches Krankenhaus. Lediglich in der Zeit, als sich die Typhusepidemie verstärkte, entstand an der Turyniecka-Straße ein provisorisches jüdisches Krankenhaus. Zweck dieser Klinik war der Kampf gegen die Typhusepidemie, die sich unter der jüdischen Bevölkerung ausbreitete. Dieses Krankenhaus befand sich in zwei Häusern, eines sogar außerhalb des Ghettogeländes an abgelegener Stelle, mit insgesamt sechs bis sieben Toiletten, fast ohne Betten, Bettwäsche und andere auch nur primitive Vorrichtungen. Da die Epidemie große Ausmaße annahm, konnte keine Rede davon sein, alle Kranken dort unterzubringen. So führte der Kampf gegen die Epidemie zu keinen zufriedenstellenden Ergebnissen.

VI. Bildungs- und Kulturarbeit

Die Juden, die seit Jahrhunderten „Am hasejfer" (18) genannt wurden, vergaßen in den schwersten Augenblicken weder die Jugend, noch dass die Kinder um jeden Preis ausgebildet werden mussten.

Der Besuch öffentlicher Schulen war natürlich verboten. Es konnte keine Rede davon sein, ein Schulwesen für die jüdischen Kinder durch den *Judenrat* zu schaffen, aber die Jugendlichen drängten dennoch danach zu lernen. Es gab viele Fälle, in denen sich die Kinder mit der Frage an uns, ihre ehemaligen Lehrer, wandten, wann sie wieder mit dem Lernen beginnen könnten. Diese Bedingungen brachten das Projekt hervor, geheimen Unterricht in Gruppen von sechs bis acht Personen zu organisieren; die Zahl der qualifizierten, ausgebildeten Lehrer belief sich 1940/41 auf bis zu 30 Personen. Weil die Eltern darauf drängten, dass die Kinder neben dem normalen Curriculum, das für Schulen mit polnischer Unterrichtssprache galt, auch judaistische Fächer lernten, war das Unterrichtsprogramm so anzulegen, dass es allgemeinbildende und judaistische Fächer umfasste. Es organisierten sich zwei Lehrergruppen, die Kinder mit gleichem Wissensstand zusammenfassten; jede Gruppe umfasste fünf bis sechs solcher Zusammenschlüsse. Die Lehrer in der ersten Lehrergruppe waren Dr. Izrael Kiken, Cwi Unger und Gerszon Taffet und in der zweiten Prof. Jakub Strom, Pola Strom und Fiszel Sochaczewski. Der Arbeitsplan war nach dem schulischen System (Unterrichtsstunden) angelegt; die Lehrer wechselten sich entsprechend den unterrichteten Fächern jede Stunde ab. Dabei gab es enorme Schwierigkeiten, denn der Unterricht musste an verschiedenen Orten stattfinden, zu einem Großteil in Privathäusern.

Neben diesen Gruppen für ältere Kinder, innerhalb derer es im Rahmen der Möglichkeiten Spezialisierungen gab, waren noch andere Kindergruppen vorhanden, die Unterricht bei den jeweiligen Lehrern nahmen. Besonders aktiv auf diesem Gebiet waren Prof. Berta Friedman, Sabina Knopf, Chana Szelles, Janka Szapiro-Mandel, Lusia Kikenowa (Kindergarten) und andere.

Zum Lob der jüdischen Jugend ist hinzuzufügen, dass diese ernsthaft, lernwillig und verständnisvoll für sämtliche ungewollten Mängel sowie Unzulänglichkeiten bei der Arbeit war. Sie verstand und schätzte sowohl die Anstrengungen der Eltern als auch der Lehrer, die es ihnen ermöglichten zu lernen, sodass sie keine Zeit verschwendeten, da ihnen bewusst war, dass sie vielleicht am nächsten Tag keine Möglichkeit mehr haben könnten, sich frei zu bewegen. Das tiefgehende Verständnis der Lage trug dazu bei, dass das Lachen selbst bei den jüngsten jüdischen Kindern verstummte. Hunger, Kälte, Armut, seelisches und körperliches Leid, die Sorgen des täglichen Lebens, Hiobsbotschaften sowie die Angst, ihre Angehörigen zu verlieren, drückten dem Naturell, der Denkweise und dem Verhalten der jüdischen Jugendlichen ihren Stempel auf. Um den Kindern wenigstens einen Augenblick des Vergessens zu bereiten, organisierten manche Lehrerinnen, insbesondere in den Gruppen für die Jüngeren, Vergnügungen, die nur teilweise öffentlich waren. Rezitationen, Gesang, rhythmischer Tanz sowie Spiel und Spaß rissen die jüdischen Kinder für kurze Zeit aus der Umklammerung der traurigen Wirklichkeit und entführten sie in die Welt der Fantasie und sorglosen Kindheit. Diese Vergnügungen hatten große Bedeutung, um den Geist und das Wohlbefinden der jüdischen Jugendlichen aufrechtzuhalten. Um ihre Vorbereitung und Ausrichtung machten sich besonders die Lehrerinnen Friedman, Knopf und Szelles verdient.

Trotz der Verfolgungen und der Misshandlungen durch die Deutschen, trotz des Niederbrennens und der Schändung der Synagoge und der Gebetshäuser versammelten sich die religiösen Juden in Privathäusern, um gemeinsam zu beten. Solche „Minjanim" gab es viele. Besonders groß war der Zulauf an Samstagen und an Feiertagen. An diesen Tagen begann das Gebet in den frühen Morgenstunden, um es beenden zu können, bevor man sich zur

Arbeit begab. An Feiertagen war es manchmal üblich, mit Unterbrechungen das „Szachrit" zu beten, das Morgengebet früh und das „Musaf" – das zusätzliche Gebet – am Vorabend, nach der Rückkehr von der Arbeit.

In der Zeit des geschlossenen Ghettos, d. h. ab Dezember 1942, war der *Judenrat* der einzige Ort, an dem die Juden Informationen zu lokalen Nachrichten und aus dem Bereich der internationalen Politik erhalten konnten. Jeden Abend versammelten sich hier die eifrigen Leser von Zeitungen und Zeitschriften, die gerne die Nachrichten kommentierten, dann fanden sich Menschen ein, die irgendeinen Kontakt zur Außenwelt hatten. Szyja Tempelsman kam, der Zugang zu einem Radio hatte und unerlaubte Sendungen aus London und Moskau hörte. (Es kamen auch andere.) Jede Nachricht von der Front wurde ausgiebig besprochen und diskutiert. In allem suchten die Juden individuell für sich die Erlösung. Aus jedem Funken Hoffnung erträumten sie sich die Freiheit, sie glaubten daran, dass der Faschismus untergehen werde, dass auf der Welt Ruhe und Ordnung eintreten würden und die Überreste des gequälten jüdischen Volks ihr Land wiederbekämen, in das sie zurückkehren würden, um ein neues Leben zu beginnen. Wieder zurück in ihren Häusern, teilten sie die Nachrichten mit ihren Familienangehörigen sowie mit den nächsten Nachbarn; so gelangten Worte des Trosts sogar in die entlegensten Winkel des Ghettos.

VII. Wirtschaftsleben

Die Vernichtungspolitik der Deutschen verbot es den Juden, Läden oder Handwerksbetriebe zu betreiben sowie freie Berufe auszuüben. Um sich am Leben zu halten, waren die Juden gezwungen, von ihren Ersparnissen zu leben, und wenn diese ausgeschöpft waren (in recht kurzer Zeit – infolge der Geldabwertung) mussten sie daran gehen, Gegenstände des häuslichen Gebrauchs zu verkaufen oder zu tauschen: Kleidung, Bettwäsche, Wertsachen u. ä. Insbesondere die Intelligenz machte sich rasch daran, Güter des täglichen Bedarfs zu veräußern. Vor allem blühte der Tauschhandel. Den Landbewohnern kam diese Form des Handels entgegen, da sie auf diese Weise in den Besitz von Bettwäsche, Bekleidung und anderer wertvoller Dinge kamen.

Ein Landbewohner, der in seinem Korb ein Stück Butter, etwas Mehl oder andere Produkte hatte, ging von Haus zu Haus, forderte im Gegenzug von den Juden ihre besten Kleidungsstücke, Unterwäsche oder Bettwäsche und erhielt, was er wollte. Den Bauern kamen noch andere Dinge gelegen: die deutschen Verordnungen, die die Zeit beschränkten, in der sich die Juden zum Einkaufen auf den Markt begeben durften, die Schikanen vonseiten der ukrainischen Miliz während des Einkaufens, die Furcht vor Schlägen, Erniedrigung und der Gefangennahme zu Arbeitszwecken. Im Ergebnis zogen es viele Juden vor, ihren Verbrauch auf ein Minimum zu beschränken, indem sie mehr für Lebensmittel zahlten, um bloß nicht auf den Markt gehen zu müssen.

Juden, die Beziehungen zu Landbewohnern hatten (geschickte und risikofreudige Personen hatten jetzt große Handlungsfreiheit), begannen verschiedene „krumme Geschäfte" (Schmuggel). Diese Juden brachten unter Einsatz ihres Lebens Lebensmittel herbei, anfangs in die Stadt, dann ins Ghetto. Sie ließen es sich jedoch gut bezahlen, da sie nicht nur für sich selbst verdienen wollten, sondern auch noch etwas für die Geschenke, Schmiergelder für die deutsche Polizei, die ukrainische Miliz sowie für die *Volksdeutschen* übrig bleiben musste. Letztere taten sich oft an den Schmugglern gütlich, insbesondere der bekannt gewordene Kriegel, der ihnen bedeutende Geldsummen abpresste.

Im Allgemeinen verdienten die Schmuggler gut, aber gleichzeitig bezahlte der jüdische Verbraucher für Lebensmittel unverhältnismäßig viel, wodurch er in hohem Tempo Geld und Sachwerte aufbrauchte.

Das Gespenst des Elends und des Hungers kam immer öfter in die Wohnungen zu Besuch. Besonders schwer war die Zeit von Frühjahr bis Herbst 1942. Es häuften sich Fälle von Bewusstlosigkeit und sogar von Hungertod auf den Straßen des jüdischen Viertels. Die verarmte jüdische Bevölkerung ernährte sich von Kartoffelschalen und -resten. Die Volksküche, die vom *Judenrat* betrieben wurde, erfreute sich immer größeren Zulaufs. Oft sah man Menschen, deren Gesichter vor Hunger besonders unter den Augen aufgedunsen waren und die es kaum schafften, ihre angeschwollenen Beine hinter sich her zu ziehen. Die Sterblichkeit unter der jüdischen Bevölkerung stieg in dieser Zeit erheblich an. Täglich starben bis zu über einem Dutzend Menschen an Unterernährung und Hunger. Die Teuerung stieg von Tag zu Tag. Ein Kilogramm Kartoffeln kostete zu dieser Zeit acht Złoty. Ein Jude, der bei den Deutschen arbeitete, verdiente damals einen Złoty und wenige Groschen pro Arbeitstag.

VIII. Zweite „Aktion" – Im November

Im Sommer 1942 fuhren fast täglich Transporte von Juden in das Todeslager nach Bełżec durch Żółkiew. Diese Transporte waren das Ergebnis von „Aktionen" in verschiedenen Städten, insbesondere der „August-Aktion" in Lemberg, die lange dauerte und einige Zehntausend Opfer forderte.

Die Deutschen begannen die „Aktionen" im Allgemeinen an Werktagen und nicht an Sonntagen. Deshalb atmeten die Juden sonntags erleichtert auf, weil sie glaubten, dass wenigstens an diesem Tag Ruhe wäre. Aber da sich die Deutschen bemühten, das Werk der Vernichtung mit so geringen Kosten wie möglich für sie zu vollbringen, wendeten sie die Methode der Überrumpelung an; Żółkiew wurde am Sonntag, dem 22. November 1942, überrascht. An diesem Tag begann um fünf Uhr früh die große „Aktion". Gestapo, Schutzpolizei und ukrainische Miliz umzingelten die von Juden bewohnten Straßen. Sie waren in Kampfausrüstung, in Helmen, mit Waffen und Granaten ausgestattet, und hielten darüber hinaus Äxte in den Händen, um Tore, Türen und Schutzhütten einzuschlagen. Da sie kein Vertrauen zu den *Ordnern* von Żółkiew (jüdische Miliz) hatten, brachten die Deutschen Lemberger *Ordner* mit, die ihnen bei der „Aktion" assistierten. Im Verlauf von zwei Tagen, d. h. am Sonntag, den 22. November, und am Montag, den 23. November, wurden etwa 2500 Juden festgenommen, die sich unter freiem Himmel auf dem Hof des Schlosses von Żółkiew versammeln mussten. Zwei Tage lang hielten sich die Juden im Freien, in Hunger und Kälte, auf. Sie durften sich nicht von der Stelle bewegen. Wer sich erhob, wurde aus der Reihe geführt und erschossen. (19) Am Montag, den 23. November 1942, wurden gegen Mittag Waggons an der Bahnstation vorbereitet. Die Juden mussten sich in Viererreihen aufstellen, mit einer dichten Postenkette von SS, Schupo und ukrainischer Miliz umgeben, und wurden unter gnadenlosen Schlägen und Prügeln zur Bahnstation getrieben. Dort musste man schnell in die Waggons springen, denn wer zögerte, wurde von den Deutschen erbarmungslos geprügelt. Nach Verladung der Juden in die Güterwaggons wurden die Türen und Fenster sorgfältig vergittert (mit Stacheldraht).

Auf dem Schlossplatz, wo die Juden versammelt worden waren, blieben mehrere Dutzend erschossene und erstickte Opfer zurück.

An diesem Tag setzte sich um Mitternacht der Zug von der Bahnstation Richtung Bełżec in Bewegung. Jetzt begannen fieberhafte Aktivitäten, Öffnungen aus den Türen, dem Fenster, dem Fußboden oder aus den Wänden der Waggons zu brechen, durch die man herausspringen konnte. Die Arbeit fand mit Hilfe von rechtzeitig vorbereitetem Werkzeug statt. Hinzugefügt werden muss, dass sich viele Juden für den Fall der unerwarteten „Aussiedlung" nicht von diesem speziellen Werkzeug-Set trennten. Wenn sie sich in die Verstecke oder Bunker begaben, nahmen die Juden diese Werkzeuge mit (um der Aussiedlung zu entgehen, bauten sie sich Verstecke, wofür sie Keller und Dachböden nutzten, Aushebungen vornahmen u. ä.; besser eingerichtete Verstecke wurden Bunker genannt). Diese Sets bestanden aus einer kleinen Taschen-Holzsäge aus Stahl, oder sogar Eisensäge, einer Zange zum Drahtschneiden, Schraubenschlüsseln u. ä. Die Werkzeuge sollten dazu dienen, die Bretter in den Wänden, in den Türen und im Fußboden durchzusägen und die Verdrahtung der Türen und Fenster der Waggons durchzuschneiden. Andere bedienten sich primitiverer Werkzeuge wie Messer, Äxte, Stangen, kleiner Brecheisen und überhaupt jeglicher Gegenstände, die ihnen in die Hände fielen. Manchmal arbeiteten in einem Waggon mehrere Parteien; die einen machten Öffnungen im Boden, die anderen in den Wänden usw. Es kam vor, dass aus einem Waggon die einen aus dem Fenster sprangen, die anderen durch die Tür.

In meinem Waggon (20) besaß keiner irgendwelche Werkzeuge. Trotzdem bewahrten die Menschen ruhig Blut und beschlossen, um jeden Preis zu fliehen. Als der polnische Eisenbahner Tür und Fenster verdrahtete, wurden ihm schnell gesammelte 1000 Złoty angeboten, dafür dass er „aus Versehen" am Fenster des Waggons die Eisenstange, derer er sich für seine Arbeit bediente, zurückließe. Der Eisenbahner war damit einverstanden und warf in dem Moment, als die Deutschen nicht hinschauten, diese Stange durch das Fenster in das Wageninnere. Mit Hilfe der Stange entfernten wir zuerst den Stacheldraht am Fenster. Die ersten Leute sprangen durch das Fenster. Es zeigte sich allerdings, dass eine Öffnung nicht ausreiche für die vielen Menschen, die sich im Waggon befanden. Unabhängig davon wurde also mit der Stange ein Brett aus der Waggontür geschlagen, und auf dem Bauch kriechend gelangten wir auf das Trittbrett des Waggons. Von dort aus sprangen wir weiter (selbstverständlich, falls man nicht zwischenzeitlich eine Kugel von dem Gestapomann bekommen hatte, der im Wärterhäuschen des Waggons mitfuhr).

Den ganzen Weg über waren dicht aufeinanderfolgende Schüsse zu hören; die Begleiter schossen auf die abspringenden Juden. Entlang der Gleise lagen Hunderte von Toten und Schwerverletzten. Allein auf dem Gebiet der Stadt Żółkiew wurden während dieser „Aktion" etwa 800 Juden getötet (einschließlich der „Springer"). Diese Opfer wurden geborgen und auf dem jüdischen Friedhof von Żółkiew begraben.

Entlang der Gleise, auf denen die Züge mit den Juden fuhren, durchsuchte „ein gewisser Teil" der örtlichen Zivilbevölkerung – Hyänen in Menschengestalt – die Getöteten bzw. Verletzten und rissen ihnen sogar die letzten Lumpen von den noch nicht erkalteten Leibern. Die Schwerverletzten kamen unter furchtbaren Qualen um, starben an den Verletzungen, Blutverlust, Hunger und Kälte, und diejenigen, die den nächsten Tag erlebten, wurden von den Milizionären erschossen, die die Gleise abliefen. Von denen, die das Glück hatten, abspringen zu können, kamen nicht alle ans Ziel, selbst wenn sie den Sprung ohne Kratzer überstanden hatten. Die meisten fielen auf dem Rückweg den Deutschen oder der ukrainischen Miliz in die Hände und fanden den Tod an Ort und Stelle. Nur eine Handvoll Juden kam nach schlimmen Erlebnissen nach Hause. (21) Sie wurden von verschiedenen Elementen, die darauf lauerten, aller Habe beraubt.

Nach der Aussiedlung der Juden nahmen die Deutschen, unabhängig von Diebstahl und Raub durch den gesellschaftlichen Abschaum, unter erfolgreicher Mithilfe der *Volksdeutschen* das gesamte Hab und Gut der Ausgesiedelten ab.

Junge *Volksdeutsche* aus Żółkiew (Tilzer, Kriegel, Ptasznik, Schlichtling, Daks, Siemaszkiewicz und Zarzycki) spielten bei den „Aktionen" eine schändliche Rolle. Sie waren es, die die Juden aus den Bunkern führten und in die Hände der Deutschen übergaben. Ptasznik spezialisierte sich darüber hinaus auf den Raub von Eigentum, das von ausgesiedelten Juden zurückgeblieben war.

Abgesehen von dieser oder jener tatsächlichen Vorgehensweise der jeweiligen Individuen fehlte es unter der nichtjüdischen Bevölkerung nicht an edlen Menschen, die aufopferungsvoll den verfolgten und gejagten Juden Hilfe leisteten. Ich denke hier an diejenigen, die Juden bei sich versteckten, wodurch sie ihr eigenes Leben aufs Spiel setzten.

Unter ihnen ist in erster Linie Frau St. P. (Polin) zu nennen, die uneigennützig, mit großer Aufopferung fünf Juden bei sich versteckte und ihnen das Leben rettete, sowie das Ehepaar Beck, Julia und Walenty, mit ihrer Tochter Aleksandra, die mit nicht weniger Aufopferung dazu beigetragen haben, 18 bei ihnen versteckte Juden zu retten.

Über seine Retterin St. P. äußerte sich Izydor Hecht in seinem Tagebuch wie folgt:

„4. 6. 1943. Jeder von uns sieht schon umnachtet aus und klagt über Herzprobleme. Halten wir das aus? Außerdem bringen wir nicht nur uns, sondern auch so viele gute Menschen in Gefahr, die uns von ganzem Herzen helfen wollen ...

... 23. Dezember 1943. In der Stadt haben sie Aushänge verteilt, mit Listen von Personen, an denen das Todesurteil vollstreckt wurde, für die Zugehörigkeit zu Geheimorganisationen bzw. für das Verstecken von Juden.

Als St. kam und mir das sagte, standen mir vor Schreck die Haare zu Berge.

Wofür sollen diese guten Menschen sterben? Ich habe sogar darüber nachgedacht, ob es nicht besser wäre, wenn wir uns das Leben nehmen würden, um sie endlich von diesem Albdruck zu befreien. Aussichten darauf, dass unsere und ihre Leiden ein Ende haben werden, sind ohnehin nicht absehbar ...

... 24. Januar 1944. Schließlich geht es nicht mehr um uns allein, es geht um unsere Wohltäter. Ihnen droht auch der Tod dafür, dass sie sich aufopfern. Ich habe wirklich nicht einen Moment an mich gedacht. Ich habe ausschließlich an St. gedacht. Sie hat auf ihr Leben verzichtet und opfert sich so auf, aber wofür? Wenn ich sie ansehe, zieht es mir das Herz zusammen, so sehr ist die Arme blass geworden, hat sich vernachlässigt, ist krank geworden, zieht kaum die Beine hinter sich her. Schon allein im Hinblick auf sie sollte der Krieg aufhören. Ich war darauf vorbereitet, dass, wenn sie uns entdecken würden und mir die Flucht nicht gelänge, meinem Leben ein Ende zu setzen. In der Tasche habe ich eine ausreichende Menge Morphium, aber sie, wofür soll sie leiden müssen?"

Und hier die Tatsachen, die Klara Szwarc angibt, die von dem edlen Verhalten des Herrn Beck und seiner Familie zeugen:

„Sonntag, 18. April 1943. Als ich am offenen Fenster im Keller lag, spürte ich plötzlich ein Jucken. Noch bevor ich darüber nachdenken konnte, woher der Rauch kam, sagte man uns, dass es in unserer Straße brenne. Kurz danach standen schon das Nachbarhaus und die Fabrik, die drei Meter von uns entfernt war, in Flammen. Dabei wehte sehr starker Wind. Die allgemeine Furcht erfasste alle, wir begannen, uns anzuziehen. Die einen wollten flüchten, die anderen sich in den Schutzbunker unter der Erde zurückziehen und lieber ersticken als durch die Gestapo getötet zu werden. Es ist doch unmöglich, dass 17 Personen unbemerkt hinausgelangen, während vor dem Haus Menschenmassen stehen. Unter denen, die dafür waren, sich in die Hände des Schicksals zu begeben und sich im Schutzraum einzuschließen, war auch ich. Ich nahm die Kinder und meine Mutter und ging in den Schutzraum. Wir verschlossen die Öffnung sorgfältig, damit kein Rauch hereinkam und warteten. Im Geiste beneideten wir den Apotheker (der sich mit uns versteckte), der Gift bei sich hatte und wenigstens sein Leiden verkürzen konnte.

Währenddessen war meine Schwester Mania kurz nach oben gelaufen. Als sie sah, wie das Feuer wütete, dass Türen und Fenster unseres Hauses anfingen zu brennen, schrie sie Papa zu: „Papa, ich gehe" – und rannte hinaus.

Ich weiß nicht, was für ein Wunder geschehen ist, vielleicht ist das Weinen der Kinder bis vor den Thron der Ewigkeit gelangt – unser Haus wurde gerettet.

Aber der Herrgott ließ uns schlimme Erfahrungen machen. Beim Kloster der Felizianerinnen haben sie Mania geschnappt. Sie lief dort entlang, offenbar wollte sie zu jemandem von ihren Bekannten, „Ariern". Nicht genug, dass der *Volksdeutsche* Schichtling sie traf und zur Gendarmerie brachte. Mania, die wusste, was sie erwartete, sagte zum Ingenieur Kincler, den sie zufällig unterwegs traf: „Sagen Sie den Unseren, wenn sie irgendwann zurückkehren, was mit mir passiert ist."

… Unsere Verzweiflung war unbeschreiblich. Papa hätte beinahe komplett den Verstand verloren. Aber es blieb keine Zeit, um zu verzweifeln. Eine neue, große Gefahr schwebte über uns. Denn die Nachbarn hatten Mania gesehen, wie sie vom Ehepaar Beck davonlief. Sie gaben also der Gendarmerie Bescheid. Zum Glück erfuhr ein Bekannter von Herrn Beck, der Einfluss bei der Gendarmerie hatte, rechtzeitig davon und lenkte den Verdacht auf unseren Nachbarn, einen gewissen Stefaniuk (ein Russe).

Selbstverständlich glaubten sie eher, dass ein Russe eine Jüdin versteckte als Herr Beck und begaben sich zur Hausdurchsuchung dorthin. Während der Kontrolle sagte Stefaniuk in Anwesenheit von Herrn Beck zu den Gendarmen: „Ich habe Zeugen dafür, dass die Jüdin von ihm gekommen ist" – während er auf Herrn Beck zeigte. Da die Gendarmen keine Spur gefunden hatten, verließen sie das Haus, kündigten aber eine gründliche Durchsuchung und Ermittlungen in dieser Sache an. An diesem Abend erklärte Beck, dass er eine Durchsuchung erwarte und wir alle sein Haus verlassen sollten. Wohin sollten wir gehen? Wohl direkt zur Gendarmerie.

Darüber hinaus war diese Nacht furchtbar. Der Wind wehte, bei diesem Wetter hätte man nicht einmal einen Hund aus seiner Hütte gejagt, und wir hatten außerdem noch zwei kleine Kinder. Diese Nacht war eine der furchtbarsten, die wir überhaupt erlebt haben.

Wir nahmen es Herrn Beck nicht übel, dass er uns nicht bei sich behalten wollte. Über uns war so oder so das Todesurteil verhängt, aber er, er musste schließlich nicht für uns seinen Kopf hinhalten – er war ein freier Mensch. Und auch dieses Mal, wie überhaupt in den kritischsten Momenten, trug der außergewöhnliche Charakter dieses Menschen zu unserer Rettung bei. Nach einem Gespräch mit Frau Melmanowa war Herr Beck so gerührt, dass er sagte: „Geht schlafen, was sein wird, wird sein." – Am nächsten Morgen riefen sie Frau Beckowa auf die *Kriminalpolizei,* um sie zu verhören. Sie sagten ihr, dass Mania gesagt habe, sie wäre Dienstmädchen bei ihr gewesen. Frau Beckowa verneinte dies und berief sich auf zwei deutsche Gendarmen als Zeugen, die jeden Abend zu ihr kamen. Damit war die Angelegenheit beendet."

„Sonntag, der 11. April 1943. Heute kamen Zyguś und Zosia, die Kinder von TanteUćka (der Junge ist sieben Jahre alt, das Mädchen vier). Sie klopften und erzählten, dass Dudiu (der Onkel) sie hierher geschickt habe, weil hier Tante Salcia und Mama wären. Herr Beck ließ sie in die Wohnung, brachte sie dann auf den Dachboden und kam zu uns herunter, um sich mit uns abzustimmen. Ich werde diesen Tag nie vergessen. Alle Anwesenden begannen zu verhandeln, wie man ein vierjähriges Kind in den Schutzraum aufnehmen könne. Einige waren wütend auf Dudiu, wie er überhaupt die Kinder hierher schicken und ihnen sagen konnte, wo die Tante ist, obwohl er wusste, dass dadurch 15 Personen auffliegen konnten. Am helllichten Tag, um 10 Uhr morgens, gehen zwei jüdische Kinder die Straße entlang, in der sie von Geburt an gewohnt haben, wo sie jeder kennt, und niemand hält sie auf. Wenn sie jemand aufgehalten und gefragt hätte, wohin sie gehen, hätten sie bestimmt alles ausgeplaudert. Vielleicht sind sie unter einem glücklichen Stern geboren und es ist ihnen bestimmt zu leben. Herr Beck unterbrach die Erwägungen und Meditationen und erklärte in seiner edlen Art, „was sein wird, wird sein, sollen die Kinder in den Schutzraum gehen". Ach! Wenigstens für diese Tat sollte der Herrgott diesen Menschen belohnen."

Folgende Fragmente aus dem Tagebuch von Klara Szwarc illustrieren einige Episoden der „November-Aktion":

„5 Uhr morgens. Wir liegen noch im Bett, nur Patrontasch geht wie immer hinaus auf Erkundung. Nach kurzer Zeit kehrt er zurück und empfiehlt uns, uns vorzubereiten, denn zwei Autos der Gestapo und der jüdischen Miliz (Lemberger *Ordner*) sind in Richtung Marktplatz gefahren. Er geht wieder hinaus und kommt kurz darauf zurück. „Aktion!" Er sah Menschen, die aus der Stadt geführt wurden, Schüsse sind zu hören. Unter den Fenstern laufen Gestapomänner zusammen. Es ist keine Zeit mehr, in die Mühle zu laufen, nur Herr Melman stürzt über den Hof hinaus, um den Nachbarn, den Brytwic, Bescheid zu geben. Als Melman angelaufen kommt, wissen sie von nichts; sie essen ruhig ihr Frühstück. Sie haben es gerade so geschafft, den Schutzraum zu öffnen, als die Gestapo vorne klopft. Melman flüchtet hinten hinaus, und Brytwic hält hinter sich die Tür zu. Er hielt sie so lange zu, bis der Schutzraum geschlossen war, woraufhin er die Tür losließ und flüchtete, um die Aufmerksamkeit der Gestapo abzulenken. Der Gestapomann hinter ihm her. All das haben wir von Brytwic selbst erfahren, als er, nachdem er vom Zug gesprungen war, nach Żółkiew zurückkehrte. Währenddessen gehen wir, d. h. meine Eltern, meine Schwester und ich, Melman mit seiner Frau und seinem Kind in den Schutzraum, der sich unter dem Fußboden befand. Wir sitzen im Dunkeln, einen Tag, zwei, die Kerze will nicht brennen, weil es keinen Sauerstoff gibt (physiologische Bedürfnisse werden an Ort und Stelle erledigt). Am zweiten Tag riskieren es Mundek Patrontasch und Melman und gehen hinaus, um zu sehen, was passiert. Nach einigen Minuten, die uns wie eine Ewigkeit erscheinen, kehren sie zurück. Die Aktion läuft noch. Gerade in diesem Augenblick haben sie Lockman (einen unserer Nachbarn) erschossen, der versucht hatte zu fliehen. Wir warteten noch eine weitere Nacht. Wir im Schutzraum und Patrontasch auf dem Beobachtungspunkt – am Fenster unter dem Fußboden. Am Morgen ging an dieser Öffnung der Bruder von Patrontasch vorbei, Lajbek, der *Ordner* war. Patrontasch rief ihn herbei und erfuhr, dass die „Aktion" schon vorbei sei und der Zug abfahre (nach Bełżec). Zur Sicherheit warten wir noch eine Stunde und gehen dann hinaus."

Wie die Stadt nach der „Aktion" aussieht, beschreibt Klara Szwarc: „In der Stadt Verwüstung, Weinen und Verzweiflung. Mit Fuhrwagen transportieren sie die Leichen der Menschen ab, die sie an Ort und Stelle erschossen haben; die einen dafür, dass sie versucht haben zu fliehen, andere dafür, dass sie sich, als sie sich schon auf dem Schlosshof befanden, entgegen dem Befehl der Gestapoleute, die angeordnet hatten, dass sie sitzen, erdreistet hatten, kurz aufzustehen; sie transportieren auch die Leichen derer, die nach dem Abspringen ums Leben gekommen waren. Diese sind erfroren, verhungert oder wurden von den Bauern aus der Umgebung dem Tod überlassen."

IX. Ghetto

Nachdem die meisten Juden im November 1942 ausgesiedelt worden waren, wurde in den ersten Dezembertagen in Żółkiew ein geschlossenes Ghetto eingerichtet, das folgende Straßen umfasste: Sobieskiego, Pereca, Rajcha, Snycerska, Plac Dominikański (linke Seite) sowie Turyniecka (linke Seite).

In das Ghetto wurden außer den Juden von Żółkiew die Juden aus den benachbarten Kleinstädten wie Kulików und Mosty Wielkie gedrängt. Die deutsche Gendarmerie eskortierte die Juden ins Ghetto. Während der Umsiedlung aus Mosty nach Żółkiew wurden einige Juden unterwegs erschossen, angeblich wegen Fluchtversuchs.

Da es an Räumlichkeiten fehlte, wurden diese Juden in die zerstörten Synagogen „Belzer-Klaus" und „Żydaczower-Klaus" gebracht. In drei Kammern fanden einige Dutzend Männer und Frauen Raum, wobei jeder Zentimeter des Fußbodens ausgenutzt wurde. Das Ghetto wurde mit Stacheldraht umgeben. Den Juden war es nicht erlaubt, das Ghettogebiet zu verlassen, es sei denn mit einer Sondergenehmigung. Am Tor zum Ghetto wachte ständig ein jüdischer Milizionär. Ein Jude, den man außerhalb des Ghettos antraf, wurde an Ort und Stelle erschossen. Wie weit dieses „Recht" angewandt wurde, davon zeugt folgende Tatsache: Als die Menschen an einem Sonntagmittag aus der nahe gelegenen [katholischen] Kirche und der orthodoxen Kirche kamen, bemerkte ein kleiner jüdischer Junge nicht weit vom Ghetto eine Frau, die in einem Korb etwas zu verkaufen hatte. Er lief also zu ihr hin, aber zu seinem Unglück erschien gerade in dem Moment unerwartet der deutsche Polizist Heisler, ein *Volksdeutscher,* der aus Oberschlesien stammte – er packte den Jungen an der Hand, führte ihn an den Stacheldrahtzaun des Ghettos und zog seinen Revolver hervor, um den „Verbrecher" an Ort und Stelle zu erschießen. Der kleine Junge begann zu weinen, zu flehen und dem Polizisten die Hände zu küssen, aber dieser war unerbittlich. Als der Revolver klemmte, zerrte er so lange, bis ein Schuss fiel. Der kleine Junge fiel blutüberströmt nieder.

Infolge der Enge (acht und mehr Personen in einer Kammer) und der furchtbaren hygienischen Verhältnisse breitete sich auf erschreckende Weise eine Fleckfyphusepidemie aus, die zahlreiche Opfer forderte; täglich raffte sie 10-15, manchmal bis zu 20 Opfer dahin. Diese

Epidemie wütete verheerend, vor allem unter den jungen Menschen. Es gab kaum ein Haus, das nicht betroffen war. Die jüdischen Totengräber schafften es nicht, Gräber vorzubereiten, besonders im Winter, wenn die Erde gefroren war. Oftmals fand die Beisetzung der Verstorbenen im Mondschein statt, da es so viele Leichen gab, dass sie es nicht schafften, alle im Laufe des Tages zu bestatten.

Nur schwer lässt sich der Albtraum vergessen, der sich im Haus der Lehrerin Chana Szelles abspielte. An einem Tag starben ihre Mutter und ihr Ehemann an Typhus. Noch bevor sie ihren Geist aushauchten, rannte sie von einem Bett zum anderen und flehte, während sie die Kranken küsste, sie sollten sie mitnehmen oder wenigstens mit der schrecklichen Krankheit anstecken, damit sie nach ihnen sterben konnte. Aber es war ihr nicht vergönnt, den Tod der Auserwählten zu sterben; als solcher wurde der Tod infolge der Krankheit angesehen. Leider erfuhr sie noch viel Bitterkeit, bevor sie der Tod aus den Händen der deutschen Folterknechte traf.

Als er die große Opferzahl der Typhusepidemie sah, gab *SS-Sturmführer* Pappe, der seinen Sitz in Żółkiew hatte, seiner Zufriedenheit Ausdruck, „*die Juden krepieren jetzt selbst*". (22)

Im Februar 1943 ebbte die Epidemie etwas ab. Dagegen trafen unheilvolle Nachrichten über Liquidierungsaktionen „*Judenfrei*" ein; die restliche jüdische Bevölkerung, die sich am jeweiligen Ort befand, wurde ermordet oder in Todeslager deportiert. Und so gehörte Rawa Ruska (30 Kilometer von Żółkiew entfernt) zu den Städten, die verhältnismäßig früh „*judenfrei*" gemacht wurden. Dort wurde das Ghetto in der zweiten Dezemberhälfte 1942 aufgelöst. Der Liquidator war der SS-Mann Grzimek, späterer Herr und Herrscher des „*Julags*" in Lemberg,[8] der Anfang Juni 1943 die Liquidierungsaktion des Lemberger Ghettos leitete. Viele Juden dachten jetzt ernsthaft über Rettungsmöglichkeiten nach. Die einen suchten Hilfe im Bau sicherer Schutzräume, andere dagegen versuchten, Kontakte zu nichtjüdischen Freunden außerhalb des Ghettos zu knüpfen, die ihnen helfen könnten und wollten, sei es durch die Gewährung von Unterschlupf in Kellern, auf Dachböden oder in anderen dazu geeigneten Räumlichkeiten oder auch durch die Beschaffung „arischer Papiere", insbesondere für diejenigen, die ein „gutes" Aussehen hatten. Einzelne Personen verschwanden heimlich – die einen in rechtzeitig vorbereitete Verstecke bei „Ariern", andere hingegen fuhren mit „arischen Papieren" fort, ins Unbekannte, sich selbst dem Lauf des Schicksals überlassend.

---

8   Das Janowska-Lager bei Lemberg wurde im Herbst 1941 als Zwangsarbeitslager für die Deutschen Ausrüstungswerke errichtet. Seit Sommer 1942 wurde das dem SS- und Polizeiführer Friedrich Katzmann unterstellte Lager erheblich ausgebaut und hatte eine zentrale Funktion bei der Ermordung der galizischen Juden. Zahlreiche Häftlinge starben infolge der brutalen Arbeitsbedingungen, andere wurden in das Vernichtungslager Bełżec deportiert, Tausende in den „Piaski" – den Sandhügeln hinter dem Lager – erschossen. Nach der „Aktion Erntefest" im Herbst 1943 – der Erschießung der Juden in den Lagern um Lublin – wurde das Lager in der Janowska-Straße aufgelöst. Nach Schätzungen Dieter Pohls waren dort 35 000 bis 40 000 Juden ermordet worden.

Überall schwebte über den Juden die Gefahr der vollständigen Liquidierung, die meisten Juden hatten keine Hoffnung auf Rettung. Die Frommen erwarteten ein Wunder, aber Wunder gab es nicht.

Im Weiteren zitiere ich Fragmente aus dem Tagebuch von Izydor Hecht, der sich auf dem Stadtgebiet von Żółkiew versteckte; daraus wird sichtbar, wie und unter welchen Umständen unterirdische Verstecke gebaut und bewohnt wurden. Diese Fragmente enthalten eine ordentliche Prise Galgenhumor, den Humor eines der Hinrichtung Entgegensehenden, der die Hoffnung nicht verliert und daran glaubt, dass die Wahrheit siegt. Hier ein Fragment, das die einzigartige Genese des Verstecks – des „Palasts" – enthält:

„Die Deutschen haben zuerst begonnen, uns Juden von unseren Vermögen zu befreien (Kontributionen), dann von unserer Freiheit (Ghetto) und schließlich von unserem Leben („Aktionen"). Für alle diese „Wohltaten" sind wir ihnen dankbar, aber sie haben einen Mangel, sie folgen zu schnell aufeinander. Ich z. B. würde mich von meinem Leben befreien lassen, in 40-50 Jahren, ich habe überhaupt keine Eile, und sie wollen das unbedingt noch vor Kriegsende erledigen. Infolge der entstandenen Meinungsverschiedenheit zwischen mir und den Deutschen – und die Gewalt ist auf ihrer Seite – habe ich beschlossen, mich für einige Zeit zu verstecken, um ihnen ihre Ideen zu erschweren. Weil noch einige meiner Stammesangehörigen ähnlich dachten, haben wir uns mit Blumenfeld verständigt und mit Einverständnis gewisser guter Menschen dieses unser Versteck gebaut."

Und das ist die Beschreibung des Verstecks: „25. März 1943. Wir sitzen im Versteck. Wir sind zu Viert und warten auf bessere Zeiten und auf ... Filip M., den fünften Bewohner unseres kleinen ‚Palasts'. Dieser ‚Palast' ist Teil eines Blocks, der von Lebewesen verschiedener Arten bewohnt wird. Wir – Menschen, nein, Entschuldigung – Juden, wohnen im Souterrain des Untergrunds, das Parterre belegen zwei Schweine, die 700 Złoty gekostet haben. Dort lebt auch ein Hahn. Die erste Etage belegen Kaninchen, es sind vier. Über ihnen befindet sich die letzte Örtlichkeit, der Dachboden. Außerdem haben wir noch eine Kuh als Nachbarn. So ungefähr sieht unser ‚Palast', 2 Meter mal 2 Meter, aus. Um uns alle, d. h. um die Juden, Hühner, Schweine, Kaninchen und die Kuh kümmern sich Wesen höheren Rangs, d. h. Menschen – „Arier"."

Währenddessen verbreiteten die deutschen Machthaber, um die Wachsamkeit der jüdischen Bevölkerung zu narren, die Nachricht, dass Żółkiew in eine Arbeitsstadt umgewandelt würde, das heißt, dass alle arbeitsfähigen Juden beim Militär eingesetzt würden, d. h. sie erhielten die Kennzeichnungen „W" *(Wehrmacht)* und „R" *(Rüstung)*, und auf diese Weise sei ihr Leben nicht gefährdet. Um die Stadt in ein solches Arbeitszentrum umzugestalten, forderten die deutschen Behörden, dass mit dem 15. März 1943 die Zahl der *Ordner* von 18 auf 50 erhöht werde – um die Arbeitsorganisation besser überwachen zu können.

An diesem Tag, dem 15. März, sollte nach der Forderung der Deutschen eine Musterung der Arbeitskräfte stattfinden – der arbeitsfähigen Männer. Wie weit die Perfidie der örtlichen deutschen Machthaber reichte, kann folgende Tatsache bezeugen: Noch wenige Tage vor dem festgesetzten Termin fanden auf Verlangen der Deutschen probeweise Appelle der Juden statt, um zu zeigen, dass die jüdischen Arbeiter in Form waren und sich gut präsentierten. Zu einer solchen Probe kam an einem Tag sogar der Chef der deutschen Gendarmerie, Käther.

Um die Musterung durchzuführen und die Abzeichen „W" und „R" zu verteilen, sollte eine Kommission von SS-Männern aus Lemberg anreisen. Der *Judenrat* bemühte sich in seiner Naivität, dass die Arbeiter sich an diesem Tag bestmöglich präsentierten. Die neu ernannten *Ordner* halfen zum ersten Mal dabei, auf dem Sammelplatz Ordnung zu halten. Gegen 10 Uhr kam der Chef der Gendarmerie, Käther, ins Ghetto und verkündete, dass die Kommission eingetroffen sei und wünsche, dass die Musterung auf dem Sportplatz „Sokoła" stattfände. Alle begaben sich schweigend auf den Sportplatz, ahnend, dass irgendetwas im Busch war. Besonders die Frauen spürten die drohende Gefahr und begannen zu lamentieren, während die Männer ausmarschierten.

Auf dem „Sokoła"-Platz stellten sich alle in einem großen Viereck auf. Langsam näherten sich die deutsche Gendarmerie und die ukrainische Miliz von verschiedenen Seiten; sie hatten den „Sokoła"-Platz zunächst diskret umringt, nun aber den Kreis immer enger gezogen. Da wurde allen klar, dass dies nur ein perfider Hinterhalt der Deutschen war und die letzte Stunde geschlagen hatte. Alle dachten nur noch darüber nach, in welcher Form der „Abschluss" stattfände und ob man sich lange quälen müsste, bevor der Tod einträte würde.

Gegen elf Uhr fuhr eine Limousine auf den Sportplatz, aus der die Henker des Lagers Janowska in Lemberg ausstiegen: Willhaus, Kolanko, Heinisch, Siller, Brombauer, mit dem SS-General Katzmann an der Spitze. Als Willhaus, der Lagerchef von Janowska, sah, dass die Opfer, die für seine Todesfabrik vorbereitet waren, ordentlich aufgereiht standen, gab er den Befehl, in Reihen in Richtung Ausgangstor zu marschieren. Am Tor waren Lastwagen vorbereitet, Askaris (23) und SS-Männer. Mit Schlägen und Prügeln wurden die Juden gedrängt, schnell die Fahrzeuge zu besteigen. Nachdem die Juden aufgeladen worden waren, blieben auf dem „Sokoła"-Platz die Mitglieder des *Judenrats*, Handwerker, die von einzelnen deutschen Arbeitsstellen beansprucht wurden, und die jüdische Miliz zurück. Die Verbliebenen erhielten den Befehl, sich in Zweierreihen aufzustellen. Der Chef der deutschen Gendarmerie, Käther, meinte offenbar, dass zu viele jüdische Männer übriggeblieben waren. Er meldete also Willhaus, dass die meisten Milizionäre neu ernannt worden seien und eigentlich ihre Mission – bei der heutigen Aktion zu helfen – beendet sei. Willhaus trat daraufhin an die in Zweierreihen angetretenen Juden heran und gab den Befehl: *„Alle neue Ordner heraustreten"*. (24)

Nachdem sie vorgetreten waren, erklärte er: *„Sie fahren mit"* (25), und sie wurden auf die Lastwagen getrieben. Für den Preis von Geld, Uhren und anderen Kostbarkeiten erfuhren die Juden, dass die Fahrt ins Lager Janowska in Lemberg ging. Damit für sie so viel wie möglich heraussprang, versprachen die Askaris den Juden, sie bei der Arbeit gut zu behandeln und ihnen täglich zusätzliche Brotrationen und andere Lebensmittel zu besorgen. Aber die Juden müssten ihnen alles Geld und alle Kostbarkeiten, die sie besaßen, sofort geben, weil sie ihnen bei der Durchsuchung nach Ankunft im Lager augenblicklich abgenommen würden. Sie sagten, die Sympathie der Juden für die Russen ausnutzend: „Besser gebt Ihr es uns, als Euren Mördern – den Deutschen." An diesem Tag wurden 618 Männer ins Lager Janowska in Lemberg abtransportiert. (26)

Die lange Reihe der Lastwagen, die uns ins Lager transportierte, wurde von den Askaris und den SS-Männern streng bewacht. Sie fuhren hinterher, die Maschinengewehre im Anschlag, um sofort zu schießen, falls irgendjemand von uns flüchtete. Auf dem Hof mussten wir aussteigen und uns an einer Stelle sammeln. Am frühen Abend mussten wir uns alle vor dem Gebäude der Lagerverwaltung aufstellen, wo jeder alles, was er besaß, abzugeben hatte, einschließlich seiner Dokumente. SS-Männer waren bei dieser „Zeremonie" anwesend, die die Juden gnadenlos niederprügelten. In seinem Eifer tat sich ein SS-Mann besonders hervor – ein Invalide, dem Bein und Arm fehlten; er quälte alle furchtbar, wenn sie sich dem Tisch nur näherten, während er schrie: *„Jetzt werden Sie sich bekennen mit unserem Erholungshaus!" „Verfluchte Juden, ihr seid das dümmste Volk in der Welt."* (27)

Nachdem jeder einzeln durchsucht worden war, wurde unser Transport in der separaten Baracke Nr. 1 untergebracht, wo wir die erste Nacht verbrachten. Noch bevor wir die Baracke betraten, wurde Pinchas Liberman von dem berühmt berüchtigten Sadisten Heinisch dafür erschossen, dass einer der Lagerinsassen zwischenzeitlich seine Mütze verloren hatte. Liberman wurde als Opfer ausgesucht, um ein Exempel zu statuieren.

Der Transport aus Żółkiew wurde in verschiedene Brigaden eingeteilt. Viele Juden aus Żółkiew wurden nach Gródek Jagielloński geschickt, wo in dieser Zeit eine Außenstelle des Lagers Janowska eingerichtet wurde, um beim *Straßenbau* zu arbeiten. Diese Außenstelle unterstand der Leitung des SS-Manns Kolanko, der aus Ratibor in Schlesien kam. Ein Teil der Żółkiewer Juden wurde auf Lagerbrigaden verteilt, die auf dem Lagerinnenhof und in der Umgebung arbeiteten. Das Schicksal der Mitglieder dieser Brigaden war bemitleidenswert, da sie ständig unter den Augen der SS-Männer arbeiteten. Oft besuchte sie der Lagerchef Willhaus, wenn er vorbeiging oder vorbeiritt. Sie hatten keinerlei Kontakt zur Außenwelt, und so konnten sie weder Brot bekommen noch kaufen; damit waren sie zum Hungertod verurteilt.

In die erste Phase des Aufenthalts der Juden von Żółkiew im Lager fällt die Tatsache, dass im „Czwartak"[9] in Lemberg ein Jude einen der SS-Männer erschoss. Die wütenden und aufgehetzten SS-Männer fielen nach der Beerdigung ins Lager ein und begannen, willkürlich nach allen Seiten zu morden. Unter den 200 Juden, die an diesem Tag im Lager Janowska ums Leben kamen, war ein großer Teil Juden aus Żółkiew.

---

9 Die Czwartaków-Straße befindet sich in einem Viertel, das während der Besatzung ausschließlich von Deutschen bewohnt wurde.

Das Lager Janowska in Lemberg verschlang ebenfalls Żółkiewer Juden, die sich im Arbeitslager in Mosty Wielkie, nahe Żółkiew, aufhielten. Dies war ein Lager der „*Beute- u. Sammelstelle*" unter Verwaltung der *Wehrmacht*, an deren Spitze ein *Oberleutnant* stand, der aus Österreich stammte – Krupp. Krupp behandelte Juden verhältnismäßig gut, und darum wollte ein bedeutender Teil der Żółkiewer Juden „freiwillig" in dieses Lager gehen, um dem Schicksal der Ausgesiedelten bzw. dem Abtransport ins Lager Janowska in Lemberg zu entgehen. Im Laufe der Zeit verschlechterten sich die Verhältnisse in diesem Lager erheblich, da es von der SS übernommen wurde. In diesem Lager fanden mehrfach Aktionen statt, bei denen ein Teil der Arbeiter ums Leben kam, und am 10. Mai 1943 wurde es endgültig aufgelöst. Die Arbeitskräfte, die noch am Leben waren (vor allem Frauen), wurden an Ort und Stelle erschossen, nur eine Handvoll Männer und ein junges Mädchen, Amalia Freund, wurden ins Lager Janowska nach Lemberg gebracht. Diese Juden kamen dort kurz darauf durch Hunger, Auszehrung oder bei Lageraktionen ums Leben. Angesichts dessen, dass sich im Lager Mosty Wielkie ein bedeutender Teil der Żółkiewer Juden aufhielt, deren Schicksal uns jetzt besonders interessiert, zitiere ich aus dem Tagebuch von Klara Szwarc über eine der letzten „Aktionen", die auf dem Lagergelände durchgeführt wurden.

„Am 6. April kam der Bruder von Patrontasch, Artek, aus dem Lager in Mosty und erzählte, wie die Aktion in Mosty Wielkie aussah. Zum Morgenappell war Hildebrandt angereist (eine hohe Persönlichkeit bei der Gestapo) und ließ den Appell bei den Frauen durchführen. Gleichzeitig marschierte die Gestapo ins Männerlager, das umzingelt wurde. Man verstand sofort, dass dies eine „Aktion" war und einige versuchten zu flüchten. Majer (der Onkel der Verfasserin des Tagebuchs, Anm. von mir, G. Taffet) floh auch, aber er wurde gleich hinter dem Stacheldraht erschossen. Dann führten sie die Frauen herbei. Sie mussten sich vor die Reihe der Männer stellen. Manch einer sah, wie sie seine Ehefrau zur Hinrichtung führten, aber er konnte nichts dagegen tun, da er einen Gestapomann im Nacken hatte. Schließlich brachten sie Gicia herbei (die Tante der Verfasserin des Tagebuchs, Anm. von mir, G. Taffet). Artek versteckte sich, als er sie sah (es tat ihm leid, dass er machtlos war und ihr nicht helfen konnte), aber sie bemerkte ihn und rief ihn. Ob er wollte oder nicht, Artek trat aus der Reihe hervor. Die Frauen gingen weiter, und in der Mitte blieben stehen: Artek, Gicia und der Gestapomann. Gicia umarmte Artek, küsste ihn, verabschiedete sich von ihm, ließ ihn die Angehörigen grüßen. Dabei weinte sie sehr und sagte, dass es sich so oder so nicht mehr lohne zu leben, sie habe schon den ermordeten Majer gesehen (ihren Mann). Sie wolle nur, dass er (Artek) sich räche. So standen sie 15 Minuten, bis der Gestapomann sagte: „*Genug*". Dann wies der Gestapomann sie an, ihren Mantel auszuziehen (er gefiel ihm). Nachdem Gicia zu den übrigen Frauen aufgeschlossen hatte, wurden alle aus der Stadt hinaus zur Hinrichtung getrieben. Während sie liefen, sangen sie die „Hatikwa" (jüd. Nationalhymne). Die Gestapomänner nahmen auch 20 Männer zum Schaufeln der Gräber mit und erschossen diese Männer anschließend dort. Vor dem Tod mussten sich alle ausziehen, und ihre Sachen wurden in Lagerräume gebracht."

X. Liquidierung des Ghettos – „Judenfrei"

In der Zeit zwischen der Lageraktion am 15. März 1943 und der Auflösungsaktion am 25. März 1943 herrschte im Żółkiewer Ghetto Panik. Jeden Tag erwartete man die endgültige Katastrophe. Niemand machte sich etwas vor, was das Schicksal des Ghettos in Żółkiew betraf, als fast alle arbeitsfähigen Männer ins Lager Janowska verschleppt wurden und in der Stadt überwiegend Frauen und Kinder geblieben waren. Das Leben im Ghetto war komplett desorganisiert. Selten trat einer der Juden zur Arbeit an.

Die erwartete Katastrophe trat am 25. März 1943 ein. An diesem Tag umstellten mit Helmen, Schusswaffen und Äxten bewaffnete SS, Schupo und ukrainische Miliz im Morgengrauen das Ghetto.

Mit den Äxten sollten Tore, Schutzräume, Verstecke und Ähnliches aufgebrochen werden. Besonders tat sich bei dieser „Aktion" ein SS-Mann aus dem Lager Janowska, Heinisch, hervor, der mit seiner Axt Kinder, Kranke und Alte erschlug. Die meisten Juden, hauptsächlich Frauen und Kinder, wurden gefasst und in den nahe gelegenen Wald verschleppt, den sogenannten Borek (28), wo sie erschossen und in vorbereiteten Massengräbern verscharrt wurden. Diese Gräber hatten jüdische Arbeiter zuvor ausgehoben: Morgens kam einer der SS-Männer auf den Sammelplatz und fragte, wer von den Juden sich mit Landwirtschaft auskenne; es meldete sich daraufhin ein gutes Dutzend junger, gesunder Menschen. Die Deutschen luden sie auf ein Auto, brachten sie in den „Borek" und ließen sie hier die Gräber ausheben.

Um sich Mühen und Kugeln zu sparen, ermordeten die Deutschen die Kranken in den Häusern und Verstecken mit Äxten, und die jüdischen Kinder töteten sie, indem sie die kleinen Köpfe gegen eine Mauer schlugen. Nichtjüdische Zeugen berichteten, dass nach dieser „Aktion" die Straßen und Mauern des Ghettos blutüberströmt waren. Klara Szwarc beschreibt in ihrem Tagebuch, welchen Anblick die Stadt nach der „Aktion" bot:

„Frau Beckowa erzählte, dass die Stadt nach der ‚Aktion' furchterregend aussah, auf dem ganzen Weg bis in den „Borek" lagen alle paar Schritte Leichen in Blutlachen. Die Leichen hingen auch am Stacheldraht, der das Ghetto umgab. Und so luden sie die gefangenen Juden auf die Autos. Das Auto stand unter dem Fenster und die Menschen wurden in Säcken aus dem ersten Stock geworfen. Manche Deutsche droschen mit Äxten auf lebende Menschen ein, so erschlug z. B. ein Gestapomann den zwölfjährigen Nuśek Lichter mit der Axt. Die übrigen Juden wurden von den Deutschen im Ghetto auf engem Raum eingesperrt."

Die Hinrichtung der Juden im „Borek" nahm folgenden Verlauf: Die bis auf die nackte Haut Ausgezogenen wurden nach gründlicher Durchsuchung (insbesondere der Frauen) an den offenen Gräbern aufgereiht. Einzeln mussten sie sich auf ein Brett stellen, das so über dem Grab lag, dass sie nach dem Erschießen sofort hineinfielen. Es gab viele Fälle, in denen leicht Verletzte oder nur Bewusstlose lebendig in die Massengräber fielen. Die Gräber wurden nach der Aktion zugeschüttet.

Die jüdische Bevölkerung erzählte, dass sich die Erdschicht, die die Gräber bedeckte, nach der Aktion noch tagelang bewegte, als ob sie Wellen schlüge.

Lediglich eine kleine Zahl von Männern – etwa 100 Personen – sowie ungefähr 70 Frauen wurden ins Lager Janowska nach Lemberg verschleppt. Die Jüdinnen aus Żółkiew waren die ersten Häftlinge des neu eingerichteten Frauenlagers in Janowska. Diese Frauen arbeiteten in den DAW *(Deutsche Ausrüstungswerke)* in der Abteilung für Trikotagen, und im Vergleich zu anderen Frauengruppen, die später im Lager Janowska eingeliefert wurden, hielten sie am längsten durch, nämlich bis zu dessen Auflösung im November 1943.

Folgende Tatsachen sind beachtenswert. Manchen Müttern boten die Deutschen an, sich von ihren Kindern zu trennen, dann würden sie am Leben bleiben und ins Lager Janowska kommen; sie hingegen erklärten, dass sie zusammen mit ihren Kindern sterben wollten. Als Beispiel kann ich die Lehrerin Mandel, geborene Szapiro, nennen. Als Beispiel für die Aufopferung eines Ehemanns und Vaters kann das Verhalten eines angesehenen Bürgers der Stadt Żółkiew, Symcha Türek, dienen, dem als Fachmann von den Deutschen angeboten wurde, sich von seiner Familie zu trennen, damit er am Leben bliebe. Als Antwort darauf umarmte er demonstrativ mit dem einen Arm seine Frau und mit dem anderen sein Kind und eng umschlungen schritten sie hocherhobenen Hauptes zum Hinrichtungsplatz. Ebenfalls beachtenswert ist, wie sich der Vorsitzende des *Judenrats*, Dr. Febus Rubinfeld, verhielt, dem die Gestapo nach der Liquidierungsaktion anbot, sich ins Lager Janowska zu begeben. Er antwortete darauf: „Ich gehe dort, wo meine Brüder" (29) und wurde an Ort und Stelle ermordet.

Um sieben Uhr abends wurde die Aktion beendet. In der Stadt waren offiziell nur die Mitglieder des *Judenrats* und des *Ordnungsdiensts* geblieben. Während der Aktion waren manche Mitglieder des *Judenrats* und des *Ordnungsdiensts* aufgehängt oder mit der Axt erschlagen worden – für „nicht gewissenhafte" Erfüllung ihrer Funktion (Szerman, Glazer, Dornfeld und andere).

Den übrigen Mitgliedern des *Judenrats* und des *Ordnungsdiensts* erschien es, als ob sie kurzfristig dem Tod entgangen waren und dass sie diejenigen waren, die sich mit der Ordnung des „Judennachlasses" beschäftigen würden, d. h. den von den ermordeten Juden zurückgelassenen Habseligkeiten, aber es kam anders. Nach 7 Uhr abends riefen die Deutschen alle zum Appell, verluden sie auf ein Auto, wobei sie ihnen auf perfide Weise einredeten, sie führen ins Lager Janowska, brachten sie aber in den „Borek", wo sie erschossen wurden. Mützen, Fotos und andere Erinnerungsstücke, die sie unterwegs zum „Borek" hinauswarfen, zeugten davon, dass sie in den Tod fuhren.

Da sie aus der Erfahrung gelernt hatten und sich von ihrem Selbsterhaltungstrieb leiten ließen, bauten sich die Juden erstklassige Schutzräume, Verstecke, sodass selbst erfahrene „Jäger", SS-Männer aus dem Lager Janowska, nicht alle aufgreifen konnten. Das eigentliche Ziel von „*Judenfrei*" wurde nicht erreicht. Die Grenzen des bisherigen Ghettos wurden verkleinert; es umfasste nun nur noch zwei Straßen, Pereca und Sobieskiego.

Die überlebenden Juden, die hungerten, zweifelten, denen alles gleichgültig war, träumten wie lebende Schatten, schauten mit erschrockenem, leerem Blick in alle Richtungen. Um die Aufmerksamkeit der Juden zu täuschen, streuten die Deutschen ständig Gerüchte, dass den Übrigen, am Leben Gebliebenen, nichts drohe: Die deutschen Machthaber hätten beschlossen, sich um sie zu kümmern, und zum Beweis dafür kämen Fuhrwerke ins Ghetto, die mit Brot und Marmelade beladen seien. Der Termin für die Verteilung des Proviants wurde auf die Morgenstunden des 6. April festgesetzt. Vom frühen Morgen an versammelten sich die Juden vor dem Laden für die Verteilung und genau dort überraschte sie die endgültige „Aktion". Die meisten der aufgegriffenen Juden fanden den Tod im „Borek" in Massengräbern, und nur eine Handvoll wurde ins Lager Janowska nach Lemberg gebracht. Żółkiew wurde offiziell als *„judenfrei"* erklärt.

Es waren nur etwa 70 Spezialisten am Leben geblieben, ohne die die Deutschen vorerst nicht auskamen. Diese Juden wurden in einem Block an der Sobieskiego-Straße untergebracht. Blockkommandant war ein gewisser Etinger, ein Flüchtling aus der Tschechoslowakei. Die Deutschen bemühten sich, den Übrigen einzureden, dass sie als Unabkömmliche ganz sicher am Leben blieben. Da sie die Wahrheitsliebe der Deutschen kannten, glaubten sie das nicht, und einige versuchten zu fliehen. Und einigen ist es tatsächlich gelungen, dem Tod zu entrinnen. Unter den Bewohnern des Blocks konnten sich folgende Personen retten: Emil Lifszic, Nachman Szuman, Szepsel Blind, Basia Silber, Golda Keiferowa, Dawid Schreckenhammer, Józef Hochner sowie Filip Mandel. Letzterer zog sich im Versteck Tuberkulose zu und starb einige Tage nach der Befreiung. Der Block bestand bis zum 10. Juli 1943.

Über die Liquidierung des Blocks schreibt Izydor Hecht in seinem Tagebuch: „Morgens, als sie sich wie gewöhnlich zum Appell aufstellten, wurden sie zur Arbeit an die Bahnstation gebracht. Am Arbeitsplatz angekommen, wurden sie von den Deutschen und der ukrainischen Polizei umzingelt und mit dem Auto zum Hinrichtungsplatz in den „Borek" gebracht, wo ihr Leben wie das der meisten der Żółkiewer Juden ein Ende fand – in Massengräbern."

Von da an war Żółkiew nicht nur offiziell, sondern auch faktisch *„judenfrei"*.

Nur hier und da, im Untergrund und auf Dachböden versteckten sich ganz wenige Einzelpersonen, denen nichtjüdische Freunde manchmal uneigennützig aufopferungsvoll und unter Einsatz des eigenen Lebens halfen, um gerettet zu werden. Die menschliche Niedertracht, Erpressungen und ständige Durchsuchungen hinterließen verheerende Verluste unter dieser kleinen Handvoll.

Alle paar Tage hörte man von einer neuen Tragödie eines oder mehrerer Juden, die unter diesen oder anderen Umständen gefasst und ermordet wurden. Während sich die Tragödien dieser Individuen abspielten, fehlte es auch nicht an heldenhaftem Auftreten mancher Juden, wie z. B. Mojżesz Saft, der sich mit einem scharfen Werkzeug auf den deutschen Gendarm Rause sowie einen ukrainischen Milizionär stürzte und beide verletzte, als sie ihn aus dem Versteck führten. Szpigiel, der von einem ukrainischen Milizionär gefasst wurde, beging vor der Exekution Selbstmord. Einzelne Personen innerhalb der nichtjüdischen

Bevölkerung verhielten sich unmenschlich, wenn sie dazu beitrugen, die restlichen versteckten Juden aufzuspüren. (30)

In einigen Fällen verweigerten unter dem Einfluss unmenschlicher Ereignisse die Nerven den Gehorsam und die versteckten Juden wurden wahnsinnig. (31) Andere erreichten einen Grad der Gleichgültigkeit, dass der Tod für sie keinen Schrecken mehr bot, sondern wie eine Befreiung schien. (32)

Abschluss

Trotz der unmenschlichen Verfolgungen und der grausamen Leiden, die die wenigen Juden durchgemacht haben, die am Leben geblieben waren, nachdem Żółkiew als „*judenfrei*" erklärt worden war, verloren die Juden nicht die Hoffnung und glaubten fest an die Gerechtigkeit der Geschichte und einen schnellen Untergang des Hitlertums.

Die lange erwartete und mit dem Blut der nahen Angehörigen erkaufte Befreiung erfolgte am 23. Juli 1944.

Dank der unermüdlichen Arbeit der Bewohner der Stadt erhob sich diese wieder aus den Ruinen, und die Spuren der materiellen Vernichtung wurden beseitigt. Nur die Wunde, die der Bevölkerung der Stadt zugefügt worden war, indem eine große Zahl ihrer Bürger, insbesondere der Juden, ermordet worden war, ließ sich nicht heilen. Von über 5000 Juden, die Żółkiew bei Kriegsausbruch bewohnt hatten, war nach der Befreiung nur ein kleines Grüppchen übriggeblieben, etwa 70 Personen. Unter den Befreiten befinden sich Menschen, die sich in unterirdischen Schutzräumen versteckt gehalten und mehr als ein Jahr kein Tageslicht gesehen hatten. Andere hatten sich viele Monate, ohne Rücksicht auf die Jahreszeit, in Wäldern bei Partisanengruppen aufgehalten. Wir treffen auch Menschen, die auf der „arischen Seite" überlebten, mit „arischen" Dokumenten usw.

Dank der Hilfe edler Menschen aus der nichtjüdischen Bevölkerung ist es Einzelpersonen gelungen, die schwerste Zeit der Menschheitsgeschichte im Allgemeinen und des europäischen Judentums im Besonderen zu überdauern.

An dieser Stelle halte ich es für meine heilige Pflicht, die edle Haltung der ganzen polnischen Bevölkerung, ohne Ausnahme, des Dorfes Bar (bei Gródek Jagielloński) zu dokumentieren, die unter Gefährdung ihres eigenen Lebens zur Rettung einer Gruppe von Juden beitrug (mehr als zwanzig Personen, unter ihnen auch ich). Diese Juden hatten sich in den umliegenden Wäldern versteckt.

Verzeichnis der geretteten Juden der Stadt Żółkiew,
die sich unter deutscher Besatzung dort aufhielten

1. Blumenfeld, Mozes
2. Brenerówna (Kind)
3.-4. Bergstein (Brüder)
5. Elefant, Lola
6. Elefant, Józef
7. Ehrenwert, Samuel
8. Ehrenwert, Szyfra
9. Gems, Zofia
10. Hecht, Izydor
11. Hochner, Józef
12. Keiferowa, Gołda
13. Keiferowa
14. Löwenstein, Fryda
15. Lerner, Izak
16. Lichtenberg, Edek
17. Leiner, Zygmunt
18. Letzter, Izio
19. Lauterpacht, Gedale
20. Liberman, Frydka
21. Liberman, Reizla
22. Lifszyc, Emil
23. Laundauowa
24. Landau, Giza
25. Melman, Mechel
26. Melmanowa, Stefa
27. Melman, Igo
28. Mandel, Drezla
29.-32. Mandel Zalmen, mit Frau und zwei Töchtern
33. Meister, Józef
34. Orlender, Regina
35.-37. Patrontasch, Mundek, mit Frau und Tochter
38. Patrontasch, Artur
39. Patrontasch, Jakub
40. Patrontasch, Klara
41.-42. Reichmanówna (Schwestern)
43. Rozenberg, Józef (Apotheker)

44. Rozenbergowa
45. Rozenberg, Lutka
46. Strich, Antonina
47. Strich, Beata
48. Steckel, Emil
49. Stecklowa, Anna
50. Szwarc, Majer Berisz
51. Szwarcowa, Sara
52. Szwarc, Klara
53. Silber, Basia
54. Steger, Jakub
55. Steger, Szebsel
56. Singerówna
57. Szuman, Nachman
58. Taffet, Gerszon
59. Tempelsman, Anna
60. Drowa Wachsowa
61.–63. Dr. Henryk Wachs mit seiner Frau und Tochter
64. Witlin, Abraham
65. Witlinowa, Klara
66. Witlin, Estera
67. Witlin, Henek
68. Wolf, Szarlotta
69. Wassner, Golda
70. Wassner, Róża
71. Waldman, Nela
72. Weinbaum, Zosia
73. Weinbaum, Zygmunt
74. Zimand, Rachela

Endnoten

1) Castr. Leop., pag. 369, w. 544–548, Staatsarchiv Lemberg, zit. nach: Dr. Jakub Schall, Dawna Żółkiew i jej Żydzi, 1939.
2) Dr. Jakub Schall, Dawna Żółkiew i jej Żydzi.
3) Vorsitzender des Vereins „Kultura" war bis zum Ausbruch des Krieges zwischen Deutschland und Polen der Apotheker Magister Adolf Frydman.
4) Nach Aussagen von M. Melman und M. B. Szwarc.

5) Die zur Arbeit Verpflichteten meldeten sich nicht jeden Tag, sondern jeden zweiten bzw. dritten Tag.
6) „Niedołężny narodzie, chcesz z nami wojować."
7) Abkürzung für Heereskraftfahrpark der Wehrmacht.
8) „Aufseherzy" (Nadzorcy).
9) Aus den Erinnerungen von Zalmen Mandel, der bei dem Gespräch des Deutschen mit dem Inspektor anwesend war.
10) Die für den Freikauf nötige Summe schickte die Familie von Astman.
11) In diesem Lager hielten sich überwiegend Juden aus den Wojewodschaften Lemberg und Tarnopol auf.
12) Mit ewiger Schande sollen die Namen der deutschen Gendarmen und ukrainischen Milizionäre genannt werden, die die Mörder von Tausenden unschuldigen Opfern unter der jüdischen Bevölkerung von Żółkiew sind. Die deutschen Gendarmen: Käther, Heisler, Kropp und Sander. Ukrainische Miliz: Romańczuk, Pidhoreckij und Popowicz.
13) Abkürzung für Schutzpolizei.
14) Ostern.
15) Den Inhalt des Briefs haben Mechel Melman und Majer Berisz Szwarc angegeben, die den Brief persönlich gelesen haben.
16) Abkürzung für Ordnungsmann. Hier jüdischer Milizionär (milicjant).
17) Archiv der Zentralen Jüdischen Historischen Kommission bei der Jüdischen Historischen Kommission der Wojewodschaft in Krakau, lb. 814.
18) „Das Volk des Buches".
19) Unter den Gefangenen war auch der Autor dieser Arbeit mit Ehefrau und Kind.
20) In dem Waggon, in dem sich der Autor dieser Arbeit befand.
21) Der Autor dieser Arbeit kehrte, nachdem er aus dem Zug gesprungen war, ihm unterwegs auf dem Rückweg alles Geld, die Jacke, der Pullover abgenommen worden waren, nachdem er sich mehrere Tage lang nachts durch die Gegend getrieben hatte, hungrig und frierend nach Żółkiew zurück, körperlich und moralisch gebrochen nach dem Verlust von Frau und Kind.
22) „Żydzi teraz sami skonaja."
23) Als Askaris wurde in den deutschen Kolonien in Afrika die einheimische Hilfspolizei bezeichnet. Hier handelte es sich um russische Weißgardisten und *Volksdeutsche*.
24) „Wszyscy nowi porzadkowi wystąpić!"
25) „Jedziecic z nami!"
26) Unter anderem wurde der Autor dieser Arbeit ins Lager Janowska in Lemberg gebracht.
27) „Teraz zapoznacie się z naszm domem wypoczynkowym! Przeklęci Żdzi, jesteście najgłupszym narodem na świecie!"
28) Ein kleines Wäldchen, zwei bis drei km von der Stadt entfernt, an der Straße, die nach Kamionka Strumiłowa führte.
29) „Idę tam, dokąd poszli moi bracia!"
30) Die Endnoten 30, 31, 32 stellen Fragmente aus den Tagebüchern von Klara Szwarc und Izydor Hecht dar, aus denen wir über die Umstände erfahren, unter denen manche Juden von Żółkiew umgekommen sind, die sich auf dem Gelände der Stadt und in der Umgebung versteckt hatten.
Im Tagebuch von Klara Szwarc lesen wir: „Dienstag, 30. November 1943. Die Schwägerin von Frau Beckowa brachte eine sehr traurige Nachricht: Sie fanden heute drei Juden; zwei auf dem Dachboden in der Synagoge, und einen haben sie in der Apotheke gefasst. Es erscheint seltsam, dass der Jude die Apotheke aufsuchte, aber er war einfach gekommen, um eine Bandage zu erbitten. Er dachte, dass es ihm gelänge. Und tatsächlich gab ihm der Apotheker eine Bandage, aber gerade war die Romańczycha (eine Erpresserin) in der Apotheke, eine Antisemitin, die schon viele Juden verraten hatte. Sie machte ein Geschrei, warum der Apotheker dem Juden eine Bandage gäbe, statt ihn der Polizei zu übergeben. So alarmierte sie die Polizei, während sie die Türklinke festhielt, damit der Jude nicht flüchten konnte. Der

Jude war in der Zwischenzeit vor Angst ohnmächtig geworden, und der Apotheker erlitt, ich weiß nicht, ob aus Mitleid oder aus Angst, einen Herzanfall. Der Unterschied bestand darin, dass sie den Apotheker retteten und den Juden hinausbrachten, um ihn zu erschießen." ...

„Dienstag, 28. Dezember 1943. Heute wurden vier Juden nach Żółkiew gebracht, um sie zu erschießen. Unter ihnen befand sich Mensch. Er soll mit noch einem Juden bei einem Bauern im Dorf Dzibulki versteckt gewesen sein. Dem zweiten Juden war das Geld ausgegangen, da warf der Bauer ihn hinaus. Dieser Jude, der von einem gewissen Versteck in Zameczek (einem nahe gelegenen Dorf) wusste, wo sich zwei Juden verbargen, begab sich dorthin. Unterwegs griffen ihn Bauern aus Zameczek auf und folterten ihn so, dass er Mensch und jene zwei Juden verriet. Bei uns wäre es dazu nicht gekommen, selbst wenn jemand nicht genügend Geld gehabt hätte."

Im Tagebuch von Hecht lesen wir: „26. 12. 1943. Heute Morgen habe ich eine unglaubliche Geschichte gehört. Sie erzählten, dass der Żółkiewer Jude Segal gestern in die Villa zu K. Gł. (einer Polin) kam und um ein Stück Brot bat. K. ließ ihn in der Küche warten, ging ins Zimmer, wo der Kriminalpolizist (?) Kucharski war, und sagte ihm, dass sich ein Jude in ihrer Wohnung befände. Beide haben ihn zur Polizei geführt ..."

31) „10. 5. 1944. Wieder ein jüdisches Opfer. In Wola (ein Dorf bei Żółkiew) hat ein Pole einen Juden versteckt. Infolge der Morde (der Bande von ukrainischen Nationalisten oder der Deutschen) musste dieser Pole wegfahren und ließ damit den Juden ohne Betreuung. Bis zum gestrigen Tag saß er still. Er war für längere Zeit mit Lebensmittelvorräten versorgt. Er verließ das Versteck, meldete sich bei einem Bauern und ließ sich an die Erschießungsstätte bringen; er sagte, er könne es nicht länger aushalten. Er wurde nach Żółkiew zur Polizei gebracht. Sie behaupteten, er sei verrückt geworden. Er bat, schnell seine Aussage aufzunehmen und ihn zu erschießen ..."

32) „21. 5. 1944. Und so gab es heute eine weitere Unglücksserie. Auf der Zielona Straße bei Frau Litopłowa, einer Ukrainerin, wurden sechs Juden gefasst. Ähnlich zwei Bergsteins, die Pundykowa und der Brener mit Frau und Kindern. Die aufgegriffenen Juden wurden folgendermaßen aus dem Versteck getrieben: Nachdem die Klappe aufgemacht worden war, gossen sie Benzin in das Versteck und zündeten es an, sodass die Juden selbst herausspringen mussten. Die ‚heldenhaften Deutschen' fürchteten, dass die Juden ihnen etwas antun würden. Nach dem Verlassen des Verstecks haben diese Juden überhaupt nicht geweint, nicht geschrien, im Gegenteil, sie haben ruhig gesprochen und erzählt, wie sie gelebt haben. Offensichtlich hatte das Jahr, das sie im Versteck abgesessen hatten, ihnen so zugesetzt, dass der Tod für sie nichts Furchtbares war."

Ber Ryczywół

Wie ich die Deutschen überlebte

Übersetzung aus dem Jiddischen von Sigrid Beisel

Vorbemerkung

Der Beitrag entstand 1946 als Zeitzeugenbericht in Krakau und wurde von der Zentralen Jüdischen Historischen Kommission in Polen unter dem Titel „Viazoy ikh hob ibergelebt di Daytshn" in Schriftform gebracht. Das Redaktionskollegium umfasste Nachman Blumental, Michał M. Borwicz, Filip Friedman, Józef Kermisz und Józef Wulf.

Frank Beer, Wolfgang Benz, Barbara Distel

Buchumschlag der Originalausgabe „Viazoy ikh hob ibergelebt di Daytshn", Krakau 1946. Die Titelseite zeigt einen Nachdruck der Original-Fotografie von Ber Ryczywół, aufgenommen in Warschau nach der Befreiung, im April 1945.

Ber Ryczywół

Wie ich die Deutschen überlebte

Die Geschichte „Wie ich die Deutschen überlebte" ist eine Zeugenaussage, aufgenommen von unserer Mitarbeiterin Bluma Wasser (Warschauer Abteilung). Sie hat sich bemüht, nicht nur den Inhalt der Erzählung von Ber Ryczywół genau wiederzugeben, sondern auch die Art und Weise, wie er berichtet hat. Daraus ergibt sich die spezifische Sprache (Warschauer Dialekt, im Text nicht konsequent eingehalten). Moshe Grosman hat den Text redigiert, in Kapitel unterteilt und Überschriften hinzugefügt.

Redaktionskollegium

Vorwort von Bluma Wasser

Es ist keine außergewöhnliche Geschichte. Die Geschichte des einfachen Ber Ryczywół. Er hat die Handlung nicht erdichtet, sondern erzählt, nicht fantasiert, sondern berichtet. Das Aufnehmen von Zeugenaussagen birgt in sich große Gefahren. Manchmal erlaubt sich der Erzähler, die Fakten zu korrigieren. Manchmal macht es der Schreiber, der Wirkung wegen. Ich habe alles getan, das zu vermeiden. Ich habe mich nach allen Kräften bemüht, dass das Ber Ryczywół-Stenogramm so genau wie möglich wiedergegeben wird. Herr Ber selbst wiederum ist gar nicht fähig, Fakten zu verändern, sie zu verschönern, auszuschmücken. Er ist ein einfacher und ehrlicher Mensch – einer von jenen, die vor der Vernichtung des polnischen Judentums in Warschau und in der Provinz an die Hunderttausende gezählt haben. Noch dazu kann er kaum lesen und schreiben.

Ein Mann aus dem Volk, ein Familienvater. Alle seine Tage war er mit Erwerbstätigkeiten beschäftigt. Ein nüchterner und kluger Jude mit einfacher Volksweisheit. Eines aber weiß er – er hat ständig um sein Dasein, seine Existenz kämpfen müssen. Aber jetzt muss er um das nackte Leben kämpfen. Der Kampf ist ein verrückter, und die Methoden müssen außergewöhnlich sein. Jeder falsche Tritt bedeutet den Tod. Das erkennt Ber Ryczywół auf seinen Wanderungen.

Ich sehe ihn noch heute an meinem Arbeitstisch sitzen, den alten, erschöpften Juden mit den jungen Augen. Sein Blick erweckt Zutrauen. Herr Ber, der geglaubt hat, das nichtkoschere Essen habe ihn zu einem Goj[1] gemacht; aber es strömt von ihm die jüdische Zuversicht aus – eine Zuversicht, die ihn die ganze Zeit an der Oberfläche gehalten hat, die ihn nicht hat fallen lassen, nicht einbrechen, nicht untergehen. Es klingen mir noch heute die tragikomischen Einzelheiten seiner Erlebnisse in den Ohren – erzählt ohne jede Spur von Wichtigtuerei.

Es ist mir noch heute ein Rätsel, wie er immer wieder die Henker täuschen konnte und sein Leben herauswinden konnte. In dem Bericht ist nichts Pose, alles ist wiedergegeben in einer konzentrierten, verdichteten Form, mit überlegten Worten (Ber Ryczywół redet nicht einfach in die Welt hinaus, er sagt, dass das Leben ihn gelehrt habe, seine Gedanken und Worte abzuwägen). Er will nicht als Held erscheinen.

Er hat seine Zeugenaussage nur abgelegt, damit es eine authentische Beschreibung jener Tage gibt. Man hätte den Bericht vielleicht ergänzen müssen, das heißt gewisse Einzelheiten klarer herausstellen und anderes verschweigen. Wir haben aber den Weg der exakten Worttreue gewählt.

Dieses Büchlein übergeben wir den Lesern mit der Absicht, am Beispiel persönlicher Erlebnisse die Leiden und die Pein der Juden in Polen bekannt zu machen.

Bluma Wasser

---

[1] Nicht-Jude.

Kapitel 1
Mein kleiner Laden und Ratschläge von einem Goj

Ich heiße Berl Ryczywół, bin 62 Jahre alt. Geboren bin ich in Warschau. Gewohnt habe ich auf der Puławska 73. Ich hatte ein Heringsgeschäft. Ich hatte eine Frau und vier Kinder, drei Mädchen und einen Sohn. Eine Tochter habe ich vor dem Krieg verheiratet. Meine Frau ist im Jahr 1941 verhungert, die Kinder sind in Warschau geblieben. Ich habe sie damals gebeten: „Kommt mit mir!" Sie wollten nicht. Sie hatten Angst. Mir haben sie auch abgeraten, aber ich habe gesagt, dass ich gehen muss. Soll es kommen, wie es kommen wird. Auf welche Weise sie umgekommen sind, weiß ich nicht. Ich habe schon ein paar Mal bei Nacht im Traum mit ihnen geredet.

Bis die Deutschen nach Warschau kamen, hat es mir an Nichts gefehlt. Ich war im Laden und hatte ein gutes Auskommen. Im Jahr 1940, an Jom Kippur[2], sitzen wir in der Synagoge, als ein Junge hereinkommt und erzählt, dass er im Radio gehört hat, die Juden müssten bis zum 15. November die Puławske verlassen haben. Zuerst haben wir es nicht geglaubt. Was bedeutet das? So viele Juden, 20 000 Juden wird man hinausjagen? Wie ist das möglich? Wir haben den Jungen hinausgeschickt, er soll nochmal horchen. Er kommt zurück und sagt, dass er richtig gehört hat, nur noch bis zum 15. November, dann darf kein Jude mehr in der Straße sein.

Was soll man tun? Zuerst habe ich meine Kinder nach Warschau[3] geschickt, um eine Wohnung zu mieten. Sie haben bei jemandem auf der Smocza 8 ein Zimmer gemietet. Ich habe für drei Monate im Voraus bezahlt, dann bin ich zum Steueramt gegangen, um mich mit dem Goj dort zu beraten. Ich fragte ihn: „Hör zu, du bist doch mein Freund, ich möchte, dass du mir rätst, was ich mit dem Laden tun soll. Soll ich die Ware nach Warschau überführen oder nicht?" Woher hätte man wissen können, dass der Goj ein solcher Gauner ist, ein Hitleranhänger! Er sagte mir, dass ich den Laden mit der Ware auf der polnischen Seite lassen kann, auch wenn ich im Ghetto wohnen werde, und weiter hat er mir gesagt, dass ich eine Erlaubnis bekommen werde, damit ich auf der polnischen Seite in meinem Laden weiter handeln kann. Solch einen schlechten Rat hat mir ein Goj gegeben, dem ich zu jedem Feiertag große und teure Geschenke zu schicken pflegte! Ich habe auf ihn gehört und habe mein ganzes bisschen Hab und Gut zurückgelassen, Ware im Wert von 50 000 Złoty. Alles Geld, das ich hatte, hatte ich in Ware angelegt. Zurückgelassen habe ich auch zwei Meter[4] Kartoffeln, ein bisschen Fleisch; ich habe gedacht, was soll's? Ich werde sie zu Geld machen, auch für mich etwas kochen, und abends werde ich es für den Lebensunterhalt der Kinder nach Hause bringen. Ich hatte nur ein paar dürftige Złoty bei mir.

---

2   12. Oktober 1940.
3   Gemeint ist das jüdische Zentrum von Warschau (diese Anmerkung steht im Original als Fußnote).
4   Es ist nicht klar, welches Maß hier mit Meter gemeint ist.

Am 14., d. h. Freitagabend, sind wir alle ins Ghetto gezogen, mit dem Gedanken, dass ich nach Schabbat, mit Gottes Hilfe, in den Laden auf der polnischen Seite gehen werde. Am Samstag stehen wir auf – oh weh, welch Unglück! Oh, welch eine Katastrophe! Eine andere Welt. Das Ghetto ist abgeriegelt. Bei den Drahtzäunen stehen Gendarmen und schlagen mit Gummiknüppeln auf Juden ein, die hinübergehen wollen. Geheul und Geschrei sind groß. Über Nacht sind viele Juden ins Unglück gestürzt. Juden kommen verletzt und übel zugerichtet[5] nach Hause. Ich versuche, durch das Tor zu gelangen, aber vergeblich. Die Deutschen prügeln. Bis Pessach[6] haben wir ausgeharrt und von den wenigen Złoty gelebt, danach ist es richtig schlecht geworden.

Kapitel 2
Eine neue Art Handel und polnische Polizisten

Wir haben angefangen, nach billigen Kartoffeln und einem billigen Stück Brot zu suchen. Ich habe zu meinem Sohn gesagt: „Lass uns ein paar Töpfchen Honig in einen Korb laden und wir gehen beide in die Gasse und verkaufen sie."

Am ersten Tag haben wir uns auf die Leszno-Gasse gestellt. Als wir dort ein paar Minuten standen, kam ein polnischer Polizist, ergriff meinen Sohn mitsamt dem Korb mit den Honigtöpfchen und führte ihn ab durch die Tlomackie zu einem deutschen Posten.

Ich wartete einen Tag, zwei, drei Tage, eine Woche – man sah und hörte nichts von meinem Kind. Dann, als ich in meiner Stube stand, kam ein Bengel herein und brachte mir einen Brief von meinem Sohn, in dem er schrieb: „Papa, ich bin in einem Lager in Praga. Wenn du mich wiedersehen willst, musst du mich auslösen. Verkaufe alle meine Sachen, tue, was du kannst und versuche, mir ein paar Hundert Gulden zu schicken, um mich zu retten." Ich bin sofort zu meiner Tochter, sie hat mir 100 Złoty gegeben. Selber habe ich ein Stückchen Gold gehabt. Ich habe 300 Złoty zusammenbekommen. Ich habe es durch einen nichtjüdischen Bekannten hingeschickt, und acht Tage später war der Sohn da. Er hatte den Doktor bezahlt, damit der ihm ein Attest ausstellte, dass er zu gar keiner Arbeit fähig ist, und so ist er freigekommen. Alle Jungen, die auf der Gasse Handel getrieben haben, hat man geschnappt und zum Arbeiten ins Lager geschickt.

Mein Laden lag direkt neben einem Goj mit Namen Kobus. Er hat die Tür eingeschlagen und eine Menge Waren herausgeschleppt. Als meine Frau sich einmal bis zu unserem ehemaligen Laden durchgeschlagen hatte, um die restliche Ware zu holen, haben die polnischen Nachbarn sie nicht hereingelassen. Es wäre ja für sie nichts mehr geblieben … Es ist doch schon ihres … Mein Nachbar, der Goj Kobus, war der Erste, der die Tür eingeschlagen und

---

5 Wörtlich „mit gespaltenen Köpfen".
6 12. April 1941.

alles von dort herausgeholt hat. Meine Frau ist mit dem zurückgekehrt, was sie bei sich hatte, als sie ging. Zwei Wochen später bekam ich eine Meldung, dass ich meine Ladenschlüssel bei der Gemeinde abgeben muss – und das war's! Der Laden gehörte nicht mehr mir, schon aus und vorbei mit dem Geschäft. Das war im Jahr 1941.

Meine Frau sagte zu mir: „Weißt du was? Krank bist du, arbeiten kannst du nicht. Nimm ein bisschen Saccharin und verkaufe es an die Läden, so werden wir ein bisschen Verdienst haben." Und genau das habe ich getan. Einmal, als ich zu meinem Händler in der Nowolipie 26 hinaufging, um Sachariakes zu kaufen, er ist ein kleiner, ein armer Jude, er hatte noch nicht seinen Gürtel angelegt, da kam ein polnischer Polizist herein und begann sofort, mich zu durchsuchen, fand bei mir die Saccharin-Päckchen und nahm sie mir ab. Dazu notierte er noch meinen Namen und meine Adresse. Jener Jude dagegen fing an, mit ihm zu verhandeln und gab ihm 200 Złoty. Damals hat ein Kerz[7] Kartoffeln 50 Złoty gekostet, und 200 Złoty sind ein Haufen Geld gewesen. Zwei Wochen später kam derselbe Polizist zu mir und sagte zu mir: „Gib mir ein paar Groschen von deinen Einnahmen."

Ich sagte: „Was soll das? Ich bin doch nur ein Agent, ich nehme ein paar Dragees, verkaufe sie im Laufe des Tages, und ein paar Groschen Verdienst bleiben mir, für mich und die Meinen habe ich nichts. Hast du etwa wenig", sagte ich zu ihm, „wo doch jener Jude dir schon 200 Złoty gegeben hat?" Als er hörte, dass ich von dem Geld weiß, wurde er nachgiebiger, gab mir die Hand und ging. Schon war ich kein Saccharinhändler mehr. Ich habe schlicht Angst gehabt, er wird sich an mir rächen, und möglicherweise kommt er wieder, um eine Durchsuchung zu machen, findet bei mir ein bisschen Saccharin und liefert mich an die Deutschen aus. Jetzt ist auch mit Saccharin Schluss. Man fängt wieder an nachzudenken, wie es weitergehen soll. Verdienst ist keiner da. Sage ich zu meiner Frau:

„Weißt du was, wir werden versuchen, mit Peitschen zu handeln. Solange noch Gojim hereinkommen mit Fuhrwerken, kann ich zu jedem Fuhrwerk hingehen und welche verkaufen." Und so geschah es. Ich habe gleich beim ersten Mal ein Dutzend Peitschen verkauft. So habe ich zwei Wochen gehandelt. Einmal, ich hatte gerade erst ein Dutzend der Ware gekauft und ging hinaus auf die Dzika-Gasse, da fuhr ein Taxi heran und ein Hitlerbursche sprang heraus. Er entriss mir die Peitschen und fing an, mich dermaßen zu schlagen, dass ich bis heute nicht weiß, wie ich damals am Leben geblieben bin. Ich bin bewusstlos hingefallen, doch er hat mich weiter geschlagen. Danach ist er mitsamt den Peitschen ins Taxi gestiegen und weggefahren. Einige Juden sind zu mir gekommen, ich wusste nicht einmal, wer sie waren, und haben sich um mich gekümmert.

Ich fing also wieder an, nach Verdienstmöglichkeiten zu suchen. Meine Frau sagte zu mir: „Ich habe einen Plan. Du wirst mit Süßigkeiten handeln und ich mit Gemüse." So haben wir beide zusammen zehn Złoty am Tag verdient. Meine Tochter hat auch verdient, in einer Wäscherei, 50 Gulden in der Woche. Aber schon damals haben wir kein Brot gehabt. Mit

---

7 Kerz (Korzec, Korschetz), der frühere polnische Scheffel, in Warschau = 128, in Krakau 123 Liter.

Brot war es vorbei! Am Morgen haben wir ein Viertel Kilo Hirse gekocht, ohne Fett, nur ein bisschen Saccharin hineingeworfen. Am Abend zwei Kilo Kartoffeln und das war's. Ein Kilo Kartoffeln hat damals fünf Złoty gekostet. Sechs Menschen mussten die ganze Zeit davon leben. Wir haben bloß zweimal am Tag gegessen.

Kapitel 3
Ich, der Gerer Chassid,[8] muss mein Aussehen verändern

Das war im Jahr 1941, vor Schawuot,[9] Ich sage zu meiner Frau: „Hör mal, wir werden das nicht durchhalten. Ich meine, lange wird man von dem nicht leben können, ein Mensch muss doch etwas essen." Ich bin aufgedunsen, ich habe keine Kraft mehr gehabt, auf meinen Füßen zu stehen. Sage ich zu meiner Frau: „Komm, lass uns in die Welt gehen, was sein wird, wird sein. Vielleicht wird Gott helfen. Besser durch das Schwert sterben als verhungern." Meine Frau hat nicht hören wollen. Sie wollte sich nicht einmal von mir verabschieden. Sage ich zu ihr: „Meine liebste Zippi! Du siehst doch, dass die Kräfte mich verlassen. Wie soll das enden?"

Nach Schawuot bin ich weg. Ich habe mir einen gojischen Hut gekauft und eine Jacke. Ich bin zu meinem Bruder und habe mir dort meinen Bart abrasiert.

Von da an konnte ich nicht mehr rausgehen, weil ich mich geschämt habe, ohne Bart zu gehen. Ich hatte einmal einen langen Bart und einen Gebetsmantel, bin an allen Feiertagen zum Gerer Rebbe gefahren. Sei's drum, alles vorbei ... Vom Bruder habe ich 50 Złoty erbeten, um mit der Polizei verhandeln zu können, dass sie mich durch das Ghettotor lassen. Ich habe gedacht: Wie kann ich hinaus in so einer Verkleidung? Die Juden werden denken, ich bin konvertiert. Ich hatte einen seidenen Gebetsmantel, den sollte er verkaufen. Ich selbst konnte nicht hinausgehen, weil ich schon wie ein Goj ausgesehen habe. Aber niemand wollte ihn kaufen. Hab ich zu meiner Tante Beile gesagt:

„Weißt du was? Mache mir ein Kleid mit roter Verzierung daraus, dann kann ich es auf der nichtjüdischen Seite einer Bäuerin verkaufen, und die 50 Gulden, die ich vom Bruder habe, werde ich meiner Zippora schicken, sie soll es zum Leben haben." Und genau so geschah es. Ich habe meiner Frau die 50 Gulden geschickt und mir selbst sind zehn Złoty geblieben. Aber das Kleid, habe ich mir ausgerechnet, wird mir noch ein paar Złoty einbringen. Außerdem, habe ich gedacht, lass mich nur erst draußen sein, dort wird es mir an Essen nicht fehlen. Nach Schawuot, so um Juni herum im Jahr 1941, bin ich in der Frühe hinaus. Schon bald, auf der Graniczna, komme ich zum Tor – es ist kein Polizist dort. Steht da ein Bengel und fragt mich, was ich hier mache. Sage ich ihm: „Ich will mich hinausstehlen. Vielleicht kannst du mir helfen?" Sagt er, dass er zehn Złoty will. Sag ich: „Fünf Gulden kann

---

8 Anhänger einer chassidischen Bewegung, die ihren Ursprung in Góra Kalwaria (jidd. Ger) hat.
9 1. Juni 1941. Schawuot ist das jüdische „Wochenfest", das 50 Tage nach Pessach begangen wird.

ich dir geben." Ich wollte fünf Gulden behalten, damit ich mir ein Stückchen Brot kaufen kann. Er schiebt mich hinüber. Kaum bin ich drüben, kommt ein älterer Goj, ein alter Gauner, schön angezogen, mit einem Hut, kein junger Nichtsnutz, sondern ein alter Schuft. Er kommt näher und fängt an zu stänkern: „Heh, du Hurensohn, jüdischer![10] Wo hast du dein Geld?" Er zieht mich in einen Torbogen, durchsucht mich und nimmt mir das Kleid und die fünf Złoty ab. Ich bleibe völlig mittellos zurück. Was mache ich jetzt?

Zuerst bin ich zur alten Brücke in Praga. Ich komme dorthin – gerade führen Polizisten Juden zurück ins Ghetto. Man hat sie getrieben und die unglückseligen Juden jammerten so laut, dass ihr Geschrei sicher bis zum Grab der Erzmutter Rachel durchgedrungen ist.

Nein, sage ich mir, da hindurch werde ich nicht nach Praga gehen. Ich bin weiter zur Poniatower Brücke. Ich bin gemächlich gegangen, mit einem Stecken, mit einem Beutel an einer Schnur, genau wie ein alter Bettler, mit blauer Brille.[11] Als ich nach Praga komme, bin ich ziemlich hungrig. Ich habe angefangen, in polnischen Geschäften um Almosen zu bitten. Ich habe nur gesagt „Gelobt sei", schon hat man mir genug Brot mit Kaschanke[12] gegeben.

Es hat mich gewürgt, wie soll ich das essen können? Der Hunger hat es hineingetrieben. Geredet habe ich bäurisch. Im Allgemeinen habe ich wenig gesagt. Ich hab mich ein bisschen taub gestellt. Als ich hinausgehe, steht ein Deutscher da und ruft: „Jude!" Ich tue so, als ob ich nicht höre. Er schreit lauter. Nun, damit ist schon nicht zu spaßen, ich gehe zu ihm und zeige auf mein Ohr, dass ich nicht höre. Schreit er mir so ins Ohr, dass ich beinahe tatsächlich taub geworden wäre. Er schreit: „Jude, wo hast du die Binde?" Ich hab die Binde noch getragen, wie sich herausstellt, aber verdeckt durch den Ärmel. Ich erkläre ihm, dass ich ihn aufgerollt habe, weil es heiß ist. Er befiehlt mir, mich hinzuwerfen und aufzustehen – zehn Mal. Ich mache es. Danach, hin- und herlaufen. Ich laufe. Dann gibt er mir in seiner Bosheit fünf Schläge auf den Kopf und lässt mich gehen. Das ist die erste Begrüßung[13] von einem Deutschen auf der nichtjüdischen Seite gewesen.

Kapitel 4
Leidensgenosse

Nun fange ich an zu überlegen: Was soll ich tun? Ich gehe ein paar Werst,[14] da sehe ich, wie ein jüdischer Junge im Graben liegt. Er isst rohen Rhabarber. Der Junge ruft mir zu: „Herr Jid, kommen Sie!" Heute würde man mich nicht mehr als Jude erkennen. Jetzt sehe ich schon

---

10 Im Original polnisch: „ti skurvisin, yudash!"
11 Feststehender Ausdruck: etwas verfälscht sehen (wollen).
12 Eine Art Blutwurst, deren Genuss gegen die jüdischen Speisegesetze verstößt.
13 Wörtlich: „Scholem-Aleichem" (Begrüßungsformel).
14 1 Werst = ca. 1 km.

aus wie ein Goj. Da ich so viel unter Gojim gewesen bin und nicht-koscher gegessen habe, hat sich mein Gesicht verändert und ich habe angefangen, wie ein Goj auszusehen. Also, der Junge sagt mir, dass er schon in hundert Häusern war und niemand ihm ein Stückchen Brot geben will. Sie sagen, sie würden keinem Juden etwas geben. Also nehme ich Brot und Blutwurst heraus und gebe es ihm. Davon habe ich genug gehabt. Der Junge verschlingt es – mit Genuss. Er ist abgemagert, fahl, nur Haut und Knochen. Sag ich zu ihm: „Nun, iss so viel du willst, aber iss langsam, du wirst sonst krank werden."

Der Junge sagt zu mir: „Mein Papa und meine Mama sind gestorben, Sie werden mein Papa sein und ich gehe mit Ihnen."

Er lässt nicht von mir ab, also gehen wir zusammen. Er geht ein Stückchen abseits von mir, weil ihm der Jude noch ins Gesicht geschrieben steht, und ich habe schon ein bisschen ausgesehen wie ein Goj. Ich bekomme genug zu essen und gebe es ihm. Er isst, wie ich es im Leben noch nicht gesehen habe. Inzwischen wird es Nacht, ich sage zu ihm, er soll zum Ortsvorsteher hineingehen wegen der Schlafbescheinigung. Er kommt heraus und sagt, der Ortsvorsteher will ihm keine geben, weil er erkannt hat, dass er Jude ist. Also bin auch ich nicht hinein, weil ich den Jungen nicht allein auf dem Feld zurücklassen wollte. Wir sind beide in ein halbfertiges Haus gegangen und haben die Nacht dort geschlafen. Morgens habe ich ein Frühstück bereitet. Wir sind satt geworden und weitergegangen. Wir sind nach Kolbiel gekommen. Dort gab es einen Judenrat, ich habe den Jungen hingebracht und ihm gesagt, dass wir uns trennen müssen, weil er krank ist und nicht die Kraft haben wird, mit mir den weiteren Weg zu machen. Er ist im Städtchen Kolbiel geblieben und ich bin weitergegangen.

Kapitel 5
Wieder ganz allein

Ich bin von Dorf zu Dorf gegangen bis zum Anbruch der Nacht. Ich gehe hinein zum Ortsvorsteher, er gibt mir einen Zettel und ich schlafe dort die Nacht. Am Morgen esse ich Frühstück und frage, welches Schtetl sich in der Nähe befindet. Zelechow, sagt er mir. Ich hatte vor, in ein Schtetl zu gehen, wo es Juden gibt, um dort eine Wohnung zu mieten. Den ganzen Tag würde ich über die Dörfer ziehen und nachts einen Ort zum Schlafen haben und einfach einen Schabbat, einen Sonntag, unter Juden sein. Ein Ghetto gab es dort nicht. Und so habe ich es gemacht. Für 40 Złoty im Monat habe ich bei jemandem eine Stube gemietet. Den ganzen Tag bin ich von Dorf zu Dorf gegangen, habe Brot und Kartoffeln bekommen, und so habe ich eine ganze Weile gelebt.

Aus den Dörfern pflegten Gojim in das Schtetl auf den Markt zu kommen. Sie haben bemerkt, dass ich unter den Juden verkehre und vermutet, dass ich ein Jude sein muss. Wenn ich von da an in die Dörfer kam, haben die Kinder mir nachgerufen: „Jude! Jude!" Ich habe erkannt, dass das schlecht ist, also habe ich angefangen, neue Dörfer zu suchen, wo man mich noch nicht kennt. Sobald ich wieder in die alten Dörfer gegangen bin, hat man geschrien: „Jude!" und mich geschlagen. Ein Goj hat mich mit einem Stecken auf den Kopf geschlagen und geschrien: „Jude, geh heim!"

Ich sage ihm: „Was soll das? Ich habe nichts zu essen!" Da gibt er mir den Rat, ich soll sterben, damit es einen Antichristen weniger gibt, und schlägt mich.

Kapitel 6
Neue unheilvolle Erlasse

Im Jahre 1942 ist ein neuer unseliger Erlass herausgekommen, dass, wo immer man außerhalb der Stadt auf einen Juden trifft, man ihn erschießen wird. Bis zum Jahr 1942 musste man einen Pass haben. Wurde man ohne Pass angetroffen, hat man ein paar Schläge bekommen und mehr nicht. Aber jetzt, wenn sie schießen werden, was soll man tun? Essen muss man doch. Außer mir ist noch ein Jude über die Dörfer gezogen, der noch stärker gojisch ausgesehen hat als ich. Die Deutschen haben ihn geschnappt und gefragt: „Was bist du? Ein Jude oder ein Nicht-Jude?" Er hat gesagt: „Ein Nicht-Jude", daraufhin hat man ihn auf einen Schlitten gesetzt, ihn nach Zelechow zum Judenrat gebracht und dort gefragt: „Was ist er, ein Jude oder ein Christ?"

Die Leute von der Gemeinde haben Angst gehabt und die Wahrheit gesagt, dass er Jude ist. Man hat ihn sofort auf der Gasse erschießen wollen. Da hat der Judenrat gebeten, dass man ihn doch auf den jüdischen Friedhof bringen soll. So geschah es. Man hat ihn dorthin weggeführt und ihn dort erschossen. Was soll ich jetzt tun? Ich bin hungrig, und so bin ich weiter umhergegangen, aber seltener. Ein oder zwei Mal in der Woche, damit ich das Nötigste zum Überleben habe, für die Miete und eine rohe Kartoffel.

Später haben sie als Erkennungszeichen gehabt: Ein polnischer Bettler hat im Sack Speck, Mehl und Brot, ein verkleideter jüdischer Bettler – Kartoffeln. Wenn sie bei einem Bettler nur Kartoffeln gefunden haben, haben sie ihn sofort erschossen. Immer gab es neue Meldungen, dass man zwei, drei Juden erschossen hat. Es gab in Zelechow einen Deutschen mit Namen Trunker. Weh mir! Gütiger Himmel! Was ist das für ein Schlächter gewesen! Alle Juden hat er erschossen. Die Zelechower Juden litten unter ihm große Qualen. Einmal hat er hinter der Stadt einen Juden getroffen, einen Armen aus Zelechow. Da hat er die Büchse umgedreht und ihm mit dem Kolben den Schädel in Stücke geschlagen. In derselben Zeit ist ein Befehl ausgegeben worden, dass alle Juden ihre Pelze abgeben müssen, ein Jude darf keinen Pelz mehr tragen. Und wenn ein Jude einen Pelz trägt, bekommt er die Todesstrafe. Man hat sofort die Pelzmäntel abgegeben. Es gab dort eine Menge Pelzwaren, eine Menge Kürschnereien. Man hat die Pelze auf Plattformen ausgelegt und sie nach Garwolin[15]

---

15 Garwolin liegt etwa 65 km südöstlich von Warschau in der Wojewodschaft Masowien.

gebracht. Dort gab es zwei jüdische Handwerker, zwei Partner. Einer hat Weiner geheißen, wie der zweite hieß, weiß ich nicht mehr. Sie haben sich ein paar Pelze zurückbehalten, um etwas zum Leben zu haben. Einmal ist zu ihnen ein Christ gekommen und hat einen Pelz gekauft. Er hat ihn gut verpackt und ist gegangen. Auf dem Weg, in der Gasse, begegnet ihm ein Schurke. Der fragt ihn: „Was hast du da?" Der Goj weiß nicht, was tun und sagt die Wahrheit, dass er einen Pelz trägt. „Woher hast du den?" Der Goj weiß nichts Besseres als zu sagen: „Ich habe ihn bei Jankele und Moische gekauft." Dem Zweiten hat man sofort gemeldet, was passiert ist, und er ist gleich weg nach Warschau. Bei dem Ersten hat der Bastard nur Namen und Adresse notiert und ist weggegangen. Der Jude hat gemeint, er ist gerettet, und ist glücklich und zufrieden gewesen. Um 9 Uhr in der Nacht, er liegt schon im Bett, kommt Trunker herein und sagt: „Komm, du Hund!" Er ist aufgestanden. Der Deutsche hat ihn hinausgeführt aus der Stadt, dort hat er ihn geheißen, sich selbst eine Grube zu graben. Danach hat er ihn erschossen, und die Gojim haben ihn begraben. Ein andermal ist der Bandit Trunker zum Judenrat gegangen, hat den Gehilfen des Vorstandes und einen jüdischen Polizisten herausgeholt, hat sie mitten auf den Markt geführt und den Gojim befohlen, mitten auf dem Markt eine Grube auszuheben, und am helllichten Tag, ohne langes Wenn und Aber, hat er sie dort erschossen.

Der Antisemit pflegte jeden Tag herumzugehen und Opfer zu suchen, irgendwelche Juden, um sie zu erschießen. Er ruhte nie. Mitten in der Nacht, am Morgen, ging er zur Stadt hinaus, auf die Dörfer, immer auf der Suche, sich an jüdischem Blut zu berauschen. Inzwischen ist eine Verordnung herausgekommen, dass man kein Vieh mehr in die Stadt hineinbringen darf. Alles hat ihm gehört, jedes Stück Vieh hat eine Ohrmarke getragen. Es gab in Weigdof eine jüdische Frau, eine Witwe. Sie hat etliche Morgen Land besessen, wie eine echte Gutsherrin eben, mit Vieh. Einmal ist ein Jude zu ihr gekommen und wollte bei ihr ein Stück Vieh kaufen, aber unter der Bedingung, dass sie ihm die Kuh in die Stadt hinüberführen soll. Mitten in der Nacht hat sie einen Wagen genommen, die Kuh daraufgelegt, darauf zwei Scheffel Kartoffeln und ist losgefahren in Richtung Zelechow. Trifft sie auf Trunker. Er hat sie festgenommen und nach Garwolin bringen lassen. Eine Woche später hat man sie erschossen.

Und jetzt will ich zurückkehren zu meinen Erlebnissen. Ich bin weiter gegangen, aber nicht mehr so oft. Einmal gehe ich los, in ein anderes Dorf – ich habe nicht einmal den Namen gewusst und auch nicht fragen wollen. Ich bin durch das ganze Dorf hindurchgelaufen. Am Ende des Dorfes steht eine Mühle, eine Windmühle. Ich gehe dort hinein, man gibt mir ein bisschen Mehl und Speck. Ich genieße es und gehe weiter. Ich bin schon 50 Meter gegangen, als ich höre, wie man mir den bekannten Refrain nachschreit: „Jude! Jude!"

Ich gehe weiter und überlege: Wenn ich mich jetzt nicht taub stelle, werde ich umgebracht. Jener aber kommt gelaufen, packt mich an der Hand, guckt mir ins Gesicht und fragt: „Bist du Jude?" Ich stelle mich taub. Ich höre nicht. Ich spitze das Ohr, er schreit und ich schweige. Bis er einen Christen aus dem Dorf herbeiruft und ihm sagt, er solle mich fragen. Dieser schreit mir ins Ohr: „Bist du Jude oder Katholik?"[16] Ich schreie heraus, mit verstellter Stimme, wie ein Stotterer: „Ka-tho-lik!", er lässt von mir ab.

Zu der Zeit hat man auf den Wegen Schilder aufgestellt, dass Juden bis zu dem und dem Ort gehen dürfen. Und wenn man einen Juden außerhalb der Grenze antrifft, soll man ihn erschießen. Damals hat man eine Menge Juden erschossen. Es gab keinen Tag, an dem es nicht neue Opfer gegeben hat. Ich habe Angst gehabt, besonders vor den Volksdeutschen. Ich bin zum Judenrat, um mir einen Rat zu holen. Sie haben beschlossen, mir ein halbes Kilo Brot und eine Suppe am Tag zu geben. Das ist für mich sehr wenig gewesen. Dort bin ich vier Wochen lang geblieben und habe gehungert. Dann, eines Tages, habe ich es riskiert. Wie Gott es fügt, so soll es geschehen. Ich werde versuchen in ein Dorf zu gehen. Das war 8 Tage vor Purim 1942.[17]

Kapitel 7
Wieder unterwegs

Dann bin ich losgegangen, in ein neues Dorf; in einem neuen Dorf bekommt man zu essen, beim zweiten Mal weniger, später geben sie noch weniger. Wie man sagt, neue Besen kehren gut. Ich habe bis 3 Uhr alles erledigt und gehe heim. Bekommen habe ich ein ganz schönes Päckchen: 15 Kilo Kartoffeln, so viel wie ich gerade tragen konnte. Ich komme in die Nähe der Stadt und ich sehe, wie mir der Satan Trunker mit noch einem Gendarmen entgegenkommt. Das ist dann wohl mein Ende. Ich habe gemeint, dass ich mein letztes Gebet sprechen muss. Tatsächlich ist dort ein kleiner Seitenweg gewesen, auf welchem ich hätte umkehren können, aber ich habe gedacht: Nein, ich werde dem Teufel direkt unter die Augen treten, ich kann es nicht mehr ändern. Den Ärmel habe ich heruntergelassen, damit er die Binde sehen kann, und ich habe beschlossen, ihm die Wahrheit zu sagen. Er kommt direkt auf mich zu und fragt: „Wer bist du?"

„Ein Jude."

„Heh?", er reißt die Augen auf. „Was? Weißt du denn nicht, dass Juden hier nicht gehen dürfen?"

Sag ich: „Schauen Sie, mein Herr, ich bin 83 Jahre alt (es ist mir in den Sinn gekommen, ein paar Jahre draufzulegen) und ich habe schon drei Tage gar nichts gegessen, also bin ich hinaus aufs Dorf zu einem bekannten Goj wegen ein paar Kartoffeln. Diese paar Kartoffeln werden mir eine Woche reichen. Jeden Tag esse ich nur sechs Kartoffeln, damit es länger

---

16 Im Original polnisch: „Yest pan zhid, tshi katolik?"
17 Purim 1942 war am 3. März. Das Fest wird zur Erinnerung an die Rettung des jüdischen Volkes in der persischen Diaspora gefeiert.

reicht, weil ich weiß, dass man nicht gehen darf. Aber ich habe nicht noch länger hungern können, und sehen Sie, mein Herr, habe ich irgendetwas außer diesen Kartoffeln?"

„Ja, ja", sagt er, „aber du wirst erschossen." Inzwischen hat man dem Judenrat Bescheid gegeben, dass Trunker den alten Juden gefasst hat. Sie sind alle angelaufen gekommen, um bei Trunker zu erbitten, er soll mich auf dem Friedhof erschießen. Diese gute Tat konnten sie für mich tun. Alle, Groß und Klein, sind in einiger Entfernung gestanden, sie haben geguckt und wollten sehen, wie das ausgehen wird. Als ich höre, dass er mich erschießen will, sage ich: „Da unser Gott mich bis heute hat leben lassen, wirst du mir doch schenken können, was mir von meinem Leben noch bleibt bis zu meinem Tod, dafür wirst du länger leben als ich." Er hat gelächelt und gefragt, ob ich einen Ausweis habe. Ich hatte einen Ausweis noch vom anderen Krieg, aber schlau genug bin ich gewesen, das Blatt, auf dem das Jahr geschrieben ist, herauszureißen. Dann fragt er mich, ob ich ein Foto habe.

Sag ich ihm: „Jawohl. Aber ich habe einmal einen Bart gehabt."

Fragt er: „Warum trägst du heute keinen Bart?"

Ich sage, ich will, dass ich rein und sauber bin, in einem Bart fängt sich der Schmutz. Er ist mit meiner Antwort zufrieden. Ich zeige ihm eine zweite Fotografie, auf der ich einen Pelz trage und einen Fellhut. Er sieht sie an und sagt: „Oh, ein schöner Mann!" Er gibt mir die Fotografie zurück. „Hör zu, das ist das erste Mal, dass ich einen Juden laufen lasse! Aber denk daran, wenn ich dich nochmal treffe, erschieße ich dich."

Er hat derweil meine Adresse aufgenommen. Ich habe geglaubt, dass er bei Nacht kommen wird, genau wie zum Kürschner, um mich umzubringen. Deshalb habe ich beschlossen, nicht zu Hause zu schlafen. Als er weg war, sind alle Juden vom Judenrat zu mir gekommen, und sie haben sich mit mir gefreut, genau wie mit dem Hohepriester, der lebendig aus dem Tempel herauskam, wenn er ernsthaft gebetet hatte, und wenn nicht, hat man ihn an der Kette herausgezogen. So ist es mit mir geschehen. Alle haben vor lauter Freude Geld gegeben, einer einen Heier (ein Fünfer), ein anderer ein Jiddele (ein Zehner). Ich habe an die 200 Złoty zusammenbekommen. Sie haben mir gesagt, ich soll um Himmels willen nicht mehr ins Dorf gehen.

Kapitel 8
Auf Unterhalt beim Judenrat

Sie haben meinen Unterhalt auf ein Kilo Brot und eine Suppe heraufgesetzt. Das war sehr schön, da ein Brot 15 Złoty gekostet hat, aber für mich war es zu wenig. Ich habe ziemlich gehungert, ich habe am Tag drei Kilo Brot gebraucht, weil ich es ohne Fett gegessen habe, nur Brot und Wasser. Ich habe beschlossen, in ein anderes Schtetl zu gehen, wo es keine Gendarmerie gibt, und von dort könnte ich wieder anfangen, in die Dörfer zu gehen. Es kamen Juden aus verschiedenen Städten hierher, und ich habe mich bei ihnen erkundigt, wo ich am besten hingehe. Sie haben mir geraten, nach Adamów zu gehen, weil es dort kein Ghetto und keine Gendarmerie gibt. Sie wollten, dass ich mit ihnen fahre. Aber da sie Juden sind, und ich als Christ aufgetreten bin, habe ich Angst gehabt, mit ihnen zu gehen, denn wenn uns die Gendarmen gefunden hätten, wäre ich gemeinsam mit ihnen eingesperrt worden.

Weil ab fünf Uhr morgens Gendarmen herumgehen, um Juden zu finden, bin ich um 12 Uhr in der Nacht aufgestanden, wenn es noch so finster ist, dass man niemanden sieht; es war auch sehr kalt. Auf der Gasse hat man nur Himmel und Schnee gesehen. Ich habe mich auf den Weg gemacht, keinen Menschen habe ich gesehen. Den Weg hätte man mit Schmuggelware gehen können. Das Herz wird einem gefühllos und man hat vor nichts Angst. Ich bin eine ganze Nacht gelaufen. Der Wind und der Schnee haben mich gequält. Morgens gegen 6 Uhr sehe ich in der Ferne ein paar Häuser. Ich habe mich gefreut und überlegt, ich könnte mich ein bisschen ausruhen. Ich bin zum ersten Christen hinein, er hat mir Frühstück gegeben, Kraut mit Kartoffeln, Hirse mit Milch. Ich habe es richtig genossen. Nach einigen Stunden Sitzen beschloss ich weiterzugehen. Ich habe erfahren, dass es vor dem Schtetl Adamów ein weiteres kleines Schtetl gibt – Okrzeja. Ich habe bis nach Mittag gewartet und bin aufgebrochen. Dort angekommen bin ich um 3 Uhr. In dem Schtetl gab es insgesamt 20 jüdische Familien. Ich gehe und suche, wo Juden wohnen. Einen Goj zu fragen, habe ich Angst gehabt, also gehe ich herum und suche. Als Merkmal nehme ich mir dies: Bei den Polen gibt es Blumentöpfe in den Fenstern, bei den Juden nicht. Ich sehe eine Stube ohne Blumentopf und gehe hinein. Ich habe richtig geraten, Gott sei Dank. Es wohnt dort ein Jude, ein Schneider. Ich frage gleich, ob ich über Nacht bleiben kann. Sie sagen nein und schicken mich zu Sarah, der Bäckerin. So bin ich also zu ihr gegangen. Sie aber schreit: „Oh je, nein, bei mir kann man nicht schlafen."

So bin ich herumgelaufen zu allen jüdischen Häusern, niemand hat mich zum Schlafen aufnehmen wollen. Nun ja, man darf nichts sagen, sie sind heute nicht mehr da, möge Gott ihnen vergeben. Auch ich verzeihe ihnen.

Ich stehe also auf der Gasse und denke nach: Wohin gehe ich? Da läuft eine jüdische Frau vorbei und fragt mich, warum ich hier so herumstehe. Ich erzähle ihr, dass ich nirgendwo einen Platz zum Schlafen habe, da mich niemand hereinlässt. Nun, sie lädt mich ein, bei ihr zu schlafen. Sie ist die Frau eines Frisörs gewesen.

Morgens brauche ich etwas zu essen. Ich überlege mir, dass ich nicht zu den Juden gehen und betteln werde, besser gehe ich zu den Gojim. Ich gehe hinein zu einem polnischen Bäcker, er gibt mir ein Stück Brot. Später gehe ich in eine polnische Kooperative und bitte, man möge mir etwas geben. Der Goj fragt mich, ob ich Dokumente habe. Ich sage ja und suche sie heraus. Er schaut sie an und sagt, das sei zu wenig, und er schickt den Gehilfen zum Ortsvorsteher. Der Ortsvorsteher kommt, und der Christ erzählt ihm, es handle sich um irgendeinen Bettler ohne Dokumente. Nun sagt der Vorsteher, man solle nach Berka und Joscha vom Judenrat schicken, um bei ihnen nachzufragen, wer ich sei. Ich stehe ein bisschen besorgt da, höre das alles und spüre, dass es gar nicht gut läuft. Der Gehilfe bringt die zwei Juden und wir gehen alle hinaus, d. h. die zwei Juden, ich und der Ortsvorsteher. Als wir in die Nähe der Stadt kommen, sagt der Vorsteher zu ihnen: „Gebt dem Jud ein paar Złoty und lasst ihn ziehen."

Das war ein anständiger Goj. Er wollte mich nicht den Deutschen ausliefern. Ich habe ein paar Złoty bekommen. Da es schon spät war, und noch dazu Freitag, und bis zur nächsten Stadt ist es weit gewesen, ich aber den Schabbat nicht entweihen wollte, habe ich sie gefragt, wo sich hier in der Nähe ein Dorf befindet, in dem Juden wohnen. Sie sagten mir, dass sich nicht weit von hier das Dorf Lipiny befindet. Dort wohnt eine jüdische Witwe, Itele, ein altes Mütterchen, 80 Jahre alt, sie hat sehr gern Gäste. Wenn sie einen Juden sieht, ist sie bereit, ihn für ein Jahr aufzunehmen. Ich habe gesagt, dass ich gar nicht vorhabe, so lange zu bleiben, weil ich nicht wollte, dass die Gojim mich erkennen. Wenn ich nur etwas hätte, wo ich am Schabbat bleiben kann, damit ich ihn nicht entweihen muss – dann ist es für mich schon gut. Ich bin zu dem Dorf gekommen und tatsächlich zu dem alten Mütterchen gegangen.

Sie hat mir einen schönen Empfang bereitet und mir zu essen und zu trinken gegeben. Am Schabbat habe ich Fleisch gegessen, Fisch und Tscholent[18], alles, was sie auch gegessen hat. Denn meistens, wenn Juden mir etwas zu essen geben, essen sie etwas anderes. Aber sie hat mir vom Schönsten und Besten gegeben. Am Sonntag habe ich sie gebeten, sie möge mir erlauben, den ganzen Tag zu bleiben, denn wenn ich am Sonntag herumgegangen wäre, hätte man sofort erkannt, dass ich kein Goj bin, weil ein Goj am Sonntag ruht. Sie hat mir erlaubt zu bleiben. Am Montag hat sie mir noch ein paar Złoty gegeben und ich bin weitergezogen.

Kapitel 9
Tage des Grauens

Ich bin wieder in das Städtchen Adamów gekommen und habe angefangen, nach einer Wohnung zu suchen, wo ich mich hinlegen könnte. Ich suchte und suchte. Zu den Reichen bin ich nicht gegangen, denn ein Reicher hätte mich nicht hereingelassen. So ging ich also zu einem armen Mann und er hat mir einen Platz zum Schlafen gegeben, für einen Gulden die Nacht. Tagsüber bin ich herumgelaufen durch die umliegenden Dörfer – abends bin ich zum Schlafen gekommen. Ich hatte schon genug Brot und Essen, um satt zu werden. In Adamów habe ich bis Schawuot[19] wie ein Kaiser gelebt. Aber dann, am ersten Tag Schawuot, kam das Verderben! Gendarmerie ist hier. Unter den Juden gab es eine große Aufregung. Oh weh, oh weh! Wer weiß, was jetzt werden wird. Womöglich eine Deportation! Doch was stellt sich heraus? In den Dörfern sind – wie nennt man sie dort – Partisanen aufgetaucht. Sie sind zu

---

18 Schabbat-Gericht, das schon am Freitagabend vor Schabbatbeginn in den Ofen gestellt wird und dann bei niedriger Temperatur bis zum Samstag gart.
19 22. Mai 1942.

den Gojim gekommen und haben Schweine, Hühner und Rinder mit in den Wald genommen. Die Gendarmerie hat Acht gegeben. Sobald sie gehört hat, dass es irgendwo einen Überfall gab, sind sie sofort mit dem Wagen hingefahren. Sie bewachten auch die Wege, hielten Passanten an, das war schlecht. Man konnte nicht mehr so oft in die Dörfer gehen. Die polnische Polizei pflegte sie zu begleiten, und die waren ärger als die Deutschen.

Ich habe von einer jüdischen Frau gehört, die mit ein bisschen Ware in das Dorf Wola Gulowska gegangen ist. Ein polnischer Polizist hat sie so bestialisch geschlagen, dass sie zwei Wochen im Bett liegen musste.

Es gab in Adamów einen Juden aus Borysow mit zwei Kindern, Jungen. Ausgesehen haben sie hundert Prozent mehr goisch als ich. Sie sind auch über die Dörfer gezogen, wie ich. Gegangen sind sie alle zusammen, und im Dorf trennten sie sich. Einmal, als sie so gingen, kam ihnen der dortige Kommandant entgegen (das war im Dorf Wojcieszkow). Der Kommandant war ein Antisemit. Sobald er einen Juden getroffen hat, hat er ihn erschlagen. Der Kommandant und zwei Gendarmen trafen also den Juden mit den Kindern. Diese haben sich als Christen ausgegeben und gesagt, dass sie über die Dörfer ziehen, weil sie keine Arbeit haben. Der Gendarm hat sie zu einem Ort geschickt, wo sie sich für eine Arbeit in Deutschland einschreiben können. Als sie schon ein gutes Stück Weg gegangen waren, hat der Kommandant sie anschauen wollen ... Er hat sie zurückgerufen und sie gemustert. Er hat gesehen, dass sie Juden sind, und man schickte sich an, sie zu erschießen. Einer der Jungen hat schnell verstanden, was da passiert, hat sich aus ihren Händen befreit und ist weggelaufen. Sie haben ihm hinterher geschossen, aber, Gott sei Dank, nicht getroffen. Den zweiten Jungen und den Vater hat man erschossen.

Es gab in Adamów einen polnischen Polizisten Wischniewski. Auch er war Antisemit. Mit seiner Lust zu prügeln übertraf er sogar noch die Deutschen. Im Schtetl war ein Jude aus Warschau, aus der Bagno-Gasse, er war Träger im Eisenhof. Er ist auch, genau wie ich, über die Dörfer gezogen, hat Brot gesammelt und es nach Hause gebracht zu seinem Kind, das in der Stube geblieben ist. Einmal, wie er so geht, trifft er genau diesen Judenfeind zusammen mit Gendarmen, nicht weit von der Stadt. Sie haben ihn zurück in die Stadt geführt und dort eingesperrt. Der Polizist hat ihn zu sich in sein Dienstzimmer gerufen, und er musste alles Geld abgeben, das er bei sich hatte. Er hatte gerade 200 Złoty bei sich. Er hat es ihm gegeben und ist freigekommen.

Danach haben sie eine neue Masche angefangen: Die polnische Polizei hat jeden Tag Juden aus ihren Betten gezerrt und sie die Straßen und Höfe fegen lassen. Dabei haben sie sie furchtbar geschlagen, oftmals bis zum Tod. Das haben nur die polnischen Polizisten getan, ganz ohne die Deutschen. Geredet wurde auch darüber, dass ein Mädchen eines Feldschers polnische Dokumente gemacht hat. Man hat sie denunziert, die Deutschen sind zu ihr gekommen, haben sie aus der Stube geholt und erschossen. Sie haben sie noch durchsucht und ihr alles abgenommen. Durchgeführt haben das Deutsche in schwarzen Uniformen. Der Teufel weiß, wie sie sich nennen. Die Deutschen pflegten in der Sägemühle zu sitzen, die sich nicht weit von der Stadt befunden hat, weil es dort Partisanenüberfälle gab, und sie saßen und haben sie bewacht. Ich selbst bin einmal an einem Laden mit Sodawasser und Gurken vorbeigegangen, den eine Schickse[20] geführt hat. Die Polizisten pflegten genau dort zu fressen und zu saufen. An Geld hat es ihnen nicht gemangelt. Sobald sie keins mehr hatten, mussten Juden ihnen welches geben. Also, einmal komme ich an dem Laden vorbei, ich weiß nicht, ob jemand verraten hat, dass ich Jude bin – sie schleppen mich hinein und wollen mit mir ihre Spielchen machen. Da ist die Schickse angelaufen gekommen, hat sich vor mich gestellt und gebeten: „Lasst doch das Alterchen!" Sie haben abgelassen von mir, aber beim Hinausgehen haben sie mir einen Tritt in den Hintern gegeben. Wer weiß, was geschehen wäre, wenn nicht die Schickse gewesen wäre.

Ein zweites Mal, ich gehe in der Stadt umher, sitzen zwei Deutsche auf einem Balkon mit zwei Schicksen. Ich gehe vorbei, sie rufen mich herauf. Ich bin erschrocken. Oh weh, was mögen sie wollen? Nicht hinaufzugehen ist auch nicht klug. Sie können ja schießen. Ich bin verloren. Ich komme herauf – fragt mich ein Deutscher: „Was war Jesus, ein Jude oder ein Goj?"

Ich habe Angst zu sagen, ein Goj – vielleicht ist es falsch. Wenn ich sage, ein Jude, ist es wahrscheinlich auch nicht recht. Sage ich: „Ich weiß nicht." Er gibt mir einen Peitschenhieb und fragt weiter: „Ist es wahr, dass er Jude war?"

Als ich höre, dass er so redet, sage ich auch: „Ja, Jesus ist Jude gewesen!"

Er ist zufrieden. Er klatscht sich auf den Bauch und neckt die Mädchen, mit denen er sich deswegen gestritten hat. „Seht ihr, Jesus ist Jude gewesen!"

Er hat mir eine Papirossa gegeben und mich gehen lassen. Als ich herausgekommen bin, bin ich weiß gewesen wie ein Blatt Papier und zwei Stunden nicht zu mir gekommen, die Beine haben mir gezittert. Ich war damals sehr zufrieden, dass Jesus ein Jude war.

Sie haben angefangen, die Stadt zu terrorisieren. Wo immer jüdische Bäcker gewesen sind, hat man die Bäckereien geschlossen. Einem zweiten hat man eine ganze Fabrik weggenommen, in der Öl gepresst wurde. Das hat die polnische Polizei zusammen mit den Deutschen gemacht. Ein anderes Mal, als ein jüdischer Junge außerhalb der Stadt unterwegs war, haben ihn polnische Polizisten erschossen. Weil es damals Partisanenüberfälle gab und die Deutschen am Leben bleiben wollten, sind sie nicht mehr aus der Stadt herausgegangen, da ja die polnische Polizei sie so gut vertreten hat. Und weil man außerhalb der Stadt nicht gehen darf, haben sie den Jungen ohne die Deutschen umgebracht. Einmal ist ein Jude aus Warschau da gewesen, von der Bielanska Gasse, er hatte ein Schuhgeschäft, ein feiner Jude, ein Talmudstudent, aber er ist ein Krüppel gewesen. Er hat auf einem Bein gehinkt, und auch eine Hand war verdreht. Auch er ist als Bettler herumgelaufen. Einmal haben polnische Polizisten ihn außerhalb der Stadt angetroffen, man hat ihn erschossen und dort begraben. Die Juden haben aufgehört, über die Dörfer zu ziehen. Ich selbst pflegte in der

---

20 Nichtjüdin, in der Regel nicht abwertend gemeint.

Frühe aufzustehen, hinaus aus der Stadt zu gehen, ein paar Kartoffeln zu organisieren und schnell zurückzukommen. So hat es sich hingezogen bis Anfang des Monats Elul.[21] Dann hat sich Folgendes zugetragen:

Man hat angefangen, von Zelechow zu deportieren. Es kamen Juden von dort, die nicht in die Züge wollten. Es ist eine große Anzahl Juden angekommen. Sowie die Deutschen das bemerkt haben, haben sie dem Judenrat den Befehl gegeben, dass man, sobald man einen Juden antrifft, der nicht gemeldet ist, die ganze Familie erschießen soll. Es sind etliche Juden da gewesen, sie waren in der Synagoge, im Gebetshaus. Der Vorsteher hat sie gebeten: „Juden, habt Mitleid, sucht euch einen anderen Ort, man wird uns erschießen!"

Sie haben gesagt: „Wohin sollen wir gehen? Zu den Gojim ins Dorf?" Und sie sind geblieben und haben im Bethaus übernachtet. Sobald sie irgendein Rascheln von einem Deutschen hörten, sind sie blindlings mitten in der Nacht aus der Stadt gelaufen.

Die Deutschen haben sich auf einen anderen Trick verlegt. Sie haben jeden auf der Straße kontrolliert. Die Papiere hat die polnische Polizei zusammen mit den Deutschen geprüft, und wenn sie auf einen nicht Gemeldeten gestoßen sind, haben sie ihn mitten auf der Gasse, vor Ort, erschossen. Die Leute haben aufgehört, auf die Straße zu gehen, und sobald man etwas gehört hat, ist man auf den christlichen Friedhof gelaufen und hat sich unter den Bäumen und zwischen den Gräbern versteckt. Es ist schwer geworden, von der Stadt in die Dörfer zu gehen. Ich habe gewusst, dass vier Kilometer vom Schtetl entfernt ein Dorf namens Krzywda ist, in dem es um die 20 Juden gibt. Also habe ich beschlossen, ganz dorthin in das Dorf zu ziehen. Überlegt habe ich ganz einfach: Da ich in dem Dorf noch nicht gewesen bin, werde ich den ganzen Tag herumlaufen zu den Bauern wegen Essen, und schlafen werde ich bei den Juden. Es ging mir darum, etwas zu essen zu haben. Und genau das habe ich getan. Ich bin ganz früh aufgestanden und bin ohne stehenzubleiben in das Dorf gelaufen. Dort bin ich ein paar Wochen gewesen. Den ganzen Tag bin ich satt gewesen. Mit Schlafen war es aber schlecht. Die Juden, die einigermaßen vermögend waren, haben mich nicht hereingelassen. Es gab dort einen Juden, einen armen Mann, er hatte einen Stall mit ein bisschen Stroh. Dort habe ich geschlafen. Nicht nur ich, auch zig Juden, die auf dem Hof gearbeitet haben. Ein Glas Kaffee haben sie mir altem Juden nicht geben wollen. Ich bin geblieben bis nach Sukkot.[22] Ich habe auf nichts etwas gegeben, Hauptsache ich hatte zu essen. Welch ein schlechtes Lager! Bei Nacht habe ich richtig gelitten, aber wer hat auf so etwas geachtet? Die Hauptsache ist doch gewesen – essen!

So sind wir dort gewesen bis nach Simchat Torah.[23] Plötzlich kommen zwei Wagen mit den schwarz gekleideten Deutschen und ein paar in grüner Uniform in den Hof gefahren. Uns wurde ganz beklommen in der Seele. Wir sitzen alle da und zittern. Ich bin hinein zu

---

21 14. August 1942.
22 26. September 1942 (1. Tag Sukkot).
23 4. Oktober 1942.

einem Sattler und dort geblieben. Abends – die Katastrophe! Sie sind da, sie fahren genau auf die jüdischen Häuser zu und halten dort an. Die Gojim haben ihnen gezeigt, wo die reichen Juden wohnen, und sie haben auf dem Weg gleich auch noch bei den armen Juden vorbeischauen wollen. Der Trupp hat sich die Häuser vorgenommen. Ein paar Deutsche sind herein zu uns. Der Sattler und seine Frau haben die Sprache verloren. Ich habe sie empfangen und mit ihnen geredet. Ich bin in so einem Fall geistesgegenwärtig. Zuerst frage ich sie, was sie wollen. Fragt einer, was sich in der Kommode befindet. Heiß ich ihn sie öffnen und nachsehen. Sie öffnen sie. Es war darin trockene Seife, ein bisschen Wäsche, ein Paar neue Schuhe. Die Seife haben sie genommen und die Schuhe haben sie mir geschenkt. Sie sind hinaus. Vor allem haben wir die Tür offengelassen. Andere Juden haben vor Schreck alles zugeschlossen und versperrt. Wir hören, dass jemand schießt! Und schon liegt unter unserem Fenster eine erschossene Frau. Sie sind hinein zum Schneider, haben alles mitgenommen, zwei Kinder getötet. Hinein zum Bäcker – die Frau geprügelt und danach erschossen. Der Bäcker ist hinauf auf den Dachboden, hat von dort 2000 Złoty heruntergeworfen und ist am Leben geblieben. So haben sie überall geplündert, alles zerschlagen, sie haben fünf Tote zurückgelassen, sind aufgesessen auf die Wagen und weggefahren.

Ich stehe auf um fünf Uhr in der Frühe und überlege, in das alte Schtetl zurückzugehen, nach Adamów. Wenn man jetzt auch hier tötet, bringt das nichts. Da ist es schon besser ein bisschen zu hungern, wenn man nur am Leben bleibt. Ich komme zurück in das Schtetl, ich habe dort eine Wohnung bei einem Juden, Herrn Jankev-Schimen.[24] Ich hatte ihm für zwei Monate bezahlt, und gewesen bin ich dort nur einen Monat. Als ich jetzt zurückkomme, lässt er mich nicht herein, sondern wirft mir die Matratze heraus. Ich sag ihm: „Was soll das heißen, ich habe kein Geld? Ich hab doch bezahlt für zwei Monate und gewohnt habe ich bloß einen Monat mit Unterbrechung."

Es hilft alles nichts, ich bin zur jüdischen Polizei gegangen und habe ihnen alles erzählt. Sie sind gekommen und haben befohlen, die Matratze wieder hineinzunehmen. Wenn er nicht ein Jude in fortgeschrittenem Alter gewesen wäre, hätten sie ihm mit dem Gummi eins über den Kopf gegeben. Der Jude war ein reicher Mensch. Er hat Pelze gemacht und Hunderte eingenommen. Als man begann, aus den umliegenden Dörfern zu deportieren, sind die entlaufenen Juden von den Dörfern nach Adamów gekommen. So ist ein Mangel an Wohnungen entstanden. Herr Jankev-Schimen hat für eine Nacht fünf Złoty genommen oder zehn Złoty, wie es sich so ergeben hat. Er hat überhöhte Preise verlangt, er behielt mich im Auge und wollte mich loswerden, weil es ihm um mein Lager schade gewesen ist. Er hat auf gar nichts Rücksicht genommen. Selbst die Polizei pflegte ihm zu sagen: „Bedenken Sie, Herr Jankel, seien Sie sich nicht so sicher, auch aus Adamów siedelt man Leute aus."

Seine Frau ist eine anständige Jüdin gewesen. Sie kochte mir Essen, er hat ihr das verboten und gesagt: „Auf keinen Fall! Du sollst für den Alten nicht kochen!" Ich hab mich doch

---

24 Jakob Simon.

nur nach ein bisschen Essen gesehnt. Ich bin damals mit einem Fluch auf diesen Juden weggegangen, er soll mir nicht angerechnet werden, der Fluch hat sich schnell erfüllt.

Inzwischen ist im Schtetl ein Tumult entstanden. Man hat offen über die Umsiedlung geredet. Der Gemeindevorsteher hat dem Judenrat gemeldet, dass er schon Nachricht bekommen hat wegen der Deportation der Juden, sie soll am 1. November stattfinden. Die Deportation wird einfach ablaufen. Viele Juden werden einen Wagen mieten können und man kann Sachen und Lebensmittel mitnehmen, man wird sie nach Łuków[25] schicken. Dort werden sie ein oder zwei Monate arbeiten. Die Bäcker haben sofort angefangen, Brote zum Mitnehmen zu backen. Auch alle Übrigen haben angefangen, sich vorzubereiten. Das Schtetl hat schon den Tag erwartet, dass man fahren soll. Auch ich bin gesessen und habe gewartet, um zu sehen, was am 1. sein wird.

Ins Dorf bin ich schon nicht mehr gegangen. Ich hatte ein paar Złoty, habe mir ein Stück Brot gekauft und ein Kilo Kartoffeln und mich so durchgeschlagen. Aber einen Plan habe ich mir gemacht, nämlich am 31. aus der Stadt zu gehen und den 1. nicht abzuwarten.

Am 27. stehen wir morgens auf, und die Stadt ist voll mit Deutschen, mit Maschinen, Autos und Gendarmen. Die Stadt ist schon umstellt gewesen. Sie haben uns also reingelegt. Sie haben vorausgesehen, dass die Juden fliehen werden, also haben sie gesagt, die Deportation wird später stattfinden, und angefangen haben sie früher. Aber die Menge hat auf nichts mehr etwas gegeben und man fing an wegzulaufen. Die jungen Leute sind gelaufen und die Deutschen haben gar nichts gemacht, sie sind zu ihren Offizieren gegangen und haben gefragt, was sie tun sollen. Ich bin geblieben und habe überlegt: „Was mache ich? Weglaufen? Vermutlich erschießt man mich. Mich verstecken? Taugt nichts – aber umsiedeln werde ich mich nicht lassen." So habe ich hin und her überlegt. Ich habe schon verstanden, dass Umsiedeln den Tod bedeutet. Überlegt habe ich mir, dass ich versuchen werde, aus der Stadt herauszukommen. Ich nehme den Beutel auf die Schultern, meinen Stecken in die Hand und fange an, langsam zu gehen. Ich sehe, dass die Stadt dicht umstellt ist von Deutschen. Ich schaue nicht auf. Ich lasse den Kopf hängen, tue so, als ob ich auf die Erde schaue, und hinke auf einem Bein. Ich gehe gemächlich. Ich gehe zwischen den Deutschen hindurch, und sie fragen mich gar nichts. So bin ich hinausgekommen aus der Stadt. Was ist aber mit all den Juden passiert, die weggelaufen waren? Noch bevor die Deportation stattgefunden hat, hat man unter den Juden geredet, dass man nach Demblin[26] gehen soll, wenn man weglaufen will, weil es dort gute Handelsmöglichkeiten gibt und wenn man dort arbeitet, wird man überleben. Als jetzt die Deportation stattfand, sind sie tatsächlich weg nach Demblin und haben sich dort bei einem Volksdeutschen für Schwarzarbeit eingeschrieben. Soweit so gut. Nach einer Woche ist die Gestapo gekommen, sie haben alle neu angekommenen Juden herausgeholt, und man hat sie getötet, erschossen. Umgekommen sind damals an die 40 Menschen.

---

25 Łuków liegt 75 km nördlich von Lublin in der Wojewodschaft Lublin.
26 Demblin liegt 60 km östlich von Krakau in Südpolen.

Ich bin von Provinz zu Provinz, von Stadt zu Stadt, von Dorf zu Dorf gegangen. Gekommen bin ich in das Dorf Stajki, nicht weit von Łuków. Gerade war ihr Feiertag „Allerheiligen". Ich bin an einer Kapelle vorbeigegangen, es sind viele Bettler dort gestanden und haben Almosen gesammelt – habe ich mich auch dazugestellt. Das Gebet habe ich nicht gekonnt, ich bin stumm dagestanden und habe Almosen bekommen. So ging es ein paar Stunden. Aber die übrigen Bettler bemerken, dass ich stumm dasitze und nicht bete, also muss ich wohl ein Jude sein. Sie haben angefangen, über mich zu flüstern. Sofort haben die frommen Bäuerinnen angefangen, es von Ohr zu Ohr weiterzuflüstern und sie haben sich amüsiert. Sie haben gesagt, dass man Polizei holen muss. Was tue ich? Ich stelle mich dumm, denn wegzulaufen ist schlecht, dann wird man sofort sagen, dass ich ein Jude bin. Da bei einem Bettler nichts unmöglich ist, habe ich den Gürtel von der Hose genommen, mir um den Hals gehängt und angefangen, nach einem Ort zu suchen, mein Geschäft zu verrichten. Ich bin gemächlich gegangen, ganz langsam. Sobald ich mich aber von der Gruppe, die über mich geredet hat, entfernt hatte, bin ich schnell gerannt. Entkommen!

Ich bin weg und zu dem Dorf Jeleniec. Ich bin zum Ortsvorsteher gegangen und habe mir erst einmal einen Platz zum Schlafen geholt. Am zweiten Tag bin ich auf den christlichen Friedhof gegangen. Die Feiern zu Allerheiligen dauern zwei Tage. Am ersten Tag kommen die Toten in die Friedhofskirche – am zweiten Tag geht der Priester mit einer Kapelle auf den Friedhof. Alle Bettler gehen dorthin. Also bin ich auch auf den Friedhof gegangen.

Danach bin ich von Dorf zu Dorf gewandert. Dann kam ich zu einer Bäuerin, die keine Kinder hatte. Sie hat darauf bestanden, ich soll bei ihr bleiben. Und da es schon Dezember war und schon frostig, bin ich darauf eingegangen. Aber bei ihr war es kalt, und ich habe Brot und Kartoffeln bringen müssen, und alles was ich zusammengesammelt habe. Ich habe gesehen, dass es sich nicht lohnt, denn lange konnte man im Dorf sowieso nicht sein. Wenn ich in ein neues Dorf komme, bekomme ich einen neuen Zettel vom Vorsteher, und ich habe etwas, wo ich schlafen kann und dazu noch ein warmes Abendbrot. Ich bin bei der Bäuerin acht Tage geblieben und dann weitergezogen.

Es ist schwerer geworden, beim Vorsteher einen Zettel zu bekommen. Dokumente habe ich nicht gehabt, und inzwischen ist der 25. Dezember gekommen. Es geht auf den christlichen Feiertag Weihnachten zu, ein großer Feiertag. Dann ist es schwer zu gehen. Ich habe keinen einzigen Bettler gesehen. Da fängt man an, sich zu fragen: „Was bedeutet das? Woher kommt das?" An dem Feiertag sitzt jeder zuhause. Nun, was soll man ihnen erzählen? Was tut man also? Ich komme genau am Heiligabend zum Ortsvorsteher, eine ganz ungünstige Sache. Was für einen Vorwand sucht man sich aus? Er fängt an, mich auszufragen, wer ich bin, woher ich komme, und warum ich herumlaufe. Ich sehe, dass es nicht gut läuft. Ich laufe Gefahr, auf der Straße schlafen zu müssen. Es ist starker Frost. Mit einem Wort – lebensgefährlich. So habe ich mir die folgende Geschichte ausgedacht (geredet habe ich wie ein halb Stummer): „Gelebt habe ich in Góra Kalwaria, neben Tschenstochau. Es gab dort eine große Fabrik, die Schlösser und Riegel für Fenster und Türen herstellte. Als ich 20 Jahre alt geworden bin, habe ich mich in eine Schickse verliebt, die dort gearbeitet hat. Sie hat beim Chef durchgesetzt, dass er mich in der Fabrik anstellt. Und so ist es tatsächlich gekommen. Ich bin dort gewesen als Nachtwächter, ich bin am Tor gesessen und habe aufgepasst, dass niemand etwas hinausträgt. Es ist mir ganz gut gegangen. Ich habe 200 Złoty im Monat verdient und ein Zimmer mit Küche gehabt. Als der Krieg ausgebrochen ist, im Jahr 1939, und man angefangen hat, Bomben zu werfen, ist es ungemütlich geworden. Einmal bin ich hinaus, Brot kaufen, da gab es einen Alarm. Sie haben gemeint, dass das eine Munitionsfabrik ist, und haben zwei Bomben abgeworfen und meine Frau und die Kinder verschüttet. Ich bin so zurückgeblieben, wie ich hier stehe. Und deshalb wandere ich umher."

Die Frau des Vorstehers hat sich eingemischt und gesagt: „Los, was willst du? Siehst doch, dass er ein armer alter Mensch ist, gib ihm einen Zettel, wenn nicht, soll er bei uns schlafen."

Er hat mir einen sehr guten Ort bei einem reichen Christen gegeben. Ich komme dorthin, es entströmt eine Wärme von dort, mit Essensgerüchen. Bei einem Goj bereitet man zu dieser Zeit das Allerbeste zu. Ich komme herein – es wird fröhlich: „Oh, ein Bettler! Ein Bettler!" Man führt mich in die Küche. Man heißt mich, ablegen. „Ach wie schön", sagen sie, „ein Bettler in der Heiligen Nacht. Jesus ist auch so herumgegangen." Und man fängt an, Geschichten zu erzählen. Man gibt mir Kaffee, ich soll mich aufwärmen. Die Bäuerin hat sich in der Küche zu schaffen gemacht. Oh je! So viele Speisen habe ich dort gesehen! Ich habe auch eine Geschichte erzählen wollen, damit ich bei ihnen ein angesehener Gast bin, und ich habe mir diese Geschichte ausgedacht:

„Manchmal ist Jesus umhergelaufen in der Gestalt eines Bettlers. Einmal ist er in eine Stube gekommen, wo die Hausfrau gerade Brot und Plätzchen backt. Der Duft der Plätzchen war sehr gut, es roch nach Mohn und Zwiebeln, und der Bettler hätte gern ein Stückchen von einem Plätzchen gehabt. Die Hausfrau war eine böse und wollte ihm nichts geben. Sie hat nicht gewusst, dass der Bettler Jesus ist, da ist er hinausgegangen. Aber von der Zeit an, wenn sie Brot gebacken hat, sind, Gott bewahre uns davor, aus dem Brot Steine geworden."

„Ach! Ach!" In der Stube ist es lustig geworden, und sie haben gesagt: „Ja, ja, das ist wahr, dieser Bettler ist sehr klug."[27]

Ich bin in der Stube so etwas wie ein Heiliger geworden. Man hat mich gefragt, was ich essen will. Wahrscheinlich habe ich mir die besten Sachen ausgewählt. Man hat mir reichlich Wein und Schnaps gegeben. Ich war ein bisschen beschwipst. Man hat die größte Garbe Stroh von der Scheune gebracht und mir beim Ofen ein Lager gerichtet, es soll mir warm sein, dazu eine Decke, und der Hausherr hat mir noch ein Fell gegeben.

Sie hat mich gefragt, wie lange ich das Hemd schon trage, da habe ich ihr gesagt: „So lange, dass ich mich schäme, es zu sagen." Sie sagt mir, dass ich in der Frühe ein sauberes Hemd bekomme und ich habe mich schlafen gelegt. Ich habe so wohlig durchgeschlafen die

---

27 Im Original polnisch: „tak, tak, to pravda, ten jad vshistko vie."

Nacht, dass es mir leid tat, dass die Nacht so schnell vergangen ist, dass die Nacht so kurz ist. Ich habe gewollt, dass es so weitergehen soll, solange die Deutschen da sind. Als ich aufgestanden bin, hat man mir frische Wäsche gegeben und die Christin hat gesagt, dass ich noch eine Nacht bleiben soll, die Magd wird meine dreckige Wäsche auswaschen. Ich bin niedergekniet, habe mich bekreuzigt, die Hände gefaltet und habe nicht gewusst, was man sagt, so habe ich einfach etwas gemurmelt.

Man hat mich zu Tisch gerufen – es ist eine fröhliche Tischrunde gewesen! Es gab Speck, Schinken und Kuchen. Man hat gegessen und getrunken.

Kapitel 10
Ein Heiratsversprechen ...

Der Feiertag ist vorbei. Ich habe ein gutes Frühstück bekommen und ich muss wieder mein Säckel nehmen und weiter wandern. Es fangen die traurigen Tage an.[28] Aber wohin geht man? Mit wem wird man es zu tun bekommen? Wie dem auch sei, ich nehme mein Päckel und geh.

Gekommen bin ich dann in die Siedlung Nowokobialek. Meistens versuche ich, mich in Siedlungen zu verstecken, in denen sich nur ein paar Häuser befinden. Dorthin kommt gewöhnlich niemand. In den Dörfern, wo die Partisanen hin und wieder einfallen, sind Patrouillen unterwegs. Also, ich komme herein zu einer Bäuerin, sie stellt sich mir gleich vor, sie ist eine Witwe, 40 Jahre alt. Sie sagt, sie hat zwei Jungen: einen von 10 Jahren und der zweite ist 14 Jahre. Sie hüten Vieh bei Gutsbesitzern. Im Sommer sind sie nicht zu Hause. Sie hatte einen Mann, einen Witwer von 80 Jahren, der gestorben ist. Und wenn ich will, sagt sie, können wir beide heiraten. Da sie auch über die Dörfer zieht, kann sie mir helfen. Zwei Tage in der Woche wird sie gehen und zwei Mal werde ich gehen. Es wird mir sehr gut gehen, sagt sie. Sie hat ein Stück Vieh, ein Pferd. Ich bin einverstanden. Ich sage ihr, dass ich genau so etwas gesucht habe. Sie macht mir ein gutes Abendessen, alles, was ich haben will, und währenddessen überlege ich mir einen Plan, wie ich von ihr profitieren kann. Am Morgen erzähle auch ich ihr von mir, von wo ich stamme, eine Geschichte mit einer Fabrik und dass meine Dokumente verbrannt sind, und da wir zum Priester gehen müssen, brauche ich eine Geburtsurkunde. Ich werde dahin gehen, woher ich komme und eine Geburtsurkunde beschaffen. Danach werden wir sofort zum Traualtar gehen. Sie schreit los: „Vladek, suche aus der Kommode Papas Dokument heraus!"

Ich nehme das Dokument, meine Augen leuchten auf! Keine Fotografie war darin, nur ein Abdruck, wo die Fotografie gewesen ist, so ist es gut, leider Gottes ist sie verloren

---

28 Vermutlich stellt er sich die Tage zwischen Weihnachten und Neujahr vor wie die Tage zwischen Rosch Haschana und Jom Kippur, die auch die „Zehn ehrfurchtsvollen Tage" genannt werden.

gegangen. Was macht man? Lesen und Schreiben kann ich nicht, ich habe aber wissen wollen, wie er heißt und was dort geschrieben steht. Sag ich zu ihr: „Sag mir doch, wie heißt er und von welcher Gemeinde ist er? Ich sehe nicht ohne Brille."

Sie sagt mir alles. Gut, nur darum ist es mir gegangen, denn auf jeden Fall sollte ich wissen, wie ich heiße. Sie gibt mir ein gutes Frühstück mit Eiern, Brot und Milch, und ich mache mich auf den Weg. Wir küssen uns schon, und sie geht ein Stück des Weges mit mir und sagt, ich solle vorsichtig sein. Ich entgegne ihr: „Sorge dich nicht, so eine Sache kann nicht lange dauern." Ich gehe weg, und aus der Ferne winkt sie mir: „Auf Wiedersehen, Liebster."

Kapitel 11
Ich gehe weiter ...

Ich komme in das Dorf Stoczek, dort ist gerade Markt. Ich bin hingelaufen. Ich will zu den Bettlern auf dem Markt gehen, sie beten laut, ich werde zuhören und so werde ich es auch lernen. Nun, das Gebet habe ich gelernt und ein Stückchen Dokument habe ich doch auch gehabt – da ist es für mich ein bisschen leichter geworden.

Das war bereits im Jahr 1943. Der Frost ist noch ganz beträchtlich gewesen. Ich komme in ein Dorf, drei Kilometer von Minsk-Masowieck, und gehe hinein zu einem Goj. Er erzählt mir diese Geschichte: „Ein Jude ist seines Weges gegangen, als ihm die Deutschen begegnet sind, läuft der Jude weg. Einer hat nach ihm geschossen, ihn am Bein getroffen und zum Krüppel gemacht. Der Jude ist im Graben gesessen, im Schnee, das Blut lief und niemand wollte ihn aufnehmen. Man hat ihm bloß eine Flasche Milch und Brot hinausgebracht. So ist er so lange gesessen, bis er erfroren ist. Ich habe zu ihm gehen wollen, aber wie habe ich ihm denn helfen können? Außerdem habe ich Angst gehabt, dass vielleicht jemand merkt, dass ich auch Jude bin." Vom bloßen Zuhören ist mir schlecht geworden. Nun denn, ich bin weg und bin weitergegangen. Ich wollte nicht einmal an dem Ort vorbeigehen, wo der Jude gelegen ist, weil ich doch ein schwaches Herz habe.

Ich bin in das Dorf Celiny gekommen, neben Łuków. Ich habe an nichts anderes mehr gedacht als an einen Ort zum Schlafen, weil starker Frost gewesen ist. Ich fange an, in meinem Polnisch zu reden, stottere ein bisschen und bekreuzige mich. Irgendetwas hat dem Vorsteher an meinem Bekreuzigen nicht gefallen. Ich habe noch nicht gewusst, auf welcher Seite man es beendet, auf der rechten oder auf der linken Seite. Ich habe auf der linken Seite geendet. Er hat das gleich bemerkt. Sagt er zu mir:

„Großvater, du bist ein Jude!"

Er will, dass ich mich noch einmal bekreuzige. Ich merke: Die Situation wird brenzlig, also sage ich: „Herr Jesus will nicht, dass ich mich zweimal bekreuzige."

Er überlegt nicht lang und schickt nach den Feuerwehrleuten, sie sollen mich auf die Gemeinde führen.

Juden[29] hat es dort keine gegeben, so haben die Feuerwehrleute beim Judenfangen geholfen. Sie haben sehr breite Streifen auf der Jacke gehabt, das ist ihr Abzeichen gewesen.

Ich sehe, dass es schlecht steht. Der Junge ist schon weg, sie zu holen. Was macht man? Ich habe doch inzwischen Routine. Kurzum, ich fange an zu beten und sage zu ihm: „Nun gut, dir will ich die Wahrheit sagen, ich bin Jude, aber ein konvertierter Jude. Ich hatte eine polnische Frau, man hat sie und die Kinder umgebracht. Bedenke", sage ich, „wenn ich durch dich erschlagen werde, hast du einen deiner Brüder erschlagen, und du wirst dich vor dem Herrn Jesus nicht rechtfertigen können." Jedenfalls wird der Goj ein bisschen milder. Er guckt mich an, guckt seine Frau an, und sie sagt: „Lass ihn gehn!"

Er ist mit mir hinaus und sagt: „Geh weiter, laufe, ehe die Feuerwehrleute kommen." Er zeigt mir den Weg und weist mich an, in das Dorf Lipniak zu gehen, zwei Kilometer entfernt. Es ist schon ziemlich finster gewesen, aber ich bin gelaufen, ich Glücklicher.

Wieder habe ich das Leben gewonnen.

Kapitel 12
Woher kommen so viele Verbrecher?

Ich gehe weiter. Auf dem Weg kommt jemand auf einem Pferd. Er bleibt stehen und fängt an, mich aufzuziehen, damit ich rede und er erkennen kann, ob ich ein Jude bin. Er fragt: „Heh du! Wie weit ist es bis zum Dorf Zagazdów?" Ich sage: „Ich weiß nicht!" Ich rede kurz, abgehackt, um mich nicht durch ein Wort zu verraten. Dann verlangt er, ich soll ihm meine Papiere zeigen. Da ich ja jetzt schon ein Stückchen Dokument besitze, zeige ich es ihm. Fragt er: „Warum so ein altes Dokument und warum ist keine Fotografie drin?" Ich antworte nur: „Ich weiß nicht."

Genau in dem Moment kommen Burschen vorbei, sie bleiben auch stehen. Fragt er sie: „Nun, was sagt ihr? Ist er ein Jude?"

Sie sagen: „Nein! Das ist ein polnischer Bettler."

Er gibt mir das Dokument zurück und lässt von mir ab. Er ist ein Zivilist oder ein Volksdeutscher gewesen.

Da ich gemerkt habe, dass man sich an der Fotografie stört, bin ich gegangen, ein Foto zu machen. Ich habe es rund ausgeschnitten, genau wie der Abdruck war. Ich habe eine farbige Kreide gekauft, eine blaue, die Farbe des alten Stempels, habe dem Stempel ein paar Zeichen hinzugefügt, so hat man gar nichts erkennen können. So bin ich gewandert, bis es auf Ostern zuging.

Wieder bin ich in ein Dorf gekommen, wieder bin ich hinein zum Ortsvorsteher und habe bei ihm einen Platz zum Schlafen erbeten. Ich habe ihm ganz forsch meine Papiere mit

---

29 Vielleicht meint er hier einen Judenrat oder jüdische Polizei.

der Fotografie gezeigt. Er hat tatsächlich keine Fragen gestellt und mir einen guten Platz bei einem reichen Goj gegeben. Wie ich so beim Vorsteher stehe, kommt ein Goj herein und ruft mir ein breites „Guten Abend"[30] zu!

„Oh, ich kenne dich doch!"

Ich habe Herzklopfen bekommen. Er sagt sogar, dass er mich von Nowe Kobiaiki kennt. Es wurde mir leichter ums Herz, weil mein Ausweis genau aus dem Dorf ist. Betrunken ist er gewesen, und er fing an, über mich die unglaublichsten Geschichten zu erzählen, dass ich dort ein großes Landgut gehabt habe, dass ich das Gut meinem einzigen Sohn überschrieben habe, der dann gestorben ist, dass die Schwiegertochter mich hinausgeworfen hat und dass er mich noch von Warschau kennt. Ich soll dort Droschken gehabt haben. Ich stehe da und schüttele nur ungläubig den Kopf.[31]

Ich bin weg vom Ortsvorsteher und zu dem reichen Goj schlafen gegangen. Es war dort sehr gut, man hat mir zu essen und zu trinken gegeben. Morgens weckt der Goj mich und fragt, ob ich in die Kirche gehen will. „Was für eine Frage!" Natürlich gehe ich. Sie mögen fromme Bettler sehr gern. Also gehen wir ganz früh beten. Als wir uns im Kloster befinden, gibt es einen Tumult, ein Lärmen, es seien Wagen angekommen mit Deutschen, und man hat das Kloster umstellt. Sie haben drei Gojim gesucht. Sie haben am Ausgang des Klosters alle Leute kontrolliert. Es sieht nicht gut aus. Ich überlege mir, dass ich nicht bis zum Schluss warten will, ich werde mit der Menge gehen. Ich nehme meinen Stecken, beuge mich vor, senke den Kopf, fange an zu hinken und gehe mit dem Strom. Aber das Herz klopft. Doch ich komme heil durch. Ich höre, wie einer sagt: „Nein, das ist er nicht, das ist ein alter Mann."

Ich wandere weiter. Auf dem Weg gibt es viele Wälder und Felder. Ich stehe dicht bei einem Wald, als mir ein einfacher Goj entgegenkommt. Er kommt von der Arbeit und fragt mich nach meinen Papieren. Ich nehme mein Dokument heraus und zeige es ihm. Ihm gefällt das Dokument nicht und er fordert mich auf, mit ihm zu seinem Ortsvorsteher nach Jagodne zu gehen. Ich sage: „Komm du mit zu meinem, wo ich gemeldet bin!" (Soll es ihm ergehen, wie ich irgendwo gemeldet bin.)[32] Ich sage ihm, wir müssen ins Dorf Piastow gehen. Ich bin ein welterfahrener Mensch, ich habe gewusst, wie die Dörfer heißen. In den paar Jahren bin ich wohl in einigen Tausend Dörfern gewesen. Er lässt mich vorausgehen und geht mir nach. Es ist schon dunkel gewesen. Unterwegs will ich wissen, ob er mir tatsächlich folgt, ich drehe mich also um und tue so, als ob ich mir die Nase schnäuzen will. Ich gucke – er ist nicht da. Er ist weg durch den Wald, nach Hause. Denke ich bei mir: Habe ich dich hereingelegt ... und gehe weiter meines Weges.

---

30 Im Original polnisch: „dobri vietshur".
31 An dieser Stelle folgt im jiddischen Original eine unleserliche Zeile. Ein Teil der Zeile steht in Klammern.
32 Im jiddischen Original: „Zol er azoy lebn vi ikh bin in ergets gemoldn." Soll heißen: „Soll er so (gut) leben, wie ich irgendwo gemeldet bin" – nämlich gar nicht.

Ich bin hinein zu einer Goje, einer Witwe, und habe ihr eine richtig schöne Geschichte erzählt. Ich habe ihr gesagt, dass ich von ihr kein Essen will, ich kann ihr sogar noch ein paar Kartoffeln und Grütze für das Abendbrot geben, aber sie soll mich bei sich schlafen lassen. Abends erzählt sie mir diese Geschichte: „In der Kolonie haben viele Juden gewohnt, an die 20 Familien. Reiche Juden, gute Menschen. Einer, Jankel, der hatte eine Sägemühle, dann Moschek, der Müller und als man sie deportiert hat, haben sich die Deutschen ihre Häuser genommen. An die zehn, fünfzehn Juden sind in die Wälder entkommen. Es gab im Wald eine Brücke, dort haben sie sich versteckt und sind dort zwei Monate geblieben. Der Forstgehilfe des Waldes hat es erfahren, er ist hin und hat sie alle erschossen. Es stellte sich heraus, dass die Deutschen ihn später erschossen haben, weil er im Wald irgendeinen Diebstahl begangen hat. Zum Teufel mit ihm, hätte man ihn doch eher erschossen, ehe er die Juden gefunden hat, dann wären sie am Leben geblieben."

Ich habe erkannt, dass sie kein Judenfeind ist. Sie hat die umgekommenen Juden sehr bedauert. Warm war es bei ihr, also habe ich sie gebeten, mich bei ihr wohnen zu lassen. Es ist mir leid gewesen, in ein Dorf nach dem anderen zu gehen, sieben Dörfer in der Woche durchzumachen, 30 Dörfer im Monat. Ich habe ihr versprochen, ihr die Kartoffeln zu geben und alles, was ich bekommen werde. Sie ist einverstanden gewesen, denn sie war arm. Sie hatte uneheliche Kinder und hatte nichts für sie zu essen. Ihr Boden war nicht gut und Kartoffeln hat sie gehabt klein wie Nüsse. Sie hat darauf bestanden, dass ich bei ihr wohnen soll.

Gewesen bin ich bei ihr einige Monate, bis zum Januar 1944.

Ich bin dreimal in der Woche ins Dorf gegangen, habe Kartoffeln gebracht. Sie hat gekocht, wir haben alle gegessen, und ich habe mich ein bisschen ausgeruht. Einmal komme ich in das Dorf Jagodne und treffe genau den Goj, der im Wald meine Dokumente sehen wollte. Er erkennt mich und schreit: „Hau ab von hier!"

Aber ich bin nicht gleich abgehauen, weil ich befürchtet habe, er wird daran erkennen, dass ich Jude bin. Außerdem habe ich noch ein paar Häuser zu bearbeiten gehabt, es ist mir um sie schade gewesen. Ich gehe weiter, bis ich zum Förster komme, am Ende des Dorfes. Ich gehe hinein, er fragt mich aus, woher ich komme, und ich sage: „Von Nowe Kobiaiki". Grade ist ein Goj bei ihm, der von dort kommt und bei ihm Holz gekauft hat, und der hat dem nicht widersprochen. Das ist gut. Ich gehe hinaus, da sehe ich, wie ein Kerl auf einem Fahrrad ankommt. Er schreit mich an: „Halt!"[33]

Er will meine Papiere sehen. Ich fange an zu zittern und frage ihn: „Was wollen Sie? Ach, lieber Herr Jesus!"[34]

Er aber beharrlich: „Dokumente!"

Genau neben mir steht ein Kreuz, ich falle auf die Knie und fange an, mich zu bekreuzigen und laut herzusagen: „Im Namen des Vaters, des Sohnes und des Heiligen Geistes!"[35]

---

33 Im Original polnisch: „Stui!"
34 Im Original polnisch: „Tso pan ktse? Yezus kokhani!"
35 Im Original polnisch: „Vi imye oytsa, sina i dukha shvientego".

Das haben die Gojim aus der Hütte gesehen, sie sind herausgekommen und haben zu ihm gesagt: „Lass ab von ihm, der Alte ist doch von Nowe Kobiaiki, der hier ist auch von dort, er kennt ihn."

So haben sie mich gerettet, und der Kerl auf dem Fahrrad ist weggefahren.

Inzwischen ist das Jahr 1944 gekommen. Es ist bereits ein bisschen leichter geworden. Man hat gehört, dass die Partisanen hier sechs Deutsche umgebracht, dort einen Panzer erbeutet haben. Die Deutschen haben Angst bekommen, in die Dörfer zu gehen, und sind in der Stadt geblieben. Dadurch ist meine Lage noch leichter geworden. Aber ich bin so schwach gewesen, so erschöpft, dass ich überlegt habe, mir einen ruhigen Ort zu suchen, um mich auszuruhen.

Ich bin in das Dorf Lipniak gekommen. Ich habe eine arme Goje aufgesucht, eine hinkende, ich wollte ihr fürs Schlafen bezahlen, aber sie hat nicht gewollt. Sie hat nur 100 Złoty bei mir ausgeliehen. Ich habe mir überlegt, dass es die 100 Złoty wert ist, wenn ich einen Monat bleibe. Ein paar Złoty hab ich noch bei mir gehabt.

Ich bin zweimal in der Woche ins Dorf gegangen und habe genügend zu essen gehabt. Später habe ich mir überlegt, wozu noch ins Dorf gehen? Nicht weit, zehn Kilometer vom Dorf, ist ein Städtchen gewesen, Stoczek, wenn ich für einen Tag dorthin gehen werde, wird es mir nicht schlecht ergehen. Ich habe einen armen Goj gefunden, bei dem ich auf dem Rückweg übernachtet habe. Ich habe ihm etwas von meinen Sachen abgegeben, so konnte er gar nichts gegen mich haben. Einmal komme ich ins Städtchen und gehe zum Kloster, zu den Bettlern und setze mich neben sie. Sie haben, wie gewöhnlich, gesungen, geredet, geschrien. Ich habe diese Kunst nicht beherrscht, also sitze ich still, mit ausgestreckter Hand. Sitzt da ein Bettler, ein betrunkener und sagt: „Nun, warum singst du nicht? Warum sagst du gar nichts? Du musst ein Jude sein! Ich gehe gleich zur Gendarmerie!"

Geht eine Goje vorbei und sagt zu ihm: „Du Trunkenbold, halt dein Maul! Was geht es dich an, was er ist, ein Jude oder ein Goj? Wenn du ihn verrätst, wird man ihn erschießen, und Jesus wird weinen." Der Goj ist freundlicher geworden. Ich aber habe verstanden, dass es nicht ratsam ist, weiter dort zu sitzen. Ich erhebe mich, gehe in die Stadt und sammle 300 Złoty. Bei den Schlachtern bekomme ich einige Brocken Schmalz, und ich gehe heim zu dem Christen, bei dem ich schlafe, vier Kilometer außerhalb der Stadt. Ich gebe dem Christen, was ich habe und schlafe die Nacht hindurch. In der Frühe gehe ich heim. Die Goje wäscht mir die Kleider, ich ziehe jede Woche saubere Wäsche an und fühle mich schon ein bisschen mehr wie ein Mensch.

Auf den Straßen hat man bereits keine Deutschen mehr gesehen. Sie haben sich davon gemacht.

Einmal gehe ich in das Dorf Rusia. Auf dem Rückweg begegne ich zwei älteren Gojim. Sie halten mich an und fragen mich nach den Papieren. Sie sagen: „Hast du ein Dokument? Wenn nicht, erschieße ich dich!" Ich nehme das besagte Dokument heraus und zeige es ihnen. Einer schaut hinein und sagt, dass der Eigentümer des Dokumentes doch nicht mehr lebt und will mir das Dokument abnehmen. Ich fange an: „Lieber Herr Jesus!³⁶ Warum? Weshalb?" Nun, kurzum, nach langem Bitten sagt er, dass er mir das Dokument wiedergeben wird, aber ich soll mich in diesem Dorf nicht mehr blicken lassen, ich soll keinen Fuß mehr hierher setzen. Sie geben mir das Dokument und gehen weg.

Aber im Allgemeinen ist es viel leichter geworden in den Dörfern. Wohin ich gekommen bin, hat man mich ohne den Zettel des Ortsvorstehers schlafen lassen. Im Dorf Saru, neben Łuków, kam ich einmal zu einem Goj, der erzählte mir diese Geschichte: „Im Jahr 1943 sind drei Juden zu mir gekommen, aus dem Wald, sie waren ausgehungert und wollten essen. Die Juden stammten von Sokolow. Also", erzählt der Goj weiter, „nicht weit von einem zweiten Dorf, Dabie, waren Deutsche in der örtlichen Schule einquartiert. Habe ich die drei Juden genommen und sie hingeführt. Sie haben mich gebeten, ich soll sie freilassen, aber ich habe nicht gewollt. Einer ist auf dem Weg geflohen und zwei hab ich zu den Deutschen gebracht. Sie haben sie gleich erschossen."

Ich höre mir das an und frage ganz einfältig: „Warum hast du solch einen Hass auf die Juden?"

Er sagt, dass er einmal mit einem Wägelchen Holz in die Stadt gekommen ist, und die Deutschen haben es ihn nicht verkaufen lassen – da sind Juden gekommen und haben ihm das ganze Holz weggenommen. Von damals an, sagt er, hat er einen solchen Hass auf sie.

Nun, ich habe angefangen, wieder zurück in meine bekannten Dörfer zu gehen, und zwar in die reichen Dörfer, wo ich Mehl und andere gute Sachen bekommen habe. So komme ich in das Dörfchen Ilanjez, wo ich schon einmal gewesen bin, ich habe dort eine Goje gekannt, eine Kartenlegerin. Sie ist eine gute Goje gewesen.

Zu einer Kartenlegerin kommen verschiedenerlei Menschen. Gerade, als ich bei ihr bin, ist einer ihrer Feinde hereingekommen, sie soll ihm die Karten legen. Danach ging er hinaus, direkt zum Ortsvorsteher und hat ihm gesagt, dass sich bei ihr in der Stube ein Jude aufhält. Am Abend kommt der Ortsvorsteher, ein Hitzkopf, ein Goj, und verlangt meine Papiere zu sehen. Er fängt an, sie von allen Seiten zu betrachten. Verbringt mit ihnen vielleicht zwei Stunden, jeden Buchstaben guckt er sich an und jedes Mal findet er etwas anderes, was ihm nicht passt. Sodass die Goje sich hinstellt und zu ihm sagt: „Du Nichtsnutz! Wie kommst du darauf, dass er ein Jude sein soll? Beim ersten Mal, als du ihm einen Zettel für mich gegeben hast, hast du nicht gesagt, dass er ein Jude ist. Und wieso meinst du jetzt, dass er ein Jude ist? Ist er denn zum Juden geworden? Du Nichtsnutz, gleich kriegst du ein paar Schläge, ich spalte dir deinen Schädel!"

Der Goj hat eingesehen, dass er sich geirrt hat und ist freundlicher geworden und gegangen. Als er weg war, hat sie Abendbrot gemacht und danach hat sie mir erzählt, dass man in dem Dorf 36 Juden getötet hat, und nicht etwa die Deutschen, sondern eben dieser Hitzkopf, der Bandit. Er und noch andere Gojim. Sie haben Juden im Wald gefangen und sie im

---

36 Im Original polnisch: „Yezus kokhani!"

Dorf umgebracht. Nicht erschossen, sondern mit Stöcken und Spaten erschlagen. Einmal haben sie einen Warschauer Juden gebracht, schöne Stiefel hat er getragen. Sie haben ihm alles weggenommen und ihn umgebracht. Aber auf welche Art umgebracht! Sie haben einen Spaten genommen und angefangen, auf seinen Kopf einzuschlagen und zu hacken. Er hat gebeten: „Bringt mich um! Begrabt mich lebendig, aber hört auf, mich zu quälen!"

Dann haben sie eine Grube ausgehoben und ihn lebendig begraben. Als man ihn mit Erde zugeschüttet hat, hat sich die Erde gehoben.

Wann immer er einen Juden getroffen hat, hat er ihn im Wald umgebracht, ihn nicht einmal zu den Deutschen geführt. Die Christin ist ein Judenfreund gewesen. Für die Juden hat sie geschwärmt (sie musste wohl selbst von Juden abstammen). Sie konnte sogar Jiddisch reden.

Nach dem Vorfall, als sie mich vor dem Ortsvorsteher gerettet hat, habe ich ihr ein Geschenk gemacht, ein Paar Schuhe für 300 Złoty. Sie ist es wert gewesen, weil man mich ohne sie sicher umgebracht hätte. Von dort bin ich weg zu dem Dorf Lipniak. Dort habe ich einen ruhigen Ort gehabt zum Wohnen, und ich bin dort geblieben bis zum 1. Juli. Danach bin ich in das Dorf Celiny zurückgekommen, wo der Ortsvorsteher mich einmal in die Hände der Feuerwehrleute übergeben wollte. Inzwischen hat man gehört, dass die Russen Brest eingenommen haben. Es ist ganz anders geworden. Schon hat sich niemand mehr dafür interessiert, ob Jude oder nicht. Einmal treffe ich einen bekannten Goj, Grizki. Sagt er zu mir: „Hör zu! Wozu musst du dich herumtreiben und umherwandern? Kannst bei mir drei Rinder hüten und dafür bekommst du fünf Scheffel Korn und eine Summe von zehn Złoty."

Ich habe zugestimmt. Aber man hat mich ausgelacht, man hat mir gesagt, dass er mir gar nichts geben wird, und noch dazu ist das Essen nicht gut. Seine Frau ist eine böse gewesen und sie hat mir Kartoffeln mit Fliegen gegeben. Es taugte nichts. Bin ich weg zu einem zweiten Goj, einem Verwandten von ihm, Vladek Grizki, auch er hat jemanden gesucht, das Vieh zu hüten. Ich komme hin, ich sehe, dass er eine Ölmühle mit Pferden hat. Bauern kochen in großen Töpfen Fleisch und Klöße, man macht Gebäck, grade wie auf einem Fest. Ich denke bei mir, dass es hier gut ist, und so bleibe ich. Er hat mit mir abgemacht, dass ich bis November zweieinhalb Scheffel Korn bekomme.

Kapitel 13
Sie sind da!

Endlich, am 15. Juli sind die Russen da!

Irgendwie ging es blitzschnell. Ehe man sich versah, waren sie da und besetzten Häuser und Stuben für das Militär. Auch bei uns hat sich ein Oberst einquartiert. Da ist es schon alles gut gewesen, rundum gut! Ich habe schon sagen dürfen, dass ich ein Jude bin. Ich habe keine Angst gehabt. Die russischen Offiziere haben gar nichts gegen mich gehabt. Sie haben gesagt, dass sie mich nach Russland schicken wollen. Sie haben gesagt, dass sie in einer Woche Warschau einnehmen werden. Ich wollte so schnell wie möglich nach Hause. Ich habe ihnen gesagt, dass ich Jude bin und dass ich nicht weiter das Vieh hüten will, ich will nur nach Hause gehen. Sobald die Russen gekommen waren, hat man die Juden nicht mehr belästigt. Später, nach Neujahr,[37] begann es unruhig zu werden. Ich bin bis November geblieben. Man hat mich gut behandelt. Man hat mir ein Paar Stiefel gekauft, eine Jacke, damit ich zum Winter gut aussehe und es warm habe. Im November hat man mir ein paar Złoty gezahlt und ich bin weggegangen. Ich bin zu der Kartenlegerin gegangen. Ich habe ihr ein Kilo Kaschanke und ein bisschen Zucker gekauft, und als ich zu ihr komme, sind dort jüdische Offiziere gesessen und haben getrunken. Als sie mich sieht, hat sie sich sehr gefreut und gesagt: „Jetzt kannst du mir die Wahrheit sagen, ich habe es die ganze Zeit gemerkt, an deiner Schlauheit, dass du ein Jude sein musst. Ich habe es erkannt, aber ich wollte es dir nicht sagen, weil ich dich nicht erschrecken wollte. Aber im Herzen habe ich schon damals gedacht, als der Ortsvorsteher gekommen ist, dass du ein Jude sein musst."

Ich habe ihr gesagt, dass ich Jude bin, und sie hat sich wirklich gefreut. Sie hat es allen jüdischen Offizieren erzählt und mich ihnen vorgestellt, und man hat wieder angefangen zu trinken. Wir haben damals ein paar Flaschen Schnaps geleert, und währenddessen hat sie mir erzählt, dass die Gojim sagen: „Wir werden weiterhin Juden schlagen!"

Ich sage: „Ist das möglich? Die Russen sind da, und die wollen weiter Juden prügeln?" Das habe ich nicht verstehen können, dass man Juden schlagen kann, wenn die Russen da sind. So habe ich mich in den Dörfern herumgetrieben bis nach Neujahr 1945. Nach Warschau habe ich noch nicht gehen können.

Ich habe aufgehört, mich als Jude zu erkennen zu geben, weil es wieder anfing, unangenehm zu sein. Ich habe schon davon gehört, dass man Juden umbringt. Hier in dem Städtchen Kolbiel, Garwoliner Gegend, hat man damals ein paar Juden umgebracht. Ich habe angefangen, mich in den Städten aufzuhalten. Meistens in Łuków, unter den Juden. In den Dörfern habe ich Angst gehabt zu schlafen. Ich habe Dörfer gesucht, wo man mich gar nicht kannte, weil ich Angst hatte. Man hörte traurige Nachrichten von den unterschiedlichsten Orten.

Ich habe gehört, dass man auch in der Nähe von Siedlce zum Beispiel, wie das Städtchen heißt, weiß ich nicht, ein paar Juden umgebracht hat. Auch in Koluschin hat man ein paar Juden erschlagen. Eine Frau ist nach Łuków gekommen und hat erzählt, dass ihr Mann hinausgegangen ist in ein Dorf, und man hat ihn umgebracht. Das hat mich so erschreckt, dass ich aus dem Dorf weggelaufen bin. Ich bin in Łuków unter den Juden geblieben, und dort habe ich die Feiertage verbracht und bin geblieben bis nach Pessach.[38]

---

37 18. September 1944.
38 29. März 1945.

Kapitel 14
Nach Hause ...

Ich habe darüber nachgedacht, nach Warschau zu fahren. Ich habe angefangen, mich genau zu erkundigen. Einer hat gesagt, dass es sehr wohl dort Juden gibt, ein anderer – dass nicht. Aber ich habe nichts darauf gegeben. Ich habe nur gewartet, dass es ein bisschen wärmer werden soll, dann würde ich nach Warschau gehen. Ich habe in Łuków abgewartet bis zum 15. April, bis 8 Tage nach unserem Pessach.[39] Ich habe mein Bündel geschnürt und mich auf den Weg gemacht. Ich gehe zur Bahn. Man brauchte sich wegen nichts mehr Gedanken zu machen. Ich komme um 12 Uhr zur Bahn und erkundige mich ganz genau, wann ein Zug nach Warschau fährt. Plötzlich sehe ich, dass ein Zug dasteht mit Frachtgut, Panzern und Soldaten. Ich frage: „Wohin fährt der Zug?"

Sagt man mir, nach Warschau, sage ich zu mir: „Berl, sei kein Narr, spring auf und fahr!"

Ich gehe zu einem Soldaten und bitte ihn, er soll mich mitnehmen. Er schickt mich zum Hauptmann. Ich komme zu ihm und fange an zu bitten und sage ihm, Gott bewahre, nicht, dass ich Jude bin. Also, er bringt mich zum Zug, zwei Soldaten fassen mich an den Seiten, heben mich hoch in die Luft und schon sitze ich und fahre ohne einen Groschen Geld. Eine ganze Nacht bin ich gefahren und bin beinahe erfroren. Ganz früh kommen wir in Warschau an. Ich steige aus, fange an zu gehen, ein Stück hinab, ein Stück hinauf, Steine, Trümmer, keinen Menschen habe ich gesehen, es gab dort keine Wege. Ich hatte ein schweres Bündel zu tragen und wollte nach Mokotow[40] gehen, sehen, ob vielleicht dort etwas geblieben ist, vielleicht ist noch jemand da, ein Sohn, eine Tochter.

Ich gehe durch die Marszałkowska nach Mokotow. Ich komme dorthin, zu meiner Gasse, Puławska 73/75, eine Katastrophe! Ein leerer Platz. Ich sehe gar nichts und erkenne gar nichts. Wohin geht man? Ich versuche es bei den Gojim. Ich frage, ob hier irgendwo Juden wohnen, sagt man: „Nein, hier sind keine Juden."

Ich gehe hinein zu einem Bekannten, einem Christen, er guckt mich an wie ein Weltwunder. Ich erzähle ihm, wer ich bin, dass ich ein Heringsgeschäft gehabt habe, da bekreuzigt er sich und ruft aus: „Jesus Maria! Du bist das, der Heringshändler?!"

Er hat es überhaupt nicht glauben können. Dann habe ich ihn gebeten, da ich hier überhaupt niemanden getroffen habe, ich aber vielleicht jemanden in Piaseczno finden werde, weil ich dort Familie gehabt habe – ob er mir erlauben möge, das Bündel dazulassen, und so bin ich weg nach Piaseczno mit der Kleinbahn.

---

39 Dieses Datum passt weder zu Pessach noch zum christlichen Osterfest (1. April 1945).
40 Stadtteil von Warschau.

Ich komme in Piaseczno an und fange an, nach irgendjemandem zu suchen. Ich habe Angst, nach Juden zu fragen, weil man dann erkennt, dass ich Jude bin. Bin ich zu einem Goj gegangen und habe gesagt: „Ich habe ein paar Gebetsriemen von einem Juden. Wo kann man Juden finden, um sie zu verkaufen und ein paar Złoty zu bekommen?" Er macht eine Handbewegung: „Hier gibt es keine Juden!"

Was mache ich jetzt? Ich gehe zurück zu dem Goj wegen des Bündels. Ich habe geglaubt, dass es überhaupt keine Juden mehr gibt. Ich habe bis dahin noch keinen Juden gesehen. Frage ich den Goj, wo es hier Juden gibt, sagt er, dass ich bei ihm für ein paar Tage schlafen kann, wenn ich will, und dann weitergehen. Ich sage: „Nein, darum geht es mir nicht, ich möchte bloß einen Juden sehen." Sagt er: „Geh nach Praga, dort gibt es ein jüdisches Komitee, dort wirst du Juden finden." „Nun denn", sage ich, „das ist gut, ich gehe gleich hin."

Ich komme nach Praga, zum jüdischen Komitee, steht da ein schwarzhaariger Junge. Er hat nicht geglaubt, dass ich Jude bin. Gegenüber steht ein weiterer junger Mann, aus meiner Gasse, ich erzähle ihm, wer ich bin, von Mokotow. Er erkennt mich und schreit: „Seid Ihr der Heringshändler?"

Sie waren sofort an mir interessiert, haben mir 300 Złoty gegeben, mich hinausgeführt zu einem Fotografen und mich zum Schlafen in die Targowa 7 geschickt. Aber für mich hat ein neues Exil begonnen. Im Dorf habe ich sogar ein Bündel Stroh gehabt, aber hier liege ich auf der Erde und am Tage treibe ich mich herum.

Ein paar Tage später kommt der schwarze Junge herein und sagt mir: „Ryczywół, nehmt das Bündel und kommt mit mir ins Komitee."

Ich habe gemerkt, dass sich jetzt etwas verändert. Ich gehe mit. Ich sitze im Komitee und er geht weg. Eine Stunde später kommt er und führt mich in die Jagielońska ins Spital. Wir kommen hinein zum Chef Krinksi, der bittet uns, 15 Minuten zu warten. Nach den 15 Minuten ruft er uns herein. Der Junge zeigt ihm mein Bild, er nimmt mein Bild und fragt mich aus, wie ich überlebt habe und ob ich im Spital arbeiten will. Ich werde dort schlafen können und dreimal am Tag eine Suppe bekommen. Ich sage: „Ja, gewiss, das ist sehr gut!"[41] Man hat mich in ein Bad geführt, meine Wäsche gewechselt und mich beim Kommandanten schlafen lassen. Seht, was ein russischer Jude ist, er hat vor mir keine Abscheu gehabt und mich hereingenommen zu sich, in ein weiches Bett mit Matratze und seidener Decke. Als ich aufgestanden bin, bin ich ein neuer Mensch gewesen. Ich habe dem Chef das Kreuz mit dem Rosenkranz gegeben, das ich zusammen mit einem Medaillon getragen habe. Von da an hatte ich genug zu essen und einen Ort zum Schlafen bis zum heutigen Tag.

Noch heute kommt es vor, dass ich mit Christen über das Schicksal der Juden spreche. Vor zwei Wochen erzählt mir ein Christ, dass er in der Nähe von Plac ein Landgut gehabt hat, dort haben Juden gewohnt, noch vor dem Krieg. Sie haben dort gut gelebt, er pflegte ihnen Tannenzweige für die Laubhütte zu bringen, dafür lud ihn der Jude am Feiertag, nach

---

41 Im Original auf Hebräisch.

dem Beten, zu sich in die Laubhütte ein und bot ihm Fisch und Schnaps an. Jetzt, nach dem Krieg, haben sich dort fünf Juden aufgehalten, eine ganze Familie. Sie hatten im Wald überlebt. Aber neulich hat man sie auf der Chaussee umgebracht.

Der Goj schlägt sich an die Brust und schreit: „Unsere, unsere haben das getan! Und Jesus schweigt?!"

Jetzt möchte ich nur noch, dass meine alten Knochen in der Erde unserer Vorväter ruhen sollen. Ich will nichts weiter, wenn ich nur in unser Heiliges Land fahren kann.

Warschau, November 1946

Rachel Auerbach

Auf den Feldern von Treblinka

Übersetzung aus dem Englischen von Frank Beer

Vorbemerkung

Der Text entstand 1946 in Łódź und wurde unter dem Titel „Oyf di Felder fun Treblinke" von der Zentralen Jüdischen Historischen Kommission in Polen herausgegeben. Das Redaktionskollegium bildeten Nachman Blumental, Michał M. Borwicz, Józef Kermisz und Józef Wulf. Eine amerikanische Übersetzung (The Death Camp Treblinka. A Documentary, herausgegeben von Alexander Donat) erschien 1979 in New York. Die deutsche Übersetzung von Frank Beer basiert auf dieser Vorlage (Seiten 17 bis 74), sie wurde von Sigrid Beisel mit dem jiddischen Original abgeglichen.

Zu den Stärken der Darstellung Rachel Auerbachs gehört ihre Emotionalität, die ihr eine dichte Beschreibung Treblinkas ermöglichte, obwohl sie es nicht selbst erlebt hat. Nicht in allen Details, die sie anführt, entspricht die Darstellung dem heutigen Forschungsstand. Auf eine intensive Kommentierung mit dem Ziel der Korrektur aller Irrtümer und Mutmaßungen wurde verzichtet mit dem Verweis auf den Abriss der Geschichte Treblinkas, der den aktuellen Stand der Wissenschaft bietet: Wolfgang Benz, Treblinka, in: Wolfgang Benz/Barbara Distel (Hrsg.), Der Ort des Terrors. Geschichte der nationalsozialistischen Konzentrationslager. Bd. 8, München 2008, S. 407–443.

Kursiv gesetzte Begriffe erscheinen im Original in deutscher Sprache.

Frank Beer, Wolfgang Benz, Barbara Distel

Vorwort der amerikanischen Ausgabe (1979)

Die jiddische Schriftstellerin Rachel Auerbach (1903–1976) gehörte zu den treuesten Chronisten und Lobrednern des Warschauer Ghettos. Sie war Mitglied der geheimen Ghettoarchive, die der Historiker Emanuel Ringelblum organisierte, und in dieser Eigenschaft schrieb sie das Zeugnis von Abraham Jacob Krzepicki nieder, einem der ersten Flüchtlinge aus Treblinka. Auf der „arischen" Seite arbeitete sie eng mit Dr. A. Berman und Dr. Leon Feiner, den Führern der jüdischen Untergrundbewegung, zusammen. Nach der Befreiung gehörte sie zu den aktiven Mitgliedern der Jüdischen Historischen Kommission in Polen.

Auch wenn sie selbst keine Überlebende von Treblinka war, gehörte sie einer Gruppe an, die auf Initiative der Zentralen Staatlichen Kommission für die Erforschung der deutschen Verbrechen in Polen am 7. November 1945 eine offizielle Inspektion in Treblinka unternahm. Hauptmann Dr. Józef Kermisz und sie vertraten die Zentrale Jüdische Historische Kommission. Die anderen Teilnehmer der Besichtigung waren der Untersuchungsrichter Z. Łukaszkiewicz vom Gericht in Siedlce, Staatsanwalt Maciejewski, Landvermesser M.

Tratsald, Samuel Rajzman, Tanhum Grinberg, Szymon Friedman und M. Mittelberg als Vertreter der „Vereinigung der ehemaligen Treblinkahäftlinge", J. Szlebzak, Vorsitzender des Bezirksrats Siedlce, Bürgermeister Kucharek vom Nachbarort Wólka Okrąglik und der Pressefotograf Jacob Byk.

Das literarische Ergebnis der Reise war das Buch „Auf den Feldern von Treblinka", der ergreifendste Bericht, der jemals über Treblinka veröffentlicht wurde. Darauf folgten die Bearbeitung von „Die Todesbrigade", basierend auf den Erfahrungen von Leon Weliczker-Wells, „Der Yiddisher Oyfstand in Varshe" (Der jüdische Aufstand in Warschau) und – nach ihrer Emigration nach Israel, wo sie ständige Mitarbeiterin im Forschungsteam der Holocaust-Gedenkstätte Yad Vashem wurde – mehrere Bücher, die dem Martyrium und der Zerstörung von Warschau gewidmet waren: „Baim Letsten Veg" (Der letzte Weg), „Varshever Tsavoes" (Warschauer Erbe), „Behutsot Varsha" (In den Hinterhöfen von Warschau), „Undzer Kheshbn mitn Daytshn Folk" (Unsere Rechnung mit dem deutschen Volk) und „In Land Isroel" (Im Land Israel).

Rachel Auerbachs Beitrag zur monumentalen Aufgabe des Sammelns und Erhaltens historischen Materials aus dieser Zeit für die Nachwelt ist erheblich. Sie schaffte es, ihr Material in zwei verschlossenen Einmachgläsern unter den Trümmern des Ghettos zu lagern, wo es nach dem Krieg wiedergefunden wurde.

„Auf den Feldern von Treblinka" wird hier zum ersten Mal in englischer Sprache veröffentlicht. Auch wenn nicht alle ihre Ansichten ohne Vorbehalt akzeptiert werden können, hält der Herausgeber ihr Buch für ein „Muss" für jeden, der Treblinka verstehen will.

Buchumschlag der Originalausgabe „Oyf di Felder fun Treblinke", Łódź 1947

Rachel Auerbach

Auf den Feldern von Treblinka

Vorwort von Rachel Auerbach (1946)

Mir ist bewusst: Was ich jetzt zur Veröffentlichung freigebe, ist bei Weitem nicht einfach zu lesen, und definitiv nicht geeignet für Menschen mit schwachen Nerven. Aber wenn etwas Derartiges den Juden geschehen konnte, wenn Juden, die Zeugen solcher Ereignisse wurden, davon erzählen konnten und ich es aufschreiben konnte, dann sollten andere Juden ihre eigenen Gefühle nicht schonen, sondern sich mit dem vertraut machen, was in der Tat nur ein winziger Bruchteil von dem ist, was Juden angetan wurde.

Alle Juden sollen wissen: Es ist ihre nationale Pflicht, die Wahrheit zu kennen!

Und ob sie es wissen wollen oder nicht: Es sollten alle Anstrengungen unternommen werden, um die Wahrheit auch der nichtjüdischen Welt zu vermitteln.

Soll endlich bei allen Menschen in allen Ländern das volle Bewusstsein aufgehen, zu was Faschismus, Totalitarismus, Gleichgültigkeit, politische Indifferenz und die Trägheit der Massen führen ... zu was die Wiederherstellung deutscher Stärke führen kann!

Es ist dieses Ziel, dem mein schmerzhaftes, kleines Buch gewidmet ist.

Diese Reportage, oder wie auch immer ich meine Arbeit nennen könnte, gibt ein umfassendes Bild von Treblinka. Es ist bei Weitem nicht vollständig.

Ich sage das nicht, um der Kritik zuvorzukommen. Ich möchte lediglich auf die Mängel hinweisen, die ich selbst erkennen kann, ohne dass ich damit ausdrücken möchte, dass ich sie hätte korrigieren können, selbst wenn ich dies gewollt hätte. Ich habe mehr als einen Grund, warum ich nicht anders geschrieben habe, als ich es tat.

Hier erfolgt eher eine Betrachtung als eine Beschreibung; es wird mehr gesagt als gezeigt. Der Realismus der konkreten Erfahrung des Vernichtungslagers wird nicht dargestellt.

Einige wichtige Themen wurden weggelassen. Einige der Leiden sind in der Darstellung enthalten, nicht jedoch die Erhöhung des jüdischen Individuums.

Unter denen, die in meinem Bericht fehlen, befindet sich Halinka Czechowicz, das sieben Jahre alte Mädchen in Treblinka, das kleine jüdische Mädchen, das nur wenige Minuten, bevor es starb, groß geworden ist. Als ihr Vater und sie sich trennten, legte sie ihren Kopf auf seine Schulter, weder weil sie an seiner Brust Trost suchen wollte noch um die Augen für einen Moment vor dem Tod, den sie bereits gesehen hatten, zu verstecken. Nein, er war es, dem sie Trost und Kraft spenden wollte. „Papa, hab keine Angst! Papa, mach Dir keine Sorgen!" sagte sie, und: „Hier ist meine Uhr. Nimm sie! Du wirst am Leben bleiben und so sollst Du sie haben."

Ihr Vater blieb tatsächlich am Leben, und als er seine Geschichte zu Ende erzählt hat und sich in sein Innerstes zurückzieht, kann man auf seinem Gesicht sehen, wie er noch immer die Stimme seines Kindes hört und immer noch ihre kleinen Finger fühlt, als sie ihm dieses kleine Stück Gold gab, von dem man ihr gesagt hatte, sie müsse es wie ihren Augapfel hüten für den Fall, dass sie sich retten könne. Aber sie wusste, dass sie für ihre Uhr überhaupt keine Verwendung mehr haben würde.

Auch ich kann das kleine Mädchen hören und sehen. Die Tränen, die sie nie vergossen hat, weil sie nicht wollte, dass ihr Vater litt, werden in meinem Herzen bis zum Ende meiner Tage fließen.

Ich kann Hunderte und Tausende von anderen Mädchen wie Halinka sehen, die wie Blumen im Ghetto blühten, obwohl es kein grünes Gras gab, zwischen dem etwas gedeihen konnte. Ich traf sie gewöhnlich jeden Tag in den überfüllten Straßen an und betrachtete in den jüdischen Höfen ihren Frühling, bis sie alle auf einmal aus dem Blickfeld verschwanden. Manchmal kann ich wieder einen winzigen Hauch von ihren Schatten auf einem vertrauten Gesicht sehen, dem ich heute auf neuen Straßen begegne, in neuen Städten, die mir fremd sind, weil dort keine Juden mehr leben.

Wo zuvor hatte ich einen kleinen Rotschopf mit Augen wie diesen gesehen, grünlichgold und tief, mit dicken Wangen, einem rosa Näschen und winzigen Sommersprossen? Wo zuvor hatte ich gebannt auf eine Mischung aus slawischem und jüdischem Charme im schüchternen Lächeln eines kleinen Kindergesichts gestarrt?

Ich halte auf meinem Weg inne: Könnte dies eines unserer eigenen sein, das gerettet wurde? Oder ist es bloß ein verlegtes Überbleibsel der Vergangenheit, das als blasse Erinnerung im Lebensstrom der künftigen Generationen vorbeitreibt?

Wer ist der Mann mit den blonden Augenbrauen, der immer wieder in meiner Erinnerung auftaucht? Er schaut bestürzt aus, ist unrasiert, aber sein Gesicht wirkt seltsam vertraut. Er ist nicht allzu groß, seine Bewegungen sind hastig, und sein grüner Regenmantel sieht abgetragen aus. War er ein Nachbar aus Lemberg oder Warschau, den ich nie gekannt hatte? Vielleicht war er der Mann, der mir Bohnen verkaufte, als ich die Suppenküche im Ghetto betrieb. Oder vielleicht stand er einst, ein Jude unter anderen, hinter einem Tischchen Petersilie, das auf dem Bazar zum Verkauf feilgeboten wurde. Ich saß stundenlang da und dachte nur über ihn nach; ich wachte nachts auf und strengte mich an, mich an ihn zu erinnern, aber ich weiß noch immer nicht, wer er ist.

Allerdings bin ich mir bei einem ganz sicher: Ich werde dem Mann nie und nimmer wieder begegnen. Ich werde niemals in der Lage sein, ihn auf der Straße anzuhalten, um ihn aus einer Menge herauszulösen. Es würde mir ein Stein vom Herzen fallen, wenn ich nur in der Lage wäre, ihn zu fragen: „Sagen Sie, mein Herr, wer sind Sie? Sie sehen so vertraut aus."

Und wer ist der pummelige Prahlhans, der halblaut murmelte, halb Jugendlicher, halb Kind, mit einer verstrubbelten Haarpracht wie das Fell eines jungen wilden Tieres, der einen ausgefransten blauen Schal trug und vorbeirauschte, als ob er keine Zeit zur Rast hätte?

Wer bist du, kleiner Junge? Wessen Kind bist du? Wer lässt dich so hartnäckig die Friedhöfe meiner Erinnerung durchstreifen?

Ich könnte in Treblinka auf sie alle aufmerksam gemacht haben. Das ist der Ort, an dem sie ausgelöscht wurden, sie alle.

Und ich habe nicht auf die großgewachsene Jüdin hingewiesen – die Vorsängerin. Sie war die Frau eines Rabbiners oder vielleicht eine Marktfrau, die aus einem kleinen Ort nach Treblinka gekommen war. Sie stand vor einem Publikum von Frauen in der Entkleidungsbaracke des Lagers und führte sie mit lauter, klarer Stimme, mit den hebräischen und jiddischen Worten des Viddui, der letzten Beichte, die Juden beten, wenn der Tod nahe ist. Sie hob die Arme hoch und schrie zu Gott auf, damit er schaue, höre und räche.

Die Bilder anderer jüdischer Männer und Frauen flackern wie Kerzen auf, mit all ihrem jüdischen und menschlichen Wesen, Sekunden bevor sie ausgelöscht wurden.

Wie viel wären meine Worte über die Gefangenen von Treblinka wert, wenn ich nicht Dr. Chorazycki erwähnen würde, das Herz der Untergrundbewegung in Treblinka? Oder andere Hauptakteure in dem unglaublichen Drama des Aufstands von Treblinka, Helden, die zum Himmel gefahren sind, als sie im Kampf fielen: der Ingenieur Galewski, Moshe Ohrland und Hauptmann Zelo Bloch aus der Tschechoslowakei? Gesichter und Charaktere, die sich aus einer riesigen Menge von namenlosen Gesichtern herausschälen und sich der Welt in der letzten Stunde ihres Lebens zeigen – sie alle sind große Juden.

Das Bild der Verschwörung und des Aufstands in Treblinka passt nicht in diesen kleinen Rahmen. Es muss gesondert dargestellt werden.

Und in der Tat umfassen selbst diese Worte, die ich jetzt der Öffentlichkeit übergebe, noch lange nicht das wahre Bild von Treblinka, wie ich es gesehen und kennengelernt habe.

Es ist nicht mehr als eine Skizze zu einem Fragment eines Bildes, das ich während der wenigen Jahre, die mir noch bleiben, gern zeichnen würde: wie eine ganze lebendige, lärmende und tosende Welt in den Abgrund gespült wurde.

Immer wieder, Dutzende Male, werde ich versuchen, dies zu tun. Ich weiß nicht, ob ich es schaffen werde. Aber ich werde es versuchen.

Rachel Auerbach
Łódź, Januar 1946

Der Weg dorthin

Hier ist er, der traurigste aller Wege, der jemals von Juden betreten wurde, die Reise, die so viele Hunderttausende von Juden in Güterwagen machten, die mit Draht verschlossen und hoffnungslos überfüllt waren. Unter Bedingungen, schlimmer als jede, denen Kälber jemals ausgeliefert waren, die zur Schlachtbank geführt wurden.

„Wasser!" riefen die Menschen aus den Transporten beim Vorbeifahren, und keiner, der Anspruch auf die Bezeichnung Mensch legte und sie hören konnte, kann es je vergessen. In den Güterwagen leckten sich die Juden gegenseitig den Schweiß von der Haut, um ihren Durst zu stillen. Der Terror ließ die Milch in den Brüsten stillender Mütter versiegen, die vergeblich um etwas baten, mit dem sie ihre eigenen trockenen Lippen oder die ihrer Kleinkinder nur noch einmal befeuchten konnten, bevor sie starben. Diese Menschen, die zum Tode verurteilt waren, hatten kein Recht auf letzte Bitten. Dafür war die Eile, mit Millionen von Menschen innerhalb eines Zeitraums von Monaten fertig zu werden, zu groß. Ganze Gemeinden erstickten, während sie noch unterwegs waren, oder wurden durch Gase vergiftet, die aus in den Waggons verstreuten chlorhaltigen Pulvern entwichen, angeblich zum Zwecke der „Desinfektion".

Als wir Treblinka aufsuchten, hätten auch wir den Zug nehmen sollen oder wären vielleicht sogar wie fromme Pilger zu einem heiligen Ort gelaufen, um jede Phase des jüdischen Todesmarschs zu rekapitulieren. Aber die Meilensteine dieses besonderen Golgatha müssen erst noch festgelegt werden. Derweil waren wir noch nicht nach Treblinka gegangen, um unseren Toten zu huldigen. Wir waren dort nur mit einer Untersuchungskommission, um den Ort zu besichtigen, und die einzige Buße, die wir auf uns nahmen, war, den kalten Wind zu ertragen, der unsere Gesichter blau werden ließ, als wir in unserem Auto entlangfuhren.

Die Menschen von Treblinka

Acht Juden saßen in unserem Auto: zwei Mitglieder der Jüdischen Historischen Kommission, ein Pressefotograf und fünf frühere Treblinka-Häftlinge, von denen drei Überlebende des Aufstands in Treblinka waren. Einer wurde in ein anderes Lager überstellt (zufällig war er Zeuge des Todes von Dr. Isaac Schipper[1] in Majdanek) und ein weiterer war in Treblinka I gewesen, dem „Straflager", und nicht in Treblinka II, dem bekannten „Todeslager".[2] Er war

---

1 Der Historiker Dr. Isaac Schipper war 1919 Abgeordneter im polnischen Parlament und hatte sich viele Jahre aktiv an der zionistischen Bewegung beteiligt. Er wurde 1943 ermordet.
2 In der Nähe des Dorfes Treblinka existierte von Juli 1941 bis August 1944 ein Zwangsarbeitslager, das dem SS- und Polizeiführer Warschau unterstand. Dort waren zunächst 1800 Polen interniert, dann auch Juden. Dieses gelegentlich als „Treblinka I" bezeichnete Lager hatte organisatorisch und strukturell mit dem benachbarten Vernichtungslager („Treblinka II") nichts zu tun. Beziehungen gab es lediglich aus pragmatischen Gründen.

Auf dem Weg nach Treblinka

dort im Sommer 1944 „liquidiert" worden, mit zwei Kugeln in seinem Körper, aber er hatte sich in der Nacht von den Toten erheben können und, unterstützt von einem Bauern, bis zum Eintreffen der Roten Armee überlebt.

Jeder der Treblinka-Veteranen und auch wir drei anderen, die nicht dort gewesen waren, hatten eine komplett eigene Geschichte: geradezu ein Räderwerk, ein ganzes Gewebe von Geschichten, die leicht Bände von Abenteuergeschichten füllen könnten. Diese Geschichten würden fesselnd und grausam sein, und sehr seltsam. Wir selbst würden sie heute sehr fremd und weit hergeholt finden – hätten wir nicht gewusst, dass sie nichts als die schlichte und einfache Wahrheit waren.

Bei jedem Wirtshaus, an dem unser Auto hielt, in der Herberge, in der wir die Nacht verbrachten, an den Stellen, an denen wir hielten, um unsere Verbindungen zu erreichen, erzählten die Treblinka-Leute ohne Unterlass ihre Geschichten. Sie wurden von einem mächtigen Drang getrieben, über die tragischen und monströsen Dinge, die sie gesehen und erlebt hatten, zu berichten und dies in eine bleibende Form zu bringen. Ein makabrer Zyklus der Erzählung entwickelte sich in den vier Tagen, die wir acht gemeinsam verbrachten.

Die Welt ist im Begriff, mit dem Vergessen von mehr als einem Ereignis zu beginnen. Daher ist es höchste Zeit, dass sie Geschichten wie diese ein wenig besser kennenlernt.

Erinnerungen

Wieder einmal erhebt sich das Bild des Todeslagers vor mir, so wie ich es Dutzende und Aberdutzende Male zuvor dargestellt bekam: die moderne, organisierte Fabrik von Leichen, die deutsche Mordanlage, in denen von über einer Million jüdischer Leben nur Asche, Goldzähne, Matratzen-Haar und alte Kleider übrig blieben. Ich schaue die fünf Treblinka-Veteranen an, aber in meinem Kopf sehe und höre ich den allerersten Mann, der von dort entkommen war. Er war derjenige, dessen Erinnerung an achtzehn in Treblinka verbrachte Tage ich im Winter 1942/43 wochenlang aufgezeichnet und bearbeitet habe.

Sein Name war Abraham Krzepicki.

Wir arbeiteten beide in einer Fabrik, in der Kunsthonig produziert wurde, und lebten im selben Mietshaus. Ich sehe ihn jetzt in meiner Erinnerung, noch lebend, als er in meinem Zimmer stand: klein, schwarzhaarig, mit kleinen Augen, die wie schwarze Diamanten strahlten. Fünfundzwanzig Jahre alt, Blut und Milch, lauter Feuer, aber schon sehr weise, fest und entschlossen, ein reifer Mensch. Es war diese Entschlossenheit, die ihn getrieben hatte, aus dem Vernichtungslager zu fliehen.

Sein Gesicht strahlt vor Glück. Er hält einen Revolver in der Hand, den ein jüdisches Mädchen in einem Laib Brot versteckt von der polnischen Seite der Stadt in das Ghetto[3]

---

3 Gemeint ist das Warschauer Ghetto.

geschmuggelt hatte. Dies war eine der ersten Waffen für die „Kampforganisation" des Untergrunds.

Die ersten Erfolge hatten sich bereits eingestellt: Deutsche wurden von Juden während der zweiten „Umsiedlung" im Januar 1943 niedergeschossen.[4] Fast erstickt vor Aufregung, berichtet er mir von den ersten Kämpfen mit den Deutschen.

Er benutzt eine militärische Terminologie, da er in der polnischen Armee gedient hat. Sein sehnlichster Traum ist es, sich jenen in den Wäldern anzuschließen und einen Angriff auf Treblinka zu organisieren. Jetzt erfahre ich, dass die jüdischen Arbeiter in dem Todeslager den gleichen Traum gehegt und gepflegt hatten. Sie hatten gehofft, dass sowjetische Partisanen auf das Lager stießen. Sie dachten, dass die Partisanen von den großen Summen Geld, die sie dort erbeuten könnten, um sie für ihre Arbeit zu nutzen, angelockt würden. Aber leider erfüllten sich diese Hoffnungen nicht.

Krzepicki plante, sich einer Gruppe anzuschließen, die sich ihren Weg nach Ungarn erkämpfen würde. Nachdem ich im März aus dem Ghetto auf die „arische" Seite geflohen war, wollte ich ihm dabei helfen, auch dorthin zu gelangen. Ich fühlte, dass es wichtig wäre, ihn als Zeugen zu retten, aber es hat nicht funktioniert. Zu diesem Zeitpunkt war er bereits ein vollwertiges Mitglied der Kampforganisation geworden und als solches der Disziplin der Organisation verpflichtet. Sein Platz war im Ghetto, und sein Schicksal war es, als Kämpfer im Aufstand zu sterben.

Und so kam es, dass Abraham Krzepicki, einer der Pioniere des bewaffneten Widerstands, den Aufstand in Treblinka oder den Zusammenbruch von Hitler-Deutschland, der für uns zu spät gekommen war, nicht mehr erlebte. Er lebte nicht lange genug, um als Leiter unserer Inspektionstour von Treblinka zur Verfügung zu stehen. Er erlebte nur – den passiven, sanftmütigen Tod eines Märtyrers in Treblinka zu tauschen gegen den aktiven, heroischen und schönen Tod eines Kämpfers im Aufstand im Warschauer Ghetto.

Möge sein Name für immer zusammen mit den Namen aller anderen Kämpfer in Erinnerung bleiben!

Die Literatur über Treblinka

Schon 1942 kannten wir die grundlegenden Fakten über die Mordfabrik Treblinka. Wir erhielten die Informationen von Krzepicki und anderen Flüchtlingen. Das Material, das im Herbst und Winter 1942/43 gesammelt wurde und das ich unter dem Titel „Ich entkam

---

4 Während der ersten „Umsiedlung" – der Deportation von fast 300 000 Ghettobewohnern aus Warschau in das Vernichtungslager Treblinka von Juli bis September 1942 – waren die Deutschen auf keinen nennenswerten Widerstand gestoßen. Als sie im Januar 1943 die Deportationen wieder aufnehmen wollten, wehrten sich bewaffnete Kämpfer der Untergrundorganisation.

aus Treblinka" zusammenstellte, liegt nun unter den Trümmern des Warschauer Ghettos begraben.

Später erhielten wir von Jankiel Wiernik ein heimlich veröffentlichtes Pamphlet auf Jiddisch mit dem Titel „Ein Jahr in Treblinka", das von einem Kurier der Untergrundbewegung außer Landes geschafft, in der jiddischen sowie hebräischen Presse gedruckt und anschließend in New York in Jiddisch und Englisch veröffentlicht wurde. Nach der Befreiung Polens erschienen Publikationen über Treblinka. Eine Broschüre mit dem Titel „Die Hölle von Treblinka" veröffentlichte Wassilij Grossmann in der Sowjetunion, ebenso eine Reihe von Berichten in der *Nowe Widnokregi* und anderen Zeitschriften. Die Krakauer Zeitschrift *Odrodzenie* brachte zwei Artikel von S. Rajzman. Eine Beschreibung des Treblinka-Aufstands wurde in *Dos Naye Lebn* nachgedruckt.[5] Eine literarische Behandlung der Verschwörung und der Revolte bereitete Staatsanwalt J. Leszczynski zur Publikation vor. Artikel von unterschiedlicher Länge über das Todeslager Treblinka wurden auch in verschiedenen polnischen Tageszeitungen gedruckt.

Im Sommer 1945 wurde in Łódź ein „Kreis ehemaliger Treblinkahäftlinge" gegründet, der eine Zeit lang die Jüdische Historische Kommission in allen mit dem Todeslager Treblinka verbundenen Forschungsarbeiten unterstützte. Seine Hauptaufgabe war es, die Zeugenaussagen von Personen, die in Treblinka gewesen waren, aufzuzeichnen. Die Interviews mit Zeugen führte die polnische Psychologin Janina Bukolska, die als Freundin der Juden bekannt war und während des Krieges Hilfe zur Rettung von Juden auf der „arischen" Seite in Warschau geleistet hatte.

Jankiel Wiernik arbeitet gerade an einem Modell des Lagers, das alle Details der Vernichtungsmaschinerie zeigt.

Die Zentrale Jüdische Historische Kommission verfügt nun über mehrere Dutzend Zeugenaussagen ehemaliger Häftlinge aus Treblinka, Karten des Lagers, Lieder, die in oder über Treblinka gesungen wurden, und andere Materialien, die als separater Band zu gegebener Zeit bearbeitet und veröffentlicht werden.

In der Zwischenzeit ist eine polnische Broschüre mit dem Titel „Oboz Stracen w Treblince" (Das Vernichtungslager in Treblinka, Regierungsverlag, Warschau 1946) von Richter Zdzisław Łukaszkiewicz vom Gericht in Siedlce veröffentlicht worden, der eine Untersuchung durchgeführt und an unserer Inspektionsreise am 7. November 1945 teilgenommen hat.

Mit anderen Worten, der Name dieses Lagers, das das größte symbolische und faktische Massengrab des polnischen Judentums ist, der Ort der abscheulichsten deutschen Massenmorde, hat große Bekanntheit erlangt.

„Treblinka dort – für alle Juden der heilige Ort"

---

5 *Dos Naye Lebn* war eine jiddische Zeitung, die in Łódź in der Zeit unmittelbar nach dem Krieg erschien.

Dies sagt ein jüdisches Volkslied, das nach der ersten Aktion in Warschau im Herbst 1942 komponiert wurde, über Treblinka. „Das Lied von den Waggons" wurde in den jüdischen Werkstätten und Fabriken zwischen der ersten und zweiten Deportation gesungen, und wieder zwischen der zweiten und der dritten. Dieses Lied der Warschauer Juden, ihr letzter Beitrag zur jüdischen Folklore, sollte auch in die Literatur über Treblinka aufgenommen werden.

„Die Jagd geht weiter, weiter, weiter ..."

Unter all den Treblinka-Leuten, die noch leben oder nicht mehr am Leben sind und mit denen ich gesprochen habe, gibt es einen, an den ich mich gerade jetzt erinnere.

Dieser Jude war hart und klug, vielleicht sogar gefährlich. Aber seine Härte war von der Art, die die Seele belebt und erfrischt. Er war skeptisch, sarkastisch, schweigsam, und doch konnte er sehr viel sagen nur durch die Art, wie er den Rauch seiner Zigarette ausstieß. Wenn ich nicht irre, war er von Beruf Metzger und ein recht einfacher Mensch.

Ich begegnete ihm kurz nach der Befreiung und gut zwei Jahre nach seiner Flucht aus dem Vernichtungslager. Aber die Wunde von Treblinka in seiner Seele war noch lange nicht geheilt. Sein Verhalten war immer noch das eines gejagten Tieres, und wahrscheinlich würde es nie anders sein. Aber im Gegensatz zu den meisten anderen wollte er über das, was er erlebt hatte, nicht reden. Er wollte nicht erzählen.

„Sie waren noch nie dort? Nun, gut für Sie. Also, warum müssen Sie darüber etwas wissen? Sie wollen darüber schreiben?! Also schreiben Sie alles, was Sie wollen. Wer nicht selbst da war, wird es nie verstehen." Und er fügte hinzu: „Treblinka ist noch nicht vorbei. Treblinka ist noch nicht zu Ende. Es folgt uns, wohin wir gehen, wie wenn es uns bis jetzt gefolgt ist, in die Wälder, auf die Dachböden, in alle Löcher und Winkel, die wir aus Angst, jemand könnte uns verraten, aufgeben mussten. Jetzt ist es in den Straßen, in diesem Restaurant, in dem ich immer noch mit meiner jüdischen Nase sitze, obwohl ich eigentlich seit langer Zeit in der anderen Welt sein sollte."

„Jeder Mensch ist ein Mörder und so bin auch ich einer. Ich möchte zuschlagen und töten, zuschlagen und töten ..."

„Die Jagd geht weiter, weiter, weiter ..."

„Es gibt in der Wüste weder Wald noch Bäume."

Er meinte wohl die Wildnis in seiner eigenen Seele, die von dem Taifun verwüstet worden war.

Werden wir jemals die moralische Stufe erreichen, auf der wir in der Lage sein werden, Wiedergutmachung für die Schäden, die den Seelen zugefügt wurden, zu beanspruchen?

„Vergessen Sie Ihr Lächeln, wenn Sie einen Blick hier hineinwerfen wollen!"

Vergessen Sie für immer Ihr Lächeln! Und vergessen Sie auch Ihre Bezeichnung „Mensch", wenn es denn tatsächlich Menschen waren, die solche Dinge geschehen lassen konnten!

Das Gilgamesch-Epos erzählt, wie der göttlich schöne, starke Held Enkidu, König von Babylon, sich verändert hatte nach dem Abstieg in die Unterwelt auf der Suche nach dem Schatten seines Vaters. Als er in die Welt der Lebenden zurückgekehrt war, konnte er sich nicht mehr an Quellwasser erfreuen oder sein Herz mit der Süße einer Frucht befriedigen. Er küsste keine weiblichen Brüste mehr und genoss die junge und wilde Freude an der Schönheit junger Mädchen nicht mehr. Er war wütend auf die Götter und Göttinnen und fiel in tiefe Depression.

Dies geschah, weil er endlich und ein für alle Mal die wahre Bedeutung des Todes begriffen hatte, genau wie unser eigener jüdischer König im Buch Kohelet.

An den Wänden von Dantes mittelalterlichem Inferno gab es eine Aufschrift: „Gebt alle Hoffnung auf, die Ihr hier eintretet!" Was also hätte über dem Eingang von Treblinka stehen sollen? Es waren nur Angaben über die Ablieferung von Wertsachen und die Abgabe der Kleidung zur Desinfektion …

Als die Juden mit den Todestransporten ankamen, waren sie wegen der drangvollen Enge und des Luftmangels sowie der Menschen, die auf dem Weg gestorben waren, halb erstickt. Eine große Menge von deutschen und ukrainischen SS-Männern, die mit Maschinenpistolen, Knüppeln und Peitschen bewaffnet waren, stürzte sich auf sie und begann sofort, sie aus den Waggons herauszutreiben und erbarmungslos zu schlagen.

Die Neuankömmlinge hatten nicht einen Augenblick die Chance, zur Besinnung zu kommen. Dennoch bemerkten sie einige seltsame Dinge. Man hatte ihnen gesagt, sie würden irgendwo weit weg in den „Osten" „umgesiedelt", wo sie zu arbeiten hätten. Aber obwohl es viele Verzögerungen auf dem Weg gegeben hatte, konnten sie sehen, dass sie nicht sehr weit gereist waren. Sie konnten das gesamte Gebilde von Stacheldrahtzäunen sehen, das mit grünen Zweigen getarnt war, die schweren Maschinengewehre auf den Dächern der Baracken und in den Wachtürmen, die bereit standen, im Augenblick eines Befehls einen Kugelhagel abzufeuern …

Sollte so ein Umsiedlungsort auszusehen haben? Konnte dies ein Arbeitslager oder KZ sein? Nein. An diesem Punkt ging die Täuschung in eine andere Richtung. Sie wollten die Leute denken lassen, dass dies nur ein Umschlagplatz sei. Absichtliche Täuschung war einer der am meisten benutzten taktischen Schachzüge der Machthaber, der bei jedem Aspekt angewendet wurde. Später wurden deutsche und polnische Schilder angebracht, die Anweisungen zum Umsteigen in andere Züge enthielten.

„Station Obermajdan! Umsteigen nach Białystok und Wolkozcysk!"
Der Name Treblinka war bereits kompromittiert, und so hielten sie ihn geheim. Auf den unteren Wänden der Baracken waren Fenster von Gepäckschaltern, Kassen und eine große

Uhr aufgemalt, alles wie in einem Bühnenbild. Zuvor, im Sommer 1942, bekamen die Massen aus den Waggons ungewöhnliche Schilder zu sehen, die an einem hohen Draht hingen, mit einer ganzen Liste von Instruktionen auf deutsch und polnisch über Baden und Desinfektion und was mit Geld, Schmuck und Dokumenten zu geschehen hatte.

An manchen Tagen, wenn weniger Transporte kamen und man mehr Zeit hatte, wurde die Komödie noch weiter getrieben, speziell mit ausländischen Juden. Wenn die Neuankömmlinge ihre Wertsachen an einem Kassenschalter abgaben, wurden ihnen tatsächlich Quittungen ausgehändigt. Einige der Juden, vor allem die „Jeckes" aus Deutschland, legten großen Wert auf diese „Quittungen" und vergewisserten sich, dass sie alle ihre Besitztümer aufgelistet hatten, sodass sie „später" alles wieder zurückerhielten. Trotzdem kamen viele Leute der Sache sehr schnell auf die Schliche und ließen sich nicht täuschen. Sie konnten sich selbst davon überzeugen, dass die Schilder gefälscht waren, um die Neulinge zu täuschen. Vor allem aber sahen sie Stapel von Kleidern und Schuhen an jeder Ecke. Fast jeder erinnert sich bei seinen ersten Eindrücken von Treblinka an den Stich, den er in seinem Herzen spürte, als er diese Dinge aufgestapelt auf dem Boden sah. „So viele Kleider! Aber wo sind die Leute?"

Die Luft gab auf diese Frage teilweise Antwort. Bevor sie damit begannen, die Leichen zu verbrennen, hing der Gestank des Todes über der Mordfabrik. Später wurde er mit dem Geruch von geröstetem Fleisch vermischt ...

„Später", nach dem Herbst 1942, hatten wenigstens die polnischen Juden keinerlei Illusionen mehr.

Nein – sie haben sich vielleicht an einigen ihrer Illusionen festgeklammert.

Bewusst die Horrorgeschichten ignorierend, die sie gehört hatten, ergriffen sie noch jeden Strohhalm, jeden Funken Hoffnung, nur um sich selbst davon abzuhalten, glauben zu müssen, dass das Undenkbare und Ungeheuerliche wirklich die Wahrheit war. Dies galt selbst für das, was sie mit eigenen Augen gesehen hatten. Das ist das Gesetz des Selbsterhaltungstriebs und das Recht der gesunden Seele, die sich damit vor Wahnsinn und purer Verzweiflung rettete. Oder vielleicht ist dies nur eine andere Form der unbewussten Schicksalsergebenheit.

Die Deutschen hatten eine geniale Begabung für die Ausnutzung der Situation. In ihrer Strategie des Völkermords, wie es jetzt genannt wird, war psychologische Manipulation ebenso wichtig wie ordentliche Technik. Die psychischen und psychosozialen Mechanismen der Opfer selbst wurden genutzt, um ihre Vernichtung herbeizuführen. Die gleichen Richtlinien wurden in den Vorbereitungen verwendet, in den *Aktionen* in den Ghettos, auf dem Weg ins Lager und im Lager selbst, um die größtmögliche Zahl von Opfern in der kürzest möglichen Zeitspanne zu vernichten, um den größten Gewinn zu erzielen bei geringstem Aufwand, mit dem Minimum an Gefahr und Verlust an ihren eigenen Leuten! Das war ihr Ziel. Alles andere war Mittel zum Zweck: sowohl die Massen als auch den Einzelnen physisch und psychisch zu zerstören und alle Abwehrreflexe zu hemmen, die meisten der

Menschen nahezu mit ihrem eigenen, freien Willen in die Fänge des Todes zu locken, jede Gruppe und jede Familie zu zerstreuen, zu verwirren, zu spalten und aufzuteilen. Hunger, Durst, Gedränge, Eile, Terror – all dies diente dem größeren Ziel, Juden in gigantischem Ausmaß zu ermorden. Aber das auffälligste Instrument, das zur Erreichung dieser Ziele eingesetzt wurde, war die Lüge.

Um ihre natürlichen Ängste zu beschwichtigen und ihren gesunden Drang nach Selbstverteidigung außer Kraft zu setzen, wurde den Opfern gesagt, dass ihnen nichts geschehen würde; die Energien der aktivsten unter ihnen wurden vernichtet bei der Jagd nach Trugbildern von Sicherheit, nach Papieren und Bescheinigungen, nach täglich wechselnden Nummern …

Die Deutschen verstanden die Kraft der Verzweiflung und die Bedrohung durch jüdischen Widerstand viel früher als wir. Aber sie verstanden es auch, sie so lange wie möglich kleinzuhalten. Mit Hilfe ihrer psychologischen Entdeckungen auf dem Gebiet der menschlichen Vernichtung brachten sie Methoden ins Spiel, die zuvor nicht bekannt waren und die die gewünschten Erfolge brachten. Zu der Zeit, als Mittel entdeckt worden waren, diese neuen psychosozialen Methoden zu neutralisieren, waren bereits neunzig Prozent der Juden tot. Diejenigen, die überlebt hatten, waren nicht in der Lage gewesen, etwas anderes als ihre persönliche Würde zu retten. Konsequent in der Selbsttäuschung wollte bis zum Ende niemand die Sache beim Namen nennen.

Und selbst auf dem Gelände des Vernichtungslagers, ein paar Hundert Meter entfernt von der Maschinerie der Leichenfabrik, gab es einige, die den Tatsachen nicht ins Auge sehen wollten. Die Hälfte der Juden wurde mit Peitschen bearbeitet. Die andere Hälfte wurde von „sympathischen" SS-Männern mit Reden bombardiert, mit dem Versprechen von Beschäftigung und Arbeitsmöglichkeiten für Handwerker. Frauen wurden oft gebeten, Handtücher in das „Badehaus" mitzunehmen.

Natürlich wurden alle diese Tricks nur an Tagen angewandt, an denen dafür Zeit war. In der Regel war der Ansturm zu groß. Der Auftrag war von brennender Dringlichkeit. Es gab keine Zeit für Spielchen. August und September 1942 waren der Höhepunkt der Saison. Sechs- bis zehntausend Seelen wurden jeden Tag aus Warschau und anderen Städten deportiert. Ein Transport von 60 Waggons kam an und wurde in drei Abschnitte von 20 Waggons aufgeteilt, und jeder Abschnitt musste in der kurzen Spanne, die vom Zeitplan vorgegeben war, verarbeitet werden. Mehrere Transporte kamen jeden Tag an.

Hitler war in Eile. Er hat versprochen, die Juden Europas loszuwerden, selbst wenn auch er ein schlimmes Ende fände. Stefan Szende nannte es in dem Titel seines Buches „Das Versprechen, das Hitler hielt".[6]

---

6 Stefan Szende, The promise Hitler kept, London 1945.

Die Vorbereitung

„Männer nach rechts! Frauen und Kinder auf die linke Seite!"

Mit Frauen und Kindern hat man nicht lange herumgemacht, um jemanden auszuwählen. 100 Prozent Abfall.

Frauen und Kinder gingen als Erste ins Feuer. Doch zunächst betraten sie eine Baracke, um sich zu entkleiden. Sie mussten zurücklassen, was sie noch besaßen, und alles, was sie am Leib trugen, bis auf das letzte Hemd ausziehen. Sie banden ihre eigenen Schuhe mit einer Schnur zusammen, die speziell für diesen Zweck vorbereitet war, sodass kein rechter oder linker Schuh ohne Gegenstück blieb. Das Personal hatte auch dafür zu sorgen, dass nichts von den Besitztümern der Opfer an geheimen Orten ihrer Körper, Vorder- oder Rückseite, unter den Armen oder unter der Zunge, verborgen blieb. Die Goldzähne wurden erst aus den Mündern der Opfer gerissen, als sie tot waren. Natürlich steckte dahinter nicht die Absicht, den Juden Schmerz zu ersparen. Es geschah nur, um Zeit zu sparen.

Als später die kommerzielle Verwertung des Leichengeschäfts ihren vollen Umfang erreichte, schoren sie den weiblichen Häftlingen auch die Haare. Das Haar wurde in Kesseln gedämpft, getrocknet und schließlich in Güterzügen zur Lieferung an Möbelfabriken gebracht, um erstklassige Matratzen zu stopfen. Andere sagten, dass die Haare nach Deutschland geschickt würden für den Einsatz als Dämmmatten in U-Booten. Treblinka exportierte 25 Waggons dieser Ware ...

Das polnische Volk spricht noch immer über die Art, wie aus den Körpern von Juden Seife hergestellt wurde. „Aus denen wird Seife gemacht!" – so formulierten es die Polen, wenn sie von Transporten nach Treblinka, Bełżec und Sobibór sprachen. Die Entdeckung von Professor Spanners Seifenfabrik in Langfuhr bei Danzig bewies, dass ihr Verdacht gut begründet war.[7] Zeugen sagen uns, dass Pfannen unter den Rosten platziert wurden, um das Fett beim Heruntertropfen aufzufangen, wenn die Leichen auf Scheiterhaufen verbrannt wurden. Das hat sich jedoch nicht bestätigt. Aber selbst wenn die Deutschen dies in Treblinka oder in einer der sonstigen Todesfabriken unterließen und erlaubten, dass so viele Tonnen wertvollen Fettes zu Abfall wurden, konnte es nur ein Versehen ihrerseits gewesen sein. Sie waren durchaus in der Lage, Dinge wie diese zu tun. Es entsprach ihren Neigungen. Nur die Neuheit dieses Fertigungszweiges war für dieses Versäumnis verantwortlich zu machen. Wenn die Deutschen jemals einen neuen Kreuzzug durch Europa unternähmen, würden sie diesen Fehler nicht noch einmal begehen.

Die männlichen Häftlinge zogen sich vor der Baracke aus. Bei ihnen wurden die Haare nicht geschnitten. Es war nicht der Mühe wert! Hier und da gab es vielleicht ein paar

---

7   Die Legende, aus den Leichen der ermordeten Juden würde Seife produziert, war während der NS-Herrschaft weit verbreitet. Dazu trug bei, dass in Seifenstücken die Abkürzung RIF (Reichsstelle für Industrielle Fette) eingeprägt war, was im Volksmund als „Reines Judenfett" aufgelöst wurde.

*Die ehemaligen Häftlinge, die an der Expedition nach Treblinka teilnahmen.
V. l. n. r: T. Grinberg, S. Friedman, J. Reichman, S. Rajzman und M. Mittelberg*

Hundert oder ein paar Tausend Juden mit langen, „künstlerischen" Locken! Vielleicht gab es ein paar exzentrische Dichter oder Professoren! Aber die Deutschen glaubten nicht, dass es sich lohnte, sie zu suchen. So benutzten sie die Männer für andere Dinge. Die Männer wurden nackt vom Entkleidungsbereich getrieben und mussten ihre Kleidung mit ihren Händen zu einem weiteren Sammelplatz tragen. Sie durften im Entkleidungsbereich nichts zurücklassen. Einer Schicht war es nicht erlaubt, sich mit der nächsten zu vermischen. Die angekommenen Waggons und die Rampe mussten auch blitzschnell gereinigt werden; Leichen, Rucksäcke, Bündel und menschliche Exkremente mussten entfernt werden. Die Waggons mussten schön und sauber sein, wenn sie wieder neuen „Rohstoff" holen gingen. Die nächste Schicht, die ankommt, sollte nichts Verdächtiges vorfinden. Ob dies eine wirkliche Bedeutung hatte oder nicht, so war ein Grundsatz immer noch ein Grundsatz. Dies ist nur ein weiteres Beispiel der berühmten deutschen Gründlichkeit.

Die drei Gruppen von Juden des Lagerpersonals, die durch rote, blaue und rosa Aufnäher gekennzeichnet waren, waren für die Einhaltung dieses Grundsatzes in den Waggons, auf dem Bahnsteig und im Entkleidungsbereich verantwortlich. Das ist Arbeitsteilung. Das ist Organisation!

Die „Himmelstraße"

Die Arbeit verlief ohne Verzögerung, reibungslos und schnell.

Entkleidet. Inspiziert. Geschoren. „Vorwärts, Marsch! Los!!!"

Ein kleines Tor wurde am anderen Ende des Entkleidungsplatzes geöffnet und die Menge auf eine Straße getrieben, die sich zwischen zwei Stacheldrahtzäunen entlang schlängelte. Diese Straße war etwa 300 Meter lang. Sie führte durch Kiefern, durch den berühmten „Hain", der erhalten blieb, als dieser Teil des Waldes abgeholzt wurde, um das Lager zu bauen. Diese Straße hieß der *„Schlauch"*. Die Deutschen hatten sie humorvoll *„Himmelstraße"* benannt. Das Laufen der splitternackten Opfer auf dieser Straße erhielt eine ebenso humorvolle Bezeichnung: *„Himmelfahrt"*.

Am Ende der *„Himmelstraße"*, wo die Juden geradewegs ins Jenseits gingen, gab es noch eine andere Tür. Diese führte zur „Badeanstalt". Dies war ein grau-weißes Gebäude mit all den Requisiten einer regulären Dusche im Inneren: „Kabinen" mit ein paar, ach wie sehr verdächtigen, Schornsteinen auf dem Dach.

Man betrat die Kabinen von einem Korridor aus durch Türen, die gerade groß genug waren, um jeweils eine Person hineinzulassen. Die Tür war absichtlich so schmal geschnitten, damit die Menschen, die sich schon innerhalb befanden, nicht versuchten, die Tür aufzubrechen und zu entkommen. Die Kabinen waren auf halber Höhe der Wand mit weißen Kacheln ausgekleidet. Der Boden neigte sich zu breiten, hermetisch verschlossenen Schiebetüren gegenüber dem Eingangstürchen, die sich nach draußen öffnen. Echte Duschköpfe waren in den Decken der Räume installiert, aber sie waren an keine Wasserleitung angeschlossen. Sie waren verbunden mit etwas anderem …

Zunächst gab es im ersten Gebäude drei solcher Kabinen. Als sich das Unternehmen später als „machbar" erwiesen hatte, wurde es weiter ausgebaut. Ein zweites „Badehaus" vom gleichen Typ entstand, größer und schöner als das erste und innen mit zehn Kabinen.

Deutsche und ukrainische SS-Männer hielten zu beiden Seiten der *„Himmelstraße"* mit ihren Hunden Wache. Einzigartig unter den Hunden war Barry, eine Bestie, die ausgebildet worden war, um männliche Häftlinge in ihre Geschlechtsorgane zu beißen. Die SS-Männer schlugen auch mit Vorliebe auf die Geschlechtsteile, Köpfe, Brüste, Bäuche ihrer Opfer – all diese Stellen, die am schmerzempfindlichsten sind. Hiebe von Peitschen und Stöcken auf die nackte Haut, Schläge mit Prügeln und manchmal auch Bajonettstiche, insbesondere wenn die Opfer nach drinnen geschoben wurden. Die zum Tode verurteilten Juden mussten ihre letzte Reise im Laufschritt antreten, unter Gebrüll, Beleidigungen und Demütigungen.

Nicht der kleinste Hauch von Respekt gegenüber dem Geheimnis des Todes! Es war nicht genug, dass sie den Juden ihr Leben raubten und alles, was sie besaßen, und was von ihren Körpern übrig blieb. Sie raubten ihnen sogar ihr letztes bisschen Menschenwürde und ihr letztes Recht auf menschlichen Respekt.

Totaler Raub! Totaler Mord! Totale Brutalität!!!

Die gesamte „Himmelfahrt" war etwas dem Muster der mittelalterlichen Judenhetze nachempfunden. Man behauptete auch, dass es die Auswirkungen des Gases beschleunigen würde, wenn die Opfer außer Atem in der Gaskammer ankommen und sie schneller den Geist aufgäben. „Humanitär", nicht wahr?

Der Schlussakt

Die *„Himmelfahrt"* ist bald vorbei. Von allen Seiten regnen Schläge herab, auf Kopf, Rücken …

Die Juden beeilen sich, auch ohne dass es ihnen gesagt wurde. Die Gaskammer ist der einzige Ort, wo man sicher ist vor den Stockschlägen auf die nackte Haut, vor Demütigungen und der Kälte im Winter. Und so laufen und springen sie übereinander, nur um den Moment des Todes ein wenig schneller zu erleben. Der Tod, der große Erlöser …

Ein Zeuge hat uns gesagt, dass jüdische Männer beim Erschießen weder stöhnten noch winselten. Sie waren nur in schrecklicher Eile. Sie warfen ihre Kleidung schon auf dem Weg weg. Diejenigen, die im Leben immer die Ersten waren, wollten auch hier die Ersten sein, um so bald wie möglich aus dem Leben zu scheiden.

Dies galt auch für die Menschen in Treblinka. Sie hatten schon resigniert und machten sich keine Illusionen mehr. Wenn sie bis dahin die Hoffnung noch nicht aufgegeben hatten, so verloren sie sie mit Sicherheit während der *„Himmelfahrt"*.

Aber das Betreten der Gaskammern war noch nicht der letzte Akt. Die Juden hatten den Schrecken und die Todesangst unter schrecklichem Gedränge zu ertragen. Die Menge wurde mit dem Ruf „Schneller! Schneller!" weitergetrieben, und in die Kammern wurden dreimal so viele Menschen gepresst, als sie aufnehmen konnten. Wer in den Kammern keinen Platz fand, musste draußen stehen und darauf warten, dass er vergast wurde. Der Boden der Gaskammer war schräg und rutschig. Die Ersten glitten aus und fielen hin, um sich nie wieder zu erheben. Die Nachfolgenden stürzten über sie. Die Kammer war bis zum Rand mit Menschen vollgestopft. Die Leute waren so eng zusammengepresst, dass sie sich nicht mehr rühren konnten. Einige Zeugen berichten, dass die Menschen in den Kammern ihre Arme heben und ihre Bäuche einziehen mussten, damit mehr hineinpassten. Und als sie dann zusammengepfercht standen, wurden kleine Kinder über ihren Köpfen hineingeworfen wie Bündel.

Gas war teuer und musste deshalb wirtschaftlich genutzt werden.

Endlich wurden die Türen zugeschlagen.

Die Schicht war bereit zu sterben.

Der Motor, der in einer Werkstatt in der Nähe des Badehauses installiert war, konnte nun gestartet werden. Zunächst wurde eine Saugpumpe eingesetzt, um die reine Luft aus der Kammer abzuziehen. Danach konnte das Rohr zu den Motorabgasen geöffnet werden.

„Ein paar Minuten später", erinnerten sich die Juden, die in diesem Teil des Lagers gearbeitet hatten, „hörten wir schreckliche Schreie aus dem Gebäude." Die Schreie von menschlichem Leid, von Angst und Verzweiflung. Im letzten Moment, so scheint es, wenn die Pumpe die Atemluft absaugte, brach alle Selbstbeherrschung, und es gab in der Gaskammer einen Ausbruch kollektiver Hysterie.

Danach ... danach ... ist allmählich alles still geworden.

Etwa 25 bis 45 Minuten später konnten die Schiebetüren auf der anderen Seite geöffnet werden, und die Toten fielen heraus. Die Leichen waren nackt. Einige von ihnen waren weiß, andere blau und aufgedunsen. Sie waren immer feucht, bedeckt mit ihrem letzten Schweiß, beschmutzt mit ihrem letzten Stuhlgang, mit Rinnsalen von Speichel, der aus Mund und Nase lief.

„Als sie von der Eingangsseite in das Gebäude liefen", erinnert sich Jankiel Wiernik, der mehr Zeit als die anderen als Zeuge dieser Ereignisse verbrachte, „hörte ich sie alles Mögliche schreien: ,Schma Israel' [Höre Israel!], ,Nieder mit Hitler!', ,Weg mit Hitler!', ,Oh Weh, Mama!'. Aber wenn die Schiebetüren auf der gegenüberliegenden Seite geöffnet wurden, waren sie alle still, alle friedlich, im Tod alle gleich."

Nun kamen die Totengräber im Laufschritt, um die Leichen wegzutragen.

Manchmal, wenn die Schiebetüren geöffnet wurden, fand man die Leichen aufrecht stehend wie Puppen, und ihre toten Augen waren weit geöffnet. In der Regel waren sie miteinander verheddert, Arme und Beine so fest ineinander verwickelt, dass es einer großen Anstrengung bedurfte, die Ersten herauszunehmen. Die anderen stürzten dann von allein die Rampen hinunter. Unterdessen wurden die Totengräber ohne Gnade angetrieben und geschlagen. Das war die härteste und gefährlichste Arbeit im gesamten Lager. Die Leichenträger verblieben in der Regel nur ein paar Tage bei ihrer Tätigkeit. Wenn sie nicht mehr weitermachen konnten, wurden sie liquidiert und Ersatz unter den Neuankömmlingen beschafft.

Noch während die Totengräber die Leichen im Laufschritt wegzogen, wurden ihre Münder untersucht. Jüdische „Zahnärzte" rissen ihre falschen Zähne und Goldkronen schnell heraus. Die Leichen wurden Kopf an Fuß und Fuß an Kopf in die für sie vorbereiteten Massengräber gelegt. Später, während des Winters 1943, wurden sie direkt zu den Scheiterhaufen gebracht, um verbrannt zu werden. Manchmal erlangte einer der Menschen auf dem Weg das Bewusstsein wieder, und dann erledigten ihn die ukrainischen SS-Männer mit einer Kugel.

Wenn nicht, musste er sowieso begraben werden.

Die Gaskammer war ausgeräumt.

Diese Schicht war fertig; eine neue Schicht konnte eingelassen werden.

Das „Lazarett"

Um die Treibjagd entlang der *„Himmelstraße"* vor irgendwelchen Verzögerungen zu bewahren, wurden diejenigen, die zu schwach zum Laufen waren, im vorderen Bereich des Lagers, beim sogenannten Lazarett, liquidiert.

Diese witzige Bezeichnung bezog sich auf einen langen, immer offenen Graben in der Nähe der Gräben, in die die bereits während des Transports Verstorbenen geworfen wurden. Diese Gräben wurden auch für den Müll und den Unrat aus den Baracken verwendet. Dort brannte ständig Feuer. Schon während der ersten Monate des Betriebs in Treblinka hatte es diesen Scheiterhaufen im Lager gegeben. Wer krank war oder bei der Arbeit oder beim Appell „selektiert" wurde, ob er eines Vergehens für schuldig befunden wurde oder nicht, wurde hierher gebracht und erschossen, neben den ewig brennenden Flammen. „Du gehst ins Lazarett" bedeutete im Lagerslang, dass man erschossen wurde (in der Lemberger Todesbrigade wurde eine ähnliche Anordnung als „Krankenhaus" bezeichnet). Aber um dem Witz eine Pointe zu geben, wurde in Treblinka etwas Authentisches hinzugefügt. Da man von einem Lazarett erwarten kann, dass ein Arzt zur Stelle ist, wurde dort eine Person mit einer Rot-Kreuzbinde postiert. Deren Aufgabe war es, die Alten und Kranken zu dem Graben zu geleiten, sie mit dem Gesicht zum Feuer hinzusetzen und sicherzustellen, dass sie direkt in den Graben fielen, wenn sie ihre Kugel in den Hinterkopf bekamen. Bevor sie zu ihrer „Behandlung" gingen, die sie für immer von all ihren Leiden, ob chronisch oder nicht, heilte, durchschritten die Kranken einen Empfangsraum in einer speziellen Baracke. Eine Rot-Kreuzflagge wehte auf dem Dach des Gebäudes. Im Inneren stand gewöhnliches

Mobiliar, insbesondere mit rotem Plüsch gepolsterte Sofas, und ein Krankenstationsfenster. Hier zogen die Kranken all ihre Kleidung aus.

Auch Kinder wurden oft im Lazarett umgebracht. Hierbei handelte es sich um Kleinkinder, die noch nicht laufen konnten, Kinder, die keine Mütter hatten, um sie zu entkleiden und sie an der Hand auf ihren „Himmelsweg" zu führen, oder Kinder aus kinderreichen Familien, deren Mütter alle Hände voll zu tun hatten. Diese Kinder wurden von den für die Gaskammern Bestimmten getrennt – um „die Dinge einfacher zu machen auf dem Weg zu den Badehäusern". Alle Kinder dieser Kategorie wurden im Lazarett ermordet. Wenn der Mörder freundlich war, nahm er das Kind an den Füßen und schlug seinen Kopf gegen die Wand, bevor er es in den brennenden Graben warf; wenn nicht, warf er es lebendig hinein. Es bestand keine Gefahr, dass kleine Kinder aus dem Graben steigen würden und man mit ihnen wieder von vorne anfangen musste. Daher wurden in Treblinka wie auch an anderen Orten die Kinder oft lebend ins Feuer oder in das reguläre Massengrab geworfen. Die wichtigste Überlegung war, Kugeln oder Gas, wo immer es möglich war, zu sparen. Es wurde auch angenommen, dass Kinder nicht so einfach und schnell wie Erwachsene an einer Kugel oder durch Gas starben. Ärzte hatten diesem Thema einige Gedanken gewidmet und festgestellt, dass der Grund dafür ist, dass Kinder eine bessere Durchblutung haben, weil ihre Blutgefäße noch nicht verhärtet sind.

Divertimento: Die Wissenschaft von der Vernichtung

In Treblinka, wie an anderen solchen Orten, wurden bedeutende Fortschritte in der Wissenschaft der Vernichtung erzielt, wie die höchst originale Entdeckung, dass Frauen besser brennen als Männer.

„Männer ohne Frauen wollen nicht brennen."

Dies ist kein schäbiger Witz, kein schlechtes Wortspiel bei einem makabren Thema. Es ist ein authentisches Zitat aus Gesprächen, wie sie tatsächlich in Treblinka geführt wurden. Eine Feststellung von Tatsachen. Es ist alles sehr einfach. Bei Frauen ist das subkutane Fettgewebe besser entwickelt als bei Männern. Aus diesem Grund wurden die Leichen von Frauen verwendet, um die Feuer unter den Bergen von Leichen zu entzünden, oder genauer gesagt, um sie so anzulegen, wie Kohlen verwendet werden, um Koks zum Brennen zu bekommen … Auch Blut wurde als erstklassiges Brennmaterial entdeckt.

Leichen junger Menschen verbrennen schneller als alte, war eine weitere Entdeckung in diesem Bereich. Offensichtlich ist ihr Fleisch weicher. Der Unterschied zwischen jungen und älteren Menschen ist der gleiche wie der zwischen Kalb- und Rindfleisch. Erst die deutsche Leichenindustrie hat uns diese Tatsache bewusst gemacht.

Es dauerte einige Zeit, bis die Technik und die Terminologie dieser neuen Industrie ihre volle Ausprägung erreichte, und bis die Spezialisten ihre Ausbildung in der Vernichtung der Menschen und in der Leichenbeseitigung abschließen konnten. In einem Dokument über Treblinka heißt es: „Das Verbrennen von Leichen ist richtig in Schwung gekommen, nachdem ein Instrukteur aus Auschwitz gekommen war." Die Spezialisten in diesem neuen Beruf waren sachlich, praktisch und gewissenhaft. Der Leiter der Verbrennung in Treblinka erhielt von den Juden den Spitznamen „*Tadellos*". Das war sein „Wahlspruch". „Gott sei Dank, nun brennt es *tadellos*", pflegte er zu sagen, wenn mit Hilfe von Benzin und dickeren Frauen die Haufen von Leichen schließlich in Flammen aufgingen. Bei den Lemberger Scheiterhaufen belohnte der Lagerkommandant das *Kommando* der jüdischen Totengräber bei solchen Gelegenheiten mit einem Fass Bier. Sein „Wahlspruch" war: *„Nur anständig und sauber"*. Die Leichen wurden immer „Figuren" genannt, und es ist bezeichnend, dass dieser Euphemismus nicht auf Juden, die schon gestorben waren, beschränkt blieb. In vielen Lagern wurde dieser Begriff auch in Bezug auf die Juden benutzt, die noch am Leben waren. Es scheint, dass die Deutschen bereits die noch lebenden Juden als Leichen betrachteten, außer dass sie vorerst noch in der Lage waren, bestimmte Aufgaben zu erledigen, weil die Deutschen es ihnen befahlen. Danach, wieder auf Befehl, zogen sie sich gewöhnlich aus, bekamen ihre Kugel oder ihre Portion Gas und legten sich zu den anderen *„Figuren"*.

Wie merkwürdig ist diese neue deutsche Wirklichkeit! Alles was Sie tun müssen, ist, bestimmte psychologische Reflexe zu blockieren, um in das deutsche „Jenseits" zu gelangen – jenseits des Stacheldrahtes und normaler menschlicher Gefühle. Nietzsches „Jenseits von Gut und Böse" wurde endlich in die Tat umgesetzt. In diesen wenigen Jahren des Krieges machte die deutsche Vernichtungsmaschinerie in der Tat einige beeindruckende Fortschritte auf dieses Ziel hin.

Zwischen den Zentren der Vernichtung erfolgte ein ständiger Erfahrungsaustausch. Sie rationalisierten und koordinierten ihre Arbeitsmethoden immerfort.

Die SS-Männer machten sich in der Theorie mit all den allgemeinen Grundsätzen des Terrors und der Zerstörung vertraut, und in den *Sonderkommandos* absolvierten sie darüber hinaus Praktika in Bestialität. Berühmte Einheiten wie der *„Einsatz Reinhard"*[8] in Zentralpolen oder das *„Rollkommando"* in Galizien mit ihren erstklassigen Experten in allen Regeln der Durchführung von *Aktionen*, „Liquidierungen" und Erschießungen sowie der Methoden der Errichtung von Todeslagern achteten auch auf die Ausbildung neuer Spezialisten, die ihnen nachfolgen würden.

Die Einheit, die mit der Einäscherung der Toten betraut war, stand nach der Niederlage in Stalingrad wirklich in voller Blüte. Beginnend mit dem Februar 1943, als die Deutschen

---

8 Gemeint ist die „Aktion Reinhardt", das Mordprogramm an Juden unter dem Befehl des SS- und Polizeiführers Lublin Odilo Globocnik, das in den drei Lagern Bełżec, Sobibór und Treblinka exekutiert wurde. Der Name der Aktion geht mit großer Wahrscheinlichkeit auf den Staatssekretär im Reichsfinanzministerium Fritz Reinhardt zurück (und nicht auf Reinhard Heydrich), da die geraubten Vermögenswerte auf ein Sonderkonto des Reichsfinanzministeriums transferiert wurden. Zeitgenössische Quellen enthalten beide Schreibweisen, Reinhard und Reinhardt.

mit den Vorbereitungen für den Fall begannen, dass sie die in Osteuropa besetzten Gebiete, „die Goebbelschen Faustpfänder", verlassen müssten, versuchten sie, alle Spuren ihrer Massenmorde auszulöschen. Diese neue Einheit, die ihre Aufträge direkt aus Berlin empfing, wurde in allen wichtigen Orten, in denen es eine erhebliche Zahl von Massengräbern gab, durch einen persönlichen Besuch von Heinrich Himmler eingesetzt.[9] Himmler übte seinen Einfluss aus, um die Methoden der Liquidierung der Reste des Judentums in den besetzten Gebieten zu ändern. Juden durften nicht mehr in Massengräbern bestattet oder in offenen Gräben erschossen werden. Damit niemand die Leichen ausgraben und somit die gleiche Arbeit zweimal machen musste, wurden die Juden direkt neben den brennenden Müllhalden erschossen, mit Blick auf das Feuer. Das Opfer erhielt einen Tritt von hinten, sodass es nicht seitwärts fallen konnte, sondern nur geradeaus, direkt in die Flammen hinein. Größere Gruppen wurden auch in der Nähe der Feuerstellen erschossen, und das Personal wendete ein besonderes Verfahren an, um die Leichen in die Flammen zu werfen. In den neueren Einrichtungen wurde die Vergasung auch nach dem Muster von Auschwitz, nur einen Schritt entfernt vom Krematorium, durchgeführt. „In den Tod gehen" hieß nicht mehr „ins Gas gehen" oder „in die Gaskammer kommen", sondern „durch den Schornstein gehen". In Treblinka, wo es keine Krematorien, sondern nur riesige, offene Scheiterhaufen gab, wurden keine Leichen mehr begraben. Diejenigen, die in die Gaskammer gingen, kamen gerade rechtzeitig an, um die Flammen, die sie an diesem Tag verbrennen würden, zu sehen.

Psychologischer Exkurs

Ein paar Jahre nach dem Ersten Weltkrieg erschien in Deutschland eine detaillierte Geschichte des Krieges. Wenn ich nicht irre, bestand die Arbeit aus zwei Bänden. Ihr Autor war der deutsch-jüdische Psychiater und Sexualwissenschaftler Magnus Hirschfeld. Ein großer Teil des Werkes widmete sich der Analyse der Morde während des Ersten Weltkrieges, von denen die meisten, nebenbei bemerkt, von den Deutschen begangen wurden.[10]

Deutsche Gelehrte würden gut daran tun, auch ein Interesse an gewissen Erscheinungen des Zweiten Weltkrieges zu zeigen. Sie sind näher am Gegenstand, und vielleicht wäre es für sie einfacher, bestimmte psychologische und sozialpsychologische Mechanismen der deutschen Massenmorde zu erklären. Für uns ist es einfacher, Fragen zu stellen, als sie zu beantworten.

---

9   Seit Juni 1942 war unter dem Kommando von SS-Standartenführer Paul Blobel, beginnend im Vernichtungslager Kulmhof, ein Sonderkommando unter der Tarnbezeichnung „Aktion 1005" damit beschäftigt, im gesamten Herrschaftsgebiet der Nationalsozialisten Leichen zu exhumieren und zu verbrennen. Mit dieser „Enterdungsaktion" sollten die Spuren des Mordens systematisch verwischt werden.
10 Magnus Hirschfeld, Die Sittengeschichte des Weltkrieges. 2 Bde., Leipzig/Wien 1930.

Merken wir uns einige Fakten:

Insgesamt gab es in Treblinka etwa 30 bis 40 SS-Männer und 200 bis 300 ukrainische Wachmänner; das war alles. Dies war das gesamte Personal der Henker in der mechanisierten, automatischen Mordfabrik, die nicht zu viel Personal brauchte, um ihre Arbeit zu erledigen.

Was für Menschen waren das?

Wie konnten sie das, was sie taten, tun?

Fakt ist: Der Anblick dieser schrecklichen, elementaren Katastrophe, das Bild der erschütterndsten Massentragödie, die kein menschliches Auge je zuvor gesehen hatte, hatte keine große Wirkung auf die Deutschen, die dort arbeiteten. Die Tiefen des menschlichen Leidens, die sich jede Minute zeigten, und die tragischen Szenen der Familien, die sich hier auf Schritt und Tritt ereigneten, ließen sie gleichgültig und legten sich nicht wie ein Albdruck auf ihre Seele. Das einfache, elementare Gefühl des Mitleids schien in ihnen völlig verkümmert zu sein. Auch bei den größten Schrecken blieben ihre Nerven unerschüttert.

Man darf nicht vergessen, dass sie nicht nur passive Zuschauer bei dieser Tragödie waren.

Die Katastrophe berührte sie nie. Dies allein reichte, um ihnen ein unglaubliches Selbstvertrauen zu geben. Gerade im Angesicht dieses Abgrunds menschlicher Erniedrigung, in dem sie Massen von Juden bei ihrem Untergang beobachteten, fühlten sie sich meisterhaft und erhaben. Beinamen wie „Sadisten" oder „Außenseiter ... Perverse" und „Kriminelle" liefern keine hinreichende Erklärung. Es ist wahr, dass kriminelle Neigungen durch das NS-Regime gründlich ausgenutzt wurden. Figuren der Unterwelt, die von den unheimlichsten asozialen Übeln befallen waren, von jeder Art von tatsächlicher und potenzieller Kriminalität, wurden als Energiequelle für das Regime verwendet, ebenso wie Wasserkraft zum Antrieb von Turbinen genutzt wird. Sie waren in der Tat ein Reservoir an Vernichtungsenergie, das wesentlich für die Dienste des Staates und die Kriegsanstrengungen war, eine nationale Schatzkammer des Bösen.

In die meisten Lager und Gefängnisse des von Nazis besetzten Europa waren deutsche Berufsverbrecher gebracht und zu „*Kapos*", *Stubenältesten* und dergleichen ernannt worden. Ihre Aufgabe war es, die jüdischen Häftlinge zu terrorisieren, die zur Arbeit unter der lokalen Bevölkerung rekrutiert wurden. Sie erhielten dafür freie Hand, und es bedurfte keiner besonderen Anreize für den Job ... Ihr Eifer ging einher mit der Macht und auch ihrer eigenen Begeisterung. Sie übertrafen die erforderlichen „Quoten" von Mord und Totschlag bei Weitem.

Es war auch nicht allzu schwer, deutsche „politische Verbrecher" in ein Terrorteam einzubeziehen. Viele von ihnen machten, ebenso wie die Berufsverbrecher, die schmutzige Arbeit und bespitzelten, folterten und terrorisierten die Nicht-Deutschen in den Gefängnissen und Lagern. Anfangs geschah dies aus Feigheit. Später wurden sie von einer neu erwachten Vorliebe für Sadismus und Macht getrieben. Unnötig zu erwähnen: Die Hauptopfer waren in jedem Fall die Juden.

Lokale Elemente der Unterwelt gab es auch in den von den Nazis besetzten Ländern, sie wurden zum wichtigsten Kollaborateur der „Neuen Ordnung" – Agent, Informant, Spion, Instrument des Terrors, Schlagstock über den Köpfen der Bevölkerung. Selbst die Juden hatten eine solche Person – den Zuhälter und Berufsverbrecher Shmaye Grauer, der in seiner Rolle als „jüdischer Diktator" der Gemeinde der Henker und Liquidator des Lubliner Ghettos wurde. Dies war kein Einzelfall. Fast jedes Ghetto, jedes Lager, jede jüdische Arbeitsbrigade hatte einen eigenen Shmaye Grauer, ob groß oder klein. Die Deutschen wussten, wie man Elemente der Unterwelt zu mobilisieren hatte, auch unter den Juden, die in dieser wilden Orgie von Mord und Raub endlich ihre Chance bekamen, alte Rechnungen mit denen, die sie als „die Einfaltspinsel" betrachteten, zu begleichen: ihrer Eifersucht und ihrem Hass gegen die Intellektuellen und gegen diejenigen, die gesellschaftlich produktiv und etabliert waren, freien Lauf zu lassen. Sie versuchten, auf Kosten dieser Menschen zu überleben.

Aber für die wichtigsten psychologischen und sozialpsychologischen Probleme bei der Erklärung der Todeslager und Massenhinrichtungen stehen nicht die Berufsverbrecher und nicht die geborenen oder ausgebildeten Sadisten Modell, die ihre schmutzige Arbeit in erster Linie in den Gefängnissen und Konzentrationslagern verrichteten. Das große Fragezeichen steht bei den gewöhnlichen, einfachen, normalen Deutschen, die mit dem Selbstbewusstsein und der ruhigen Überlegung von respektierten Funktionären des Staates die abscheulichsten Verbrechen begingen, die es jemals in dieser Welt gab.

Prozentual gesehen war ihre Beteiligung an dem Massenmord am größten. Sie taten es ohne jede Emotion und im kaltblütigen Bewusstsein dessen, was sie anstellten. Das ist der Grund, warum sie zu den Gefährlichsten und am schwersten zu Verstehenden zählten.

Wir lesen und hören Dinge, die diese vermeintlich „normalen" Deutschen taten, und fragen uns, ob ihre Rassentheoretiker im Grunde nicht recht hatten. Vielleicht sind die Deutschen wirklich aus anderem Fleisch und Blut gemacht als der Rest der Menschheit und eine andere Rasse.

Natürlich konnten die Refrains von Rosenbergs Theorien und die glatten Phrasen von Goebbels' Propaganda nicht allein eine solch grundlegende Veränderung der menschlichen Natur bewirkt haben. Ihre Floskeln über die „Mission des deutschen Geistes" und andere Deutschtümeleien waren nur eine Ganovensprache, aus der jeder Deutsche seine eigene Bedeutung herauslesen konnte, und eine sehr einfache noch dazu. Sie appellierte bewusst nicht an irgendeine Art von Idealismus, sondern an den räuberischen Drang, an nationalen und persönlichen Egoismus und Größenwahn. Auch dies sind elementare menschliche Gefühle. So wie Hitler seine Macht im kollektiven sozialen Organismus auf den niedrigsten, verkommensten Elementen beruhen ließ, so beeinflusste er auch Individuen unter Berufung auf ihre niedrigsten Instinkte und Triebe.

Die Versklavung des einzelnen Deutschen durch das Regime auf der einen Seite und die ihm vom Nazi-System verliehene unbegrenzte Macht über ganze Völker in den besetzten Gebieten, über Leben und Tod von Hunderttausenden von Opfern, auf der anderen Seite – all dies schuf ein einzigartiges psychologisches Klima, das seine Auswirkungen entfaltete. Die deutsche Propaganda von grenzenlosem nationalen Egoismus und Größenwahn sowie die Erziehung zum Teufelshandwerk oder zumindest zur feigen Ausführung der gemeinsten und verbrecherischsten Befehle haben bei fast keinem Deutschen ihre Wirkung verfehlt.

Es scheint, dass je mehr man tötet, desto größer der Wunsch wird, selbst am Leben zu bleiben. Die eigene kleine, mittelmäßige Existenz wird umso wichtiger.

In Treblinka gab es nichts Banaleres als den Tod. Aber nicht den Tod der Henker selbst – oh, nein! Sie fürchteten in Treblinka um ihr Leben mehr als anderswo. All ihr Eifer für ihre „Arbeit" leitete sich in hohem Maße von der Tatsache ab, dass sie durch ihre Teilnahme am *„Sonderkommando Treblinka"* vom Dienst an der Front freigestellt waren. Das war die Hauptsache. Aber nur zum *Kommando* zu gehören, war nicht alles. Man hatte seinen Wert zu beweisen, um Teil eines solchen *Kommandos* zu sein. Wenn man beweisen konnte, dass man ein besonders kompetenter und engagierter Mitarbeiter am Arbeitsplatz der Vernichtung war, dann konnte man dabeibleiben und befördert werden. Dies war eine Gelegenheit, und deswegen überboten sich die SS-Männer an Bestialität.

Angst ist eine der mächtigsten und generell korrumpierendsten Instinkte. Hitlers Gewalt über das deutsche Volk basierte auf Angst, oder besser gesagt, vor allem auf Angst. Man kann sich das NS-System als eine auf primitive Angst gegründete Struktur oder Hierarchie denken. In diesem riesigen Meer von grenzloser Brutalität, Sadismus und Zynismus habe ich nur von einem Fall gehört, in dem ein Deutscher tatsächlich erklärte, dass er lieber an die Front gehen wolle als untätig dabeizustehen und zuzusehen, was im Lager geschah. Aber das ist wohl am Anfang seiner Karriere passiert. Nach einer Woche oder so könnte er einer der Bösesten unter den Bösen geworden sein. Ich weiß von einer solchen Metamorphose bei einem protestantischen Geistlichen und auch bei einem Lehrer. Der deutsche Adel und die intellektuelle Elite waren in den Reihen der Mörder vertreten. Es war ein Baron von Eupen in Treblinka, und es gab einige bekannte Ärzte und Wissenschaftler in anderen Lagern (Baron von Eupen, der Kommandant des Straflagers Treblinka I, war eine der bekanntesten Persönlichkeiten unter den Lagerhenkern. Einige Zeugen berichten, dass er nicht nur ein Baron, sondern auch ein Schriftsteller war. Andere sagen, dass er vor dem Krieg als Anwalt tätig gewesen war. Sicher ist, dass er sich durch seine sadistische Fantasie und seinen Einfallsreichtum auszeichnete. Er hielt feine Reitpferde und Jagdhunde im Lager, und eines seiner häufigsten Vergnügen war es, mit seinem Pferd über einen Gefangenen zu reiten und ihn unter seinen Hufen zu zertrampeln).[11] Diese Mitglieder der Elite Deutschlands machten schnell ihren Frieden mit der „neuen deutschen Wirklichkeit", und tatsächlich fühlten sie sich bald in ihr ganz zu Hause.

---

11 Das Zwangsarbeiterlager Treblinka I kommandierte ein (im Übrigen nicht in Erscheinung getretener und keineswegs prominenter) SS-Hauptsturmführer Theodor van Eupen. Er wurde kurz vor Kriegsende von Partisanen getötet.

Wenn diese Menschen alle überzeugte Antisemiten, Nazis, Dämonen und Mörder gewesen wären, könnte es so einfach zu verstehen sein. Aber dem war nicht so. Selbst das Teuflische war hier trivial und billig. Die größte Schande des deutschen Volkes besteht darin, dass unschuldige, wehrlose Menschen verfolgt wurden, dass Männer und Frauen, Alte und Kranke getötet wurden und Kinder aus den Armen ihrer Mütter gerissen wurden – in der großen Mehrzahl der Fälle aus kleinlichen, trivialen Motiven. Sie waren feige und gemeine kleine Schrauben in einer riesigen Maschine der Kriminalität.

Und wir sind es, die Objekte dieser Maschine wurden; wir sahen einem verrückten, verkommenen Teufel ins Auge. Machtlos und entwaffnet, geächtet, isoliert, verlassen, mit gefesselten Händen und Füßen und erstarrten Seelen.

Die deutsche Idylle

Immer stramm, immer tüchtig, lebenslustig und frisch. So waren die Deutschen in Treblinka. „Eine junge Nation von instinktiver Kraft, biologisch gesund." So wurden sie in ihrer eigenen Sprache charakterisiert.

Um die Monotonie ihrer mörderischen Arbeit zu beleben, installierten die Deutschen in Treblinka ein jüdisches Orchester. Dies geschah in Übereinstimmung mit dem etablierten Verfahren in anderen Lagern. Das Orchester hatte einen doppelten Zweck: erstens die Schreie und das Stöhnen der Menschen, die zum Sterben in die Gaskammern getrieben wurden, zu übertönen, soweit das möglich war, und zweitens für die musikalische Unterhaltung des Lagerpersonals zu sorgen, das durch zwei musikliebende Nationen vertreten war – Deutschland und die Ukraine! Ein Orchester wurde zudem für die häufig angeordneten Unterhaltungen benötigt. Im Laufe der Zeit entstand ein Chor, und es gab sogar Amateur-Theateraufführungen, aber leider zerstörte der Ausbruch des Aufstands die großen Pläne für die Weiterentwicklung von Kunst und Kultur in Treblinka.

Unter der dem Untergang geweihten *„Judenscheiße"* konnte man hier alle Begabungen finden, die das Herz begehrte. Im Altertum hätte kein Feldherr so viele Talente unter einem eroberten Volk entdecken können, um sein Herz zu erfreuen. Ein echtes Schlaraffenland voller Sklaven mit besonderen Fertigkeiten.

Wenn sie Musiker wollten, waren Musiker zur Stelle. Und wenn Sänger benötigt wurden, waren diese ebenfalls verfügbar (schließlich sind die Juden auch ein musikalisches Völkchen!). Auch Bildhauer wurden praktischerweise geliefert, um Torpfosten und Wachtürme mit symbolischen Reliefs zu dekorieren. Oder vielleicht wurden Schneider, Schuster oder Sattler benötigt – ein Pfiff reichte aus, um so viele der besten Handwerker wie nötig aufzubieten. Während der *Aktionen* in den Ghettos zahlten die Juden tatsächlich für das Privileg, als Arbeitssklaven eingesetzt zu werden, insbesondere dort, wo jüdische Leben und ihre Körper keinen Pfifferling wert waren. Und wenn sich zu irgendeinem Zeitpunkt einer der deutschen Chefs in den Kopf setzte, den einen oder anderen Handwerker zu liquidieren, so konnte er aus dem nächsten eintreffenden Transport einen Ersatz herauspicken. Als die Zahl der Transporte zurückging, wie es im Winter des Jahres 1943 geschah, und mehrere Hundert zusätzliche Arbeitskräfte für die Kiesgrube in Treblinka I gebraucht wurden, schickte man ein paar „Jungs" aus dem *Sonderkommando* nach Warschau. Der Rest des Personals und die Ausrüstung, die für eine kleine *Aktion* notwendig waren, konnten im Lager selbst gefunden werden. Sie brachten mehr als 7000 oder 8000 zusätzliche Juden, sodass noch viel Auswahlmöglichkeit bestand. Schließlich mussten sie sowieso bis Ende des Jahres alle „*Scheiße*" in die Gaskammern geräumt haben. Wo ist der Unterschied, ob früher oder später? *Herr von Eupen* benötigte die Arbeiter, sodass er die Suche persönlich begleitete und sich an ihre Spitze stellte. Für ihn war eine solche Fahrt wie ein winterlicher Jagdausflug, für seine besondere Art von Wild. Einige denken, dass dies der Grund für die „*Januaraktion*"[12] im Warschauer Ghetto war.

Juden leisteten gegen diese *Aktion* heftigen Widerstand. Dies war das erste Mal, dass sie die Gelegenheit nutzten, den Kampf mit den deutschen „Jägern" aufzunehmen.

In Lemberg wollte der Kommandant der jüdischen Totengräber einige Kleider für „seine" Juden haben, sodass sie diese wechseln konnten, nachdem sie ihren übelriechenden Job erledigt hatten. Deshalb brachte er zwei Fuhren von reichen Juden aus der Stadt ins Lager und liquidierte sie. Auf diese Weise erhielt er die nötige Kleidung.

Der Kopf des Orchesters in Treblinka war Arthur Gold, der ehemalige Leiter eines der besten Kammermusikensembles im Vorkriegs-Warschau. Vor ihm hatte es eine andere Kapelle gegeben (Abraham Krzepickis Aussage nach war es ein Ensemble aus vier Musikern aus der nahegelegenen Stadt Stoczek, die im August 1942 für Einsätze in Treblinka genutzt wurde). Viele Musiker gingen durch Treblinka. Die meisten von ihnen hatten ihre Instrumente mitgebracht. Sie hatten gesehen, wie ihre Familien in den Gaskammern verschwanden, und von da ab blieben sie hier für kurze Zeit am Leben. Jeden Tag standen sie auf und musizierten. Das war das Treblinka-„Platzkonzert". Die Musik hatte eine verheerende Wirkung auf die jüdischen Arbeiter und die Menschen, die in den Tod getrieben wurden. Sie zerstörte, was von ihrem emotionalen Durchhaltevermögen übrig geblieben war. Aber für die Deutschen war es Auftrieb und Tonikum für müde Nerven.

Die Musik blühte. Treblinka hatte sogar seinen eigenen Marsch, eine Hymne auf Treblinka. Sowohl der Text als auch sein musikalisches Arrangement waren lokale Produktionen. Die Juden sangen das Treblinka-Lied beim Appell und jedes Mal, wenn sie zur Arbeit marschierten. Hier ist die letzte Strophe der Treblinka-Hymne:

---

12 Im Januar 1943 kam es anlässlich der Deportation von 5000—6000 Juden (nachdem in den Monaten zuvor schon ein großer Teil der Ghettobewohner überwiegend nach Treblinka transportiert worden war) zu ersten Widerstandshandlungen der Jüdischen Kampforganisation.

Die Arbeit soll uns alles hier bedeuten
und auch Gehorsamkeit und Pflicht,
wir wollen weiter, weiter leisten,
bis unser kleines Glück uns einmal winkt.

Das „kleine Glück", verstehen Sie, bezieht sich auf eine Kugel in den Hinterkopf im Lazarett ...

Die SS-Männer waren bei den Musikern im Orchester ziemlich großzügig. Sie gewährten ihnen kürzere Arbeitszeiten oder befreiten sie sogar komplett von der Arbeit, sodass sie Zeit zum Proben hatten. Wenn die Zeit gekommen war, um sie zu liquidieren, tat die SS dies natürlich ohne mit der Wimper zu zucken. Unterhaltung und Liquidierung waren zwei völlig getrennte Dinge: Angenommen, ein Hausvater zieht ein Kalb oder ein Schwein auf. Wenn es Zeit für das Schlachten des Tieres wird, wird er zögern, es zu tun?

Es gab auch Sport in Treblinka, Leichtathletik und Boxen. Die Menschen mit diesen Sportarten genossen bestimmte Privilegien – natürlich nur bis zu einem Punkt, das heißt bis zu ihrer „bedauerlichen" Liquidierung. Sie bekamen besseres Essen und mussten weniger arbeiten als die anderen. Wettkämpfe wurden veranstaltet. Ach, die Deutschen fühlten sich in Treblinka sicher wie zu Hause! Ihre Sitten und Gebräuche wurden fleißig bedient. Und wie sie danach strebten, sich zu entspannen und es sich gut gehen zu lassen! Treblinka stach unter den anderen Lagern vor allem wegen des Spaßes hervor, den man dort haben konnte, und wegen der neuartigen Vergnügungen, die über die ganze Zeit entwickelt wurden. Hier fand die Kreativität der menschlichen Natur ihren Ausdruck in unzähligen kleinen Details.

Das Folgende ist nur ein Beispiel: Auch in anderen Lagern brachte die Beantwortung des Rufs der Natur allerlei Drohungen und Schikanen mit sich, vor allem bei der Frage von Zeitlimits.

Im Lager Janowska in Lemberg zum Beispiel wurden „Scheißkarten" ausgeteilt, und die Menschen riskierten ihren Tod beim Missbrauch dieser Karten. In verschiedenen Lagern gab es spezielle „Scheißmeister", die dafür verantwortlich waren, dass niemand länger als erlaubt auf der Toilette blieb ... Aber in Treblinka gab es einen „Oberscheißmeister". Die Originalität bestand hier hauptsächlich in der Kleidung dieses Mannes: Er war halb wie ein Tscherkesse und halb wie ein Rabbiner gekleidet, mit einem großen Wecker um seinen Hals hängend. Er sah Zeugen zufolge so komisch aus, dass auch die Juden, die Mitleid mit ihm hatten, lachen mussten, wenn er auftauchte. Das Amt des „Oberscheißmeisters" hatte ein Kaufmann aus Tschenstochau inne, der ein typisch jüdisches Gesicht hatte. Dies war in der Tat der Grund, warum er für den Job ausgewählt worden war. Ich könnte Dutzende von tragikomischen Geschichten über diesen Mann erzählen, aber es ist bei Gott nicht meine Absicht, eine Sammlung von Anekdoten über ein Todeslager anzulegen! Ich möchte lediglich zeigen, was in den Köpfen der Deutschen in Bezug auf solche Angelegenheiten vor sich ging und wie sehr sie sich nach etwas Spaß sehnten.

"Was ist so überraschend daran?" fragte mich einmal ein einfacher Jude, der dies alles mit eigenen Augen gesehen hatte. "Sie waren jung, gesund, gut genährt, hatten reichlich zu trinken, wälzten sich in jüdischem Geld, ihre Taschen waren mit den Diamanten der Juden gefüllt, und sie waren vom Dienst an der Front befreit. Was will man mehr? Und so amüsierten sie sich auf Kosten der Juden und beliebten über unsere Demütigung und unser Leid zu scherzen."

Dies war die psychologische Erklärung eines Juden, und sie war wohl richtig.

Am Morgen, wenn neue Transporte mit Juden eintrafen, stand das gesamte Personal der SS-Männer, wohl ausgeruht und frisch rasiert, körperlich und geistig in Topform, parat, um die Neuankömmlinge zu empfangen. Man konnte den Lagerkommandanten an seinen weißen Handschuhen und seiner patenten feinen Lederpeitsche erkennen. Der Altweibersommer in Polen kann herrlich sein. Bei schönem Wetter brannte die Sonne während der Septembertage des "Warschauer Kessels" heiß vom Himmel wie im Hochsommer. (Die letzte Phase der ersten Aktion in Warschau, als man den Rest der jüdischen Bevölkerung in wenigen Straßen zusammentrieb und eine Selektion durchführte, die vom 6. bis zum 13. September 1942 dauerte. Die Anzahl der Juden, die damals deportiert wurden, schätzt man auf 100 000.) Der Kommandant kam dann gewöhnlich in weißer Uniform auf den Appellplatz. Er war Hauptmann[13] im aktiven Dienst. Da das Wetter so schön war, war es eine gute Idee, seiner Sommergarderobe eine letzte Auslüftung zu gestatten.

Im Lagerbereich der Deutschen wurden in einer Ecke Kaninchen, Füchse und Eichhörnchen gehalten. Es gab auch einen Teich, in dem Enten herumschwammen, und es war sogar die Rede davon, ein Reh zu halten. Diese Ecke mit ihren zahmen Tieren wurde mit provinzieller Anmaßung als *"Tiergarten"* bezeichnet. Und die Deutschen waren sehr stolz darauf. Außerdem legte man in der sandigen Erde einen Garten mit Grünzeug an, nun – mit Blumen, sehr vielen Blumen.

Einige Juden erhielten ausdrücklich die Aufgabe, die Blumenbeete zu hegen und zu pflegen. Die schönsten und abwechslungsreichsten Beete befanden sich am Eingang zu den neuen Gaskammern. (Laut der Zeugenaussage von Stanisław Kohn befand sich oben am Dach des Gebäudes ein Davidstern und die Aufschrift "Judenstaat".)

Von Zeit zu Zeit erhielt Treblinka bemerkenswerten Besuch: Generäle der *Wehrmacht* aus Małkinia, SS-Offiziere aus Lublin, Białystok und anderen Orten. Zunächst besichtigten die SS-Besucher bei einem Rundgang die Abläufe. Es wurden ihnen die Arbeiten der verschiedenen Phasen der Produktion gezeigt, und man gestattete ihnen selbstgefällig, die

---

13 Keiner der drei Kommandanten war Hauptmann (der Polizei oder der Wehrmacht). Irmfried Eberl war Arzt im Dienst der "Aktion T 4" ("Euthanasie"). Er amtierte von Anfang Juli bis Ende August 1942 als Kommandant von Treblinka. Franz Stangl (August 1942 bis August 1943) war zuletzt SS-Hauptsturmführer, Kurt Franz, sein Nachfolger, war ab Juni 1943 SS-Untersturmführer. Weiße Uniformen gab es nicht in der SS; das in verschiedenen Berichten genannte Kostüm des Lagerkommandanten war wohl eine persönliche Marotte.

„Effizienz" zu bewundern. Man erzählt, dass aus Anlass von Himmlers Besuch in Treblinka Ende Februar 1943 eine besondere „Attraktion" für ihn vorbereitet worden war: eine Gruppe von jungen Frauen, die speziell für diesen Zweck ausgewählt worden war, um dem obersten SS- und Polizeiführer des Reiches ein ästhetisches Vergnügen bei der Betrachtung ihrer nackten Körper zu bieten, als diese das Funktionieren des Lagers demonstrierten, in die „Badeanstalt" getrieben und dann als Leichen ausgespien wurden …

Wie ein italienisches Sprichwort sagt: „Wenn die Sache erfunden ist, ist sie gut erfunden." Es ist sicher, dass Himmler die Einrichtungen mit einem Besuch geehrt hat und dass er dort von Zeugen, denen er aus Zeitungsfotos bekannt war, gesehen wurde.[14]

Der Zeuge S. Rajzman erzählt uns, dass Treblinka im April 1943 einen Besuch von Generalgouverneur Hans Frank erhielt.[15]

Nach einem Rundgang durch die Fabrik des Todes wurden die erlesenen Besucher zu einem Essen gebeten. Sie aßen und tranken, unterhielten sich und rauchten Zigaretten. Danach wurden die Gäste zu ihren feinen Limousinen gebracht, die auf sie warteten. Es gab Händeschütteln, militärische Ehrenbezeigungen und die Arme wurden zum Hitlergruß erhoben: *„Heil Hitler!"*

Nachdem die Besucher gegangen waren, könnte das deutsche Personal ein wenig müde gewesen sein, aber es gab noch einige Arbeit für sie zu erledigen, bevor sie für heute Feierabend machen konnten. Da war der Appellplatz zu inspizieren, und dort konnte sich eine Chance ergeben, ein paar Juden zu erschießen. Vielleicht konnte man unter den Arbeitern einen jüdischen Betrüger mit einem Stück verschimmelten Brotes in der Tasche erwischen. In diesem Fall gäbe es eine öffentliche Verhandlung. Man würde ihm 50 bis 100 Schläge verpassen und ihn dann mit dem Kopf nach unten als guten Anschauungsunterricht für die anderen Juden aufhängen. Oder vielleicht würde man ihn an diesem besonderen Tag einfach mit einer Kugel erledigen, weil alle in guter Stimmung waren. Es hatte bessere Nachrichten von der Front gegeben. Eine große Gegenoffensive bei Kertsch … Auf jeden Fall würde niemand den Platz verlassen dürfen, bevor nicht eine kleine Rede gehalten wurde. Wenn man betrunken war, gelangen die Reden viel besser. Es stimmt, die ganze Bande von Juden würde man nicht am Leben lassen, damit sie diese Welt noch länger verdrecke. Trotzdem musste jede Gelegenheit genutzt werden, um sie zu erziehen. Wie jeder weiß, ist die Erziehung von minderwertigen Menschen und Völkern zu Ordnung und Pflicht eine der vornehmsten Aufgaben des SS-Mannes gewesen. Danach spazierte das Personal in die deutsche Baracke zurück und legte sich für ein Nickerchen hin oder zog sich vielleicht sogar ganz zurück. Immerhin war die Arbeit eine Mühle, auch wenn sie nicht unangenehm war.

14 Himmler besuchte Treblinka Anfang März 1943.
15 Ein Besuch Franks in Treblinka im April 1943 ist nicht nachweisbar. Vgl. Werner Präg/Wolfgang Jacobmeyer (Hrsg.), Das Diensttagebuch des deutschen Generalgouverneurs in Polen 1939–1945, Stuttgart 1975.

Kurz gesagt, das Leben in Treblinka war idyllisch.

Für das deutsche Personal war Treblinka ein Dienstposten weit hinter der Front, buchstäblich ein Landerholungsheim. Das Problem ist nur, dass wir nicht zu viel Zeit in der deutschen Sektion des Lagers verbringen können, wo diese sonnige Stimmung herrschte! Wir müssen zur raison d'être dieses Landguts zurück, an den Ort, wo sich die größten *Höllenspektakel* des ganzen Betriebs entfalteten.

Nur die deutsche Sprache hat ein Wort wie „*Höllenspektakel*". Auch „*Galgenhumor*" ist ein Begriff aus dem deutschen Wortschatz.

Die kleinen Gucklöcher

Egal, wie viel wir über Treblinka gehört oder gelesen haben, wir erfahren immer etwas Neues: etwas, das auf unerträgliche Weise Schmerz und Wut im Herzen entfacht und etwas, das uns nachts wach hält.

Zum Beispiel hatten wir lange Zeit angenommen, dass die Agonie in den Gaskammern, in denen die meisten unserer Verwandten und Freunde erstickt sind, nur 20 bis 25 Minuten oder höchstens eine halbe Stunde dauerte. Wir haben nun aus Jankiel Wierniks Bericht erfahren, dass der Todeskampf in den neuen, größeren Gaskammern länger als in den alten Kammern währte. In der Tat ging er oft eine Stunde lang, da der russische Panzermotor, der die Abgase für die Gaskammern lieferte, nicht genügend Abgas produzierte, um den größeren Raum und die breiteren Rohrleitungen zu füllen. Der Ausstoß war nicht ausreichend und effektiv genug. Wiernik erwähnt auch beiläufig, dass die Juden manchmal die ganze Nacht lang in der Kammer standen, ohne dass überhaupt Gas eingeleitet wurde. In diesen Fällen verbrauchten die Opfer alle Luft, sodass viele von ihnen wegen Sauerstoffmangels gestorben waren, bevor die Vergasung überhaupt begann. Vor Kurzem tauchte noch ein Zeuge auf: Yekhiel Reichman arbeitete neben Wiernik im streng geheimen Bereich, in dem sich die Gaskammern befanden. Reichman berichtete weitere Details darüber, wie lange es dauerte, bis die Menschen in den Gaskammern starben.[16]

Während des frühen Winters 1943, als die Transporte nach Treblinka seltener geworden waren und insgesamt höchstens zwei oder drei pro Woche umfassten, begannen die jüdischen Arbeiter im Lager zu hungern. Denn sie konnten nicht mehr auf die Lebensmittelpakete zurückgreifen, die mit neuen jüdischen Transporten eintrafen. Die deutschen und ukrainischen SS-Männer langweilten sich. Aus diesem Grund führte das deutsche und ukrainische Personal, von Iwan, der den Motor für die Gaskammer betrieb, geleitet, eine neue „Unterhaltung" für die Zeit ein, in der keine neuen Transporte nach Plan ankamen.

---

16 Der Augenzeugenbericht von Chil Rajchman (1914–2004) erschien 2009 in deutscher Sprache im Piper Verlag: Ich bin der letzte Jude. Treblinka 1942/43. Aufzeichnungen für die Nachwelt, München 2009.

Treffen von Treblinka-Überlebenden, 1944 in Lublin

Es befanden sich kleine Gucklöcher aus Glas in den Korridorwänden entlang der Gaskammern. Diese kleinen Fenster dienten einem praktischen Zweck: Man konnte in die Kammern blicken. Vielleicht wurde mehr Gas benötigt. War die Schicht beendet, sodass die Klappen geöffnet werden konnten, um die Leichen herauszuschaffen? Konnte telefonisch eine Meldung durchgegeben werden, um die nächste Schicht zu schicken? Aber jetzt konnten die Fenster zusätzlich zu diesem rein praktischen Zweck verwendet werden, um eine andere Art von deutscher Neugier zu befriedigen.

Neugier ist, wie wir wissen, die Mutter der Wissenschaft. Nun drückten die SS-Männer oft die Nasen an diese kleinen Fenster, um die Massenagonie im Inneren der Kammer zu beobachten. Sie hielten es für ein besonderes Vergnügen, wenn Iwan sich Zeit ließ, die reine Luft aus den Kammern zu pumpen und die Abgase entweder schrittweise oder gar nicht hineinließ, während die Juden gedrängt in der Kammer standen und der Sauerstoff hinter den hermetisch verschlossenen Türen weniger und weniger wurde … Sie konnten beobachten, wie die Augen sich zu wölben begannen, wie sich Zungen rausstreckten und Münder anfingen, sich zu verdrehen. Sie konnten beobachten, wie ein Kind, von seiner Mutter hoch über den Köpfen der anderen gehalten, damit es nicht zerdrückt wurde, am Leben blieb, während die Mutter aufrecht stand, eingekeilt zwischen den anderen, den Kopf herabhängend und die Arme steif werdend durch die Totenstarre …

Es war interessant zu sehen, wie lange die Juden dies aushalten konnten.

Dieser Versuch konnte nebenbei gesagt eine sehr ernste und wichtige Sache sein. Vielleicht ergäbe sich daraus mit der Zeit ein Verfahren, in dem überhaupt keine Abgase benötigt wurden, und die Erstickung geschähe ohne die Notwendigkeit, Geld für Chemikalien ausgeben zu müssen. Die Mechanik würde dann die Chemie ersetzen. Treblinka war ehrgeizig. Auf diese Weise könnte Treblinka eine wahre Revolution auslösen und eine neue Ära in der Technologie des Massenmordes kreieren. Das Problem war, die Kammern luftdicht verschlossen zu halten. Das motorlose Verfahren dauerte noch zu lange.

Manchmal dauerte es 48 Stunden, bis alle Lebenszeichen in den Kammern erloschen.

Stellen Sie sich vor, wie die Gesichter dieser Beobachter an den kleinen Fenstern den Juden, die drinnen erstickt wurden, vorgekommen sind!

Solche Ideen – natürlich nur blasse, trübe Gedanken von all dem – müssen durch unsere Prediger in alten Zeiten dargestellt worden sein, wenn sie die Sünder erschreckten mit den Qualen, die die Seele erlitt, wenn sie den Körper nach der Bestattung verließ.

Der Friseur

Yekhiel Reichman arbeitete in der Nähe der Gaskammern, zunächst als Friseur und später als „Zahnarzt", der die Goldzähne aus dem Mund der Leichen riss. Reichman war nur drei Tage als Friseur eingesetzt. Aber auch wenn er noch etliche Monate mehr in Treblinka verbrachte und viel mehr erlebte und überlebte als ein amerikanischer oder englischer Leser für möglich hielte, glaubt er immer noch, dass diese drei Tage, die er als „Barbier" zubrachte, die schrecklichsten von allen waren.

„Jedes Mal wenn ich darüber nachdenke, fühle ich mich, als ob ich verrückt würde", erinnert sich Yekhiel. Und in der Regel ist dieser blonde Mann ausgeglichen und ruhig. „Ich darf nicht daran denken."

Er schnitt den Frauen das Haar, bevor sie in den Tod gingen. Einige von ihnen waren naiv genug, ihn zu fragen, was mit ihnen geschehen würde.

„Yehudi, was machen sie jetzt mit uns?"

Sie sahen ihm ins Gesicht und warteten darauf, dass er ihre Ängste zerstreute, bis sie sich besser fühlten ...

Einige von ihnen, vor allem junge Mädchen, baten den „Barbier", sie nicht bis auf die Haut zu rasieren, sondern ihnen zumindest einige kurze Locken zu lassen. Vielleicht waren sie nur versucht, sich in dem Glauben zu wiegen, sie würden nur aus Gründen der Hygiene und Sauberkeit rasiert, bevor man sie ins „Badehaus" brachte. Sie erinnerten sich an ähnliche Beleidigungen in der „guten alten Zeit", als Juden noch in der Lage waren, behördliche Genehmigungen zu erhalten, um in Zügen zu reisen. Sie mussten aber einen „Entlausungsnachweis" für diesen Zweck vorweisen. Einige der vornehmsten Damen mussten ihre Köpfe rasieren lassen, weil sie verdächtigt wurden, Läuse zu haben ... Aber inzwischen wussten es die meisten der Frauen in Treblinka sehr gut ... nur zu gut ... Ab September 1942 war es in Polen schwierig, nichts zu wissen ...

Können Sie verstehen, was es für eine Frau bedeutet, wenn ihr die Haare abgeschnitten werden? So wurden die jüdischen „Bräute" von Treblinka auf eine makabre Hochzeit vorbereitet. Der Teufel selbst hielt die schwarzen Kerzen für die Zeremonie, und der Widerschein des flackernden Kerzenlichts gefror in den tödlich grünen Augen des „Barbiers".

Ich habe in Stefan Zweigs Biographie über Marie Antoinette gelesen, wie sie in die Gefängniszelle der Königin kamen, um am Morgen ihrer Hinrichtung ihr Haar abzuschneiden. Und ich habe an anderer Stelle gelesen, wie die Haare der Unglücklichen, die geköpft wurden, in dem Moment weiß wurden, als sie das Rasiermesser des Scharfrichters berührte, um abrasiert zu werden. Es gab Hunderttausende von jüdischen Marie Antoinettes in Treblinka und anderswo, angefangen mit kleinen sechsjährigen Mädchen, denen gerade ihre ersten Zöpfe gewachsen waren.

Im Lichte der Statistik

Wie viele Juden wurden in Treblinka ermordet? Aller Wahrscheinlichkeit nach wird es niemals möglich sein, die Zahl mit wissenschaftlicher Genauigkeit zu ermitteln. Es gibt zwei Quellen, auf denen die Schätzungen basieren können: das Zeugnis der jüdischen

Überlebenden und Dokumente von der Bahnstation in Treblinka. Leider blieben nur sehr wenige Dokumente erhalten. Der Rest ging in den Wirren des Krieges verloren. Dennoch konnte die Untersuchungskommission der polnischen Regierung auf der Grundlage der existierenden Papiere feststellen, wie viele Juden mindestens in Treblinka umkamen.

Auf der Grundlage der Feststellungen der Kommission und unserer eigenen Berechnungen glauben wir, dass die Zahl von über 3 000 000 in Treblinka ermordeter Juden, die von verschiedenen Autoren genannt wurde, definitiv zu hoch ist. Die wahre Zahl liegt wahrscheinlich bei etwas über einer Million.

Die Massentötungen in Treblinka begannen am 23. Juli 1942, der in diesem Jahr zufällig der Tisha B'Av[17] war, und endeten definitiv Mitte September 1943. Die größte Zahl der Transporte traf von August bis zur ersten Hälfte des Dezembers 1942 ein. Ende August gab es eine Pause von einer Woche, weil sich zu viele Leichen und zu viel Kleidung angesammelt hatten und das Lagerpersonal mit der vielen Arbeit nicht fertig wurde. Zieht man eine Woche ab, so verbleiben noch viereinhalb Monate mit 144 Tagen voller „Produktion" in den Gaskammern. Nach allen bekannten Aussagen kamen jeden Tag ein bis drei Transporte in Treblinka an. Jeder Transport bestand aus durchschnittlich 60 Waggons, und in jedem Waggon befanden sich zwischen 80 und 150 Personen. Einer Reihe von Zeugen nach gab es Tage, an denen die Transporte überdurchschnittliche Fahrgastfrachten hatten und die Zahl der Transporte mehr als drei betrug. An solchen Tagen waren die Gaskammern bis 1:00 Uhr in Betrieb und lieferten innerhalb von 24 Stunden mehr als 20 000 Leichen. Aber auf der anderen Seite gab es Tage, an denen die Transporte viel kleiner waren, vor allem die aus Deutschland, der Tschechoslowakei und anderen westeuropäischen Ländern, bei denen die Deportierten in weniger überfüllten Reisezügen eintrafen (es sei denn, es gab viele Waggons und spezielle Gepäckwaggons). Außerdem müssen wir die Möglichkeit berücksichtigen, dass die Zeugen jeden Zug aus 20 Waggons, der aus dem Bahnhof Treblinka auf das Abstellgleis des Lagers gefahren wurde, als gesonderte Beförderung gezählt haben. Wie ich bereits ausgeführt habe, teilte man jeden Transport nach der Einfahrt in den Bahnhof Treblinka in Abschnitte auf. Eine spezielle Lokomotive brachte die Waggons eines Abschnitts zur Laderampe im vorderen Bereich des Lagers. Der Grund für dieses Vorgehen war, dass der Bahnsteig am Ende des Abstellgleises, das hinter dem Tor im Inneren des umzäunten Lagergeländes lag, nicht mehr als 20 Waggons fassen konnte.

Somit gehen wir von durchschnittlich einem Transport mit 60 Waggons und 100 Personen pro Waggon für die „Hochsaison" der „Produktion" in Treblinka aus. Dies wäre gleichbedeutend mit einem Durchschnitt von 6000 Menschen pro Tag. Multipliziert mit 144 Tagen würde dies eine Zahl von insgesamt 864 000 Seelen bedeuten.

Von Mitte Dezember 1942 bis Mitte Januar 1943 – während der nichtjüdischen Feiertage – entstand eine Pause bei den Transporten, „Urlaubszeit". Nach dieser Pause trafen die

---

17   Der traditionelle jüdische Tag der Trauer und des Fastens wegen der Zerstörung des Tempels in Jerusalem.

Züge viel seltener ein. Zwei oder höchstens drei Transporte kamen jede Woche. Im März und April trafen kaum Transporte ein. Der letzte Transport, der von jüdischen Zeugen gesehen wurde, kam Mitte Mai 1943. Er bestand hauptsächlich aus Menschen, die nach dem Aufstand im Warschauer Ghetto von dort deportiert worden waren.

Nach dem Februar 1943 verschob sich in Treblinka der Schwerpunkt von der „Produktion" zur Einäscherung der Leichen, die in diesem Zeitraum aus den Massengräbern gezogen wurden. Während des Treblinka-Aufstandes am 2. August 1943 wurden die meisten Gebäude im Lager niedergebrannt. Einige Deutsche und Ukrainer wurden getötet, und die meisten jüdischen Häftlinge kamen entweder bei den Kämpfen ums Leben oder ihnen gelang die Flucht. Allerdings blieben einige Gebäude unversehrt, insbesondere das gemauerte Gebäude, in dem die Gaskammern untergebracht waren. Dort wurden noch bis September 1943 Transporte von Juden vergast. Wir wissen genau, dass in diesem Zeitraum Transporte von Juden aus Białystok kamen. Unter Berücksichtigung aller uns verfügbaren Informationen berechnen wir, dass in Treblinka zwischen Mitte Januar und September 1943 mindestens 25 Transporte bis zum Ghettoaufstand und etwa zehn Transporte nach dem Aufstand kamen, zusammen also etwa 35 Transporte. Nach unserer letzten Schätzung der durchschnittlichen Zahl der Waggons pro Zug und Deportierten pro Waggon ergibt dies insgesamt 210 000 Seelen.

Addiert man die Opferzahl der „Hauptsaison" der Transporte hinzu, so erhält man eine Gesamtsumme von 1 074 000 Seelen. Mit anderen Worten etwas mehr als eine Million Juden. Richter Łukaszkiewicz schätzt in der oben erwähnten Arbeit, dass insgesamt 800 000 Juden in Treblinka umkamen.[18]

Dies ist die wahrscheinlichste Zahl. Die Deutschen führten sicherlich genau Buch über die Zahl der Leichen, die aus den Gaskammern gezogen wurden. Wir wissen das aus der Aussage eines jüdischen Schlossers namens Turowski, der sich an einen Tresor mit Dokumenten in der deutschen Baracke erinnerte. Mit einem Knopfdruck konnte ein Kurzschluss erzeugt werden, um den Inhalt zu verbrennen. Wir wissen auch, dass den Juden in den frühen Tagen während des Entkleidens und der Herausgabe des Geldes gesagt wurde, dass sie einen Złoty behalten sollten, um „für das Bad" zu zahlen. Ein ukrainischer Wachmann saß in einer Holzhütte am Eingang der „*Himmelstraße*" und sammelte die Złoty ein. Dieses Verfahren diente auch statistischen Zwecken, abgesehen davon, dass man die Juden damit übertölpelte und glauben ließ, dass sie wirklich zum Duschen gingen. Aber das wurde bald wegen der damit verbundenen Aufregung aufgegeben. Außerdem wurden während des Aufstandes alle deutschen Papiere und Rechnungen in Treblinka verbrannt.

---

18 In den beiden Prozessen gegen Personal des Vernichtungslagers Treblinka vor dem Landgericht Düsseldorf (1964–1965 und 1970) war auch die Zahl der Opfer Gegenstand der Verhandlungen. Die Schätzung im zweiten Prozess, nach der mehr als 900 000 Menschen in Treblinka ermordet wurden, ist realistisch. Vgl. Benz, Treblinka, S. 429 f. und S. 441.

Bis vor Kurzem wurde eine Zahl von über 3 000 000 getöteter Juden für Treblinka weithin angenommen. Aber das ist definitiv eine Übertreibung. Treblinka erhielt Juden aus Zentralpolen, teilweise auch aus anderen Bezirken in Polen und aus anderen Ländern, und es ist zweifellos eines der größten Massengräber für die Juden in Europa. Aber wir dürfen nicht die Todesfabriken in Bełżec und Sobibór vergessen. Wir dürfen auch nicht die Erschießungen in den Städten von Galizien, Litauen, Wolhynien und der Ukraine vergessen, in Ponary bei Wilna, im Lager Janowska in Lemberg und so weiter.[19]

Etwa die Zehntausende, die in Stanisławów erschossen wurden, in Tarnopol, in Kolomea, in Rowno, in Baranowicze und anderswo. Beachten Sie auch die Gaswagen, die im westlichen Polen im Jahr 1941 eingesetzt wurden. In einer sehr konservativen Schätzung stellte die Untersuchungskommission der polnischen Regierung fest, dass insgesamt 350 000 Juden in solchen Wagen im Lager Kulmhof getötet wurden. Ihre Berechnungen basieren auf den Rechnungen, die die Fahrer dieser Wagen, die für jede Fahrt bezahlt wurden, vorgelegt hatten.[20] Abgesehen davon müssen wir uns daran erinnern, dass Juden das größte Kontingent von Toten in den anderen großen Mordzentren in Polen und Deutschland umfassten – Auschwitz, Majdanek, Dachau, Buchenwald, Bergen-Belsen und so weiter. Überall haben Juden das größte Kontingent an Toten geliefert. Wir waren immer die führenden Figuren in der schwarzen Komödie der Deutschen. Nun, wie viele Juden starben an Hunger und Typhus? Wie viele wurden in den „Blitz-Pogromen" der frühen Jahre der Nazi-Besatzung getötet?

Wie viele starben in den regulären Arbeits- und Konzentrationslagern an „natürlichen" Ursachen genau wie Menschen anderer Nationen? In unseren Berechnungen müssen wir auch die Gesamtzahl der getöteten Juden im Gedächtnis behalten, und vor allem die Gesamtzahl der Juden, die bis zum Ausbruch des Krieges in Europa lebte. Die große Mehrheit der jüdischen Bevölkerung Ost- und Südosteuropas wurde umgebracht. Aber lassen Sie es niemanden unter dem Einfluss unserer Katastrophe auf die Spitze treiben, indem er eine größere Zahl von getöteten Juden nennt als jemals in Europa zu einem beliebigen Zeitpunkt lebte …

Solche Orte wie Treblinka, mit ihren riesigen Massengräbern, brauchen die Art von krummem Lokalpatriotismus nicht, der darin zum Ausdruck kommt, dass man die Zahl der Opfer übertreibt, um die Ungeheuerlichkeit der dort begangenen Massenmorde zu beweisen. Glauben Sie mir, über eine Million getöteter Menschen im Laufe eines Jahres in einem kleinen Ort ist eine Million Mal mehr als eine Million menschlicher Gehirne begreifen kann. Und selbst eine halbe Million wäre viel mehr als genug.

---

19   Vgl. Wolfgang Benz (Hrsg.), Dimension des Völkermords. Die Zahl der jüdischen Opfer des Nationalsozialismus, München 1991.

20   Kulmhof entstand im November 1941 im „Warthegau" nordwestlich von Łódź im Dorf Chełmno. Dieses Vernichtungslager umfasste zwei Stationen: das „Schloss", ein Gutshaus, das als Ankunfts- und Entkleidungsgebäude diente, von dem aus drei Gaswagen zum „Waldlager" fuhren. Die Opfer wurden während der Fahrt durch die Einleitung von Auspuffgasen erstickt und im „Waldlager" in Massengräbern verscharrt. Mehr als 150 000 Menschen wurden auf diese Weise ermordet.

In seiner Schrift „Die Hölle von Treblinka"[21] versucht Wassilij Grossmann, statistische Schlussfolgerungen zu ziehen auf der Grundlage der Zahl der Opfer, die die Gaskammern in der Lage waren zu verarbeiten und die nach seinen Berechnungen den Zahlen entspricht, die sich aus der Schätzung der Größe der Transporte ergibt. Auch er kommt auf die Zahl von drei Millionen. Allerdings hält dieses statistische Verfahren keiner kritischen Prüfung stand. Die grundlegende Tatsache ist, dass keine Rückschlüsse auf die Größe der Gaskammern gezogen werden können. Ursprünglich gab es drei Gaskammern, später gab es zehn weitere. Wir wissen nicht, wie viele der Kammern und seit wann und wie oft am Tag sie im Einsatz waren. Wir kennen die Gesamtzahl der Juden, die die Gaskammern gleichzeitig aufnehmen konnten, nicht und wissen nicht, ob alle Kammern gleichzeitig im Einsatz waren. Kurz gesagt, wir können aus den Angaben über die Gaskammern keine Zahlen ableiten. Wir wissen nur, dass viele, viele – oh, wie schrecklich viele in ihnen ausgerottet wurden.

Mehrere Tausend Zigeuner und mehrere Hundert Polen sind auch in Treblinka umgekommen.

Laut der Aussage von Samuel Rajzman kamen aus folgenden Gebieten Transporte nach Treblinka: die meisten aus Zentralpolen (Warschau und der Distrikt Warschau, Radom, Tschenstochau, Kielce, Siedlce, etc.), etwa 120 000 Juden aus den östlichen und nordöstlichen Regionen Polens (Białystok, Bezirke von Grodno und Wołkowysk), 40 000 aus Österreich, 10 000 aus der Tschechoslowakei und 14 000–15 000 Juden aus Bulgarien und Griechenland. Die Information, dass Juden aus allen oben erwähnten Ländern in Treblinka eintrafen, wurde offiziell bestätigt, als die Untersuchungskommission auf dem Gelände von Treblinka eine große Anzahl von Münzen und anderen Dokumenten aus diesen Ländern ausgegraben hatte.

Während des Aufstandes in Treblinka flüchteten mehrere Hundert jüdische Häftlinge, aber die meisten kamen später um. Nach der Befreiung versammelten sich in Polen etwa 50 Veteranen von Treblinka. Eine Zeit lang bildeten diese Menschen einen „Kreis ehemaliger Häftlinge von Treblinka" mit Sitz in Łódź. Aber mit der Zeit wanderten die meisten von ihnen aus.

Brillen, Haarbürsten und goldene Füllfederhalter

Unsere Vorstellung der Dimension von Hunderttausenden oder gar einer Million Seelen wird nicht nur von der Anzahl der Menschen abgeleitet, sondern auch von zufälligen Umständen, die en passant registriert wurden.

Hier ist ein Zitat aus einem Treblinka-Zeugnis über so Kleinigkeiten wie Füllfederhalter, Brillen und Haarbürsten.

---

21 Wassilij Grossmann, Die Hölle von Treblinka, Moskau 1946.

Alexander Kudlik, ein ehemaliger Häftling von Treblinka, berichtet: „Vom Sortieren von Kleidungsstücken kamen wir zum Sortieren von goldenen Füllfederhaltern. Ich verbrachte etwa sechs Monate mit goldenen Füllern – zehn Stunden am Tag, sechs Monate lang, nur Füller sortieren." (Die aufgeführten Zeugnisse befinden sich jetzt im Archiv der Jüdischen Historischen Kommission in Łódź.)

Im Zeugnis, das Richter Łukaszkiewicz Samuel Rajzman abnahm, lesen wir: „Das Vermögen der im Lager getöteten Juden wurde systematisch sortiert. Verschiedene Experten wurden zur Sortierung des persönlichen Eigentums ausgebildet. Ich war einer von diesen. Ich verbrachte etwa drei Monate ausschließlich mit dem Sortieren von Brillen. Eine riesige Anzahl Brillen ging in dieser Zeit durch meine Hände. Ich erinnere mich auch an eine Geschichte, bei der es um Frauen-Broschen ging. Anfangs wurden diese Broschen (ich meine nicht solche aus Edelmetallen) nach Deutschland versandt. Dann kam eines Tages der Befehl, dass alle synthetischen Edelsteine von den Metallbroschen entfernt werden sollten. Nur das blanke Metall sollte verpackt und nach Deutschland geschickt werden. Auf diese Weise wurden aus leeren Broschen etliche Tausend Kilogramm Rohstoff gewonnen und nach Deutschland geliefert." (Protokoll von Samuel Rajzman, Archiv der Z. J. H. K. in Łódź.)

In den statistischen Aufzeichnungen des Geheimausschusses der Gefangenen, die der Ingenieur Galewski, Kurland und Rajzman anfertigten, finden wir diese Statistik: „Die folgenden Sachen wurden versandt. Etwa 25 Wagenladungen von Haaren, in Ballen verpackt, 248 Wagenladungen Herrenanzüge, ca. 100 Wagenladungen mit Schuhen, 22 Wagenladungen mit konfektionierten Textilwaren. Juden aus anderen Ländern (vor allem Bulgarien) brachten ganze Lagerbestände von Material hierher. Über 40 Wagenladungen mit Medikamenten, medizinischen Instrumenten und Zahnarztstühlen wurden verschickt. Zwölf Wagenladungen Handwerkerausrüstung wurden auf den Weg gebracht. 260 Wagenladungen Bettzeug, Federn, Daunen, Bettdecken, Decken. Darüber hinaus ca. 400 Wagenladungen mit diversen Gütern wie Geschirr, Kinderwagen, Damenhandtaschen, Reisetaschen, Schirme, Stifte, Brillen, Rasierzeug, Toilettenartikel und andere kleine Gegenstände. Mehrere Hundert Wagenladungen verschiedener Arten von Kleidung, Wäsche und anderen gebrauchten Textilprodukten." (Protokoll von Samuel Rajzman, Archiv der Z. J. H. K. in Łódź.)

Nach Informationen, die Rajzman von einem Juden erhielt, der bei der Verpackung von Wertsachen, Gold und Devisen arbeitete, wurden allein mehr als 14 000 Karat Diamanten verschickt. Wir sehen also, dass der deutsche Mord an den Juden in nicht geringem Maße ein grandioser Raubmord war.

Der „Kopaschke"

Die technische Ausstattung der Mordfabrik umfasste unter anderem eine mechanische Grabmaschine, den Exkavator oder „Bagger", den die Treblinker den „Kopaschke" nannten.

Auf den Feldern von Treblinka

Als die Toten anfangs noch in der Erde begraben wurden, hob dieser Bagger immerzu Gräben im vorderen Bereich des Lagers aus, direkt neben dem Lazarett, und auch bei den Gaskammern. Er lud viele Kubikmeter Erde auf einmal aus den Gräben. Als sie die Leichen später bei dem Versuch, jede Spur der Morde zu tilgen, zu verbrennen begannen, benutzte man den Bagger für die Ausgrabung der Leichenberge.

So oder so war der deutsche Homunkulus von Treblinka ständig in Betrieb. Sein Hämmern war das charakteristische Geräusch des Todeslagers und war meilenweit zu hören. Wer aus dem Lager floh, konnte sich nachts an dem Geräusch orientieren und erkennen, ob er vom Lager weg lief oder im Kreis wanderte. Im Laufe der Zeit wurden zwei weitere Bagger in Treblinka eingesetzt. Wenn Hitler den Krieg gewonnen hätte, stünde eine dieser Maschinen wahrscheinlich zur Belohnung ihrer Leistungen in einem deutschen Kriegsmuseum, Seite an Seite mit deutschen Panzern und Kanonen. Sie leisteten einen echten Dienst. Sie arbeiteten Tag und Nacht, hoben Gräben aus, ratterten drauflos – die „Kopaschke", Golem aus Eisen, mechanisches Herz des mechanischen Geschäfts der Tötung von Juden.

Die Gefangenen von Treblinka

Wir haben bereits die Daten analysiert und die Phänomene definiert. Die Deutschen schufen eine Wissenschaft der Vernichtung und wir schaffen eine Wissenschaft des Untergangs.

Die deutschen Verbrechen wären nicht perfekt gewesen, wenn es den Deutschen nicht möglich gewesen wäre, jüdische Arbeiter für ihre Zwecke zu nutzen.

Die Massen der Häftlinge in Treblinka starben auf eine Art und Weise – der Tod war das Hauptprodukt des Lagers, aber der Tod der jüdischen Kräfte in der Mordfabrik war von ganz anderer Art. Ihr Todeskampf dauerte länger und war unterbrochen von Zeiten der Hoffnung. In ein Delirium von widerstreitenden Gefühlen verwandelt, war er letztlich vielleicht noch schwieriger als der Tod in den Gaskammern.

Es gab etwa 1000 jüdische Arbeiter: 500 bis 600 im ersten Abschnitt des Lagers und 300 bis 500 in der Nähe der „Kammern". Ihre Hauptaufgaben waren wegzuräumen, was die Toten zurückließen, die Leichen wegzuschaffen und dann die Spuren der Morde zu beseitigen. Jeder Bereich hatte seine eigenen speziellen Funktionen. Sie wurden in *Kommandos* unterteilt, die durch Selektion oder Selbstmorde ständig dezimiert, aber schnell durch neue Transporte aufgefüllt wurden. Die qualifizierten Handwerker in den Werkstätten und die Bauarbeiter überlebten am längsten. Letztere wurden beim Bau und der Instandhaltung der Lagergebäude eingesetzt. Nach Himmlers Besuch im Februar 1943 begannen sie, die Leichen aus den Massengräbern zu exhumieren und zu verbrennen. Das „Leichenkommando" wurde auf das Vierfache seiner ursprünglichen Größe erweitert.

Das wichtigste aller *Kommandos* war das „Tarnkommando". Seine Aufgabe war es, Zweige in den Wäldern zu schneiden und sie in die Stacheldrahtzäune zu flechten. Es war verboten, sich diesen Zäunen mehr als im Abstand von einem Kilometer zu nähern. Im Herbst 1942 wurde der Bereich der Massengräber, der mit Kiefern umgeben war, humorvoll „*Kindergarten*" genannt. Der Zweck der Bäume war, das Innere des Lagers vor außenstehenden Beobachtern zu verbergen.

Wie haben sich die Juden in der Hölle verhalten, in der jeder wusste, dass er nicht mehr lebendig herauskäme, in der es einzigartiger spiritueller Kraft bedurfte, um nicht beim Anblick so vieler Leichen der Anziehungskraft des Todes zu erliegen und in der es eine große Leistung war, allein den Lebenswillen aufrechtzuerhalten? Wie schafften es die hier arbeitenden Juden, tatsächlich durchzuhalten? Waren sie grausige lebende Gespenster, deren Worten und Gedanken man sich nur ängstlich näherte, so wie man mit Abscheu erfüllt ist bei dem Gedanken, eine Leiche berühren zu müssen? Nein, diese verlorenen Menschen, die den Tod als ständigen Begleiter hatten, die in jedem Moment an Zehntausenden von Leichen vorbeigingen, waren selbst dutzendfach vom Tod bedroht – diese Leute bewahrten ihre kleine Flamme der Menschlichkeit, ihre kleine Flamme des „Selbst" und sogar ihre kleine Flamme des Judentums an diesem Ort der tausend Schrecken.

Wie unheimlich die Mechanismen der menschlichen Natur sind! Wie schrecklich ist ihre Wirkung auch in Konstellationen, die weit weniger dramatisch und als Täter-Opfer-Komplex bekannt sind!

Was die jüdischen Arbeiter in Treblinka durchlebten, war identisch mit dem Drama, das sich in anderen Lagern des gleichen Typs abspielte.

Aus Angst vor dem deutschen Abschaum wurden einige der Juden selbst Abschaum. Sie schlugen andere Juden und verrieten sie. Andere wurden zu Robotern. Aber es gab einige – und nicht wenige -, die Menschen blieben wie zuvor. In der Tat wurden sie bessere Menschen als zuvor. Unter den Bedingungen eines Terrors, der sogar die Schrecken von Majdanek oder Auschwitz übertraf, an einem Ort, wo psychische Depression schwerer als irgendwo sonst auf der Erde auszuhalten war – wurde ein Plan der Revolte konzipiert und erfolgreich ausgeführt. Das war vielleicht der einzige Fall dieser Dimension in einem Lager auf dem gesamten deutschen Besatzungsgebiet.

Sporadische Attentate und Racheakte waren sowohl in Treblinka als auch in anderen Lagern aller Art weit häufiger, als wir jetzt wissen und als wir jemals wissen werden. Ein Akt von besonders großem Mut war die geplante und vorsätzliche Tat von Meir Berliner, eines Bürgers aus Argentinien, der den SS-Mann Max Biel [Biala] am 10. September 1942 erstach. Später gab dieser Hitler-„Märtyrer" der deutschen Kaserne in Treblinka den Namen „Max-Biel-Kaserne".[22]

---

22 SS-Unterscharführer Max Biala war am 11. September 1942 auf dem Appellplatz bei einer Selektion von einem Warschauer Juden, Meir Berliner, erstochen worden. Zu seinem Andenken wurden die Unterkunftsbaracken der Trawniki-Männer in Max-Biala-Kaserne benannt.

Blick auf das ehemalige Lager Treblinka

Die Revolte oder besser der Aufstand von Treblinka brach nach langen Vorbereitungen am 2. August 1943 aus. In diesem Herbst wurde eine Revolte in Sobibór organisiert. Angriffe auf deutsche Wachen, zusammen mit dem Versuch – ob erfolgreich oder nicht – zu entkommen, wurden an vielen Orten unternommen. Der positive Effekt des Aufstands in Treblinka lag in der Tatsache, dass er unter dem mächtigen geistigen Einfluss des Aufstands im Warschauer Ghetto stand und dass er den Akzent nicht so sehr auf die Rettung der Teilnehmer legte, sondern auf die Durchführung bestimmter Aufgaben: das Lager zu zerstören, die SS-Männer zu töten und auch die jüdischen und polnischen Häftlinge im nahen Straflager Treblinka zu befreien.[23]

Es fällt schwer, sich etwas vorzustellen, was noch spannender und großartiger ist als die Entwicklung der Verschwörung in Treblinka, der Ausbruch der Rebellion und die Flucht eines Teils der Gefangenen. Die Ergebnisse waren nicht hundertprozentig wirksam und konnten es nicht gewesen sein. Aber auch so bilden die Verschwörung und der Aufstand in Treblinka eines der hellsten Kapitel in der dunklen Geschichte des jüdischen Todes in Polen. Der Aufstand ist einer der aufregendsten Siege menschlichen Muts, menschlicher Intelligenz und Willenskraft über Terror, Verrat und brutale Gewalt.

„Kiewe" und „Berish"

Abgesehen von ihren wahren deutschen Familiennamen – wie Stangl, Franz, Miete, Spetzinger, Post und so weiter –, die mit einem Zähneknirschen ausgesprochen wurden, hatten die Deutschen in Treblinka auch Spitznamen. Diese entstanden teilweise in geheimer Verständigung unter den Gefangenen, und zum Teil kamen sie aus jüdischer Volksweisheit, aus dem Volkshumor, ein schwarzer Humor, aber Humor. Es waren Juden, die in diesen Spitznamen Erinnerungen an zu Hause übernahmen.

Einer der Sadisten in Treblinka erhielt den Spitznamen „Kiewe". Warum „Kiewe"? Ich frage nach und erfahre, dass dieses Subjekt auf Deutsch wirklich Küwe hieß, aber wenn Juden ihn Kiewe nannten, sprachen sie es jiddisch aus. Aber das machte ihn nicht koscher, es machte ihn nur lächerlich.

Ein weiterer Verkommener wurde „Berish" getauft. Warum „Berish"? Er erhielt den Namen von einem Juden, der aus Otwock stammte. Dieser Deutsche schlug seine Opfer tot, wenn er die geringste Veranlassung hatte, Hand an sie zu legen. Der Totengräber in Otwock hieß auch „Berish". Der einzige Unterschied zwischen den beiden Berishs war, dass der Berish aus Otwock der Bestattungsunternehmer der Stadt war, der den Toten, die von

---

23 Jüdischer Widerstand organisierte sich seit Anfang 1943 in Treblinka. Am 2. August 1943 brach der lange vorbereitete Aufstand der 700 „Arbeitsjuden" los, sie legten Feuer, töteten einige Bewacher und flohen. Von den Fliehenden haben nur weniger als 60 überlebt.

selbst gestorben waren, ihr letztes Geleit gegeben hatte, während der „Berish" von Treblinka sie mit seiner Peitsche und seinem Grinsen auf ihre letzte Reise schickte.

Den Supersadisten im Lager, Kurt Franz,[24] der wegen seiner demonstrierten Fähigkeiten zum *Untersturmführer* und stellvertretenden Kommandanten des Lagers befördert wurde, nannten die Juden Lalka (die „Puppe"), weil er so schön wie eine Puppe war. So schön wie ein Engel, aber böse wie der Teufel. Vielleicht erhielt er seinen Spitznamen, um diesen Gegensatz zu betonen.

Es gab auch einen lokalen „Frankenstein". Der Name dieses Kinomonsters, des gefährlichen Golems auf der Leinwand, war in den Lagern und Ghettos sehr beliebt. Aber in Treblinka stammte der Name wahrscheinlich aus zweiter Hand. Der ursprüngliche Träger war ein Warschauer Gendarm gewesen, der die Gewohnheit hatte, jedes Mal ein paar Juden zu erschießen, wenn er in den Tagen vor der Massendeportation Dienst an einem Ghettotor hatte.

Die Berufe der überlebenden Häftlinge von Treblinka waren Handelsreisender, Spediteur, Zuschneider, Schuster und Buchhalter. Die Berufe der Henker waren Elektroinstallateur, Händler, Bäcker und Angestellter im Einzelhandel. „Lalka" war Kellner gewesen. Und diese beiden Gruppen von Menschen, Vertreter von so bescheidenen, alltäglichen, sozial gefestigten Gruppen, wurden in einer einmaligen Konstellation zu einem dämonischen Zirkel zusammengeschlossen und führten ein solch seltsam höllisches Drama untereinander auf.

Dies ist die praktische Konsequenz eines Systems, in dem einige Männer völlig versklavt und all ihrer Besitztümer beraubt, während andere vollkommen verderbt sind. Dies ist das praktische Ergebnis des Hitlerschen Totalitarismus.

Die Untergrundbewegung und die Revolte von Treblinka stehen für einen großen moralischen Sieg der Juden über dieses System.

Ein Jude erzählt

Unter den Überlebenden von Treblinka, die sich zusammen mit uns auf die Inspektionsreise machten, war ein eigenartiger Typ, ein Zeuge, der noch nicht befragt worden war. Sein Name war Tanhum Grinberg, ein Schuhmacher aus Błonie, der Prototyp des jüdischen Mannes von der Straße mit all seinen Fehlern und Schwächen. Jedes Mal, wenn er den Mund öffnete, kam der authentische Akzent der jüdischen Massen heraus. (In den Sammlungen der Warschauer Wojewodschaftskommission befindet sich eine sehr ausführliche Schilderung

---

24 Kurt Franz (1914–1998), Metzgergehilfe, war seit 1937 SS-Mitglied. Seit Frühjahr 1942 tat er Dienst in Bełżec, ab August 1942 in Treblinka als Stellvertreter des Kommandanten Franz Stangl, dessen Nachfolger er im August 1943 wurde. 1959 wurde Franz verhaftet und 1965 zu lebenslanger Haft verurteilt. 1993 wurde er aus gesundheitlichen Gründen aus der Haft entlassen.

von Treblinka, aufgenommen bei T. Grinberg nach der Expedition vom 7. 11.) Ich möchte von ihm etwas Persönliches erzählen, nicht die makabren Einzelheiten dessen, was er mir geschildert hat.

Im Jahre 1941 wurde Tanhum aus Błonie evakuiert und gezwungen, ins Warschauer Ghetto zu ziehen. Er war damals noch ein junger Mann, aber er war bereits das Oberhaupt seiner Familie und sorgte für seine Mutter, die drei jüngeren Brüder und eine Schwester. Um sich vor der Rekrutierung als Zwangsarbeiter zu schützen, hatte er noch vor den Massen-Aktionen von Juli bis September 1942 begonnen, in der Werkstätte von Schultz zu arbeiten. Er arbeitete drei Tage pro Woche „für den Deutschen" und drei Tage in der Woche „für sich". Irgendwie gelang es ihm zurechtzukommen. Als die Blockaden begannen, gelang es Tanhum, für seine Familie Arbeitsausweise zu erhalten. Diese Papiere sollten sie vor der Deportation schützen. Aber etwa eine Woche später, als er von Schultz nach Hause kam, fand er seine Wohnung leer vor. Einige seiner Nachbarn waren noch da, weil sie sich versteckt hatten, aber Tanhums Familie, die sich auf ihren „*Ausweis*" verlassen hatte, der sie schützen sollte, war deportiert worden. Nicht ein einziges Familienmitglied hatte man zurückgelassen.

Tanhum geht sehr ins Detail, um das Bild seiner leeren Wohnung wiederzugeben. „Ein Topf mit Kartoffeln stand noch auf dem Herd, die Kartoffeln waren halb gekocht und kalt. Das Feuer war ausgegangen …"

Ganz alleine setzte er sich in seinem Zimmer hin und weinte.

„Ich habe nur dreimal in meinem Leben geweint", erzählte uns Tanhum nebenbei. „Das erste Mal, als mein Vater starb. Er war 46 Jahre alt und litt an Krebs. Das zweite Mal, als sie meine Mutter und die Kinder mitnahmen. Und zum dritten Mal …"

„Das dritte Mal war, viel später, als ich schon frei war. Eine ganze Gruppe von uns Juden hatte sich in der kleinen Stadt Sterdyń versammelt, in unmittelbarer Nähe, wo wir uns jetzt befinden, und in unmittelbarer Nähe von Sokołów und Treblinka. Ich hatte mich seit dem Aufstand in dieser Stadt versteckt gehalten. So veranstalteten wir nach der Befreiung eine kleine Feier. Es waren einige sowjetische Soldaten – ebenfalls Juden – mit dabei. Einer von ihnen war ein Offizier aus der Nähe von Charkow. Es gab auch ein Mädchen, das Geige spielen konnte. Es spielte sehr schön. Wir tranken ein paar Schnäpse. Der jüdische Oberleutnant war ein wenig angeheitert. Als das Mädchen weiterspielte, wurde er sehr traurig. Schließlich stand er auf, schritt zur Mitte des Raumes und hielt folgende kleine Rede:

‚Auch ich hatte einmal ein Zuhause. Ich hatte eine Frau und ein Kind, einen kleinen Jungen von fünf Jahren. Als die Deutschen mit dem Töten begannen, versteckte sie jemand, aber jemand anderes verriet sie und lieferte sie aus. Sie wurden getötet und ebenso der Mann, der sie versteckt hatte. Derjenige, der sie verraten hat, lebt noch heute. Ich sollte wieder zurück in unsere Stadt gehen, meine Pistole nehmen und ihn erschießen, zusammen mit seiner ganzen Familie. Aber ich darf es nicht tun und will es nicht, und außerdem würde es nichts helfen. Ich werde nie wieder nach Hause gehen, und ich werde nie wieder ein Heim haben. Das

Einzige, was mir bleibt, ist Schnaps und noch mehr Schnaps.' Damit ging er zurück an den Tisch und trank weiter. Und als das Mädchen aufspielte und der sowjetische Offizier sprach, merkte ich, dass wir Juden uns heute alle in der gleichen Lage befinden, und mich ergriff das große Heulen ... Ich ging in ein anderes Zimmer, und ich sage Dir, ich weinte wie ein Baby."

Tanhum war Augenzeuge von Meir Berliners Attentat auf Max Biel [Biala] am 10. September 1942. Er war in der Schusterwerkstatt in Treblinka tätig. Er arbeitete für die Deutschen, in seinen Worten, wie „für den Pharao in Ägypten". In Treblinka, erzählt er, fühlte man sich jeden Tag so ausgeliefert wie Isaac auf dem Opferaltar.

Kapo Meir

Tanhum berichtet uns auch von einem jungen Mann – die anderen sprechen auch von ihm –, den sie „Kapo Meir" nannten. Er war der Sohn eines Schreibers von Pergamentrollen und hatte eine schöne Singstimme. Als frommer Jude führte er den Brauch ein, dass die Gefangenen jede Nacht regelmäßig Abendgebete hielten, nachdem die Baracke verschlossen worden war. Danach rezitierten sie das „El Maleh Rachamim"[25] (Tanhum sagt „Keyl Maleh Rahamim"),[26] und die Juden sprachen das „Kaddisch" für die Toten.

„Was war mit den Deutschen und den Ukrainern?" fragte ich. „Haben sie euch dafür nicht bestraft?"

„Es ist eine Geschichte für Sie", antwortete Tanhum. „Sie haben wahrscheinlich nichts über die Musik in Treblinka gehört. (Was für eine Frage! Und ob ich davon weiß!) Wussten Sie, dass die Deutschen jüdische Melodien liebten? Sie gingen vorbei und standen in der Nähe der Fenster unserer Baracke. Dafür schätzten sie Meir – ... bis sie ihn erschossen. Sie machten ihn zum Kapo, aber er hatte uns nie etwas getan."

Ich war über dieses Tableau von Deutschen erstaunt, das am Fenster stand und dem „El Maleh Rahamim" zuhörte, das zum Gedächtnis genau der Menschen gesungen wurde, die sie selbst an diesem Tag ermordet hatten.

Es war ein Wald nicht weit entfernt, mit einem Feld – ein Feld von Leichen – dazwischen.

Chaim'l und sein Pony

Meirs Geschichte löste bei den Treblinka-Überlebenden eine neue Flut von Erinnerungen aus. Eine von ihnen handelte von Jom Kippur in Treblinka und von denjenigen, die darauf bestanden, an diesem Tag zu fasten. Eine weitere Geschichte schilderte, dass im Todeslager

---

25 „Gott voller Barmherzigkeit", jüdisches Totengebet.
26 „Mord voller Barmherzigkeit".

Mazze für das Pessachfest gebacken wurde. Und ein Dritter erzählte uns diese Begebenheit, die hier erwähnt werden soll.

Es klingt wie eines der alten Volksmärchen des jüdischen Martyriums. „An Chanukka", berichtete Szymon Friedman vom Straflager Treblinka I, „ist es einem der Juden gelungen, in der Nacht ein paar Kerzen von irgendwoher in die Baracke zu schaffen, und er zündete die Chanukka-Kerzen an. Ein ukrainischer Wachmann sah die Kerzen und stürmte in die Baracke. „Wer hat die Kerzen angezündet?" wollte er wissen. Natürlich waren die Kerzen ausgelöscht worden, als er die Tür öffnete, und niemand wollte es zugeben. Also sagte der Ukrainer: „Wird's bald! Ihr wollt es nicht gestehen? Bei mir würdet ihr mit einer Strafe davonkommen, aber ich werde es den Deutschen sagen, und wir werden sehen, was passieren wird."

Es gab keinen Grund, seine Drohungen nicht ernst zu nehmen. Das war eine ernste Angelegenheit. Die Juden begannen zu diskutieren, was sie tun sollten. Weder die Partei der „Schuldigen" noch einer der anderen Gefangenen übernahm die Last der Verantwortung. Dann kroch ein 15-jähriger Junge namens Chaim'l aus seiner Ecke. Sein Job im Lager war es gewesen, mit einem kleinen Pony durch das Lager zu gehen, es während der Mahlzeit an einen Wagen zu spannen und einer Gruppe von Frauen, die in der Wäscherei arbeiteten, das Essen zu bringen. Er war ein Waisenkind, und jeder mochte ihn.

„Ich war es! Ich zündete die Kerzen an!" Chaim'l weinte. „Heute ist der Jahrestag des Todes meiner Mutter und deshalb zünden wir Kerzen an."

Der Junge bekam 25 Peitschenhiebe, um eine ganze Gruppe von Juden vor dem Terror zu retten.

Ein Pole erzählt

Von Siedlce fuhren wir mit dem Dienstwagen des Bezirksbüros weiter. Ich saß neben dem Fahrer, einem Mann namens Marzec. Er war ein sympathischer Typ, ein junger, zäher Bursche, der während der Nazi-Besatzung ein Radio in seiner Wohnung versteckt hatte und – eine jüdische Frau mit Kind. Auch er hatte Geschichten über Juden und über Treblinka zu erzählen.

Seine Geschichten waren einfach, sachlich und kurz. Er erzählte von den Tagen der *Aktion* in Siedlce, als die Deutschen auf dem Markt Tische aufstellten: „Und so begann die Zeremonie. Die Truppe setzte sich an die Tische, trank und aß sich satt und ging dann an die Arbeit. Sie erschossen die Alten und Schwachen an Ort und Stelle. Und wenn jemandem gesagt wurde, nach links zu gehen, dorthin, wo die Frauen und Kinder standen, war er offensichtlich ein Todeskandidat." Er kannte die deutsche Taktik genau: Frauen, Kinder, Alte und Kranke waren sicherlich am schlimmsten dran.

Die Menschen versuchten, aus den Transporten zu entkommen, und viele Leichen lagen auf Schritt und Tritt entlang der Eisenbahngleise.

Dann machten die Deutschen eine Pause in Siedlce. Sie versprachen, dass diejenigen Juden, die arbeiteten, nicht belästigt würden. Sie wurden aufgefordert, in ihre Häuser zurückzukehren. Marzec erläutert: „Die Deutschen wollten, dass die Juden, die in den Wäldern und Dörfern verstreut waren, sich wieder an einem Ort sammeln. Und als die Leute wieder in die Stadt zurückgekehrt waren, direkt an Rosch Haschana (dem jüdischen Neujahr), rückten die Deutschen ein und luden sie in den Zug, trotz der Arbeitsplätze und all der Papiere, die sie besaßen. Sie befahlen, die Synagogen niederzureißen, und das war das Ende der Geschichte."

Männer und Ungeheuer

Alle Polen in diesem Gebiet, der Bezirke von Siedlce und vor allem von Sokołów, hatten viel gesehen und wussten viel. Die Deutschen und die Ukrainer von Treblinka waren in der Stadt Kosów sehr gut bekannt. Sie pflegten die Stadt zu besuchen, um eine gute Zeit zu haben, sich zu betrinken und Fotografien von sich anfertigen zu lassen. Richter Łukaszkiewicz nahm viele Zeugnisse von Polen aus diesem Gebiet auf, insbesondere von Eisenbahnern aus den Bahnhöfen, durch die die Transporte gefahren waren. Die Bauern der Gegend konnten nachts die Flammen der Scheiterhaufen in Treblinka sehen. All diejenigen, die aus dem Elend von Treblinka entflohen waren, wandten sich um Hilfe an sie. Einige Juden fanden Unterstützung, aber andere trafen nur auf Raub, Verrat und Tod.

„Es gibt Männer und es gibt Ungeheuer", seufzte unser Fahrer, und die Treblinka-Überlebenden schlossen sich an. Aber es ist eine Tatsache, dass jeder dieser Überlebenden einen Polen hatte, der sein Leben riskierte, um ihm zu helfen. Im Falle von Friedman war es eine Bäuerin gewesen, die einen Kessel mit Wasser an einem Morgen erhitzt hatte, seine Wunden gewaschen und mit einem sauberen Streifen Leinen verbunden hatte. Sie gab ihm ein Stück Brot und einen Stock als Stütze. Dann zeigte sie ihm den Weg: „Geh, und viel Glück!" Am Rande eines anderen Dorfes, nicht weit entfernt, in dem er den ganzen Tag in einem Heuhaufen versteckt gelegen war, als sich wegen seiner Wunden ein hohes Fieber entwickelt hatte, fand er einen anderen Bewohner, der ihm jede Nacht aus seinem Haus etwas zu essen und sogar eine Zigarette brachte. Unser Mann erinnert sich mit noch größerer Dankbarkeit an die Zigaretten als an das Essen, das ihn am Leben gehalten hatte! Später kam der Bauer als Erster, um ihm die Nachricht zu überbringen, dass er ein freier Mann war und die Russen bereits das benachbarte Dorf erreicht hatten.

Ein weiteres Mitglied unserer Gesellschaft, Yekhiel Reichman, hätte mit unserem Auto gern einen Umweg von ein paar Kilometern gemacht für einen Besuch „seines" Bauern. Er hätte ihm ein neues Hemd gegeben, mit Dank für das Hemd, das der Mann ihm überlassen hatte, als er ein Flüchtling war, verwundet und blutend nach dem Aufstand, und er bei der Menschenjagd von allen Seiten verfolgt wurde ... Ein anderer Mann, Samuel Rajzman, hatte auch einen Helfer, der angeblich ein Bauer, aber in Wirklichkeit Richter war, der sich mit seiner Familie während der Besatzung in dem Dorf niedergelassen hatte. Er war selbst Mitglied der Untergrundbewegung und hatte nach dem Aufstand mehrere Juden aufgenommen und bis zur Befreiung ein ganzes Jahr lang bei sich behalten.

Es lebte auch irgendwo in der Gegend ein Mann, dem es gerade noch gelungen war, sich selbst zu retten, als sein Haus und Gut zur Strafe in Brand gesteckt wurden, weil er Juden Zuflucht gewährt hatte. In einer anderen Familie waren der Vater und zwei Söhne für das gleiche Verbrechen erschossen worden.

Über dem Ort wird immer ein Nebel liegen

Als wir auf unserer Reise nach Treblinka in Kosów eintrafen, war dort gerade Markttag. Es waren Scharen von Bauern, Männer und Frauen, und Fuhrwerke, Rinder und Pferde unterwegs. Die örtliche Polizei wusste, dass wir kämen. Der Staatsanwalt, der Richter und der lizenzierte Landvermesser warteten auf uns, ebenso der Vorsitzende des Rates von Sokołów, zusammen mit einer Gruppe von Milizionären und dem Bürgermeister des Dorfes Wólka Okrąglik, in dessen Gebiet sich die Lager von Treblinka befunden hatten. Als wir am Marktplatz vorbeifuhren, konnten wir irgendwo aus der Menge Pfiffe hören. Wir erinnerten uns, dass vor Kurzem elf Juden in Kosów Lacki getötet worden waren und dass es viele Antisemiten in der Nachbarschaft gab, neureiche Leute, die in der Nähe des Vernichtungslagers wohlhabend und korrupt geworden waren. Wir erinnerten uns daran, aber in diesem Moment dachten wir nicht darüber nach, ob wir in Gefahr waren.

Den ganzen Morgen war das Wetter frostig, aber klar und sonnig. Nach zwei Uhr nachmittags jedoch, als wir die Stadt verlassen und für die letzten zehn Kilometer bis Treblinka eine Nebenstraße genommen hatten, stieg ein unheimlicher Nebel auf.

Bis zu diesem Zeitpunkt unserer Reise pflegten die Überlebenden von Treblinka einander mit Kommentaren zu unterbrechen und zu zeigen, wie vertraut sie mit der Gegend waren. Aber jetzt, so nahe bei jenem Ort, wurden sie auf einmal still, jeder in seine eigenen Gedanken versunken.

Die Räder unseres Autos rollten sanft über die Straße, die von jüdischen Händen erbaut worden war. Ich schaute mich um, ob jemand mein Herz laut schlagen hörte, so wie es immer geschah, wenn man mit etwas konfrontiert wird, was die Gedanken verdrängt haben und einen mit Angst erfüllt und die Fantasie quält. Aber die tatsächliche Begegnung erzeugte eine ganz andere Wirkung als erwartet. Ich habe versucht, mit meinem geistigen Auge die Gesichter aller meiner Nächsten und Lieben zu erkennen, für die diese Straße, auf der wir uns jetzt unserem Ziel näherten, der letzte Weg war.

Wenn es wirklich so etwas wie Unsterblichkeit gibt, sollten ihre Seelen über diesem Ort schweben, zwischen den Seelen, die keine Sühne finden konnten, weil ihre physische Masse bereits verschwunden war. Wer weiß – vielleicht waren es diese jüdischen Seelen, die den Nebel bildeten, der jetzt schwer über unseren Köpfen hing.

Jetzt konnten wir schon die Gleise der Eisenbahnlinie Siedlce-Małkinia sehen. Dort war es, genau dort links von dem kleinen Wald.

Ein bleierner Himmel hing so tief über der trostlosen Landschaft, dass es schien, als ob wir in der Lage wären, ihn zu erreichen und zu berühren. Der milchig-graue Nebel bedeckte alles. Die Kiefern hoben sich aus der Ferne ab, als ob sie in schwarze Schleier gehüllt wären. Die Sonne war blass und schwach geworden. Sie sah wie ein kleines, rundes, menschliches Antlitz aus, das auf uns von oben herabblickte wie das verzerrte und plötzlich im Angesicht der Leiden gealterte Gesicht eines Trauernden.

„Woher kam dieser Nebel?" fragte jemand in unserem Auto. „Es wird immer Nebel über diesem Ort liegen", antwortete einer der Veteranen von Treblinka. Und ich spürte deutlich, dass er versuchte, noch etwas zu sagen, etwas sehr Wichtiges und Profundes. Etwas, das er nie zuvor in seinem Leben gesagt hatte. Aber er brachte es nicht heraus.

Das polnische Colorado oder „Der Goldrausch von Treblinka"

Ich wusste, dass es eines Tages so kommen würde. Ich hatte drei Jahre zuvor darüber geschrieben und vorhergesagt, dass der Ort, an dem die Juden umgekommen waren, das polnische Klondike[27] werden würde. Wohin Abenteurer aus dem ganzen Land kommen würden, um in der Erde nach Schätzen zu graben.

Große Schätze hatten in der Tat Treblinka passiert. Hunderttausende von Menschen waren hierhergekommen und mit ihnen ihre besten und wertvollsten Besitztümer. „Die Mitnahme von Gold und Devisenreserven ist zulässig." So stand es auf den Plakaten für die Deportation in Warschau und auch in anderen Städten. Die wahre Bedeutung dieser Anleitung lautete: „Um Gottes willen, ihr kleinen Juden, vergesst nicht, Euer Geld und Euer Gold mitzubringen!" Sie taten den Juden einen großen Gefallen! Sie erlaubten ihnen, Dinge mitzunehmen, die sie nach deutschem Recht längst nicht mehr besitzen durften.

Wenn die Juden nicht so hartnäckig vermieden hätten, der Wahrheit ins Auge zu blicken, hätte ihnen allein das bewusst machen müssen, was ihnen bevorstand. Immerhin waren sie nicht so komplette Narren gewesen, dass sie tatsächlich alle ihre Wertsachen abgegeben hatten, wie es nach den Vorschriften von 1940 erwartet worden war. Einige hatten mehr, andere hatten weniger, mit Ausnahme derjenigen, die bereits alles verkauft hatten, weil sie das Geld gebraucht hatten (also diejenigen, die nicht schon 1942 an Hunger gestorben waren – die Ärmsten, die Flüchtlinge, das jüdische Proletariat). Aber die meisten Juden hatten etwas als „Notgroschen" beiseitegelegt. In der Hoffnung, dass sie es nie brauchen würden.

---

27 Region in Kanada, die 1896 einen Goldrausch erlebte.

Als ein Volk von Wanderern seit Generationen, und besonders seit dem Beginn des Krieges und der Deportationen, hatten die Juden erkannt, dass sie innerhalb einer halben Stunde aus ihren Häusern gewiesen und gezwungen werden konnten, ihren ganzen Besitz zurückzulassen. Aus diesem Grund versuchten alle Juden, so viel wie möglich von ihrem unbeweglichen Besitz in bewegliche Güter umzuwandeln. Und die beweglichsten Güter waren Gold, Schmuck und US-Dollar.

Bedeutet dies, dass die Juden wirklich ein Volk von reichen Leuten waren? Keineswegs! Aber ich habe heute nicht die Absicht, in eine Debatte um antisemitische Mythen vom jüdischen Reichtum einzutreten. Wahr ist, dass es einige sehr wohlhabende Juden in Warschau und anderen Städten gab. Aber ihr Vermögen konnte sie nicht retten. Zusammen mit ihrem Vermögen wurden sie nach Treblinka gebracht. Aber insgesamt war der Besitz der mittleren und unteren Klasse der Juden, des jüdischen „Mannes auf der Straße", sogar noch größer. Die von den Großeltern vererbten Perlenketten, Diamantohrringe und goldenen Halsketten, die Goldmünzen der früheren Generation, die zaristischen Goldrubel, „harte" amerikanische Goldstücke, die wenigen „weichen" Dollar-Scheine, die ein Jude von einem Verwandten in Amerika erhalten haben könnte und die er in einer kleinen Tasche um den Hals oder in einem Geldgürtel um seine Hüften trug – die meisten dieser Dinge wurden den Frauen zum Verbergen gegeben, um sie in ihre Korsetts einzunähen oder in der Vielzahl von anderen Möglichkeiten zu verstecken. Bis 1942 glaubte man, dass Frauen weniger Gefahren ausgesetzt wären als Männer. Dies mag der Grund gewesen sein, warum die Jagd nach Frauen während der *Aktionen* sogar noch größer war als nach Männern.

Alle diese Wertgegenstände wurden nach Treblinka gebracht. Gold und Devisen lagen buchstäblich verstreut umher, wenn nicht im Schlamm, dann im Sand und Staub. Zehn- und Zwanzig-Dollar-Münzen wurden in den Boden getrampelt. In vielen Fällen zerrissen Juden ihre Dollar-Scheine in letzter Minute, aber Gold konnten sie nicht zerreißen, und so waren die Deutschen in der Lage, Millionen, ja Milliarden aus Treblinka und anderen solchen Orten davonzutragen.[28]

Wir dürfen nicht vergessen, dass die Tötung von Juden in erster Linie ein Raubmord war. Die Ausbeutung von Gold und Wertsachen, wie die alles anderen jüdischen Eigentums, und der gesamte Prozess der *„Werterfassung"* in Treblinka, vor und nach dem Tod, waren von Anfang an in erstklassiger Weise organisiert. Juweliere wurden aus Deutschland mitgebracht, um das Sortieren von Geld und Wertsachen zu überwachen. Eine dieser Personen, berichten die Treblinka-Überlebenden, war „ein recht anständiger Jecke" („anständig", weil er nie grundlos Juden quälte und immer versuchte, darauf zu achten, dass die Juden, die für ihn arbeiteten, nicht den Selektionen unterzogen wurden). Er stammte aus Leip-

---

28 Der für die „Aktion Reinhardt" verantwortliche SS- und Polizeiführer Lublin, Globocnik, bezifferte den Gesamtwert des in den drei Vernichtungslagern Bełżec, Sobibór und Treblinka den ermordeten Juden geraubten Gutes auf rund 180 Millionen Reichsmark.

zig. Zusammen mit seinen „*Goldjuden*" hat er Koffer für Koffer mit Diamanten, Schmuck, Gold und Fremdwährungen ausgewählt, bewertet, abgewogen und verpackt. Von Zeit zu Zeit lud er die Koffer auf Lastwagen und schickte sie unter Bewachung nach Lublin, vielleicht auf Befehl von *SS-General* und *Brigadeführer* Globocnik oder auf Befehl Globocniks zu Regierungszwecken oder für den persönlichen Gebrauch der Minister und des *Reichsführers* in Berlin.

Es fällt nicht schwer, sich vorzustellen, dass diejenigen, die eine dominierende Rolle bei der Beschaffung dieser Einnahmequelle gespielt hatten, ordentlich für ihre Mühen belohnt wurden.

Man stellt sich leicht vor, wie die Globocniks und Himmlers Geschenke und Gefälligkeiten austauschen. Weniger „offiziell", aber nicht weniger gewichtig waren die „schönen Geschenke", die die deutschen und ukrainischen SS-Männer abstaubten und auf eigene Rechnung nach Hause schickten, darunter schwere Ringe und feine Uhren. Billiger Kleinkram fiel nicht in die Taschen dieser Männer!

Diejenigen, die am wenigsten vom zurückgelassenen Eigentum der jüdischen Deportierten hatten, waren die Juden selbst. Es ist wahr, dass auch sie versuchten, einen Teil davon in ihre Hände zu bekommen. Mit Hilfe der Ukrainer, die bestochen wurden, kauften die Juden, die im Wald arbeiteten, mit guten Devisen Lebensmittel in den umliegenden Dörfern. Zu fantastischen Preisen.

Juden, die entkamen, nahmen oft etwas mit. Aber meistens wurden sie auf dem Weg von allem beraubt – manchmal des Lebens selbst. Und so viele Räuber in dieser Gegend sind reich geworden.

Und jetzt, da alles vorbei ist, da das Lager niedergebrannt ist und alles abtransportiert, welche Hoffnung gibt es jetzt auf einen Schatz? Große!

Kenner wissen, dass nicht alle Toten verbrannt wurden und dass, abgesehen von denen, die nackt begraben worden waren, Juden an einigen Orten vollständig bekleidet bestattet wurden, ohne dass ihre Taschen durchsucht worden waren. Ihre verborgenen Wertsachen blieben unentdeckt – ein geheimer Reichtum, eingenäht in ihren Kleidern. In diesen Fällen schloss die posthume „*Werterfassung*" nicht die Gewinnung der Goldzähne ein. Und in der Tat lagen Menschen auf der Lauer, um im Boden nach Goldzähnen, Kleidung und anderen Schätzen zu suchen, die dort von jüdischen Arbeitern vergraben worden waren.

Alle Arten von Plünderern und Marodeuren kommen in Scharen mit Schaufeln in der Hand hierher. Sie graben, suchen und plündern; sie sieben den Sand, ziehen Teile von halb verfaulten Leichen und verstreuten Knochen aus der Erde in der Hoffnung, dass sie wenigstens auf eine Münze oder einen Goldzahn stoßen. Diese menschlichen Schakale und Hyänen bringen echte Granaten und Blindgänger mit. Sie bringen mehrere von ihnen auf einmal zur Explosion und reißen riesige Krater in die geschändete, blutgetränkte Erde, die mit der Asche von Juden vermischt ist.

Der sandige Boden gibt sein Geheimnis preis

Unser Wagen hielt und wir stiegen aus: Hier begann das Lagergelände. Nach unseren Vermessungen ist es 15 Hektar groß. Eine gut asphaltierte Straße verläuft etwa 1 ½ Kilometer parallel zu den Gleisen und endet dann in einer Sackgasse. Eine weitere Straße zweigt von dieser ab und endet sogar noch früher. Die Oberfläche der beiden Straßen enthält eine seltsame Mischung von Kohle und Asche aus dem Scheiterhaufen, auf dem die Leichen der Häftlinge verbrannt wurden. Der zweite Weg führt in die gleiche Richtung wie die „*Himmelstraße*", von der keine Spur übrig blieb. Nur ein wenig von den Betonfundamenten eines Pferdestalles – das ist alles, was heute von den Lagergebäuden, den Stacheldrahtzäunen, den Baracken, Wachtürmen und Gaskammern übrig ist. Einige der Gebäude wurden während des Aufstandes niedergebrannt, und den Rest nahmen menschliche Aasfresser aus den umliegenden Dörfern nach Ankunft der Roten Armee mit.

Als die Deutschen noch vor Ort waren, war die ganze Gegend umgepflügt und Lupinensamen ausgesät worden. Und die Lupine wuchs wirklich und bedeckte die gesamte Fläche mit einer grünen Maske. Es sah aus, als ob alle Spuren des Verbrechens beseitigt worden wären. Doch seitdem kamen im vergangenen Jahr menschliche Schakale und Hyänen auf das Gräberfeld, und so ergibt sich das Bild, das wir gesehen haben:

Hier und da, wie Flecken von Gras in der Nähe der Küste, die Hälfte von Flugsand bedeckt, gab es noch wenige Klumpen von welker Lupine. Nicht ein ebener Platz auf dem ganzen Gelände. Alles war aufgerissen und umgegraben, kleine Hügel und Löcher. Und auf ihnen, neben ihnen und unter ihnen lag alles Mögliche. Aluminiumtöpfe und Pfannen, emaillierte Töpfe aus Blech – verrostet, verbeult, voller Löcher. Kämme mit abgebrochenen Zinken, halb verrottete Sohlen von Damensandalen, zerbrochene Spiegel, Lederbrieftaschen. All dies liegt in der Nähe des Bahnsteigs, wo der Stacheldrahtzaun des Lagers begonnen hatte.

Unseren Rundgang begannen wir an der Stelle, an der die Transporte entladen worden waren, und setzten ihn auf der Straße fort, die die Juden, die hierher gebracht worden waren, genommen hatten. Was wir hier sahen, waren die Reste der „*Werterfassung*" von Treblinka. Reste der riesigen Haufen von jüdischem Eigentum, die hier verpackt und verschickt wurden, verbrannt, ausgelöscht und doch immer noch nicht vollständig weggeräumt. Es war nicht möglich, alle Spuren von Hunderttausenden von Menschen zu beseitigen. Hier war der physische Beweis, hier waren die Corpora Delicti.

Vielleicht könnte jemand fragen, was es für Menschen waren, die so reichlich Beweise ihres vernichteten Lebens hinterließen, und welcher Nation sie angehörten. Nun, schauen Sie sich um und Sie werden es selbst sehen:

Verbogene Sabbatleuchter – genug für ganze Sammlungen. Ein Fetzen von einem Gebetsschal. Kürzlich aus der Erde ausgegraben, liegt eine elegante Warschauer Armbinde mit blauem Davidstern (von der Ecke Karmelickastraße und Lesznostraße – die neueste

Mode im Ghetto). Ein ganzer Haufen von Perücken. Dies müssen unverbrannte, verirrte Überreste aus irgendeinem Speicher sein.

Die Haare, die den lebenden Frauen abgeschoren worden waren, waren als industrielle Rohstoffe verwertet worden, aber es scheint, dass die Perücken der alten, frommen jüdischen Frauen für bessere Verwendungsmöglichkeiten zurückbehalten worden waren. Hätten sie vielleicht zu einem guten Preis über ein freundliches „neutrales" Land an Juden in Amerika verkauft werden sollen? Zusammen mit den Thorarollen und talmudischen Folianten, die für diesen Zweck sorgfältig gesammelt worden waren, in Koffern verpackt und versteckt?

Aber die physischen Beweise waren nicht auf Gegenstände beschränkt. Als wir weiter in das Gelände vorstießen, betraten wir ein Feld, das mit menschlichen Knochen übersät war.

Die Bomben hatten den Inhalt des entweihten Bodens freigelegt. Beinknochen, Rippen, Teile der Wirbelsäule, Schädel – große und kleine, kurze und lange, runde und flache.

Schädel! ...

Wenn wir nur einen Ethnologen hierher bekommen würden!

Er könnte die genauesten anthropologischen Messungen der rassischen Merkmale des jüdischen Volkes machen.

Oder vielleicht bräuchte man hier einen Philosophen, einen Denker, einen Prinz Hamlet von Dänemark, der aufsteht und eine Totenrede hält, der auf diese Schädel blickt und direkt zu ihnen spricht.

„Wer hat eine Tasche? Gibt es hier irgendwo eine Tasche? Lasst uns einen Sack voll Knochen mitnehmen!"

In einer Minute war ein Haufen Knochen zusammengekratzt. Aber es war keine Tasche zur Hand, und so konnten wir keinen der Knochen bergen.

Aber selbst wenn, wie viele hätte man in einen Beutel bekommen? Wir hätten ganze Wagenladungen von dort herausschaffen können. Trotz all der Scheiterhaufen. Wenn Knochen als Relikte eingestuft werden können, dann besitzt Treblinka genügend Reliquien, um das ganze jüdische Volk zu versorgen.

Das ist der Fuß meines Kindes!

Je weiter wir liefen, desto schwerer wurde die Luft durch den Geruch des Todes. Wir waren bereits durch den berühmten „Hain" mit den einzelnen Kiefern gegangen, durch den die „*Himmelstraße*" verlaufen war. Jetzt standen wir dort, wo sich die Gaskammern, die riesigen Massengräber und Scheiterhaufen befunden hatten. An einigen Stellen war der Leichengeruch noch mit dem Brandgeruch vermischt. In der Tat konnten wir hier und da kleine Häufchen weißer Asche zusammen mit geschwärzten Knochen und Haufen von Ruß sehen. All dies war schon mehrere Meter tief im Boden begraben gewesen, mit Sand vermischt und mit noch mehr Sand bedeckt. Aber die Explosionen hatten es erneut an die Oberfläche gebracht. An einer Stelle hatte die gleichzeitige Explosion mehrerer Bomben einen mächtigen Krater erzeugt. Tief unten im Loch konnte man durch den Nebel schwach einige Umrisse erkennen.

„Das sind nicht nur Knochen", sagt der Staatsanwalt. „Dort liegen noch immer Stücke von halb verfaulten Leichen und Bündel von Eingeweiden im Sand."

Zu diesem Zeitpunkt kannten der Staatsanwalt und der Richter hier jeden Winkel. Sie führten ihre Untersuchungen seit geraumer Zeit durch. Beide hatten jüdische und nichtjüdische Zeugen vernommen, Vermessungen und kleinere Ausgrabungen durchgeführt.

Die Überlebenden von Treblinka liefen hin und her, machten auf Dinge aufmerksam, stritten miteinander. Sie lagen falsch und begannen dann, sich wieder an die Orte zu erinnern. Sie wollten etwas tun, einige extravagante Gesten zeigen, die zumindest ihre Gefühle widerspiegelten, die sie mit diesem Ort verbanden. Sie wollten Knochen sammeln. Sie sprangen in Gräben, griffen mit ihren bloßen Händen in verrottete Massen von Leichen, um zu zeigen, dass sie davon nicht abgestoßen wurden.

Sie taten das Richtige. Jetzt verhielten wir uns genauso wie die muslimischen Sektierer, die ihre Toten in Karawanen nach Mekka mitnehmen, da sie ihre heilige Pflicht darin sehen, den Geruch des Todes geduldig zu ertragen und zu lieben, während sie die Straße entlang ziehen. So fühlten wir uns in diesem Gelände, in dem die sterblichen Überreste unserer Märtyrer lagen.

„Seht dort, am Rande dieses Lochs", sagte der Richter, „das sind Knochen von einem Kinderfuß!" Einer der Überlebenden eilte herbei. „Sei vorsichtig!" sagte ein anderer. „Es hängt noch etwas Fleisch an dem Fuß!" Aber derjenige, der ihn genommen hatte, wickelte ihn in eine Zeitung mit der gleichen Ehrfurcht wie ein frommer Jude einen Etrog.[29] Er wickelte ihn mit dem Zipfel seines Mantels ein, steckte ihn dann in seine Brusttasche und drückte ihn an seine Brust.

„Vielleicht ist es der Fuß meines kleinen Jungen, den ich mit hierher gebracht hatte", sagte er. Es ist eine seltsame Tatsache, dass jeder eine etwas blumige Redensart verwenden wollte und Metaphern in Ordnung oder fehl am Platz gewesen sein konnten, obwohl diese Entdeckung zufällig auf die Ebene der ungeschminkten Wahrheit gelangen könnte.

Wer wäre in der Lage, die Schädel, Rippen, Beinknochen, die nicht zu Asche verwandelt worden sind, zu erkennen? Wie Peretz Markish einmal in seinem Gedicht „Der Trümmerhaufen" sagte:

Du suchst deine Eltern hier,
Du suchst deinen Freund?
Sie sind hier, sie sind alle hier.

Diese Knochen sind die Knochen von uns allen. Lassen Sie uns einen guten Einblick nehmen: Sind diese nicht auch unsere eigenen Schädel, die in dieser Sandgrube liegen? Und

---

29 Die Frucht des Zitronenbaumes, die für das Laubhüttenfest verwendet wird und makellos bleiben muss.

wir – oder ist es vielleicht ein grausamer, wütender Gott – träumen wir nicht nur an diesem toten, tristen, nebeligen Herbsttag, dass wir immer noch unsere eigenen Köpfe auf den Schultern tragen?

Ist es nicht nur ein Zufall, dass unsere Knochen nicht auch alle in diesem Gebiet verstreut sind?

Waren wir nicht alle zusammen dazu verurteilt, auf die gleiche Weise umzukommen und an gleicher Stelle?

Die Nacht bricht herein

Wir kehrten nun zurück.

Wieder kamen wir an den Ort, an dem jemand eine kleine Kasserolle zum Aufwärmen von Milch bemerkt hatte, halb im Sand steckend. Hatte sie eine Mutter in ihrem Rucksack für ihr Baby mitgebracht? Jetzt lag die Kasserolle ganz alleine wie ein Waisenkind da. Sie rostet im Regen, und niemand braucht sie mehr ...

Beschämt und krank am Herzen, unsere Köpfe gesenkt, verließen wir den Ort.

Die Zeit ist noch nicht reif, dass wir in der Lage sind, uns an dieser Stelle in tiefer Trauer zu versammeln. Könnte hier jemand beten, wohl wissend, dass hier, in dieser Erde, die Überreste und die Asche von seinen Lieben und Freunden liegen, von Hunderten von Menschen, die er kannte und von weiteren Hunderttausenden von Juden, die er nie gekannt hatte? Die schreckliche Wut, der Schmerz und der Protest gegen das gigantische, kosmische Verbrechen, das hier begangen wurde, war verschwommen und verzerrt worden durch die abstoßenden, kleinen, widerlichen Dinge, die nun hier durch kleinliche Geschöpfe angestellt werden, hier und heute, nach dem Krieg und nach dem Sturz Hitlers.

Wir steigen ins Auto und fahren zurück nach Siedlce.

Mein Kopf beginnt zu schmerzen.

Eine schwere Müdigkeit umfängt uns alle.

Die Nacht ist auf den Feldern von Treblinka hereingebrochen.

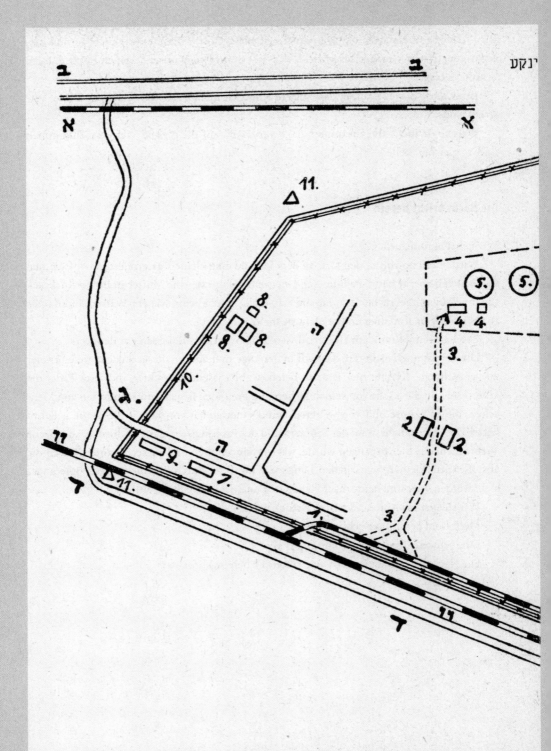

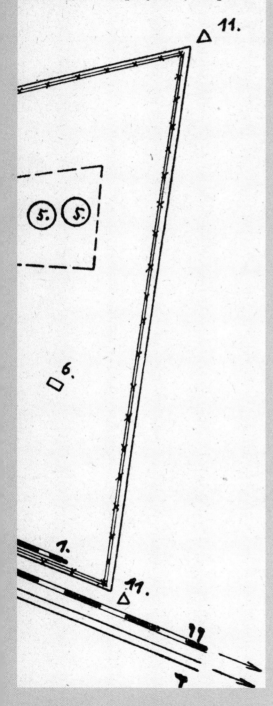

Plan des Vernichtungslagers Treblinka

LEGENDE:
A: Bahnlinie Kosow – Treblinka
B: Straße von Kosow nach Treblinka
G: Weg von der Straße zum Todeslager, Treblinka II
D: Weg von der Straße zum Arbeitslager, Treblinka I
H: Wege auf dem Lagergelände
I: Seiten-Gleis von der Bahnstation Treblinka zur Kiesgrube

1. Nebengleis zum Todeslager
2. Die Baracken auf dem Austu-Platz (von oyston = ausziehen; Platz, wo sich die Juden entkleiden mussten)
3. Der Weg der Opfer von der Rampe zu den Gaskammern
4. Die Gebäude mit den 13 Gaskammern
5. Plätze, an denen die Toten verbrannt und vergraben wurden
6. Lazarett
7. Baracken der Deutschen und Waffenmagazin
8. Baracken der Ukrainer
9. Haus des Lagerkommandanten
10. Umzäunung des Lagers
11. Wachtürme

Bemerkung:
Alle Gebäude und Einrichtungen von 1 bis 11 existieren nicht mehr. Ihre Position wurde anhand der Pläne bestimmt, die die ehemaligen Treblinka-Häftlinge Jankiel Wiernik und Alexander Kudlik angefertigt haben, sowie auf Basis der Messungen, die der vereidigte Landvermesser K. Tratsald durchgeführt hat.

Mendel Balberyszski

Die Liquidierung des Wilnaer Ghettos

Übersetzung aus dem Polnischen von Andrea Rudorff

Vorbemerkung

Mendel Balberyszski wurde in Wilna geboren und studierte in Wilna und Warschau Pharmazie. Er überlebte das Wilnaer Ghetto und das Konzentrationslager im estnischen Vaivara. Nach dem Krieg wanderte er mit seiner Familie nach Australien aus und eröffnete einen Buchladen. Er starb 1966 in Melbourne.

Der dieser Übersetzung zugrunde liegende Text erschien unter dem Titel „Likwidacja Getta Wileńskiego" als Publikation Nr. 23 der Jüdischen Historischen Kommission 1946 in Łódź. Im Jahr 2010 erschien die englische Übersetzung seiner Darstellung der Zerstörung des Wilnaer Judentums (Stronger than Iron. The Destruction of Vilna Jewry 1941–1945: An eyewitness Account, New York 2010).

Frank Beer, Wolfgang Benz, Barbara Distel

MGR. M. BALBERYSZSKI

LIKWIDACJA
GETTA WILEŃSKIEGO

WARSZAWA — ŁÓDŹ — KRAKÓW
1946

Buchumschlag der Originalausgabe „Likwidacja Getta Wileńskiego", Łódź 1946

Mendel Balberyszski

Die Liquidierung des Wilnaer Ghettos

Vorwort von Józef Kermisz

„Die Liquidierung des Wilnaer Ghettos" von Magister Mendel Balberyszski ist der Erinnerungsbericht eines Augenzeugen und Betroffenen dieser Tragödie. Der Autor, der das Wilnaer Ghetto ausgezeichnet kannte und über die dort herrschenden Bedingungen gut Bescheid wusste, widmete seine Erinnerungen den letzten Augenblicken der Existenz dieses Ghettos.

Mit der ihm eigenen Aufrichtigkeit machte Magister Balberyszski die Zerfallserscheinungen in den von den Deutschen demoralisierten herrschenden Kreisen des Ghettos deutlich und sparte ihnen gegenüber zu Recht nicht an scharf verurteilenden Worten, ebenso wenig wie gegenüber der jüdischen Polizei im Wilnaer Ghetto. Die Figur des berüchtigten „Ghettovertreters" Jakob Gens kommt deutlich zur Geltung, der jedoch auch nicht der Kugel der Deutschen entging, ebenso wie die des Gestaporeferenten Kittel, eines Verbrechers und Komödianten.

Lebendig beschrieb der Autor die Stimmung im Ghetto am Vortag der Liquidierung, als die Menschen „wie Tiere im Käfig in den leergefegten Gassen des Ghettos umherliefen".

Sehr direkt schildert er die „Aktion" vom 1. bis 4. September 1943, deren Ergebnis die Deportation von 5000 Menschen nach Estland war, und anschließend, als letzten Akt der Liquidierung, die Aussiedlung am 23. und 24. September.

Obwohl die Deutschen am Vortag der Liquidierung versicherten, dass die Auszusiedelnden in estnische und litauische Lager gebracht würden, stand das Gespenst des Todes, Ponary, der große jüdische Friedhof der Wilnaer Juden, den letzten Ghettobewohnern lebhaft vor Augen.

Der Autor beschrieb auf überzeugende Weise die Stimmung der Menschen, die auf der Kippe zwischen Leben und Tod standen.

Der folgende Erinnerungsbericht von Magister Balberyszski enthält eine Reihe von lebensnahen und interessanten Details und stellt einen wertvollen Beitrag zur Geschichte des Wilnaer Ghettos dar.

J. K. (Józef Kermisz)

Eine unerwartete Nachricht erschütterte am Freitag, den 6. August 1943, um 10 Uhr morgens das Wilnaer Ghetto. Der Flughafen in Porubanek (4 Kilometer von Wilna entfernt) war umstellt worden und alle jüdischen Arbeiter, tausend an der Zahl, wurden von dort mitgenommen. Etwas später traf eine ähnliche Nachricht von der „Beute-Sammelstelle" ein, wo einige Hundert der jüngsten und gesündesten Juden arbeiteten. So trafen im Laufe einiger Stunden immer erschreckendere Nachrichten im Ghetto ein, dass überall „abgeholt" würde. Die engen, dunklen Gassen des Ghettos füllten sich mit Menschen. Frauen, Männer und Kinder rangen die Hände, weinten und schrien aus Leibeskräften: „Jetzt naht unser Ende, sie holen die letzten von uns!"

Hierzu muss bemerkt werden, dass die vergangenen anderthalb Jahre im Ghetto verhältnismäßig ruhig verlaufen waren. Die letzte große „Säuberung", wie es im Ghetto genannt wurde, wenn Menschen aus dem Ghetto zur Erschießung nach Ponary[1] gebracht wurden, hatte vom 22. bis 24. Dezember 1941 stattgefunden. Damals hatte man alle illegalen Juden aus dem Ghetto gebracht. Als legale Juden galten nur die, die eine gelbe Arbeitserlaubnis vom deutschen Arbeitsamt erhalten hatten oder eine von der Ghettoverwaltung ausgegebene rosarote Schutzbescheinigung besaßen. Seitdem hatte man nur eine Gruppe „Starker" (kriminelle Elemente) und einige ältere Juden aus dem Ghetto deportiert. Die Letzteren wurden in die „Ferien" nach Pospieszka gebracht, einen Erholungsort 4 Kilometer von Wilna entfernt. Von dort wurden sie eine Woche später nach Ponary abgeschoben. Darüber hinaus hatte es keine Massenaktionen im Ghetto gegeben. Der Genauigkeit halber muss jedoch ergänzt werden, dass die Deutschen am 5. April 1943 innerhalb weniger Stunden 5500 Juden aus den Kreisen Wilna und Švenčionys in Ponary erschossen hatten. Angeblich sollten diese beiden Transporte mit Juden in das Ghetto Kaunas geschickt werden, aber es kam anders. Sie wurden in Ponary erschossen. Zuletzt waren im Ghetto Gerüchte unbekannten Ursprungs verbreitet worden, die deutschen Militärbehörden hätten spezielle Anordnungen zum Abbruch der Massenexekutionen von Juden ausgegeben. Die Juden hörten solche Gerüchte gern. Zu dieser Zeit lebten mehr als 20 000 Personen im Ghetto. Zwischen dem 22. Juni 1941 und dem 6. September 1941, dem Tag, als man die Juden in die beiden Ghettos trieb, hatten die Deutschen 35 000 Menschen ermordet. Zwischen dem 6. September und

---

1 Ponary (litauisch Paneriai) liegt 10 km westlich von Wilna. Der Ort war von Juni/Juli 1941 bis Anfang Juli 1944 Schauplatz von Massenmorden der SS. Juden, insbesondere aus dem Ghetto Wilna, bildeten die Mehrzahl der 70 000–100 000 Opfer, die nahe der Bahnstation im Wald in den Fundamentgruben sowjetischer Heizöltanks erschossen wurden.

dem 24. Dezember 1941 wurden weitere 15 000 Personen ermordet. Zum Zeitpunkt des deutschen Einmarschs in Wilna hatten dort etwa 70 000 Juden gelebt.

Wie ich bereits bemerkt habe, gelangten ständig neue Nachrichten ins Ghetto. Sie trieben die Leute in den Wahnsinn. Frauen, deren Männer in der Stadt arbeiten gingen, Männer, deren Frauen außerhalb des Ghettos arbeiteten, Kinder, alle ließen die Arbeit in den Ghettowerkstätten fallen, alle liefen wie verrückt herum und fragten den anderen: „Was gibt's Neues?" – obwohl alle wussten, dass niemand eine Antwort darauf geben konnte. Die Juden suchten Klärung beim Ghettovorsteher Jakob Gens[2] in der irrigen Hoffnung, dass er vielleicht etwas wüsste, aber auch dies war vergebens.

So irrten die Juden ratlos und verzweifelt einige Stunden umher, waren auf die Folter gespannt vor Ungewissheit und Verzweiflung, bis die erste Nachricht eintraf, dass es nicht um Ponary, sondern um die Deportation von Juden zur Arbeit nach Estland gehe.

Es war nicht bekannt, woher das Gerücht stammte, ein Gerücht wie tausend andere, die sich jedoch immer bewahrheiteten. Eine gewisse Entspannung setzte ein. Man beruhigte sich etwas, soweit man Menschen als ruhig bezeichnen kann, die sich in den Händen von Folterknechten befanden und gezwungen waren, an die von ihnen verbreiteten Gerüchte zu glauben.

Die Menschen, die für den Transport eingeteilt waren, versuchten, sich zu retten. Viele flohen von ihren Arbeitsstellen, einige sprangen von den Zügen. Die Deutschen erschossen viele der Flüchtenden und konnten, wie sonderbar, gar nicht verstehen, warum die Juden ihnen nicht glaubten, wenn sie ihnen hoch und heilig versprachen, dass sie zur Arbeit gebracht würden. Nur einigen Hundert gelang es, sich durch Flucht zu retten. Den Rest nahm man mit. Man holte sie von ihren Arbeitsstellen ab, ohne Kleidung, ohne Unterwäsche, ohne Lebensmittelvorräte. Sie waren sicher, dass sie in den Tod deportiert würden. Als man sich im Ghetto vergewissert hatte, dass der Transport tatsächlich zur Arbeit nach Estland fuhr, stellten die Leute erneut verschiedene Vermutungen an. Wenn die Deutschen wirklich Arbeitskräfte brauchten, warum führte man sie so brutal, warum auf diese Art und Weise dorthin? Sie könnten schließlich vom Ghettovorsteher die benötigte Anzahl Menschen für den Arbeitseinsatz anfordern. Auf jeden Fall würde er ihnen diese Leute liefern, denn sogar für Ponary hatte der vorherige Judenrat mit Hilfe seiner Polizei genau so viele Menschen zur Verfügung gestellt, wie die Deutschen verlangt hatten.

Die Menschen verloren sich so lange in ihren Überlegungen, bis der Ghettovertreter Gens aus der Stadt zurückkehrte, die Bevölkerung beruhigte und erklärte, die Menschen würden zur Arbeit und nicht in den Tod fahren. Die Deutschen hätten versichert, dass einige

---

2   Jacob Gens (1905–1943) war ab September 1941 Chef der jüdischen Polizei im Wilnaer Ghetto, dann wurde er zum Ghettovorsteher ernannt. Seine Politik folgte der Devise „Arbeit für Leben". Neun Tage vor der Auflösung des Ghettos, am 14. September 1943, wurde er von der SS erschossen.

jüdische Brigadiere[3] wie Hejman, Frau Kac und andere, die zusammen mit dem Transport abgefahren waren, nach einigen Tagen zurückkehren und selbst geschriebene Briefe der Deportierten mitbringen würden. Man könnte ihnen auch Unterwäsche, Sachen, Lebensmittel usw. schicken. Ungeduldig wurde die Rückkehr der Brigadiere erwartet. Alle quälten Zweifel an den Versprechungen: „Kommen sie zurück? Werden sie Briefe dabeihaben? Leben die Deportierten noch?"

Wie Schatten bewegten sich die Leute durch das Ghetto. Die nervliche Anspannung war enorm. Der Schmerz der Frauen, Kinder und Eltern, deren Angehörige deportiert worden waren, war grenzenlos.

Plötzlich, am 11. August 1943, ging im Ghetto das Gerücht um, dass die Brigadiere zurückgekehrt seien und sich in Gens' Büro aufhielten. Die Menschen drängten sich um die Rudnicka-Straße 6, in der sich die Ghettoverwaltung befand. Sie konnten kaum erwarten, dass die Brigadiere aus dem Arbeitszimmer von Gens herauskämen und ihnen mitteilten, dass alle lebten, dass alle nach Vaivara in Estland[4] gebracht worden seien und dort in einem Arbeitslager blieben. Die Brigadiere brachten Briefe mit. Die Menge stürzte sich auf die Polizisten, um die Briefe zu ergattern. Sie schubsten und schlugen sich gegenseitig, stürmten die Polizei. Jeder wollte wissen, was seine Liebsten schrieben. Alle Briefe lauteten gleich: „Wir leben und glauben, dass wir weiterleben, man hat uns nur zur Arbeit geschickt …" Alle baten um Kleidung, Unterwäsche, besonders um warme Unterwäsche, da in Estland kalte Winde wehten. Sie baten auch um Lebensmittel, da die Verpflegung knapp sei. Besonders ein Brief machte im Ghetto großen Eindruck. Er begann mit den Worten „Hoppla, wir leben." Man beruhigte sich und sagte „Es lebe Vaivara." Einige scherzten sogar, dass der Name dieser Ortschaft der allgemeinen Stimmung der Juden entspräche „wehe, wehe".

Es lebe Estland, damit man lebe! Bloß nicht nach Ponary!, sagte man sich. Ein emsiges Treiben brach im Ghetto aus. Man verpackte Bettwäsche, Kleidung und Unterwäsche. Keine Päckchen, sondern ganze Kisten wurden verschickt, um den Angehörigen das Dasein zu erleichtern.

In dieser Zeit erklärte Gens, dass alle, die das wollten, zu den Deportierten fahren und alle Sachen mitnehmen könnten. Es fanden sich viele Freiwillige, die den Warentransport begleiteten. Während der gesamten Zeit drehte sich im Ghetto alles um Estland. Ende August verkündete Gens, dass die Deutschen erneut einige Tausend Menschen zur Arbeit nach Estland angefordert hätten. Er schlug vor, sich freiwillig zu melden. Diesmal fanden sich jedoch keine Willigen, denn aus Estland kamen traurige Nachrichten. Man wusste

---

3   Brigadiere (jidd. Brigadirn) waren als Führer der Zwangsarbeiterkolonnen für die Vollzähligkeit des Kommandos verantwortlich.
4   Im Nordosten Estlands errichteten die Deutschen am 19. September 1943 ein Konzentrationslager, das vorrangig der Ölschieferproduktion diente. Der Großteil der Häftlinge stammte aus den im Sommer 1943 aufgelösten jüdischen Ghettos in Litauen (Wilna und Kaunas).

schon, dass die Arbeit dort sehr schwer war, dass man hungerte, dass das Klima dort sehr rau war. Mit einem Wort: Niemand war erpicht darauf, sich für diese Fahrt freiwillig zu melden. Daraufhin verschickte Gens Ausreiseaufforderungen an die Familien, die bereits Angehörige in Estland hatten. Im Ghetto brach ein echtes Gewitter los. Ein Teil der Jugend entschied sich zu fahren, denn in den Briefen aus Estland wurde mitgeteilt, dass Onkelchen Józef (Josef Stalin) in der Nähe sei und man sich möglicherweise mit ihm träfe. Aus den Briefen folgerten sie, dass die Front nahe, aber ein Überschreiten der Frontlinie unmöglich sei. Trotzdem entschieden sich einige junge Leute, die Fahrt anzutreten. Es waren jedoch ziemlich wenige, und Gens konnte am Termin nicht die von den Deutschen verlangte Zahl an Menschen bereitstellen. Mit großer Sorge erwartete man die Reaktion der Deutschen.

Die Ereignisse ließen nicht lange auf sich warten. Am Mittwoch, dem 1. September 1943, wurden die Menschen morgens von der schrecklichen Nachricht geweckt, dass Kittel,[5] der Gestapovertreter für jüdische Angelegenheiten und spätere Ghettoliquidator, im Ghetto sei und Leute für Estland einfange. Das Ghetto sei von Militär umstellt. Mehrere Stunden lang führten Kittel und seine Soldaten eine Razzia in der Rudnicka-Straße durch und nahmen einige Hundert Personen mit. Er ergriff ohne Rücksicht jeden, den er antraf. Im Ghetto breitete sich Panik aus. Sogar die Familien der Polizisten versteckten sich in Unterschlüpfen. Die Razzia gefiel Gens und der Polizei gar nicht. Bis jetzt hatte man nämlich ausschließlich Arme zur Arbeit geschickt, aber von dieser Razzia waren auch Privilegierte betroffen. Gens begann mit Kittel zu verhandeln und versprach, dass er im Laufe von drei bis vier Tagen die entsprechende Zahl an Menschen bereitstellen würde. Kittel willigte ein und verließ mit den Soldaten das Ghetto.

Daraufhin schritt Gens mit seiner Polizei zur Tat – mit einer Energie, die einer guten Sache würdig gewesen wäre. Unabhängig von der normalen Polizei organisierte er eine spezielle Hilfspolizei, die sich aus dem Abschaum der Gesellschaft und neuen, „besseren" Individuen rekrutierte. Für den Lohn, im Ghetto bleiben zu dürfen, machten sie sich daran, Bunker aufzufinden. Diese Bande drang überall ein, und es war schwer, sich vor ihr zu verstecken.

Die gesamte Bevölkerung des Ghettos versteckte sich in bereits vorbereiteten Bunkern. Man wusste, dass die Deutschen Niederlagen an der Front erlitten hatten und das Ende ihrer Herrschaft nahte. Deshalb begannen auch die Juden, Verstecke für die kritische Übergangszeit vorzubereiten. Diese waren so einfallsreich gemacht, dass die Deutschen sie niemals gefunden hätten. Man baute unterirdische Wohnungen. Zu diesem Zweck wurden Kellerflure verbunden, die sich in verschiedenen Häusern befanden, mit einem Ausgang außerhalb des Ghettos. Man riss Wände ein, verlegte Radioempfang, Kanalisation und elektrische

---

5   SS-Oberscharführer Bruno Kittel (geb. 1922), ab Juni 1943 Leiter des Referats Judenfragen der Gestapo Wilna, leitete die Liquidierung der Ghettos in Wilna, Kaunas und Riga. Der Autor schrieb stets „Kitel", im Folgenden erscheint der Name stets berichtigt.

Beleuchtung aus der Stadt, die direkt in die unterirdischen Verkabelungen eingespeist wurden. Vorräte von Wasser, Lebensmitteln und Kerzen wurden angelegt. Die Verstecke waren sehr gut getarnt. Man erreichte sie über Herdplatten, Öfen, Toiletten beziehungsweise andere getarnte Orte. Die Deutschen fanden die Verstecke nur dann, wenn sie die Häuser verminten.

Aber vor der jüdischen Polizei und den neuen Hilfstruppen konnte man sich nicht verstecken. Sie wussten alles, und um den Preis der eigenen Rettung und der ihrer Familien waren sie bereit, alle Verstecke zu verraten. Bevor sie zu dieser „heiligen Tat" schritten, führte Gens in der Rudnicka-Straße 6 eine Volksversammlung durch. Er stand mit seinen Gehilfen auf dem Balkon und sprach zur versammelten Bevölkerung. Er forderte sie auf zu fahren, da es keinen anderen Ausweg gäbe. Es gäbe keine Ausnahmen und keine Privilegierten. Auch das Verstecken würde nichts helfen, denn er fände mit seiner Polizei alle Unterschlüpfe. Dann würde es sehr viel schlimmer werden, weil die Menschen, so wie sie seien, abtransportiert würden. Wenn sie jedoch freiwillig führen, hätten sie die Möglichkeit, Kleidung, Unterwäsche, Lebensmittel usw. mitzunehmen. Im gleichen Tenor sprachen einige seiner Leute. Sie versuchten, die Menschen zu überreden, sich freiwillig einzufinden.

Die Versammelten überkam Zweifel, die Leute wussten nicht, was anzufangen, wie sich zu retten. Für alle war klar, dass die Redner sicherlich nicht deportiert würden, dass sie nur den anderen befahlen, abzufahren … Nachdem alle Ansprachen angehört worden waren, beschloss man, dennoch im Versteck zu bleiben. So auch ich. Ich nahm meinen Sohn und stieg hinab in das unterirdische Versteck, das ich bereits vorbereitet hatte. Mit uns zusammen versteckten sich noch einige Dutzend Menschen. Die Wohnung und unser Hab und Gut überließ ich ihrem Schicksal. Nach einigen Stunden in unserem Verließ erfuhren wir, dass im Ghetto schreckliche Dinge vor sich gingen; vor allem wurde bekannt, dass die Polizei nur Männer einfing. Dies nutzten unsere Frauen aus und krochen aus dem Versteck in die Wohnungen. Später erfuhren wir, dass in der Straszuna-Straße 12 Folgendes passiert war: Als Kittel mit einigen Deutschen und jüdischen Polizisten dort vorbeikam, schossen die Kämpfer auf die Deutschen. Daraufhin wurde das Haus gesprengt. Viele Menschen starben, andere wurden verschüttet. Das war die erste Ausschreitung dieser Art.

Am nächsten Tag, einem Donnerstag, zerstörte man einige Häuser in derselben Straße. Die gleiche Aktion führte man in der Zawalna-Straße usw. durch. Man kann sich leicht vorstellen, was für eine Niedergeschlagenheit uns, unsere Kinder und Frauen ergriff, als diese Nachricht zu uns unter die Erde drang. Bei der Detonation gab es viele Tote und Verletzte. Das Ganze dauerte am Mittwoch, Donnerstag und Freitag an. Am Freitag stellte sich heraus, dass nicht mehr ausreichend Menschen vorhanden waren. Daraufhin begab sich Gens zum jüdischen Krankenhaus und trieb bis auf wenige Ausnahmen alle Kranken, Ärzte, Apotheker und Mitarbeiter heraus und nahm sie – so, wie sie waren – mit. Den Ärzten wurde befohlen, ihre Kittel abzulegen, und mit einer Pistole in der Hand brachte Gens sie zu den Ghettotoren. Sie wurden gezwungen, völlig unvorbereitet auf Fahrt zu gehen, ohne Kleidung, ohne Gepäck, ohne Unterwäsche. Ein großer Teil der jüdischen Bevölkerung resignierte, und Männer mit Ehefrauen und Kindern machten sich von selbst in Richtung der Tore auf.

Wie ich bereits bemerkte, verbarg ich mich mit meinem zwölfjährigen Sohn und einer kleinen Gruppe von Menschen in einem unterirdischen Versteck. Eine Frau, die sich zuvor mit uns versteckt hatte und deren Bekannter festgenommen worden war, verriet uns, um ihn zu retten. Die Polizei kam mit einem Plan unseres Versteckes in die Wohnung und drohte, das Haus in die Luft zu jagen. Unsere Frauen schrien gellend, dann kamen wir aus dem Versteck heraus. Man brachte uns zum Sammelpunkt. Im letzten Moment gelang es meiner Tochter, mich mit Hilfe des Ältesten W. Krynski und anderer dort herauszuholen. Zusammen mit mir kam auch der Künstler Sasza Kremer frei. Der alte Chaim Bakaturski, der Antiquar Abram Kac, der Lehrer Calel und andere aus unserem Versteck wurden abtransportiert. Am Samstag nahmen sie sich die Frauen vor, und die Männer wurden in Ruhe gelassen. Wir konnten uns frei bewegen. Eine Rollenverteilung fand statt. Die Frauen begaben sich in die Verstecke. Noch den ganzen Tag lang kommandierte die jüdische Polizei herum. Im letzten Moment rief Gens die jüdische Polizei zusammen, dankte ihnen herzlich für die treue Arbeit, umarmte sie und schickte sie ... nach Estland. Das war der Lohn, den diese Bande erhielt! Am Samstagabend wurde verkündet, dass die Aktion beendet sei ...

Wir atmeten auf und gingen auf die Straße, um das Ghetto zu besichtigen. Der Anblick war schrecklich. Die Straßen, Häuser und Wohnungen sahen aus wie nach einem echten Pogrom. Gegenstände waren aus den Fenstern geworfen, in den Wohnungen herrschte Unordnung, alles war zerschlagen, verstreut, vom Kopf auf den Fuß gestellt. Noch niederschmetternder war es, die Menschen anzusehen. Sie waren verschreckt, blass, ohne einen Tropfen Blut im Gesicht, hungrig und unausgeschlafen. Im Laufe dieser vier Tage hatten sie unbeschreibliche Todesqualen durchlebt. Aber das Leben überwindet alles. Es fanden sich Marodeure, die sich wie Bestien auf die Wohnungen der abtransportierten Menschen stürzten, um die verbliebenen Möbel und andere Dinge mitzunehmen. Das war Raub in der vollen Bedeutung dieses Wortes. In diesem Wettlauf an Niederträchtigkeit stand die jüdische Polizei an der Spitze. Sie machten in diesen Tagen ein gutes Geschäft und scheuten weder jüdisches Blut noch jüdische Tränen. Kittel hatte das Ghetto während dieser Tage nicht verlassen. Er war durch die Straßen und Gassen des Ghettos geschlendert und hatte den Verlauf der Aktion beobachtet.

Im Ghetto wurde erzählt, dass das Haus in der Straszuna-Straße aus zwei Gründen gesprengt worden war: einmal, weil von dort aus auf Kittel geschossen worden war. Die zweite Version lautete folgendermaßen: Im Ghetto gab es eine gut organisierte und gut bewaffnete Gruppe junger Menschen, an deren Spitze der Kommunist Izaak Wittenberg[6]

---

6   Yitzhak Wittenberg (1907–1943), Oberkommandierender der Untergrundorganisation Fareinikte Partisaner Organisatzije (FPO) in Wilna. Die Gestapo forderte Wittenbergs Auslieferung, für die sich Gens öffentlich einsetzte, um seiner Ansicht nach Gefahr von den Juden im Ghetto abzuwenden. Am 16. Juli

stand. Die jüdische Polizei hatte Wittenberg bereits vor der Aktion an die Gestapo ausgeliefert. Diese Gruppe hatte ihr Quartier in der Straszuna-Straße 6. Gens und seine Polizei vermieden es, in diese Straße vorzudringen, weil sie eine Aktion der Kämpfer befürchteten. So ließ man diese Gruppe in Ruhe und versorgte sie sogar mit Lebensmitteln.

Und so endete die viertägige Aktion, während der 5000 Menschen nach Estland deportiert wurden. Die Ghettobevölkerung beruhigte sich langsam. Leider war diese Ruhe nur von kurzer Dauer. Am Sonntag, dem 5. September, fand ein normales Straßenleben im Ghetto statt. Es war nur leerer als sonst, da schließlich Tausende Menschen aus ihrem Umfeld gerissen worden und leere Wohnungen zurückgeblieben waren. Für gewisse Leute hatte die Saison des Raubs fremden Eigentums begonnen. Es vergingen noch einige Tage. Langsam fanden die Menschen ihr Gleichgewicht wieder. Arbeit außerhalb der Stadt gab es nicht mehr. Das Ghetto wurde siebenfach abgeriegelt; fast niemand mehr verließ das Gelände. Alles wurde teurer. Ein Kilogramm Brot hatte im Ghetto die ganze Zeit mehr oder weniger 40 bis 50 Rubel (4 bis 5 Mark) gekostet. Jetzt stieg der Brotpreis auf hundert und mehr Rubel. Alle Ghettobewohner, mit Ausnahme derer, die in den Ghettowerkstätten arbeiteten, waren arbeitslos. Man nahm an, dass das alles nicht mehr lange andauern würde, denn schließlich würden die Deutschen uns nicht ewig mit kostenlosem Brot versorgen. Man erwartete, dass etwas passierte.

Man wartete nicht lange. Am Montagabend, den 13. September 1943, machte im Ghetto eine sensationelle Nachricht die Runde. Gens hatte den Befehl erhalten, sich bei der Gestapo einzufinden. Normalerweise war sein Stellvertreter Sala Desler mit der Gestapo in Kontakt. Gens kam mit ihr nur selten in Berührung. Man erzählte sich, dass Gens vor Verlassen des Hauses seiner Mutter gesagt habe, sie solle ihn nicht mehr erwarten, wenn er zur Nacht nicht wieder zurück sei. Das Ghetto war von dieser Nachricht sehr ergriffen. Man sagte: „Sie haben Gens! Ist das jetzt unser aller Ende? Oder ist das nur ein vorübergehendes Unglück?" Die Nacht ging mit Qualen, Aufregung und Sorge einher. Die ewigen politischen Diskussionen, die die Ghettobevölkerung Tag und Nacht beschäftigten, verstummten. Man sprach nur noch über Gens. Am Morgen des nächsten Tages verkündete Sala Desler, dass er nichts von Gens erfahren habe. Aber im Ghetto wurde bereits gemunkelt, dass der Gestapomann Weiß Gens zwei Tage vor seiner Festnahme gewarnt habe, dass seine Verhaftung bevorstünde. Er hatte ihm geraten, sich durch Flucht zu retten. Gens hatte angeblich einer Flucht nicht zugestimmt. Sie ließen uns nicht lange im Ungewissen. Am Dienstag, dem 14. September, dem Tag nach der Verhaftung von Gens, kam Kittel mit einigen Offizieren ins Ghetto und befahl, unverzüglich einen Appell der jüdischen Polizei in der Konditorei an der Ecke Rudnicka- und Disnieńska-Straße einzuberufen. Dort verkündete Kittel, dass Gens

---

1943 wurde Wittenberg der Gestapo ausgeliefert. Vermutlich beging er im Gefängnis Selbstmord. Abraham Sutzkever zufolge wurde Wittenberg von der Gestapo ermordet. Der Autor schrieb stets „Witenberg", im Folgenden erscheint der Name stets berichtigt.

erschossen worden sei, weil er die Anordnungen höherer deutscher Behörden nicht erfüllt habe. Desler solle ihn vertreten, bis ein neuer Ghettovorsteher ernannt würde. Als wir zwei Wochen später nach Estland fuhren, erzählte mir im Waggon ein gewisser Woron, der sich aufgrund seiner krummen Geschäfte mit den Deutschen bei der Befreiung von Juden aus dem Gefängnis eines traurigen Ruhmes erfreute, dass er mit noch einigen von der Gestapo verhafteten Juden an diesem Abend eine Grube ausheben und irgendeinen Menschen hatte begraben müssen. Wahrscheinlich sei dies Gens gewesen.

Der Appell dauerte höchstens einige Minuten. Die Polizisten verließen betreten und leichenblass das Lokal. Sie konnten nicht fassen, was geschehen war. Wie auch! Ihr Gott, ihr Herr, ihr Brotgeber war erschossen worden. Die Neuigkeit verbreitete sich wie ein Lauffeuer im Ghetto. Die Menschen versuchten zu ergründen, was dieser Schuss zu bedeuten hatte. Sollte er nur Gens treffen, einen Menschen, der mit der Gestapo in Kontakt war, oder war dieser Schuss direkt gegen das Ghetto gerichtet. Wie ein Blitz schlug die Nachricht bei der jüdischen Polizei ein. Wenn man ihnen gesagt hätte, dass das ganze jüdische Ghetto erschossen und nur Gens bleiben würde, so hätten sie dieses Verbrechen akzeptiert. Bis zu diesem Tag hatten sie Tausende Menschen nach Ponary, nach Estland geschickt, überallhin, nur um sich selbst zu retten, und jetzt das! Gens selbst haben sie getötet! Was bedeuteten sie im Vergleich mit ihm? Noch vor dem Abend richtete die Polizei einen Gottesdienst für die Seele des Verstorbenen aus. Der Rabbiner hielt die Leichenpredigt, die mit den Worten „Wir haben keinen Vater mehr!" begann. Später sprach der Bruder von Gens, Salomon, das Kaddisch.[7] Auch der Polizeiinspektor Muszkat redete. Desler stand während des ganzen Gottesdienstes mit dem Kopf an die Wand gelehnt und hob nicht einmal seinen Blick. Es schien, als habe er kein reines Gewissen, oder er zitterte vielleicht um die eigene Haut, denn schließlich kam er jetzt an die Reihe.

Im Ghetto herrschte große Niedergeschlagenheit. Jeder spürte, wie unvermeidlich schwarze Wolken aufzogen, die Herzen bedrückte eine unaussprechliche Schwere. Die Leute wurden wortkarg, aus jedem Blick konnte man unheimliches Entsetzen herauslesen. Man beschäftigte sich nicht einmal mehr mit der furchtbaren Teuerung, die täglich in die Höhe schoss. Alle beherrschte nur ein Gedanke: Was bringt der nächste Tag? Wie Tiere im Käfig liefen die Menschen in den leergefegten Gassen des Ghettos umher. Alle wussten, dass sie zum Tode verurteilt waren. Aber wie sich retten? Wie herauskommen aus dieser schrecklichen Falle? Wohin gehen, wo sich verstecken mit der alten Mutter, der Frau, den Kindern? Was tun? Das ist wahrscheinlich das Tragischste, wenn man sich einer drohenden Gefahr vollkommen bewusst ist, den Tod mit jedem Teil seines Körpers spürt und der heraufziehenden Katastrophe gegenüber trotzdem machtlos ist. Bedrückt lief ich mit meiner Frau und meiner erwachsenen Tochter durch die Straßen des Ghettos. Wir dachten nur daran, wie wir uns retten könnten. Der einzige Hoffnungsschimmer im Ghetto waren die

---

7   Jüdisches Totengebet.

guten Nachrichten von der Front. Es war klar, dass die deutschen Frontmeldungen von der Wahrheit abwichen und nicht die wirkliche Situation widerspiegelten. Sie waren knapp, verschwiegen vieles, waren verlogen. Zwischen den Zeilen lasen wir klar und deutlich, dass die Niederlage der Deutschen bereits eingeleitet worden war. Ihr Hochmut und ihre Selbstsicherheit schwanden. Sie sprachen nicht mehr von der Einnahme Moskaus, nicht mehr von Leningrad, sie zogen sich am ganzen Frontverlauf zurück, und auf der Agenda stand im Moment Smolensk. In letzter Zeit war es mit Nachrichten schwieriger geworden, weil nur noch wenige Leute in der Stadt arbeiteten. Aber auch diese spärlichen Nachrichten reichten aus. Die Nachrichten von der Front, die Artikel in deutschen Zeitungen, das war unser einziger Trost, der einzige Funken Hoffnung, der uns in diesem Abgrund, in den wir versunken waren, erwärmte und erleuchtete. Auf Zeit spielen, soviel Zeit wie möglich gewinnen, das war unsere einzige Chance. Wir zählten darauf, dass sich vielleicht ein Wunder ereignete, die deutsche Niederlage plötzlich und unerwartet eintreten würde und wir gerettet wären.

Diese Hoffnung hielt die Energie und den Mut in uns aufrecht, dieses Grauen zu überstehen. Inzwischen war im Ghetto neue Unruhe entstanden. Sie brachten Leute zum H. K. P.[8] Das waren deutsche Werkstätten, in denen Maschinen, Waffen usw. repariert wurden. Diese Werkstätten befanden sich an verschiedenen Punkten in der Stadt. Als die Juden das Ghetto zur Arbeit in der Stadt nicht mehr verlassen durften, war auch dieser letzte Kontakt abgebrochen. Man sagte, dass der H. K. P. eine große Werkstatt in den „neuen Gebäuden" am „Ruzele" in der Subocz-Straße einrichte. Das waren große Wohnblocks, die 1904 von der jüdisch-französischen Wohlfahrtsorganisation ICA gebaut worden waren. Man erzählte, dass der H. K. P. dort eine große Werkstatt mit Unterkünften für jüdische Arbeiter errichten werde. Auf diese Weise könnte eine gewisse Zahl von Arbeitern mit ihren Familien aus dem Ghetto herauskommen und würde dann dort genauso wohnen wie die Arbeiter von „Kajlis", einer Pelzfabrik.[9]

Man klammerte sich an diese Möglichkeit. Die Menschen begannen, sich für den H. K. P.-Block anzumelden. Klar, dass diejenigen dorthin kamen, die der jüdischen Polizei Gold bezahlten. Auf diese Weise fuhren zum H. K. P. alle außer Arbeitern. So brodelte es im Ghetto einige Tage, bis am Samstag, dem 18. September, Kittel mit einigen Lkws ins Ghetto kam und erklärte, dass er einige Hundert Facharbeiter für die H. K. P.-Werkstätten brauche. Es fanden sich einige Arbeiter, die sehr erpicht darauf waren zu fahren. Aber als sich

---

8   Der Heereskraftfahrpark (H. K. P.) 562 war 1941 durch den Major Karl Plagge aufgebaut worden. Am 17. September 1943 wurden 1000 Juden in ein dort errichtetes Lager gebracht, das ab November 1943 ein offizielles Außenlager des KZ Kauen wurde. Im Juli 1944 liquidierte die SS das Lager. Nur 250 Insassen konnten sich durch Flucht und Verstecken retten. Die Übrigen wurden erschossen.

9   Unmittelbar vor der Liquidierung des Ghettos wurde in der Pelzfabrik Kajlis in Wilna ein Außenlager des KZ Kauen eingerichtet. 1000 bis 1500 jüdische Arbeitskräfte mit ihren Frauen und Kindern wurden dort untergebracht. Am 3. Juli 1944 lösten Angehörige der Sicherheitspolizei und des SD das Lager auf und erschossen den Großteil der Häftlinge in Ponary.

der Besuch Kittels im Ghetto in die Länge zog und man bemerkte, dass sich Kittel mit dem Zusammensuchen von Arbeitern irgendwie nicht beeilte, kühlte die Begeisterung ab und das ganze Unternehmen erschien verdächtig. Als die Polizei die Registrierten zum Abtransport ausrief, fand sich niemand ein. Kittel befahl dem neuen Ghettovorsteher Beniakoński, die Leute mit Gewalt zu holen. Die Polizei machte sich auf die Suche, begann, die Erstbesten einzufangen, es entstand Panik. Aber auch das dauerte nicht lange. Kittel befahl, alle Ergriffenen freizulassen und fuhr ab.

Was er damit bezweckt hatte, so eine Panik hervorzurufen, wusste niemand und niemand verstand es. Wie man sah, lag ihm daran, die verbliebenen Ghettobewohner zu verwirren, ihre Gedanken durcheinander zu bringen, sie moralisch zu brechen, damit sie zu keiner Reaktion mehr fähig wären, wenn sie der letzte tödliche Schlag treffe, den er ihnen bereiten würde. Eine andere Erklärung für die Ereignisse dieses Samstags gab es nicht.

Kittel verbrachte den ganzen Tag im Ghetto. Einen Ghettovorsteher, mit dem er hätte sprechen können, gab es nicht mehr. Er fühlte sich so frei wie ein Künstler auf der Bühne. Er war geradezu ein Filmstar. An diesem Tag stand er da und sprach mit jüdischen Frauen, die ihn anflehten, dass er sie zur Arbeit beim H. K. P. bringen solle. – Heute nicht, antwortete er, heute nehme ich nur Männer, ihr kommt auch noch an die Reihe. So amüsierte er sich auf Kosten der Frauen.

Von der Ghettoverwaltung ging niemand zu ihm, um mit ihm zu sprechen. Alle flohen wie die Mäuse in die Löcher. Zwei Jahre lang hatten sie sich auf Kosten der Ghettobevölkerung gemästet, aber als der Moment kam, um mit den Vertretern der Macht zu reden, etwas zu erfahren, war keiner da. An diesem Tag war das Ghetto wie ein Boot ohne Steuer, dem Schicksal stürmischer Wellen überlassen.

Währenddessen wurde am Nachmittag um 2 Uhr das Ghetto von einer neuen Aufregung erschüttert. Sala Desler, der Hauptverbindungsmann zwischen Ghetto und Gestapo, war mit seiner Frau aus dem Ghetto geflohen. Es wurde erzählt, dass Deslers Gattin, eine junge Frau, die aus Łódź stammte, dem Ghetto mit einem kleinen Köfferchen entschlüpft sei – gefolgt von ihrem Mann Sala. Man erzählte außerdem, dass Desler Brillanten und den gesamten Goldvorrat der Ghettoverwaltung mitgenommen habe, der auf einige Tausend Goldrubel geschätzt wurde. Weiter erzählte man sich, und das stellte sich als wahr heraus, dass einige Stunden früher der alte Feliks Desler, der ehemalige „gabe" (Leiter) der Wilnaer Alten Synagoge und langjährige Vorsteher der Jüdischen Organisation zur Krankenfürsorge in Wilna (Miszmeres chojlim), und seine Frau das Ghetto verlassen hatten. Also stand es offensichtlich sehr schlecht um das Ghetto, wenn schon der junge Desler mit seiner Frau floh und seinen alten Vater und seine Mutter vorher in den Block der H. K. P. schickte. Man kann sich vorstellen, wieviele Mutmaßungen diese Ereignisse hervorriefen. Die dicken Fische verlassen wie die Ratten das sinkende Schiff.

Im Ghetto herrschte allgemeine Empörung – nicht so sehr wegen der Flucht Deslers als vielmehr deswegen, dass er Gold mitgenommen hatte, das der Ghettoverwaltung zustand.

In so einem Moment hinterließ er den Juden keinerlei Mittel. Später erfuhren wir, dass außer Sala Desler auch andere Würdenträger geflohen waren, wie der Befehlshaber der Wachen am Ghettotor, der inzwischen verstorbene Lewas mit seiner Frau und Schwiegervater Kuszner, der Staatsanwalt Czesław Nusbaum und Oltaszewski, der ehemalige Redakteur der Łódźer Zeitung *Republika*. Wir wussten, dass es schlecht steht, wenn die Würdenträger fliehen und das Ghetto seinem Schicksal überlassen. Die Menschen waren orientierungslos, aber alle wussten, dass über dem Ghetto schwere Wolken aufzogen. Die Stimmung war schrecklich, einfach furchtbar. Jede Nacht stahlen sich Gruppen junger Leute aus dem Ghetto fort, die zu den Partisanen gingen. Einige versteckten sich bei polnischen Bekannten. Einigen gelang es, zu „Kajlis" und den H. K. P.-Blocks zu kommen. Man nahm an, dass das Ende des Ghettos nahte und es für die verbliebenen 12 000 Menschen keine Rettung gäbe. Sie hatten kein Ziel, wohin sie gehen konnten, sie hatten keinen Ort zum Verstecken. Sie waren resigniert und hatten keine Kraft mehr, gegen das Schicksal zu kämpfen.

Derweil stieg die Teuerung im Ghetto noch mehr an. Der Preis für ein Zwei-Kilo-Brot betrug bis zu 250 Rubel. Die Preise für Butter und Fleisch erreichten astronomische Summen. Die „Ruta"-Läden[10] lieferten normgemäß täglich 120 g Brot pro Person ins Ghetto. Aber die Fuhrleute, die das Brot brachten, lieferten darüber hinaus noch einige Hundert Brote. Das Verpflegen von 12 000 Menschen zusätzlich war eine unermesslich schwierige Angelegenheit und darüber hinaus mit einem großen Risiko verbunden.

Einige Tausend Menschen hatten keine Arbeit mehr. Wir durften nicht mehr in die Stadt gehen, sodass wir wortwörtlich erstickten. Die Tage zogen sich in einer unbeschreiblichen Qual hin. Allen war klar, dass diese Situation nicht lange bestehen würde. Aber was für eine Überraschung werden die Deutschen den Juden bereiten? Wie wird sich der Filmstar Kittel in den nächsten Tagen vor uns präsentieren? Wir verloren uns den ganzen Tag in Vermutungen, aber vergebens. Das gesellschaftliche Leben im Ghetto konzentrierte sich vor allem in den Werkstätten, wo die Arbeit noch mehr schlecht als recht lief. In anderen jüdischen Einrichtungen herrschte ein völliges Durcheinander. Im Ambulatorium und im Krankenhaus war es still, seit die Ärzte, Schwestern und Apotheker nach Estland geschickt worden waren.

In den Institutionen blieben bloß Einzelne zurück. Aber wer brauchte diese Einrichtungen, wenn alle einen neuen Schlag erwarteten? So vergingen weitere drei Tage. Am Dienstagabend fand eine Versammlung der Abteilungsleiter der Ghettoverwaltung statt. An ihr nahmen teil: der neuernannte Ghettovorsteher Bieniakoński, der Rechtsanwalt Mikonowicki, der Ingenieur Fried, der Schuhmacher Fiszman, der Ingenieur Guchman, Salomon Gens und andere. Wahrscheinlich hatten sie etwas erfahren und die Versammlung einberufen, um die Situation zu besprechen. Die Versammlung endete, wie mir später der Künstler Szapse Blecher erzählte, mit dem Beschluss, den Mitgliedern der Ghettoverwaltung ein Paar gute Schuhe aus den Werkstätten, warme Unterwäsche und Kleidung sowie jedem Polizisten 5000 Rubel zu geben.

---

10 Ruta-Läden gehörten zu einer Versorgungskooperative.

Die Liquidierung des Wilnaer Ghettos

Der folgende Tag, ein Mittwoch, verging in großer Anspannung. Am Donnerstagmorgen weckte uns ein Schrei, das Ghetto sei umzingelt. Halbtot sprangen wir aus den Betten und rannten zur Rudnicka-Straße 6. Dort herrschte schon lebhaftes Treiben. Polizisten rannten umher, das Ghetto war von Ukrainern eingekreist. Durch eine Toröffnung, die auf die Końska-Straße 3 führte, spazierte eine Militärwache hin und her, die untereinander ukrainisch redete. Es war klar, dass ein abwechslungsreicher Tag auf uns wartete. Die Polizisten gingen alle Straßen und Häuser ab und riefen alle zur Rudnicka-Straße 6, in der sich die Ghettoverwaltung befand. Derweil traf Kittel mit dem Vertreter des Wilnaer Gebietskommissariats Lakner auf dem Hof ein. Sie gingen gemeinsam mit Bieniakoński und befahlen, alle auf den Hof zu rufen. Die Leute fürchteten sich davor. Aber allen war klar, dass sie nichts mehr zu verlieren hatten. Die Nerven waren zerrüttet, die Geduld hatte sich erschöpft.

Halb tot vor Angst und Qual versammelten wir uns auf dem Hof des Hauses Rudnicka-Straße 6 und stellten uns rings um den Balkon der Wohnung, in der vorher Desler gewohnt hatte. Kittel, Lakner und Bieniakoński traten mit einem großen Sprachrohr auf den Balkon. Auf dem Hof standen einige Tausend Personen. Nach einer Weile verlas der Vertreter des Wilnaer Gebietskommissariats Lakner folgenden Befehl: „Im Namen des Reichskommissars Ostland befehle ich, das Wilnaer Ghetto, das mehr als zwei Jahre bestanden hat, zu liquidieren. Alle Bewohner des Ghettos müssen im Laufe des heutigen Tages zum Teil nach Estland, zum Teil nach Litauen ausgesiedelt werden. Im eigenen Interesse sollte die Bevölkerung in Ruhe diesen Befehl ausführen, bis 12 Uhr ist zu packen und das Ghetto zu verlassen." Diesen Befehl verlas Bieniakoński zweimal auf Jiddisch mit Hilfe des Sprachrohrs. Danach ergänzte Kittel einige Worte: „Der Befehl lautet, dass alle das Ghetto verlassen müssen. Im Fall von Ungehorsam werden die Häuser mit Dynamit gesprengt." Wir standen wie versteinert auf dem Platz. Im ersten Moment konnten wir das Bedrohliche der Situation gar nicht erfassen. Das Ghetto verlassen? Ausreisen? Wohin? Nach Estland, nach Litauen? Vielleicht ein Spaziergang nach Ponary? Mein lieber Gott, was passiert hier? Man könnte verrückt werden! Was wollen diese Banditen von uns? Wie lange werden unsere Qual und Leiden noch dauern? Das Ghetto verlassen? Wenn alle fahren, vielleicht bleibt ja doch eine Handvoll Privilegierter? Das müsste man wissen, davon hängt ab, wie wir uns verhalten werden. Das ist im Moment die wichtigste Frage. Ohne zu überlegen, dränge ich mich zu Kittel und Lakner durch und frage: „Werden alle ohne Ausnahme das Ghetto verlassen oder bleibt ein Teil der Privilegierten hier, wie es auch bei den anderen Aktionen der Fall war?" Einen Augenblick standen sie da. Dann antwortete Lakner: „Es gibt keine Privilegien mehr, das Ghetto wird vollständig liquidiert. Alle müssen gehen. Aber ruhig … ja! Nur ruhig."

Darum ging es ihnen im Grunde. Vor allem lag ihnen daran, dass alle Aktionen ruhig verliefen.

Nach einer kurzen Beratung mit meiner Frau und meiner Tochter beschlossen wir, dass sie die Sachen packen sollten und ich nach Möglichkeit versuchen würde, Wilna nicht verlassen zu müssen. Derweil hatte sich die Menschenmenge im Hof, bevor sie sich zerstreute, auf die Warenlager des Ghettos gestürzt. Die Leute waren in letzter Zeit sehr ausgehungert, und in den Speichern der Ghettoverwaltung lagerte jede Menge Mehl, Brot, Zwieback, Zucker, Butter … Die Menge strömte in die Lager. Sie holten Säcke mit Buchweizen, Mehl und Brot heraus. Sie brachten ganze Kisten mit Butter und anderen Produkten. Danach liefen alle in ihre Häuser zurück, um ihre Sachen zu packen und über Möglichkeiten nachzudenken, sich zu verstecken.

Ich erfuhr, dass ein Teil der Privilegierten die Erlaubnis bekommen hatte, in die Blocks des H. K. P. zu ziehen. Das hieß, dass es doch wieder Privilegierte gab. Wenn dem so ist, muss ich etwas tun, um in der Stadt zu bleiben. Und wieder suchten mich die gleichen Gedanken heim … Wohin fahren wir bzw. fahren wir überhaupt irgendwohin? Wie lange können es Leute wie ich mit Frau und Kindern im Konzentrationslager aushalten? Vielleicht gelingt es uns doch, in Wilna zu bleiben? Hier ist es zwar schlecht, aber man ist immerhin unter Freunden, Bekannten, Genossen … Mit diesen Gedanken im Kopf, auf der Suche nach einem Ausweg traf ich auf einen Offizier, der aus dem H. K. P. ins Ghetto gekommen war. Nach einem kurzen Gespräch gelang es mir, von ihm eine Erlaubnis zur Ansiedlung im H. K. P. als Desinfekteur zu bekommen. Erfreut über diese Wendung setzte ich mich mit meiner Frau, meiner Mutter, den Kindern und unseren Sachen in einen Lkw, der zur Abfahrt zum H. K. P. bereitstand. Aber nun kamen privilegierte Arbeiter aus den mechanischen Werkstätten mit ihrem Leiter Rejbman an und bedrängten uns gewaltsam, weil wir ihre Plätze eingenommen hatten. Sie stürzten sich wie wilde Bestien auf uns, zogen, zerrten und warfen mit Packen. Es entstand ein großes Geschrei. Der Fahrer eilte zum Auto, verjagte alle und fuhr allein los. Wir waren verzweifelt. Der Dichter Chaim Siemiatycki kam zu mir und fragte: „Mendel, was hast du vor?" – „Ich weiß nicht, was ich tun soll", antwortete ich. – „Und welche Pläne habt ihr, Chaim?" Die Antwort lautete: „Ich bleibe im Versteck." Ich habe ihn nicht wieder gesehen. Nach einer Weile ging ich zu Abram Zajdsznur, der gerade vorbeikam. – „Was werdet ihr machen, Abram?", fragte ich ihn. Er antwortete: „Ich bleibe im Versteck." (Abram Zajdsznur saß zwei Monate im Versteck und wurde am Ende durch einen jüdischen Provokateur verraten.)

Ratlos und bedrückt standen wir mit unseren Packen im Hof und stellten plötzlich fest, dass unsere Mutter nicht mehr da war. Wir riefen „Mama, liebe Mama, wo bist du? Wann und wie haben sie sie gefangen? Unsere Mutter ist nicht mehr da!"

Zusammen mit der Mutter war ein kleiner Koffer verschwunden, den sie getragen hatte und in dem sieben Hefte lagen, in die ich sorgfältig alle Ereignisse im Ghetto notiert hatte. Meine Frau und Kinder brachen in Tränen aus: „Mama, Oma, wo bist du? Unsere treu ergebene Oma ist nicht mehr da."

Die Situation ließ es jedoch nicht zu, lange über das große Unglück nachzudenken, das uns getroffen hatte. Wir mussten alles, was um uns herum geschah, genau beobachten. Wir waren vier Menschen, die überleben wollten, darunter ein zwölfjähriger Junge und ein 18-jähriges Mädchen. Die Menge lief durch das Tor, das Ghetto wurde immer leerer. Der Abend näherte sich. Wir beschlossen, uns irgendwo über Nacht zu verstecken. Ich stellte fest, dass alle bis auf die Privilegierten das Ghetto verließen. Diese waren ruhig, als ob sie etwas erwarteten. Ich beschloss, sie nicht aus den Augen zu lassen und herauszufinden, ob darin nicht irgendeine Lösung für uns steckte. Auf diese Weise gelangten wir zum Polizeipräsidium. Dort waren viele Menschen und alle Familien der Polizisten versammelt. Überzeugt, dass sich hier die Privilegierten einen Unterschlupf eingerichtet hatten, beschloss ich, trotz ihres energischen Protestes, um jeden Preis die Nacht hier zu verbringen. Es war sehr voll und eng. Die Leute saßen mit ihren Packen auf dem Boden. Der Polizist Waker brachte pausenlos Weinflaschen und Konserven in das Büro, in dem Kittel und andere Deutsche saßen. Sie fraßen und soffen die ganze Nacht. Das Geschäft wurde in der Nacht abgeschlossen: Für eine beträchtliche Summe Gold wurde eine größere Anzahl Menschen mit Lkws in die Blocks des H. K. P. gefahren. Ich erfuhr, dass noch ein Lkw ankommen sollte. Sofort nahm ich Frau und Kinder sowie einige unentbehrliche Dinge. Den Rest ließ ich auf dem Hof. So gingen wir zum Ghettotor. Es war 4 Uhr morgens. Am Tor standen einige Polizisten, wahrhaftiger gesellschaftlicher Abschaum. Sie erlaubten uns nicht, auf den Lkw zu warten. Selbst in so einem Moment waren sie zu keiner menschlichen Regung fähig. Wir beschlossen, wieder zum Polizeipräsidium zurückzugehen und dort bis zum Morgen zu warten. In diesem Moment kam Salomon Gens vorbei. Als er uns sah, warf er sich wie ein wildes Tier auf uns:

„Wollt ihr wohl vom Tor weggehen! Wollt ihr das ganze Ghetto ins Unglück stürzen?! Ihr bleibt hier und rührt euch nicht von der Stelle!"

„Was reden Sie, Gens, wie kann man das Ghetto noch mehr ins Unglück stürzen? Sie haben doch ihre alten Possen noch nicht vergessen?"

„Schweig, sonst töte ich euch!"

Dabei warf er sich mit einer Knute in der Hand auf mich. Die Kinder begannen zu weinen. Er ließ von mir ab und rief einem Polizisten zu, er solle auf uns aufpassen. Aber nach einigen Minuten gelang es uns, unbemerkt vom Tor über die Rudnicka-Straße 23 zurück zum Polizeipräsidium zu gelangen. Dort erwartete uns ein neuer Schlag. Am Eingang des Präsidiums stand ein jüdischer Polizist und wollte uns nicht hereinlassen. Wir flehten ihn an, er solle Mitleid mit uns haben. Wir hätten bereits hier übernachtet und unsere Sachen seien dort. Aber es half nichts. Kommissar Oster kam heraus und drängte uns in Richtung Theater, wo man viele Leute zusammengetrieben hatte, die es nicht geschafft hatten, bis zum Abend das Ghetto zu verlassen. Wir hatten Angst, dorthin zu gehen. Ein paar Polizisten kommandierten dort herum. Sie fertigten Listen an und notierten, wer nach Litauen, wer nach Estland und wer in den H. K. P.-Block fahren sollte. Selbst jetzt, im letzten Moment, wollten sie noch Gewinn machen und prellten die Blauäugigen, denn natürlich hatten sie keinerlei Einfluss in dieser Sache. Wie man sah, blieb die jüdische Polizei sich selbst immer treu: Sie raubte und quälte bis zum letzten Moment.

Wir wollten nicht in das Theatergebäude, wussten aber gleichzeitig, dass wir auf normalem Wege keine Chance hatten, in das Präsidium hineinzukommen. So nahm ich Frau und

Kinder und wir kletterten durch ein Hinterfenster ins Präsidium. Als wir ins Innere gelangten, wurde uns sofort leichter ums Herz, als ob von hier unsere Rettung kommen sollte. Mir lag daran, in der Nähe der Privilegierten zu sein, weil ich annahm, dass sie für sich einen Ausweg fänden. Dort saßen wir bis zum Morgengrauen. Wir saßen so lange, bis wir schwere Schritte von Soldaten und Schreie von Deutschen hörten, die die Leute zum Hinausgehen zusammentrommelten. Durchs Fenster beobachteten wir Menschenmassen, die aus dem Theater strömten. Wir im Präsidium wurden jedoch nicht in Bewegung gesetzt. Plötzlich sahen wir, wie aus dem zweiten Ausgang des Theatergebäudes eine große Gruppe Polizisten mit ihren Familien sowie Sack und Pack herauskam. Einen Moment später sahen wir eine neue Gruppe, aber ist das möglich? In dieser Gruppe gingen nebeneinander ... Fried, Milkonowicki, Ing. Guchman und andere große Figuren. Diese Herren, die zwei Jahre lang ohne Pause andere nach Ponary geschickt haben, denen es an nichts fehlte, die wie Fried dreimal täglich den Anzug wechselten, die liefen dort mit einem Sack auf dem Rücken, zusammen mit dem Volk! Also hatte Lakner recht gehabt, als er sagte, dass es dieses Mal keine Privilegien gäbe.

Auch wir durften nicht mehr lange im Präsidium sitzen. Plötzlich hörten wir einen Ruf, der zum Verlassen des Gebäudes aufforderte. Die Menschen gingen langsam hinaus, aber ich zögerte noch. Aus allen Ecken blickte uns eine Leere an. Wir gingen von einem Zimmer zum nächsten. In einem sahen wir den Polizisten Oster mit seiner Familie und noch einige höhere Polizisten vom Gerichtswesen, die sich versteckten. Sie stürzten sich auf mich und schrien mich an, dass ich mich davon machen solle. „Nein, meine Lieben", sagte ich, „heute wird daraus nichts. Dieses Mal gelingt es euch nicht, dieses Mal geht ihr als Erste raus und ich zum Schluss." Wir blieben längere Zeit in diesem kleinen Raum. Hinter dem Fenster konnten wir ein Gespräch zwischen Kittel und Salomon Gens anhören. Kittel fragte: „Bist du sicher, dass niemand mehr in diesen Gebäuden ist? Bedenke, wenn ich jemanden finde, sprenge ich das Gebäude mit Dynamit." – „Ich garantiere, dass alle diese Häuser verlassen haben. Darin gibt es keine lebende Seele mehr", antwortete Salomon Gens.

Nachdem sie das gehört hatten, verließen Oster, der Rechtsanwalt Rubinow und andere das Zimmer. Ich blieb. Meine Frau und meine Tochter fingen an zu schreien, dass sie nicht hierbleiben wollten, weil sie uns umbringen würden. – „Wenn die ganze Polizei rausgeht", sagte meine Frau, „dann können wir auch nicht hier bleiben". Sie setzte durch, dass wir das Gebäude verließen. Sofort umringten uns Ukrainer und brachten uns zu einer übrig gebliebenen Gruppe von Leuten, die man vorher aus dem Theater gebracht hatte. Dort standen auch die „Persönlichkeiten", die ich erwähnt habe. Es war bereits Freitag, der 24. September 1943, zwischen 7 und 8 Uhr morgens. Der erste Hof der Rudnicka-Straße 6 war die letzte Etappe, von der die Leute weggeschickt wurden. Ständig gingen neue Gruppen zum Tor. Nachdem diese fort waren, eskortierten uns Soldaten die Rudnicka-Straße entlang in Richtung Tor. Unterwegs schlossen sich weitere Menschen an und die Gruppe wuchs auf einige Hundert Personen.

Ein letztes Mal gingen wir die Rudnicka-Straße entlang. Alle waren in Gedanken versunken. Vor zwei Jahren hatte man uns hier eingesperrt. Im Laufe dieser zwei Jahre träumten wir, dass der Moment käme, an dem wir als freie Menschen das Ghetto verlassen würden. Und jetzt verließen wir es, aber wie? Wohin? Wir wissen nicht, was das Schicksal mit uns vorhat. Wir haben keine Ahnung, was in den nächsten Stunden mit uns passieren wird. Vielleicht bringen sie uns an einen anderen Ort? Vielleicht töten sie uns sofort? Wir gehen alle zusammen, meine Frau, meine Kinder. Jeder trägt einen Packen. Den größten Teil des Gepäcks haben wir schon vorher weggeworfen und verloren. Wir haben keine Kraft mehr, diese Packen hinter uns herzuziehen, wir quälen uns schon mehr als 24 Stunden. Neben mir läuft Salomon Gens mit seiner jungen Frau und einem Säugling auf dem Arm, auf der anderen Seite die Pharmazeutin Reszańska, die großen Einfluss im Ghetto gehabt hatte, den sie ihren Gestapokontakten verdankte. In unserer Gruppe sind alle Funktionäre der Ghettoverwaltung. Sie gehen so wie wir, mit Packen auf dem Rücken. Es gibt keine Ausnahmen. Man sollte hier bedenken, dass nicht die Deutschen beim Abtransport nach Ponary zwischen den Juden unterschieden. Die Unterscheidung in diesen schweren Zeiten machten die Juden selbst. Sie nahmen sich das Recht, zu entscheiden, wer nach Ponary zu gehen hatte und wer am Leben bleiben durfte. Verschiedene Rücksichten und Beweggründe spielten in diese Urteile hinein.

Heute gehen die „Großen" neben uns. Das Schicksal hat auch sie nicht umgangen. Wir erreichen das Ghettotor. Ein letztes Mal schaue ich zum Tor, zur Straße. Werden wir den Moment erleben, mit unseren Familien hierher zurückzukehren oder ist das vielleicht unser letzter Blick auf die Rudnicka-Straße? Als wir aus dem Tor hinauskommen, sind wir sofort umringt von Ukrainern, die Waffen auf uns richten. Wir schaudern, rücken unwillkürlich näher zusammen und gehen weiter. Mein letzter Blick fällt auf ein großes Schild, das am Tor angebracht ist: „Achtung Seuchengefahr! Jüdischer Wohnbezirk. Deutschem Militär und Nicht-Juden betreten verboten!" Wir gingen an der Kirche Allerheiligen vorbei, bogen in die Końska-Straße ein, überquerten die Hetmańska, kreuzten ein Stück der Großen Straße. Von Weitem sehen wir einige Christen, die sich unsere Tragödie anschauen. Was sie wohl denken? Vielleicht sind am Ghettotor bereits Menschenmassen versammelt und warten darauf, sich auf das in Höfen, Häusern und Straßen verstreute jüdische Hab und Gut stürzen zu können … Wir gehen weiter, sind schon in der schmalen Subocz-Straße, die Reihen werden schmaler und ziehen sich in die Länge. Plötzlich hören wir Lärm, wir sehen, wie ein deutscher Offizier gerannt kommt und etwas schreit. Es stellt sich heraus, dass sich irgendein Mädchen herausgeschlichen hat und in einen Toreingang schlüpfen wollte. Unglücklicherweise hat ein Deutscher es bemerkt und sie eingefangen. Einen Moment hielt er sie fest, dann hörten wir plötzlich einen Schuss, das Mädchen fiel auf der Stelle um …

Unter schrecklicher Angst und Qual erreichten wir das Kloster in der Subocz-Straße. Hier entstand ein schlimmer Tumult. Wir wussten nicht, was los war. Soldaten drangen in unsere Reihen und begannen, uns zu stoßen und mal in die eine und dann wieder in die andere Richtung zu treiben. Wir spürten, dass sich hier etwas Ungewöhnliches abspielte. Schon sehe ich, wie sie meine Frau stoßen und jagen. Meine Tochter kommt zu mir gelaufen, ruft mich, fällt mir in die Arme und küsst mich. Soldatenhände reißen sie von mir los und ziehen sie weg. Im Handumdrehen umringen mich andere Banditen. Sie rufen: „Schneller, gib Geld, Uhren, Rasiermesser, gib her, schneller, her damit!"

Ohne die Schreie der Ukrainer zu beachten, fasste ich meinen Sohn fest an der Hand. Ein Soldat tastete mich ab. Als er nichts fand, ließ er mich in Ruhe. Ich nutzte diesen Moment, um zu schauen, was eigentlich passierte. Ich stellte fest, dass die Frauen, die mit Gewalt von uns fortgerissen wurden, in den Klosterhof getrieben wurden … Wir schauten ein letztes Mal auf unsere Frauen und Kinder. Das Herz verkrampfte sich vor Schmerz. Meine Frau und meine Tochter sind nicht mehr da. Meine alte Mutter hatten sie mir gestern schon genommen. Mehr als zwei Jahre schützte ich sie vor Sorgen und Gefahr. Heute geschah das Unglück. Ausgerechnet am Geburtstag meiner Frau riss man sie von mir. Tränen erstickten mich. Aber es war uns nicht gestattet, uns lange dem Schmerz hinzugeben. Auch das war verboten. Man hielt uns am Kloster fest. Wieder begann das Ausrauben.

Die Soldaten nahmen alles, was ihnen in die Hände kam. Plötzlich hörten wir Schüsse. Als wir in Richtung der Schüsse schauten, bot sich unseren Augen ein schreckliches Bild. In der Mitte der Straße hing der Rechtsanwalt Chwojnik, ein Bundist[11] und aktiver Funktionär im Ghetto, er hatte eine verletzte Hand. Weiter weg hingen der Uhrmacher Lewin Grisza und die Studentin Asia Bin. Man flüsterte, sie seien erhängt worden, weil sie Widerstand geleistet hatten. Wie es wirklich war, wussten wir nicht, weil alles schon passiert war, bevor wir ankamen.

So standen wir mehr als eine Stunde an diesem sonnigen, schönen Morgen, gebrochen vom Schmerz nach den Ereignissen der letzten 30 Stunden. Die Soldaten hörten nicht auf, uns auszurauben. Die Deutschen rannten wie verrückt hin und her. Kittel war allgegenwärtig. Wir standen in Grüppchen auf der Straße und sprachen miteinander. Wir konnten uns nicht verzeihen, dass wir uns so leicht hatten täuschen lassen. Mehr als zwei Jahre habe ich meine Familie vor Razzien geschützt. Ich habe sie vor Wegen bewahrt, auf denen ihnen Gefahr drohte. Ohne Gelbscheine, ohne Privilegien, mit den eigenen Händen, dem eigenen Verstand, der eigenen Energie und Initiative habe ich fünf Personen geschützt. Ich schützte sie vor so vielen Selektionen, Aktionen und jetzt im letzten Moment dieser Reinfall. Ich habe es zugelassen, dass sie mir die Mutter, die Frau und die Tochter, ein 18-jähriges Mädchen,

---

11 Der „Bund" wurde 1897 als „Allgemeiner Jüdischer Arbeiter-Bund in Russland, Litauen und Polen" in Wilna gegründet. Ziel war es, die jüdischen Arbeiter des zaristischen Russland zu vereinen. In der Zwischenkriegszeit war der „Bund" in mehreren osteuropäischen Ländern aktiv, darunter in Polen, wo er eng mit der Polnischen Sozialistischen Partei (PPS) zusammenarbeitete. Die „Bund"-Mitglieder lehnten den Zionismus vehement ab und propagierten in Polen das Recht des jüdischen Volkes auf „kulturelle Autonomie". In diesem Sinne verweigerten sie noch bis Oktober 1942 die Zusammenarbeit mit zionistischen Organisationen und knüpften stattdessen Kontakte zum polnischen Untergrund.

nahmen. Erinnerungen an 1939 wurden in mir wach. Damals floh ich direkt nach Kriegsbeginn aus Łódź und ließ dort meine ganze Familie zurück. Ich ruhte so lange nicht, bis ich sie nach Wilna gebracht hatte, ausgestattet mit soliden Nansen-Pässen.[12] Alle haben mich damals für diese Aktion bewundert. Damals ist es mir gelungen, aber heute leider nicht …

Müde saßen wir auf dem Boden, auf der Straße. Aber es war ein Irrtum, zu denken, dass sie uns ausruhen ließen. Plötzlich hörten wir das Kommando: „Zu zehnt in einer Reihe aufstellen!" Und wieder diese Schreie „Schneller, schneller!" Sie haben keine Zeit … Wir erheben uns von unseren Plätzen. Plötzlich sehen wir, dass sich von der Subocz-Straße Lkws nähern. Wir wurden blass. Wir vergaßen den großen Schlag, der uns getroffen hatte. Lkws für wen? Wofür? Das heißt, dass wir nicht nach Estland fahren, nach Litauen, sondern mit Lkws, wohin? – „Nach Ponary", hören wir leise ersticktes Geflüster. Sie haben uns in eine Falle gelockt. Mein Kind schmiegt sich an mich und fragt: „Vati, bringen sie uns nach Ponary? Ist das das Ende?" Heimlich schaue ich ihn an, sehe, dass er kreidebleich ist. Was soll ich dem Kind antworten, dass sich an mich schmiegt wie ein Küken? Ich sage: „Ich weiß nicht, ob sie uns nach Ponary oder woandershin bringen. Wir schauen, was wird." Wir sind ratlos. Wir haben keine Zeit nachzudenken. Unsere Schinder brüllen: „Schneller, schneller!" Die Leute stellen sich auf. Alle versuchen, sich aus den ersten Reihen wegzustehlen. Niemand möchte der Erste sein. Die Leute ziehen sich zurück. Die Deutschen und die Ukrainer schlagen uns mit Kolben, wir versuchen, auch nach hinten zu gelangen. Die Soldaten schlagen immer stärker mit den Kolben, und zum Schluss geben wir auf. Wir stehen zu zehnt in einer Reihe. Motoren dröhnen, Soldaten mit Maschinengewehren umstellen uns. Wir schmiegen uns aneinander. Hinter mir höre ich ein Flüstern: „Mein Gott, womit haben wir das verdient?" Aber ich denke in diesem Moment: „Sollen wir wirklich an so einem schönen, heiteren Tag sterben? Muss ich heute, am Geburtstag meiner Frau, sterben?"

Was für eine Ironie des Schicksals, das sich auf Kosten von uns Wehrlosen, Unglücklichsten der Unglücklichen amüsiert! Ich habe nicht einmal ein Messer dabei, um mich im letzten Augenblick auf einen unserer Folterknechte stürzen zu können. Wir stehen schon in Reih und Glied, die Soldaten bewachen uns, die Motoren heulen. Und in dieser Situation, in diesem Zustand stehen wir wieder eine halbe Stunde. Kann sich jemand, der das nicht erlebt hat, unseren Schmerz und unsere Qual vorstellen? Aber alles ist einmal zu Ende. Wir hören das Kommando „Rührt euch!" Wir gehen im Bewusstsein, dass das unsere letzten Schritte auf Erden sein werden. Zum Grab werden sie uns „wie Herren" in Autos bringen. Haben sie schon Gräber für uns vorbereitet oder werden wir vor der Erschießung vielleicht selbst Gruben ausheben müssen? Aber nachdenken war nicht erlaubt. Wir gehen, aber was heißt das?

---

12 Der Nansen-Pass ist ein Pass für staatenlose Flüchtlinge und Emigranten, der 1922 vom Hochkommissar des Völkerbundes für Flüchtlingsfragen Fridtjof Nansen entworfen wurde. Die Behörde des Landes, in dem sich der Flüchtling aufhielt, stellte ihn als Reisedokument aus, das von vielen Staaten anerkannt wurde. Eine Rückkehr in das Land, das den Pass ausgestellt hatte, war sichergestellt.

Die erste Reihe biegt in eine kleine Straße ein, die nach Rosa führt. Ist das ein Traum? Sind wir noch bei gesundem Verstand? Wir biegen in die kleine Straße ab. Ich halte mein Kind fest an der Hand. Wir sehen keine Autos mehr, hören keine Motorengeräusche mehr. „Vati, Tosik" rufen wir gleichzeitig. Wir küssen uns, unsere Augen sind feucht. Aber wir leben, sie führen uns nicht nach Ponary. Wir sehen, wie Kittel abzählt 10, 20, 30 usw. nach rechts und wieder 10, 20, 30 usw. nach links. Was hat das zu bedeuten? ... Aber schnell beruhigen wir uns. Auf den Eisenbahngleisen stehen in beiden Richtungen Waggons. Eine Gruppe von etwa 70 Personen bringt man auf die eine Seite, eine weitere Gruppe auf die andere Seite. Das heißt, eine Gruppe fährt nach Estland und die andere nach Litauen. Ich wollte mit der Gruppe gehen, die nach Litauen fährt, weil Litauen mir näher ist. Aber es war schwer zu erraten, welcher Zug nach Litauen und welcher nach Estland fahren würde. Im Übrigen soll doch Gottes Wille sich erfüllen. Wir fahren dorthin, wohin das Schicksal uns führt. Und sicheren Schrittes, das Kind fest an der Hand, gehen wir zum Waggon.

Wie Soldaten in einem feierlichen Marsch gehen wir an Kittel vorbei und klettern in die Waggons. Ich bin einer der Ersten und nehme sofort einen Platz in der Ecke am Fenster ein. Ich schaue mich um. Es ist ein großer 50-Tonnen-Waggon ohne Bänke und ohne WC. Dreckig, die Fenster vergittert. Der Waggon ist bereits überfüllt, es ist eng, schmutzig, Packen fallen auf den Boden. Aber das hat seinen Vorteil, wir können uns auf die Packen setzen und uns nach den schrecklichen Erlebnissen ein bisschen erholen. Im Waggon kann man sich nicht mehr bewegen, wir sind schon 71 Personen mit Packen und Bündeln. Unter diesen Bedingungen werden wir fahren müssen, wer weiß wie lange. Aber was bedeutet das schon für Menschen, die wenige Minuten zuvor den Hauch des Todes gespürt haben. Derweil sehen wir, wie sie immer neue Leute in die Waggons laden. Aber was ist das ... Soldaten kommen und verriegeln die Türen zu den Waggons. Wir sind gefangen. Wir haben ein kleines Fensterchen zur Verfügung, wirklich klein, vergittert, aber es gibt immerhin die Möglichkeit, alles zu sehen, was um uns herum geschieht. Langsam beruhigen wir uns, setzen uns bequemer hin. Im Waggon befinden sich einige Bretter. Wir machen aus ihnen Bänke. Jetzt erst schaue ich mir meine Reisegenossen näher an. Viele von ihnen kenne ich. Neben mir sitzt der Künstler Szapsa Blacher. Auf der anderen Seite sitzt der alte Olejski mit seinem Sohn, einem Wachtmeister der Ghettopolizei und seinem Neffen. Dort sitzt der Brigadier der Sanitätsgruppe Woron, der mit einigen dunklen Typen am Tag der Ghettoliquidierung von der Gestapo ins Ghetto gebracht wurde, weiter sitzt da der Buchhalter Gurwicz und andere. Viele der Polizisten im Waggon waren voll beladen mit Packen. Ich schaue mir meine zwei kleinen Packen an und mein Herz erstarrt vor Furcht. Wie soll ich das durchstehen, ohne Geld und Wertsachen? Ich tröste mich damit, dass ich meiner Frau im letzten Moment die wunderbare goldene Uhr mit der Kette und einige Tausend Rubel geben konnte. So haben wenigstens sie einen Notgroschen in schwierigen Zeiten.

Plötzlich öffneten sich die Türen und man rief fünf bis sechs gesunde junge Personen heraus, die Proviant abholen sollten. Alle waren hocherfreut. Sofort meldeten sich einige junge Leute, ehemalige Polizisten, und brachten Kisten mit Mineralwasser, zehn Flaschen pro Person. Nach einer Weile brachten sie zwei Laib Brot für jeden. Es wurden sogar 50 Laib mehr, als uns zustand, herbeigeschafft. Nach einer Weile brachten sie Wurst und Fett. Wir fühlten uns wie im Paradies. Die Kontraste waren ein bisschen sehr stark. Noch vor einigen Stunden stand das Gespenst Ponary vor uns und jetzt geben sie uns Wurst, Fett, Brot und Mineralwasser zum Trinken. Die Lebensmittelversorgung der Waggons dauerte einige Stunden. Es war schon gegen zwei Uhr. Die Stimmung im Waggon hellte sich auf. Auf Antrag von Woron wurde der ehemalige Wachtmeister Olejski zum Kommandanten des Waggons gewählt. Woron war die Angst vor der ehemaligen Polizei noch nicht losgeworden und schob bei jeder Gelegenheit die Polizisten an die erste Stelle. Wir waren müde. Es war uns egal, wer Kommandant sein würde, Olejski oder Woron. Deswegen erhob niemand ein Wort, als man dieselben Typen vorschlug, die uns schon im Ghetto gequält hatten. Man entschied sich dafür, die Lebensmittel bei Abfahrt des Zuges auszuteilen.

Gawenda Herc, der neben mir saß, gab uns derweil ein Stück Brot. Gawenda kannte ich seit zehn, fünfzehn Jahren. Ich war auf seiner Hochzeit im Saal „Pasaz" in Wilna gewesen. Ich kannte seine Familie gut. Und jetzt hatte uns das Schicksal wieder zusammengeführt. Derweil hatte man unseren Zug auf ein Nebengleis geführt und ich kaufte einige Äpfel von den Halbwüchsigen aus der Szklaperna-Straße. Die Soldaten, die uns bewachten, bemerkten die Transaktion. Sie trieben die Jungs auseinander, aber die Äpfel waren schon mein Eigentum. Die Stimmung im Waggon war im Allgemeinen gut. Der Schmerz, der durch die Trennung von Frauen und Kindern hervorgerufen worden war, war bereits etwas gelindert. Die Menschen lebten im Augenblick. Aber unsere Ruhe dauerte nicht lange. Wieder erlebten wir schreckliche Momente der Angst und des Leidens. Nur die Bestialität und der Sadismus der Deutschen konnten bis zu so einer Perfidie gelangen, die die Leute an den Rand des Wahnsinns trieb.

Die Sache stellte sich folgendermaßen dar: Die Lebensmittel waren schon im Waggon, die Leute aßen, tranken Wasser, lehnten sich aus den Fenstern und fragten vorbeigehende Bahnarbeiter, ob sie unsere Frauen und Kinder gesehen hätten und ob diese mit unserem oder einem anderen Transport führen. Sie sagten, dass sie nichts wüssten, dass sie keine Frauen gesehen hätten. Wir fragten halbherzig einen Schaffner, wohin wir führen. Seine Antwort erschütterte uns. Wir erstarrten vor Schreck. Er sagte, wir würden nach Landwarowo fahren. „Was sagen Sie, nach Landwarowo?! Das heißt, über Ponary ..." Ein Schauder überlief uns. Nach Ponary. Wieder nach Ponary. Was geht hier vor, schließlich bringen sie uns doch nach Estland! Warum jetzt wieder Ponary? Das ist schließlich die völlig falsche Richtung. Wir vergaßen die Erholung, das Essen, das Trinken. In den Gehirnen wirbelte nur noch ein Wort herum: Ponary. Ab da fragten wir jeden vorbeikommenden Bahnarbeiter „Wohin fährt der Zug?" Die Antwort lautete immer gleich: „Ich weiß nicht." oder „Nach Ponary." Je länger wir stehen, desto größer wird die Unruhe. Das ist klar. Die Bahnarbeiter vermuten, der Zug geht nach Ponary. Ein Arbeiter sagt, der Zug hält in Ponary. Wir fragten einen polnischen Arbeiter, der bei unserem Fenster stand: „Habt ihr schon mal Züge nach Ponary gebracht?" – „Ja", antwortete er.

„Und wurdet ihr vorher informiert, dass der Zug halten wird?"

„Nein", antwortete er. „Den Befehl zum Halten bekamen wir immer im letzten Augenblick, nicht beim Losfahren."

Das heißt, wir fahren über Ponary und dort könnten sie uns anhalten ... Aber warum dann die ganze Komödie, warum geben sie uns Lebensmittel für fünf Tage, warum geben sie uns so viel Wasser, Fett, Wurst und Brot? Soll das eine Hinterlist sein? Aber wozu? Wir saßen doch sowieso schon in der Falle. Die Waggons verriegelt, die Fenster verdrahtet. Wohin sollten wir fliehen? Wie uns retten? Die Situation war noch dramatischer als am Morgen. Durch das Fenster aus dem Waggon fliehen? Bevor einer abspringt, schießen sie andere nieder. Was tun? Wie das Kind in Sicherheit bringen? Hektisch suchte ich nach Rettungsmöglichkeiten. Mein Kind schmiegte sich wieder an mich. Es ist furchtbar blass, seine Stimme zittert: „Vati, ist das das Ende? Bringen sie uns wirklich nach Ponary?" Was sollte ich dem zitternden Kind antworten? Ich antwortete ihm wie schon morgens: „Ich weiß es nicht, Tosik. Kann sein, dass sie uns nach Ponary bringen, vielleicht aber auch nicht. Alles wird gut werden."

Im Waggon reden und diskutieren die Leute ohne Unterbrechung. „Wisst ihr", sagt einer, „wir werden ein Zeichen bekommen. Wenn wir heute Nacht losfahren, heißt das, dass alles in Ordnung ist. Wenn wir hier die Nacht über bleiben, ist das schlecht. Das heißt, dass wir zur Hinrichtung fahren, nach Ponary."

Das ist wahr, denn in der Nacht werden sie nicht schießen. Aber man muss abwarten. Unsere Nerven sind bis aufs Äußerste gespannt. Irgendwann kommt ein deutscher Offizier von der SS ans Fenster. Ich fragte ihn, denn ich hatte nichts mehr zu verlieren, ob es stimmt, dass sie uns nach Ponary bringen ...

„Nicht nach Ponary", sagt er, „aber durch Ponary. Seid ruhig, euch passiert nichts Schlimmes."

Können wir ruhig sein, können wir den Worten eines Deutschen trauen? Er fühlte wahrscheinlich unsere Unruhe, denn er stand bei einem anderen Fenster und versicherte weiterhin, dass wir ruhig sein sollten und nur durch Ponary fahren würden ...

Wie wir uns wünschten, dass es so wäre. Wir wünschten, der Zug würde losfahren. Mag kommen, was da wolle, aber er soll sich vom Platz bewegen. Wir haben keine Kraft und keine Geduld mehr. Wie soll man in sich Kraft finden, wie soll man diese Gefühle durchstehen? Auch der Gedanke an unsere Frauen und Kinder quält. Der Zug steht lange Stunden. Unsere Nervosität erreicht ihren höchsten Spannungspunkt. Es dämmert. Und da hören wir das Zischen der Lokomotive, also fahren wir und bleiben hier nicht die Nacht. Wenn das so ist, dann bleiben wir nicht in Ponary, sondern fahren dort nur durch. Noch einige Momente und der Zug bewegt sich. Es wird dunkel, der Tag geht seinem Ende zu. Der Zug fährt langsam. Jede Umdrehung der Räder ist wie ein Messerstich in unsere Herzen. Jede Umdrehung der Räder bringt uns unserer Bestimmung näher. Mit weit geöffneten Augen stehen wir an den Fenstern und schauen auf Gottes Welt. Wir zählen die Minuten und Sekunden. Verabschieden wir uns jetzt tatsächlich für immer und ewig von Wilna, von der Szklaperna-Straße, von der großen Brücke, über die wir fahren? Wilna! Wilna! Werden wir dich nie wiedersehen? Wilna, meine Heimatstadt. Die Stadt, in der meine Eltern geboren wurden, mein Großvater und meine Großmutter. Meine Angehörigen sind auf dem Wilnaer Friedhof begraben, ich konnte mich gar nicht von ihnen verabschieden. Nie hätte ich mir so eine Trennung von Wilna vorstellen können! Niemals hätte ich mir vorstellen können, dass ich meine Stadt in einem verriegelten, schmutzigen Waggon mit vergitterten Fenstern unter Soldatenbewachung verlassen werde.

Je weiter wir uns von Wilna entfernen, desto ruhiger wird es im Waggon. Die Stille schwebt über uns wie eine schwere Wolke. Jeder ist in seine eigenen Gedanken versunken. Sogar mein Junge schweigt. Er schmiegt sich an mich wie ein hilfloses Kätzchen. Was macht ein unschuldiges Kind in solchen Momenten durch!

Einige stehen am Fenster. Möglich, dass sie zum letzten Mal Gottes Welt betrachten. Im Waggon wird es immer dunkler. Neben mir am Fenster steht der junge Referendar Lazar Olejski. Im Ghetto hatte er großen Einfluss. Er war Befehlshaber der jüdischen Polizei. Ich spüre seinen Atem. Er zittert wie Espenlaub. Man sieht, dass er völlig zusammengebrochen ist. Sein längliches Gesicht hat sich noch mehr in die Länge gezogen. Er ist kreidebleich. Nicht verwunderlich, dass er so zittert. Für ihn wie für andere einflussreiche Persönlichkeiten des Ghettos kam die Katastrophe unerwartet. Mehr als zwei Jahre haben sie im Ghetto herumkommandiert. Sie haben alles gemacht, um sich und ihre Nächsten zu retten. Das ganze Ghetto konnte sterben, wenn bloß sie am Leben blieben. Die Erlebnisse der letzten zwei Tage waren für sie völlig unerwartet. Sogar in der letzten Nacht nahmen einige von ihnen Bestechungsgelder an, gaben ihr Tun nicht auf. Bei den Unglücklichen, die im Theatergebäude zusammengepfercht wurden, sammelten sie „Zehner" für die Fahrt nach Litauen. Und heute traf sie so ein Schlag. Dass sie mit anderen gewöhnlichen Juden in Viehwaggons zusammengesperrt werden, die sie nach Ponary bringen – damit haben sie nicht gerechnet. Ich muss zugeben, dass ich persönlich vollkommen „ruhig" war. Ich fürchtete nur um das Schicksal meines Kindes. Ich wollte es retten. Aber wenn es um mich ging, so hatte ich seit über zwei Jahren schon Dutzende Male den Tod vor Augen gehabt. Ich versuchte mich zu beherrschen, dass meine Angst mein Kind nicht noch mehr erschreckte.

Wir fuhren weiter und näherten uns einem Tunnel. Ich erinnerte mich, wie ich einst als Junge das erste Mal über Landwarowo nach Trok fuhr. Damals fuhr ich auch durch diesen Tunnel.

Ich wünschte, dass eine Katastrophe eintreten und wir alle hier an Ort und Stelle getötet würden, sodass wir nicht nach Ponary führen ... Ich wollte sterben, aber nicht von der Hand der Deutschen. Als der Zug aus dem Tunnel herausfuhr, hörten wir einen jungen Mann rufen: „Lasst mich zum Fenster. Ich habe in der Gegend bei den Deutschen gearbeitet, ich kenne hier jede Ecke. Ich sage euch, ob wir in Richtung Ponary oder Landwarowo fahren.

Hier teilen sich die Eisenbahnschienen nach rechts und links." Wir gingen vom Fenster weg. Es war unser letzter Wegweiser. Nach rechts, nach links, wo ist das Leben und wo der Tod. Nach rechts, nach links. Der junge Mann steht beim Fenster und flüstert, fast zu sich selbst: „Gleich kommt die Station Ponary." Nach links führt der Weg zum Stacheldraht, von dort gibt es keine Rückkehr. Rechts geht die Bahnlinie nach Landwarowo ... Jetzt verfolgen wir jede Radumdrehung. Wohin fährt die Lokomotive? Aber was bedeutet das? Der Zug bleibt stehen ... Totenstille, wie auf dem Friedhof. Jede Sekunde ist ein Jahr, ein ganzes Leben.

Der junge Mann am Fenster schweigt. An den anderen Fenstern stehen jeweils zwei der stärksten Männer aus dem Waggon, sie legen ihre Hände auf die Eisengitter und sind bereit, wie Samson die Sperren aufzudrücken. Wie lange stehen wir, vielleicht den Bruchteil einer Sekunde, vielleicht eine ganze Minute? Aber uns kam es so vor, als stünden wir hier Jahre, lange Jahre. Plötzlich hören wir erneut das Zischen der Lokomotive. Der Zug bewegt sich ...

Alle in unserem Waggon blicken auf den jungen Mann ... Die Räder bewegen sich langsam, der Waggon bewegt sich langsam. Ich streichele das Köpfchen meines Kindes: Mein Kind, das sind unsere letzten Augenblicke, vielleicht erschießen uns halb betrunkene Verbrecher, um danach unsere toten Körper in eine vorher vorbereitete Grube herunterzustoßen. Was passiert jetzt mit meiner Frau und meiner 18-jährigen Tochter, einem jungen Mädchen? Und ich, und meine Frau, meine alte geliebte Mutter: Auf uns alle wartet dieses schreckliche Schicksal und das ausgerechnet am Geburtstag meiner Frau. Alle im Waggon sind wie gelähmt. Plötzlich hören wir den Aufschrei des jungen Mannes: „Der Zug fährt nach rechts, wir sind gerettet!" Heiße Tränen fließen aus meinen Augen. Mein Kind schmiegt sich an mich und weint bitterlich. Wir sind gerettet. Wir fahren tatsächlich nach Estland.

Wie Garben, wie abgesägte Bäume fallen wir todmüde auf unsere Packen.

Wir leben. Wir fahren. Wohin wir fahren, was weiter wird, darüber denken wir gar nicht groß nach. Wir fallen in einen tiefen, festen Schlaf ...

Lejb Zylberberg

Ein Jude aus Klimontów erzählt …

Übersetzung aus dem Jiddischen von Sigrid Beisel

Vorbemerkung

Das Zeugnis des Lejb Zylberberg über die Vernichtung der jüdischen Bevölkerung des Städtchen Klimontów im Kreis Sandomierz, Wojewodschaft Kielce, wurde nach dem mündlichen Bericht von einer Mitarbeiterin der Zentralen Jüdischen Historischen Kommission in Schriftform gebracht. Zylberberg schildert seine Erlebnisse im Stetl Klimontów, dann im Ghetto Sandomierz, in den Zwangsarbeitslagern Kamień und Pionki. Nach der Flucht lebte er im Untergrund.

Der Beitrag wurde 1947 von der Zentralen Jüdischen Historischen Kommission in Polen unter dem Titel „A Yid fun Klementov dertseylt ..." herausgegeben. Das Redaktionskollegium bestand aus Nachman Blumental, Michał M. Borwicz, Józef Kermisz und Józef Wulf.

Die wenigen Anmerkungen des Originals sind als Endnoten gesetzt, verwiesen wird im Text darauf durch Ziffern in runden Klammern. Die erläuternden Anmerkungen der Herausgeber erscheinen als Fußnoten.

Frank Beer, Wolfgang Benz, Barbara Distel

Buchumschlag der Originalausgabe „A Yid fun Klementov dertseylt …", 1947, gezeichnet von Icchok Rayzman.

Lejb Zylberberg

Ein Jude aus Klimontów erzählt …

Vorbemerkung des Redaktionskollegiums

„Ein Jude aus Klimontów erzählt" ist die Zeugenaussage von Lejb Zylberberg, der die Besatzungszeit in und um Klimontów durchlebt hat, aufgenommen durch unsere Mitarbeiterin Klara Mirska.

Die drei Fotografien von Klimontów unter deutscher Besatzung wurden uns von der Historischen Kommission des Z. K. des „Bund" in Polen freundlicherweise geliehen.

Vorwort von Klara Mirska

Während der zweijährigen Arbeit in der Historischen Kommission passierten ganz verschiedene Menschen mein Büro. Intelligente Menschen, teilweise mit höherer Bildung, die sich bemühten, das Gesehene zu analysieren, aber auch einfache, gewöhnliche Juden, die nicht immer die passenden Ausdrücke für die grauenvollen Erlebnisse fanden. Unter anderen kam ein gewisser Lejb Zylberberg zu mir, ein einfacher Schneider aus einem kleinen Städtchen. Gleich vom ersten Moment an sah ich als Protokollantin, dass ich eine wichtige Person vor mir hatte. Denn es gibt zweierlei Arten von Zeugen. Der eine redet sehr schnell, oftmals chaotisch, und der Protokollant, von dem man im Allgemeinen erwartet, dass er schnell und stenografisch schreibt, ist nicht in der Lage, direkt vor Ort die Erzählung festzuhalten, wie sie berichtet wird. Er ist dann gezwungen, gewisse Punkte zu notieren, die er später bearbeiten muss. In solche Protokolle können sich Ungenauigkeiten einschleichen. Es gibt aber den anderen Typ des Zeugen, der besondere Eigenschaften besitzt, die für den Protokollanten von besonderem Wert sind. Seine gut strukturierte Geschichte und die Art des Erzählens ermöglichen es, alle Einzelheiten des Inhaltes zu erfassen, auch die Besonderheit des Stils, ohne dass es notwendig ist, die Mitteilung zu bearbeiten. Der Protokollant tritt dann in den Hintergrund, aber er darf sich natürlich nicht auf das technische Aufzeichnen beschränken. Er muss aktiv sein. Durch Fragen und Kommentare muss er in der Lage sein, zwischen sich und dem Zeugen eine Nähe zu schaffen, die diesen von der Wichtigkeit seiner Erlebnisse überzeugt und ihn zu genauerem Erzählen anregt.

Einen solchen Typ des ergiebigen Zeugen fand ich in der Person von Lejb Zylberberg. Er strömte Ruhe und Besonnenheit aus. Langsam und ruhig begann er seine Erzählung, es machte den Eindruck, als ob aus seinem Gedächtnis ein Bild nach dem anderen an die Oberfläche kam, ein Geschehnis nach dem anderen, die er in chronologischer Reihenfolge wiedergab.

So wuchs im Verlauf einer längeren Zeitspanne eine ganz große, fertige Arbeit heran. Jetzt, bei der Herausgabe, musste ich lediglich an einzelnen Stellen Wiederholungen herausstreichen, die sich ohne größeren Schaden an der Gesamtheit beseitigen ließen.

Zylberbergs Arbeit kann man in vier Teile gliedern. Ein Teil umfasst die Geschichte des Städtchens Klimontów zur Zeit der Besatzung und nach der Befreiung. Der zweite beinhaltet die Entstehung und Liquidierung der Judenstadt in Sandomierz, wo die restlichen Juden aus der Umgebung gesammelt wurden. Daran schließen sich die Erfahrungen im Lager und auf der „arischen Seite" an.

Die Geschichte des Städtchens Klimontów ist besonders charakteristisch. Das Städtchen ist klein, aber seine Geschichte ist tragisch und lehrreich in den Betrachtungen von Lejb Zylberberg. Die Geschichte des Städtchens Klimontów vereint in sich, wie in einem Prisma, die Etappen der Vernichtung auch von größeren Gemeinden als Klimontów. Vielleicht bin ich zu dreist, vielleicht messe ich seiner Arbeit eine zu große Bedeutung zu, aber in meinen Augen wächst sich die Leidensgeschichte von Klimontów zu einem Querschnitt der jüdischen Tragödie in der Zeit der deutschen Besatzung aus. Wie sich in einem Wassertropfen, den man unter ein Mikroskop legt, die Vielseitigkeit des Lebens im Wasser im Allgemeinen widerspiegelt, genau so sehen wir am Beispiel von Klimontów die Tragik jüdischen Lebens und Sterbens während der Besatzungszeit. Am Beispiel von Klimontów ist zu sehen, dass selbst die Geschichte jüdischer Pein und jüdischen Leidens im Volk keine Immunität gegen Grausamkeit geschaffen hat. Das ist verständlich, da diese Grausamkeit beispiellos ist, selbst in der Geschichte des jüdischen Volkes.

Die jüdische Bevölkerung begreift das teuflische Spiel des verfluchten Feindes nicht. Sie kann sich nicht vorstellen, dass das Endziel all ihrer Peinigungen die Vernichtung ist, und als sie anfängt, es zu begreifen, ist es schon zu spät. Wir sehen eine hilflose jüdische Gemeinschaft vor uns, gänzlich unvorbereitet auf die grausame Wirklichkeit. Ein schmerzhaftes Gefühl von Mitleid mit der schutzlosen jüdischen Gemeinde von Klimontów erfasst uns, die sich selbst überlassen ist, die niemanden hat, der sie hätte anführen können in jenen schrecklichen Tagen. Man spürt das Fehlen einer organisierten politisch-gesellschaftlichen Kraft, an die die Leute sich hätten klammern und der sie hätten folgen können. Es fehlt eine Organisation, die Antworten hätte geben können auf die Frage: „Was tun?"

Besonders tragisch ist die Hilflosigkeit der jüdischen Menschen, als es in allen Städtchen um Klimontów herum schon brennt. Die ganze Abhängigkeit der jüdischen Bevölkerung, die in ohnmächtiger Verzweiflung hektisch agiert, kommt hier zum Ausdruck. Die Juden klammern sich an jeden Strohhalm, wollen sich durch Arbeitsplätze Schutz verschaffen, suchen fieberhaft nach verschiedenen Auswegen und warten auf ein Wunder, das nicht geschieht.

Das Fehlen einer organisierten Kraft, der die Massen hätten folgen können, erleichtert dem Teufel sein Spiel. Wie ein wildes Tier spielt er mit dem Opfer, ehe er es verschlingt.

Dagegen sieht man deutlich, wie die Niedertracht der Besatzer, die Macht des ungeheuerlich Schlechten, das von ihnen ausgeht, den Abschaum der Klimontower Gesellschaft an die Oberfläche befördert. Der Judenrat und die jüdische Polizei, zwei von den Besatzern geschaffene Institutionen, um mit ihrer Hilfe die jüdischen Massen umzubringen, vereinigen in ihren Reihen allerlei zwielichtige Gestalten, die glauben, ihr eigenes Leben retten zu können, wenn sie den deutschen Mördern die Stiefel leckten, und die aus der verzweifelten Gemeinschaft der Juden die letzten Kräfte pressten.

Wir sehen vor uns eine Tragödie der Zerrissenheit, des nicht Vorbereitet-Seins und der Schutzlosigkeit in einem Moment, in dem alle Kräfte der Gesellschaft im Kampf gegen die Besatzer hätten zusammenwirken müssen. Denn es ging um das Sein oder Nichtsein eines Volkes. Aber die Wirklichkeit sah anders aus. Das Opfer verwickelte sich immer mehr in das Netz, das der Teufel gespannt hatte (es ist vielleicht kein Zufall, dass in keiner Literatur die Gestalt des Teufels Mephisto so klar zum Ausdruck kommt wie in der deutschen).

In der Arbeit treffen wir auch auf das Problem der sogenannten arischen Seite. Die jahrelangen antisemitischen Stimmungen, die in der polnischen Gesellschaft gehegt wurden, die jahrelangen reaktionären Einflüsse von Sanacja[1] und Endecja,[2] das demoralisierende Vorgehen der Besatzer, wie auch die verbrecherische Arbeit der NSZ[3] und von Teilen der AK,[4] die Zylberberg erwähnt, brachten vergiftete Früchte hervor.

Die elementare Kraft des Schlechten, die in jenem Moment wegen des lähmenden Verhaltens der Londoner Regierung, der ungestraften Willkür und des Herauslösens der Juden aus dem Rechtssystem auf keinen Widerstand traf, berauschte jene Teile der polnischen Bevölkerung, die weniger standhaft waren und moralisch nicht gewappnet waren gegen solch ein wildes Spektakel. Die vergiftete deutsche und die heimische Propaganda der polnischen Reaktion setzten bei vielen das Gewissen außer Funktion und suggerierten die Rechtmäßigkeit von Mord und Raub. Widerwärtig verhielt sich die Blaue Polizei.[5] Wir spüren den vergifteten Atem der NSZ, der selbst nach der Befreiung die letzten Juden von Klimontów dazu bringt, auszuwandern.

Ein trauriges Zeugnis von menschlicher Pein und Bedrückung in der schwarzen Nacht der deutschen Besatzung hat uns der einfache Mensch Lejb Zylberberg gegeben.

1   Bezeichnung für Józef Piłsudskis Regierungslager zwischen 1926 und 1939.
2   Benannt nach den Initialen der Narodowa Demokracja (nationalkonservative Bewegung).
3   Narodowe Siły Zbrojne (dt.: Nationale Streitkräfte).
4   Armia Krajowa (Polnische Heimatarmee).
5   Granatowa policja: Blaue Polizei (polnische Polizei).

Und doch sind wir nach der Lektüre der hier vorliegenden Arbeit von Verzweiflung weit entfernt. Unser Glauben an die Menschen und die Menschlichkeit wird nicht gemindert. Ganz im Gegenteil: Unser Glauben an das ewig Menschliche wird gestärkt, und das deswegen, weil wir gerade in diesem Klima, das das Aufblühen der wildesten Instinkte begünstigte, sehen, dass das grundlegende Wesen des Volkes, sowohl des jüdischen als auch des polnischen, unversehrt blieb. Intakt ist die Gruppe Juden, die sich mit dem Rabbiner voran auf den Friedhof begibt, wo dieser mit Gott ins Gericht geht und Torarollen zu Grabe trägt. Leuchtend ist die Gestalt des jüdischen Mädchens, das sich frei zwischen den Bauern bewegt und den Juden beisteht, bis ein polnischer Polizist sie erschlägt. Zutiefst menschlich ist die Verbundenheit einer jüdischen jungen Frau mit ihrem Bräutigam, die zusammen mit seiner Familie herbeieilt, ihn aus dem jüdischen Gefängnis zu befreien, und die dann gemeinsam mit ihm und allen seinen Verwandten der deutschen Grausamkeit zum Opfer fällt, welche den geringsten Versuch von Widerstand in Blut ertränkt. Solche Beispiele gibt es viele. Ich überlasse sie der Aufmerksamkeit der Leser.

Das Gleiche gilt für die durchschnittliche polnische Bevölkerung. Zylberberg und sein Bruder durchqueren nach der Flucht aus dem Lager viele Dörfer. Sie gehen hinein in die Katen zu Bauern, einer zeigt ihnen, wohin sie gehen müssen, um die Deutschen zu meiden, ein Zweiter gibt ihnen Brot und Milch, ein Dritter lässt sie eine oder zwei Nächte übernachten, bis sie einen Ort finden, an dem die Hausleute sie bis zur Befreiung versteckt halten, ungeachtet der Todesangst, die sie oftmals ergreift, besonders, als im Dorf Soldaten der Wlassow-Armee auftauchen. Aufrichtig ist die Freude des Bauern bei der Ankunft der Roten Armee, als er in das Versteck der Brüder Zylberberg hineinschreit: „Kriecht heraus, die Sowjets sind da!"

Indem ich die Arbeit von Lejb Zylberberg der Öffentlichkeit übergebe, habe ich die Befriedigung, dass dieses der erste Schritt von meiner Seite ist, im Rahmen der Historischen Kommission den Willen all derer zu erfüllen, die mir ihre Erlebnisse anvertrauten. Das Verlangen der Zeugen, dass ihre Erlebnisse veröffentlicht werden sollten, ist Teil des großen Begehrens, das Hunderttausende Juden auf ihrem letzten Weg ausgedrückt haben: Die Welt soll von ihrer Pein erfahren und für ihren Tod Rache nehmen. Und wenn es mir mit der Herausgabe dieser Arbeit gegeben ist, diesen letzten Willen der Umgekommenen und den Wunsch der am Leben Gebliebenen teilweise zu erfüllen, so halte ich meine bescheidene Arbeit als Protokollantin für belohnt.

Klara Mirska

1. Erste Schikanen

Ich stamme aus einem kleinen Städtchen, Klimontów, im Kreis Sandomierz. Vor dem Krieg wohnten dort über 800 jüdische Familien. Es gab verschiedene Organisationen, wie z. B. zionistische und Arbeiterparteien. Zwei Jahre vor dem Krieg wurde die kommunistische Partei aufgelöst. Ihre ehemaligen Mitglieder und eine Gruppe Sympathisanten organisierten eine städtische Bibliothek. Ich war Verwaltungsmitglied dieser Bibliothek, die im Städtchen als kommunistisch bekannt war. Am Donnerstag, den 7. September 1939, verbrannte die Leitung der Bibliothek die Listen der Verwaltung und der Leser. Die verdächtige marxistische Literatur verteilten wir unter den Leuten. Am Samstag, den 9. September, um zwei Uhr nachmittags, fuhr die erste deutsche Patrouille durch das Städtchen. Unter den Juden hat es an dem Tag keine Opfer gegeben. Zwei Polen, ein Schäfer und ein Bauer, starben. Am Morgen des 11. September 1939, um neun Uhr, kam ein gepanzertes Auto mit Maschinengewehr in die Stadt gefahren. Das gepanzerte Auto und ein Lastwagen hielten auf dem Marktplatz. Soldaten sprangen von den Autos und verteilten sich auf alle Gassen. Sie trieben die Männer auf dem Marktplatz zusammen, Juden und Polen. Unter den Zusammengetriebenen waren auch Jungen jeden Alters. Die Soldaten schossen durch verschlossene Türen, schleppten Menschen aus den Häusern. Als der Marktplatz voll war, trennten sie die Juden von den Polen, danach schickte man alle nach Hause.

Am 13. September 1939 kam ein Deutscher auf einem Motorrad. Die Gassen waren leer. Man hatte Angst, hinaus auf die Straße zu gehen. Ein Pole, Jozsef Śledź, ging auf den Deutschen zu und beschwerte sich bei ihm über die Juden, sie würden ihm keinen Tabak verkaufen. Der Deutsche führte ihn in ein jüdisches Geschäft und ließ ihn soviel Tabak nehmen, wie sein Herz begehrte. Derselbe Deutsche schoss von seinem Motorrad aus auf einen jüdischen Träger, der sich zufällig auf der Straße befand, aber er traf ihn nicht. An Rosch ha-Schana[6] zog das deutsche Militär durch die Stadt, das dauerte zwei Tage. Während des Durchmarschierens brachen sie jüdische Läden auf und plünderten sie. Bei einem gewissen Wolf Werthajm raubten sie Leder und Textilien und verteilten diese an die polnische Bevölkerung. Sie verteilten auch Süßigkeiten an polnische Kinder. Sie fotografierten die Szenen. Nach dem Durchmarsch des Militärs kam eine Gendarmerie-Abteilung mit einem deutschen Wirtschaftskommissar in die Stadt. Die Gendarmen schleppten den reichen Juden Wigder Rajchcag auf den Markt, um ihm Geld abzupressen. Es war ein regnerischer Tag, sie befahlen ihm, sich auszuziehen und sich auf die Erde zu legen. Dann zielten sie mit Gewehren auf ihn. Weil er meinte, dass sie ihn erschießen werden, gab er 3000 Złoty gemäß der Entscheidung des Rabbiners (die Gendarmen hatten verlangt, dass der Rabbiner entscheiden solle, wie viel er zu zahlen habe). Sie verfügten, dass Juden und Polen auf der Straße nicht mit den Händen in den Taschen gehen durften, dass die Juden vom Bürgersteig herunter

---

6   Das jüdische Neujahrsfest war am 14. September 1939.

mussten, wenn ein Deutscher dort ging. Im Oktober 1939 kam von Sandomierz ein Befehl, dass die Juden im Sandomirer Kreis hunderttausend Złoty Abgabe zahlen mussten. Einen bestimmten Teil davon musste auch Klimontów zahlen. Man munkelte unter den Juden, dass beim Einsammeln des Betrags gewisse Funktionäre verdienten. Die jüdische Bevölkerung forderte eine Kommission, die herausfinden sollte, ob es Veruntreuungen gegeben hatte. Ich wurde Mitglied der Kontroll-Kommission, außerdem mein Freund Alter Szmyd und der Genosse Szolem Karmez, der einige Tage vor Ausbruch des Krieges aus Palästina gekommen war. Bedauerlicherweise konnte die Kontroll-Kommission wenig kontrollieren. Während der Verhandlungen der Kommission mit Jona Fajntuch, der vor dem Krieg der Vorsitzende der jüdischen Gemeinde gewesen war, war auch Mosze Meir Cyner anwesend, ein Unterweltler, der mit der Gendarmerie befreundet war, derselbe Cyner, der die jüdische Bevölkerung drangsalierte. Während der Deportation wurde er erschossen.

2. Die guten Taten des Judenrates

Im Oktober 1939 wurde der Judenrat geschaffen. Der polnische Bürgermeister Stanisław Lasota berief ihn. Der Judenrat hatte acht Mitglieder, mit Chajm Himelfarb als Vorsitzendem. Aber weil dieser sich nicht in die Gesellschaft der Judenratniks einpassen konnte, ersetzte man ihn durch Efrajm Teperman.

Gemäß einem Befehl der Deutschen trieb der Judenrat die jüdischen Massen zur Arbeit. Dabei entstand eine privilegierte Schicht, die nicht arbeitete.

Am 4. März 1940 kam Teperman zu mir und sagte, dass man mich zur Gendarmerie rufe. Ich ging mit meinem Genossen von der Bibliotheksverwaltung zur Gendarmerie, die sich im Gebäude der polnischen Gemeindeverwaltung befand. Die Gendarmerie forderte, man solle ihr die Anzahl der Bücher und die Adresse der Bibliothek mitteilen. Sie wollten die Bibliothek versiegeln. Da aber die Bücher der Bibliothek schon unter den Genossen verteilt waren, forderten sie, man solle sie einsammeln und in den Räumlichkeiten der Powszechna Schule deponieren. Nach der Befreiung befand die Bibliothek sich noch in der Schule. Erst während einer Bombardierung am 9. August 1944 brannte die Schule mitsamt den Büchern ab.

Um den 6. März 1940 herum kam eine Strafexpedition von über 40 Mann der Totenkopf-SS[7] in die Stadt. Sie quartierten sich in einem Schloss einen Kilometer außerhalb der Stadt ein. Bereits am ersten Tag verprügelten sie Juden, die sie auf der Straße antrafen. Den Juden Aba Kwaśniewski, der vor dem Krieg als Kommunist jahrelang in Gefängnissen gesessen hatte, verwundeten sie. Sie forderten vom Judenrat eine bestimmte Menge Bier, Eier, Butter usw. Die SS-Leute wussten, wo die reichen Juden wohnten, und sie verlegten sich darauf, sie

---

7 Der Totenkopf war als Uniformbestandteil Symbol aller Einheiten der SS.

in das Schloss zu verschleppen und dort zu quälen. Man warf die Juden mit den Kleidern in den Fluss nahe dem Schloss, danach brachte man sie nass in den Keller, holte sie erst am nächsten Morgen wieder nach oben und quälte sie weiter. Sie jagten sie, einen Teil schlugen sie mit Stöcken so lange, bis ihnen die Kleidung aufplatzte. Einer, der Jude Jękl Ingerman, zeigte uns seine Hosen, die hinten von den Schlägen in Fetzen zerrissen waren. Auch die Juden des Judenrates schleppte man in den Keller, unter ihnen waren Sch. Wajsblat, Dawid Grintisz und Josl Goldblum. Von Josl Goldblum, der ein Kleiderhändler gewesen ist, forderten sie, er solle ihnen seine Ware herausgeben. Aber weil Goldblum sich mutig weigerte zu verraten, wo er seine Ware aufbewahrte, zündeten die SS-Leute aus Rache seine Wohnung an, nachdem sie sie mit Benzin übergossen hatten. Sie erlaubten nicht, das Haus zu löschen, nur die Menschen konnten sich retten.

Die SS-Männer kamen jeden Tag mit Lastautos in die Stadt. Sie gingen in jüdische Läden und räumten alles aus. Der Eigentümer musste die Ware selbst zum Auto tragen, und man schlug ihn noch, damit er sich beeile. Sie benutzten Teperman, damit er ihnen zeigte, wo reiche Juden wohnten. An einem bestimmten Tag nahmen sie Chajm Ostrowiec mit, und nach seinen Anweisungen raubten sie bei den reicheren Juden deren Vermögen. Danach schlugen sie zwei Juden so zusammen, dass diese an den Schlägen starben. In der Stadt herrschte eine große Verbitterung wegen Teperman. Das nutzten andere aus, die auf den Posten des Präsidenten lauerten. Sie denunzierten ihn und jemand anderes nahm seinen Platz ein. Einer der Intriganten, die ihn gestürzt hatten, war Melech Urbach. Vor dem Krieg war er ein frommer, edler junger Mann gewesen. Er war beim polnischen Gemeindevorsteher geschätzt. Er bestimmte einen anderen Vorsitzenden, Motel Szuldman, für den Posten und regierte durch ihn. Ende April 1940 wurde Motel Szuldman Vorsitzender des Judenrates, der aus Vertretern dreier Bevölkerungsschichten bestand: den Reichen, den Frommen und den Unterweltlern.

Die Deutschen gaben einen Befehl aus, dass Juden auf zwei Jahre Zwangsarbeit zu erzieherischen Zwecken eingezogen würden, und wenn die zwei Jahre nicht reichten, habe die Besatzungsmacht das Recht, die Zeitspanne zu verlängern. (1) Man bestimmte, dass die Juden aus unserer Stadt zur Zwangsarbeit in den Steinbruch nach Międzygórz zu gehen hatten, zwölf Kilometer von Klimontów entfernt. Für die Arbeiter war es die schwerste Fronarbeit, aber dem Judenrat eröffnete sich eine Goldgrube.

Der Vorsitzende bestimmte seine beiden Schwager Chil Pęcina und Perec Wajsbrot zu Gruppenführern. Chil Pęcina wies im Steinbruch auf reiche Juden, die man sehr peinigte, damit sie sich, um nicht mehr zur Arbeit gehen zu müssen, beim Judenrat freikauften. Gleichzeitig nahm auch Chil Pęcina selbst bei den geschlagenen Juden Geld, indem er ihnen versprach, dass der Meister sie dann nicht mehr schlagen würde. Die Juden von Klimontów, die zum Arbeitsdienst bestimmt worden waren, verbündeten sich, und als sie die Aufforderung bekamen, sich zu stellen, tauchten sie nicht auf. Am 6. August 1940 kamen von Opatów her Gendarmen, Volksdeutsche und Schutzpolizei in die Stadt. Die Stadt schlief noch. Man

Der Lehrer Jerachmiel Gutman, der im Klimontower Ghetto zum Wasserträger wurde.

trieb die männliche Bevölkerung auf den Markt, ohne dass sie sich vorher anziehen durften, und schlug sie mit Gewehren und Stöcken. Ein gewisser Alter Kac floh aus der Stadt, als er sah, was geschah. Die Deutschen jagten ihm nach, er lief in den Fluss, man brach ihm eine Hand und führte ihn zurück zum Markt. Als seine Mutter sah, was man ihm antat, traf sie vor Kummer der Herzschlag und sie starb. Am selben Tag, gegen zehn Uhr morgens, trieb man eine Gruppe Juden nach Międzygórz. Man jagte sie zur Arbeit. Es war ein sehr heißer Tag, der Anführer des Steinbruchs, ein Deutscher namens Grün, fing sofort an, die frisch angekommenen Juden rechts und links zu schlagen. Als Alter Kac, dessen Mutter auf dem Markt an einer Herzattacke gestorben war, bat, man solle ihn befreien, weil er eine verstümmelte Hand habe, schlug man ihn nur noch stärker. Man schlug auch kranke Menschen, die sich bei der Arbeit befanden. Der Aufseher, Kozłowski, schlug Samuel Denemark den Schädel ein. Solche Exzesse kamen wiederholt vor. Grün sagte, Klimontów sei die erste Hölle und man werde hier alle Juden auslöschen. Eine Menge Leute flohen von der Arbeit. Daraufhin zitierte der Vorsitzende Motel Szuldman Menschen zum Judenrat, die einen Einfluss auf die öffentliche Meinung hatten, unter anderen auch mich. Gleichzeitig rief er Pająk, den Kommandanten der polnischen Polizei. In seiner Anwesenheit erklärte er uns auf Polnisch, dass wir für die Ordnung verantwortlich seien, und er warnte uns, falls es in der Stadt eine unzufriedene Stimmung oder Fälle von Arbeitsverweigerung gebe, würden wir für alles bestraft werden. Einer der Gerufenen, ein gewisser Tischler, stellte sich ganz dreist dem Vorsitzenden entgegen. Daraufhin mischte sich der polnische Kommandant ein und drohte, dass, wenn sich unter den Juden Kommunismus breitmache, man sie dafür hängen werde.

Am 1. August 1940 begann eine Aktion, Juden für das Konzentrationslager in Bełżec, Lubliner Wojewodschaft, zu fangen.[8] Dabei zeigte sich die verbrecherische Rolle von Szuldman. In den benachbarten Städten wie Staszów, Koprzywnica und anderen warnten die Vorsitzenden der Judenräte die jüdische Bevölkerung, sie solle sich verstecken, weil es eine Razzia geben werde. Der Klimontower Vorsitzende handelte anders. Er gab eine öffentliche Bekanntmachung heraus, in der geschrieben stand, dass jeder, der keinen Arbeitsschein der Steinbrüche in Międzygórz habe, sich bis zum 26. August in Sandomierz beim deutschen Arbeitsamt melden müsse, von wo aus man die Gesunden ins Konzentrationslager nach Bełżec an der sowjetischen Grenze schicken würde. Wer sich nicht bei der Kommission einfände, bekäme die Todesstrafe. Wenn der Gerufene fliehe, würde seine ganze Familie erschossen ... Weil ich keinen Zettel für die Arbeit in Międzygórz hatte (die Zettel bekamen hauptsächlich die dem Vorsitzenden nahestehenden Personen), beschloss ich, nach Sandomierz zu der Kommission zu fahren. Aber ich kam nicht mehr dazu, mich der Kommission zu stellen.

---

8   Von Mai bis Oktober 1940 waren in Bełżec Tausende jüdische Arbeitskräfte sowie Sinti eingesetzt, um Befestigungsanlagen an der Grenze zur Sowjetunion zu errichten. Das Ende 1941 entstandene Vernichtungslager Bełżec stand damit in keinem Zusammenhang.

Das war am Sonntag, den 25. August 1940, morgens gegen zehn Uhr. Ich saß in der Stube. Unsere Wohnung lag am Markt und ich konnte beobachten, was sich in der Stadt tat. Plötzlich sah ich, dass aus der Richtung des Klosters ein Motorrad mit zwei deutschen Soldaten mit Helmen und Gewehren in voller Gefechtsbereitschaft angefahren kam. Dem Motorrad folgten etliche Lastautos mit bewaffneten Soldaten. Die Lastautos verteilten sich in allen Straßen. Die Soldaten auf dem Motorrad stiegen ab und begannen, die Juden auf dem Marktplatz zusammenzutreiben. Immer mehr Juden kamen hinzu. Man stellte sie auf. Ich wollte hinausgehen, aber meine Mutter befahl mir, mich zu verstecken. Es gelang mir. Von meinem Versteck aus sah ich, dass man alle Juden der Stadt auf dem Platz zusammentrieb. Die Juden, die man aus Verstecken herauszog, wurden gesondert gesammelt und dem Leutnant Kneifeld übergeben, dem der Soldat melden musste, wo er den Juden gefunden hatte. Kneifeld befahl, allen, die sich nicht freiwillig gestellt hatten, 25 Schläge zu geben. Die Strafe wurde von zwei Soldaten ausgeführt, die zu beiden Seiten des Opfers standen und mit Stöcken auf den fast nackten Leib einschlugen. Die Steine waren rot vom Blut. Dann wählte man 150 Mann aus und schickte sie auf Lastautos weg nach Sandomierz. Dort steckte man die Juden für eine Nacht ins Gefängnis, und am nächsten Morgen wurden sie zur Kommission des Arbeitsamtes geführt. Die Familien der Deportierten liefen zu Motel Szuldman und zum Kommandanten der jüdischen Polizei, Izrael Tenenwurcel, einem ehemaligen Berufsdieb. Für teures Geld wurden die Vermögenden befreit, die Armen hingegen ins Lager geschickt. Der Vorsitzende und der Kommandant machten dabei ein gutes Geschäft. (Auf einer Versammlung von gesellschaftlichen Repräsentanten sagte der Vorsitzende der Gemeinde, dass in Klimontów Korruption herrsche. Er sagte das in Gegenwart des Kommandanten der polnischen Polizei.)

3. Deutsche Ordnung wird eingeführt

Der Kommandant der Stadt, Leutnant Kneifeld, quälte die Juden schrecklich. Bei der Arbeit befahl er ihnen zu laufen, schlug sie. Im Winter 1940/41 ging er mit seinen Offizieren in jüdische Wohnungen, sagte, ihm sei heiß, und warf verschiedene Sachen durchs Fenster, um auf diese Art die Scheiben zu zerschlagen. Er befahl dem Judenrat, die kleine Synagoge in ein Gefängnis für straffällige Juden zu verwandeln. Es war ärger als die ärgsten Gefängnisse im damaligen Polen. Beim Judenrat entstand eine jüdische Polizei. Der Apparat des Judenrates umfasste 60 Mann, der von der Allgemeinheit unterhalten werden musste. Die Steuerlast traf auch die Armen. So kostete zum Beispiel der soziale Schutz die jüdische Bevölkerung eine Menge Geld. Der Judenrat bekam auch Unterstützung von der Zentrale in Krakau. (2) Aber alles floss in die Taschen des Judenrates. Das Eintreiben der Steuern ging auf diese Weise vonstatten: Im Städtchen gab es einen blinden Juden, Mendel Mer. Für ein paar Groschen, die er vom Judenrat bekam, ging er auf den Markt und rief aus, dass jeder, der seine

Steuern nicht bezahle, zur Arbeit verpflichtet würde. Und tatsächlich, Menschen, die ihre Steuern nicht bezahlten, schickte man hinaus in den Steinbruch.

In der Stadt gab es an die zweihundert Flüchtlinge. Sie litten schrecklich, besonders die Wiener Flüchtlinge, vorwiegend ältere Menschen. Sie starben in Massen. Der Judenrat organisierte für die Flüchtlinge und die arme Bevölkerung eine Küche. Aber die Armen bekamen wenig. Der Leiter der Küche war der Schwiegervater des Vorsitzenden des Judenrates. Er teilte Suppe und Brot aus und bedrängte die Flüchtlinge, sie sollten ihm ihre Sachen verkaufen. Wer nicht gehorchte, bekam dünne Suppe eingegossen, praktisch Wasser. Mit der Ankunft der Flüchtlinge wurde die Enge unter der armen Bevölkerung immer ärger. Die reicheren Juden, die keine Flüchtlinge in ihre Wohnungen nehmen wollten, begannen, den Vorsitzenden zu bestechen. Einer gab ihm einen Schrank, der nächste etwas anderes. Wenn jemand die Steuern nicht bezahlen konnte, bekam er als Strafe Flüchtlinge einquartiert. Deshalb erstickten die Armen fast vor lauter Flüchtlingen. Die Reichen wohnten bis zum letzten Tag der Vernichtung geräumig. Weil man die Flüchtlinge in engen Wohnungen zusammenpferchte und wegen des Mangels an Seife brachen unter ihnen Typhus und andere ansteckende Krankheiten aus.

Es entstand damals eine neue Plage. Das war die Sanitätskolonne des Judenrates. Kein städtisches Bad war mehr in Betrieb. Nach dem Ausbruch epidemischer Krankheiten warfen sie die Kleidung in eine Maschine, wodurch die Sachen in der Regel kaputt gingen. Auf brutale Weise schleppte man Menschen zur Entlausung. Seife wurde keine ausgegeben, ohne Rücksicht auf das Kontingent. Auch die Sanitätskommission nutzte der Vorsitzende als Geißel gegen die Bevölkerung. Wenn jemand widerspenstig war, drohte man ihm mit der Sanitätskolonne. Die Sanitätskolonne, mit den Anführern Josl Kormeser, Dr. Banach und Lejzer Hochman, pflegte Geld dafür zu nehmen, dass sie die Desinfektion nicht durchführte.

Der Vorsitzende Motel Szuldman hatte eine schöne Wohnung. Das war ihm aber noch zu wenig. Er hatte ein Auge auf die Wohnung von Abraham-Jona Kac geworfen, der einen psychisch kranken Sohn hatte. Als der Sohn starb, erlaubte der Vorsitzende nicht, ihn zu beerdigen, bevor Kac ihm nicht seine Wohnung abgetreten habe. Der Leichnam lag zwei Tage, dann steckte man Kac in eine einfache Stube und der Vorsitzende belegte seine Wohnung.

Das Arbeitsamt musste den Deutschen täglich eine bestimmte Anzahl Juden für die Arbeit schicken. Im Winter z. B. musste man die Chaussee Klimontów-Opatów reinigen. Angeführt wurde die Arbeit von Leutnant Kneifeld. Die Vermögenden konnten nicht, wie in anderen Städten, jemanden anheuern, sondern mussten eine bestimmte Summe an den Judenrat zahlen, der dann praktisch umsonst einen anderen Menschen schickte. Auf diese Art drangsalierte der Judenrat die Reichen. Um sie zu zwingen, sich freizukaufen anstatt zur Arbeit zu gehen, bediente sich der Judenrat solcher Mittel: Nachts schickte der Judenrat die jüdische Miliz unter der Anführerschaft von Wowcze Fajntuch aus, bei den reichen Juden die Scheiben einzuschlagen.

4. Die jüdische Polizei

Die Juden gingen nicht zur jüdischen Polizei. Denn diese bestand zum größten Teil aus ehemaligen Ganoven, unter denen die Bevölkerung grenzenloses Leid auszustehen hatte. Wenn ein Polizist einen Juden abends nach acht Uhr erwischte, musste dieser zahlen, um sich auszulösen. Die Polizei nahm Pfand von denen, die keine Steuern zahlen konnten. Im Allgemeinen führte die jüdische Polizei alles aus, was der Judenrat forderte. Außer dem Anmahnen der Steuern trieben sie die Juden auch zur Arbeit zusammen. Mehr als alle tat sich Jękl Grinsztajn hervor. Ich selbst sah, wie er einen jüdischen Flüchtling schlug. Sogar die Judenratniks konnten nicht mit ansehen, auf welch mörderische Art er den Juden verprügelte. In meiner Nachbarschaft wohnte ein Schneider aus Kalisz. Er wohnte in einem kleinen Laden, hatte intelligente Kinder. Einmal stand er einige Minuten nach der Polizeistunde in der Tür seines Ladens. Grinsztajn ging zu ihm und versetzte ihm einen solchen Schlag, dass dieser blutete. Als die Tochter des Schneiders, die die Szene miterlebt hatte, Grinsztajn fragte, warum er ihren Vater schlage, gab er ihr anstatt einer Antwort einen solchen Hieb in den Magen, dass sie seit jener Zeit ständig kränklich war. Die Tatsache, dass nach acht Uhr keine Juden mehr auf den Straßen waren, nutzte die jüdische Polizei für ihre dunklen Geschäfte. So bestahl die Polizei den Getreidehändler Jozef Rozenblum, auch bei dem Kleiderhändler Winer und bei anderen beging sie Diebstähle. Diese Arbeit erledigte sie gemeinsam mit einem polnischen Polizisten. Die Leute klagten, man müsse sich bei dem Kommandanten der jüdischen Polizei, Tenenwurcel, beschweren, der aber war selbst ein finsterer Zeitgenosse. Es war klar, dass es gar nichts half.

Am 25. Dezember 1941 gaben die Deutschen eine Verfügung heraus, dass Juden ihre Pelze abgeben mussten. Meldungen hingen aus, dass bei Nicht-Abgabe eines Pelzes die Todesstrafe drohte. Gleich an Ort und Stelle fiel die jüdische Polizei, zusammen mit demselben polnischen Polizisten, Kozłowski, der auch die Juden beraubt hatte, über den Juden Mosze Terkeltaub her, riss ihm den Pelz herunter und verprügelte ihn heftig. Am selben Tag rief Szuldman, der Vorsitzende des Judenrates, zusammen mit Pająk, dem Kommandanten der polnischen Polizei, die jüdische Bevölkerung zu einer Versammlung auf den Platz der Synagoge. Beide riefen sie die jüdische Bevölkerung auf, die Pelze abzugeben. Zur Durchführung des Befehls richtete der Judenrat ein Pelzkommando ein, bestehend aus jüdischen Polizisten und jungen Kerlen. Das Pelzkommando verteilte sich über die Stadt. Wenn ein Jude seinen Pelz einem Polen verkaufen oder ihn verstecken wollte, wurde er ihm mit aller Gewalt entrissen. So kam zum Beispiel zu Frau Rochcze Dąbrowski, die einen Persianermantel hatte, der stellvertretende Vorsitzende Mosze Pęcina mit der ganzen Bande, demolierte den kompletten Hausstand in der Wohnung und zwang sie, den Pelz abzugeben. Einer anderen Frau passierte Folgendes: Ihr Mann war von Beruf Kürschner. Er hatte gerade einen Pfötchenpelz in Bearbeitung, den ein Pole ihm gegeben hatte. Sie selbst besaß einen Skunk-Kragen. Die Bande kam herein und nahm den Mantel und den Kragen mit. Die Frau ging zu dem Polen und bat ihn, er solle zum Judenrat gehen und melden, dass der Pelz ihm gehöre. Gleichzeitig bat sie ihn, er solle sagen, dass auch der Skunk-Kragen seiner sei. Genau das tat er, und man gab ihm den Mantel heraus. Aber mit dem Skunk-Kragen kam es anders. Im Judenrat saß der Kommandant der jüdischen Polizei und dieser sagte zu dem Vorsitzenden des Judenrates: „Erkennen Sie nicht, wem der Kragen gehört?" Und so stahl man ihr den Kragen. Der Vorsitzende des Judenrates bekam von den Deutschen einen Dank, weil er die Aktion besser durchgeführt hatte, als sie es sich vorgestellt hatten.

Es kam das Jahr 1942. Ende März spürte man, dass eine Katastrophe drohte. Man hörte schreckliche Nachrichten über das Städtchen Mielec (3) und über Lublin. Die Juden versuchten, sich den Grund für die Deportation der Juden von Mielec damit zu erklären, dass in Mielec die Deportation ausnahmsweise stattgefunden habe, weil die Juden dort mit den Deutschen illegale Geschäfte auf dem Flugplatz machten. Dieselbe Rechtfertigung suchte man für Lublin. Auf diese Weise wollte man sich selbst beruhigen. Aber instinktiv fühlte man sich in einer Lage, als wenn eine Schlange sich um den Hals gewickelt habe und der Moment des Erstickens unausweichlich sei.

Bis zu dem Zeitpunkt gab es in Klimontów noch kein Ghetto.

Am 11. April 1942 wurden Pfosten aufgestellt mit der Aufschrift: „Wohnbezirk für Juden. Das Überschreiten wird mit dem Tod bestraft." Alle zwei Wochen rückte man die Pfosten enger zusammen, um die Juden zu demoralisieren. Es wurde der Befehl ausgegeben, dass Juden nicht mehr über die Dörfer ziehen durften. Das setzte den Juden noch mehr zu. Viele arme Juden riskierten es weiterhin, mit Kurzwaren in die Dörfer zu gehen, um ein Stückchen Brot zu verdienen. Wenn man sie dabei schnappte, und das geschah nicht nur einmal, wurden sie erschossen. So erschoss man den Kaliszer Flüchtling Rundenbok, Sara Kezman und einen gewissen Kowke. In der Woche von Schawuot[9] wurde ein Befehl erlassen, dass alle Juden aus den Dörfern ihre Wohnungen verlassen und in die Städte in die Ghettos umziehen mussten. Aufgrund dieses Beschlusses wegen der Dorfjuden kamen in unser Städtchen weitere 500 Juden.

Das erste größere Unglück geschah Ende August 1942. Mosze Rozengarten flüchtete aus einer Gewehrfabrik in Skarżysko und kam zurück in die Stadt zu seinem Vater. Der Polizeikommandant von Opatów rief wegen des Falles beim Klimontower Judenrat an und forderte den Ratsmann Wowcze Fajntuch, der das Telefon abgenommen hatte, auf, Rozengarten festzunehmen. Die jüdische Polizei nahm ihn gefangen und brachte ihn in das jüdische Gefängnis. Daraufhin lief seine ganze Familie zusammen mit seiner Braut zu dem Gefängnis, und mit einer Hacke schlugen sie die Fenster ein, damit er fliehen konnte. Der polnische Polizist Fornalczyk kam der jüdischen Polizei zu Hilfe. Aber Rozengarten ließ sich von ihm nicht überwältigen. Er warf den polnischen Polizisten zu Boden. Man legte Rozengarten die Hände in Ketten und führte ihn ins Gefängnis. Gleichzeitig verhaftete man seine Braut.

9   22./23. Mai 1942.

Sie befreite seine Hände von den Ketten, und sie schlugen ein Fenster ein und entkamen. Daraufhin meldete der Polizist Fornalczyk telefonisch der Kreisgendarmerie, dass in Klimontów die Juden rebellierten und 70 Juden ihn auf dem Hof der Synagoge überfallen hätten. Die jüdische Bevölkerung spürte, dass sich etwas Schreckliches anbahnte. Die Familie des Geflohenen arbeitete damals am Fluss. Am Montagabend inhaftierte die jüdische Polizei seinen Vater Jękl und seine Mutter Rachel Rozengarten, seinen Vetter Zelig Rozengarten mit Frau Sara Rozengarten, deren Tochter mit ihrem Mann Fejwusz Czepanowski, ihren Cousin Mosze Rozengarten wie auch seine Tante Dobrele Rozengarten, die Frau des zweiten Vetters, mit ihrem Sohn Chajm-Nisn Rozengarten, einen Bruder seines Vaters Chajm Rozengarten und zwei Schwestern sowie Flüchtlinge aus Tarnobrzeg, die angeheiratete Verwandte der Familie Rozengarten waren. Auch seine Braut hatte man gefunden und verhaftet. Zusammen waren es 14 Inhaftierte. Am Mittwoch, den 2. September 1942 in der Frühe, kam ein Auto der Gendarmerie aus Sandomierz mit dem als „Judenfresser" bekannten deutschen Gendarmen Meister Löscher, dem Kommandanten der Gendarmerie Dollmeier, dem Gendarmen Karol und einem deutschen Buchhalter aus Łódź, einem gewissen Teiser. Sie befahlen, die 14 jüdischen Opfer herauszuführen. Man brachte sie in die schönste Allee, dorthin, wo die Juden einst spazieren gingen und wo einst das Gelächter der jüdischen Jugend zu hören war, und dort erschoss man sie. Der Judenrat brachte Juden mit Spaten dorthin und man begrub sie. Einer der Inhaftierten, der 16-jährige Junge Chajm-Nisn Rozengarten, der das Gefängnis nicht verlassen wollte, wurde von den Deutschen im Gefängnis ermordet.

Später berichtete der Judenrat der Bevölkerung, dass, als die Gendarmen den Mord an 14 Menschen nach Opatów meldeten, man ihnen antwortete, das sei zu wenig, man solle weitere 20 Menschen erschießen. Auf diesen Befehl der Deutschen hin zog der Judenrat zusammen mit der jüdischen Polizei in die Stadt und begann eine Jagd auf Juden. Unter anderen fing man eine junge Frau aus Grice, die sich heftig gegen die jüdischen Polizisten wehrte. Mit einem groben Stück Holz schlugen sie ihr auf den Kopf. Sie aber fügte sich auch weiterhin nicht, und sie mussten sie laufen lassen. Man ergriff eine Wiener Frau, die davon lebte, dass sie Wasser zu den Häusern trug. Ein jüdischer Polizist betrat die Stube der beiden Schwestern Alter aus Kalisz, er lockte sie heraus unter dem Vorwand, dass beim Judenrat ein Brief aus Kalisz für sie liege, den sie abholen müssten. Auf der Straße spürten sie, dass etwas Schreckliches passieren würde und sie wollten nach Hause umkehren. Aber er ließ sie nicht und schleppte sie mit Gewalt fort. Es waren schöne, intelligente Mädchen. Ihr Vater war Advokat. Man sperrte sie in das jüdische Gefängnis. Die jüdische Polizei fing einen Wiener Flüchtling, Ludwig Salzer, der sechs Monate in Dachau verbracht hatte. Das war ein physisch und psychisch gebrochener Mensch. Er trug ein eisernes Korsett, weil die SS-Leute in Dachau ihm die Rippen gebrochen hatten.[10] So griffen sie 20 Menschen auf, zumeist

---

10 Ludwig Salzer, geboren am 10. Oktober 1898 in Wien, wurde nach dem Novemberpogrom am 15. November 1938 ins Konzentrationslager Dachau verschleppt und war bis zum 17. Mai 1939 dort inhaftiert. Am

Flüchtlinge, arme Leute und Kranke. Abends gegen sechs oder sieben Uhr, als ich in der Stube saß, sah ich die Gendarmen mit Gewehren auf den Schultern aus ihrem Quartier herauskommen. In Begleitung der polnischen Polizei gingen sie zu dem Platz, wo in der kleinen Synagoge, die in ein Gefängnis verwandelt worden war, die Unglücklichen saßen. Man ließ sie aus dem Gefängnis herausführen. Der jüdische Polizist Putermilch aus Łódź ging zu ihnen hin, band ihnen gruppenweise zu je sechs bis sieben Mann die Hände und führte sie zur großen Synagoge. Schüsse fielen. Alle wurden erschossen. Die zwei Schwestern Alter hatten sich unter einer Pritsche versteckt, deshalb waren bei der Erschießung nur 18 Menschen anwesend. Daraufhin meldete ein polnischer Polizist, dass im polnischen Gefängnis gerade genau zwei Juden einsäßen, Mendel Marc und Dawid Zylbersztajn, man könne doch sie nehmen. Die deutsche Gendarmerie befahl, sie zu bringen und zu erschießen. Inzwischen wurden die zwei Schwestern Alter gefunden. Man brachte sie heraus und erschoss sie zusammen mit den Übrigen. Nach einigen Minuten kam der polnische Polizist mit den beiden Juden aus dem polnischen Gefängnis. Einer von ihnen, Dawid Zylbersztajn, bat, als er sah, was sich hier anbahnte: „Ich bin unschuldig, lasst mich am Leben." Aber es half nichts, man erschoss beide. Somit starben 22 Menschen. Kurz darauf rief Meister Löscher den Judenrat zu sich und hielt ihnen eine Rede, er wisse, dass die Erschossenen unschuldig gewesen seien. Weiter sagte er, dass der Judenrat von heute an energischere Menschen für die Polizeiposten bestimmen solle, damit sich solche Fälle wie dieser nicht wiederholten, dass ein polnischer Polizist von Juden angefallen würde.

Die Wand der Synagoge, an der die Exekution der 22 jüdischen Märtyrer stattgefunden hatte, war besprizt mit jüdischem Blut, in der Wand sind bis zum heutigen Tag die Löcher der Kugeln zu sehen. Ein 13-jähriger Junge wurde an jenem Tag zum Waisen, weil seine Mutter erschossen worden war. Er legte sich vor die Tür des jüdischen Fängers Chil Rapoport, der seine Mutter gefangen genommen hatte. Er weinte und schrie: „Warum hat man meine Mutter erschossen? Was ist dabei, dass sie einen zerrissenen Schal getragen hat? Sie hat doch niemandem etwas Schlechtes getan." Sein Weinen übertönte das allgemeine Jammern. Den größten Schrecken rief die Aktion unter den Wiener Flüchtlingen hervor, da unter ihnen die meisten Opfer waren. Bald nach der Exekution bestimmte die Gendarmerie, dass die jüdische Polizei spezielle Hüte tragen musste.

Wie ich schon berichtete, gab es in Klimontów kein Ghetto, da 75 Prozent der städtischen Bevölkerung Juden waren. Technisch wäre es sehr schwer durchführbar gewesen.

Am Donnerstag, dem 3. September, erschien gegen elf Uhr morgens deutsche Gendarmerie in Begleitung jüdischer Polizei. Sie begannen, die Gassen auszumessen, an jeder Ecke. Nachdem sie weggefahren waren, erfuhr man, dass Juden nicht mehr auf den Markt

---

12. März 1941 wurde er zusammen mit 996 weiteren jüdischen Männern, Frauen und Kindern von Wien aus in die südpolnische Stadt Opatów deportiert, wo im Frühjahr 1941 ein Ghetto eingerichtet worden war.

gehen durften. Juden, die am Markt wohnten, mussten hintenherum gehen. Jeden Tag trafen schreckliche Nachrichten aus anderen Distrikten ein. An einem Samstag kam ein Warschauer Mädchen gelaufen und erzählte von der Deportation, aber die Menschen glaubten ihr nicht. Am nächsten Samstag kam ein Fuhrwerk, auf dem Juden aus einem kleinen Städtchen an der Weichsel saßen. Sie waren vor der Deportation geflohen. Sie baten den Judenrat, er solle ihnen erlauben, in der Stadt zu bleiben, aber der Judenrat erlaubte es nicht, und sie fuhren in unbekannter Richtung weiter. Es wurde angeordnet, dass sich alle Juden zwischen 16 und 60 Jahren registrieren lassen mussten, sie erhielten vom deutschen Arbeitsamt eine rote Karte mit einer Fotografie, abgestempelt vom deutschen Arbeitsamt in Ostrowiec. Alle, die Karten hatten, mussten sich zweimal in der Woche melden. Menschen über 60 Jahren gingen kopflos umher. Sie erwarteten den Tod. Jeder wollte sich durch einen Arbeitsplatz absichern. Man begann, Strohschuhe für das Militär anzufertigen. Die Menschen rissen sich um die Arbeit. Später richtete man eine Schneiderwerkstatt ein. In den benachbarten Städten wie Staszów wurden die Werkstätten durch die Deutschen bestätigt. In Klimontów dagegen wurde aus den Werkstätten nichts, weil die Deutschen sie nicht anerkannten, und das vergrößerte die Zahl der Juden, die von der Deportation betroffen waren.

Die Juden beratschlagten, was man tun, wie man sich retten könne. In Klimontów gab es ein Lager für Bauern, die ihr Kontingent nicht abgeführt hatten. Sie leisteten Meliorationsarbeiten. Es eröffnete sich auch für Juden die Möglichkeit, in der Melioration zu arbeiten. Aber es war nicht leicht, dort angenommen zu werden. Dorthin bekamen nur die Familien der Judenratniks Zugang, und den armen Leuten half ihr Geschrei nicht, man habe sie die ganze Zeit zur Arbeit getrieben, und nun lasse man keinen von ihnen zu. Der Vorsitzende des Judenrates verlas auf dem Synagogenplatz beim Bet ha-Midrasch eine Liste derjenigen, die zur Arbeit angenommen worden waren. Auf der Liste waren nur Namen von Leuten, die die ganze Zeit während der Okkupation nicht gearbeitet hatten. Die Verbitterung der Massen war ungeheuer. Dann sagte der Ratsmann Ayzenbuch Harcke, der die Liste verlesen hatte: „Was werft ihr uns vor, wir müssen in erster Linie uns selbst versorgen, unsere Brüder und Schwestern." Die „Glücklichen" gingen zur Arbeit und das einfache Volk schaute ihnen voller Neid nach. Aber der Arbeitsplatz in der Melioration war noch nicht bestätigt. Die Deutschen ließen die Juden dort arbeiten, um sie in Sicherheit zu wiegen. Es verging eine gewisse Zeit, und die Privilegierten, die zur Arbeit gingen, sahen, dass sich die ganze Geschichte nicht lohnte, weil der Arbeitsplatz durch die Deutschen immer noch nicht bestätigt war und weil er ihnen verleidet war, und so schickten sie andere zur Arbeit. In der Folge schleppte die jüdische Polizei die Armen zur Arbeit. Von damals an bis zum letzten Tag der Deportation ging auch ich zu der Arbeit.

An einem Donnerstag, dem 2. Juli 1942, kurz vor der Deportation, kam eine deutsche Strafexpedition nach Sandomierz zum Judenrat. Sie forderte, dass innerhalb einer halben Stunde der gesamte Judenrat zusammentreten solle. Nicht alle fanden sich zur festgesetzten Zeit ein. Der stellvertretende Vorsitzende Apfelbaum fehlte. Sie überlegten nicht lange und befahlen dem

Vorsitzenden des Judenrates, Adv. Goldberg, hinauszugehen. Er ging hinaus und sie erschossen ihn. Sie traten wieder ein und sagten: „Der Hund ist erschossen." Sie forderten, man solle ihnen den Stellvertreter schicken. Die Gendarmerie machte sich auf die Suche. Sie schnappten ihn in einem Dorf acht Kilometer von Sandomierz und erschossen ihn. Bis zum heutigen Tag liegt er in dem Dorf Samborzec begraben. Ein ähnlicher Fall passierte in Koprzywnica, wo sie zehn Mitglieder des Judenrates und auch andere Juden erschossen. Nach Ostrowiec kamen sie mit einer Liste. Sie befahlen, ihnen einen gewissen Pancer zu bringen, und da man ihn nicht brachte, ließen sie sich zu einem anderen Pancer führen und erschossen diesen. Gleichzeitig erschossen sie Juden auf der Straße. Sie verwundeten unter anderem einen jüdischen Jungen. Ein jüdischer Sanitäter des Spitals half dem Jungen. Die Schlächter gingen ins Spital und erschossen den Jungen und den Sanitäter. In Stopnica kamen sie in der Sedernacht in die Stadt zum Vorsitzenden des Judenrates und erschossen ihn und seinen Sohn.

Sie brannten das Städtchen Iwaniska ab und trieben 200 Juden aus dem Städtchen zu uns. So wüteten sie und ließen uns nicht einen einzigen Tag zum Luftholen.

Der Klimontower Judenrat lernte nichts aus diesen ganzen Vorfällen, sie redeten sich noch immer ein, sie seien privilegiert bei den Deutschen. In solch schrecklicher Zeit, als in den umliegenden Städten viele Mitglieder der Judenräte erschossen wurden, strebten sie immer noch danach, immer reicher zu werden. Gerade so, als ob es nicht rundherum brennen würde. Neuerdings bediente sich der Judenrat solcher Mittel: Da wegen der Verfolgungen die Reichen in andere Städte fuhren, gab der Judenrat eine Verordnung heraus, dass für das Verlassen der Stadt ohne Erlaubnis des Judenrates eine Strafe von 100 Złoty zu zahlen sei. Darüber hinaus schickte der Judenrat Schreiben an über 20 angesehene Einwohner der Stadt, dass sie sich bei etwaigen Vorkommnissen in der Stadt den Befehlen des Judenrates unterzuordnen hätten, andernfalls nähme man Geiseln.

5. Es fängt an

Am Vorabend von Sukkot[11] ließ sich bei uns in der Werkstatt der Kommissar der Mühle einen Anzug aufarbeiten. Am Abend des Feiertages kam ein Träger zu mir gelaufen und sagte, dass der Kommissar mich brauche. Inzwischen war der Kommissar mit einem Gendarmen eingetroffen. Beide waren betrunken. Der Kommissar sagte zu mir: „Gib mir den Anzug zurück, denn um drei Uhr in der Nacht geht es los ..." Mein Vater war gerade in der Synagoge. Ich gab dem Kommissar den Anzug, er warnte mich noch einmal: „Gib acht, um drei Uhr geht die Räumung los."

Ich schickte nach meinem Vater. Die Stimmung in der Stube war sehr gedrückt. Wir fingen an zu packen. Ich ging zu Pinchas Goldblum, einem Freund des Vorsitzenden, und

---

11   26. September 1942, Laubhüttenfest.

erzählte ihm von der Warnung des Kommissars, gleichzeitig bat ich ihn, beim Vorsitzenden nachzufragen, ob er etwas wisse. Aber der Vorsitzende sagte, alles sei in Ordnung, man solle sich nicht auf die Worte eines betrunkenen Goj verlassen. In Wirklichkeit wusste der Vorsitzende alles. Da bin ich mir ganz sicher, aufgrund eigener Beobachtungen.

Nicht weit von uns entfernt gab es einen Wachposten der jüdischen Polizei, und auch der Vorsitzende wohnte am Markt. Da ich kein Vertrauen in die Worte des Vorsitzenden hatte, legte ich mich nicht schlafen. Ich sah, dass sich bis spät in die Nacht bei ihm Judenratniks aufhielten. Ich saß bis drei Uhr nachts am Fenster. Um drei Uhr war es noch still, aber sobald die Uhr drei schlug, erschienen von der Opter Gasse her Gendarmen auf Fahrrädern, und nach den Fahrrädern kamen zwei Autos gefahren und hielten an der Wohnung des Vorsitzenden. Etliche Lastautos kamen auf den Markt gefahren. Ich weckte alle in der Wohnung und alle Nachbarn im Haus. Es dauerte nicht lange, bis sie an die Türen schlugen und Juden auf den Marktplatz schleppten. Auch jetzt zeichneten sich die jüdischen Polizisten aus. Sie führten die Deutschen herum und zerrten alle jungen Leute aus den Häusern. Besonders zeichnete sich der Polizist Lejzer Hochman aus. Er ging zu dem Flüchtling Apelbaum aus Łódź, der eine Tochter in den Zwanzigern hatte. Apelbaum bettelte, man solle ihm sein Kind lassen, da er krank sei. Die Deutschen waren einverstanden, sie zu verschonen, aber Hochman packte sie an den Haaren und schleppte sie hinaus zum Auto. Man griff auch meine ältere Schwester auf. Die Menschenjagd dauerte die ganze Nacht. Bevor sie wegfuhren, führten die Deutschen eine Selektion nach den Anweisungen des Judenrates durch. Meine Schwester bat, man solle sie dalassen, weil sie zwei Kinder habe. Der Vorsitzende beachtete sie nicht, dann ging sie zu einem deutschen Offizier, zeigte auf ihre Brille und sagte, dass sie sehr kurzsichtig sei und nicht arbeiten könne. Der Offizier ließ sie gehen. Der Vorsitzende ließ nur die Reichen hinaus. Die Armen wurde er los, er befreite sich von ihnen. Die Deutschen zogen die nach der Selektion übrig gebliebenen Juden fast nackt aus, nahmen ihnen das Geld ab und schickten sie nach Hause. Die Zurückbehaltenen deportierte man nach Skarżysko. Es wurden über 300 Menschen deportiert. Beim Polizisten Lejzer Hochman, der den Deutschen die Tochter des Flüchtlings aus Łódź übergeben hatte, hatten sich im Bunker eine Menge Menschen versteckt. Im Bunker war auch viel Ware versteckt, die seiner Familie gehörte. Die jüdische Polizei verriet die untergetauchten Menschen, und die Deutschen holten sie heraus. Dabei nahmen sie auch verschiedene Waren von dort mit. Der Flüchtling aus Łódź, der Vater des deportierten Mädchens, schrie auf der Straße, das sei die Strafe Gottes für den Polizisten, weil er ihm seine Tochter genommen und sie deportiert habe. Während der Menschenjagd hatten sich zwei Brüder in einem Bunker versteckt, kräftige Burschen vom Dorf, ihre Schwester wurde von der Polizei aufgegriffen. Das Mädchen bat, man solle sie freilassen. Der Judenrat forderte, dass die Brüder sich stellen sollten, dann würde das Mädchen freigelassen. Sie stellten sich, und man deportierte sie zusammen mit der Schwester. So niederträchtig handelten der Judenrat und die jüdische Polizei.

Juden nahmen die schwersten Arbeiten auf, wie z. B. bei den Landbesitzern Rüben auszugraben. Man klammerte sich an jeden Strohhalm, aber das Schlimmste kam erst noch.

Am ersten Donnerstag nach Sukkot 1942,[12] im Oktober, fand die erste Deportation in unserem Kreis statt, im Städtchen Łagów. Das machte einen verheerenden Eindruck auf unsere Stadt. Kurz danach erfuhren wir von der Vernichtung von Ostrowiec. Aus Ostrowiec kam ein Pole, der erzählte, dass die Deutschen dort die Kranken in den Betten erschossen hatten. In ihrer verzweifelten Lage wussten die Juden nicht, woran sie sich noch klammern sollten. Man spürte, dass sich die Schlinge um den Hals immer mehr zuzog. Die Frommen, besonders die Frauen, lagen ganze Tage lang auf dem Friedhof und weinten. Solch ein Wehklagen wie damals hatte ich noch nie in meinem Leben gehört. Man entzündete Lichter auf den Gräbern der im September Verstorbenen, weil man sie wie Gräber von Märtyrern betrachtete. Junge Bengel saßen auf der Friedhofsmauer, angelockt durch das Wehklagen. Man hörte es bis außerhalb der Stadt. Es war schon Herbst, und das Klagen flocht sich ein in den Nebel. Freitags nahmen die Frauen das Lichtentzünden auf dem Friedhof vor. Der Rabbiner rief die ganze jüdische Bevölkerung auf dem Friedhof zusammen und ging mit Gott ins Gericht. Er trug mit ihm einen Disput aus. Später trug man etliche Hundert Tora-Rollen zu Grabe.[13] Das wurde begleitet von schrecklichem Wehklagen. Nach dem Verlassen des Friedhofs kam gerade der Vorsitzende vom Kreishauptmann in Opatów zurück. Man überfiel ihn mit Fragen. Er sagte, dass Opatów, Klimontów und Staszów blieben. Freude ergriff die Leute, aber sie dauerte nicht lange. Um den 10. Oktober herum begannen einige Menschen, sich darum zu bemühen, eine Anzahl Leute im Hermann-Göring-Werk in Starachowice[14] unterzubringen. Zweimal vereitelte der Vorsitzende den Plan. Er sagte, er werde es nur seinen Leuten ermöglichen. Später ging er auf einen Kompromiss ein und meinte, dass nur die Hälfte der Menschen von ihm bestimmt würde.

Am Freitag, den 16. Oktober, traf von Skarżysko her Gendarmerie aus der ganzen Gegend ein. Die jüdische Polizei lief in allen Gassen umher und schrie, alle Männer müssten auf die Straße kommen. Alle gingen hinaus. Den Teil, der für die Meliorationsarbeiten bestimmt war, ließ man zur Arbeit gehen, den Rest der Männer brachte man nach Skarżysko. Unter ihnen waren meine beiden Schwager. Um sie auszukaufen, gaben wir den Deutschen Stoff für einen Anzug, und man ließ sie frei. Zur selben Zeit schickte die SS vom Stützpunkt Makoszyn dem Judenrat eine Forderung, man solle ihnen Stricke, Gardinen und Herdringe für die Küche schicken. Sie drohten, wenn ihnen nicht alles zu dem festgesetzten Termin überreicht würde, würde man die Mitglieder des Judenrates mitten auf dem Marktplatz

---

12 1. Oktober 1942.
13 Beschädigte und alte Tora-Rollen werden auf dem Friedhof bestattet.
14 Nach der Eroberung Polens im September 1939 übernahmen die Reichswerke Hermann Göring die in Starachowice angesiedelten Rüstungsfabriken sowie eine Eisenerzmine. Zur Bereitstellung von Arbeitskräften wurde ein Zwangsarbeitslager für Juden eingerichtet. Bei der Auflösung des Lagers im Juli 1944 wurden sie in das KZ Auschwitz deportiert.

aufhängen. Man schickte ihnen alles. Da sie das Ende kommen fühlten, taten die Mitglieder der jüdischen Polizei und des Judenrates alles, um ihr eigenes Leben zu retten.

In Sandomierz gab es ein Gymnasium, das von der SS in ein Lager für Privilegierte verwandelt wurde, wo diese den Krieg überleben konnten. Es versteht sich von selbst, dass man für dieses Privileg gut bezahlen musste. In diese Oase wollten die Judenratniks und die Polizei unserer Stadt im Falle einer Deportation hineinkommen. Um in das Lager hineinzugelangen, zahlten sie der SS schon beizeiten mit dem, was sie den Juden geraubt hatten. Die jüdische Polizei und der Judenrat nahmen den vermögenden Juden Waren und Möbel ab und schickten sie nach Makoszyn zur SS. Beim Kleiderhändler Jozef Goldblum öffnete der Polizist Jękl Grinsztajn gewaltsam einen Lagerraum und nahm zehn Säcke mit Bekleidung heraus. Dasselbe tat man auch anderen Menschen an. Sie liefen sogar zu den Armen und nahmen, was sie konnten. In einer Stube passierte Folgendes: Der Ratsmann Jękele Apelbaum kam hereingelaufen, er schnappte der überraschten Hausfrau ein Bürstchen aus der Hand und lief hinaus.

Die Stadträte und das Steueramt suchten aus den Archiven Dokumente mit alten Schulden von vor 16 Jahren und rissen den Juden das letzte Hemd vom Leib.

In Opatów fand eine Deportation statt. Vor der Deportation mussten die Juden gemäß einer Verordnung des Landrates noch eine Kopfsteuer bezahlen. Die Stimmung unter der jüdischen Jugend glich der eines gejagten Tieres im Wald. Man wusste nicht, was man tun, wohin man laufen konnte. Partisanen gab es in dem Kreis noch nicht. Man wollte in den Wald laufen, aber die Lust verging einem schnell. In der Gegend war Folgendes passiert: Nach der Deportation von Iwaniska setzten sich örtliche Juden mit einem Polen in Verbindung, und für viel Geld errichtete er ihnen ein Versteck im Wald. Als schon vier bis fünf Mann im Schutzraum waren, wollte er sie ermorden. Bei Nacht zerhackte er mit einer Axt den ganzen Bunker. Die nur knapp mit dem Leben Davongekommenen gingen nach Klimontów. Auch meine Familie versuchte, sich zu retten. Wir kannten eine Menge Bauern. Wir verabredeten uns mit einem Bauern, er solle mit einem Fuhrwerk kommen und uns und unsere Sachen mitnehmen und verstecken. Meine Schwester und mein Bruder gingen zu ihm. Während sie bei ihm waren, meldete einer der Söhne, dass Juden in Lemberg polnisches Militär entwaffnet hätten. Später, als er sah, dass mein Bruder Stiefel trug, sagte er: „Verkauf mir die Stiefel." Nach einem solchen Empfang gingen sie zu einem Forstgehilfen im Wald, den wir kannten, und baten ihn, er solle uns verstecken, aber er hatte Angst und weigerte sich strikt. Auch zerrannen die letzten Hoffnungen der Beschäftigten, dass sie durch ihre Arbeit vor der Deportation bewahrt blieben. Das bewies die Menschenjagd vom 16. Oktober, denn während man die Menschen nach Skarżysko schickte, trieb der Deutsche, der den Steinbruch in Międzygórz führte, in der Annahme, dass die Deportation schon stattfinde, alle jüdischen Arbeiter zusammen und schickte sie auf einem Lastwagen nach Klimontów. An demselben 16. Oktober fuhren eine Menge Bauern in die Stadt, um jüdisches Hab und Gut zu holen, weil sie dachten, dass die Deportation schon stattfinde. Schon während der ganzen Zeit vor der Deportation kamen Bauern aus den Dörfern, und die Juden überließen ihnen für gar nichts, für ein Stück Butter, Waren und wertvolle Sachen.

Überall stießen wir auf eine Wand aus Gleichgültigkeit, niemand wollte uns helfen. Unter diesen Bedingungen gab es für die Juden, besonders für die Frommen, nur einen Weg, sie lagen ganze Tage auf dem Friedhof und weinten. Es half aber kein Weinen und kein Klagen. Opatów wurde geräumt, Iwaniska, Osiek und Bogoria. Dann kam die Reihe an Klimontów.

Einen Tag vor der Deportation kam der Referent für den Juden-Einsatz beim Landrat, der Bandit Oblaren, in die Stadt und forderte eine Abgabe ein, welche die jüdische Polizei und der Judenrat einsammeln mussten.

Donnerstag, einen Tag vor der Deportation, kam ich wie immer von der Arbeit nach Hause, meine Mutter stand da und handelte mit einem Bauern. Einen Kissenbezug für ein Stückchen Butter. Die Mutter, die sparsam war, sagte bitter: „Siehst du, ich bin gar nicht mehr geizig, ich habe Fisch gekauft für Schabbat." Den Fisch konnten wir aber nicht mehr essen. Gerade an dem Tag war mein Vater in etwas besserer Stimmung, weil er vom Judenrat einen Zettel bekommen hatte, er solle sich am Freitag in der Werkstatt einfinden. Aber am Freitag fand schon die Deportation statt. Am Donnerstag gab es eine leichte Beruhigung in der Stadt, obwohl an dem Tag, dem 29. Oktober, die Deportation von Sandomierz stattfand. Die Entspannung kam daher, dass am Donnerstagabend der Kommandant der jüdischen Polizei, Tenenwurcel, von Sandomierz kam und uns versicherte, am Freitag, Schabbat und Sonntag würde noch keine Deportation stattfinden.

Am Freitag, den 30. Oktober 1942 ging es los. Es war noch dunkel draußen und wir sahen, dass Autos angefahren kamen. Mein Vater sagte: „Kinder, zieht euch an." Wir zogen uns an und sagten auch der Schwester mit ihrem Mann und den Kindern, sie sollten sich anziehen. Die ganze Stadt war schon von Gendarmen umstellt. Mein Vater legte den Gebetsmantel und die Gebetsriemen an und fing an zu beten, aber er konnte es nicht mehr zu Ende führen. Die jüdische Polizei lief zwischen den Häusern umher und schrie: „Juden, raus auf den Markt!" Sofort liefen die Juden hinaus auf die Straße. Ich ging mit meinem Vater hinaus, mein Bruder mit der Schwester und der Mutter. Meine Mutter küsste im letzten Moment die Mesusa[15] und sagte: „Möge ich es noch erleben, in meine koschere Küche zurückzukommen." Wir gingen hinunter auf die Straße. Dort standen schon die SS-Leute von Radom und der Organisator der Vernichtungsaktion im ganzen Radomer Distrikt, Schild. Mein Vater wurde von einem SS-Mann mit einem Stock auf den Kopf geschlagen, auch meine jüngere Schwester Malkele wurde von einem SS-Mann geschlagen. Alle Juden bekamen mörderische Schläge und man trieb sie an, sich in Fünferreihen aufzustellen. Wir stellten uns alle auf. Unsere Familie belegte über zwei Reihen. Vater und Mutter nahmen wir in die Mitte. Meine Schwester ging mit einem 16-monatigen Kind. Ich nahm das Kind auf den Arm. Es

---

15 Die Mesusa ist eine in jüdischen Häusern am Türpfosten angebrachte Kapsel, die eine Pergamentrolle mit zwei Abschnitten eines Gebetes enthält.

wollte das Köpfchen nicht heben, und es konnte nicht mehr lächeln. Es dauerte nicht lang, bis der Markt voll war von Juden. In der Ferne waren Schüsse zu hören. Der Judenrat setzte Polizeihüte auf und führte die SS-Leute herum, zu den Häusern. Kranke und diejenigen, die nicht aus der Stube gekommen waren, wurden von den SS-Leuten erschossen. Es schlossen sich die polnische Polizei, die SS, die Gendarmerie und die Schutzpolizei an. Auch die polnische Polizei der umliegenden Städtchen, die Feuerwehrleute mit ihrem Kommandanten Piotr Lasota und die jüdische Polizei mit dem Judenrat an der Spitze. Die Juden konnten sich nicht vorstellen, dass dies ihre letzten Minuten sein sollten. Mein Vater war niedergeschlagen, weil er in der Stube seine wattierten Handschuhe vergessen hatte, dabei war es noch warm. In der Stadt herrschte eine tödliche Stille. Selbst kleine Kinder gaben keinen Pieps von sich. Von Zeit zu Zeit zerriss ein Schuss die Stille, oder ein Topf löste sich von einem Strick und fiel herab, und es klang durch die ganze Stadt. Der Kommandant der jüdischen Polizei rief aus, dass nur die jüdischen Polizisten dablieben, ohne Frauen und Kinder. Nur ein Polizist, Gimpel Himelfarb, kam zusammen mit Frau und Kindern weg. Der Oberleutnant Endorf von der Gendarmerie in Opatów lief mit einem Stöckchen in der Hand zwischen den Reihen umher und schaute, wen er hier lassen könnte. Er trat auf mich zu und fragte: „Was bist du von Beruf?" Als ich ihm sagte, dass ich Schneider sei, nahm er mich heraus, zusammen mit meinem Bruder und zwölf weiteren jungen Leuten, und schickte uns an einen gesonderten Platz. Der Judenrat hatte am Tag der Deportation gar nichts zu sagen. Ein junges Mädchen, Malka Aychenbaum, bat, man solle sie freilassen, weil sie vom Judenrat sei. Anstatt einer Antwort bekam sie Schläge mit der Peitsche über den Kopf. Der Ratsmann Jękl Apelbaum wurde blutig geschlagen. Als der Vorsitzende erkannte, dass es schlecht um ihn stand, weil man in den umliegenden Städtchen die Vorsitzenden erschossen hatte, versteckte er sich hinter den Rücken der Ausgesuchten und blieb dadurch verschont.

Die jungen Frauen, die geblieben waren, wurden vom Kommandanten Endorf gefragt: „Ihr seid doch nicht schwanger?" Neun Mitglieder des Judenrates wurden mit dem Transport weggeschickt, übrig blieben der Vorsitzende, der stellvertretende Vorsitzende, Mosze Pęcina und Icze Wajsbrot. Die ganze Sanitätskolonne und alle Beamten des Judenrates wurden mit dem Transport weggeschickt. Der Kommandant der jüdischen Polizei, Tenenwurcel, konnte mit Frau und Kind bleiben. Aufgrund seines Einspruchs wurden der Kürschner Lejbele Majsels, der Warschauer Junge Moniek Himelfarb, ein weiterer Junge, der Gamaschen-Stepper Chajm Kopersztik und Szaje Apelbaum wieder zurück in die Reihen geschickt. Ukrainische Vernichtungstruppen kamen auf Fuhrwerken an. Sie verteilten sich mit Gewehren zwischen den Reihen der Juden. Ihre Gesichter verbreiteten Schrecken. Unter ihnen waren viele Mongolen. Die SS gab den Befehl, alle Juden sollten sich auf die Erde setzen. Uns, den Übriggebliebenen, befahl man, die Rucksäcke abzunehmen. In der Zwischenzeit trafen leere Fuhrwerke ein. Auf ein Fuhrwerk hätte man Juden setzen können, ein Teil der Fuhrwerke ist vollständig leer gefahren. Dann kam der Befehl: „Aufstehen". Der Hauptmann der Gendarmerie ging in einen Laden, kam wieder heraus und sagte, dass dort ein Jude liege und auf dem Tisch ein Licht brenne. Dort lag der über siebzigjährige Dawid Apelbaum. Der Hauptmann befahl einem Gendarmen, in die Stube zu gehen und ihn zu erschießen. Der Gendarm trat ein, kam sofort wieder heraus und sagte, dass der Jude dort hinge. Der alte Jude hatte sich selbst aufgehängt, um ja nicht in die Hände der Verbrecher zu fallen. Es erfolgte der Befehl, die Menschen sollten sich rühren. „Langsam, langsam", rief der Gendarm, der dem Zug voranging. Der Erste in der Reihe war ein 13-jähriger Junge aus Łódź, Moniek Goździewski mit Vater, Mutter und Großmutter. Sie führten den Todesmarsch an. Ich beobachtete alle Vorbeigehenden. Ich strengte mich an, wenigstens aus der Ferne meine Familie zu sehen, aber die Eltern liefen unbemerkt an mir vorbei, nur einer meiner Schwager, Welwel Grinblat, sah mich. Von ihm verabschiedete ich mich mit einem Kopfnicken. Als Apelbaum, den der Kommandant der jüdischen Polizei zurück in die Reihe getrieben hatte, an dem Kommandanten vorbeiging, sagte er: „Izrael ist mein Todesengel gewesen."

Der Zug lief durch die Sandomirer Straße. Und schon dort auf der Straße fing man an, in den Zug hineinzuschießen. Es gab bereits Opfer. Letzter im Zug war Szlojmke Kwaśniewski, ein armer Fischer. Er ging in geschenkten Stiefeln und konnte sich nicht schnell bewegen, die Deutschen trieben ihn an und schlugen ihn. Sobald der Zug aus der Stadt heraus war, führte man uns übrig gebliebene Juden, 65 an der Zahl, ins Bet ha-Midrasch.[16] Auf dem Weg dorthin erblickte ich eine getötete Frau, blutüberströmt. Man führte uns in das Bet ha-Midrasch hinein. Nach ungefähr 15 Minuten sahen wir, dass man vor dem Bet ha-Midrasch mit einem Fuhrwerk viele erschossene Juden zum Friedhof fuhr. Blut strömte aus ihnen. Man rief uns hinaus auf den Friedhof, und wir mussten die Toten begraben. Wir fingen an, das Grab auszuheben. Es dauerte einen ganzen Tag. Wir mussten 68 Erschossene und den alten Apelbaum, der sich aufgehängt hatte, begraben. Unter den Erschossenen waren etwas mehr als 40 Frauen und um die 20 Männer. Viele von ihnen hatte man vom Weg fünf Kilometer außerhalb der Stadt aufgelesen, die Übrigen waren in ihren Wohnungen erschossen worden. Die Arbeit beim Begraben war grauenhaft. Wir sahen abgehackte ganze Köpfe und halbe Köpfe. Als wir schon alles erledigt hatten, kam der Kommandant der Gendarmerie Dollmeier und sagte, dass man die Gräber mit Kalk bedecken müsse. Freitagabend war die Arbeit beendet. Der Ratsmann Hercke Ayzenbuch sprach das Kaddisch. Ich spürte, dass niemand vom Transport wiederkommen würde, dass wir verwaist zurückgeblieben waren.

Alle sind verloren, auch die, die sich hätten retten können. Ein Teil der Juden hatte sich bei Polen Verstecke vorbereitet, aber wegen der falschen Informationen des Vorsitzenden, dass die Deportation erst in drei Tagen stattfinden werde, hatten sie keine Zeit mehr, unterzutauchen. Sie versuchten zu fliehen, als es schon zu spät war, und wurden während der Flucht erschossen. Das sind gewesen: Kiwe Baum mit Frau, Meir vom Dorf Chryste, Heszl Baum, Eberowicz mit seinem Bruder und andere. Viele Leute, die einen Ort zum Verstecken

---

16 Hebräisch für Lehrhaus.

gehabt hatten, versuchten nicht zu fliehen, als sie sahen, dass es zu spät war, sie kamen mit dem Transport fort. Nur fünf Personen konnten entkommen. Freitagabend, nach Arbeitsende, gingen wir nach Hause. Man teilte uns einem Block zu, wo wir alle zusammen waren. Am Schabbat-Morgen rief man uns alle zum Appell auf den Schulhof. Der Leutnant der Gendarmerie, Dollmeier, kam auf uns zu, begrüßte uns höflich und fragte: „Habt ihr gut geschlafen?" Dann scherzte er ein wenig mit den jungen Mädchen und schickte uns auf den Friedhof, die Grube fertigzustellen. Plötzlich sahen wir auf dem Friedhof einen weißhaarigen Juden von über 90 Jahren, Mosze Szmit. Man rief ihn immer „der große Mosze". Nach ihm erschien der Gendarm Teiser, zog seine Pistole und schoss. Kaum eine Minute, und der älteste Jude von Klimontów lag tot da. Nach einer halben Stunde kam ein Feuerwehrmann auf den Friedhof, der eine alte Frau mitführte. Die Frau trat mit ihm zur Seite, hob ihren Rock und legte ihm etwas in die Hand. Sie hatte wahrscheinlich mit ihm abgemacht, dass er sie für Geld freilassen würde, aber er ließ sie nicht frei. Inzwischen war der Bandit Teiser eingetroffen und erschoss die Frau. Das war Sara Fajnkuchen, Eigentümerin einer Bäckerei. Ihre Söhne waren bei der Deportation fortgekommen. Sie hatte sich im Keller ihres Hauses versteckt, wo man sie fand. Wir mussten jetzt ein frisches Grab ausheben für die zwei Erschossenen, und neben dem großen Gemeinschaftsgrab gruben wir ein kleines Grab.

Samstag, den 31. Oktober 1942, traf ein Jude ein, der sich aus dem Transport herausgeschmuggelt hatte. Ein anderer Jude, Berisz Baum, schaffte es, aus dem Dorf Złota zu fliehen, nicht weit von Sandomierz. Sie erzählten, dass die Deutschen während des ganzen Weges Juden aus der jeweiligen Gegend dem Transport angliederten. Berisz Baum versteckte sich später zwischen Polen, bis polnische AKler[17] davon erfuhren. Sie forderten, er solle ihnen zeigen, wo sich die Waren und Maschinen befanden, die er versteckt hatte. Nachdem er ihnen alles übergeben hatte, brachten sie ihn um. Nicht besser als die AKler benahm sich die polnische Polizei. Ein jüdischer Zahnarzt von Klimontów, Psicki, verließ noch vor der Deportation die Stadt und wanderte von einem Dorf zum nächsten. Der Vize-Kommandant der polnischen Polizei, Dluzak, schnappte ihn. Der Zahnarzt gab Dluzak 5000 Złoty, um sein Leben zu retten. Jener nahm das Geld und übergab ihn den Deutschen. Nachdem er erschossen worden war, zog Dluzak ihm die Stiefel von den Füßen und nahm sie mit.

Aus den Deportationen lernten die Judenratniks nichts. Die deutsche Gendarmerie gab eine Verordnung heraus, dass alle zurückgelassenen Waren aus den jüdischen Häusern im Block abgegeben werden müssten. Die Judenratniks nahmen für sich die besten Produkte, und uns ließen sie Suppe kochen. Sie arbeiteten nicht. Wir mussten bei den Gräbern arbeiten, die jüdischen Sachen sortieren, die die Deutschen dann auf Versteigerungen billig verkauften. Es gab einen Konkurrenzkampf zwischen der städtischen und der dörflichen polnischen Bevölkerung, da es den Dorfbewohnern nicht erlaubt war, die besseren Sachen zu kaufen. Die Deutschen gaben eine Verordnung heraus, dass niemand aus der Bevölkerung

---

17 Armia Krajowa (Polnische Heimatarmee).

in jüdische Häuser gehen durfte. Eine polnische Frau aus dem Dorf Konary, die eine jüdische Wohnung betreten hatte, wurde von dem deutschen Gendarmen Teiser an Ort und Stelle erschossen.

Ein Teil von uns bereitete sich darauf vor zu fliehen. Gleich am Anfang flüchteten Abraham Złotnicki, Mietek Apelbaum und Icze Wajsbrot. Mietek Apelbaum kam nach zwei Tagen zurück, da er keinen Ort hatte, wo er hingehen konnte. Er kam zu mir ins Zimmer. Als der Kommandant der jüdischen Polizei erfuhr, dass er bei mir war, tauchte er im Zimmer auf und forderte ihn auf, wegzugehen. Mich warnte er, dass ich mein Leben aufs Spiel setzte, wenn er über Nacht bliebe (jeden Tag mussten wir hinaus zum Appell, deshalb wussten die Deutschen von seiner Flucht). Bei Nacht verließ er den Block. Ein christliches Mädchen versteckte ihn. Sie heirateten und er lebt noch.

Danach flohen drei Polizisten: Jękl Apelbaum, Jękl Grinsztajn und Mosze Tencer. Am Tag, bevor man uns nach Sandomierz wegführen wollte, waren noch einige zur Flucht bereit gewesen, aber der Vorsitzende und der Kommandant der Polizei, Tenenwurcel, taten alles, dass niemand entkommen konnte. Tenenwurcel sperrte eigenhändig alle Türen ab. Aber morgens, als schon alle Tore offen waren und die Fuhrwerke auf uns warteten, schafften es noch zwei zu fliehen, Zalman Baum und Sewek Gotfryd. Beide leben.

6. In Sandomierz

Am Sonntag, den 15. November 1942, brachte man uns auf Fuhrwerken nach Sandomierz. Der Vorsitzende mit seiner Familie und auch der Kommandant der jüdischen Polizei mit Frau und Kind kamen ins Gymnasium, uns führte man zum Block, wo schon die restlichen Juden aus Sandomierz wohnten, das sogenannte Aufräumkommando. Dort waren schon Juden und die Polizei aus Sandomierz und Klimontów versammelt. Jeden Morgen fand ein Appell statt, und wir mussten los, die jüdischen Häuser zu räumen. Im Block waren Juden, die sich vor der Deportation versteckt hatten. Zwischen ihnen trieb sich ein Junge namens Alterl herum. Seine Eltern waren ins Lager nach Mielec gebracht worden. Vor ihrer Deportation hatten sie das Kind zu Polen gegeben.

Und obwohl diese für das Kind von den Eltern eine große Menge Geld bekommen hatten, brachten sie es zurück zum Aufräumkommando. Das Kind versuchte, sich selbst zu retten. Sobald es Gendarmen kommen hörte, versteckte es sich unter dem Bett. Spät nachts kam das Kind zu uns herunter. Zwischen den Versteckten traf ich auch zwei Frauen mit einem Kind. Sie schliefen im Keller. Die jüdische Polizei ließ sie nicht in Ruhe. Sie drängten sie wegzugehen. Wir brachten ihnen Brot und Tee hinunter in den Keller. Die Polizei erfuhr das und forderte uns auf, ihnen kein Essen zu geben. Unter den Polizisten war Gorzałczański, ein Cousin der Frau mit dem Kind. Die Feuerwehrleute in Sandomierz suchten aktiv nach versteckten Juden, wenn sie jemanden trafen, erschossen sie ihn sofort.

So ging es vom 16. bis zum 19. November. Wir glaubten, dass man uns nach Beendigung der Arbeit ins Lager schicken würde. Aber es kam anders. Am Donnerstag, den 19. November, beim Appell, verkündete der Kommandant der Gendarmerie, Dollmeier, dass laut einer Verordnung von höherer Stelle in Sandomierz eine Judenstadt eingerichtet werde und wir da bleiben würden. Von dem Tag an kamen Juden aus den entferntesten Gegenden an: aus Staszów, Stopnica, Pińczów, Jędrzejów usw. Die Bevölkerung der Judenstadt wuchs von Tag zu Tag. Es sammelten sich zwischen 7000 und 8000 Menschen an. Gleichzeitig errichtete die Gendarmerie um die Judenstadt herum einen Zaun von über zwei Metern Höhe. Löscher, der bekannte Gendarm, wurde zum Kommandanten des Ghettos bestimmt. Am Zaun arbeiteten hauptsächlich Juden aus Klimontów. Die Juden durften nur in einem Teil der Judengasse wohnen. Aber da immer mehr Juden hereinströmten, teilte man auch einen Teil der Zamkowa-Straße dem Ghetto zu. Die Wohnungssituation im Ghetto war nicht auszuhalten. In ein Zimmerchen wurden zwischen 25 und 30 Personen hineingequetscht. Der Hunger war schrecklich. Die Deutschen kümmerten sich nicht um das Ghetto. Juden wurden für das Hineinschmuggeln von Brot erschossen. Typhus brach aus. Die Krankheit erfasste immer mehr Menschen. Im Ghetto wurde ein Spital eingerichtet, das aus mehreren Zimmern bestand.

Im Ghetto fand ein Treffen aller übrig gebliebenen Polizisten und Judenratniks statt. Zum Vorsitzenden des Sandomirer Judenrates wurde der ehemalige Vorsitzende des Opatower Judenrates, Mordechaj Wajsblum, bestimmt, stellvertretender Vorsitzender wurde der ehemalige Klimontower Vorsitzende Motel Szuldman. Die Situation der Massen war düster. Nach dem Brot auf Marken stand man stundenlang an, ebenso nach der Suppe aus der Küche des Judenrates.

Die furchtbare Lage im Ghetto trieb die Menschen zu Versuchen, die Umzäunung zu überwinden und sich nach draußen zu stehlen. Dafür wurde man sofort erschossen. Einmal kam Meister Löscher mit einem Fuhrwerk zum Ghettospital. Er befahl, alle Kranken, auch die Genesenen, die schon nach Hause entlassen waren, auf das Fuhrwerk zu laden, führte sie auf den Friedhof, und dort wurden sie erschossen.

Ein andermal kam der Judenhasser Hauptmann Geier von Kielce. Er betrat das Ghetto, zog den Ostrowiecer Rabbiner heraus auf den Schulhof und erschoss ihn selbst. Danach steckte er ihm eine Papirossa in den Mund und fotografierte ihn. (4)

Unsere Gruppe aus Klimontów lernte den Polen Ratkowski aus Wiązownica kennen. Wir wollten, dass er uns bei sich verstecken würde. Er war einverstanden. Zur selben Zeit wandte sich ein Flüchtling aus Łódź, der vorher in Zawichost gewohnt hatte und damals im Ghetto war, an uns. Er schlug vor, uns mit Partisanen der Lubliner Region zusammenzuführen, mit denen er bekannt war. Wir gaben dem Juden zu essen, zu trinken und einen Platz zum Schlafen. Er ging bekleidet mit einem Pelz, obwohl Juden keine Pelze tragen durften. Er sagte auch zu, uns eine Pistole zu geben, wenn er uns in der Nacht in den Wald hinausführen würde. Es stellte sich aber heraus, dass er ein Spion der deutschen Gendarmerie war. Das erfuhren wir zufällig von einem Wiener Juden, Wal, der mit uns zusammen wohnte und der auch mit uns in den Wald gehen sollte. Wal war Maler, und als solcher arbeitete er in der Gendarmerie. Er hatte beobachtet, wie dieselbe Person neben dem Kommandanten der Gendarmerie, Dollmeier, saß und ihm etwas mitteilte, was dieser dann notierte. Wir brachen sofort mit ihm. Gleichzeitig versuchten wir durch Staszower Juden, die bei der Chaussee arbeiteten, Beziehungen zu der PPR[18] anzuknüpfen. Aber daraus wurde nichts, weil die zweite Deportation von Sandomierz dazwischenkam. Aus diesem Grund brach auch die Verbindung mit dem Polen Ratkowski ab.

Etliche Tage vor der Deportation gaben die Deutschen einen Befehl aus, dass alle, die Verwandte in Palästina haben, sich registrieren lassen müssen. Der Judenrat nahm für die Registrierung fünf Złoty pro Person. 2000 Juden ließen sich registrieren, viele Menschen erschienen nicht zu der Registrierung.

In den letzten Tagen vor der Deportation brannten um den Zaun herum große Lampen und beleuchteten das Ghetto. Um das Ghetto herum wachten deutsche und polnische Patrouillen. Man spürte das Nahen der Katastrophe. Fünf Tage vor der Deportation sagte Löscher, der sich sicher war, dass wir nicht entkommen konnten, dass es eine Aussiedlung geben würde. Dabei sagte er zu, dass 300 Männer in das Lager nach Skarżysko gehen könnten. Wir liefen umher wie betäubt. Wir versuchten, den Wächtern 1000 Złoty pro Mann zu geben, damit sie uns durch das Türchen im Tor hinausließen, aber es war unmöglich. Die Falle war fest verschlossen.

Am 10. Januar 1943 umstellten litauische und ukrainische Vernichtungskommandos das Ghetto. Es wurde ein Befehl ausgegeben, dass niemand das Ghetto verlassen dürfe. Nicht einmal Menschen, die Ausweise hatten, wie Dr. Kaplan Sikorski, Mitglied des Sandomirer Judenrates, durften das Ghetto verlassen. Löscher, der Kommandant des Ghettos, drückte es so aus, dass selbst der Herrgott, wenn er hinausgewollt hätte, es nicht gedurft hätte. Freitagnacht kamen die Ukrainer über den Zaun und begannen, jüdische Häuser auszurauben. Um sich zu retten, erstellten Mordechaj Wajsblum, der Vorsitzende von Opatów, Godel Redelman, ein Ratsmann aus Sandomierz, und der Kommandant der jüdischen Polizei in Sandomierz, Max Rapoport, der sich später mit polnischen Papieren in Warschau versteckt hielt, eine Liste mit Judenratniks, die für die Deutschen von Nutzen sein konnten.

Der 9. Januar war ein schrecklicher Tag. Man wusste, dass das Ende unvermeidlich war. Es war Schabbat. Viele Menschen versuchten, durch den Zaun zu gelangen, aber sie wurden sofort erschossen. Am Sonntag, den 10. Januar, gingen alle hinaus auf die Straße. Das ganze Ghetto füllte sich mit Gendarmerie, Schutzpolizei und SS. Wie wilde Tiere bewegten sie sich mit Stöcken in der Menge und schlugen vorbeigehende Juden.

Die Deportation von Sandomierz war schrecklicher als die von Klimontów. Man ließ die Juden nicht durch das Tor hinaus, sondern öffnete ein Stückchen des Zaunes, damit ein

---

18 Polska Partia Robotnicza (Polnische Arbeiterpartei).

Gedränge entstand. Auf den Weg hatte man Steine gelegt, damit die Juden stürzen sollten. Zu beiden Seiten standen SS-Leute Spalier und schlugen jeden Juden. An dem Tag herrschte starker Frost und es war glatt. Man nahm allen Juden die Rucksäcke weg, außer den 300 Juden, die nach Skarżysko gehen sollten. Am Ausgang des Ghettos stand der Kommandant des Ghettos, Meister Löscher, mit einer geladenen Pistole. Von Zeit zu Zeit zog er aus der Reihe der Menschen einen heraus und erschoss ihn. Auf diese Weise brachte er an diesem Tag 60 Menschen um. Am Ausgang des Ghettos war ein Berg Toter aufgehäuft – von ihm ermordet.

Die 40 bis 50 Mann der jüdischen Polizei, die noch im Ghetto waren, teilten das Schicksal der anderen Juden, der treue Dienst und die Beflissenheit hatten ihnen nicht geholfen. Man trieb sie hinaus, genau wie alle anderen. Es gab nur eine Ausnahme: Szymon Baum. Ihn und seine Frau ließ man übrig. Die zurückbehaltenen Juden führte man in das Bet ha-Midrasch. Währenddessen befasste sich die Gendarmerie mit den Juden. Zur selben Zeit plünderte die polnische Polizei die jüdischen Wohnungen. Als wir später in die Stube kamen, sah es aus wie nach einem Pogrom.

Durch das Fenster des Bet ha-Midrasch beobachtete ich folgende Szene: Es standen dort Meister Löscher und der Leutnant der Gendarmerie, Dollmeier; Löscher rief aus dem Bet ha-Midrasch die Frau Sorecze Goldfinger-Trajstman heraus, die Schwiegertochter des Lodzer Rabbiners Trajstman. Er fragte sie, wo ihre Eltern versteckt seien, es sah so aus, als ob er ihren Vater, ihre Mutter und ihre Schwester verschonen wollte. Sie sagte, sie wisse nicht, wo sie seien. Sie drohten ihr, sie würden sie erschießen, wenn sie sie nicht verrate. Daraufhin nannte sie das Versteck. Aber als Strafe, dass sie sich versteckt hatten, wurden sie nach Treblinka geschickt. Sie und ihren Mann ließ man zurück. Die Schwester von Hercberg, dem Kommandanten des Gymnasiums, Frau Sachanowicz, hatte ein kleines Kind. Sie bat, man solle sie mit dem Kind im Gymnasium zurücklassen. Aber das Kind sollte deportiert werden. Sie war nicht bereit, sich von dem Kind zu trennen und stellte sich zu dem Transport nach Treblinka. Morgens, am 10. Januar 1943, dem Tag der Deportation, trank sie Gift. Aber weil das Gift nicht gut wirkte, hat ein Gendarm sie erschossen. Erst danach kam der Führer der SS, Bullion, und wollte sie ins Gymnasium holen. Aber sie war schon tot.

Die im Bet ha-Midrasch Verbliebenen jagte man hinaus auf den Markt, sie sollten die Toten und die Rucksäcke einsammeln. Ich war auch unter ihnen. Uns boten sich solche Szenen: Vom städtischen Spital brachte man einen jungen Mann aus Staszów. Man führte ihn in Unterwäsche auf den Markt, eingehüllt in ein Laken. Das Laken nahm man ihm weg und brachte ihn zum Transport. Meister Löscher rief ihn heraus und sagte ihm, er solle sich aus den Rucksäcken etwas zum Anziehen heraussuchen. Sobald er sich bückte, um etwas zu nehmen, gab Löscher einem Gendarmen einen Wink, man solle ihn erschießen, und man erschoss ihn. Auf der Schwelle eines Hauses saß eine Frau mit einem Kind. Sie wurde so, wie sie dasaß, mit dem Kind auf dem Arm, erschossen.

7. Das Aufräumkommando

Von der Stadt bis zur Bahnstation waren es zwei bis drei Kilometer. Der ganze Weg war auf beiden Seiten übersät mit erschossenen Juden. Auf dem Weg lagen Fotografien und Dollarnoten, zerrissen in klitzekleine Stückchen, damit die Deutschen sie nicht bekommen sollten. An der Bahnstation, beim Einladen der Menschen in die Waggons, standen SS-Leute Spalier, die mit Stöcken kräftig auf die Köpfe einschlugen. Auch riss man allen Juden bei der Bahn die Mäntel herunter. Einem Teil nahm man sogar die Jackets und die Stiefel ab. Sie standen im größten Frost barfuß da. Wir vom Aufräumkommando luden die Mäntel auf Fuhrwerke und brachten sie ins Ghetto zurück. Als Hilfe für die Aufräumkommandos holte man drei Juden aus Łódź vom Zug herunter. Die drei Menschen waren überglücklich, dass man sie aus den Waggons herausließ. Unter ihnen war ein Vater mit einem Sohn. Einer freute sich, als er in einem Mantel einige Hundert Złoty fand. Am Abend, als schon alles auf die Fuhrwerke aufgeladen war, kam der Gendarm, der die drei Juden heruntergeholt hatte und gab seinem Kameraden Edward Kalum den Befehl: „Umlegen die drei Juden!" Jener zögerte nicht lang und erschoss den Ersten und den Zweiten. Der Dritte stimmte ein Geschrei an: „Wir arbeiten doch!" Anstatt einer Antwort bekam er von dem Gendarm einen Schlag mit dem Kolben, er fiel hin und der Gendarm erschoss ihn.

Als die Fuhrwerke mit den Toten und den Mänteln ins Ghetto kamen, deponierten wir die Mäntel in der Schule, und die Toten legte man auf dem Schulhof aus wie Heringe. Der ganze Schulhof war voll mit Erschossenen. An dem Tag zählte man 160 Erschossene. Unter den Ermordeten waren zwölf Kinder im Alter von einigen Wochen bis zehn Jahren. Die Säuglinge waren noch in Kissen gewickelt. Nachts endete unser Arbeitstag und wir gingen in unseren alten Wohnungen schlafen. In der Nacht hörten wir aus einer benachbarten Wohnung lautes Stöhnen. Wir zündeten eine Lampe an und gingen hinein, um zu sehen, wer dort so stöhnte. Wir betraten die Küche, dort lag auf einem Bett ein erschossener Jude, im zweiten Zimmer lagen zwei Juden auf geschnittenem Stroh. Einer war schon tot, der Zweite stöhnte noch. Sein Zustand war hoffnungslos. Der Unglückliche quälte sich noch 24 Stunden, bis er starb. So ging der Tag des 10. Januar 1943 zu Ende.

Am nächsten Morgen stellten sich alle 65 Zurückgebliebenen zum Appell im Ghetto auf. Das Ghetto sah schrecklich aus. Es war nun nicht mehr eng. Von den Tausenden von Juden war gar nichts geblieben. Rucksäcke lagen herum. Die Steine waren rot von Blut. Zum Appell kamen Löscher und der Kommandant der Gendarmerie, Dollmeier. Man führte uns auf den Friedhof, und Löscher erteilte den Befehl, wir sollten ein Grab ausheben. Die Frauen blieben zurück, um die Sachen zu sortieren. Das Grab musste eine Länge von über 20 Metern haben, eine Tiefe von 2 Metern und eine Breite von 1,80 Metern. Es war Frost, was die Arbeit sehr erschwerte. Es dauerte mehr als eine Woche, das Grab auszuheben. Derweil wuchs die Zahl der Juden, die man auf den Wegen in den Dörfern und in der Stadt schnappte, täglich. Sie wurden ins Ghetto gebracht, auf den Friedhof geführt und erschossen. Ein Bauer brachte auf einem Wagen einen erschossenen Juden. Man hatte ihn offenbar vor dem Tod geschlagen, denn seine Hände waren schwarz und stark geschwollen. Als das Grab fertiggestellt war, betrug die Zahl der Erschossenen, die am Tag der Deportation 160 betragen hatte, über 300. Weil die Toten eine ganze Woche auf dem Hof gelegen hatten, waren sie auf der Erde festgefroren. Mit Spaten musste man sie vom Eis abkratzen. Als die Arbeit auf dem Friedhof beendet war, schickte man einige zur Arbeit für die Wehrmacht in der Garnison, andere zum „Rolnik", einer Genossenschaft für landwirtschaftliche Maschinen. Derweil erreichten uns Nachrichten, dass man in gewissen Judenstädten die Aufräumkommandos mit Benzin angezündet habe. Andere sagten, man habe sie erschossen. Deshalb lebten wir in Todesangst.

Wenn man in den ersten Tagen einen der versteckten Juden schnappte, erschoss man ihn sofort, später änderte sich das Verhalten. Wenn man einen Juden aufgriff, steckte man ihn ins Ghetto. An den ersten Tagen, an denen wir das Grab ausheben gingen, begleitete uns ein jüdischer Polizist. An einem Abend, als wir vom Friedhof ins Ghetto zurückliefen, kam ein Jude aus Sandomierz, Zelig Sztrumf, auf uns zu. Er ging zu dem Polizisten, Abraham-Lejb Waserman, und bat diesen um die Erlaubnis, sich unserer Gruppe anschließen zu dürfen. Das war nach der zweiten Deportation, und es trieben sich viele Illegale herum. Der Polizist wollte es ihm nicht erlauben. Am nächsten Morgen führte die Gendarmerie eine Razzia in der Umgebung des Gymnasiums durch. Unter anderen wurde auch Zelig Sztrumf aufgegriffen. Man erschoss ihn und andere Juden. Man ließ nur ab von Juden, die selbst ins Ghetto kamen. Das waren unter anderem Menschen, die von Zügen gesprungen waren. Die Zahl der Menschen im Ghetto stieg auf über Hundert.

Nach der Fertigstellung des Grabes mussten die Juden die Wohnungen der Deportierten räumen. Möbel brachte man auf den Friedhof, Gefäße sammelte man an einem anderen Ort usw. In den Wohnungen gab es acht bis zehn Pritschen, da die Juden sehr beengt gelebt hatten. In einer Wohnung sah ich Reste von verbranntem Kleiderstoff im Ofen. Aus den Wohnungen durfte man nichts herausnehmen. Es hat einen Fall gegeben, dass jemand erschossen wurde, weil er aus einer Stube ein Töpfchen Schmalz für sich genommen hatte.

Nach einiger Zeit wurden im Ghetto eine Schneider- und eine Schusterwerkstatt eingerichtet. Schreiner beschäftigte man in ihrem Fach. Jeder von uns dachte an Flucht aus dem Ghetto. Aber wir mussten uns vor den Denunzianten hüten.

Bei uns war Chil Lederman aus Klimontów, er floh in ein Dorf, wo er sich bei einem Bauern versteckte. Weil wir Angst hatten, man könnte uns zur Verantwortung ziehen, verabredeten wir mit seinem Bruder, der auch im Ghetto war, dass wir im Falle, dass man uns fragte, sagen würden, er sei nicht normal gewesen, er habe sich mit dem Bruder ständig gestritten und gedroht, zu fliehen. Derweil vergingen acht Tage und der Gendarm bemerkte nicht, dass er geflohen war. Ein Polizist, Chil Pęcina, hielt es nicht länger aus und erzählte dem Gendarmen davon. Und so erfuhren wir von dem Verrat: Bei dem Appell fragte der Gendarm den Bruder des Geflohenen, wo er sei. Der Bruder antwortete gemäß unserer

Absprache, dass er nicht normal gewesen sei und gestern geflohen sei. Der Gendarm ließ alle Klimontower, außer mir, vortreten und sich an die Wand stellen. Dann rief er mich heraus und sagte: „Du bist doch Schneider, sitzt den ganzen Tag in der Stube, sag, wann ist er geflohen?" Ich sagte dasselbe wie sein Bruder. Der Gendarm rief Pęcina herbei, er solle feststellen, wann jener geflohen sei. Dadurch begriffen wir, dass Pęcina ihn verraten hatte. Damit war der Vorfall abgeschlossen.

Es kamen vielerlei Juden ins Ghetto: von den Zügen, bei Bauern Versteckte, aus Skarżysko. Am Tag der Deportation rächten sich die Gendarmen speziell an den Judenratniks und den jüdischen Polizisten. Man schickte sie nicht nach Skarżysko, sondern nach Treblinka. Als der Judenratnik Szklarski heraustrat und bat, man solle ihn für Skarżysko einteilen, wurde er heftig geschlagen und mit dem Transport weggeschickt. Während des Transports sprangen viele Juden von den Waggons, viele wurden beim Springen erschossen. Auf diese Weise wurden Szklarski, der Polizist Meir Wajsbrot und ein Schwager des Klimontower Vorsitzenden erschossen.

Wir, die im Ghetto Zurückgebliebenen, trugen uns mit Fluchtplänen. Etliche junge Leute beschlossen, sich Gewehre zu beschaffen. Sie setzten sich mit einem Polen in Verbindung und schickten ihn nach Staszów, um Gewehre zu besorgen. Und derselbe Pole verriet sie an die deutsche Gendarmerie. Am Morgen beim Appell kamen Meister Löscher und der Gendarm Schumann. Sie riefen einen gewissen Krakowski heraus und fragten ihn, warum er nicht zur Arbeit gegangen sei. Er fing an, sich zu rechtfertigen. Schumann schlug ihn heftig, und der Gendarm Löscher befahl, ihn einzusperren. Die jüdische Polizei steckte ihn in das jüdische Gefängnis. Am nächsten Morgen holte man ihn auf den Schulhof heraus und erschoss ihn. Ein anderes Mal kam derselbe Schumann an einem bestimmten Tag ins Ghetto und ging sofort in die Wohnung von Mosze Mandelbaum. Dort traf er Jękl Werner, Chemje mit dem Spitznamen „Boże Daje" und einen Flüchtling aus Bydgoszcz, Jurek Wajsman. Wie sich herausstellte, kam er aufgrund einer Denunziation von Godel Redelman, einem Judenratnik aus Sandomierz. Den Ersten der Versammelten, Jękl Werner, hatte die Gendarmerie gesucht, weil er im Ghetto nicht gemeldet war. Er pflegte sich außerhalb des Ghettos aufzuhalten, aber von Zeit zu Zeit betrat er es. Man brachte sie alle, außer Jurek Wajsman, der entkommen konnte, zur Gendarmerie, und bald darauf erschoss man sie auf dem Friedhof.

An einem bestimmten Tag im Februar 1943 kam der Sicherheitsdienst aus Ostrowiec. Sie erkundigten sich nach einem gewissen Batist, der Zahnarzt war und einer Firma Geld für eine Maschine schuldete. Nun forderte man das Geld für die Maschine ein, die man ihm schon lange abgenommen hatte. Er selbst war damals bereits in Skarżysko. Gleichzeitig fuhren sie zum Gymnasium, nahmen den Lagerkommandanten des Gymnasiums, Jurek Hercberg aus Łódź, mit, führten ihn zum städtischen Gefängnis und schossen ihm vor der Tür des Gefängnisses eine Kugel in den Kopf. Der Grund dafür war folgender: Das Gymnasium stand unter der Aufsicht der SS. Dort herrschte ein reges Treiben und Handeln mit den Juden. Deswegen entstand zwischen der Gendarmerie und der SS eine Feindschaft. Die Gendarmerie ärgerte sich, dass die SS solche guten Geschäfte machte und erschoss deshalb Hercberg.

Frau Goldfinger, die ihre Eltern verraten hatte, hatte von der Seite ihres Mannes Familie in Warschau. Die Familie bemühte sich, sie und den Mann nach Warschau zu holen. Der Bruder des Mannes, Trajstman, kam mit einer Erlaubnis der SS von Warschau, sie zu holen. Der Chauffeur des Autos war auch ein Jude. Sie hatten einen Passierschein, sodass sie frei fahren durften. Als der Chauffeur vor den Toren des Ghettos stand, kam der Gendarm Tunman und machte ein Geschrei: „Hände hoch!" Er fragte ihn, zu wem er wolle. Man hielt den Chauffeur und auch den Schwager der Frau Goldfinger fest. Danach inhaftierte man Sorecze Goldfinger mit ihrem Mann, und in dem Moment, als man sie in das Gefängnis von Sandomierz brachte, gingen Godel Redelman und der Kommandant der jüdischen Polizei, Max Rapoport, in ihre Wohnung. In derselben Wohnung wohnten weitere Juden, die beobachteten, wie Godel Redelman und Rapoport anfingen, nach Geld zu suchen und etliche Hundert Dollar unter einem Schränkchen fanden. Auf diese Art erbten sie das Geld der Familie Goldfinger, als diese noch lebte. Am nächsten Morgen wurden Frau Goldfinger und ihr Mann, der Chauffeur und der Schwager im Gefängnishof erschossen.

Ein anderes Mal kam der Gendarm Schumann ins Ghetto und traf dort Jurek Wajsman, der vor einiger Zeit geflohen war. Er fing an, ihm nachzujagen. Ihm zu Hilfe kamen Godel Redelman und noch ein 60-jähriger Jude, Lejbele Kogut, ein Schneider. Jurek verschwand aber irgendwo in einem Haus und entkam aus dem Ghetto.

In Sandomierz und rund um das Gymnasium trieben sich viele illegale Juden herum. Einmal gab es eine Razzia. Man fing etliche Juden und führte sie zur Erschießung. Unter ihnen war Awremele Adam. Als sie schon auf dem Friedhof waren, zog er seine dicke Jacke aus, lief zu dem SD-Mann, der sie zum Erschießen geführt hatte, warf ihm die Jacke über den Kopf, gab ihm etliche heftige Schläge auf den Kopf und floh. Aber später, nach einiger Zeit, wurde er von polnischen Banditen erschlagen.

Genia Klus aus Sandomierz war in der ganzen Stadt beliebt. Sie half versteckten Juden in den Dörfern, anderen brachte sie Geld oder Briefe. Sie bewegte sich frei zwischen den Bauern. Viele Juden brachte sie in polnischen Handelsvertretungen unter. Ihr Vater war Landarbeiter. Ihre Familie waren einfache Dorfbewohner. Eines Tages wurde sie von einem polnischen Polizisten, der eine große Anzahl Juden auf dem Gewissen hatte, erkannt und erschossen.

Die Opatower Gasse in Klimontów

Eine Gruppe Juden des Klimontower Ghettos

8. Im Dorf Kamień

Ende März 1943 redete man davon, dass ein Teil der Juden ins Gymnasium geschickt werde, ein anderer ins Lager. Es versteht sich von selbst, dass das Vorrecht, ins Gymnasium zu gehen, die Judenratniks und die, die eine Menge Geld hatten, in Anspruch nahmen. Am Montag, den 5. April, brachte man eine kleine Gruppe ins Gymnasium und am Mittwoch, den 7. April, eine größere Zahl Juden in das Dorf Kamień, fünf Kilometer von Sandomierz, wo sie in einer Glashütte arbeiten mussten. Mein Bruder und ich waren unter den Juden, die für die Arbeit in der Glashütte „Metan" bestimmt wurden. Ein Volksdeutscher und ein Pole, Mroziński, holten uns aus dem Ghetto ab.

Fuhrwerke trafen für uns ein, auf die wir alle Sachen legten. Unter uns waren der jüdische Polizist Meir Zalcberg aus Opoczno und seine Frau Sara. Schon auf dem Weg bemühte er sich, einen Posten für sich zu ergattern. Er ging zu Mroziński und sagte, dass man, was die Juden angehe, eine starke Hand benötige. Und er bekam seinen Willen. Man bestimmte ihn zum Aufseher während der Arbeit. Er stand bei der Arbeit mit einem Stöckchen in der Hand.

Die Arbeit war sehr anstrengend. Man musste schwere Steine und Maschinen tragen. Die Deutschen und die Aufseher trieben uns unaufhörlich an. Vom Gymnasium schickte man zur Strafe den ehemaligen Kommandanten der jüdischen Polizei in Sandomierz, Rapoport, mit seiner Frau, den ehemaligen Kommandanten der Klimontower Polizei, Izrael Tenenwurcel, mit Frau und Kind und einen Ingenieur mit Frau herüber. Man ernannte sie zu Aufsehern in „Metan".

Am Morgen nach unserer Ankunft in „Metan" kam die SS und forderte uns auf, alle Wertgegenstände und alles Geld abzugeben. Zu diesem Zweck stellten sie einen Kasten auf, in den man alles hineinwerfen musste. Der Verwalter von „Metan" war ein Volksdeutscher namens Fritz. Er war gewalttätig. Bei Nacht ging er in die Baracke und schaute nach, ob alle schliefen. Einmal geschah es, dass jemand gerade draußen war, er musste sich nach seiner Rückkehr auf eine Bank legen und wurde geschlagen. Auch der Kommandant Rapoport, der Aufseher war, denunzierte beim Deutschen einen Jungen, Czapnik, weil der ihm nicht schnell genug geantwortet hatte, und er bekam starke Schläge.

Eines Tages, als wir in der Hütte standen, tauchte Jurek Wajsman auf, der zweimal aus dem Sandomirer Ghetto geflohen war. Er kam von sich aus in die Hütte, weil er etwas verkaufen und kaufen wollte, um seine Mutter, Schwester und Bruder zu unterstützen, die sich bei Polen versteckt hielten. Der deutsche Verwalter hielt ihn fest und meldete ihn der SS. Die SS-Leute kamen und befahlen, ihn in die Fabrik zum Arbeiten zu schicken. Er arbeitete bis mittags. Nach dem Mittag rief der Verwalter in der Gendarmerie an, dass sich ein gewisser Wajsman in der Fabrik befinde. Die Gendarmerie, bei der er registriert war, befahl, ihn festzuhalten. Er floh erneut. Der polnische Aufseher Pilat jagte ihm nach und schnappte ihn. Man sperrte ihn in den Keller und befahl zwei jüdischen Polizisten, Meir Zalcberg und

Jakub Broniakowski, ihn zu bewachen. Er bat und bettelte, sie sollten ihn freilassen, aber es half nichts. So ging es bis zum Abend. Am Abend kamen zwei Gendarmen, Tugemann und Kraun, auf Fahrrädern von Sandomierz. Sie holten ihn heraus, führten ihn aus dem Lager hinaus auf ein Feld und erschossen ihn.

So zog sich das Leben hin in „Metan". Tagtäglich ging man zur Arbeit. Abends hörten wir Klänge eines Radios, die aus der Wohnung des Deutschen kamen. Jeden Abend stellte er eine Sendung an, die den Juden gewidmet war. Er hinderte uns nicht, die Sendung zu hören. Aus den Sendungen erfuhren wir im April 1943 von dem Massaker in Katyń.[19] Ein bisschen Trost fand ich, als ich ein Stück Zeitung mit Görings Rede fand, in der er sagte, dass die Welt gar nicht wisse, wie Russland bewaffnet sei, dass es in Russland Städte gebe, die sich auf keiner Landkarte befänden und in denen man Waffen herstelle, auch, dass die Russen den Krieg mit Finnland absichtlich verschleppten und alte Gewehre benutzten, um der Welt vorzutäuschen, sie hätten keine Gewehre.

Weiter ist dort nichts Besonderes mehr vorgekommen. Wir waren sechs Wochen in „Metan".

Kurz vor der Liquidierung des Lagers schickte man Tenenwurcel mit Frau und Kind und Weitere zurück ins Gymnasium. Der Ingenieur war mit seiner Frau am polnischen Ostern[20] von „Metan" geflohen.

Der 15. Mai 1943 war der letzte Tag in „Metan". Das war ein schrecklicher Tag. Der schrecklichste Tag in meinem Leben.

In der Frühe, als wir noch im Bett liegen, kommt ein SS-Mann herein und sagt, in zehn Minuten müssen alle angezogen sein. Alle sind zu Tode erschrocken. Am meisten erschrocken ist Dr. Kaplan. Als er an mir vorbeigeht, sagt er: „Jetzt gehen wir alle zum Erschießen." Es ist halb sechs am Morgen. Wir gehen alle hinaus auf den Platz, man zählt die Versammelten. Zwei fehlen: Judel Tajtelbaum und Chajmek Rajchman, sie sind geflohen. Draußen steht schon der Major der SS und gibt uns den Befehl, wir sollen zurück in die Baracke gehen und das Handgepäck holen. Jeder nimmt, was er kann. Doktor Kaplan fragt, ob er seine medizinischen Instrumente mitnehmen darf, aber man erlaubt es ihm nicht. Man stellt uns in Zweierreihen auf. Der Chauffeur der SS, Groth, gibt den Befehl zu gehen und sagt: „Jetzt geht ihr alle ins Jerusalem-Haus" (ins Jenseits). Man führt uns fort. Jeder überlegt, was er tun könnte. Aber Flucht ist jetzt nicht möglich. Wir kommen nach Sandomierz.

---

19 Der sowjetische Geheimdienst NKWD ermordete im Frühjahr 1940 etwa 4400 polnische Offiziere im Wald bei Katyń in der Nähe von Smolensk. Deutsche Soldaten entdeckten die Massengräber im Februar 1943, die Reichsregierung machte dies am 13. April 1943 in einer großen Propagandainszenierung bekannt. Die Sowjetunion leugnete ihre Verantwortung für die Morde bis in das Jahr 1990.

20 25. April 1943 (Ostersonntag).

9. Die endgültige Liquidierung des Sandomirer Ghettos

Man führte uns ins Ghetto. Der Major fuhr in seinem Taxi zur Gendarmerie und die restlichen SS-Leute brachten uns ins Ghetto. Gleich danach kam der Major mit Löscher und anderen zurück. Im Ghetto lebten noch Juden, sie erschraken sehr, als sie uns sahen. Beim Ghetto-Tor stand ein Jude, der das Tor bewachte. Er wurde durch einen Gendarmen ersetzt. Die Juden des Ghettos brachten uns Wasser zum Trinken, weil es sehr heiß war. Zur selben Zeit flohen drei Juden aus dem Ghetto. Sie liefen in ein Haus, das einen Keller hatte, der aus dem Ghetto hinausführte. Es handelte sich um Mosze Szwarcman, Hercele Fridman und einen Jungen namens Michel. Nach einer Stunde brachte man einen Teil der Juden aus dem Gymnasium her, unter ihnen Izrael Tenenwurcel mit Frau und Kind, den Kommandanten der Sandomirer Polizei mit Frau und etliche Weitere sowie Mütter mit kleinen Kindern. Unter ihnen war die Frau von Jurek Hercberg. Rapoport stahl sich aus dem Ghetto hinaus. Wie man sagte, tat er es mit der Erlaubnis von Leutnant Dollmeier. Er kam nicht noch einmal ins Ghetto.

Inzwischen war der Major der SS gekommen und wählte sich aus den Ghettobewohnern Tischler, einen Maler und etliche Schneider aus, dazu seinen Informanten Szymon Baum mit Frau und schickte sie ins Gymnasium. Der Rest sollte nach Pionki gebracht werden, einem Städtchen 20 Kilometer hinter Radom, wo es eine Pulverfabrik gab.

Werkschutzleute (5) von Pionki trafen ein und sollten uns ins Lager begleiten. Sie fingen an, Menschen auszuwählen. Auf eine Seite wurden die Arbeitsfähigen geführt, auf die andere Seite die Nichtarbeitsfähigen, die erschossen werden sollten. Die kleinen Kinder riss man den Müttern aus den Armen. Das vierjährige Kind von Frau Traube, mit dem blonden Lockenkopf, riss sich los, lief zurück zur Mutter und schrie: „Mama, ich kann ohne dich nicht leben!" Das Kind weinte nicht, aber es schrie herzzerreißend, doch der Gendarm zog es fort.

Ich werde nie Adaś Hercberg vergessen, das Kind des Kommandanten der Opatower Polizei, Jurek Hercberg. Das Kind war sehr schön, es konnte noch nicht sprechen und klammerte sich an die Beine der Mutter. Sie bat den Major, er solle ihr das Kind lassen. Er sagte, sie könne zusammen mit dem Kind gehen. Schließlich entriss ein Gendarm ihr das Kind. Dasselbe geschah mit dem Kind von Tenenwurcel, dem Kommandanten der Klimontower Polizei, und mit dem Mädchen eines gewissen Krakowski.

In der Nähe von Sandomierz wohnte ein Paar mit einem Kind, einem Jungen. Das Paar war zum Christentum übergetreten. Aber auf Grund einer Denunziation hatte man sie ins Ghetto gebracht. Die Mutter bat: „Mein Kind ist doch kein Jude!" Aber es half nichts. Man teilte ihr Kind ein zu denen, die erschossen werden sollten.

Die Frau des Kommandanten der jüdischen Polizei, Rapoport, schickte man zum Erschießen, obwohl sie noch jung war. Sie flehte, dass sie doch noch jung sei, dass sie arbeiten könne, dass sie im Gymnasium in der Küche gearbeitet habe. Es kam ein Gendarm hinzu und gab ihr einen solchen Tritt, dass ich schon meinte, ihr Ende sei gekommen. Sie aber gab nicht auf, zeigte ihre Zähne, dass sie sie noch alle habe. Das Argument wirkte, man ließ sie am Leben (sie lebt, sie befindet sich in Łódź).

Es gab dort einen Jungen von sieben, acht Jahren, Moniek Wajsbrot. Er wollte sich retten. Er sagte, er würde sich hinter unsere Rücken stellen und sich zwischen uns auf das Auto hinaufstehlen. Als man uns herausführte, bemerkte ihn der Werkschutz und zog ihn aus unseren Reihen heraus. Das Kind bat und schrie, es könne arbeiten, aber sie schleppten es zu dem Haus, in dem sich die älteren Menschen und die Kinder befanden, die zum Tode verurteilt waren. Er wehrte sich, da packten sie ihn und warfen ihn durch das Fenster in die Stube. Unter denen, die man ins Gymnasium führte, war ein älterer Mann, Lejbele Kogut. Bei der Durchsuchung fand man bei ihm ein Fläschchen Schnaps. Sie fragten ihn, was das sei und er sagte, es sei Essig. Sie erschossen ihn.

Im Gymnasium war der Vater des blonden Mädchens, Fiszel Traube. Er ging zu Groth, dem Chauffeur der SS, und schlug ihm vor, er würde ihm 200 Dollar für die Herausgabe des Kindes geben. Der SS-Mann forderte zuerst das Geld. Sie stritten so lange, bis der Chauffeur ihn schließlich erschoss.

Wir fuhren ab. Das Gewissen plagte uns, warum wir so lange gezögert hatten und nicht von „Metan" geflohen waren. Mit jedem Kilometer, den wir fuhren, wurde ich immer verzweifelter, weil ich sah, dass die Chancen zur Flucht immer geringer wurden. Aber es war zu spät. Auf jedem Auto saß bewaffneter Werkschutz, und es konnte keine Rede davon sein, unterwegs zu fliehen. Wir fuhren durch Ostrowiec und Szydłowiec, wir sahen die jüdischen Ghettos, die aussahen wie nach einem Erdbeben. Die eingestürzten Häuser und die Fenster mit den herausgeschlagenen Scheiben. Die Häuser sahen aus wie Skelette. Die Fahrt dauerte bis gegen neun oder zehn Uhr abends. Wir erreichten das Gelände des Lagers, das Areal der Pulverfabrik.

Wir waren in Pionki angekommen.

10. Pionki

Wir kamen zu einem Gebäude, wo man uns einer Durchsuchung unterzog, man führte uns hinein, immer mehrere Mann gleichzeitig. Man befahl uns, alles abzuliefern. Wir mussten uns ausziehen und wurden durchsucht. Sie forderten, wir sollten alles Geld und allen Schmuck abgeben. Einige gaben einen Teil des Geldes ab. Da man uns unsere Sachen ließ, bestand die Möglichkeit, das Geld nicht abzuliefern. Einige schnitten Brot auf und versteckten das Geld im Brot. Aber sie wurden erwischt und schrecklich verprügelt. Nach der Durchsuchung führte man uns in ein Haus und pferchte uns in zwei kleine Zimmer. Männer und Frauen gemeinsam. Wir waren über 100 Menschen.

Eine ganze Nacht lang wurden wir von den Werkschutzleuten bestohlen. Unter uns war ein Mädchen aus Wien, Berta Render. Ein Werkschutzmann wollte ihr den Pullover und einen schönen Beutel wegnehmen, und als sie es nicht hergeben wollte, versetzte er ihr einen kräftigen Schlag und fing an zu schreien (die Werkschutzleute waren Ukrainer): „Euretwegen ist der Krieg, euretwegen leiden wir!" Er nahm ihr alles ab. So wurden wir gequält bis zum Morgen.

Am nächsten Morgen führte man uns ins Bad und dort begann eine neue Hölle. Der Verwalter des Bades war der Werkschutzmann Janczak. Er nahm alles, was nach der nächtlichen Durchsuchung übrig geblieben war. Nach dem Bad führte man uns ins Lager. Von dort brachte uns ein jüdischer Polizist auf den Bauernhof des Lagers wegen Strohs für die Matratzen. Man gab uns eine dunkle, kalte Baracke mit Betonboden. Die hygienischen Verhältnisse waren schrecklich. Es war sehr schmutzig. Am nächsten Morgen holte man uns, die Neuankömmlinge, zur Fabrikverwaltung. Wir mussten uns aufstellen, und man teilte uns den verschiedenen Arbeiten zu. Einige in die Schlosserei, andere in das Kesselhaus usw.

Mich und meinen Bruder bestimmte man für die schwerste Arbeit. Wir mussten an den Walzen arbeiten. Man führte uns ins Büro und registrierte uns, am nächsten Morgen mussten wir zur Arbeit gehen.

Wir litten Hunger. Manchmal gab man uns 200 Gramm Brot am Tag, manchmal nicht einmal das. Die Suppe war nicht essbar, nicht nur, weil die Deutschen wenig gaben, sondern auch, weil der jüdische Lagerrat etliches entwendete. Die polnischen Vorarbeiter schikanierten uns. Man musste eine Norm von 18 Stück erfüllen. Wer die Norm nicht erfüllte, musste weitere acht Stunden bleiben. Auf diese Weise kam es vor, dass Menschen wegen nicht erfüllter Norm 32 Stunden arbeiteten. Die Arbeit war sehr gefährlich. Es gab Pulverexplosionen, und viele von uns bekamen Brandwunden.

Ich hatte ein bisschen Geld und so kaufte ich für mich und meinen Bruder etwas dazu. Aber das Geld reichte nicht lange, weil die Preise im Lager dreimal höher als außerhalb waren. So kostete ein Kilo Brot im Lager 25 Złoty, draußen dagegen acht Złoty. Die Vorarbeiter gaben den Neuangekommenen die Arbeiten, bei denen sie die Norm nicht erfüllen konnten, und auf diese Weise presste man ihnen Geld ab. Die Lage wurde von Tag zu Tag unerträglicher, auch wegen der ständigen Diebstähle. Nach etlichen Wochen blieb mir wegen der Diebstähle nur noch ein Hemd. Wenn ich ein Stückchen Brot hatte, konnte ich es nirgendwo verstecken. Selbst unter der Matratze wurde es gestohlen ...

Einmal passierte es, dass ich ein Stückchen Brot bei jemandem in einem verschlossenen Kästchen zurückließ. Irgendjemand stahl das Kästchen und ich hatte am Morgen kein Brot. Es kam zu Tragödien, weil einer dem anderen das Letzte stahl. Einmal fiel ich bei den Walzen vor Hunger um, und ich beschloss zu fliehen. Aber die Flucht aus dem Lager war nicht leicht, weil das Lager im Wald lag und mehrfach mit Draht umzäunt war. Ich sah aber, dass ich im Lager nicht würde leben können, so beschloss ich, Mittel und Wege zu suchen. Es war für mich klar, dass wir umkommen würden, wenn wir uns nicht selbst retteten, weil Hitler die Vernichtung der Juden beschlossen hatte.

Nach ungefähr vier Wochen im Lager beschlossen mein Bruder, ich und vier weitere Sandomirer zu fliehen. Am 15. Juni 1943 nahmen wir nach der Arbeit unsere Armbinden ab und mischten uns unter die Polen. Wir entschieden, nicht die ganze Zeit mit den Polen zu gehen, weil am Tor der Werkschutz stand und die Arbeitspapiere kontrollierte. Wir vereinbarten, uns mit ihnen nur von dem Ort zu entfernen, wo die Juden waren, dann im Wald zu verschwinden und zu den Zäunen zu gehen, um von dort zu fliehen.

Plötzlich tauchten im Wald zwei Polen vor uns auf, ein älterer und ein Junge von 13 Jahren. Er sagte zu uns: „Ihr seid vom Ghetto?" (Die Polen nannten unser Lager Ghetto.) Versteht sich, dass leugnen keinen Sinn hatte, weil Juden sich außerhalb des Lagers nicht allein bewegen durften. Um ihn zu gewinnen, schlugen wir vor, er solle uns gegen Belohnung hinüberführen. Er forderte 3000 Złoty und sagte, wenn wir nicht auf seiner Hilfe bestünden, würde er uns zeigen, wo es am leichtesten sei, die Zäune zu überwinden, und dafür fordere er von uns gar nichts. Inzwischen hatten sich die drei Juden, die mit uns zusammen waren, abgesondert. Sie hatten sich hinübergestohlen über den Zaun und waren geflohen. Wir blieben mit den Polen allein. Als wir das sahen, liefen wir auch sofort zum Zaun und fingen an, hinüberzuklettern. Als ich aber schon auf dem Zaun stand, bemerkte ich in der Ferne ein Lämpchen und sah, wie jemand auf die Umzäunung zugelaufen kam. Gleichzeitig hörte ich einen Schuss, dann noch vier Schüsse. Ich sprang zurück hinunter vom Zaun.

Mein Bruder und ich befanden uns in einer verzweifelten Lage. Wir hatten Angst, ins Lager zu gehen, weil man uns fragen würde, wo wir gewesen seien und weil man uns verantwortlich machen würde für das Verschwinden der drei Juden. Über den Zaun zu fliehen, trauten wir uns nicht wegen der Schießerei. Wir beschlossen, nicht ins Lager zu gehen, sondern zur Fabrik zurückzukehren.

Von der Drahtumzäunung bis dorthin waren es drei Kilometer. Wenn uns jemand auf dem Weg getroffen hätte, hätte uns der Tod gedroht. Aber es gab keine andere Möglichkeit. Wir gingen zur Pforte. Dort standen zwei Werkschutzleute und fragten uns, woher wir kämen. Mein Bruder sagte als Ausrede, dass er in den Wald hineingegangen sei, um sich zu erleichtern, inzwischen sei die Gruppe der Juden ins Lager gegangen, so habe er dableiben müssen. Der Werkschutzmann glaubte die Ausrede nicht, aber da er nicht so streng war, bestimmte er als Strafe, dass wir nicht ins Lager gehen sollten, sondern die ganze Nacht auf dem Gras schlafen müssten.

Wie sich später herausstellte, kam von den drei Geflohenen einer, Herszl Szperlak, im Gymnasium in Sandomierz an, wo er sich illegal aufhielt. Die übrigen zwei, Nuske Rajchman und Herszl Rajchman, fielen außerhalb von Sandomierz polnischen Polizisten in die Hände und wurden von ihnen erschossen.

Es vergingen zwei Wochen und ich begann erneut, über eine Fluchtmöglichkeit nachzudenken. Einige der Juden arbeiteten außerhalb des Lagers. Wir setzten uns mit dem Vorsteher der Gruppe in Verbindung, er solle uns zu dieser Arbeit mitnehmen, aber in letzter Minute bekam der Pole Bedenken. Ich wendete mich an einen Polen, der mit mir zusammen an den Walzen arbeitete, er solle uns hinausführen durch die Umzäunung. Er war einverstanden, es für 1000 Złoty zu tun. Aber am nächsten Tag bekam er Bedenken, weil er Angst hatte. Es blieb nur ein Ausweg: es allein zu versuchen, ohne fremde Hilfe.

Inzwischen wurde die Flucht immer problematischer. Die Deutschen und die Ukrainer ergriffen Maßnahmen. Die Wachen wurden verstärkt. Nach dem Verlassen der Pforte wurden die Juden zunächst an einem Ort gesammelt, von wo sie sich nicht entfernen durften. Die jüdische Polizei wendete auch strengere Mittel an. Auf dem Weg vom Lager zur Arbeit in der Fabrik standen Polizisten und kontrollierten, ob jemand mehr Kleidung als nötig anhatte. Trotz alledem flohen Menschen.

Einmal kam es vor, dass fünf Juden flohen, aber ein Pole, der in der Fabrik arbeitete, erkannte sie. Er meldete sie der polnischen Polizei, die sie dem Werkschutz übergab. Die Werkschutzleute quälten sie vor dem Erschießen, brachen ihnen Hände und Füße. Nur einen von ihnen, einen 13-jährigen Jungen, haben sie nicht erschossen. Sie legten ihn nur auf eine Bank und schlugen ihn.

Am Morgen nach der Hinrichtung, als man uns zur Arbeit führte, ließ man uns warten. Man brachte die Kleidung der Erschossenen, und der jüdische Lagerführer, Mosze Bronsztajn, erteilte uns die folgende Warnung: „Seht her, wer es wagt zu fliehen, wird so enden."

Aber ich beschloss, nichts darauf zu geben, sondern zu fliehen. Etliche Tage vor der Flucht, als ich nach der Schicht auf der Pritsche lag, hörte ich Dr. Kaplan aus Klimontów in unsere Baracke kommen. Er sagte, dass Dr. Brandt, der Führer des Werkschutzes, eine Verordnung herausgegeben habe, nach der jeder, der fliehe, nicht erschossen, sondern erhängt würde. Die Gehenkten lasse man drei Tage im Lager hängen. Aber ich gab nichts darauf.

11. Wir fliehen

Mein Bruder, ich und weitere drei Männer aus dem Lager flohen um elf Uhr nachts. Und wir schafften es.

Vor der Flucht hatte ich einen Plan der Gegend besorgt. Wir wollten die Städte meiden, besonders Radom. Die Umgebung war gefährlich, weil dort Volksdeutsche lebten. Nachdem wir etliche Stunden gelaufen waren, kamen wir an eine Wiese mit einer Hütte. Einen von uns, der wie ein Christ aussah und gut Polnisch sprach, schickten wir, um nach dem Weg nach Zwoleń zu fragen. Er war aber ein großer Angsthase und kam zurück mit der Ausrede, sie schliefen und man antworte ihm nicht. Wir gingen weiter über die nasse Wiese. Wir kamen bei der Bahnlinie heraus. An der Bahnlinie stand eine weiße Hütte. Wir schickten wieder denselben. Er kam wieder mit einer Ausrede, dort gebe es einen Hund. Es stellte sich heraus, dass es dort keinen Hund gab. Ich weckte den Hausherrn und fragte nach dem Weg nach Zwoleń. Er empfahl uns, nicht entlang der Bahnlinie zu laufen. Wir verirrten uns und anstatt vorwärts zu gehen, sahen wir die Lichter des Bahnhofs von Pionki, also kehrten wir wieder um. So irrten wir die ganze Nacht umher, bis es anfing zu tagen. Wir kamen direkt auf ein Dorf zu. Wir gingen schnell an dem Dorf vorbei und hinein in ein Kornfeld in der Nähe des Dorfes. Alle fünf legten wir uns ins Korn.

Viele Menschen gingen nahe an uns vorbei. Neben dem Kornfeld wuchs Hirse. An dem Hirsefeld kam mittags eine Frau mit ihrem Sohn vorbei, aber der Besitzer des Feldes erwischte sie und schrie: „Ihr habt schon genug, schert euch weg." Wir dachten erst, er meinte uns, aber dann begriffen wir es, denn die Frau fing an zu weinen und zu bitten: „Verzeihen Sie, Herr Brodowski."

So lagen wir einen ganzen Tag. Als es dunkel wurde, kamen wir heraus und gingen weiter. Auf dem Weg fragten wir einen Bauern, wie weit Pionki entfernt sei. Er antwortete, sechs Kilometer, und als wir ihn fragten, ob wir richtig gingen, sagte er, dass wir in Richtung Pionki liefen (er verstand, dass wir Juden sind). Wir fragten ihn, ob er Brot habe, aber er hatte keins. Er beschrieb uns, wohin wir gehen sollten. Wir verabschiedeten uns von ihm und liefen weiter. Wir gingen durch das Dorf und kamen zu einem Wald. Am Rande des Waldes sahen wir die Silhouetten von zwei Menschen. Wir näherten uns. Es stellte sich heraus, dass es ein Bauer und eine Bäuerin aus dem Dorf waren, die von der Ernte kamen. Wir gingen gemeinsam. Inzwischen war der Sandomirer Jude, der ausgesehen hat wie ein Pole, verschwunden.

Mit den Bauersleuten gehen wir ein Stück des Weges. Später beschreiben sie uns, wo wir gehen sollen. So kommen wir in ein großes Dorf. Wir durchqueren das ganze Dorf und kommen zu einer Kate zu einem alten Bauernpaar. Wir fragen sie nach dem Weg nach Zwoleń. Wir bitten den Bauern, uns etwas zu essen zu geben. Er gibt uns Brot und Milch, Geld will er von uns nicht nehmen. Wir erfahren, dass das Dorf Męciszów heißt und gehen weiter. Wir irren etliche Stunden im Wald umher. Wir kehren um, als wir sehen, dass wir aus dem Wald nicht herausfinden. Wir gehen zurück und kommen in dasselbe Dorf. Wir klopfen bei einem Bauern an und fragen nach dem Weg nach Zwoleń. Der Bauer fängt an, uns zu erklären, wo wir gehen sollen und als wir ihn bitten, er solle uns einen Weg zeigen, wie wir die Stadt meiden können, sagt er uns, wir sollen über die Wiese gehen, vorbei am jüdischen Friedhof. Dahinter, sagt er, liegt das Dorf Zielonka, das sich schon auf der anderen Seite von Zwoleń befindet. Er erzählt uns, dass auf dem Berg, wo die Hainbuchen stehen, eine Witwe in einer Kate wohnt, bei der können wir fragen und sie wird uns den weiteren Weg zeigen.

Wir folgen der Wegbeschreibung. Wir kommen zu der Kate und erkundigen uns nach dem Weg. Die Witwe sagt uns, dass nicht weit entfernt das Dorf Jedlanka liegt. In Jedlanka kommen wir zu einem Bauern und fragen ihn nach dem weiteren Weg. Er sagt, dass der Weg links nach Karczówka führt, und als wir uns von ihm verabschieden, sehen wir neben seiner Hütte einen Obstgarten mit Sauerkirschen. Wir fragen ihn, ob wir ein paar Sauerkirschen pflücken dürfen und er antwortet: „Bitte sehr". Er hält uns bestimmt für Partisanen. Wir gehen weiter nach Karczówka. Wir durchqueren schnell das Dorf. Das Dorf ist das letzte vor

Zwoleń. Weiter können wir nicht gehen, weil es schon Tag wird. Wir gehen in ein Kornfeld und legen uns zu viert hin. So liegen wir, bis es Tag wird.

Die ersten Autos fahren vorbei. Gegen acht Uhr kommt der Bauer auf sein Feld und fängt an, das Getreide zu schneiden. Jeder Schnitt der Sense ist wie ein Schnitt ins Herz. Aber es geschieht ein Wunder. Es fängt an zu regnen und die Bauern verlassen die Felder. So liegen wir, bis die Nacht beginnt. Nachts stehen wir wieder auf und kommen in ein Torffeld. Das Feld ist voller Wasser. Wir fallen ins Wasser und sind völlig durchweicht.

So laufen wir weiter, bis wir aus den Torffeldern herauskommen. Wir gehen weiter über die Felder, und plötzlich steht, wie aus der Erde gewachsen, ein 13-jähriger Bengel vor uns und sagt sofort: „Ihr seid vom Lager." Er ist anständig, weist uns den Weg nach Zielonka, und wir folgen seiner Anweisung. Wir kommen auf einen Rübenacker. Wir essen Rüben, bis wir ein Dorf erreichen. Das Dorf ist erleuchtet, man lacht und redet. Mein Bruder geht hin und fragt, wo es nach Zielonka geht. Sie zeigen uns den Weg. Wir kommen nach Zielonka.

Dort erfragen wir den Weg nach Jasieniec. Mein Bruder und ich wollen nach Goźlice gehen, nicht weit von Klimontów, wo bei einem Bauern Chil Lederman aus Klimontów versteckt ist. Wir fragen bei einem Bauern nach dem Weg nach Jasieniec. Wir bitten ihn, er möge uns etwas zu essen geben. Die Bäuerin entschuldigt sich bei uns, sie könne uns nicht in die Stube bitten, weil wir Juden seien. Sie bringt uns einen großen Topf Milch mit eingeweichtem Brot heraus, es reicht für alle. Beim Abschied, als ich sie frage, wie viel sie dafür bekommt, sagt sie, es soll uns gut bekommen und sie will kein Geld. Ich danke ihr vielmals und wir gehen weiter. Sie sagt uns, dass wir noch durch Zielonka 2 kommen werden.

Wir gehen durch Zielonka 2 und danach kommen wir in einen Wald. Hinter dem Wald liegt das Dörfchen Barycz. Wir klopfen an einer Hütte und es kommt eine alte Bäuerin heraus. Sie sagt uns, wo wir gehen sollen, gibt uns ein Stück Brot und wir gehen weiter.

Dann kamen wir ins Dorf Jasieniec. Dort gab es einen Gutshof. Wir gingen zu einer bäuerlichen Kate und fragten den Bauern nach dem Weg nach Wola Solecka. Wir baten um Milch, aber er antwortete, er habe keine Milch. Mein Bruder rief aus: „Es muss sein." Der Bauer erschrak, er meinte, wir seien Partisanen und gab uns Milch, pure Sahne und fragte, ob wir noch mehr wollten. Versteht sich von selbst, dass wir nicht ablehnen konnten. Geld für die Milch wollte der Bauer nicht nehmen und wir gingen weiter. Wir kamen nach Wola Solecka. In Wola Solecka, in Dziurków und auch in Słuszczyn wurden wir gut aufgenommen. Wir lagen im Wald nicht weit von Słuszczyn, als ich acht Gendarmen auf Pferden vorbeireiten sah. Mein Bruder und die Übrigen schliefen. Sie bemerkten uns nicht. So lagen wir im Wald bis in die Nacht. In der Nacht gingen wir weiter.

Wir waren nicht weit vom Städtchen Tarłów entfernt. Ein Bauer gab uns Brot und zeigte uns, wie wir die Stadt Tarłów meiden könnten. Wir gingen durch die Felder und kamen trotzdem in die Stadt. Wir sahen die katholische Kirche. Außerhalb der Stadt stand eine Windmühle. Mein Bruder meinte, wir sollten hineingehen und den Tag dort bleiben. Aber ich wollte nicht.

Ich entschied, dass wir noch in dieser Nacht durch die Stadt hindurch mussten. Wir gingen durch die Nebenstraßen der Stadt. Wir liefen vorbei an Werkstätten und kamen zu einem Platz außerhalb der Stadt. Dort war ein städtischer Brunnen und neben dem Brunnen eine Tafel auf Deutsch: „Tarłów, Distrikt Radom, nach Ożarów 14 Kilometer." Wir gingen auf der Chaussee Tarłów-Ożarów weiter. Hunde bellten, wir gingen sehr schnell. Die Nerven trieben uns an. So kamen wir durch die Stadt und gingen weiter. Der Weg führte durch einen Wald, der auf beiden Seiten der Chaussee wuchs.

Wir gingen, bis wir fünf bis sechs Kilometer hinter Tarłów waren, und bogen dann in den Wald ab. Dort lagen wir während des Tages und in der Nacht gingen wir weiter. Wir kamen in ein Dorf. Dort fragten wir nach dem Weg nach Ożarów. Brot gab man uns keines. Während wir so gingen, fing es an zu blitzen und zu donnern. Es begann zu regnen.

Wir konnten nichts mehr sehen. Wir wurden völlig durchnässt. Nur die Blitze beleuchteten unseren Weg. So kamen wir bis zwei Kilometer vor Ożarów. Wir erreichten eine Hütte und klopften an, dort wohnte eine Witwe. Wir kauften bei ihr Milch und Eier und fragten, wie wir Ożarów umgehen könnten. Sie beschrieb uns, wie wir über die Felder laufen sollten, um die Stadt zu meiden. Wir kamen in das Dorf Grochocice. Wir gingen zu einem Bauern. Er gab uns Brot und Milch und erklärte uns, wie wir gehen sollten. Wir kamen ins Dorf Pielaszów. Dort hatte ich einen Bekannten aus unserer Gegend, der dorthin geheiratet hatte.

Wir kommen zu ihm und bitten ihn, er solle uns für den Tag hineinlassen. Er sagt, es sei unmöglich, weil er der Ortsvorsteher sei und er mit seinen Schwagern zusammen wohne. Deshalb gehen wir zum Wäldchen, um dort den Tag zu verbringen. Unsere zwei Begleiter trennen sich von uns und gehen nach Sandomierz. Es kommen Frauen in den Wald zum Pilze Sammeln. Sie gehen knapp an uns vorbei, aber wie durch ein Wunder sehen sie uns nicht. Wir liegen bis zur Nacht und wandern dann weiter. Wir kommen nach Międzygórz-Skola, wo ich früher gearbeitet habe. Wir treffen dort am frühen Abend ein. Wir durchqueren das Dorf. Wir kommen an einer Wohnung vorbei, wo ich bei den Juden, die dort gelebt haben, regelmäßiger Gast war.

Schwere Gedanken bedrücken mich. Wir kommen ins Dorf Gołębiów, dort gehe ich zu einer Hütte und frage nach der Wohnung eines meiner Bekannten. Ich bitte ihn um etwas Essen. Aber er weist uns ab.

Im Sandomirer Kreis wird unsere Lage immer schlimmer. Die Bauern wollen uns nicht einmal ein bisschen Wasser geben. Als wir das Dorf verlassen, hören wir Betrunkene singen. Wir legen uns ins Korn, und als es still wird, gehen wir hinauf auf die Hauptstraße, die nach Klimontów führt.

Nach kurzer Zeit kommen wir nach Goźlice. Dort gehen wir zu dem Bauern, bei dem unser jüdischer Bekannter versteckt ist. Wir klopfen an. Der Bauer antwortet widerstrebend. Wir fragen nach dem Juden und er sagt, er sei weggegangen. Letzte Nacht sei Gendarmerie im Dorf gewesen und habe zwei Banditen eingesperrt, und der Jude habe sich so erschreckt, dass er weggegangen sei. Später stellt sich aber heraus, dass der Bauer uns getäuscht hat, der

Jude ist doch bei ihm gewesen. Er gibt uns Brot und Milch. Als wir ihn bitten, er solle uns übernachten lassen, lehnt er ab. Wir gehen weiter.

Wir kommen zu einem anderen Bauern im Dorf, auch er erzählt uns die Geschichte von der Gendarmerie und will uns nicht einmal einen Tag bei sich aufnehmen. Wir sind gezwungen, für diesen Tag ins Feld zu gehen. Den Tag verbringen wir in Angst. Gerade heute schneidet man das Getreide. Abends gehen wir wieder zu dem Bauern, bei dem der Jude versteckt ist. Der Bauer gibt uns Seife und ein Rasiermesser, und am Abend rasieren wir uns.

Am nächsten Morgen gehen wir ins Feld. Wir liegen den ganzen Tag im Korn. In der dritten Nacht lässt uns der Bauer nicht herein, er sagt, eine Schwester sei zu ihm gekommen. Wir verlassen das Dorf und gehen weiter. Wir gehen in ein anderes Dorf zu einem unserer guten Bekannten. Wir kommen zu ihm in die Stube. Ich vergleiche ihre Lage mit unserer. Sie schlafen in Betten und uns jagt man wie Hunde. Er ist ein reicher Bauer. Er gibt uns zu essen, aber er erlaubt uns nicht, einen Tag bei ihm zu bleiben.

Wir gehen zu einem anderen Bauern in einem anderen Dorf. Der Bauer hatte einmal meinem Bruder zugesagt, dass er ihn bei sich aufnehmen würde. Das Dorf, wo der Bauer wohnt, ist zwei Kilometer von Klimontów entfernt. Wir kommen bei Nacht dorthin. Es meldet sich seine Frau: „Wer ist da?" Wir sagen: „Der Schneider von Klimontów." Sie sagt uns, dass ihr Mann nicht zu Hause sei und sie uns nicht öffnen werde. Die Frau fängt an zu weinen, sie sagt, ihr Mann kenne keine Juden, sie werde nicht öffnen. Der Grund, warum sie uns so empfangen hat, ist der, dass in der Nachbarschaft, bei einem anderen Bauern, ein Paar versteckt war, das seine Kinder im Wald in einem Bunker zurückgelassen hat. Der gierige Bauer hat von ihnen ein Vermögen bekommen: einen Zentner Pfeffer, Baumwolle und andere Ware. Um an das Vermögen zu kommen und sie loszuwerden, zündete er die Scheune an, wo sie gewesen sind, sodass sie fliehen mussten. Das Paar war in einer solch verzweifelten Lage, dass es sich selbst bei der Polizei meldete, genau an dem Tag, als man das Ghetto von Sandomierz liquidierte, d. h. am 15. Mai 1943.

An dem Abend überfielen NSZ[21]-Leute den Posten der Blauen[22] Polizei, wo das Paar gewesen ist. Sie wollten sich dort Gewehre holen. Die Polizei bat sie, das nicht zu tun, und begründete es damit, dass sie einen Befehl hätte, die Juden zu erschießen. Die NSZ-Leute sagten, sie würden sich selbst um die Juden kümmern. Sie gingen in die Kammer und erschossen sie. Deshalb hatte der Bauer, zu dem wir gegangen waren, solche Angst, mit Juden zu tun zu haben.

Später erfuhren wir noch Folgendes. Bevor das Paar sich der Polizei stellte, hatten sie einen Brief an ihre Kinder geschrieben (sie hatten gemeint, dass die Kinder sich ins Gymnasium hatten retten können). In dem Brief baten sie die Kinder um Verzeihung, sie hätten

---

21 Narodowe Siły Zbrojne (Nationale Streitkräfte).
22 Granatowa policja (Polnische Polizei im Generalgouvernement).

alles getan, um zu überleben, aber es sei vergeblich gewesen. Von diesem Brief erzählte mir nach der Befreiung jemand, ein gewisser Lederman, der im Gymnasium gewesen war.

Wir gehen weiter, unser Glück suchen. Wir kommen in ein anderes Dorf zu einem Bekannten. Doch er stimmt ein Geschrei an: „Lauft weg, die Polizei wird kommen!" Seine Frau reicht uns durch das Türfenster ein Stückchen Brot. Wir sind schon zwei Wochen unterwegs. Wir gehen umher und wissen nicht, wo wir bleiben können. Wir kommen an der Kate vorbei, wo man uns später hereingelassen hat und wo wir die Befreiung abgewartet haben. Wir umgehen die Hütte und laufen weiter. Einmal kommen wir zu einem Feld mit Gerste. Es ist ein heißer Tag. Wir legen uns lang ausgestreckt hinein und rühren uns nicht vom Fleck.

Nachts gehen wir in ein anderes Dorf, Gasłowice. Dort wohnt ein uns bekannter Bauer, der mir einmal zugesagt hat, dass er uns aufnehmen würde, wenn seine Frau zustimmt. Wir kennen uns im Dorf nicht aus. Wir fragen nach dem Bauern. Wir kommen an zerstörten Häusern ohne Fenster und Türen vorbei. Wir vermuten, dass dort Juden gewohnt haben. Wir kommen zu dem Bauern und klopfen an. Er fragt, wer wir sind. Er sagt uns, wir sollen warten, er öffnet uns. Wir warten draußen. Wir warten lange, wir klopfen wieder, es stellt sich heraus, dass er eingeschlafen ist. Endlich öffnet er uns. Wir bitten ihn, uns zu verstecken, wir wollen es auch nicht kostenlos haben. Als er erfährt, dass wir uns im Dorf nach ihm erkundigt haben, sagt er uns, dass er Angst hat, uns jetzt aufzunehmen. Wir machen mit ihm ab, dass wir tagsüber weggehen und wenn während des Tages niemand nach uns fragt, nachts zu ihm kommen. Er verkauft uns rohe Eier und Brot.

Wir gehen hinaus in ein Weizenfeld. Dort liegen wir den ganzen Tag und abends gehen wir zurück. Man hat uns Essen übrig gelassen. Wir hoffen, dass wir durch ihn an die Waren kommen, die wir bei Polen versteckt haben. Er verspricht uns, uns einen unterirdischen Schutzraum einzurichten. Er führt uns zum Schlafen in die Scheune.

Das ist die erste Nacht seit der Flucht, in der wir menschenwürdig schlafen. Essen erhalten wir dort sehr wenig. Am zweiten Tag kommt der Hausherr zu uns in die Scheune und fragt, wann wir wegen unserer Ware gehen wollen. Ich sage ihm, dass ich ihm zehn Meter Anzugstoff bringen werde. Ich schätze ihn auf einen Wert von 2000 Złoty. Tatsächlich war er aber 4000 Złoty wert. Er verlangt von uns, den Stoff zu bringen, und außerdem sollen wir ihm Stoff für einen guten Anzug beschaffen. Ich zögere den Aufbruch hinaus, weil ich mich erst ausruhen will. Im Stillen beschließe ich, nicht mehr zu ihm zurückzukehren.

Am Freitagabend sagen wir, dass wir gehen, um die Ware zu holen. Wir verabschieden uns von ihm. Draußen regnet es. Wir suchen wieder einen neuen Ort. Es zieht uns zu einem Bauern in Postronna, den wir kennen. Wir gehen zu dem Bauern.

Wir kommen in das Dorf und fragen nach ihm. Das Dorf ist groß. Bis wir uns durchgefragt haben, ist es schon Tag. Wir klopfen am Bauernhaus an. Seine Frau sagt, dass er nicht zu Hause sei. Wir erinnern sie daran, wer wir sind, aber es hilft nichts. Sie windet sich heraus mit der Begründung, dass sie Angst habe, uns hereinzulassen, wenn ihr Mann nicht zu Hause ist. Wir sehen, dass nichts zu machen ist und gehen weiter zu einem anderen Ort. Inzwischen wacht das Dorf auf. Getreide wächst um das Dorf herum keines. Wir haben nichts, um uns zu verstecken. Weil ich nicht mehr genau weiß, wo der andere Bauer wohnt, gehe ich zurück zu der ersten Bäuerin, um nochmal nach dem Weg zu fragen. Da sehe ich, dass die Bäuerin aus der Hütte kommt. Es stellt sich heraus, dass der Mann sie hinausgeschickt hat, um uns zurückzuholen.

Wir betreten die kleine Küche. Sie gibt uns Milch und Brot. Er kommt zu uns. Er freut sich mit uns. Er besteht darauf, dass wir einen Tag bei ihm bleiben. Er führt uns hinauf auf den Heuboden und gibt uns ein Laken zum Zudecken. Während des Tages bekommen wir Essen, besser als in einer Pension. Am Abend sagen wir, dass wir nicht am Schabbat zur Nacht hinausgehen möchten, um nicht am Sonntag unterwegs zu sein. Er erlaubt uns, noch einen Tag bei ihm zu bleiben. Man gibt uns sehr gut zu essen. Er erzählt uns, dass Bauern ihm gesagt haben, zwei Menschen hätten sich nach ihm erkundigt. Als wir vorschlagen, er soll uns bei sich behalten, sagt er, dass er das nicht kann, weil die Gendarmerie wegen der Abgabe kommen wird. Wir fragen seine Frau, wie viel sie für die zwei Tage bekommt. Sie sagt, 150 Złoty. Das Essen, das sie uns gegeben hat, ist mehr wert gewesen als 150 Złoty. Er gibt uns noch ein Stückchen Brot mit auf den Weg und wir gehen weiter.

Wir kannten einen Polen in Wiązownica, Edward Ratkowski, der zu uns ins Ghetto zu kommen pflegte und uns zugesagt hatte, er würde uns helfen. Außerdem wussten wir, dass sich in dem Dorf etliche jüdische Familien versteckt hielten. Wir gingen dorthin. Auf dem Weg machten wir Halt in einem Dorf, wo wir eine bäuerliche Familie kannten. Wir klopften an und die Bäuerin kam heraus. Als sie uns sah, erschrak sie und fing an zu schreien: „Geht, geht!" Sie ließ uns nicht eine Minute dort stehen, also gingen wir weg. Bis nach Wiązownica war es weit. Wir sahen, dass wir in dieser Nacht nicht bis zu dem Dorf kommen würden.

Wir beschlossen, in den Wald zu gehen, dort den ganzen Tag zu bleiben und erst am nächsten Abend hinzugehen. Und so machten wir es … In der Nacht gingen wir weiter. In einem Dorf vor Wiązownica klopften wir bei einem Bauern, er möge uns etwas zu essen geben. Er gab uns Brot, Geld wollte er keines. Wir gingen weiter, vorbei an einem zweiten Dorf. Jemand bemerkte uns und hetzte uns Hunde hinterher.

12. Wir suchen ein Versteck

Endlich kamen wir in Wiązownica an. Wir beschlossen, nicht nach dem Bauern zu fragen, sondern uns nach einer Lehrerin zu erkundigen, die bei ihm gewohnt hat. Wir klopften an dem Haus an, seine Mutter sagte uns, dass der Sohn nicht zu Hause sei. Wir baten sie, sie möge uns ein Stückchen Brot geben, sie antwortete, sie habe keins.

Inzwischen kamen ihre zwei Söhne heraus, die in der Scheune geschlafen hatten. Sie hielten zwei Stöcke in der Hand. Aber als sie uns sahen, gaben sie uns die Hand und erlaubten uns, uns auf den Dachboden zu legen. Am Morgen warteten wir lange auf das Essen. Endlich kam der Bursche herein. Er brachte uns ein Stückchen Brot und zwei Eier, nichts Gekochtes, weil die Mutter uns kein Essen geben wollte. Sie meinte, wir wollten es gratis. Wir gaben dem Burschen 500 Złoty und das half. Nach einem Tag bat ich ihn auf den Dachboden herauf und fragte ihn, wie viel Lohn er für einen Monat wolle. Er forderte 4000 Złoty pro Monat. Das war in jener Zeit ein hoher Betrag. Meine Quellen waren die Folgenden: Bei etlichen Polen hatten wir Waren unserer Schneiderwerkstatt versteckt. Einer war vor dem Krieg Landrat im Sandomirer Bezirk, der Zweite war Staatsanwalt beim Radomer Gericht, der Dritte Sekretär beim Radomer Gericht und der Vierte Sanitäter in Klimontów.

Etliche Tage vor der Deportation hatten wir mit dem Landrat verabredet, er solle kommen, unsere Ware mitzunehmen. Er kam in Begleitung eines Bauern. Ich schleppte einen Sack Ware hinunter, der gut und gerne 80 kg wog. Am Montagfrüh war er bei uns. Während des Krieges übernahm er ein Geschäft in Klimontów, das ein Jude ihm überlassen hatte. Ich rechnete ihm aus, was dort in dem Sack ist. Ich bat ihn, dass er uns Brot schicken solle, sobald wir ihm schrieben, dass man uns ins Lager verschleppt hatte. Aber wenn er erfahren sollte, dass wir nicht mehr lebten, sollte er die Ware für einen antifaschistischen Zweck weggeben. Er hatte gesagt: „Gut". Ich hatte in seinem „Dobrze" einen kalten Ton gespürt. Aber ich hatte mir keine bösen Gedanken erlaubt, weil er vor dem Krieg bei den Juden sehr beliebt gewesen war. Jetzt schrieb ich ihm einen Brief, in dem ich bat, er solle durch den Burschen 2000 Złoty schicken. Er gab ihm die 2000 Złoty und fragte ihn, wo wir seien. Der Bursche antwortete, wir seien im Gymnasium.

Bei Ratkowski erkundigte ich mich nach unseren Bekannten Matis und Joel Fajnkuchen, die sich im Dorf aufhielten. Er erzählte uns, es gehe ihnen schlecht, sie liefen zerschlissen und barfuß herum, hätten nichts zum Leben und hielten sich unter den Bauern auf. Als ich nach Sara Rozenberg fragte, antwortete er, sie und zwei weitere junge Frauen seien eine gewisse Zeit bei ihm gewesen. Im Frühling gingen sie mit einigen jungen Männern in den Wald. Der Förster sah sie im Wald und meldete sie der Gendarmerie. Die Gendarmerie umstellte den Wald und erschoss drei von ihnen, unter ihnen Sara Rozenberg, eine junge Frau von 20 Jahren. Drei waren entkommen. Ich fragte mich, ob er womöglich einen Anteil daran hatte, weil die Rozenberg bei ihm gewohnt hatte. Deswegen verlangte ich von ihm, die Brüder Matis und Joel Fajnkuchen zu sehen. Es verging ein Tag nach dem anderen, aber er brachte mir die zwei Juden nicht. Dann kam der Schabbat, der 14. August 1943. Ich war immer noch wegen derselben Angelegenheit beunruhigt.

Gegen zehn Uhr morgens höre ich, wie die Mutter ein Geschrei macht: „Edek, Zygmunt". Ich erkenne in ihrer Stimme Nervosität. Sie läuft in der Stube umher. Ich verstehe, dass etwas passiert ist. Ein paar Minuten später kommt Zygmunt auf den Boden herauf und schreit: „Zieht euch an, schnell, Gendarmerie ist im Dorf." Er verlangt, dass wir weggehen sollten, wir sollten auf den christlichen Friedhof gehen. Ich bitte ihn, er solle uns nicht hinauswerfen. Wenn wir jetzt hinausgehen, sind wir verloren, weil es Tag ist und man uns sofort schnappen wird. Aber es hilft nichts. Wir kriechen hinaus durchs Dach und flüchten uns auf den Friedhof. Der zweite Junge kommt auf den Friedhof, um zu sehen, ob wir gut versteckt sind. Wir beschließen, uns an zwei getrennten Stellen zu verstecken. Wir bleiben den ganzen Tag. Jede Minute ist wie ein Jahr. Nachts um elf Uhr kommt Zygmunt auf den Friedhof und führt uns zurück. Er erzählt, dass polnische Polizei von Osiek im Dorf gewesen ist und zwei Juden erschossen hat. Die Mutter der erschossenen Sara Rozenberg und einen Staszer Jungen, Gerszt. Wir liegen eine halbe Stunde auf dem Dachboden, als wir eine Schießerei hören. Wir bekommen einen Schreck.

Edek kommt herauf und fragt: „Habt ihr Angst?" Ich frage, was geschehen ist, und er sagt, Partisanen seien ins Dorf gekommen. Und die schießen einfach so. Es beruhigt uns, dass sie uns nicht herausgeben wollen, aber ich will die zwei Juden sehen. Zygmunt tut es mir zuliebe. Er verspricht uns, sie zu bringen. Ich verlange von ihm auch, er soll uns ein Versteck machen. Er errichtet auf dem Boden eine doppelte Wand, und das wird unser Schutzraum. Nach ein paar Tagen kommen die Brüder Matis und Joel Fajnkuchen. Wir erkundigen uns nach Sara Rozenberg, sie erzählen dasselbe, was auch Ratkowski berichtet hat. Sie sagen, dass Ratkowski ein anständiger Mensch sei. Das beruhigt uns ungemein.

Die Brüder Fajnkuchen befanden sich in einer gefährlichen Lage, weil sie ohne Geld waren, in zerrissener Kleidung und ohne Schuhe. Wir teilten mit ihnen unser Essen. Sie kamen von Zeit zu Zeit zu uns und blieben von Schabbat bis Montagmorgen. Das war für sie eine Hilfe, weil sie die ganze Woche im Wald übernachteten.

Wir waren dort fünf Wochen. Am Sonntag, den 5. September, als wir zu viert auf dem Boden saßen, besuchten Freunde die Söhne. Einer kam in den Stall und hörte Schnarchen. Es war einer der Brüder, der da schlief. Er erkannte, dass jemand auf dem Boden schlief. Er kam hochgeklettert. Ich rasierte mich gerade. Ich guckte, da sah ich, dass mich jemand anschaut. Der Kerl ging sofort hinunter zu Edek und sagte: „Wen hast du dort? Raus mit der Sprache!" Edek redete ihm ein, dass es bestimmt Matis gewesen sei, denn Matis ging ganz offen im Dorf umher. Als sie weg waren, kam Edek zu uns herauf und erzählte alles. Wir beschlossen, in unser Versteck zu gehen und Edek sollte dem Burschen folgen, der mich gesehen hatte, und ihm zeigen, dass auf dem Boden nur Matis und sein Bruder waren. Er kam mit ihm auf den Boden herauf. Edek redete in seiner Anwesenheit mit Matis und sie gingen wieder hinunter. Aber trotzdem war ich nicht mehr ruhig. Und als Matis mit seinem Bruder hinunterging, baten wir ihn, er solle für uns einen anderen Ort finden. Matis sagte uns zu, sich zu bemühen. Gleichzeitig kam Edek herauf zu uns und bat uns, wir sollten für zwei Wochen das Gehöft verlassen, weil er vor den Kerlen Angst habe.

Wir gingen am Abend weg, zu einem anderen Ort in demselben Dorf, den uns Matis und sein Bruder genannt hatten. In der ersten Nacht schliefen die beiden Juden mit uns zusammen. In der Frühe kam unser neuer Hauswirt und sagte zu den beiden Juden, sie sollten am Tag nicht bei ihm bleiben. Tagsüber saßen wir in der Scheune, am Abend führte man uns in ein neues Versteck bei einem Bauern, wo schon früher Juden versteckt gewesen waren.

Das Versteck war in der Scheune unter dem Heu. Es waren Stecken aufgestellt und darauf das Heu. Es war eng. Wir konnten nicht beide zusammen dort liegen. Nachts war es schon gefährlich kalt. Wir hatten nichts, womit wir uns zudecken konnten. Bewegen konnten wir uns gar nicht. Wir gingen nur am Abend hinaus, um uns zu erleichtern, danach packte der Bauer uns im Heu ein. Das Versteck betreten mussten wir durch ein Loch.

Sonntags kamen die beiden Juden zu uns, dann saßen wir auf dem Heu. Der Bauer brachte uns Geld von den Bekannten, bei denen wir die Waren hatten.

Weil der Winter sich näherte und wir nichts anzuziehen hatten, beschlossen wir, zu unseren Schuldnern zu gehen und etwas von den Sachen oder Geld zu holen. Am 20. September verabschiedeten wir uns von unserem Hauswirt und gingen nach Klimontów. Wir marschierten auf Umwegen. Es war dunkel. Wir liefen durch den Wald. Unterwegs fing es an zu regnen. Wir waren durchnässt bis auf die Knochen. Von Zeit zu Zeit sagte mein Bruder, wir sollten uns ausruhen. Dann rasteten wir.

Wir irrten umher. Schließlich sagte mein Bruder, er könne nicht mehr weiter gehen, das Herz tue ihm weh. Er schlug vor, ich solle ins Dorf Wólka gehen, dort ein Fuhrwerk mieten und zum Dorf Postronna fahren zu dem Bauern, bei dem wir schon früher drei Tage gewesen waren. Jener hatte uns damals gesagt, dass er uns nicht behalten könne, weil eine Strafexpedition in das Dorf käme wegen der Zwangsabgaben. Ich sagte meinem Bruder, er solle sich anstrengen und bis Postronna mitgehen.

Mit großer Mühe und Quälerei schleppten wir uns bis Postronna. Wir kamen zu der Hütte des Bauern und klopften an. Aber er meldete sich nicht. Es meldete sich die Frau, ihr Mann sei nicht zu Hause. Wir baten und flehten und endlich ließ man uns in die Stube hinein. Er sagte, dass er uns auf keinen Fall behalten werde, nicht einmal einen Tag, weil jede Minute die Strafexpedition der Deutschen kommen könne wegen des nicht abgelieferten Kontingents. Es half kein Bitten und kein Betteln. Mein Bruder jammerte, dass er kaum noch gehen könne. Der Bauer sagte uns, dass es in der Nähe Strohgarben gäbe, wo man sich verstecken könne. Er führte uns nach draußen und zeigte uns, wo wir gehen müssten. Die Felder waren schon gepflügt. Mein Bruder konnte keinen Fuß mehr rühren. Es fing schon an zu tagen und mein Bruder sagte mir, ich solle ihn zurücklassen, ich solle mir einfach vorstellen, dass auch er sich unter all den Verwandten befände, die ich verloren hatte. Ich brach in Tränen aus. Ich nahm ihn auf meine Schultern und schleppte ihn zu einer Strohgarbe.

Es war schon heller Tag. Ich machte ein kleines Loch in die Garbe und zog ihn hinein. Uns war kalt, wir waren durchgeweicht, der Wind blies. Bewegen konnten wir uns nicht. Wir waren starr vor Kälte. In der Nacht verließen wir den Strohhaufen. Mein Bruder konnte noch nicht laufen, aber es ging ihm schon besser. Im Laufe des Tages trocknete unsere Kleidung und wir gingen zurück zum Bauern nach Postronna.

Wir irrten umher. Wir kamen an verschiedenen Dörfern vorbei, bis wir bei ihm eintrafen. Aber er ließ uns nicht hinein. Er hatte Angst. Wir baten ihn, er möge uns etwas Essbares verkaufen. Er verkaufte uns Eier und Brot. Wir baten ihn, er solle uns wenigstens für zwei

Stunden in den Keller lassen. Er erlaubte es uns, aber nach einer halben Stunde kam seine Frau gelaufen und sagte, dass es schon Tag sei und wir gehen sollten. Wir liefen wieder zu der Strohgarbe. Wir machten in der Garbe eine Höhle. Die Arbeit war schwer. Vom Reißen des Strohs fingen unsere Hände an zu bluten. Sicher fühlten wir uns auch nicht, weil die Bauern das Stroh holen konnten. Wir krochen in die Höhle, verdeckten den Eingang und lagen dort. Bei Nacht gingen wir wieder hinaus und liefen umher. Wir kamen zum dritten Mal zu dem Bauern in Postronna. Wir sagten ihm, dass wir gleich wieder gehen würden und baten ihn, er solle uns bloß zu essen geben. Er führte uns in den Kuhstall, weil in der Stube eine Bekannte war. Nach zwei Stunden führte er uns hinein in die Kammer, gab uns Abendbrot und wir gingen wieder.

Das war am Donnerstag, den 23. September. Mein Bruder schlug vor, wir sollten zu unserem Bekannten, dem Bauern Polit im Dorf Goźlice gehen. Ich wollte nicht zu ihm gehen, weil ich wusste, dass er uns nicht aufnehmen würde. Ich wusste, dass er nicht auf Verdienst aus war, weil er sehr reich war. Er besaß über 20 Morgen bestes „Sandomierka" Land, und einfach hingehen, um zu essen, wollte ich nicht. Mein Bruder ließ aber nicht locker, er quälte mich die ganze Zeit, wir sollten zu ihm gehen. Wir kamen durch das Dorf Ossolin, einen halben Kilometer von Polits Wohnort.

Wir wussten nicht, welcher Gefahr wir entgingen, da in dem Dorf Ossolin ein Posten des ukrainischen Werkschutzes war, der eine Schnapsbrennerei bewachte. Wir gingen durch das Dorf durch und vorbei an Feldern. Der Weg war schwer und mein Bruder sagte wieder: „Könnten wir nicht bei Polit haltmachen?"

Ich sah, dass er sich darauf versteift hatte, also gab ich nach. Wir gingen zu dem Bauernhaus. Wir wollten hinein. Auf dem Hof lebte ein gefährlicher Hund, der praktisch den Zaun versperrte. Wir klopften ans Fenster. Wir schrien „Andrzeju, mach auf!" Er schlief wie ein Toter. Aber die Frau hörte uns. Sie fragte: „Wer ist dort?" Ich antwortete: „Der Schneider aus Klimontów." Sie kam heraus, um uns zu öffnen. Sie kam mit dem eigenen Hund nicht zurecht. Sie weckte Wacek, den Sohn. Er kam heraus und man führte uns hinein. Man freute sich sehr und sie sagte, dass sie uns etwas zu essen machen gehe. Ich bat sie, sie solle nicht gehen. Sie hörte nicht auf mich. Sie trug sechs gekochte Eier und einen eisernen Topf mit schwarzem Kaffee mit Zucker herein. Sie gab uns Brot. Der Alte fragte uns über alles aus, wie wir geflohen waren. Doch die Alte sagte zu ihm: „Quäle sie jetzt nicht, lass sie etwas essen."

Ehe ich den ersten Becher Kaffee ausgetrunken hatte, reichte sie schon einen zweiten Becher. Ich schaute auf die Uhr, es war schon halb eins in der Nacht. Die Alte schaute uns an und sagte: „Meine armen Jungen." Wir glaubten schon, dass sie sagen würden „geht", aber der Alte meinte zu uns: „Kommt, ich werde euch zeigen, wo ihr übernachten könnt."

Er führte uns auf den Stallboden, bettete uns auf Stroh, sammelte alle Jacken aus der Stube und deckte uns zu. Am nächsten Morgen kam der kleine Junge, er war elf Jahre alt, er führte die sieben Stück Vieh aus dem Stall hinaus. Die Mutter kam und sagte uns, wir sollten hineingehen und uns waschen. Wir hatten Angst, hinunter zu gehen, aber sie beruhigte uns, es kämen keine Fremden hierher. Wir gingen hinunter in den Stall. Wir wuschen uns mit hausgemachter Seife. Wir gingen wieder hinauf auf den Boden. Die Alte kam herauf auf den Boden und fragte uns, was wir essen wollten. Sie brachte uns Kartoffeln und Borschtsch herauf. Am Abend machten wir uns zum Aufbruch bereit.

Wir gingen am selben Abend zu einem Bauern in Goźlice, wo wir Schuhe, Wäsche und andere Kleinigkeiten hatten. Wir wollten sie zum Landrat bringen, damit sie bei ihm wären. Wir kamen zu dem Bauern, er war nicht zu Hause. Es war nur seine Mutter da. Wir setzten uns in den Obstgarten und warteten, bis er kam. Der Bauer ging hinein in den Schuppen, holte unsere Rucksäcke, aber es war nicht ein Drittel dessen drin, was wir ihm übergeben hatten. Ich fragte den Bauern, wo meine Sachen seien, er sagte, er habe die Rucksäcke eine gewisse Zeit in Sandomierz bei einem Polen gelagert und dort habe man sie möglicherweise vertauscht. Er gab uns 200 Złoty und getrocknete Pflaumen und sagte, wenn wir wieder vorbeikämen, sollten wir zu ihm hereinschauen, dann würde er uns wieder etwas geben. Von ihm gingen wir zu einem Bauern, bei dem ein Jude versteckt war.

Als wir uns der Türe näherten, hörte ich, wie der Jude zum Bauern sagte: „Geht ruhig schlafen." Wir klopften. Der Bauer öffnete uns. Wir betraten die Stube. Wir fragten ihn, wie es dem Juden gehe. Der Bauer sagte, er sei nicht da. Aber ich sagte ihm: „Erzähl mir keine Märchen, ich will ihn sehen." Er ging in den Stall und brachte den Juden. Ich fragte ihn, wie es ihm da ergehe. Er war schon neun Monate bei dem Bauern versteckt. Sein Bruder war im Gymnasium. Er war nach der Liquidierung des Gymnasiums geflohen und war schon auf dem Weg zum Bruder. Der Jude sagte mir nicht, wie man ihn behandelte, aber einen besseren Ort gab es bestimmt in ganz Polen nicht. Die Bauern, bei denen er war, waren kinderlos. Sie kümmerten sich um ihn und später auch um den Bruder wie um Kinder. Die Bäuerin teilte mit ihnen jeden Bissen. Sie wusch ihnen die Wäsche und schnitt ihnen die Haare. Ihr Mann Teofil Polit wurde später durch eine Mine getötet. Die Juden, die bei ihnen wohnten, hatten kein Geld. Ein Geschäft hatte das Paar mit ihnen nicht gemacht. Wir verabschiedeten uns und verließen die Stube.

Wir kamen zurück zu den Bauern, die uns so gut aufgenommen hatten. Sie hießen auch Polit. Wir legten uns wieder in den Stall. Am Morgen kam die Alte zu uns herauf und fragte, ob wir unsere Sachen bekommen hätten. Ich schwindelte und sagte, dass wir die Sachen bekommen hätten. Am Abend gingen wir zum Landrat, der in Pęchów wohnte. Das Geschäft, das er von dem Juden übernommen hatte, war in Klimontów. Es war schon Abend. Der Alte fragte uns, ob wir zurückkommen wollten, und wir bejahten. Wir gingen in Richtung Pęchów. Wir mussten das Dorf Zakrzów durchqueren. An jeder Hütte trafen wir Paare. Alle kannten uns, aber niemand sagte etwas.

Wir gehen weiter. Am Ende des Dorfes kreuzen sich die Wege. Ein uns bekannter Bauer weicht uns aus. Er sagt gar nichts. Plötzlich leuchtet man uns von unten an und jemand schreit: „Wer kommt da?"

Wir antworten: „Wir sind von hier."

Der Unbekannte fragt uns: „Woher?"

Da ruft mein Bruder: „Aus Sandomierz." Dann fügt er hinzu: „Wir kommen vom Lager."

Der Kerl befiehlt uns, stehenzubleiben, er leuchtet uns in die Augen. Als ich ihn mustere, sehe ich, dass er die Uniform eines Gendarmen trägt und eine Pistole auf uns gerichtet hält. Im ersten Augenblick meine ich, dass er ein Gendarm sei, aber dann erkenne ich, dass er Partisan ist. Da mein Bruder gesagt hat, dass wir vom Lager kommen, hat er verstanden, dass wir Juden sind. Denn in Sandomierz gab es nur für Juden ein Lager. Er fragt: „Juden seid ihr?"

Er beginnt uns auszufragen, wohin wir gehen, zu wem wir gesagt hätten, dass wir nach Klimontów gehen. Wir erwiderten, dass wir es niemandem gesagt hätten, sondern dorthin gingen, um bei Bekannten Sachen zu verkaufen, damit wir uns Brot kaufen könnten. Er will unbedingt wissen, zu wem wir gehen, denn er stört sich daran, dass wir bei jemandem Sachen zurückgelassen haben. Aber wir bleiben standhaft. Als der Bruder ihm sagt, er solle uns durchsuchen und nachprüfen, ob wir Geld hätten, antwortet er: „Ich brauche euer Geld nicht."

Er fängt an zu pfeifen. Möglicherweise wollte er den restlichen Kameraden signalisieren, sie sollten herkommen, aber es kommt keiner. Er führt uns an verschiedene Orte. Mein Bruder schlägt vor, wir sollten fliehen, aber ich will nicht. Mein Bruder bittet ihn, er solle uns gehen lassen, aber er sagt: „Kommt nicht näher."

Endlich, nachdem er uns hin und her geführt hat, sagt er: „Geht nicht nach Klimontów, dort gibt es einen Polizeiposten."

Er fragt uns, was man vom Krieg hört und wir sagen ihm, man redet, dass in Kürze schon nach dem Krieg sein wird. Zum Schluss fragt er: Raucht ihr?"

Er nimmt zwei Papirossy heraus und warnt uns noch einmal, wir sollten nicht nach Klimontów gehen, dann lässt er uns laufen. Wir gehen weiter. Wir kommen nach Pęchów.

Es ist noch ganz früh. Vor einem Haus, in dem Juden gewohnt haben, hören wir Gelächter von Burschen und Mädchen. Man strahlt uns mit einer Taschenlampe an. Wir gehen hinein in den Hof, wo der Landrat wohnt. Ein Hund fängt an zu bellen. Wir hören Schritte. Jemand fragt: „Wer ist da?"

Wir sagen, dass wir zum Landrat wollen.

„Weswegen?"

„Wir kommen in einer Angelegenheit zu ihm."

Noch ehe wir zum Landrat hineingehen, sagt man ihm schon, dass zwei Unbekannte nach ihm fragen. Als wir anklopfen, fragt der Landrat: „Wer ist da?"

Wir sagen: „Der Schneider von Klimontów."

Ich höre, wie der Landrat mit jemandem redet. Man öffnet die Tür, in der einen Tür sehe ich den, der uns auf der Straße getroffen hat, in der anderen Tür den Landrat. Es stellt sich heraus, dass das der Wirtschafter des Hofes ist. Mein Bruder geht als Erster hinein, ich folge ihm.

Der Landrat begrüßt uns nicht. Mein Bruder bleibt an der Tür stehen. Ich sehe ihn an und erschrecke. Ihm steht die Angst ins Gesicht geschrieben. Der Landrat bietet uns nicht einmal einen Platz an. Es ist Schabbat, der 25. September. In der Stube ist es sauber, es gibt elektrische Beleuchtung. Er geht im Pyjama im Zimmer umher, barfuß, mit Brille. Auf dem Tischchen liegen Papirossy. Er füllt sie auf, bietet uns aber nicht an, eine Papirossa zu nehmen. Seine Frau wäscht das Kind. In der Stube ist es warm. Auf dem Tischchen liegt ein Buch von Kaden-Bandrowski. Ich registriere, wie er aussieht und wie wir aussehen.

Er erkundigt sich, woher wir kommen. Wir sagen, dass wir aus dem Lager geflohen sind. Er meint, dass wir schlecht daran getan hätten zu fliehen, weil wir im Sandomirer Bezirk keine zwei Wochen überleben würden. Wir aber entgegnen, dass wir schon zwei Monate in Freiheit leben und dass wir sogar einen Partisanen getroffen haben, der uns laufenließ. An seinem Blick erkenne ich, dass ihm das nicht gefällt. Er gibt uns den Rat, ins Lager zurückzukehren.

Ich sage: „Ich soll für die Banditen, die meine Eltern ermordet haben, Gewehre herstellen?"

Er sagt: „Das ist dummes Zeug. Drei Millionen Polen arbeiten für die Deutschen."

Ich aber antworte, dass wir nicht ins Lager zurückgehen werden. Er sagt, dass Fligman nicht mehr lebt, Szuldman auch nicht, und er behauptet, dass sie von Polen umgebracht wurden. Mit den Worten will er uns entmutigen. Er sagt, es gäbe nur einen klugen Juden, das sei Melech Wajsblat, der sei im Lager geblieben und fliehe nicht.

Melech Wajsblat ist der Jude, der ihm das Geschäft in Klimontów überlassen hat. Er fragt, weswegen wir gekommen seien. Ich bitte ihn, er solle dem Mann, den wir zu ihm schicken werden, Geld geben. Daraufhin antwortet er mir: „Ich will mit Juden nichts zu tun haben."

Und als ich ihn frage, warum nicht, antwortet er: „Weil Juden Diebe sind."

Ich sage zu ihm: „Herr Landrat, du hast doch meinen Vater gekannt und weißt, was für ein arbeitsamer Mensch er gewesen ist."

Er sagt noch einmal: „Ich will mit Juden nichts zu tun haben. Wenn du willst, nimm alles mit, denn stückchenweise werde ich es nicht herausgeben, eher soll es verfaulen."

Ich sage ihm, dass ich jemanden schicken werde, der die ganze Ware mitnimmt. Ich verabrede mit ihm, einen Brief zu schreiben und er wird auf den Brief antworten, wann man wegen der Ware kommen soll, denn die Ware ist nicht bei ihm. Wir bitten ihn um Geld. Zuerst windet er sich, aber dann geht er zum Schrank und gibt mir und meinem Bruder je 1000 Złoty. Wir verabschieden uns und gehen.

Als wir nach Goźlice zurückkommen, wird es schon Tag.

13. In der Obhut von Bauern

Am 26. September kam die Alte zu uns herauf und fragte, ob man uns den Besitz herausgegeben habe. Wir erzählten ihr alle unsere Erlebnisse. Wir hatten vor ihr nichts zu verheimlichen. Mein Bruder fing heftig an zu weinen: „Wer wird uns aufnehmen, wer wird uns einlassen?"

Sie sagte: „Weine nicht, ihr werdet bei mir bleiben."

Da wir mit dem Landrat besprochen hatten, dass wir nach der Ware schicken würden, sandten wir den ältesten Sohn des Bauern mit einem Brief zum Landrat, er solle einen Termin bestimmen, wann man die Ware holen könne. Als er nach Klimontów kam, fing der Landrat an, mit ihm zu diskutieren, warum er sich mit Juden einlasse, er aber antwortete höflich und der Landrat bestimmte einen Termin.

Ich schrieb eine Vollmacht zur Herausgabe der Waren und schickte den jüngeren Bruder. Als er dort eintraf, fragte ihn der Landrat aus, woher er komme. Aber er wand sich heraus. Der Landrat gab ihm ein Drittel der Ware, aber selbst das war für uns die Rettung. Dann sprach ich mit dem ältesten Sohn und schlug vor, sie sollten uns bei sich wohnen lassen. Er versprach, mit dem Vater zu reden.

Nach ein, zwei Tagen kam er herein und sagte, er sei einverstanden. Für unseren Unterhalt zahlte ich ihnen nicht mit Geld, sondern mit Waren. Ich versprach ihnen auch, dass wir ihnen nach der Befreiung den Rest der Ware überlassen würden. Und das habe ich dann wirklich getan. Nach der Befreiung übergab ich ihnen Waren im Wert von 10 000 bis 12 000 Złoty.

Wir waren oben im Stall. Dort erkrankte ich an Ruhr. Ich wusste, dass es eine gefährliche, ansteckende Krankheit ist und hatte Angst, ihnen zu sagen, dass ich erkrankt war, weil sie mich sonst womöglich hinausgeworfen hätten. Ich tat selbst, was man tun kann. Eine Woche aß ich gar nichts. Mein Bruder aß meine Portion mit. Als ich wieder gesund war, erkrankte mein Bruder an derselben Krankheit. Er war etliche Monate krank und wurde auch wieder gesund.

Am Freitag, den 8. Oktober 1943, gab es in Klimontów Aufruhr. Es dauerte nicht lang, und der Hausherr kam zurück und erzählte, dass der Tumult ganz nahe der Stadt ausgebrochen sei. Es geschah Folgendes: In Klimontów befand sich ein Posten der deutschen Gendarmerie und am 7. Oktober hatten sie einen Partisanen geschnappt und ihn eingesperrt. Er befreite sich aus dem Gefängnis und floh in Richtung des Klosters. Gerade in dem Augenblick spazierten dort der Kommandant der Klimontower Gendarmerie, Meister Löscher, und zwei weitere Gendarmen. Sie schrien, er solle stehenbleiben. Weil er nicht gehorchte, schossen sie auf ihn und verwundeten ihn. Dann ging Löscher zu ihm hin und erschoss ihn. Er befahl, ihn auf dem jüdischen Friedhof zu begraben. Das Gleiche hatte mir der älteste Sohn am 7. Oktober erzählt und die Worte hinzugefügt: „Du wirst sehen, das wird er nicht lange überleben!" Und tatsächlich, am nächsten Morgen, als mein Hausherr zurückkam, erzählte er, ein Partisan habe sich auf der Straße Löscher genähert, fünf Kugeln auf ihn abgefeuert und ihm die Pistole abgenommen. Sofort danach sei er in einen Wagen gesprungen, der auf ihn gewartet habe, und entkommen. Nach seiner Flucht kam Gendarmerie nach Klimontów, fing an zu schießen und erschoss Tadek Grudzień. Mein Hausherr befürchtete, dass in Klimontów etwas passieren werde. Mich und meinen Bruder freute es, dass Löscher getötet worden war.

Wir baten den Alten und die Söhne, sie sollten uns ein Versteck einrichten, weil wir Angst hätten, so offen zu liegen. Sie verschoben es von einem Tag auf den nächsten. So dauerte es bis Anfang November. Endlich, am 13. November, war der Unterschlupf fertig. Das Versteck war in der Scheune errichtet worden. Die Länge des Verstecks betrug 1,75 Meter, kaum länger als wir, die Breite 1,25 Meter und die Höhe 1,28 Meter. Aufrecht stehen konnten wir dort nicht. Wir konnten nur sitzen oder knien. Finster war es dort wie in einem Grab.

Wenn niemand da war, gingen wir hinaus in die Scheune. Aber meistens lagen wir im Versteck, weil zu den Hausleuten oft Gäste kamen. Ein Cousin pflegte sie zu besuchen, ein gewisser Zaremba aus Stalowa Wola. Er war ein Linker. Er brachte meist gute Nachrichten und unser Hausherr kam oft zu uns hinauf, um uns aufzumuntern und sagte: „Der Krieg hängt an einem seidenen Faden."

Derselbe Zaremba drückte im Dorf seine Sympathien für Russland aus, deshalb fingen die AK-ler[23] an, ihn zu suchen und hielten ihn fest. Aber dank der Fürsprache unseres Hausherren, er sei ein ordentlicher Mensch, ließen sie ihn wieder frei.

Wie wir dort lagen und sahen, dass es bis zur Befreiung noch lang dauern würde, bat ich den Sohn, uns Untergrund-Zeitungen zu bringen, weil wir wissen wollten, was sich so tat. Er brachte mir ein Blatt *Szlakiem Chrobrego* („Chrobres Weg"). Und danach Blätter der NSZ *Informazie narodowych sił zbrojnych* („Informationen der Nationalen bewaffneten Kräfte").

Dort kam der Hass auf Russland zum Ausdruck, auf die Rote Armee und auf die linke Bewegung in Polen. Sie reagierten damit auf die PPR,[24] die eine Vereinigung aller Parteien gegen den deutschen Besatzer vorgeschlagen hatte. Sie wandten ein, es sei nicht die Zeit für einen Kampf, man solle nicht auf die PPR hören, sie schrieben, dass die PPR in dem Falle nur Russland in die Hände spiele. Sie schrieben, dass „wir dann gegen Deutschland antreten werden, wenn wir es für nötig halten". In einem anderen Blatt trat der Autor gegen die neuen Westgrenzen ein, die bestimmt werden sollten. So bekamen wir alle zehn Tage ein Blatt. Am 25. Februar 1944 erhielten wir das letzte Blättchen. Als ich um weitere bat, sagte der Alte, dass die Zeitung nicht mehr erscheine. Aber ich hatte den Verdacht, dass sie sie uns nicht geben wollten, weil man in den Blättern massiv gegen Russland und gegen die Juden auftrat.

Im Winter liehen sie sich eine Nähmaschine von ihrem Schwiegersohn aus einem anderen Dorf, und nachts pflegte ich aus meinem Versteck hinunterzugehen, um für sie zu

---

23 Angehörige der Armia Krajowa, der polnischen Untergrundarmee.
24 Polska Partia Robotnicza (Polnische Arbeiterpartei).

nähen. Einmal, als ich unten bei der Arbeit war, erzählte mir der Hausherr, dass im Dorf Sulisławice zwölf Juden bei einem Priester versteckt gewesen seien und ein anderer Priester ihn denunziert habe. Unter den zwölf Juden war auch ein Rabbiner. Man holte sie alle heraus und erschoss sie. Ein anderes Mal erzählte er mir, dass in dem benachbarten Dorf Jugoszów bei dem Bauern Jurkowski, dem Eigentümer einer Ölmühle, neun Juden versteckt waren. Er habe sie, zusammen mit noch jemandem, Stanislaw Marzec aus Kozia Góra, selber getötet. Die neun Juden liegen neben der Betsäule in Jugoszów begraben.

Bei demselben Stach Marzec waren drei Juden versteckt: Jękl Apelbaum, Mosze Tencer und Jękl Grinsztajn. Zusammen mit seinen Freunden drangsalierte er sie dermaßen, dass sie von dort weg mussten. Man verfolgte sie solange, bis sie Ende 1943 aufgrund einer Denunziation durch Tadek Brzozowski aus Klimontów gefasst wurden. Man schnappte sie im Dorf Konary und brachte sie in die Stadt. Die Deutschen führten sie vor ihrem Tod in Klimontów herum. Brzozowski lief ihnen nach und schrie: „Ihr seid doch die Starken." Man führte sie aus der Stadt heraus und erschoss sie. Die Deutschen gaben Brzozowski ein Gewehr und auch er schoss auf sie.

In der Zeit, als ich bei meinem Gastgeber war, schickte ich einen Brief an den Staatsanwalt des Gerichtes von Radom, er solle mir Geld oder Waren schicken. Ich hatte bei ihm Schmuck und Garderobe meiner Mutter deponiert. Aber er schickte mir gar nichts. Und als ich ihm schrieb, er solle mir einen dunkelblauen Anzug schicken, antwortete mir seine Schwester, ich hätte den Anzug doch schon mitgenommen. Ich schickte ihm fünfmal einen Boten, aber er rückte keinen Groschen heraus. Nach der Befreiung wurde er als Angehöriger der AK arretiert.[25]

Am 23. April 1944 beschlossen mein Bruder und ich, zu dem Juden zu gehen, der bei der Familie Polit versteckt war. Wir kamen dorthin und trafen dort auch schon den zweiten Bruder an, der nach der Liquidierung des Gymnasiums dorthin geflohen war. Wir fragten bei ihren Wirtsleuten, die denselben Familiennamen trugen wie unsere, nach Neuigkeiten. Sie sagten, dass die Russen eine Offensive gestartet hätten. Und so war es tatsächlich.

Die Front rückte näher. Es wurde unruhig. Unsere Wirtsleute begannen davon zu sprechen, wir sollten uns einen anderen Ort suchen. Am 23. Mai gingen wir zu den Juden, um sie zu bitten, sie sollten uns einen anderen Platz vorschlagen, aber wir kehrten unverrichteter Dinge nach Hause zurück. Unsere Lage wurde kritisch. Am 24. Mai kamen Kosaken der Wlassow-Armee[26] ins Dorf. Unsere Lage wurde noch schlimmer. Im ganzen Dorf waren Kosaken einquartiert, aber bei uns waren zum Glück keine. Auch bei dem anderen Polit waren Kosaken untergebracht, aber die Hausleute hatten die Juden gut versteckt. Wegen der

---

25 Die kommunistisch dominierte provisorische Regierung Polens in Lublin betrachtete die Mitglieder der Widerstandsbewegung Armija Krajowa (AK) als feindlich.
26 General Andrei Wlassow war der erste Kommandeur der „Russischen Befreiungsarmee", die seit Ende 1944 aufseiten der deutschen Wehrmacht kämpfte.

Kosaken mussten uns auch unsere Hausleute behalten, sie drängten uns nicht mehr zum Weggehen, weil es lebensgefährlich war, vor die Schwelle zu treten. Die Lage wurde jeden Tag gefährlicher.

Einmal, während der Beerdigung eines Kosaken, sagte der Priester, dass die Kosaken gekommen seien, eine heilige Tat zu vollbringen, nämlich Juden und Kommunisten abzuschlachten. In Postronna entdeckten die Kosaken bei einer Bäuerin drei Juden. Die Bäuerin Niedzbała erschlugen sie mit Stöcken. Unter den drei ermordeten Juden waren Matis Fajnkuchen, der uns in Wiązownica zu besuchen pflegte, und Zalman Baum.

Zwei Wochen vor der Befreiung hatten wir wieder großen Ärger. Die Tochter unserer Hausleute, ein Mädchen von 14 Jahren, war ganz krank vor Furcht. Sie hatte Angst, dass man unseretwegen alle töten würde. Einmal kam die Alte mit dem jüngsten Sohn zu uns herein, und sie sagten kategorisch, dass wir weg müssten. Gleichzeitig waren schon Schüsse von der Front zu hören. Es half kein Bitten. Wir sagten, dass wir erst weggingen, wenn der älteste Sohn Wacław seine Meinung dazu geäußert habe. Wacław hatte im Haus am meisten zu sagen. Wir flehten ihn an, wir hätten doch keinen Ort, wo wir hingehen könnten. Aber er sagte: „Was soll ich machen, wenn die Mutter doch Angst hat?"

Der Kleine meldete sich weinend zu Wort: „Was wird geschehen, wenn man euch findet, dann wird man uns umbringen."

Wir baten ihn: „Wacek, wohin willst du uns schicken?"

Er dachte nach, wusste nicht, was er tun sollte. Die Lage war auch dadurch erschwert, dass einer der Söhne, Moniek, in der AK war und die Mutter Angst hatte, dass, wenn man ihren Sohn suchen komme, man uns finden würde. Schließlich sagte Wacek: „No, leźć do dziury! (Nun, kriecht in das Loch hinein!)"

Es wurde uns wohler.

Am 6. Juni entstand eine zweite Front. Am 12. Juni mobilisierte die AK größere Kräfte unter ihren Mitgliedern. Sie rechneten sich aus, dass die Engländer als Erste Polen einnehmen würden. Zu der Zeit mobilisierten sie auch Moniek. In dem Dorf wurde außerdem Jan Barański mobilisiert, ein Abiturient. Als die AK sah, dass die russische Offensive sich in einem schnellen Tempo entwickelte, und die Russen eher hier sein würden als die Engländer, demobilisierten sie am 23. Juli eine Menge Leute, unter ihnen auch Moniek, der nach Hause kam. Zu der Zeit, als man sie demobilisierte, standen die Roten schon an der Weichsel.

Die Front war damals 20 Kilometer von uns entfernt. Am 23. Juli kam Zaremba von Stalowa Wola mit einem seiner Freunde zu unseren Hausleuten. Man brachte sie in die Scheune zum Schlafen, aber sie wussten nichts von uns. Ich hörte, wie sie unter sich redeten: „Ale Biją!" (Oh, tun die schlagen!)

„Und wie die schlagen!"

Und Zaremba sagte: „Ich wette mit dir, dass in zwei Wochen die Roten hier sind."

Ich glaubte auch nicht, dass die Roten so nahe seien, weil der Hausherr uns gesagt hatte, die Roten hätten nur eine Truppenlandung durchgeführt, und das sei schlimmer, weil die

Deutschen den Vorstoß zurückschlagen und an der Bevölkerung Rache nehmen würden. Eines Tages kam der Sohn des Hauses zu uns herein und brachte einen Aufruf in deutscher Sprache, den die russischen Flugzeuge abgeworfen hatten. Das war ein Aufruf der deutschen Generäle, die in Gefangenschaft geraten waren. In ihrem Aufruf schrieben sie an die deutsche Armee, sie solle sich ergeben, da der Krieg von den Deutschen verloren sei.[27]

Die Front näherte sich. Gerüchte gingen um, die deutsche Bevölkerung würde evakuiert. Die Atmosphäre wurde immer aufgeheizter. Eines Tages kam die Wehrmacht in das Dorf und quartierte sich bei den Bauern ein. Wir hörten Artilleriefeuer. Jeder Schuss ließ uns in unserem Versteck erstarren. Eines Tages kam das ältere Mädchen gelaufen und erzählte, dass auf dem Feld, wo sie Korn geschnitten hatten, drei Menschen von Kugeln verwundet worden waren. Ein anderes Mal kam sie gelaufen und erzählte, dass bei den Lipes, nicht weit von unserer Kate, eine Bombe explodiert sei und die Deutschen ein Feldtelefon verlegt hätten. Am selben Tag berichtete sie, dass die Deutschen das Telefon wieder abgebaut hätten. Der Abend war schrecklich, es brannte auf allen Seiten. Rundherum war Feuer zu sehen.

Unsere Hausleute hatten Angst, in der Stube zu bleiben, und sie machten sich Schutzgräben gegen Luftangriffe. Wir lagen in der Scheune auf Stroh und spürten, dass wir in letzter Minute noch mit unserem Leben würden bezahlen müssen. Das deutsche Militär wich unaufhaltsam zurück.

Eines Tages kam der Hausherr zu unserem Versteck. Er brachte unsere Kleidung und sagte: „Jungs, das ist euers, wenn die Scheune Feuer fängt, dann lauft weg."

Am Montag, den 7. August, gingen die Hausleute weg in ein anderes Dorf in der Nachbarschaft, wo sie eine verheiratete Tochter hatten. Nur wir und der Hund blieben. Auch das älteste Mädchen war noch bei den Kühen. Sie kam zu uns herein. Sie bedauerte uns sehr und sagte: „Was wird nur aus euch werden?"

Dann gab sie uns Brot und ging fort.

14. Wir sind frei

Es war wohl gegen elf Uhr am Morgen, als mein Bruder durch ein Loch in der Wand Soldaten den Hof betreten sah. Er beobachtete, dass einer mit einem Maschinengewehr in den Hof kam. Zwei weitere Soldaten legten sich mit Gewehren bei der Kate hin. Mein Bruder sagte, dass sie anders gekleidet seien als die Deutschen und dass sie russisch redeten. Wir nahmen an, dass sie Milizionäre der Wlassow-Armee seien. Mein Bruder wollte weglaufen, aber ich hielt ihn zurück, denn es gab nichts, wo wir hätten hinlaufen können. Ich schaute

---

27 Kriegsgefangene deutsche Soldaten und Offiziere hatten sich 1943 mit deutschen Emigranten in der Sowjetunion zum Nationalkomitee Freies Deutschland zusammengeschlossen, um Wehrmachtsangehörige zur Aufgabe zu überreden.

durch das Loch und sah, dass der Hof voller Militär war. Gleichzeitig kamen die Soldaten mit Maschinengewehren in die Scheune. Ich meinte, unser letztes Stündchen habe geschlagen. Ich versteckte den Aufruf, den der Hausherr uns gebracht hatte, in der Erde. Mein Bruder warf noch einmal einen Blick durch das Loch und sagte, es komme ihm vor, als seien es Rote, denn die Epauletten seien rot gesäumt. So lagen wir bis ein Uhr mittags.

Um ein Uhr kommen Wacek und Moniek gelaufen, klopfen bei uns und schreien mit großer Freude: „Wyłaźta, bo bolszewicy już są (kriecht heraus, die Bolschewiki sind schon da)!"

Wir gehen hinaus und fragen, ob es eine Truppenlandung sei. Er sagt, es sei keine Truppenlandung, sondern eine ganze Armee, es fahren Panzer und Autos.

Auf der Chaussee bricht der Verkehr zusammen. Ich schaue hinaus und sehe, wie Soldaten zum Brunnen kommen, um Wasser zu holen. Ich sehe auch, dass eine Zigeunerin auftaucht. Rasch läuft sie ins Bauernhaus, um zu stehlen. Soldaten kommen und gehen. Ich sehe, wie ein Soldat in die Kate hineingeht. Ich kann mich nicht mehr zurückhalten und gehe nach unten. Der Soldat fragt mich, ob ich der Hausherr sei und ob ich Schnaps habe. Ich sage ihm, dass ich nicht der Hausherr bin und dass ich Jude bin. Es ist ein junger Soldat. Er traut seinen Augen nicht, dass ich tatsächlich ein Jude bin. Ich gehe in die Kammer. Es kommt immer mehr Militär. Sie suchen überall und kommen in die Kammer. Ein Soldat mir erhobenem Gewehr fragt, wer wir sind. Wir sagen ihm, dass wir Juden sind. Er versteht nicht, warum wir uns noch verstecken. Er bringt seine Kameraden herein, sie sollen sich das anschauen. Die Soldaten verstehen nicht, warum wir nicht herunterkommen. Sie nehmen uns an den Händen und führen uns hinaus auf den Hof.

Das war gegen zwei oder drei Uhr am Tag. Nach einigen Minuten gingen wir wieder hinauf in die Kammer. Bei Nacht kehrten wir zurück in den Kuhstall in unser Versteck, um über Nacht zu schlafen und am nächsten Morgen weiterzugehen. Gerade als wir uns hinlegen wollten, klopfte Wacek, wir sollten hinausgehen. Wir gingen hinaus in die Schützengräben auf dem Feld und schliefen dort. Das sowjetische Artilleriefeuer dauerte die ganze Nacht. Die Front kam sechs Kilometer von uns entfernt Richtung Włostów zum Stehen. Sie blieb dort vom 7. August 1944 bis zum 12. Januar 1945.

Am nächsten Morgen standen wir auf und gingen. Wir liefen in Richtung Klimontów. Auf dem Weg folgte uns ein sowjetischer Soldat, der Wasser trug. Beim Friedhof hielt er uns auf und führte uns zum Kommandanten. Der Kommandant forderte uns auf, unsere Dokumente zu zeigen. Wir sagten, dass wir keine Papiere hätten, weil wir Juden seien. Er ließ uns frei. Der Soldat, der uns festgehalten hatte, fragte uns: „Warum habt ihr untereinander Deutsch geredet?"

Wir kamen nach Goźlice. Die Kate unseres Hausherrn stand einen halben Kilometer vom Dorf entfernt. Wir gingen zu einem bekannten Bauern, Jan Barański. Er riss die Augen auf. Er riet uns, aus der Gegend zu verschwinden, weil es hier nicht ruhig sei. Hier könne man uns umbringen. Wir gingen weiter.

An der Chaussee liegen in den Gräben getötete deutsche Soldaten und zerstörte Panzer.

Ein Jude aus Klimontów erzählt ...

Es begegnen uns Bewohner aus unserer Stadt. Sie erzählen uns, dass es in Klimontów zehn Juden gebe, unter ihnen Gotlip, der jetzt bei mir wohnt. Es stellt sich aber heraus, dass es in Klimontów nur einen Juden gibt, der uns erzählt, dass er zusammen mit noch zehn Mann geflohen ist, sie sind aber noch nicht angekommen. Vor der Stadt tauchen deutsche Flugzeuge auf, sie fliegen vorbei. Wir gehen in die Stadt hinein.

Wir laufen am Kloster vorbei, als von dort Leute herauskommen. Ich erkundige mich bei ihnen nach meinen Schuldnern. Sie sagen, dass die Deutschen während einer Razzia einige von ihnen gefangen haben. In der Stadt brennt es noch. Ich erfahre, dass die Deutschen vor dem Abzug die Häuser mit Benzin übergossen haben. Ich komme auf den Markt und sehe von Weitem den Landrat Hejnoch zusammen mit zwei Bürgern. Er ruft mit vorgetäuschter Freude: „Da ist mein Schneider."

Er gibt uns die Hand und fragt, wie wir die Zeit überlebt haben. Kleinere Militärabteilungen passieren den Markt. Die Bürger geben uns zu verstehen, dass die Russen bald abziehen werden. Wir halten einen Offizier an und fragen, ob das wahr sei, dass die Deutschen zurückkommen werden. Sie brechen in Gelächter aus und sagen: „Der Deutsche kommt nicht mehr hierher." Wir sind beruhigt.

Wir laufen in der Stadt umher. Wir gehen hinein in eine Stube und kaufen uns Essen. Während wir frühstücken, kommt jemand herein und schreit, die Russen fliehen. Wir gehen hinaus zu einem Rotarmisten. Er sagt, das sei nicht wahr. Er rät uns, zu einem politischen Instrukteur zu gehen, einem Juden im Dorf Nawodzice, der uns alles erklären könne. Er sagt, auch der Kommandant in Pęchów könne uns alles sagen. Er hält ein Auto an und wir fahren zum Kommandanten. Der Kommandant nahm uns gut auf, gab uns Mittagessen aus der Küche und wir blieben bei ihm. Er holte einen Sergeanten, den Juden Waksman, und sagte ihm, er solle uns zum Ortskommandanten von Klimontów bringen. Der Kommandant stand mit den Städtern zusammen und hat sich gut unterhalten. Er sagte mir, ich solle mich an die Arbeit machen und in meine Wohnung einziehen. Es gab auch einen Zwischenfall mit einem Polen, der zu einem russischen Soldaten gegangen war und ihm gesagt hatte, die Juden hätten die Deutschen unterstützt.

Am nächsten Morgen ging ich mit meinem Bruder zum Staatsanwalt Wieczorek. Die ganze Familie geriet in helle Aufregung. Der Sohn des Staatsanwaltes kam herein und fragte, ob wir zu Mittag essen wollten. Ich sagte, man solle uns die Waren und den Schmuck herausgeben, die ich bei ihm zurückgelassen hatte. Der Staatsanwalt sagte, er habe mit meinem Vater abgemacht, dass er die Sachen erst nach dem Krieg herausgeben werde. Der Hauptgrund war aber, dass er die Sachen nicht bei sich zu Hause hatte und er sie jetzt nicht herausgeben konnte.

Von dort ging ich zum jüdischen Friedhof. Er bot ein schreckliches Bild. Die steinerne Mauer war zerstört und beiseite geschafft worden. Die Grabsteine waren fast alle herausgerissen, ungefähr 20 Prozent waren geblieben. Die Erde war zertreten. Ich sah mir die Massengräber an und suchte das Grab des Paares, das von den AK-Milizen in ihrer Haftzelle ermordet worden war. Der polnische Verwalter der jüdischen Gemeinde zeigte mir ihr Grab. Er erzählte mir, dass Ganoven die Tora-Rollen ausgegraben und gestohlen hätten. Das Pergament benutzten sie zum Ausfüttern ihrer Stiefel. Er erzählte mir, dass im Frühjahr 1943, sechs Monate, nachdem man die 68 Erschossenen begraben hatte (das war am 30. November 1942), Unterweltler kamen, die Toten herauszerrten, nach Geld durchsuchten und ihnen die Goldzähne herausbrachen. Einer von denen, die das taten, war Czeslaw Nowakowski.

Als ich den Friedhof verließ, kam eine ältere polnische Frau auf mich zu und zeigte mir das kleine Grab eines siebenjährigen Jungen, Awner Diamant. Die Familie des Kindes hatte sich vor der Deportation bei Polen versteckt. NSZ-Banditen kamen, holten die ganze jüdische Familie heraus und erschossen sie. Bei der Erschießung fiel die Mutter auf das Kind, das nur verletzt wurde. Bei Nacht stand das Kind auf und kam in das Dorf Dmosice. Dort gab man dem Kind zu essen und brachte es nach Klimontów. Eine arme polnische Frau aus Klimontów, Janis, die früher für die Eltern des Kindes als Wasserträgerin gearbeitet hatte, kümmerte sich um das Kind. Das Kind sagte ihr, dass es Verwandte in Amerika habe und man sie nach dem Krieg belohnen würde. Sie zog das Kind zusammen mit ihren Enkeln auf. Es ging auch zum Priester und bat darum, getauft zu werden. So verbrachte das Kind etliche Wochen im Städtchen. Eines Tages verriet man es an die deutsche Gendarmerie. Das Kind bat, man solle es leben lassen, es gab eine Adresse an, wo sein Vater Geld versteckt hatte. Zwei Tage war das Kind bei der Gendarmerie, dann brachten sie es auf den Friedhof. Dort erschoss man es mit drei Kugeln.

Am nächsten Morgen ging ich in die Synagoge und ins Bet ha-Midrasch. Die alte Synagoge war von deutschen Händen verschont geblieben. Es fehlte nur der Tora-Schrein. Türen, Fenster, die Malereien, alles war noch da. Auch das Bet ha-Midrasch war intakt geblieben. Von dort ging ich zum Gefängnis des Judenrates. Alles war dort wie früher. Die Wände waren beschrieben mit Inschriften gegen den Judenrat. Ein Text war in Reimen verfasst, er richtete sich gegen den Ratsmann Dawid Grosman: „Dawid Grosman, das Zaumzeug lege man ihm an, denn ein Gaul ist er wie keiner. Er soll zum Teufel gehen, denn ganz ohne Zweifel ist er ein Dieb, ein gemeiner."

Ich sah die Wand der Synagoge, wo die Exekution der 22 Juden am 2. September 1942 durchgeführt worden war. In der Synagogenwand blieben die Einschusslöcher als stumme Zeugen der Schandtaten des Judenrates und der Übergriffe der polnischen Polizei.

In derselben Nacht wurde Klimontów bombardiert, wobei das jüdische Viertel, das noch teilweise intakt gewesen war, zerstört wurde. Dabei wurde neben anderen die Frau getötet, die das jüdische Kind aufgenommen hatte. Ich beschloss, von hier wegzugehen, über die Weichsel, um von der Front weiter entfernt zu sein. Aber auf der anderen Weichselseite hielt uns der NKWD[28] fest. Man ließ uns nach kurzer Zeit frei und wir gingen weg, zurück nach Klimontów. Weitere Juden kamen nach Klimontów. Die Lage war schwierig.

---

28 Narodny kommissariat wnutrennich del (Volkskommissariat für Inneres, sowjetischer Geheimdienst).

Wir waren völlig mittellos. Wir arbeiteten bei einem Juden, Motel Pęcina, der seine Mühle wieder übernommen hatte. Er mahlte Mehl für die Rote Armee und machte damit ein Vermögen. Für gewöhnlich teilte er uns Brotstückchen zu und schlug uns, wenn wir nicht arbeiten wollten. Später arbeitete ich als Schneider für die Rote Armee und verdiente gut.

Einmal kam ein gewisser Stefan Bigos aus einem nahe gelegenen Dorf zu uns und riet uns, wir sollten Klimontów verlassen, weil er genau wisse, dass die NSZ Granaten durch unsere Fenster werfen werde. Als die Front sich am 12. Januar weiterbewegte und es weniger Militär gab, beschlossen wir, aus der Stadt wegzuziehen, weil die Atmosphäre in der Umgebung sich weiter aufheizte. Viele Polen beschworen uns wegzugehen.

Ende März 1945 kamen wir nach Łódź. In Klimontów blieben nur Chajm Pęcina und seine schwangere Frau. Sein Vater, Abraham Pęcina, der mit Frau, Tochter, drei Söhnen und zwei Schwiegertöchtern in Wiązownica versteckt gewesen war, wurde zusammen mit seiner Familie ganz kurz vor der Befreiung ermordet. Um dieselbe Zeit, kurz vor der Befreiung, wurden in demselben Dorf zwei jüdische Frauen ermordet: Frau Ruźe Baum mit ihrer Schwester, der Frau von Izrael Rozenberg (er lebt jetzt in Argentinien).

Ich erfuhr auch, dass zu Ratkowski, wo ich versteckt gewesen war, nach unserem Weggang am 5. September 1943 jüdische Bekannte von ihm kamen, die sich bei ihm verstecken wollten: Awner Wal, Joel Wajcman und Mosze Nisnbaum aus Opatów. Ratkowski war einverstanden sie aufzunehmen, dann gingen Awner und Wajcman nach Klimontów, um bei Jozsef Stęsicki ihre Sachen zu holen. Als sie von Stęsicki weggingen, schickte dieser ihnen Banditen hinterher, die ihnen bis nach Wiązownica zu Ratkowski folgten. Sie schlugen Ratkowski zusammen und erschossen die drei Juden bei ihm auf dem Hof. Es war eine Gruppe von 40 bewaffneten Banditen. Das erzählte mir Edward Ratkowski, der die Juden in einem Gemeinschaftsgrab beim christlichen Friedhof begraben hatte. Auch zu Mazur, bei dem wir in demselben Dorf gewesen waren, kam nach unserem Weggang die NSZ und forderte von ihm, er solle verraten, wo die Juden versteckt seien. Sie gingen gleich zu dem Schutzraum, wo wir gewesen waren. Sie schlugen den Hausherrn, er solle sagen, wo wir seien. Zum Schluss, als Abschreckung, schlangen sie ihm einen Birkenzweig um den Hals und hängten ihn auf. Das erzählte mir Mazur selbst.

Am 12. April 1945 verließen die restlichen Juden aus Angst vor den NSZ-Banden Klimontów. Zurück blieben nur noch fünf Juden: Abraham Złotnicki, die Brüder Szaje und Chil Lederman und das Paar Chajm und Riwcze Pęcina. Die NSZ-Banden konnten das nicht dulden. Montagabend, den 16. April 1945, kamen sie und erschossen die Juden.

Damit ging die Geschichte der Juden in Klimontów zu Ende.

Unterschrift des Zeugen: L. Zylberberg
Unterschrift des Protokollanten: K. Mirska
Łódź, den 5. Oktober 1945

* * *

Ich, Grinberg Oszer, geboren in Klimontów im Jahre 1896, bin die ganze Zeit bis zur Deportation, d. h. bis zum 1. November 1942, in Klimontów gewesen und ich bestätige, dass alles, was Lejb Zylberberg berichtet hat, vollständig richtig ist.

Łódź, den 16. April 1947
Oszer Grinberg
Łódź, Kamienna 8 w. 18

Endnoten

1) Es ist hier die Rede von der Verordnung von Generalgouverneur Frank vom 26. 10. 1939 und von dem Ausführungsbeschluss zu der Verordnung vom 12. 12. 1939, der vom SS- und Polizeiführer Krüger herausgegeben wurde.
2) Die Jüdische Soziale Selbsthilfe (abgekürzt auf Polnisch Z. S. S. und auf Deutsch J. S. S.) bekam von Anfang an Mittel aus Krakau von der „Naczelna Rada Opiekuńcza" N. R. O., dem „Obersten Fürsorgerat".
3) Im März fand die Deportation der gesamten jüdischen Bevölkerung von Siedlce statt. Das war der Anfang der Massenaktionen, die danach das ganze besetzte Gebiet des Generalgouvernements umfassten.
4) Über den Tod des Ostrowiecer Rabbiners berichtet auch ein Jude aus Sandomierz, Zaberman, dass Geier dem Judenrat befohlen habe, den Ostrowiecer Rabbiner festzusetzen. Es fanden sich zehn Juden ein, die mit ihm tauschen wollten, aber der Judenrat war dagegen, auch der Rabbiner wollte das Opfer nicht annehmen. Am Morgen kam Geier und befahl, den Rabbiner hinauszuführen. Er stellte sich gegenüber dem Rabbiner auf und zielte auf ihn, schoss aber nicht. So zielte er etliche Male, bis er den Rabbi erschoss. Danach steckte er ihm eine Papirossa in den Mund und fotografierte ihn so. (Anmerkung des Protokollanten)
5) Wächter einer Fabrik.

Abraham Krzepicki

Achtzehn Tage in Treblinka

Übersetzung aus dem Englischen von Frank Beer nach:
The Death Camp Treblinka. A Documentary, edited by
Alexander Donat, New York 1979, Seiten 77 bis 144.

Vorbemerkung

Der Bericht entstand Anfang 1943 im Ghetto Warschau und ist damit das früheste authentische Zeugnis über das Vernichtungslager Treblinka. Er wurde erstmals 1956 in jiddischer Sprache in der Zeitschrift des Jüdischen Historischen Instituts Warschau veröffentlicht.

Frank Beer, Wolfgang Benz, Barbara Distel

Vorwort der amerikanischen Ausgabe

Abraham Jacob Krzepicki war Anfang zwanzig, als 1939 der Krieg in Polen ausbrach. Er wurde zur polnischen Armee eingezogen und von den Deutschen gefangen genommen. Nach seiner Entlassung zog er nach Warschau. Am 25. August 1942 wurde er nach Treblinka deportiert. Allerdings gelang es ihm 18 Tage später, zu fliehen und ins Warschauer Ghetto zurückzukehren. Dort schloss er sich der ŻOB (Jüdische Kampforganisation) an und wurde beim Aufstand im Warschauer Ghetto im April 1943 getötet. Er war Mitglied einer Gruppe der Hanoar Hatzioni[1] unter Jacob Praszker. Während des Beschusses der Bürstenmacherbetriebe wurde er am Bein verwundet. Seine Kameraden mussten das brennende Gebäude evakuieren und waren gezwungen, ihn und weitere verletzte Kämpfer zurückzulassen.

Die Führung des geheimen Ghetto-Archivs (unter dem Historiker Emanuel Ringelblum) betraute Rachel Auerbach mit der Aufgabe, die Aussage von Krzepicki niederzuschreiben (Dezember 1942 bis Januar 1943). Krzepickis Schilderung, er war damals 25 Jahre alt, war der erste Augenzeugenbericht über die Verbrechen in Treblinka. Das polnischsprachige Manuskript lag unter den Trümmern des Ghettos zusammen mit weiteren Dokumenten aus dem zweiten Teil des Ringelblum-Archivs begraben. Es wurde am 1. Dezember 1950 von polnischen Bauarbeitern unter den Ruinen der Nowolipki-Straße 65 geborgen. Das Originalmanuskript befindet sich heute im Jüdischen Historischen Institut in Warschau (Akte 290). Es wurde erstmals im Juni 1956 veröffentlicht, in der jiddischsprachigen Ausgabe der Publikation des Instituts, „Bleter far Geshikhte" (Vol. XI, No. 1–2, 1956, Warschau).

Dies ist die erste englische Übersetzung von Krzepickis Bericht.

---

1 Hanoar Hatzioni ist eine 1926 gegründete, zionistische Jugendbewegung.

Abraham Krzepicki

Achtzehn Tage in Treblinka

1. Kapitel

Die Blockade

Am 25. August [1942] wurde gegen halb sechs Uhr abends die Honigfabrik in der Zamenhof-Straße 19, wo wir Arbeiter beschäftigt waren, umstellt. SS-Männer drangen in die Fabrik ein und trieben alle Menschen hinaus. Alles Bitten und Betteln half nichts. Mit vorgehaltenen Waffen drohten sie, uns zu erschießen. Wir ließen alles liegen und verließen die Fabrik. Wir wurden in Reihen aufgestellt. Da ich Deutsch konnte, ging ich zu dem *Scharführer* und bat ihn, einige Dinge mitnehmen zu dürfen. Ich hatte daran gedacht, mich zu verstecken, aber ich sah, dass es nicht möglich sein würde. Als ich meine Sachen zusammenraffte, kam ein Junak[1] auf mich zu und richtete seine Waffe auf mich. Aber als ich „*Scharführer!*" schrie, verzichtete er darauf zu schießen.

Als ich ging, gab der Scharführer mir einen Tritt, damit ich mich beeilte. Mehrere Männer, die sich im Toporol-Garten[2] versteckt hatten und gefunden worden waren, wurden auf dem Hof erschossen. Wir wurden auf die Zamenhof-Straße hinausgebracht. Draußen auf der Straße standen weitere SS-Männer mit hochgekrempelten Ärmeln und Peitschen in den Händen. Sie sahen aus wie Metzger in einem Schlachthof; ihr Anblick stieß uns ab. Blutüberströmte Juden trafen aus der Wolynska-Straße ein. Banden von Ukrainern zogen umher und plünderten die verlassenen Häuser. Als Brandt[3] herangefahren kam, sagten die Leute: „Schaut! Brandt ist da! Vielleicht werden wir aus dieser Hölle entlassen, weil wir Arbeiter sind." Danach erschienen weitere 200 Menschen, sie kehrten aus einer der Werkstätten zurück. Sie kamen daher, als ob sie keinerlei Sorgen hätten, denn sie waren auf dem Nachhauseweg von der Arbeit. Einer der Ukrainer fragte Brandt, was er mit diesen Leuten machen solle. „Nehmt sie alle mit!" antwortete Brandt, und die ganze Menge wurde in unsere Reihen eingegliedert.

1   Junak: nicht-deutscher Hilfswilliger.
2   Toporol: Abkürzung für Towarzystwo Popierania Rolnictwa (Gesellschaft zur Förderung der Landwirtschaft).
3   Karl Georg Brandt (1898–1945) war Kriminalpolizist und bei der Gestapo in Warschau zuständig für jüdische Angelegenheiten. An der „Umsiedlung" im Sommer 1942 war er maßgeblich beteiligt. Brandt fiel im Februar 1945 in Posen.

Brandt gab Lejkin[4] den Befehl „*Alles abmarschieren!*", und so marschierten wir in Fünferreihen ab. Die Ghettopolizei und die Ukrainer bildeten einen Kordon auf beiden Seiten, mit einem jüdischen Polizisten oder einem ukrainischen im Abstand von 20 Schritt und einem SS-Mann in Abständen von 40-50 Metern. Und so marschierten wir ab. Ich war der Letzte in der Reihe, weil ich plante zu flüchten. Aber es war unmöglich, es waren zu viele Deutsche da. Ich schaute kurz durch die Straßen und sagte mir, dass ich nun Abschied von Warschau nehmen würde. Als ich auf dem *Umschlagplatz* ankam, hörte ich, wie einer der Ghettopolizisten einen seiner Verwandten aufforderte, nach rechts zu gehen. Ich wollte auch nach rechts gehen, in Richtung Spital, weil ich mir eine Chance ausrechnete, mich dort retten zu können. Aber der gleiche Polizist zog mich zurück und ich lief hinaus auf den *Umschlagplatz*. Ich konnte sehen, dass ich erledigt war.

Auf dem *Umschlagplatz*

Wir hofften noch immer, dass irgendeine Art von Selektion auf dem *Umschlagplatz* erfolgen würde, und wir in der Lage wären, unsere Papiere vorzuzeigen. Aber leider hatten wir nie diese Chance. Als wir näher kamen, sahen wir die Waggons, die für uns bereitstanden, und sagten: „Oh weh, da haben wir es! Jetzt sind wir in Schwierigkeiten!" In der Tat kamen litauische Wachposten direkt zu uns herüber und schlugen uns mit Peitschen auf die Köpfe. Sie ließen niemanden in die Nähe der Deutschen kommen. Vom *Umschlagplatz* wurden wir zu den Waggons gebracht. Nur zwei Vorarbeiter aus Waldemar Schmidts Betrieb schafften es, davonzukommen, sie trugen Uniform und Schirmmütze. Sie gingen zum Scharführer, der ein alter Sadist war, aber er hatte eine plötzliche Eingebung. Er musterte sie fünf Minuten von oben bis unten, dann nickte er und ließ sie gehen. So kamen diese beiden Männer davon, aber ein solches Glück hatte sonst niemand. Wir näherten uns den Waggons. Wir konnten bereits sehen, wie ältere Menschen halb bewusstlos auf dem Boden des ersten Waggons lagen. Der Anblick stieß uns ab. Dann bewegten wir uns zu den Waggons, und die litauischen Hilfskräfte trieben uns schneller mit ihren Peitschen an, bis in die Waggons. Wir mussten alle Hoffnung aufgeben, unsere Papiere jemandem zeigen zu können, und so gerieten wir in die Waggons.

Im Eisenbahnwaggon

Mehr als hundert Menschen wurden in unseren Waggon gepfercht. Die Ghettopolizei schloss die Türen. Als sich die Tür hinter mir schloss, ging für mich die Welt unter. Einige hübsche junge Mädchen standen noch immer vor den Waggons neben einem Deutschen in der Uni-

---

4 Jacob Lejkin leitete seit Juli 1942 den Jüdischen Ordnungsdienst im Warschauer Ghetto und war in dieser Funktion an der Durchführung der Deportationen im Sommer 1942 beteiligt. Ein jüdischer Widerstandskämpfer erschoss ihn am 29. Oktober 1942.

form eines Gendarmen. Dieser Mann war der Kommandant der Shaulis[5] und der Eskorte für unseren Zug. Die Mädchen schrien, weinten, streckten dem Deutschen ihre Hände entgegen und riefen: „Aber ich bin doch noch jung! Ich will arbeiten! Ich bin doch noch jung! Ich will arbeiten!" Der Deutsche sah sie nur an und sagte kein Wort. Die Mädchen wurden in die Güterwagen verladen und fuhren mit uns zusammen. Nachdem die Türen hinter uns verschlossen waren, sagten einige der Leute: „Juden, wir sind erledigt!" Aber einige andere und ich wollten das nicht glauben. „Das kann nicht sein!", argumentierten wir, „sie werden nicht so viele Menschen töten! Vielleicht alte Menschen und Kinder, aber nicht uns. Wir sind jung, uns bringen sie zur Arbeit."

Die Waggons setzten sich in Bewegung. Wir waren auf dem Weg. Wohin? Wir wussten es nicht. Vielleicht würden wir in Russland arbeiten. Aber einige der alten Leute wollten das nicht glauben und begannen, sobald sich der Zug in Bewegung gesetzt hatte, das Trauergebet Kaddisch zu sprechen.

„Juden, um uns ist es geschehen!", sagten sie. „Es ist Zeit, das Gebet für die Toten zu sprechen."

Die Juden sprechen das Kaddisch

Es ist unmöglich, sich den Horror in diesem geschlossenen, stickigen Güterwagen vorzustellen. Es war eine große Kloake. Jeder drängte sich zum Fenster, wo es ein wenig Luft gab, aber es war unmöglich, in die Nähe des Fensters zu gelangen. Alle lagen auf dem Boden. Ich legte mich auch hin. Ich konnte einen Spalt im Boden fühlen. Ich lag mit meiner Nase auf dieser Spalte, um Luft zu schnappen. Was für ein Gestank in dem ganzen Waggon! Man war unfähig, das zu ertragen. Eine echte Jauchegrube überall. Alles voll Schmutz, in jeder Ecke des Wagens häuften sich menschliche Exkremente. Die Menschen riefen: „Ein Topf! Ein Topf! Gebt uns einen Topf, damit wir das aus dem Fenster schütten können." Aber niemand hatte einen Topf.

Nachdem der Zug ein Stück Weg zurückgelegt hatte, hielt er plötzlich auf freier Strecke. Ein Shaulis betrat unseren Waggon mit dem Revolver in der Hand. Er trieb die Menschen auf eine Seite des Waggons, stellte sich auf die andere Seite und hielt sie mit seinem Revolver in Schach. Ich dachte, er hätte eine Giftgas-Granate in seiner Waffe, und wir würden direkt dort im Waggon vergast werden. Aber dann erinnerte ich mich an das Fenster und konnte nicht begreifen, was los war. Es stellte sich heraus, dass der Shaulis nicht gekommen war, um uns zu töten, sondern lediglich, um uns auszurauben. Jeder von uns musste zu ihm vortreten und zeigen, was er hatte. Ruck, zuck griff sich der Shaulis alles, was nicht gut versteckt war: Geld, Uhren, Schmuck. Zweifellos war er in Eile, um noch in weitere Waggons vorzudringen. Nach einer Weile fuhr der Zug weiter.

---

5   Abwertende Bezeichnung für litauische, lettische und ukrainische Wachmannschaften.

Lasst uns hier rauskommen!

Ich versuchte, mit einigen der jungen Leute zu sprechen. „Lasst uns hier rauskommen! Lasst uns durch die Fenster rauskommen!" Aber viele von ihnen sagten: „Es hat keinen Zweck! Wenn wir springen, werden wir sowieso getötet werden." Aber zwei Personen sprangen genau in dem Augenblick ab. Die Deutschen bemerkten es und stoppten den Zug, um auf sie zu schießen. Ich weiß nicht, was aus diesen beiden wurde. Ich gab die Idee mit dem Abspringen auf und ließ mich wieder auf den Boden nieder, zusammen mit den anderen.

Der Zug hielt an einem kleinen Depot. Einer nach dem anderen fielen wir in den Schlaf. Wir schliefen ein paar Stunden. Gegen fünf Uhr morgens sahen wir viele weitere Transporte von Juden an unserem Fenster vorbeifahren.

Unsere Lage in den Waggons verschlechterte sich immer mehr. „Wasser!", riefen wir durch das Fenster den Eisenbahnern zu; wir boten ihnen eine Menge Geld, damit sie uns Wasser brachten. Wir waren bereit, viel für einen Schluck Wasser zu bezahlen. Es war sehr schlimm, aber wir schafften es nicht, all das Wasser, das wir benötigten, für den Preis unseres ganzen Geldes zu bekommen. 500 bis 1000 Złoty wurden für eine einzige Portion Wasser bezahlt. Die Eisenbahner und die Shaulis kassierten das Geld. Wer das nicht erlebt hat, wird nicht glauben, was damals geschah. Wir lagen einer über dem anderen, ohne Luft. Wer in der Lage gewesen war, Wasser zu bekommen, hatte keine große Freude daran. Eine Person schrie, ihr Vater sei in Ohnmacht gefallen, eine andere, dass ihre Mutter umgekippt sei, und eine Dritte, dass ihr Kind bewusstlos sei. So wurde das Wasser in derart kleinen Portionen verteilt, dass niemand mehr viel davon profitieren konnte, auch wenn unter solchen Umständen die Menschen gewöhnlich ziemlich egoistisch sind. Verschiedene wichtige Leute, Professoren und Doktoren, fuhren in unserem Güterwagen mit. Sie zogen ihre Hemden aus und lagen keuchend auf dem Boden. „Ein wenig Wasser für den Arzt, er wird ohnmächtig!", schrie jemand auf. Ich kannte die Namen dieser Menschen nicht. Ich zahlte 500 Złoty, mehr als die Hälfte meines Geldes, für ein Glas Wasser (etwa einen Viertelliter). Als ich gerade dabei war, das Wasser zu trinken, kam eine Frau auf mich zu und sagte, dass ihr Kind ohnmächtig geworden sei. Ich hatte die Hälfte des Wassers getrunken und konnte den Becher einfach nicht von meinen Lippen reißen. Da biss mir die Frau mit aller Kraft in die Hand, damit ich mit dem Trinken aufhörte und ihr etwas von meinem Wasser gab. Ich hätte nichts dagegen gehabt, noch einmal gebissen zu werden, wenn ich nur mehr Wasser bekommen hätte. Aber ich ließ einen Teil des Wassers in dem Becher und sah zu, dass das Kind zu trinken hatte.

Es wurde in den Waggons von Minute zu Minute schlimmer. Es war erst gegen sieben Uhr morgens, aber die Sonne brannte schon heiß, und die Temperatur nahm stetig zu. Alle Männer hatten ihre Hemden ausgezogen und lagen halb nackt, nur mit Hose oder Unterhose bekleidet. Einige Frauen hatten ihre Kleider ebenfalls abgelegt und lagen in ihrer Unterwäsche da. Die Leute lagen stöhnend auf dem Boden und warfen sich von einer Seite auf die andere. Sie drehten ihren Kopf und ihren ganzen Körper hin und her und schnappten nach

Luft. Andere lagen ruhig, resigniert, halb bei Bewusstsein und waren nicht mehr in der Lage, sich zu bewegen. Wir waren bereit, den Shaulis alles zu bezahlen, was sie für ein wenig Wasser haben wollten.

Ein wenig später, gegen zehn Uhr morgens, konnten wir durch das Fenster den Deutschen sehen, der das Kommando hatte. Einer von uns bat ihn durch das Fenster, er möge befehlen, uns Wasser zu geben. Der Deutsche antwortete, wir sollten Geduld haben, denn innerhalb der nächsten Stunde würden wir unser Ziel, das Lager Treblinka, erreichen, wo jeder Wasser erhielte. Er wies uns auch an, ruhig zu sein. In Treblinka würden wir in Gruppen eingeteilt werden und zur Arbeit geschickt. Aber unser Zug setzte sich nicht vor vier Uhr nachmittags wieder in Bewegung.

Während der deutsche Offizier antwortete, hatten sich alle beruhigt. Der Jude am Fenster, der mit dem Deutschen gesprochen hatte, beruhigte uns und wiederholte, was der Offizier ihm gesagt hatte: dass wir uns nicht zu fürchten brauchten, denn jeder würde zu einer Arbeit in seinem Beruf geschickt werden. Einige der Leute applaudierten: „Bravo!" Andere versuchten herauszufinden, welche Art von Arbeit sie erwartete. Dieser war ein Erdarbeiter, ein anderer ein Zimmermann, ein Dritter ein Schlosser. Jeder im Waggon war jetzt guter Stimmung.

Um vier Uhr nachmittags setzte sich der Zug wieder in Bewegung. Wir legten eine kurze Strecke zurück, dann sahen wir die Bahnstation Treblinka. Der Zug fuhr weiter, und wir sahen ganze Berge von Kleidern. Der Jude am Fenster, der als Erster die Lumpen zu sehen bekam, versuchte wiederum, die Menge zu beruhigen und sagte, dass dies unsere Arbeit sein werde. Unsere Arbeit würde darin bestehen, diese Lumpen auszusortieren. Andere wollten wissen, woher die Lumpen stammten. Man sagte ihnen, dass den Juden in Majdanek bei Lublin und in anderen Lagern Kleidung aus Papier gegeben worden sei und die Kleidung, mit der sie gekommen waren, gesammelt, sortiert und nach Deutschland weitergeleitet würde, um aufgearbeitet zu werden. Andere gaben zum Besten, dass es in Warschau auch ein besonderes Geschäft in der Nowolipki-Straße 52 gäbe, den bekannten Hoffmann-Shop, in dem alte Kleider überholt wurden. Kurz bevor der Zug in die Station Treblinka einfuhr, sahen wir Juden bei der Arbeit. Auch dies wurde den anderen berichtet, und alle waren froh. Jedem wurde mitgeteilt, dass Juden bei der Arbeit seien, von einem Ukrainer geführt.

Nach dem Passieren der Station Treblinka legte der Zug ein paar Hundert Meter zum Lager zurück. Im Lager gab es einen Bahnsteig, den der Zug über ein separates Tor erreichte, das von einem Ukrainer bewacht wurde. Er öffnete das Tor für uns. Nachdem der Zug eingefahren war, wurde das Tor wieder geschlossen. Später sah ich, dass dieses Tor aus Holzlatten bestand, mit Stacheldraht versehen und durch grüne Zweige getarnt.

Als der Zug hielt, wurden plötzlich die Türen aller Güterwagen aufgerissen. Wir waren jetzt auf dem Gelände des Leichenhauses, das Treblinka heißt.

2. Kapitel

Die Waggontüren wurden von Ukrainern geöffnet. Es gab auch deutsche SS-Männer, die mit Peitschen in den Händen herumstanden. Viele Menschen im Waggon lagen noch bewusstlos auf dem Boden; einige von ihnen waren wahrscheinlich nicht mehr am Leben. Wir waren etwa 20 Stunden unterwegs gewesen. Hätte die Reise noch einen weiteren halben Tag gedauert, so wäre die Zahl der Toten sehr viel größer gewesen. Wir wären vor Hitze und wegen des Luftmangels umgekommen. Wie ich später erfuhr, stellte man bei einigen Transporten, die in Treblinka ankamen und entladen wurden, fest, dass alle Passagiere tot waren.

Als die Türen unseres Waggons geöffnet wurden, versuchten einige Menschen, die halbnackt dagelegen hatten, sich etwas anzuziehen. Aber nicht alle von ihnen bekamen eine Chance, sich schnell etwas Kleidung überzustreifen. Auf Befehl der SS-Männer sprangen die Ukrainer in die Waggons und setzten ihre Peitschen ein, um die Menge so schnell wie möglich aus den Waggons zu treiben.

So viele Kleider! Aber wo sind die Menschen? Müde und erschöpft verließen wir die Güterwaggons. Nachdem wir so viele Stunden im Halbdunkel gereist waren, blendete uns die Sonne. Es war fünf Uhr nachmittags, aber es herrschte die größte Hitze des Tages. Als wir umherblickten, sahen wir unzählige Haufen von Lumpen. Der Anblick versetzte uns einen Stich ins Herz. So viele Klamotten! Aber wo waren die Leute? Wir riefen uns Geschichten ins Gedächtnis, die wir von Lublin, Koło und Turek gehört hatten, und wir sagten: „Juden, das ist nicht gut! Sie haben uns in der Falle!" Sie trieben uns immer schneller, schneller. Durch einen weiteren Ausgang, von einem Ukrainer bewacht, verließen wir den Bereich des Bahnsteigs und betraten ein eingezäuntes Areal, in dem sich zwei Baracken befanden.

Einer der Deutschen schrie einen Befehl: „Frauen und Kinder auf die linke Seite! Männer auf die rechte Seite!" Wenig später wurden zwei Juden dort als Dolmetscher positioniert, um der Menge zu zeigen, wo es langgeht. Wir Männer wurden aufgefordert, uns draußen entlang der Längsseite der Baracke auf der rechten Seite hinzusetzen. Die Frauen gingen alle in die Baracke auf der linken Seite, und es wurde ihnen, wie wir später erfuhren, sofort befohlen, sich nackt auszuziehen. Durch eine weitere Tür wurden sie aus der Baracke getrieben. Von dort betraten sie einen schmalen Pfad, der von beiden Seiten mit Stacheldraht begrenzt war. Dieser Pfad führte durch ein kleines Wäldchen zu dem Gebäude, in dem sich die Gaskammer befand. Nur wenige Minuten später konnten wir ihre schrecklichen Schreie hören. Aber wir konnten nichts sehen, weil uns die Bäume des Wäldchens die Sicht versperrten.

Unter den Läufen von Maschinengewehren

Als wir dasaßen, müde und resigniert – einige von uns lagen ausgestreckt im Sand – konnten wir sehen, wie ein schweres Maschinengewehr auf dem Dach der Baracke auf der linken Seite positioniert und mit drei ukrainischen Soldaten bemannt wurde. Wir dachten, dass sie jede Minute das Maschinengewehr auf uns richten und uns alle töten würden. Diese Angst hauchte mir wieder etwas Leben ein. Aber dann spürte ich wieder den schrecklichen Durst, der mich schon so viele Stunden quälte. Die Ukrainer auf dem Barackendach hatten einen Regenschirm über ihre Köpfe gespannt, um sich vor der Sonne zu schützen. Mein einziger Gedanke in diesem Moment war: ein Becher Wasser! Nur noch ein Becher Wasser, bevor ich sterbe!

Einige der Leute, die ich aus der Fabrik kannte, saßen in meiner Nähe. Unser Buchhalter K., unser Lagerarbeiter D. und mehrere andere junge Leute. „Es sieht nicht gut für uns aus", sagten sie, „sie werden uns erschießen! Probieren wir hier rauszukommen!" Wir alle dachten, ein offenes Feld läge hinter dem Zaun, der die beiden Baracken umgab. Wir wussten damals nicht, dass es einen zweiten Zaun gab. Als ich ein wenig zu mir gekommen war, folgte ich einigen der anderen durch eine offene Tür in die Baracke auf der rechten Seite. Ich plante, eines der Bretter in der Wand herauszureißen und davonzulaufen. Aber als wir in die Baracke kamen, wurden wir von einer starken Niedergeschlagenheit überwältigt. In der Baracke lagen viele Leichen. Sie waren alle erschossen worden. Durch einen Spalt in der Barackenwand konnten wir einen ukrainischen Wachmann auf der anderen Seite sehen, der eine Waffe trug. Es gab nichts, was wir tun konnten. Ich ging wieder nach draußen.

Wie ich später erfuhr, stammten die Leichen aus einem Transport von Juden aus Kielce, der an diesem Morgen in Treblinka angekommen war. Unter ihnen waren eine Mutter mit ihrem Sohn. Als es Zeit war, sie zu trennen – Frauen nach links, Männer nach rechts – wollte der Sohn seiner Mutter ein letztes Lebewohl sagen. Als sie versuchten, ihn wegzutreiben, nahm er ein Taschenmesser und stach auf den Ukrainer ein. Sie verbrachten den ganzen Tag damit, alle Juden aus Kielce, die im Lager waren, zur Strafe zu erschießen.

Ich setzte mich noch einmal draußen hin. Nach einer Weile bemerkte ich einen Juden mit einem roten, dreieckigen Flicken auf dem Knie. Er fuhr mit Pferd und Karren auf der anderen Seite des Zauns. Ich gab ihm ein Zeichen und fragte ihn mit meinen Augen: „Was werden sie mit uns tun?" Er antwortete mit einer Handbewegung: „Abfall!"

Der Bereich zwischen den Baracken, wo wir saßen, wurde von allen Seiten bewacht. An einen Telefonmast gelehnt, standen zwei große Schilder, deren Aufschrift ich erst jetzt las. „Achtung, Warschauer!" stand mit großen Buchstaben auf den Schildern, gefolgt von detaillierten Anweisungen für die Menschen, die angeblich in einem regulären Arbeitslager angekommen waren. Sie sollten ihre Kleider zur Entlausung und Desinfektion abgeben. Ihr Geld und ihr weiterer Besitz würden später an sie zurückgegeben werden ...

Ein wenig später kam ein SS-Mann zu uns und hielt eine Ansprache. Er wirkte sehr kühl, aber hier und da war seine Rede mit Humor durchsetzt. „Habt keine Angst!", wiederholte er jede Minute, „euch wird nichts passieren. Die Leichen, die hier liegen, sind in diesem Zustand angekommen. Sie sind im Zug erstickt. Niemand trägt daran Schuld. Jeder wird hier gut behandelt werden. Jeder wird in seinem Beruf beschäftigt, Schneider in den Schneider-Betrieben, Tischler in der Möbelwerkstatt, Schuster werden als Schuster eingesetzt werden. Jeder bekommt Arbeit und Brot." Einige Leute nannten ihre Berufe. Als sie zu dem Deutschen gingen, lachte er freundlich, fühlte ihre Muskeln und klopfte ihnen auf die Schulter. „Ja, ja, das ist gut! Sie sind stark, das ist, was wir brauchen." Einige Leute applaudierten dem Deutschen. Die meisten Juden, die dieses süße Geschwätz hörten, fühlten sich in der Tat besser und begannen zu glauben, dass sie wirklich in einem Arbeitslager wären. „Sitzen Sie still, geordnet" – der Deutsche drängte sie sanft, und die Menschen setzten sich kerzengerade auf ihre Plätze, wie Kinder in einem Klassenzimmer.

Die Selektion zur Arbeit

Danach erschien ein zweiter SS-Mann mit einem Gewehr auf der Schulter und wählte zehn Männer aus einer Gruppe. Er wollte keine Älteren, nur jüngere Menschen. Er stellte sie in Zweierreihen auf und marschierte mit ihnen ab. Ich blieb zurück. Ich drängte mich nicht vor, um genommen zu werden, da ich Angst hatte. Es hätte ja sein können, dass diese Leute weggebracht und erschossen würden. Später erfuhr ich, dass die zehn eingesetzt worden waren, um Kleider von den Gleisen wegzuräumen.

Noch später kam ein Ukrainer herüber und nahm fünf weitere Männer zur Arbeit mit. Zu diesem Zeitpunkt wusste ich nicht, zu welchem Zweck sie herangezogen wurden. Aber ich überlegte, mich denjenigen anzuschließen, die zur Arbeit weggingen. Ein weiterer Ukrainer, der etwas später kam, sprach uns auf Russisch an. Ich verstand nicht, was er sagte; ich dachte, dass er dabei sei, uns eine Arbeit zuzuweisen. Er nahm nur drei Leute und sagte, wenn diese zurückkehrten, würde er andere an ihrer Stelle nehmen. Es stellte sich heraus, dass er uns zu dem Nebengebäude hinter der Baracke führte, und da ich aus Versehen mitgekommen war, nannte er mich „den Spekulanten". Er war nicht der Schlimmste in diesem Haufen. Wenig später war der SS-Mann zurück, der die zehn Männer mitgenommen hatte. Diesmal wollte er 60 Männer, und ich war einer von ihnen.

Der SS-Mann ließ uns in Zweierreihen antreten und brachte uns aus dem abgesperrten Bereich zwischen den beiden Baracken auf den größeren Hof, durch den wir gekommen waren, als wir aus dem Zug ausgeladen worden waren. Der SS-Mann führte uns nach rechts hinter die engere Umzäunung und von dort in einen großen, offenen Bereich.

Zehntausend Leichen an einem Ort

Hier eröffnete sich uns ein schrecklicher Anblick. Unzählige Leichen lagen dort aufeinandergeschichtet. Ich denke, dass es vielleicht 10 000 Leichen waren. Ein schrecklicher Gestank hing in der Luft. Die meisten Körper hatten furchtbar aufgeblähte Bäuche. Sie waren mit braunen und schwarzen Flecken bedeckt, aufgedunsen, und auf ihrer Haut krochen bereits Würmer. Die Lippen der meisten Toten waren seltsam verdreht und man konnte ihre Zungenspitzen zwischen den aufgedunsenen Lippen hervorstehen sehen. Die Münder ähnelten denen von toten Fischen. Später erfuhr ich, dass die meisten dieser Menschen im Waggon erstickt waren. Ihre Münder standen offen, als ob sie immer noch um ein wenig Luft rangen. Viele der Toten hatten noch ihre Augen geöffnet.

Wir Neuankömmlinge waren starr vor Schreck. Wir sahen einander an, um uns zu versichern, dass der Anblick Wirklichkeit war. Aber wir hatten Angst, uns zu viel umzusehen, weil die Wachen jede Minute schießen konnten. Ich konnte noch immer meinen Augen nicht trauen. Ich dachte immer noch, es sei nur ein Traum.[6]

Die „Verarbeitungsanlage" der Leichen in Betrieb

Fünfhundert Meter entfernt hob eine Maschine Gräben aus. Dieser Bagger war zusammen mit dem Motor so groß wie ein Eisenbahnwaggon. Die mechanischen Schaufeln hoben Massen von Erde aus. Der Bagger lud die Erde auf kleine Loren, die sich fortbewegten und die Erde dann zur Seite kippten. Auf dem großen Feld herrschte mächtig Betrieb. Viele Juden hatten schon früher dort gearbeitet. Sie schleppten Leichen in die Gräben, die die Maschine für sie aushob. Wir konnten auch Juden sehen, die mit Leichen beladene Karren zu den großen Gräben am Rand des Feldes schoben.

Da war er wieder – der Gestank. Sie rannten alle, verfolgt von den Deutschen, Ukrainern und sogar jüdischen Aufsehern, den sogenannten Kapos (*Kameraden-Polizei*)[7], die sie ständig antrieben: „Schneller! Schneller!" Die ganze Zeit hörte man den Knall von Pistolen und Gewehren und das Heulen der Kugeln. Aber es gab keine Schreie oder Geheul von denen, die erschossen wurden, weil die Deutschen von hinten auf den Nacken zielten. Auf diese Weise sank die Person blitzschnell tot nieder und hatte nicht die geringste Chance, sich ein letztes Mal Gehör zu verschaffen.

Es gab verschiedene Arten von Gräben an diesem Ort. In einiger Entfernung befanden sich drei riesige Massengräber, die parallel zum äußersten Lagerzaun verliefen und in denen die Toten aufgeschichtet wurden. In der Nähe der Baracke war ein etwas kleinerer Graben ausgehoben worden. Das war die Stelle, an der unsere 60 Männer zur Arbeit eingesetzt wurden. Eine Gruppe von Arbeitern kippte in diesem Bereich Chlorkalk, das sie mit ihren Eimern aus großen Fässern schöpften, über die Leichen. [...]

Ich möchte hier darauf hinweisen, dass keines der Opfer der Vergasungen in diesem Bereich begraben wurde, sondern nur diejenigen, die in den Transporten gestorben oder bei der Ankunft im Lager erschossen worden waren, bevor sie in die „Duschen" gingen.

Unsere Kolonne von 60 Männern wurde in drei Gruppen aufgeteilt. Da ich Deutsch konnte, wurde ich der Anführer meiner Gruppe und musste in der Tat bald meine Leute anschreien und antreiben. Wenn ich es nicht getan hätte, hätte ich jederzeit ausgepeitscht oder erschossen werden können.

---

6 Der erste Kommandant Treblinkas, Dr. med. Irmfried Eberl, hatte in seiner kurzen Amtszeit von Anfang Juli bis Ende August 1942 durch Fanatismus und Unfähigkeit ein Chaos angerichtet.
7 Der Ausdruck „Kameraden-Polizei" war nicht üblich.

Der junge Mann mit der Brille und der SS-Mann

Der SS-Mann, der uns hierher gebracht hatte, unterhielt sich mit mir. Ich hatte ihn gefragt, welche Art von Arbeit es gäbe, und er beantwortete ruhig und geduldig alle meine Fragen. „Wer arbeiten will", sagte er, „wird Arbeit von uns bekommen. Was den Rest angeht, das werden Sie selbst herausfinden, wenn Sie eine Weile hier gewesen sind." Während er mit mir sprach, bemerkte er einen jungen Mann aus Warschau mit Brille, der zu meiner Gruppe gehörte. Er stand in der Grube und nahm die Leichen entgegen, die andere herbeigeschleift hatten. Es schien dem Deutschen, als ob er nicht schnell genug arbeitete.

„Halt! Dreh dich um!", befahl der SS-ler dem jungen Mann. Er nahm sein Gewehr von der Schulter, und bevor der junge Mann herausgefunden haben konnte, was man von ihm erwartete, lag er tot bei den Leichen im Graben. Die anderen zerrten ihn weiter, und schon bald wurden weitere Leichen auf ihn gehäuft.

Der Deutsche schulterte das Gewehr und setzte unser Gespräch fort, als ob nichts geschehen wäre.

Ein Schauer durchzuckte mein Herz. Ein paar Minuten später, nachdem der Deutsche weggegangen war, geschah einem anderen Juden etwas Ähnliches. Dieser Mann wurde von einem Ukrainer erschossen. Er hatte ihn zu sich befohlen, ihn durchsucht und ihm ein Bündel Geldscheine aus der Tasche gezogen. Es dauerte nicht lange, da fehlten zehn Männer in unserer Gruppe, und wir hörten ständiges Schießen rundherum.

Ein Nickerchen unter den Kleidungsstücken

Ich konnte auf Schritt und Tritt sehen, dass die Dinge schlecht standen. Ich war todmüde und durstig, kaum in der Lage, mich auf den Beinen zu halten. Ich war todunglücklich über den Ort, an dem ich mich befand. Ein wenig später, gegen acht Uhr abends, als es dunkler geworden war, nutzte ich die Dunkelheit, um näher an die Gleise heranzukommen, wo ich die Berge von Kleidung gesehen hatte. Ich machte mir keine Gedanken mehr. Ich vergrub meinen ganzen Körper und mein Gesicht in den Lumpen. Ohne Kenntnis von Zeit und Ort schlief ich fast sofort ein.

Als ich aufwachte, war es bereits völlig dunkel. Im Schein von elektrischen Lampen, die an Masten hingen, konnte ich eine Gruppe von Juden mit roten Flicken auf den Knien nicht weit von mir sehen. Ich erkannte einen von ihnen, mit dem ich zusammen in Kriegsgefangenschaft gewesen war. Ich ging zu ihm hin und bat ihn, mir einen Gefallen zu tun und mich seiner Gruppe anschließen zu dürfen. Er stimmte zu. Während ich mit diesem jungen Mann sprach, rollte ein neuer Transport ins Lager. Wir alle gingen hinaus, um die Waggons zu empfangen. Meine Welt verdüsterte sich, als ich in die Waggons schaute. Ich war fassungslos über den Anblick. Die Waggons enthielten nur Leichen. Sie waren alle auf der Fahrt wegen Luftmangels erstickt. Die Güterwagen waren überfüllt, und die Leichen lagen aufeinander gestapelt. Es ist nicht möglich, sich die Wirkung des Anblicks dieser Waggons voller Leichen vorzustellen. Ich fragte, wo der Transport hergekommen war, und fand heraus, dass er aus Midzyrzec stammte. Über 6000 Seelen – Männer, Frauen und Kinder. Einige wenige Personen waren nicht tot, sie waren nur ohnmächtig. Man hätte sie mit ein wenig Wasser retten können. Aber niemand hatte Wasser für sie. Wir selbst hatten seit unserer Ankunft in Treblinka keinerlei Wasser bekommen.

Uns wurde befohlen, beim Ausladen der Toten zu helfen. Die Arbeit war sehr hart, und die SS-Männer drängten uns, wie es ihre Gewohnheit war, fortwährend mit ihren Peitschen und Waffen: „Schneller! Schneller!"

Wir hatten einfach keinen Platz, um die Leichen zu deponieren. Die riesigen Haufen mit Kleidung lagen direkt neben den Gleisen; daneben waren noch immer viele unbestattete Leichen, die zuvor zurückgelassen worden waren. Unterdessen luden wir die Körper neben dem Gleis ab und stapelten sie in Schichten, einer über den anderen. Von Zeit zu Zeit hörten wir ein Stöhnen. Die Geräusche stammten von jenen, die nur in Ohnmacht gefallen waren und nun wieder zu Bewusstsein kamen. Diese Unglücklichen bettelten mit schwacher Stimme um ein wenig Wasser, aber wir waren nicht in der Lage, sie wiederzubeleben, weil wir selbst vor Durst am Rande der Ohnmacht standen. Wir konnten nur diejenigen, die noch am Leben waren, separieren und sie ein wenig zur Seite nehmen, in die Nähe der Kleiderberge. Die Deutschen bemerkten es nicht, weil es so dunkel war.

Unter den Lebenden fand ich auch ein kleines Kind, etwa ein oder anderthalb Jahre alt. Das Kind hatte das Bewusstsein wiedererlangt und schrie wie am Spieß. Ich legte es auch, abseits von den anderen, neben den Kleiderhaufen. Am nächsten Morgen war das Kind tot und wurde in den Graben geworfen.

Unter diesen Bedingungen arbeiteten wir bis etwa zwei Uhr morgens. Als wir zu dem SS-Mann gingen und um Wasser baten, versprach er uns, dass wir alle Wasser bekämen, nachdem wir unsere Arbeit beendet hätten. Aber zuerst müssten wir die Waggons reinigen.

Nachdem wir mit der Reinigung der Waggons fertig waren, wurden wir auf eine Seite befohlen und mussten uns in Zweierreihen aufstellen. Die Lokomotive pfiff, und der Zug fuhr langsam aus dem Lager. Ein Ukrainer und ein SS-Mann postierten sich an beiden Seiten des Ausgangstors und hielten Taschenlampen unter die Räder, um zu sehen, ob sich jemand unter den Waggons versteckte. Ein paar Waggons fuhren ohne Beanstandung hinaus. Aber als der Deutsche zum dritten oder vierten Waggon kam, rief er „halt!" Er hatte zwei Jungen entdeckt, die zwischen den Rädern kauerten. Einen von ihnen traf die Kugel, noch bevor er unter dem Waggon hervorkriechen konnte. Der andere schaffte es herauszuspringen, er rannte blitzschnell und versuchte, in der Schar der Juden unterzutauchen. Aber der SS-Mann hielt ihn sofort an. Der junge Mann nahm seine Papiere aus der Tasche und versuchte zu beweisen, dass er ein Arbeiter war. Er schrie und flehte, aber das machte keinen Eindruck auf den Deutschen. Er schlug ihm, so hart er konnte, mit dem Gummiknüppel auf den Kopf, bis der Junge zusammenbrach. Dann kam der Ukrainer hinzu, drehte sein Gewehr um und schlug mit großer Kraft, als ob er beim Holzhacken wäre, sein Opfer mit dem Gewehrkolben auf den Kopf. Schließlich verpassten sie ihm eine Kugel. Dann endlich ließen sie von ihm ab. Der Zug fuhr ab. Jetzt wandte sich der SS-Mann an uns. Wir standen in Zweierreihen, und er befahl, uns an Ort und Stelle auf den Boden zu setzen. Er nahm einen von uns mit, um Wasser zu holen. Der Deutsche kam mit einem Eimer Wasser zurück und gab jedem von uns einen Becher, den wir gierig austranken. Ich weiß buchstäblich nicht, wie ich mit dem Trinken begann. Ich hielt den Becher vor mir mit beiden Händen und dachte, dass dieses Wasser das kostbarste Gut auf Erden sei.

Nachdem wir unser Wasser getrunken hatten, führte uns der Deutsche zu dem Bereich zwischen den beiden Baracken und befahl uns, in der Nähe der Barackenwand auf der linken Seite Platz zu nehmen. Die Männer aus meinem Transport saßen immer noch vor der Baracke auf der rechten Seite. Einige von ihnen wollten zu unserer Gruppe gelangen, die gerade von der Arbeit zurückgekehrt war, aber der SS-Mann verhinderte das.

Wie wir zu Bett gebracht wurden

Der Deutsche ging weg, um den Kommandanten zu fragen, was mit uns geschehen solle. Als er zurückkam, führte er uns in die Baracke auf der rechten Seite, die in der Mitte durch eine Wand geteilt war. Er ließ uns in die kleinere Hälfte und hieß uns, schlafen zu gehen. Andere Juden schliefen bereits in der Baracke, unter ihnen einige, die wir zuvor bei der Arbeit gesehen hatten. Wir verstanden, dass auch wir eine Atempause gewonnen hatten. Der Rest der Männer aus unserem Transport wurde noch am selben Abend zu den „Duschen" gebracht.

3. Kapitel

Zurück zu den Leichen

Am nächsten Morgen wurden wir wieder eingesetzt, um bei den Leichen zu arbeiten. Jeder von uns erhielt einen Becher Wasser zum Frühstück. Wir bekamen kein Brot. Keiner von uns hatte seine Sachen bei sich. Allerdings konnten wir, so viel wie wir wollten, von den Nahrungsmitteln nehmen, die wir in Paketen fanden, die die Opfer weggeworfen hatten. Pakete, Bündel, kleine Handkoffer und Rucksäcke lagen auf Schritt und Tritt verstreut. Einige dieser Pakete enthielten die feinsten Speisen, aber keiner von uns hatte gerade in diesem Augenblick Appetit auf Essen; alles, was wir wollten, war Wasser.

Die erste Aufgabe für meine Gruppe (20 Personen) war, die ermordeten Juden aus Kielce wegzuschaffen, die noch immer in unserer Baracke auf der anderen Seite der Trennwand lagen, hinter der wir die Nacht verbracht hatten.

Arbeitsgruppen von je vier Mann hoben eine Leiche nach der anderen hoch, trugen sie auf die andere Seite des Zauns und legten sie neben den Leichen ab, die wir von dem Transport aus Midzyrzec entladen hatten. Die Leichen von Midzyrzec und Kielce hätten Grüße austauschen können. Hier im Bereich neben den Gleisen war eine zweite Gruppe bei der Arbeit. Sie lud die Leichen auf Karren und schob die Wagen zu den großen Massengräbern, die ich am Tag zuvor gesehen hatte und die parallel zum äußersten Zaun des Lagers verliefen. Die Menschen aus der Baracke, die erschossen worden waren, und die in den Waggons Erstickten wurden vollständig bekleidet begraben. Offenbar betrachtete man es als zu große Mühe, Juden, die bereits tot waren, auszuziehen. In der Regel versuchten die Deutschen so weit wie möglich dafür zu sorgen, dass die Leichen der Juden nackt gebracht wurden, aber wenn jemand in seinen Kleidern tot umgefallen war, verzichteten die Deutschen großmütig auf die *Werterfassung*. Dies mag nicht im Einklang mit den Vorschriften gewesen sein, sondern aus Zeitmangel einfach das Ergebnis der täglichen Praxis. Zu diesem Zeitpunkt wurde uns nicht einmal befohlen, ihre Taschen nach Geld oder Schmuck zu durchsuchen. Gegen zwölf Uhr mittags waren wir mit dem Ausräumen der Baracke fertig und bekamen eine andere Arbeit zugewiesen.

Die 35 Leichen im Brunnen

Neben dem Wachturm an unserem Zaun gab es einen Brunnen. Viele Leichen hatten sich darin angesammelt, und wir mussten sie an diesem Tag herausziehen. Ein Pole aus dem Straflager Treblinka Nr. I[8] arbeitete mit uns. Er stellte sich auf einen Eimer, der an der Brunnenkette befestigt war, und wir ließen ihn in den Brunnen hinab. Er band die Leichen auf den Eimer, eine nach der anderen, und wir drehten die Kurbel und zogen die Leichen nach oben. Ich zählte insgesamt 35 Leichen. Ich hatte keine Möglichkeit herauszufinden, wer die Menschen waren und wie sie in den Brunnen gekommen waren. Einige von ihnen waren mit Stricken gefesselt. Wer weiß, hatten sie vielleicht versucht, für einen Schluck Wasser in den Brunnen hinab zu gelangen? Andere sagten, dass sie sich vielleicht das Leben genommen hatten.

Während ich am Brunnen arbeitete, sah ich eine Gruppe von Arbeitern näherkommen. Sie trugen einen Eimer Wasser mit sich. Ich hoffte auf einen Schluck Wasser und versuchte mich ihnen anzuschließen, aber der Deutsche, der unsere Gruppe bewachte, entdeckte mich und schlug mir mit dem Gummiknüppel ins Gesicht. Also musste ich umkehren.

Die persönliche Habe der Opfer

Als wir mit den Leichen im Brunnen fertig waren, befahl man uns, die Sachen in der linken Baracke wegzuräumen, wo sich die Menschen auszogen, bevor sie in die Gaskammer gingen. Hier häuften sich Berge von Kleidungsstücken, Unterwäsche, Schuhen und allerlei weiteren Gegenständen der Männer, Frauen und Kinder, die sich dort am Tag zuvor entkleidet hatten. Verschiedenes Bargeld, groß und klein, lag auch auf dem Boden herum. Es

---

8   In der Nähe des Dorfes Treblinka existierte von Juli 1941 bis August 1944 ein Zwangsarbeitslager, das dem SS- und Polizeiführer Warschau unterstand. Dort waren zunächst 1800 Polen interniert, dann auch Juden. Dieses gelegentlich als „Treblinka I" bezeichnete Lager hatte organisatorisch und strukturell mit dem benachbarten Vernichtungslager („Treblinka II") nichts zu tun. Beziehungen gab es lediglich aus pragmatischen Gründen.

gab polnisches Geld sowie Devisen, Wertpapiere und Schmuck. Wir hatten die Aufgabe, die Kleider aufzunehmen, so wie sie waren, und sie auf den Bergen von Kleidung in der Nähe der Eisenbahnschienen zu deponieren.

Plötzlich hörten wir leises Stöhnen unter einem Haufen Kleider. Wir entdeckten einige Frauen, die sich unter den Lumpen versteckt hatten. Sie waren am Leben und hatten Angst, ans Tageslicht zu kommen. Als sie uns Juden sahen, fingen sie an zu heulen: „Wasser, ein wenig Wasser!" Aber wir hatten selbst kein Wasser, und es gab nichts, was wir für diese Frauen tun konnten. Einer der Ukrainer eilte herbei und als er die Frauen, die überlebt hatten, sah, erledigte er sie mit ein paar Kugeln. Wir schleppten sie sofort weg und legten sie zu den anderen Leichen.

Zusätzlich zu den Frauen, die wir in der Baracke gefunden hatten, sah ich zwei Frauen auf der anderen Seite der Baracke liegen. Sie waren getötet worden. Sie hatten versucht, durch den Stacheldrahtzaun zu schlüpfen. Sie dachten wahrscheinlich, dass ein offenes Feld auf der anderen Seite läge. Eine von ihnen hatte es tatsächlich auf die andere Seite geschafft, aber die andere war zwischen den Drähten erwischt worden, und dort hatte sie die Kugel getroffen. Wir nahmen auch diese beiden Leichen mit und legten sie auf den Leichenhaufen.

Der Appell

So endete um sieben Uhr abends die Arbeit an meinem zweiten Tag in Treblinka. Um sieben Uhr fand ein Appell statt, und alle Häftlinge wurden gezählt. Insgesamt gab es etwa 500 von uns. Ein jüdischer Kapo wurde ernannt, der die Verantwortung für uns trug. Es war G. [Galewski], ein Ingenieur aus Łódź, der zum Christentum konvertiert war. Der Appell an diesem Tag (wie auch an allen folgenden Tagen) dauerte etwa zwei Stunden. Während dieser Zeit mussten wir akkurat in unseren Reihen stehen. Andernfalls wurden wir brutal geschlagen. Wer aus irgendwelchen Gründen in Ungnade gefallen waren, musste aus der Reihe vortreten und sich hinlegen, um 25 Peitschenhiebe genau dort vor allen anderen zu bekommen. Dennoch waren einige Leute so müde, dass sie sich auf den Boden setzten, weil sie nicht mehr länger stehen konnten. Nach dem Appell gingen wir in die Baracke und legten uns schlafen.

Lager-Routine

Am nächsten Morgen gab es einen weiteren Appell. Nachdem wir gezählt worden waren, wurde eine Dienstroutine eingeführt, in der wir dreimal am Tag regelmäßige Appelle hatten. Ein Zeitplan für regelmäßige Mahlzeiten wurde ebenfalls eingeführt. In der Nähe des Brunnens wurde eine Feldküche errichtet, wo wir dreimal täglich einen halben Liter Suppe erhielten. Wir bekamen kein Brot, aber wir vermissten es nie, weil wir den Proviant aus den Paketen, die die Neuankömmlinge mitgebracht hatten, nehmen konnten. Wir verwendeten auch Zutaten zum Kochen aus diesen Paketen. Die Feldküche wurde von Juden betrieben, die die Suppe ausgaben.

Es war unser dritter Tag in Treblinka. Wir wollten uns dringend waschen, aber es konnte keine Rede davon sein, das Wasser für diesen Zweck zu verwenden. In der ganzen Zeit, die ich dort verbrachte, war ein Schluck Wasser das Wertvollste, was man sich vorstellen kann. Also wuschen wir uns gewöhnlich nur mit Kölnischwasser und Parfüm, das wir in den Rucksäcken gefunden hatten.

Nach dem Appell brachte man uns zur Arbeit auf das große Feld mit den Massengräbern, wo ich am ersten Tag gearbeitet hatte. Dieses Mal musste ich die Leichen zu den Hauptgräben in der Nähe des Zauns hinübertragen.

Die großen Gräben

Diese Gräben waren 60 oder 70 Meter lang. Sie waren auch sehr tief, aber ich könnte nicht sagen, wie tief, weil die Gräben, denen wir zugewiesen worden waren, bereits mit vielen Schichten von Leichen gefüllt waren. Das Einzige, was mich überraschte, war, dass kein Wasser zu den Leichen drang, obwohl diese Gräben tief waren. Die Gräber blieben die ganze Nacht hindurch offen und am nächsten Tag wurden weitere Leichen in ihnen angehäuft. Während ich in Treblinka war, wurde nur der kleine Graben auf der linken Seite, wo ich am ersten Tag gearbeitet hatte, geschlossen.

Mit der Zeit kamen wir in der Frühe dorthin, und der Bagger war bereits in Betrieb und hob neue Riesengräber aus. Ein paar Tage später wurden die Grabungsarbeiten gestoppt und ein neues System eingeführt. Sie begannen mit der Verbrennung der Toten in den Gräbern, und wir warfen alte Kleider, Koffer und Müll, die wir auf dem Hof aufgelesen hatten, in die Gräber. Diese Sachen wurden in Brand gesteckt und brannten Tag und Nacht. Das Lager füllte sich mit Rauchschwaden und dem Geruch von verbranntem Fleisch …

Warum keine neuen Transporte kamen

Viele der Leichen, die ich ein paar Tage zuvor gesehen hatte, lagen noch immer auf dem Hof und in der Nähe der Eisenbahnschienen. Vielleicht lag es an der Anhäufung so vieler unbestatteter Leichname, dass zwischen dem 25. August und dem 2. oder 3. September 1942 keine neuen Transporte in Treblinka ankamen. Als Erstes mussten die Überreste der früheren Transporte beseitigt werden.

Bereits am Tag meiner Ankunft hatte ich gesehen, dass viele Leichen in Verwesung übergegangen waren, dass die Würmer auf ihnen herumkrochen und sie halb verrottet waren. An diesem Tag war das Szenario noch schrecklicher und abstoßender. Viele der Leichen zerfielen bereits, und als wir sie aus den Haufen zogen, wo sie gestapelt aufeinander lagen, fielen ihre Gliedmaßen ab. Meistens geschah dies bei den Leichen von kleinen Kindern, vielleicht, weil ihr Fleisch zarter war.

Dennoch gab es keinen besonderen Mangel an „Drückebergern", die genau nach diesen kleinen Leichen suchten, weil sie leichter zu tragen waren. Andere konnte man dabei sehen, wie sie Köpfe, Eingeweide, Hände und Füße, die von den Leichen abgefallen waren, auflasen.

Nicht jeder hatte die physische Kraft, um die sehr schweren, monströs aufgeblähten Leichen derer, die den Erstickungstod in den Waggons gestorben waren, zu tragen.

Die „Puppe"

Plötzlich hatte ich den Eindruck, der Ort stünde unter elektrischem Strom. Selbst die größten Faulenzer und Drückeberger stürzten sich mit großer Eile auf ihre Arbeit. Das Wort ging wie ein Lauffeuer durch die Menge: „Es ist die Puppe! Die Puppe kommt!"[9]

Ein junger SS-Mann im Rang eines *Oberscharführers* erschien auf der Bildfläche. Er sah außerordentlich gut aus. Ich erfuhr schnell, dass dies der furchtbarste Sadist in Treblinka war. Der Kommandant von Treblinka[10] war ein Hauptmann, er hatte die Leitung über das Lager. Aber es war der Oberscharführer, der wirklich verantwortlich für die Mordaktionen war. Er erhielt den Spitznamen Lalka, die „Puppe". Die Juden hatten ihm diesen Spitznamen wegen seines hübschen Gesichts gegeben. Dieser Mörder hatte die Angewohnheit, jedes Mal einige Menschen ins Jenseits zu befördern, wenn er einen Streifzug durch das Lager unternahm. Gewöhnlich stand er in der Ferne und beobachtete eine Gruppe von Arbeitern. Wenn durch irgendeinen Zufall jemand nicht schnell genug arbeitete oder einer ihm einfach nicht gefiel, kam er und schlug ihn mit der Peitsche, die er immer mit sich führte, bis Blut floss. Dann befahl er ihm, sich nackt auszuziehen und schoss ihm eine Kugel ins Genick. Manchmal ließ er der Abwechslung halber einen Ukrainer schießen. Bei einem solchen Anlass erledigte der Mörder mehrere Juden und ging dann kaltblütig weg.

Wir arbeiteten immer sehr hart. Enorm war die Hitze fast während der ganzen Zeit, die ich in Treblinka zubrachte. Der schreckliche Gestank der Leichen nistete sich in unseren Nasenlöchern ein. Wir waren todunglücklich, der Schweiß lief uns ohne Unterlass am Körper hinab und wir wurden von Durst geplagt. Wir konnten nicht genug Wasser bekommen, um unseren Durst zu löschen. Wenn ein Eimer Wasser auftauchte, gab es solch ein Gedränge, dass mehr als einmal der Eimer umgeworfen wurde und dann niemand Wasser hatte. Bei solchen Gelegenheiten kam der Ukrainer zu uns, verjagte die Menge mit seinem Gewehrkolben und verteilte selbst das Wasser. Wir tranken unser Wasser nicht einfach, sondern genossen es, als ob es das teuerste Getränk wäre. Nicht ein einziges Mal in den drei Wochen, in denen ich in Treblinka war, schaffte ich es wirklich, meinen Durst zu löschen. Selbst jetzt kann ich immer noch dieses Verlangen nach Wasser in meinem Bauch spüren.

---

9   Kurt Franz (1914–1998), Metzgergehilfe, war seit 1937 SS-Mitglied. Seit Frühjahr 1942 tat er Dienst in Bełżec, ab August 1942 in Treblinka als Stellvertreter des Kommandanten Franz Stangl, dessen Nachfolger er im August 1943 wurde. 1959 wurde Franz verhaftet und 1965 zu lebenslanger Haft verurteilt. 1993 wurde er aus gesundheitlichen Gründen aus der Haft entlassen.

10 Franz Stangl (1908–1971) war von August 1942 bis August 1943 Kommandant von Treblinka. Zuvor hatte er den Aufbau des Vernichtungslagers Sobibór geleitet und als erster Kommandant fungiert. Im August 1943 wurde er zur Partisanenbekämpfung nach Italien versetzt. Kurt Franz folgte ihm als Kommandant von Treblinka nach. 1967 wurde er verhaftet und 1970 zu lebenslanger Haft verurteilt.

Immer wenn ich heute ein Glas kaltes Wasser zu trinken beginne, genieße ich es doppelt, und im selben Moment spüre ich, wie meine Finger zittern; das liegt daran, dass dieses Getränk so wichtig für mich geworden ist.

Neben dem Durst und der mühseligen Knochenarbeit wurden wir von einer schrecklichen Angst heimgesucht. Wir hätten uns nie solche Dinge vorstellen können, die wir jetzt hautnah erlebten. Sie waren schlimmer als selbst die übelsten Horrorgeschichten aus unserer Kindheit über bösartige Hexen, Räuber und siebenköpfige Vipern, die Menschen in ihre Höhlen zogen, um sie unter den Leichen und Knochen der früheren Opfer zu ersticken.

Es waren überall Leichen, Dutzende, Hunderte und Tausende Leichen. Leichen von Männern, Frauen und Kindern aller Altersgruppen, in verschiedenen Körperhaltungen und einer Mimik, als ob sie unmittelbar, nachdem sie ihren letzten Atemzug getan hatten, eingefroren worden wären. Himmel, Erde und Leichen! Eine gigantische Fabrik, die Leichen produzierte. Nur ein Deutscher konnte sich an einen solchen Ort gewöhnen. Ich konnte mich nie an den Anblick der Toten gewöhnen.

Wir arbeiteten auf den Leichenfeldern bis sieben Uhr abends. Müde, durstig, an Leib und Seele gebrochen, kehrten wir in die Baracke zurück, wo der Appell mit dem damit verbundenen Prügeln stattfand. Dort legten wir uns schlafen. Wir hatten den dritten Tag in der Mordstätte Treblinka durchgemacht.

Die folgenden Tage vergingen ein wenig schneller und begannen, nach einem geregelten Schema abzulaufen.

Die „Puppe" hat ihren Spaß

Am vierten Tag, als ich mit meiner Gruppe bei der Arbeit an den Gräbern war, geschah der folgende Vorfall, von dem mehrere junge Burschen betroffen waren. Sie hatten nicht zügig gearbeitet. Plötzlich erschien die „Puppe" auf der Szene, ließ sie zu dem offenen Graben marschieren und befahl ihnen, sich zu entkleiden. In kürzester Zeit lagen auch sie nackt und tot mit den anderen Leichen vereint.

Ich erfuhr, dass Lalka vor dem Krieg an Preisboxkämpfen teilgenommen hatte. Offenbar betrachtete er auch das Schießen auf Juden als eine Art Sport. Häufig erschien er auf dem Feld in ausgezeichneter Stimmung. Er schritt mit leichten, federnden Schritten herbei und verpasste einem Juden von hinten ein paar Schläge mit seinen Fäusten. Wenn der Jude hinfiel, gab er ihm einen spielerischen Kick wie ein Fußballspieler. Dann setzte er seinen Weg fort und erledigte ihn entweder selbst oder durch einen der Ukrainer mit einem Genickschuss.

Wie man die Aufmerksamkeit eines Deutschen auf sich zieht

Das Gefährlichste war, etwas zu tun, das die Aufmerksamkeit eines Deutschen erregen konnte. Ein älterer Arzt aus Warschau hatte seine Hand bandagiert. Das war Grund genug, ihm zu befehlen, sich zu entkleiden und ihn dann tot in den Graben zu legen … Ein Invalide mit einem verletzten Bein setzte sich hin, während er Lumpen sortierte. Sobald Lalka ihn sah, war er im Handumdrehen ein toter Mann. Ein Jude, der in der Feldküche arbeitete, verbrühte sich. Er bekam einen Genickschuss, weil er jetzt arbeitsunfähig geworden war. Wer krank wurde, sich verletzte oder einen Bluterguss hatte, behielt dies folglich wie ein Staatsgeheimnis für sich, damit es die Deutschen nicht bemerkten. Ein Junge, der neben mir in der Baracke schlief, hatte geschwollene Beine und lief unter größten Anstrengungen, um dies zu verbergen. Aber er konnte nicht verhindern, dass seine Beine die ganze Zeit bedeckt waren, und er wurde bald mit einer Kugel ins Genick „geheilt".

Natürlich machte mich die Dezimierung der Menschen, die Seite an Seite mit mir gearbeitet hatten, fassungslos. Hier hatte eine Person neben mir gestanden, wir hatten uns nebeneinander abgemüht, die Leichen in die Gräber gezogen, und plötzlich lag er da, mit glasigen Augen, nackt und tot in einem Grab, und etwa eine Minute später verschwand er aus meinem Blickfeld, weil andere Leichen auf ihn geworfen wurden.

Ich muss hier raus

Immer wenn ich einen letzten Blick auf jemanden warf, der getötet worden war, dachte ich, dass das gleiche Schicksal auf mich wartete, wenn nicht heute, dann morgen. Ich dachte an meine Familie jenseits des Ozeans, die niemals herausfinden würde, wo meine Überreste liegen. So jung ich war, würde ich bald tot und verrottet daliegen oder verbrannt werden, und die Lebenden würden durch den Anblick meines Körpers abgestoßen werden, so wie ich abgestoßen wurde, als ich meine Arme um die toten Körper der anderen schlingen musste.

Ich bedauerte sehr, dass ich nicht nach Möglichkeiten gesucht hatte, mich über die Landesgrenze zu stehlen und mich meiner Familie anzuschließen, als ich noch frei und dazu in der Lage gewesen war. Und als ich auf die Leichen in den offenen Gräbern starrte, machte ich mir mehr und mehr Gedanken darüber, wie ich von diesem Ort entkommen könnte. Als ich wieder an andere Orte im Lager kam, beruhigte ich mich und resignierte. Dann sah ich gewöhnlich nur die Schwierigkeiten und die Unmöglichkeit einer Flucht aus dieser Hölle. Aber sobald ich wieder auf das Leichenfeld zurückkehrte, sammelte ich neue Kraft, um mir einen Fluchtweg auszudenken. Die Idee und der Wille, mich davonzumachen, wurden jedes Mal stärker in mir.

4. Kapitel

Selektion

Endlich nahm die Zahl der Leichen in dem großen Feld ab, und schließlich kam der Tag, als das Feld geräumt war. Was würden sie jetzt mit uns tun? Keine neuen Transporte trafen ein. Welche Art von Arbeit würden sie uns dann geben? Voller Angst diskutierten wir darüber, und unsere Herzen sagten uns, dass unsere Zeit gekommen war.

Eines Tages kamen wir am Nachmittag zurück zum Appellplatz zwischen den beiden Baracken, und sie ließen uns in Fünferreihen antreten. Wir spürten, dass etwas in der Luft lag.

Zunächst lief eine Gruppe von Ukrainern zu den Bergen von Kleidern, um sie zu durchsuchen und sicherzustellen, dass niemand sich unter ihnen versteckte. Sie fanden ein paar Männer und erstachen sie auf der Stelle mit Bajonetten. Einige der Ukrainer waren gewöhnlich mit Bajonetten bewaffnet.

50 Männer aus dem Straflager Treblinka Nr. I arbeiteten an unserer Seite. Sie trugen rote Abzeichen. Der Scharführer befahl ihnen herauszutreten und stellte sie an die Seite. Dann fing er an zu zählen. Er zählte 50 Männer nach dem Zufallsprinzip ab und schickte sie zu jenen mit den roten Abzeichen. Es waren zusammen 100 Männer, die zu einer besonderen Baracke marschieren mussten. Wir nahmen an, dass diese Männer bleiben und die anderen zu den „Duschen" gehen sollten. Ich war nicht unter den Hundert.

Nach dem Appell ließen sie uns wie gewohnt zurück in die Baracke, aber sie teilten uns mit, dass wir in derselben Nacht gerufen würden und wir dann alle heraustreten müssten. Schließlich hielt uns der Scharführer eine Rede und nahm die Gelegenheit wahr, uns zu belehren und zu sagen, dass wir unnütze Elemente und selbst an allem schuld seien, und so weiter. Wir verstanden sehr wohl, was dies bedeutete und hatten keine Geduld, uns diesen Blödsinn anzuhören.

Man kann sich die Stimmung in unserer Gruppe vorstellen, nachdem wir in unserer Baracke alleingelassen worden waren.

War dies unsere letzte Nacht oder unsere letzte Stunde? Wir wussten es nicht, aber es war offensichtlich, dass unser Ende nahte.

Die Menschen verhielten sich unterschiedlich. Die ganz Jungen, die wahrscheinlich nie fromm gewesen waren, schlossen sich den jungen Chassidim an, um das Kaddisch zu beten. Es herrschte kein Mangel an Moralisten, die unser gegenwärtiges Elend als Gottes Willen auslegten, der so das jüdische Volk für seine Sünden bestrafe. Und als sie predigten, begannen sich manche Menschen in der Tat sündig und schuldig zu fühlen, schlugen sich an die Brust und rezitierten das Viddui[11]. Andere versuchten, sich an ein Gebet zu erinnern. Sie neigten ihre Oberkörper auf und nieder und betäubten ihre Ängste mit einer Melodie aus den Psalmen. Wieder andere weinten einfach wie Kinder.

„Wehe! Ihr solltet euch was schämen! Wie alte Weiber zu heulen!" So oder so ähnlich sprachen diejenigen, die sich besser im Griff hatten, um den anderen etwas Mut zu machen. Sie versuchten sogar, die Dinge in einem besseren Licht erscheinen zu lassen, und meinten, dass die Situation nicht unbedingt so schlecht sei, wie es aussehe, und dass noch immer eine Veränderung eintreten könnte.

---

11 Sündenbekenntnis, letzte Beichte.

„Wenn ich doch nur etwas zu trinken hätte!" rief ein dicker junger Mann, den ich aus der Pawia-Straße[12] kannte. Ein anderer wollte seiner Verzweiflung mit einer Zigarette abhelfen, aber es kam niemand auf die Idee, über Wege zur Rettung oder an Widerstand zu denken. Wir waren zu geschwächt, zu niedergeschlagen und zu durstig.

Ein Ukrainer versucht, uns aufzumuntern

Das Merkwürdigste war, dass ausgerechnet ein Ukrainer uns aufzumuntern versuchte. Er hatte Wachdienst für die Baracke, und als er den Tumult und das Weinen im Innern hörte, kam er herein und sprach zu uns auf Russisch, dass wir die Dinge nicht so schwer nehmen sollten. Es würde nichts passieren, es würde uns nichts getan werden, wir würden genauso wie bisher arbeiten.

Und, Wunder über Wunder, seine Vorhersage bewahrheitete sich. Ein seltenes Wunder geschah. Bis zum heutigen Tag weiß ich nicht warum. Einige sagten, es habe eine Betriebsstörung in der Gaskammer gegeben. Am Morgen war noch immer niemand zu uns gekommen, und dann mussten wir einfach wie gewohnt zum Appell. Es stimmt, dass 80 Männer ausgewählt worden waren, um erschossen zu werden, aber dem Rest, gut einigen Hundert Menschen, wurde eine neue Arbeit zugewiesen.

Das *Lumpenkommando*

Die Übriggebliebenen wurden erneut eingeteilt. Einige der Zimmerleute wurden zur Holzwerkstatt im deutschen Sektor des Lagers geschickt. Eine Gruppe von Juden wurde mit Baumfäll-Arbeiten in den Wäldern beauftragt, eine andere Gruppe mit der Reparatur der Straße, die in das deutsche Lager führte. Die größte Gruppe von Juden, mich eingeschlossen, wurde eingesetzt zum Sortieren der Kleider und anderer Habseligkeiten der Menschen, die umgekommen waren. Jede Gruppe hatte ihre eigene Bezeichnung, die bei Appellen aufgerufen wurde.

Es gab ein *Straßenbaukommando*, ein *Holzfällerkommando*, ein *Maurerkommando*, ein *Flaschensortierkommando*. Eines der Kommandos, die Uhrmacher, bestand aus nur sechs Männern, die für das Sortieren von Gold und Wertsachen verantwortlich waren. Das wichtigste und zahlenmäßig größte Kommando war unser *Lumpenkommando*, das die Aufgabe hatte, Kleidung und Bettwäsche zu sortieren und zu verpacken. Jedes der Kommandos hatte nur einen Wunsch: dass seine Arbeit so lange wie möglich dauern würde. Wir bildeten uns in der Zwischenzeit ein, dass Hilfe von irgendwoher aus Übersee käme oder der Krieg enden würde oder russische Flugzeuge auftauchen würden … Es gab keinen Mangel an naiven Menschen.

---

12 In Warschau.

Kleider sprechen Bände

In Zweierreihen aufgestellt, wurden wir durch drei Tore zu den weiter entfernten Baracken geführt, die sich in einer separaten Umzäunung diesseits des deutschen Lagers befanden. Diese Baracken waren vollgepackt mit Lumpen, die dort über Wochen oder sogar Monate unsortiert gelegen hatten. Wir holten Schicht für Schicht heraus. Offenbar waren dies die Habseligkeiten der Juden aus Warschau, die in Schichten abgelagert worden waren, gemäß den verschiedenen Typen von Menschen, die einer nach dem anderen nach Treblinka gebracht worden waren. Zunächst waren die Armen gekommen, die Bettler, die Bewohner der Flüchtlingsunterkünfte, und dann die sozial Höherstehenden mit besserer Kleidung. Zuerst mussten wir uns mit stark verschmutzter und verlauster Kleidung und Wäsche befassen. Die hungrigen Läuse krochen überall von Kopf bis Fuß auf uns herum, und es gab nichts, was wir dagegen tun konnten. Einige äußerten die Befürchtung, dass wir Typhus bekämen. Andere sagten: „Welchen Unterschied macht es, wie wir sterben?" Aber als wir die erste Hälfte einer Baracke ausgeräumt hatten, wurde der Stoff feiner und eleganter. Wir fanden Papiere in den Taschen, sodass wir – in jedem Fall, der uns interessant schien – die Identität des Eigentümers der Kleidung klären konnten. Es gab auch die Hinterlassenschaften deutscher Juden, Juden aus Wien und Berlin, die offenbar vor der *Aktion* nach Warschau gebracht worden waren.

Werterfassung:
Das Sortieren und Verpacken der persönlichen Wertgegenstände der ermordeten Juden

Aber wer hatte schon den Mut nachzuforschen, wessen Besitz dies war? Die Arbeit ging wie folgt vonstatten: Wir standen gewöhnlich in Gruppen neben Bergen persönlicher Habe, die von einem Ukrainer bewacht wurde, mit einem SS-Mann an der Spitze. Wie üblich wurden wir während der Arbeit ständig angetrieben. „Schneller! Schneller!" Sie waren immer in Eile. Der SS-Mann schlenderte durch unsere Reihen, so wie wir gerade standen, beugte sich über unsere Arbeit, und teilte blitzschnell Schläge nach links und rechts aus. Später wurde es Praxis, dass der jüdische Kapo uns so viel wie möglich schlug, während wir arbeiteten. Wenn er nicht mit genügend Nachdruck zur Sache ging und jemand Neuen nicht die ganze Zeit schlug, erhielt er von dem SS-Mann selbst Peitschenhiebe. Wir leerten Taschen und Rucksäcke und sortierten nach Kategorien: Bettwäsche, Kleidung und Oberbekleidung banden wir getrennt in Bündeln zusammen. Die kleineren Gegenstände wurden ebenfalls sorgfältig sortiert: Seife separat, Streichhölzer separat, Zahnbürsten, Feuerzeuge, Puderdosen, Gürtel, Taschenlampen, Bleistifte, Gold-Füllfederhalter, Brusttaschen, Brieftaschen, etc., etc.

Die Deutschen verwerteten alles, und wenn ein ermordeter Jude durch irgendeinen Zufall ein berühmter Anwalt oder eine herausragende medizinische Koryphäe gewesen war oder Talent und Wissen auf einem weiteren Gebiet hatte, so erbten sie von ihm einen feineren Füller, ein schöneres Hemd oder eine Platinuhr anstatt einer gewöhnlichen Golduhr.

Ganze Luxusboutiquen wuchsen um uns herum, während wir arbeiteten. Alles wurde in Blechdosen und Koffer verpackt, die wir an einen zentralen Ort trugen, wo jeder Behälter aufgelistet, mit Etiketten versehen und für den Versand nach Deutschland zum Bahnhof befördert wurde. Es war schwieriger, die Kleidung zu verarbeiten. Diese hatte sich in solchen Massen angesammelt, dass die Deutschen auf die Aufzeichnung verzichteten und diesen Teil des jüdischen Eigentums ohne jede Buchhaltung abschickten. Es war unmöglich, das Sortieren der Kleidung zu beschleunigen, und so lange ich in Treblinka war, hatte ich immer die gleichen Berge von Lumpen vor meinen Augen, die ich bereits bei der Ankunft gesehen hatte. Es gab auch eine ganze Menge Teekessel, Thermoskannen, Wärmflaschen und vor allem eine Fülle von Flaschen, die wir alle für den Versand sortierten und verpackten. Wie ich bereits erwähnte, gab es ein besonderes *Flaschensortierkommando*, und mehr als ein Jude, der es wagte, eine Flasche zu öffnen, bezahlte dafür mit einer Kugel ins Genick.

Die sechs Uhrmacher und Juweliere arbeiteten in einer eigenen Ecke. Sie beschäftigten sich mit der Beurteilung, Sortierung und dem Verpacken von Gold, Uhren, des übrigen Schmucks und des Bargelds, das unter den persönlichen Wertgegenständen gefunden worden war. Wie alle anderen Arbeitskommandos hatten auch sie einen deutschen Aufseher, einen stattlichen, etwas älteren SS-Mann, der sie nicht schlecht behandelte. Wenn die Zeit für eine Selektion kam, behielt er sie bis spät abends an ihrem Arbeitsplatz und rettete damit ihr Leben. Man verstehe nur einen Deutschen! Vielleicht lag sein Motiv darin, dass er seine Versorgung mit Dollarnoten sichern wollte. Auch andere deutsche Gruppenleiter mochten ihr Personal nicht austauschen und schützten manchmal ihre Juden, wenn sie erfuhren, dass eine Selektion stattfinden sollte. Ich selbst erlebte dies, während ich im Wald arbeitete. Ich möchte hier darauf hinweisen, dass die Selektionen wie ein Damoklesschwert über unseren Köpfen schwebten. Wir standen jeden Morgen vor dem Wecken auf, machten uns sauber und so zurecht, dass wir so jugendlich und kräftig wie möglich aussahen. Nicht einmal in meinen besten Tagen hatte ich mich so oft rasiert wie in Treblinka. Jeder rasierte sich am Morgen und wusch sein Gesicht mit Kölnischwasser, das man aus den Paketen nahm, die von jüdischen Häftlingen zurückgelassen worden waren. Einige trugen sogar Puder oder Rouge auf. Man erzählte, dass sich manche in die Wange kniffen, damit sie eine gesunde Gesichtsfarbe hatten. Der Preis, der auf dem Spiel stand, waren noch ein paar Tage oder vielleicht sogar noch ein paar Wochen Leben.

Die ersten, einfacheren Stufen des Geldsortierens wurden an uns abgetreten. Nur einzelne Koffer oder Kisten voller Kostbarkeiten wurden direkt zu den Juwelieren gebracht. Das Geld, das wir in Taschen oder Geldbörsen fanden, warfen wir auf getrennte Haufen. Münzen und Scheine trennten wir, ebenso Dollar, Pfund, zaristische Goldrubel und den „Müll", wie wir die gewöhnliche polnische Währung nannten. Jeder, der zum *Umschlagplatz* gebracht wurde, hatte, egal wie arm er war, irgendwelches Geld als Notgroschen für schlechte Zeiten mitgenommen, welche eisernen Reserven er auch immer besaß, mit denen er vielleicht in der Lage wäre, sein Leben zu retten. Auf dem allerersten Plakat der Deutschen in Warschau taten sie uns den Gefallen, zu verkünden, dass wir unsere Wertsachen mit uns nehmen dürften …

Wir fanden ganze Vermögen, die in geheimen Taschen eingenäht waren, in Damenkorsetts, in Jackenfutter. Wertgegenstände wurden oft den Frauen zum Verbergen gegeben. Sie buken Diamanten in Brot oder legten sie in kleine Streichholzschachteln und bedeckten sie mit Streichhölzern.

Der Vorarbeiter befahl uns, alles nach Wertsachen zu durchsuchen, und unsere sogenannte Sabotage bestand darin, nicht zu viel Mühe für die Durchführung dieses Auftrages aufzubringen. Aus diesem Grund verblieben wahrscheinlich viele verborgene Schätze in der Kleidung; diese tauchen vielleicht irgendwann in der Zukunft wieder auf. Auf diese Weise wurden riesige Vermögen zusammen mit den Juden begraben oder verbrannt, die gänzlich bekleidet in die speziellen Massengräber des Leichenfeldes geworfen wurden.

Überall in Treblinka findet man verstreute Fetzen und Stücke von Geldscheinen, einschließlich Dollarnoten und anderen ausländischen Währungen. Diese Scheine waren von Juden zerrissen und weggeworfen worden, als sie endlich verstanden hatten, was für ein Ort dies war. Dies war ihr letzter Protest und Racheakt, bevor sie für immer im „Badehaus" verschwanden … Die Bosse von Treblinka zerbrachen sich nicht den Kopf darüber, wie sie uns daran hindern könnten, Gold und Wertsachen an uns zu nehmen, weil sie wussten, dass sie am Ende in der Lage wären, sich die Dinge unter den Nagel zu reißen, wenn sie uns nackt in den Tod schickten …

Die Millionäre von Treblinka

Einige der Deutschen sammelten leidenschaftlich allerlei Kuriositäten. Sie machten dabei keine Anstalten, dies vor uns zu verheimlichen, aber untereinander waren sie vorsichtig. Sie kamen direkt zu uns herüber und nahmen sich eine schöne goldene Uhr, die sie sofort einem der sechs jüdischen Uhrmacher gaben, um sie in Ordnung bringen zu lassen. Oder sie griffen einen besonders ungewöhnlichen Ring oder ein anderes Damenschmuckstück heraus, ohne Zweifel ein Geschenk für ihre Liebsten in der Heimat. Sie alle zusammen – Deutsche wie Ukrainer – hatten so viel Geld, dass sie sich nicht einmal die Mühe machten, es anzurühren. Ich denke, dass sie in Treblinka alle zu Millionären wurden.

Wir kümmerten uns nicht um solche Dinge. Es gab nur wenige unter uns, die sogar glaubten, sie wären einmal in der Lage, herauszukommen. Dennoch gerieten wir hin und wieder in Versuchung, und der eine oder andere von uns verbarg, ohne dass ein spezifischer Plan oder Vorsatz vorlag, ein paar Stücke. Wenn jemand es schaffen würde, aus Treblinka zu flüchten, so kämen ihm diese Dinge ganz gelegen, denn sowohl Juden als auch Bauern in der Gegend von Treblinka forderten riesige Summen von Treblinka-Ausbrechern für den kleinsten Gefallen. Wenn bei jemandem bemerkt wurde, dass er etwas von den Wertsachen versteckte, sagte sein Nachbar zu ihm: „Was willst Du damit? Du kommst hier sowieso nicht lebend heraus. Die Hundefänger werden keine lebenden Zeugen dulden."

Aber ich dachte die ganze Zeit über an Flucht und nahm eine Zeitlang hin und wieder etwas von dem Geld und den Wertsachen und vergrub es an bestimmten Stellen. Entweder werde ich überleben, so dachte ich, und werde eines Tages zurückkehren und es mir holen, oder zumindest wird es jenen Teufeln nicht in die Hände fallen.

Von Zeit zu Zeit geschah es beim Aussortieren der Kleidung, dass der eine oder andere von uns vielleicht Stücke, die einem seiner Verwandten oder Freunde gehört hatten, erkannte. Wenn er die dazugehörigen Papiere betrachtete, wusste er bald, ob seine Vermutung richtig war. Ein paar Seufzer oder seltener ein paar Tränen waren das einzige Gedenken für jene, die umgekommen waren. Nachdem ich ein paar Tage beim Sortieren der persönlichen Habseligkeiten gearbeitet hatte – es waren noch keine neuen Transporte angekommen –, wies man mich zusammen mit 14 weiteren Männern an, den Weg in die Gaskammer oder, wie sie es nannten, das „Badehaus", sauber zu machen. Diese Zone weckte die größten Ängste in uns allen. Ich war aber noch nie dort gewesen.

Der „Abfall" auf dem letzten Weg

Die Straße, die von der linken Baracke oder dem Appellplatz zu dem Gebäude in der Mitte des Waldes führte, wurde durch Bäume verdeckt. Dies war der Weg, auf dem Hunderttausende von jüdischen Männern, Frauen und Kindern ihren letzten Wettlauf bestritten, ein schmaler, sandiger, gewundener Pfad, der auf beiden Seiten von einem Stacheldrahtzaun begrenzt war ...

Als wir uns dem Weg näherten, sahen wir den „Müll", den wir wegräumen sollten, bevor neue Transporte eintrafen. Dieser „Müll" bestand aus einem wahren Geldsegen von Banknoten, die Menschen zerrissen und weggeworfen hatten, bevor sie starben. Wir erhielten spezielle Reisigbesen und Rechen für die Arbeit. Mit den Rechen harkten wir Goldmünzen, Juwelen und Diamanten aus dem Sand. Einer von uns nahm eine 20-Dollar-Goldmünze und brachte sie dem Ukrainer, der uns bewachte, als Anreiz, dass er uns in Ruhe ließe, während wir arbeiteten.

„Was nützt mir dieses Geld?", antwortete der Ukrainer. „Weißt Du nicht, dass keiner von uns hier lebend rauskommen wird?" Dieser besondere Ukrainer schien zufällig ein recht anständiger Kerl zu sein. Er hetzte und schlug uns nicht bei der Arbeit. Nur wenn ein Deutscher auftauchte, wurde er aktiv und schrie uns an, „Bystro, bystro!" [Russisch für schnell, schnell!] Wir hielten auf diese Weise unsere Beschäftigung aufrecht und reinigten den Boden bis zum Abendappell und zur Bettruhe.

Ich kenne bereits das ganze Lager

Am nächsten Morgen wurden 15 Männer, darunter auch ich, aus unserer Gruppe herausgezogen und noch einmal in den Bereich der Gaskammer eskortiert. Diesmal wurde uns eine andere Arbeit zugeteilt. Man befahl uns, beim Errichten der Mauern eines neuen Gebäudes zu helfen. Einige meinten, dass dies ein Krematorium für die in den Gaskammern erstickten Leichen werden sollte, weil das Begraben zu viel Platz in Anspruch nahm. Ich kam in einen neuen Bereich mit einer separaten Baracke für die Arbeiter – ein Reich für sich. Auf diese

Weise hatte ich Gelegenheit, mich mit dem geheimsten und wichtigsten Teil des Lagers vertraut zu machen – dem Teil, wo sich die mechanische Mordfabrik selbst befand sowie auch das separate Gräberfeld, in dem die Ermordeten begraben wurden. Nach und nach konnte ich so alle Bereiche des Vernichtungslagers Treblinka II kennenlernen.

Innerhalb des umzäunten Lagers bestanden fünf kleinere Bereiche mit eigenen Stacheldraht-Umzäunungen. Der Bereich, in dem ich mit den Kleidern gearbeitet hatte, war das Zentrum der *Werterfassung*, das heißt der Ort, an dem die Beute, die den kurz darauf Ermordeten weggenommen wurde, gesammelt und abgeholt wurde. Dort befanden sich zwei Baracken, in denen die persönliche Habe der Juden gelagert wurde. Als später einiges verschickt worden war, damit es mehr Platz gab, wurden die Arbeiter der *Werterfassung* ebenfalls dort untergebracht. Ich verbrachte nur eine Nacht an dem neuen Ort, aber dazu sage ich später mehr.

Dieser Bereich befand sich in der Nähe des sogenannten deutschen Lagers, durch das unsere Kolonne jeden Tag auf dem Weg zur Arbeit marschierte. Es gab zwei lange Baracken, die einander gegenüberstanden. Schlafzimmer, Küche und Speisesaal der SS-Männer befanden sich in einer der Baracken. In der gegenüberliegenden Baracke befanden sich die Wohnung des Kommandanten und das Lebensmitteldepot, in dem die Deutschen die besten Lebensmittel lagerten, die sie im Gepäck der Juden gefunden hatten. Es gab keinen Mangel an Weinen, Sardinen, Süßigkeiten und Leckereien aus importierten Lebensmittelpaketen, die Juden in der Regel aus dem Ausland erhalten hatten. Auch wir fanden dort mehr als einen feinen Happen oder etwas zu trinken. Aber im Laufe der Zeit reduzierte sich die Versorgung mit Lebensmitteln aus den Paketen, und da keine neuen Transporte kamen, begannen wir zu hungern.

Hinter dem Lebensmitteldepot gab es ein kleines Haus, in dem eine besondere Kategorie von Juden lebte. Diese Menschen trugen gelbe Abzeichen. Es waren ein paar Dutzend Juden aus den benachbarten Städten, die einige Monate zuvor beim Bau des Lagers eingesetzt worden waren. In Anerkennung ihrer Leistungen erlaubte man einigen von ihnen, am Leben zu bleiben. Sie erhielten die besondere Aufgabe, den Deutschen und Ukrainern, die hier einquartiert waren, als Dienstpersonal zur Verfügung zu stehen. Die meisten von ihnen waren Handwerker aus verschiedenen Bereichen, und ihnen hatten sich einige Facharbeiter aus Warschau mit verschiedenen Berufen angeschlossen. Zusammen pflegten, rasierten, frisierten, kleideten und beschuhten sie die Bande von Mördern. Mehrere Mädchen arbeiteten in der Küche. Sie waren die einzigen Frauen, die mehr als 24 Stunden auf der Erde von Treblinka wandelten. In der gleichen Baracke befand sich auch die Werkstatt der jüdischen Handwerker. Die gelben Aufnäher – man kann sie wirklich als gelbe Überlebens-Spangen bezeichnen – trugen die Juden auf ihrem rechten Knie. Wie ich bereits erwähnte, gab es eine weitere Klasse von Juden im Lager mit einer längeren Überlebensdauer. Dies waren privilegierte Personen aus Treblinka Nr. I, dem Straflager. Sie trugen einen roten Flicken auf ihrem Knie als ihr eigenes Überlebens-Abzeichen.

Die Gaskammern

Zu diesem Zeitpunkt hatte ich bereits vier Bereiche des Lagers kennengelernt, einschließlich des großen, fünfeckigen Gräberfeldes, das neben den Eisenbahnschienen eingezäunt war, und des Appellplatzes zwischen den beiden Baracken. Aber ich hatte noch keine Bekanntschaft mit dem schrecklichsten aller Teile des Lagers gemacht – den Gaskammern. An diesem Tag sollte ich diesem fünften und letzten Teil des Lagers sehr nahe kommen.

Ich habe noch vergessen zu erwähnen, dass es an allen vier Ecken des Lagers Türme gab, von denen jeder drei Stockwerke hoch war und auf denen die ukrainischen Wachen ständig patrouillierten. Diese Wachtürme dienten als Beobachtungsposten, um sicherzustellen, dass niemand aus dem Lager flüchtete. Auf den Wachturmspitzen standen Maschinengewehre und Suchscheinwerfer, die alle paar Minuten einen breiten Lichtkegel in jeden Teil des Lagers warfen, sodass die Nacht so hell wie der Tag wurde. Nur in den Nächten, als Warschau bombardiert wurde, blieben die Scheinwerfer dunkel.[13]

Die meisten Bauten im Lager waren aus Holz. Die Gaskammer und das neue Gebäude, das sich während der Zeit, in der wir als Bauhelfer eingeteilt waren, gerade im Aufbau befand, bestanden aus Backstein.

Wir wurden eingesetzt zum Löschen mit Kalk in Gräben, die zu diesem Zweck ausgehoben worden waren. Fässer mit Wasser aus einer speziellen Quelle standen in der Nähe. Es waren diese Fässer, aus denen ich das einzige Mal, während ich in Treblinka war, meinen Durst ein wenig besser löschen konnte. Aber es bekam mir nicht. Genau wie andere, die endlich eine Chance bekamen, etwas mehr Wasser zu holen, wurde ich am selben Tag von Durchfall geplagt. Es war sehr kräftezehrend.

Abgesehen von diesem bisschen Wasser ging es den Arbeitern in diesem Bereich nicht besser als in anderen Teilen des Lagers. Im Gegenteil, hier im Totenlager, wie dieser Ort hieß, war die Behandlung der Arbeiter noch härter, wenn das überhaupt möglich war.

Gegen Mittag, als die Sonne am stärksten brannte, wurde ich Zeuge einer Szene, die mir den größten Schrecken einflößte.

Auf meinem Weg zurück aus der Küche kam ich zufällig an der Baracke vorbei, in der die regelmäßig in diesem Bereich Beschäftigten untergebracht waren. Im Allgemeinen hatten diese Menschen keinen Kontakt mit den Arbeitern im Rest des Lagers. Dort stieß ich auf drei Juden, die auf dem Boden lagen. Ich wusste nicht, wie sie dorthin gekommen waren. Vielleicht waren sie nicht in der Lage gewesen weiterzuarbeiten, oder sie waren vor Erschöpfung zusammengebrochen und wollten ein wenig ausruhen und waren von einem SS-Mann erwischt worden. Dieser Sadist stand nun mit einer dicken Peitsche in der Hand über ihnen und bearbeitete einen von ihnen. Der Mann war nackt und völlig bewusstlos. Aber der

---

[13] Warschau war erstmals am 23. Juni, dann am 13. November 1941 Ziel sowjetischer Luftangriffe. In den Nächten vom 20. zum 21. August und vom 1. zum 2. September 1942 erfolgten die von Krzepicki erwähnten Bombardements. Sie lösten Panik und Massenflucht aus.

Deutsche weigerte sich noch immer, von ihm abzulassen und peitschte mit aller Kraft auf seinen nackten Bauch ... Die anderen, so schien es, hatten bereits ihr Fett abbekommen, da sie blutig und bewusstlos dalagen. Als ich diese Szene sah, dachte ich mir, dass der Ort, an dem ich vorher gearbeitet hatte, im Vergleich dazu golden war, und ich beschloss, hier um jeden Preis wegzukommen und an den alten Arbeitsplatz zurückzukehren.

Aber der längliche, nicht zu große Backsteinbau, der in der Mitte des Totenlagers stand, übte eine seltsame Faszination auf mich aus: Das war die Gaskammer. Ich spürte, dass ich vor dem Verlassen einen Blick darauf werfen musste – auf den furchtbarsten Teil des Lagers, in dem das schlimme Verbrechen an den Juden verübt wurde.

Ich war ihr schon mehrmals ziemlich nahe gekommen, als ich und andere Wasser für den Kalk und Ton aus dem Brunnen geholt hatten, der sich direkt rechts neben dem Gebäude befand. Aber es war mir nicht eingefallen, meine Gruppe zu verlassen und ein wenig näher heranzugehen, um Genaueres zu sehen. Erst als wir von unserem Mittagessen zurückkehrten und unsere Kolonne für eine Weile anhielt, schlich ich weg und stahl mich in Richtung der offenen Tür der Gaskammer.

Ich glaube, ich habe bereits darauf hingewiesen, dass dieses Gebäude von einem Waldgebiet umgeben war. Jetzt bemerkte ich, dass über dem Flachdach des Gebäudes ein grünes Drahtnetz gespannt war, dessen Kanten leicht über die Mauern des Gebäudes ragten. Dies konnte zum Schutz gegen Luftangriffe angelegt worden sein. Unter dem Netz, oben auf dem Dach, sah ich ein Gewirr von Rohren. Die Wände des Gebäudes waren mit Mörtel verputzt. Die Gaskammer war eine Woche lang nicht in Betrieb gewesen. Ich konnte durch eines der beiden starken, weißgetünchten Eisentore, die gerade offenstanden, ins Innere hineinschauen.

Ich sah vor mir einen Raum, der nicht allzu groß war. Er sah aus wie ein normaler Duschraum mit allen Annehmlichkeiten eines öffentlichen Badehauses. Die Wände des Raumes waren mit kleinen, weißen Kacheln verkleidet. Es war eine sehr feine, saubere Arbeit. Der Boden war mit orangefarbenen Terrakotta-Fliesen gekachelt. Vernickelte Metallarmaturen waren an der Decke angebracht.

Das war alles. Ein komfortables, nettes, kleines Badehaus, das man in der Mitte einer waldreichen Umgebung errichtet hatte. Es gab weiter nichts zu sehen. Aber wenn man vor dem Eingang dieses „Badehauses" stand, konnte man Berge von Kalk erblicken, und unter ihnen die riesigen, noch offenen Massengräber, wo Zehntausende oder vielleicht Hunderttausende von „Badegästen" die ewige Ruhe fanden. Später wurde mir gesagt, dass sie auch hier begonnen hatten, die Leichen in den Gräben zu verbrennen.

Der Kasten für die Goldzähne

Eine weitere technische Verbesserung für die Vernichtung der Körper der toten Juden – und wer weiß, ob es nur Leichen waren – würde ohne Zweifel in dem Gebäude, auf dessen Baustelle wir arbeiteten, eingeführt werden. Die Leute sagten, dass es ein Krematorium werden würde.

Neben dem „Badehaus" stand ein großer Kasten. Wie ich später erfuhr, wurde dieser Kasten für eine besondere Art von *Werterfassung* verwendet. Als das Ganze in Betrieb war und Chargen von Leichen zu gegebener Zeit aus dem „Badehaus" geschleppt wurden, stand dort ein jüdischer „Zahnarzt" mit einer Zange, untersuchte den Mund eines jeden Leichnams und extrahierte alle Goldzähne oder Platinkronen, die er dort finden konnte. Mehr als eine Kiste Gold hatte sich auf diese Weise angesammelt. Die Deutschen sind gute Haushälter.

Das Open-Air-Konzert im Totenlager
Als ich vor der Tür des „Badehauses" von Treblinka stand, machte ich eine neue Entdeckung. Zuvor hatte ich den Eindruck gehabt, Klänge von Musik gehört zu haben. Ich hatte gedacht, es sei ein Radio-Lautsprecher, den die Deutschen installiert hätten, um nicht isoliert zu sein, Gott bewahre, von der *Kultur* ihres Vaterlandes hier draußen in der Pampa. Ich musste jetzt erfahren, dass ihre Sorge um die Musikkultur noch weiter ging. Unter einem Baum, etwa 40 Meter vom „Badehaus" entfernt und nicht weit von dem Weg, auf dem die Juden ins „Bad" getrieben wurden, gab es ein kleines Orchester, bestehend aus drei Juden mit gelben Abzeichen und drei jüdischen Musikern aus Stoczek (die später noch einen weiteren, besseren Musiker aus Warschau dazu bekamen). Da standen sie, spielten ihre Instrumente, und, weiß Gott warum, aber ich war vor allem von einem langen Rohrblattinstrument, einer Art Pfeife oder Flöte beeindruckt. Darüber hinaus gab es eine Geige und ich glaube eine Mandoline. Die Musiker standen da und machten ein Tohuwabohu um alles, was es ihnen wert war. Sie spielten wahrscheinlich die neuesten Schlager, die bei den Deutschen und Ukrainern beliebt waren. Für sie spielten sie auch bei wilden Gelagen in den Wachbaracken. Die Juden spielten, während die Gojim tanzten.

Ein musikalisches Volk, diese Ukrainer. Am Vorabend des Jahrestages des Kriegsausbruchs in der Nacht vom 31. August auf den 1. September arrangierten die SS-Männer eine musikalische Unterhaltung für die Juden. Sie brachten Musiker zum Appellplatz und befahlen ihnen, jüdische Melodien zu spielen. Sie riefen mehrere junge Juden nach vorne, die tanzen sollten. Ein älterer ukrainischer Unteroffizier leitete die Show. Die Deutschen genossen die Darbietung, sie klatschten und bogen sich vor Lachen …

Als ich später genauere Erkundigungen einzog, fand ich heraus, dass diese Art des jüdischen Open-Air-Konzerts auch stattfand, wenn neue Transporte ankamen. Kein Zweifel, die jüdischen Melodien vermischten sich mit den Rufen und Schreien der jüdischen Männer, Frauen und Kinder, die gerade in das Todesbad getrieben wurden.

Sie standen dort, die jüdischen Musiker, und spielten die ganze Zeit in der Nähe des schmalen Weges, auf dem weitere Juden ihr letztes Rennen liefen, gegenüber den offenen Gräben, wo Zehntausende von Juden in ihrem letzten Schlaf lagen. Dort standen sie und spielten. Sie spielten für das Anrecht, noch ein paar Wochen länger am Leben bleiben zu dürfen.

Ich kehrte zu meiner Gruppe zurück und arbeitete weiter. Alle meine Gedanken drehten sich darum, aus dem Totenlager so bald wie möglich herauszukommen. Schon bald bot sich eine Gelegenheit dafür. Eines frühen Nachmittags bemerkte ich eine Gruppe von Leuten, die aus dem Wald kamen und auf ihren Schultern Setzlinge, die sie ausgegraben hatten, trugen.

Diese kleinen Bäume sollten vor den großen Massengräbern im Totenlager gepflanzt werden, in der Nähe der Gleise, um die Gräber vor den Augen von Außenstehenden zu verbergen. Die Sadisten von Treblinka mit ihrem plumpen Humor bezeichneten sie als den *Kindergarten*. Beim Anblick der Menschen, die die jungen Bäume trugen, nahm ich einen Ast vom Boden auf und schrie: „Hallo zusammen!", als wäre ich zurückgeblieben und rannte nun, um zu ihnen aufzuschließen.

Als ich lief, drehte ich mich ständig nach hinten, um zu sehen, ob zufälligerweise eine Kugel hinter mir herflog. Aber ich blieb unversehrt, und nachdem ich meinen Weg durch den Zaun des Totenlagers genommen hatte, warf ich den Ast weg und schloss mich wieder meinem Lumpenkommando an. Dieses war an diesem Tag entlang der Eisenbahngleise damit beschäftigt, die Kleiderbündel für den Transport vorzubereiten.

Neue Transporte

Am späten Nachmittag liefen die Vorbereitungen für den Empfang von neuen Transporten, die ab dem nächsten Tag wieder eintreffen sollten. Während des Appells wurden 40 Personen, die deutsch sprechen konnten, ausgewählt. Auch ich meldete mich zum Dienst. Wir dachten, dass wir als Dolmetscher ins Straflager abgeordnet werden würden. Einer der SS-Männer hielt uns sogar eine Rede mit den üblichen süßen Worten, sagte uns, dass wir zu den wenigen Auserwählten gehörten, dass uns nichts geschähe und so weiter. Wir hatten nichts zu verlieren, daher ließen wir uns leicht übertölpeln und glaubten, dass sich etwas Positives ereignen würde. Wir waren froh, dass wir die glücklichsten Gefangenen im ganzen Lager waren, weil wir die Hoffnung hatten, lebend herauszukommen. Warum? Weil wir in der Lage sein würden, das Lager bereits am nächsten Morgen zu verlassen! Wir hörten die Rede bis zum Ende und gingen dann schlafen. Beim folgenden Morgenappell wurde unsere Gruppe aufgerufen und man befahl uns, separat von den anderen anzutreten. Die „Puppe" führte dann eine spezielle Mini-Selektion bei uns durch. Er fragte jeden von uns nach seinem Namen. Wenn die Person gefragt wurde und ihren Namen mit fester, lauter Stimme nannte, war das gut. Aber wenn er durch Zufall eine Sekunde zögerte und seinen Namen in einer etwas weniger herzhaften Art und Weise rief, so wurde er abgelehnt und zum Rest der Gruppe zurückgeschickt. Auf diese Weise blieben nur etwa 35 der ursprünglichen 40 übrig, und nun stellte sich heraus, dass man uns nirgendwo hinschickte, sondern dass wir im Lager blieben, um beim Empfang und der „Verarbeitung" der neuen Transporte zu helfen. Wir bekamen die folgenden Aufgaben: einige sollten die Waggons öffnen, einige die neu eingetroffenen Männer nach rechts abtrennen, die Frauen nach links und so weiter. Ich wurde beauftragt, die Schuhe wegzuräumen, die die Neuankömmlinge auszogen, als sie sich vor dem „Duschgang" entkleideten.

Wir erwarteten jede Minute den neuen Transport aus Warschau.

5. Kapitel

Neue Transporte

Was würde uns der neue Transport bringen? Schon seit mehr als einer Woche waren wir in Treblinka und lebten die ganze Zeit in Angst und Schrecken vor den Selektionen. Wir wussten auch, dass die Vollstreckung unserer Todesurteile nur für kurze Zeit ausgesetzt worden war. Vielleicht werden wir heute an der Reihe sein, dachten wir, wenn wir uns am Morgen anzogen. Wir pflegten und rasierten uns so gründlich wie wir konnten, um jung und kräftig genug zu wirken, um die Selektion zu überstehen.

Nach dem Appell wurde unsere Gruppe von 35 Männern zu unseren neuen Arbeitsplätzen gebracht, bereit für den ankommenden Transport. In der Zwischenzeit war der Rest der Arbeiter zu seinen alten Arbeitsplätzen zurückgekehrt.

Um acht Uhr kam der Zug aus Warschau. Wir sahen, wie sich das Lagertor öffnete und schloss, und in kaum einer Minute wurde das düstere Drama mit Begeisterung aufgeführt.

Alle Türen der Waggons wurden auf einmal aufgerissen. Die Ukrainer und SS-Männer kamen mit ihren Peitschen in Fahrt, und die scharfe Verfolgung der Neuankömmlinge war im Gange. Wer die Kraft dazu hatte, raste aus den dunklen Waggons ans helle Tageslicht. Die Menschen wollten ihre Beine ausstrecken und die Durchblutung der Gliedmaßen wiederherstellen, die während des langen Sitzens oder Liegens in beengten Verhältnissen eingeschlafen waren. Aber das war nicht der Ort, an dem man ihnen erlaubte, sich von dem Martyrium, das sie erduldet hatten, zu erholen. „Schneller! Schneller!", schrien die Peiniger. Wir, die „alten Hasen", die den tödlichen Spießrutenlauf nur eine Woche zuvor durchgemacht hatten, blickten in die verängstigten Gesichter der Juden und verstanden ihre Gefühle. Als sie vorbeiliefen, versuchten sie, mit uns zu kommunizieren. „Was wird mit uns geschehen? Was sollen wir tun? Sagt uns, Juden, was sollen wir tun?" Einige von ihnen erkannten unter uns Verwandte oder Nachbarn, die ihnen zuwinkten und gestikulierten, um ihnen begreiflich zu machen, dass es unmöglich war, jetzt zu sprechen, weil die Deutschen zusahen. Einige versuchten, den Neuankömmlingen zu signalisieren, sich unter uns, die Arbeiter, zu mischen. Ein paar junge Leute versuchten tatsächlich, in unserer Schar unterzutauchen, als wenn sie gerade helfen würden, den neuen Transport abzufertigen. Auf diese Weise retteten sie sich vorerst. Aber die Frage war, für wie lange?

Diesmal zeigte sich auch der Anführer der Mörder, der Kommandant von Treblinka, um den neuen Transport zu begrüßen. Er war ein Hauptmann, 50 Jahre alt, stämmig und von mittlerer Größe. Er hatte aufgeblasene rote Wangen und einen schwarzen Schnurrbart – ein

Abbild des aktiven Soldaten. Er war immer voller Wut, und es ist schwer zu sagen, ob sich diese nur gegen Juden richtete. Er pflegte einen Gummiknüppel in der Hand zu tragen, und er versäumte es nie, seine Wut abzureagieren, wenn er an einigen Juden vorbeiging. „*Idioten!*" war sein liebstes Schimpfwort, und er sprach es mit einer quietschenden Stimme aus. Wann immer man das Quietschen hörte, konnte man sicher sein, dass jemand sein Fett abbekam, weil er immer mit dem Quietschen im selben Moment begann, wenn er sein Opfer mit aller Kraft und Wut eines wohlgenährten Mannes schlug. „*Verdammtes Volk!*" pflegte er zu schreien, „*verfluchte Judenbande! Verflucht! Gewitter nocheinmal!*" Nach jedem Schlag bückte er sich fast bis zum Boden, wie ein Mann, der Korn drischt. Und immer wieder quietschte er: „*Ihr Idioten! Idio-o-o-ten!!!!*"

An jenem Tag trug der Hauptmann eine weiße Uniform und eine weiße Mütze,[14] und sein Adjutant, ein hochgewachsener, blonder Leutnant etwa gleichen Alters, trug eine nagelneue weiße Jacke. Als ich sie betrachtete, dachte ich mir, dass sie auch Handschuhe tragen sollten, weil Henker früher immer weiße Handschuhe trugen, wenn sie ihr Amt ausübten.

Diese beiden dicken, alten Deutschen tauchten immer gemeinsam auf, strichen durch das Lager und verprügelten Juden.

Dieser besondere Tag schien für sie eine Art Urlaub zu sein. Der Todesreigen hatte wieder begonnen.

Nicht alle Juden hatten die Waggons verlassen. So wie in allen anderen Transporten waren unter den Neuankömmlingen viele ohnmächtig geworden oder während der Fahrt aufgrund des schrecklichen Gedränges, des Schmutzes und des Luftmangels gestorben. Wir mussten sie direkt zu den offenen, immer bereiten Massengräbern ziehen und hineinwerfen. Häufig wachten die Ohnmächtigen auf dem Weg auf und baten um Wasser und Hilfe, aber es gab nichts, was wir für sie tun konnten. Die einzige Hilfe, die wir ihnen gewähren konnten, damit sie nicht lebendig in das Grab geworfen werden würden, bestand darin, einen der Ukrainer herbeizurufen und ihn zu bitten, ihrem Elend mit einer gut gezielten Kugel ein Ende zu bereiten. Daraufhin stand die Menge Juden am zweiten Tor dieser Hölle und wurde getrennt: Männer nach rechts, Frauen und Kinder nach links. Familien versuchten, sich voneinander zu verabschieden, aber die Peiniger hatten keine Zeit. „Schneller! Schneller!" Ehefrauen wurden von ihren Ehemännern weggerissen, Kinder von ihren Vätern, Mütter von ihren Söhnen, und die meisten hatten nicht einmal eine Gelegenheit zu einer letzter Umarmung, einem Blick oder Kuss. „Schneller! Schneller!" – Weil die Zeit nicht stehenblieb, die Hauptsaison war im Gange, und mehr Züge waren auf dem Weg, warteten ihrerseits ...

---

14 Keiner der drei Kommandanten war Hauptmann (der Polizei oder der Wehrmacht). Irmfried Eberl war Arzt im Dienst der „Aktion T 4" („Euthanasie"). Er amtierte von Anfang Juli bis Ende August 1942 als Kommandant von Treblinka. Franz Stangl (August 1942 bis August 1943) war zuletzt SS-Hauptsturmführer, Kurt Franz, sein Nachfolger, war ab Juni 1943 SS-Untersturmführer. Weiße Uniformen gab es nicht in der SS. Sie werden allerdings in mehreren Berichten erwähnt. Es handelte sich wohl um eine der Fantasie des Treblinka-Kommandanten entsprungene persönliche Kostümierung.

Die Frauen und Kinder wurden in die Baracke auf der linken Seite gejagt, um sich zu entkleiden. Ich hatte den Auftrag erhalten, die Schuhe derer, die sich auszogen, zu sammeln und zu entfernen, und ich stellte mich an die offene Seite des Barackeneinganges.

„Yehudi, was haben die mit uns vor?"

Es fällt schwer, die Szene im Inneren der Baracke zu beschreiben – die Verwirrung der Frauen, den Schrecken der Kinder, den Tumult, das Weinen. Ich dachte, dass es vielleicht besser sei, dass die Mordaktionen in Treblinka mit solcher Eile durchgeführt wurden. Vielleicht wären ihr Schmerz, ihre Angst und das Elend noch schlimmer gewesen, wenn das Prozedere in einem langsameren Tempo stattgefunden hätte. Die dem Untergang geweihten Menschen spürten bereits den finsteren Charakter dieses Ortes, von dessen schrecklichem Griff es kein Entkommen geben würde. Aber so wie die Dinge lagen, hatten die Menschen keine Zeit auch nur zu überlegen, was mit ihnen geschah, oder wieder Luft zu holen. Aber ich bezweifle, dass die Henker von dem Wunsch getrieben waren, das Elend der Juden zu verkürzen. Sie handelten so in erster Linie, weil sie Angst hatten, dass zu große Massen von Juden zu einem beliebigen Zeitpunkt versammelt waren, in dem sie die Möglichkeit hätten, zu reden, Pläne zu schmieden oder aktiv zu werden. Ihnen durfte keine Chance gegeben werden, in vollem Umfang zu erkennen, was mit ihnen geschehen würde.

Es war daher besser, die Neuankömmlinge möglichst zu verwirren und einzunebeln.

Als ich an der offenen Tür stand und die wilde Szene vor mir sah, kam ein bildhübsches blondes Mädchen zu mir gerannt und fragte atemlos: „Yehudi, was haben die mit uns vor?"

Es fiel mir schwer, ihr die Wahrheit zu sagen. Ich zuckte ein wenig mit den Schultern und versuchte, ihr mit einem Blick zu antworten, um ihr die Angst zu nehmen. Aber mein Verhalten erfüllte das Mädchen mit noch größerem Schrecken und sie rief: „Sagen Sie mir's auf der Stelle, was haben die mit uns vor? Vielleicht kann ich immer noch hier raus!"

Ich hatte keine andere Wahl als zu reagieren, und so antwortete ich ihr mit einem kurzen Wort: „Abfall!" Das Mädchen wandte sich ab und rannte quer durch die ganze Baracke wie eine Maus in der Falle. Sie suchte nach lockeren Brettern, Türen und Fenstern. Sie lief hin und her, bis sie an die Reihe kam, um ihre Kleider abzugeben, und ein SS-Mann begann, sie mit der Peitsche zu schlagen, damit sie sich nackt auszog.

Die älteren Frauen waren ruhiger. Einige versuchten, Trost bei Gott zu finden und bereiteten sich darauf vor, mit dem Namen Gottes auf den Lippen zu sterben. Weitere beteten für ein Wunder, für eine Rettung in letzter Minute, während andere alle Hoffnung aufgegeben hatten. Ich sah eine hochgewachsene Frau, bekleidet mit einer Perücke für den Gottesdienst, die wie eine Vorsängerin in der Synagoge mit erhobenen Armen am Rednerpult stand. Hinter ihr hatte sich eine Gruppe von Frauen versammelt, die mit erhobenen Armen Wort für Wort wiederholten: „Schma Israel, Adonai Eloheinu!"[15] rief die Frau zu einer Jom-Kippur-Melodie und streckte die Arme in Richtung Himmel, den Juden niemals sehen, wenn sie

---

15 Hebräisch für „Höre, o Israel, der Herr ist unser Gott!"

ihre Gebete sprechen. „Herr, Du einer und einziger Gott, nimm Rache an unseren Feinden für ihre Verbrechen! Wir werden sterben, um Deinen Namen zu heiligen. Lass unser Opfer nicht vergeblich gewesen sein! Unser Blut räche und das Blut unserer Kinder, und lasst uns sagen: Amen!"

So oder mit ähnlichen Worten rief diese Jüdin mit lauter Stimme, und die anderen Frauen wiederholten es. Sie gingen ein paar Schritte zurück, wie man es zum Abschluss der Rezitation des Achtzehnbittengebets[16] tut, und so kam es, dass die Soldaten diesen Frauen keine Aufmerksamkeit schenkten, bis sie verstummt waren und sich in der Menge verloren.

Einige Kinder waren mit ihren Müttern hierhergekommen, andere ohne Mütter, und es ist schwer zu sagen, was schlimmer war. Mütter mussten ihre erwachsenen Töchter in den Tod geleiten, so wie sie sie in normalen Zeiten zum Brautbaldachin geführt hätten, und sie schickten sie mit Worten der Liebe weg, wie man von einem Toten Abschied nimmt. Das Wehklagen der jüdischen Frauen in der Baracke klang wie das Wehklagen bei Beerdigungen. Hier waren die Menschen die Trauernden bei ihrem eigenen Begräbnis.

„Ich möchte mich von meinem Papa verabschieden!", rief ein kleiner Junge von etwa acht Jahren. Er war mit seinem Vater hierhergekommen und wollte sich nicht entkleiden, bevor er sich nicht von ihm verabschiedet hatte. Der Vater stand auf der anderen Seite der Tür und konnte nicht mehr zu ihm gehen. Vater und Sohn wurden jeweils von einem Wachmann beobachtet. Aber es geschah ein Wunder. Ein ukrainischer Unteroffizier, der Dienst in der Baracke hatte, war irgendwie gerührt. Er verstand die polnischen Worte und erfüllte den Wunsch des Kindes. Er nahm den Jungen mit nach draußen zu seinem Vater, der ihn in seine Arme nahm, seine weichen Wangen küsste und ihn dann wieder auf den Boden setzte. Zufrieden kehrte der kleine „Delinquent" mit dem Ukrainer in die Baracke zurück und zog sich aus. Sein letzter Wunsch war erfüllt worden.

Eigentlich habe ich die Dinge nicht genau beobachtet. Ich hatte dafür weder die Zeit noch das Herz. Ich wollte nicht, dass es mich zu sehr beeinflusste. Etwas in mir sagte immer wieder: „Schone deine Nerven! Du darfst nicht zusammenbrechen!"

Ich berücksichtigte diese Warnung. Als ich die Szene in der Baracke beobachtete und die Worte und die Schreie hörte, litt ich sehr. Ich sah wunderbare Kinder, die kleinen Engeln glichen, junge Mädchen in ihrer ersten Blüte, und mein Herz zersprang fast vor Schmerz und Wut, wie solche Schönheit in Asche verwandelt werden konnte. Aber dies hat mich auch eine Lektion gelehrt: Raus, raus hier, damit ich leben werde, um Rache zu üben, um etwas anderes mit diesen Augen zu sehen als die Szenen, die ich mitansehen musste!

Ich nahm die Damenschuhe, band sie zu Paaren zusammen und legte sie im Freien auf einen Haufen, damit sie zum Sammelplatz gebracht werden konnten.

„*Idioten!*" Plötzlich hörte ich das vertraute Quietschen direkt neben mir, und im gleichen Moment fühlte ich einen stechenden Schmerz im Gesicht. Am Anfang dachte ich,

---

16 Wichtiges Gebet während des jüdischen Gottesdienstes.

dass man mir ein Auge ausgeschlagen hätte. Der Kommandant selbst ehrte mich mit seiner Aufmerksamkeit. Er drosch mit dem Gummiknüppel auf meinen Kopf ein. Mein Vergehen war, bei der Arbeit zu viel Zeit verloren zu haben. Ich sollte eigentlich nicht die Schuhe zusammenbinden. Das war Aufgabe der Opfer selbst, wenn sie sich zum „Duschen" fertig machten. Sie sollten ihre eigenen Schuhe ordentlich zusammenbinden und sie in bester Ordnung übergeben. Die Frauen an der Barackentür sahen mit Schrecken und Trauer, wie mich dieser Bastard folterte, und sie schnürten schnell ihre Schuhe zusammen, nur um den irren deutschen Hund loszuwerden.

Jemand äußerte sehr richtig, dass die Juden mehr Angst vor den Deutschen als vor dem Tod hätten. Sie liefen dem Todesengel direkt in die Arme, nur damit sie nicht mehr in die Gesichter der Deutschen blicken mussten. Als der Hauptmann endlich müde wurde, mich weiter zu schlagen, und mich erschöpft allein ließ, musste ich die Frauen anschreien, damit sie mir die Schuhe reichten. Ein paar Minuten später, nachdem der Hauptmann sich ausgeruht hatte, spürte er wieder Lust, jemanden zu verprügeln, und so begann er, mir zu „helfen", den Frauen beizubringen, wie sie ihre Schuhe übergeben sollten. Mit der gleichen Kraft, die er gegen mich eingesetzt hatte, und mit dem gleichen Quietschen, „*Idioten!*", stürmte er in die Baracke, fiel über die Frauen und Kinder her wie ein Falke über einen Hühnerstall und schlug sie alle gnadenlos mit seinem Gummiknüppel. Es gab ein Riesengedränge, da jeder versuchte, so weit weg wie möglich von dem Killer mit den roten Wangen und dem schwarzen Schnurrbart wegzukommen …

Inzwischen verlief die Arbeit wie gewohnt. Irgendwo tief im Wald waren die Kessel bereits erhitzt worden und die Rohre gefüllt.[17] Die Deutschen und die Ukrainer trieben die erste Charge von nackten Frauen und Kindern auf den Weg zu den „Duschen".

Jetzt brachen erneut gellende Schreie und Rufe aus. Die letzte Jagd hatte begonnen, und instinktiv, vielleicht wie Tiere im Schlachthof, spürten sie, was ihnen bevorstand. Aber unter den Frauen mangelte es auch nicht an naiven und leichtgläubigen Kreaturen, die wirklich glaubten, dass sie duschen würden, und sie nahmen ein Handtuch und ein Stück Seife mit sich …

Bevor die Männer zu den „Duschen" gebracht wurden, wurden auch sie in Kategorien unterteilt. Die gesamte Gruppe wurde inspiziert, und 500 von ihnen sollten sich an die Seite stellen. Die älteren Männer wurden aufgefordert, in die Baracke zu gehen, die die Frauen gerade verlassen hatten. Ihnen wurde befohlen, sich zu entkleiden und ihre Schuhe abzugeben, und so wurde die ganze Prozedur in Gang gesetzt. Der einzige Unterschied war, dass die Männer viel ruhiger als die Frauen waren, ruhiger und resignierter. Wenn jemand weinte, tat er es leise, für sich. Einige religiöse Menschen sprachen das Kaddisch oder das

---

17 Offenbar nahm Krzepicki an, dass heißer Wasserdampf zur Tötung benutzt wurde. Die Vorstellung war verbreitet und findet sich auch in anderen Berichten.

Viddui und teilten einander mit, dass sie für Kiddusch Hashem[18] sterben. Als sich die Türen der Baracke hinter ihnen schlossen und sie nackt hinaus auf ihren letzten Gang getrieben wurden, hörte man kein Weinen, keine Schreie aus dem Wald ...

Um den ersten Transport aus Warschau hatte man sich bereits gekümmert, aber was würde mit uns geschehen? Wir hatten gesehen, wie eine weitere Gruppe von 500 Personen selektiert worden war ...

Plötzlich verbreitete sich das Gerücht, dass ein Jude der Lagerleitung berichtet habe, dass die Lagerinsassen einen Aufstand gegen das deutsche und ukrainische Personal planten. Wir begriffen, dass es jetzt echte Probleme geben würde. Und bevor wir noch Bescheid wussten, fanden wir, die alten Hasen, uns jenseits des Stacheldrahtzaunes wieder, der die zwei Baracken und den Appellplatz umgab. Es war Mittag, aber wir hatten noch keine Suppe aus der Feldküche bekommen. Unsere Suppe war an die neu ausgewählte Mannschaft ausgegeben worden. Wir alle waren müde und schwach: Wie könnten wir in der Lage sein, uns selbst zu retten? Es schien keinen Ausweg zu geben.

Angestachelt durch meine konstante, hartnäckige Vorstellung, dass ich lebend rauskommen müsse, erkundete ich alle Möglichkeiten – entschlossen, die Hoffnung nicht aufzugeben. Zunächst einmal wandte ich mich an den Scharführer, der in unserem Bereich herumlungerte, und sagte ihm, dass ich aus Versehen außerhalb des Zauns zurückgelassen worden sei und wirklich zu der Gruppe gehörte, die sich drinnen befand. Die Antwort war ein Schlag mit der Peitsche: *„Halt die Schnauze, Jude!"* Es gab nichts, was ich tun konnte. Aber ein paar Minuten später, als der Scharführer weggegangen war, probierte ich es noch einmal. Ich ging zu dem ukrainischen Wachmann am Eingang der Umzäunung. Ich nahm eine 20-Dollar-Goldmünze aus dem Sand und drückte sie ihm in die Hand, damit er mich durchlassen sollte. „Für was brauche ich Geld?", knurrte er, aber ich hatte trotzdem Glück. Ich weiß nicht, ob es an der Bestechung lag, aber er ließ mich durch. Ich ging in den Bereich, der am weitesten vom Zaun entfernt war, und schloss mich der Gruppe von Arbeitern mit den roten Flicken an, die ein separates Quartier in unserer Baracke hatten. Widerwillig erlaubten sie mir, mich ihnen anzuschließen. Ich fand ein Stück rotes Tuch, schnitt mir ein dreieckiges Abzeichen heraus und verhielt mich so, als ob ich die gleiche Arbeit wie sie verrichtete. Ich war schon froh, dass ich es geschafft hatte, mich für den Augenblick zu retten.

Es dauerte nicht lange, da hörten wir schweres Gewehrfeuer von rechts von dem großen Feld der Massengräber. Die Schießerei dauerte etwa eine halbe Stunde. Wir wussten sehr wohl, was das bedeutete. Sie erledigten die 500 Männer aus der vorherigen Schicht. Mir was es geglückt, mich davonzustehlen.

„Was machst du hier, du verfluchter Sauhund?", hörte ich plötzlich das vertraute Quietschen neben mir und spürte, wie seine Peitsche auf meinen Kopf herabsauste. Ich hatte immer noch üble Schmerzen von der Auspeitschung, die mir der Kommandant an diesem

---

18 Heiligung des Namens Gottes bis zur Hingabe des eigenen Lebens.

Morgen verpasst hatte. Jetzt ließ mich dieser neue schwere Schlag fast bewusstlos werden. Aber mein Wille und meine Entschlossenheit, am Leben zu bleiben, verliehen mir neue Kraft. Dies war der gleiche Scharführer, dem ich zuvor gesagt hatte, dass ich zu der Gruppe gehörte, die innerhalb des Zauns arbeitete. Er hatte mich erkannt und sich daran erinnert, dass er mir verboten hatte, hierher zu kommen. Jetzt konnte ich schon fühlen, wie mich seine Pfote am Kragen packte, um erschossen zu werden.

Ich bot mein bestes Deutsch auf und antwortete ihm. „Alles, was ich tat, war, meiner eigenen Gruppe beizutreten. Man verlangte von mir, bei diesen Leuten zu arbeiten. Fragen Sie einfach den Kapo."

Der Trick mit dem Kapo funktionierte. Wenige Tage zuvor hatte ich einen kleinen Plausch mit dem jüdischen Anführer der Gruppe mit den roten Flicken gehabt. Es stellte sich heraus, dass er wie ich Verwandte auf Mauritius[19] hatte und mich kannte.

„Kapo, komm her!" Der Scharführer bellte ihn an, ohne seinen Griff an meinem Kragen zu lockern. „Arbeitet dieser Mann bei Dir?"

„Jawohl, Herr Scharführer, und er ist sogar ein sehr guter Arbeiter", antwortete der Kapo. Wieder einmal war ich gerettet.

Wir waren sehr niedergeschlagen, als wir den Appellplatz aufräumten. Die neue Situation war noch unklar. Die neue Gruppe von Arbeitern, die aus dem Warschauer Transport ausgewählt worden war, befand sich auch auf dem Appellplatz, aber sie hatte noch keine Anweisungen erhalten. Wenig später erschien der Leutnant im Hof, rief den jüdischen Kapo, und teilte ihm offiziell mit, dass die 500 Menschen erschossen worden waren, weil sie einen Aufstand geplant hätten.

Offensichtlich kam diese Meldung nicht von ungefähr. Es war nur ein weiteres Glied in der Kette der Lügen und des Terrors, in denen die Herren des Lagers uns verstrickt hielten. Tatsache ist, dass die Deutschen wirklich Angst hatten, dass die Juden irgendeinen Racheakt begehen oder Versuche zur Selbstverteidigung unternehmen könnten, und so richtete sich ihre gesamte Politik danach, jeder möglichen Bedrohung der eigenen Leute zuvorzukommen, egal wie abwegig diese war. Deshalb ließen sie es nicht zu, dass diejenigen, die sich mit dem Lager vertraut gemacht hatten, zu lange am Leben blieben. Aber zur gleichen Zeit hielten sie diese Menschen mit falschen Hoffnungen gefangen – dass sie am Leben blieben, wenn sie nur ihre Arbeit tun, den Mund halten und kein Komplott schmieden würden. Diese Strategie säte tatsächlich Defätismus und demoralisierte die jungen Arbeiter, die sonst in ihrer Verzweiflung vielleicht in der Lage gewesen wären, sich für ein gemeinsames Vorgehen zusammenzutun. Eigentlich war dies nur eine Fortsetzung der Strategie, die während der *Aktionen* in den größeren Städten verfolgt worden war. Die Menschen wurden völlig beherrscht, sodass jeder mit seinen eigenen Problemen zu kämpfen hatte und sich der

---

19   Die Briten hatten im Dezember 1940 etwa 1700 jüdische Flüchtlinge aus Europa auf Mauritius interniert, um die illegale Einwanderung von Juden im britischen Mandatsgebiet Palästina zu bekämpfen.

Illusion hingab, er könne für sich in der Lage sein, das Schlimmste so lange zu vermeiden, wie er sich den täglich neuen Anforderungen anpasste. Und genau wie in den Ghetto-Werkstätten in Warschau sah jeder das Gespenst einer Selektion vor Augen.

Soweit ich weiß, gab es bei den Juden in Treblinka keinen Versuch zu kollektivem Handeln. Es gab nur einzelne Versuche, von denen ich später Gelegenheit haben werde, etwas zu erzählen. Vielleicht wurden die Verschwörer von einem Informanten verraten. Es wurde gemunkelt, dass ein junger Mann aus der Provinz – er wurde sogar unter den Arbeitern vermutet – in die Gunst der Deutschen kommen wollte und mit der Geschichte zu ihnen rannte, dass die Juden einen Aufstand planten. Dies ist die traurige Wahrheit.

Ich verbrachte die Nacht in der Baracke der „Roten", die dort einen separaten Teil belegten. Von meinen ehemaligen Kameraden war nicht die Spur übrig geblieben. Sie schliefen in dieser Nacht bereits auf der anderen Seite der Mauer, auf der anderen Seite des Zauns, in den Massengräbern. Ich traf nur einen von ihnen am nächsten Tag – aber was war das für eine Begegnung! Es war ein ganz junger Mann, vielleicht 17 oder 18 Jahre alt. Ich glaube, er stammte aus dem Distrikt Kielce. Dies ist seine Geschichte: Die Hinrichtung der 500 hatte damit begonnen, dass jeweils zehn Männer zum gleichen Zeitpunkt aufgegriffen wurden und man ihnen befahl, sich nackt auszuziehen und neben den offenen Graben zu stellen, für einen Genickschuss. Nach einer Weile sah der Henker, dass dies zu lange dauern würde, und so beendeten sie das Gemetzel mit Hilfe eines Maschinengewehrs. Dieser junge Mann gehörte zur ersten Gruppe, und bei ihm verfehlte die Kugel ihr Ziel. Sie hatte nur seine Wange gestreift. Aber der junge Mann hatte genug Verstand, um vorzutäuschen, dass er erschossen worden sei. Er blieb bis zum Abend im Graben liegen. Dann kroch er heraus, fand unter den Lumpen etwas zum Anziehen und blieb dort in dem Kleiderhaufen bis zum nächsten Morgen. Dort fanden wir ihn und einen jungen Mann von den „Roten". Wegen seiner Wunde hatte er Fieber bekommen, aber ansonsten war er bereit, um sein Leben zu kämpfen, egal wie es ihm ging. Sobald er uns sah, bettelte er kläglich um ein wenig Wasser, um das Blut von seiner Wange zu waschen, damit niemand sah, dass er getroffen worden war. Seine Wange war ganz geschwollen. Ich sehe noch sein Gesicht vor mir und sein Bitten klingt mir noch in den Ohren. „Habt Mitleid mit mir, liebe Juden … Wasser … Etwas Wasser!"

Es konnte keine Rede davon sein, Wasser zu bekommen. Es war unmöglich, am Brunnen Wasser zu holen, und wir hatten kein Kölnischwasser oder eine andere Flüssigkeit zur Hand. Wir versuchten, in den Paketen und Taschen nachzusehen, aber bevor wir dort etwas fanden, bemerkte der Scharführer, einer der größten Sadisten im Lager, den ich an meinem ersten Tag dort angetroffen hatte, dass etwas Ungewöhnliches vor sich ging. Er kam zu uns herüber, führte den Jugendlichen zum Graben und befahl ihm, sich erneut auszuziehen. Dieses Mal ging die Kugel nicht vorbei …

In der Zwischenzeit begann der Spaß an diesem Tag im Lager erst richtig. Ein Transport nach dem anderen traf ein. Um nicht zu viele Menschen zur gleichen Zeit vor Ort zu haben, wurden einige der Waggons in Malkinia[20] behalten, und wann immer eine Gruppe erledigt worden war, wurde die nächste herangebracht.

Ich bin weder fähig noch willens, auf die schrecklichen Szenen einzugehen, die ich beobachtete. Die gelben Gesichter, die Augen, die gebeugten Rücken der Kinder, die wie kleine alte Menschen aussahen ... Ich möchte den Albtraum nicht wiedergeben. Die Wunde wird sowieso nie heilen ... Alles, was ich erzählen will, ist, wie ein junges Mädchen versuchte, sich zu retten.

Die Frauen waren in Treblinka viel schlechter dran als die Männer. Einige der Männer, junge Leute, durften am Leben bleiben, und in wenigen Einzelfällen schafften sie es sogar, aus dieser Mordstätte zu entkommen, aber ich glaube, dass nicht eine einzige Frau hier länger als einen Tag überlebt hat.

Ein junges Mädchen aus Warschau hatte eine glänzende Idee. Sie zog sich Herrenkleidung an und mischte sich unter die Männer, die hier arbeiteten. Irgendwie war sie an einen Anzug gekommen und hatte es tatsächlich geschafft, die Baracke zu verlassen. Aber das Spiel war bald aus. Sie wurde erwischt, geschlagen und gezwungen, sich noch einmal nackt auszuziehen. Und so verschwand sie zusammen mit den anderen ...

An diesem Tag mied ich die Baracke. Ich war immer noch krank von den Schlägen, die mir der Kommandant am Tag zuvor bei dem Zwischenfall mit den Schuhen verabreicht hatte. Ich versuchte, mich so weit wie möglich von Aufregung fernzuhalten und verbrachte meine Zeit damit, Kleider in Ballen zu verpacken. Ich konnte es nicht ertragen, all das Leid mitanzusehen. Ich wurde entschlossener denn je und spannte jeden Nerv an, einen Weg zu finden, um da rauszukommen.

Noch am selben Abend hatte ich eine angenehme Begegnung – wenn die Begegnung mit einem Freund in Treblinka angenehm genannt werden kann. Als ich beim Appell im Glied stand, hörte ich eine vertraute Stimme hinter mir flüstern. Ich drehte mich um, so schnell ich konnte, und da, zu meiner Freude und meinem Leid, sah ich Zelichower, einen alten Bekannten aus meiner Heimatstadt Danzig. Er war am Tag zuvor angekommen, hatte sich dem neuen Arbeitskommando angeschlossen und war jetzt in der Gruppe der Holzfäller, die im Wald arbeitete. Diese Gruppe bestand aus 30 Männern. Die Hälfte von ihnen grub Setzlinge im Wald aus, die andere Hälfte trug die jungen Bäume zu den Gleisen, wo sie dazu verwendet wurden, eine Hecke rund um den Stacheldrahtzaun anzulegen. Diese sollte das Lager vor den Augen der Vorbeireisenden tarnen. Ich fragte Zelichower, was das für eine Arbeit im Wald sei, und erfuhr von ihm, dass sie nur von ein paar Ukrainern und einem SS-Mann, der nicht sehr streng sei, bewacht würden. Das einzige Problem war das Essen, weil sie nichts außer ihrer täglichen Ration Suppe erhielten und nichts auf eigene Faust finden konnten, weil es dort natürlich keine zurückgelassenen Pakete von jüdischen Deportierten gab, in denen man zusätzliche Nahrung hätte finden können. Ich gab Zelichower etwas Brot

---

20 Bahnhof, von dem die Strecke ins Lager Treblinka abzweigte.

und Zucker, was ich zufällig bei mir hatte. Wir kamen ins Gespräch darüber, wie man einen Weg findet, um aus Treblinka zu entkommen. Er versuchte mich davon zu überzeugen, sich den Arbeitern im Wald anzuschließen. Vielleicht würde es einfacher sein, sich etwas zu überlegen, wenn wir zusammen wären.

Zelichower erzählte mir, dass Warschau in der vorangegangenen Woche stark bombardiert worden war und wie schwach die deutsche Verteidigung war, und wir erzählten einander, dass die Rettung näher sein könnte, als wir dächten.

Ich ließ mich von Zelichower überreden, in den Wald zu gehen. Aber es dauerte ein paar Tage, bevor es mir möglich war, seiner Gruppe beizutreten.

Am nächsten Tag kam es zu folgendem Vorfall: Mehrere Hundert Männer wurden aus einem Transport ausgewählt und irgendwohin außerhalb des Lagers geschickt. Als ich sah, wie die Leute ausgewählt wurden, wusste ich nicht, ob dies gut oder schlecht für uns sein würde, und so verzichtete ich auf die Gelegenheit, mich unter sie zu mischen. Etwa eine Stunde später kam eine Horde von zerlumpten, völlig erschöpften, hungernden und geschlagenen jungen Männern zu Fuß zum Lager. Sie wurden sofort mit der nächsten Schicht von Männern zu den „Duschen" gebracht. Dies war eine Art Austausch zwischen Treblinka I und Treblinka II.[21] Die Juden wurden dort auch der Selektion unterworfen. Neues Menschenmaterial wurde aus unserer Gruppe geholt, und wir erhielten die Ausgemusterten aus dem Straflager, die nun im Begriff waren, zu „Abfall" gemacht zu werden, wie die Redensart lautete.

In dieser Nacht hatte ich ein weiteres Treffen mit meinem Freund aus Danzig. Er konnte gut Deutsch und hatte von Zeit zu Zeit Gelegenheit, mit einem der SS-Männer zu sprechen. Er erzählte mir, dass seiner Meinung nach weder die Deutschen noch die Ukrainer im Wald so barbarisch und gefährlich waren wie jene innerhalb des Lagers. Einer der SS-Männer hatte Zelichower anvertraut, dass er krank und müde von dieser Arbeit sei und dass er schon längst abgehauen wäre, wenn er nur Polnisch sprechen könnte. Er hätte sich Zivilkleidung angezogen und wäre geflohen.

Ich wollte jetzt so schnell wie möglich in den Wald kommen. Doch bot sich auch am nächsten Tag keine Gelegenheit dazu. Ich arbeitete immer noch bei den Kleidern mitten im Zentrum der Mordorgie. Dutzende Male am Tag brach ich fast zusammen beim Anblick von so viel menschlichem Leid und Angst. Mein Herz brannte vor Schmerz und Zorn, als ich die Verwirrung, das Entsetzen, das heillose Durcheinander dieser Tausenden und die Hilflosigkeit der schwachen Seelen sah, die in den Fängen des Teufels zitterten – Frauen, kleine Kinder, Männer, die so stark wie Eichen waren und doch so hilflos wie kleine Kinder. Sie waren nicht in der Lage, ihren Verstand, ihre Erfahrung und ihre Kräfte zu gebrauchen. Sie fühlten sich von Gott und der Menschheit gleichermaßen verlassen.

„Verdammtes Volk!", quietschte der Kommandant und schlug mit seinem Schlagstock auf die Köpfe ein, die ihm am nächsten waren. Ein verdammtes Volk in der Tat, in die Hölle

---

21 Vgl. Anm. 9.

hinabgestoßen, und dieser war einer der Teufel, ein Günstling der Hölle mit roten Wangen und einem schwarzen Schnurrbart. Dieser SS-Mann hatte keine Hörner, er verwendete nur Feuer und Schwefel, Wärme und Dampf...

„Fort! Fort! Lasst mich hier raus, bevor ich verrückt werde! Ich gerate in einen Zustand, wo ich gleich selbst in den Todeskessel springe!" so dachte ich. Ich versuchte, meine Nerven zu beruhigen und mir nicht zu erlauben, mich so aufzuregen. Nur noch ein Mal in meinem Leben wollte ich Menschen mit ruhigen Gesichtern sehen, die mit anderen Dingen beschäftigt waren, als unter der Peitsche eine Hetzjagd auf Leben und Tod zu bestehen. Herden von Menschen wie Herden von Ochsen, wie Schafherden zur Schlachtbank getrieben, mit dem einzigen Unterschied, dass Rinder und Schafe bis zur letzten Minute nicht wissen, was mit ihnen passiert, während im Falle von Menschen auch die Kleinsten die Situation früher verstehen, sehen und spüren können, was kommt. Sogar Tiere haben manchmal Gefühle, ein Mensch, der ihr Leid sieht, wird mitfühlen. Aber viele, viele Deutsche sind hart und gefühllos. Sie sind in der Lage, Menschen genauso wie sich selbst anzuschauen, ohne irgendetwas wahrzunehmen oder zu fühlen. Sie spüren den Schmerz anderer nicht. Sie haben nie Mitleid oder Sympathie empfunden, obwohl die deutsche Sprache Worte für solche Gefühle hat. Sie sind geborene Mörder und Henker. Sie sind nur in der Lage, Angst um ihr eigenes Leben zu verspüren. Es ist wirklich eine Freude zu sehen, wie gut diese Henker sich um sich selbst kümmern.

Bevor ich die deutsche Mordfabrik in Treblinka verließ, wurde mir vom Schicksal bestimmt, zu sehen, wie viel Angst die Deutschen haben können, wie die Mörder von Millionen zittern können, wenn auch ihrer eigenen miserablen Haut einmal Gefahr droht. Wenn ich nur noch viel mehr solcher Bilder sehen könnte! Sie könnten die Erinnerung an andere Szenen verwischen.

Zweimal hatte ich in Treblinka Gelegenheit mitzuerleben, wie verängstigt Deutsche sein können, aber dazu sage ich später mehr.

In der Zwischenzeit sortierte ich immer noch Kleidung. Jeden Tag marschierte ich durch das deutsche Lager in die Baracke der *Werterfassung*. Wenn Transporte ankamen, mussten wir die Arbeit liegenlassen. Sie befahlen uns zusätzlich, die Kleidung der Neuankömmlinge wegzubringen. Etwas Neues wurde nun eingeführt, wenn die Männer sich auszogen. Um zu verhindern, dass sie unter den Arbeitern in dem Durcheinander bei der Ankunft verloren gingen, wurde den Neuankömmlingen befohlen, ihre Schuhe auszuziehen, sobald sie von den Frauen getrennt worden waren, und sich in die Reihe zu stellen mit ihren zusammengebundenen Schuhen in den Händen. Dennoch gelang es ein paar jungen Leuten aus jedem Transport, sich zwischen uns zu schleichen.

Beim Appell ein paar Tage später passierte eine merkwürdige Sache. Die 500 waren auf 556 angewachsen. Als diese Stärke gemeldet wurde, wurde es auf dem Platz totenstill. Etwa eine Minute später erscholl die Stimme des Scharführers: „Alle Neuankömmlinge, heraustreten! Keine Angst, es wird Euch nichts geschehen."

Wir wussten aus Erfahrung, dass man deutschen Versprechungen nie glauben darf. Der Scharführer drohte nicht, uns zu bestrafen, wenn seine Befehle nicht befolgt würden, aber es wäre unmöglich gewesen, sich zu verstecken, weil die Deutschen die Gesichter der früheren Gruppe von Arbeitern kannten und sie die neuen Leute sowieso ausfindig machen würden. Die jungen Männer traten aus unseren Reihen und stellten sich zur Seite. Wir sahen diese Jugendlichen traurig an. Unsere Herzen gefroren bei dem Gedanken, was jetzt mit ihnen geschehen würde. Wir dachten, dass diese Menschen so gut wie tot seien. Schließlich hatten sie sich ohne Erlaubnis der Deutschen selbst das Recht genommen, ein paar Tage länger zu leben. Jeden Moment erwarteten wir, den Befehl zu hören: „Abtreten! Dreht euch um!", und dann, Kugel um Kugel in den Hinterkopf. Aber dann, Wunder über Wunder! Der Scharführer zählte sie durch, 56 Personen, und verteilte sie auf die verschiedenen Gruppen von Arbeitern.

„Hmm!", sagte er. „Ihr wollt also arbeiten? Nun, jetzt gibt es Arbeit für euch!"

Die Art, wie er mit der Situation umging, war so unerwartet, dass jeder wissen wollte, wer er war.

„Was ist sein Name? Wie heißt er?", fragten wir alle einander, und schließlich erfuhren wir den Namen dieses Heiligen unter den Gojim: Er hieß Max Bieler[22].

Ich notierte mir im Geiste diesen Namen. Ich hatte schon vorher beobachtet, dass dieser besondere SS-Mann nicht der Schlimmste in dem „Verein" war, das heißt, er erschoss oder schlug niemanden auf eigene Initiative. Er tat nur, was ihm befohlen wurde.

Zusätzliche Transporte aus Warschau brachten noch mehr Menschen, die ich von früher kannte. Zusammen mit anderen Arbeitern stand ich in der Nähe der Eisenbahnschienen, sortierte Kleidung und warf einen Blick auf die Menschen, die aus den Waggons stiegen. In der Schlange, die zum Eingang des Platzes zwischen den beiden Baracken gejagt wurde, erkannte ich plötzlich einen Freund aus meinem Kibbuz der Hechaluzbewegung[23] und ich rief: „Mosche Blanket!"

Blass, erschöpft und ausgetrocknet von der Hitze und dem Durst warf der junge Mann einen Blick in meine Richtung. Plötzlich flackerte Freude in seinen Augen auf. Er sprang fast auf vor Überraschung.

„Ah! Krzepicki ist da!", rief er mit einer Stimme voller Hoffnung.

Ach, er war aus dem falschen Grund glücklich, mich zu treffen. Da er sah, dass ich Arbeit bekommen hatte, und wusste, dass ich gut zwei Wochen früher aus Warschau hierhergekommen war, dachte er wahrscheinlich, dass dies wirklich nur ein Arbeitslager sei. Zweitens meinte er zweifellos, da ich nun ein alter Hase war, sei ich in der Lage, ihm in irgendeiner

---

22 Max Biala.
23 Der „Hechaluz" (hebr. Pionier) war eine 1917 gegründete sozialistisch-zionistische Organisation. Hauptziele waren die Einwanderung junger Juden nach Palästina und deren Vorbereitung durch landwirtschaftliche Ausbildung. Ihre Mitglieder gründeten viele der ersten Kibbuzim in Palästina.

Weise zu helfen. Aber ich hätte nicht einmal näher an ihn herankommen können, denn das hätte bedeutet, sich der neuen Masse anzuschließen und mit ihnen in die „Duschen" zu gehen. In der Mitte dieses Tumults hätte kein Argument der Welt die Deutschen und Ukrainer umstimmen können. Ich dachte, ich wäre in der Lage, ihn noch einmal zu sehen, wenn sie ihre Schuhe auszogen. Aber unsere Gruppe wurde heute für diese Arbeit nicht eingesetzt, und so hatte ich überhaupt keine Chance, Abschied von meinem Freund zu nehmen.

Eine weitere Begegnung hatte ich mit Samuel Kaplan, dem bekannten zionistischen Jugendführer. Als ich ihn erblickte, befand er sich in einer sehr schlechten Lage. Er war schon barfuß, hielt seine Schuhe in der Hand, nicht weit von dem Brunnen nahe dem ukrainischen Wachmann. Es zog ihn den ganzen Weg über zu dem Brunnen, mit herabhängendem Kopf, mit halb geschlossenen Augen und geöffneten Lippen sah er aus, als ob er versuchen würde, den reinen Geruch des Wassers einzuatmen. Es war ein Bild von schrecklichem Durst und Erschöpfung. Den jüdischen Arbeitern wurde damals befohlen, eine Sperre entlang der Längsseite der Entkleidungsbaracke zu bilden, sodass die Männer aus dem neuen Transport nicht in der Lage waren, sich unter die Arbeiter zu mischen. Ich war damals auf dem Hof, und einige Ukrainer und SS-Männer standen hinter mir und bewachten uns. Ich wollte so gerne zu Kaplan hinübergehen, um ihm etwas zu trinken zu geben, aber es war immer die gleiche Geschichte: Zu ihm zu gehen, hätte bedeutet, sich denen anzuschließen, die in die „Duschen" gehen. Wie ich später erfuhr, hatten sie Kaplans Frau verschleppt und seinen wunderbaren kleinen Jungen, der der Liebling der gesamten Organisation gewesen war. Er war aus eigenem Antrieb zum *Umschlagplatz*[24] gegangen in der Hoffnung, sie zu treffen. Vielleicht hätte ich mich opfern sollen, um meinem Kameraden und Führer in seiner letzten Stunde beizustehen. Oder vielleicht hätte ich mit ihm sterben sollen. Aber ich gebe zu, dass ich zu schwach war, um es zu tun. Oder vielleicht war die Stimme in mir zu stark, die mir sagte, dass ich lebend rauskommen müsse.

An meinem letzten Tag, an dem ich Kleidung sortierte, entdeckte ich etwas Merkwürdiges im deutschen Lager.

Ich war mit einem der Ukrainer gegangen, um einen Eimer Wasser für das Lumpenkommando zu holen, das an diesem Tag in der *Werterfassungsstelle* beschäftigt wurde. Der Brunnen befand sich im deutschen Lager. Neben dem Brunnen war eine winzige Falltür mit einem Glasfenster im Boden versenkt. Ich hatte die kleine Tür vorher noch nie bemerkt. Man stelle sich jetzt mein Erstaunen vor, als ich durch das Fenster blickte und einen Ukrainer darunter sitzen sah. Es entpuppte sich als eine Art Verlies für Ukrainer, die eines Vergehens für schuldig befunden worden waren. Während ich in Treblinka war, war es einmal vorgekommen, dass ein Ukrainer flüchtete und ein weiterer erschossen wurde. In der Regel behandelten die Deutschen die Ukrainer als Bürger zweiter Klasse. Wenn diese dachten, dass

---

24 Am „Umschlagplatz" in Warschau wurde die jüdische Bevölkerung zusammengetrieben und von dort deportiert.

es die Deutschen nicht sahen, unterhielten sie sich mit uns. Sie sprachen russisch, und einige von ihnen konnten ein wenig polnisch. Aber tatsächlich waren sie sowjetische Kriegsgefangene, denen, wenn sie nicht verhungern wollten, nichts anderes übrig blieb, als den speziellen ukrainischen Verbänden beizutreten, die die Deutschen aus politischen Gründen aufgestellt hatten. Die Ukrainer fühlten sich genauso als Teil dieser Verbände, wie sie sich als Teil der sowjetischen Armee fühlten. Einer der Ukrainer, mit dem ich mich unterhalten hatte, war der Sohn einer Moskauer Lehrerin. Diese Ukrainer hatten das Gefühl, dass es auf die eine oder andere Weise mit ihnen ein schlimmes Ende nehmen würde. Wenigstens müssten sie nicht für ihren Verrat[25] bezahlen, weil die Deutschen sie alle erschießen würden, sobald sie sie nicht mehr für ihre schmutzige Arbeit brauchten. Ich hoffe, dass sie Recht haben.

Noch am selben Abend ereignete sich beim Appell folgende Szene. Wie üblich trat der jüdische Kapo, Ingenieur G., vor die angetretenen Reihen und meldete der „Puppe" die Mannschaftsstärke des Tagesappells. „Melde 525 Juden anwesend, darunter zehn Kranke." Er ließ die zehn kranken Männer auf die Seite treten.

Die „Puppe" und ein weiterer Scharführer schlenderten zwischen den Reihen hindurch, mit Notizbuch und Bleistift in der Hand. Die „Puppe" zählte schnell und geschickt die Reihen mit ausgestreckter Hand, wie man Fleisch an einen langen Spieß steckt. Zählen, Notieren von Zahlen, Zählen, Notieren von Zahlen, und als sie mit dem Zählen durch waren und den Appellplatz verlassen wollten, zeigten sie wie beiläufig auf die Gruppe der kranken Häftlinge, die auf der einen Seite standen, und sagten: „Hans, nimm sie mit!"

Hans nahm sie mit. Ihr Ziel war klar. Der Weg führte durch die Öffnung in unserem Zaun und von da zum großen Feld der offenen Massengräber. Es dauerte nicht lange, da hörten wir eine Salve Pistolenschüsse aus dieser Richtung.

6. Kapitel

Ich arbeite im Wald

An diesem Abend sprach ich wieder mit Zelichower über einen Wechsel in den Wald. Ich war gespannt auf den neuen Arbeitsplatz, weil ich hoffte, dort eine Fluchtmöglichkeit zu finden. Wir warteten auf eine freiwerdende Stelle bei der Gruppe der Männer, die im Wald arbeitete. Es waren 30 Männer, aber ständige Selektionen und Vorfälle wie der beim letzten Appell schufen oft Stellen für neue Arbeiter. Und genau das passierte. Beim nächsten Tagesappell gab Zelichower mir ein Zeichen, dass der Moment gekommen war und ich jetzt seiner Gruppe beitreten konnte. Als Bieler[26] (er oder die „Puppe" hielten immer unseren Appell ab)

---

25 Gemeint ist Verrat an der Sowjetunion, der daraus bestand, aus der Kriegsgefangenschaft in deutsche Dienste zu treten.
26 Max Biala.

rief, „Holzfällerkommando, heraustreten!", schlüpfte ich zur Seite und stand einen Moment später bei den 30, als ob ich immer einer von ihnen gewesen wäre. „Streckt eure Arme aus!", kam der nächste Befehl, und ich drehte mich zur Seite und legte meine Hände auf die Schultern des Mannes vor mir. Dies war die neueste Maßnahme der Deutschen: Die Arbeiter mussten in einer Linie stehen und ihre Hände auf die Schultern des Vordermannes legen. Das machte es einfacher für sie, uns zu zählen.

Ein paar Schläge wurden rechts und links verteilt, weil unsere Linie nicht gerade genug war und wir uns zu langsam formiert hatten. Wir wurden abermals gezählt, das Kommando „Marschiert ab!" ertönte, und wir marschierten in Viererreihen in den Wald. Ich war in der zweiten Reihe.

Wir ließen die Stacheldrahtumzäunungen hinter uns, betraten neue, umzäunte Areale, marschierten durch das deutsche Lager und entfernten uns vom Umfeld der Baracke, wo ich tags zuvor beim Sortieren der Lumpen gearbeitet hatte. Und dann, siehe da, fand ich mich jenseits aller Drähte und Zäune auf einem sandigen Waldweg wieder. Ich erlaubte mir einen Blick auf den klaren Himmel über mir und dem grünen, raschelnden Laub um mich herum. Würde dies mein Weg in die Freiheit werden?

Die eine Hälfte unserer 30-köpfigen Gruppe hatte die Aufgabe, Bäume zu fällen, die andere trug die Bäume ins Lager zu den Gleisen, wo deutsche Juden des *Zaunkommandos* damit beschäftigt waren, den Holzzaun entlang der Gleise zu verstärken und zu erhöhen. Dies sollte es den Reisenden in den vorbeifahrenden Zügen erschweren, in das Lager zu schauen und über Gebühr neugierig darauf zu werden, was in Treblinka Nr. II los war. Die Gruppe, die die Bäume abholzte, erhielt drei Sägen und mehrere Äxte für ihre Arbeit. Ich lief mit einer Säge über meiner Schulter und hatte das Gefühl, als ob mir etwas in den Nacken blies. Wir wurden von vier oder fünf Ukrainern und einem SS-Mann eskortiert. Doch dann ging der SS-Mann weg, und wir blieben allein zurück, nur Juden und Ukrainer.

Wir marschierten etwa einen Kilometer vom Lager weg und kamen zu einer Lichtung, an der wir anhielten. Ich stellte schnell fest, dass es eine enge Übereinkunft zwischen den Ukrainern und den Juden, die hier arbeiteten, gab. Die Zeiten, als die Arbeiter im Wald hungrig waren und ich Zelichower etwas zu essen bringen musste, gehörten der Vergangenheit an. Nun aßen sie im Wald wie die Könige. Ein Ukrainer ging umher und flüsterte mit den Arbeitern, Geld wurde abgezählt. Dann ging der Ukrainer tiefer in den Wald hinein und es gab noch mehr Getuschel.

Es schien mir, dass ein Bauernehepaar irgendwo in der Ferne war, das zwischen den Bäumen umherlief, und dann ein weiterer Bauer. Dann kam der Ukrainer mit zwei schweren Körben zurück. Jemand gab uns ein Zeichen, dass die deutsche Wache nahte und wir die Körbe verstecken sollten. Die Körbe verschwanden unverzüglich unter einem Haufen Moos, die Arbeiter warfen sich geschmeidig ins Zeug und begannen zu arbeiten. Der Deutsche verschwand; jetzt wurden die Körbe wieder herausgeholt, und der Haufen nahm sich das Essen, das er bestellt hatte.

Eine Mahlzeit in Treblinka war immer wie die Mahlzeit, die Juden nach einer Beerdigung zu sich nehmen. Ihr Zweck war stets, uns bei Kräften zu halten und vor allem unsere Lebensgeister aufrechtzuerhalten. Und wenn es einen Schuss Weinbrand dazu gab, umso besser. Ich selbst habe Mahlzeiten wie diese in Treblinka eingenommen. Wenn zwei oder drei relativ ruhige Tage vergangen waren, wurde unser Appetit immer größer, und wenn die Menschen wieder in die Baracke zum Schlafen zurückkehrten, begann ein lebhafter Tauschhandel unter den Arbeitern. „Ich biete für deine Wurst etwas Zucker", oder „Ich gebe dir etwas Kakao für Zucker und Schinken." Cognac, Rum und gute Weine, Sardinen, Reis, Schokolade und Rosinen – was auch immer einer besaß, das er noch aus der Vorkriegszeit gespart hatte, was auch immer jemand in Paketen von Verwandten und Freunden aus Übersee erhalten hatte, das Feinste, das Beste, das Schönste – er hatte es in seinen Rucksack gepackt und mit nach Treblinka genommen. Selbst das armseligste Päckchen enthielt etwas, das für die Stunde der Not gedacht war, aber als diese Stunde gekommen war, mussten die Menschen sich nackt ausziehen, und niemand hatte Lust, in sein Päckchen zu greifen. Die meisten Menschen warfen ihre Packen beiseite, sobald sie ihren Fuß auf den Boden von Treblinka setzten. Es gab mehr Zucker und Tee in Treblinka als heute im Warschauer Ghetto. Dort existierte kein Tauschhandel im Wald, keine regelmäßigen Bargeld-Transaktionen, obwohl dies dort auch mit den Hinterlassenschaften der Toten geschah. Jeder der jüdischen Arbeiter hatte Geld wie Heu. Sie hatten das Geld aufgelesen, das man im Lager auf Schritt und Tritt finden konnte. Die Bauern des Bezirks wussten dies genau und hatten kapiert, dass sie nirgendwo sonst auf der Welt solche Preise für ihre Produkte verlangen konnten wie in Treblinka. Sie hatten es von den Arbeitern im Wald erfahren und sehr schnell die Möglichkeiten für Geschäfte erkannt. Sie trafen Abmachungen mit den Ukrainern, die hier als Vermittler fungierten. Und so geschah es, dass täglich Körbe mit weißen Brathähnchen-Rouladen, Käse, Butter, Sahne und so weiter in Treblinka eintrafen. Die jungen Männer gaben einem der Ukrainer das Geld und dieser brachte dann das Essen, das die Arbeiter bestellt hatten. Zum Profit der Ukrainer gehörten auch Lebensmittel. Die Ukrainer waren durchaus bereit, sich freundlich mit den jüdischen Arbeitern zu unterhalten, aber sie aßen getrennt von ihnen, weil sie Angst vor den Deutschen hatten. Sie hetzten uns nicht zu sehr bei der Arbeit, und so konnten wir uns im Wald nach und nach erholen, einmal durchatmen, und sogar miteinander sprechen. Aber über was sollte man sich in Treblinka während des Mittagessens unterhalten, wenn der Wind hin und wieder Schreie wie aus einem Schlachthof herübertrug, aus diesem kleinen „Badehaus" in der Mitte des Waldes …?

„Wie kommen wir hier raus, Kameraden?" Die meisten der jungen Männer waren seltsam abhängig und passiv, wenn es um diese Frage ging, als ob es einen anderen Weg gegeben hätte, dem sicheren Tod zu entkommen, der auf jeden wartete, wenn nicht heute, dann sicherlich morgen. Es war erstaunlich, wie die Menschen sich so schnell an ein Leben nicht nur von Tag zu Tag, sondern sogar von Stunde zu Stunde und buchstäblich von Minute zu Minute gewöhnen, wie geschickt sie den Gedanken an den sicheren Tod ausblenden konnten. Andere hielten ernsthaft Ausschau nach Rettung, die sie aus der Luft erwarteten, von den Schlachtfeldern, oder durch ein baldiges Ende des Krieges ... Es war wirklich herzzerreißend mitanzusehen, wie der Drang zum Überleben die Männer kindisch machte und Hoffnungen nährte, die keinen Pfifferling wert waren. Die Bedingungen, die die Deutschen so genial auf dem Lagergelände geschaffen hatten, führten dazu, dass die meisten der gesunden jungen Menschen wie betäubt umherliefen, unfähig zu irgendeiner Handlung oder Entscheidung ...

„Vielleicht könnten wir die Ukrainer im Wald angreifen? Sie legen oft ihre Gewehre ab. Wir könnten ein paar von ihren Gewehren nehmen und in den Wald davonrennen."

„Na gut, angenommen das ließe sich machen – wohin gehen wir? Die *Aktionen* laufen noch in Warschau und in allen anderen Städten und Gemeinden. Der Wald ist umzingelt und die Polen sind gegen uns. Wir können gar nichts tun."

Solche Diskussionen machten mir immer das Herz schwer. Ich konnte mich niemals mit dem Gedanken abfinden, hier sterben zu müssen. Die Überzeugung, dass wir etwas tun müssten und es jeden Moment zu spät zum Handeln sein konnte, ließ mir Tag und Nacht keine Ruhe. „Bin ich wirklich aus einem anderen Fleisch und Blut als diese jungen Männer?", fragte ich mich. „Womit machen sie sich selbst etwas vor? Worauf warten sie noch?"

Aber später stellte sich heraus, dass ich bei Weitem nicht allein mit meinen Überlegungen war. Am dritten Tag nach meiner Ankunft im Wald verschwanden mittags plötzlich zwei Arbeiter. Unser Scharführer entdeckte, dass zwei Männer fehlten, und schrie Zeter und Mordio. Unser Kapo namens Posner hatte eine glänzende Idee. Er sagte, die Männer würden in ihren Baracken schlafen. Er dachte, dass es immer einigen Ersatz an Männern gab, wodurch die Stärkezahlen durcheinandergeraten würden und alles wäre wieder gut. Unterdessen waren mehrere Ukrainer auf der Suche tiefer in den Wald gelaufen und kehrten eine Stunde später mit den zwei vermissten Männern zurück. Sie hatten sie hoch oben in den Ästen eines Baumes sitzend gefunden. Wahrscheinlich hatten sie sich überlegt, in den Ästen bis Einbruch der Dunkelheit sitzen zu bleiben und dann ihren Weg fortzusetzen. Aber leider hatten sie kein Glück gehabt. Sie mussten sich entkleiden und bekamen ihre Strafe an Ort und Stelle. Kapo Posner erhielt 25 Peitschenhiebe vor uns allen, weil er gelogen hatte.

Aber eine Stimme schrie in mir immerfort: „Ich muss raus! Ich muss!"

Von der Arbeit im Wald kehrten wir gewöhnlich gegen fünf Uhr zurück, wenn es noch hell war, und wir fanden den ganzen Betrieb auf Hochtouren vor. Transport folgte auf Transport. Güterwagen standen bereit und waren noch verschlossen. Eine Menge Leute befanden sich auf dem großen Auffangplatz. Währenddessen wurde in dem kleineren Innenhof ein früherer Transport von Frauen, Männern und Kindern abgefertigt. Weitere Züge wurden an der Bahnstation Malkinia angehalten und warteten ihrerseits auf die Weiterfahrt nach Treblinka.

Uns wurde befohlen, Äxte und Sägen niederzulegen, um bei der Arbeit auszuhelfen – die Schuhe und Kleidung der Neuankömmlinge wegbringen, einen Kordon bilden, die Toten und Bewusstlosen zu den Massengräbern schleifen, hierhin und dorthin laufen und mitmachen beim Tanz des Dämonen, der in vollem Gange war.

Es war nach dem 6. September. Das große Schlachten in Warschau hatte bereits begonnen, und die Zahl der Opfer wuchs von Tag zu Tag. Juden aus den ankommenden Transporten erzählten uns von dem riesigen Todeskessel, der in einem Bereich von vier quadratischen Häuserblöcken in Warschau errichtet worden war. Der Massenmord lief auf vollen Touren. Die Luft füllte sich mit Schreien und üblen Gerüchen. Der Gestank von verwesenden Leichen und verbranntem Fleisch verbreitete sich über Kilometer. Die Arbeiter im Wald hörten die Schreie der Frauen und Kinder, die wie das Quieken von Hühnern oder Schweinen in einem Schlachthof klangen. Manchmal dachten wir, wir würden tiefere Stimmen hören, die Stimmen von Männern, die wie Ochsen in einem Schlachthof brüllten. Lag dies vielleicht daran, dass die Türen des „Badehauses" im Wald eine Minute zu früh geöffnet worden waren?

Auch wir waren in dem großen Hamsterrad vergessen worden. Die Deutschen wussten, wie man jede Tätigkeit perfekt organisierte. Jeder Mann tat seine Pflicht bis zur Perfektion. Die Arbeiter durften keine Chance bekommen, sich zu lange von ihrem Schrecken und ihrer Angst zu erholen. Es verging kein Tag, an dem sie nicht ein paar Jungs bei ihrer Arbeit mit Kugeln im Hinterkopf beiseite schafften. Es verging kein Tag, an dem nicht die gefürchtete Selektion erfolgte, während alle anderen zuschauten.

„Wenn nicht heute, dann wirst Du sicherlich morgen an der Reihe sein."

Während wir unsere kleinen Mahlzeiten einnahmen und miteinander im Wald sprachen, machte ich die Bekanntschaft eines Juden aus Warschau namens Berliner. Er war etwa 45 Jahre alt und hatte schon lange in Argentinien gelebt. Er hatte in der argentinischen Armee gedient und war argentinischer Staatsbürger. Es würde zu weit führen, zu erzählen, wie er zufällig in Polen gestrandet war, unfähig, den Schutz seiner ausländischen Staatsbürgerschaft in Anspruch zu nehmen, und wie er, seine Frau und seine Tochter nach Treblinka gekommen waren. Zu der Zeit als ich ihn traf, lebte seine Familie schon nicht mehr. Sie war eine Woche zuvor in die „Duschen" gegangen, unmittelbar nachdem sie den Güterwaggon verlassen hatte. Er, mit dunklem Teint, breitschultrig, ein kräftiger Mann, fand sich zufällig unter den Glücklichen – als einer der Arbeiter, deren Todesurteile für ein oder zwei Wochen, vielleicht sogar drei, aufgeschoben worden waren. Berliner war ein Mann von echter Integrität und ein wahrer Freund. Bei jeder Gelegenheit teilte er einen Happen zu essen, eine Zigarette oder einen Schluck Wasser. Wenn es irgendeine Möglichkeit gab, jemandem zu helfen, so tat er es. Dadurch wurde er recht bekannt und sehr beliebt.

Aber bei unseren Gesprächen im Wald über Fluchtmöglichkeiten folgte uns Berliner nicht. „Man wird uns umbringen! Man wird uns umbringen!", pflegte er zu sagen. „Aber ich will eines: Rache." Ihm gefiel wirklich die Idee, die Ukrainer zu überwältigen und zu entwaffnen, aber da die meisten Arbeiter gegen diesen Plan waren und kein Konsens erzielt werden konnte, wurde nichts daraus.

Als wir aus dem umzäunten Areal in den Wald gingen, sahen wir oft in der Ferne Bauern, die auf ihren Feldern arbeiteten. Ich beobachtete sie und spürte eine rasende Eifersucht, die an meinem Herzen fraß. Das waren Menschen, und ich war auch ein Mensch. Aber sie waren frei und ich stand die ganze Zeit unter Bewachung. Der Himmel und die Bäume waren wunderschön, diese Welt war nicht groß genug für mich. Aber als ich eines Tages zur Arbeit ging, wurde mir klar, dass niemand unter der Naziherrschaft frei sein konnte – auch nicht die Polen. Wir begegneten einer Gruppe von etwa 60 Polen, die mit erhobenen Händen durch den Wald geführt wurden. Mehrere Gendarmen mit Gewehren auf den Schultern und Stöcken in den Händen folgten ihnen und trieben sie wie eine Rinderherde. Sie sahen aus wie Intellektuelle, die wahrscheinlich verhaftet worden waren, weil Denunzianten sie verraten hatten. Es gab auch einige Frauen in der Gruppe. Als sie vorübergingen, tauschten wir Blicke.

Die zum Tode verurteilten Juden entboten den Polen, die zu einem ähnlichen Schicksal verdammt waren, einen letzten Gruß. Als wir an diesem Abend wieder ins Lager zurückkehrten, erfuhren wir, dass die 60 Polen in unserem eigenen Leichenfeld erschossen worden waren, neben den offenen Gräbern.

Immer wenn wir nachts zurück zum Lager marschierten, wurde uns auf dem Weg das Herz schwer. Würden wir in der Nacht schlafen können? Würden wir morgen zu diesem Zeitpunkt immer noch in die Welt blicken? Würden wir noch unter den Lebenden sein? Ich war noch nervöser als die anderen, weil ich jetzt seit mehr als zwei Wochen in Treblinka war und ständig das Gefühl hatte, bald an der Reihe zu sein.

Wir erreichten das Wachlokal. Das Tor schloss sich hinter uns. Im Wald fühlten wir uns ein wenig freier als im Lager. Wir hatten die Häscher nicht die ganze Zeit vor Augen. Aber sobald wir durch den Lagerzaun schritten, fühlten wir uns, als ob unsere Welt untergegangen wäre. Wieder einmal waren wir auf dem Gelände der Mordfabrik Treblinka.

Und so kam der 11. September.

An diesem Tag kauften wir von den Bauern wie gewöhnlich Lebensmittel im Wald. Die Ukrainer schleppten zwei große Körbe herbei, und alles wurde den Bestellungen der Arbeiter gemäß aufgeteilt. Einige der jungen Männer brachten Schnaps. An diesem Tag kaufte auch Berliner eine Flasche Schnaps.

Als wir gegen sechs Uhr an diesem Abend zurück zum Lager kamen, verdüsterte sich unser Schicksal. Schon aus einiger Entfernung konnten wir sehen, dass etwas Neues auf dem Appellplatz ablief.

Dies war die Selektion, die wir so lange und mit so großer Angst erwartet hatten.

Die Gruppen von Arbeitern standen wie gewohnt in Reihen, aber der Scharführer zählte sie auf eine andere Weise als üblich. Sie waren bereit, alles zu tun, jede Art von Arbeit, sich jeder Art von Erniedrigung zu unterwerfen – aber der Henker benötigte ihre Arbeit nicht mehr. Sie waren billig und abgenutzt, ihr Leben war keinen Groschen mehr wert. Sie waren nichts anderes als menschlicher Schrott.

„Jungs, das gibt Ärger! Da haben wir es!" Ich fühlte eine große Leere in meinem Herzen: Warum, warum nur hatte ich so lange gewartet? Warum hatte ich so lange gezaudert zu fliehen, jetzt war wahrscheinlich alles verloren. Oh Gott, mein Gott! Ich betete still: Lass mich aus diesem Schlamassel heil herauskommen, nur noch dieses eine Mal, und ich werde keinen weiteren Tag warten!

Einzelne und schließlich die ganze Gruppe versuchten, sich schnell zu entziehen und in die Baracken zu entwischen, in irgendein Loch zu kriechen, aber es war unmöglich. Die Erde weigerte sich, sich unter unseren Füßen aufzutun, und es gab keine anderen Verstecke. „In Linie antreten!" Wir wurden vorwärtsgetrieben, und da standen wir nun wie Lämmer, die vom bösen Wolf gefressen werden sollten. Mehrere Hundert kräftige junge jüdische Männer standen da, so demütig wie Kinder, und zwei Deutsche sowie mehrere Ukrainer, arrogant und frech, machten mit uns, was sie wollten. Ein Finger deutete auf diesen, dann auf jenen. Ein paar Halunken, ein paar verwöhnte jugendliche Gojim waren die Herren über Leben und Tod und bereit, einen Mann mit einem Wink auszulöschen, eine ganze Welt, die durch die Seele eines Menschen repräsentiert wurde, auszulöschen.

Manchmal wussten wir nicht einmal, wo Gefahr oder Tod lauerten. Der Scharführer teilte uns mit seiner Peitsche ein, der da nach rechts, der auf die linke Seite. Ich war unter denen, die nach links geschickt wurden – also zu den „Duschen".

Der Schrecken lähmte uns. Wir erstarrten zu Salzsäulen und gehorchten unterwürfig, obwohl wir nichts mehr zu verlieren hatten. Wir zitterten immer noch vor dem Zorn des Henkers, als ob ein Mensch mehr als ein Leben zu verlieren hätte und als ob der Henker mehr tun könnte, als das eine Leben zu nehmen. Wäre es wirklich so ein großer Unterschied, ob wir durch eine Kugel in den Hinterkopf sterben oder ein paar Minuten später in heißem Wasserdampf ersticken?

„Wer wird all diese Leben rächen, die ausgelöscht wurden?", schrie etwas in mir. „Warum haben diese schamlosen Mörder keine Angst vor uns? Wie haben sie es geschafft, unseren Willen zu brechen, sodass es nicht einmal einen Schrei gab, einen Schrei der Entrüstung, keinen Widerstand, der einen Pfifferling wert war? Nein! Nein! Das durfte nicht wahr sein. Nicht alle unter uns waren solche Feiglinge. Was war nur falsch gelaufen?"

Ich stand neben Berliner. Ich habe nichts bemerkt. Ich sah weder wann noch woher er sein Messer zog. Ich sah ihn erst, als er aus unserer Reihe sprang und mit aller Kraft dem Scharführer, der die Selektion durchführte, das Messer in den Rücken stieß.

Der Deutsche stöhnte und wurde totenblass. Zwei Männer stürzten herbei und trugen ihn halb bewusstlos weg.[27] Es ist unmöglich, den Tumult, der auf dem Appellplatz entstand, zu beschreiben. Juden, Deutsche und Ukrainer wurden gleichermaßen in Verwirrung gestürzt.

---

27 SS-Unterscharführer Max Biala wurde am 11. September 1942 auf dem Appellplatz bei einer Selektion von Meir Berliner erstochen. Zu seinem Andenken wurden die Unterkunftsbaracken des ukrainischen SS-Gefolges (Trawniki-Männer) in Max-Biala-Kaserne benannt.

SS-Männer kamen gelaufen. „*Was ist los? Was ist los?*" Sie schienen erschrocken. Sie zogen ihre Revolver aus dem Holster und wussten nicht, in welche Richtung sie schießen, auf wen sie sich wie wilde Tiere werfen oder gegen wen sie sich verteidigen sollten. Es war eine wahre Freude zu sehen, wie sie den Kopf verloren.

Berliner machte keinen Versuch zu fliehen oder sich zu verstecken. Er stand nur da, kaltblütig und ruhig, mit einem seltsamen Lächeln auf den Lippen, seine Hände öffneten die Flügel seiner Jacke und entblößten die Brust.

„Bitte", sagte er, „ich habe keine Angst. Sie können mich töten."

Sein Tod war schrecklich. Ich weiß nicht, wie die Schaufeln auf den Appellplatz kamen, mit denen die Ukrainer und SS-Männer Berliner angriffen, oder wessen Befehl es war, ihn damit zu töten. Doch Minuten später lag er ausgestreckt auf dem Boden, das Gesicht schrecklich verstümmelt. Blut strömte aus seinem Mund. Der SS-Mann, den Berliner erstochen hatte, war vielleicht der netteste – wenn solch ein Adjektiv für die Deutschen in Treblinka verwendet werden kann: Scharführer Max Bieler …

Bieler starb nur wenige Tage später an der Stichwunde. Doch zu diesem Zeitpunkt war ich bereits nicht mehr in Treblinka.

Zwei weitere Juden fielen unter den Schaufeln zusammen mit Berliner. Die Ukrainer und SS-Männer schlugen nach links und nach rechts zu, ohne zu wissen, was sie taten. Sie trieben uns mit ihren Peitschen gegen die Zäune, und diese wurden niedergerissen.

Wir, die wir für die „Duschen" bestimmt worden waren, wollten sofort Vorteile aus dem Durcheinander ziehen und uns unter die verbliebene Menge mischen. Aber die anderen Juden hatten Angst davor. Erst nachdem sich Chaos verbreitet hatte, durchbrachen alle anderen die Reihen, sodass ein einziges Gewirr von verängstigten Menschen entstand, wie eine erschrockene Herde Vieh bei einem Brand. Der Kommandant schrie die SS-Männer an, weil sie faul in den Baracken geblieben waren; dann peitschte er mit aller Kraft den Kapo, Ingenieur Galewski, ins Gesicht. Die „Puppe" begann, einen Juden aus Prag zu würgen, der vor dem Krieg als Hauptmann in der tschechischen Armee gedient hatte und jetzt der Stellvertreter des Kapos war. Kurz gesagt, es war wieder alles beim Alten. Nachdem die beiden Deutschen schließlich Dampf abgelassen hatten, beschlossen sie offenbar, für den Moment mit Mäßigung zu agieren, und der Hauptmann befahl der „Puppe", zehn Männer zu erschießen. Natürlich führte Letzterer diesen Auftrag mit Freude aus. Zusammen mit einem anderen SS-Mann zog er seine Opfer aus den Reihen und stellte sie auf. Für eine Weile spannte er sie auf die Folter, weil er den Abzug der Pistole betätigte, ohne dass sich ein Schuss löste. Schließlich schoss er sie alle nieder. Eigentlich hatten die beiden Deutschen die Arbeit untereinander aufgeteilt: abwechselnd je einen Juden zu erschießen.

Ich stand genau dort, aber das Schicksal wollte es so, dass die beiden Deutschen einen Mann zu meiner Rechten und einen zu meiner Linken herauspickten. Aber ich wurde zurückgelassen. Für den Augenblick dachten wir nicht an die Selektierten, die zu den „Duschen" geschickt werden sollten, aber wir fragten uns, was die Folgen für uns sein würden. Die

„Puppe" hielt eine Ansprache, in der er sagte: *„Es wird Euch teuer kommen!"* An diesem Abend erhielten wir kein Essen.

Es war ein weiterer Vorabend einer Hinrichtung: Wir beteten das Kaddisch, es gab Rufe nach Reue, und das Übliche. Am nächsten Morgen fand kein Appell statt. Es wurde sechs Uhr, dann sieben und halb acht. Um halb acht Uhr wurden wir nach draußen getrieben und eine weitere Selektion begann. Aber für den Moment wählten sie nur 60 Männer aus. Es schien, als ob die Henker ihre Politik der Umsicht weiter fortsetzten.

Ich blieb wie angewurzelt stehen, betäubt. Zelichower stand links neben mir in der Reihe. Der Mörder und Preisboxer zeigte mit dem Finger auf den Mann zu meiner Rechten und auf einen links neben mir. Es dauerte nicht lange, da waren 60 Männer in einer separaten Gruppe beiseite gestellt worden, und ich blieb stehen und überlegte, was ich mit mir anfangen sollte. Wählten sie Menschen aus, die zurückbleiben würden, oder trafen sie eine Auswahl von Menschen, die erschossen werden sollten? Beide Fälle hatte es auch in der Vergangenheit gegeben. Sollte ich also versuchen, in die Gruppe, in der Zelichower war, zu gelangen? Am Ende blieb ich an meinem Platz; bis heute weiß ich nicht, was mich zurückhielt. Vielleicht war es ein Gefühl der Lähmung, oder vielleicht war es der Instinkt, dass ich dieses Mal nirgends hinüberwechseln sollte. Sei es wie es wolle, für den Augenblick blieb ich am Leben, während Zelichower und alle anderen innerhalb von 20 Minuten erschossen wurden.

Berliner war auch tot. Sein Leichnam wurde zusammen mit den anderen in eines der riesigen Massengräber am Rande des großen Leichenfeldes geworfen. Doch Berliner war nicht wie eine Maus in der Falle umgekommen oder wie ein Lamm, das wegen des Fleisches geschlachtet wird, für Felle, für einige alte Lumpen oder einen Goldzahn. Er war nur einen halben Tag vor Zelichower gestorben, aber er starb wie ein Held. Er sagte den Henkern, dass der Tag kommen würde, an dem sie für ihre Verbrechen bezahlen müssten, dass sie eines Tages für ihren Massenmord und den Raub zur Rechenschaft gezogen werden würden und an diesem Tag ihre Köpfe und ihr Leben genauso wenig wert sein würden wie das Leben der Armseligsten unter den Opfern, den jüdischen Armen und Bettlern, die sie von den Straßen des jüdischen Ghettos geräumt hatten.

Die Henker und Mörder spürten dies. Irgendwie saß ihnen der Schrecken, der nicht weniger groß war als ihre Verbrechen, in den Knochen. Sie zitterten vor den Händen der Juden. Ich verbrachte nach Berliners Tat noch einen ganzen Tag in Treblinka, und bis ich es verließ, sah ich, wie Juden mit erhobenen Händen an den Deutschen vorbeigingen. Das hatten die Deutschen so befohlen: *„Hände hoch!"* Und wenn sie in die Nähe eines Juden kamen, sahen sie ihm genau auf die Hände. Sie fürchteten sich vor dem, was die Juden ihnen mit diesen Händen antun könnten.

Die Nacht brach in der erneut gesäuberten Baracke herein – Nacht der Hinrichtung. Keine Luft, kein Essen. Um fünf Uhr, dann halb sechs Uhr, halb acht Uhr fand immer noch kein Appell statt. Jeder war sich sicher, dass wir zu den „Duschen" gehen würden.

Unterdessen riefen die Leute: „In Fünferreihen antreten! Selektion! Reißt Euch zusammen! Gebt nicht auf!" Befehle wurden übermittelt. Ich ging zusammen mit dem Waldkommando. Heute muss ich hier raus, egal was mir widerfährt, um mein Gewissen zu erlösen. Denn wenn ich auch getötet werde, so weiß ich wenigstens wofür. Ich entschied, dass ich mich bei Anbruch der Dämmerung von meiner Gruppe davonmachen würde. Ich war unruhig während meiner Arbeit. Das ging so bis vier Uhr nachmittags. Die Schreie von der Mordstätte waren an diesem Tag wie gewohnt zu hören. Ich war glücklich, hier im Wald zu sein, weit weg von dem Lärm.

Gegen vier Uhr am Nachmittag erfuhren wir, dass Güterwaggons angekommen waren, mit denen die Kleider aus dem Lager fortgebracht werden sollten. Ich wollte fliehen und so schnell wie ich konnte in einen dieser Waggons klettern, um mein Glück zu versuchen, aber leider war es mir nicht gewogen. Wir arbeiteten bis sieben Uhr weiter, und ich wurde sehr ungeduldig. Zum Zeitpunkt unserer Rückkehr ins Lager war ich sehr nervös und entschlossen zu fliehen.

In der Nähe des Eisenbahngleises traf ich einen weiteren alten Bekannten, Jacob Lichtenstern von der Ha Tehiyah-Bewegung[28]. Er weinte bitterlich und sagte mir, dass er Hunger habe. Ich lief zu dem Haufen mit Kleidern und holte ihm etwas Brot und Honig. Die Deutschen befahlen uns, mitanzupacken und die Lumpen auf die Waggons zu laden. Aber die meisten Güterwaggons waren bereits randvoll, und ich war niedergeschlagen, weil ich nicht eher aus dem Wald hierherkommen konnte. Jetzt war es zu spät. Die Deutschen hetzten uns – „schneller! Schneller!" – und verteilten Schläge mit ihren Peitschen. Sie befahlen uns, die Packen mit den Kleidern neben das Gleis zu legen. Wenig später trafen zwölf zusätzliche Güterwaggons ein. Auf der Suche nach einem Versteck lief ich durch alle Waggons. Als ich den Kapo sah, ging ich zu ihm und bat ihn, mich zu retten, indem er mich in einen der Wagen ließe. Er lehnte dies kategorisch ab. Ich versuchte, ihn sanft zu überreden, konnte aber sehen, dass es reine Zeitverschwendung war. Ich ging zu einem der anderen Waggons und sprach Lichtenstern an: „Hast Du etwas Geld bei Dir?" Er hatte 600 Dollar und auch einiges polnisches Geld. Ich gab mir Mühe, ihn zur Flucht zu überreden, aber im letzten Moment war er verschwunden. Ich besorgte mir eine Flasche Wasser, Geld interessierte mich nicht. Ich nahm nur eine Flasche Wasser und etwas Fremdwährung mit. Ich sah einen ganzen Koffer voller Geld und Wertsachen, hatte aber nicht den Nerv, etwas davon zu nehmen, obwohl ich es nur mit einer Decke hätte zudecken und an mich nehmen müssen.

Vater und Sohn Herschkowitz halfen mir und kletterten mit mir in den Güterwagen. Ich bemerkte ein wenig später, dass jemand einen Mantel in den Waggon geworfen hatte. Es stellte sich heraus, dass es mein eigener war, und ich hielt dies für ein gutes Omen. Aber ich nahm ihn nicht an mich. Stattdessen schnappte ich mir im Dunkeln einen langen chassidischen Mantel. Es gab eine vierte Person im Waggon, die sich von den anderen zudecken ließ.

---

28 Zionistische Jugendbewegung, wörtlich: Nationale Wiedergeburt.

Voller Angst saßen wir da und warteten zitternd, dass sich der Zug von der Stelle bewegte. Vielleicht, Gott bewahre, würde er erst am Morgen abfahren. Etwa 15 Minuten später kam ein Deutscher zur Inspektion durch. Er ging ohne Zwischenfall weiter. Dann hörten wir jemanden unter den Rädern unseres Waggons sowie deutsche und ukrainische Stimmen. Auch hier kamen wir unbeschadet davon. Der Zug setzte sich in Bewegung. Wir fuhren ab und passierten die erste Bahnstation in etwa zwei Kilometer Entfernung. Wir wollten nach dieser Station aus dem Zug springen, aber wir hörten Stimmen von Ukrainern und beschlossen, weitere drei Kilometer abzuwarten. Wir waren uns einig, dass der Letzte, der springen würde, auf die anderen warten sollte. Nur drei sprangen heraus. Ich weiß bis heute nicht, was aus dem Vierten wurde. Vielleicht war er unter den Textilien erstickt.

Es war ein Uhr nachts. Mein erster Gedanke – ich hatte mich aus Treblinka gerettet. Die anderen waren bei mir. Wohin sollten wir gehen? Ich führte sie nach links, in Richtung Warschau. Wir liefen ein paar Kilometer durch Gärten ... Panische Angst ... Wir wandten uns nach rechts. Bis zum Morgen. Entlang des Weges erfrischten wir uns mit einer Dose Sprotten. Um sechs Uhr erreichten wir ein kleines Dorf, zwölf Kilometer von Kosów entfernt. Wir klopften an die Tür eines Hauses und boten 300 Złoty für einen Schlafplatz und etwas zu essen. Der Bauer wollte uns nicht hereinlassen. „Das ist ein Grenzpunkt", sagte er, „und es gibt deutsche Wachposten." Wir klopften an die nächste Tür und bekamen die gleiche Antwort. Ich schlug vor, das Dorf zu verlassen. „Wir sollten uns im Gebüsch verstecken und auf den Tag warten. Wir sollten nur nachts weiterlaufen." Das taten wir und legten uns auf den Boden. Zwei Bäuerinnen kamen vorbei, und wir kauften ihnen Brot für 20 Złoty pro Laib ab. Später am Tag tauchte ein weiterer Bauer auf, und wir vereinbarten, dass er uns aufnehmen würde. Er sagte aber, er müsse darüber zunächst mit seiner Frau reden. Herschkowitz gab ihm eine Uhr. Nach einer Weile kam er mit einem anderen Mann zurück und sagte, er würde uns einen nach dem anderen zu sich nach Hause mitnehmen. Ich wäre der Erste ... Sie erhielten 5000 Złoty, weitere Wertsachen und eine Uhr. Dann ließen sie mich allein. Ich bat sie, mir zu sagen, wo ich mich befand, aber sie wollten es nicht sagen. Jetzt war ich ganz allein, und man mag sich selbst ausmalen, ob ich glücklich oder unglücklich war. Ich kehrte zu den Büschen zurück, aber es war niemand dort.

Ein wunderschöner Himmel, eine große Welt, aber es schien darin kein Platz für mich zu sein. Ich nahm all meine Kraft zusammen, erinnerte mich an mein Motto Rache und marschierte auf eigene Faust weiter. In einem anderen Dorf sah ich ein Häuschen, klopfte an die Tür und versuchte, Brot zu kaufen. Aber sie wollten mir keines verkaufen. Ich war durstig und stillte an einer Quelle meinen Durst. Ich ging weiter. Mein Weg führte mich durch weitere Felder. Am späten Nachmittag traf ich auf einen Bauern, der Pferde auf der Wiese weidete. Ich schlug ihm einen Handel für 2000 Złoty vor. Er fragte, woher ich gekommen sei. Ich antwortete, dass ich aus Jedrzejow umgesiedelt worden sei. Der Bauer sagte, er würde mir umsonst helfen, wenn er keine Angst vor den Deutschen hätte. Aber er könne es einfach nicht tun, weil das Risiko zu groß sei. Der Bauer nahm mich mit, er saß auf seinem

Pferd und ich lief hinter dem Pferd her. Er bat mich, vor seinem Haus zu warten, damit seine große Familie nichts mitbekäme. Er sagte, nachdem alle ins Bett gegangen wären, würde er mich in seine Scheune bringen, Heu ausbreiten, und mir etwas Brot und Milch bringen. Er hielt sein Versprechen. Gegen drei Uhr weckte mich der Bauer, um mich nach Stoczek zu fahren. Als ich erfuhr, dass wir durch Treblinka fahren müssten, wollte ich nicht mehr, aber ich hatte keine andere Wahl. Und so lernte ich das Dorf Treblinka im Original kennen, wo keine Spur der Mordfabrik zu sehen war. Es war ein Dorf wie jedes andere.

Wir kamen am Markttag um sieben Uhr in Stoczek an. Das Leben hier verlief normal. Es gab Juden, die Geschäfte tätigten. Als die Leute erfuhren, dass jemand aus Treblinka in die Stadt gekommen war, brachten sie mir sogleich Fotos und fragten, ob ich einen ihrer Angehörigen kennen würde. Ich erkannte in der Tat einige Zimmerleute. In der Stadt gab es auch weitere Menschen aus Treblinka. Ich sprach mit ihnen. „Was soll ich tun? Wo soll ich hin?" Sie antworteten: Gehe nicht nach Warschau, weil es dort gefährlich ist. Zwei Männer waren von dort zurückgekehrt und berichteten, dass man weder ins Ghetto hinein noch hinaus könne. Sie waren mit einem polnischen Polizisten in Konflikt geraten, der sie herbeizitierte und sagte, er wolle auch leben, und 100 Złoty von ihnen forderte (der übliche Erpresser!). Sie gaben ihm nur 50. Sie erzählten vom Arbeitsdienst im Ghetto und den Selektionen. Sie waren nach Stoczek an dem Tag zurückgekehrt, als 800 Menschen im Ghetto getötet worden waren. Sie waren mit dem Zug gefahren und hatten sich als Nichtjuden ausgegeben. Ich sorgte im Ghetto selbst für mich. Ich mietete einen Schlafplatz von einer Frau namens Freyde-Dvoyre, einer Metzgerstochter. Sie behandelte mich gut, verlangte aber viel Geld für alles. Es wäre wirklich angemessen, an dieser Stelle innezuhalten und die kleine Stadt zu beschreiben sowie die Scherereien, die man dort mit dem örtlichen *Judenrat* und der Ghettopolizei hatte. Diese hatten Angst, selbst deportiert zu werden, wenn sie einem Flüchtling aus Treblinka halfen. Ich starb fast vor Durst, aber das Wasser war widerlich bitter. In der Synagoge wurde ich am Sabbat gebeten, ein Gebet zu rezitieren, das einer öffentlich sprach, der nur knapp einer großen Gefahr entronnen war. Die jüdische Bevölkerung dort wollte eigentlich Flüchtlinge aus Treblinka kennenlernen, weil sie wusste, dass die Treblinka-Leute eine Menge Geld hatten. So konnten sie den zehnfachen Preis dessen berechnen, was sie in der Regel verlangten.

Von Zeit zu Zeit kam ein bestimmter Gendarm vom Land in die Stadt und tötete jedes Mal ein paar Juden. Sie nannten ihn den „kleinen schwarzen Kopf". Der Terror in der Stadt war sehr groß. Trotzdem glaubten sie tatsächlich, was die Frauen und Kinder plapperten: dass niemand ihnen etwas zufügen würde. Der Kommandant von Treblinka hätte ihnen – und darauf bestanden sie – das zugesagt, weil die Juden aus Stoczek das Lager errichtet hätten. Wo immer ich in dieser Stadt hinkam, machte ich ihnen zum Vorwurf, dass sie über das Lager Bescheid gewusst hätten, aber nicht die jüdische Gemeinde von Warschau darüber in Kenntnis gesetzt hätten, was tatsächlich vor sich ging. Einige von ihnen behaupteten, dass sie in der Tat Briefe nach Warschau geschrieben hätten.

Die Bevölkerung versuchte, Treblinka zu melken, wo es nur ging, und mancher Handel wurde abgeschlossen. Sie kauften den Menschen aus Treblinka alles ab: Gold und Wertsachen.

Ich versuchte, so schnell wie möglich von dieser Stadt wegzukommen, denn es gab immer mehr Gerüchte über eine bevorstehende „Umsiedlung", und ich wollte kein Risiko eingehen. Einige Leute wollten das nicht wahrhaben, aber ich wollte mich darüber nicht selbst täuschen. Am Jom-Kippur-Abend hörte ich einen Tumult in einiger Entfernung. Als ich näher kam, sah ich einen Goj einen Juden auf der Straße verprügeln, in der die Juden lebten. Die Menschen waren so verängstigt, dass sie zunächst den Gottesdienst am Jom-Kippur-Abend in der Synagoge nicht besuchen wollten. Aber die Situation beruhigte sich, und alle strömten in die Synagoge. Sie kehrten nach Hause zurück, und das Wetter war so schön, dass die Leute wegen der Flöhe nicht zu Bett gehen wollten. Ich stand mit einem gewissen Dr. Halpern aus Lemberg und einem weiteren Mann namens Heniek zusammen, und wir diskutierten über Wege zu unserer Rettung. Plötzlich hörten wir Schritte. Ein Feuerwehrmann öffnete die Tür und rief uns zum Polizeirevier, damit wir unsere Dokumente vorzeigten. Wir kauften uns mit 50 Złoty frei. Dies erregte den Appetit des Feuerwehrmanns, und er packte einen jungen Mann auf der Straße und forderte ihn auf, ihm die Treblinka-Ausreißer zu zeigen. Erschrocken zeigte der junge Mann auf uns und der Feuerwehrmann nutzte die Gelegenheit, mehr Geld aus uns herauszuquetschen. Ich dachte daran, nach Warschau zurückzukehren, aber ich hatte Angst und beschloss, es bis nach Jom Kippur aufzuschieben. Beim Jom-Kippur-Gottesdienst brach ein Tumult aus: Der „kleine schwarze Kopf" war eingetroffen, und alle Juden rannten von der Synagoge nach Hause.

Am Tag nach Jom Kippur stand ich wie gewohnt auf. Gegen zehn oder elf Uhr brach Panik aus. Angeblich war der Ort Wegrow umzingelt. Eine Person telefonierte hier, eine weitere Person dort, aber keiner der Anrufe kam durch. Ein wenig später brach extreme Panik aus, und jeder fing an zu laufen. Ich lief zusammen mit einem jungen Mann aus Stoczek. Wir wollten nach Ostrowiec gehen, denn von dort konnte man den Zug nach Warschau nehmen. Auf dem Weg trafen wir eine Frau, die uns sagte, dass eine große Fahndung im Gange sei, weil ein Gendarm getötet worden war. Gerüchten zufolge hatten ihn Partisanen ermordet, die angeblich aus dem Wald von Sadowne heraus operierten. Ich hatte bereits mehrfach daran gedacht, mich ihnen anzuschließen, aber ich hörte, dass sie keine Juden in ihre Reihen aufnahmen.

* * *

Stoczek. Die Leute brachten mir Fotografien, um herauszufinden, ob die Personen auf den Bildern noch in Treblinka waren. Ich erkannte auch mehrere Männer aus der Gruppe mit den gelben Abzeichen.

Ich wurde der 50 000 Złoty und der Devisen beraubt. Einer der Räuber hielt mir die Arme auf den Rücken, während der andere mich durchsuchte und mir auch eine goldene Uhr abnahm. Da ich sah, dass jeder Widerstand zwecklos sein würde, ließ ich sie nehmen, was sie haben wollten.

Als ich über die Dörfer reiste, starrten die Leute hinter mir her. Ich versuchte, mich im Heu zu verstecken. Der Bauer ließ mich nicht und sagte, es wäre glatter Diebstahl. Als wir weiterzogen, sah ich, dass er vor einem Wegkreuz die Mütze abnahm. Ich hatte Angst, nach Stoczek hineinzufahren und stieg einen Kilometer außerhalb der Stadt aus. Ich fragte einen Bauern, ob es Juden in Stoczek gäbe. Er antwortete: „Ja, sie sind alle in einer Gegend."

Der Wald

Die erste Nacht schlief ich neben dem Chassid[29]. Um vier Uhr morgens hörte ich Schießen und Schreie. Ich begriff, dass die *Aktion* in Stoczek begonnen hatte. Also ging ich tiefer in den Wald hinein. Bald sahen wir Gruppen von Menschen, hauptsächlich junge Leute, die aus der Stadt geflohen waren und einen Platz zum Verstecken suchten. Wir hörten auch Schreie und erbärmliches Heulen. Kinder, die in dem Tumult ihre Eltern verloren hatten, liefen weinend umher, „Mama!" Uns beiden schloss sich ein Dritter an, ein Junge aus Warschau, der als Hirte für einen Bauern arbeitete. Er war aus dem Warschauer Kibbuz auf der Dzielna-Straße. Wir blieben an diesem Tag zusammen. Als wir durch den Wald zogen, trafen wir einige Hirten, von denen wir Lebensmittel, Brot, Milch und Kartoffeln kauften. Die Hirten verlangten eine Menge Geld von uns. Wir machten ein Feuer und kochten die Kartoffeln. So schlugen wir uns durch den Tag. Von den Büschen entlang der Straße, die zur Bahnstation Sadowne führt, sahen wir, wie Gruppen von Juden nur wenige Hundert Meter entfernt zum Bahnhof gejagt wurden. Von dort würden sie wahrscheinlich nach Treblinka verschleppt werden. Die Juden liefen in Viererreihen und waren an den Händen aneinander gefesselt.

Die Schreie im Wald ebbten nicht ab. Wir hörten fortwährend das Echo der Kinderstimmen. Die Kinder waren noch immer weinend auf der Suche nach ihren Eltern, die vielleicht in diesem Moment in den Reihen marschierten, die wir aus der Ferne gesehen hatten.

So verging der Tag. Gegen Abend warteten wir, bis die Bauern die Felder verlassen hatten, und gingen dann auf eine Wiese, auf der es Heuhaufen gab. Wir wühlten uns in das Heu und schliefen bis vier Uhr am nächsten Morgen. Wir standen um vier Uhr auf. Ich entschloss mich, zur Bahnstation Ostrówek zu gehen, um näher an Warschau heranzukommen. Das dritte Mitglied unserer Gruppe, der Chaluz[30], sagte, wir sollten nicht gehen. Wir sollten lieber im Wald warten, bis die *Aktion* vorbei war und dann wieder in die Stadt zurückkehren. Ich ließ mich nicht überzeugen, und so trennten wir uns. Der Chaluz blieb

---

29 Gemeint ist ein Weggefährte.
30 Mitglied des Hechaluz.

an Ort und Stelle, und wir beiden (der Chassid und ich) gingen zum Bahnhof weiter. Wir liefen über Felder und Wiesen. Auf unserem Weg kamen wir an einen kleinen Bach. Also zogen wir unsere Schuhe aus und wateten auf die andere Seite. Schlimmer wurde es, als wir eine Autostraße überqueren mussten, die stark frequentiert war. Wir beschlossen, bis zur Fahrbahn zu kriechen, uns in einen Graben zu legen und auf einen ruhigen Moment zu warten, um auf die andere Seite zu rennen. Neben allem anderen machte mich das Verhalten meines Begleiters, des Chassiden, sehr nervös. Anstatt nur aufzupassen, ob es irgendwelche Deutsche in der Nähe gab, betete er die ganze Zeit und schien sich nicht um seine eigene Sicherheit zu sorgen.

Nach der Überquerung der Straße gingen wir zu einer Hütte, um Brot zu kaufen. Der Bauer wollte uns keines verkaufen. Wir versuchten es an einer anderen Hütte. Ich sah, dass es nicht gelingen würde, etwas zu kaufen, also bettelten wir. Jemand erzählte uns, dass es hier kein Brot gäbe, aber er könne uns ein paar Kartoffeln anbieten. Ich wollte keine annehmen, und wir setzten unseren Weg in Richtung Ostrówek fort. Auf dem Weg trafen wir einen sehr anständigen Goj, der uns erzählte, was bei der „Evakuierung" in Stoczek passiert war. Eine große Zahl von Juden war gleich vor Ort getötet und der Rest über die Bahnstation Sadowne nach Treblinka geschickt worden. Er erzählte uns, dass wir versuchen sollten, uns selbst zu retten. Wir sollten niemals Straßen benutzen, sondern nur die Felder, weil wir mit den Gendarmen Probleme bekommen könnten. Wir hatten zuvor mit einer Frau gesprochen, die uns gesagt hatte, dass es keinen Ort gäbe, wohin wir laufen könnten. Die Juden seien von überall vertrieben worden. Und außerdem würden die Deutschen uns auf jeden Fall töten.

Wir gingen weiter und kamen zu einem dichten Waldstück. Plötzlich sah ich, wie sich etwas im Wald bewegte. Als wir näher kamen, bemerkten wir eine Gruppe von zehn Leuten und sahen, dass es Juden aus Stoczek mit ein paar Treblinka-Ausreißern waren. Sie fingen an, uns über Stoczek auszufragen, und in der Tat wussten wir darüber ein wenig mehr als sie. Wir beschrieben ihnen, wie die Evakuierung von Stoczek abgelaufen war.

Es war jetzt sieben Uhr morgens. Wir waren mit den Menschen aus Stoczek zusammengeblieben. Wir waren sehr hungrig, und so gaben sie uns etwas von den Vorräten, die sie gekauft hatten und für die sie bereits 800 Złoty bezahlt hatten. Dies wie immer, weil die Bauern von den Flüchtlingen sehr hohe Preise für Lebensmittel verlangten. Wir blieben ausgestreckt im Dickicht liegen, wo es extrem still war. Wir waren sehr durstig, hatten aber Angst, hinauszugehen und nach Wasser zu suchen. Gegen sechs Uhr sahen wir einen Goj vorbeikommen, und bald begann jemand, Steine auf unser kleines Versteck zu werfen. Wir waren starr vor Schreck, weil wir dachten, die Deutschen seien mit Unterstützung von Polen im Wald auf der Jagd nach Juden, die sich dort versteckten. Wir entschieden uns, den Ort zu verlassen und warteten nur, bis es dunkel wurde. Als die Nacht hereinbrach, zogen wir in ein anderes Waldgebiet. Einige der Stoczeker Juden kannten die Gegend gut.

Nachts liefen wir in einer Reihe hintereinander, vorsichtig und mit großer Angst, dass uns jemand hören könnte. Alles war still. Die Ruhe auf den Feldern war fast unnatürlich, als ob noch nie eine Herde von obdachlosen, verängstigten, gehetzten Seelen vorbeigestolpert wäre. Und dann kamen wir in einen anderen Wald, krochen in ein Dickicht und legten uns schlafen. Es war eine ungünstige Zeit, gegen Ende September, und die Nächte waren schon ziemlich kalt. Wir konnten wirklich keinen guten Platz finden, uns ein Bett zu richten wegen der Kälte. Es gab nichts, wo man sich hinlegen und womit man sich zudecken konnte, und wir konnten wegen der Kälte nicht einmal einschlafen. Einige von uns waren bereit aufzugeben. „Schaut, Freunde", so argumentierten sie, „es gibt keinen Ausweg. Die Welt hat für uns keinen Platz. Es ist sinnlos. Man wird uns alle umbringen!" Zwei von uns zogen los, um nach Proviant zu suchen, und gegen ein Uhr nachts kehrten sie wieder mit zwölf Kilo Brot, ein paar kleinen Birnen und mehreren Flaschen Wasser zurück. Sie hatten mehrere Hundert Złoty ausgegeben.

Endlich war die Nacht vorbei. Wir wurden etwas lebhafter und unternehmungslustiger. Da es ein wenig wärmer geworden war, fielen wir allmählich in den Schlaf und schliefen bis mittags. Gegen Mittag tauchten einige weitere Juden auf. Sie erzählten uns, dass im Wald eine Großfahndung laufe. Mehrere Männer, die im Wald gefunden worden waren, waren schon erschossen worden. Wir blieben voller Angst bis Einbruch der Dunkelheit liegen. Wir entschieden, Verstecke für uns vorzubereiten. Wir liehen uns einen Spaten von dem Goj, der uns Proviant verkauft hatte, und hoben zwei Gräben aus, jeder von ihnen groß genug, um sechs Männern Platz zu bieten. Sie waren eineinhalb Meter tief und breit und etwa zwei Meter lang. Wir arbeiteten sehr hart und mit großer Sorgfalt, um keine sichtbaren Spuren zu hinterlassen. Wir sammelten die ausgehobene Erde zusammen, wickelten sie in unsere Mäntel und trugen sie in einige Entfernung weg. Um die Gräben zu tarnen, schnitten wir einige Bäumchen mit ein paar Fleischermessern ab, die die Leute aus Stoczek dabei hatten. Wir legten die jungen Bäume über die Gräben und deckten sie mit Quadraten von Torf ab, den wir aus einiger Entfernung hergebracht hatten. Aber während wir arbeiteten, fielen wir vor Erschöpfung buchstäblich um wie die Fliegen. Der Mangel an Nahrung und Schlaf hatte uns für die harte Arbeit zu sehr geschwächt. Wir ließen ein kleines Loch in der Oberseite des Grabens für den Ein- und Ausstieg, und tarnten es mit einem weiteren Bäumchen. Und so war unsere schwere Arbeit getan. Spät nachts wurden wir fertig und fielen in den Schlaf. Einige von uns krochen in die Gräben, um zu schlafen. Wir waren zu erschöpft, um die Kälte zu spüren, und schliefen bis zum nächsten Morgen.

Ich hatte große Probleme mit meinem Chassiden. Während alle Welt hart an den Gräben arbeitete, fragte ich ihn: „Wie kommt es, dass Du gar nichts zu tun hast?" Er antwortete, dass heute Sabbat sei und er daher nicht arbeiten würde. Das war am Freitagabend.

Wir verbrachten ein paar Tage in den Gräben im Dickicht. Unser Leben wurde sehr mühselig und langweilig. Wir hatten nichts, um uns zu waschen, so wurden wir schmutzig und ungepflegt. Einige von uns, die nichts zu tun hatten, saßen in der Sonne und suchten sich gegenseitig nach Läusen ab. Glücklicherweise gab es für uns nie die Notwendigkeit, Schutz in den Gräben zu suchen. Die Tage und Nächte verliefen ruhig, bis auf die Furcht, die uns jedes Mal nach Luft schnappen ließ, wenn wir das Geräusch eines Vogels oder eines Eichhörnchens in den Ästen hörten. Jeden Abend gingen zwei Männer auf Proviantsuche, aber unser Geld wurde immer weniger wegen der hohen Preise, die wir auch für das kleinste Stückchen Brot bezahlen mussten.

Wir blieben, wo wir waren, bis unser Versteck von einem Polen entdeckt wurde. Eines frühen Morgens erschien plötzlich ein Jugendlicher vor uns. Er raspelte etwas Süßholz und sagte, dass wir uns seinetwegen nicht fürchten müssten, und als wir ihn fragten, ob er uns etwas Brot und Wasser bringen könne, versprach er es. Wir gaben ihm ein paar Dutzend Złoty. In etwa einer Stunde wurde er zurückerwartet. Der Junge kam eine Stunde später mit einem Eimer Wasser zurück. Er sagte, dass er das Brot später bekäme, wenn er in die Stadt ginge. Diese Stadt war unser eigenes Stoczek.

Ich und ein anderer Mann aus Treblinka fragten den Jungen, wie man nach Warschau kommen könne. Inzwischen ging uns das Leben hier auf die Nerven, und wir wollten uns auf den Weg nach Warschau machen, egal was geschehen würde. Unser Freund war schnell bereit, uns zu helfen. Er sagte, er würde uns über Nacht in sein Haus aufnehmen, uns Fahrkarten kaufen und nach Warschau verabschieden.

Nachdem er gegangen war, erschienen weitere Gojim, einschließlich des Bauern Klimek, von dem wir gewöhnlich Lebensmittel kauften. Er hatte uns noch nie zuvor besucht und nicht gewusst, wo wir uns aufhielten. Wir konnten jetzt erkennen, dass unser Versteck entdeckt worden war und nun für uns keinen Wert mehr hatte. Wir diskutierten, was als Nächstes zu tun war; wir beschlossen, nicht als Gruppe zusammenzubleiben, sondern uns aufzuteilen. Jeder sollte sich um sich selbst kümmern. Ich beschloss, mich von meinem Chassiden zu trennen (auf dem Weg in die Gaskammer war er nackt durch den Stacheldraht geflohen, er hatte überall am Körper Wunden und er besaß nicht einen Groschen). Ich war froh, ihm zu helfen, aber sein Fanatismus hatte mich abgestoßen, und ich beschloss, mir einen anderen Kameraden zu suchen. Ich fragte ihn, wie viel Geld er brauche, und er antwortete vier Złoty. Ich gab ihm zehn Złoty und wir trennten uns. Sein Name war Wiener. Der Name meines neuen Kumpanen war Anshel Medrzycki, ein hohes Tier und ein Großmaul. Er entpuppte sich als ein netterer Kerl als der Chassid, und wir beschlossen, zusammenzubleiben. Auch er war nackt aus Treblinka entlaufen, und ich übernahm es, seine Reise zu finanzieren. Um etwas Geld zur Verfügung zu haben, schlug ich vor, dem Bauern Klimek eine goldene Uhr zu verkaufen. Medrzycki war bereit mitzukommen. Wir machten den Handel für 500 Złoty und fünf Kilo Mais, den ich mitnehmen wollte, um damit den Eindruck zu erwecken, ich sei ein Schmuggler. Ich ging mit Klimek mit, um das Getreide in Empfang zu nehmen, sodass wir fertig sein würden, wenn der Junge zurückkam.

Ich kehrte mit Klimek gegen vier Uhr zurück und hörte in dem Moment Schreie aus dem Wald. Ich erkannte Medrzyckis Stimme. Als ich näher kam, hörte das Geschrei auf. Ich fand Medrzycki durcheinander und bestürzt vor. Er war ausgeraubt worden. Der Junge, unser vermeintlicher Wohltäter, war mit einem Freund zurückgekommen, hatte meinen

Reisegefährten festgehalten und ihm 200 Złoty geraubt, die er bei sich hatte. Weitere Juden waren herbeigelaufen, und es war mein Glück, fünf Minuten nach der Geschichte eingetroffen zu sein. Mein Partner war verzweifelt und bat mich und die anderen eintreffenden Juden ständig, je 50 Złoty beizusteuern, um seinen Verlust auszugleichen. Später erfuhr ich, dass er noch etwas Geld versteckt hatte, aber er war ein Ausbeuter, ein Wesen ohne Sinn für Moral, das aus der Warschauer Unterwelt gekommen war. Er versuchte, mich auszunutzen, wo er nur konnte.

Nach dem Vorfall mit dem Goj gingen wir zurück zu Klimek, um dort die Nacht zu verbringen, aber er forderte 100 Złoty von jedem von uns. Also aßen wir nur zu Abend mit ihm und gingen zum Schlafen in die Büsche, die uns der Geldschneider zeigte, nachdem er uns 20 Złoty für das Leihen einer alten, lumpigen Steppdecke in Rechnung gestellt hatte.

Am nächsten Morgen versteckten wir uns in anderen Büschen den Tag über und warteten auf eine Chance, nach Warschau zu gelangen. Gegen zehn Uhr kam Klimek zu uns, und wir unterhielten uns über die Fahrt zum Bahnhof. Er wollte 500 Złoty für jeden von uns, zusätzlich zu den 100 Złoty für den Kauf der Fahrkarten. Er vermutete, dass ich noch etwas Geld bei mir hatte, und so versuchte er, uns zu überzeugen, nicht nach Warschau zu fahren. Er erzählte uns, dass die Reise gefährlich sei und einige Männer gerade erschossen worden seien. Nach Juden würde überall groß gefahndet. Aber ich weigerte mich, die Idee mit Warschau aufzugeben. Weil wir uns mit Klimek nicht einigen konnten, blieben wir in den Büschen.

Gegen ein Uhr mittags sah ich eine ältere Frau vorbeikommen. Mein Partner wollte mich keinen Schritt gehen lassen, aber mein Herz sagte mir, dass ich diese Frau ansprechen musste, weil sie uns vielleicht vom Schicksal geschickt worden war, um uns zu retten. Unter völliger Missachtung möglicher Folgen lief ich zu der Frau.

Als ich näher kam, sah ich ein aufgeschlossenes Gesicht mit freundlichen Augen vor mir. Ich erzählte ihr kurz, wer wir waren und was wir wollten, und ich muss sagen, ich war erstaunt, als die Frau uns ohne zu zögern mitteilte, dass wir mit ihr kommen sollten. Sie wollte von uns überhaupt kein Geld, im Gegenteil, als ich ihr 50 Złoty geben wollte, antwortete sie, dass man für so etwas kein Geld nehme. Dies war das erste Mal seit meiner Flucht aus Treblinka, dass jemand, Jude oder Goj, mir half, mich in Sicherheit zu bringen, ohne zu versuchen, Geld von mir zu erpressen. Ich rief Medrzycki, und gleich darauf sahen wir uns zu dritt zu Fuß, mit der Frau an der Spitze, zu ihrem Dorf gehen. Klimek lebte in dem Dorf Mala Wielga, und die Bäuerin lebte ein paar Kilometer weiter, in Dua Wielga, das nur drei Kilometer von der Bahnstation Ostrówek entfernt lag.

Nachdem wir einige Zeit gegangen waren, wurden wir von einem Mann in einem Auto überholt. Wir hörten ihn beide kommen und versteckten uns neben der Straße. Der Mann im Wagen entpuppte sich als der Amtmann des Dorfes Wielga. Unsere Bäuerin plauderte mit ihm länger als eine halbe Stunde, während wir sehr ungeduldig auf das Ende des Gesprächs warteten. Endlich wünschten sie einander Lebewohl. Der Amtmann fuhr mit dem Auto weg, und wir und unsere Frau machten uns weiter auf den Weg. Auf der Straße begegneten wir einem Wagen voller Deutscher. Wieder einmal versteckten wir uns neben der Straße. Danach ging alles gut, bis wir nach Wielga kamen. Das Haus der Frau war eines der ersten, als wir in das Dorf kamen. Sie ging voraus und forderte uns auf, ein wenig später zu ihr hereinzuschleichen. So machten wir es. Wir betraten ihren Hof und legten uns in den Garten hinter dem Haus, sodass niemand uns sehen konnte. Es dauerte nicht lange, und die Frau kam zusammen mit ihrem Ehemann heraus. Sie führten uns in einen Kartoffelkeller im Hof. Sie sagten uns, dass wir in den Keller gehen und dort bleiben sollten, bis sie uns aufsuchen würden. Bald brachte die Frau uns auch etwas zu essen, Bohnen und Brot und eine Kanne gekochter warmer Milch. Nachdem ich fertig gegessen hatte, nahm ich 25 Złoty heraus und wollte für das Essen bezahlen. Die Bäuerin sagte, dies sei zu viel, sie wolle keinen Profit mit uns Unglücklichen machen. Aber ich weigerte mich, das Geld zurückzunehmen. Nachdem wir gegessen hatten, kam der Mann heraus und riet uns, keine Eile zu haben, um nach Warschau zu gelangen, jedoch vorsichtig zu sein und zu warten, bis er uns einen Führer besorgt habe. Inzwischen war es draußen dunkel geworden, und er führte uns aus dem Keller in den Stall, brachte uns eine warme Decke zum Zudecken, und wir gingen in der Scheune schlafen.

Wir schliefen lange und ruhig, ein tiefer und gesunder Schlaf. Selbst im Schlaf spürten wir, dass wir im Haus von guten Menschen waren.

In dieser Scheune brach ein ganz neues Leben an. Der Bauer hatte uns angewiesen, uns nicht außerhalb des Stalls sehen zu lassen. Wir sollten warten, bis einige seiner Verwandten zu Besuch aus Warschau kommen würden. Diese Leute würden uns mit sich zurücknehmen. Die Verwandten waren Schmuggler, die die ganze Zeit mit Waren hin und her reisten.

Unsere Gastgeber brachten uns drei Mal am Tag Essen zur Scheune – Kartoffelsuppe, Knödel mit Milch und ähnliche Landgerichte. Uns wurde langweilig, aber wir schliefen die meiste Zeit. Wir bekamen genug Schlaf und Ruhe, dass es für ein Leben lang reichen würde. Ein paar Tage später kam eine Frau aus Warschau, und unsere Gastgeber baten sie, uns mit ihr zurückzunehmen. Sie versprach, dies zu tun, und zeigte großes Mitgefühl. Als wir ihr von Treblinka erzählten, seufzte sie und weinte. Sie hatte ihr Leben lang für Juden gearbeitet und war wirklich betroffen darüber, was mit den Juden geschah. Dennoch wurde nichts aus dem Vorschlag, dass wir mit ihr reisen sollten. Sie versprach, wegen uns wiederzukommen, und blieb für einige Tage im Dorf. Aber wir sahen sie nie wieder. Unser Gastgeber versuchte, uns aufzumuntern und versprach, wenn sein Schwager aus Warschau käme, würde der uns sicherlich mit sich zurücknehmen. Und so geschah es tatsächlich. Eine Woche später kam der Schwager, ein Mann mittleren Alters, der sich im Handel und Schmuggel betätigte. Wir zahlten ihm 450 Złoty, damit er uns nach Warschau mitnahm. Er bestätigte die Berichte, die wir gehört hatten, dass die *Aktion* in Warschau vorüber sei und wir wieder dorthin gehen könnten.

Um halb sieben Uhr an jenem Abend verließ der Zug den Bahnhof Ostrówek in Richtung Warschau. Wir verabschiedeten uns von unseren Gastgebern und dankten ihnen für ihre wahre Menschlichkeit und Güte. Dann waren wir schon auf dem Weg. Ich habe vergessen hinzuzufügen, dass nicht einmal die Kinder des Bauern wussten, dass wir in der Scheune waren. Das zeigt, wie sehr diese alten Leute unser Geheimnis für sich behielten und uns beschützten.

Ich hatte mein Paket mit Getreide gegen Brot eingetauscht und mich wie ein Schmuggler ausgestattet. Als ich am Bahnhof ankam, hielt uns ein Deutscher in einer Kontrolle an. Ich zog die Krempe meines Hutes über die Augen und stellte mich so hin, dass die Schatten des frühen Herbstabends mein jüdisches Gesicht verdeckten. Ich tat so, als verstünde ich kein Wort Deutsch, und wiederholte immer wieder „Chleb, chleb!"[31], bis der genervte Deutsche mich weitergehen ließ.

Dies war meine letzte Begegnung auf meinem Weg von Warschau nach Treblinka und zurück. Sie nahmen uns die Fahrkarten ab, wir stiegen in den Zug und etwa zwei Stunden später kamen wir am Zentralbahnhof in Warschau an. Unser Führer wohnte in der Złota-Straße. Er nahm uns mit in sein Haus und beherbergte uns drei Tage lang. Am dritten Tag, kurz vor Dunkelheit, führte er uns an die Ecke der Żelazna- und Leszno-Straße. Wir schlossen uns einer Gruppe von Arbeitern an und betraten das Ghetto.

Die Nichtjuden aus der Złota-Straße waren auch anständige Leute. Sie nahmen so gut wie nichts für die dreitägige Gastfreundschaft, und als wir uns trennten, versprachen sie uns, wir seien in ihrem Haus jederzeit willkommen, wenn wir jemals aus dem Ghetto fliehen und nach einem Ort zum Verstecken suchen müssten. Nachdem wir so viele Ausbeuter und schäbige Charaktere getroffen hatten, wurden diese feinen Gojim aus dem Dorf Wielga und ihre Angehörigen in Warschau unsere Helfer und Retter in der Stunde großer Not und Gefahr. Mögen sie in Zukunft so viel Güte erfahren, wie sie uns gegeben haben!

---

31 Brot! Brot!

Berek Freiberg

Sobibór

Übersetzung aus dem Jiddischen von Sigrid Beisel

Vorbemerkung

Der in Warschau geborene Berek Freiberg war 14 Jahre alt, als er im Mai 1942 in das Vernichtungslager Sobibór eingeliefert wurde. Dort überlebte er wie durch ein Wunder trotz Krankheit, Misshandlung und ständiger Todesdrohung 18 Monate. Er war in die geheime Vorbereitung des Aufstandes eingeweiht und an der Ausführung aktiv beteiligt. Aber auch nach gelungener Flucht war sein Leben bis zum Eintreffen der sowjetischen Armee in Polen im August 1944 jeden Tag bedroht. In seinem Bericht, den er 17-jährig im Juli 1945 zu Protokoll gab, schildert er nüchtern und schonungslos sein Leben in Sobibór, das durch unvorstellbare Gewaltexzesse bestimmt war, und den sich anschließenden Überlebenskampf im Versteck. Zur Geschichte des Vernichtungslagers Sobibór vgl. die Darstellung von Barbara Distel in: Wolfgang Benz/Barbara Distel (Hrsg.), Der Ort des Terrors. Geschichte der nationalsozialistischen Konzentrationslager, Bd. 8, München 2008, S. 375–404.

Der Bericht Berek Freibergs ist einerseits ein Dokument präziser Beobachtung des Alltags im Vernichtungslager Sobibór, andererseits enthält er auch nicht auflösbare Unklarheiten. Der Leser möge bedenken, dass er mit den Erfahrungen eines Jugendlichen konfrontiert ist, der 14 Jahre alt war, als er in das Lager deportiert wurde, und dass er zweifellos unter einem Trauma stand, als er drei Jahre später darüber berichtete.

Die Erinnerungen Berek Freibergs wurden von Bluma Wasser, einem Mitglied der Zentralen Jüdischen Historischen Kommission, in jiddischer Sprache protokolliert und für den Druck redigiert. Zur Buchveröffentlichung in der Reihe der Jüdischen Historischen Kommission ist es nicht gekommen. Das Manuskript liegt unter der Signatur AZIH, CZKH 302/17 im Archiv des Jüdischen Historischen Instituts in Warschau. Barbara Distel hat den Text kommentiert.

Frank Beer, Wolfgang Benz, Barbara Distel

Berek Freiberg

Sobibór

Berisz Frajberg
17 Jahre alt, geboren in Warschau
Przebieg 1. Seit 1935 wohnhaft in Łódź,
11 Listopada 59, Sweter-Fabryk

Bei Ausbruch des Krieges, als die Deutschen im Begriff waren, Łódź einzunehmen, gingen mein Vater und mein Bruder nach Warschau. Am 6. September wurden sie von den Deutschen eingeholt und gerieten in Gefangenschaft. Damals griff man viele Juden und Christen auf zur Arbeit mit den Toten, und am Abend, nach Beendigung der Arbeit, zog ein SS-Mann die Juden heraus und erschoss sie. Unter ihnen war auch mein Vater. Das war für mich der Anfang der Katastrophe. Mein Bruder wurde nach Deutschland in ein Lager gebracht. Meine Mutter wollte unbedingt ein jüdisches Begräbnis. Es dauerte ein Jahr, bis wir mit Hilfe eines Bekannten den Körper meines Vaters fanden; seine Papiere waren durchschossen, die Feder, die er bei sich trug, war verbogen. Das Gesicht konnte man nicht mehr erkennen. Drei Juden hatte man gefunden, wir begruben sie alle drei. Dann wurde es noch schlimmer. Die Deutschen holten mit Autos die Waren ab. Damals wurde das Lodzer Ghetto eingerichtet, und da wir die ganze Familie in Warschau hatten, brachten wir nach und nach unsere Waren dorthin. Wir selbst gingen Ende Februar 1940 nach Warschau. In Warschau verschlimmerte sich unsere Lage sehr. In der ersten Zeit arbeiteten wir. Später nahm man uns die Maschinen weg, und als in Warschau das Ghetto eingerichtet wurde, wurde unsere Lage sehr ernst. Wir waren noch kleine Kinder. Überlegt handeln konnten wir nicht, und wir hungerten tagelang. Unsere Mutter war schon ganz aufgedunsen. Auch wenn wir uns sehr schämten, so zwang der Hunger uns doch, unseren kleinen neunjährigen Bruder hinaus auf die Straße zu schicken, um vor dem Tor Zucker und Papirossy zu verkaufen. Aber den Hunger linderte das nicht, und wir beschlossen, dass mein älterer Bruder, der aus Deutschland zurückgekehrt war, zu Verwandten nach Turobin gehen solle, zumal viele Leute aufgegriffen und zur Arbeit in Lager geschickt wurden. Später bin auch ich dorthin gegangen, das war im Jahr 1941. Wir waren ungefähr sieben Monate dort. Ich wohnte bei einer Tante. Ich war damals 13 Jahre alt. Mein Bruder war bei einer anderen Tante, er war 15. Wir arbeiteten hart, um die Familie in Warschau unterstützen zu können. Jede Woche schickten wir Päckchen. Mir ging es dort sehr schlecht. Ich hungerte und arbeitete schwer.

Einmal, es war Anfang Mai, zwei Wochen vor dem Beginn der Aktion – heute verstehe ich, was für eine Art Aktion das gewesen ist – stand ich vor dem Tor und sah vier schwarzgekleidete SS-Leute ankommen. Ich erkannte sie sofort und versteckte mich im Keller. Sie gingen gegenüber von uns zu der besten Familie am Ort hinein und erschossen sie alle. Dann kamen sie heraus und ergriffen Leute, wer gerade vorbeiging, wurde herausgepickt, alle wurden in eine Wohnung geführt, und dorthinein schleuderten sie Granaten und töteten so die Menschen. Dann zogen sie weiter und machten weiter so, und innerhalb einer Stunde hatten sie 120 Personen ermordet. Am 10. Mai kamen aus den umliegenden Städtchen viele Menschen. Am Morgen des 12. Mai umstellten Ukrainer und SS-Leute Turobin und gaben bekannt, dass eine Deportation stattfinden würde und sich alle Juden auf dem Platz einzufinden hätten. Es gab in der Gemeinde eine Liste, wer hinaus musste und wer nicht. Man sagte, es habe etwas mit Fremden zu tun. Ich stellte mich mit der Tante auf den Markt. Der Onkel und die Kinder versteckten sich. Mein Bruder ging weg, irgendwohin in ein Dorf. Mir aber war mein Leben schon so verleidet, dass ich beschloss mitzugehen, um mich von dort zurück nach Warschau zu stehlen. Mir kam nicht in den Sinn, dass man uns in ein Todeslager schicken könnte. Auf dem Platz waren Fuhrwerke für Gepäck und Kinder, die Übrigen trieb man zu Fuß. An Ort und Stelle erschossen sie viele Menschen, Alte und Kranke, Leute, die in der Stube angetroffen wurden und einfach, wen sie wollten. Man trieb uns zwei Tage und zwei Nächte vorwärts, 30 Kilometer. Auf dem Weg nahmen sie die Leute von Gorzków und Żółkiewka mit. Wir wurden nach Krasnystaw getrieben, und auch dort stießen weitere Menschen dazu. Wir waren zusammen ungefähr 4000 Mann. In Krasnystaw standen wir einige Stunden auf dem Bahnhof. Die jüdische Gemeinde gab uns je 50 Gramm Brot, und dann wurden wir von Ukrainern in die Waggons gestopft, ungefähr 150 in ein Abteil, andere blieben leer. Wir wurden hineingepfercht, man verschloss die Wagen und wir fuhren los. Die Leute wurden ohnmächtig, viele starben, weil sie schon von dem 30 Kilometer Laufen und Hetzen geschwächt waren. Im Zug, ohne Luft, bewacht von Ukrainern, war es schwer auszuhalten. Uns wurde gesagt, dass wir in die Ukraine zur Arbeit fahren würden. Andere sagten, es ginge nach Majdanek. Als wir durch das Fensterchen hinausschauten und bemerkten, dass wir nicht durch Lublin fuhren, bedeutete das wohl, wir waren gerettet, Hauptsache nicht nach Majdanek. Nach ein paar Stunden Fahrt blieb der Zug stehen, wir waren in Sobibór angekommen.

Ein Bahnhof, auf beiden Seiten Wald, vorne ein Tor, abgesperrt mit Draht und Blättern, von dort liefen Schienen, die in den Wald führten. Dort hinein ins Lager fuhren 18 Waggons, und wenn sie geleert waren, leitete man sie hinaus, und die nächsten 18 Waggons fuhren hinein. In der ersten Zeit stand nichts auf dem Tor, erst später wurde dort die Aufschrift „SS-Sonderkommando-Judenumsiedlungslager" angebracht. Nachdem man unsere Waggons hineingefahren hatte, wurden die Türen geöffnet, und Deutsche und Ukrainer mit Gewehren und Peitschen trieben uns alle aus den Waggons. Wir kamen am 15. Mai 1942 in Sobibór an. Man führte uns durch ein weiteres Tor auf eine Art großen Platz, der mit Stacheldraht umzäunt war. Über den Zäunen waren Streben und obendrauf so kleine Dächer. Dort wurden wir aufgeteilt: Männer auf die eine Seite, Frauen und Kinder auf die andere Seite. Es dauerte nicht lange, bis SS-Leute kamen, um die Frauen und Kinder wegzuführen. Wohin man sie brachte, wussten wir nicht, aber wir hörten aus der Ferne Geschrei und Schläge beim Ausziehen, danach hörten wir das Rauschen einer elektrischen Maschine. Dort brachte man die Frauen und Kinder um. Es lag in der Luft, dass wir hier festsaßen und getötet würden. Die Nacht brach herein, und Schrecken befiel uns. Wir hatten Erzählungen gehört, in Bełżec verbrenne man Menschen in Gruben. Das hatten wir im Schtetl nicht geglaubt, aber hier, als wir in der Ferne ein Feuer sahen, erkannten wir, dass man womöglich tatsächlich die Menschen verbrannte. Angst überkam uns, und wir sprachen unser Sterbegebet. Die Nacht war schrecklich. Die Ukrainer schlugen uns und ließen niemanden gehen, um sich zu erleichtern. Die Leute machten einfach unter sich. Später sagte man uns, man werde uns gar nichts tun, die Frauen seien schon zur Arbeit gefahren, denn dort stand eine Kleinbahn, die auf einem anderen Weg zur Bahn führte. Ich konnte mir nie vorstellen, dass ich das einmal jemandem würde erzählen können. Ich wollte unbedingt überleben, um das einem aus der Familie zu erzählen. Aber das kann ich nicht, ich habe niemanden, ich habe alle verloren.

In der Frühe kamen SS-Leute und suchten Handwerker zur Arbeit aus: Schuster, Tischler, Schlosser. Ich ahnte, dass diese Menschen am Leben bleiben würden. Ich wollte mich auch zu den Handwerkern stellen, aber ich war nie Arbeiter gewesen und fürchtete, dass es schlimm werden würde, wenn man mir sagte, ich solle ein Stück Holz absägen und könnte es aber nicht. Ich saß also da und überlegte, was ich tun sollte. Und dann zeigte der SS-Mann mit dem Finger auf gesunde Jungen, sie sollten herauskommen, also sprang ich auch heraus und stellte mich zwischen die kräftigen Jungen und Handwerker. Ich bat meinen Onkel, er solle mit mir gehen, aber er blieb sitzen und ich ging. Er hatte Angst, und ich spürte tief im Herzen, dass er so oder so nicht überleben würde. Man wählte die Menschen einen nach dem anderen aus. Dann führte man uns durch ein anderes Tor, wieder auf einen Platz, Baracken gab es damals noch nicht, nur Dächer aus Tannenzweigen und Schuppen. Die Übrigen wurden sofort weggeschickt, und wir sahen sie nie wieder. Unsere Gruppe zählte 80 Mann. Wir wurden gleich aufgeteilt. Ein Teil sortierte die Sachen. Diese befanden sich in Gruben, umzäunt mit Draht und Zweigen. An den Rändern waren Pfosten und oben kleine Dächer, so sahen die Lager aus. Ich gehörte zu der zweiten Gruppe, die eine Grube ausheben musste. Ich hatte noch nie eine Schaufel gehalten, und der Deutsche, der uns bei der Arbeit beaufsichtigte, erkannte das sofort. Er versetzte mir einen Schlag auf den Kopf, dass er ihn mir beinahe zerschmettert hätte. Ich lernte schnell, wie man arbeitet. Wir arbeiteten von frühmorgens bis neun Uhr, dann gab man uns Frühstück. Brot und ein Töpfchen Schmalz, es war genug da, und danach arbeiteten wir bis zum Abend. Am Abend versammelten wir uns und ein SS-Mann hielt eine Rede. Uns würde gar nichts geschehen, wenn wir uns gut aufführten, falls nicht, bekämen wir kostenlos eine Kugel in den Kopf. Wir würden hier arbeiten, und in einer Woche würden wir zu den Frauen fahren – „ins Jenseits" –, dorthin, wo sie arbeiten. Sie seien schon an dem Ort, und wir könnten ihnen schreiben. Die Sachen, die hier liegen, seien von ihnen zurückgelassen worden, sie hätten dort neue Kleider für ihre Arbeit bekommen. Wir könnten uns die Mäntel nehmen zum Zudecken und in den Schuppen schlafen gehen. Dann verspürte er Lust, zwei Männer aus der Gruppe herauszunehmen, einen, dem der Bauch wehtat, den anderen einfach weil er ihm nicht gefiel. Er führte sie ins Wäldchen und erschoss sie. In der Regel kamen die Leute ziemlich zerschlagen, geprügelt und blutig von der Arbeit zurück. Das zeigte uns deutlich, welche Atmosphäre hier herrschte, und wir gingen schlafen. Der SS-Mann, der uns die Rede gehalten hatte, hieß Scharführer Steubl.[1]

Es gab drei Lager. Im ersten Lager befanden sich die Handwerker. Im zweiten Lager waren die Haarscherer untergebracht, außerdem die Kleidersortierer und das Bahnhofskommando, das beim Ausladen der Menschen aus den Zügen half. Die Häftlinge im dritten Lager mussten beim Vergasen helfen und Schicht auf Schicht begraben und mit Chlorid beschütten. Später wurde verbrannt. Vom zweiten Lager gingen die Menschen nackt durch eine Allee, die von beiden Seiten mit Draht eingezäunt war, bis zum Bad. Von dort ging es weiter durch ein Wäldchen, wo die Gruben waren.

Ein paar Worte zu dem Ablauf bis zur Ankunft im Bad: Sobald ein Transport Menschen mit dem Zug ankam, stiegen alle aus. Alle mussten auf den Platz mit den Dächern. Dann führte man die Menschen nach und nach hinaus, zu 1000, manchmal zu 500 je Gruppe. Ein SS-Mann, Oberscharführer Michel,[2] hielt ihnen eine Rede, dass sie wegen des Krieges arbeiten müssten und sie führen alle zur Arbeit. Es würde ihnen gut gehen. Deswegen müsse auf Reinlichkeit achtgegeben werden, und sie müssten vorher baden. Die Ausländer klatschten gewöhnlich. Später, als polnische Juden kamen, die wussten, dass alles zum Tode führt, gab es ein großes Geschrei und Getöse. Dann sagte er: „Ruhe, ich weiß, dass ihr sofort den Tod wollt, aber so leicht kommt ihr nicht davon, vorher müsst ihr arbeiten!" Und damit verwirrte er sie noch mehr. Gleich an Ort und Stelle ließen die Menschen die Schuhe zurück. Es erleichterte die Arbeit, dass sie überall etwas anderes ausziehen mussten. In der ersten Baracke zogen sie die Mäntel, Jacken und Hosen aus, in der zweiten Baracke zogen sie sich nackt aus. Handtuch und Seife durften sie nicht mitnehmen, das sei alles im Bad, wenn auch nicht ein Handtuch für jeden, zumindest ein Handtuch für zwei Personen. Mit einem Wort, sie liefen nackt zur dritten Baracke, die nicht weit vom Bad entfernt war. Dort befand sich ein spezielles Zimmer, vollgestellt mit Bänken und von allen Seiten von

---

1 SS-Scharführer Karl Steubl (1910–1945), ab August 1942 Zahlmeister in Sobibór, 1945 Selbstmord in Linz.
2 SS-Oberscharführer Hermann Michel (geb. 23. 4. 1912) war Stellvertreter des Kommandanten Franz Stangl in Sobibór. Nach dem Aufstand in Sobibór wurde er zum Partisanenkampf in die Triester Region versetzt. Laut Stangl gelang Michel nach Kriegsende die Flucht nach Ägypten.

Deutschen bewacht. Dort durfte man kein einziges Wort reden. Es waren 20 Scherer da, die den Frauen die Haare abschnitten. Wenn die Frauen nackt hereinkamen und im Zimmer die Männer sahen, wollten sie sich zurückziehen, aber die Deutschen ließen das nicht zu und schlugen sie, sodass sie sich nackt hinsetzen mussten. Ich war einer der Scherer. Einen Kopf zu scheren, dauerte ungefähr eine halbe Minute. Wir nahmen die langen Haare und schnitten sie schnell ab, dadurch blieben Stufen und Stellen mit Haar auf dem Kopf. Den ausländischen Juden, die von nichts wussten, war es schade um die Haare. Aber die Deutschen sagten ihnen, es mache nichts aus, in einem halben Jahr sei das Haar nachgewachsen. Die polnischen Juden dagegen schrien und ließen sich nicht scheren, man schlug und verprügelte sie. Von dort gingen sie durch einen Korridor hinein in einen Raum. Die Gebäude kenne ich nicht vom Sehen und weiß nicht, wie es dort aussah. Nur vom Hören kenne ich alles genau, und so will ich es berichten. Es ist genauso gut, als hätte ich es selbst gesehen. Ich muss auch hinzufügen, dass alle Einrichtungen in der ersten Zeit sehr primitiv waren, später wurden sie alle verbessert. In der ersten Zeit wurden die Haare nicht geschoren, erst später. Das Bad sah so aus: ein gemauertes Gebäude, die Größe weiß ich nicht genau, weil wir das dritte Lager nicht betreten durften. Wer hineinging, musste sterben, nur einmal beim Öffnen der Tür sah ich einen Haufen Tote. Also, die Gebäude waren gemauert, vorne ein roter Davidstern, geschmückt mit Grün.[3] Ein Fenster mit eisernen Türen. Ein gerades Dach und auf dem Dach ein Fensterchen. Dort saß gewöhnlich ein SS-Mann, Oberscharführer Götzinger. Er saß dort, guckte durch das Fenster und passte auf. Wenn die Menschen tot waren, gab er weitere Instruktionen. Er war ein großer Sadist. Er ermordete Menschen mit Stecken, und als er durch eine Granate getötet wurde, war das für uns ein Feiertag. Sie hatten im Wald Bunker und Keller für Munition gebaut. Einmal brachte man Munition aus Russland, er wusste mit diesen Granaten nicht umzugehen, es explodierte eine, und er wurde getötet. Er saß also auf dem Dach und sah sich satt an den Bildern von vergasten Juden. Drinnen waren Röhren, genau wie bei einer Dusche, und die Menschen meinten, dass aus den Löchern Wasser zum Waschen käme. Am Schluss, wenn die Menschen drinnen waren, an die 1000 Mann, schlossen sich die Türen, Fenster gab es keine, und aus den Duschen kam Gas, Chloroxid. Zwischen 15 und 20 Minuten dauerte es, bis die Menschen tot waren. Wenn der Sadist auf dem Dach durch das Fenster sah, dass die Leute tot waren, öffnete sich elektrisch angetrieben der Fußboden in der Mitte, alle Menschen fielen hinunter unter den Fußboden und sofort kamen neue 1000 Menschen hinein.[4] Zur gleichen Zeit schaffte man von unter dem Fußboden die Menschen auf Loren fort, so eine Art Wägelchen auf schmalen Schienen, zu einem Ort nicht weit vom Haus. Man legte sie zu vier- bis fünftausend Mann

---

3 Es waren Steingebäude mit drei mal vier Meter großen Kammern, in die jeweils bis zu 200 Menschen getrieben wurden. Daneben stand ein Holzschuppen, in dem ein 200 PS starker Dieselmotor aufgestellt war, dessen Abgase durch Rohre in die hermetisch abgedichteten Kammern geleitet wurden.
4 Eine solche elektrische Einrichtung gab es nicht.

auf sehr hohe Haufen, umlegte sie mit Holz, begoss das Holz mit Benzin und zündete die Menschen an. Das Feuer war schrecklich groß, weil der Berg Menschen hoch war, es brannte ganze 24 Stunden. Oft dachte ich: Ach Gott, in dem Feuer muss auch ich bald verbrennen. Ach, wie sehr wünschten wir, dass wenigstens ein paar Menschen bleiben sollten, um der Welt zu erzählen, dass es solch ein Sobibór gegeben hat. Denn niemand wusste etwas davon, alles wurde im Geheimen gemacht. Am Anfang, als man die Menschen begrub, war es tatsächlich geheim, später sah man alle Tage ein höllisches Feuer, aber mehr auch nicht. In der ersten Zeit war nur die Erde Zeuge, denn manchmal passierte es, dass die Menschen stark waren und nicht so leicht vergast werden konnten, und man begrub sie so. Es passierte, dass die Erde sich nach dem Begraben bewegte und hob, weil die lebendigen Menschen unter der Erde sich so wanden. Alles war so geheim, dass sogar ein Deutscher, der dort hineingeriet, nicht mehr herauskam. Die Gendarmen, die den Transport brachten, blieben auf der Station stehen, sie kletterten auf die Dächer der Bahn und schauten hinüber, um zu sehen, was sich da drinnen tat. Einmal passierte es, dass ein Transport holländischer Juden kam und mit ihnen ein Deutscher, der von der Front kam und sich zufällig bei einem Juden aufgehalten hatte. Als er sich umschaute und sah, was hier vor sich ging, sagte er: „Was ist hier los? Ich bin doch Deutscher von der Front und das hier ist ein Judenlager, wieso komme ich hierhin?" Dann zeigte er seine Papiere, wer er ist, man führte ihn in das Wäldchen und erschoss ihn dort. Die Erde verschlang alle Geheimnisse, und wenn wir nicht überleben werden, wird man gar nicht wissen, was sich dort zugetragen hat. Einmal passierte es, dass eine Gruppe ins Bad ging, aber die Maschine funktionierte nicht. Die Menschen waren dort einen halben Tag und warteten auf den Tod, bis die Maschine wieder anfing zu arbeiten. Ein anderes Mal geschah es, dass die Menschen, als die Maschine streikte, vor Entsetzen die eisernen Türen aufrissen und nackt hinausliefen, aber der Tod traf sie so oder so, sie wurden sofort erschossen. Einige blieben an Ort und Stelle tot liegen, die anderen trieb man lebendig zum Feuer.

Nachdem ich berichtet habe, wie die Baracken eingeteilt waren und wie das Bad ausgesehen hat, will ich meine Erlebnisse erzählen, vom ersten bis zum letzten Tag meines Aufenthaltes dort.

Ich war 18 Monate dort. Am zweiten Tag kam ein Transport Juden aus Tschechien. Er kam nachts an, und man weckte uns um drei Uhr morgens. Wir trugen das Gepäck von der Bahn durch zwei Reihen Ukrainer, die uns währenddessen mörderisch schlugen. So arbeiteten wir bis zehn Uhr morgens, denn es war viel Gepäck. Reiche Juden mit einer Menge Hab und Gut. Man brachte sie in der 1. Klasse. Am Abend hielt uns wieder der SS-Mann Paul[5] eine Rede. Er sagte, er brauche fünf Mann zu sich ins Lazarett. Was war das für ein Lazarett? Nun, ein Lazarett ist ein Ort, wo man nicht arbeiten muss, wo man ruhig schlafen kann und keine Packen tragen muss. Aber in Wirklichkeit war dieses „Lazarett" ein Ort, wo ein Kreuz

---

5 Vermutlich SS-Unterscharführer Paul Groth (geb. 1918) in Sobibór verantwortlich für Kleiderlager, nach dem Krieg vermisst.

mit so einer kleinen Stube mit Jesus stand, wahrscheinlich noch von früher, und dort war eine Grube ausgehoben. Er nahm die Menschen dorthin, um sie zu erschießen. Das war sein spezielles Lazarett. Die Menschen, die dort die Toten begraben mussten, kamen auch nicht mehr zurück. Man schickte sie ins dritte Lager und von dort zum Verbrennen. Alle Tage musste die Bestie drei bis fünf Juden für das Lazarett haben. Er suchte sie selbst aus. Entweder er fragte: „Nun, wer ist krank? Wer will nicht mehr arbeiten?" oder er suchte einfach aus, wer ihm nicht gefiel, zeigte mit dem Finger auf ihn und rief: „Komm, komm, es kommt mir vor, du willst nicht mehr arbeiten." Und führte sie alle weg. Es kam vor, dass Juden wussten, was das Wort „Lazarett" bedeutet, und sie stellten sich freiwillig für den Tod, weil ihnen das Leben verleidet war. So gab es tagtäglich Opfer. Zu Beginn unserer Arbeit waren wir 250 Mann, nach einem Monat blieben noch 80 Mann übrig. Der Tod war unterschiedlich: Manche wurden erschossen, manche mit Stöcken erschlagen. Einige begingen Selbstmord. Wenn wir in der Frühe aufstanden, hingen in der Baracke etliche Mann. Ein besonderer Tod war der durch Pauls Hund „Bari". Paul sagte zu ihm: „Bari, du bist mein Vertreter", und tatsächlich biss er viele Menschen zu Tode. Wenn er auf jemanden gehetzt wurde, konnte dieser sich nicht mehr herauswinden. Der Hund schleuderte den Menschen, drehte ihn und biss ihn so lange, bis er zurückgerufen wurde. Mich biss der Hund zweimal, sodass mir ein Zeichen am Fuß geblieben ist. Zwei Bisse, wo Fleisch war. Ich habe auch ein Mal auf der rechten Wange, wo ich Peitschenhiebe bekommen hatte. Die Wange war vollständig aufgerissen, das linke Ohr zerfetzt, weil man mich auf die Drahtzäune geworfen und den Kopf aufgerissen hatte. Wagner,[6] der ärgste Mörder, zerbrach eine Harke auf meinem Kopf. Mein Gesicht war nicht mehr zu erkennen. Die Augen konnte man nicht mehr sehen. Egal auf welche Seite ich mich legte, ich konnte nicht liegen. Ganze sieben Nächte lag ich und weinte vor Schmerzen. Man hat uns schrecklich gequält, ich sah furchtbar aus. Alle sagten, ich sei ein Kandidat fürs Lazarett: „Der Junge wird das nicht überstehen, er muss ins Lazarett gehen." Weil ich mich in der ersten Zeit, jung wie ich war, ganz einfach nicht zurechtfinden konnte, fing ich Schläge ein. Später lernte ich, wie man sich verhält. Ich gehörte schon zu den Alten und wurde nicht mehr so viel geschlagen. So arbeiteten wir zwei schwere Wochen, denn damals kamen nacheinander Transporte aus Tschechien, Österreich und Deutschland, dann auch aus Polen.

Später wurden wir den Hund Bari los, das war für uns eine Freude. Denn derjenige, der Treblinka aufbauen sollte, nahm ihn mit. Den Mörder Wagner, der vom Unter- zum Ober- und Hauptscharführer befördert wurde, haben wir nicht getötet, was ich noch heute bedaure. Wichtig ist noch, dass in den ersten paar Wochen Flugzeuge kamen, sie landeten bei uns auf dem Platz. Es stiegen die großen Leute mit den braunen Uniformen aus und sahen sich an, wie die Arbeit genau vor sich ging und wie das Geschäft lief. Sie besichtigten

---

6   SS-Oberscharführer Gustav Wagner (1911–1980), Stellvertreter des Kommandanten, war auch als „Henker von Sobibór" bekannt. Nach 1945 gelang ihm die Flucht nach Brasilien, wo er von Überlebenden aufgespürt wurde. Die Umstände seines Todes im Jahr 1980 wurden nicht aufgeklärt.

die Baracken und das Bad, dann machten sie Pläne und ordneten Arbeiten an. Und tatsächlich, ein paar Monate später, als keine Transporte nach Sobibór kamen, arbeiteten wir und führten die Pläne aus. In der Zeit brachte man die Juden nach Treblinka. Nach ein paar Monaten Arbeit fingen die Transporte wieder an, aus Holland, Frankreich und einzelne aus verschiedenen Lagern.

Im Jahr 1943 kam ein Gast mit einem Gefolge von 30 Mann zu uns. Er kam mit der Bahn, nicht mit dem Flugzeug. Das ganze Lager wurde von Gendarmerie bewacht. Er kam unerwartet. Wenn wir es gewusst hätten, wäre von ihnen jemand gefallen. Wir wären zwar auch umgekommen, aber auch von ihnen wären welche getötet worden. Ein Großer war es mit Brille. Heute, wenn man ihn schnappen würde, würde er sicher sagen, er sei nie in Sobibór gewesen. Ich war damals am Räumen, man jagte uns weg, und sie kamen an. Dann verbrannte man die Toten. Man brachte eine Maschine, einen Hebel mit einem hoch aufragenden Turm und mit Zähnen, welche die Erde durchackerte und die Menschen herausriss, die dann verbrannt wurden. Ein Geruch von Fäulnis breitete sich über dem Lager aus, weil die Menschen schon verfault waren. Später, als man sie sofort nach dem Vergasen verbrannte, roch die Luft nach verbranntem Fleisch. Ich will eine wichtige Sache anfügen wegen Himmler. Bevor er eintraf, wurden 500 Frauen zwei Tage lang zurückbehalten, sie bekamen zu essen, und nach dem Telefonanruf, dass er komme, führte man sie hinein ins Bad, um ihm das Töten zu veranschaulichen. Der Henker Himmler ging hinauf auf das Dach und schaute durch das Fensterchen bei ihrer heiligen Arbeit zu, wie sie jüdische Frauen, Mütter und schutzlose Kinder töteten.

Zu der Zeit kam ein Transport Juden aus Biała Podlaska an, und gleichzeitig mussten wir 30 Waggons mit Waren für Deutschland beladen. Das war eine Menge, und wir waren nur 80 Mann, das war wenig für die Arbeit. Also nahmen sie von dem neu angekommenen Transport Juden weitere 100 Mann. Dann sagten sie, dass wir, die alten Juden, heute ein bisschen weniger Arbeit haben würden, und um uns zu unterscheiden und abzugrenzen von jenen Juden, bekamen wir 80 Juden Hüte zum Aufsetzen. Wir liefen links entlang mit den Packen, sie dagegen, ohne Hüte, liefen rechts entlang mit sehr großen Packen, durch 2 Reihen von Ukrainern und Deutschen. Aber zu erzählen, auf welche Art man jene Juden quälte, bin ich nicht imstande. Es ist buchstäblich nicht zu beschreiben. Einigen zog man Säcke auf die Köpfe und gab ihnen Sand zu essen. Anderen legte man Ketten an und führte sie wie Hunde auf allen Vieren. Ein paar erhängte man auf dem Bahnhof, und zwei Juden brachten sich selbst mit Rasiermessern um. Man schlug, jagte und peinigte sie, und nach der Arbeit wurden sie erschossen, weil es nicht lohnte, für so eine kleine Zahl Menschen ein Bad zuzubereiten. Unsere Gruppe musste ein paar Monate lang die Hüte tragen. Sie ließen sie uns nicht abnehmen. Unsere Gruppe bestand weiterhin aus 80 Mann. Man rief uns mit den schlimmsten Schimpfnamen: Mistsäcke, Esel, blöde tollwütige Hunde, verfluchtes Volk. Im Jahr 1943 vergrößerte sich unsere Gruppe Arbeiter nach und nach auf 600 Mann: 120 Frauen und 480 Männer.

Der Mörder Paul verliebte sich in ein tschechisches jüdisches Mädchen. Sie arbeitete dort, und seine Beziehung zu uns wurde etwas milder. Die Deutschen bemerkten das. Einmal fuhr er für einen Tag weg, und andere Deutsche erschossen das jüdische Mädchen. Als er zurückkam, stichelten sie: „Nun, Paul, wo hast du es, dein jüdisches Mädel?" Er war dermaßen erzürnt, dass er uns in den kommenden Wochen noch schlechter behandelte als vorher. Bis dahin waren seine Taten schon sadistisch genug: Manchmal hetzte er den Hund auf, und der fiel Menschen in den Toiletten an, aus denen sie sich entweder gar nicht mehr heraustrauten, oder ihre Hosen schnappten und wegrannten. Manchmal stand er mit einer Hacke bei der Tür, wo man die Pakete trug, und wenn es ihm gefiel, ließ er die Hacke heruntersausen und ließ den toten Juden an Ort und Stelle liegen. Bei uns gab es provisorische Toiletten, und wenn er irgendwo eine Verunreinigung sah, drohte er mit dem Ärgsten. Einmal kam er zu solch einem Klosett, als gerade zwei Personen dort saßen. Sie saßen normal über der Öffnung, aber daneben war es verschmutzt. Daraufhin schleppte er die beiden Juden heraus und zwang sie, den Schmutz von neben dem Klosett aufzuessen. Sie wurden fast ohnmächtig, sodass sie baten, man solle sie besser erschießen, aber er ließ das nicht durchgehen. Sie aßen und haben nachher einen ganzen Tag lang gebrochen. Einer von denen, die das essen mussten, lebt heute noch. Er heißt Hackl und wohnt in Lublin.

Nach dem Tod seiner Geliebten begann er, Stückchen zu inszenieren. Wir arbeiteten den ganzen Tag fast nichts, er spielte und führte mit uns Szenen auf: Einmal kam er zu uns in die Baracke, als wir gerade die Arbeit beendet hatten. Alles war zusammengelegt, nur an der Decke, wo sich Streben entlangzogen, hing noch ein Schirm. Er befahl einem Jungen aus Danzig, hinaufzuklettern und den Schirm herunterzuholen. Der Junge fiel jedes Mal, wenn er hinaufgeklettert war, wieder herunter, was ihn sehr belustigte. Wann immer ein Deutscher kam, zeigte er ihm das Spiel mit dem Fallschirmspringer, und das Vergnügen begann. Alle mussten sich mit den Händen an der Strebe entlanghangeln, durch die ganze Baracke. Auch ich musste hangeln, aber ich war leicht und flink genug und kam sicher an. Einen anderen aber verließ, als er in der Mitte war, die Kraft in den Händen und er fiel herunter. Nicht genug, dass er sich Rücken und Lende brach, man ließ ihm die Hosen herunter und teilte 50 Schläge aus, dazu wurde er noch vom Hund zerbissen, und zu guter Letzt musste er sich noch einmal entlang quälen und fiel wieder herunter. Alle kamen zerbissen, zerschlagen und geschunden heraus. Am selben Tag sah er eine kleine Maus. Es war doch ein Magazin für Kleidung, an Mäusen fehlte es nicht. Als er die Maus sah, befahl er uns, Mäuse zu suchen. Als wir die Mäuse zusammengesammelt hatten, befahl er einigen Kameraden, die Hosenbeine zuzubinden, und steckte etliche Mäuse in ihre Hemden. Das Geschrei war unbeschreiblich. Er ließ sie aber nicht schreien und springen, sondern sie mussten strammstehen. Sie bettelten um den Tod, aber es half nichts. Ihm bereitete es Vergnügen, und die Deutschen und Ukrainer kugelten sich vor Gelächter. Ich zitterte vor Angst, dass er mich auch zu den Mäusen herausrufen würde. Einmal kam er ins Magazin und sah, wie jemand etwas aus einem Päckchen trank. Er fing an, ihm und allen anderen zu trinken zu bringen, was ihm gerade einfiel. Ein Mensch, der das überstand, war wahrlich aus Eisen. Fläschchen mit Medizin, Brennspiritus, Alkohol, Rizinusöl, Kölnisch Wasser. Auch ich musste Kölnisch Wasser trinken, ich verbrannte schier. Einem Jungen wurde ganz schlecht von den Getränken. Er bat, man solle ihn erschießen, er könne nicht mehr, aber es nützte nichts. Den Jungen rief er „Iwan der Schreckliche" von 35 Jahren. Er ließ ihn 30 Eier essen, ein Kilo Wurst, einen Topf Schmalz. Einen ganzen Tag musste er sich übergeben, uns allen teilte er löffelweise Schmalz aus. Mit einem Wort, man erbrach grüne Galle. Jedes Fläschchen mit irgendeiner Flüssigkeit gab er dem Iwan zu trinken, sodass dieser so betrunken wurde, dass er in Ohnmacht fiel, buchstäblich tot war. Dann brachte der Sadist zwei Eimer Wasser und begoss ihn, aber es half nichts. Man trug ihn weg, nach Hause in die Baracke. Als wir am Abend zum Appell kamen, war nicht der Hund Wagner dort, sondern Floss nahm den Appell ab. Er wunderte sich, dass ein Jude fehlte. Ein Jude ist angetrunken? Wie ist das möglich?

Er wurde weggeschickt nach Bełżec, aber vor der Abfahrt ließ er uns noch Pulver schmecken. Einmal fiel ihm diese Geschichte ein: Er nahm Iwan und einen Danziger und befahl, ihnen den halben Kopf und den halben Bart zu scheren. Eine Seite Schnurrbart und eine Augenbraue, bis man deutlich einen halben Bart, einen halben Schnurrbart, eine halbe Braue und Kopfhaar sehen konnte. Später schor er jeden Tag Häftlinge stückweise, einer blieb entweder mit einer Braue oder einer Insel Haare auf dem Kopf oder mit einem halben Schnurrbart. Und einmal befahl er einem über 50-jährigen Juden, wie ein Hund zu laufen. Er musste sich wie ein Hund betragen, allen an den Hosen zerren, ihnen nachlaufen und sie beißen. Wo wir auch gingen, lief er uns auf allen Vieren nach, riss und zerrte an den Hosen und bellte. Wenn wir von der Arbeit nach Hause gingen und sangen, lief er wie ein Hund und bellte. So musste der Jude einen ganzen Tag seine Funktion getreu ausüben.

Bei uns im Lager waren die ärgsten SS-Leute, Zwangsverpflichtete.[7] Nach der Arbeit wurde man beschuldigt, man sei entweder falsch gelaufen oder habe schlecht gesungen. Sowohl im Schnee als auch im Schlamm machten sie mit uns Strafübungen auf dem Exerzierplatz. Worin bestanden diese Übungen? Hinlegen, aufstehen, marschieren, springen, hüpfen, robben, sich auf Händen und Füßen bewegen, Purzelbaum schlagen. Wenn wir nach Hause kamen, konnten wir die Hemden auswringen. Ein paar Wochen schmerzten die Füße. Die Menschen wurden ohnmächtig vor Müdigkeit. Stellt euch vor, wie 600 Menschen auf einem sandigen Platz Purzelbäume schlagen, der Staub war so schlimm, dass einer den anderen nicht sehen konnte. Zu den Strafen gehörten auch Schläge. Für jedes noch so kleine Vergehen wurde man mörderisch geschlagen. Man bekam 50 oder 100 Schläge zugeteilt. Man konnte hinterher weder sitzen noch liegen, aber arbeiten musste man trotzdem.

In der Zeit, als keine Transporte ankamen, besserten wir aus und vergrößerten nach den Plänen. Ich musste Holz sägen. Einmal, als ich in der Frühe aufstand, fühlte ich, dass

---

7   Diese Vermutung Freibergs trifft nicht zu.

sich mir der Kopf drehte. Ich maß die Temperatur, ich hatte 38 Grad, aber zur Arbeit musste ich gehen, wenn nicht, hätte man mich sofort ins Lazarett gebracht. Mit letzter Kraft ging ich zur Arbeit. Am zweiten Tag konnte ich die Säge nicht mehr in der Hand halten. Damals bewachte uns kein Deutscher bei der Arbeit, sondern ein Ukrainer, der aber keine Berechtigung hatte, mich zu erschießen, sondern es melden gehen musste. Ich nutzte die Zeit, um mich ein bisschen hinzusetzen. Der Ukrainer sah das, kam zu mir und sagte: „Ha, du bist krank? Dann wirst du gleich erschossen" und zeigte auf den Abzug des Gewehrs. Zum Glück kam die Mittagszeit und wir gingen nach Hause. Ich konnte die ganze Zeit gar nichts essen. Es war gerade eine schlechte Zeit, Transporte gab es keine, man kochte bloß saure Klößchen, und was ich in den Mund nahm, erbrach ich wieder. Zum Appell musste ich mich stellen, es durfte kein einziger Mensch fehlen. Ich spürte, dass mein Leben heute enden würde, weil ich 40 Grad Fieber hatte und vor Hunger und Fieber wirklich nicht laufen konnte. Es war Fleck-Typhus. Ich bettelte: „Juden, Freunde, rettet mich, wenn nicht, wird man mich heute erschießen." Bei uns gab es einen jüdischen Kommandanten mit Namen Mosze, aber Mosze durfte man ihn nicht rufen, dafür bekam man 50 Schläge. Man musste ihn „General-Gouverneur" nennen. Es war ein ganz anständiger Kerl, und er tauschte mich gegen einen anderen Jungen, der in einer Baracke arbeitete und räumte, die von den Deutschen nicht so stark bewacht war, sodass ich ein bisschen sitzen konnte. Wenn ein Deutscher hereinkam, tat ich so, als ob ich arbeitete, aber ich verstand nicht, was man zu mir sagte. Als ich zum Appell hinausging, wurde mir schwarz vor Augen. Ein Glück war, dass ich vom Fieber rote Wangen hatte. Einmal, ich hatte das Gefühl, dass ich sterben würde vor Schwäche, bekam ich ein wenig Brennstoff. Ich zündete ihn an und kochte mir etwas Tee auf dem Feuer. Währenddessen kam der Deutsche Wagner herein und sagte: „Was, du willst arbeiten und stattdessen machst du Tee?" Er befahl mir hinauszugehen, die Hosen herunterzulassen und verpasste mir 50 Schläge. Das war noch zu wenig. Er befahl, eine Bank herauszubringen und legte noch einmal 50 Schläge nach. Ich fühlte schon gar nichts mehr. Das Blut lief, aber in meinem Innern öffneten sich mir die Augen, es wurde mir leichter, vielleicht, weil er mir mit den Schlägen das Blut erwärmte. Als am Abend die Leute von der Arbeit kamen und erfuhren, dass ich Schläge bekommen hatte, wunderten sie sich. Keiner konnte verstehen, wie ich das überstanden hatte. Ich wusste selbst nicht, was für eine Kraft mich gehalten hat. Ich war ein bisschen verwirrt und wusste nicht, was um mich herum geschah. Hilfe bekam ich von niemandem. Manchmal gab mir jemand ein Stückchen Zucker, das war mein Essen über 14 Tage. Bei Nacht war ich unruhig. Ich kroch von einer Pritsche auf die andere. Ich redete im Fieberwahn und wusste einfach nicht, was mir geschah. Und am Morgen musste ich mich zum Appell stellen. Einmal fühlte ich, dass es zu Ende ging. Ich kümmerte mich nicht um die Gefahr, die mir drohte, und legte mich ein wenig hin. Die anderen zwei Jungen versprachen mir, dass sie aufpassen und schauen würden, ob ein Deutscher kommt, damit ich schnell aufstehen konnte. Am selben Tag legten sich noch zwei junge Leute hin, sie waren gute Tischler, und die Deutschen sagten ihnen selbst, sie sollten sich hinlegen, wenn es nicht mehr ginge. Sie hatten Bauchtyphus, beherrschten sich und bemühten sich, herumzugehen, aber es ging nicht mehr. Sie mussten sich hinlegen, über mir in die oberen Pritschen. Einen Moment passten die zwei Jungen nicht auf und zwei Deutsche kamen, der Hund Wagner und Steubl. Sie kamen gleich her und trieben die beiden jungen Leute herab und führten sie hinaus. Mich hatten sie nicht bemerkt. Ich verhielt mich ganz still und dachte mir: „Das war's! Der Tod wird schon leichter für mich sein als aufzustehen." Sie fragten, ob es noch weitere Kranke gäbe, die Jungen verneinten das. Sie wollten sich versichern und fragten noch einmal, ob tatsächlich keine weiteren Kranken da seien: „Wenn ihr lügt, dann erschießen wir euch." Aber sie blieben bei ihrer Aussage. Sie führten jene zwei Kranken hinaus und erschossen sie. Ich konnte das Wunder nicht verstehen. So viele Kranke erschoss man im Laufe der Zeit, und mich hatten sie irgendwie nicht bemerkt. Am Abend zum Appell ging ich hinaus, ich verspätete mich ein wenig, der Deutsche rief mich her und fragte, warum. Aber ich verstand nicht, was er zu mir sagte und lachte vor Fieber und Verwirrung. Der Deutsche benahm sich auch ein bisschen verrückt, fing an zu lachen und stupste mich zurück zwischen die Reihen. Die Leute verstanden das Wunder gar nicht. Laufen konnte ich nicht. Ich hielt mich beim Gehen an den anderen fest. In der Nacht dachte ich: „Oh weh, wie wird das aussehen, wenn man mich erschießt, und sollte es eine Minute länger dauern, Hauptsache eine Minute später." Mein Freund, welcher mit mir schlief, tröstete mich: „Nun, nun, einen Tag noch und dann noch einen Tag und dann ist es vorbei." Es war schon der sechste Tag, und ich wurde tatsächlich kräftiger, strengte mich an, wollte unbedingt leben. So durchlebte ich 14 schwere Tage, als ob es ein Jahr gewesen wäre. Ich sah aus wie ein Skelett. Bei der Arbeit konnte man jeden Knochen zählen. Die Leute verstanden erst später, als ich schon wieder gesund war, dass mit mir etwas los war, dass ich krank gewesen sein musste.

Weiter lief unsere Arbeit beim Sortieren normal, beim Vergrößern und Verbessern der Fabrik, damit alles schnell gehen sollte, damit größere Transporte verarbeitet werden konnten. An einem Tag, als wir Sachen sortierten, kam ein Deutscher, ein SS-Mann mit Namen Oberscharführer Weiß, der sich Liedchen für die Juden ausdachte, und wollte üben, genau zu zielen. Er rief Mosze herbei, den „General-Gouverneur", der einen roten Hut mit einem Band trug, mit einem Davidstern und Schulterklappen, auch mit einem kleinen Stern, und mit einer Peitsche. Er musste schlagen, und wenn er nicht gut schlug, legte man ihn hin, prügelte auf ihn ein, und dann befahl man ihm, die Juden weiterzuschlagen. Alle Kommandanten hatten Peitschen. Also, auf seinen Kopf stellte der brutale Kerl ein kleines Fläschchen und schoss es aus der Ferne herunter. Auch mich rief er her und stellte auf meinen Kopf ein Töpfchen zum Herunterschießen. Ich meinte schon, das war's jetzt, ich konnte nichts mehr denken. Er zielte von ganz weit und schoss das Töpfchen herunter. Er befahl einem anderen Soldaten, auch zu schießen. Der aber sagte, so könne er es nicht, und wenn doch, träfe er gleich den Kopf.

Derselbe SS-Mann Weiß schrieb ein Liedchen für die Juden, und während der Arbeit rief er zehn Jungen auf, unter ihnen auch mich, und brachte uns das Liedchen bei, danach allen anderen.

Es lautet:

Ich bin ein Jude, kennt ihr meine Nase
mit kühnem Schwunge steht sie mir voran
und im Krieg ist sie furchtsam wie ein Hase
und beim Schach dort steht sie ihren Mann.
Von Israel abstamme ich
die Ehrlichkeit verdamme ich
zwei sind wie eins, dann ess' ich nicht vom Schwein
ich bin ein Jude und will ein Jude sein.

Ich kenne die Bedeutung der Wörter selber nicht.

Ein anderes Mal nach der Arbeit fühlten wir, dass sich irgendetwas Neues anbahnte. Es gab bei uns einen jüdischen Kapo mit Namen Wolf Ber Pozycki aus Warschau. Er war mit zwei weiteren Brüdern und dem Vater da, sie kamen um. Der Vater überlebte. Einer der Brüder beteiligte sich an unserem Aufstand, aber der Kapo hätte ruhig sofort umkommen können, er schlug seine eigenen Brüder, ärger als die Deutschen. Also, der SS-Mann befahl ihm, einen Mantel und eine Perücke zu bringen, machte ihm einen Bart mit Schläfenlocken, zog ihm einen Schtreimel[8] und einen langen Gebetsmantel an, stopfte noch einen Buckel hinein und richtete ihn schön her. Er ging voraus und wir alle hinterher. Eine halbe Stunde vor Ende der Arbeit lehrte man uns ein neues Lied. Er sang selbst und hob dabei die Hände in die Höhe, beugte sich bei jeder Zeile, und genau wie bei einem Gebet, mussten wir alle dieselben Wörter mit einer klagenden Melodie nachsingen. Wir mussten auch die Hände heben und uns tief bis zur Hälfte vorbeugen. Als wir in die Baracke kamen, holte man einen Tisch heraus, und die Arbeiter kamen zusammen. Als sie das sahen, verstanden sie, dass sich hier eine Art Spiel anbahnte, eine Verhöhnung der Juden. Es kamen weitere Deutsche, und bei der Szene kugelten sie sich vor Lachen. Von uns Juden ist jeder Einzelne entsetzt gewesen, den Tränen nahe. Jeder Einzelne von uns hat vor Schmach die Deutschen anfallen und sie zerreißen wollen. Jeder von uns hatte die Fäuste geballt. Die Wörter lauteten:

Ach gib du uns Moses wieder,
auf deine Glaubensbrüder
lass sich das Wasser wieder teilen.
Stell auf das Wasser Säulen,

---

8 Kopfbedeckung chassidischer Juden, die aus einem Stück Samt und einem breiten Pelzbesatz besteht.

fest stehend wie eine Felsenwand.
Und die schmale Rinne,
die ganze Judenschar da drinnen,
mach die Klappe zu,
werden alle Völker haben Ruh.
Jerusalem, Halleluja, Amen.

Zu der Zeit kam ein Transport aus Majdanek an. Wahre Skelette, oder besser gesagt, schon gar keine Menschen mehr, in Lumpen, in gestreifter Kleidung. Und gerade dann ging die Maschine kaputt, und sie mussten auf ihren eigenen Tod bis zum nächsten Tag warten. Sie übernachteten auf dem Platz unter der Überdachung. In der Früh bereitete man das Bad. Alle zogen sich aus, gleichgültig, gerade so als ob es so sein müsste. Und als man sie wegführte, ungefähr an die 4000 Mann, blieben auf dem Platz 200 Tote liegen, die schon die eine Nacht nicht überstehen konnten. Zwischen den Toten waren welche, die noch röchelten. Im normalen Leben hätte man sie noch retten können, aber so wurden sie zu den Toten gerechnet. Dann wandte Steubl sich an unsere Gruppe, wählte 20 Mann aus, darunter auch mich. Er hielt uns eine Rede, in der er uns befahl, sich nackt auszuziehen. Wir glaubten schon, dass das unser Ende sei, aber er beruhigte uns und sagte, dass wir keine Angst haben sollten, dass er uns im Gegenteil vor Krankheiten, Schmutz und Verlausung bewahren wolle, weil Strafgefangene angekommen seien und man ihre Kleider wegräumen und die Toten wegtragen müsse. Es sei gesünder, wenn wir nackt seien. Nun, wir machten uns an die Arbeit. Bis 4 Uhr abends arbeiteten wir schwer. Die Arbeit bestand im Wegräumen der Kleidung und Wegschleppen der Toten bis zu den Schienen. Dort lud man sie auf Wägelchen und fuhr sie zum Verbrennen. Die letzte Arbeit sahen wir nicht mehr. Wir schleppten sie an einem Fuß und unter dem Arm und liefen schnell. Während ich die Toten rasch schleppte, schaute ich mich einmal um. Als ich merkte, dass niemand es sieht, ruhte ich mich ein wenig aus. Als mein Blick auf den Toten fiel, setzte er sich auf und fragte: „Ist der Weg noch weit?" Da ich sah, dass er lebte, stellte ich ihn auf und führte ihn am Arm. Er fiel zweimal hin. Das sah ein Deutscher und fing an, mich zu schlagen. Ich wusste mir nicht anders zu helfen, als den lebendigen Menschen wieder hinzulegen und ihn wieder an einem Fuß zu ziehen. Im Allgemeinen gab es in der letzten Zeit unter den polnischen Juden ein schreckliches Geschrei, wenn man den Menschen befahl, sich auszuziehen. Männer auf dem Gang ins Bad sprachen laut das Sterbegebet, schlugen sich ans Herz und schrien das Schma Jisrael so laut, dass man es in zehn Kilometer Entfernung hören konnte. Sie fragten sogar: „Ich bitte euch, sagt mir, ist der Tod wenigstens kein schwerer? Dauert der Todeskampf wenigstens nicht lange?" Und dann fügten sie hinzu: „Juden, nehmt Rache! Zahlt es ihnen heim! Wir gehen in den Tod, aber vergesst nicht, Vergeltung zu üben für unser Blut!"

Manchmal versteckten sich nackte Frauen unter dem Abfall, unter Lumpen. Als ich einmal Lumpen sortierte, warf ich einen Blick zwischen die Lumpen, dort lag eine Frau. Was sollte ich machen? Die Lumpen wegnehmen konnte ich nicht, weil ein Deutscher sie sofort bemerkt hätte. Also ging ich zu einem anderen Packen Lumpen, bis nichts mehr half und sie entdeckt wurde. Man führte sie hinaus und erschlug sie. Ein anderes Mal fanden wir nach solch einer Badaktion ein Kind von eineinhalb Jahren zwischen den Lumpen. Ein Ukrainer befahl mir, das Kind zu nehmen und es in eine Grube Mist zu legen. Er sagte: „Oh, schade um die Kugel", nahm die Schaufel vom Mist und zerteilte das Kind in Stücke. Das Kind gab bloß noch ein klägliches Quietschen von sich. Manchmal passierte es, dass über Nacht Mütter auf dem Platz Kinder zur Welt brachten. Die Kinder warf man gewöhnlich auf den Müll, entweder zerriss man sie an den Füßen in zwei Teile, oder man warf sie in die Luft und beim Herunterfallen auf die Erde zerbrachen sie. Mit Kindern machten sie kein Gewese. Einmal taten sich Frauen auf dem Platz zusammen. Beim Ausziehen schrien sie und warfen sich auf die Deutschen mit den Worten: „Ihr habt den Krieg sowieso verspielt, ihr werdet noch einen ärgeren Tod haben als wir. Wir haben keine Wahl, wir müssen in den Tod gehen, aber eure Frauen und Kinder werden noch brennen und kreischen und schreien." Die Deutschen schossen auf sie. Es gab Opfer. Es wurde kurz still, aber dann fingen sie wieder an zu schreien. Sie nahmen das ganze Geld und die Dollar heraus und zerrissen sie vor ihren Augen in Stückchen, und als man sie in den Tod führte, war der Platz voller Papierstückchen von 100er- und 50er-Dollarnoten. Die Füße versanken im Geld wie in Federn und die Deutschen wurden zornig und schrien: „Verfluchte Juden." Beim Haareschneiden wechselten wir manchmal ein paar Worte mit den Frauen, natürlich nur, wenn die Deutschen es nicht sahen. Sie fragten: „Aber sagt mir doch, ist der Tod schwer? Dauert es lang?" Sie pflegten uns zu fragen: „Warum arbeitet ihr noch bei ihnen, wenn alles nur Tod ist?" Wir sagten dann: „Euch geht es besser, ihr geht schon sterben, und wir müssen arbeiten, dem Ganzen zusehen, Schläge kassieren und anschließend in den Tod." Viele erzählten uns, wo ihr Gold und ihre Brillanten lagen, damit wir uns damit retten können und baten außerdem, Rache zu nehmen an den Verbrechern. Sie wollten sich von den Kindern nicht trennen, wenn schon sterben, dann zusammen, bis zur letzten Minute. Wenn man der Mutter die Haare abschnitt, hielt sie beim Rasieren das Kind neben sich, damit sie bis zur letzten Minute zusammen sein konnten. Und viele Frauen konnte man tatsächlich nicht scheren, man schoss und schlug, aber es half nichts. Sie setzten sich hin und rührten sich nicht von der Stelle, ließen sich nicht scheren und wollten nicht ins Bad gehen. Man erschoss sie oder trieb sie mit starken Schlägen lebendig ins Feuer.

Ich glaubte selbst nicht, dass es möglich ist, das zu erleben, was ich erlebt habe. Oft kam es mir vor, dass das nur ein Traum sei, oft wollten wir uns nur schlafen legen und nicht mehr aufstehen. Wir hatten den Plan, Gift in den Kessel hineinzugeben, damit wir alle umkommen, aber was wäre dabei herausgekommen? Wir wollten uns etwas ausdenken, dass wir zwar umkommen, aber sie auch, und es sollten sich ein paar retten, damit die Welt davon erfuhr. Oftmals wollten wir rebellieren und nicht zur Arbeit gehen: Schluss, aus! Nun, was hätte es gebracht? Man hätte uns erschossen und sie hätten andere genommen. Das hatte keinen Sinn. Wir wollten wirklich etwas tun, das sich auch auf sie auswirkte, Feuer legen oder töten. Möge mindestens einer übrigbleiben, um der Welt berichten zu können. Verschiedenes überlegten und planten wir, aber die Menschen sind verschieden und eigene Brüder auch Verräter, und oftmals störte man unsere Pläne. Bei Nacht saßen wir und planten und planten. Wir hüteten uns auch vor den eigenen Juden, nur vor polnischen hüteten wir uns nicht. Jeder legte seine Pläne vor, es wurde geredet und geredet, und mittenhinein platzte ein Deutscher und fragte, über was wir redeten. Wir hatten uns abgesprochen, dass, wenn man uns mitten in einer solchen Beratung fragen sollte, wir sagen würden, wir redeten über den Mittag und das morgige Kochen, über Lebensmittel.

Zu der Zeit brachte man einen Transport aus Holland, elegante, herausgeputzte Juden. Damals ging die Verarbeitung sehr schnell, die Maschine arbeitete gut. Von ihnen wählte man 70 Juden zur Arbeit aus. Die schönsten und am besten gekleideten Juden. Es versteht sich von selbst, dass sie nach dem ersten Tag verändert waren, wie sie niemals gewesen sind. Schnell verloren sie ihre Würde, ihr Aussehen, nach einem Tag Arbeit, noch dazu frische Menschen, die von der deutschen „Schule" nicht verschont wurden, sodass der Glanz erlosch. Unter ihnen war ein Schiffskapitän, ich erinnere mich nicht an seinen Namen, in den 40ern. Er erwies sich als anständiger Mensch, vor ihm hatten wir keine Bedenken, unsere Pläne zu erzählen. Wir besprachen uns, und er war auch der Meinung, dass jeder Tag, den wir im Lager saßen, ein verlorener Tag sei, wir sollten hier nicht sein, wir müssten entweder Tod oder Leben suchen oder umkommen und das Lager zerstören. Dann begannen wir zusammenzuarbeiten. Er half mit und redete mit den Ukrainern, er und ein polnischer junger Mann aus Tyszowce, Józef Pelc. Er arbeitete hauptsächlich in der Tischlerei mit Józef, obwohl er selbst kein Tischler war, und hatte ihn unter seinem Schutz. Józef Pelc war Meister, ein Zimmermann, er baute Häuser. Mit den Ukrainern waren wir ein bisschen verbunden. Unter ihnen gab es ein paar, die wussten, dass ihr Ende der Tod ist und die auch fliehen wollten. Außerdem schmierten wir sie gut und gaben ihnen Geld, sodass ein paar von ihnen eingeweiht waren. Wir schickten ihnen Briefchen, sie antworteten durch die jüdischen Köche, die bei ihnen in der Küche arbeiteten, und so verbreiteten wir unsere Pläne. Von den Aufständlern lebt heute Lejbel Felhendler aus Żółkiewka noch. Einmal erfuhren die Deutschen durch einen Ukrainer von unseren Plänen (gewissen Informationen nach sogar auch durch Juden), der soviel verriet, dass sie wussten, dass der holländische Jude, der Schiffskapitän, dabei mitarbeitete. Man rief ihn und sagte, dass er, wenn er am Leben bleiben wolle, sagen müsse, wer noch zu denen gehörte, die das organisieren, und zu denen, die fliehen wollten. Er aber sagte nichts, er sagte bloß: „Ich selbst will fliehen, ich selbst will die Baracke umbringen."[9] Schlagen und Auspeitschen half nichts. Seine Entgegnung war: „Ich allein will das alles, nur ich allein." Dann drohte man ihm, wenn er nicht sagen würde,

---

9   Bedeutung nicht klar. Vielleicht in diesem Sinne: „Ich wollte fliehen, auch wenn man deswegen die ganze Baracke umbringen wird."

wer von den Juden dazugehöre, würde man alle Juden, 70 Mann an der Zahl, nehmen und sie ermorden. Aber er sagte keinen Mucks, dass fast ausschließlich polnische Juden beteiligt waren. Seine Antwort war nur: „Ich werde nichts sagen, es wird gar nicht nützen, alles was geschehen sollte, ist allein meine Schuld." Dann wurde der folgende Befehl des Obersturmführers durch Oberscharführer Frenzel[10] ausgeführt: Man rief die 70 Juden heraus, zusammen mit dem Schiffskapitän, führte sie ins dritte Lager und brachte sie dort alle um. Aus Berichten wussten wir, dass man sie sehr quälte. Genau konnten wir es nicht erfahren, weil man mit den Menschen der dritten Baracke nicht reden konnte, nur ein Wort sagten sie, dass sie alle auf den „Klotz" gegangen sind. Was das genau bedeutet, wissen wir bis zum heutigen Tag nicht, vielleicht heißt es hängen, denn das geschah bei uns ganz oft. Uns allen lag es schwer auf der Seele.

Wir sahen, was aus unseren Plänen wird, welchen Wert sie haben. Hier ein Beispiel: Im dritten Lager sprachen sich zwei Männer und eine Frau mit einem Ukrainer ab und alle vier flohen. Am nächsten Tag, als die Deutschen es erfuhren, erschossen sie das ganze Lager, 150 Mann. Das erzählte uns der jüdische Kapo, der gewöhnlich zu uns wegen Lebensmitteln kam. Er war schlimmer als die Deutschen, er kam auch um, geschah ihm recht. Die Deutschen gaben ihm einen Revolver, damit er Juden erschießt oder sie schickten ihn für einen halben Tag zu uns, wenn sie uns strafen wollten. Ein anderes Mal, auch im dritten Lager, gruben sie einen Tunnel bis außerhalb des Zaunes. Eine außergewöhnliche Arbeit war das. Es fehlte noch eine Woche zur Fertigstellung des Tunnels. Sie trugen den Sand in den Hosen heraus, die sie von unten zugebunden hatten, und beim Hinausgehen von der Arbeit schütteten sie ihn aus. Kurz vor dem Ende erfuhr das der jüdische Kapo, sein Name möge ausgelöscht sein, und verriet das Geheimnis. Er erzählte es den Deutschen, und wieder erschoss man 200 vom dritten Lager. So wurde alles gestört, was man auch unternahm, es taugte nichts. Auch der Ukrainer bedauerte, dass man das verraten hatte. Er fantasierte, wie schön es gewesen wäre, wenn man eines schönen Tages aufstehen und niemanden im Lager antreffen würde. Von da an suchte und prüfte man überall. Bei uns in unserem Lager suchten sie, ob nicht etwa Spalten oder Löcher da seien. Wir hatten viele Störungen. Wieder fingen wir an zu überlegen, was man tun könne. Wie rettet man sich und wie gibt man der Welt von all dem Kenntnis? Am meisten arbeitete Józef Pelc aus Tyszowce, ein Jude in den 40ern. Ein paar Tage vorher hatte er mir erzählt, dass er schon in seinem Städtchen gesellschaftlich aktiv war. Er hatte zur selben Zeit auch etwas unternehmen wollen, aber es gab eine Störung in seinem eigenen Lager. Im ersten Lager lebten die Fachleute. Ihnen ging es gewöhnlich ganz gut, weil die Deutschen sie zum Nähen brauchten oder um Schuhe für Frau und Kinder anzufertigen, sodass diese nicht viel davon hielten, das Lager umzubringen. Man hatte

---

10 SS-Oberscharführer Karl Frenzel (1911–1996), Leiter des Bahnhofskommandos, übernahm nach der Revolte die Leitung von Sobibór. Anschließend Versetzung nach Italien. 1965 in Hagen Verurteilung zu lebenslanger Haft, 1985 Entlassung.

Vorbehalte gegen Józef Pelc, warum er sie umbringen wolle, sie sagten, so hätten sie noch drei bis vier Wochen zu leben, ob er ihnen das auch noch nehmen wolle und so weiter. Da Józef Pelc keine Anhänger hatte, verschwand er an einem Frühmorgen zusammen mit einem Freund von Hrubieszów oder Kryłów. Einen Tag zuvor zog er ein Paar gute Stiefel an, nahm sich als Werkzeug eine Schere und eine Zange mit und floh. Er zerschnitt die Drähte. Genau in jener Nacht war es regnerisch und die Wache war eingeschlafen. Es gelang ihm auch deshalb zu fliehen, weil an der Stelle noch keine Minen waren, denn um diese Zeit herum verminte man die ganze Gegend um die Lager herum.[11] Am nächsten Tag lief Kapo Mosze sofort, um zu melden, dass von der ersten Baracke zwei fehlten. Zu unserem Glück war nicht der Oberscharführer, sondern der Unterscharführer da, der ein bisschen milder zu uns war. Er suchte nur zehn Mann zum Erschießen aus. Nun, es war schlicht Glück, nur zehn Mann sind nicht so schlimm, wenn Millionen umkommen. Gegenüber Pelc hatte man keinen Verdruss, dass er geflohen war und seinetwegen zehn Juden erschossen wurden. Er wollte doch, dass alle so handelten. Neben mir zog man einen heraus, damit es zehn werden, ein paar von ihnen hatten verzerrte Mienen, die Übrigen dagegen redeten und baten stolz und sogar mit einem Lächeln, man solle Rache nehmen. Eine holländische Frau, die sich in einen polnischen Juden verliebt hatte, stellte sich zu ihnen, auch ihr Sohn ging mit ihr, so wertlos war das Leben. Man führte sie alle weg und erschoss sie. Wieder ein Opfer unserer Pläne und Geschichten. Ein anständiger Mensch war der Józef Pelc. Später, schon ganz in der Nähe seines Städtchens Tyszowce, wurden sie von Polen abgefangen und erschlagen. Die Deutschen wollten bei uns den Fluchtwillen schwächen und erzählten, man habe die zwei schon bei der Wache geschnappt und getötet.

Ein junger Mann aus Warschau, Mosze Tojber wurde er gerufen, wollte sich für eine Gruppe opfern. Man hatte beschlossen, dass man alle Magazine anzünden wolle, und dann, wenn es brennt und die Deutschen mit dem Brand beschäftigt wären, würde es ein Durcheinander geben, und die Menschen sollten das Chaos ausnutzen und fliehen. Alles war schon fertig, man hatte sogar schon zwei Fläschchen Benzin vorbereitet und Mosze Tojber lag schon im Magazin zwischen den Sachen und wartete darauf, dass es Mitternacht würde. Am Abend unterrichteten wir die Menschen von der ersten Baracke, sie sollten sich zur Flucht vorbereiten, es sei da etwas im Gange. Als sie das hörten, fingen sie an zu schreien: „Was soll das heißen, wir haben nur noch ein paar Wochen zu leben, wollt ihr uns die auch noch nehmen?" Sie gingen und schleppten Mosze heraus und ließen nicht zu, dass er etwas anzündete. Wieder waren wir gestört worden.

Dann war da Kapo Mosze, ich habe ihn schon erwähnt, er war ein ganz anständiger Kerl, ein bisschen verrückt, aber er hatte ein jüdisches Herz. Wenn die Stimmung gut war und die Deutschen ein bisschen milder, war er hektisch, wenn dagegen die Stimmung gedrückt war und man redete, dass jetzt, gleich morgen, man uns alle erschießen werde, ertrug er es

---

11 Die Verminung war ein Gerücht.

wie eine Krankheit. Auch er beschloss zu fliehen, mit weiteren 20 Mann. Das merkten noch weitere Menschen, und sie schliefen in der Kleidung, damit sie bereit waren, mit ihm zu fliehen. Als er mitkriegte, dass es eine zu große Gruppe werden würde, verschob er es auf einen anderen Tag. Ein deutscher Jude erfuhr davon und meldete dem Unterscharführer, dass Kapo Mosze der Organisator sei. Der Deutsche rief Kapo Mosze und weitere fünf Mann heraus, unter ihnen auch Mosze Tojber, den man am Anzünden des Magazin gehindert hatte, und erschoss sie alle.

Unter uns gab es eine spezielle Gruppe von 40 Mann, 20 polnische Juden und 20 holländische, die außerhalb des Lagers in einem Wald Bäume fällten. Die polnischen Juden stammten aus Izbica. Auch sie grübelten und planten ein ums andre Mal, wie man fliehen könnte. Im Wald schickte man sie von Zeit zu Zeit in Begleitung eines Ukrainers ins Dorf zum Wasser holen. Es gingen immer zwei Juden und ein Ukrainer und brachten Wasser. An einem bestimmten Tag gingen Szlojme Podchlebnik und Josl Kop Wasser holen. Der Josl Kop, das war so einer. Schon vor Sobibór hatte er zwei Deutsche auf dem Gewissen. Und als er ins Lager kam, sagte er sofort: „Ich werde nicht im Lager bleiben." Und dann, als er Wasser holen ging, hielt er Wort. Mit einer Hacke schlug er dem Ukrainer den Kopf ab, sie nahmen sein Gewehr und flohen. Derweil wartete man auf sie und wartete, und als man merkte, dass sie nicht kamen, schickte man jemanden, um den Grund in Erfahrung zu bringen. Der Bote kehrte zurück und berichtete, dass er den Ukrainer tot aufgefunden habe, den Körper an einer Stelle, den Kopf an einer anderen. Sie begriffen sofort, dass die Juden das getan hatten und dass sie geflohen waren. Man befahl allen, die Werkzeuge wegzulegen und die Arbeit zu beenden. Man stellte sie auf und führte sie auf den Weg zu den Baracken. Die Juden waren sicher, dass man sie in den Tod führte. Unterwegs beratschlagten die Juden. Einer war ein Held und wollte sich opfern und einen Teil retten. Er sagte den anderen leise, dass er nach links wegrennen würde und wenn die Deutschen mit ihm beschäftigt seien, sollten alle nach rechts weglaufen, und so machten sie es. Als die Deutschen dem einen nachliefen, der nach links gerannt war und auf ihn schossen, trennte seine Gruppe sich und rannte nach rechts. Man schoss sofort auf sie, vier wurden erschossen, aber einem Teil gelang es zu fliehen. Die holländischen Juden blieben an Ort und Stelle und liefen nicht weg. Sie bewiesen, dass sie gute Patrioten waren. Es entstand ein großes Chaos. Die Deutschen ließen von den Geflohenen ab, umstellten die Verbliebenen und führten sie mit den Gewehren im Anschlag zurück. Weil sie Angst hatten, dass der Rest auch fliehen könnte, ließ man sie bis zur Baracke auf dem Bauch kriechen. In der Baracke angekommen, durchsuchte man alle, nahm ihnen Messerchen und andere Sachen ab und befahl ihnen, die Hände hinter dem Kopf zu verschränken. Dann kamen Deutsche und führten die ganze Baracke hinaus zu jenem Platz, wo die Juden, die Verbrecher, waren. Wir waren uns sicher, dass man uns in den Tod führen würde. Wir sprachen uns ab, dass wir uns auf sie werfen würden, wenn sie uns in die Nähe der dritten Baracke bringen würden. Aber man führte uns zu dem Platz, wo jene saßen. Wir bildeten einen Kreis mit ihnen in der Mitte, und Oberscharführer Frenzel hielt eine Rede, dass wegen der Geschehnisse die Juden erschossen würden. Vor unseren Augen führte man die übrigen zehn polnischen Juden heraus und erschoss sie. Auch ihre letzten Worte waren: „Nehmt Rache!" Vor den holländischen Juden entschuldigten sie sich dafür, dass diese Sache gerade an dem Tag passierte, als die Holländer von einem Transport, der in den Tod geführt wurde, übrigblieben. Nun, den holländischen Juden gegenüber benahmen sie sich besser, zeigten, dass diese besser waren als die polnischen Juden. Von da an begannen sie, die polnischen Juden schärfer zu bewachen. Nachts zählte man alle ab, verschloss die Baracke und die Fenster mit Stacheldraht und stellte Wächter an der Tür auf. Polnische Juden durften nicht mehr außerhalb des Lagers arbeiten. Das Lager wurde mit weiteren Drahtzäunen gesichert, mit elektrischen Drähten, mit Minen und Sperren, und sie sagten, wenn man bei jemandem ein Messerchen oder eine Rasierklinge finden würde, würde man ihn erschießen. Man nahm uns fest unter Verschluss, aber ungeachtet dessen versorgten wir uns anstatt mit kleinen Messern mit großen Messern, anstatt mit Rasierklingen mit Rasiermessern. Es wurden dann tatsächlich Durchsuchungen durchgeführt, und bei einem fand man eine Rasierklinge und erschoss ihn.

Zu der Zeit arbeitete ich mit weiteren fünf Jungen bei den Ukrainern. Dort mussten wir aufräumen, Stiefel putzen und uns ging es gut, wir hatten zu essen, während im Lager buchstäblich gehungert wurde. Wir schmuggelten Essen ins Lager. Wir gaben ihnen Gold, sie brachten vom Dorf Wurst, Schnaps, alles. Unter uns war ein Junge mit Namen Cadik Jegerman aus Turobin. Er brachte eine Menge Essen ins Lager. Er hatte im Lager ein holländisches Mädchen. Dieses hatte eine Freundin. Er brachte dem Mädchen verschiedene Sachen, das andere Mädchen ärgerte sich darüber, dass die Freundin eine Menge zu essen hatte. Bei einer Unterhaltung mit einem Deutschen erzählte sie, dass die polnischen Juden schmuggelten und viel zu essen hätten, die holländischen Juden aber nicht und erzählte auch, dass einer, der polnische Jude Cadik, schmuggelte. Einmal, Sonntagnachmittag, wir arbeiteten nicht, sondern räumten und wuschen, kam ein Deutscher, rief alle zum Appell und befahl allen Putzern, aus den Reihen herauszutreten. Wir verstanden, dass mit uns etwas passieren würde. Er fragte alle aus, wie wir hießen, wir sagten aber nicht die Namen, sondern die Spitznamen, auf diese Weise bekam er den Namen Cadik nicht zu hören. Als er merkte, dass etwas nicht stimmte, nahm er das Buch, in dem wir alle eingetragen waren, und entdeckte den Namen Cadik. Er rief ihn auf, führte ihn hinaus auf einen anderen Platz. Sein Vater ging mit ihm mit. Den Vater erschoss er und ihn verprügelte er. Danach nahm er ein Messer, schnitt ihm die Ohren ab und prügelte ihn mit einem Stock fast zu Tode. Am nächsten Tag schmuggelte ich wieder, das Leben war sowieso nichts wert, alles in uns rebellierte, nichts hielt uns ab, weder von der Flucht noch vom Schmuggeln und auch nicht vom Aufstand. Weder Tod noch Drahtzäune, weder Minen noch schlechte Juden, noch die Deutschen störten uns.

Um den 1. Oktober herum kam ein Transport Gefangener aus dem russischen Minsk. Von ihnen ließ man 50 Mann zur Arbeit bei uns im Lager übrig. Das waren gute Burschen.

Das waren keine holländischen, keine deutschen und keine französischen Juden. Das waren anständige Leute. Mit ihnen verständigten und verstanden wir uns schnell. Wir trafen uns und redeten. Unter ihnen war ein Oberleutnant, und auch aus Warschau waren einige. Zehn Mann wurden immer zum Kartoffelschälen geschickt, und dort besprachen und planten sie den Aufstand. Man bestimmte sogar schon einen Termin für den Aufstand. Aber dann gab es eine Störung wegen einer Menge deutscher Gäste, also wurde er auf den 14. Oktober verschoben, und so geschah es. Um vier Uhr nachmittags, wenn die Ukrainer beim Sport sind, kann man in ihre Baracke und die Gewehre herausholen, die dann frei sind. Man teilte für alle Baracken und Arbeitsplätze Leute ein, die zu dem festgelegten Zeitpunkt ihren Auftrag erledigten. Keiner der ausländischen und holländischen Juden wusste davon. Am letzten Tag wussten es an die 300 Juden, einige polnische und ein französischer Kommandant. Sie waren eingeweiht und sollten in der Zeit die Menschen beschäftigen, damit sie nicht mitbekommen würden, was vorging und nicht stören konnten. Punkt vier Uhr kam der Unterscharführer Niemann[12] zu den Schneidern, seine Uniform ausmessen zu lassen. Man empfing ihn freundlich und bat ihn, sich zu setzen. Von hinten spaltete man ihm mit einer Hacke den Kopf in zwei Hälften und versteckte ihn unter einer Pritsche. Apropos, im Laufe der letzten zwei Wochen hatten die Maurer den Befehl bekommen, die Hacken, Sägen und Messer gut zu schärfen, und am Tag des Aufstandes ging jeder umher mit einer Hacke oder einem Messer unter der Jacke. Zur selben Zeit kam Oberscharführer Greischutz[13] zum Schuster, und auch er wurde ganz still kaltgemacht. Welcher Deutsche auch immer zwischen den Juden auftauchte wurde erschlagen. Wenn einer eine Baracke betrat, um uns zur Arbeit zu treiben, dachte man sich, warte Brüderchen, bald wirst du nicht mehr leben. Man rief ihn herein in die Baracke, und er kam nicht wieder heraus. Ich lief umher als Bote und meldete, wie es lief. Danach gingen wir hinein zu den Deutschen und nahmen dort Gewehre mit, dann ging es in das Verwaltungsgebäude. Dort saß Scharführer Beckmann.[14] Er merkte sofort, dass etwas nicht in Ordnung war, denn vorher war er bei uns gewesen und hatte sonderbarerweise niemanden angetroffen, auch nicht den Oberscharführer. Er ging zurück ins Verwaltungsbüro, und wir sind zu ihm hinein. Er schnappte sich den Revolver, aber es war zu spät. Wir griffen ihn an und kämpften ohne Gewehr mit ihm. Wir wollten keinen Schuss abgeben, weil je länger es still blieb, umso besser. Mit ihm war es ein schweres Stück Arbeit, weil er sich heftig wehrte. Den Aufseher der Ukrainer, den Hurensohn Greischutz, erschlug man, als er zum Schuster ging. Und dann kam die Zeit, als die Arbeiter zurückkamen. Sie haben noch von nichts gewusst. Die sechs Leute, die im Verwaltungsgebäude gewesen sind,

---

12   SS-Unterscharführer Johann Niemann (1913–1943), Stellvertreter des Kommandanten, wurde beim Aufstand getötet.
13   SS-Oberscharführer Siegfried Graetschus (1916–1943) Kommandant der ukrainischen Wachmänner, wurde beim Aufstand getötet.
14   SS-Oberscharführer Rudolf Beckmann (1922–1943) wurde beim Aufstand getötet.

stellten sich zu ihnen in die Reihen, mit ihren blutverschmierten Händen und Jacken und sangen das deutsche Lied „Westerwald". Als wir schon im Lager waren und uns anschickten, das Waffenmagazin zu überfallen, kam der Zugwachmann Röhl auf einem Fahrrad angefahren. Ich habe mehr als einmal Schläge von ihm eingefangen. Weil er sah, dass etwas nicht in Ordnung war, die Drähte waren zerrissen, die Stromversorgung und das Telefon kaputt (dort arbeitete ein Jude, der das alles sofort erledigt hatte), war seine erste Frage: „Was gibt es Neues?" Er kam an und genau auf mich zu. Ich und zwei weitere Leute in meiner Nähe erhoben sofort unsere Beile gegen ihn und zerhackten ihn in Stücke. Allen wurde klar, was da passiert war und man machte ein Riesen Hurra, man schrie: „Los, vorwärts, voraus."

Unser Ziel war, nicht zurück, nur vorwärts, zum Magazin. Wir sind hinein ins Magazin, erschlugen an Ort und Stelle zwei Deutsche und schnappten uns die Gewehre. In den Augenblicken hatten wir nichts vor Augen, außer zu schießen und zu töten. Von allen Seiten und von den Türmen schossen die Deutschen, die Volksdeutschen[15] und die 300 Ukrainer auf uns, von der anderen Seite, vom 4. Lager, kamen sofort 150 Ukrainer zu Hilfe und schossen auch auf uns. Wir schossen auch auf sie, aber wir hatten nicht so viele Gewehre, doch wir blieben nicht stehen, wir begannen, uns zu zerstreuen, von allen Seiten schoss man auf uns und wir, ohne auf die Gefahr zu achten, stürmten hinaus aus dem Lager. Noch ein Stück und wir sind hinauf auf die Drahtzäune, ein Junge neben mir kriegte eine Kugel ab und blieb in den Drähten hängen. Ich hatte ein Gewehr bei mir, das ich im Magazin ergattert hatte, und lief weiter. Alles lärmte, Minen explodierten, es donnerte und leuchtete von den Kugeln. Menschen rannten, Kugeln, Minen überall, später lachten wir über sie, wir hörten, wie sie mit Maschinengewehren nach uns schossen. Eine ganze Nacht war Getöse und wir nur immer weiter und weiter vom Lager weg. Alles warf man auf dem Weg fort. Meine Jacke schleppte ich an einem Ärmel nach. Die Gruppe, die in die gleiche Richtung lief wie ich, zählte zusammen 24 Mann. Heute, wenn ich an den Tag zurückdenke, jubelt mein Herz, das reinste Vergnügen. Wir wuschen unsere Hände im Blut der gespaltenen Köpfe. Das waren die größten Mörder. Es wäre wert gewesen, selbst erschlagen zu werden, nur um das zu sehen. Nun, die Hauptsache ist, wir sind schon raus aus Sobibór. Noch heute habe ich Träume von Sobibór, in denen man mich erschießen will und ich bitte sie, dass ich arbeiten darf, Hauptsache sie erschießen mich nicht.

Erst jetzt, vor zwei Wochen, wurde Józef Kop getötet.

Nachher mussten die Deutschen sich anstrengen, um die Erschlagenen zu finden, weil wir sie zwischen die Lumpen gestopft und versteckt hatten. Sie fertigten 16 Särge und begruben sie in Chełm. Wir erfuhren das alles aus jener Gegend. Noch ein paar Monate existierte das Lager, dann wurde Sobibór vollständig aufgelöst.[16]

15 Zu den Hilfswilligen der SS, die aus sowjetischen Kriegsgefangenen im Lager Trawniki rekrutiert und ausgebildet wurden, gehörten außer Ukrainern auch Sowjetbürger deutscher Abstammung.
16 Die SS nutzte das Vernichtungslager nach dem Aufstand vom 14. Oktober 1943 nicht weiter, sondern ebnete das Gelände ein.

Im Laufe der ersten zehn Minuten erschlugen wir neun Deutsche.

Bei der Flucht explodierten Minen und zerrissen Menschen. Hände und Füße flogen durch die Luft. Der Aufruhr war groß, aber man achtete auf nichts und lief, Hauptsache hinaus aus dem Lager. Wer Glück hatte, kam heil durch. Aus der Ferne warfen wir einen Blick zurück auf das Lager und wunderten uns, dass es nicht brannte. Wir hatten alles vorbereitet, auch eine Gruppe, die die Magazine anzünden sollte. Wie es aussah, wurden sie entweder vor dem Ausführen ermordet oder geschnappt, das kann man nicht wissen.

Nachdem wir etliche Stunden gelaufen waren, so weit vom Lager weg wie möglich, zählten wir uns, denn alle waren in verschiedene Richtungen gelaufen. In unserer Richtung waren wir 24 Mann. Das hat uns sehr gefreut. Wir weinten vor Freude, dass wir der Hölle entkommen waren. Wir küssten uns und konnten noch gar nicht fassen, dass wir schon außerhalb des Lagers waren. Eine ganze Nacht liefen wir im Wald, denn bei Tag konnten wir nicht gehen. Als wir in den Wald kamen, suchten wir dort einen guten und sicheren Platz, irgendwo in einem verwachsenen Tal, und dort ruhten wir uns aus. Den ganzen Tag hatten wir nichts gegessen, denn von dem Stück Arbeit, das wir geleistet hatten, waren wir alle in einem aufgeregten Zustand, wir waren erhitzt, das Blut kochte und etwas in uns zitterte. Essen konnten wir nicht, und im Wald hatten wir sowieso nichts zu essen. Jemand hatte ein Stückchen Brot, ein Stückchen Zucker, wir teilten alles auf. Morgens flogen schon deutsche Flugzeuge über den Wald und suchten und scheuchten uns, warfen Bomben, aber wir lachten über sie, weil sie uns nicht sahen. Dann wurden in der Lubliner Gegend alle deutschen Gendarmen alarmiert. Man führte Razzien in der Gegend, in den Dörfern durch und suchte uns. Einen ganzen Tag hatten wir gar nichts gegessen. Dann kam die Nacht und wir machten uns wieder auf den Weg, aber ein Ziel hatten wir nicht. Wir wussten nicht, wohin wir gehen sollten. Wir wollten bloß weiter weg vom Lager, oder sogar über den Bug. Wir hatten keinen Kompass und gingen die ganze Nacht, an die 30 Kilometer, und als wir uns umsahen, waren wir wieder im Forstbezirk Sobibór. Als wir das Schild sahen, fingen wir an zu zittern. „Was, zurück in die Hölle?" Wir fingen wieder an zu laufen. Sechs Tage liefen und irrten wir umher und wären beinahe wieder hinauf auf die Drahtzäune von Sobibór. So gingen wir, bis wir in das Städtchen Ubań kamen. Wir gingen zu einem Bauern wegen Essen. Dort sagten sie uns, wir sollten nicht nach links gehen, weil dort ein Wachposten sei, sondern nach rechts. Aber ausgerechnet der, der uns führte, hörte nicht gut und wir gingen nach links (einen speziellen Führer hatten wir nicht, wir waren zusammengewürfelte französische, holländische und polnische Juden) und trafen auf Deutsche, die das Feuer eröffneten. Wir hatten drei Büchsen, eine Pistole und Granaten. Wir antworteten mit einigem Erfolg und entkamen. Die Deutschen meinten, sie seien von Partisanen überfallen worden und rührten sich nicht von der Stelle, sondern schossen nur auf uns, und uns gelang es zu entkommen.

Ein paar Worte noch wegen Sobibór. Einmal, in einer Nacht nach dem Vorkommnis im Wald, bei dem dem Ukrainer der Kopf abgehackt wurde und man uns gut bewachte, kamen Deutsche herein, trieben uns alle nackt auf den Platz hinaus und schlugen uns mörderisch.

Was war geschehen? Sie fingen an, uns zu zählen und sagten, es fehlten zehn Mann. Das bedeutete dann wohl unser Ende. Wir sprachen uns im Stillen ab, dass wir uns auf sie werfen würden, aber zuerst wollten wir abwarten, was los war und was weiter passieren würde. Wir hörten in der Ferne Geknatter von Maschinengewehren. Es gab also tatsächlich einen Partisanenüberfall, und ein Deutscher kam immer wieder zu unserem Deutschen gelaufen, um ihm zu melden, wie die Lage war. Oh, als sie in der Nähe des Lagers waren, wurde uns ganz anders. Plötzlich kam er zurück und sagte dem Deutschen etwas, worauf der erwiderte: „So, ich habe genug von dem Scheißhaufen!" Uns gab es einen Schlag ins Herz. Er sagte weiter: „Hol mir die Wachmannschaft mit scharfen Gewehren." Unter uns entstand ein Aufruhr, ein Gemurmel, was soll man tun, man kann sich doch nicht einfach erschießen lassen. Innerhalb einer Minute war um uns herum ein Gewimmel von Deutschen und Ukrainern, von Maschinengewehren und einer großen C. K. M.[17] mit eingelegtem Gurt, alles wartete auf einen Befehl. Es kam die Meldung, sie seien verschwunden, weil von unserem Lager stark auf sie geschossen wurde. Dann fing man wieder an zu zählen, alle Namen aufzurufen, und es fehlten nur noch zwei Mann und später, als keine Gefahr mehr von den Partisanen drohte, zählten sie noch einmal und ließen uns endlich gehen. Drei Stunden hatten sie uns nackt im Freien festgehalten, mitten in der Nacht. Die Partisanen waren bloß bis zu den Drahtzäunen gekommen, hatten geschossen und waren dann wieder verschwunden. Es war eine schwere Nacht damals, sogar den Partisanen war es nicht möglich, uns zu befreien.

Drei Tage wanderten wir ohne Essen und Trinken. Immer wenn wir zu Christen kamen, erzählten sie uns, dass da und dort einer von Sobibór erschossen worden war. Das Leben wurde unerträglich. Wir wollten uns mit Partisanen treffen, aber es gelang uns nicht. Am dritten Tag, wir saßen so da in unserer trüben Lage, sahen wir in der Ferne einen Christen mit einem Gewehr. Wir erkannten, dass es kein Deutscher war. Nun, Hauptsache kein Deutscher, man muss sich mit ihm verständigen. Er kam auf uns zu, und wir fingen an zu reden. Er fragte uns aus und sagte uns, dass sie uns in ihre Gruppe aufnehmen wollten. Natürlich fragte er uns, ob wir hungrig seien, und versprach, Essen zu bringen. Und so geschah es. Er ging weg und kam später zurück mit einer ganzen Gruppe junger Burschen und brachte uns Brot. Wir saßen und aßen, sie fragten uns, ob wir Gewehre hätten oder Gold. Unsere Gewehre müssten wir ihnen abgeben. So gehöre es sich, sagten sie, später würden alle Gewehre zugeteilt bekommen. Das Unglück hatte uns ereilt, wir gaben unsere paar Büchsen ab und das war's. Später kamen weitere Kameraden, sie luden ihre Gewehre und fingen an, auf uns zu schießen. Wir waren in größter Not. Wir hatten nichts zum Schießen, da hatten wir den Salat. Raus aus Sobibór und jetzt durch die hier umkommen. Wir begannen auf dem Bauch zu kriechen, zu laufen, Kugeln flogen, Freunde fielen. Wir robbten auf dem Bauch vorwärts. Wir hatten Angst, den Kopf zu heben. Womöglich trifft uns eine Kugel, aber Hauptsache, weit weg von hier. Ich schaute mich um, wir waren noch drei

17 Ciezki Karabin Maszynowy: Schweres Maschinengewehr.

Freunde: Szymon Rozenfeld aus dem Minsker Transport, Abraham Rajz aus Tyszowce und ich. Vielleicht war noch jemand davongekommen, ich weiß es nicht. In meiner Richtung waren nur wir drei. Wir erkannten unser ganzes Unglück, wir wanderten weiter, vier Tage aßen wir nichts. Wir liefen und fielen hin, wir hatten keine Kraft mehr. Uns blieb nur, uns im Wald aufzuhängen oder Essen suchen zu gehen. Tatsache war, dass wir Angst hatten, wegen etwas Essbarem zu Gojim[18] zu gehen. Wir hatten kein Vertrauen, denn wenn Polen uns auf diese Art erschießen konnten, was würde dann noch kommen? Wir ernährten uns von wilden Pilzen und Kohlrüben. Wir beschlossen, nach Tyszowce zu gehen, weil Rajz dort Bauern kannte, und machten uns auf den Weg. Unterwegs gingen wir dann doch zu einem Bauern, man gab uns dort zu essen und zu trinken. Wir bezahlten sie mit fünf Rubeln und gingen weiter. Auch ein anderer Bauer verhielt sich uns gegenüber anständig. Wir erzählten ihm, wer wir waren und von wo, er forderte uns sogar auf, ein paar Tage zu bleiben, aber am Abend zeigte er uns einen Zettel, dass am nächsten Tag Gendarmerie wegen Kartoffeln käme und er Angst habe, also gingen wir weiter. Hauptsache wir hatten Brot und sorgten uns nicht mehr so. Wir gingen weiter. Unser Ziel war der Sawiner Wald, weil dort angeblich Partisanen waren. Bauern wiesen uns den Weg. Wir kamen dorthin, durchquerten den Wald der Länge und der Breite nach, aber keine Menschen waren zu sehen.

Also machten wir uns auf in Richtung Chełm. Wir kamen in den Chełmer Wald. Wir bemerkten starke Bewegung, naheliegende Dörfer. Wir meinten, wir seien schon in Rejowiec. Rajz sagte, wir sollten von dort weglaufen, weil dort zu große Unruhe herrschte. Wir hörten auch eine Bahn pfeifen, ein plumpes Klappern, mit einem Wort, wir hatten Angst. Wir fingen an zu suchen. Wir fanden einen Krug Erbsen auf einem Baum. Nun, das bedeutete, dass hier im Wald jemand sein musste oder jemand gewesen war. Wir gingen weiter und fanden eingegrabene Wasserflaschen. Wieder ein Zeichen, dass da Menschen waren. Wir gingen weiter und trafen Dawid Serczuk aus Chełm. Wir freuten uns mit ihm. Er erzählte uns, dass weitere fünf Juden von Sobibór hier seien. Er führte uns zu der Gruppe. Dort stand ein Kessel, in dem etwas kochte, und Juzek, Dawids Bruder, saß obenan und rührte im Topf. Er sah uns: „Juden von Sobibór?" Wir küssten uns. Man gab uns eine große Schüssel Essen. Juzek, unser Vater, forderte uns auf, ruhig zu sein. „Wir wollen überleben", sagte er. „Wir sind schon zehn Monate hier und wollen weiter überleben." Die fünf Juden von Sobibór saßen abseits in einem Bunker, bekamen Essen und taten nichts. Ihnen stand es zu zu ruhen. Juzek hatte vier jüdische Cousins, sie kamen mit Gewehren. Sie machten ein bisschen „Arbeit" und brachten von allem reichlich. Am nächsten Tag brachten sie Hühner, wir aßen und waren glücklich. Unsere Gruppe, außer denen von Sobibór, bestand aus zehn Mann. Wir machten uns einen separaten Bunker. Unter uns war ein Ingenieur. Er war begeistert. Unter den Bäumen und durch einen Baum hindurch der Eingang, getarnt mit Moos. Ein sehr guter Bunker. Es war kalt Ende Oktober 1943. Tagsüber machten die Deutschen auf unserem

---

18 Nichtjuden.

Bunker Gymnastik, und einmal hörten wir sie reden, aber wir saßen dort ganz still. Wenn sie zu einer „Arbeit" gingen, blieb ich im Bunker, weil ich noch zu jung war. Unsere Arbeit forderte Opfer. Einmal durch junge Kerle, aus Unvorsichtigkeit, aber unser Vater Juzek kam ständig, bei jeder Gefahr, mit Enten und Hühnern und uns ging es gut. Wir waren glücklich, obwohl die Läuse uns schier auffraßen. Unter den fünf Sobibórer Juden war Sander Szuster, der größte Schuft des Lagers. Mit einem Wort, Juzek war unser Kommandant. Wir gründeten eine eigene Gruppe Partisanen. Juzek versorgte uns mit Essen. Ich hatte ein paar Goldrubel, damit konnten wir einkaufen. Bei Nacht gingen wir auch selbst etwas anzuschaffen. Kurzum, die Tage vergingen.

Einmal, am 5. November 1943, kam nach dem Mittag ein nackter Mensch, Jesiahu, zu uns in den Bunker herab. Einer von den Fünfen aus jenem Bunker. Er war mehr tot als lebendig und brachte kein Wort heraus. Wir kamen ihm zu Hilfe. Er erzählte, dass zu jenem Bunker Banditen gekommen waren, Polen vom selben Dorf, die wussten, dass im Wald Juden waren. Sie zogen alle nackt aus, nahmen ihnen das Geld und alles ab, befahlen ihnen, sich auf die Erde zu legen und erschossen sie. Als man ihn erschießen wollte, rappelte er sich auf und lief schnell weg. Sie schossen nach ihm, trafen aber nicht. Er trieb sich ein paar Stunden herum, bis er unseren Bunker fand und durch das Lüftungsloch hereinkam. Dort kam ein Mensch höchstens herein, wenn er die Hände hoch in die Luft hob und sich durchzwängte. Wir hatten separate Bunker für Kohlrüben, Rüben und Kartoffeln. Vor einer Stunde hatte Juzek den Fünfen Essen gebracht. Wir sind alle hinaus aus dem Bunker. Wir hatten Angst, dass sie auch unseren Bunker kennen und kommen würden, um uns zu ermorden. Obwohl, wir hätten uns nicht ermorden lassen. Also, wir saßen und warteten auf den eigenen Tod. Wir warteten und warteten, was sollten wir tun? Bei Nacht gingen wir einen Blick auf die Toten werfen. Es war eine helle Nacht. Eine halbe Stunde suchten wir und fanden drei Tote im Bunker. Das heißt, sie hatten die Toten zurück in den Bunker geworfen. Also fehlte noch einer. Wir warteten ein, zwei Tage. Sollte er leben, würde er kommen, und da er nicht kam, nahmen wir an, dass ihm auch etwas zugestoßen war. Später fanden wir ihn tot unter einem Baum. Wir verstanden, dass auch er versucht hatte zu fliehen, genau wie der Fünfte, aber eine Kugel hatte ihn getroffen. Wir trugen alle vier zusammen und begruben sie. Da der Fünfte nackt war, nahm jeder von uns etwas, einer einen Pullover, einer eine Hose, einer ein Hemd, und gaben es ihm zum Anziehen. Es vergingen hoffnungslose Tage, Tage mit nur einem Stückchen Brot, und die Lage beruhigte sich etwas. Inzwischen wurde es sehr kalt. Der erste Schnee fiel. Wir waren beunruhigt, weil der Dampf aus dem Inneren den Ort unseres Bunkers außen anzeigte, noch dazu hinterließen unsere Tritte Spuren. Mit einem Wort, wir fühlten, dass das für uns eine große Gefahr mit sich brachte. Dann, am 5. Dezember, nicht lange nach dem ersten Schnee, geschah das Unglück. Bei uns stand ständig jemand Wache, der uns im Falle, dass etwas geschah, Bescheid sagte. An dem Tag stand ein Tscheche Wache, ein Kunstmaler mit Namen Ariel. Er sah in der Ferne jemanden stehen. Er schaffte es, herzulaufen und sagte uns: „Freunde, seid bereit, jemand läuft dort." Er selbst lief fort.

In unserem Bunker gab es auch einen tschechischen Juden, Kari-Szana. Er steckte als Erstes den Kopf hinaus und wurde sofort verwundet. Er war aber ein mutiger Kerl, kam noch mal hinab in den Bunker und sagte: „Freunde, Banditen überfallen uns." Er ging wieder hinaus und wurde erschossen. Dann begann das Feuer. Eine Gasgranate wurde hereingeworfen. Sie explodierte, und wir bekamen keine Luft mehr und wanden uns vor Schmerzen. Der Bunker war klein, und wir waren damals neun Personen, weil Juzek und sein Bruder gerade nicht da waren. Dann fingen sie an, durch das Loch zu schießen, und wir erkannten, dass das unser Ende war. Einen Ausgang gab es nicht. Jedes Mal wurde ein Weiterer verwundet. Das Blut floss wie Wasser. Wir zogen die Köpfe ein, damit die Kugeln uns nicht trafen. Eine Stimme nach der anderen war zu hören: „Ach, ich bin schon tot! Oh, die Kugel hat mich getroffen!" Wir, die Übriggebliebenen, wollten unser Leben retten und fingen an auf Polnisch zu schreien: „Mischa, gib die Pistole, schieß!" Sie sollten meinen, wir hätten Gewehre, wir schrien einfach, aber es half nichts. Wir hörten, wie sie anfingen, das Dach abzureißen, sie wollten die letzten am Leben Gebliebenen herausholen und sie ermorden. Wir meinten, unser Ende sei nahe. Wir erinnerten uns, dass uns von den ganzen Gewehren, die wir hatten, noch 30 Kugeln geblieben waren. Nachdem man uns die Gewehre abgenommen und auf uns geschossen hatte, steckten die 30 Kugeln bei einem von den Dreien, die am Leben geblieben waren, in der Tasche. Wir beschlossen, ein Licht anzuzünden und mit einer Zange eine Kugel über das Feuer zu halten, damit die Kugel explodiert und sie meinen, wir hätten Gewehre. So machten wir es. Das hatten wir schon vor einiger Zeit geplant, dass man in Zeiten der Not die Kugeln so benutzen könnte. Wir wussten, dass auch wir bei dem Experiment fallen konnten, aber wer dachte schon in solch einer Minute daran. Wir erhitzten eine und nach zwei Minuten explodierte sie. So erhitzten wir die Kugeln eine nach der anderen und die Lage beruhigte sich tatsächlich. Von einem Funken wurde mir ein Fuß etwas versengt.

Dann wollten wir hinausschauen, um zu sehen, wie die Lage ist, aber wir konnten überhaupt nicht zur Öffnung gelangen. Das Loch war fest verschlossen. Wir schoben und stießen und was stellte sich heraus: Der tote Körper lag so auf dem Loch, dass man ihn überhaupt nicht wegrücken konnte, so unglücklich genau mit dem Hintern im Loch und Arme und Beine draußen. Was sollten wir tun? Wir fingen an, einen Balken herauszureißen, der den ganzen Bunker stützte. Es gab ein Geschrei: „Wie soll das gehen? Wenn wir den Balken herausreißen, fällt der ganze Bunker zusammen und verschüttet uns alle lebendig." Also, wir rissen einen anderen Querbalken heraus, und es gelang uns mit Mühe, den Toten hineinzubekommen, dann konnten wir hinaus durch die Öffnung und sahen, dass es um uns herum ruhig war. Niemand war da. Die Kugeln hatten uns gerettet, und wir beschlossen zu fliehen, zu einem Bauern, den wir kannten, der uns schon einmal Essen gegeben hatte. Es blieben zwei Mann zurück, der Tote und ein Verwundeter. Ein weiterer Verwundeter ging mit uns. Juzek kam zurück. Er war beunruhigt, aber wir mussten in den Wald zurück. Als wir zurückkamen, bat der Verwundete uns, man solle ihn erschießen oder ihn der Gendarmerie übergeben. Wir trösteten ihn, man würde ihn retten. Wir brachten ihm heißen

Tee, Wasserstoffperoxid, wuschen ihn und wollten ihn mitnehmen, aber er konnte nicht gehen, also mussten wir ihn zurücklassen und erst selber fliehen. Man wusste damals nie, was der nächste Tag bringen würde. Wir gingen zurück zum Christen. Der Sohn wusste es und erlaubte uns, im Heu zu bleiben, aber den Eltern trauten wir nicht über den Weg. Die tschechischen Juden hatten jemanden, zu dem sie konnten und gingen weg. Abraham Rajz aus Tyszowce und der Nackte beschlossen, nach Tyszowce zu gehen, Juzek und der Bruder waren nicht da, nur ich und der Minsker blieben allein ohne alles. Dann, am Morgen, erschienen der Bauer und seine Frau, sie nahmen eine Harke, kamen in die Scheune und wollten uns tatsächlich umbringen. Wir baten sie, sie sollten zumindest warten, bis Juzek kommen würde. Es half nichts. Wir verließen schweren Herzens die Scheune. Wohin jetzt? Vielleicht zurück in das Loch im Wald? Da kam Juzek, wie ein vom Himmel gesandter Engel. Wir erzählten ihm alles, und es war ihm recht, dass die Jungen aus Tyszowce ihren Weg gingen, wenn sie unbedingt wollten, vielleicht war ihnen beschert zu überleben. Er hätte etwas gehabt, wo er sich aufhalten könnte, aber da wir allein waren, machte er sich mit uns gemeinsam auf den Weg.

Wir gingen zwölf Kilometer, und als es anfing zu tagen, kamen wir in ein Dorf. Wir krochen durch ein Loch in eine Scheune. Er stopfte uns unter das Stroh. Wir lagen im Stroh, und er ging hinaus, sich mit den Christen zu treffen. Auch dort kannten ihn alle. Wir hörten im Stroh, wie sich alle mit ihm freuten. Man brachte ihm ein Schüsselchen Essen, und als die Christen weggingen, schob er die Schüssel Essen zu uns durch das Loch. Dort blieben wir bis abends. Dann passierte Folgendes: Die Frau ging am Abend Halme schneiden und brachte sie in die Scheune, stellte sich oben hin und wollte das Stroh hinabstopfen. Plumps! Sie fiel hinein in das Loch, wo wir lagen. Sie stimmte ein Geschrei an. Wir fragten: „Pst, pst, wer ist da, bist du es Juzek?" damit sie wusste, dass wir zu ihm gehörten. Sie ging in die Stube und erzählte es dem Vater. Juzek hörte das und ärgerte sich. Aber Juzek ist immer noch Juzek. Er erzählte, dass dort zwei Partisanen lägen, die nur gekommen seien, sich auszuruhen. Der Christ trank gerne einen, und Juzek brachte zwei Liter Schnaps. Der Bauer trank, dann wollte er uns sehen. Man rief uns herein. Es wurde weiter getrunken. Wir waren alle ziemlich betrunken. Man versprach ihm goldene Berge und er ließ uns übernachten. Es war kalt und ich fror mir einen Zeh ab. Den kleinen Zeh, bis er faulte. Die Qualen sind nicht zu beschreiben. Ohne Hilfe faulen das Fleisch und der Knochen. Aber gut, Hauptsache wir hatten einen Ort zum Schlafen. Am nächsten Tag schlachtete Juzek für uns ein Kaninchen. Am dritten Tag wand sich der Goj und bat: „Juzek, bedenke, nimm deine Freunde mit. Wenn nicht, wird man die ganze Familie ihretwegen abschlachten." Ein ganz anständiger Goj, aber er hatte Recht. Am dritten Tag gab er uns den Rat, es gebe nicht weit entfernt eine Kolonie, dort seien Kanäle, und neben den Kanälen stünde ein verlassenes Häuschen von einem Juden, Szlojmes Häuschen, Juzeks Onkel. Er lebt. Er riet uns, dorthin zu gehen, uns ein Loch zu machen und uns dort aufzuhalten. Essen würde er uns bringen, ein bisschen Brot und Kartoffeln, nun, das sei doch was. Da wir keinen besseren Rat wussten, nahmen wir eine Schaufel und eine Hacke. Wir gingen fünf Kilometer, der Weg war schrecklich. Wir stolperten in den Kanal hinein und wieder heraus, bis wir endlich zu dem Haus kamen. Was sahen wir: Das Häuschen war mit Stroh gedeckt und die Tür war verschlossen. Das hieß, dort wohnte jemand. Wir wussten uns keinen Rat und klopften an. Man wollte nicht öffnen. Juzek fing an zu erzählen, wer wir waren und widerstrebend öffnete man. Juzek und sein Bruder gingen hinein, nur zu zweit. Er sah, dass dort zwei Schicksen[19] mit einem unehelichen Kind von einem Deutschen wohnten. Die Not und die Armut waren groß, und so fing Juzek an, ihnen einzureden, dass es gut für sie wäre, wenn sie uns aufnehmen würden. Das sei doch kein Leben, ohne Kleider und ohne Schuhe. Sie fanden Gefallen an der Geschichte. Dann sagte er ihnen, dass wir ein Loch machen würden, wo wir uns aufhalten könnten. Das gefiel ihnen, und sie waren einverstanden. Nun, damals waren wir im siebten Himmel und glücklich. Man ließ uns ein, und beim Hineingehen erschien Szymon, der aus Minsk. Sie wunderten sich, woher er käme. Man erzählte ihnen, dass er ein russischer Offizier sei. In der Frühe sahen sie dann mich bei der Arbeit, das war ihnen nicht recht, aber man versicherte ihnen, dass das jetzt alle seien, weitere Menschen würden nicht mehr dazukommen. Was ja auch stimmte. Wir machten uns in der Scheune an die Arbeit. Als wir anfingen zu graben, stießen wir schon nach drei Spatenstichen auf Wasser. Wir achteten nicht darauf und machten dort eine kleine flache Grube. Wir gruben nicht tief, legten Stroh hinein und fertig.

Am nächsten Tag klopfte es an der Tür. Wir erschraken und versteckten uns in der Kammer. Nach einer Minute kam eine der Frauen herein und meldete, es sei nichts, ihr Bruder sei gekommen. Wir gingen hinein in die Stube. Uns wurde Angst und Bange. Da stand ein Kerl mit einem Gewehr. Was soll das? Im Gespräch erfuhren wir, dass er ein einfacher Bandit sei, kein organisierter. Er interessierte sich nicht für Politik. Einfach ein Bandit, der stiehlt. Juzek erkannte, dass man nur mit Schnaps zu seinem Herzen vordringen würde. Sofort brachte man einen Liter Schnaps, und bei einem Gläschen sagten wir ihm zu, dass wir mit ihm zusammenarbeiten würden. Am nächsten Tag ging der Kerl weg zu den Eltern, und wir beschlossen, unsere Namen zu ändern. Ich hieß jetzt nicht mehr Berl, sondern „Bolek", Josl hieß „Juzek", Dawid „Moniek" und den aus Minsk machten wir zu einem Russen. Lange dachten wir über seinen Namen nach. Da er Szymon Rozenfeld hieß, gaben wir ihm den Namen „Semion Sergejewitsch Struwolow", ein Offizier der russischen Armee. Kein Jude, Gott bewahre! Abgesprungen mit einem Fallschirm. Später änderten wir den Sachverhalt und sagten, er gehörte zu den Russen, die Sobibór bewacht hatten, und sei zusammen mit uns geflohen. Wir taten alles, um unser Leben zu retten. Wir machten noch eine Menge anderer Sachen, um unser Leben zu retten. Wir verkauften uns vollständig. Wir redeten den Frauen ein, dass wir sie nach dem Krieg heiraten und in der Stadt wohnen würden. Man würde über sie in den Blättern schreiben, und wir würden ihnen Geld und Brillanten geben,

---

19 Nichtjüdische Frau.

alle im Dorf würden sie beneiden. Das Kind, das geboren werden würde, würde man in einem Kinderwagen umherfahren, wie die Welt noch keinen gesehen habe, und im Ausland würde man wissen, was für wichtige Juden sie gerettet haben. Wir arbeiteten schwer und spielten die Rolle. Wir strengten uns mächtig an.

Dort verbrachten wir einen ganzen Winter, erlebten verschiedene Sachen, sogar Deutsche sind dort gewesen. Genau am Mittag kamen sie herein. Sie erschraken vor uns und wir vor ihnen. Sie sagten nichts, fragten bloß nach Zigaretten und verschwanden. Am nächsten Tag gab es eine Razzia. Man stellte die ganze Stube auf den Kopf, aber wir waren weg und kamen später zurück. Eine der Frauen hatte einen Geliebten, einen Volksdeutschen. Sie aber, dem jüdischen Geliebten treu, wollte ihn nicht aufnehmen. Er wunderte sich: „Janka, was ist mit dir, gestern warst du doch ganz anders?" Wir erkannten, dass wir seinetwegen noch auffliegen würden. Auch im Dorf war schon etwas über uns bekannt. Also beschlossen wir, ihn zu erschlagen. Als er einmal zu ihr kam, gingen wir hinaus aus der Kammer auf die Straße. Als er wieder herauskam, brachten wir ihn um und warfen ihn in den Kanal und Schluss. Es gab weitere Szenen. Wir lagen unter dem Fußboden und hörten, fast konnten wir sehen, der Sand rieselte uns in die Augen, wie Deutsche zu den Schicksen kamen. Wir trauten uns nicht zu atmen. Auch sie wunderten sich über die Kälte der Frauen. Wir hatten gesiegt. Im Dorf wusste man von uns und hatte zugleich Angst. Man redete, die ganzen Wände seien mit Gewehren und Maschinengewehren behangen. Sie hatten Angst, auf unser Haus zu schauen, also gingen sie drum herum, um es zu meiden. Wir mussten das Haus verlassen und weggehen, aber wenn wir hörten, dass es ruhig war, kamen wir zurück. Mir ging es sehr schlecht. Eine schöne Katastrophe. Ich hatte schlimm die Krätze. Nacheinander steckten alle sich an und alles ging auf mein Konto. Bei Nacht gab es ein endloses Gekratze. Ich pflegte Kartoffeln zu schälen, Gefäße auszuwaschen und zu kochen. Ich servierte ihnen, und zum Schluss warfen die Schicksen mir etwas zu. Mich tolerierten sie nicht, weil ich nicht in der Rolle eines Geliebten war. Ganz allgemein waren die Frauen der Meinung, dass Juzek und Moniek bleiben dürften, weil das ihre Geliebten waren, aber der Russe sei nicht nötig und Bolek auch nicht, obwohl er sogar beim Kartoffelschälen half und ein bisschen nützlich war.

„Man muss sie in den Stolpecki-Wald führen und ihnen eins auf die Rübe geben."[20]

Als Juzek das hörte, befahl er zusammenzupacken und wegzugehen. Uns fehlte es nicht an Plätzen, wo wir hingehen konnten. Doch sie baten uns zu bleiben. Eine hielt Juzek fest, fiel auf die Knie, wir sollten nicht gehen. Er spielte ein bisschen Theater, er tat, als ob er weine und sich umbringen wolle. Die Schicksen erschraken und schenkten uns das Leben. Also wirklich, so viele Orte, von denen wir fliehen mussten! Beim ersten Goj durch ein Loch in das Stroh gezwängt. Juzek ging frei hinein zum Goj und schmuggelte sein Essen für uns hinaus. Er trickste, organisierte und kaufte von den Kerlen. Dann gab er vor, sich in die

---

20 Im Text polnisch: „Trzeba ich zaprowadzic do stolpeckiego lasu i bachnac w leb."

Schickse verliebt zu haben, um bei ihr etwas für uns herauszulocken. Einmal, als die Frau wegen Stroh für das Vieh kam, hörte sie, dass etwas scharrte und das Stroh sich bewegte, weil wir wegen der Krätze und der Läuse nicht ruhig liegen konnten. Sie nahm eine Harke, stocherte im Stroh herum und zerstach uns, bis sie uns fand. Wir litten ziemlich. Juzek hatte gesagt, dass wir weg seien, im Wald als Partisanen. Der Goj hatte gemeint, dass ich bereits nicht mehr lebe, so wie er mein Aussehen in Erinnerung hatte, und da lagen wir wieder in der Scheune. Es half nichts. Wir sagten, jetzt sei es genug und wir würden gehen. Wir machten ein anderes Loch und wieder hinein in die Scheune. Aus einem Loch heraus, ins nächste Loch hinein. So vergingen einige Tage und Nächte. Die Frauen gingen zu ihren Verwandten, um ihnen davon zu erzählen. Diese jagten ihnen erneut einen Schrecken ein: „Das bedeutet, dass man euch zusammen mit den Juden erschießen wird." Sie erschraken und wollten uns wieder loswerden, und überhaupt wollten sie den Russen loswerden. Der redete bloß russisch. Einmal rutschten ihm ein paar jiddische Wörter heraus, da sagten sie, dass er auch ein Jid sei. Zuerst sagten wir, das sei tatarisch, später erklärten wir ihnen, dass er ein hebräischer Russe sei und kein Jid. Irgendwie beruhigte sie der Ausdruck „hebräischer Russe", Hauptsache kein Jid, dann ist es gut. In der Zwischenzeit kam der Bandit, der Bruder der Frauen, und forderte uns auf, wir müssten mit zur Arbeit gehen. Nun, wir hatten keine Wahl und gingen mit. Mich nahmen sie damals nicht mit. Sie brachten drei Säcke mit Hühnern, Gänsen und Kaninchen. Eine Woche später mussten wir wieder zur Arbeit mitgehen. Sie gingen ein Schwein organisieren. Manchmal gelang es, ein anderes Mal nicht. Die Gojim pflegten ein Geschrei anzustimmen und wir flohen. Sie schossen sogar mit einer kleinen Flinte, aber das war gar nichts, sie hatten keine passenden Kugeln. Später gingen wir nicht mehr in das Haus hinein und weckten alle auf, sondern schlichen einfach still in den Stall, schlachteten Schweine und stahlen sie.

Es war eine gute Zeit. Dreimal am Tag aßen wir Schwein, denn Brot und Kartoffeln gab es nicht. Einmal kam ein weiterer Bandit zu dem Bruder der Frauen. Er machte uns bekannt und das Geschäft wurde vergrößert. Man beschloss, wieder in einem größeren Maßstab Überfälle durchzuführen. Wir erfuhren von einer Hochzeit, und die Nacht direkt vorher backte und kochte man dort. Wir fielen dort ein, zeigten nur die Gewehre, und alle hoben die Hände. Man führte uns in den Keller und wir waren die Herren im Haus. Sachen gab es so viele, dass wir Pferd und Wagen anspannten und alles, alles mitnahmen. Wir bereiteten ihm eine Hochzeit, bei der er in Unterhosen zurückblieb. Die Frauen bekamen Kleider. Brot hatten wir keines genommen, weil es genug Gebäck gab. Mit den Sachen bezahlte Juzek die Gojim für alles, was wir brauchten. Es war eine goldene Zeit für uns. Später war in allen Dörfern bekannt, dass Überfälle von Banditen-Partisanen vorkämen, und tatsächlich erlebten wir einmal einen Reinfall. Ein Dorf hatte sich organisiert, und als wir zu einem Haus gelangten, kamen sie mit Sensen, Schaufeln und Harken heraus und jagten uns nach. Nachdem wir einmal geschossen hatten, wurde es eine Weile still, aber gleich ging es weiter mit „Hurra! Vorwärts!", und wir entkamen nur knapp. Und so kamen Juzeks vier Cousins um, die in der ersten Zeit Lebensmittel in den Wald brachten: In der Trinkhalle, wo sie saßen, machte man sie betrunken und schlug ihnen dann die Köpfe ab. Die Gojim wussten, dass sie Geld und Gold besaßen. Später änderte sich die Lage. Die Polizei tötete Falke, den Chef der Banditen. Zu der Zeit bildete sich die A. K.[21] Sie lockten einen unserer beiden Banditen in die Falle und töteten ihn. Das war schlecht. Sie suchten nach den Juden, die zusammen mit den Banditen agierten. Derweil brach ein Konflikt zwischen den Ukrainern und der A. K aus. Es gab dort ukrainische Dörfer mit Gewehren und die A. K. mit Gewehren. Sie stritten sich, bis die A. K. zwei ukrainische Häuser anzündete. Die Ukrainer flohen und mit ihnen auch der Mörder, der Bruder unserer Schickse. Er war dort, weil er in einem ukrainischen Dorf wohnte. Am Ende verrieten sie ihn und wollten ihn bei lebendigem Leib verbrennen. Er wehrte sich, und so erschlugen sie ihn. Nachdem die Banditen getötet waren, suchte man die Juden. Das Blatt wendete sich. Bei Nacht schliefen wir auf der Straße und bei Tage waren wir in der Stube. Ganz allgemein taugte der Ort nicht mehr. Wir saßen auf Garben, lungerten herum, versteckten uns. Wir hatten nichts mehr zu essen. Juzek und sein Bruder waren irgendwo anders. Wir dagegen bei den Eltern der Schicksen. Auch die Frauen hatten fliehen müssen. Die Front näherte sich, und es kamen Deutsche. Manchmal geschah es, dass wir auf dem Boden waren und sie in der Stube, oder, wie ich schon erzählte, es kamen Deutsche herein und trafen uns. Wir flohen nicht, sondern bereiteten Beile und Messer vor, für alle Fälle. Sie gingen weg, und am nächsten Tag gab es eine Razzia. Wir hatten wieder keinen Ort, wohin wir gehen konnten. Später wurde es ruhig und wir kehrten zurück.

Mit dem Tod der Banditen hörten die Raubzüge auf. Wir hungerten und wanderten umher. Wir warteten nur darauf, dass das Korn hoch stehen würde. Derweil war Frühjahr 1944. Es regnete, und Korn war noch keines zu sehen. Die Stube der Frauen war wieder leer, die Fenster waren zerschlagen, und einmal, als wir bei der Mutter aufgescheucht wurden, gingen wir weg, kehrten zurück in das leere Häuschen und lebten dort. Deutsche kamen durch, und wir lagen in der Kammer. Wenn wir früher Wasser holen gegangen waren, hatten wir uns wie Mädchen angezogen, mit langen Kleidern und Hauben auf den Köpfen, aber auch das ging nicht mehr. Als das Korn hochgewachsen war, lagen wir dort, aber auch das taugte nichts. Nachts war es kalt, sodass wir schier erfroren. Bei Tag verbrannte uns die Sonne. Wenn es regnete, lagen wir da wie ein Haufen Lumpen. Später bewegten wir uns im Korn näher zu Juzek, damit er uns helfen solle. Wieder führte Juzek seine Kunststückchen auf und narrte bei jedem Burschen und Mädchen für uns etwas zu essen heraus. Er erzählte wieder Geschichten von Partisanen, dass Miszka und Griszka kommen würden. Mit einem Wort, bei Nacht brachte man uns gewöhnlich Schnaps und ein Abendessen. Juzek tat alles, Vieh hüten, was auch immer, Hauptsache etwas für uns zu bekommen. Wenn man ihm Essen gab, sagte er, er könne es nicht in der Stube essen, die Fliegen störten ihn, er könne nicht atmen, er brauche Luft. Er ging dann auf die Straße und gab uns das Essen. Ihm fehlte es nicht.

---

21 AK: Armia Krajowa (Polnische Heimatarmee).

So lebten wir, bis die Russen uns befreiten. Ende August 1944 kamen die Russen über den Bug und alles wurde gut. Die Krätze verschwand, der Zeh wurde besser, alles verheilte. Der Goj brachte Salbe und man rieb sich ein. Als die Russen schon da waren, hatten wir immer noch Angst hinauszugehen. Der Tscheche, der uns im Wald beim Bunker bewacht hatte und geflohen war, nachdem er uns vor den Banditen gewarnt hatte, war erschlagen worden. Ein paar Tage später fanden wir die Leiche. Er hieß Sznabel.

Bestätigung
Hiermit wird bestätigt, dass der Genosse Frajberg Berek, geb. 15. 10. 28 in Warschau, in das Todeslager in Sobibór als Zwangsarbeiter und Gefangener kam.
Im Lager verbrachte er 18 Monate und war Mitglied einer geheimen Widerstandsorganisation, die den Aufstand durchführte. Dabei wurden 16 Deutsche des SS-Sonderkommandos getötet, was allen Gefangenen die Flucht ermöglichte.

Zeuge: Eda Lierbaum
Die Richtigkeit bestätigen:
Stern Ula
Roter Stempel
Leiter der I. Polizeidienststelle
der Bürgermiliz in Lublin
Unterschrift

Szlojme Szmajzner aus Puławy hatte auch Anteil am Aufstand, er trug Gewehre. Er trug die Gewehre in Decken oder in Röhren. Er lebt, ist Oberleutnant, arbeitet beim NKWD.[22] Er war Partisan und Anführer von Partisanen bei Kołpak[23] in Radom.

Protokolliert: Bluma Kirschenfeld-Wasser, Łódź.

Ein paar Worte zu Sobibór. Ich arbeitete in der Küche. Wenn von dem Essen etwas übrigblieb, Reste von den Tellern, befahl einer, es den Schweinen zu geben. Wagner, der größte Bandit, befahl, es den Juden zu geben. Man wusste nicht, wem man gehorchen sollte. Ständig verstieß man gegen irgendeine Regel, dann fing man Schläge ein. Beim Schlagen mussten wir selbst zählen. Man zählte so: „Oj, eins, oj, zwei, oj, drei, schojn, oj, vier …", und sobald man vor Schmerzen unterbrach und nicht mehr wusste, wo man angehalten hatte, musste man von vorne anfangen. Für jede Sache bezahlte man mit Schlägen, manchmal floss Blut. Wenn man das Essen den Juden gab anstatt den Schweinen, fragte der Mörder: „Also, was wollt ihr? Ins dritte Lager gehen, das heißt zum Tod, oder zum Posten laufen und 50 Schläge auf den nackten Arsch?" Mit Weinen und Bitten konnte es gelingen, auf sechs

---

22 Narodny kommissariat wnutrennich del (dt. Volkskommissariat für Inneres).
23 Vermutlich Sydir Kolpak/Kovpak, sowjetischer Partisanenführer.

Schläge runterzuhandeln. Weh und Ach, so ein Geschrei, und Blut spritzte. Für eine kleine Dose Milch, die man bei jemandem von einem Transport gefunden hatte, bezahlte man mit Schlägen. Ein 45-Jähriger stand nach den Schlägen von der Bank auf, hielt sich das Gesäß mit den Händen und sagte: „Oj, welch eine Katastrophe, was hat mir die Milch getaugt."

Die Namen und Schimpfwörter, mit denen die Deutschen die Juden riefen, waren: „Arschloch, Hundsfotze, Drecksau, Lausebande, Scheißloch."

Wenn die Juden Typhus hatten, gab man das Essen lieber den Schweinen, damit diese gemästet würden und nicht die Juden.

Ben-Abraham, in der Küche, aus Łódź.
Protokolliert: Bluma Wasser.
Łódź, 25. 7. 1945